# 序　文

　平成9年に発掘調査を実施した黒塚古墳の調査記録をまとめた報告書をここに刊行いたします。発掘調査から20年を閲しました。当時発掘調査を計画、実行された故樋口隆康所長、河上邦彦調査研究部長らもすでに退任され、調査の実務にあたった橿原考古学研究所職員や天理市職員の方々も多くが退職されています。

　発掘調査の時に出土しました33枚の三角縁神獣鏡は、倭国の女王卑弥呼の鏡ではないかと喧伝されたこともあり、各界の話題にのぼりました。また、東アジア全体の歴史を明らかにする古墳として東アジア各国の学界においてもおおいに注目されてきました。わたしは平成21年に所長着任以来、関係職員に1日も早い報告書の刊行を命じ、ようやくこの日を迎えることができました。

　本書の刊行には、橿原考古学研究所創立80周年の佳歳にあたり結成されました橿原考古学研究所80周年を祝う会（代表：久保田昌孝橿原神宮宮司）のご援助をいただきました。発掘調査とその後の整理の経費は県が負担いたしましたが、報告書刊行まで時間がたったこともあり、報告書刊行費が予算計上されないなかで、干天の慈雨の例え通りのご援助でありました。

　未盗掘の前期古墳の発掘という未経験の分野の報告書であり、大画面の写真、図面等を多く掲載いたしましたので、かくも大部の報告書になりました。従前出土例のない多種多様な鉄製品など解明しきれなかった項目も多々残っております。報告書を熟覧・検討していただくことにより、そこから発掘調査の追体験を可能にしたいというのが、うちに秘めた希望であります。

　発掘調査後の古墳は史跡指定をうけ、天理市によりまして整備がおこなわれています。また、近接地に天理市黒塚古墳展示館が設置され、発掘調査当時の状況を再現した竪穴式石室の実物大模型が展示されています。多くの歴史愛好家の人々が見学に訪れられ、地域の学童や学生、全国からの修学旅行の学生らが歴史体験をする貴重な場となっています。この報告書の刊行を通じ、さらに古墳時代の研究が進むことを願うとともにそこから、歴史像を結んでいただきたいと思っております。

　発掘調査の開始以来、報告書刊行までの間に、ご尽力、ご協力、ご支援、ご指導いただきました皆様方に、心からなる御礼を申し上げます。

　　　　　　　　　　　　　　　　　　　　　　　　　　　　　　奈良県立橿原考古学研究所
　　　　　　　　　　　　　　　　　　　　　　　　　　　　　　　　所長　菅谷　文則

# 例　言

1. 本書は奈良県天理市柳本町 1115 番地ほかに所在する黒塚古墳の第 4・5 次発掘調査報告書である。なお、本調査の成果の一部は奈良県立橿原考古学研究所編『黒塚古墳調査概報』（1999 年、学生社刊）で報告済みであるが、本書をもって正式報告とする。

2. 本調査は奈良県教育委員会が設置した大和古墳群学術調査委員会が実施した。

《平成 9・10 年度大和古墳群学術調査委員会》
- 委 員 長　樋口隆康（橿原考古学研究所長）
- 委　　員　安川宣彦（奈良県文化財保存課長）
  - 伊藤勇輔（奈良県文化財保存課　課長補佐）
  - 泉森　皎（橿原考古学研究所副所長）
  - 河上邦彦（橿原考古学研究所調査研究部長）
  - 金澤　運（天理市教育委員会教育長）
- 地元委員　堀田昌号（天理市柳本町自治連合会会長）
  - 山岡康二（柳本土地改良組合会長）
  - 神田正昭（天理市都市計画課長）
- 指導委員　秋山日出雄・網干善教・石野博信・嶋田　暁・伊達宗泰・森　浩一・和田　萃
  - （以上、橿原考古学研究所企画運営委員）
- 協力委員　春成秀爾（国立歴史民俗博物館教授）
- 調 査 員　河上邦彦
  - 亀田　博（同　調査第二課長）
  - 宮原晋一（同　調査第一課主任研究員）
  - 卜部行弘（同　調査第二課主任研究員）
  - 岡林孝作（同　調査第一課主任研究員）
  - 泉　　武（天理市教育委員会　社会教育課主任）
  - 名倉　聰（橿原考古学研究所　調査第一課嘱託）
  - 今津節生（同　保存科学研究室長）
- 事 務 局　藤野雅之（同　副所長）
  - 東浦敏王（同　総務課長）
  - 田中和男（天理市教育委員会　社会教育課長）
  - 大塚和章（奈良県文化財保存課　記念物係長）
  - 坂　　靖（同　記念物係主査）

（所属・職名は当時）

3. 現地調査は、第 4 次調査を宮原晋一、卜部行弘、岡林孝作、泉　武が担当し、1997 年 8 月 11 日から 1998 年 5 月 1 日まで、第 5 次調査を宮原、名倉　聰、泉が担当し、1998 年 7 月 21 日から 1999 年 2 月 3 日まで実施した。

4. 現地調査には下記の方々の協力を得た。（敬称略）
浅尾和宏　佐々木玉季　鍵谷純子　山田真矢　梅本　綾　田中京子　上真知子　蕪木良子　武長富子（橿原考古学研究所補助員）　井上主税（関西大学）　中道安孝（高野山大学）　土居紀子　久保田智美　前川恭範　山内基樹　吉田和彦　岡根　稔　竹内純子　島田優樹　濱田　淳（奈良大学）　三浦俊明　加藤一郎（早稲田大学）　張允禎（東亜大学校）　サツキ・ハリス

（所属は当時）

5. 現地調査にあたっては、文化庁記念物課、天理市柳本町をはじめ、関係各機関の協力をいただいた。また、調査期間中には多くの方から指導と助言をいただいた。記して感謝する。

6. 資料整理及び報告書作成は、橿原考古学研究所においてプロジェクトチームを組織して行った。

《平成 27～30 年度黒塚古墳報告書作成プロジェクトチーム》
- 座　　長　菅谷文則（橿原考古学研究所長）
- 副座長　畑田道矢（同　副所長）
  - 豊岡卓之（同　副所長）
- 編集及び整理・執筆担当
  - 岡林孝作（同　調査部長）
  - 水野敏典（同　企画部資料課資料係長）
  - 奥山誠義（同　企画部資料課指導研究員）
- 整理・執筆担当
  - 寺沢　薫（桜井市纒向学研究センター　所長）
  - 泉　　武（高松塚古墳壁画館　学芸員）
  - 卜部行弘（橿原考古学研究所　企画部資料課長）
  - 本村充保（同　調査部調査課調査第二係長）
  - 持田大輔（同　企画部企画課主任研究員
    - （兼）奈良県地域振興部文化資源活用課主査）
  - 宇野隆志（同　調査部調査課主任研究員）
  - 岡見知紀（同　調査部調査課主任研究員）
  - 東影　悠（同　企画部企画課主任研究員）
  - 前田俊雄（同　調査部調査課主任研究員
    - （併）奈良県教育委員会文化財保存課主査）
  - 絹畠　歩（同　調査部調査課主任技師）
  - 土居紀子（同　企画部企画課嘱託）

（所属・職名は平成 30 年度現在）

整理作業は各担当が分担して行い、岡林・水野・奥山が総括した。また、作業にあたり下記の方々の協力を得た。（敬称略）
榎本恵美　河原麻衣　北村美紀　中尾直子　村田広美　渡部弘美（橿原考古学研究所補助員）

7. 本書に掲載した遺構図の座標値は、墳丘及び埋葬施設の主軸を基準とした局地座標系によるほか、平面直角座標系第Ⅵ系の日本測地系による。

8. 本書に掲載した遺構写真の一部（PL.8、9（2）、10、11

(1)・(2)・(4)・(5)、16～19、20 (1)、21 (5)）及び図版扉写真は阿南辰秀氏の撮影による。航空写真の一部 (PL.2 (1)、3) 及び遺物写真 (PL. 24～134、137～149) は梅原章一氏の撮影による。

9. 本書は本文を第Ⅰ部調査編、第Ⅱ部研究編、第Ⅲ部総括編の3部構成とした。註、引用文献は節ごとにそれぞれ文末に示した。

10. 本書の編集は岡林・水野・奥山が行った。第Ⅰ部・第Ⅲ部の執筆者は各文末に示した。第Ⅱ部の執筆はプロジェクトメンバーのほか、寒川　旭（産業技術総合研究所名誉リサーチャー）、金原正明（奈良教育大学）、金原正子（文化財科学研究センター）、今津節生（奈良大学）、南　武志（近畿大学）、吉松茂信、柳田明進（奈良文化財研究所）、鶴　真美（宮内庁正倉院事務所）、長柄毅一（富山大学）、廣川　守（泉屋博古館）、奥田　尚、中井一夫、福田さよ子（橿原考古学研究所共同研究員）が行った。第Ⅱ部については用語の統一等は最小限にとどめ、できうるかぎり執筆者の使用する用語ならびに意見を尊重した。英文抄訳は西藤清秀（橿原考古学研究所技術アドバイザー）、杉山拓己（企画部企画課主任研究員）、鈴木朋美（同調査部調査課主任技師）が作成した。

11. 遺物実測及び製図の担当は以下に記す。
　銅鏡：泉・土居、三次元計測図：水野、奥山ほか
　刀：土居・北村・持田
　剣・槍：土居・北村・水野
　鉄鏃：土居・北村・水野
　武具：梅本・土居・卜部
　農工具類：土居・北村・宇野・絹畠・岡見・水野
　威儀具：土居・前田・水野
　土器：土居・泉・浅尾、観察表：寺沢指導のもと土居作成
　瓦：泉
　石製品：浅尾
　製図：北村・土居

12. 銅鏡については「三次元デジタル・アーカイブを活用した古鏡の総合的研究」（研究代表者：樋口隆康、JSPS科研費：JP14209023）、「三次元デジタル・アーカイブを活用した青銅器製作技術解明の総合的研究」（研究代表者：水野敏典、JSPS科研費：JP17H02423）、小札については「前期古墳出土鉄製小札革綴甲冑の復元的研究－黒塚古墳出土品をモデルとして－」（研究代表者：卜部行弘、JSPS科研費：JP24520881）の成果の一部を含んでいる。

13. 黒塚古墳は平成13年1月29日付けで国の史跡指定を受けた。
　名　称　黒塚古墳
　所在地　天理市柳本町1112番、1112番2、1114番（一部）、1115番、1116番（一部）
　面　積　18,194.41㎡
出土遺物は平成16年6月8日付けで国の重要文化財指定を受けた。なお、遺物は国が保有し、橿原考古学研究所が保管している。

14. 橿原考古学研究所遺跡調査コード：997070・998104

# 目　次

## 第Ⅰ部　調査編

### 第1章　調査の経緯 …………………………… 1
#### 第1節　調査の目的 …………………………… 1
#### 第2節　調査の方法 …………………………… 1
#### 第3節　調査の経過 …………………………… 3
　1　黒塚古墳に対する考古学的な調査　3
　2　第4次調査　3
　3　第5次調査　7

### 第2章　位置と環境 …………………………… 10
#### 第1節　古墳の位置と地形 …………………………… 10
　1　黒塚古墳の位置　10
　2　周辺の地形　10
#### 第2節　周辺の遺跡 …………………………… 11
　1　主要遺跡　11
　2　大和古墳群の群構成　14
　3　黒塚古墳周辺の古墳分布　16
　4　柳本支群の主要古墳　16
#### 第3節　史料に見える黒塚古墳 …………………………… 21

### 第3章　墳丘 …………………………… 23
#### 第1節　発掘前の状況 …………………………… 23
#### 第2節　墳丘の構造 …………………………… 25
　1　2－4区土層断面　25
　2　3－7区土層断面　26
　3　9区土層断面　31
　4　5区拡張区土層断面　31
　5　10区土層断面　31
　6　8区土層断面　31
#### 第3節　中世城郭・近世陣屋関連の遺構 …………………………… 32
　1　郭群　32
　2　堀切　34
　3　石垣・石組溝　34

### 第4章　埋葬施設 …………………………… 35
#### 第1節　埋葬施設の検出状態 …………………………… 35
　1　基本層序の整理　35
　2　旧トレンチ・盗掘坑　35
　3　盗掘以前の石室崩壊　37
#### 第2節　墓壙 …………………………… 38
　1　墓壙　38

　2　作業道（墓道）　45
　3　排水溝　46
#### 第3節　竪穴式石室 …………………………… 50
　1　構造　50
　2　基台　51
　3　粘土棺床　51
　4　バラス敷き　56
　5　礫敷き　57
　6　壁面　59
　7　控え積み・裏込め　62
　8　天井部　63
　9　石材被覆・粘土被覆　63
#### 第4節　割竹形木棺 …………………………… 67
　1　外形　67
　2　内部構造　67
　3　木棺材　68

### 第5章　副葬品の配置 …………………………… 69
#### 第1節　副葬品の出土状態 …………………………… 69
　1　概要　69
　2　棺内　71
　3　北棺外　75
　4　東棺外　77
　5　西棺外　89
　6　南棺外　104
#### 第2節　銅鏡の副葬配置 …………………………… 108
　1　鏡の破損状態　108
　2　鏡の出土位置の高さ　110
　3　鏡の向きと重なり　110
　4　鏡の副葬配置　112
#### 第3節　鉄製品の副葬配置 …………………………… 113
　1　刀剣槍類　113
　2　鉄鏃　115
　3　その他　116
　4　鉄製品の副葬配置　116

### 第6章　副葬品 …………………………… 117
#### 第1節　概要 …………………………… 117
#### 第2節　銅鏡 …………………………… 117
　1　概要　117
　2　画文帯神獣鏡　117

3　三角縁神獣鏡　118
　第3節　武　器……………………197
　　　1　刀剣槍類　197
　　　2　鉄　鏃　209
　第4節　武　具……………………225
　　　1　小　札　225
　　　2　帯状鉄板（腰巻板）　249
　　　3　帯状鉄板A〜C　249
　　　4　円頭鉄板　254
　第5節　農工具類…………………267
　　　1　刀　子　267
　　　2　鉇　269
　　　3　斧　273
　　　4　鎌　275
　　　5　刺突具　276

　　　6　不明鉄器　279
　第6節　威儀具……………………281
　　　1　Y字形鉄製品　281
　　　2　U字形鉄製品　281
　第7節　有機質製品………………287
　第8節　土　器……………………287

第7章　墳丘出土遺物………………288
　第1節　古墳に関わるもの………288
　　　1　土　器　288
　第2節　古墳に関わらないもの…295
　　　1　土　器　295
　　　2　瓦　295
　　　3　石製品　295

# 第Ⅱ部　研究編

## 第1章　考古学的研究………………297
　第1節　黒塚古墳棺梯の特徴と位置づけ……………297
　第2節　黒塚城縄張りの復元……………302
　第3節　黒塚古墳出土鏡の意義……………305
　第4節　黒塚古墳出土武器をめぐる諸問題……………314
　第5節　黒塚古墳出土鉄製武具の復元……………322
　第6節　出土土器からみた黒塚古墳の築造時期の位置づけ
　　　　　………………326
　第7節　黒塚古墳出土鉄製刺突具の意義……………327
　第8節　黒塚古墳出土Y字形鉄製品の性格……………330
　第9節　黒塚古墳出土三角縁神獣鏡の仕上げ痕跡の観察
　　　　　………………332

## 第2章　文化財科学的研究……………335
　第1節　黒塚古墳の石材の石種とその採石推定地……335
　第2節　黒塚古墳の変形と地震……………344
　第3節　黒塚古墳における微小遺体分析……………349
　第4節　黒塚古墳出土朱の産地推定……………354
　第5節　黒塚古墳の棺床に分布した赤色顔料の分析……357
　第6節　黒塚古墳出土繊維製品の調査……………359
　第7節　黒塚古墳出土小札付着獣毛の同定……………374
　第8節　黒塚古墳出土木棺材の樹種……………377
　第9節　黒塚古墳出土鏡の金属組織と化学組成……379
　第10節　黒塚古墳出土鏡の放射光蛍光分析……………387
　第11節　黒塚古墳出土鏡における破断面の元素分析…391

# 第Ⅲ部　総括編

## 第1章　墳丘・埋葬施設………………393
　第1節　墳　丘……………………393
　　　1　立地と墳丘の構築方法　393
　　　2　墳丘形態の復元　393
　第2節　埋葬施設…………………395
　　　1　墓壙と作業道（墓道）　395
　　　2　竪穴式石室　395
　　　3　木棺構造の復元　396
　　　4　埋葬施設の構築過程　397
　第3節　副葬品配置………………400

　　　1　副葬品配置の復元　400
　　　2　副葬品配置の特徴　400

## 第2章　副葬品………………………402
　第1節　副葬品の組成……………402
　第2節　銅　鏡……………………402
　第3節　鉄製品……………………405
　第4節　土師器……………………407

## 第3章　編年的位置…………………408

英文抄訳

後　記

# 挿図目次

| | | |
|---|---|---|
| 図1 | 座標系及び調査区の設定 | 2 |
| 図2 | 旧トレンチの掘り下げ（1997.8.29） | 4 |
| 図3 | 1号鏡の一部取り上げ（1997.10.29） | 4 |
| 図4 | 柿本知事視察（1997.12.9） | 4 |
| 図5 | 棺外副葬品の実測（1997.12.23） | 4 |
| 図6 | 垂直写真撮影（1998.1.3） | 5 |
| 図7 | 報道発表（1998.1.9） | 5 |
| 図8 | 現地説明会（1998.1.17） | 5 |
| 図9 | 17号鏡の取り上げ（1998.1.19） | 5 |
| 図10 | U字形鉄製品の取り上げ準備（1998.1.23） | 6 |
| 図11 | 東棺外鉄器群の取り上げ（1998.1.28） | 6 |
| 図12 | 現場公開（1998.4.4） | 6 |
| 図13 | 現場事務所 | 6 |
| 図14 | 黒塚古墳の位置 | 10 |
| 図15 | 大和古墳群の主要古墳及び周辺の主要遺跡 | 12 |
| 図16 | 大和古墳群（北群・中央群）周辺の地形と古墳の立地 | 17 |
| 図17 | 嘉永七年柳本陣屋図（1854年） | 22 |
| 図18 | 黒塚古墳と柳本公園 | 23 |
| 図19 | 墳丘測量図 | 24 |
| 図20 | 墳丘盛土土層断面図（2－4区） | 27 |
| 図21 | 墳丘盛土土層断面図（3－7区（1）） | 28 |
| 図22 | 墳丘盛土土層断面図（3－7区（2）・9区） | 29 |
| 図23 | 墳丘盛土土層断面図（5・8・10区） | 30 |
| 図24 | 郭群 | 32 |
| 図25 | 堀切・石垣・石組溝 | 33 |
| 図26 | 埋葬施設 | 36 |
| 図27 | 攪乱坑内の木製器物 | 37 |
| 図28 | 自然崩壊に伴う石材の落下状況 | 39 |
| 図29 | 墓壙 | 41 |
| 図30 | 墓壙埋土・墳丘盛土土層断面図（1） | 42 |
| 図31 | 墓壙埋土・墳丘盛土土層断面図（2） | 43 |
| 図32 | 排水溝・作業道（墓道）平面・土層断面図 | 47 |
| 図33 | 排水溝・作業道（墓道）土層断面図 | 48 |
| 図34 | 石室基底部断ち割り状況（1） | 52 |
| 図35 | 石室基底部断ち割り状況（2） | 53 |
| 図36 | 粘土棺床 | 55 |
| 図37 | 石室北部断ち割り平面図 | 58 |
| 図38 | 竪穴式石室（1） | 60 |
| 図39 | 竪穴式石室（2） | 61 |
| 図40 | 天井部 | 64 |
| 図41 | 石材被覆・粘土被覆 | 65 |
| 図42 | 棺内・北棺外における朱の範囲及び有機物出土状態 | 66 |
| 図43 | 木棺材 | 68 |
| 図44 | 副葬品の出土状態 | 70 |
| 図45 | 棺内副葬品の出土状態（南から） | 72 |
| 図46 | 棺内における濃厚な朱の分布（右が北） | 72 |
| 図47 | 画文帯神獣鏡と棺室北端の土層状況（南南西から） | 72 |
| 図48 | 画文帯神獣鏡取り上げ後（南から） | 72 |
| 図49 | 棺内副葬品の出土状態 | 73 |
| 図50 | 北棺外副葬品の出土状態 | 74 |
| 図51 | 17号鏡検出状態（上が北） | 75 |
| 図52 | 17号鏡（南から） | 75 |
| 図53 | 17号鏡取り上げ後（上が北） | 75 |
| 図54 | 17号鏡のスタンプに残された織物痕跡（拡大） | 75 |
| 図55 | 北棺外副葬品の出土状態（南から） | 76 |
| 図56 | 刺突具1・2及びU字形鉄製品（南西から） | 76 |
| 図57 | 有機質製品1の面（上が北） | 76 |
| 図58 | 有機質製品1　半裁状況（南東から） | 76 |
| 図59 | 有機質製品1　東壁付近綾杉文（西から） | 77 |
| 図60 | 有機質製品1　東壁付近綾杉文（細部） | 77 |
| 図61 | 有機質製品1　棺床北小口付近綾杉文（南から） | 77 |
| 図62 | 有機質製品1　棺床北小口付近綾杉文（細部） | 77 |
| 図63 | 東棺外副葬品の出土状態（1） | 78 |
| 図64 | 東棺外副葬品の出土状態（2） | 79 |
| 図65 | 18～21号鏡検出状態（南西から） | 80 |
| 図66 | 18～21号鏡及び周辺の副葬品（北西から） | 80 |
| 図67 | 18～21号鏡（西から） | 80 |
| 図68 | 18号鏡取り上げ後（西から） | 80 |
| 図69 | 19号鏡取り上げ後（西から） | 80 |
| 図70 | 20号鏡取り上げ後（西から） | 80 |
| 図71 | 21号鏡取り上げ後（西北西から） | 80 |
| 図72 | 21号鏡鏡面のスタンプに残された平絹（西から） | 80 |
| 図73 | 22～24号鏡検出状態（西から） | 81 |
| 図74 | 22・23号鏡及び槍8・刀10・刀17（左が北） | 81 |
| 図75 | 22～24号鏡取り上げ後（西から） | 81 |
| 図76 | 24号鏡（北西から） | 81 |
| 図77 | 22～25号鏡検出中の状態（西から） | 82 |
| 図78 | 25号鏡（西から） | 82 |
| 図79 | 25号鏡取り上げ後（西から） | 82 |
| 図80 | 26号鏡（西から） | 82 |
| 図81 | 27～31号鏡検出状態（西から） | 83 |
| 図82 | 27～29号鏡（右が北） | 83 |
| 図83 | 27～29号鏡取り上げ後（西から） | 83 |
| 図84 | 27～32号鏡（南西から） | 83 |
| 図85 | 30号鏡（右が北） | 84 |
| 図86 | 31・32号鏡取り上げ後（西から） | 84 |
| 図87 | 東棺外北端付近鉄製品（西から） | 84 |
| 図88 | Y字形鉄製品1（北西から） | 84 |

| | | |
|---|---|---|
| 図 89 | 22〜24 号鏡、刀 10・刀 17（北西から） | 85 |
| 図 90 | 刀 3・刀 8（西から） | 85 |
| 図 91 | 槍 6・9〜12（南西から） | 85 |
| 図 92 | 26・27 号鏡、槍 6・9〜12（西から） | 85 |
| 図 93 | 槍 6・9〜11、鉄鏃 E 群（西から） | 86 |
| 図 94 | 鉄鏃 C 群（西から） | 86 |
| 図 95 | 鉄鏃 D〜F 群、槍 6・9〜11（南西から） | 86 |
| 図 96 | 鉄鏃 D 群（西から） | 86 |
| 図 97 | 鉄鏃 G 群（右が北） | 87 |
| 図 98 | 東棺外有機質製品 2 の痕跡（西から） | 87 |
| 図 99 | 鉄鏃 H 群（西南西から） | 87 |
| 図 100 | 鉄鏃 I 群（南西から） | 87 |
| 図 101 | 東棺外副葬品の出土状態（3） | 88 |
| 図 102 | 有機質製品 3 出土状況図 | 89 |
| 図 103 | 西棺外副葬品の出土状態（1） | 90 |
| 図 104 | 西棺外副葬品の出土状態（2） | 91 |
| 図 105 | 西棺外副葬品の出土状態（3） | 92 |
| 図 106 | 33 号鏡検出状態（北東から） | 93 |
| 図 107 | 33 号鏡（北東から） | 93 |
| 図 108 | 33 号鏡取り上げ後（東から） | 93 |
| 図 109 | 1 号鏡検出状態（東から） | 93 |
| 図 110 | 1 号鏡（上 3/4）（北東から） | 93 |
| 図 111 | 1・3・5〜7 号鏡（東から） | 93 |
| 図 112 | 板石（A）取り上げ後（東から） | 93 |
| 図 113 | 2〜4 号鏡検出状態（北東から） | 93 |
| 図 114 | 西棺外副葬品の出土状態（4） | 94 |
| 図 115 | 2〜4 号鏡（東から） | 95 |
| 図 116 | 2 号鏡取り上げ後（東から） | 95 |
| 図 117 | 1 号鏡（下 1/4）及び 3・4 号鏡（東から） | 95 |
| 図 118 | 1 号鏡（下 1/4）取り上げ後（東北東から） | 95 |
| 図 119 | 3・4 号鏡（東から） | 96 |
| 図 120 | 3 号鏡取り上げ後（東から） | 96 |
| 図 121 | 4 号鏡（東から） | 96 |
| 図 122 | 4 号鏡取り上げ後（北東から） | 96 |
| 図 123 | 5〜7 号鏡検出状態（東南東から） | 96 |
| 図 124 | 5〜7 号鏡（東から） | 96 |
| 図 125 | 7 号鏡取り上げ後（東南東から） | 96 |
| 図 126 | 6 号鏡取り上げ後（東から） | 96 |
| 図 127 | 5 号鏡（南東から） | 97 |
| 図 128 | 5 号鏡取り上げ後（東から） | 97 |
| 図 129 | 8・9 号鏡検出状態（東から） | 97 |
| 図 130 | 5〜11 号鏡（東から） | 97 |
| 図 131 | 8・9 号鏡（南南東から） | 98 |
| 図 132 | 8 号鏡取り上げ後（東から） | 98 |
| 図 133 | 10・11 号鏡検出状態（東から） | 98 |
| 図 134 | 10・11 号鏡（北東から） | 98 |
| 図 135 | 11〜16 号鏡（南東から） | 100 |
| 図 136 | 12〜15 号鏡（北から） | 100 |
| 図 137 | 15 号鏡（南東から） | 100 |
| 図 138 | 16 号鏡（南東から） | 100 |
| 図 139 | 西棺外鉄製品群（北群）（東から） | 101 |
| 図 140 | 鉄鏃 L 群（東から） | 101 |
| 図 141 | 鉄鏃 L 群取り上げ中（1）（東から） | 101 |
| 図 142 | 鉄鏃 L 群取り上げ中（2）（東から） | 101 |
| 図 143 | 西棺外刀剣槍類（北群）（北東から） | 103 |
| 図 144 | 西棺外刀剣槍類（北群）（南東から） | 103 |
| 図 145 | 槍 5・7・刀 12（東から） | 103 |
| 図 146 | 刀 1・2・11（東から） | 103 |
| 図 147 | 刀 14〜16・刺突具 3・鉄鏃 N・O 群（北東から） | 103 |
| 図 148 | 刀 15・16・刺突具 3・鉄鏃 N・O 群（北東から） | 103 |
| 図 149 | 刀 14・15・鉄鏃 N 群（南東から） | 103 |
| 図 150 | 不明鉄器 12（南東から） | 103 |
| 図 151 | 冑の一部（腰巻板 854）出土状態（北から） | 104 |
| 図 152 | 円頭鉄板 903・907 出土状態（北から） | 104 |
| 図 153 | 南棺外副葬品の出土状態（1） | 106 |
| 図 154 | 南棺外副葬品の出土状態（2） | 107 |
| 図 155 | 鏡の破損状態 | 108 |
| 図 156 | 鏡の傾きの角度と方向 | 111 |
| 図 157 | 画文帯神獣鏡（1） | 118 |
| 図 158 | 画文帯神獣鏡（2） | 119 |
| 図 159 | 1 号鏡（1） | 122 |
| 図 160 | 1 号鏡（2） | 123 |
| 図 161 | 2 号鏡（1） | 124 |
| 図 162 | 2 号鏡（2） | 125 |
| 図 163 | 3 号鏡（1） | 126 |
| 図 164 | 3 号鏡（2） | 127 |
| 図 165 | 4 号鏡（1） | 128 |
| 図 166 | 4 号鏡（2） | 129 |
| 図 167 | 5 号鏡（1） | 130 |
| 図 168 | 5 号鏡（2） | 131 |
| 図 169 | 6 号鏡（1） | 132 |
| 図 170 | 6 号鏡（2） | 133 |
| 図 171 | 7 号鏡（1） | 134 |
| 図 172 | 7 号鏡（2） | 135 |
| 図 173 | 8 号鏡（1） | 138 |
| 図 174 | 8 号鏡（2） | 139 |
| 図 175 | 9 号鏡（1） | 140 |
| 図 176 | 9 号鏡（2） | 141 |
| 図 177 | 10 号鏡（1） | 142 |
| 図 178 | 10 号鏡（2） | 143 |
| 図 179 | 11 号鏡（1） | 146 |
| 図 180 | 11 号鏡（2） | 147 |
| 図 181 | 12 号鏡（1） | 148 |
| 図 182 | 12 号鏡（2） | 149 |
| 図 183 | 13 号鏡（1） | 150 |
| 図 184 | 13 号鏡（2） | 151 |
| 図 185 | 14 号鏡（1） | 152 |
| 図 186 | 14 号鏡（2） | 153 |

| | | | | | | |
|---|---|---|---|---|---|---|
| 図187 | 15号鏡（1） | 154 | | 図237 | 鉄鏃（3） | 216 |
| 図188 | 15号鏡（2） | 155 | | 図238 | 鉄鏃（4） | 218 |
| 図189 | 16号鏡（1） | 156 | | 図239 | 鉄鏃（5） | 219 |
| 図190 | 16号鏡（2） | 157 | | 図240 | 鉄鏃（6） | 220 |
| 図191 | 17号鏡（1） | 158 | | 図241 | 鉄鏃（7） | 221 |
| 図192 | 17号鏡（2） | 159 | | 図242 | 鉄鏃（8） | 222 |
| 図193 | 18号鏡（1） | 162 | | 図243 | 鉄鏃計測凡例 | 223 |
| 図194 | 18号鏡（2） | 163 | | 図244 | 小札・円頭鉄板計測及び付着物凡例 | 226 |
| 図195 | 19号鏡（1） | 164 | | 図245 | 小札の幅と長さ | 226 |
| 図196 | 19号鏡（2） | 165 | | 図246 | 小札の長さ別点数 | 226 |
| 図197 | 20号鏡（1） | 166 | | 図247 | 小札の重ね方と綴じ方 | 227 |
| 図198 | 20号鏡（2） | 167 | | 図248 | 小札類（1） | 228 |
| 図199 | 21号鏡（1） | 168 | | 図249 | 小札類（2） | 229 |
| 図200 | 21号鏡（2） | 169 | | 図250 | 小札類（3） | 230 |
| 図201 | 22号鏡（1） | 170 | | 図251 | 小札類（4） | 231 |
| 図202 | 22号鏡（2） | 171 | | 図252 | 小札類（5） | 232 |
| 図203 | 23号鏡（1） | 174 | | 図253 | 小札類（6） | 233 |
| 図204 | 23号鏡（2） | 175 | | 図254 | 小札類（7） | 234 |
| 図205 | 24号鏡（1） | 176 | | 図255 | 小札類（8） | 235 |
| 図206 | 24号鏡（2） | 177 | | 図256 | 小札類（9） | 236 |
| 図207 | 25号鏡（1） | 178 | | 図257 | 小札類（10） | 237 |
| 図208 | 25号鏡（2） | 179 | | 図258 | 小札類（11） | 238 |
| 図209 | 26号鏡（1） | 180 | | 図259 | 小札類（12） | 239 |
| 図210 | 26号鏡（2） | 181 | | 図260 | 小札類（13） | 240 |
| 図211 | 27号鏡（1） | 182 | | 図261 | 小札類（14） | 241 |
| 図212 | 27号鏡（2） | 183 | | 図262 | 小札類（15） | 242 |
| 図213 | 28号鏡（1） | 184 | | 図263 | 小札類（16） | 243 |
| 図214 | 28号鏡（2） | 185 | | 図264 | 小札類（17） | 244 |
| 図215 | 29号鏡（1） | 186 | | 図265 | 小札類（18） | 245 |
| 図216 | 29号鏡（2） | 187 | | 図266 | 小札類（19） | 246 |
| 図217 | 30号鏡（1） | 188 | | 図267 | 小札類（20） | 247 |
| 図218 | 30号鏡（2） | 189 | | 図268 | 帯状鉄板（1） | 250 |
| 図219 | 31号鏡（1） | 190 | | 図269 | 帯状鉄板（2） | 251 |
| 図220 | 31号鏡（2） | 191 | | 図270 | 帯状鉄板（3） | 252 |
| 図221 | 32号鏡（1） | 192 | | 図271 | 円頭鉄板（1） | 255 |
| 図222 | 32号鏡（2） | 193 | | 図272 | 円頭鉄板（2） | 256 |
| 図223 | 33号鏡（1） | 194 | | 図273 | 円頭鉄板（3） | 257 |
| 図224 | 33号鏡（2） | 195 | | 図274 | 円頭鉄板（4） | 258 |
| 図225 | 刀（1） | 198 | | 図275 | 円頭鉄板の綴じ合わせ | 267 |
| 図226 | 刀（2） | 200 | | 図276 | 刀子計測凡例 | 267 |
| 図227 | 刀（3） | 202 | | 図277 | 刀子 | 268 |
| 図228 | 刀X線 | 203 | | 図278 | 鉇（1） | 270 |
| 図229 | 剣・槍（1） | 205 | | 図279 | 鉇（2） | 271 |
| 図230 | 槍（2） | 207 | | 図280 | 鉇計測凡例・模式図 | 272 |
| 図231 | 槍（3） | 208 | | 図281 | 斧（1） | 274 |
| 図232 | 槍（4） | 209 | | 図282 | 斧（2） | 275 |
| 図233 | 黒塚古墳出土鉄鏃型式分類 | 210 | | 図283 | 斧計測凡例 | 275 |
| 図234 | 柳葉式鉄鏃主要型式分類図 | 211 | | 図284 | 鎌 | 276 |
| 図235 | 鉄鏃（1） | 214 | | 図285 | 刺突具（1） | 277 |
| 図236 | 鉄鏃（2） | 215 | | 図286 | 刺突具（2） | 278 |

| | | |
|---|---|---|
| 図287 | 刺突具計測凡例 | 279 |
| 図288 | 不明鉄器・有機質製品 | 280 |
| 図289 | Y字形鉄製品・計測凡例 | 282 |
| 図290 | U字形鉄製品（1） | 284 |
| 図291 | U字形鉄製品（2） | 285 |
| 図292 | U字形鉄製品（3） | 286 |
| 図293 | 鉄製管計測凡例 | 287 |
| 図294 | U字形鉄製品・鉄製管写真 | 287 |
| 図295 | 土師器 | 287 |
| 図296 | 土器（1） | 288 |
| 図297 | 土器（2） | 289 |
| 図298 | 土器（3） | 290 |
| 図299 | 土器（4） | 291 |
| 図300 | 近世遺物 | 296 |
| 図301 | 中山大塚・黒塚・下池山各古墳棺槨の比較（模式図） | 298 |
| 図302 | 黒塚城縄張り図 | 303 |
| 図303 | 「同笵鏡」の出土位置 | 306 |
| 図304 | 鈕と鈕孔の鋳型 | 307 |
| 図305 | 銅鏡の鈕孔 | 308 |
| 図306 | 三角縁神獣鏡「同笵鏡」研磨の状況 | 308 |
| 図307 | 三角縁神獣鏡「同笵鏡」における文様の改変 | 309 |
| 図308 | 亀裂状の傷と面的な剝落傷 | 310 |
| 図309 | 同笵技法と同型技法の鋳型の傷の増加モデル | 311 |
| 図310 | 三角縁神獣鏡の鋳型のイメージ | 311 |
| 図311 | 三角縁神獣鏡をとりまく青銅器製作技術の相関図 | 311 |
| 図312 | 「仿製」三角縁神獣鏡の十字状の亀裂状笵傷と鈕孔の例 | |
| 図313 | 十字状の亀裂状傷 | 312 |
| 図314 | 素環頭大刀と直刀 | 316 |
| 図315 | 槍身に合わせた木製装具 | 316 |
| 図316 | 刃関双孔と改変 | 317 |
| 図317 | 装具の拡大写真 | 317 |
| 図318 | 黒塚古墳出土鉄鏃型式分類 | 318 |
| 図319 | 前期前半の鉄鏃 | 319 |
| 図320 | 鉄鏃分類 | 319 |
| 図321 | 鉄鏃の拡大写真 | 320 |
| 図322 | 冑復元品 | 322 |
| 図323 | 日本・中国出土小札を使用した甲冑 | 324 |
| 図324 | 石室内出土土器 | 326 |
| 図325 | 古墳出土大型刺突具 | 328 |
| 図326 | 平面構成の刺突具 | 328 |
| 図327 | Y字形鉄製品の類例 | 331 |
| 図328 | 三角縁神獣鏡研磨の写真 | 333 |
| 図329 | 石材写真 | 336 |
| 図330 | 石材被覆の石種 | 338 |
| 図331 | 石室四壁・礫敷きの石種 | 340 |
| 図332 | 天井部・排水溝の石種 | 341 |
| 図333 | 南海トラフの巨大地震年表 | 345 |
| 図334 | 黒塚古墳・その他の古墳の地震痕跡 | 345 |
| 図335 | 微小有機質遺体 | 350 |
| 図336 | 黒塚古墳の微小無機質遺体・遺物 | 351 |
| 図337 | Elemental Analyzerの構造図と朱サンプル導入部分 | 355 |
| 図338 | №71 顔料主成分分布（鉛直方向） | 358 |
| 図339 | 柱状サンプル№71の断面元素MAP | 358 |
| 図340 | 粘土棺床元素分布MAP | 358 |
| 図341 | 粘土棺床（№54）に確認されたパイプ状ベンガラ | 358 |
| 図342 | 銅鏡に付着した繊維（1） | 360 |
| 図343 | 銅鏡に付着した繊維（2） | 361 |
| 図344 | 銅鏡に付着した繊維（3） | 362 |
| 図345 | U字形鉄製品に付着した繊維 | 363 |
| 図346 | Y字形鉄製品1に付着した繊維（1） | 364 |
| 図347 | Y字形鉄製品1に付着した繊維（2） | 365 |
| 図348 | Y字形鉄製品2に付着した繊維（1） | 365 |
| 図349 | Y字形鉄製品2に付着した繊維（2） | 366 |
| 図350 | 刀剣に付着した繊維（1） | 367 |
| 図351 | 刀剣に付着した繊維（2） | 368 |
| 図352 | 小札に付着した繊維（1） | 369 |
| 図353 | 小札に付着した繊維（2） | 370 |
| 図354 | 小札に付着した繊維（3） | 371 |
| 図355 | 小札に付着した繊維（4） | 372 |
| 図356 | 小札に付着した繊維（5） | 373 |
| 図357 | 小札に付着した繊維（6） | 374 |
| 図358 | 動物毛のSEM像 | 375 |
| 図359 | 資料写真と観察画像（1） | 375 |
| 図360 | 資料写真と観察画像（2） | 376 |
| 図361 | サンプル採取箇所と木取り模式図 | 377 |
| 図362 | 樹種顕微鏡写真 | 378 |
| 図363 | 蛍光X線分析における資料設置の様子 | 380 |
| 図364 | 3号鏡における蛍光X線スペクトル | 380 |
| 図365 | 28号鏡における分析位置 | 380 |
| 図366 | 画文帯神獣鏡にみられる赤色顔料 | 380 |
| 図367 | 画文帯神獣鏡赤色部における蛍光X線スペクトル | 381 |
| 図368 | Cu-Sn 二元系合金状態図 | 381 |
| 図369 | Cu-23.5Sn-3Pb 鋳造合金の金属組織 | 381 |
| 図370 | マイクロスコープによる金属組織の直接観察 | 381 |
| 図371 | 黒塚古墳出土鏡の金属組織（1） | 384 |
| 図372 | 黒塚古墳出土鏡の金属組織（2） | 385 |
| 図373 | 黒塚古墳出土鏡の金属組織（3） | 386 |
| 図374 | Cu-x%Sn-5%Pb 鋳造合金の金属組織 | 386 |
| 図375 | 金属組織から推定した黒塚古墳出土鏡のSn/(Cu+Sn) wt.% | 386 |
| 図376 | SPring-8エネルギー分散型蛍光X線スペクトロメーター（BL19B2） | 387 |
| 図377 | 1号鏡の放出蛍光X線スペクトル | 388 |
| 図378 | 黒塚古墳出土鏡Sb/Sn・Ag/Sn値分布状況 | 390 |
| 図379 | 泉屋博古館蔵鏡との比較 | 390 |
| 図380 | 「同笵鏡」の分布状況 | 390 |

| | | | |
|---|---|---|---|
| 図381 | 蛍光X線スペクトル ……………………392 | 図384 | 埋葬施設の構築過程 ……………………398 |
| 図382 | 墳丘推定復元図 …………………………394 | 図385 | 副葬品の原位置及び移動パターン模式図 …………401 |
| 図383 | 木棺の想定復元 …………………………397 | 図386 | 副葬品の出土分布 ………………………403 |

# 表 目 次

| | | | |
|---|---|---|---|
| 表1 | 墳丘盛土土色・土質分類一覧表 ………………25 | 表26 | 「同笵鏡」の研磨 …………………………308 |
| 表2 | 墓壙壁斜面計測表 …………………………40 | 表27 | 武器の出土数 ………………………………314 |
| 表3 | 墓壙埋土一覧表 ……………………………44 | 表28 | 小札出土古墳一覧 …………………………323 |
| 表4 | 排水溝・作業道埋土一覧表 ……………49-50 | 表29 | 小札革綴冑比較 ……………………………324 |
| 表5 | 粘土棺床凹み計測表 ………………………54 | 表30 | 石材被覆の石材の石種とその粒径 ………342 |
| 表6 | 副葬品の出土位置 …………………………69 | 表31 | 石室東西壁の石材の石種とその粒径 ……342 |
| 表7 | 鉄鏃各群の出土位置と数量（取り上げ時） …71 | 表32 | 石室南北壁の石材の石種とその粒径 ……343 |
| 表8 | 銅鏡出土位置一覧表 ………………………109 | 表33 | 石室壁石の石材の石種とその粒径 ………343 |
| 表9 | 刀剣槍類出土位置一覧表 …………………114 | 表34 | 礫敷きの石材の石種とその粒径 …………343 |
| 表10 | 銅鏡一覧表 …………………………………120 | 表35 | 排水溝の石材の石種とその粒径 …………343 |
| 表11 | 刀計測表 ……………………………………203 | 表36 | 遺跡出土朱の硫黄同位体比δ値の分析結果（奈良県） |
| 表12 | 剣計測表 ……………………………………203 | | ………………………………………………356 |
| 表13 | 槍計測表 ……………………………………208 | 表37 | 蛍光X線分析　測定条件 …………………358 |
| 表14 | 黒塚古墳出土鉄鏃群型式出土数一覧 ……212 | 表38 | SEM-EDX　測定条件 ……………………358 |
| 表15 | 鉄鏃計測表 ……………………………223-224 | 表39 | 粘土棺床表面　元素分析結果 ……………358 |
| 表16 | 小札計測表 ……………………………260-266 | 表40 | 小札付着繊維一覧表 ……………………368-369 |
| 表17 | 刀子計測表 …………………………………267 | 表41 | 調査資料一覧 ………………………………374 |
| 表18 | 鉇計測表 ……………………………………272 | 表42 | 28号鏡表面のXRFによる定量分析 ………380 |
| 表19 | 斧計測表 ……………………………………275 | 表43 | 黒塚古墳出土鏡計測データ ………………389 |
| 表20 | 刺突具計測表 ………………………………279 | 表44 | 蛍光X線分析　測定条件 …………………392 |
| 表21 | U字形鉄製品（鉄製管）計測表 …………287 | 表45 | 検出5元素によるFP法半定量分析結果（wt%） ……392 |
| 表22 | 土器観察表 ……………………………291-295 | 表46 | 黒塚古墳鏡の主成分（Cu、Sn、Pb）による分析結果(wt%) |
| 表23 | 中山大塚・黒塚・下池山各古墳棺槨の比較 …299 | | ………………………………………………392 |
| 表24 | 銅鏡10面以上を出土した前期古墳 ………306 | 表47 | 黒塚古墳副葬品一覧 ………………………404 |
| 表25 | 「同笵鏡」を複数出土する古墳 …………306 | | |

# 図版目次

PL. 1　航空写真
　　黒塚古墳（左手前）・行燈山古墳（中央奥）（西上空から）
PL. 2　航空写真
　（1）大和古墳群全景（北上空から）
　（2）墳丘全景（南上空から）
PL. 3　航空写真
　（1）墳丘全景（1978.9）（東上空から）
　（2）墳丘全景（1998.4）（上空から・左が北）
　（3）墳丘全景（2017.6）（上空から・左が北）
PL. 4　墳丘
　（1）後円部調査前（西から）
　（2）前方部調査前（東から）
　（3）2区（後円部北斜面）（北から）
　（4）4区（後円部南斜面）（南東から）
　（5）6区（前方部中軸線上）（西から）
　（6）8区（前方部南斜面）（南東から）
　（7）9区（前方部前端）（西から）
　（8）10区（前方部北斜面）（東から）
PL. 5　埋葬施設
　（1）墓壙埋土土層断面と石室粘土被覆の検出（西から）
　（2）旧トレンチと盗掘坑の検出（南から）
　（3）旧トレンチと盗掘坑の土層断面（西から）
　（4）墓壙南側墳丘断ち割り W0.3m 土層断面（北西から）
　（5）墓壙北側墳丘断ち割り W0.3m 土層断面（南西から）
　（6）石垣と石組溝（西から）
PL. 6　埋葬施設
　（1）墓壙と竪穴式石室の検出（南から）
　（2）墓壙全景（北から）
　（3）墓壙全景（南から）
PL. 7　埋葬施設
　（1）竪穴式石室の自然崩壊に伴う石材の落下状態（北から）
　（2）同（北西から）
　（3）同（北東から）
　（4）同　N2.0m ライン付近（北から）
　（5）石室南側天井部の遺存状態（北から）
PL. 8　埋葬施設
　　竪穴式石室全景及び副葬品出土状態（下が北）
PL. 9　埋葬施設
　（1）石室南側の粘土被覆と石材被覆（北から）
　（2）竪穴式石室（北から）
PL. 10　埋葬施設
　（1）竪穴式石室全景（北から）
　（2）粘土棺床と壁体（北東から）
PL. 11　埋葬施設
　（1）石室北壁

　（2）石室南壁
　（3）粘土棺床北小口（南から）
　（4）粘土棺床南小口（北から）
　（5）石室南壁付近の天井部
PL. 12　埋葬施設
　（1）東壁壁面下段にみられる充填粘土（西から）
　（2）N3-2m 間 西壁断ち割り（礫敷き・バラス敷き）（西から）
　（3）同左（礫敷き除去後）（西から）
　（4）N4-3m 間 東壁断ち割り（北東から）
PL. 13　埋葬施設
　（1）W0.3-0m 間 粘土棺床断ち割り（南東から）
　（2）同左（南東から）
　（3）N2.5m 付近での粘土棺床内のベンガラ塗布状況（南から）
　（4）N4-3m 間 粘土棺床断ち割り（東から）
　（5）粘土棺床・基台東西断面（N3m）（北から）
PL. 14　埋葬施設
　（1）排水溝と作業道の検出（西から）
　（2）排水溝と作業道（西から）
　（3）排水溝と作業道（西から）
PL. 15　埋葬施設
　（1）排水溝（西から）
　（2）排水溝掘り方土層断面（W11m）（東から）
　（3）排水溝（南西から）
　（4）排水溝・作業道土層断面（W6m）（西から）
　（5）排水溝・作業道土層断面（W7m）（北東から）
　（6）作業道土層断面（W22.2m）（西から）
　（7）作業道土層断面（N3.2m）（南から）
PL. 16　副葬品出土状態
　（1）石室中央部（北から）
　（2）石室北半部（右が北）
PL. 17　副葬品出土状態
　（1）石室北半部（北から）
　（2）石室北半部（南から）
　（3）棺内（南から）
PL. 18　副葬品出土状態
　（1）北棺外（南から）
　（2）北棺外　U字形鉄製品・刺突具1・2（南西から）
PL. 19　副葬品出土状態
　（1）東棺外（北西から）
　（2）東棺外　18～21号鏡（南西から）
　（3）東棺外　24～29号鏡付近（北西から）
　（4）27～32号鏡・鉄鏃G・H群付近（南から）
PL. 20　副葬品出土状態

（1）東棺外　18〜32号鏡・鉄製品類（西から）
（2）東棺外　26・27号鏡・鉄製品類（西から）
（3）東棺外　槍9・10（装具）（西から）
（4）東棺外　鉄製品類（西から）
（5）東棺外　Y字形鉄製品1（西から）
（6）東棺外　槍9・10・12付近（西から）

PL. 21　副葬品出土状態
（1）西棺外　1号鏡（北東から）
（2）西棺外　1〜7号鏡・木棺材（東から）
（3）西棺外　8・9号鏡付近・木棺材（東から）
（4）西棺外　33号鏡（北東から）
（5）棺内及び西棺外　1〜16号鏡・鉄製品類（東から）

PL. 22　副葬品出土状態
（1）西棺外　1〜7号鏡付近（北東から）
（2）西棺外　鉄鏃L群（東から）
（3）西棺外　鉄製品類（北東から）
（4）西棺外　南群（刀14〜16）（北東から）

PL. 23　副葬品出土状態
（1）西棺外　1〜16号鏡・鉄製品類（東から）
（2）西棺外　粘土棺床内斜面に落ち込んだ槍柄漆膜（東から）
（3）南棺外（北から）
（4）南棺外　土師器1〜3（北から）
（5）南棺外　石室南東隅小札類（北西から）
（6）南棺外　石室南西隅小札類（北東から）

PL. 24　副葬品（銅鏡）　画文帯神獣鏡（1）
PL. 25　副葬品（銅鏡）　画文帯神獣鏡（2）
PL. 26　副葬品（銅鏡）　三角縁神獣鏡　1号鏡（1）
PL. 27　副葬品（銅鏡）　三角縁神獣鏡　1号鏡（2）
PL. 28　副葬品（銅鏡）　三角縁神獣鏡　2号鏡（1）
PL. 29　副葬品（銅鏡）　三角縁神獣鏡　2号鏡（2）
PL. 30　副葬品（銅鏡）　三角縁神獣鏡　3号鏡（1）
PL. 31　副葬品（銅鏡）　三角縁神獣鏡　3号鏡（2）
PL. 32　副葬品（銅鏡）　三角縁神獣鏡　4号鏡（1）
PL. 33　副葬品（銅鏡）　三角縁神獣鏡　4号鏡（2）
PL. 34　副葬品（銅鏡）　三角縁神獣鏡　5号鏡（1）
PL. 35　副葬品（銅鏡）　三角縁神獣鏡　5号鏡（2）
PL. 36　副葬品（銅鏡）　三角縁神獣鏡　6号鏡（1）
PL. 37　副葬品（銅鏡）　三角縁神獣鏡　6号鏡（2）
PL. 38　副葬品（銅鏡）　三角縁神獣鏡　7号鏡（1）
PL. 39　副葬品（銅鏡）　三角縁神獣鏡　7号鏡（2）
PL. 40　副葬品（銅鏡）　三角縁神獣鏡　8号鏡（1）
PL. 41　副葬品（銅鏡）　三角縁神獣鏡　8号鏡（2）
PL. 42　副葬品（銅鏡）　三角縁神獣鏡　9号鏡（1）
PL. 43　副葬品（銅鏡）　三角縁神獣鏡　9号鏡（2）
PL. 44　副葬品（銅鏡）　三角縁神獣鏡　10号鏡（1）
PL. 45　副葬品（銅鏡）　三角縁神獣鏡　10号鏡（2）
PL. 46　副葬品（銅鏡）　三角縁神獣鏡　11号鏡（1）
PL. 47　副葬品（銅鏡）　三角縁神獣鏡　11号鏡（2）
PL. 48　副葬品（銅鏡）　三角縁神獣鏡　12号鏡（1）
PL. 49　副葬品（銅鏡）　三角縁神獣鏡　12号鏡（2）
PL. 50　副葬品（銅鏡）　三角縁神獣鏡　13号鏡（1）
PL. 51　副葬品（銅鏡）　三角縁神獣鏡　13号鏡（2）
PL. 52　副葬品（銅鏡）　三角縁神獣鏡　14号鏡（1）
PL. 53　副葬品（銅鏡）　三角縁神獣鏡　14号鏡（2）
PL. 54　副葬品（銅鏡）　三角縁神獣鏡　15号鏡（1）
PL. 55　副葬品（銅鏡）　三角縁神獣鏡　15号鏡（2）
PL. 56　副葬品（銅鏡）　三角縁神獣鏡　16号鏡（1）
PL. 57　副葬品（銅鏡）　三角縁神獣鏡　16号鏡（2）
PL. 58　副葬品（銅鏡）　三角縁神獣鏡　17号鏡（1）
PL. 59　副葬品（銅鏡）　三角縁神獣鏡　17号鏡（2）
PL. 60　副葬品（銅鏡）　三角縁神獣鏡　18号鏡（1）
PL. 61　副葬品（銅鏡）　三角縁神獣鏡　18号鏡（2）
PL. 62　副葬品（銅鏡）　三角縁神獣鏡　19号鏡（1）
PL. 63　副葬品（銅鏡）　三角縁神獣鏡　19号鏡（2）
PL. 64　副葬品（銅鏡）　三角縁神獣鏡　20号鏡（1）
PL. 65　副葬品（銅鏡）　三角縁神獣鏡　20号鏡（2）
PL. 66　副葬品（銅鏡）　三角縁神獣鏡　21号鏡（1）
PL. 67　副葬品（銅鏡）　三角縁神獣鏡　21号鏡（2）
PL. 68　副葬品（銅鏡）　三角縁神獣鏡　22号鏡（1）
PL. 69　副葬品（銅鏡）　三角縁神獣鏡　22号鏡（2）
PL. 70　副葬品（銅鏡）　三角縁神獣鏡　23号鏡（1）
PL. 71　副葬品（銅鏡）　三角縁神獣鏡　23号鏡（2）
PL. 72　副葬品（銅鏡）　三角縁神獣鏡　24号鏡（1）
PL. 73　副葬品（銅鏡）　三角縁神獣鏡　24号鏡（2）
PL. 74　副葬品（銅鏡）　三角縁神獣鏡　25号鏡（1）
PL. 75　副葬品（銅鏡）　三角縁神獣鏡　25号鏡（2）
PL. 76　副葬品（銅鏡）　三角縁神獣鏡　26号鏡（1）
PL. 77　副葬品（銅鏡）　三角縁神獣鏡　26号鏡（2）
PL. 78　副葬品（銅鏡）　三角縁神獣鏡　27号鏡（1）
PL. 79　副葬品（銅鏡）　三角縁神獣鏡　27号鏡（2）
PL. 80　副葬品（銅鏡）　三角縁神獣鏡　28号鏡（1）
PL. 81　副葬品（銅鏡）　三角縁神獣鏡　28号鏡（2）
PL. 82　副葬品（銅鏡）　三角縁神獣鏡　29号鏡（1）
PL. 83　副葬品（銅鏡）　三角縁神獣鏡　29号鏡（2）
PL. 84　副葬品（銅鏡）　三角縁神獣鏡　30号鏡（1）
PL. 85　副葬品（銅鏡）　三角縁神獣鏡　30号鏡（2）
PL. 86　副葬品（銅鏡）　三角縁神獣鏡　31号鏡（1）
PL. 87　副葬品（銅鏡）　三角縁神獣鏡　31号鏡（2）
PL. 88　副葬品（銅鏡）　三角縁神獣鏡　32号鏡（1）
PL. 89　副葬品（銅鏡）　三角縁神獣鏡　32号鏡（2）
PL. 90　副葬品（銅鏡）　三角縁神獣鏡　33号鏡（1）
PL. 91　副葬品（銅鏡）　三角縁神獣鏡　33号鏡（2）
PL. 92　副葬品（武器）　刀剣槍類（1）
PL. 93　副葬品（武器）　刀剣槍類（2）
PL. 94　副葬品（武器）　刀剣槍類（3）
PL. 95　副葬品（武器）　刀剣槍類（4）
PL. 96　副葬品（武器）　刀剣槍類（5）
PL. 97　副葬品（武器）　刀剣槍類（6）
PL. 98　副葬品（武器）　鉄鏃（1）

PL. 99　副葬品（武器）　鉄鏃（2）
PL. 100　副葬品（武器）　鉄鏃（3）
PL. 101　副葬品（武器）　鉄鏃（4）
PL. 102　副葬品（武器）　鉄鏃（5）
PL. 103　副葬品（武器）　鉄鏃（6）
PL. 104　副葬品（武器）　鉄鏃（7）
PL. 105　副葬品（武器）　鉄鏃（8）
PL. 106　副葬品（武器）　鉄鏃（9）
PL. 107　副葬品（武器）　鉄鏃（10）
PL. 108　副葬品（武器）　鉄鏃（11）
PL. 109　副葬品（武具）　甲冑類（1）
PL. 110　副葬品（武具）　甲冑類（2）
PL. 111　副葬品（武具）　甲冑類（3）
PL. 112　副葬品（武具）　甲冑類（4）
PL. 113　副葬品（武具）　甲冑類（5）
PL. 114　副葬品（武具）　甲冑類（6）
PL. 115　副葬品（武具）　甲冑類（7）
PL. 116　副葬品（武具）　甲冑類（8）
PL. 117　副葬品（武具）　甲冑類（9）
PL. 118　副葬品（武具）　甲冑類（10）
PL. 119　副葬品（武具）　甲冑類（11）
PL. 120　副葬品（武具）　甲冑類（12）
PL. 121　副葬品（武具）　甲冑類（13）
PL. 122　副葬品（武具）　甲冑類（14）
PL. 123　副葬品（武具）　甲冑類（15）
PL. 124　副葬品（武具）　甲冑類（16）
PL. 125　副葬品（武具）　甲冑類（17）
PL. 126　副葬品（武具）　甲冑類（18）
PL. 127　副葬品（武具）　甲冑類（19）
PL. 128　副葬品（武具）　甲冑類（20）
PL. 129　副葬品（武具）　甲冑類（21）
PL. 130　副葬品（武具）　甲冑類（22）
PL. 131　副葬品（武具）　甲冑類（23）
PL. 132　副葬品（武具）　甲冑類（24）
PL. 133　副葬品（武具）　甲冑類（25）
PL. 134　副葬品（武具）　甲冑類（26）
PL. 135　副葬品（武具）　甲冑類（27）
PL. 136　副葬品（武具）　甲冑類（28）
PL. 137　副葬品（農工具類）　刀子・不明鉄器
PL. 138　副葬品（農工具類）　鉇
PL. 139　副葬品（農工具類）　鎌・斧
PL. 140　副葬品（農工具類）　刺突具（1）
PL. 141　副葬品（農工具類）　刺突具（2）
PL. 142　副葬品（威儀具）　Y字形鉄製品（1）
PL. 143　副葬品（威儀具）　Y字形鉄製品（2）
PL. 144　副葬品（威儀具）　U字形鉄製品（1）
PL. 145　副葬品（威儀具）・木棺材　U字形鉄製品（2）・木棺材
PL. 146　副葬品（土器）・墳丘出土遺物（土器）
PL. 147　墳丘出土遺物（土器）
PL. 148　墳丘出土遺物（土器）
PL. 149　墳丘出土遺物（土器・瓦）

# 第Ⅰ部　調査編

## 第1章　調査の経緯

### 第1節　調査の目的

　奈良盆地東南部に展開する前期古墳群は、古墳時代開始当初から前期後葉までの王権中枢の支配者層によって営まれたと考えられている。このうちとくに古墳の分布が集中する天理市萱生町、成願寺町一帯から桜井市箸中、太田一帯にかけての古墳群は、かつては萱生（大和）古墳群、柳本古墳群、纒向（箸中・三輪）古墳群として別個に、あるいは前二者を萱生（大和）・柳本古墳群として一括りにするなどして把握されてきたが、1990年代頃から全体を大和古墳群として包括的に捉え、さらには初瀬川以南の鳥見（山）古墳群までも包括する考え方が提唱されるようになった。古墳群を分断的にとらえず、初期王権の政治的センターとしての纒向遺跡と、その周辺に展開する墓域としての古墳群を有機的関係でとらえる立場である（第Ⅰ部第2章第2節）。

　これらの古墳群の実態解明は日本考古学上の重要課題であり、橿原考古学研究所では櫛山古墳（1948年）、桜井茶臼山古墳（1949・50年）、メスリ山古墳（1959年）、大和天神山古墳（1960年）をはじめ、各古墳の発掘調査を実施してきた。1976〜77年には「古代飛鳥磯城地方の綜合学術研究」の一環として23基の古墳の測量調査を実施し、大和古墳群を構成する前方後円（方）墳すべての墳丘測量図を整備した。

　こうした各種調査の成果は1980年代における前方後円墳の成立をめぐる議論の活発化に大いに寄与したが、なお個別の古墳については墳丘や外表施設、埋葬施設の構造、副葬品の内容といった全体的な状況が総合的に明らかにされた事例が依然として少なく、その知見は断片的なものにとどまっていた。明確な問題意識をもって個別の古墳の総合的な実態解明を目指す学術調査の実施が待たれたのである。そこで、橿原考古学研究所を中心に県教育委員会、天理市教育委員会・桜井市教育委員会、外部の有識者等で構成される大和古墳群学術調査委員会が組織され、8ヶ年計画で継続的な古墳の発掘調査が実施されることとなった。なお、大和古墳群学術調査委員会が調査対象とした大和古墳群の範囲は、古墳分布がもっとも集中する天理市萱生町、成願寺町一帯から桜井市箸中、太田一帯にかけての古墳群を包括的に捉えたものである。

　大和古墳群学術調査委員会による発掘調査は以下の4基の古墳を対象に、1993年から2000年まで実施された。

　　中山大塚古墳（天理市中山町）　　1993〜1994年調査
　　下池山古墳（天理市成願寺町）　　1995〜1997年調査
　　黒塚古墳（天理市柳本町）　　　　1997〜1999年調査
　　ホケノ山古墳（桜井市箸中）　　　1999〜2000年調査

　黒塚古墳に先立って発掘調査を実施した中山大塚古墳では、後円部2段、前方部1段の特異な段構成や、不定型な造り出し状の突出部を有する初期前方後円墳の墳丘形態が明らかにされ、大規模な墓壙内に構築された初期の竪穴式石室に関する詳細な情報が得られた。同一の古墳において宮山型特殊器台・都月型埴輪・円筒埴輪が共伴することがはじめて確認されたことも大きな成果である。続いて発掘調査を実施した下池山古墳では、前期前方後方墳の墳丘構築法や葺石の実態が明らかにされるとともに、奈良盆地東南部における完成期の竪穴式石室についての詳細な知見が得られた。加えて、竪穴式石室内に割竹形木棺が良好な状態で遺存していたことや、竪穴式石室とは別に大型仿製鏡を埋納するための小石室を発見したことも古墳研究上の大きな成果である。黒塚古墳についても、これらと同等あるいはそれ以上の調査知見を得るべく、2ヶ年の調査計画が立案されるにいたった。

### 第2節　調査の方法

　座標系の設定と測量　1982年の測量図をもとに後円部中心と推定した位置を基点とし、墳丘主軸ラインをEW軸、それに直交するラインをNS軸とする局地座標系を設定した［図1］。基点の座標はX=-160,080.927、Y=-14,122.214で、局地座標北は日本測地系の座標北に対して西にN1°28′41″振れている。座標はその基点を「0, 0」とし、たとえばそこから東へ2.5mの点は「0, E2.5m」、そこからさらに北へ5mの点は「N5.0m, E2.5m」というように、基点からの方向と距離で表記した。竪穴式石室の検出が進んだ時点で再検討した結果、石室の中心点がN1.0m, W0.3mであると判明したことから、墳丘を基準として設定したこの座標がそのまま竪穴式石室の調査においても使用可能であると判断し、最終的に埋葬施設のための独自の局地座標系は設定しなかった。

　掘り下げに先立ち、支障樹木の伐採や草刈り作業を進めながら、現況での墳丘測量を実施した。等高線は25cm間隔とし、必要に応じて12.5cm間隔の補助等高線を加えた。測量対象範囲は公園整備で設けられた護岸用の土坡までとし、天理市都市整備課が1993年に作成した柳本公園現況平面図と合成した。

第Ⅰ部　調査編

　**調査区の設定**　発掘調査は2ヶ年計画とし、平成9年度の第4次調査は後円部、平成10年度の第5次調査は前方部を中心に調査区を設けることとした。

　第4次調査では、後円部墳頂に設けた調査区を1区とした。1区は、局地座標に合わせて4m方眼を1単位とする区画に分け、各境界線上に土層観察用の畦を設定した。また、後円部北・東・南・西斜面にそれぞれ幅2mのトレンチを設定し、順に2～5区とした。発掘調査の進捗とともに石室内に多量の副葬品が残されていることが判明し、1区の調査に専念する必要性が生じたため、第4次調査では2区のみ調査を完了し、3～5区はすでに掘り下げを進めた部分をいったん埋め戻し、次年度に調査を完了することとした。

　第5次調査では、後円部東・南斜面の3・4区に加え、後円部西斜面の5区をくびれ部にかけて拡張した。また、前方部主軸上に6区、前方部前面に7・9区、前方部南斜面に8区、北斜面に10・11区のそれぞれ幅2mを基本とするトレンチを設けた。

　**埋葬施設の調査（1区）**　後円部墳頂に設けた1区では、埋葬施設の構造や構築・埋葬過程、副葬品組成や配置状態等の解明を目的とした調査を行った。盗掘坑の完掘、石室内流入土の除去を行うとともに、副葬品の検出及び取り上げ、断ち割りを伴う埋葬施設の構造調査等を実施した。掘削はすべて人力で行い、補助的にベルトコンベアーを利用した。また、掘り下げ時の細かな作業には乾湿両用の電気掃除機を活用した。写真撮影は人工光を併用して行い、重要と思われるカットについては適宜専門の写真家に撮影を依頼した。

　床面付近に多数の副葬品が未攪乱の状態で遺存することが判明した後は、すでに攪乱を受けている石室南端付近の鉄製品類については記録を作成して順次取り上げを行い、それ以外は出土状態を保持した状態で一般公開を行う方針とした。そのため、石室を覆う大型テントを設置し、荒天に備えるとともに休日返上の体制を取った。また、防犯上の観点から赤外線センサーと監視カメラを要所に設置するとともに、県警本部文化財保安官、天理警察署と連携し、銅鏡等の取り上げが完了するまでは柳本公民館に毎夜2名以上の監視者を置いて、不測の事態に対処することとした。

　現場担当者と保存科学担当者が連携し、出土遺物それぞれの材質的な特性や保存状態に応じた対応を取った。銅鏡については、現場で露出する面がほぼ例外なく鏡面側であったことから、金属に接して遺存が想定される繊維等の微細な資料を確実に回収するために、鏡面側の土を厚さ2cmほど掘り残し、それを保存科学担当者がステンレス薄板を用いて塊で採取した。土を採取した後の鏡面は、ベンゾトリアゾール（防錆材）0.2％水溶液を洗浄瓶で散布した上で、表面保護のためポリ塩化ビニリデンフィルムで包み、さらにその上から医療用ギプスで固定した。鉄製品の多くは周囲の土を巻き込んで互いに錆着していたため、純水で洗浄して除去可能な土を取り除き、保護のため銅鏡と同様にポリ塩化ビニリデンフィルムと医療用ギプスで固定した。

　銅鏡の取り上げは竹ピンセット等を使用して、可能な限り周囲の土とともに取り上げた。土はただちに橿原考古学研究所保存科学棟においてX線撮影を行い、微細な破片の回収に万全を期した。鉄製品は錆着した塊ごとにパラロイドNAD10アクリル樹脂で固めて取り上げを行った。

　埋葬施設構造の詳細を明らかにするため、石室の崩壊が著しい部分を選んで東西方向に2ヶ所の断ち割りを行い、また床面の2ヶ所に南北方向の小規模な断ち割りを設けた。粘土棺床については、プラスチック製シリンジを加工した専用器具を製作し、コアのサンプリングを実施した。このほか、調査の進行段階に応じて、各種の自然科学的分析用のサンプル採取を行った。

　**墳丘の調査（2～11区）**　墳丘外表の構造及び墳丘の築成状況を確認するためにトレンチ調査を実施した。結果的に、いずれのトレンチにおいても古墳築造時の墳丘表面の遺存は

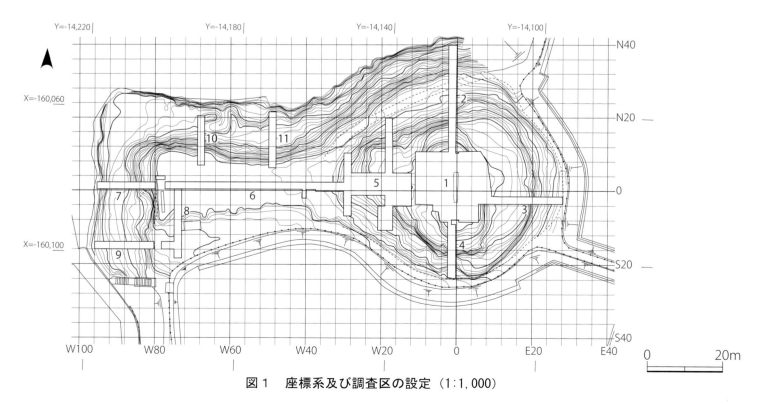

図1　座標系及び調査区の設定（1:1,000）

確認できず、葺石・埴輪等の再堆積も存在しないことが判明したため、2〜4及び6〜11区では墳丘構築法の解明のために土層断面観察に比重を置いた。後円部西斜面からくびれ部にかけて設定した5区は、第4次調査で確認された墓壙西側に延びる作業道及び排水溝の延長部分が検出されたため、当初設定したトレンチを適宜拡張し、作業道・排水溝の構造に関する調査を実施した。なお、前方部北斜面に設定した11区は、関西地方に大きな被害をもたらした1998年台風第7号により崩壊したことから、危険防止のためやむをえず調査の完了を待たずに埋め戻した。

発掘現場の一般公開　第4次調査では、副葬品の出土状態の一般公開にかかる現地説明会を、1998年1月16日から3日間開催し、3万人を超える見学者があった。これとは別に、石室調査状況の一般公開を1998年4月4日から12日まで断続的に7日間実施し、約8000名の見学者があった。第5次調査では、1999年1月24日に現地説明会を開催し、約600名の見学者があった。

## 第3節　調査の経過

### 1　黒塚古墳に対する考古学的な調査

黒塚古墳に対する考古学的な調査としては、今回報告する第4・5次調査までに測量調査も含めて3次にわたる調査が実施されている。また、第5次調査後に史跡整備に伴う調査が実施されている。

第1次調査　1961年8月7日から17日にかけて、児童公園設置に伴う墳形測量と部分的なトレンチ調査を橿原考古学研究所が実施した［伊達ほか1963］。測量の結果、墳丘は3段築成で、規模に全長130m、後円部径75m、前方部幅60mとされた。また、東南から西北に向かって下がる傾斜地形に合わせて、周濠を渡り堤で区切る築造方法がとられたと判断された。後円部北西側に方形の張り出しが設けられるなど後世の改変も認められ、中世の城郭に関連するものと推定されている。トレンチ調査では前方部に埋葬施設は確認されず、埴輪や葺石はまったくみられなかった。

第2次調査　1982年1月29日から3月14日にかけて、橿原考古学研究所が墳丘の再測量調査を実施した［今尾ほか1983］。磯城・磐余地域における悉皆的な前方後円墳測量調査が実施されるなど、奈良盆地東南部の前期古墳群の形成過程に対する関心が高まる中で、黒塚古墳についても新たな見解［石野1976］が示されたことが契機となったものである。測量の結果、古墳の規模は全長127.5m、後円部径68m、前方部幅51m、後円部高約9.3m、前方部高約5mの数値が示された。墳丘の段構成は後円部3段、前方部2段と判断された。また、前方部の形状について、前方部端が開く撥形の形状をとることが指摘された。周濠の形態については、北側半分が鍵穴形、南側半分が盾形の非対称プランが想定されている。また、葺石、埴輪は当初から存在しなかったと推定された。

第3次調査　1988年12月12日から28日までと、1989年10月13日から11月2日にかけて、天理市教育委員会による墳丘裾部のトレンチ調査が実施された［泉・青木1992］。北池・内堀に面する墳丘裾部の浸食が進んだことから、都市公園整備の一環として護岸工事が実施されることになり、それに先だって行われた調査である。北池側に4本、内堀側に13本のトレンチが設けられた。全体に墳丘の残存状況は良好ではなかったが、いくつかのトレンチでは墳丘裾部と古墳造営時の基盤層が検出されている。これらを総合した所見として、後円部の直径は70m以上になる可能性が高く、また撥形とされた前方部の開きは極端な開き方にはならないことが想定された。わずかであるが須恵質のものを含む円筒埴輪の小片が出土したが、黒塚古墳に伴うものとは考えられなかった。また古墳の基盤層は地山とそれを厚く覆う弥生後期終末から布留式初頭の土器包含層からなり、墳丘下に古墳築造以前の集落の存在が想定された。

史跡整備に伴う調査　今回報告する第4・5次調査の結果を受けて、黒塚古墳は2001年に史跡指定された。これを踏まえて、史跡の保存・活用のための整備事業が立案され、2004年に整備工事に伴う墳丘北側裾部のトレンチ調査が行われた［泉ほか2005］。

### 2　第4次調査

第4次調査は1997年8月11日から開始し、1998年4月30日まで実施した。以下、作業の経過について抄録する。

基準杭の設定と墳形測量　1997年8月11日、調査員岡林・泉の2名で草刈り、支障木の伐採作業に着手した。18日から宮原が加わり、調査員3名体制となる。この日、墳丘北東部の渡り堤上にプレハブ2×3間の仮設事務所［図13］を設置し、順次調査用機材を搬入した。また、杭打ち作業に入り、並行して墳丘測量を開始した。

旧トレンチ・盗掘坑の検出と掘り下げ　8月21日、後円部墳頂部の現況写真を撮影し、25日からベルコンを設置し掘り下げを開始。26日、表土直下で1961年の第1次調査時に後円部に設けられた旧トレンチを平面検出し、9月2日までにほぼ完掘［図2］。旧トレンチの底面は盗掘坑埋土の途中であり、石室上面の粘土被覆に到達していた。3日、旧トレンチ写真撮影。

旧トレンチの掘り下げと並行し、9月1日から盗掘坑の平面プランを追求しつつ、掘り下げる作業を開始する。2日、瓦器椀片出土。4日、盗掘坑北西部で石室北壁または西壁控え積みを検出。9日、青磁片・瓦器椀片各1点が出土。南西隅では地表下110cmで粘土被覆上面に達する。16日、盗掘坑及び墳頂部清掃、写真撮影。台風接近のため強風対策。

墓壙の検出と掘り下げ　8月27日から墓壙ラインの検出作業を開始し、適宜調査区を拡張しつつ、9月1日までにほぼ墓壙の範囲を確定した。墓壙の検出面は中近世の地形改変のため凹凸が著しい。2日、盗掘坑・旧トレンチ内部の状況から、石室の主軸方位が南北であることが確定。17日、

台風通過、朝方雨残る。墓壙南東隅で排水溝と思われる幅約140cmの輪郭を検出し、18日、畔を残して掘り下げるが、排水溝ではないと判断。

18日、墓壙埋土の掘り下げ開始。盗掘坑南部に空いた空洞が、埋まりきっていない石室内の空洞であるらしいことを確認。10月1日、調査区を北西に拡張し、近世の石垣・石組溝を検出。13日、粘土被覆上面までの墓壙掘り下げを終了し、14日、畔を残した状態での全景写真撮影。15日から土層記録・土壌サンプリングを行いながら順次墓壙内の畔を除去する作業を開始し、27日までに中央の東西畔を除く畔の除去を終了。

石室内に落下した石材の除去　10月27日、本日より寒冷前線の影響で冷え込み、小雨降る。盗掘坑底部の石室内に落下した石材の取り上げを本格化する。とくに東西畔以北の東壁側は壁体が石室内部に崩落しており、立った状態の板石がびっしりと並ぶ。28日からは東西畔以南についても石室内に落下した石材の取り上げを進めるが、この部分での転落石は散在しており、北側と様相が異なる。29・30日、東西畔を含む全景写真撮影。

28日夕刻、石室西壁沿いの落下石材に挟まれる形で三角縁神獣鏡の破片（1号鏡）が出土する。翌29日、鈕を含む約半分を取り上げ［図3］、周辺の土2袋分も保存科学棟に持ち帰る。

30日、中央東西畔除去作業を開始。並行して東西畔以北の石室内落下石材の取り上げを継続。11月4日、石室北端付近東壁寄りの落下石材下で折り重なった状態の三角縁神獣鏡4面、やや離れて中央付近でも1面の存在を確認。10月28日に出土した三角縁神獣鏡1面を除くと、そのほかに旧トレンチや盗掘坑の埋土から副葬品と考えられる遺物は一切出土しておらず、落下石材の下部は未攪乱である可能性が想定された。石室全体の検出作業との調整を図るため、いったん養生して埋め戻す。

5日、石室南端開口部から石室南壁に向けてスタッフを挿入して計測した結果、石室内法長は8m前後となることがわかった。6日、石室南端開口部写真撮影。各地からの見学者が増え続けており、しだいに対応に追われるようになる。

12日までに石室内の落下石材の取り上げを進め、13日、石室南端開口部周縁の落下の危険性のある石材を取り外す。石室南端は東側壁が大きく膨らんでいるほかはおおむね遺存状況は良好であることを確認。床面は流入土で完全に埋没している。

石室内落下石材の取り上げと並行し、7日より後円部北斜面2区、東斜面3区の掘削準備を行い、10日から掘り下げを開始。20日、2区平坦部から五輪塔空風輪多数出土。

棺外副葬品の検出　11月18日、石室内副葬品の精査に本格的に着手するにあたり、上部に大型テントを設置する。また、赤外線センサー・監視カメラを取り付ける。本日より、古墳に隣接する柳本公民館に研究所・天理市教育委員会職員が交替で宿直する体制をとる。すでに存在を確認していた2～6号鏡を露出して応急に保護処理。棺外副葬品の検出作業が進展するとともに、鏡の確認数は増え、20日には9～12号鏡、21日には13～18号鏡、22日には19～21号鏡、23日には22～24号鏡、24日には25号鏡を検出した。25日夕刻、子ども侵入するも異常なし。県警文化財保安官

図2　旧トレンチの掘り下げ（1997.8.29）

図3　1号鏡の一部取り上げ（1997.10.29）

図4　柿本知事視察（1997.12.9）

図5　棺外副葬品の実測（1997.12.23）

視察。

　石室の調査と並行して進めていた2区の調査は、25日に完掘写真を撮影し、記録作成の後、12月3～6日で埋め戻した。3区は石室の調査を優先して続行を断念し、11月25日、土嚢により埋め戻した。27日、天理市長視察。

　12月1日、卜部が加わり、これ以降調査員4名体制となる。2～4日、棺外副葬品検出状態写真撮影。5日から、石室南端精査のため、開口部付近でかろうじて滑り止まっているような危険な石材をさらに除去することとし、粘土被覆・石材被覆等の露出・記録を行い、7～9日、粘土被覆・石材被覆一部除去。10日から南棺外流入土の掘り下げに着手する。

　5日、はじめて報道関係者に現地を公開。9日、柿本知事視察［図4］。

　棺外副葬品は鏡と鉄製品が折り重なっており、その隙間から次々と遺物が顔を出す［図5］。12月7日、27・28号鏡出土。8日、29号鏡出土。南棺外流入土からは11日以降、小札等が多数出土する。13日、石室南端の壁面・見上げ等写真撮影（阿南氏）。13～14日、石室中央部西壁一部解体。14日、30号鏡出土。17日までに、鏡面上の木質・漆膜等の有機物を取り上げ（今津、吉松氏）。20日、31号鏡出土。並行して進めていた石室上部実測は12月22日ほぼ終了。

　**棺内副葬品の検出**　12月22日より棺内の掘り下げを開始。棺内は棺底付近の柱状土層サンプルを採取しながら掘り下げる。23日、画文帯神獣鏡検出。24日、粘土棺床の北端を押さえる。26日、棺内仕切痕跡（棺室北端）を確認。報道関係に現地を公開。

　27日、画文帯神獣鏡及び仕切痕跡写真撮影。28日、植物遺存体分析用サンプル採取（金原氏）。棺内N1.8m東西畦下で厚い朱層を検出したため、頭部付近と推定し、脂肪酸分析用サンプルも採取。畦除去中に32号鏡検出。

　12月下旬は雨が多く、とくに26日は正午ごろより強い雨となり、雨対策に変更を加えたこともあって右往左往した。31日、副葬品検出作業終了。発掘現場で長岳寺の除夜の鐘聞く。1998年1月1日より副葬品出土状態の写真撮影開始。3日、足場からの垂直写真撮影（阿南氏）［図6］。

　**報道発表及び現地説明会**　1月5日、現場において報道関係者に事前レク。6日、報道関係者撮影。7～8日、細部写真撮影。8日の調査委員会で了承を得て、9日、柳本公民館において報道発表を行う［図7］。夜から10日早朝にかけて、テレビ各社の中継、録画撮りあり、徹夜となる。10日から現地説明会用足場等準備作業に入る。12日、みぞれ降り非常に寒いが、それでも見学者多数。14日、早朝テレビ中継。文化庁視察。15日、所内研究集会で中間報告。

　16日、一般向けの説明会に先立ち、天理市内小・中学生対象の説明会（2000名）、地元向け説明会（3600名）を開催。17日、一般向け説明会1日目は晴れ、16000名が来訪［図8］。18日、2日目はあいにくの雨のため14:00に打ち切ったが、7000名が来訪した。両日ともJR天王寺駅から柳本駅への直通列車が運行され、駅から現場までの各所に記念グッズなどを取り扱う店舗が出た。地元柳本校区自治連合会が中心となって設置した仮称黒塚対策委員会では湯茶の接待をはじめとする見学者へのサービスに尽力されるなど、側面からの多大な支援をいただいた。説明会後の足場の解体等は22日までで要した。

図6　垂直写真撮影（1998.1.3）

図7　報道発表（1998.1.9）

図8　現地説明会（1998.1.17）

図9　17号鏡の取り上げ（1998.1.19）

第 I 部 調査編

遺物の取り上げ　現地説明会終了翌日の 1 月 19 日から、遺物の取り上げを開始した。鏡の取り上げを優先し、鏡背面のスタンプや周辺の記録を作成しながら、19 日 6 面、20 日 13 面、21 日 9 面、22 日 4 面、23 日 1 面を順次取り上げた［図 9］。23 日をもって鏡の取り上げがいったん完了したため、24・25 日の土日は久しぶりに作業を休むこととしたが、24 日午後センサーが反応してアラームが鳴り、宮原が自宅から急行して現地確認。異常はなかった。

鉄製品類は必要に応じて薬品で強化し、ギプスで固定して順次取り上げた。まず、22 日から 5～7 号鏡上に重なる西棺外鉄器群を順次取り上げ。23 日、U 字形鉄製品に薬品を塗布し［図 10］、26 日取り上げ。28 日、東棺外鉄器群取り上げ［図 11］。29 日、西棺外鉄器群北端の鉄鏃群を順次取り上げたところ、30 日になって下部から三角縁神獣鏡 1 面（33 号鏡）を検出した。31 日、北棺外鉄器取り上げ。2 月 2 日、西棺外鉄器群取り上げ終了。3 日、33 号鏡取り上げ。5 日、17 号鏡下部の織物取上げ。東棺外鉄器群は 2 月 6 日までに取り上げ終了。北棺外は U 字形鉄製品の取り上げ後、綾杉文等がみられる朱塗り漆製品の精査を 2 月 8 日まで行い、9 日にウレタンで包んで取り上げた。南棺外は多量の小札が折り重なっており、記録を作成しながら取り上げを行い、2 月 15 日に取り上げを終了した。

石室写真撮影　遺物の取り上げがほぼ終了するのに合わせ、2 月 14 日には場内フェンス、16 日には監視カメラ・赤外線センサー・墳丘上テント等を撤去した。補足の記録作成等を進めつつ、周辺を清掃するなど準備し、18 日にヘリコプターによる全景写真撮影を実施した。18～21 日、石室内写真撮影（阿南氏）。22 日、写真撮影終了を受けてテントを撤去し、石室壁面の割り付けを行い、実測を開始した。

石室の構造調査　すでに石室が崩壊し、最小限の掘削で構造調査が可能な部位を選んで、石室東側と西側に東西方向の 2 ヶ所の断ち割りを行い、また床面の 2 ヶ所に南北方向の小規模な断ち割りを設けて石室の構造調査を行った。また、石室西側に展開する排水溝・作業道についてもトレンチによる確認調査を実施した。3 月 6 日には石室棺床の垂直写真撮影、26 日には排水溝、作業道全景写真撮影を行い、4 月 2 日に排水溝等の構造について報道発表を実施した。

石室東側の断ち割りは N4～3m ライン間で東西方向に設けた。2 月 23 日より掘り下げを開始し、3 月 6 日からは下部調査のため残存する石室東壁の一部を復旧可能なように記録を残しながら段階的に解体した。9 日、写真撮影。10 日、墓壙壁を追求するためさらに東へ拡張して掘り下げ。24 日、墓壙底面のバラス敷きを露出し、写真撮影。28 日、バラス敷きを除去。29 日、N3～3.4m 間で棺床に小断ち割りを入れる。4 月 2 日、棺床下バラス基台断ち割り。3 日、棺床一部を切り取り、取り上げ。8 日、小断ち割り棺床下バラス基台掘り下げ、バラス除去。

石室西側の断ち割りは N2～3m ラインの間で東西方向に設けた。東側と同じく 23 日より並行して進め、3 月 3 日、写真撮影。12 日、裏込除去中に木製品を検出。この木製品は、石室西壁裏込め中に埋め込まれたものとして取り上げたが（14 日）、その後の検討により攪乱中に埋没したものと判断された。22 日、壁体裏込め下で墓壙底面のバラス敷き検出。25 日、W0.3m 以西部分と N2.5～3m 間で棺床に小断ち割

図 10　U 字形鉄製品の取り上げ準備（1998.1.23）

図 11　東棺外鉄器群の取り上げ（1998.1.28）

図 12　現場公開（1998.4.4）

図 13　現場事務所

りを入れる。走向傾斜測定（寒川氏）。4月3日、棺床下バラス基台追加掘り下げ、写真撮影。7～8日、追加掘削。

石室北側の断ち割りはW0.3～1.3mライン間に設定し、2月27日から掘り下げ開始。3月10日、写真撮影。21日、南側土層断面写真撮影。22～25日、土層断面実測。31日、棺床断面、石室北小口外し後写真撮影。4月7日、北小口W0.3～0間棺床粘土断ち割り掘り下げ。上面礫除去、写真撮影。

石室南側は3月31日から南小口の礫を一部除去し、W0.3mラインに沿って断ち割り。4月8日、W0.3～0m間バラス基台平面図作成。9日、基台バラス除去、掘り下げ。バラス除去後写真撮影。10日、基台下置き土掘り下げ、写真撮影。14日、全体写真撮影。

石室西側から前方部に向かって延びる排水溝の構造を確認するため、2月27日から石室西側のS0.5～1.3mライン間に断ち割りを設け、掘り下げを開始した。3月2日、断ち割り内ほぼ全面で排水溝下部の礫を検出。9日、排水溝写真撮影。11日、排水溝礫上面掘り下げ。12日、写真撮影。21日、北側土層断面実測。4月9日、W6～7mライントレンチ掘り下げ。22日、土層観察。25日、土層断面写真撮影。29日、土層断面実測。

排水溝及び作業道の横断面構造を明らかにするため、3月3日からW10～11mライン間にトレンチを設け、掘り下げ開始。13日、排水溝横断面写真撮影、解体。14日、排水溝最終面写真撮影。16日、排水溝最終面礫縦断実測。S0.5mライン以南で半裁し、作業道完掘。18日、写真撮影。22日、排水溝横断面（東西両壁）実測。4月7日、W4.5～5.5mライントレンチ壁面追加掘削、W4.5mライン断面写真撮影。15日、排水溝追加掘削。写真撮影。断面図補足。

補足調査と一般公開　4月4日からの9日間、現場を一般公開することとし、その足場確保も兼ねて、3月28日から、断ち割り調査中の部分を除いて、周辺から調査区の埋め戻しを開始した。2～3日に階段、手すりなども設置。

4月4日～12日の9日間、一般公開を実施［図12］。4日1800名、5日2400名、6日雨天中止、7日500名、8日（雨のため14:00中止）400名、9日雨天中止、10日720名、11日1230名、12日1000名の、計約8000名が来訪した。

この間、断ち割りによる上記の石室構造調査を並行して進めた。

埋め戻しと撤収　一般公開終了後の4月15日から本格的な埋め戻しを開始。15～17日、並行して、断ち割りによる石室の構造調査を進めるとともに、さらに石室実測図等の補足。16日、粘土棺床における25cmメッシュでの赤色顔料のサンプリング。17日、土壌サンプリング（金原氏）。17～20日、粘土棺床断面剝ぎ取り。25日、五輪塔実測など、詰めの作業を実施。

埋め戻しと並行し、機材等の撤収も進める。17日、写真機材・測量機材撤収。20日、粘土棺床の断面剝ぎ取り終了後、棺床に土嚢袋を敷き、さらに土嚢で養生。20～21日、石室内へ土嚢搬入。22・23日、現場整理。27日、水中ポンプ・写真台等返却。28日、棺床剥ぎ取り搬出。一部機材類久米倉庫へ撤収開始。墳頂斜面の土嚢積本格的に。29日、よく晴れ、休日のためハイカー多く、現場前にはタオル・座布団・書籍の露店が出る。30日、晴天。埋め戻しを完了し、全員撤収。第4次調査を終了した。

## 3　第5次調査

第5次調査は1998年7月21日から開始し、1999年2月3日まで実施した。以下、作業の経過について抄録する。

排水溝・作業道の追求（5区）　1998年7月21日、調査員宮原・名倉・泉の3名で草刈り作業から着手。プレハブ設置。22日、調査機材等搬入。電気工事。24日、フェンス設置。前方部上児童公園のジャングルジム、ブランコの撤去。

29日、第4次調査で検出した排水溝・作業道の延長部分を調査するため、W17～19mライン間とW28～30mライン間の東西2ヶ所に南北方向のトレンチを設定（5区東・西トレンチ）し、掘り下げ開始。31日、東トレンチは地表下約1mで墳丘盛土に到達。8月3日、西トレンチ西壁（W30mライン）に沿って幅1mの断ち割りを入れ、排水溝を追求するが、下層から染付、黒釉の破片等が出土し、墳丘盛土に達しない。4日、東トレンチをさらに北へ延長し、近世陣屋関係の集石を検出。西トレンチよりもさらに西側で、W40～41mライン間に小断ち割りを設けたが、地表下1.1mほどで黄褐色砂層に達したのみで、やはり排水溝の延長は検出できなかった。6日、西トレンチ断ち割りをさらに掘り下げ、深さ約2mで墳丘盛土と考えられる灰色砂に到達した。7日、W40～41mライン間小断ち割り土層断面図作成。盆休みをはさみ、17日調査再開。西トレンチ掘り下げ。地表下2.5mで墳丘盛土と考えられる黒色粘質土、灰色砂層などに到達。東トレンチ断ち割りの幅を1mに広げ、黒褐色粘土ブロックの混じる褐色土（墳丘盛土）まで掘り下げ。平面では排水溝などが確認できないため1段掘り下げる。18日、東トレンチ断ち割りの標高83.8m付近で排水溝上面の礫群を検出。排水溝はトレンチ中央で途切れ、西には続かない。19日、この部分を東に拡張したところ、溝は東側に続く。この溝よりも上方は厚さ2mほどの近世の盛土であることが判明。20日、両トレンチ写真撮影。

28日、5区東・西トレンチを連結するため、中央をあけた状態で、まず西トレンチ北から埋め戻し開始。9月1日、両トレンチをW19～28m間でつなぐ形で中央拡張区を設定し、南半から掘り下げ開始。3日、表土下1.5mほどで墳丘盛土に達する。中央付近には石が5、6個並び、排水溝と思われる。9日、排水溝の礫を精査。排水溝の東への延長を確認するため、5区東側をW17mラインまで拡張。

前方部前面の調査（7・9区）　8月7日、前方部前面の中軸上N0.5～2.5mライン間にトレンチ（7区）を設定し、掘り下げ開始。19日、前方部先端付近、地表下50cmほどで墳丘盛土に達する。28日、斜面下段で地山及び厚さ10～20cmの庄内式期の包含層を確認。9月2日、写真撮影。4日、

包含層掘削。14日、写真撮影。12月10～11日、7区埋め戻し。

10月22日、前方部前面7区の南側S14～16m間にトレンチ（9区）を設定し、掘り下げ開始。11月2日、9区西側で葺石の可能性がある石群を検出したが、下層に瓦片を含むことから近世の護岸と判断。4日、9区掘り下げ終了。5日、9区壁面崩壊防止のため途中まで埋め戻し。12月9～10日、9区埋め戻し。

前方部平坦面・南斜面の調査（6・8区）　8月21日、前方部平坦面の中軸上NO.5～2.5mライン間にトレンチ（6区）を設定し、掘り下げ開始。25日からはトレンチの北半を深さ1mで断ち割る。W40m付近から西へ約15.6mの間は大きな攪乱が入ることが判明。10月2日、断ち割りを深さ2mまで掘り下げ。11月10日、6区前方部平坦面写真撮影。12月14日、6区中央付近深さ3mまで掘り下げ。15日、ボーリング調査（金原氏）。16～21日、土層図作成。22日、6区W61m以西を標高79.0mまで掘り下げ。

11月19日、前方部南斜面W73～75m間に南北トレンチ（8区）を設定。12月2日、S14～16m間に9区方向への小拡張区を設け、掘り下げ。10・11日、8区土層図作成。

前方部北斜面の調査（10・11区）　9月1日、前方部北側斜面W48～50m間に南北方向のトレンチ（11区）を設定。9日、11区上部では地表下2mほどで褐色土の墳丘盛土に達する。11・14日、土層断面図作成。16・17日、雨のため排水作業。9月21日に台風第8号、22日に台風第7号が連続して上陸、甚大な被害をもたらす。11区は完全に崩壊。墳丘上の樹木が多く倒れ、フェンスも損壊。23・24日、雨のため排水作業。

10月30日、11区に代わる前方部北斜面のトレンチとして、W67～69m間にトレンチ設定（10区）。11月12日、10区完掘。写真撮影。12月18～21日、10区埋め戻し。

9月14日、5区中央拡張区及び6区東端で検出した大規模な南北方向の堀切（中世）の掘り下げ開始。断面は二段掘りで底部に人頭大前後の石をまばらに置く。25日、曇のち雨、排水作業。フェンスの補修。27日午後、現場公開。28日、前方部トレンチ排水、ごみ除去。5区東拡張区東壁分層。29日、5区排水溝精査。9月14日、排水溝掘り下げ開始。29日、6区W30～43m間を東西に接続。30日、5区排水溝精査。6区W30～38m間にかかる南北堀切が予想以上に深いため上部を掘り直し、二段掘りとする。6区W43m以西の北半部に幅1mの断ち割りを設ける。10月1日、6区における南北堀切は地表下約4mまで達する。

排水溝・作業道の精査（5区の拡張）　10月5日、作業道を確認するため5区中央拡張区をさらに北へ拡張。6日、排水溝下埋土と南北堀切埋土サンプリング（金原氏）。12日、北への拡張区では、作業道埋土の黒粘層は溝の底、西肩まであり。この上に締まった褐色土が堆積する。13日、5区の東端をさらにW17mを越えてW12mまで拡張開始。14日、東端拡張区では、地表下20～50cmほどで墳丘盛土面に達し、作業道（上面幅6m強）、排水溝（幅1m強）の続きを検出。20日、W19～21m間をS10mまで南へ拡張開始。22日、拡張部分遺構面検出。26～28日、5区全体に遺構面精査。西側から遺構検出状況写真撮影。

11月5日、N5m・W17～18m間で作業道を南北に断ち割り。検出面下50～60cmで底を検出。N2～3m間で作業道を東西に断ち割り。6日、N5m・W19～28m間で作業道掘り下げ。黒色粘土層を残し、その上層の灰褐色砂層をはずす。12日、本日よりW19～28m間をさらにN7.5mまで北に拡張し、17日に完了。24日、作業道掘り下げ開始。12月1日、航空写真撮影準備。2日、航空写真撮影。4日、作業道・排水溝掘削。9日、作業道・排水溝写真撮影。10日、作業道南北畦の撤去。排水溝下の深溝掘削。11日、排水溝下の深溝掘り下げ。14日、排水溝下の深溝半截状況写真撮影。16日から5区東側トレンチ北部埋め戻し。排水溝下の深溝のサンプリング、半截部分の掘削。17日、作業道、排水溝全景写真撮影。18日、作業道、排水溝全景写真撮影。20日、全景写真撮影。21・22日、排水溝平面図作成。25日、年末年始のため現場一時撤収。

後円部南・東斜面の調査（3・4区）　11月26日、後円部南斜面W0.5～2.5m間の南北トレンチ（4区）掘り下げ開始。1999年1月11日、後円部東斜面S1.5～3.5m間に東西トレンチ（3区）を設定、掘り下げ開始。14日、3区掘り下げ終了、土層図作成。4区埋め戻し開始（19日完了）。18日、3区土層図作成、写真撮影。19～21日、3区埋め戻し。

現地説明会及び撤収　1月11日、前方部遊具を元の場所に戻す。前方部フェンス撤去。18日、作業道・排水溝の所見について報道発表。21日、現地説明会に向けて準備作業。現地検討会。22日、機材一部撤収。24日、現地説明会開催。天候不順ながら、見学者600名前後来訪。

25日、5区W17m部分で排水溝断ち割り、土層断面図作成。先行溝の掘り残しの検出、掘削、サンプリング（今津氏）。26日、排水溝下の深溝の縦断面断ち割り、土層断面図作成。作業道サンプリング。27日、埋め戻し。機材搬出。遺物を研究所へ搬入。28日、トレンチ埋め戻し継続。機材搬出。29日、埋め戻し継続。2月1日、トレンチ埋め戻し終了。重機搬出。機材搬出。電気撤収。3日、機材撤収を終えて第5次調査を終了した。

（岡林）

【引用文献】

石野博信 1976「大和平野東南部における前期古墳群の形成過程と構成」『横田健一先生還暦記念　日本史論叢』横田健一先生還暦記念会

泉　武・青木勘時 1992「黒塚古墳（第1・2次）」『天理市埋蔵文化財調査概報　昭和63年・平成元年度（1988・1989年）』天理市教育委員会

泉　武ほか 2005『史跡黒塚古墳整備事業報告書』天理市教育委員会

今尾文昭ほか 1983「黒塚東遺跡発掘調査概報　付載　黒塚古墳測量調査報告」『奈良県遺跡調査概報　1981年度（第二分冊）』奈良県立橿原考古学研究所

伊達宗泰・小島俊次・森　浩一 1963『大和天神山古墳』奈良県教育委員会

第4・5次調査を通じて、現場には多数の来訪者があり、各種のご教示や励ましをいただいた。以下にお名前を記して感謝申し上げたい（敬称略）。

Andras Morgos　Feleri Hassan　Gale Twber　Gerer Ucho　Guillermo Misaze　Gusis Nagis　Hala Barakat　Joyce Marcno　Kent V.Flannery　Lim Kohler　Mohamed Hemdan　Stefhen Shennan　Tran Duc Anh Son　Verner Steinhaus　衛忠　袁家栄　黄暁芬　王建新　黄建秋　厳文明　康国義　高崇文　鄒厚本　朱岩石　焦南峰　蘇哲　張従軍　金研美　張允禎　林志暎　朴廣春　李柱憲　相京建史　青木勘時　青木改幸　青木未地子　青山博樹　赤司善彦　赤塚次郎　赤塚亨　赤松昭　秋山浩三　安倉清博　浅井淳　足利健亮　後川恵太郎　穴沢咊光　阿部知己　阿倍泰之　網干善教　甘粕健　天野猛史　新井悟　荒木浩司　有井宏子　有井広幸　安藤道由　飯島哲也　伊賀高広　井口喜晴　池田研　池田裕英　池田保信　池ノ上宏　池端清行　石神怡　石川雅俊　石崎善久　石田修　石野博信　石部正志　泉本知秀　磯野浩光　一瀬和夫　市村慎太郎　出原恵三　伊藤秋男　井藤暁子　伊藤潔　伊藤敬太郎　伊藤幸司　井藤徹　伊藤文彦　伊藤聖浩　伊藤実　稲垣圭子　井西貴子　井上直史　井上美稲子　井上洋一　井上義光　猪熊兼勝　井原稔　伊部貴雄　今井尭　今坂公一　今田秀樹　入江正則　岩崎卓也　上杉彰　榁田賀代子　上田正昭　植田隆司　植野浩三　上野節子　上野利明　上野裕子　上野史　植松宏益　上村明日香　上村俊彦　宇垣匡雅　牛嶋英俊　氏平昭則　臼杵勲　内田昭人　内田陽一郎　梅崎恵司　梅澤重昭　梅本謙一　梅本康広　江崎武　大崎康文　大谷宏治　大谷晃二　太田宏明　大塚初重　大西静子　大西智和　大庭脩　大幡貴之　岡内三眞　岡崎晋明　小笠原好彦　岡田精司　岡田義樹　岡寺良　岡野理奈　岡村秀典　岡部裕俊　岡本圭司　岡山邦子　小川弦太　置田雅昭　奥田哲通　奥田尚　奥村清一郎　小澤毅　小田木治太郎　小田賢　小田富士雄　尾上実　甲斐昭光　海邉博史　笠井敏光　梶川敏夫　加島次郎　片岡博　片桐隆彦　堅田直　片山一道　勝田邦夫　勝部明生　加藤茂森　加藤俊吾　加藤理文　金沢陽　金関恕　鐘方正樹　金子彰男　金子裕之　金原明　金原正明　金原正子　兼康保明　鹿野吉則　蒲原宏行　神城康弘　神谷正弘　亀井聡　亀井正道　亀松太郎　萱野章宏　刈谷俊介　河合信男　河合みす子　川江秀孝　川崎志乃　河内一浩　河内國平　川西宏幸　河野一隆　川村和子　神田雅章　二本史郎　菊地芳朗　木澤直子　岸本一宏　岸本尚実　岸本道昭　北垣總一郎　喜谷美宣　北野耕平　北野俊明　北野隆亮　北村豊　北山峰生　木戸雅寿　衣笠基宏　木下正史　木村功　木本元治　京嶋覚　玉生興輝　玉生紀子　清藤玲子　久家隆芳　工藤雅樹　久野正博　窪田照久　久保哲正　倉田文美　栗田茂敏　車崎正彦　黒岩重吾　鐵英記　黒田一充　小池寛　小泉巍　恋塚嘉　小出義治　合田芳正　古賀信幸　小谷正樹　後藤信義　粉川昭平　小走泰弘　小浜成　小林謙一　小林三郎　小林達雄　木場幸弘　小牧多恵　古森政次　近藤喬一　近藤知子　近藤奈津子　近藤大典　近藤康司　近藤義行　近藤義郎　才田康司　斎藤明彦　酒井泰子　坂本和俊　桜井雅樹　佐古和枝　佐々木憲一　佐藤宏介　寒川旭　澤田秀実　澤田宗順　澤村雄一郎　三木ますみ　塩谷修　重岡卓　重田勉　重藤輝行　篠原豊一　芝野圭之助　渋谷綾子　渋谷高秀　島崎久恵　嶋谷和彦　清水和明　清水一悦　清水眞一　清水琢哉　清水ひかる　清水弘之　下垣豪　下條信行　白井久美子　白石太一郎　白井秀明　白神典之　白澤崇　新海正博　菅谷文則　杉井健　鋤柄俊夫　杉田茂後　杉谷政根　杉原和雄　杉本清美　杉山晋作　椙山林継　杉山秀宏　杉山洋　鈴木一有　鈴木恵介　鈴木重治　鈴木勉　鈴木敏則　鈴木瑞穂　鈴木靖民　鈴木喜博　角南聡一郎　清喜裕二　清野孝之　瀬川眞美子　積山洋　千田稔　千賀克彦　十河良和　大洞真白　平良久久　高井健司　高井幸徳　高木清生　高倉洋彰　高島徹　高須賀由美　高瀬一嘉　高瀬要一　高野陽子　高橋克壽　高橋公一　高橋幸治　高橋浩二　高橋工　高橋泰子　高橋美久二　高浜秀　田口一郎　竹内英昭　竹田政敬　武田浩子　竹田麻里子　竹谷俊夫　武村英司　武村忠洋　田坂佳子　田島夕美子　辰巳和弘　巽淳一郎　立石堅志　伊達宗泰　田中一廣　田中勝弘　田中晋作　田中新史　田中秀明　田中英夫　田中琢　田中裕　田辺征夫　谷豊信　谷山正道　谷村卓哉　玉井功　玉城一枝　玉田芳英　團正雄　千種浩　千田剛道　中條英樹　塚口義信　塚本敏夫　次山淳　辻美紀　辻川哲朗　辻中和子　辻中昊　辻砣学　辻村純代　辻本和美　辻本宗久　筒井昭仁　筒井正明　都出比呂志　角田文衛　寺崎保広　寺沢知子　寺前直人　寺井初代　土井和幸　土井孝之　時實奈歩　徳江秀夫　徳田誠志　戸田秀典　戸塚和美　鳥羽政之　冨成哲也　豊島直博　鳥居信子　直木孝次郎　直宮憲一　中井貞夫　永井正浩　中井正幸　中浦基之　中尾芳治　中川佳三　中川達雄　中川正人　中越利夫　中嶋郁夫　中司照世　永島暉臣慎　中谷雅治　長田芳子　中塚良　中野嘉史　中原幹彦　中村一郎　中村五郎　中村潤之　中村利光　中村智孝　中村弘　中山潔　中山浩孝　長友朋子　鍋田勇　名本二六雄　奈良康正　贄元洋　仁尾一人　仁王浩司　西井芳子　西浦成子　西川寿勝　西田哲也　西谷彰　西谷正　西野元　西村太一　西村美幸　西山和宏　西山克己　二宮忠司　布谷依子　禰冝田佳男　根鈴輝雄　根鈴智津子　野島永　野田芳正　萩原儀征　白след朋世　橋口達也　橋本清一　橋本輝彦　橋本久和　橋本博文　八賀晋　服部伊久男　服部聡志　服部芳人　羽鳥幸一　花谷浩　馬場英明　濱野俊一　林日佐子　林博通　林正憲　原俊二　原知子　原田香織　春成秀爾　春山秀矩　半澤雄雄　半山浩之　日置智　引原茂治　樋口吉文　肥後弘幸　日高慎　日野宏　平岩欣太　平田恵美　広瀬和雄　広瀬時哲　広田秀久　廣吉壽彦　深沢敦仁　深澤芳樹　深野信之　福岡澄男　福島孝行　福島永　福島雅ども　福田秀生　福永伸司　藤井幸司　藤井整　藤木透　藤沢眞依　藤田和尊　藤田憲司　藤田三郎　藤永正明　藤丸詔八郎　船越重伸　古尾谷知浩　古川登　古庄浩明　古瀬清秀　古田武彦　古本寛　古谷毅　細川修平　細川康晴　堀田啓一　穂積裕昌　堀江門也　本郷一美　本田奈都子　前川浩一　前坂尚志　前沢郁治　前澤輝政　前園実知雄　前田豊邦　前田陽子　前田亮　正岡大実　増田逸郎　増田達彦　増田直人　枡本哲　町田章　松井章　松井一明　松井政信　松浦宥一郎　松岡良憲　松尾信裕　松尾史子　松木武彦　松藤和人　松宮昌樹　松村恵司　松本岩雄　松本百合子　松本洋明　真野和夫　馬目順一　豆谷和之　丸山潔　丸山竜平　円井真由美　右島和夫　三木弘　見須俊介　水谷豊　水橋公恵　三田敦司　水戸部秀樹　南川孝司　南孝雄　三舟隆之　宮川徏　三宅正浩　宮崎康雄　宮里修　宮田勝功　宮地聰一郎　宮本康治　三好孝一　向井幸一　向井忠雄　向坂鋼二　村上隆　村元健一　毛利光俊彦　茂木雅博　茂木剛　望月里吉　望月幹夫　百瀬正恒　森浩一　森井貞雄　森岡秀人　森口章　森下章司　森下浩行　森下衛　森島康雄　森田和世　森田克行　森正　森村健一　森本徹　森屋直樹　森屋美佐子　諸墨知義　諸田康成　文殊省三　門田誠一　八木充　矢島宏雄　安井宣也　安田滋　安田夏子　安田博幸　安田喜憲　安村俊史　八波浩一　柳沢一男　柳澤一宏　柳田康雄　柳本照男　山内紀嗣　山尾幸久　山上弘　山川均　山岸良二　山際文則　山口均　山下隆次　山田邦和　山田知佐子　山田隆一　山田良三　山中章　山本彰　山本三郎　山元建　山本野里　弓場紀知　横田洋三　吉崎伸　吉澤則男　吉田佐知子　吉田東明　吉永明　吉房康幸　吉松茂信　吉村公男　吉村正親　吉村健　米田敏幸　若林邦彦　若林幸子　若松博恵　若松良一　若山優理　和田萃　和田晴吾　綿田弘実　渡邊邦雄　渡辺昇

第Ⅰ部　調査編

# 第2章　位置と環境

## 第1節　古墳の位置と地形

### 1　黒塚古墳の位置

**天理市の位置〔図14〕**　黒塚古墳は奈良県天理市柳本町字クロツカに所在する。天理市は奈良県北中部に位置し、北から東にかけては奈良市、西は大和郡山市、磯城郡川西町・三宅町・田原本町、南は桜井市の3市3町に接する。1954年、山辺郡丹波市町・朝和村・福住村・二階堂村、添上郡櫟本町、磯城郡柳本町が合併し、奈良県下で4番目の市として発足した。市域面積は86.42㎢、2017年12月31日現在の人口は66,059人、世帯数は29,815世帯を数える。

**黒塚古墳の位置〔図14〕**　黒塚古墳は北緯34°33′36″、東経135°50′36″に所在する。黒塚古墳の存在する柳本町は、元和元年（1615）の初代尚長から、明治4年（1871）廃藩置県時の十三代信及まで存続した織田氏柳本藩の藩庁所在地であった。近世柳本町は柳本藩邸を中心に奈良・櫟本・丹波市から三輪・桜井を南北に結ぶ上街道（上ッ道）に沿って町並みが形成され、18世紀中頃には400軒余りがあったとされる〔天理市史編纂委員会1976〕。

現在の柳本町も、藩邸屋敷跡地の柳本小学校を中心に、旧上街道に沿って旧市街地が広がる。黒塚古墳はJR桜井線柳本駅の東約0.4km、旧市街地の北東部にあり、周囲には小学校、寺院、病院などが点在する閑静な住宅地が広がる。古墳の北北西約1.3kmには大和神社、東約0.8kmには長岳寺がある。樹木に覆われた黒塚古墳の墳丘は、周囲にある菱池、北池、内堀の3つの池とともに、天理市の都市計画公園である柳本公園の中核をなす緑地となっている。

### 2　周辺の地形

奈良盆地は、東側を大和高原、西側を生駒山地に画され、東西約15km、南北約30kmにわたって広がる構造盆地である。盆地部はほとんどが標高40〜80m前後の沖積低地からなりたっているが、盆地の東側に展開する山地部の大和高原は標高500〜800mの起伏地形からなっており、両者の境界は春日断層崖と呼ばれる南北方向の崖地形となっている。

黒塚古墳が所在する天理市南部から桜井市北部にかけての奈良盆地東南部も、春日断層崖を介して東が高く西が低い地勢である。春日断層崖以東の山地・丘陵部は、領家深成岩類に属する花崗岩類・花崗閃緑岩類・斑糲岩類などを基盤とする山塊が南北に連なる[註1]。これらの山塊の西側山麓部には、扇状地の隆起・浸食によって形成された段丘地形が南北に長く分布し、段丘より西は盆地床に続く沖積低地となる。

段丘面は、高位・中位・低位に区分できる。高位段丘は、天理市萱生町の西殿塚古墳・東殿塚古墳付近、柳本町の櫛山古墳付近、桜井市三輪の檜原神社付近などにわずかに点在する。中位段丘は、天理市萱生町・中山町、柳本町の長岳寺・称念寺付近、渋谷町、桜井市穴師の珠城山古墳群付近から相

図14　黒塚古墳の位置

撲神社周辺など、山麓部に一定の広がりがある。低位段丘は柳本町以北ではJR桜井線以東、桜井市草川以南では国道169号線以東の全般に分布する。これらの段丘面は小河川の開析によって分断されており、樹枝状の起伏を形成していて、中位段丘の低い稜線や舌状台地状に広がる低位段丘の縁辺部が古墳の造営にあたって格好の立地条件となっている。

[註1] 本項は［西岡・尾崎ほか2001］に準拠して記述した。
【引用文献】
天理市史編纂委員会 1976『改訂　天理市史（下巻）』天理市役所
西岡芳晴・尾崎正紀・寒川旭・山元孝広・宮地良典 2001「桜井地域の地質」地域地質研究報告（5万分の1地質図幅）地質調査所

## 第2節　周辺の遺跡 ［図15・16］

### 1　主要遺跡

**弥生時代遺跡の動向**　奈良盆地東南部の低地部には弥生時代を通じて天理市平等坊・岩室遺跡、桜井市芝遺跡、坪井・大福遺跡などの大規模な拠点集落が存続した。中期にはこうした拠点集落の周辺に小規模な集落が点々と展開し、中心－周辺関係の明確な遺跡群を形成するようになる。後期になると天理市長柄遺跡、前栽遺跡、海知遺跡、檜垣遺跡、武蔵遺跡、桜井市纒向遺跡、大西遺跡、大福遺跡、吉備池遺跡、上之宮遺跡、河西遺跡、谷遺跡などやはり低地部を主体に中小集落遺跡がさらに増加する［大和弥生文化の会1995］。こうした集落数の増加とともに、環濠の埋没など拠点集落の中心性が次第に失われていくのが後期の動向といえるであろう。

弥生時代後期の遺物散布地は、初瀬川以北では天理市成願寺遺跡、アンド山遺跡、山田遺跡、薬師山遺跡、桜井市三輪金屋遺跡など低位段丘面上あるいは桜井市桧原遺跡のような高位段丘上に、初瀬川以南でも安倍山遺跡（桜井小学校地点）のような丘陵上や河西遺跡・安倍寺遺跡など低位段丘面上に散在する。こうした山麓部における小規模集落の展開は、集落が活発に展開した低地部と比較すると顕著なものではないが、後期における集落数の増加と軌を一にする動きと評価できよう。

**古墳時代の開始と纒向遺跡**　古墳時代に入ると、山麓部の段丘・丘陵上やそれらに近接する低地部に多数の古墳が築造されるようになる。このうち、箸墓・西殿塚・桜井茶臼山・メスリ山・行燈山・渋谷向山の6基の古墳は、古墳時代前期前葉から後葉までの各時期における日本列島最大の前方後円墳である。継起的に造営されたこれら6基の巨大前方後円墳を含む前期古墳群が展開する、奈良盆地東南部の南北約9km、東西約2kmの範囲が、当時の倭王やそれに連なる政権中枢の支配者層の墳墓域であったと評価できる。

こうした活発な古墳の築造と関連して重要視されるのが桜井市纒向遺跡［石野・関川ほか1976、石野（編）2005］である。上述の墳墓域のほぼ中央に位置し、標高約60～90mの纒向川扇状地上に東西約2km、南北約1.5kmにわたって展開する。集落規模がきわめて大きいこと、周辺に展開する政権中枢支配者層の古墳群と消長をともにすること、出土土器における他地域系土器の占める比率が著しく高いことや、方位を合わせた計画的配置の建物群や導水施設・多数の祭祀土坑などの存在、金属器や木器の生産工房の存在などから、王権そのものの初期の所在地と評価されている［寺沢2000］。

平等坊・岩室遺跡、芝遺跡、坪井・大福遺跡などの弥生時代以来の拠点集落は古墳時代に入ると衰退あるいは廃絶する。纒向遺跡に近接する芝遺跡では、縮小した集落域があたかも纒向遺跡に吸収される形で廃絶し［小池1995、佐々木2005］、桜井市東新堂遺跡、城島遺跡などの中小集落でも庄内式期には遺跡が縮小するとの指摘がある［橋本ほか2007］。奈良盆地東南部においては、纒向遺跡を除くと古墳時代前期の集落遺跡の動向はあまり明らかではないが、低地部が集落分布の主体である状況に変化はない。一方、前期古墳が築造された山麓部には古墳時代になっても一定数の遺物散布地が存在し、しばしば前期古墳の造営との関わりが注意されている。

**乙木・佐保庄遺跡と成願寺遺跡**　ヒエ塚古墳・ノムギ古墳の北方約500mに位置する乙木・佐保庄遺跡（第1次調査区）では、一定量の他地域系土器を出土する庄内式期の一時的な居住地や、古墳時代前期前半代を中心とする膨大な量の土器・木製品を使用した祭祀遺構などがみつかっている。その様相には纒向遺跡との共通性があり、西殿塚古墳や東殿塚古墳のような古墳の被葬者が関与した可能性が指摘されている［鈴木ほか2005］。一方、その南側を調査した第2・3次調査では古墳時代前期前半の遺構・遺物はきわめて希薄であり［坂ほか2007］、谷地形を介して南側の成願寺遺跡とは明確に区分される。

西殿塚古墳の西北方に広がる低位段丘面は、北を越川、南を岸田川によって画された約1km四方の扇状地形を形成し、ほぼその全域が成願寺遺跡として把握されている。古墳時代前期前半の土器を出土する大規模な遺物散布地であるが、遺跡を縦断する県道天理環状線建設に伴う発掘調査［近江ほか2006］や遺跡の想定範囲内で天理市教育委員会によって実施された20次以上にわたる発掘調査でも、当該時期の明確な集落遺構は確認されていない［村下2015］。これまでの発掘調査の結果、段丘上は各時期の小さな谷地形が多数入り込んだ凹凸の多い複雑な地形であることが判明しており［北口2011］、波多子塚古墳では中世までの堆積によって墳丘最下段や高さ約1.5mの外堤が完全に埋没している状況も確認されている［青木2007］。段丘上は必ずしも安定的ではなかったようであり、現段階ではこの段丘面上に古墳時代前期の大規模集落が展開した兆候は希薄と結論せざるをえない。比較的小規模な、たとえば古墳の造営にかかわるような短期的な集落が点在する状況を想定しておくのが穏当であろう。

**黒塚東・アンド山・立花各遺跡と柳本遺跡**　櫛山古墳・行燈山古墳などが占地する中位段丘をのせる低位段丘面は、北を真面堂川、南を西門川によって画された扇状地形を形成している。この低位段丘面はJR桜井線を越えて東西約1km、南北約0.7kmにわたって広がり、柳本旧市街地はほぼこの段丘面上に展開している。北側の成願寺遺跡との間には大きな

第I部 調査編

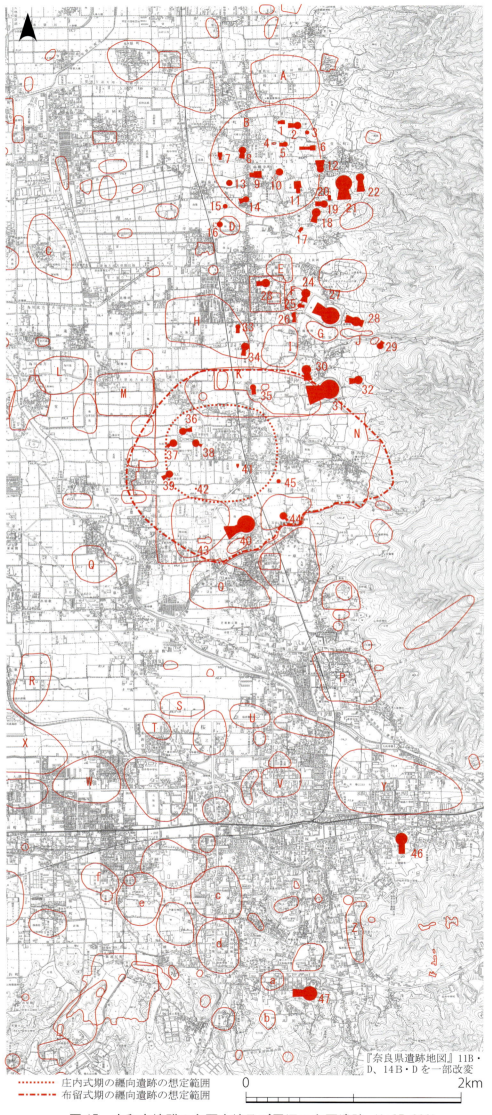

図15 大和古墳群の主要古墳及び周辺の主要遺跡 (1:35,000)

| 形態 | 全長(m) | 時期 | 埋葬施設 | 遺物等 | 参考文献 | 番号 |
|---|---|---|---|---|---|---|
| 前方後方 | 63 | 前期中葉 | | 土師器、埴輪(鰭付円筒) | 岡林1997、近江ほか2006、松本・石田ほか2014 | 1 |
| 前方後円 | 130 | 前期前葉 | | 土師器 | 近江ほか2006、坂ほか2007、青木・北口2015 | 2 |
| 円 | 32 | | | | | 3 |
| 前方後方? | | 前期中葉 | | 二重口縁壺、埴輪(円筒・鰭付円筒) | 青木2005a | 4 |
| 前方後円 | 74 | 前期初葉 | | 土師器 | 坂ほか2007、岡林2008 | 5 |
| 前方後円 | 140 | 前期中葉 | 竪穴式石室? | 埴輪(特殊器台形・朝顔形・鰭付円筒・楕円筒)、山陰系有段口縁甕、赤彩高杯 | 青木2003・2007 | 6 |
| 前方後方 | 70 | | | | 伊藤1981 | 7 |
| 前方後円 | 110 | 前期 | 竪穴式石室? | 特殊壺、特殊器台 | 田中1989、泉1998 | 8 |
| 前方後方 | 110以上 | | | | 中井1981、卜部2001、北口2016 | 9 |
| 前方後方 | 120 | 前期 | | [土器・管玉] | 伊達1981 | 10 |
| 前方後方 | 125 | 前期中葉 | 竪穴式石室 | 石釧、玉類(勾玉・管玉・ガラス玉)、鉄製武器類【主室】、大型内行花文鏡【小石室】、底部穿孔壺、加飾壺 | 泉2003、卜部ほか2008 | 11 |
| 前方後円 | 114 | 後期 | | 埴輪(円筒)[勾玉・管玉・鈴・土器・人造石] | 中井・関川1974、今尾・服部1994 | 12 |
| 円 | 54 | | | | | 13 |
| 前方後円? | 102 | 前期 | | 玉類? | 青木2006 | 14 |
| 円 | 50 | | | | | 15 |
| 前方後円 | 70 | | | | 小池1994 | 16 |
| 前方後円 | 50 | 前期? | 竪穴式石室? | | 東1981a | 17 |
| 前方後円 | 132 | 前期前葉 | 竪穴式石室 | 特殊器台・特殊壺、埴輪(特殊器台形・特殊円筒)t、鏡片、鉄製武器類(槍・刀・剣・鏃) | 豊岡ほか1996 | 18 |
| 前方後円 | 110 | 前期後葉 | 竪穴式石室? | 埴輪(円筒・朝顔)、埴質枕、埴輪棺[石釧、勾玉、管玉] | 今尾1994、清水2000 | 19 |
| 前方後円 | 49 | 前期? | 竪穴式石室 | | 東1981b | 20 |
| 前方後円 | 230 | 前期前葉 | 竪穴式石室 | 特殊器台、特殊壺、特殊帯円筒埴輪、埴輪列 | 福尾1991、泉・松本・青木2000 | 21 |
| 前方後円 | 175 | 前期中葉 | 竪穴式石室? | 埴輪(円筒、朝顔形、壺形)、土器類(小型丸底壺・二重口縁壺、鼓形器台、布留式甕・高杯) | 清水2000、泉・松本・青木2000 | 22 |
| 前方後円 | 134 | 前期中葉 | 竪穴式石室 | 三角縁神獣鏡33、画文帯神獣鏡1、鉄製武器、武具、農工具類 | 本報告 | 23 |
| 前方後円 | 122 | 前期 | 竪穴式石室 | | | 24 |
| 前方後円 | 66 | 前期 | | | | 25 |
| 前方後円 | 103 | 前期後葉 | 竪穴式石室 | 銅鏡23、鉄製武器類、農工具類、水銀朱41kg | 伊達・小島・森1963、楠元1994、伊達1999a、岡林1999、福田1999、尾崎・井口2003 | 26 |
| 前方後円 | 242 | 前期後葉 | | 埴輪(円筒、盾形、家形)[銅板、金銀細工品、土器] | 伊達1974、石田1976、笠野1975・1977、今尾1992、清喜2004 | 27 |
| 双方中円 | 155 | 前期末葉 | 竪穴式石室 | 埴輪(円筒、家形、盾形、柵形)、石製腕飾類、石製品、玉類、石斧、土器、石製腕飾類型土製品 | 上田・中村1961、泉1985b、伊藤・豊岡2001、松本2003、関川・奥田2013 | 28 |
| 前方後円 | 55 | | | 土師器 | 青木2001 | 29 |
| 前方後円 | 144 | 前期後葉 | | 埴輪(鰭付円筒、朝顔、壺形)、盾形木製品 | 豊岡ほか1996 | 30 |
| 前方後円 | 300 | 前期後葉 | | 埴輪(円筒、朝顔、壺形、盾形、蓋形) | 笠野1975、陵墓調査室1978、福尾・佐藤1995、福尾1996、岸本ほか2010、米川2016 | 31 |
| 前方後円 | 120 | | | 埴輪 | 千賀1981b | 32 |
| 前方後円 | 69 | | | | | 33 |
| 前方後円 | 117以上 | 前期後葉 | | 土師器、埴輪、木製品 | 豊岡2004a | 34 |
| 前方後円 | 94 | 前期中葉 | 竪穴式石室 | [銅鏃・鉄片]【主室】、大型内行花文鏡【小石室】 | 佐藤1919、梅原・森本1923、岡林・福田2009 | 35 |
| 前方後円 | 115 | 前期初葉 | | 木製品、鉄鏃、石臼、磨石 | 小池1998、大西1999、橋本ほか2001、寺沢ほか2011 | 36 |
| 前方後円 | 96 | 前期初葉 | | 埴輪 | 石野・関川ほか1976、松宮2008・2009 | 37 |
| 前方後円 | 96 | 前期初葉 | 消滅 | 土師器、木製品、[勾玉] | 石野・関川ほか1976、橋本ほか2012 | 38 |
| 前方後円 | 108以上 | 前期前葉 | | 土師器 | 橋本ほか2006、福辻2009 | 39 |
| 前方後方 | 280 | 前期前葉 | 竪穴式石室? | 特殊器台、埴輪(特殊器台形)、二重口縁壺、土師器 | 中村・笠野1975、白石ほか1984、陵墓調査室1989、橋本1999、寺沢ほか2002、有馬2007、福辻2011 | 40 |
| 前方後方 | 28 | 前期初葉 | | 土師器 | 橋本2009 | 41 |
| ? | | 前期 | | 土師器 | 橋詰1987 | 42 |
| 前方後円? | 100以上 | 前期後葉 | | 埴輪、木製品 | 米川2001 | 43 |
| 前方後円? | 80 | 前期初葉 | 石囲い木槨 | 画文帯神獣鏡1、銅鏡3、刀剣類、農工具、土師器(庄内式) | 橋本ほか1996、米川・橋本1997、岡林・水野ほか2008 | 44 |
| 前方後円? | 60 | 前期 | | 土師器 | 橋本2002b | 45 |
| 前方後円 | 207 | 前期 | 竪穴式石室 | 鏡、玉杖、玉葉、石製腕飾類、石製品、玉類、銅鏃、鉄製武器類、農工具類、壺形土器 | 上田・中村1961、豊岡2004b、寺沢ほか2011 | 46 |
| 前方後円 | 224 | 前期 | 竪穴式石室 | 銅鏡、石製品、玉類、刀剣【主室】、玉状、銅鏃、銅鏃、鉄弓矢、鉄製刀剣類【副室】、埴輪 | 伊達・小島1977、桜井市教育委員会1985 | 47 |

| 時期 | 遺構等 | 遺物等 | 参考文献 | 番号 |
|---|---|---|---|---|
| 縄文、古墳・前~中 | 掘立柱建物、井戸、土坑、溝 | 縄文、土師、須恵、木製品(さしば形・棒形・槽・農具) | 鈴木ほか2005、坂ほか2007 | A |
| 縄文・後~晩、弥生・中~古墳・前、平安 | 井戸、溝、土坑、ピット | 弥生、土師、須恵、石鏃、サヌカイト | 泉1985a、松本1992、青木1996a、近江ほか2006、坂ほか2007、北口2011、村下2015 | B |
| 弥生・前~古墳、奈良 | 溝、井戸 | 弥生、土師、須恵、瓦器、土釜、石庖丁 | 松本1993 | C |
| 弥生・後~古墳、平安 | 溝、土坑 | 弥生、土師、須恵 | 松本2005 | D |
| 縄文・後~晩、古墳~鎌倉 | 溝、土壙、井戸 | 縄文、土師、須恵、瓦器 | 今尾ほか1983、青木1993・1995・1996b | E |
| 縄文・後、弥生・後~古墳・前、平安~中世 | 竪穴建物、掘立柱建物、瓦溜り、溝 | 石鏃、縄文、弥生、須恵、土師、瓦、瓦器 | 泉1982、青木1997 | F |
| 弥生・後~古墳 | | 縄文、土師、須恵、石鏃、サヌカイト片 | 島本1939 | G |
| 弥生・後~奈良、平安 | 溝、土坑、井戸 | 弥生、土師、須恵、石鏃 | 青木1998、豊岡2004a、石田2015 | H |
| 弥生・前~奈良、平安 | 埋甕遺構、建物、土坑、埋没古墳 | 弥生、土師、須恵、瓦器、土釜、埴輪、滑石製紡錘車、石釧、鉄鏃、グリーンタフ(剥片) | 青木2001・2005b、米川・松岡2009 | I |
| 弥生・後~古墳・前 | | 弥生 | 木村2007 | J |
| 縄文・後、弥生~古墳 | 石製品製作工房 | 縄文、土師、グリーンタフ(剥片) | 青木1996c、川上2005 | K |
| 弥生、古墳~平安 | 土坑、河跡 | 土師、須恵 | 北野1994 | L |
| 弥生~古墳 | | 弥生、土師、埴輪 | 網干1960、北山ほか2016 | M |
| 縄文・後、弥生~中世 | 掘立柱建物、溝、井堰、土坑、河道 | 縄文、弥生、土師、須恵、瓦器、石製品、木製品、鉄器生産関連遺物 | 石野・関川ほか1976、橋本1995・1997a・2009・2013、橋本ほか2007、清水1994b、北山ほか2016 | N |
| 縄文・晩、弥生・前~後 | 住居、溝、土坑、方形周溝墓、井戸 | 縄文、弥生、石器、木器、銅鐸形土製品、管玉、石杵 | 清水1995、小池1995、佐々木2005 | O |
| 縄文・前~平安 | 溝 | 縄文、土師、須恵 | 樋口1926、清水1987 | P |
| 弥生・古墳・前~中 | 溝 | 弥生、土師、須恵、滑石製模造品 | 土井1937、上田1937、清水1991b | Q |
| 弥生~古墳 | 井戸、土坑、溝、自然河道 | 弥生、土師、須恵、三彩小壺、銅鈴、櫛、種子、墨書土器 | 吉村1990、吉村ほか2004、濱口・米田2000、米田・瀬岡2005 | R |
| 古墳~平安 | 玉作り関連遺構 | 土師、須恵、滑石製石釧、滑石剥片 | 橋本1997b・2002a | S |
| 縄文・後、弥生・前、古墳、平安~中世 | 掘立柱建物、土壙墓 | 弥生、土師、黒色土器、瓦器、羽釜 | 厚芝1940、橋本1998、小畑2002 | T |
| 縄文・晩、弥生・前、古墳・前~後、飛鳥 | 自然河道、掘立柱建物、土坑、中世素掘溝 | 縄文、弥生、土師、須恵 | 入倉1990、中野2012 | U |
| 縄文・晩、弥生~平安 | | 縄文、浮線紋土器、弥生、土師、須恵、瓦器、磁器、石庖丁 | 石野1973、清水1998a・1998b | V |
| 弥生~奈良 | 溝、土坑、井戸、方形周溝墓、掘立柱建物 | 弥生、銅鐸、銅剣、鋳造関連遺物、瓦 | 萩原・石野1987 | W |
| 縄文・晩、弥生~後 | 土器棺墓、環濠、井戸、土坑、土壙墓、土器棺墓、木棺墓、木製品貯蔵穴、溝、堰 | 弥生(絵画土器)、硬玉勾玉、土師、須恵、木製品、銅鐸形土製品、卜骨、土偶、石器、編み物、骨角器、炭化米、モミ、猪・鹿・猿・魚骨、土弾、銅鐸 | 網干1959、石野1973、佐々木1983a・1983b、松本1984、萩原・石野1987、佐々木ほか2000、露口2000・2001 | X |
| 弥生、古墳、飛鳥~江戸 | 掘立柱建物5、柵、石列、土壙、溝、土坑 | 木製品、弥生、土師、石器、碧玉小片、輪羽口、鉄滓 | 清水1991a・1992a、湯本2002、中村2004 | Y |
| 縄文・後~奈良 | 竪穴建物 | 石器、植物遺物、弥生、土師、石製紡錘車 | 辻本1942、(財)桜井市文化財協会1991 | Z |
| 弥生、古墳 | 掘立柱建物 | 石器(絵画土器)、土師、須恵 | 清水ほか1989、大和弥生文化の会1995 | a |
| 弥生中~後、古墳前~後、飛鳥 | | 弥生土器、土師器、須恵器 | 清水1998d、松宮1999 | b |
| 弥生、古墳~飛鳥 | 竪穴建物、井戸、掘立柱建物、溝 | 弥生土器、土師、鏡、鏃、鋤先、子持勾玉、小玉、鉄滓、滑石製紡錘車、玉作り関連遺物、鉛製垂飾 | 千賀1983、清水1994a・1998c・1999a・1999b、(財)桜井市文化財協会1991、松宮2000b | c |
| 縄文・後、弥生、古墳・後~鎌倉 | 河道、方形周溝墓、溝、土坑 | 縄文、土師、丹塗円頭木製品、弥生(記号文土器)、石斧柄、木器、瓦 | 橿考研附属博物館1985、清水1992b、岩崎1998 | d |
| 縄文・中~古墳、飛鳥、中世 | 掘立柱建物、土坑、竪穴建物、溝 | 弥生土器、土師、瓦器、鉄器 | 松永1984、松宮2000a | e |
| 縄文・後~古墳 | | 縄文、弥生、土師、石庖丁、石鏃、木製品 | 小島1965 | f |

第Ⅰ部　調査編

谷地形が介在し、南側には西門川が形成した深い谷があって、地形的区分が明確である。この低位段丘面上には、黒塚東遺跡、アンド山遺跡、立花遺跡などの複数の遺物散布地が存在する。

段丘の北縁辺部に相当する黒塚古墳の周辺では小規模な発掘調査が点的に行われ、各所で古墳時代前期前半の遺物がみつかっていることから、黒塚東遺跡として把握されている。とくに黒塚古墳の東に隣接する地点［今尾ほか1983］、東北方に近接する竹ノ尻地点［青木1993］などでは庄内式期を中心とする竪穴建物・土坑などの遺構も確認され、黒塚古墳墳丘下に形成された包含層と一連の遺跡の広がりが考えられる。黒塚古墳築造の直前に一帯における集落の形成があり、黒塚古墳の築造を契機に廃絶したものとみられる。行燈山古墳西方のアンド山遺跡では、複数の竪穴建物が密集する古墳時代前期前半の小集落の存在が確認されている［青木1997］。

低位段丘南端部の西門川に面して広がる立花遺跡では前期後葉ないし前期末〜中期後半の古墳が複数検出されている。古墳の造営によって廃絶したと考えられる前期前半の建物や［青木2001］、玉作り関係とみられるグリーンタフ剥片の出土も注意される［米川・松岡2009］。

柳本遺跡は低位段丘西端部のノベラ古墳・石名塚古墳付近から西方の沖積低地にかけて広がる遺物散布地で、これまでに10次にわたる発掘調査が実施されている。段丘上の柳本駅付近では古墳時代前期前半の遺構が多数確認されており、ノベラ古墳西方では古墳時代前期の溝が［石田2015］、また石名塚古墳では古墳築造に先行する古墳時代前期初葉の落ち込み［豊岡2004a］が検出されている。

以上の遺跡群については括り方にニュアンスの違いがあるものの、西門川以南の向山遺跡なども含めて柳本古墳群の造営基盤としての古墳時代前期の大規模遺跡（柳本遺跡群）として評価すべきとの意見がある［青木1998、今尾1999］。しかしながら、黒塚古墳を含む柳本藩邸遺跡のこれまでの発掘調査結果から、黒塚古墳南側の旧藩邸屋敷付近には近世まで大きな谷地形が入り込んでいたことが判明しており［松本1992、石田2013］、黒塚東遺跡で確認されている谷地形なども含め、段丘面上は本来谷が多数入り込んだ複雑な地形をなしている。段丘上の遺跡の分布が点在的であるのはこの地形的特徴と無関係ではなく、全体を大規模遺跡と呼ぶべき状況にはない。周辺との関係についても、西門川の流れ出る谷地形は周辺では最も深い谷の一つであり、それ以南の向山遺跡等とは地形区分上区別が必要であると思われるし、柳本遺跡は集落域の主体が沖積低地にあって、低位段丘上の遺跡とは立地が異なる点も注意を要する。むしろ、成願寺遺跡と同様に、古墳時代前期初葉においては低位段丘上に小規模かつ短期的な集落が点在する状況がイメージされる。また、立花遺跡の玉作り関連遺構などは、南に隣接する向山遺跡との類似性がうかがわれ、古墳時代前期中葉以降、纏向遺跡の東方山麓部への拡大の動きがさらに進行したことを示すものと評価しうる。

**向山遺跡と纏向遺跡巻野内地区**　向山遺跡は北を西門川、南を烏田川によって画された、渋谷向山古墳の西方にのびる低位段丘上から、柳本大塚古墳を越えてさらに西側の沖積低地にまで広がる遺物散布地である。渋谷向山古墳南西側で実施された発掘調査では前期前半のグリーンタフ製石製品を製作した工房跡かと考えられる遺構が検出されている［青木1996a］。向山遺跡の範囲は纏向遺跡に一部重複するかたちで隣接し、とくに桜井市草川・大豆越付近の沖積低地部分は纏向遺跡の北端と完全に重なり、低位段丘上を占める天理市域とは立地も異なる点で、今後整理が必要である。

渋谷向山古墳の南方は烏田川を介して纏向遺跡巻野内地区に隣接する。古墳時代前期初葉までの纏向遺跡の中心部は遺跡中西部の太田北微高地を主体としており、トリイノ前地区では東西方向の軸線に沿って計画的な配置をもつ建物群も確認されている［橋本2013］。前期前葉以降になると集落域の拡大とともに遺跡東部の巻野内地区にも中心部が形成され、布留0式期〜1式古相期の導水施設［橋本1997a］、布留0式期のV字溝・柱列［橋本1995］といった特殊な遺構がみつかっている。立花遺跡や向山遺跡の存在は、そうした纏向遺跡の北東への拡大の実態を示すものであろう。纏向遺跡総体としては前期後半になると遺構は減少するとされるが、太田北微高地で検出されている布留2式期の一辺50mを超える「コ」字形区画溝のような遺構も存在しており、巨大前方後円墳の造営を支える中心性を保ち続けたと評価できよう。

**城島遺跡**　初瀬川と粟原川に挟まれ、初瀬谷の谷口に位置する城島遺跡では、古墳時代前期の集落はほとんど明らかにされていないが、外山下田地区では古墳時代前期の東海系・近江系・山陰系などの土器とともに廃棄された多量の木製耕起具が出土している。南に近接する桜井茶臼山古墳の造営にあたり、各地から人が集められた造営キャンプ的な集落が存在した可能性が指摘される［清水1991a］。

## 2　大和古墳群の群構成

**大古墳群としての把握**　奈良盆地東南部の前期古墳群は、古墳時代前期前葉から後葉まで継起的に造営された箸墓・西殿塚・桜井茶臼山・メスリ山・行燈山・渋谷向山の6基の巨大前方後円墳を軸として、その周辺に築造された中小の前方後円（方）墳及び円墳などによって構成される。その分布範囲は南北約9km、東西約2kmに及び、これまでさまざまなグルーピング案が提示されてきた。

従来のグルーピング案としては、古墳どうしの距離や介在する谷地形などを考慮して、古墳分布の主要部である初瀬川以北のグループを北から萱生（大和）、柳本、纏向（箸中・三輪）の各古墳群に分け、初瀬川以南の桜井茶臼山・メスリ山の2古墳を鳥見（山）古墳群とするものが多かった。萱生（大和）古墳群と柳本古墳群は萱生（大和）・柳本古墳群として一括される場合もあった。しかしながら、こうしたグルーピングには、箸墓・西殿塚・桜井茶臼山・メスリ山・行燈山・渋谷向山の6基の巨大古墳を含み、本来佐紀、百舌鳥・古市といった大古墳群に対比すべき奈良盆地東南部の一連の前期古墳群を分断的に把握する側面があったことは否定できない。

そうした観点から、奈良盆地東南部の前期古墳群を一体的に把握しようとする試みが行われてきた。伊達宗泰氏による「おおやまと古墳集団」の概念規定は、その早いものといえるであろう［伊達1975］。文献史学の成果［直木1970］も踏まえつつ、歴史地理学的な観点から、「大和の中の大和」ともいうべき歴史的空間としての「おおやまと」の地域を、初瀬川・寺川水系の旧磯城・十市郡を中心とする奈良盆地東南部に設定し、その範囲内にある箸墓・西殿塚・桜井茶臼山・メスリ山・行燈山・渋谷向山の各古墳を含む前期古墳を「おおやまと古墳集団」として把握するものである。また、伊達氏は「おおやまと古墳集団」の下位概念として、萱生・柳本・纒向の各古墳群の総称的概念である「おおやまと古墳群」の呼称を提唱している［伊達1999b］。

大和古墳群学術調査委員会による奈良盆地東南部における前期古墳の発掘調査が継続して行われた1990年代には、奈良盆地東南部の前期古墳群の総括的呼称を「大和古墳群」とすることが提唱され、浸透していった。『大和前方後円墳集成』［橿考研（編）2001］ではさらに踏み込み、萱生・柳本・纒向の各古墳群を統合的に「大和古墳群」として把握し、萱生・柳本・渋谷・箸中の各支群に細別する案が示されている。

「大和古墳群」の名称に対しては、萱生のグループを狭義に「大和古墳群」とも呼んできた経緯から、混同のおそれがあるなどの理由で不適切との見解も示されている［白石2004、今尾2005］。しかし、萱生をはじめとする各グループの名称については、旧村名あるいは古墳密集地域の大字名をとるという統一的な命名法がすでに提唱されており［石野1976］、あえて萱生のグループについてのみ中世以降に成立した大和神社の宮郷の名称にこだわる合理的な理由はない。これに関連して「山辺・磯城古墳群」の呼称も提案されているが［今尾2014］、一般化しているとはいえない。

むしろ、その表記方法はともかく、「大和古墳群」［橿考研（編）2001、岡林・水野ほか2008、上野2014］、「おおやまと古墳群」［寺澤2003］、「オオヤマト古墳群」［大久保2003、置田2004、白石2004、松本・石田ほか2014］の呼称が広く定着をみている点を見過ごしてはならない。それは、「大和の中の大和」たる歴史的空間としての奈良盆地東南部を代表する呼称として、現時点では「大和」「おおやまと」「オオヤマト」が最も適当と認識されているからにほかならない。

ここでは、奈良盆地東南部における前期古墳群を古市・百舌鳥古墳群などと対比しうる大古墳群として位置づけ、大和古墳群と呼称すべきことを改めて確認しておきたい。また、箸墓・西殿塚・桜井茶臼山・メスリ山・行燈山・渋谷向山の各古墳を継起的に築造された初期の歴代倭王の墳墓と評価する立場から［白石2008］、大和古墳群の範囲としては、初瀬川以北の萱生・柳本・纒向の各古墳群に、初瀬川以南の桜井茶臼山・メスリ山の2古墳を加えた南北約9km、東西約2km程度の範囲を設定したい。

**古墳の立地による群構成の検討**　大和古墳群は天理市南部から桜井市北部にかけての山麓部に沿って南北に長い分布を形成している。本章第1節に述べたこの地域の地形的特徴から、古墳が立地するのは主として段丘面であり、同時にこれらの段丘面は小河川の開析によって分断されている。そうした周辺の地形的特徴と古墳の立地との関係を改めて概観すると、つぎのようになる。

まず、古墳の分布が集中する初瀬川以北のグループと全長200mを超える前方後円墳2基からなる初瀬川以南のグループは、初瀬谷の谷口をはさんで対峙しており、古墳分布の上から大きく区分できる。また、古墳分布の地形的区分の観点からは、初瀬川以北の萱生・柳本・渋谷のグループでは古墳の主要な立地が低～中位段丘上に求められるが、同じく初瀬川以北でも纒向のグループは古墳の主要な立地が沖積低地に求められ、さらに初瀬川以南の2基はともに岩類を基盤とする丘陵尾根上に立地しており、それぞれ異なっている。このような立地環境の違いは、周辺の景観や古墳の築造方法などにも一定の影響を与えたと想定される。

こうした点を総合するならば、まず大まかには初瀬川以北の萱生・柳本・渋谷のグループを北群、同じく初瀬川以北の纒向のグループを中央群、初瀬川以南のグループを南群として把握することが適当である。

北群は、全長200mを超える西殿塚古墳・行燈山古墳・渋谷向山古墳の3基がいずれも中位段丘上に築造されている。とくに、西殿塚古墳とそれに隣接する東殿塚古墳、行燈山古墳とそれに隣接する櫛山古墳の各古墳は、それぞれ高～中位段丘を切断、成形して築造されているとみられ、ひときわ高い位置に立地する。また、火矢塚古墳・燈籠山古墳・中山大塚古墳・小岳寺塚古墳は西殿塚古墳・東殿塚古墳と同一の中位段丘上に立地し、シウロウ塚古墳・上の山古墳は渋谷向山古墳と同一の中位段丘上に立地する。これらはいわば稜線上に立地する古墳であって、前方部の方向や古墳相互の並びなどの点で、地形に規制された状況が明らかである。相対的に低い位置に立地する上記以外の古墳も、多くは低位段丘面が小河川によって開析されることで形成された細長い微高地上に並ぶように占地しており、微高地ごとの細かなグルーピングが可能である。

たとえば、西殿塚古墳の西北方に広がる低位段丘上には、一見すると谷筋がほとんど入らない安定的な扇状地形が広がり、ノムギ古墳・ヒエ塚古墳・波多子塚古墳・下池山古墳・馬口山古墳・矢ハギ塚古墳をはじめとする多数の古墳が相互に距離を保ちながら散在的に分布するようにみえる。しかし、これまでの発掘調査の結果、この段丘面上は実際には小さな谷地形が多数入り込んだ凹凸の多い複雑な地形をなしていることが判明しており［北口2011］、古墳の分布もそれに規制されている。成願寺遺跡で明確な古墳時代前期の遺構が検出されない事実は、この段丘上が少なくとも大規模集落の展開に不適な地形であって、あくまで墓域として利用されていたことを示していよう。

北群の古墳立地上の特徴として、低地部ではなく中～低位段丘上を墓域として選択している点を挙げられる。黒塚東遺跡や立花遺跡などでは古墳の立地に伴う小規模集落の廃絶がみられるものの、基本的には一帯の中～低位段丘上は地形的

に集落の展開に不適であり、主要な集落域を避けた墓域選択であったと考えられる。

中央群は、巻向川扇状地上に纒向石塚古墳をはじめとする東田のグループ、箸墓古墳・ホケノ山古墳をはじめとする箸中のグループの大きく 2 群に分かれながら展開する。ホケノ山古墳や巻野内石塚古墳などが低位段丘縁辺部に立地するほかは、沖積低地に立地する。全長 280 m の巨大前方後円墳である箸墓古墳をはじめ、纒向遺跡の内部に古墳が立地する点に特徴がある。

南群は、低地を見下ろす丘陵尾根上に桜井茶臼山・メスリ山の 2 基の巨大前方後円墳が立地する。このあり方は、集落域を避けた墓域選択であると同時に、集落域を見下ろすようなひときわ高い位置に立地する点で、北群の 3 基の巨大前方後円墳と共通するものと評価できる。

上記の古墳の立地と地形区分にもとづくグルーピングは、北群が萱生・柳本古墳群、中央群が纒向古墳群、南群が鳥見（山）古墳群にそれぞれ対応し、従来から一般的に行われているグルーピングと整合的である。萱生・柳本古墳群については、中山支群・萱生支群・柳本支群・渋谷支群・石名塚支群などのグループに分けることが提案されているが［寺沢・千賀 1983、今尾 1999］、萱生支群については微高地ごとにさらに細分が可能であろう。纒向古墳群は上記の通り東田支群と箸中支群に分けることができよう。

**墓域と集落域の関係** 大和古墳群の被葬者層の直接的な支配地域は初瀬川・寺川水系の旧磯城・十市郡を中心とする奈良盆地東南部であったと考えられ、古墳時代前期前半の集落遺跡として突出して大規模かつさまざまな面で中心性を有する纒向遺跡がその活動の拠点であったと理解される。最初の巨大前方後円墳である箸墓古墳をはじめとする中央群は、被葬者層の居住域に隣接して営まれたと評価できる。

一方、北群の形成は、被葬者層の居住域にほど近い山麓部に新たな墓域を拡大する動きであったと評価することができる。この動向は、纒向遺跡の拡大とも連動するものであったと考えられる。北群の占地は主要な集落域の存在した低地部を避けるとともに、広大な支配地域を眺望しうる高燥な中〜低位段丘上に求められたということになろう。南群の形成もまた同一の意味をもつ動きであり、墓域のさらなる拡大をもたらすものであったと評価できる。

ところで、萱生・柳本・纒向の各古墳群を別個の集落を拠点とした勢力によって形成された古墳群とみなし、それぞれの古墳群の近在に対応する拠点的な集落遺跡の存在を積極的に評価しようとする考え方がある［青木 1998、今尾 1999、千賀 2008］。たとえば、今尾文昭氏は萱生古墳群と乙木・佐保庄遺跡、成願寺遺跡などをあわせた「大和遺跡群」、柳本古墳群と（狭義の）「柳本遺跡群」、纒向古墳群と「纒向遺跡群」といった対応関係を想定する。しかしながら、すでに概観したように纒向遺跡に匹敵するような拠点性・中心性をもつ大規模集落が初瀬川以南も含めたこの地域に複数併存する状況を想定することはむずかしい。大和古墳群を造営した勢力の拠点は、あくまで纒向遺跡であったと理解すべきであろう。

## 3　黒塚古墳周辺の古墳分布

黒塚古墳を含む天理市柳本町・渋谷町一帯の前期古墳は、地形的区分や分布から柳本・渋谷・石名塚の 3 つの支群に分けることができる。

**柳本支群** 柳本支群の北限は真面堂川、南限は西門川によってそれぞれ開析された谷によって画される。この間に櫛山・行燈山・アンド山・南アンド山・大和天神山・黒塚の 6 基の古墳が東南東から西北西に向かって分布する。行燈山・櫛山の両古墳は本来張り出していた高〜中位段丘を切断、利用して築造されているとみられ、それらをのせる低位段丘上にアンド山・南アンド山・大和天神山の各古墳と黒塚古墳が占地する。黒塚古墳の南には近世まで大きな谷が入っていたことが知られており、一連の古墳はほぼ同一の稜線上もしくは台地状の張り出し上に並んで築造されているとみてよい。黒塚古墳が前期前葉に築造された後、前期後葉に行燈山古墳・大和天神山古墳、前期末葉に櫛山古墳が築造されたとみられる。とくに黒塚古墳を除く 5 基の古墳は互いに近接して築造されており、この間の稜線上をほぼ占有している。

**渋谷支群** 渋谷支群の北限は西門川、南限は鳥田川によってそれぞれ開析された谷によって画される。この間の中位段丘上にシウロウ塚・渋谷向山・上の山の 3 古墳が分布する。渋谷向山古墳は本来張り出していた中位段丘の稜線を切断、利用して築造されているとみられる。シウロウ塚古墳の築造時期はよくわからないが、渋谷向山・上の山の 2 古墳は前期後葉に相次いで築造されたものと考えられる。段丘面が狭小であるために、古墳の立地としてはほぼ飽和状態といえよう。

**石名塚支群** 石名塚支群は、柳本支群の立地する低位段丘の縁辺部からその南方の沖積低地にかけて、北から順にノベラ・石名塚・柳本大塚の 3 古墳が並ぶ。ノベラ古墳の時期決定はむずかしいが、柳本大塚古墳・石名塚古墳ともに前期中葉〜後葉の所産と考えられる。纒向遺跡の外縁部や周辺の地域では、箸墓古墳の南西側で周濠の一部が検出された箸中イヅカ古墳［米川 2001］や、纒向石塚古墳をはじめとする東田支群の東北方に展開するとみられる複数の埋没古墳［北山ほか 2016］など、前期後半における活発な古墳の造営が認められる。石名塚支群については、立地や古墳の規模、築造時期などから、柳本支群や渋谷支群との関係性よりも、むしろこうした一連の埋没古墳との関係で評価すべきではないかと思われる。

## 4　柳本支群の主要古墳

柳本支群では、これまでに橿原考古学研究所及び天理市教育委員会によって櫛山古墳、大和天神山古墳の発掘調査が実施されているほか、宮内庁書陵部によって行燈山古墳の周濠等の発掘調査が実施されている。

**櫛山古墳** 柳本支群の東端に位置し、支群中最も新しい前

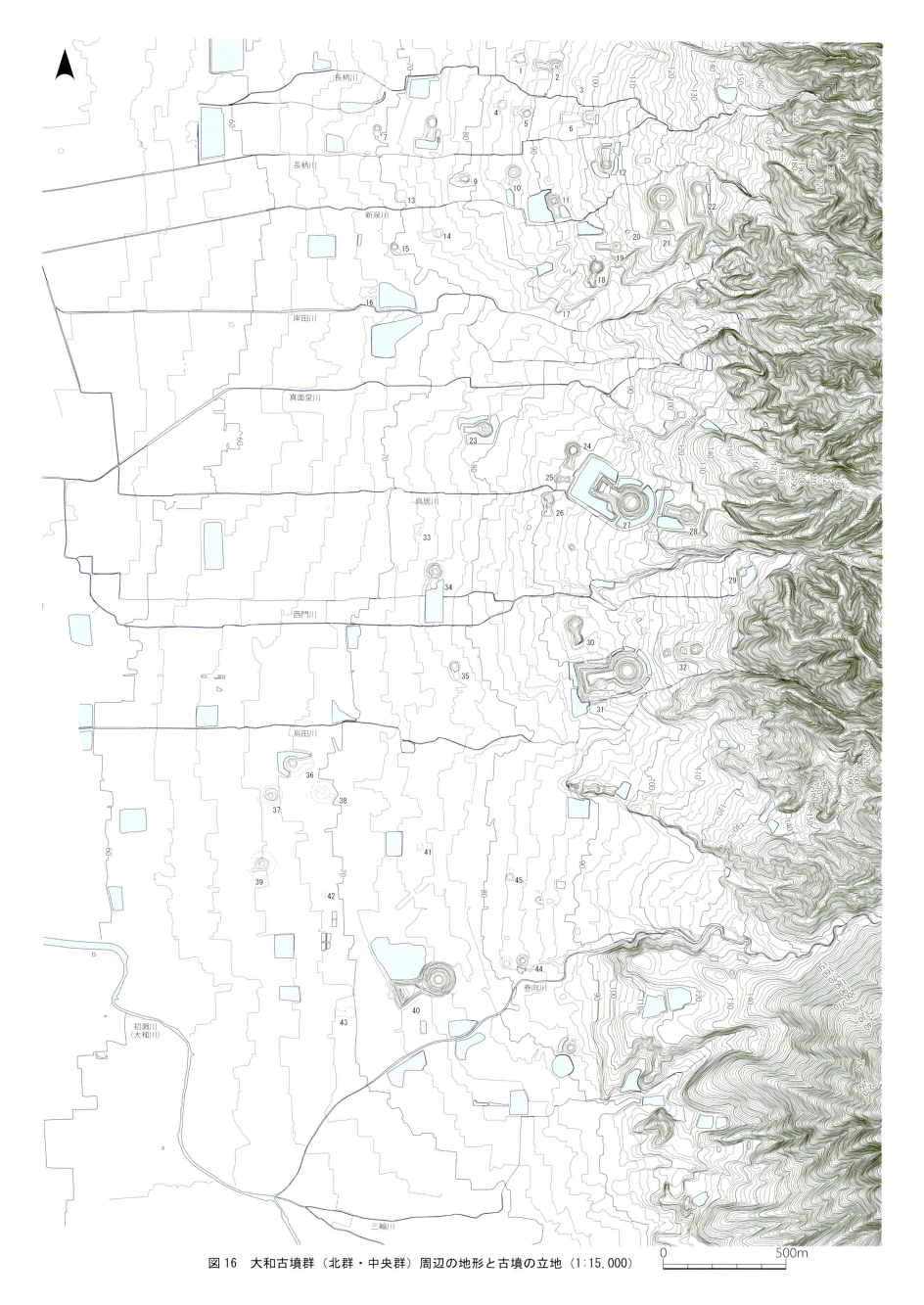

図16　大和古墳群（北群・中央群）周辺の地形と古墳の立地（1:15,000）

期末葉に築造された全長約155mの双方中円墳である。後円部は3段築成で、西側に前方部、東側に大型の造り出しを付設し、双方中円墳の典型例とされる。

1948〜49年に後円部の埋葬施設及び墳丘の発掘調査が実施された［上田・中村1961］。埋葬施設は、全長約7.1mの板石小口積みの竪穴式石室である。石室南北両端には板石と礫石によって積み上げられた壇状施設も確認された。石室内からは初源的な長持形石棺と考えられる組合式石棺の蓋石と底石が出土している。

出土遺物としては車輪石、石釧、鍬形石のほか、合子や盤、環、位牌形石製品など類例の少ない石製品がある。墳丘には埴輪を樹立し、楕円筒埴輪のほか、家形、盾形、蓋形などの形象埴輪が出土している［関川・奥田2013］。

1988年には前方部北裾の発掘調査で、墳丘裾を区画する幅約8.7mの掘割が検出され、幅約10mの堤状遺構が確認された。堤状遺構から転落したと推定される鰭付楕円筒埴輪11個体以上と蓋形埴輪が出土した［伊藤・豊岡2002］。1998年には西渡堤南側の泥池内の調査が行われ、西渡堤は後世に付加されたものであることが判明した［松本2003］。

**大和天神山古墳** 行燈山古墳前方部の西側に並ぶ中小前方後円墳のうち南端に位置する。1998〜99年に花園大学による墳丘の再測量が行われ、全長約103m、後円部径約56m、前方部幅約47mの復元案が示されている［伊達1999a］。埋葬施設は後円部中央に墳丘主軸に平行して設けられた長さ約6.1mの竪穴式石室で、1960年、県道工事に先だって発掘調査が行われた［伊達・小島・森1963］。粘土棺床の上に全長約5mに復元されるコウヤマキ製［福田1999］の割竹形木棺を安置する［岡林1999］。出土遺物は鏡23面、水銀朱41kg、鉄製品類である。

築造時期についてはいくつかの見解があるが、近接して存在する巨大前方後円墳である行燈山古墳との関係を重視するならば、行燈山古墳に前後する前期後葉の所産と考えておくのが穏当である。

**行燈山古墳** 前期後葉に築造された柳本支群中最大の古墳で、前方部を西に向けた前方後円墳である。墳丘全長約242m、後円部径約158m、前方部幅約100mで、周濠を含めた総長は約360m、最大幅約230mを測る。後円部・前方部ともに3段築成で、葺石・埴輪の存在が知られる。

元治元年（1864）から慶応元年（1865）まで柳本藩によって大規模な修陵工事が行われ、その際に周濠から遺物が出土したと伝えられる［伊達1974、今尾1992、今尾1996］。1974年には外堤と渡堤の護岸工事に伴うトレンチ調査が宮内庁書陵部によって実施された［石田1976］。また、1975年には後円部墳丘裾と後円部外堤の護岸工事に伴うトレンチ調査がやはり宮内庁によって実施されている［戸原1977］。

墳丘基底部高は後円部周濠東側で標高110m前後、前方部前面外堤西側水田面で標高90m前後であり、東西で約20mの比高差がある。このため、周濠は渡堤による区画を設けて水面の高さを調節している。現在の渡堤は後円部の北側・南側、くびれ部の北側の3ヶ所にある。また、周濠・外堤が左右非対称形を呈し、北側はややいびつな鍵穴形、南側は盾形となる。ただし、幕末の修陵工事前の文久二年（1862）「崇神陵文久古図」では、周濠の痕跡を示す地割りは盾形をなしており、3ヶ所に池があるほかは田地であった。古図からは、前方部前面ラインを南に延長する渡堤と、後円部南側渡堤の存在が確認され、前者が取り壊されたことが知られる。

宮内庁によるこれまでの調査結果を踏まえれば、幕末の大規模な修築にもかかわらず、前方部の南側から後円部の南・東・北側にかけての現状の平面形態はある程度本来の状況を反映しているようである［岡林2001］。

埋葬施設については大規模な竪穴式石室が予想されるが、詳細は不明である。ただ、長岳寺にある竜山石製の弥勒石棺仏が、この古墳の竪穴式石室の天井石を転用したものである可能性も指摘されている。幕末修陵時に周濠から銅板、金銀細工品、朽木、土器などが出土したとされる。このうち後円部周濠南東のくびれ部寄りから出土したとされる銅板は、個人蔵、長岳寺蔵の拓本が残されている。70×53.8㎝の長方形で、片方の面には内行花文鏡の主文様に類似した文様を、いま一方の面には「田」字形の文様を突線であらわす。このほか宮内庁の調査では、円筒埴輪、土師器、須恵器が出土している。

【引用文献】
※奈良県立橿原考古学研究所は橿考研と省略する。
青木勘時 1993「柳本遺跡群竹ノ尻地点－柳本町」『天理市埋蔵文化財調査概報　平成2・3年度（1990・1991年）』天理市教育委員会
青木勘時 1995「柳本遺跡群竹ノ尻地点の調査」『天理市埋蔵文化財調査概報（平成6年度・国庫補助事業）』天理市教育委員会
青木勘時 1996a「柳本遺跡群道浦地点の調査」『天理市埋蔵文化財調査概報（平成7年度・国庫補助事業）』天理市教育委員会
青木勘時 1996b「柳本遺跡群竹ノ尻地点（第3次）の調査」『天理市埋蔵文化財調査概報（平成7年度・国庫補助事業）』天理市教育委員会
青木勘時 1996c「向山遺跡笹々久保地点」『天理市埋蔵文化財調査概報　平成4・5年度（1992・1993年）』天理市教育委員会
青木勘時 1997「柳本遺跡群アンド山地点」『天理市埋蔵文化財調査概報（平成8年度・国庫補助事業）』天理市教育委員会
青木勘時 1998「柳本遺跡群大ナカ田地点の調査」『天理市埋蔵文化財調査概報（平成9年度・国庫補助事業）』天理市教育委員会
青木勘時 2001『天理市埋蔵文化財調査概報（平成12年度・国庫補助事業）』天理市教育委員会
青木勘時 2003「波多子塚古墳」『天理市埋蔵文化財調査概報　平成8・9年度（1996・1997年）』天理市教育委員会
青木勘時 2005a「大和古墳群・成願寺遺跡の調査」『天理市埋蔵文化財調査概報（平成14・15年度・国庫補助事業）』天理市教育委員会
青木勘時 2005b「柳本立花遺跡（第2次）・（第3次）の調査」『天理市埋蔵文化財調査概報（平成14・15年度・国庫補助事業）』天理市教育委員会
青木勘時 2006「矢矧塚古墳」『天理市埋蔵文化財調査概報　平成10・11・12年度（1998〜2000年）』天理市教育委員会
青木勘時 2007『波多子塚古墳－後方部北側の調査成果－』天理市教育委員会
青木勘時・北口聡人 2015「ヒエ塚古墳（第2次）」『天理市文化財調査年報　平成25年度（2013年度）』天理市教育委員会
東　潮 1981a「小岳寺塚古墳」『磯城・磐余地域の前方後円墳』橿

考研

東　潮 1981b「火矢塚古墳」『磯城・磐余地域の前方後円墳』橿考研

厚芝保一 1940「大福村新屋敷附近の彌生式遺跡」『磯城』3-2　磯城郡郷土文化研究會

網干善教 1959「大和坪井の弥生文化の遺跡に就いて」『古代文化』3-10　（財）古代學協會

網干善教 1960「天理市檜垣町弥生式遺跡」『奈良県文化財調査報告書　第3集』奈良県教育委員会

有馬　伸 2007「倭迹迹日百襲姫命大市墓見張所改築工事に伴う立会調査」『書陵部紀要』58　宮内庁書陵部

石田茂輔 1976「崇神天皇陵の外堤護岸地区の調査」『書陵部紀要』27　宮内庁書陵部

石田大輔 2013「柳本藩邸遺跡（第12次）」『天理市文化財調査年報　平成23（2011年度）』天理市教育委員会

石田大輔 2015「柳本遺跡（第10次）」『天理市文化財調査年報　平成25年度（2013年度）』天理市教育委員会

石野博信 1973「大和の弥生時代」『考古学論攷』2　橿考研

石野博信 1976「大和平野東南部における前期古墳群の形成過程と構成」『横田健一先生還暦記念　日本史論叢』横田健一先生還暦記念会

石野博信（編）2005『大和・纒向遺跡』学生社

石野博信・関川尚功ほか 1976『纒向』橿考研・桜井市教育委員会

泉　武 1982「天理市アンド山遺跡発掘調査概報」『奈良県遺跡調査概報　1980年度（第一分冊）』橿考研

泉　武 1985a「成願寺遺跡（第1次）」『天理市埋蔵文化財調査概報（1985）』天理市教育委員会

泉　武 1985b「櫛山古墳」『天理市埋蔵文化財調査概報（1985）』天理市教育委員会

泉　武 1998「馬口山古墳」『天理市埋蔵文化財調査概報　平成6・7年度（1994・1995年）』天理市教育委員会

泉　武 2003「下池山古墳隣接地（遺物散布地）一成願寺町・中山町」『天理市埋蔵文化財調査概報　平成8・9年度（1996・1997年）』天理市教育委員会

泉　武・松本洋明・青木勘時 2000『西殿塚古墳・東殿塚古墳』天理市教育委員会

伊藤勇輔 1981「星塚古墳」『磯城・磐余地域の前方後円墳』橿考研

伊藤勇輔・豊岡卓之 2001「櫛山古墳の新資料」『考古学論攷』24　橿考研

今尾文昭 1992「行燈山古墳の銅板―元治二年の出土事情―」『青陵』81　橿考研

今尾文昭 1994「灯籠山古墳埴質枕にともなう棺―伝中山大塚古墳資料の再検討―」『考古学雑誌』80-1　日本考古学会

今尾文昭 1996「天皇陵古墳解説」『天皇陵古墳』大巧社

今尾文昭 1999「諸王の割拠―大和・柳本古墳群」『古代を考える　山辺の道―古墳・氏族・寺社―』吉川弘文館

今尾文昭 2005「オオヤマト古墳群における古墳出現期の様相」『東日本における古墳の出現』考古学リーダー4　六一書房

今尾文昭 2014『ヤマト政権の一大勢力　佐紀古墳群』新泉社

今尾文昭ほか 1983「黒塚東遺跡発掘調査概報　付載　黒塚古墳測量調査報告」『奈良県遺跡調査概報　1981年度（第二分冊）』橿考研

今尾文昭・服部伊久男 1994「西山塚古墳採集の埴輪」『青陵』86　橿考研

入倉徳裕 1990「三輪松之本遺跡発掘調査概報」『奈良県遺跡調査概報　1989年度（第二分冊）』橿考研

岩崎大輔 1998「吉備遺跡第10次発掘調査報告」『桜井市内埋蔵文化財1997年度発掘調査報告書3』（財）桜井市文化財協会

上田貞治 1937「大和 磯城郡織田村大西遺跡について」『大和志』4-10　大和國史會

上田宏範・中村春寿 1961『桜井茶臼山古墳　附櫛山古墳』奈良県教育委員会

上野祥史 2014「日本列島における中国鏡の分配システムの変革と画期」『国立歴史民俗博物館研究報告』第185集　国立歴民俗博物館

梅原末治・森本六爾 1923「大和磯城郡柳本大塚古墳調査報告」『考古学雑誌』13-8　考古學會

卜部行弘 2001「フサギ塚古墳」『大和前方後円墳集成』学生社

卜部行弘ほか 2008『下池山古墳の研究』橿考研

近江俊秀ほか 2006『ノムギ古墳』橿考研

大久保徹也 2003「オオヤマト古墳群と県道『天理環状線』2003」『考古学研究』49-4　考古学研究会

大西貴夫 1999「勝山古墳第2次（纒向遺跡第111次）発掘調査概報」『奈良県遺跡調査概報　1998年度（第三分冊）』橿考研

岡林孝作 1997「大和古墳群（ノムギ古墳隣接地）発掘調査概報」『奈良県遺跡調査概報　1996年度（第一分冊）』橿考研

岡林孝作 1999「大和天神山古墳出土木棺の再検討」『青陵』102　橿考研

岡林孝作 2001「ノベラ古墳」『大和前方後円墳集成』学生社

岡林孝作 2008「マバカ古墳」『奈良県遺跡調査概報　2008年度（第一分冊）』橿考研

岡林孝作・水野敏典ほか 2008『ホケノ山古墳の研究』橿考研

岡林孝作・福田さよ子 2009「奈良県天理市柳本大塚古墳出土割竹形木棺の調査」『古墳時代におけるコウヤマキ材の利用実態に関する総合的研究』橿考研

置田雅昭 2004「オオヤマト古墳群の特質」『オオヤマト古墳群と古代王権』青木書店

尾崎　誠・井口喜晴 2003「大和天神山古墳出土鉄製品の保存修理」『鹿園雑集』5　奈良国立博物館

笠野　毅 1975「景行天皇山辺道上陵の出土品」『書陵部紀要』26　宮内庁書陵部

笠野　毅 1977「崇神天皇陵外堤及び墳丘護岸区域の事前調査」『書陵部紀要』28　宮内庁書陵部

橿考研（編）2001『大和前方後円墳集成』学生社

橿考研附属博物館 1985『大和考古資料目録第12集―松本俊吉氏収集資料―』

川上洋一 2005「上ツ道推定地」『奈良県遺跡調査概報　2004年度（第一分冊）』橿考研

岸本直文ほか 2010『玉手山1号墳の研究』大阪市立大学日本史研究室

北口聡人 2011「成願寺遺跡（第14次）」『天理市埋蔵文化財調査概報　平成18（2006）年度』天理市教育委員会

北口聡人 2016「フサギ塚古墳（第2次）・成願寺遺跡（第21次）」『天理市文化財調査年報　平成26（2014）年度』天理市教育委員会

北野隆亮 1994「為川南方遺跡第1次調査」『田原本町埋蔵文化財調査年報4　1992・1993年度』田原本町教育委員会

北山峰生ほか 2016『纒向遺跡―第177・178次―』橿考研

木村健明 2007「龍王山古墳群・薬師山遺物散布地」『奈良県遺跡概報　2006年度（第一分冊）』橿考研

楠元哲夫 1994「大和天神山古墳出土鏡群の再評価」『橿原考古学研究所論集　第十一』橿考研

小池香津江 1994「天理市岸田町新池採集の土器」『青陵』84　橿考研

小池香津江 1995「芝遺跡第15次発掘調査概報」『奈良県遺跡調査概報　1994年度（第二分冊）』橿考研

小池香津江 1998「纒向遺跡第102次発掘調査概報」『奈良県遺跡調査概報　1997年度（第二分冊）』橿考研

小島俊次 1965『奈良県の考古学』吉川弘文館

小畑佳子 2002「東新堂遺跡第8次発掘調査報告」『平成13年度国庫補助による発掘調査報告書』桜井市教育委員会

（財）桜井市文化財協会 1991『桜井市内埋蔵文化財発掘調査報告書　1990年度2』

桜井市教育委員会 1985『史跡・メスリ山古墳北斜面の試掘調査』

佐々木好直 1983a「坪井遺跡第1次発掘調査概報」『奈良県遺跡調

第Ⅰ部 調査編

査概報 1981 年度（第二分冊）』橿考研
佐々木好直 1983b「坪井遺跡第 2 次発掘調査概報」『奈良県遺跡調査概報 1982 年度（第一分冊）』橿考研
佐々木好直ほか 2000『坪井・大福遺跡』橿考研
佐々木好直 2005『芝遺跡』橿考研
佐藤小吉 1919「磯城郡柳本村大字柳本字大塚所在大塚発掘古鏡」『奈良県史蹟名勝地調査会報告書　第六回』大和文化財保存会
島本　一 1939「大和発見の新資料」『大和志』6-2　大和國史會
清水真一 1987『三輪遺跡北ノ方地区発掘調査報告書』桜井市教育委員会
清水真一 1991a『城島遺跡外山下田地区発掘調査報告書』桜井市教育委員会
清水真一 1991b『大西遺跡 纒向遺跡発掘調査報告書』『桜井市埋蔵文化財発掘調査報告書 8』桜井市教育委員会
清水真一 1992a『城島遺跡田中地区発掘調査報告書』（財）桜井市文化財協会
清水真一 1992b「吉備遺跡の発掘調査」『桜井市内埋蔵文化財 1991 年度発掘調査報告書 3』（財）桜井市文化財協会
清水真一 1994a「谷遺跡第 5 次調査」『桜井市内 1992 年度発掘調査報告書 2』（財）桜井市文化財協会
清水真一 1994b『纒向遺跡第 74・76 次発掘調査報告書』桜井市教育委員会
清水真一 1995『桜井市内埋蔵文化財 1994 年度発掘調査報告書 1』（財）桜井市文化財協会
清水真一 1998a「粟殿遺跡第 3 次発掘調査報告」『桜井市内埋蔵文化財 1997 年度発掘調査報告書 2』（財）桜井市文化財協会
清水真一 1998b「粟殿遺跡第 4 次発掘調査報告」『桜井市内埋蔵文化財 1997 年度発掘調査報告書 2』（財）桜井市文化財協会
清水真一 1998c「谷遺跡第 10 次調査報告」『平成 9 年度国庫補助による発掘調査報告書』桜井市教育委員会
清水真一 1998d「生田・高田地区土地区画・整理事業に伴う発掘調査」『桜井市内埋蔵文化財 1997 年度発掘調査報告書 2』（財）桜井市文化財協会
清水真一 1999a「谷遺跡第 12 次調査報告」『桜井市内埋蔵文化財 1998 年度発掘調査報告書 3』（財）桜井市文化財協会
清水真一 1999b「谷遺跡第 13 次調査報告」『桜井市内埋蔵文化財 1998 年度発掘調査報告書 3』（財）桜井市文化財協会
清水真一 2000「燈篭山古墳・東殿塚古墳採集の埴輪について」『青陵』105　橿考研
清水真一ほか 1989『阿部丘陵遺跡群』桜井市教育委員会
白石太一郎 2004「オオヤマト古墳群と初期ヤマト王権」『オオヤマト古墳群と古代王権』青木書店
白石太一郎 2008「倭国王墓造営地移動の意味するもの」『近畿地方における大型古墳群の基礎的研究』奈良大学文学部文化財学科
白石太一郎ほか 1984「箸墓古墳の再検討」『国立歴史民俗博物館研究報告』3　国立歴史民俗博物館
鈴木裕明ほか 2005『乙木・佐保庄遺跡』橿考研
清喜裕二 2004「崇神天皇　山辺道勾岡上陵樋門改修その他工事箇所の立会調査」『書陵部紀要』56　宮内庁書陵部
関川尚功・奥田尚 2013「天理市櫛山古墳出土の土器・土製品」『考古学論攷』35　橿考研
伊達宗泰 1974「崇神陵文久古図について」『青陵』26　橿考研
伊達宗泰 1975「古墳群設定への一試案」『橿原考古学研究所論集　創立三十五周年記念』吉川弘文館
伊達宗泰 1981「栗塚古墳」『磯城・磐余地域の前方後円墳』橿考研
伊達宗泰 1999a「大和天神山古墳墳丘の再測量」『青陵』102　橿考研
伊達宗泰 1999b『「おおやまと」の古墳集団』学生社
伊達宗泰・小島俊次・森　浩一 1963『大和天神山古墳』奈良県教育委員会
伊達宗泰・小島俊次 1977『メスリ山古墳』奈良県教育委員会
田中新史 1989「奈良盆地東縁の大形前方後円墳出現に関する新知見」『古代』88　早稲田大学考古学会
千賀　久 1981a「ノベラ古墳」『磯城・磐余地域の前方後円墳』橿考研
千賀　久 1981b「シウロウ塚古墳」『磯城・磐余地域の前方後円墳』橿考研
千賀　久 1983「榛原町谷遺跡第 1 次発掘調査」『奈良県遺跡調査概報 1982 年度（第一分冊）』橿考研
千賀　久 2008『ヤマトの王墓　桜井茶臼山古墳・メスリ山古墳』新泉社
辻本好孝 1942「等彌神社南方接續地出土土器」『磯城』5-1　磯城郡郷土文化研究會
露口真広 2000「坪井遺跡（第 13 次）松ヶ下地区の調査」『かしはらの歴史をさぐる』7　橿原市千塚資料館
露口真広 2001「坪井・大福遺跡（坪井地区第 14 次）の調査」『かしはらの歴史をさぐる』8　橿原市千塚資料館
土井　実 1937「織田村大西より出土土器」『大和志』4-5 大和國史會
寺沢　薫 2000『日本の歴史 02 王権誕生』講談社
寺沢　薫ほか 2002『箸墓古墳周辺の調査』橿考研
寺沢　薫ほか 2011『東アジアにおける初期都宮および王墓の考古学的研究』橿考研
寺沢　薫・千賀　久 1983『日本の古代遺跡 5 奈良中部』保育社
寺沢知子 2003「ヤマト王権の政治的空間の形成」『神女大史学』20　神戸女子大学史学会
土井　実 1937「織田村大西より出土土器」『大和志』4-5　大和國史會
豊岡卓之 2004a「石名塚古墳」『奈良県遺跡調査概報　2003 年度（第一分冊）』橿考研
豊岡卓之 2004b『桜井茶臼山古墳範囲確認調査報告』橿考研
豊岡卓之ほか 1996『中山大塚古墳』橿考研
直木孝次郎 1970「"やまと"の範囲について」『日本古文化論攷』吉川弘文館
中井一夫 1981「フサギ塚古墳」『磯城・磐余地域の前方後円墳』橿考研
中井一夫・関川尚功 1974「西山塚古墳前方部の調査」『青陵』26　橿考研
中村一郎・笠野毅 1975「大市墓の出土品」『書陵部紀要』27　宮内庁書陵部
中村利光 2004『城島遺跡－これまでの調査とその成果－』桜井市立埋蔵文化財センター
中野　咲 2012「松之本遺跡」『奈良県遺跡調査概報　2011 年度（第二分冊）』橿考研
丹羽恵二 2005「忍阪遺跡第 4 次発掘調査報告」『平成 16 年度国庫補助による発掘調査報告書』桜井市教育委員会
萩原儀征・石野博信 1987『大福遺跡―大福小学校地区―発掘調査概報』桜井市教育委員会
橋詰清孝 1987『桜井市大字太田農業基盤整備事業に伴う発掘調査概報（纒向遺跡南飛塚地区）』桜井市教育委員会
橋詰清孝・清水真一・関川尚功 1989「忍阪遺跡発掘調査概報」『奈良県遺跡調査概報 1986 年度（第一分冊）』橿考研
橋本輝彦 1995「纒向遺跡第 135 次発掘調査報告」『桜井市　平成 15 年度国庫補助による発掘調査報告書』桜井市教育委員会
橋本輝彦 1997a「纒向遺跡第 90 次発掘調査報告」『桜井市　平成 6 年度国庫補助による発掘調査報告書』桜井市教育委員会
橋本輝彦 1997b「上之庄遺跡第 4 次発掘調査の概要」『平成 8 年度奈良県内市町村埋蔵文化財発掘調査報告会資料』奈良県内市町村埋蔵文化財技術担当者連絡協議会
橋本輝彦 1998「東新堂遺跡第 4 次調査報告」『平成 9 年度国庫補助による発掘調査報告書』桜井市教育委員会
橋本輝彦 1999「纒向遺跡第 109 次調査概要報告（箸墓古墳隣接地）」『桜井市　平成 10 年度国庫補助による発掘調査報告書』桜井市教育委員会

橋本輝彦 2002a「三輪山山麓の玉造遺跡―三輪山祭祀の開始時期をめぐって」『東アジアの古代文化』113　大和書房
橋本輝彦 2002b「纒向遺跡第 127 次発掘調査報告」『桜井市　平成 13 年度国庫補助による発掘調査報告書』桜井市教育委員会
橋本輝彦 2009『纒向遺跡発掘調査報告書 2―メクリ地区における古墳時代前期墳墓群の調査―』桜井市教育委員会
橋本輝彦 2013『纒向遺跡発掘調査概要報告書―トリイノ前地区における発掘調査―』桜井市教育委員会
橋本輝彦ほか 1996『ホケノ山古墳第 1 次調査概要報告書』桜井市教育委員会
橋本輝彦ほか 2006『東田大塚古墳』(財) 桜井市文化財協会
橋本輝彦ほか 2007『纒向遺跡発掘調査報告書―巻野内坂田地区における調査報告―』桜井市教育委員会
橋本輝彦ほか 2012『纒向石塚古墳発掘調査報告書』桜井市教育委員会
橋本裕行ほか 2001「勝山古墳第 4 次（纒向第 122 次）発掘調査概報」『奈良県遺跡調査概報　2000 年度（第二分冊）』橿考研
濱口和弘・米田　一 2000「大藤原京左京北六条四坊の調査」『かしはらの歴史をさぐる』7　橿原市千塚資料館
坂　靖ほか 2007『マバカ古墳周辺の調査』橿考研
樋口清之 1926「三輪山文化の研究」『古代文化研究』4
福尾正彦 1991「衾田陵の墳丘調査」『書陵部紀要』42　宮内庁書陵部
福尾正彦 1996「景行天皇山辺道上陵整備工事区域の調査」『書陵部紀要』47　宮内庁書陵部
福尾正彦・佐藤利秀 1995「景行天皇山辺道上陵整備工事区域の調査」『書陵部紀要』46　宮内庁書陵部
福辻　淳 2009「纒向遺跡第 153 次（東田大塚古墳第 5 次）」発掘調査報告」『桜井市　平成 19 年度国庫補助による発掘調査報告書』桜井市教育委員会
福辻　淳 2011「纒向遺跡第 163 次（箸墓古墳周辺第 19 次）発掘調査」『桜井市　平成 21 年度国庫補助による発掘調査報告書』桜井市教育委員会
福田さよ子 1999「大和天神山古墳出土木材の樹種」『青陵』102　橿考研
松永博則 1984「阿部雨ダレ遺跡試掘調査概報」奈良県遺跡調査概報 1983 年度（第一分冊）』橿考研
松本洋明 1984「榛原町谷遺跡」『奈良県遺跡調査概報 1983 年度（第二分冊）』橿考研
松本洋明 1992「大和古墳群（クリヤダ地区）」『天理市埋蔵文化財調査概報〈1991 年度国庫補助〉』天理市教育委員会
松本洋明 1993「海知遺跡―海知町・遠田町」『天理市埋蔵文化財調査概報　平成 2・3 年度（1990・1991 年）』天理市教育委員会
松本洋明 2003「櫛山古墳（第 5 次調査）―柳本町」『天理市埋蔵文化財調査概報　平成 8・9 年度（1996・1997 年）』天理市教育委員会
松本洋明 2005「岸田遺跡」『天理市埋蔵文化財調査概報（平成 16 年度・国庫補助調査）』天理市教育委員会
松本洋明・石田大輔ほか 2014『大和古墳群Ⅰ　ノムギ古墳』天理市教育委員会
松宮昌樹 1999「生田遺跡第 2 次調査報告」『桜井市内埋蔵文化財 1998 年度発掘調査報告書 2』(財) 桜井市文化財協会
松宮昌樹 2000a「安倍寺遺跡第 9 次調査」『平成 11 年度奈良県内市町村埋蔵文化財発掘調査報告会資料』奈良県内市町村埋蔵文化財技術担当者連絡協議会
松宮昌樹 2000b「谷遺跡第 14 次調査報告」『国庫補助による調査報告書』桜井市教育委員会
松宮昌樹 2008「纒向遺跡第 148 次（矢塚古墳第 2 次）」発掘調査報告」『桜井市　平成 18 年度国庫補助による発掘調査報告書』桜井市教育委員会
松宮昌樹 2009「纒向遺跡第 154 次（矢塚古墳第 3 次）」発掘調査報告」『桜井市　平成 19 年度国庫補助による発掘調査報告書』桜井市教育委員会
井市教育委員会
村下博美 2015「成願寺遺跡（第 20 次）」『天理市文化財調査年報平成 25 年度（2013 年度）』天理市教育委員会
大和弥生文化の会 1995『大和の弥生遺跡基礎資料Ⅰ』大和弥生文化の会
湯本　整 2002「城島遺跡第 24・25 次　粟殿北川地区・金屋大向寺地区―中和幹線道路整備事業に伴う試掘調査報告 4―」『奈良県遺跡調査概報 2001 年度（第二分冊）』橿考研
吉村和昭 1990「東竹田遺跡発掘調査概報」『奈良県遺跡調査概報 1987 年度（第二分冊）』橿考研
吉村和昭ほか 2004『東竹田遺跡』橿考研
米川仁一 2001「纒向遺跡第 119・121 次調査概報」『奈良県遺跡調査概報　2000 年度（第二分冊）』橿考研
米川仁一・橋本輝彦 1997『ホケノ山古墳第 2 次調査概要報告書』桜井市教育委員会
米川仁一・松岡淳平 2009「立花遺跡」『奈良県遺跡調査概報 2008 年度（第三分冊）』橿考研
米川裕治 2016「渋谷向山古墳・丸山古墳隣接地」『奈良県遺跡調査概報　2015 年度（第一分冊）』橿考研
米田　一・濵岡大輔 2005「中ッ道跡」『平成 15 年度　橿原市文化財調査年報』橿原市教育委員会
陵墓調査室 1978「昭和五十二年度陵墓関係調査概要」『書陵部紀要』30　宮内庁書陵部
陵墓調査室 1989「昭和六十二年度陵墓関係調査概要」『書陵部紀要』40　宮内庁書陵部

## 第 3 節　史料に見える黒塚古墳

**楊本庄と楊本氏**　黒塚古墳の所在する柳本町は中世楊本庄が置かれ、荘官であった楊本氏の「楊本館」の所在地は、その後の「柳本城」さらには近世柳本藩陣屋におおむね引き継がれたものと考えられている。

　15 世紀後半から 16 世紀前半にかけて、楊本氏は十市氏と抗争を繰り返しており、楊本はたびたび合戦の舞台となった。『大乗院寺社雑事記』[竹内（編）1978a] 文明三年閏八月九日条に「大市庄百姓等注進云、自今暁十市押寄楊本館、大市入紕（組）之間、田地等可爲難儀之由申入之」とみえるのが、史料における楊本館の初見である。十市城主十市遠清が文明 3 年（1471）に楊本範満を攻め、楊本庄を押領した事件について記したもので、「慶忍注進、自筒井申上云々、楊本範満入道ハ堀ニ落入死去、子息（源次）ハ腹切了」ともあり、楊本館の近在に堀が存在したことを示唆している。『大乗院寺社雑事記』明応七年四月六日条にみえる「今日楊本拂竹木云々」の記述は、楊本氏が与していた越智氏の没落に伴って、明応 7 年（1498）に楊本館（または柳本城）が破却されたことを記す。また、『多聞院日記』[竹内（編）1978b] 天文十一年三月十八日条にみえる「柳本ノ城ハ今暁自焼シテ被離了」の記述は、天文 11 年（1542）に太平寺の合戦で大和に勢力を伸ばしていた河内守護代木沢長政が滅ぼされ、木沢方に与していた楊本氏も筒井方の龍王山城主十市遠治によって柳本城を攻撃され、自焼、没落したことを記したものである。

**松永氏と付城の設置**　永禄 11 年（1568）、織田信長が上洛すると大和一国は松永久秀に与えられ、織田の援軍を受けた松永方による筒井方諸城の攻略が進められた。『多聞院日

記』永禄十一年十月十日条「京ヨリ細川兵部大輔・和多（田）伊賀守（公方方ノ両大將）、佐久間（織田尾張守方大將）、以上二万ほとにて西京招提寺邊へ打越了、今日ハ何方へも人数不遣之、窪城之城開了、井戸・柳本・豊田・森屋・十市・布施・楢原・万歳ハ今日迄ハ城堅固ニ被持了」、同十二日条「柳本へも先衆打出了、堅固ニ在之云々」とあるのは、柳本城も城攻めに遭っていることを示したものであろう。二十一日条には「柳本・福知堂多聞へ裏帰了」と記し、筒井方の十市氏傘下にいた楊本氏も松永方に転じたことが判明する。

『多聞院日記』元亀二年二月二十五日条に「柳本へ人数被遣付城用意ト云々」とあるのは、元亀2年（1571）に柳本城に付城を設けた事情を示す。同元亀三年七月十三日条に「去十日ノ夜、十市後室御料二人柳本城へ被入了」とあり、元亀3年（1572）に十市城主十市遠勝の未亡人と息女が柳本城に入城している。十市氏は十市遠勝の死後筒井方と松永方に分裂しており、松永方の十市後室と息女が松永氏支配下の柳本城に入ったことを示す。『多聞院日記』天正三年十二月十八日条には「楊本城松右へ渡了ト、信念吉野へ逼塞之由、尤々」とあって、柳本城は松永久秀に完全に接収されたようである。同天正四年正月八日条には「從拂暁新賀へ下了、（略）一荷（タウフ十丁コフ五）松永右衛門佐殿へ、二束御なへ、ユエン（五丁）後室へ、廿定松永加賀へ、（略）以上楊本」とあって、松永久秀の嫡男久通、久通の正室である十市遠勝の息女「御なへ」、十市後室らが柳本城で多聞院英俊の訪問を受けたことが知られる。ただ後段に、久通は外出中のため見参できなかった、と付け加えられている。

**クロツカ** 天正5年（1577）、松永久秀は織田信長に叛いて信貴山城に籠城した。織田方による信貴山攻めが始まると、柳本城でも反乱が発生した。『多聞院日記』天正五年十月一日条は「楊本・クロツカモ内ワレテ、楊本ノ衆ヨリ金吾ヲ令生害、則入夜城モ落了」と記し、10月1日に松永久通は楊本衆に迫られて自害し、同夜柳本城は落城した。同七日条には、柳本城にいた十市後室が筒井城に移されたことを伝えている。この十月一日条の合戦記事に見える「クロツカ」は、「黒塚」の呼称の初見であり、一般に黒塚古墳の墳丘を利用して設けられた城郭と考えられている。「楊本・クロツカ」と並記されていることからも、柳本城に付属する城郭であったと考えられ、元亀2年（1571）に設置された「付城」に相当する可能性も考慮される。その場合、黒塚古墳の城郭としての利用は、松永氏の主導で行われたと理解できよう。

**近世柳本陣屋の設置** 天正8年（1580）の大和一国破城令により柳本城・クロツカも破却されたと考えられる。元和元年（1615）に織田長益（有楽斎）から式上郡・山辺郡に一万石を分与され、柳本藩主となった五男尚長は、寛永年間（1624〜43）の初期に柳本城の跡地に陣屋を設けた。柳本藩邸には一定の変遷があると考えられているが、幕末の嘉永七年柳本陣屋図（1854）［図17］によると、陣屋は北西隅に黒塚古墳を取り込んだややいびつな方形プランで、二町四方、面積19,153坪と記す。うち「黒塚」は1763坪と記されている。墳丘北側の菱池は「外堀」、東側の北池と南側の内堀はつながって「内堀」とされている。

野淵龍潜『大和国古墳墓調査書』[秋山（編）1985]には「維新前ハ舊藩主織田家ノ邸内ニテ後園ノ遊歩場トナシ其頂上ニ稲荷ノ神祠アリシト云ヘリ」とあり、近世には墳丘が藩邸後園の築山として利用されていたことが知られる。

古墳周辺の小字名をみると、古墳の西側から北側にかけては、町並東側・町並西側・戎町・薬師垣内・寺垣内・真面堂・雲寺など、町屋や寺社に由来すると考えられる小地名がある。古墳の東側から南側にかけては、旧北門跡・北門脇・糧米蔵跡・旧庁跡・旧郭内といった、近世柳本藩邸に由来する小地名が多い。

（岡林）

【引用文献】
秋山日出雄（編）1985『大和国古墳墓取調書』（財）由良大和古代文化研究協会
竹内理三（編）1978a『増補續史料大成　第30・35巻（大乗院寺社雑事記五・十）』臨川書店
竹内理三（編）1978b『増補續史料大成　第38・39巻（多聞院日記一・二）』臨川書店

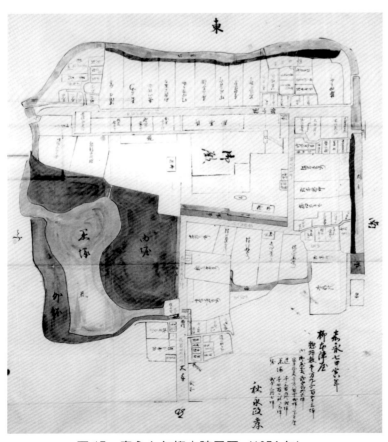

図17　嘉永七年柳本陣屋図（1854年）

# 第3章 墳丘

## 第1節 発掘前の状況

形状・規模［図18・19］ 黒塚古墳は西に前方部を向ける前方後円墳である。中世には黒塚城として利用され、近世には柳本藩邸後園の築山として取り込まれたため、墳丘上には複数の平坦面（郭）が設けられ、前方部上面はとくに平らに造成されている。明治26年（1893）の『大和国古墳墓取調書』［秋山（編）1985］には「前方即チ西面ハ現形稍平坦ニシテ後圓即チ東方ハ三段ニ築ケリ」と述べられており、当時すでに現況に近い状況であったことが知られる。

現状での見かけ上の墳丘長は前方部西裾から東側園路裾までで約124m、同じく後円部径は後円部北裾から南側園路裾までで約66mである。後円部の頂上は周囲が段状に削り落とされた東西約12m、南北22mの平坦部で、最高点は標高88.57mである。後円部と菱池（計画水面高74m）との比高差は約14.6m、北池・内堀（ともに計画水面高78m）との比高差は約10.6mである。前方部上面は東西約47m、南北約18mの平坦な広場になっており、前端付近の最高点は標高81.18mで、後円部との比高差は約7.4mである。

墳丘全体の現状は公園であり、後円部東側および前方部南西隅の渡り堤を出入口とし、その間を結ぶ園路で墳丘を周遊できる。後円部を中心に主要な平坦面は草地となり、サクラが植栽されているが、斜面部はおおむねクヌギなどの雑木で覆われる。平らに造成された前方部頂は樹木が散在する草地で、児童用の遊具が置かれた広場として利用されている。

台座・その他 後円部頂平坦部の中央やや東寄りに一辺約1.3m、高さ約1.2mの石積み方形台座（台座A）があり、そこから南へ約11mの位置に一回り小さな石積み台座状のもの（台座B）が存在した。内堀西側の渡り堤上に立つ石碑に刻まれた由来から、文政6年（1823）に稲荷神を祀ったことが知られ、野淵龍潜も「其頂上ニ稲荷ノ神祠アリシト云ヘリ今尚石礎洗手石ヲ残セリ」［秋山（編）1985］と述べていることから、台座Aは現在は伊射奈岐神社に合祀されている稲荷祠に関係するものと考えられる。台座Bは公園管理のためのベンチマークとして利用されている。また、後円部南斜面の標高84m付近には、南北約4m、東西約7m程度の小さな平場があり、五輪塔が集積されていた。

【引用文献】
秋山日出雄（編）1985『大和国古墳墓取調書』（財）由良大和古代文化研究協会

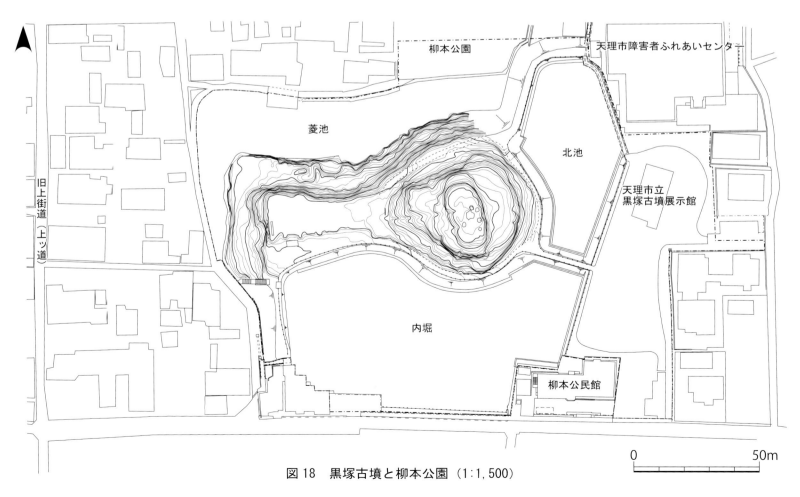

図18　黒塚古墳と柳本公園（1:1,500）

第Ⅰ部 調査編

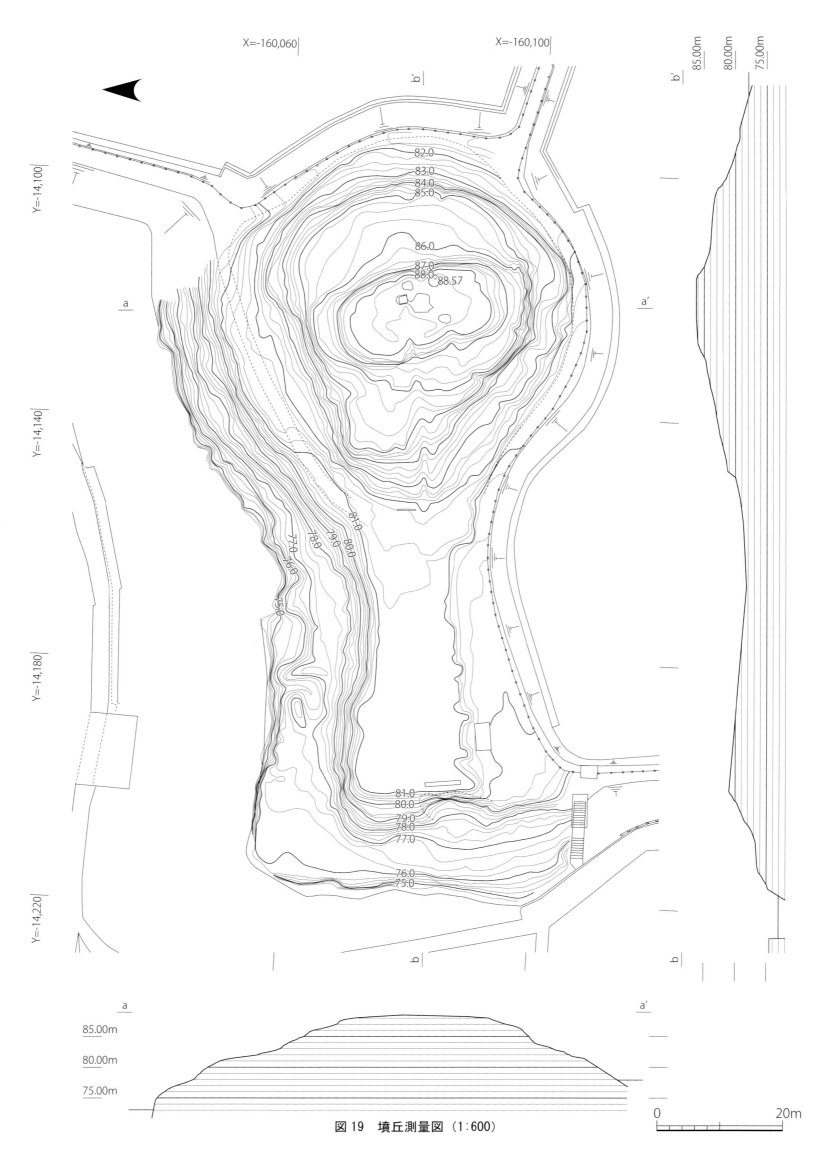

図19 墳丘測量図（1：600）

## 第2節　墳丘の構造

**墳丘土層断面の調査**　各調査区では古墳築造当初の墳丘表面は遺存せず、葺石・埴輪も確認されなかった。そこで墳丘盛土の断ち割りを適宜行い、主に盛土単位の識別による墳丘の構造・構築法の解明に比重を置いた調査を実施した。

以下、後円部北斜面2区から南斜面4区にかけて後円部を南北に横断する一連の調査区（2-4区）[図20]、後円部東斜面3区から前方部前端7区にかけて墳丘主軸上を縦断する一連の調査区（3-7区）[図21・22]、前方部南西部の9区[図22]、後円部西斜面に南北に設けた5区拡張区、前方部北斜面の10区、前方部南西部の8区[図23]の順に土層断面の状況を述べる。

なお、中近世の改変にかかわる状況については第3節で記述する。

**土層の認識と整理**　墳丘盛土は周辺で採掘された段丘堆積物が主体で、総じて細礫を含む粗砂や砂質土が多い。土層の注記にあたっては、盛土構造全体を俯瞰的に検討する観点から、同系と認識される土色のグループを整理し、同じく土質のグループとの組み合わせによって1～10類に区分した[表1]。各類の構成や分層線の特徴などから盛土の大単位を抽出し、2-4区すなわちa-a′断面ではa-1層、a-2層…というように断面ごとの通し番号を付した。

「土手状盛土」「小丘」「外（内）向タイプ」「水平積み」等の呼称は青木敬氏の整理に従った[青木2003]。

### 1　2-4区土層断面

**断面位置**　後円部北斜面の2区東壁（W0.3mライン）と、1区中央の南北畦西壁（W0.3mライン）および後円部南斜面の4区西壁（W2.3mライン）を結んだ後円部墳丘の南北断面である（a-a′）[図20]。

**盛土の状況**　後円部北斜面の盛土は4・5類を主体とし、比較的均質である。これに対し、後円部南斜面の盛土は大単位ごとに多様な土を使用し、北斜面とは対照的である。

**後円部上部の盛土構造**　墓壙の周囲に相当する標高85～86m付近よりも上部の盛土についてみると、墓壙北側のa-3・4、南側のa-15・16層といった明確な土手状盛土が対称的な位置に存在することがまず注意される。あたかも墓壙を直接取り巻くような位置にあって、その内側が墓壙上～中段斜面となる。これらの土手状盛土は墳丘の内側から外側に向かって後退しながら積まれた外向タイプであり、北側ではさらに外側に向かって積まれたa-2層が確認される。一般的に土手状盛土は墳丘の外表寄りに設けられるものであるが、この場合墓壙の周辺であえて内側寄りに設けられている点が注意される。あらかじめ、予定された墓壙の位置を明示するような土手状盛土が積まれ、それを基準に外側に向かって盛土が行われる反面、その内側は墓壙を予定して凹んだ状態のままであった可能性が指摘できる。

墓壙北側のa-2～4層の上面は標高86.5～87m付近でいったん平らに整えられ、その上にa-1層が、墓壙南側のa-14～16層の上面も87.4～87.6m付近でやはりいったん整えられ、その上にa-13層が積まれる。これらも内側が墓壙上段斜面となり、a-3・4あるいはa-15・16層と同様の土手状盛土として評価しうる。

北斜面ではa-2～4層の下面は標高85.2～85.5mにあり、a-5層とした4・5類を大まかに積んだ水平積みの上面に相当する。南斜面ではa-14～16層の下面は標高86.2～86.4m付近にあり、やはりa-17層とした1類を主体とする水平積みの上面に相当している。東西方向の断面をみると、N3.0mライン断面では標高84.8～85.2m付近、N4.0mライン断面では標高85.0～85.2m付近、S3.5mライン断面では標高84.8～85.3m付近、すなわちいずれも墓壙底とおおむね一致する高さに一時的な平坦面の存在が確認

表1　墳丘盛土土色・土質分類一覧表

| | | 土色 | 土質 |
|---|---|---|---|
| | 1類 | 5YR～5Y 灰白、5YR～10YR 褐灰、5YR・7.5YR 灰褐、10YR にぶい黄橙、10YR 灰黄褐、2.5Y 黄灰、2.5Y 灰黄、2.5Y 暗灰黄、2.5Y にぶい黄、5Y 灰 | 粗砂、粗砂質土、砂 |
| | 2類 | 5YR にぶい赤褐、7.5YR・10YR 褐、7.5YR・10YR 暗褐、10YR にぶい黄褐、10YR・2.5Y 黄褐、2.5Y オリーブ褐、2.5Y 暗オリーブ褐、5Y 灰オリーブ | 粗砂、粗砂質土、砂 |
| | 3類 | 5YR～2.5Y 黒褐、5YR～5Y 黒、5YR 暗赤褐、7.5YR 極暗褐、5Y オリーブ黒 | 粗砂、粗砂質土、砂 |
| | 4類 | 5YR～5Y 灰白、5YR～10YR 褐灰、5YR・7.5YR 灰褐、10YR にぶい黄橙、10YR 灰黄褐、2.5Y 黄灰、2.5Y 灰黄、2.5Y 暗灰黄、2.5Y にぶい黄、5Y 灰 | 砂質土、細砂質土、土 |
| | 5類 | 5YR にぶい赤褐、7.5YR・10YR 褐、7.5YR・10YR 暗褐、10YR にぶい黄褐、10YR・2.5Y 黄褐、2.5Y オリーブ褐、2.5Y 暗オリーブ褐、5Y 灰オリーブ | 砂質土、細砂質土、土 |
| | 6類 | 5YR～2.5Y 黒褐、5YR～5Y 黒、5YR 暗赤褐、7.5YR 極暗褐、5Y オリーブ黒 | 砂質土、細砂質土、土 |
| | 7類 | 5YR～5Y 灰白、5YR～10YR 褐灰、5YR・7.5YR 灰褐、10YR にぶい黄橙、10YR 灰黄褐、2.5Y 黄灰、2.5Y 灰黄、2.5Y 暗灰黄、2.5Y にぶい黄、5Y 灰、5YR にぶい赤褐、7.5YR・10YR 褐、7.5YR・10YR 暗褐、10YR にぶい黄褐、10YR・2.5Y 黄褐、2.5Y オリーブ褐、2.5Y 暗オリーブ褐、5Y 灰オリーブ | 砂質土＋粘土・粘質土<br>砂質土～粘質土・粘土 |
| | 8類 | 5YR～2.5Y 黒褐、5YR～5Y 黒、5YR 暗赤褐、7.5YR 極暗褐、5Y オリーブ黒 | 砂質土＋粘土・粘質土<br>砂質土～粘質土・粘土 |
| | 9類 | 5YR～5Y 灰白、5YR～10YR 褐灰、5YR・7.5YR 灰褐、10YR にぶい黄橙、10YR 灰黄褐、2.5Y 黄灰、2.5Y 灰黄、2.5Y 暗灰黄、2.5Y にぶい黄、5Y 灰、5YR にぶい赤褐、7.5YR・10YR 褐、7.5YR・10YR 暗褐、10YR にぶい黄褐、10YR・2.5Y 黄褐、2.5Y オリーブ褐、2.5Y 暗オリーブ褐、5Y 灰オリーブ | 粘土、粘質土、細砂質粘土 |
| | 10類 | 5YR～2.5Y 黒褐、5YR～5Y 黒、5YR 暗赤褐、7.5YR 極暗褐、5Y オリーブ黒 | 粘土、粘質土、細砂質粘土 |

できる［図21］。したがって、a－5・17層も同様の平坦面を整備するための一連の水平積みであったと理解できる。墓壙底の高さとの関係からみて、この平坦面は墓壙を形成するための土手状盛土（石室東側では水平積みになる）を施工する基盤として整備されたものと考えられる。

　**後円部中・下部の盛土構造**　基盤層から上記の墓壙形成のための一時的な平坦面までの間の後円部中・下部の盛土構造についてみると、北斜面ではわずかに6類が散見されるものの、やはり4・5類が主体の均質な盛土である。断ち割りが浅いこともあって明確な土手状盛土などは認識できていない。墓壙形成のための平坦面から中世の大きな改変を受けた標高80m付近までの間には、a－5（a－6）～a－10層の少なくとも5層にわたる盛土の大単位があり、それぞれの境界は標高84.7、82.7、81.6、80.8m付近にある。

　なお、N7m付近で部分的に確認したa－6層は硬く締まった黒褐～黒色の粘質土・粘土（10類）からなり、墓壙下におけるいわゆる小丘に該当する可能性も一時は考慮された。しかし、これに対応すべき他の場所では同様の土層は観察されておらず、結論的に小丘は存在しないと判断される。

　南斜面では、墓壙形成のための平坦面を形成するa－17層が1類主体の水平積み、それより下はa－18層が2類および4・5類を主体とした外向タイプの土手状盛土、a－19層が2・4・5・6・8類など多様な土による外向タイプの土手状盛土、a－20層が5・6類を交互に積んだ水平積み、a－21・22層がa－19層に類似した様相の土手状盛土となる。この間に6層にわたる大単位があり、それぞれの境界は標高85.0、83.5、82.7、81.7、81.0m付近にある。

　北・南斜面ともに大単位の厚さは平均1.1m程度である。とくに南斜面で明確であるが、墓壙形成のための平坦面を形成するa－17層、標高82m前後のa－21層が水平積みで、それ以外は墳丘外表付近の土手状盛土が認識される。

　**基盤層**　後円部北裾のN35～39m付近で墳丘盛土下の基盤層を検出した。地山は黄褐色～にぶい黄褐色の砂質土で、標高76m付近以下では風化した花崗岩の大きなブロックを含む褐色砂質土となる。上面の高さは標高76.6～76.8mでほぼ平坦である。地山直上には厚さ40～50cmの灰褐色粘質土が堆積し、一定量の土師器片を包含することから古墳築造以前の集落遺跡等に関わる包含層と考えられる。

　後円部南裾部については今回の調査では基盤層に到達していないが、第3次調査では標高77.5～78.0m付近で墳丘盛土最下部が確認されている。

## 2　3－7区土層断面

　**断面位置**　後円部東斜面の3区南壁（S3.5mライン）と1区中央に東西に設けた畦の南壁（S0.3mライン）および5区拡張前の北壁（NS0ライン）、5区南壁（S0.5mライン）・西への拡張区の南壁（N0.5mライン）、さらに前方部中軸線上に設けたトレンチ（6および7区）の北壁（N2.5mライン）（6区と7区の接続部分で一部NS0ラインを通る）を結んだ後円部から前方部にかけての墳丘の東西断面である（b－b″）［図21・22］。

　**盛土の状況**　後円部東斜面の盛土は大単位ごとに各類の組み合わせが異なり、北・南斜面とも異なった様相を示す。前方部中軸上の盛土は1類主体の大単位や5・8類の互層からなる大単位のほか、10類を多用する部位が目立つ。

　**後円部上部の盛土構造**　後円部北・南斜面と同様に標高85～86m付近よりも上部の墓壙周囲の盛土についてみると、墓壙東側のb－1層が北側のa－1層、南側のa－14層に対応し、やや不明確ながらb－2層が北側のa－3・4層、南側のa－15・16層などの土手状盛土に対応するとみられる。したがって、b－3～5層上面が墓壙形成のための一時的な平坦面であり、高さは標高84.8～85.3m付近すなわち墓壙底とおおむね前後する。

　石室東側で注意されるのはb－3層上面の盛り上がりである。これと同様のものは同じく東西方向の断面であるN3.0・4.0mライン断面でも認められ、一連の土手状盛土と評価できる。石室北・南側ではこの土手状盛土の内側が墓壙壁となるが、石室東側では墳丘外表に近い位置に土手状盛土が存在するため、墓壙壁はその内側を埋める水平の積み土で構成される点に違いがある。

　**後円部中・下部の盛土構造**　後円部東斜面では基盤層の確認にいたっていないが、標高78.8mから標高85.0m付近までの間の後円部中・下部の盛土構造についてみると、墳丘の外表に近い位置に土手状盛土を積んだ後にその内側を積み土で埋めて上面を平らに整える作業を繰り返して墳丘の構築が進められていることがよくわかる。b－6層は4類と5類の互層になる水平の積み土で、上面は標高83.7～83.9mに揃えられ、b－3～5層を積み上げる基盤となる。b－7層は各類の土を用いた外向タイプの土手状盛土である。b－8層は7類の水平積みで、上面は標高82.1m前後に揃えられ、b－7層を積み上げる基盤となる。b－9層はこの水平積みの下部を構成するものと考えられる。b－12層は6類を主体とする外向タイプの土手状盛土で、b－10・11層がその内側を埋める積み土である。b－13・14層はb－12層を積み上げる基盤となる。

　以上を整理すると、標高78.8mから標高85m付近までの間には、外表寄りの土手状盛土とその内側を埋める積み土の大単位が少なくとも2層にわたって繰り返されている。標高82m前後にはその間に介在する水平積みがみられる。この水平積みは後円部南斜面のa－20層に対応する可能性が高い。

　**前方部上面及び前面の盛土構造**　前方部上面では墳丘主軸上のW40～80m間で延長約40mにわたって深さ約2mの断ち割りを実施した。また、W80m付近以西では前方部西斜面の盛土を断ち割り、基盤層を確認した。

　この間の土層断面の特徴は、W75m付近から少なくとも断ち割り東端のW40mまでの間で標高79.0～79.5m付近にほぼ水平を保つ平坦面がいったん形成されていることである。この面はW75m付近以西では西へいくほど徐々に下がる。東西方向には長さにして約35m以上にわたって平坦

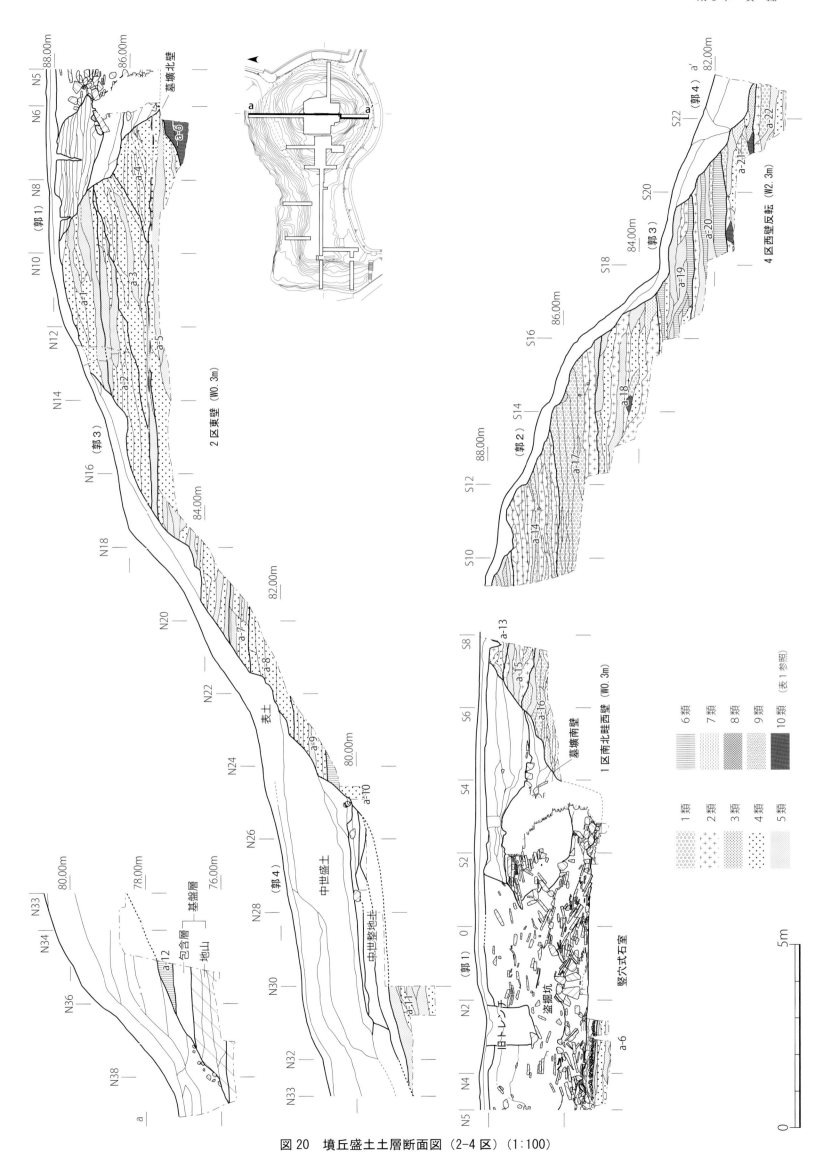

図 20　墳丘盛土土層断面図（2-4 区）（1:100）

第Ⅰ部 調査編

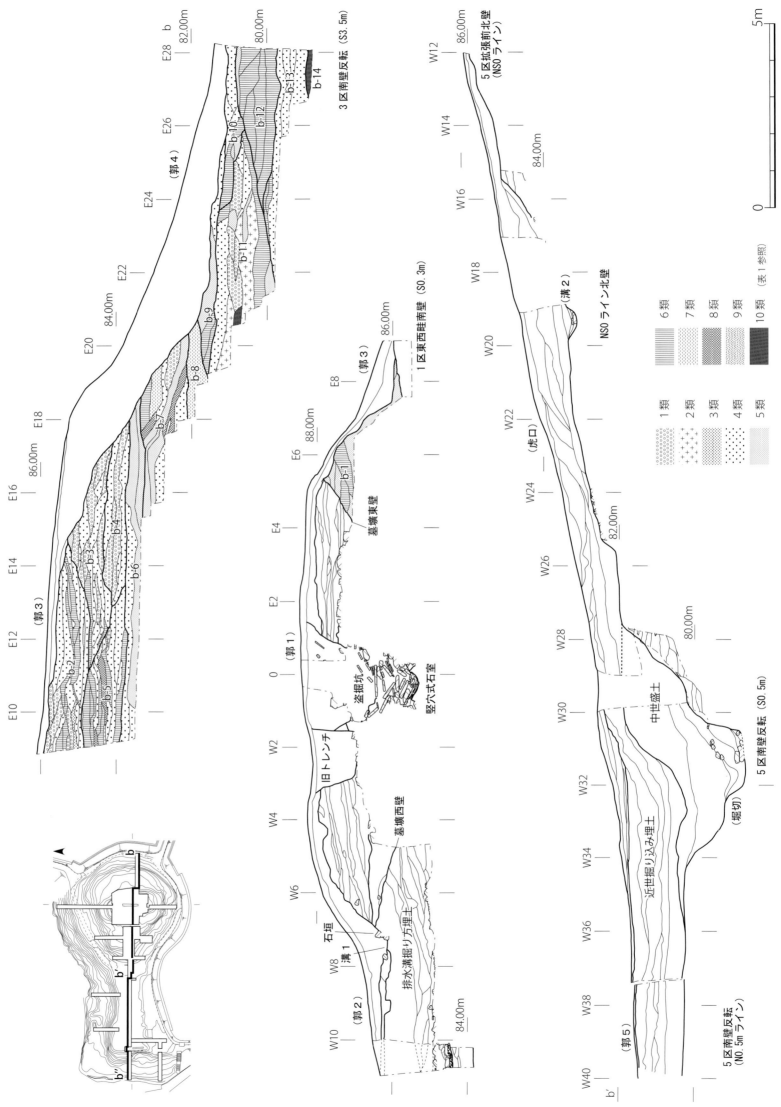

図 21 墳丘盛土土層断面図（3-7区（1））（1:100）

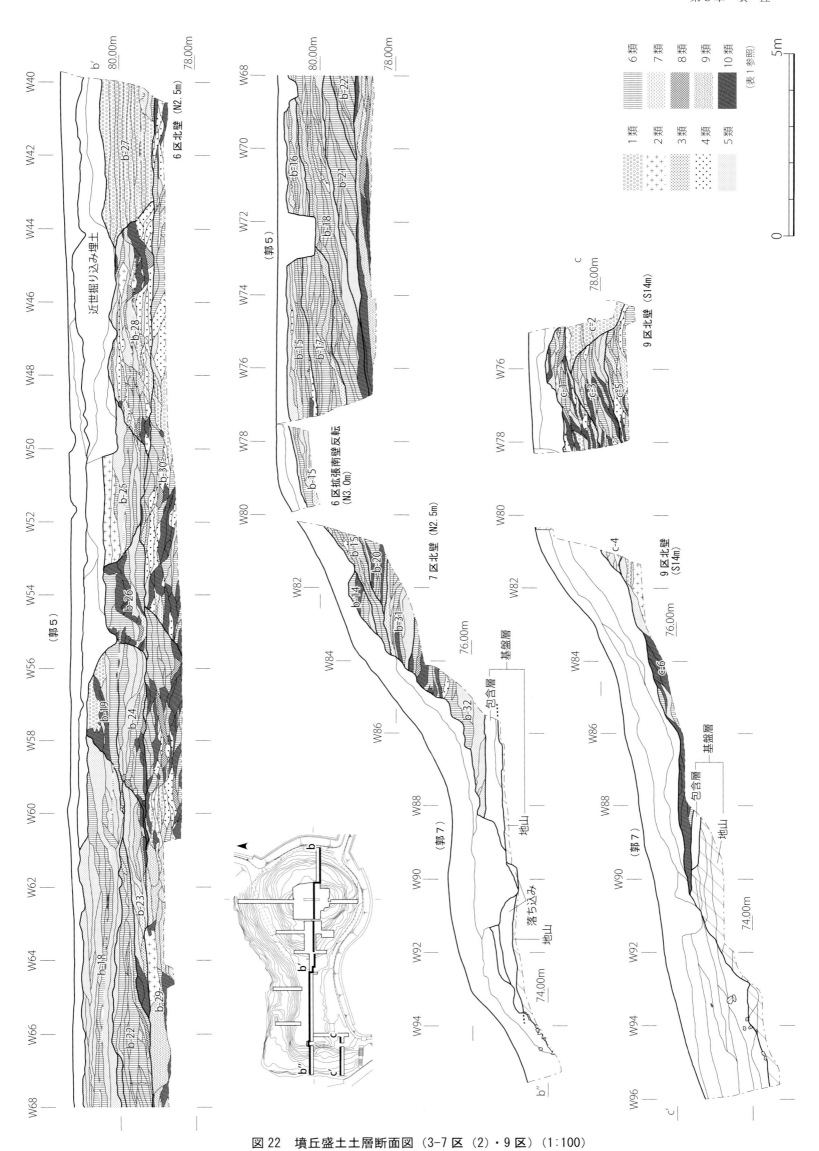

図 22　墳丘盛土土層断面図（3-7 区（2）・9 区）（1：100）

第Ⅰ部 調査編

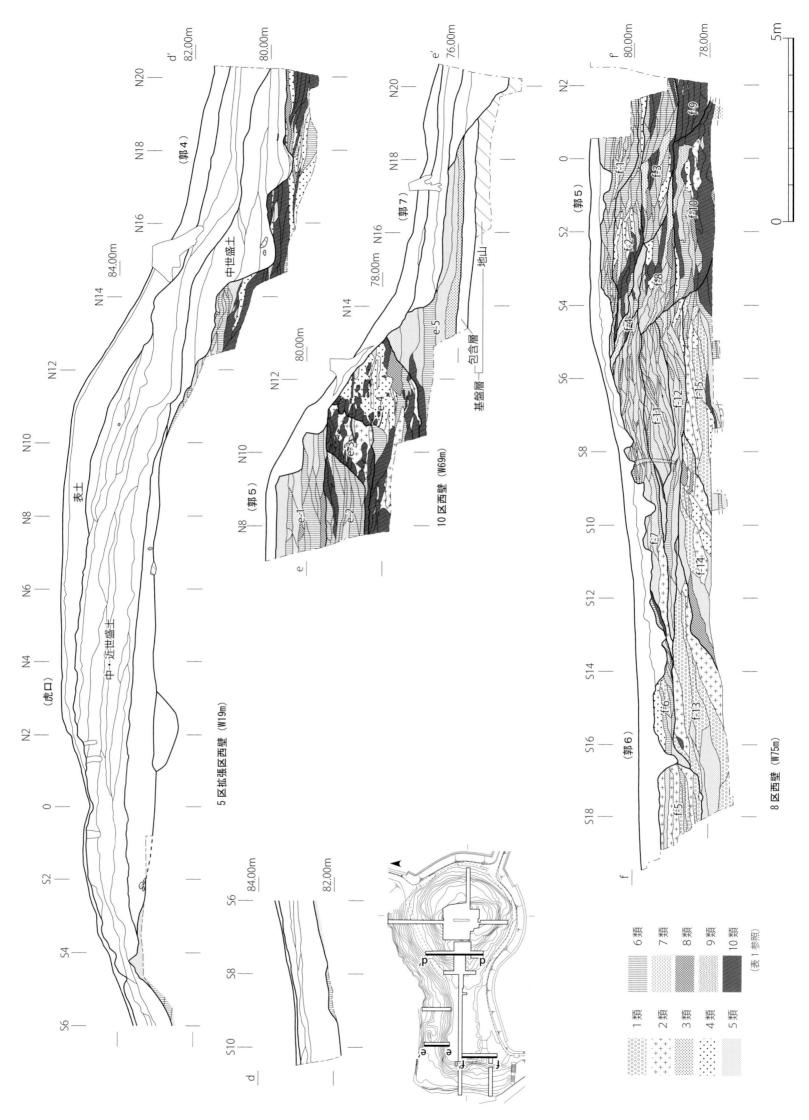

図 23 墳丘盛土土層断面図（5・8・10 区）（1:100）

面が形成されていることになるが、南北方向の断面をみると、この面は前方部南・北斜面外表寄りに盛られた土手状盛土を段階的に埋める積み土の途中をある時点で整えた面に相当する。

いま述べた標高79.0〜79.5m付近の平坦面よりも上の状況をみると、前方部なかほどのW43〜60m付近に複数の土手状盛土が形成されている。b−26・28層は6・10類を多用する点に特徴がある。b−26・28層の間は5・6類を交互に積み上げるb−25層で埋められ、b−28層以東も1類を水平に積み上げるb−27層で埋められる。一方、b−26層の西側にはやはり5・6類を交互に積み上げるb−24層が積まれ、それを基点にして順次西に向かって後退するように5・6類を主体とする外向タイプの積み土が繰り返される（b−14〜23層）。b−24層以西の積み土を南北断面でみると、前方部南・北斜面外表寄りに盛られた土手状盛土を段階的に埋める積み土に対応している。土手状盛土の上端は南北ともに標高80.0m付近にあり、それをさらに超えて標高81.0m付近まで積み上げられる。それより上部は後世の削平によって失われている。

前方部西斜面の7区では、標高79.0〜79.5m付近の平坦面は西へいくにつれて徐々に標高78.2m付近まで下がる。それよりも下の状況をみると、不明確ではあるが基盤層から2単位程度の土手状盛土を積み上げている。

**基盤層**　前方部西裾のW86〜94m付近で墳丘盛土下の基盤層を検出した。地山は黄褐色シルト主体で、標高75.0m付近以下では多数の小礫が混じる。W89.6m以東の地山面は標高75.1〜75.3mでほぼ平坦である。地山直上には厚さ40〜50cmの黒色あるいは極暗赤褐色粘質土が堆積し、一定量の土師器片を包含することから古墳築造以前の集落遺跡等に関わる包含層と考えられる。W89.6m以西には先行する遺構の一部と考えられる深さ約30cmの落ち込みがある。

## 3　9区土層断面

**断面位置**　前方部南西部で前方部中軸線上の7区南側に平行して設けた9区北壁（S14mライン）および前方部南斜面に南北に設けた8区の西への拡張区北壁（S14mライン）を結んだ前方部の東西断面である（c−c´）[図22]。

**盛土の状況**　前方部中軸上の盛土と同様、1類主体の大単位や5類と8類の互層からなる大単位のほか、10類を多用する部位が目立つ。

**前方部上面及び前面の盛土構造**　外向タイプの土手状盛土（C−3・5層）、その内側を埋める積み土単位（C−2層）などが認められる。

**基盤層**　前方部西裾のW88〜96m付近で墳丘盛土下の基盤層を検出した。地山は暗褐色〜褐灰色シルト主体で、標高74.0m付近以下では多数の小礫が混じる。遺存する地山面はW90m付近で標高75.7mである。W89.8m以東の地山面には古墳築造以前の遺構の一部と考えられる深さ約20cmの落ち込みがある。

## 4　5区拡張区土層断面

**断面位置**　後円部西斜面で5区を拡張して設けた南北トレンチの西壁（W19mライン）の断面である（d−d´）[図23]。

**盛土の状況**　5・6類の互層からなる大単位や、黒褐〜黒色系の粘質土・粘土（10類）を主体とする大単位がみられる。

**後円部南西斜面の盛土構造**　断ち割りが浅く不明確であるが、標高79.6m付近にいったん整えられた平坦面がある。

## 5　10区土層断面

**断面位置**　前方部北斜面に南北に設けた2本のトレンチのうち、西側のトレンチ（10区）の西壁（W69mライン）の断面である（e−e´）[図23]。

**盛土の状況**　土層断面の中位では10類と2ないし4類の互層からなる大単位が目立ち、それ以外では5・6類を主体とする大単位がみられる。

**前方部上面及び北斜面の盛土構造**　前方部北斜面寄りでは基盤層直上から土手状盛土を繰り返し（e−3〜5層）、段階的に高さを増している。e−3・4層の南斜面を中心に、10類を主体とするあたかも土嚢積みのようなブロック状の盛土単位が認められる。とくにe−3層の南側斜面はブロック状に積み上がった盛土単位の多くが切られており、盛土後に削って斜面を整えたとみられる。e−3層の内側に相当するN8〜9m間付近では標高78.5m前後の平坦面が見られ、後述する8区西壁（W75mライン）における標高78.0m付近の平坦面に対応する可能性がある。この平坦面は6類主体のe−2層によって標高79.5m付近まで埋められる。

**基盤層**　前方部北裾部のN16〜19m付近で墳丘盛土下の基盤層を検出した。地山は暗灰黄色シルト主体の段丘堆積物で、上面の高さは標高75.5〜75.7mでほぼ平坦である。地山の直上には厚さ40〜50cmほどの黒色砂質土が堆積しており、一定量の土師器片を包含することから古墳築造以前の集落遺跡等に関わる包含層と考えられる。本トレンチの東側に設定した11区のW50mライン上でも標高75.6〜75.8mで地山面を確認しており、ほぼ平坦な地山面の広がりが想定できる。

## 6　8区土層断面

**断面位置**　前方部南斜面に南北に設けた8区西壁（W75mライン）の断面である（f−f´）[図23]。

**盛土の状況**　前方部中軸上と同様、1類主体や5・8類の互層からなる大単位のほか、10類を多用する部位が目立つ。

**前方部上面及び南斜面の盛土構造**　S4ライン以南では外側に向かって外向タイプの土手状盛土を繰り返し（f−13〜15層）、さらにその上に外向タイプの土手状盛土（f−11・12層）を重ねて最大高さ約1.8mの東西方向の大きな土手状

盛土を形成している。この土手状盛土の北側斜面はレンズ状に重なる盛土単位の多くが切られており、切削によって斜面を整えた可能性が高い。また、土手状盛土内側の基盤層上面は標高78.0m前後で、N2〜S3m間の約5mにわたって平坦である。これが10区西壁土層断面のN8〜9m間付近でみられた標高78.5m前後の平坦面に対応するならば、幅約12mに達する大きな凹みとなる。その内側にf－9・10、3・8層といった内向タイプの積み土が重ねられ、標高79.7〜80.0m付近まで積み上げられる。この途中で標高79.0m前後にいったん平坦面が形成されており、6区（W75m付近以東）でみられた標高79.0〜79.5m付近でほぼ水平を保つ平坦面に対応する。この南北方向の断面でみられる標高78.0m付近に平坦な底面をもつ凹みが、東西方向に長く延びる切り通しのようなものになるかどうかは6区の断ち割りでは確認できていない。しかし、それを埋める積み土の上面が長さ約35m以上にわたって標高79.0〜79.5m付近でいったん水平に揃えられていることから類推すると、その蓋然性は高いといえるであろう。この凹みはf－9・10、3・8層によって標高79.7〜80.0mまで埋められ、いったん平坦に整えられる。それより上は、土手状盛土（f－7層）の構築と、それに擦りつけつつ後退しながら盛られるf－1・2・4層といった単位での盛土がみられる。

【引用文献】
青木　敬 2003『古墳築造の研究－墳丘からみた古墳の地域性－』六一書房

## 第3節　中世城郭・近世陣屋関連の遺構

### 1　郭　群

中世城郭に関わる平坦面（郭）群は墳丘のほぼ全体に及ぶ。後円部には大きく5ヶ所（郭1〜4・虎口）、前方部には3ヶ所（郭5〜7）が認められる［図24］。

郭1　後円部頂を周囲から段状に削り残す形で形成された東西約12m、南北約22mの隅丸長方形の平坦面である。竪穴式石室の位置と重複し、郭の形成によって墓壙の周縁部はかなり削り取られているものの、石室本体には破壊が及んでいない。表土下でただちに郭の上面に達する。1区で郭上面の大部分を平面検出したが、柱穴・礎石など特筆すべき遺構はなかった。

郭2　郭1の西〜南側に形成された平坦面で、主要部は郭1の西側にあり、東西約25m、南北約10mの半月形をなす。1・5区にまたがってW7〜15.5m間で部分的に平面検出した。上面は標高86m前後で、W12m以西では徐々に下がる。後述する近世の石垣を検出したほかは、特筆すべき遺構はみられなかった。また、後円部南斜面の4区ではS12〜14m間で幅約2m、標高86.3〜86.8mの平坦面の一部を検出している。

1・5区b－b′土層断面のW7〜15.5m間で埋没状況を確認した［図21］。郭1側からの流出土でわずかに埋まっているほかは厚さ20cm前後の表土で覆われている程度である。近世の堆積が少ないことは石垣の存在から近世における平坦面としての利用が想定できることと整合的であり、同じく近世の堆積が少ない郭1・3についても同様に近世における平坦面としての利用を想定できる。

郭3　郭1・2を取り巻くように形成された平坦面で、主要部は郭1の東側にあり、東西約30m、南北約10mの半月形をなす。後円部東斜面の3区ではE7.5〜14.5m間で標高86m前後の主要部平坦面を、後円部北斜面の2区ではN14〜16m間、標高86m付近で幅約0.8〜1.5mの段、後円部南斜面の4区ではS18〜20m間、標高83.3m付近で幅約2mの段をそれぞれ部分的に平面検出した。

1・3区b－b′、2〜4区a－a′土層断面で埋没状況を確認した［図20・21］。主要部平坦面の東端部が郭1側から

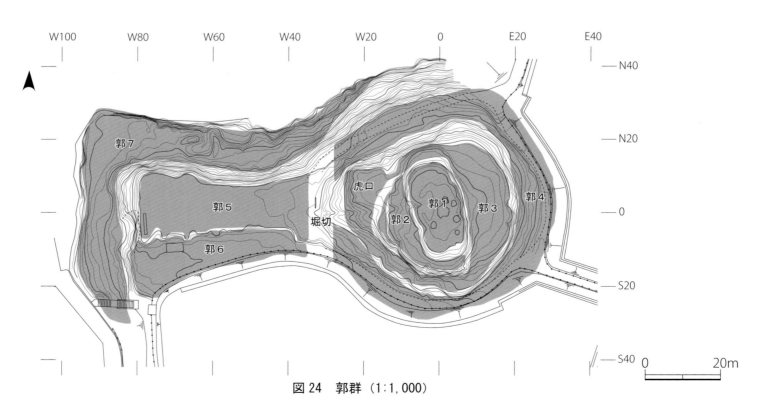

図24　郭群（1:1,000）

図 25 堀切・石垣・石組溝（1：120・1：80）

虎口　後円部西斜面に張り出した約13m四方の方形平坦面である。5区においてW20～25m間、N10～S4m間で部分的に平面検出した。墳丘盛土を削って造成された西へ向かって緩やかに下がる平坦面で、東端付近では標高83m前後、西端付近では標高82.5m前後である。W19mライン上では南端のS4m付近で標高83.7mとやや高い。平坦面の東端付近で、幅約1.5m、深さ約30cmの南北方向の溝（溝2）を延長約12mにわたって検出した。

　1・5区b－b′土層断面で、最大で厚さ2m前後の黒褐色あるいは暗灰色系の砂質土・粘質土で一気に埋められた状況が確認された［図21］。

　郭4　後円部裾付近を幅5～10m前後で巡る腰郭状の平坦面である。後円部北斜面の2区ではN25～31m間、標高80m付近で幅約6mの平坦面、後円部東斜面の3区ではE21m以東、標高81m付近で幅7m以上の平坦面、後円部南斜面の4区ではS22m以南、標高81.2m付近で平坦面の北端部をそれぞれ部分的に平面検出した。墳丘盛土を大きく削って形成されており、後述のように人為的に埋められているものの、現状においても後円部の裾付近を周回する園路として機能している。

　3区b－b′、2・4区a－a′土層断面で埋没状況を確認した［図20・21］。後円部北斜面の平坦面は、締め固められた黄褐色粘質土による整地が行われ、その上に拳大の石や多数の五輪塔空風輪が散乱し、さらに瓦片や土師器片を含む厚さ2m前後の淡茶灰色砂質で一気に埋められている。後円部東・南斜面の平坦面も最大で厚さ1～1.5m前後の灰黄褐色砂質土層で一気に埋められており、北斜面と同様の状況を示す。このようなあり方は虎口や後述する堀切にも共通し、中世城郭の破却状況の一端を示すものと考えられる。

　郭5　前方部上面を削平して形成された東西約47m、南北約18mの平坦面である。5・6区では、部分的に近世の掘削による凹凸があるものの、W61～80m間で標高81m前後、W34～61m間で標高80～80.5mの平坦面として検出した。前方部南斜面の8区北端では標高81m、前方部北斜面の10区南端では標高80.5mで上面を確認しており、広範囲にわたって平坦である。児童公園設置に伴う第1次調査ではこの面で平面L字形を呈する近世の石垣が検出されているが、現状では確認できない。

　5～7区b′－b″、8区f－f′、10区e－e′土層断面で埋没状況を確認した［図22・23］。W61m以西では、20～30cm程度の表土直下で平坦面上面に達する。W30～50m間には最大で深さ1.2m程度の近世の掘り込みが広範囲にわたってみられるが、オリーブ褐色シルト質粘土を主体とする埋土で埋められている。

　郭6　郭5の南に隣接して前方部南斜面に設けられた東西約48m、南北約7～16mの平坦面である。8区f－f′土層断面で埋没状況を確認した。標高79.3m前後の上面に凹凸の多い平坦面で、厚さ40～50cm程度の表土に覆われている。

　郭7　郭5の北～西側をL字形に取り巻くように前方部北・西斜面に設けられた平坦面である。平坦面の範囲は東西約75m、南北約60mで、おおむね幅10～12m前後の帯郭状をなす。

　7区b′－b″、9区c－c′、10区e－e′土層断面で埋没状況を確認した［図22・23］。いずれのトレンチでも標高76m前後の平坦面として検出され、最大で厚さ1m程度の流土に覆われている。11区では郭5との間の切岸に幅1.5mほどの武者走り状の平坦面が設けられていた。上面の標高は78.6mである。

## 2　堀切

　5区西端部で、くびれ部を掘り込んだ南北方向の堀切を検出した。横断面形状はV字形で、最深部をさらに一段掘りくぼめた薬研堀状を呈する。5区b－b′土層断面［図21］でみると、堀切の東肩は虎口西端から一段下がった幅約2mの武者走りを介し、W27.6m、標高82.0m付近にある。反対側の西肩は郭5上面から掘り込まれ、W34.3m、標高80.2m付近にある。この間の幅は約6.7mで、東肩は西肩よりも約1.8m高い。東斜面ではW30.3m、標高79.6m付近から、西斜面ではW32.3m、標高79.2m付近から下は急傾斜で一段下がり、標高78.6mで底部にいたる。底部は幅1.4mほどの平坦部となる。東肩から底面までの深さは約3.4mである。底付近には後円部側から流入した若干の三角堆積がみられるが、大部分は大きく上下2層の暗褐色及び黒褐色砂質土で一気に埋められている［図25］。

## 3　石垣・石組溝

　石垣　郭2東辺の崖面を保護するように設けられた西面する石垣を検出した。N20°Wの傾きで約37.5mにわたって直線的にのび、北端で西に向かってほぼ直角に曲がる。屈曲点から西へは約3.5m分を確認した。大きいもので1×0.6m程度の自然石を約75°の傾斜で積み上げた野面積みで、最も残りのよい場所で9段分、高さ約1mを測る［図25］。

　石組溝（溝1）　石垣の下部には石組溝が設けられている。幅約1.1m、深さ約30cmで、西面は石垣と同様の自然石を2～3段垂直に積み上げ、東面は石垣の下部を共用する［図25］。埋土からは木瓜紋の入る軒桟瓦を含む近世の瓦類が出土した。

　　　　　　　　　　　　　　　　　　　　　　　（岡林）

# 第 4 章　埋葬施設

## 第 1 節　埋葬施設の検出状態

### 1　基本層序の整理

**埋葬施設の検出状態**　黒塚古墳の埋葬施設は後円部墳頂中央に構築された大規模な竪穴式石室である。墓壙の大きさからみて後円部墳頂に他の埋葬施設が存在する余地はほとんどないとみられる。前方部等に設けたトレンチでも他の埋葬施設はみつかっていない。

埋葬施設はおそらく地震による自然崩壊とその後の盗掘によって中央部が大きく損壊し、墳丘の中世城郭としての再利用などに際して周縁部がかなり削り取られている。そのため、復元的な検討を要する部分もある反面、通常では発掘の及ばないような墳丘内の深い部分にも断ち割りを設けることで、結果的に作業道・排水溝などの付帯施設を含む埋葬施設についての多くの知見を得ることができた。

以下、基本的な層序を整理した上で、古墳築造後から現代にいたるまでの状況の検出状態を、旧トレンチ・盗掘坑、盗掘以前の石室の崩壊状況の順に記述する。

**基本的な層序の整理**　記述の便宜のため、墓壙の掘削から石室の構築、その後の石室崩壊・盗掘などを経て現地表面までに形成された基本的な層序の大単位を以下のように上から順にA〜J層に整理する［図26］。

A〜C層　表土・旧トレンチ及び盗掘坑埋土・流入土など、古墳築造後の堆積土である。

A層は中近世以降現代までの堆積土で、表土、第 1 次調査時の旧トレンチ埋土、中近世の城郭・陣屋関連遺構などを埋め、あるいは覆う堆積土などである。

B層は盗掘坑内の堆積土である。

C層は盗掘以前の石室内流入土で、古墳築造後に雨水などとともに徐々に入り込んだ初期流入土、その後の石室崩壊の際に大量に流入した土砂に大きく分けられる。

D〜H層　石室構築と並行して裏込め土として順次墓壙内を埋め、また石室構築後に墓壙全体を埋め戻した土層で、広い意味での墓壙埋土である。排水溝・作業道の埋土を含む。

D層は石室構築終了後に最終的に墓壙を埋め戻した土で、上段墓壙の埋土に相当する。

E層は石室壁面上段に対応する壁体の裏込め土で、中段墓壙の埋土に相当する。

F層は排水溝掘り方の埋め戻し後、石室東側に比べて低い状態にあった石室西側にのみ積まれた土である。これにより作業道・排水溝掘り方付近に残っていた切り通し状の凹みを埋め、上段墓壙を復元するとともに、墓壙内においては石室壁面上段の構築面を整備する。

G層は排水溝掘り方の埋土である。

H層は石室壁面下段に対応する壁体の裏込め土で、下段墓壙の埋土に相当するとともに、石室西側では作業道を一定の高さまで埋め戻す作業道埋土でもある。

I・J層　石室基底部の整備に関わる土層である。

I層は粘土棺床上部および棺床周囲を固める礫敷きの背後を埋める土で、この土により壁体の構築開始面を整備する。

J層は粘土棺床下部および棺床下基台の構築土、墓壙底に敷かれたバラス敷きに相当する。

### 2　旧トレンチ・盗掘坑

**旧トレンチ**　第 1 次調査（1961 年）で後円部頂に設けられた試掘トレンチである。トレンチの輪郭は表土直下で検出され、長さ 6.4m、幅 1.5m の南北トレンチのなかほどに、東に延びる長さ 2.5m、幅 1.5m の拡張部を設けた T 字形の平面形を有する。深さは約 1 〜 1.2m である［図26］。

トレンチの掘り下げは盗掘坑と重複する範囲では盗掘坑埋土（B層）中の任意の面で止められているが、部分的に石室西側の裏込め及び石材被覆上面に到達している。トレンチの範囲内では盗掘による破壊を免れてかろうじて残存していた粘土被覆はすべて取り除かれた状態で、南北両壁および東壁には粘土被覆の断面が断続的にみられた。

トレンチの埋め戻し土は圧密沈下し、最大で深さ約 30cm の凹みが生じており、1982 年の測量図にはこれに該当する凹みが記録されている。凹みにはガラス瓶等を含む汚れた黒色土が溜まっていた。

**盗掘坑**　墳頂部中央の表土直下で石室中央部を大きく破壊する盗掘坑を検出した。南北約 8.1m、東西約 7.2m 前後のゆがんだ「中」の字のような形状の平面プランを有する。まず石室をまたぐように東西に長い楕円形の穴が掘られ、石室に達するとともに南北に拡張したものと考えられる［図26］。

**盗掘坑内の堆積土**　盗掘坑の東に張り出した部分や中央部付近の表土直下には多量の板石の集積がみられた。盗掘時に排出され、付近に散乱していた板石を、盗掘坑が埋まりきる直前にまとめて投棄したものとみられる。

盗掘坑内の堆積土（B層）には、石室起源と考えられる礫や板石が多量に含まれ、とくに下層で顕著であった。遺物としては土器・陶磁器片、サヌカイト片、鉄片などを含む。土器は弥生土器・古式土師器の破片が主体を占める。盛土や墓壙埋土には、墳丘下の包含層に起源する土器片やサヌカイト

第Ⅰ部 調査編

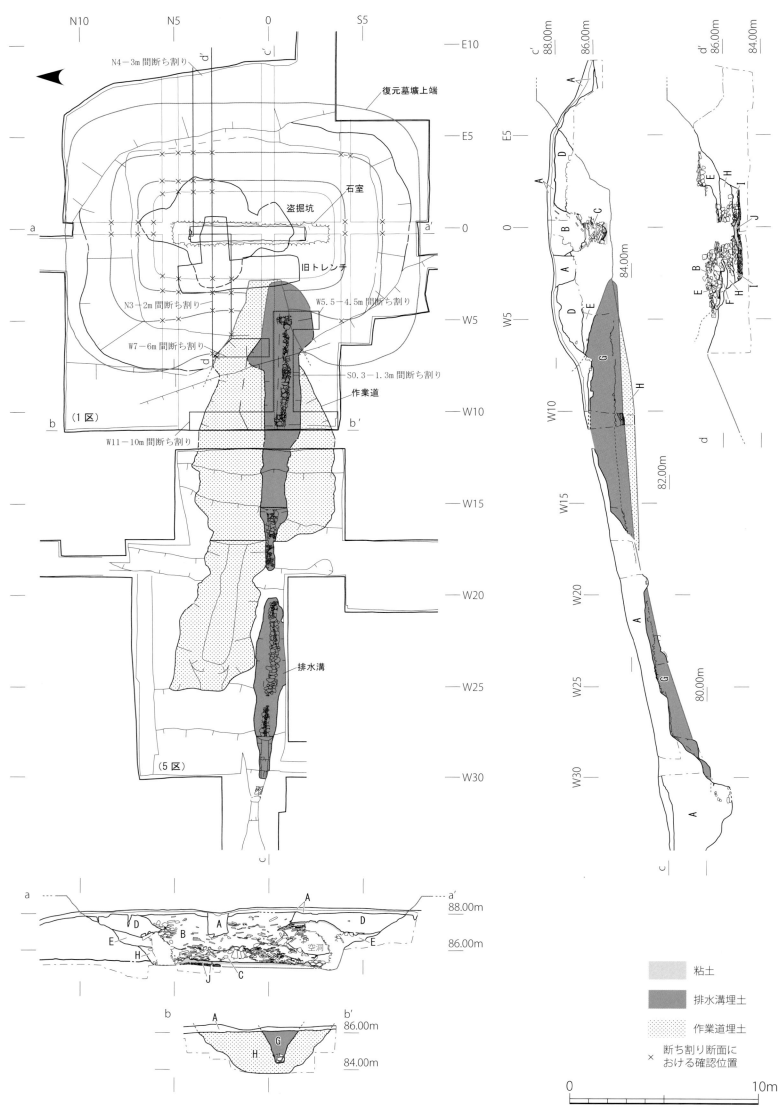

図 26 埋葬施設 (1:200)

片が多く混入しており、それらが盗掘によって巻き上げられ、再度混入したものと考えられる。鉄片は若干量であるが、盗掘者が侵入した石室南端部に置かれていた副葬品の一部に由来するものが含まれると考えられる。

**石室南端部の空洞** 石室南壁および南端から北へ約 2m 付近までの間の両側壁は天井まで遺存し、一部に空洞を残していた。石室内の掘り下げに伴い、天井に近い高さでこの空洞の北端が開口した。空洞内部には盗掘坑側から大量の土が石材とともに流入し、南壁に接する部分でも石室床面から 40cm 程度の高さまでが埋没していた。

**盗掘による攪乱の状況** 竪穴式石室の遺存状態は良好ではない。石室東壁は南端部分を除いて壁面上段のほぼ全体が失われており、西壁は盗掘坑が深く及んだ N1〜3m 間で壁面下段の上部まで大きく失われているほか、S1〜N0.5m 間で壁面上段の板石が抜け落ちていた。北壁も壁面上段がまったく失われた状態であった。後述のように盗掘以前のある時期に石室は南端部を除いて大きく自然崩壊し、そこに盗掘による破壊がさらに加わった結果と考えられる。

盗掘者はおそらく石室の自然崩壊によって生じた陥没を狙って掘り下げ、石室中央部を中心に床面を埋め尽くしていた多量の落下石材に到達したものと考えられる。自然崩壊によって一気に落下した多量の板石は垂直に近い方向で隙間がないほど密に立った状態、あるいは相互にかみ合った状態で容易に取り除けない状況であり、盗掘者はこれらの石材に阻まれ、最終的にさらに下に掘り進むことを断念したとみられる。

自然崩壊以前の初期流入土および自然崩壊時に石材とともに落下した土砂である C 層の上面が盗掘坑の底に相当するが、多量の石材が介在し、かつ著しい凹凸があって、面的な検出は困難であった。図 28 では盗掘坑内の堆積土である B 層との境界を破線で表現している。

結果的に、石室内では南端部を除いて盗掘が粘土棺床付近まで達することはなく、銅鏡をはじめとする大半の副葬品は攪乱を免れて残されることになったと考えられる。一方、自然崩壊を免れた石室南端部は内部空間を保っており、盗掘者はそこに侵入して棺南小口と石室南壁の間に置かれていた甲冑類や農具類、工具類等の副葬品を徹底的に攪乱し、一部を持ち去ったと考えられる。

**盗掘の時期** B 層には 13 世紀前後の土師器皿や土釜の口縁部、瓦器椀などの破片が少量含まれており、最初の盗掘は鎌倉時代に遡ると考えられる。

盗掘の回数は明確ではないが、B 層には 14 世紀以降の遺物は含まれていない。黒塚古墳はその後中世城郭として利用され、17 世紀以降は柳本藩邸に取り込まれたため、幕末まで盗掘の被害を蒙る機会はなかったと考えられる。

**攪乱坑内の木製器物** 旧トレンチの東への張り出しの下部、地表下約 2.5m で釘を使用した木製器物の一部が出土している [図 27]。この器物は、盗掘坑と旧トレンチが重複する位置の直下に深く穿たれた攪乱坑の底に、大量の礫とともに投棄されていたことや、その位置が偶然にも石室西壁背後の裏込めに含まれる塊石群の上面に相当したことなどから、発掘調査時には石室の構築過程で裏込めに埋め込まれた器物が未攪乱の状態で出土したと判断していた。

しかし、表面に付着する赤色塗料が有機材料を主成分とするものであること、鉄釘を使用したものであることなどの疑問点もあり、『概報』でも特異な器物として概要を報告した。その後、赤色塗料がペンキに近いものであり、鉄釘が断面円形の洋釘であることなどが判明し、出土状況を再検討した結果、プライマリーな状況ではないと判断するにいたった。結論的に、近現代に盗掘坑内を再掘削した攪乱坑が存在し、その埋没時に投棄されたものと考えている。この器物が何であるかは確定できないが、形状や赤く塗られていることなどから、稲荷祠に関連する部材（破風板など）である可能性も考えられる。

図 27　攪乱坑内の木製器物

## 3　盗掘以前の石室崩壊

**石材の落下状況** 盗掘坑の掘り下げを進めた結果、南端部を除く石室内ではほぼ標高 86m 付近以下には盗掘が及んでおらず、落下した大量の板石が床面付近を覆っていることが判明した [図 28]。

とくに石室内中北部の N1〜4m 付近では、端面の長軸を石室の軸に合わせた方向に揃えて立った状態の板石が、びっしりと折り重なる特異な状況を呈していた。板石の下端は石室床面付近に堆積した初期流入土に深く貫入し、初期流入土の堆積が薄い部位では粘土棺床に達して棺床面に傷（凹み）を生じているものも多数存在した。

最下部の板石は主として東壁側から滑り出して落下した状況を示し、ほぼ直立の状態で西壁に貼り付いた状態のものもあった。また、小口積みされていた板石があたかも相互の重なりを保ったまま落下したような状態も観察された。

内部の空洞が残されていた石室南端部では、開口部付近の東壁上段の板石が長さ約 1m 以上、10 段分程度にわたって約 20°ほどの傾斜で内側に滑り出ており、盗掘坑側から流入した土に接触して落ち止まった状態のものもみられた。掘り下げの過程で、流入土の支持を失って落下する板石について

第Ⅰ部 調査編

は適宜除去した。また、天井付近から滑り出し、垂れ下がるようにしてかろうじて落ち止まっている板石についても、作業中の落下の恐れが大きいものは事前に除去した。

**地震による石室の崩壊** 以上のような石室の遺存状況や石材の落下状況などから、最初に盗掘を被る以前の段階で、すでに石室は自然崩壊していたと判断される。

石材の落下順序としては、主として東壁の壁面上段を構成していた板石が先行して落下したものと考えられる。最下部の板石の直上は、平らな状態で折り重なる板石に覆われた状態で、引き続き東壁からの落下とともに、西壁からも多数の板石が落下したと考えられる。おそらく最初に東壁中位すなわち壁面上段下部の板石が飛び出すように滑落したことをきっかけに、それにつられるように東西両壁の高い位置の板石が崩落したとみられる。

このような自然崩壊の原因として、大規模な地震による強い揺れなどの外的な応力が一気に加わって石室が劇的に崩壊した可能性が指摘できる。折り重なりながら小口面を下にした状態で床面付近に達した板石群の上には、後続の板石や礫が次々に落下、堆積しており、相当の重量が加わったと想像される。そのため、板石どうしは固くかみ合っており、これらを取り除く作業には難渋した。このことが、最下部の板石群の上面付近まで盗掘がおよんでいるにもかかわらず、床面付近の副葬品はその板石群の下にパックされ、未攪乱のまま保存された大きな要因となったと考えられる。

**石室内流入土** 盗掘以前に石室内に堆積していたC層は、古墳築造後に雨水などとともに徐々に入り込んだ初期流入土と、石室崩壊時に大量に流入しその上部を覆う土砂に大きく分けられる［図28］。

初期流入土は暗褐色系のきめの細かい細砂・シルトを主体とし、とくに粘土棺床中央部付近や棺床外斜面と壁体との間などでは純粋な厚い堆積を形成している。銅鏡や鉄製品に近い部位では、それらの成分が影響して黒褐色あるいは赤褐・黄褐色に変色し、さらに水銀朱・ベンガラが混じって鮮やかな赤色を呈する部分もある。銅鏡の直下などには黒褐色の水成粘土が多く見られた。

初期流入土は雨水の浸透によって運ばれた粒子の細かい土砂に由来し、一定の期間をかけて形成された水成堆積と考えられる。石室床面を覆うほどの大量の水成堆積が形成された要因としては、天井石をもたない合掌式構造をとり、上部の遮水が不十分な石室の構造的特性も考慮される。

初期流入土の堆積後、石室の崩壊時に大量に流入した土砂は、おおむね粗砂を主体とするが、落下した板石の直下などには空洞やシルト・粘土の堆積も見られる。本来墓壙内埋土に含まれていたと考えられる若干量の土器片が混入する。

**石室崩壊の時期** 石室の崩壊がいつ頃発生したかを直接的に示す考古学的な手がかりはないが、下限については最初の盗掘が行われた13世紀頃と考えて差し支えない。地震などによって石室が大崩壊し、墳頂部に陥没が生じたことが盗掘を誘発する一因であったとすれば、それは盗掘の直前のことであった可能性もある。

## 第2節 墓　壙

### 1　墓　壙

**平面形状** 竪穴式石室を構築するための墓壙の輪郭は平面的にはおおむね表土直下で検出されたが、中世城郭として再利用された際に墳頂部の形状が大きく改変されているため検出レベルが一定しない。

検出面での墓壙の平面プランは南北約17.4m、東西約13.5mの歪な楕円形を呈し、南西部が斜めに大きく切り取られるほか、北東部が若干隅切り状になる［図29］。ただし、この形状は中世に墳頂平坦面が周囲から削り取られて改変された結果としての見かけ上のものであって、本来の形状とはいえない。

見かけ上の墓壙の掘り込み面が最も高く安定した平坦面をなすのは北西部で、標高87.4m前後である。この部分で検出された墓壙のプランは隅丸長方形のコーナーを残している。また、墓壙内の平面的な掘り下げは石材被覆の施工面と考えられるレベルまでにとどめたが、このレベルにおける墓壙壁の平面形は各辺ともかなり直線的な整った隅丸長方形を呈する。こうした状況を総合すると、本来の墓壙上面の平面形状も隅丸長方形であった蓋然性が高い。

**墓壙壁の傾斜** 墓壙壁を面的に露出したのは墓壙検出面から石材被覆の施工面と考えられるレベル付近すなわち標高87m前後までの間に限られる。この間の墓壙壁の傾斜は全体として比較的緩やかであるが、下部はおおむね0～30°前後の緩傾斜を有するテラス面であるのに対し、上にいくほど15～30°と傾斜が急になり、最も急な部分では42°程度の斜面になる。この間を墓壙壁の上段とする。

上段よりも下の状況は断ち割りによる部分的なデータが得られているにすぎないが、墓壙壁は上段テラス面下端で傾斜を変え、おおむね傾斜が急になる。東西断面（横断面）では30～40°前後、南北断面（縦断面）では35～45°前後の斜面である。これより70～80cmほど下がった位置で再度5～25°程度の緩傾斜のテラス面を形成する。この間を墓壙壁の中段とする。

中段の下端すなわちテラス面以下では大きく傾斜を変え、50～60°前後の急傾斜で墓壙底に達する。この間を墓壙壁の下段とする。

各段の斜面の高さとテラス面の幅および傾斜角度等の計測値は表2に示したとおりである。

**三段墓壙** 以上のように、墓壙壁は2面のテラス面を介在して上・中・下3段の構造をとっており、三段墓壙というべきものである。

中段墓壙の平面プランはほぼ石材被覆の施工面に相当するレベル付近における墓壙壁プランに一致し、隅丸長方形を呈すると判断される。断ち割りで確認された規模は南北約14.5m、東西約8.5～9.0mである。下段墓壙の平面プランも上段・中段墓壙と相似形をなすと推定され、断ち割りで確

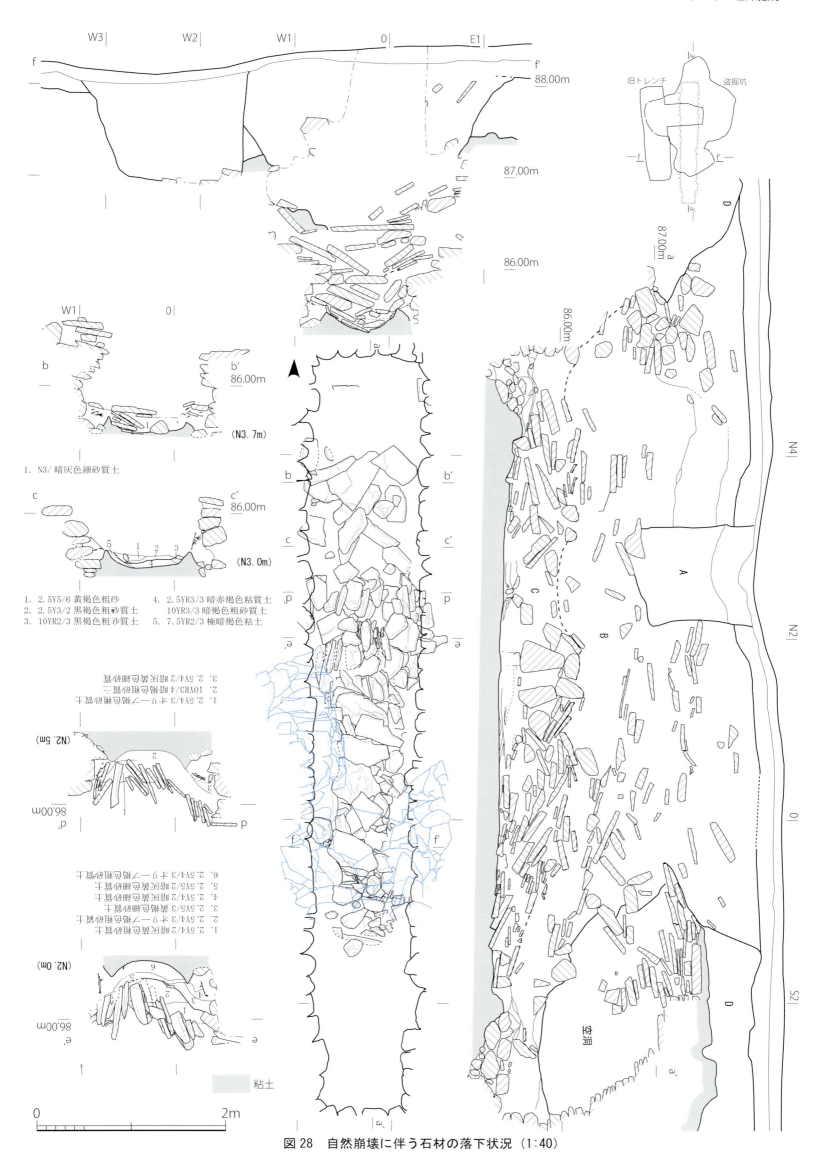

図28 自然崩壊に伴う石材の落下状況（1:40）

認された規模は南北約 11.5m、東西約 6.0m である。

深さは上段が約 0.9m 以上、中段が約 0.6〜0.8m、下段が約 1.0〜1.2m を測る。

**墓壙規模の復元** 表土直下で墓壙の輪郭が検出されることから、本来の墓壙の掘り込み面は現状での後円部頂の最高点（標高 88.57m）よりもさらに高かったと考えられる。墓壙の深さを同等の墳丘・石室規模を有する中山大塚古墳・下池山古墳の墓壙と同程度の 4m 前後と想定すると、墓壙底の高さから逆算して、墓壙の掘り込み面は現状での後円部頂最高点よりも約 50cm 高い標高 89m 付近に求められる。この想定を前提に上段墓壙壁の傾斜も考慮するなら、墓壙の平面規模は南北約 19m、東西約 15m 程度に復元される。

想定復元ラインを図 26 にセピア色の線で示した。平面図の×印は断ち割りによって位置を確認した地点を示す。墓壙西辺が大きく内側に入り込むように湾曲するのは、作業道の存在と合わせて、墓壙西辺中央における掘り込み面が他よりも低く凹んでいるためである。

**墓壙の形成** 前章で述べたとおり、後円部墳丘は築成途中の標高 85〜86m すなわち墓壙底レベルとおおむね前後する高さで一時的に平坦に整えられている。これより上部では予定された墓壙の位置を明示するような土手状盛土（石室東側では水平積みになる）が積まれており、墳丘の構築過程で墓壙の位置がつよく意識されていたことは間違いない。

土層断面の観察からは墓壙壁は墳丘の盛土単位を切断しており、墓壙は盛土を切り込んで形成されている。その意味で掘込墓壙・構築墓壙の区分からすれば前者に相当する。ただし、上記の墳丘盛土の状況や、墓壙西辺の掘り込み面が実際に周囲よりも低い事実からすれば、墓壙の掘り込み面を平坦面として完全に形成した上で墓壙を掘り込んだのではなく、一定の凹みを残しながら掘り込み面を形成し、内側から削るようにして墓壙壁を整形した可能性が高い。

**墓壙底** 墓壙底は断ち割り調査によって部分的に確認した。確認できる墓壙底の規模は南北 9.78m、東西 4.70m である。

墓壙底の中央、粘土棺床の直下に相当する部分は緩やかな高まりになるように掘り残されている。そのため、墓壙底面は、中央が相対的に高く、その周囲に浅い溝状の凹みが巡る形状となる。

墓壙底全体は北から南に向かって、同時に東から西に向かってわずかに下がる傾斜をもつ。これは地表面から浸透して墓壙底に達した雨水を墓壙西辺に設けた排水溝を通じて前方部側に排出するための水勾配と理解される。

南北方向では、石室の南北主軸上で部分的ながら墓壙底の縦断面を確認した［図 31］。墓壙底の北端は N4.8m の位置にあり、標高 85.20m である。最も南で確認した墓壙底は石室南端部の断ち割り南端にあたる S 2.8m の位置で、標高 85.02m であった。この位置は想定される墓壙底の南端よりもやや北に偏しているが、参考までに数値を示すならば、南北 2 点間の距離は 7.6m で、南の方が北よりも 18cm 低い。ただし、両点間には前述の緩やかな高まりが介在しており、実際のエレベーションは両点間を直線で結ぶような単純なものではない。

東西方向では、N3m ライン上で墓壙底の通しの横断面を確認した［図 30］。墓壙底の東端は E2.0m、西端は W2.7m にあり、この間の墓壙底の東西幅は 4.7m である。東端の標高は 85.15m、西端の標高は 85.02m で、墓壙底全体としては西の方が東よりも 13cm 低い。ただし、やはり実際のエレベーションは両点間を直線で結ぶような単純なものではなく、墓壙底東端から墓壙底中央の緩やかな高まりの東側基底までは 1.55m の距離に対して 8cm 下がり、基底幅 1.60m の緩やかな高まりを介して、この高まりの西側基底から墓壙底西端までは 1.55m の距離に対して高低差がなく、この間の中央は浅い溝状にわずかに低くなっている。

**墓壙底中央の高まり** 墓壙底中央には基底部の長さ約 7.3m、同幅約 1.6m、高さ 7〜17cm 前後の南北に長い緩やかな高まりが掘り残されている。粘土棺床の土台となる基台は、この高まりを芯として置き土で覆うように盛り上げ、さ

表 2　墓壙壁斜面計測表

| 断面位置 | | 下段 | | | 中段 | | | | 上段 | | | | 墓壙深さ（残存） |
|---|---|---|---|---|---|---|---|---|---|---|---|---|---|
| | | 高さ | 上端高/下端高 | 傾斜角度 | 高さ | 上端高/下端高 | テラス幅 | 傾斜角度 | 残存高 | 上端高/下端高 | テラス幅 | 傾斜角度 | |
| 東西方向 | | | | | | | | | | | | | |
| N 4.8m | 西壁 | - | - | - | - | - | - | - | 0.8m | 標高 87.3m/標高 86.5m | - | 15° | - |
| N 3m | 西壁 | 1.0m | 標高 86.0m/標高 85.0m | 47° | 0.3m | 標高 86.3m/標高 86.0m | 0.5m | 4°/33° | 0.5m | 標高 86.8m/標高 86.3m | 0.4m | 0°/16° | 1.8m |
| N 2m | 西壁 | 1.1m | 標高 86.1m/標高 85.0m | 54° | - | - | - | - | - | - | - | - | - |
| N 4.8m | 東壁 | - | - | - | - | - | - | - | - | 標高 87.6m | - | 29° | - |
| N 4m | 東壁 | 1.2m | 標高 86.3m/標高 85.1m | 59° | 0.8m | 標高 87.1m/標高 86.3m | 1.0m | 15°/42° | - | - | - | 20° | - |
| N 3m | 東壁 | 1.0m | 標高 86.2m/標高 85.2m | 58° | 1.0m | 標高 87.2m/標高 86.2m | 0.2m | 12°/35° | 0.4m | 標高 87.6m/標高 86.2m | 0.9m | 30°/31° | 2.4m |
| S 0.3m | 東壁 | - | - | - | - | - | - | - | 0.7m | 標高 87.8m/標高 87.1m | - | 30° | - |
| S 3.8m | 東壁 | - | - | - | - | - | - | - | 0.9m | 標高 87.9m/標高 87.0m | - | 42° | - |
| 南北方向 | | | | | | | | | | | | | |
| W 0.3m | 北壁 | 1.0m | 標高 86.2m/標高 85.2m | 51° | 1.1m | 標高 87.3m/標高 86.2m | 1.1m | 18°/33° | 0.6m | 標高 87.9m/標高 87.3m | - | 28° | 2.7m |
| W 0.3m | 南壁 | 1.2m | 標高 86.2m/標高 85.0m | - | 0.7m | 標高 86.9m/標高 86.2m | 1.0m | 25°/45° | 1.1m | 標高 88.0m/標高 86.9m | - | 40° | 3.0m |

※ W 0.3m ライン南壁下端高は確認し得た最低点。
※ 傾斜角度：上段＝テラス傾斜角度／下段＝斜面傾斜角度

第 4 章 埋葬施設

図 29　墓壙 (1:100)

第Ⅰ部 調査編

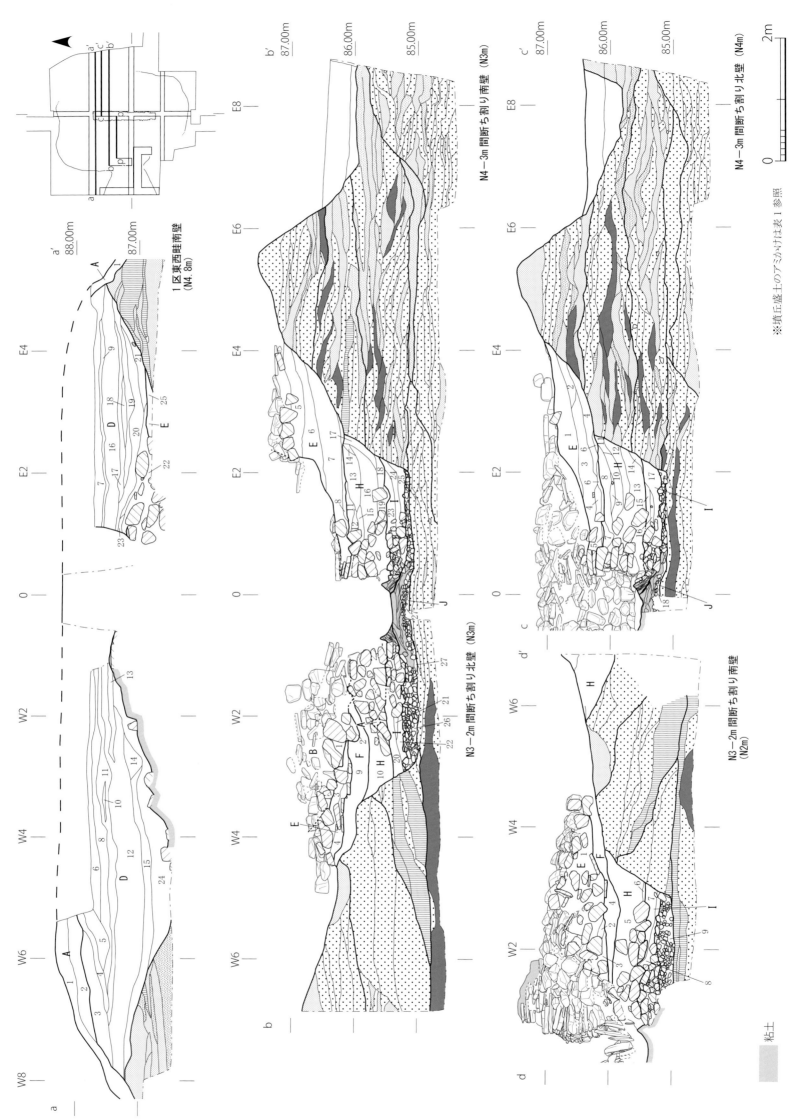

図30 墓壙埋土・墳丘盛土土層断面図（1）（1:60）

第 4 章 埋葬施設

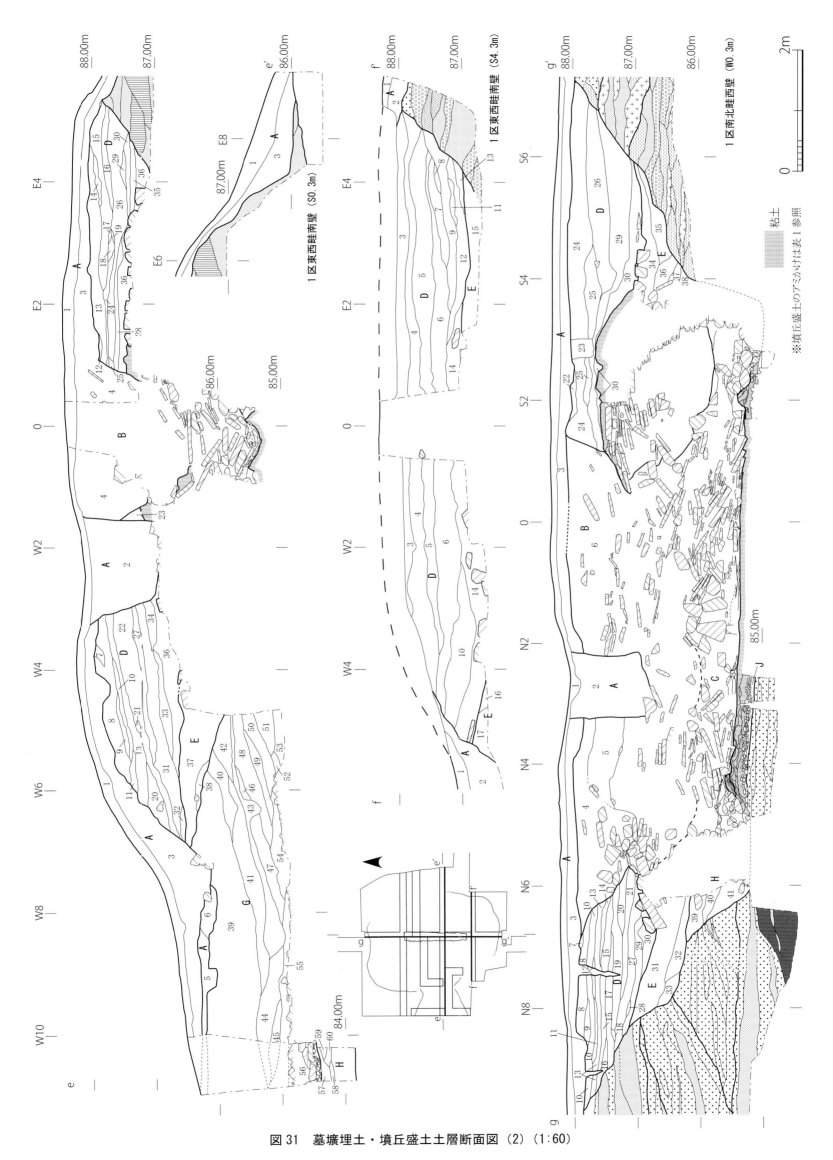

図 31　墓壙埋土・墳丘盛土土層断面図 (2)（1:60）

# 第Ⅰ部 調査編

## 表3 墓壙埋土一覧表（図30・31に対応）

**墓壙 a-a'（N4.8m）**

| 層位 | 番号 | 土色・土質 | 備考 | 層位 | 番号 | 土色・土質 | 備考 | 層位 | 番号 | 土色・土質 | 備考 |
|---|---|---|---|---|---|---|---|---|---|---|---|
| A | 1 | 10YR3/3 暗褐色砂質土 | | D | 9 | 7.5YR3/4 暗褐色砂質土 | | D | 18 | 7.5YR3/4 暗褐色砂質土 | |
| A | 2 | 10YR3/2 暗褐色砂質土 | | D | 10 | 10YR3/4 暗褐色砂質土 | | D | 19 | 10YR3/3 暗褐色砂質土 | |
| D | 3 | 2.5Y3/3 暗オリーブ褐色砂質土 | 弱粘質 | D | 11 | 10YR3/3 暗褐色砂質土 | 粘質 | D | 20 | 7.5YR3/3 暗褐色砂質土 | |
| D | 4 | 10YR3/2 黒褐色砂質土 | 弱粘質、粗い | D | 12 | 2.5Y5/3 黄褐色砂質土 | 黒褐色粘土、褐灰色粘土ブロック混じり | D | 21 | 10YR3/3 暗褐色砂質土 | |
| D | 5 | 2.5Y5/3 黄褐色砂質土 | 微砂多い | D | 13 | 10YR3/3 暗褐色砂質土 | 粘質 | D | 22 | 7.5YR4/4 褐色砂質土 | |
| D | 6 | 10YR4/4 褐色砂質土 | | D | 14 | 2.5Y5/3 黄褐色砂質土 | 黒褐色粘土、褐灰色粘土ブロック混じり | D | 23 | 7.5YR3/4 暗褐色砂質土 | |
| D | 7 | 7.5YR4/4 褐色砂質土 | | D | 15 | 2.5Y3/3 暗褐色砂質土 | 粗砂、礫多く混じり堅くしまる | D | 24 | 10YR2/3 黒褐色砂質土 | 強粘質 |
| D | 8 | 10YR3/2 黒褐色砂質土 | | D | 16 | 10YR3/3 暗褐色砂質土 | | E | 25 | 10YR2/3 黒褐色砂質土 | |
| | | | | D | 17 | 10YR3/4 暗褐色砂質土 | | | | | |

**墓壙 b-b'（N3.0m）**

| 層位 | 番号 | 土色・土質 | 備考 | 層位 | 番号 | 土色・土質 | 備考 | 層位 | 番号 | 土色・土質 | 備考 |
|---|---|---|---|---|---|---|---|---|---|---|---|
| B | 1 | 2.5Y4/3 オリーブ褐色砂質土 | 極小・小礫少し、褐灰色粘土ブロック含む | H | 10 | 10YR4/1 褐灰色粘土 | 極小〜中礫少々、黒褐色粘土ブロック極めて多量に、浅黄色細砂質土、明褐色土ブロック含む | I | 20 | 10YR4/1 褐灰色土 | 極小〜中礫少々、黒褐色粘土わずかに含む、浅黄色細砂質土間土層にはさむ |
| B | 2 | 2.5Y5/3 黄褐色砂質土 | しまりなし、極小〜中礫少し含む | H | 11 | 10YR4/2 灰黄褐色土 | 極小〜中礫多く、小礫少し含む、灰黄褐色土間層にはさむ | I | 21 | 10YR6/3 にぶい黄褐色土 | |
| E | 3 | 10YR4/2 灰黄褐色土 | 極小〜中礫多く、黒褐色粘土・褐灰色粘土ブロック含む | H | 12 | 10YR4/1 褐灰色土 | 極小礫多く含む | I | 22 | 2.5Y5/3 黄褐色砂質土 | 粘性やや強い、極小〜中礫・黒褐色粘土ブロック・浅黄色細砂質土間層にはさむ |
| E | 4 | 10YR4/2 灰黄褐色土 | 極小・中礫やや多く、褐灰色粘土ブロック含む | H | 13 | 10YR4/1 褐灰色土 | 極小〜中礫やや多く、小・中礫わずかに、にぶい黄褐粘土ブロック含む | I | 23 | 2.5Y5/2 暗灰色砂質土 | ややしまりなし、小礫わずかに含む、ブロック含む |
| E | 5 | 10YR4/3 にぶい黄褐色土 | 極小・中礫多く、小・中礫わずかに、にぶい黄褐粘土ブロック含む | H | 14 | 10YR4/2 灰黄褐色土 | 小礫少し含む | I | 24 | 10YR4/2 灰黄褐色土 | 極小・小礫わずかに、灰黄色粘土ブロック含む |
| E | 6 | 10YR4/2 灰黄褐色土 | 極小・小礫多く、大・極小礫わずかに、灰黄色細砂質土ブロック含む | H | 15 | 10YR4/1 褐灰色土 | 極小礫少し含む | I | 25 | 10YR5/2 灰黄褐色砂質土 | 極小〜大礫わずかに、黒褐色粘土・褐灰色粘土片含む |
| E | 7 | 10YR4/2 灰黄褐色土 | 極小・小礫やや多く、中礫わずかに、灰黄色細砂質土ブロック、土器片含む | H | 16 | 10YR4/2 灰黄褐色土 | 極小〜中礫少し、黒褐色粘土・灰黄色細砂質土質粘土ブロック、土器片含む | | 26 | 2.5Y5/2 暗灰色粘土 | 極小・小礫わずかに、灰黄色粘土ブロック含む、砂質粘土質にはさむ |
| E | 8 | 10YR4/3 にぶい黄褐色砂質土 | 極小礫多く、大礫わずかに、土器片含む、灰黄色土間層にはさむ | H | 17 | 10YR4/2 灰黄褐色砂質土 | 小礫わずかに含む | J | 27 | 2.5Y5/3 黄褐色砂質土 | |
| F | 9 | 10YR4/1 褐灰色土 | 固くしまる、極小〜中礫やや多く、黒褐色粘土ブロック多量に含み、褐色土間層にはさむ（鉄分層） | H | 18 | 10YR4/2 灰黄褐色土 | 小礫わずかに、土器片・炭化物含む | | | | |
| | | | | H | 19 | 10YR4/2 灰黄褐色土 | 小礫わずかに含む | | | | |

**墓壙 c-c'（N4.0m）**

| 層位 | 番号 | 土色・土質 | 備考 | 層位 | 番号 | 土色・土質 | 備考 | 層位 | 番号 | 土色・土質 | 備考 |
|---|---|---|---|---|---|---|---|---|---|---|---|
| E | 1 | 10YR4/2 灰黄褐色土 | 極小・小礫多く、大・極小礫わずかに、灰黄色細砂質土ブロック含む | H | 8 | 10YR4/1 褐灰色土 | 極小〜中礫やや多く、黒褐色・灰黄色細砂質土質粘土ブロック含む | H | 14 | 10YR4/2 灰黄褐色土 | 小礫わずかに、土器片・炭化物含む |
| E | 2 | 10YR5/2 灰黄褐色土 | 極小礫わずかに含む | H | 9 | 10YR5/3 にぶい黄褐色土 | 極小礫やや多く、中・大礫わずかに含む | I | 15 | 2.5Y5/2 暗灰色砂質土 | ややしまりなし、小礫わずかに、黒褐色粘土ブロック含む |
| E | 3 | 10YR4/2 灰黄褐色土 | 極小・小礫やや多く、中礫わずかに、灰黄色細砂質土質ブロック、土器片含む | H | 10 | 10YR4/3 にぶい黄褐色土 | 極小〜中礫少し、極大礫わずかに、土器片含む | I | 16 | 10YR4/2 灰黄褐色土 | 極小・小礫わずかに、褐灰色粘土ブロック含む |
| E | 4 | 10YR4/2 灰黄褐色土 | 極小礫少し含む | H | 11 | 10YR5/3 にぶい黄褐色土 | 極小礫少し含む | I | 17 | 10YR5/2 灰黄褐色砂質土 | 極小・小礫わずかに、灰黄色粘土ブロック含む |
| E | 5 | 10YR4/4 褐色土 | 極小礫少し含む | H | 12 | 10Y4/2 灰黄褐色土 | 極小礫やや多く、小〜大礫少し含む | J | 18 | 2.5Y5/3 黄褐色砂質土 | 極小・小礫わずかに含む |
| E | 6 | 10YR4/3 にぶい黄褐色砂質土 | 極小礫多く、大礫わずかに、土器片含む、灰黄色土間層にはさむ | H | 13 | 10YR4/2 灰黄褐色土 | 極小〜大礫わずかに、黒褐色粘土・灰黄色細砂質土質粘土ブロック、土器片含む | | | | |
| H | 7 | 10YR4/1 褐灰色粘土 | 極小礫多く含む | | | | | | | | |

**墓壙 d-d'（N2.0m）**

| 層位 | 番号 | 土色・土質 | 備考 | 層位 | 番号 | 土色・土質 | 備考 | 層位 | 番号 | 土色・土質 | 備考 |
|---|---|---|---|---|---|---|---|---|---|---|---|
| E | 1 | 10YR4/2 灰黄褐色土 | 極小〜中礫多く、黒褐色粘土・灰黄色粘土ブロック含む | H | 5 | 10YR4/1 褐灰色土 | 極小〜中礫多く、黒褐色粘土ブロック極めて多量に、浅黄色細砂質土質、明褐色土ブロック含む（鉄分） | I | 8 | 2.5Y5/3 黄褐色砂質土 | 粘性やや強い、極小〜中礫・黒褐色粘土・灰黄色粘土ブロックわずかに含む |
| E | 2 | 10YR4/3 にぶい黄褐色土 | 極小・小礫やや多く含む | H | 6 | 10YR5/3 にぶい黄褐色粘土 | 極小・小礫少し含む | | 9 | 2.5Y5/2 暗灰色粘土 | 極小〜中礫、黒褐色粘土ブロック含む、褐色粘土質土間層にはさむ |
| E | 3 | 10YR7/3 にぶい黄橙色砂質土 | 極小〜中礫少し含む | I | 7 | 10YR4/1 褐灰色土 | 極小〜中礫少し、黒褐色粘土ブロックわずかに含む、浅黄色細砂質土質土間層にはさむ | | | | |
| F | 4 | 10YR4/1 褐灰色土 | 固くしまる、極小〜中礫やや多く、黒褐色粘土ブロック多量に含み、褐色土間層にはさむ（鉄分層） | | | | | | | | |

**墓壙 e-e'（S0.3m）**

| 層位 | 番号 | 土色・土質 | 備考 | 層位 | 番号 | 土色・土質 | 備考 | 層位 | 番号 | 土色・土質 | 備考 |
|---|---|---|---|---|---|---|---|---|---|---|---|
| A | 1 | 10YR3/3 暗褐色砂質土 | | D | 29 | 10YR3/2 黒褐色砂質土 | | G | 47 | 10YR4/2 灰黄褐色土 | 小・中礫わずかに、黒褐色粘土ブロックごくわずかに含む |
| A | 2 | 10YR3/3 暗褐色砂質土 | | D | 30 | 10YR3/3 暗褐色砂質土 | | G | 48 | 10YR4/2 灰黄褐色土 | 中礫わずかに、黒褐色粘土ブロック含む |
| A | 3 | 10YR4/4 褐色土 | | D | 31 | 10YR3/4 暗褐色砂質土 | | G | 49 | 10YR5/2 灰黄褐色土 | 極小・小礫、黒褐色粘土ブロックわずかに含む |
| B | 4 | 7.5YR4/3 褐色砂質土 | | D | 32 | 7.5YR4/3 褐色砂質土 | | G | 50 | 2.5Y5/2 暗灰色砂質土 | 黒褐色粘土ブロック多く、灰黄色細砂質土質粘土ブロック含む |
| B | 5 | 10YR4/2 灰黄褐色砂質土 | | D | 33 | 10YR3/2 黒褐色砂質土 | 弱粘性、粗い | G | 51 | 2.5Y4/2 暗灰黄色砂質土 | 中礫・黒褐色粘土ブロックわずかに含む |
| D | 6 | 2.5Y3/3 暗オリーブ褐色砂質土 | | D | 34 | 7.5YR3/3 にぶい黄褐色砂質土 | 粗い | G | 52 | 2.5Y4/2 暗灰黄色土 | 中礫・黒褐色粘土ブロック含む |
| D | 7 | 10YR3/1 黒褐色砂質土 | | D | 35 | 7.5YR3/4 暗褐色砂質土 | | G | 53 | 2.5Y4/2 暗灰黄色土 | 極小礫わずかに、褐灰色粘土ブロック多く、黒褐色粘土ブロック含む |
| D | 8 | 7.5YR3/3 暗褐色砂質土 | | D | 36 | 7.5YR4/4 オリーブ褐色砂質土 | 粗い | G | 54 | 10YR4/1 褐灰色土 | 粘性強い、小礫わずかに、黒褐色粘土ブロック多く含む |
| D | 9 | 7.5YR4/4 褐色砂質土 | | F | 37 | 10YR4/2 灰黄褐色砂質土 | 黒褐色粘土ブロックを含む | G | 55 | 10YR4/2 灰黄褐色土 | 極小〜中礫、黒褐色粘土ブロック含む |
| D | 10 | 7.5YR4/3 褐色砂質土 | | F | 38 | 10YR3/2 黒褐色砂質土 | 粘質土ブロックを含む | G | 56 | 10YR5/1 褐灰色土 | |
| D | 11 | 10YR4/3 にぶい黄褐色砂質土 | | G | 39 | 10YR4/3 にぶい黄褐色砂質土 | 小礫少し含む、黒褐色粘土ブロックわずかに含む、灰黄褐色土間層にはさむ | H | 57 | 2.5Y4/1 黄灰色土 | 粘性やや強い、小・中礫を上層に多く、黒褐色粘土ブロック、土器含む、浅黄色細砂質土質粘土間層にはさむ |
| D | 12 | 7.5YR3/3 暗褐色砂質土 | | G | 40 | 10YR5/3 にぶい黄褐色砂質土 | 小・中礫やや多く、黒褐色粘土ブロックごくわずかに含む | H | 58 | 2.5Y7/3 浅黄色砂質土 | しまりなし、極小〜極大礫わずかに含む（水がしみ出てくる） |
| D | 13 | 10YR3/4 暗褐色砂質土 | | G | 41 | 10YR5/3 にぶい黄褐色砂質土 | 小・中礫やや多く、黒褐色粘土ブロック多く含む | H | 59 | 2.5Y5/2 暗灰黄色砂質土 | やや粘性強い、極小礫わずかに含む（水がしみ出ている） |
| D | 14 | 7.5YR4/3 褐色砂質土 | | G | 42 | 10YR5/3 にぶい黄褐色砂質土 | 小礫わずかに含む、黒褐色粘土ブロックごくわずかに含む | H | 60 | 10YR4/2 灰黄褐色砂質土 | 小・中礫多く含む、浅黄色砂質土間層にはさむ（水がしみ出てくる） |
| D | 15 | 7.5YR4/3 褐色砂質土 | | G | 43 | 10YR3/1 黒褐色粘土 | 小・中礫多く含む | | | | |
| D | 16 | 7.5YR3/3 暗褐色砂質土 | 粗い | G | 44 | 10YR4/2 灰黄褐色土 | 極小・小礫やや多く、黒褐色粘土ブロック含む | | | | |
| D | 17 | 10YR3/2 黒褐色砂質土 | | G | 45 | 10YR4/2 灰黄褐色土 | 極小・小礫、黒褐色粘土ブロックやや多く含む | | | | |
| D | 18 | 2.5Y4/4 オリーブ褐色砂質土 | | G | 46 | 10YR4/2 灰黄褐色土 | 小・中礫わずかに含む | | | | |
| D | 19 | 10YR4/3 にぶい黄褐色砂質土 | | | | | | | | | |
| D | 20 | 10YR2/1 黒褐色砂質土 | | | | | | | | | |
| D | 21 | 10YR4/3 にぶい黄褐色砂質土 | | | | | | | | | |
| D | 22 | 10YR4/4 オリーブ褐色砂質土 | | | | | | | | | |
| D | 23 | 2.5Y4/4 オリーブ褐色砂質土 | | | | | | | | | |
| D | 24 | 10YR4/3 にぶい黄褐色砂質土 | | | | | | | | | |
| D | 25 | 7.5YR4/3 褐色砂質土 | | | | | | | | | |
| D | 26 | 10YR4/3 にぶい黄褐色砂質土 | 粗い | | | | | | | | |
| D | 27 | 10YR4/3 にぶい黄褐色砂質土 | | | | | | | | | |
| D | 28 | 2.5Y4/4 オリーブ褐色砂質土 | | | | | | | | | |

**墓壙 f-f'（S4.3m）**

| 層位 | 番号 | 土色・土質 | 備考 | 層位 | 番号 | 土色・土質 | 備考 | 層位 | 番号 | 土色・土質 | 備考 |
|---|---|---|---|---|---|---|---|---|---|---|---|
| A | 1 | 7.5YR4/3 褐色砂質土 | | D | 7 | 2.5Y7/1 灰白色砂 | 黒色粘土・褐灰色粘土ブロック多く含む、微砂の含有多く極めてもろい | D | 14 | 2.5Y4/4 オリーブ褐色砂質土 | 黒色粘土ブロック含む |
| A | 2 | 2.5Y4/4 オリーブ褐色砂質土 | | D | 8 | 2.5Y7/1 灰白色砂 | 微砂の含有多く、極めてもろい | E | 15 | 10YR6/1 褐灰色砂 | 黒色粘土ブロック主体に含む |
| D | 3 | 7.5YR4/3 褐色土 | 3cm以下の礫含む、微砂・土器混じり | D | 9 | 7.5YR3/2 黒褐色 | 黒色粘土・褐灰色粘土ブロック含むが少ない、硬くしまる | E | 16 | 褐色 | |
| D | 4 | 2.5YR6/2 灰黄色粗砂 | 粘土含まない、土器含む | D | 10 | 2.5Y6/2 灰黄色粗砂 | | E | 17 | 2.5Y6/1 黄灰色砂 | 礫含む |
| D | 5 | 2.5Y6/2 灰黄色粗砂 | 褐灰色粘土ブロック若干混じる | D | 11 | 2.5Y7/1 灰白色砂 | 微砂の含有多く極めてもろい | | | | |
| D | 6 | 7.5YR4/3 褐色土 | 黒色粘土・灰黄色粘土をブロック状に多く含む、硬くしまる | D | 12 | 7.5YR3/2 黒褐色 | 黒色粘土・褐灰色粘土ブロック少し、砂質多く含む、硬くしまる | | | | |
| D | 7 | 2.5Y7/1 灰白色砂 | 黒色粘土・褐灰色粘土ブロック多く含む、微砂の含有多く極めてもろい | D | 13 | 2.5Y7/1 灰白色砂 | 微砂の含有多く極めてもろい | | | | |

**墓壙 g-g'（W0.3m）**

| 層位 | 番号 | 土色・土質 | 備考 | 層位 | 番号 | 土色・土質 | 備考 | 層位 | 番号 | 土色・土質 | 備考 |
|---|---|---|---|---|---|---|---|---|---|---|---|
| A | 1 | 10YR3/3 暗褐色砂質土 | | D | 17 | 10YR4/3 にぶい黄褐色土 | | E | 32 | 10YR4/2 灰黄褐色砂質土 | 小・中礫多く含む |
| A | 2 | 10YR3/3 暗褐色砂質土 | | D | 18 | 10YR4/3 にぶい黄褐色土 | | E | 33 | 2.5Y5/4 黄褐色砂質土 | 小礫わずかに含む |
| A | 3 | 10YR4/4 褐色土 | | D | 19 | 10YR4/3 にぶい黄褐色土 | | E | 34 | 10YR4/2 灰黄褐色砂質土 | やや粘質 |
| B | 4 | 10YR5/3 にぶい黄褐色砂質土 | | D | 20 | 10YR4/2 灰黄褐色土 | 黒色粘土ブロック少し含む | E | 35 | 10YR5/2 灰黄褐色砂質土 | やや粘質 |
| B | 5 | 10YR5/3 にぶい黄褐色砂質土 | | D | 21 | 10YR5/3 にぶい黄褐色土 | | E | 36 | 2.5Y5/2 暗灰黄色微砂 | |
| B | 6 | 7.5YR4/3 褐色砂質土 | | D | 22 | 7.5YR4/2 灰褐色土 | | E | 37 | 2.5Y5/2 暗灰黄色鉄錆混微砂 | |
| D | 7 | 10YR5/3 にぶい黄褐色砂質土 | | D | 23 | 7.5YR4/2 灰褐色土 | | | | | |
| D | 8 | 10YR5/3 にぶい黄褐色土 | 暗褐色砂質土を縞状に含む | D | 24 | 7.5YR4/2 灰褐色土 | 微砂・土混じり | E | 38 | 2.5Y5/2 暗灰黄色砂質土 | やや粘質 |
| D | 9 | 10YR5/2 にぶい黄褐色土 | | D | 25 | 7.5YR4/4 褐色土 | | | | | |
| D | 10 | 10YR5/3 にぶい黄褐色土 | | D | 26 | 2.5Y6/2 灰黄色粗砂 | 灰黄色粘土ブロック若干含む | H | 39 | 10YR4/2 灰黄褐色土 | 中・大礫多く、黒褐色粘質土ブロック（有機物）含む |
| D | 11 | 10YR5/3 にぶい黄褐色土 | | D | 27 | 10YR4/2 灰黄褐色土 | 黒色粘土ブロック少し含む | | | | |
| D | 12 | 7.5YR4/3 褐色土 | | D | 28 | 7.5YR4/2 灰褐色土 | | H | 40 | 2.5Y5/2 暗灰黄色砂質土 | しまりなし、小・中礫わずかに、黒褐色粘土ブロック（有機物）含む |
| D | 13 | 10YR4/3 にぶい黄褐色土 | | D | 29 | 7.5YR4/2 灰褐色土 | 黒色粘土・褐灰色粘土多く含む | | | | |
| D | 14 | 10YR4/2 灰黄褐色土 | | D | 30 | 2.5Y4/4 オリーブ褐色砂質土 | 粗い | H | 41 | 2.5Y5/2 暗灰黄色砂質土 | しまりなし、小・中礫わずかに、黒褐色粘土（有機物）ブロック含む |
| D | 15 | 10YR4/3 にぶい黄褐色土 | | E | 31 | 10YR3/4 暗褐色砂質土 | | | | | |
| 層位 | 16 | | | | | | | | | | |

らに表面にバラスを積んで形成される。その意味で、この高まりは基台の基礎となるものであり、同時に周囲を浅い溝状に低くすることで、墓壙底に見られる水勾配と合わせて防排水機能を果たすものであったと考えられる。

N3mライン上で確認した高まりの横断面をみると、この位置での高まりの東側基底はE0.45m、西側基底はW1.15mにあり、幅は1.60mである［図30］。高まりの中央付近にあたる石室の主軸上が最も高く、東西に向かって緩やかに下がるが、墓壙底全体が東から西に向かってわずかに下がる傾斜をもっているため、西側の方が基底の位置が5㎝ほど低い。高まりの中央付近では標高85.14m、東側基底は標高85.07m、西側基底は標高85.02mである。したがって、高まりの東側墓壙底からの高さは7㎝、西側墓壙底からの高さは12㎝となる。他の位置で確認した高さは、N4mラインでは東側墓壙底から12㎝、N3.4mラインでは東側墓壙底から12㎝、N2.5mラインでは西側墓壙底から17㎝であった。

W0.3mラインで確認した高まり北部の縦断面をみると、このライン上での高まりの北側基底はN4.82mにある［図31］。南側基底は石室南端部の断ち割り西壁の所見からは明確にできないが、S2.5m付近にあると考えられる。したがって、高まりの南北長は約7.3mである。高まりの頂部の高さは、N4.3m付近が最も高く、そこから北へは北側基底に向かって緩やかに下がる。北側基底は標高85.21m、最も高いN4.3mでは標高85.25mで、その比高差は4㎝である。一方、墓壙底全体が北から南に向かってわずかに下がる傾斜をもっているため、高まりの頂部も最も高いN4.3m付近から南に向かってわずかに下がり、確認した最南端のN3mでは標高85.11mであった。この間では北から南に向かって1.3mで14㎝も下がっているが、これは高まりの頂部のレベルにも一定の凹凸があることを示している。粘土棺床や墓壙底全体の傾斜からいっても、高まりの南北方向の傾斜はおおむね1mあたり2.3㎝前後のゆるやかなものであったと考えられる。

## 2　作業道（墓道）

**作業道（墓道）の呼称**　墓壙の西辺に取り付き、後円部頂の西縁辺から後円部西斜面にかけてを切り通して前方部上に通じる通路施設を検出した。この通路施設は墓壙の掘削と同時に開削され、排水溝の敷設時までに埋め戻されており、石室構築にかかわる資材搬入のための作業道として機能するとともに、葬送儀礼における木棺の搬入のための墓道としても機能したと考えられる。したがって、本報告では『概報』における呼称を踏襲して作業道（墓道）と呼ぶ。なお、記述の便宜上単に作業道と呼ぶ場合がある。

**平面形状・規模**　1区（第4次調査）で東は墓壙への接続部分付近から西はW11mラインまで、5区（第5次調査）で東はW12mラインから残存する西端（W25.5m付近）までを検出した［図32・33］。

後述するように下段墓壙西辺の肩を東側の基点とすると、残存する西端までの作業道の延長は約22.5mとなる。墓壙背後から後円部西斜面にかけてのレベル差の大きい部分を切り通しており、中近世の地形改変がとくに著しい部分にも相当するため、検出面での幅は一様ではない。検出面での見かけ上の幅は、W8～7m付近の近世石垣直下で4.6m前後、W13m付近で最も広く約7.5m、残存する西端付近で約3mである。

W11～8m間の見かけ上の上面幅が前方部側に向かって急激に広がるのは、前方部側に向かって最大で1.6m以上と深くなることと関係するものと思われる。これに対して、底面の幅を検討すると、石室に最も近いW6m・W7mでは1.3m以上、W10mでは2.75m、W11mでは2.35mとなる。面的な掘り下げを実施したW17mからW25.5m付近までの間では、底面幅はおおむね1.0～1.5m前後で推移している。

底面の座標から作業道中軸の位置を求めると、作業道の中軸線は石室の中心点を通らず、墳丘の中軸線に対しても若干斜交している。作業道中軸の位置は、石室に最も近いW6mではN1.05mと石室の中心点に最も近いが、東から西へ行くにつれてW7mではN0.7m、W10mではN0.2m、W11mではNS0mとわずかずつ南に振れている。ところが、さらに前方部寄りのW17mではN1.6m、W22mではN2.5m、残存する西端W25.5m付近ではN3.0mと、さらに西へ行くにつれては逆に北に向かって振れる。W17～11m間は未発掘のため状況がわからないが、この間で微妙にカーブを描いて延びているものと考えられる。

**横断面形状**　石室に近い側から順に、W5.5～6［図33：b－b'断面］・7［c－c'］・10［d－d'］・11［e－e'］・17［i－i'］・22.2［j－j'］・23.8mで横断面を確認した。

W4.5～10m間では、おおむね底が平らで、内壁面が40～50°前後の傾斜で逆ハの字形に開く横断面形を呈する。場所によって幅に大きな差があり、近世の削平面における上面幅が大きく広がるW11mライン断面では上面幅約7.0m、底面幅約2.35mを測る。この部分では北壁・南壁とも途中に若干の段を形成しながら立ち上がり、北壁の傾斜は約48°、南壁の傾斜は約40°である。

W22m以西では、上部が中近世の改変によって大きく削り取られているが、底部付近は弓なりに凹んだU字形の横断面を呈する。W23.8mライン断面では、検出面での上面幅約4.3m、底面幅約1.1mを測る。内壁面の傾斜は30°内外である。

**縦断面形状**　断ち割りによって確認できた作業道の東端はW4.5mで、底面の標高は約85.0mである。W6mでは底面の標高は約85.1mであるので、石室側から若干上がっている。その後は、W10mでは標高約83.8m、W17mでは標高約83.0m、残存する西端のW25.5m付近では標高約82.2mと、多少の凹凸をもちながら西に向かって徐々に下がる。W4.5m地点からW25.5m地点までの凹凸を捨象した傾斜角度は約7°である［図32：g－g'・h－h'断面］。

**墓壙への接続状況**　墓壙内の掘り下げは石材被覆の施工面に相当する上段墓壙テラス面付近までに止めており、また作

業道を斜めに横断する近世石垣を存置したため、近世石垣以東における作業道の平面プランの検出および断面観察は断ち割り内での部分的なものにとどまる。また、作業道と墓壙の接続部は一部排水溝によって破壊されており、接続の具体的な状況については未解明の部分が多い。

ただし、N2mライン断面［図30：d－d'断面］では、作業道の北側内斜面を東西方向に切断する形で一部確認している。この位置では作業道の北側内斜面はW5.8mラインすなわち石室中軸線から西へ約5.5mの地点で墓壙中段テラス面と接続しており、その標高は約86.4mである。この位置よりも南側の状況は未調査であるが、W4.5mラインすなわち石室中軸線から西へ約4.2mの地点で確認できる作業道底面の標高が約85.0mであるので、これは墓壙西側の底面高85.0m前後と同じである。したがって、作業道は墓壙西辺中央やや南寄りを東西に切り通すように墓壙と一体で掘り込まれ、底面はほぼ墓壙底面と同じ高さに接続していたと考えられる。

**作業道の使用と埋め戻し** 石室壁面下段に対応する壁体の裏込め土であり、作業道の大部分を埋め戻す埋土でもあるH層は、墓壙内においては中段墓壙テラスに対応する面まで埋め戻される。作業道が墓壙下～中段斜面を切り通して墓壙に接続するとみられるN1～0m間付近では排水溝掘り方による再掘削もあって東西方向の良好な通しの土層断面が得られていないが、作業道埋土が東から西に向かって後退しながら順次入れられている状況が各所で断片的に観察された。また、W25～17m間では、長さ2～3m程度の大単位を形成しつつ東側から順次西側に後退しながら埋め戻す様子が観察された［図33：k－k'断面］。

作業道がオープンな状態で機能していた段階は、墓壙及び作業道の掘削時点から、基底部の構築、木棺の設置、石室壁面下段構築までである。この間、前方部側からの基底部構築用材の搬入路、木棺の搬入及びその前後に行われた儀礼用の通路、石室壁面下段に対応する壁体用材及び裏込め土の搬入路などとして機能したものと考えられる。その後は、石室壁面下段の壁体構築が進み、周囲の裏込め土が積み上がるとともに、順次石室に近い側から前方部側に向かって後退するように埋め戻されたと理解される。

## 3　排水溝

**構造** 作業道を埋め戻した後、それと重複する形で、墓壙内に浸透した雨水等を前方部側に排出するための暗渠排水溝が設けられている。排水溝の掘削は墓壙の掘削とは工程上の段階が異なるが、多くの地点で作業道と重複して検出したことから、本節で記述する。

横断面V字形の掘り方を掘削し、その底に石組みの暗渠を構築する。まず掘り方の底にバラスを薄く敷き、暗渠の底面とする。その上に、礫と礫の間が幅、高さともに20cm程度の溝になるように、面を揃えながら礫を並べる（側石）。さらにその上に礫を置いて溝の蓋とし（蓋石）、蓋石が隠れる程度まで大小の礫を積んでいる（被覆礫）。使用された石材は、石室基底部に使用された礫・バラスと基本的に同じ円礫・亜角礫である。最終的に掘り方内はG層で埋め戻される。

**掘り方の平面形状・規模** 1区（第4次調査）で東は墓壙への接続部分付近から西はW12mラインまで、5区（第5次調査）で東はW13mラインから残存する西端までを検出した［図32・33］。

石室基底部への接続状況は未調査であるが、排水溝の東端は水勾配をもつ墓壙底面がもっとも低くなる南西部付近のバラス敷きに接続していると予想される。もっとも排水溝に近いバラス敷きの西端はN2mライン（排水溝軸線よりも北へ2.7m）上でW2.9m付近にあることから、一応はW2.9m付近が排水溝の東側の基点と考えることができる。そこから残存する西端までの排水溝の総延長は約27.6mとなる。作業道とほぼ重なり、中近世の地形改変がとくに著しい部分にも相当するため、検出面での幅は一様ではない。検出面での見かけ上の幅は南北両肩が揃って確認できた東端のW7mライン上で約3.4m、W11mライン上で約2.0m、W16mライン上で約1.5m、W25mライン状で約1.6mである。

排水溝（石組み暗渠）の中軸線は必ずしも直線ではないが、墓壙への接続部分付近では石室中心点よりもかなり南寄りのS0.7mにあり、W22.2mではS0.2mとごくわずかに北に振れている。

**掘り方の横断面形状** 石室に近い側から順にW4.5［図33：a－a'断面］・5.5～6［b－b'］・7［c－c'］・10［d－d'］・11［e－e'］・17［i－i'］・22.2［j－j'］・23.8・27.7m［図32：m－m'断面］で横断面を確認した。

掘り方の横断面形は断面位置によって少しずつ異なるが、W11～4.5m間では内壁面が50～70°前後の傾斜で逆ハの字形に開き、底部に幅50～60cm、深さ40～50cm内外の一段深い部分を設ける薬研堀状を呈する。一段深い部分に石組み暗渠が設けられる。W16m以西では上面の削平によって上部の形状がわからないが、W23.1mまでは底部付近の状況に変化はないようである。

W23.1m以西では底部が石組み暗渠の位置よりも必要以上に深く掘られ、W27.7mライン断面［図32：m－m'断面］では石組み下部は掘り方底から約1.0m浮いた位置にある。なお、『概報』ではこの部分の掘り方を「排水溝に先行する溝」として報告したが、上部の削平が著しく「排水溝」との明確な切り合い関係を確認できないこと、別遺構とした場合の性格が不明で古墳の築造過程全体の中での位置づけができないことから、排水溝掘り方に先行して掘削された溝が存在し、その埋め戻し後に重複して排水溝掘り方が掘削されたとしたこの部分に関する前報告は撤回する。

**掘り方の縦断面形状** W11～4.5m間の排水溝掘り方底面の高さは、W4.5mで標高84.68m、W11mで標高84.35mであるので、東から西に向かって導水するためにほぼ1mにつき約5cmの傾斜で徐々に下がっている。断ち割りを設けて掘り方底面を確認したW23.8～22.2m間では、底面の高さはW22.2mで標高約82.7mであるが、上述のW23.1m付近から西へ向かって深くなり始め、W23.8mでは

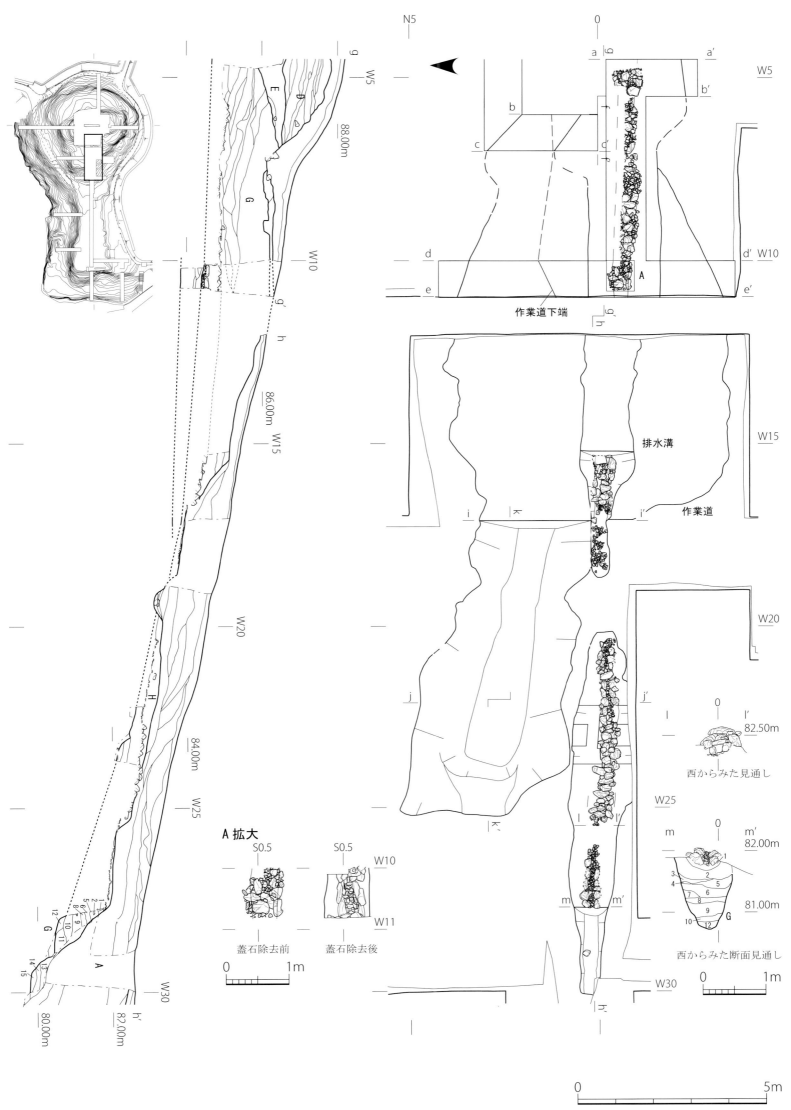

図32 排水溝・作業道(墓道)平面・土層断面図 (1:100・1:60)

第Ⅰ部 調査編

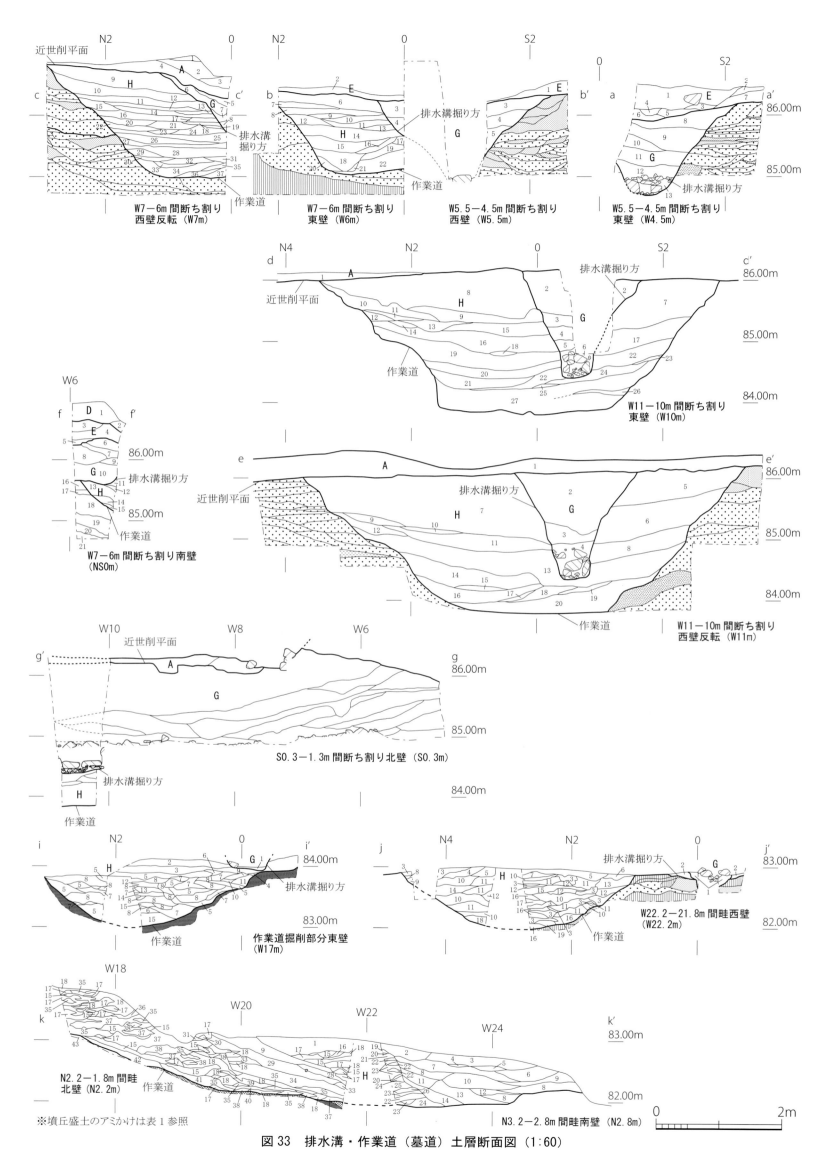

図33 排水溝・作業道（墓道）土層断面図（1:60）

第4章　埋葬施設

表4　排水溝・作業道埋土一覧表（図32・33に対応）

排水溝・作業道 h-h'（SN0m）、m-m'（W27.7m）

| 層位 | 番号 | 土色・土質 | 備考 | 層位 | 番号 | 土色・土質 | 備考 | 層位 | 番号 | 土色・土質 | 備考 |
|---|---|---|---|---|---|---|---|---|---|---|---|
| G | 1 | 7.5YR3/2 黒褐色砂質土 | 黒色粘土・黒褐色粘土ブロック含む | G | 6 | 10YR3/2 黒褐色砂質土 | 黒色粘土ブロック含む | G | 11 | 7.5YR3/1.5 黒褐色砂質土 | |
| G | 2 | 5YR2/1 黒褐色粘質土 | 粘土ブロック含む | | | 7.5YR3/2 黒褐色粘質土 | 黒色粘土ブロック含む | G | 12 | 10YR3/2 黒褐色粘質土 | |
| | | 7.5YR3/2 黒褐色砂質土 | | G | 7 | 7.5YR3/2 黒褐色砂質土 | 黒色粘土ブロック含む | G | 13 | 10YR3/2 黒褐色細砂質土 | 黒色粘土ブロック含む |
| G | 3 | 7.5YR3/2 黒褐色砂質土 | 黒色粘土ブロック含む | G | 8 | 7.5YR3.5/2 灰褐色砂質土 | 黒色粘土ブロック少し含む | G | 14 | 10YR3/2 黒褐色細砂質土 | 黒色粘土ブロック少し含む |
| G | 4 | 10YR2/2 黒褐色粘質土 | | G | 9 | 7.5YR3/2 黒褐色砂質土 | 黒色粘土・黒褐色粘土ブロック含む | G | 15 | 7.5YR3/1 黒褐色粘質土 | 黒色粘土ブロック多く含む |
| G | 5 | 7.5YR2/2 黒褐色砂質土 | 黒色粘土ブロック含む | G | 10 | 2.5Y3/2 黒褐色砂質土 | 黒褐色粘土ブロック多く含む | | | | |

排水溝・作業道 a-a'（W4.5m）

| 層位 | 番号 | 土色・土質 | 備考 | 層位 | 番号 | 土色・土質 | 備考 | 層位 | 番号 | 土色・土質 | 備考 |
|---|---|---|---|---|---|---|---|---|---|---|---|
| F | 1 | 2.5Y5/2 暗灰黄色砂質土 | 黒色粘土ブロック混じる | F | 6 | 10YR4/1 褐灰色砂質土 | 小・大礫やや多く、黒褐色粘土ブロック多く含む | F | 10 | 2.5Y5/2 暗灰黄色砂質土 | 黒褐色粘土ブロック多く、黄灰色細砂質粘土ブロック含む |
| F | 2 | 2.5Y5/3 黄褐色砂質土 | 極小・小礫わずかに含む | F | 7 | 2.5Y4/2 暗灰黄色砂質土 | 中・大礫わずかに含む、褐色砂質土間層にはさむ | F | 11 | 2.5Y4/2 暗灰黄色粘質土 | 中礫わずかに含む、黒褐色粘土ブロックわずかに含む |
| F | 3 | 2.5Y4/2 灰黄色砂質土 | 小・中礫わずかに含む | | | | | F | 12 | 2.5Y4/2 暗灰黄色土 | 極小礫わずかに、灰褐色粘土ブロック多く、黒褐色粘土ブロック含む |
| F | 4 | 2.5Y5/2 暗灰黄色砂質土 | 小～大礫多く、黒褐色粘土ブロックわずかに含む | F | 8 | 10YR5/3 にぶい黄褐色砂質土 | 小礫含む、黒褐色粘土ブロック多く含む | F | 13 | 10YR5/1 褐灰色粘質土 | |
| F | 5 | 2.5Y5/3 黄褐色粘質土 | 小礫・黒褐色粘土ブロックわずかに含む、褐色砂質土間層にはさむ | F | 9 | 2.5Y5/1 灰黄色粘質土 | 中礫わずかに、黒褐色粘土ブロック含む | | | | |

排水溝・作業道 b-b'（W5.5-6m）

| 層位 | 番号 | 土色・土質 | 備考 | 層位 | 番号 | 土色・土質 | 備考 | 層位 | 番号 | 土色・土質 | 備考 |
|---|---|---|---|---|---|---|---|---|---|---|---|
| F | 1 | 2.5Y5/2 暗灰黄色砂質土 | 中・大礫わずかに含む、褐色砂質土間層にはさむ | H | 7 | 10YR5/1 褐灰色土 | 極小礫わずかに、にぶい黄色細砂質ブロック含む | H | 15 | 10YR4/1 褐灰色土 | 極小・小礫わずかに含む、にぶい黄色細砂質土・にぶい黄褐色細砂質土間層にはさむ |
| F | 2 | 10YR4/2 黄褐埴土 | 堅くしまる、極小～中礫やや多く、黒褐色粘土ブロックわずかに含む | H | 8 | 10YR4/1 褐灰色土 | 極小礫わずかに含む、黄褐色細砂質土間層にはさむ | H | 16 | 2.5Y4/1 黄灰色土 | |
| G | 3 | 10YR5/3 にぶい黄褐色砂質土 | 小礫少し、黒褐色粘土ブロックわずかに含む、灰黄色細砂質土間層にはさむ | H | 9 | 10YR5/1 褐灰色土 | にぶい黄色細砂質土ブロック含む | H | 17 | 2.5Y5/3 黄褐色砂質土 | |
| G | 4 | 2.5Y5/3 黄褐色土 | 中礫わずかに、黒褐色粘土ブロック少し、灰オリーブ色細砂質土ブロック含む | H | 10 | 2.5Y4/1 黄灰色土 | 小礫中、にぶい黄色細砂質土ブロック含む | H | 18 | 2.5Y4/1 黄灰色土 | 粘土強い、小・中礫わずかに含む |
| G | 5 | 10YR5/2 灰黄褐色土 | 小・中礫わずかに、黒褐色粘土ブロック含む | H | 11 | 2.5Y4/1 黄褐色土 | にぶい黄色細砂質土間層にはさむ | H | 19 | 2.5Y5/3 黄褐色土 | 小礫わずかに含む、褐色土間層にはさむ |
| H | 6 | | | H | 12 | 2.5Y4/1 黄褐色土 | | H | 20 | 2.5Y5/3 黄褐色土 | |
| | | | | H | 13 | 2.5Y4/1 黄褐色土 | 小礫わずかに含む | H | 21 | 10YR5/2 灰黄褐色土 | |
| | | | | H | 14 | 2.5Y4/1 黄褐色土 | 小礫わずかに含む、にぶい黄色細砂質土・にぶい黄褐色砂質土間層にはさむ | H | 22 | 2.5Y5/4 黄褐色砂質土 | しまりなし、極小・小礫多く含む |

排水溝・作業道 c-c'（W7m）

| 層位 | 番号 | 土色・土質 | 備考 | 層位 | 番号 | 土色・土質 | 備考 | 層位 | 番号 | 土色・土質 | 備考 |
|---|---|---|---|---|---|---|---|---|---|---|---|
| A | 1 | 2.5Y3/1 黒褐色土 | 小・中礫少し含む | H | 12 | 10YR5/2 灰黄褐色土 | 細砂質粘土ブロックを間層にはさむ | H | 26 | 10YR4/1 褐灰色土 | やや粘土強い、にぶい黄橙色細砂質粘土間層にはさむ |
| A | 2 | 10YR4/1 褐色土 | 極小～中礫多く、黒褐色粘土ブロック少し含む、褐色砂質土（鉄分）間層にはさむ | H | 13 | 10YR4/2 灰黄褐色土 | 小礫わずかに含む | H | 27 | 10YR4/1 褐灰色土 | 中礫わずかに含む、にぶい黄色細砂質粘土間層にはさむ |
| A | 3 | 2.5Y4/2 暗灰黄色土 | 小礫少し、黒褐色粘土ブロックわずかに含む | H | 14 | 10YR4/1 褐灰色土 | 小礫わずかに、土器片含む | H | 28 | 10YR4/1 褐灰色土 | 小礫わずかに含む、にぶい黄色細砂質土・にぶい黄褐色細砂質土間層にはさむ |
| A | 4 | 10YR5/2 灰黄褐色砂質土 | 堅くしまる、極小～中礫・褐色砂質土ブロック多く、黒褐色粘土ブロック含む | H | 15 | 10YR4/1 褐灰色土 | 灰黄褐色粘土ブロック・にぶい黄橙色細砂質粘土ブロック間層にはさむ | H | 29 | 10YR4/1 褐灰色土 | 小礫わずかに含む |
| G | 5 | 10YR5/3 にぶい黄褐色砂質土 | 小礫わずかに、黒褐色粘土ブロックわずかに含む、灰黄色細砂質土間層にはさむ | H | 16 | 10YR4/1 褐灰色土 | 極小～中礫・灰褐色粘土ブロックわずかに、炭化物含む、黄褐色細砂質粘土ブロック間層にはさむ | H | 30 | 5YR6/5 オリーブ黄色細砂質粘土 | |
| G | 6 | 10YR5/2 灰黄褐色砂質土 | 極小～中礫少し、黒褐色粘土ブロックやや多く含む | H | 17 | 2.5Y6/3 にぶい黄色細砂質粘土 | | H | 31 | 10YR4/1 褐灰色土 | 粘性強い、にぶい黄橙色細砂質粘土ブロック間層にはさむ |
| G | 7 | 10YR5/2 灰黄褐色土 | 小・中礫わずかに含む | H | 18 | 10YR4/1 褐灰色土 | | H | 32 | 2.5Y4/1 黄灰色土 | 小礫わずかに含む |
| G | 8 | 2.5Y5/3 黄褐色土 | 中礫わずかに、黒褐色粘土ブロック少し、灰オリーブ色細砂質土ブロック含む | H | 19 | 2.5Y5/4 黄褐色土 | | H | 33 | 2.5Y6/2 灰黄色細砂質土 | |
| | | | | H | 20 | 10YR4/1 褐灰色土 | 極小礫わずかに、浅黄色粘土ブロック含む | H | 34 | 2.5Y4/1 黄灰色土 | 粘性強い、小・中礫わずかに含む |
| H | 9 | 10YR6/2 灰黄褐色砂質土 | 極小・小礫やや多く、黒褐色粘土ブロック多く含む | H | 21 | 2.5Y5/4 黄褐色土 | | H | 35 | 10YR4/2 灰黄褐色土 | |
| | | | | H | 22 | 10YR4/1 褐灰色土 | | H | 36 | 10YR4/1 褐灰色土 | 極小礫わずかに、にぶい黄褐色細砂質土ブロック間層にはさむ |
| H | 10 | 10YR6/2 灰黄褐色砂質土 | 極小礫わずかに、黒褐色粘土・にぶい黄橙色細砂質粘土ブロックやや多く含む | H | 23 | 2.5Y6/4 にぶい黄色土 | | H | 37 | 2.5Y5/4 黄褐色砂質土 | しまりなし、極小・小礫多く含む |
| | | | | H | 24 | 10YR4/1 褐灰色土 | にぶい黄色細砂質粘土わずかに含む | | | | |
| H | 11 | 2.5Y3/2 暗灰黄色土 | 細砂質黄色土・灰褐色粘土ブロックわずかに含む | H | 25 | 2.5Y5/2 暗灰黄色土 | やや粘性強い、にぶい黄色細砂質粘土ブロック間層にはさむ | | | | |

排水溝・作業道 d-d'（W10m）

| 層位 | 番号 | 土色・土質 | 備考 | 層位 | 番号 | 土色・土質 | 備考 | 層位 | 番号 | 土色・土質 | 備考 |
|---|---|---|---|---|---|---|---|---|---|---|---|
| B | 1 | 10YR4/2 灰黄褐色砂質土 | | H | 10 | 10YR5/2 灰黄褐色土 | 小礫わずかに、黒褐色粘土ブロック含む | H | 20 | 10YR4/1 褐灰色土 | 粘性強い、極小礫わずかに、黒褐色粘土ブロック含む、黄褐色細砂質土間層にはさむ |
| | | | | H | 11 | 10YR4/1 褐灰色土 | 粘性強い | | | | |
| G | 2 | 10YR5/3 にぶい黄褐色砂質土 | 小礫少し、黒褐色粘土ブロックわずかに含む、灰黄色細砂質土間層にはさむ | H | 12 | 10YR5/2 黄褐色砂質土 | にぶい黄褐色細砂質土間層にはさむ | H | 21 | 2.5Y4/1 黄灰色土 | 粘性強い、浅黄色細砂質粘土ブロック含む、にぶい黄褐色細砂質土間層にはさむ |
| G | 3 | 10YR5/2 灰黄褐色土 | 極小・小礫やや多く、黒褐色粘土ブロック含む | H | 13 | 10YR4/1 褐灰色土 | 粘性強い | | | | |
| | | | | H | 14 | 10YR4/1 褐灰色土 | | | | | |
| G | 4 | 10YR5/2 灰黄褐色土 | 極小・小礫・黒褐色粘土ブロックやや多く含む | H | 15 | 10YR4/1 褐灰色土 | 黒褐色土ブロック含む | H | 22 | 10YR4/2 灰黄褐色土 | 中礫わずかに含む |
| | | | | H | 16 | 10YR4/1 黄褐色土 | 浅黄色細砂質粘土ブロック含む、黒褐色粘土ブロック含む | H | 23 | 10YR4/1 褐灰色土 | |
| G | 5 | 10YR5/2 灰黄褐色土 | 極小・中礫・黒褐色粘土ブロック含む | | | | | H | 24 | 2.5Y7/3 浅黄色土 | しまりなし、小・極大礫わずかに含む（水がしみ出てくる） |
| G | 6 | 10YR5/1 灰黄褐色砂質土 | | H | 17 | 10YR4/2 灰黄褐色砂質土 | 極小～大礫わずかに、黒褐色粘土ブロック含む | | | | |
| H | 7 | 10YR5/2 灰黄褐色土 | 極小・中礫やや多く、黒褐色粘土ブロック多く含む | | | | | H | 25 | 2.5Y5/2 暗灰黄色土 | |
| H | 8 | 10YR3/1 黒褐色粘土 | 土器含む、灰黄褐色砂質土間層にはさむ、堅くしまる | H | 18 | 10YR5/4 にぶい黄褐色砂質土 | 中礫わずかに含む | H | 26 | 2.5Y5/2 暗灰黄色土 | やや粘性強い、極小礫わずかに含む（水がしみ出ている） |
| H | 9 | 10YR3/2 黒褐色土 | 小・中礫わずかに、黒褐色粘土ブロック含む | H | 19 | 10YR4/1 褐灰色土 | 粘性強い、極小礫わずかに含む、にぶい黄褐色細砂質土間層にはさむ | H | 27 | 10YR4/2 灰黄褐色土 | 小・中礫多く含む、浅黄色砂質土間層にはさむ（水がしみ出てくる） |

排水溝・作業道 e-e'（W11m）

| 層位 | 番号 | 土色・土質 | 備考 | 層位 | 番号 | 土色・土質 | 備考 | 層位 | 番号 | 土色・土質 | 備考 |
|---|---|---|---|---|---|---|---|---|---|---|---|
| B | 1 | 10YR5/2 灰黄褐色砂質土 | | H | 9 | 10YR5/2 灰黄褐色土 | | H | 16 | 2.5Y4/1 黄灰色土 | 粘性強い、浅黄色細砂質粘土ブロック含む、にぶい黄褐色細砂質土間層にはさむ |
| | | | | H | 10 | 10YR4/1 褐灰色土 | 黒褐色粘土ブロック含む | | | | |
| G | 2 | 10YR5/3 にぶい黄褐色砂質土 | 小礫少し、黒褐色粘土ブロックわずかに含む、灰黄色細砂質土間層にはさむ | H | 11 | 2.5Y4/1 黄灰色土 | 粘性強い、黄褐色細砂質土間層にはさむ | H | 17 | 10YR4/1 褐灰色土 | にぶい黄褐色土間層にはさむ |
| G | 3 | 10YR5/2 灰黄褐色砂質土 | 極小・中礫・黒褐色粘土ブロック含む | H | 12 | 2.5Y4/1 黄灰色土 | 暗黄褐色細砂質土間層にはさむ | H | 18 | 2.5Y4/1 黄灰色土 | 粘性強い、極小・小礫少し、黒褐色土ブロック含む |
| G | 4 | 10YR5/2 灰黄褐色砂質土 | | H | 13 | 2.5Y4/1 黄灰色土 | 粘性やや強い、小・中礫多く、黒褐色粘土ブロック、土器含む、浅黄色細砂質粘土間層にはさむ | H | 19 | 2.5Y5/2 暗灰黄色土 | やや粘性強い、極小礫わずかに含む（水がしみ出ている） |
| H | 5 | 10YR5/2 灰黄褐色土 | 小～大礫多く、黒褐色粘土ブロック含む | | | | | | | | |
| H | 6 | 10YR5/2 灰黄褐色土 | 極小・中礫やや多く、黒褐色粘土ブロック多く含む | H | 14 | 10YR4/1 褐灰色土 | 粘性強い、黒褐色粘土ブロック含む、黄褐色細砂質土間層にはさむ | H | 20 | 10YR4/2 灰黄褐色土 | 小・中礫わずかに含む、浅黄色砂質土間層にはさむ（水がしみ出てくる） |
| H | 7 | 10YR3/1 黒褐色粘土 | 土器含む、灰黄褐色砂質土間層にはさむ、堅くしまる | H | 15 | 2.5Y5/3 黄褐色土 | | | | | |
| H | 8 | 10YR4/2 灰黄褐色砂質土 | 極小・大礫やや多く、黒褐色粘土ブロック含む | | | | | | | | |

排水溝・作業道 f-f'（NS0m）

| 層位 | 番号 | 土色・土質 | 備考 | 層位 | 番号 | 土色・土質 | 備考 | 層位 | 番号 | 土色・土質 | 備考 |
|---|---|---|---|---|---|---|---|---|---|---|---|
| D | 1 | 10YR4/1 褐灰色土 | 極小・中礫多く、黒褐色粘土ブロック少し含む、褐色砂質土（鉄分）間層にはさむ | G | 8 | 10YR5/3 にぶい黄褐色砂質土 | 小礫・黒褐色粘土ブロック少し含む | H | 15 | 10YR5/3 にぶい黄褐色土 | 小・中礫わずかに含む |
| | | | | G | 9 | 10YR5/2 灰黄褐色土 | 小・中礫わずかに含む | | 16 | 2.5Y5/3 黄褐色土 | |
| D | 2 | 2.5Y4/2 暗灰黄色土 | 小礫少し、黒褐色粘土ブロックわずかに含む | G | 10 | 10YR5/2 灰黄褐色土 | 小・中礫わずかに、黒褐色粘土ブロックやや多く含む | | 17 | 2.5Y5/3 黄褐色土 | 小礫わずかに含む |
| E | 3 | 10YR4/1 褐灰色土 | 小礫わずかに含む | | | | | | 18 | 2.5Y5/4 黄褐色土 | しまりなし、極小・小礫多く含む |
| E | 4 | 10YR4/1 灰褐色粘質土 | 堅くしまる、極小～中礫・褐色砂質土ブロック多く、黒褐色粘土ブロック含む | H | 11 | 10YR4/1 褐灰色土 | 小礫わずかに含む | | 19 | 10YR4/2 灰黄褐色土 | 小礫わずかに含む |
| | | | | H | 12 | 10YR4/1 褐灰色土 | 中礫わずかに、にぶい黄色土間層にはさむ | | 20 | 10YR5/2 灰黄褐色土 | 小礫わずかに含む |
| E | 5 | 10YR4/1 灰黄褐色土 | 堅くしまる、極小・中礫やや多く、黒褐色粘土ブロック含む | H | 13 | 10YR4/1 褐灰色土 | 極小・中礫少し含む、にぶい黄色粘土間層にはさむ | | 21 | 2.5Y3/1 黒褐色土 | 粘性強い、小礫わずかに含む |
| G | 6 | 10YR5/2 灰黄褐色砂質土 | 極小・中礫少し、黒褐色粘土・黄色砂質土ブロック含む | H | 14 | 10YR4/1 褐灰色土 | 粘性強い、にぶい黄橙色粘土ブロック間層にはさむ | | | | |
| G | 7 | 10YR5/2 灰黄褐色砂質土 | 極小・中礫少し、黒褐色粘土ブロックやや多く含む | | | | | | | | |

排水溝・作業道 i-i'（W17m）

| 層位 | 番号 | 土色・土質 | 備考 | 層位 | 番号 | 土色・土質 | 備考 | 層位 | 番号 | 土色・土質 | 備考 |
|---|---|---|---|---|---|---|---|---|---|---|---|
| G | 1 | 10YR2/3 黒褐色粘土 | | H | 6 | 7.5YR3/1 黒褐色粘土 | 灰黄褐色砂質土混じる | H | 13 | 2.5Y3/2 黒褐色砂質土 | 黒色粘土・黒褐色粘土ブロック含む |
| H | 2 | 5YR2/1 暗黒褐色粘土 | 暗灰黄色砂質混じる | H | 7 | 10YR2/2 黒褐色粘土 | 黒褐色粘土混じる | H | 14 | 2.5Y3/2 黒褐色粘質土 | |
| H | 3 | 2.5Y4/2 暗灰黄褐色砂質土 | 黒褐色粘土混じる、黒色粘土・黒褐色粘土ブロック含む | H | 8 | 10YR1.7/1 黒褐色土 | 暗オリーブ褐色粘質土を層状に含む | H | 15 | 10YR3/2 黒褐色粘質土 | 黒色粘土を層状に含む |
| H | 4 | 10YR2/2 黒褐色粘土 | | H | 10 | 10YR2/2 黒褐色粘土 | 黒色粘土混じる | | | | |
| H | 5 | 5YR2/1 黒褐色粘土 | 黒褐色粘土ブロック・黒褐色粘質土混じる | H | 11 | 10YR2/2 黒褐色粘土 | 黒色粘土混じる | | | | |
| | | | | H | 12 | 2.5Y3/2 黒褐色砂質土 | 黒褐色粘土を層状に含む | | | | |

第Ⅰ部 調査編

排水溝・作業道 j-j' (W22.2m)

| 層位 | 番号 | 土色・土質 | 備考 | 層位 | 番号 | 土色・土質 | 備考 | 層位 | 番号 | 土色・土質 | 備考 |
|---|---|---|---|---|---|---|---|---|---|---|---|
| | 1 | 7.5YR2/1 黒色粘土 | | | 8 | 2.5Y3/3 暗オリーブ褐色砂質土 | | | 13 | 2.5Y5/2 暗灰黄色細砂質土 | |
| | 2 | 7.5YR3/2 黒褐色砂質土 | | | 9 | 7.5YR2/1 黒褐色粘土 | やや粘質、黒色粘土ブロック含む | | 14 | 7.5YR2/1 黒色粘土 | 黒褐色粘土・暗灰黄色細砂質土混じる |
| | 3 | 7.5YR2/1 黒褐色砂質土 | | | 10 | 7.5YR3/1 黒褐色粘土 | 黒色粘土・暗灰黄色細砂質土ブロック含む | | 15 | 7.5YR2/1 黒色粘土 | 黒褐色砂質土混じる |
| | 4 | 7.5YR2/1 黒色粘土 | 黒色粘土混じる | | | | | | 16 | 7.5YR3/2 黒褐色砂質土 | |
| | 5 | 7.5YR3/2 黒褐色砂質土 | 黒色粘土・暗黄褐色細砂質土ブロック含む | | 11 | 7.5YR3/1 黒褐色粘土 | 暗灰黄色細砂質土混じる、黒色粘土ブロック含む | | 17 | 7.5YR3/2 黒褐色粘質土 | 黒色粘土ブロック含む |
| | 6 | 10YR4/4 褐色砂質土 | 暗灰黄色細砂質土ブロック含む | | | | | | 18 | 7.5YR3/2 黒褐色粘質土 | |
| | 7 | 2.5Y4/3 オリーブ褐色砂質土 | | | 12 | 10YR2/2 黒褐色砂質土 | | | 19 | 5YR2/1 黒褐色粘質土 | にぶい黄褐色粘質土ブロック含む |

排水溝・作業道 k-k' (N2.2m)

| 層位 | 番号 | 土色・土質 | 備考 | 層位 | 番号 | 土色・土質 | 備考 | 層位 | 番号 | 土色・土質 | 備考 |
|---|---|---|---|---|---|---|---|---|---|---|---|
| | 1 | 2.5Y3/3 暗オリーブ褐色細砂質土 | 暗オリーブ褐色砂質土混合 | | 13 | 7.5YR4/2 灰褐色砂質土 | 黒褐色砂質土混じる | | 32 | 2.5Y4/2 暗黄褐色細砂質土 | |
| | 2 | 10YR4/4 褐色砂質土 | 暗褐色砂質土を層状に含む、褐色細砂質土混合 | | 14 | 7.5YR2/2 黒褐色砂質土 | 暗褐色砂質土混合 | | 33 | 2.5Y4/2 暗灰黄色細砂質土 | 暗灰黄色細砂質土混合 |
| | 3 | 2.5Y3.5/3 暗オリーブ褐色細砂質土 | 黒褐色細砂質土を層状に含む | | 15 | 10YR3/1.5 黒褐色砂質土 | 石粒含む、黒褐色砂質土混合 | | 34 | 10YR2.5/2 黒褐色砂質土 | 黒色粘土・黒褐色粘土・黒色粘土ブロック含む |
| | | | | | 16 | 7.5YR2.5/1 黒褐色粘土 | 黒褐色砂質土混合 | | | | |
| | 4 | 10YR3/2 黒褐色細砂質土 | | | 17 | 5YR1.7/1 黒色土 | | | 35 | 2.5Y4/3 オリーブ褐色粘土 | 黒褐色粘土ブロック含む、オリーブ褐色砂質土混合 |
| | | | | | 18 | 7.5YR2.5/1 黒褐色粘土 | 砂礫含む、黒色砂質土混合 | | | | |
| | 5 | 2.5Y4/3 オリーブ褐色細砂質土 | 下層に黒褐色細砂質土を層状に含む | | 19 | 10YR3/2 黒褐色砂質土 | | | 36 | 5Y3/2 オリーブ褐色砂質土 | |
| | | | | | 20 | 7.5YR3/1 黒褐色粘土 | 黒褐色粘土を層状に含む | | | | |
| | 6 | 2.5Y4/3 オリーブ褐色細砂質土 | 中層・下層に黒褐色細砂質土を層状に含む | | 21 | 5YR2/1 黒褐色粘土 | 暗灰黄色細砂質土〜細砂質土混じる | | 37 | 5YR1.7/1 黒色粘土 | 黒褐色粘土混じる |
| | | | | | 22 | 2.5Y4/2 暗灰黄色細砂質土 | 暗灰黄色細砂質土混合 | | 38 | 10YR3/1 黒褐色粘土 | 黒色粘土ブロック含む |
| | 7 | 10YR4/4 オリーブ褐色細砂質土 | 黒褐色粘土ブロック・小石を含む | | 23 | 5YR2/1 黒褐色粘土 | | | 39 | 5YR2/1.5 黒褐色粘土 | やや粘質、固くしまる |
| | | | | | 24 | 10YR1.7/1 黒色粘土 | | | 40 | 5YR3/1 黒褐色粘土 | オリーブ褐色粘土〜細砂質土混じる |
| | | | | | 25 | 10YR3/1.5 黒褐色粘土 | 黒褐色粘土を層状に含む | | | | |
| | 8 | 10YR3/3 暗褐色砂質土 | | | 26 | 10YR4/2 灰褐色砂質土 | | | 41 | 5YR3/1 黒褐色粘土 | 黒褐色粘土混じる |
| | 9 | 10YR3/2 黒褐色砂質土 | | | 27 | 7.5YR3/1 黒褐色粘土 | 黒色粘土ブロック含む | | 42 | 7.5YR2/1 黒色粘土 | 黒色粘土を層状に含む |
| | 10 | 10YR3/2 黒褐色砂質土 | 灰黄褐色砂質土混じる | | 28 | 2.5Y4/2 暗灰黄色粘土 | | | 43 | 7.5YR2.5/1 黒褐色細砂質土 | |
| | | | | | 29 | 10YR3/1.5 黒褐色粘土 | やや粘質、褐粘土ブロック含む | | | | |
| | 11 | 10YR3/2 黒褐色砂質土 | 暗褐色砂質土混じる | | 30 | 7.5YR3/1 黒褐色粘土 | | | | | |
| | 12 | 7.5YR3/2 黒褐色砂質土 | | | 31 | 7.5YR3/1 黒褐色粘土 | | | | | |

標高約82.1mとなる。W27.7m付近では標高約80.8mまで下がり、この間はほぼ1mにつき約33cmの傾斜で東から西に下がっている[図32:g−g'・h−h'断面]。底部の縦断面形が段状をなす部位も見られ、石組み暗渠の位置よりも必要以上に深く掘られていることも含め、粗雑な施工の様子がうかがわれる。

W23.1m付近以西では掘り方が石組み暗渠の設置位置よりも不必要に深く掘られているため、掘り方底面の傾斜は暗渠自体の傾斜と一致しない。石組み暗渠被覆礫上面の高さから暗渠自体の傾斜を求めるならば、W14.7mで標高約84.5m、W25mでは標高約82.5mであり、おおむね1mにつき平均19cmの傾斜で東から西に向かって下がっている。

墓壙への接続状況　S0.7mライン断面の状況を踏まえ、それより2.3m北側のN2mライン断面も参考に、未調査部分における墓壙と排水溝の接続状況を想定も含めて整理する。

排水溝掘り方と作業道は重複しているが、墓壙内に達する付近での排水溝の中軸線は作業道の中軸線よりも南に約1.7mの位置にあり、作業道が幅を大きく減じていることもあって、墓壙底に達する付近での双方の最深部は重複しない。したがって、墓壙底への接続部では、排水溝掘り方は墓壙と同様、後円部墳丘盛土を掘り込んでいると見られる。

排水溝掘り方の埋め戻し　石組み暗渠を構築後、排水溝掘り方はただちに埋め戻される。

W11〜4.5m間における排水溝の軸線よりも北へ約40cmのS0.3mラインで排水溝掘り方埋土を縦断面方向に切る土層断面をW10〜4.5m間の約5.5mにわたって観察できた[図33:g−g'断面]。石組み暗渠を埋める排水溝掘り方埋土は東が高く、西が低い土層が積み重なっており、明らかに東から埋め始め、順次西に向かって後退しながら入れられている。排水溝掘り方を埋め戻す際には、それ自体を一時的な作業用の通路として利用し、前方部側から土を運び入れた状況が想定される。

墓壙西辺では排水溝掘り方の開削によっていったん開放されていた墓壙壁を復元する作業が行われる。S0.3mラインにおける東西断面では、埋土の上面が東端のW4.75mで標高約85.9m、W7.0mで標高約86.5mを通る傾斜面として整えられている[図31:e−e'断面]。これよりも西側は中世の削平のために土層断面が失われているが、これが意図的な整形作業であることは、上述の東が高く西が低い成層的な土層が逆の傾斜をもつ面によって切られていることから明らかである。このようにして復元された墓壙壁は中段テラス・中段斜面に相当する。

## 第3節　竪穴式石室

### 1　構　造

竪穴式石室は前節で述べた墓壙内に構築される。壁体構築に先立って墓壙底に整備される基底部、壁体及びその裏込め、天井部とその被覆構造からなり、排水溝が取り付く。これらの構造総体は複雑な手順を経て構築されている。まず、基底部・壁体・被覆の各構造について構築の手順を簡単に整理した上で、基台・粘土棺床・バラス敷き・礫敷き・壁面・壁体下部・壁体上部・天井部・石材被覆・粘土被覆の各項を立てて記述する。

基底部構造　竪穴式石室の下部構造で、基台、粘土棺床、墓壙底のバラス敷き、粘土棺床外斜面の礫敷きの各構造部分からなる。石室の完成後は粘土棺床と棺床外斜面の礫敷きの一部は石室内の床面となり、バラス敷きと礫敷きの大部分は石室壁体の基礎として埋没される。これらの施工順序は、基台（下部→上部）→粘土棺床（下部）→バラス敷き→（木棺の安置）→粘土棺床（上部）→礫敷き（壁体構築面の整備）となる。

壁体構造　基底部の上に構築される石室四壁および壁面背後の構造で、いわば竪穴式石室の本体部分を構成する。石室空間の内壁として露出する壁面、壁面背後の控え積み、裏込めの各構造部分からなる。

石室の四壁を構成する石材は壁面の下方約1/3（壁面下段）と上方約2/3（壁面上段）とで異なり、壁面下段は塊石、壁面上段は板石である。壁面の下段・上段は、単に壁面の使用石材が異なるだけではなく、背後の控え積み・裏込めも含め、

石室構築の工程上も区分され、壁体構造全体として壁体下部・壁体上部に区分できる。壁体上端は両側壁が突き合わせに閉じられ（合掌式構造）、天井石をもたない。天井石に代わるものとして、大量の板石を亀甲状に積み上げた板石積みの天井部を構築する。これらの施工順序は、壁体下部・（作業道の埋め戻し）→（排水溝）→壁体上部→天井部となる。

　被覆構造　壁体構造が完成した後、それらを覆う石材・粘土を用いた被覆構造である。下層が板石と塊石を用いた石材被覆（主体は塊石）、上層が粘土被覆の上下2層構造を有する。これらの施工順序は、石室天井部の完成（＝壁体上部の完成）後、石材被覆→粘土被覆となり、最後に墓壙上段が埋め戻されて埋葬施設は完成する。

## 2　基台

　粘土棺床の土台　基台は、墓壙底中央の石室が予定される範囲を周囲よりも高く盛り上げ、粘土棺床の土台となるものである。前述の通り、墓壙底中央には南北に長い緩やかな高まりが掘り残されており、基台はその上に重ねるように置き土層（J層）、バラス層の上下2層構造で構築される。

　平面規模・高さ　基台全体の平面規模は確認しうる範囲で長さ約7.5m、幅約1.8mである［図34］。

　墓壙底が傾斜を有するため墓壙底からの比高差は場所により異なり、11～26cm前後である。N3mラインにおける東西方向の横断面では、基台中央部の最高所が標高85.28mであるのに対し、東側基底は標高85.07m、西側基底は標高85.02mで、この位置での基台の高さは東側基底からは21cm、西側基底からは26cmで、5cmの差がある［図35：c－c′断面］。W0.3mラインにおける基台北端付近の南北方向の縦断面では、N4.3m付近が最も高く標高85.36mであるのに対し、北側基底は標高85.25mで、北側基底からの基台の高さは11cmである。同じく南端付近では、S1.9m付近が最も高く標高85.18mであるのに対し、南側基底は標高85.00m前後で、南側基底からの基台の高さは約18cmである［図34：a－a′断面］。

　置き土層　基台の下部を構成する置き土（J層）は精選されたきめの細かい黄灰色砂質土である。横断面を見ると中央ほど厚く、末端では薄く、墓壙底中央の高まりを全体に覆うように積まれる。厚い部分での置き土の厚さは7～12cmほどである。

　N3mラインでの東西方向の横断面では、置き土の西側の末端はW1.25m、東側の末端はE0.57mで、東西幅は1.82mである［図35：c－c′断面］。W0.3mラインでの北端付近の縦断面では、置き土の北側の末端はN4.56mで、逆に墓壙底の高まりの北側基底よりも26cm南側になる。南端付近の縦断面では、置き土の南端は不明確であるが、ほぼS2.8m付近になるものと思われる［図34：a－a′断面］。したがって、置き土の南北長は約7.4mとなる。

　バラス層　基台の上部を構成するバラス層は長径3～7cmほどの円礫及び亜角礫を積み上げたものである。下部の置き土の上に厚い部分で3～4層、高さ10cm前後積まれる。置き土に接する部分ではバラスはおしなべて置き土に食い込んでおり、強く押さえて貼り付けたといった表現の方がよいかもしれない。

　N3mラインでの東西方向の横断面では、バラス層の西側の末端はW1.07m、東側の末端はE0.48mで、置き土の範囲に収まっている。この位置でのバラス層の東西幅は1.55mである［図35：d－d′断面］。W0.3mラインでの北端付近の縦断面では、バラス層の北側の末端はN4.73mに達し、置き土の北端よりも北へ17cmはみ出している。同じく南端付近の縦断面では、バラス層の南側の末端はS2.53mで、逆に置き土の南端よりも北へ約30cmの位置にある［図34：a－a′断面］。したがって、バラス層の南北長は7.26mとなる。

## 3　粘土棺床

　全体の形状・規模　基台の上に粘土を貼り付けて粘土棺床を構築する。横断面で見ると上面中央はU字形に凹み、割竹形木棺の棺底を承ける形状をなす。木棺を承けるための棺床上面の凹みは南北長6.09m、北端幅0.86m、南端幅0.74mの細長い長方形を呈する。U字形の凹みの両端が最も高く立ち上がる。立ち上がりの内斜面は頂部からほぼ正円の円弧の一部を描いて内湾しながら内底面にいたるのに対し、外斜面は頂部から徐々に傾斜を緩めながら裾広がりに長く延びる。粘土の厚みは立ち上がりの部分が最も厚く、末端に近づくほど薄くなる。縦断面で見ると、凹みの底は北が高く、南が低く、一直線に延び、南北両端で上方に立ち上がる［図36・37］。

　断ち割り調査で確認できた粘土棺床全体の平面的な範囲は南北長約7.4m、東西幅約1.8mで、ほぼ基台の範囲に一致する。棺床北端はほぼ石室北小口壁に一致し、南端は南小口壁よりも約70cm北側に位置しており、石室との相対的な位置関係の上では棺床はやや北に偏っている。棺床の東西幅は石室内法幅よりも若干広く、東西の末端はともに石室壁体下に敷き込まれる。

　構築の手順　粘土棺床全体は構築手順の上で棺床下部と棺床上部に分かれる。棺床下部は基台を覆うように厚く粘土を貼り付け、横断面が低い台形を呈するように整えられた粘土棺床の下半分である。棺床上部はこの上に付加された横断面三角形状の立ち上がり部分である。

　棺床下部と棺床上部を構築する工程の間には、後述する墓壙底にバラスを敷く工程が介在している。後段で詳述するが、木棺を安置する作業は、棺床下部及びバラス敷きの施工と棺床上部の施工との間に行われたと考えられる。

　棺床下部を構築する工程では赤色顔料の使用はみられないが、棺床下部ができあがり、墓壙底にバラスを敷く作業が完了した段階では顕著な赤色顔料の使用が認められる。また木棺を安置し、棺床上部の立ち上がりをかたちづくる工程では、粘土を貼り付けるごとに繰り返し赤色顔料が塗布される。棺床下部及びバラス敷きの構築後、棺床上部の施工完了までの間に使用された赤色顔料は相当量におよぶと推定され、木棺

第Ⅰ部　調査編

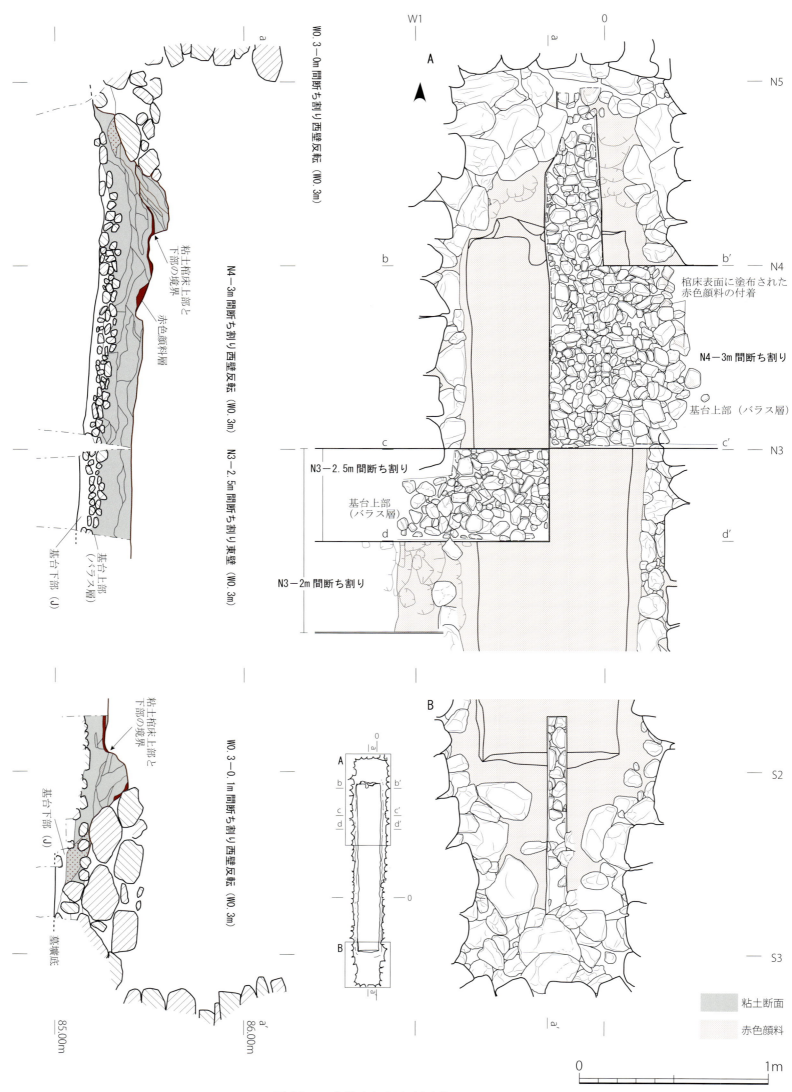

図34　石室基底部断ち割り状況（1）（1：20）

図35　石室基底部断ち割り状況（2）（1:20）

の安置が埋葬施設構築上の重要な節目であり、相応の儀礼の執行を伴うものであったことがうかがわれる。

**粘土棺床の末端** 粘土棺床の東西末端は端に近づくほど厚さを減じながら長く延びる。土台となる基台の表面がバラスで構成されていることもあり、その凹凸を反映して、粘土棺床自体の末端の形状も凹凸があって平面的にも整った直線状をなさない［図37］。また、末端付近の粘土の薄い部位では、基台を構成するバラスが棺床表面に露出する状況も散見され、バラスの露出部分には粘土棺床表面に塗布された赤色顔料が付着している［図34］。粘土棺床の末端は墓壙底に敷き詰められたバラス敷きに敷き込まれているほか、立ち上がりの外斜面には礫が貼り付けられている。

断ち割りによって粘土棺床の末端を確認したのは、東辺のN4～3m間、西辺のN3～2.5m間、北辺のW0.3～E0.4m間、南辺のW0.3～E0.2m間の各辺1ヶ所ずつである。

東西方向のN3mライン上では粘土棺床西側の末端はW1.25m、東側の末端はE0.57mにあって、東西幅1.82mである。これは位置的に棺床直下の基台とほぼ一致する［図35：c－c′断面］。N4mラインでは東側の末端はE0.70m、N2.5mラインでは西側の末端はW1.39mにある。いずれも石室壁体及びその下の礫敷きに完全に敷き込まれている［図35：b－b′・d－d′断面］。

南北方向のW0.3mライン上では粘土棺床北側の末端はN4.92m、南側の末端はS2.44mにあって、南北長7.36mである。これも位置的には棺床直下の基台とほぼ一致する。南北とも石室壁体下の礫敷きに完全に敷き込まれているが、石室小口壁面との関係では、北端はほぼ北小口壁に一致し、南端は南小口壁よりも約70㎝北側に位置する［図34：a－a′断面］。

上記の各棺床末端における基底の高さについてみると、N3mラインにおける西側基底は標高85.04m、同じく東側基底は85.07mで、西の方が東よりも3㎝低い。N4mラインにおける東側基底は標高85.18m、N2.5mラインにおける西側基底は標高84.99mである。

**粘土棺床上面の凹み** 割竹形木棺を承けるための横断面U字形の凹みは南北長6.09m、北端幅0.86m、南端幅0.74mで、北端の幅が南端よりも若干広くなる細長い長方形を呈する。幅について1mごとにみると、北端付近のN4mで0.86m、N3mで0.83m、N2mで0.78m、N1mで0.78m、0で0.77m、S1mで0.77mとなり、多少の出入りがあるが漸移的に北から南に向かって幅を減じている。凹みの北端はN4.19m、南端はS1.90mの位置にある。

凹みの横断面はU字形を呈し、東西両端の立ち上がりは三角形状に鋭く立ち上がる。凹みの深さは場所によって変化するが、N1.8m付近が最も深く約27㎝、平均的には約22㎝である［表5］。それぞれの断面位置での曲率はいずれもほぼ正円の円弧の一部をなし、その円の直径は漸移的に北から南に向かって小さくなっている。

凹みの縦断面は、凹みの最も低い部分が長く一直線に延び、南北両端で上方に立ち上がる。凹みの最も低い部分は北端でN4.18m、南端でS1.89mの位置にある。高さは北端が標高85.48m、南端が標高85.25mで比高差は約23㎝である。

凹み北端の形状を細かく見ると、落下してきた石材が粘土面に衝突してイレギュラーな凹凸ができ、北端の立ち上がりはやや階段状に潰れている。また、凹みの北西コーナー付近の棺床外斜面に貼り付けられていた礫が外側からの圧力で押し込まれ、北西コーナーを若干潰している。一方、北東コーナー付近は本来の凹みの形状をよく残していると考えられ、それによれば北端の立ち上がりはほぼ垂直に立ち上がる。凹みが最も深くなるW0.3mライン上での立ち上がりは落下礫のためにやや潰れているが、現状での立ち上がりの高さは約12㎝である。

凹み南端は落下礫による変形をほぼ免れている。凹みが最も深くなるW0.3mライン上での立ち上がりは、まず垂直に約5㎝立ち上がった後、後方に開くようにカーブを描きながら立ち上がる。立ち上がり全体の深さは約13㎝である。

**棺床下部の構築と赤色顔料の塗布** 粘土棺床下部は、N3mラインの横断面で見ると、中央がわずかに凹む平坦面を上辺とし、鈍角の稜角を形成して、裾に向かって大きく広がる扁平な台形状を呈する。上面の平坦面の幅は約60㎝である［図35：c－c′断面］。棺床中央部付近では、この面がそのまま木棺を承ける面となる。棺床下部の粘土の厚さは、上面に平坦面をもつ部分では20㎝前後で、裾に向かうにしたがって薄くなり、前述の末端部に至る。

棺床下部に使用された粘土はしばしば微砂を混入した黒色粘土が主体で黄灰色粘土・褐灰色粘土などを混用する。断面観察によると全体的には基台上面から順次積み上げているが、垂直に切ったような端面をもつブロック状の塊も混じっており、積み方としては短時間で一気に積み上げたようなやや乱雑な印象を受ける。

棺床下部の構築後、周囲の墓壙底には全面に後述のバラス敷きが施工される。この段階で、露出する棺床下部の粘土表面及びバラス敷きの上面に赤色顔料が塗布される。粘土表面の赤色顔料はきわめて厚く塗布されており、平均的には0.5

表5 粘土棺床凹み計測表
東西方向（単位：m）

| 断面位置 | 立ち上がり頂点標高 | | 内底面最低点標高 | 最大比高 | 想定円弧径 | 備考 |
|---|---|---|---|---|---|---|
| | 西 | 東 | | | | |
| N4.0 | 85.66 | 85.63 | 85.50 | 0.16 | 1.03 | 平坦面約40㎝ |
| N3.5 | 85.60 | 85.59 | 85.46 | 0.14 | 1.02 | 平坦面約35㎝ |
| N3.0 | 85.60 | 85.59 | 85.40 | 0.19 | 1.01 | 平坦面約30㎝ |
| N2.5 | 85.53 | 85.61 | 85.39 | 0.22 | 1.00 | |
| N2.0 | 85.50 | 85.62 | 85.34 | 0.28 | 0.98 | |
| N1.8 | 85.54 | 85.62 | 85.35 | 0.27 | 0.98 | |
| N1.5 | 85.53 | 85.60 | 85.35 | 0.25 | 0.97 | |
| N1.0 | 85.55 | 85.58 | 85.35 | 0.23 | 0.96 | 中心点上へ約5㎝ |
| N0.7 | 85.54 | 85.60 | 85.36 | 0.24 | 0.95 | 中心点上へ約7㎝ |
| N0.5 | 85.53 | 85.58 | 85.36 | 0.22 | 0.95 | 中心点上へ約7㎝ |
| N0.0 | 85.54 | 85.54 | 85.35 | 0.19 | 0.93 | 中心点上へ約8㎝ |
| S0.3 | 85.52 | 85.56 | 85.30 | 0.26 | 0.93 | 中心点上へ約4㎝ |
| S0.5 | 85.55 | 85.55 | 85.32 | 0.23 | 0.92 | 中心点上へ約5㎝ |
| S1.2 | 85.48 | 85.50 | 85.32 | 0.18 | 0.91 | 平坦面約40㎝ |
| S1.5 | 85.45 | 85.48 | 85.27 | 0.21 | 0.90 | 平坦面約50㎝ |

南北方向（単位：m）

| 断面位置 | 立ち上がり頂点標高 | | 内底面最低点標高 | | 最大比高 |
|---|---|---|---|---|---|
| | 北 | 南 | 北 | 南 | |
| W0.3 | 85.60 | － | 85.48 | － | 0.12 |
| W0.3 | － | 85.38 | － | 85.25 | 0.13 |

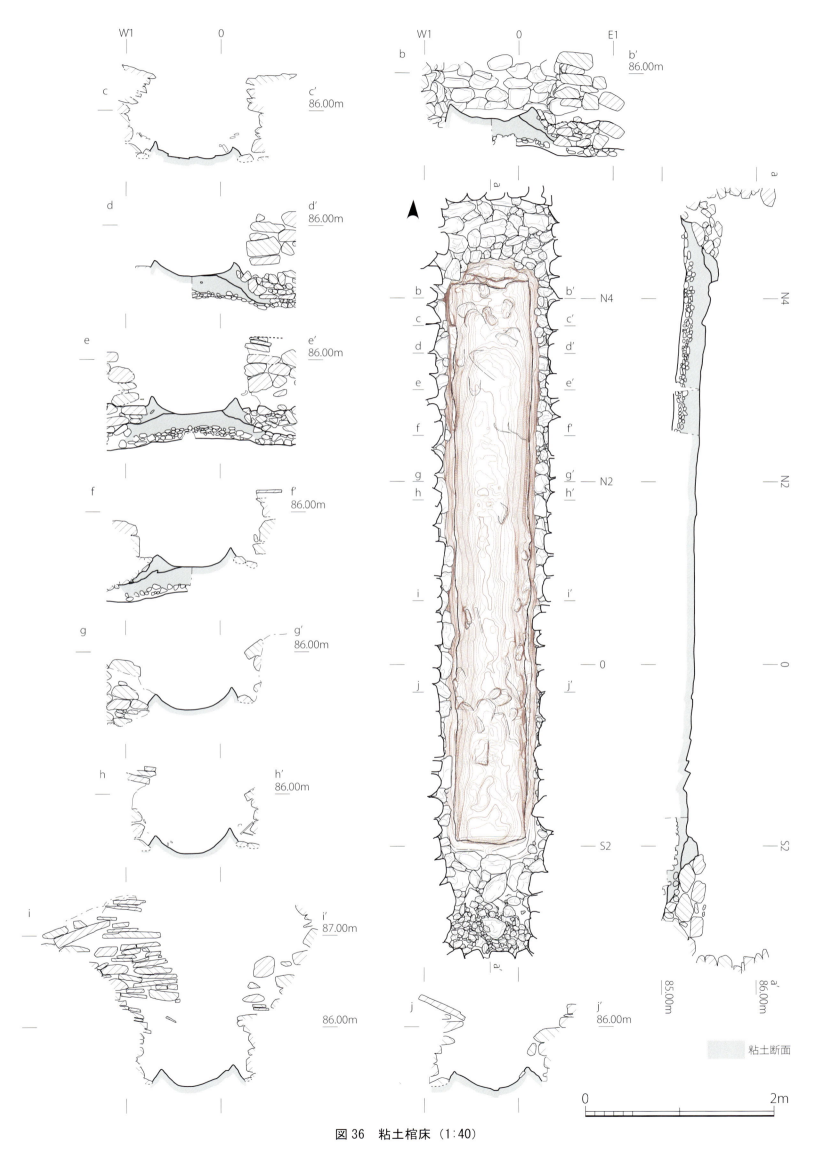

図 36　粘土棺床（1:40）

～1cm程度、厚い部分では2cmほどに達する。バラス敷きを構成するバラスの上面に塗られた赤色顔料も部分的にかなり厚く塗布されている。逆に、バラス敷きの下に敷き込まれた粘土棺床末端には赤色顔料がおよんでいないことから、赤色顔料の塗布が棺床下部の構築及び墓壙底のバラス敷きの施工後に行われたことが裏付けられる。

この赤色顔料の塗布は黒塚古墳の埋葬施設の構築過程における最初の赤色顔料の使用であり、厚さが2cmほどに達する部分もあるなど他の部分と比べて赤色顔料の使用量が多い。この段階で木棺を搬入・安置するための、一面が赤く塗られた空間が一時的に準備されたものと理解される。

**棺床上部の構築と赤色顔料の塗布** 粘土棺床上部は棺床下部の上面平坦面の縁辺部に粘土を付加して形成された立ち上がりの部分である。横断面で見ると立ち上がりは三角形状に屹立し、木棺を承ける内斜面は内湾する円弧を描き、外斜面は逆にふくらみをもつ箇所が多い。棺床の裾に向かっては長く延び、下部の外斜面の上部約1/2～1/3程度を覆っている。棺床小口面の立ち上がりを縦断面で見ると、横断面のような三角形状はなさず、むしろ上面に一定の面を有するゆがんだ台形状を呈する。木棺に接する内面側は、内底面から垂直に立ち上がった後、なだらかに上面に移行する。外斜面は横断面と同じくふくらみをもって棺床の裾に向かって長く延び、下部の外斜面の上部約1/2程度を覆う。

棺床上部に使用された粘土は棺床下部と同じく黒色粘土・黄灰色粘土・褐灰色粘土などであるが、黒色粘土の比率がやや低く、全体の色調は淡い印象を受ける。

粘土の積み方は棺床下部とはまったく異なる。横断面三角形の立ち上がりは、まず少量の粘土で棺床下部の上面平坦面の縁辺部稜角を覆うように小さな低い三角形をつくり、その後はその外斜面に外側から少量の粘土を薄く貼り付ける工程を9～10回前後繰り返してかたちづくられている。そのため、横断面では内側が高く外側が低い薄い粘土層が積み重なった土層断面になる。縦断面で見られる棺床小口面の立ち上がりの積み方も、最終の形状に差がある以外はほぼ同じである。

外側から薄く貼り付けられた粘土層の枚数は、N3mラインの横断面は西側立ち上がりで10層、東側立ち上がりで8層を数えた［図35：c-c′断面］。同じく、N4mラインの東側立ち上がり横断面では11層、N2.5mラインの西側立ち上がりでは8層であった［図35：b-b′・d-d′断面］。W0.3mラインの縦断面では北・南側小口面ともに9層を数える［図34：a-a′断面］。

外側から薄く粘土層を貼り付けていく工程では、拳で叩くようなことが行われている。これは断ち割りに際して剥離した粘土層の表面に人間の拳の圧痕が観察されたことにより判明した。土層断面で見られる波打つような形状の層序はその結果形成されたものと考えられる。

薄い粘土層の貼り付け単位ごとに赤色顔料が塗布されている。赤色顔料は棺床下部表面に塗布されたような厚いものではなく、ごく薄く塗られているが、場所によっては1mm程度の厚みが確認できた。また、塗られた赤色顔料が染みこんだような「滲み」も観察され、波打つような形状の層をなすことからみても、粘土は一定程度の水分を含んだ比較的柔らかい状態であったと考えられる。赤色顔料は最終的に形成された立ち上がりの外斜面にも塗布されている。

N3～2.5m間の西側立ち上がりの断ち割りでは、薄い粘土層を1層ずつ位置をずらして剥がすように掘り下げ、拳によって形成された波打つような凹凸と、層ごとに塗布された赤色顔料の面を段階的に検出できた［PL. 13-（3）］。

**木棺安置のタイミング** 粘土棺床の断面観察結果から、木棺を安置したタイミングは、粘土棺床下部が完成し、その周囲にバラス敷きを施工した段階と、粘土棺床上部を構築する段階との間に想定される。

棺床下部の構築後、その上面に最初に置かれる粘土は、据わりの悪い割竹形木棺の横転を当面の間抑える程度の低いものであり、あらかじめこの粘土を置いてから木棺を据えたものと考えられる。その後は棺床下部上面と棺底面との間の隙間に外側から少しずつ粘土を詰め足し、木棺を安定的に固定したものと理解される。これは、9～10回前後も繰り返された粘土の貼り付け作業が、例外なく外側から行われていることから首肯されるであろう。

また、表5からも明らかなように、棺床上部立ち上がり頂点の高さが東西で揃わず、いずれか一方が高かったり低かったりするばらつきがあることも、据えられた木棺が介在して東西を見通せない状態で立ち上がりが施工されたために生じたものと考えることができる。

粘土棺床下部の構築後、周囲の墓壙底全面にバラスを敷き、粘土・バラスの全面に厚く赤色顔料を塗布していることは、墓壙内への木棺の「搬入」に伴う儀礼との関連で評価できる。赤色顔料は厚さ2cmほどに達する部分もあり、この段階での赤色顔料の使用量は他と比べて突出して多い。木棺を置くための土台である棺床下部、搬入・安置の作業スペースともなる墓壙底の礫敷き、赤く塗られた空間といった、木棺を作業道（墓道）から搬入し、墓壙内に迎え入れるための儀礼的空間が一時的に整備されたものと理解される。

粘土棺床上部の立ち上がりをかたちづくる工程で、粘土を薄く貼り付けるごとに繰り返し赤色顔料を塗布していることもこれと関連する。これは、粘土棺床下部に木棺を据え置いた後、安定的に固定するための「安置」に伴う儀礼行為であったと理解される。

墓壙内への木棺の搬入・安置は、古墳の造営における重要なイベントであり、多量の赤色顔料を使用した、相応の儀礼の執行を伴うものであったことがうかがわれる。

## 4　バラス敷き

**バラス敷きの施工** 粘土棺床下部の構築後、棺床周囲の墓壙底全面にバラス敷きが施工される。バラス敷きの施工後に、棺床下部の表面及びバラス敷き上面の全面に赤色顔料が塗布され、上述した木棺搬入の準備が整えられる。

バラス敷きの厚さ　使用されたバラスは基台に使用されたものと同様の長径3～7cmほどの円礫及び亜角礫である。厚さは棺床をはさんで東西で大きく異なり、西側は厚い部分で4～5層積まれ、厚さは20～30cm前後であるのに対し、東側は1～2層で、厚さはおおむね10cm以内である。

　バラスどうしの隙間には水成粘土が溜まり、ほぼバラスの純層といえるが、わずかに暗灰黄色粘質土が混じる［図30：b－b′断面26層、d－d′断面9層など］。

　バラス敷きの機能　前期古墳の竪穴系埋葬施設において墓壙底面に敷かれるバラス敷きは、墓壙底まで浸透した雨水等を集め、排水溝に導くための集排水施設と一般的に理解されている。黒塚古墳の場合、棺床をはさんで東西でバラス敷きの厚さに大きな差があるのは、上述した墓壙底の高さの差（水勾配）を反映している。たとえば、N3mライン上での墓壙底の高さは西の方が東よりも13cm程度も低い［図35：c－c′断面］。

　同時にバラス層の厚さを調整することで、バラス敷き上面の高さがN3mライン上で東西ともおおむね85.25m前後に揃えられていることは注意される。これはバラス敷きの上面が墓壙内への木棺の搬入・安置に伴う儀礼執行の足場になることと無関係ではあるまい。

## 5　礫敷き

　礫敷きの施工　粘土棺床上部の完成後、粘土棺床周囲を根固めするように礫敷きが施工される。使用された礫は長径10～20cmほどの円礫及び亜角礫で、バラス敷きに使用されたものよりも明らかに大きく、かつ石室壁面下部や控え積みに使用されたものよりも小ぶりである。表面に赤色顔料が塗布されたものも見られるが、バラス敷き上面に見られるような顕著なものではない。

　礫敷きは粘土棺床周囲の全体に施工されたと考えられる。墓壙壁との間にはその後土が入れられ、おおむね平坦に整えられて石室壁体構築のベースとなる。壁体下部に敷き込まれた部分では礫と礫との隙間に黒褐色の水成粘土が溜まっており、本来礫間は空隙であったことがうかがえる。

　礫敷きの範囲　N4・3mライン等の横断面で見ると、礫敷きは厚い部分では3～4層程度、高さ30cm前後を測る［図35：b－b′・c－c′断面］。まず粘土棺床の外斜面に食い込むように3～4石が貼り付けられ、その背後を押さえるように順次後退しながら施工される。棺床に接する部分から0.6～0.7m前後までの間は上面が標高85.5m前後を保つようにほぼ水平で、末端部は自然な斜面を形成して厚さを減じ、バラス敷き面に達して終わる。末端の位置は東側ではN3mでE1.35m、西側ではN3mでW2.0m、N2mでW2.1m付近である。したがって東西の幅は約3.4mで、末端は墓壙壁まで及んでいない。南北については末端部に関する断ち割り調査を実施していないため、長さ等は不明である。

　壁体構築の基礎としての機能　礫敷きの大部分は石室壁体の下部に敷き込まれ、壁体構築の基礎としての機能を果たしている。

　礫敷きの範囲は棺床の周囲に限られ、末端は墓壙壁まで及んでいないため、墓壙壁との間は土（Ⅰ層）で石室壁体構築のベース面を整えている。この面の高さはN4・3mライン断面における石室東側ではおおむね標高85.5m前後である。ただし、石室西側では石室寄りで同じく標高85.5m前後であるが、西へ向かって徐々に下がり、N3mライン上の墓壙壁付近では標高85.4m前後となる［図35：b－b′・c－c′断面］。石室北・南側についてはこの部分の断ち割り調査を実施していない。

　Ⅰ層は灰黄褐色砂質土・黄褐色砂質土を中心とし、とくに丁寧に締め固められているわけではない。壁面背後の控え積みの礫がこの土の中に大きく沈み込んだ状況も観察され、竪穴式石室のような重量のある構築物のベースとしては脆弱な感を免れない。

　石室内に露出する礫敷き　礫敷きの大部分は石室壁体の下部に敷き込まれるが、粘土棺床の東西長辺に接する部分は棺床外斜面に貼り付けられた礫が石室壁面と粘土棺床立ち上がりにはさまれた幅5～10cm程度の狭い隙間に露出している。石室壁面側は石室基底石に敷き込まれ、棺床側は立ち上がり外斜面に食い込む形になる。露出する礫敷き面は凹凸に富んでいるが、全体としては北が高く南が低い。礫の凹凸を捨象すると礫敷き面の高さは東西両辺ともに棺床北端付近で85.53m、棺床南端付近で85.43mとなり、約10cmの高低差がある。

　粘土棺床の南北両小口に接する部分は礫敷きが露出する範囲が大きく、棺床外斜面に貼り付けられた礫とともにその背後を押さえるように順次積まれた多数の礫が露出する。

　粘土棺床の北小口外斜面とそこに貼り付けられた礫の境界線は、棺床北小口外斜面がカーブを描いてふくらむ形状を反映して、同様の緩いカーブを描いている。これを南辺とし、石室北・西・東三方の壁面に囲まれた礫敷きの露出範囲は東西約1.1m、南北約0.7mである。棺床中軸付近の外斜面に貼り付けられた礫の最高点は標高85.56mであるが、礫敷き面全体としてはこれよりも北へ0.3m付近の中央部が最も高く、標高85.64mとなる。

　粘土棺床の南小口外斜面とそこに貼り付けられた礫の境界線を北辺とし、石室南・西・東三方の壁面に囲まれた礫敷きの露出範囲は、この付近での東西両壁下部がせり出していることを捨象すると、東西・南北とも約1.0m程度である。棺床中軸付近の外斜面に貼り付けられた礫の最高点は標高85.45mで、礫敷き全体の高さもおおむね揃っている。

　礫敷きは初期流入土によって直接覆われており、粘土棺床北端付近の石室西壁との隙間に落ち込んでいた33号鏡が礫敷きに接触していたことからも、本来露出した状態であったと考えられる。

　遺物床としての機能　粘土棺床の東西長辺に沿って出土した多量の副葬品はほとんど礫敷きに接していないことから、石室壁面と粘土棺床東西の立ち上がりにはさまれた幅5～10cm程度の狭い隙間に露出した礫敷き面が遺物床として

第Ⅰ部 調査編

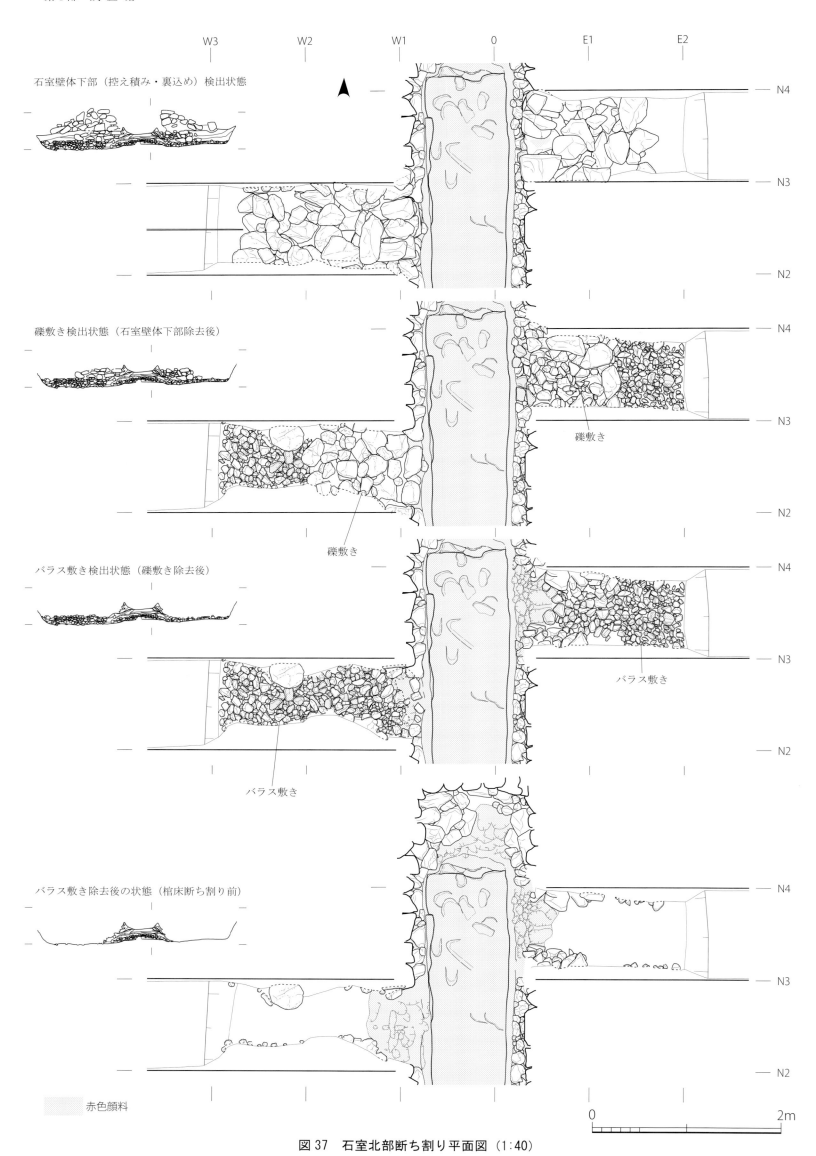

図37 石室北部断ち割り平面図（1:40）

の役割を果たしたと理解することはできない。しかし、粘土棺床の南北両小口に接する礫敷き面は上述のように一定の広さを有しており、そこに置かれた副葬品の遺物床として機能したと考えられる。

北小口には17号鏡、U字形鉄製品、刺突具、大型の有機質製品、南小口には鉄鏃、甲冑、斧・鎚などの工具類、土器類などが置かれていた。とくに南小口で顕著であるが、小ぶりの礫で礫面の凹みを埋めて上面を整えた状況が見受けられ、礫敷きの遺物床としての機能が意識されていたことが想定できる。

## 6　壁　面

**石室の形状・規模**　竪穴式石室の主軸は座標北に対してN1°28′41″Wの方位をとり、調査用の局地座標W0.3mラインにほぼ一致する［図38・39］。

基底石の形状をもとに描き起こした平面図から石室の平面形態を検討すると、四壁は石材ごとの出入りはあるものの基本的に直線的で、隅角はやや丸みを帯びる。

西壁北端から1～3石目、南端から2～3石目、東壁南端から1～4石目の基底石はやや内側にせり出し、とくに南小口部分ではあたかもその部分のみ石室幅が狭まっている印象を受けるが、これは壁面下部の塊石が背後からの圧力で内側に押し出された変形の結果である。同様の変形は随所に見られるが、とくに小口部分で顕著であることは粘土棺床が及んでいないことと関係するものと思われる。隅角部分はやや丸みを帯びているため、南北壁の実測幅は北壁1.13m、南壁0.83mを測る。こうした変形等を捨象して石室の平面規模を計測すると、南北長8.20m、北端幅1.22m、南端幅0.89mとなる。

石室壁面の遺存状態は全体に良好ではない。天井部が遺存するのはS2.45mの石室南端部のみである。この部分での壁面の最高点は標高87.03mで、南小口部礫敷き面からの高さは約1.58mを測る。

このほか、主要部分の壁面残存高は、北壁の最高点が標高約96.2mで、北小口部礫敷き面から高さ約0.62mが遺存する。側壁では西壁中央部N0.8m付近で標高約87.4mを測り、粘土棺床底面からの高さ約2.05mとなる。ただし、この部分では最上部の板石を粘土被覆が覆っており、その高さまで壁面が達していたとは考えられないため、参考値にとどまる。

**板石と礫の混用**　石室の壁面を構成する石材は標高約86m付近を境にして下部約1/3（壁面下段）と上部約2/3（壁面上段）の範囲で明瞭に異なっている。

壁面上段の石材は薄いもので2～3cm、厚いもので6～7cm、平均的には5cm前後の厚さの板石である。見かけ上の大きさ（幅）は20～50cmほどで、30～40cm前後のものが多い。原則的に見かけ上の大きさ（幅）よりも奥行き（長さ）の方が長くなるように端面を揃えて小口積みする。石材は二上山南麓産出の春日山安山岩及び芝山玄武岩である（第Ⅱ部第2章第1節）。

壁面下段の石材は見かけ上で幅10～40cm、高さ10～20cmほどの角の取れた塊石である。見かけ上はおおむね横長にし、奥行き（長さ）の方が長くなるように小口積みする。石材は近在で採取される花崗岩を主体とする川原石である（第Ⅱ部第2章第1節）。

壁面上・下段の境界は使用石材の違いにより明瞭な目地をなしている。この境界線は細かく見れば上下の振れがあるものの、おおむね一直線である。側壁で見える境界線の高さは東壁では標高85.9～86.2m、西壁では標高85.9～86.3mで、いずれも北が高く南が低い。

**壁面下段**　礫敷きとその周囲を埋める土（Ⅰ層）によって整えられた標高85.5m前後の面を構築開始面とし、塊石を高さ0.5～0.7m程度積み上げて壁面下段とする。ベースとなる礫敷きは端面が粘土棺床の外斜面に食い込むように密着しているが、壁面は粘土面から5～10cm程度控えた位置から積み始めている。また、礫敷きの端面に相当する塊石は棺床の外斜面に横長に沿わせるように置かれるが、壁面を構成する塊石はこれと直交する方向に小口積みされる。

大きさにややばらつきのある塊石を積み上げるため横方向の目地の通りが悪いが、四壁面ともおおむね4段前後である。壁面は垂直ではなく、80～85°前後で上方に向かってわずかに開き気味に積まれる。

隅角の部分はややカーブを描くように積まれ、とくに小口壁は壁面自体がわずかに弓なりのプランを有する。両方の壁面にまたがるような石材の使い方も見られるが、基本的には両側の壁面が突き合わせになるような積み方となっている。

塊石の隙間には黒色粘土や黄褐色粘土が詰め込まれた状況が散見される。壁面の随所で観察されたほか、東壁壁面下段を解体したN4～3m間断ち割りでも要所に粘土が詰められた状況が確認できた。粘土が詰められているのは壁面下段の塊石どうしの隙間、壁面下段と壁面上段の境目の塊石と板石の間であるが、あくまで点的であってすべての隙間を丁寧に埋めた状況ではない。

**壁面上段**　壁面下段の上部に板石を持ち送りながら高く積み上げて壁面上段とする。遺存状態が悪く、天井部まで遺存するのは石室南端のみである。この部分での壁面上段の高さは約1.15mを測る。

板石の厚みが一定せず、横方向の目地通りも悪いため、段数のばらつきが多い。南壁での板石の段数は19段ほどになる。またS2.45mラインでの側壁の板石の段数は西壁18段、東壁19段を数える。

壁面は持ち送りが顕著で、S2.6mラインでの横断面でみると側壁の傾斜は西壁71°、東壁66°である。W0.3mラインでの南壁の傾斜は64°を測る。西壁中位では壁面下段からの移行部でいったん強く持ち送り、その後は60～70°程度の傾斜で持ち送る傾斜の変化をうかがわせる部分がある。壁面上段では隙間に粘土を詰めた状況は見られなかった。

**赤色顔料の塗布**　壁面の随所に赤色顔料が付着し、とくに壁面下段の下部では明瞭であった。本来は壁面全体に赤色顔料が塗布されていたものと考えられる［図39］。

第Ⅰ部 調査編

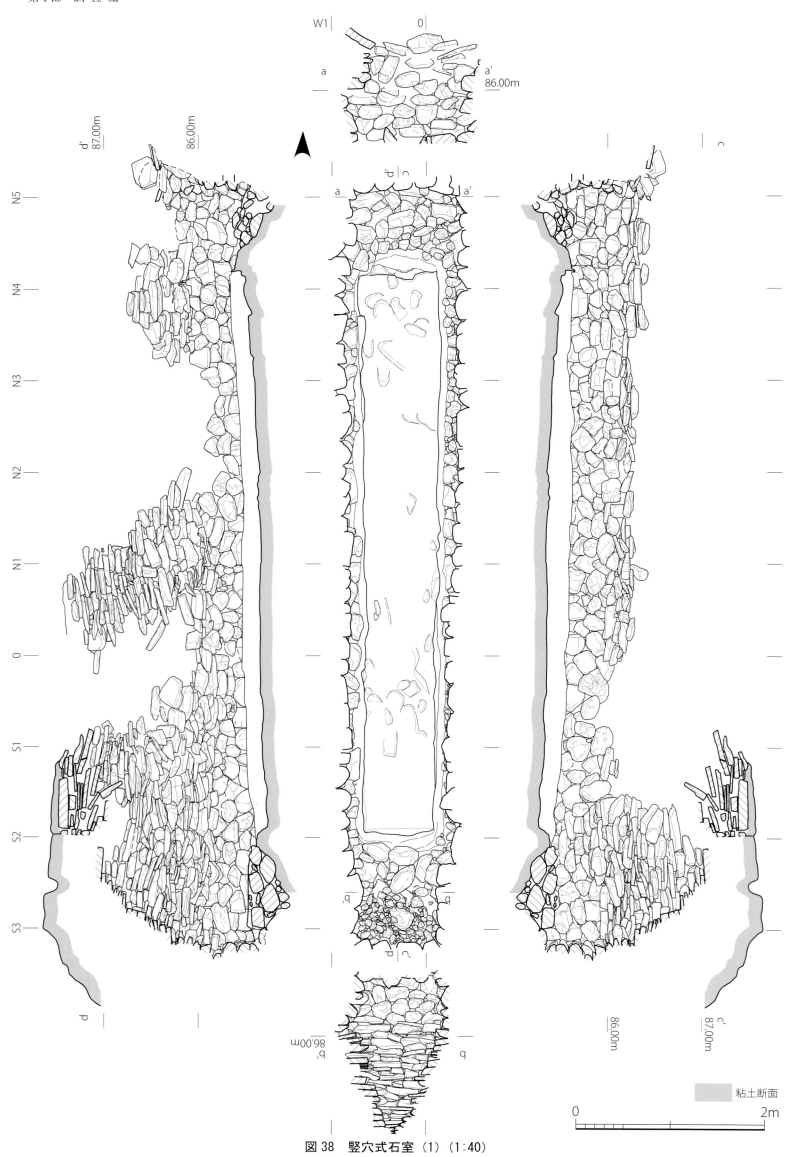

図 38 竪穴式石室（1）（1：40）

第 4 章　埋葬施設

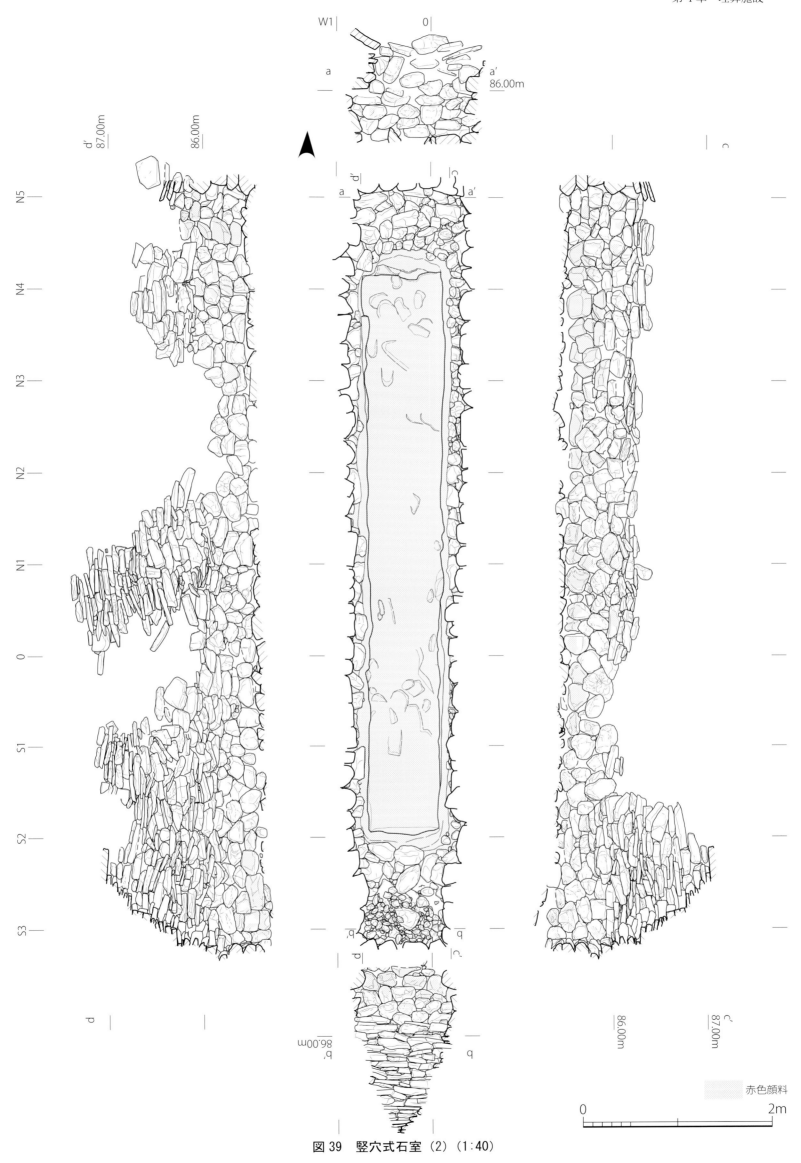

図 39　竪穴式石室（2）（1：40）

天井までの壁面が遺存していた南壁では、とくに顕著に赤色顔料が付着するのは壁面下段下部の流入土に埋まっていた部分であり、それより上部の空間に露出していた部分では赤色顔料の付着は顕著ではない。石室内に浸透した雨水等が壁面を伝わって流れる際に洗い流されたものと考えられる。

壁面下段を構成する塊石は壁面に表れる部分に赤色顔料が塗布されているほか、隙間に詰められた粘土の塊石に接していた面にも赤色顔料の付着が見られた。また壁面に表れる粘土の表面にも赤色顔料が塗布されている。

## 7　控え積み・裏込め

**板石・礫と土の混用**　壁面の背後には控え積みがあり、さらにその背後は裏込め土で埋められる。壁体下部の控え積みはすべて塊石を使用し、板石は混じらない。これに対し、壁体上部の控え積みは壁面に近い部分では板石を用い、背後では板石と塊石を混用する。

**壁体下部の控え積み・裏込め土**　壁体下部の控え積み・裏込め土（H層）を断ち割りで確認したのは東壁のN4〜3m間［図30：b−b′・c−c′断面］、西壁のN3〜2m間［図30：b−b′・d−d′断面］、北壁のW0.3〜E0.4m間［図31：g−g′断面］の各辺1ヶ所ずつである。

側壁の控え積みは壁面下段1段目と2〜4段目に対応して大きく上下2段に分かれる。

壁面下段1段目の控え積み・裏込めのあり方は西壁と東壁とで大きく様相が異なる。

まず西壁では、基底石の背後に壁面下段を構成する大きめの石と同じような大きさの塊石を順次置き並べ、それらの塊石の隙間を埋めるように小さめの塊石を置く。扁平な塊石の上に同様の塊石を重ねた部分もある。これらの石材は、基底石を含めて、上面がほぼ標高85.6m前後に揃った幅2m前後の石敷き面状になる［図30：b−b′断面］。

これに対して東壁では明確な控え積みはなく、基底石の背後は直接裏込め土となる。N4mライン断面［図30：c−c′断面］には偶然基底石がかからないが、このラインの北側にある基底石及びN4〜3m間断ち割りに際して取り上げた基底石はいずれも下面が標高85.55m付近にあり、壁体構築のベースとなる礫敷きの上にのっていた。その背後には裏込め土が入れられ、西壁で見られるような控え積みに相当する石材は見当たらない。なお、N3mライン上に一部がかかっていた基底石は、断ち割りに際して取り上げたため、断面図では石の抜けた痕跡として表現されている［図35：c−c′断面］。この裏込め土は基底石の背後に寄せかけるように置かれ、東に向かって厚みを減じ、壁面から1mほどで末端にいたる。

壁面下段2〜4段目に対応する控え積みは、西壁と東壁で石材の使用量が異なるが、基本的な構造は同様である。

西壁では各段を積むごとにその背後に塊石を置いているが、それぞれの単位の識別は難しい。壁面の背後に積み上げられた控え積みの塊石は、最終的に背面が石敷き面状をなす基底石の控え積みの末端付近に達する外斜面を形成する。この背後には裏込め土が順次入れられ、作業道部分ではそのまま作業道の埋め戻し土に移行し、それ以外の部分では中段墓壙テラスに対応する面まで埋め戻される。

東壁は西壁に比べて塊石の量が少なく、間に介在する裏込め土の分層によってそれぞれの単位の抽出が可能である。すなわち、各段を積むごとにその背後に控え積みの塊石を置くとともに、背後に裏込め土を入れる作業を繰り返す。2段目では裏込め土の量はわずかであるが、壁面が高くなるにつれて裏込め土の量を増やし、最終的に中段墓壙テラスに対応する面まで埋め戻される。

**壁体上部の構築面整備**　壁体上部の構築開始面は、壁体下部の控え積み及び裏込め土・作業道埋土（H層）、排水溝掘り方埋土（G層）の上面となる。この面は墓壙中段テラスに対応し、一定の整備が行われている。

N4mラインの東壁背後では、壁面下段上端が標高86.23mであるのに対し、裏込め土の上面は壁面の塊石背後で標高86.12m、墓壙壁に近づくにつれて徐々に高くなり、標高86.25mの墓壙中段テラスに取り付く。壁面の塊石背後には厚さ5〜15cmほどの粘土も使用されている［図30：c−c′断面］。

N3mラインの東壁背後では、壁面下段上端が標高86.07mで、裏込め土の上面はその背後にある控え積みの塊石背後で標高86.10m、やはり墓壙壁に近づくにつれて徐々に高くなり、標高86.20mの墓壙中段テラスに取り付く。この部分では、壁面下段最上段の塊石がやや低いため、その上面に厚さ5〜7cm程度の粘土を積んで高さを合わせている。

同じライン上の西壁背後では、壁面下段上端が標高86.10mで、その背後には厚い塊石の控え積みがある。この控え積みの外斜面を覆うように裏込め土が積まれ、その上面は控え積み寄りで標高86.00m、いったん徐々に低くなった後、標高85.98mの墓壙中段テラスに取り付いている［図30：b−b′断面、図35：d−d′断面］。

この時点では、N4〜2m付近での壁面下段裏込め土（H層）及び排水溝掘り方埋土（G層）の上面には、最大で50cm程度の高低差が残る。そのため、西側にのみ土を足して、この高低差を解消している（F層）。

**壁体上部の控え積み・裏込め土**　このようにして整備した面の上に壁体上部が構築される。壁体上部は壁面の遺存状態が良好ではなく、それに対応する控え積みの断ち割り調査もごく一部にとどまるため、断片的な知見にとどまる。壁体下部と同様に控え積み・裏込めのあり方が西壁と東壁とで大きく様相が異なるため、分けて記述する。

まず、N3mライン上の西壁では、壁面の板石自体は遺存していないが、盗掘による攪乱土（B層）と壁体上段の基盤を整備するために付加された土（F層）との間で、かろうじて壁面上段の3〜5段目程度までに対応する控え積み・裏込め土（E層）を確認した。この部分では、F層の上面に板石を敷き、その上に塊石の混じる土で裏込めしている［図30：b−b′断面］。N2mライン上の西壁でも、やはり壁面の板石自体は遺存していないが、F層の上面にまばらに板石を

敷き、その上に標高 86.5 〜 86.8m 付近までは塊石の混じる土で裏込めした状態が確認できる。標高 86.5 〜 86.8m 付近には板石を多用した控え積みがあり、それより上部は塊石が主体となる［図 30：d − d′断面］。

N4m 及び N3m ライン上の東壁ではともに 3 段分の板石の背後の構造が土層断面により判明しているが、この部分はまばらに塊石が混じる以外は、土のみで裏込めする［図 30：b − b′・c − c′断面］。盗掘坑によって切られているため土層断面による確認箇所はこの 2 ヶ所にとどまるが、盗掘坑壁面における他の場所の状況をみると、壁面上段の 3 〜 5 段目まではいずれも明確な控え積みがなく、板石の背後を直接土で裏込めしている。裏込め土の末端は墓壙中段テラスを埋め、墓壙中段斜面の下部に達する。標高 86.5 〜 86.8m 付近以上には塊石主体の控え積みが見られ、高いほど厚みを増すが、壁面の背後に限られ、おおむね E2m 以東に達することはない。

**東西の非対称性** 以上のように控え積み・裏込めのあり方が東西で非対称であることは黒塚古墳石室の一つの特徴である。

壁体下部では控え積みの規模に大きな差がある。東壁の控え積みは西壁に比べて小規模で、使用された石材量は西壁の半分にも満たない。また西壁では基底石に対応する控え積みの上面が石敷き面状をなすが、東壁にはそれが見られない。このような東西の非対称性の要因として、この埋葬施設の作業道（墓道）が西側（前方部側）に取り付いていることとの関連性が指摘できるであろう。

西壁基底石に対応する控え積みの上面が石敷き面状をなすことについては、なんらかの儀礼の執行との関連も推測されるものの、この面では赤色顔料の使用は認められなかった。あるいは、この石敷き面状をなす範囲が最終的な西壁壁面下段の控え積みが積み上がる範囲とほぼ一致する点から、工程初期の段階で広範囲に丁寧に施工された基底石の控え積みが一見すると石敷き面状に見えるにすぎないとの解釈も成り立つ。

壁体上部でも東壁の控え積みは西壁に比べて小規模であることが指摘できる。東壁では壁体上部の控え積みは上方ほど厚くなるが、背後へののびは小さく、裏込めとして墓壙中段を埋めているのは大半が土である。とくに壁体上部の下端付近では壁面の背後がただちに裏込め土になり、控え積みが認められない。これに対し、西壁では控え積みは後方に長くのび、さらに背後には多量の塊石を含む裏込め土が充填されている。壁体上部の施工段階では作業道はすでに埋め戻されているが、やはり壁体の構築にあたって西側に前方部が存在することが一定の影響を及ぼしている可能性が想定できる。

## 8 天井部

**合掌式構造** 黒塚古墳石室の天井部は、両側壁壁面上段を高く持ち送り、最上部の板石端面が突き合わせに接する合掌式構造をとる。したがって、多くの竪穴式石室で見られるような天井石をもたない。

**天井部の構造・規模** 天井部が遺存する南端付近の S1 〜 2m ライン間で石材被覆・粘土被覆を一部除去して天井部の構造を確認した［図 40］。

その所見によれば、突き合わせに閉じられた両側壁の背後には上方ほど厚くなる板石の控え積みがあるが、それがさらに 5 段程度上に足され、中央が高く亀甲状に盛り上がった天井部を形成する。板石の積み重ねは乱雑ではあるが、なかほどから外側に向かって少しずつ重ねながら積んだ様子が認められた。この構造は塊石主体の石材被覆とは異なり、一部塊石を混用しつつもほぼ板石のみで構成されており、壁体背後の控え積みとの一体性が強い。

亀甲状の盛り上がりの幅は S2m ライン上で約 4.7m である。このライン上での盛り上がり中央部の最高点は標高 87.5m 前後であり、西裾は標高 86.90m、東裾は標高 86.95m で高さは約 60㎝である。

**大型板石** 石材被覆・粘土被覆を一部除去した S1 〜 2m ライン間で、天井部を構成する板石の最上部に大型の板石 1 枚が使用されていた。長さ 1.2m、幅 0.7m を測り、今回の調査で確認した中では最も大きな板石である。天井部を閉塞するにあたってその最上部に象徴的に置かれた可能性があるが、少なくとも北側には同様の大型板石は見られず、天井石のように連続的に並べて置かれていたとは考えにくい。また落下石材の中にも同様の大きさの板石は見られず、このような大型板石の使用が天井部全体に敷衍できるものであるかどうかは不明である。

## 9 石材被覆・粘土被覆

**天井部の被覆構造** 壁体最上部が突き合わせに閉じられ、天井部が形成された後、その上をさらに大きく覆う石材被覆・粘土被覆が施工される［図 41］。

**石材被覆** 石材被覆は壁体下部の壁面や控え積みに使用されているものと同様の塊石、もしくはそれよりもやや大ぶりの 20 〜 50㎝大の塊石で石室天井部を被覆したものである。塊石は天井部が高く盛り上がる中央部付近には薄いかほとんどなく、天井部の上面が低くなる周縁部にはやや厚く配し、さらに外側に向かって薄く広がる。

石材被覆の平面的な広がりは北端が N7.2m 付近、南端が S5m 付近、西端が W4.6m 付近、東端が E4.4m 付近にあり、南北約 12m、東西約 9m を測る。縁辺部の石材は雑に置かれており、周囲に散らばるように配された石材も多いが、全体的な平面形状としては北寄りで幅が広く、南ほど幅を減じる亀甲形を呈する。

**粘土被覆** 中央部付近に厚く粘土を盛り上げ、周縁部ほど薄くなり、その範囲は石材被覆の範囲よりも一回り小さい。おおむね S1m 以南は良好に残存するが、それ以外は北辺や東辺が散在的に遺存するにすぎない。

平面的な広がりは北端が N6.0m 付近、南端が S4.0m 付近、西端が W3.7m 付近、東端が E2.3m 付近にあり、南北

第Ⅰ部 調査編

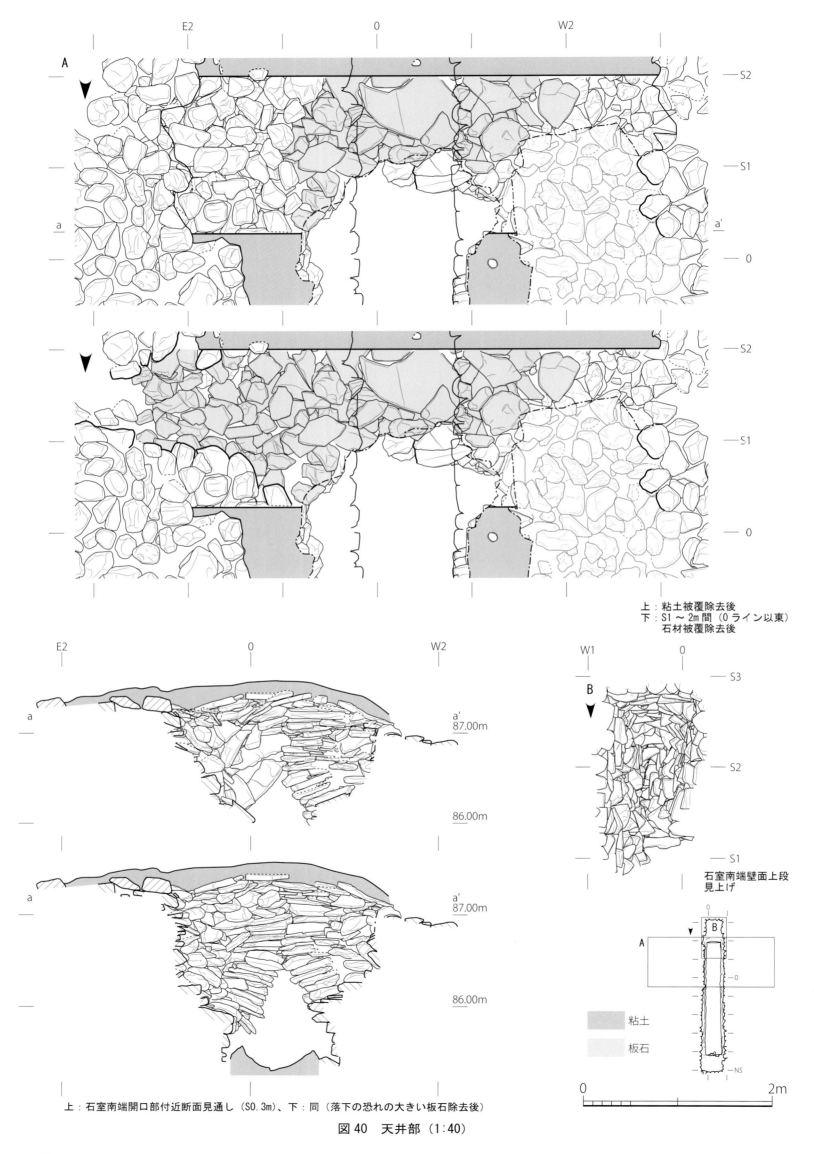

図40 天井部（1:40）

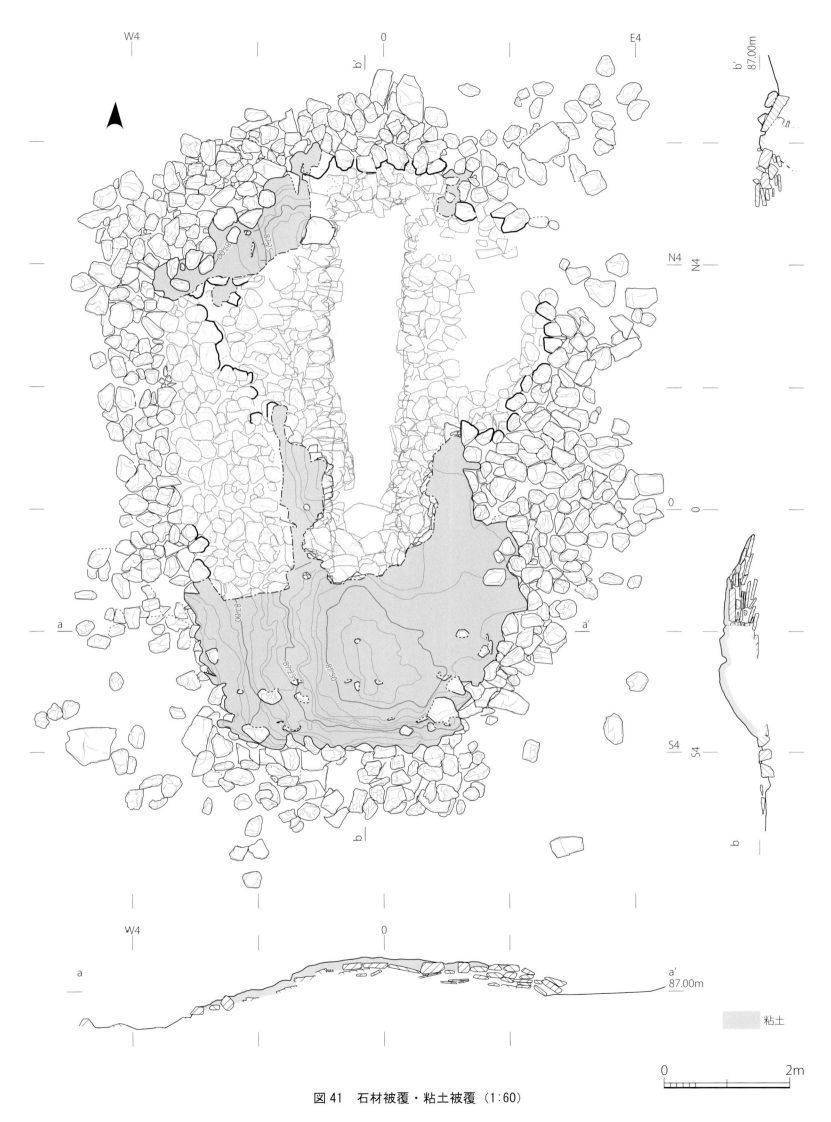

図41 石材被覆・粘土被覆（1:60）

第Ⅰ部 調査編

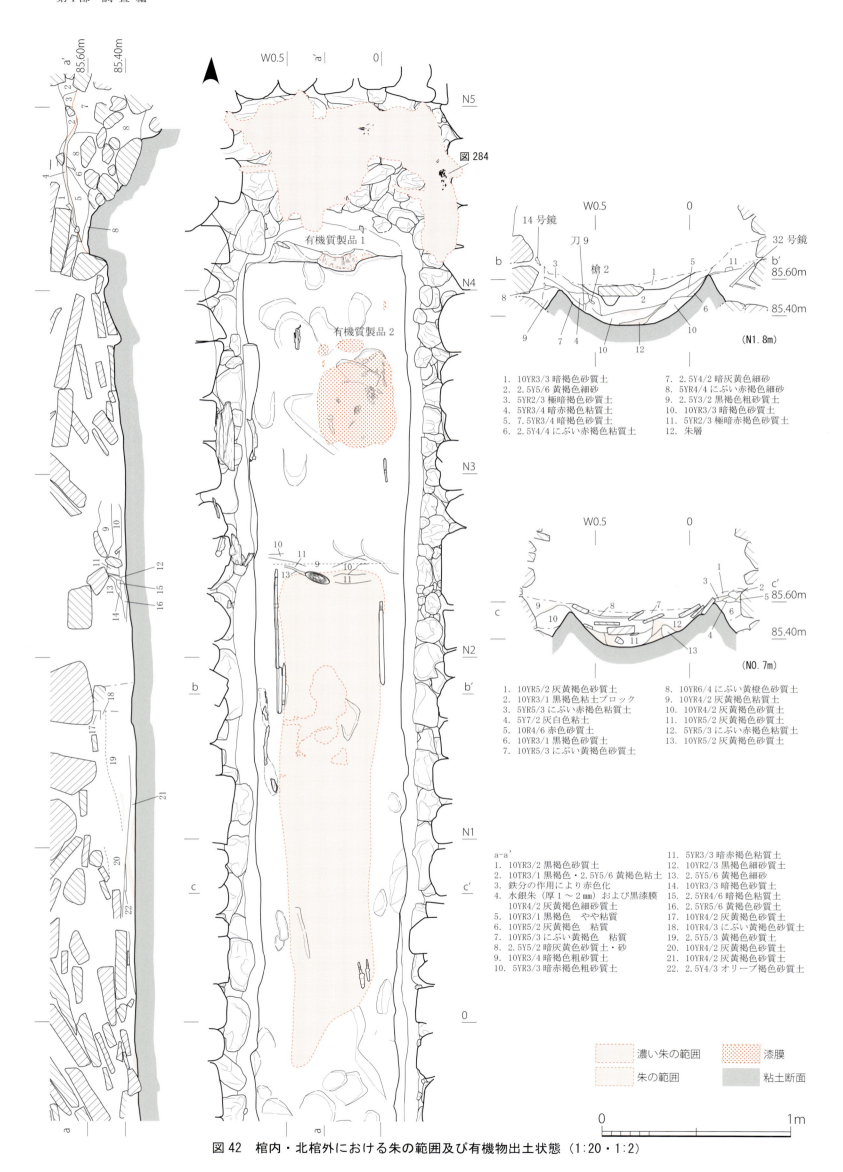

図42 棺内・北棺外における朱の範囲及び有機物出土状態（1:20・1:2）

約10.0m、東西約6.0mを測る。全体的な平面形は石材被覆よりも一回り小さいほぼ相似形を呈する。粘土被覆の最高点はS2.7m・WC.3mで標高87.64mである。末端の高さは、南端が標高87.1m、東端が標高87.5m、西端が標高86.8m、北端が標高86.7mである。

使用された粘土は粘土棺床と同様の全体に粗悪なものである。ベースが凹凸のある石材被覆の上面であることから表面は凹凸が多い。

粘土の厚みはW0.3mライン上ではN2m付近で約10cm、東側の厚みのあるところでは約20cm、W2m付近では約15cmである。粘土の層序として観察できるところを見ると、N0.7m・W1.0m付近では石材の隙間に黒褐色粘土を塗り込め、その上に黄褐色粘土、粗砂混じりの褐色粘土を重ねて厚さ約5cmの粘土層を形成している。N4.8m・E1m付近では下層に暗褐色砂質土を約12cm積み、その上に弱い粘質土混じりの褐色砂質土を重ねて厚さ約18cmの粘土層を形成している。W0.3m・S2m付近では下層に暗褐色粘土、上層に黄褐色粘土を重ね、厚さ約10cmの粘土層を形成する。また部位によってはきわめて薄く、石材被覆を構成する石の頂部が随所に表れている。

**上段墓壙の埋め戻し** 石材被覆・粘土被覆の施工後、上段墓壙は埋め戻される（D層）。まず被覆構造を土で薄く覆った後、周囲の低い部分を埋めていったん平坦に整える。その後はおおむね水平に土を入れて墓壙を完全に埋め戻す。墓壙西辺には低く凹んだ場所がまだ残っていたと考えられるが、この段階で完全に埋められ、さらに盛土が付加されて墳頂部が完成する。

## 第4節　割竹形木棺

### 1　外　形

**木棺の形式**　竪穴式石室内に安置されていた木棺はほぼ完全に腐朽消滅し、銅鏡群に付着して遺存した若干の材片をとどめるにすぎない。粘土棺床上に凹部として残された棺底部の圧痕は長さ6.09m、北端幅0.86m、南端幅0.74mの細長い長方形を呈する。したがって、木棺の長さは6.09mとなり、幅は北側の方が南側よりもやや広い。凹部の縦断面形を見ると、底面が長く一直線に延び、南北両端ともにほぼ垂直に立ち上がる［図36・38］。

次に述べるように棺底面の横断面が正円の円弧の一部をなし、棺端面が垂直に切り落とされる形状であることから、この木棺は割竹形木棺と判断される。

**直径の復元**　棺床凹部の横断面から棺の直径を検討する。南北両端付近は底面付近の曲率が変化して完全な正円をなさないため、まず円弧が正円の一部となるN3～S0.5m間について検討する。この間の最も北にあたるN3mと最も南にあたるS0.5mで円弧の直径を計測すると、それぞれ約1.01mと0.92mである［表5］。両者間の距離は3.5mであるので、長さ1mあたり約2.57cmの逓減率で北から南に向かって径を減じている。N3～S0.5m間における0.5mごとの横断面についてこの逓減率から算出した円弧を重ねてみると、おおむね矛盾なく重なり合う。

N3m以北とS0.5m以南では、棺床立ち上がりに近い部分では上記の逓減率から算出した円弧を重ねて矛盾がないが、低くなるにつれて仮想の円弧が実際の棺床横断面ラインよりもはみ出してうまく重ならない。これは両端付近の棺身底面に一定の切削加工が施されていたためと考えられる。

**赤色顔料の塗布**　木棺の表面には赤色顔料（ベンガラ）が全面に塗布されていたと推測される。すなわち、粘土棺床の内底面に溜まっていた流入土が全体的に赤色顔料に染まり、暗い赤色を帯びていたことは、木棺表面に塗布されていた赤色顔料が流れ落ちた結果と考えるのが穏当である。また棺底に密着していた粘土棺床立ち上がりの内斜面には赤色顔料が認着されたが、この部分は木棺を棺床下部に据え置いてから構築されるため、あらかじめ木棺の外面に塗られていた赤色顔料が転写された可能性をまず考えてよいと思われる。

### 2　内部構造

**棺室北端の検出**　棺中央部付近では粘土棺床凹部の堆積土は大きく上下二層に分層された（C層）。下層は石室上部の崩壊に伴って落下してきた石材を含まない比較的純粋な細砂質土のレンズ状堆積であり、初期の流入土と考えられた。上層は粗砂を主体とし、下層上面から粘土棺床両側縁の立ち上がりを越えて棺外副葬品までを大きく埋め、大量の板石を包含することから、石室上部の崩壊に伴う流入土と判断された。

棺内における初期流入土は棺北端（N4.19m）から南へ約1.74mの位置（N2.45m）付近を境に、それ以南には厚い堆積が見られるのに対し、以北には顕著な堆積が見られず、大量の板石を包含する上層の流入土が棺床底面付近からほとんど直接堆積している。両者の境界には3～4条の東西方向の土層ラインが認識でき、最南端のラインは土層断面においても明確に認識できた。この土層ラインは立った状態で出土した棺内の画文帯神獣鏡の上端付近から棺床底面にかけて認識され、床面における水銀朱の有無による色調の違いの境界線（N2.40～2.55m）とも一致する。また、この位置より南側の土層断面では初期流入土の小さな三角堆積の重なりが認められた［図42］。

この東西方向の直線的な土層ラインを境とした流入土の違いは、これを境にして棺の内部構造が異なっていた可能性を示唆するものである。この土層ラインに沿って画文帯神獣鏡が立った状態で出土し、これ以南に初期流入土の三角堆積が見られることから、土層ライン以南に棺内空間が存在したことは明白である。逆に、この土層ライン以北に初期流入土の顕著な堆積が見られず、上層の流入土が棺底付近から直接堆積していることは、初期流入土の堆積が形成された段階ではそこに空間が存在しなかったことを示している。

次に述べる赤色顔料分布の違いや棺床面の傷（凹み）の分布なども総合すると、このライン以南には棺の内部空間（棺

室）が存在したが、以北は材が刳り残されて空間が存在しなかったと理解することが整合的である。画文帯神獣鏡は棺室空間の北壁に内側から立てかけられていたと判断される。

**赤色顔料分布の違い**　棺床は表面全体に赤色顔料が塗布されているが、凹部中央部の長さ約2.7m、幅0.45mの細長い長方形の範囲（N2.5m～S0.2m間）はとくに赤色が鮮やかで周囲との違いが際立っている。分析の結果、この範囲内ではベンガラとともに水銀朱が検出され、範囲外では基本的にベンガラのみが検出されている。この水銀朱の範囲の北端は上述の画文帯神獣鏡が立てかけられていた棺室空間の北壁の推定位置と一致する。また木棺北端から水銀朱の範囲の北端までは約1.7m、木棺南端から水銀朱の範囲の南端まではやはり約1.7mであって、木棺全体のほぼ中央に位置する。したがって、この範囲が遺体を安置するための棺内空間（棺室）を示す蓋然性が高く、水銀朱は棺内のみに塗布されていたと理解できる。

**粘土棺床表面の傷（凹み）**　粘土棺床上には石室崩壊に伴って上部から落下した石材が粘土面に食い込んで多数の傷（凹み）をつくっている。傷が集中するのはN3m以北の北小口付近全面、N1m前後～S0.2m間の立ち上がりの内斜面から上端にかけて、S0.2～1.2m間の全面で、石室上部が崩壊を免れたS1.2m以南には石材の落下がなかったため傷は見られない。

S1.2m以南を除けば、石室崩壊に伴う石材の落下のあり方に場所による大きな違いがあったとは考えられないが、実際にはN2.5～S0.2m間の棺床底部にはほとんど傷がない。この範囲は水銀朱の分布から棺室空間の存在が想定される範囲と一致する。言い換えれば、棺床表面の傷の分布と棺室空間の範囲とは排他的な関係にある。

両者の関係は、木棺内部構造の差に起因する初期流入土の堆積状況の違いを媒介することによって説明が可能である。すなわち、石室上部の崩落前、木棺の腐朽が十分には進行していない段階で、石室内には初期流入土が流れ込み、棺外の低い場所やもともと空洞であった棺室内部に流れ込んで堆積していた。棺室部分は前後の部分と比べて材が薄く、早い段階で腐朽による穿孔が生じたために、土砂が内部に流入したと考えられる。逆に、棺室以外の部分は材がきわめて厚く、材が完全に腐朽するまでには相対的に長い時間を要したために、初期流入土が棺側に流れ、顕著な堆積を形成しなかったと推定される。

その後、石室が崩壊して多量の石材が落下した際、初期流入土がすでに堆積していた棺外の低い場所や棺室内部では落下石材は初期流入土の上面にとどまり、結果的に初期流入土が落下石材から粘土棺床面を保護する役割を果たした。それ以外の場所では落下石材が粘土棺床の立ち上がりなど高い部分や腐朽しつつあった木棺を直撃し、さらに木棺が完全に腐朽した後は、上方からの土圧に押されて棺床凹部の粘土面に食い込み、傷（凹み）を形成したと解釈できる。

## 3　木棺材

**木棺材の遺存**　木棺材は主に棺外西側の銅鏡群に接して一部が遺存していた。大きな材の残片としては、互いに折り重なって出土した1～4号鏡の鏡面を大きく覆っていた黒色化した材片がある。7号鏡の南端部分から8号鏡のほぼ全体、さらに9号鏡の北半分にかけての鏡面にも組織の崩壊した材の一部が付着していた。これらの材片は南北方向の繊維軸方向をもち、間にも崩壊した材の繊維が点々と見られることから一連のものと見られる。全体では長さ約2m弱にわたって材片が点在し、銅鏡に接して木棺材の一部が遺存したものと判断される。1～4号鏡上に遺存していた材片は取り上げ後の計測で長さ37.3cm、幅7.1cm、厚さ3.5cmを測る。表面は黒褐色を呈し、部分的に炭のように黒色化している［図43］。

**木棺材の樹種**　1～4号鏡上に遺存していた材片は樹種同定の結果クワ属の材であることが判明している（第Ⅱ部第2章第8節）。この木片は断片化しているものの、本来ひじょうに大きな木製品の一部が西棺外の銅鏡群に接して遺存したものと考えられ、出土状態からは木棺本体と判断するのがもっとも合理的である。

一方、粘土棺床面及び直上の堆積土から採取した試料55点のさらに詳細な分析の結果、ほぼ全試料から崩壊した針葉樹の細片が検出され、コウヤマキと判断される細片も含まれることが判明した（同第3節）。東海西部・近畿・瀬戸内東部の前期古墳では材の樹種同定が実施された木棺の約8割がコウヤマキ材を使用している実態を踏まえると［岡林2006］、この分析結果のもつ意味は重い。しかしながら、考古学的理解として木棺本体の一部と判断される材がクワ属であることは動かせない事実であり、『概報』でも報告したように粘土棺床面及び直上の堆積土から採取した試料には崩壊した広葉樹の木繊維や道管の細胞片も含まれることから、黒塚古墳の割竹形木棺は少なくとも木棺本体にはクワ属の材を使用したものであったと結論づけておきたい。

（岡林）

**【引用文献】**
岡林孝作2006「古墳時代木棺の用材選択」『古墳時代木棺の用材選択に関する研究』奈良県立橿原考古学研究所

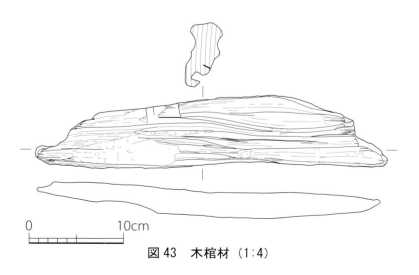

図43　木棺材　（1:4）

# 第5章　副葬品の配置

## 第1節　副葬品の出土状態

### 1　概要

　**副葬品の遺存状態**　竪穴式石室は南端部を除いて盗掘以前に大きく自然崩壊し、床面は落下した石材で埋め尽くされていた。このため、中世に行われた盗掘は石室南端部を除いて床面に到達していない。すなわち、南端部を除く石室内の大半では、木棺の腐朽消滅に伴う副葬品の二次的な移動や石室の崩壊による副葬品の破損が認められたものの、盗掘による攪乱を受けた形跡はなかった。一方、石室南端から北へ約2mまでの間は盗掘の時点でも依然として石室内空間を保っていたと考えられ、盗掘者がそこに侵入して南棺外に置かれていた甲冑類や農工具類等の副葬品を徹底的に攪乱した。

　以上の要因から、南棺外については後世の人為による攪乱を受け、副葬品配置はプライマリーな状態を失っているものの、石室床面積の約9割に相当する棺内及び東・西・北棺外については後世の人為的な攪乱を免れた状態で多量の副葬品が残されていた［表6・図44］。

　**副葬品の出土位置**　副葬品の出土位置は、大きく棺内と棺外に分けられる。

　棺内からは、棺中央部の棺室北半部を中心に水銀朱が最も濃厚に遺存する範囲をコの字形に取り囲むような状態で画文帯神獣鏡1面、直刀・剣・槍各1点が出土した。これらは遺体に添えられた副葬品と判断される。

　棺外からはきわめて多量の遺物が出土した。その出土位置は、北棺外の石室北小口部、東棺外の石室東壁沿いの隙間、西棺外の石室西壁沿いの隙間、南棺外の石室南小口部の4つの空間に分けることができる。

　粘土棺床立ち上がりの外側からずれ落ちるように内側の凹部にかかったり、平面位置的には完全に粘土棺床中央凹部内から出土したものもあるが、後述のように棺室の範囲外から出土したものは本来すべて棺外に置かれた副葬品と判断されるので、便宜的に石室中軸線以東から出土したものを東棺外、以西のものを西棺外に含めて取り扱う。また、南棺外に近いS 0.3 m以南で流入土中から出土したものについては南棺外に含めて取り扱う。

　木棺北半部をコの字形に取り囲むようにして出土した三角縁神獣鏡33面、刀剣槍類・鉄鏃・Y字形鉄製品などは、半囲繞配置ともいうべき特徴的な副葬品の配置を示す。これを単純に北・東・西棺外に分割して捉えることは適当ではないが、本来の副葬品配置を復元的に検討する上で必要なデータの提示として、まず棺内・北棺外・東棺外・西棺外・南棺外の順に出土位置ごとに副葬品の出土状態を述べる。その上で、次節以下で銅鏡・鉄製武器類といった種類ごとの副葬品の配置を整理する。

　**銅鏡の総数と個体番号**　銅鏡は、棺内から画文帯神獣鏡1面、棺外から三角縁神獣鏡33面の計34面が出土した。

　三角縁神獣鏡には連番で1～33号の個体番号を与えた。当初西棺外で16面が数えられたため、取り上げ順に1～16号鏡とし、北棺外の1面を17号鏡、東棺外の15面を同じく取り上げ順に18～32号鏡とした。その後、西棺外北端付近で鉄製品類の下からさらに1面が出土し、これを33

表6　副葬品の出土位置

| 出土位置 | 銅鏡 | 数量 | 武器・武具 | 数量 | 農工具類 | 数量 | 威儀具・その他 | 数量 |
|---|---|---|---|---|---|---|---|---|
| 棺内 | 画文帯神獣鏡 | 1 | 直刀（刀9） | 1 | | | | |
| | | | 剣（剣1） | 1 | | | | |
| | | | 槍（槍2） | 1 | | | | |
| 北棺外 | 三角縁神獣鏡<br>（17号鏡） | 1 | 鉄鏃A群 | 2 | 刺突具（1・2） | 2 | U字形鉄製品 | 1 |
| | | | | | | | 有機質製品（1） | 1 |
| 東棺外 | 三角縁神獣鏡<br>（18～32号鏡） | 15 | 素環頭大刀（刀3） | 1 | | | Y字形鉄製品（1・2） | 2 |
| | | | 直刀（刀8・10・17） | 3 | | | | |
| | | | 剣（剣2） | 1 | | | 有機質製品（2・3） | 2 |
| | | | 槍（槍6・8～12） | 6 | | | | |
| | | | 鉄鏃B～J群 | 126 | | | | |
| 西棺外 | 三角縁神獣鏡<br>（33・1～16号鏡） | 17 | 素環頭大刀（刀1・2） | 2 | 刺突具（3） | 1 | | |
| | | | 直刀（刀4～7・11～16） | 10 | | | | |
| | | | 剣（剣3） | 1 | 不明鉄器（12） | 1 | | |
| | | | 槍（槍1・3～5・7・13・14） | 7 | | | | |
| | | | 鉄鏃L～O群 | 86 | | | | |
| 南棺外 | | | 鉄鏃K・P群 | 102 | 刀子 | 12 | 土師器 | 3 |
| | | | | | 鍬 | 34 | | |
| | | | | | 斧 | 10 | | |
| | | | | | 鎌 | 3 | | |
| | | | 甲冑（小札類） | 一括 | 刺突具（4～11） | 8 | | |
| | | | | | 不明鉄器（1～11・13） | 12 | | |
| その他 | | | 鉄鏃（Q） | 17 | | | | |

※鉄鏃・鍬は破片を含めて計数しているため、表47の数値と一致しない。刺突具は便宜上1～3を1組1点として数え、4～11を破片ごとに数えた。

第Ⅰ部 調査編

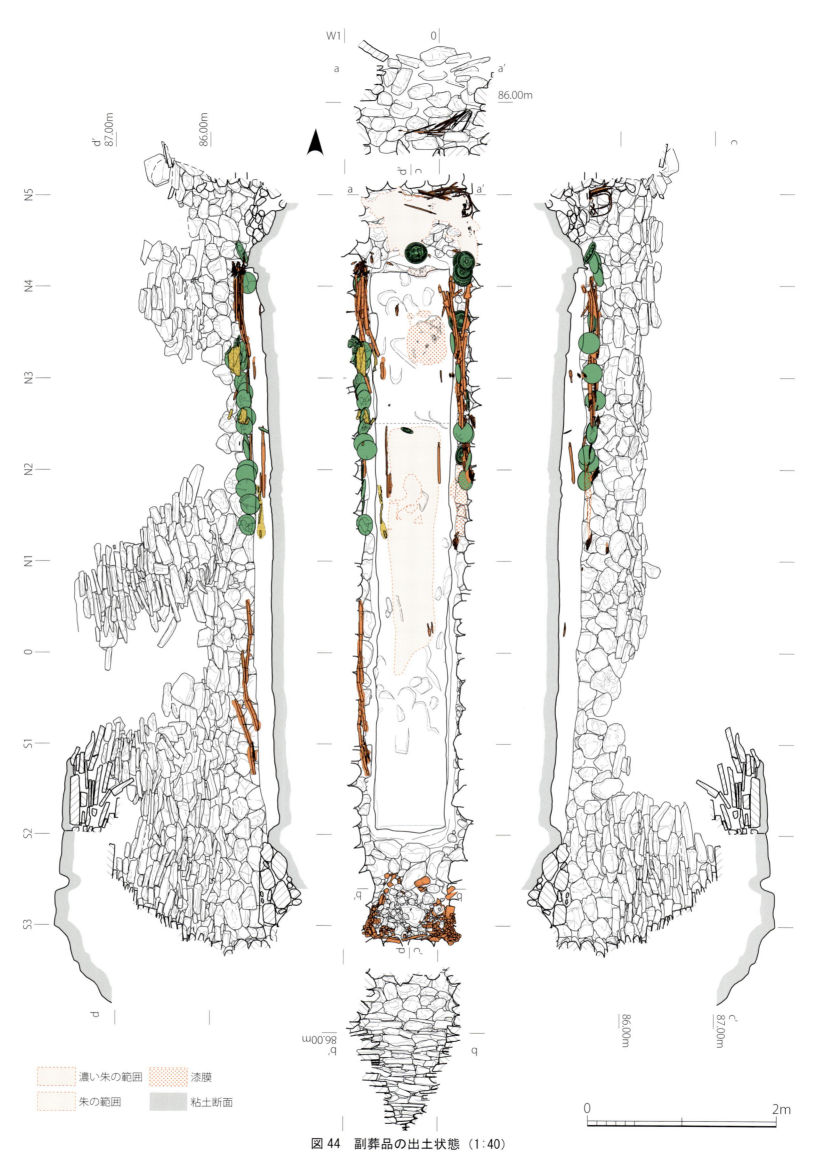

| 濃い朱の範囲 | 漆膜 |
| 朱の範囲 | 粘土断面 |

図44 副葬品の出土状態（1:40）

号鏡とした。

西・東棺外では33号鏡を除き原則として北から順に取り上げをおこなったが、鏡の重なり方によっては順序が前後した部分があるため、連番の順序と出土時点での配列の順序は完全に一致しているわけではない。なお、この個体番号は既刊の『概報』及び『三次元デジタル・アーカイブを活用した古鏡の総合的研究』(2005)の番号と共通のものである。

**鉄製品の総数と個体番号** 鉄製品は、棺内から直刀・剣・槍各1点、北棺外から鉄鏃2点、刺突具2点、U字形鉄製品1点、東棺外から素環頭大刀1点、直刀3点、剣1点、槍6点、Y字形鉄製品2点、鉄鏃(片)126点、西棺外から素環頭大刀2点、直刀10点、剣1点、槍7点、鉄鏃(片)86点、刺突具2点、不明鉄器1点(組)、南棺外から鉄鏃(片)102点、甲冑(小札類)一括、刀子12点、鉇(片)34点、斧10点、鎌3点、刺突具(片)8点、不明鉄器(片)11点が出土した。

鉄製品の個体番号は、刀・剣・槍・刀子・鉇・斧・鎌・刺突具・不明鉄器・Y字形鉄製品のそれぞれについて連番で付し、刀1、刀2、刀3・・・のように表記している。1点のみが存在するU字形鉄製品には番号を付していない。

なお、鉄鏃は一定のまとまりを形成しつつ、棺外の各所から散在的に出土している。そこで、出土位置と型式的なまとまりにもとづいてA〜P群の16群にグルーピングした[表7]。その上で、群ごとにA1、A2、A3・・・のように連番で個体番号を付した。

**有機質製品の総数と個体番号** 有機質の遺物としては、表面に塗布されていた赤色顔料からその範囲を知りうる比較的大型の有機質製品が北棺外から1点、東棺外から2点出土した。これらは断片的な漆膜の存在やわずかな刺繍の痕跡から漆塗りの革製品などである可能性が高いが、遺存状態はきわめて悪い。以上を有機質製品1〜3とした。

このほかに槍の柄や矢柄、銅鏡や鉄製刀剣槍類を包んでいた織物などに由来する断片的な漆膜や繊維がある。

**出土状態の記述方針** 遺物の出土状態は棺内・北棺外・東棺外・西棺外・南棺外の順に記述する。記述にあたっては、石室壁体や棺床、落下石材、周囲の副葬品との関係に留意し、適宜石材等にアルファベットの仮名称を与え、文中と写真に示す場合がある。

鏡の出土位置は原則的に鈕の位置で代表させ、平面的・立面的な相対位置を各種の基準で数値化した。煩雑な記述を避けるため、鏡の出土位置に関する主な数値は表8にまとめている。なお、出土状態では大部分の鏡が鏡面側を見せており、鏡背側を視認できたものは全体の3割未満であった。したがって、多くの場合鈕の位置は取り上げ後に図上で算出したもので、表8に示した数値は原則として現場での実測値ではない。

鏡の向きは、鏡の割れと鏡背文様との関係、鏡の破損・変形などに留意して記述した。鈕孔の方向については、出土状態で鈕孔方向が確認できなかったものも含め、取り上げ後の鏡背文様の三次元画像を反転して出土状態と照合して検討したが、留意すべき有意性は認められなかった。

鉄製品の出土位置は原則として長軸方向の両端の位置によって示す。銅鏡と同じく出土位置に関する主な数値は表9にまとめている。銅鏡の遺存状態が比較的良好であったことと比較して、鉄製品の遺存状態は全体に不良である。錆化が進行して互いに固着するものが多く、周囲の土にも錆が浸透して塊をつくり、現場での個体識別がきわめて困難であった。そのため、多くは塊で取り上げ、室内で分離する作業を行った。今回提示する出土状態は、その結果を現場での認識に反映し、模式的に表現したものである。したがって、表9に示した数値は原則として現場での実測値ではない。

なお、鉄鏃A〜P群のうち、南棺外の鉄鏃群は、鉄鏃K群とP群の2つのグループに分けている。いずれも攪乱のため本来の配置が不明であるが、K群は木棺南端付近の流入土から出土した一群であり、P群は粘土棺床南端以南の攪乱土から出土した一群である。このほか、落下石材の隙間の流入粗砂や東・西棺外鉄製品取り上げ後の周辺初期流入土などから最終的に篩で検出され、A〜P各群への帰属が不明の17点(片)を「不明(Q)」とした。

## 2 棺内

**棺内の空間** 第4章で記した通り、棺内は中央部の長さ約2.7m、幅0.45mの範囲のみが刳り込まれて遺体を安置するための空間(棺室)となっており、それ以外は材が刳り残されて空間が存在しなかったと判断された。

この棺室に相当する範囲からは画文帯神獣鏡1面、直刀・剣・槍各1点が出土した。腐朽消滅して存在の有無を確認できない有機質の器物を除けば、これらが棺内副葬品のすべてであったと考えられる[図49]。

**遺体の安置位置** 棺室内に相当する範囲の中でもN1.95m〜S1.5m間すなわち棺室北端から南へ約0.55mから1.0mの間には、南北約45cm、東西約20cmの範囲で水銀朱が最も濃厚に見られた[図46]。この範囲が遺体の頭部から胸部に相当すると推定され、遺体は棺室のほぼ中央に北頭位で安置

表7 鉄鏃各群の出土位置と数量(取り上げ時)

| 出土位置 | 群名 | 数量(破片含む) | (計) |
|---|---|---|---|
| 北棺外 | A群 | 2 | 2 |
| 東棺外 | B群 | 15 | 126 |
| | C群 | 13 | |
| | D群 | 16 | |
| | E群 | 31 | |
| | F群 | 1 | |
| | G群 | 12 | |
| | H群 | 16 | |
| | I群 | 20 | |
| | J群 | 2 | |
| 西棺外 | L群 | 67 | 86 |
| | M群 | 1 | |
| | N群 | 8 | |
| | O群 | 10 | |
| 南棺外 | K群 | 5 | 102 |
| | P群 | 97 | |
| その他 | 不明(Q) | 17 | 17 |

第Ⅰ部　調査編

されていたと考えられる。

　棺内副葬品の出土位置を遺体との関係で整理すると、画文帯神獣鏡は棺室北端中央に立てかけられた状態で、刀9・槍2は棺室西端、剣1は棺室東端のラインにそれぞれ沿って置かれている。刀9・剣1は鋒を南に向け、槍2は北に向けて着柄の状態で、すべて抜き身で置かれていたと理解できる。これらは全体としてあたかも棺室北端から被葬者の頭部〜胸部付近にかけての範囲を大きくコの字形に取り囲むように配置されている。

　副葬品の立面的な出土位置は、棺床凹部の中央付近から出土した画文帯神獣鏡の下端が標高85.37mと低いが、刀9は85.43〜85.44m、槍2は85.47m、剣1は85.46〜85.50mと、ほとんど高低差がない。このことは、棺身が腐朽消滅することによって棺身の厚み分は沈下したにしても、平面的な位置の移動はごくわずかであった可能性を強く示唆するものと考えてよい。

　**画文帯神獣鏡**　棺北端から南へ1.74m、棺床の東立ち上がり上端から西へ0.47m、西立ち上がり上端から東へ0.35mの位置で、画文帯神獣鏡1面が出土した。

　鏡全体の傾きの方向は北が高く南が低く、北で東にやや振れており、N20°Eであった。傾斜角度は、直立を90°とすると、約68°で北に傾いていたが、ほぼ立った状態といえる。鏡面を北に、鏡背を南に向ける。鏡背文様との関係では方格銘の「作」が上となる。

　この位置は棺室の北端ほぼ中央に該当し、画文帯神獣鏡は棺室北端の内壁面ほぼ中央に鏡面を北に向けて立てかけた状態で置かれていたと判断される。鏡周囲の土を掘り下げる過程では、平面・断面の両方で棺室北端ラインを示す土層の変化が明瞭に認識できた。また、鏡周囲の流入土は黒色に変色していた［図47］。

　鏡体には鈕孔方向の延長上に生じたひび割れが袈裟掛けに斜めに入っていたが、鈕を介してかろうじて破片化を免れていた。鏡縁の下端は棺床粘土に約1.5cm嵌入しており、鏡を取り上げると鏡面のスタンプには鮮やかな赤色顔料が付着していた。鏡面・鏡背ともに平絹の付着痕跡が認められることから、平絹に包まれた状態であったと考えられる［図48］。

　**直刀・剣・槍**　棺室西端に沿って、棺北端から南へ1.71mすなわちほぼ棺室北端に柄頭を置き、鋒を南に向け、刃を下にした状態で直刀1点（刀9）が出土した。鞘を取り外した抜き身の状態で、付着する繊維から真綿を間にはさんだ平絹で巻くように包んでいたことが判明している。平絹は赤色顔料（水銀朱）が付着し、8枚程度の重なりが観察される。

　さらに棺室西端では、直刀に沿う形で、棺北端から南へ2.21mの位置に鋒を置き、鋒を北に向けて細身の槍1点（槍2）が出土している。

　棺室東端に沿っては、棺北端から南へ1.88mに茎端を置き、鋒を南に向けて剣1点（剣1）が出土した。この剣も抜き身で、刀9と同じく赤色顔料が付着した平絹と真綿の重なりが観察され、同様に真綿を間にはさんだ平絹に包まれていたと判断される［図45］。

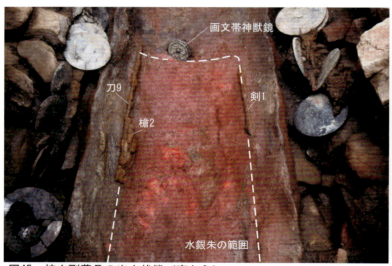
図45　棺内副葬品の出土状態（南から）

図46　棺内における濃厚な朱の分布（右が北）

図47　画文帯神獣鏡と棺室北端の土層状況（南南西から）

図48　画文帯神獣鏡取り上げ後（南から）

第 5 章　副葬品の配置

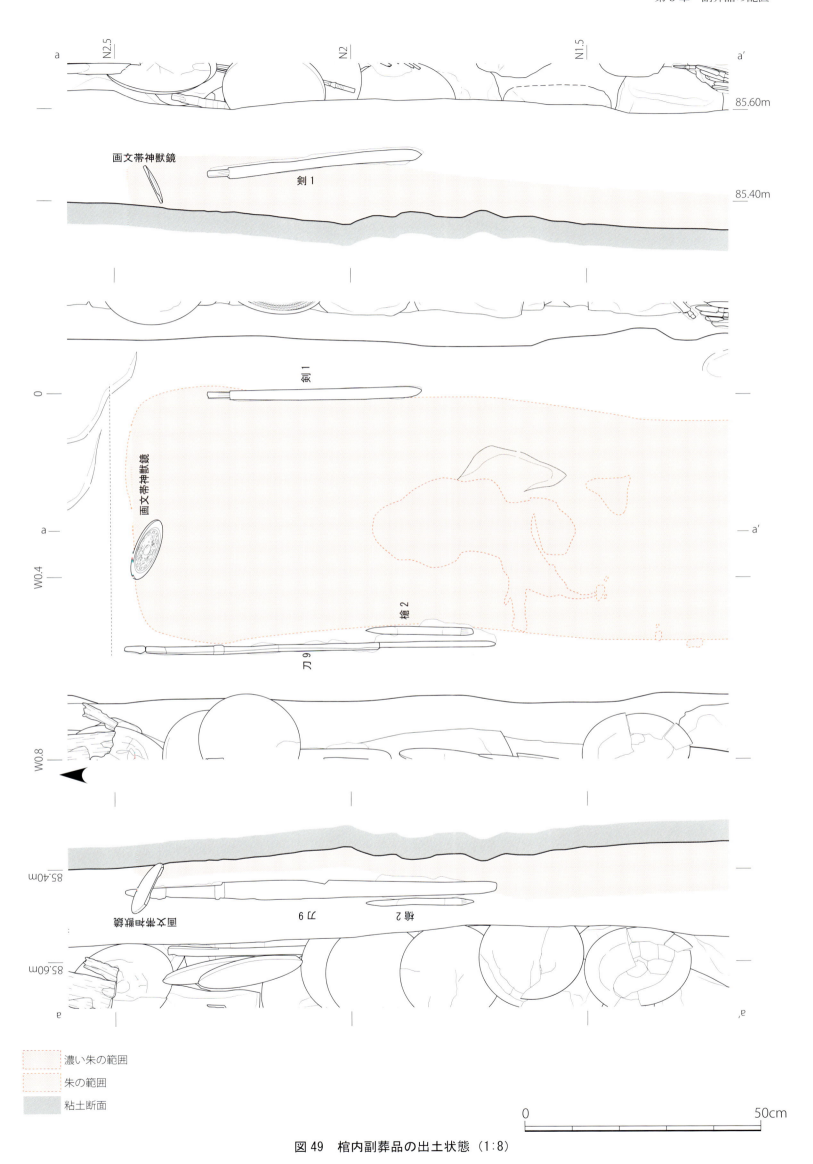

図 49　棺内副葬品の出土状態（1:8）

第Ⅰ部 調査編

図50 北棺外副葬品の出土状態（1:8）

## 3　北棺外

**北棺外の副葬空間**　粘土棺床の北小口に接する礫敷き面は、石室北壁及び東西両壁に囲まれた東西約1.1m、南北約0.7m程度の空間を形成している。礫敷き面は必ずしも水平に整えられておらず、南棺外のように小ぶりの礫で礫面の凹みを埋めるような造作は認められない。ここからは三角縁神獣鏡1面が棺北小口外のほぼ中央で鏡背を上にして、刺突具2点、U字形鉄製品1点がまとまって石室北東隅に立てかけられるようにして出土したほか、鉄鏃2点が棺北小口外の両端に分かれて出土した。

北棺外において注意されるのは、石室北壁と東西両壁に囲まれた礫敷き面のほぼ全体を覆う厚い赤色顔料（水銀朱）の面である。この面にはわずかではあるが部分的に綾杉文を刺繍した漆膜が見られ、水銀朱を塗布した有機質製品1が存在したと考えられる［図50］。

**17号鏡**　棺外の三角縁神獣鏡33面のうち、北棺外に唯一置かれた1面である。鈕の位置から粘土棺床の北小口までの距離は-0.19mを測る。石室内に落下した石材を除去しながら流入土を掘り下げる過程で1枚の板石を取り上げたところ、その下から土が黒く変色した部分が見つかった。この土を除去していくと17号鏡の鈕や鏡縁の一部が見え始めた［図51］。周辺には落下石材が散乱し、赤色顔料が多く散っていた。

17号鏡は鏡背を上に向け、最高点と最低点から算出した数値上の鏡の傾斜は約31°で、北東が高く南西が低い。鏡体には鈕の周囲及び界圏付近を一周する割れとそれらと交差する放射方向の割れが生じ、破片が微妙に移動して面が波打つような状況であった。とくに北東側の破片が東北東方向に沈み込むように傾き、逆にそれ以外の多くの破片が全体に南西側が沈むように傾いており、結果的に鈕が周囲よりも飛び出したような状態であった［図52］。上から見たとき、鈕を挟んで4匹の獣形のすべてが背を向ける2個の乳を通るラインがほぼ南北方向となる。鈕孔方向はこのラインに対して時計回りに約40°振れる。取り上げ後には黒色の流入土に押捺された鏡面のスタンプが残された［図53］。

鏡面・鏡背には複数枚の平絹が重なって付着し、平絹で包まれていたことが明らかである。スタンプの表面にも、鏡面に付着していた繊細な織物の痕跡が顕著に見られた［図54］。

**鉄鏃A群**　石室東壁に近い18〜21号鏡北側でA1、棺北小口西寄りでA2の2点が出土した。

A1は鋒がN4.37m、E0.22m、茎端がN4.40m、E0.13mにあり、鋒を東に向ける。高さは標高85.69mである。A2は鋒がN4.27m、W0.55m、標高85.63m、茎端がN4.23m、W0.48m、標高85.58mにあり、鋒を西北西に向け、粘土棺床北外斜面に密着していた。

**刺突具1・2**　石室北東隅付近で、あたかも壁面に立てかけられたような状態で鉄製刺突具2点（刺突具1・2）と次に述べるU字形鉄製品1点が出土した［図55・56］。

図51　17号鏡検出状態（上が北）

図52　17号鏡（南から）

図53　17号鏡取り上げ後（上が北）

図54　17号鏡のスタンプに残された織物痕跡（拡大）

刺突具1は棒状の部品が5本で一組になるもので、石室北壁に沿う向きで東壁に立てかけられたような状態で出土した。西側すなわち下側に先端を向ける。5本は遊離しているが、N5.18〜4.89m、E0.29〜W0.18mの南北29cm、東西47cmの範囲にまとまり、相互の位置関係は大きく崩れていない。それぞれの先端は標高85.66〜85.74mの間にある。

刺突具2は棒状の部品が4本で一組になるもので、刺突具1の西寄りに一部重複してほぼ平らな状態で出土した。西側に先端を向ける。4本は遊離し、N5.05〜4.79m、E0.12〜W0.43mの南北26cm、東西55cmの範囲に相互にほぼ平行の関係を保ったまま広がった状態であった。下端の高さは標高86.66〜85.67mの間にあって、刺突具1とともに付近の礫敷き面から約20cm程度浮いている。

U字形鉄製品　U字形に曲げた大小2本の鉄棒と、その間を連結する小部品（鉄管）21点が組み合わさったもので、刺突具1の南側に並んで東壁に立てかけられたような状態で出土した。大小のU字形鉄棒の先端を西側（すなわち下側）に向け、部品相互の位置関係をおおむね保った状態であったが、小部品は多くが落下していた。大きなU字形の鉄棒は、北側の先端がN5.01m、E0.12m、標高85.73m、南側の先端がN4.76m、E0.23m、標高85.69mにあり、上端の高さは標高85.91mであった。刺突具1・2と同じく、下端は付近の礫敷き面から約20cm浮いている。

有機質製品1　北棺外の空間のほぼ全体を覆うように、表面に水銀朱を塗った大型の有機質製品が存在したと考えられ、その下に入り込んで堆積した初期流入土をベースとして、なだらかな凹凸のある水銀朱の面を形成していた［図57・58］。

初期流入土は黒色を帯びた均質な砂質土で、落下石材をほとんど含まず、北棺外では礫敷き全体を埋没して堆積している。水銀朱の面はその上面を広く覆っており、さらにその直上には落下石材を多く含む上層の流入土が堆積していた。

水銀朱の範囲は落下石材の影響もあって不明瞭な部分もあるが、北・東・西は石室北・東・西壁まで、南は粘土棺床凹部北端まで及んでいる。その広がりはN5.09〜4.10m、E0.43〜W0.81m間の南北99cm、東西124cmに及ぶ。面の高さは棺床凹部北端がやや低いが、棺北小口以北ではおおむね標高85.60〜85.73mでゆるやかな凹凸をもつ。水銀朱の面には部分的に漆膜や細かな綾杉文の痕跡が見られた。綾杉文が確認できた部位はわずかであるが、石室東壁に沿って南北方向に連続する部位［図59・60］や、棺床凹部北端の粘土面に付着した東西方向に連続する部位［図61・62］などを確認している。

これがどのような製品であったかは不明といわざるをえないが、約1×1.3mの範囲に及ぶ大型製品で、縁辺部に綾杉文の刺繍を施していることなどを考えあわせると、盾のような器物であった可能性が考慮される。

17号鏡や刺突具・U字形鉄製品などは、礫敷き面から最大20cm程度も浮いた状態で、基本的にこの水銀朱の面をベースとして出土している。したがって、これらの副葬品は本来、北棺外の全体を覆い、一部は木棺北端にかかるように置かれ

図55　北棺外副葬品の出土状態（南から）

図56　刺突具1・2及びU字形鉄製品（南西から）

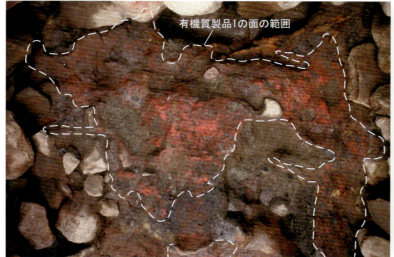

図57　有機質製品1の面（上が北）

図58　有機質製品1 半裁状況（南東から）

図59　有機質製品1　東壁付近綾杉文（西から）

図60　有機質製品1　東壁付近綾杉文（細部）

図61　有機質製品1　棺床北小口付近綾杉文（南から）

図62　有機質製品1　棺床北小口付近綾杉文（細部）

た有機質製品1の上に置かれていたと考えられる。

　水銀朱の面のベースである初期流入土は東・西棺外や棺内を埋めている均質な砂質土となんら変わるところはなく、有機質製品1の腐朽崩壊が十分進行する以前にその下に流入・堆積したと判断される。その後、有機質製品1の腐朽が進行するとともに、表面に塗られていた水銀朱が初期流入土上面に貼り付いて安定化し、結果として17号鏡や刺突具・U字形鉄製品などの出土状態に見られるようなベース面としての水銀朱の面が形成されたものと考えられる。その直上には石材を多く含む上層の流入土が一気に堆積し、最終的に水銀朱の面とともに副葬品類をパックしたと考えられる。

### 4　東棺外

　**東棺外の隙間**　東棺外からは、三角縁神獣鏡15面、素環頭大刀1点、直刀3点、剣1点、槍6点、鉄鏃（片）126点、Y字形鉄製品2点、有機質製品2点が出土した［図63・64］。その大部分は石室東壁と粘土棺床東外斜面にはさまれた狭い隙間に詰め込まれたような状態で、一部は狭い隙間から押し出されるように粘土棺床の凹み内斜面にはみ出していた。また、鉄鏃F・J群や有機質製品3は完全に粘土棺床の凹み内に落ち込んだ状態で出土しているが、後述するように本来の配置上は東棺外の副葬品群と一体のものである。

　三角縁神獣鏡15面は、北端の18〜21号鏡がやや離れているが、それ以外の22〜32号鏡は南北約2.4mにわたって一部重複しながら並んで出土した。Y字形鉄製品2点を含む刀4点、剣1点、槍6点の刀剣類の大きな束はこれらの鏡と重複していた。また、鏡・刀剣類に重なって、鉄鏃A〜I群が点々と並び、鉄鏃G・H群とI群の間には有機質製品2が介在していた。これらは18号鏡北側鏡縁（N4.16m）を北端とし、鉄鏃I群のI20茎破片（N0.91m）を南端として、南北約3.3mにわたる副葬品の集中域を形成している。この集中域は、西棺外において南北約3.1mにわたってその北半分を占める副葬品の集中域とあたかも対をなすような状況である。

　一方、西棺外とは異なり、それよりも南側の長さ約3mに及ぶ間には鉄鏃J群があるのみで、ほとんどが副葬品の空白部分となる。

　Y字形鉄製品1の茎部分、刀8の遊離した鋒部分は刀剣類の束から押し出されるような格好で、棺床凹部内斜面に沿ってずれ落ちていた。このほか、鉄鏃D群の一部・F群・J群、有機質製品3も、棺床内斜面に沿って落下していた。

　棺床凹部に落ち込んだものの一部も含めて、東棺外副葬品は原則的に石室東壁と棺床東外斜面の隙間を埋めた初期流入土内もしくはその直上から出土し、礫敷き面からは浮いた状態にある。また、副葬品の高さには相当の高低差がある。このような出土状態や位置は、東棺外副葬品の多くが本来配置されていた状態や位置をそのまま保っていない可能性を強く示唆するものである。

　鉄鏃I群上方群は石室東壁に錆着した状態で出土したが、

第Ⅰ部 調査編

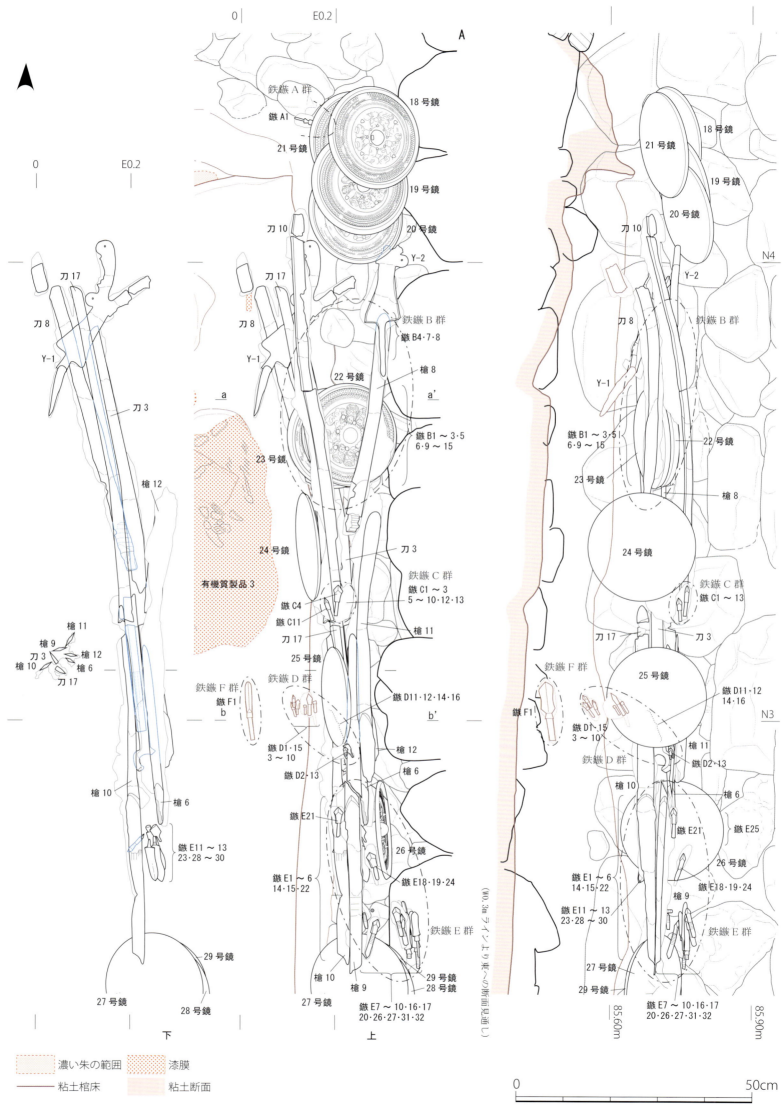

図63 東棺外副葬品の出土状態（1）（1:8）

第 5 章　副葬品の配置

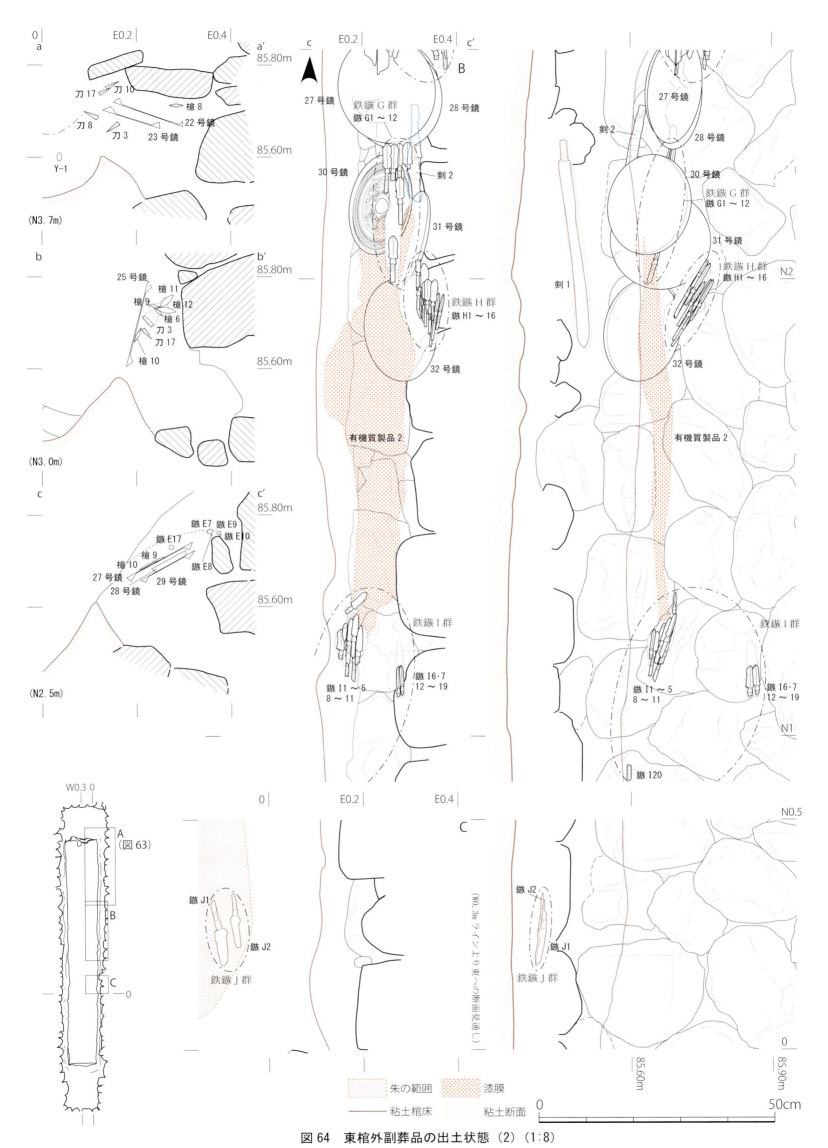

図 64　東棺外副葬品の出土状態（2）（1:8）

第Ⅰ部 調査編

図65 18〜21号鏡検出状態（南西から）
図66 18〜21号鏡及び周辺の副葬品（北西から）
図67 18〜21号鏡（西から）
図68 18号鏡取り上げ後（西から）
図69 19号鏡取り上げ後（西から）
図70 20号鏡取り上げ後（西から）
図71 21号鏡取り上げ後（西北西から）
図72 21号鏡鏡面のスタンプに残された平絹（西から）

この位置は礫敷き面から約41cmも高く、東・西棺外副葬品全般の本来の副葬位置を復元する上で参考となる。また、剣2は同一個体と考えられる破片が東・西棺外から別れて出土している。東・西棺外副葬品はすでに腐朽消滅してしまっている木棺と石室壁面との隙間あるいは木棺蓋上に置かれていたものが、木棺の腐朽とともに落下し、おおむね初期流入土の上面で落ち止まったものと想定するが、その移動のあり方も必ずしも一様ではないことが考えられる。この点については後述する。

以下、一定のまとまりごとに出土状態を記述する。

18～21号鏡　東棺外の15面の三角縁神獣鏡のうち、北から1～4面目の18～21号鏡は、鏡背を上に向けた状態で密着して重なり合い、一群となって出土した。

北端の18号鏡は棺北小口から北へ約0.10m、南端の20号鏡は南へ約0.07mに位置する。18号鏡と北から2面目の21号鏡との南北距離は約2cm、3面目の19号鏡とは約10cm、4面目の20号鏡とは約17cmである。20号鏡と北から5面目の22号鏡までは約48cmとやや離れている。

4面の重なりは上から順に18・19・20号鏡が鏡体の半分程度ずつ重なりながら重複し、最も下になる21号鏡は平面的には18号鏡にほぼ重なる位置にある。最も低い21号鏡でも下端は粘土棺床東側外斜面に敷かれた礫敷き面より約14cmも浮いており、その間には落下石材を含まない黒色化した均質な砂質土〔初期流入土〕が堆積していた。

4面はすべて鏡背を上にし、傾きの方向はN105～111°W、角度は約26～31°で、西南西が高く東北東が低い。落下石材を取り上げながら上層の流入土を掘り下げていくと、広範囲にわたって黒っぽく変色した土の中に18～21号鏡の鏡縁が折り重なって見え始めた［図65］。4面は落下石材の直撃を免れ、いずれも完形を保っていた。18号鏡は鏡面の南半部が19号鏡鏡背に密着し、北半部では21号鏡鏡背に接触していた［図67］。18号鏡を取り上げると黒色の流入土に押捺された鏡面のスタンプが残され、19・21号鏡の鏡縁部が現れた［図68］。さらに19号鏡を取り上げるとやはり鏡面のスタンプが残され、20号鏡との間には黒色の流入土が薄く介在していた［図69］。20号鏡は鏡面の北側約1/3が21号鏡の鏡背上に重なっており、20号鏡を取り上げると黒色の流入土に押捺された鏡面のスタンプが残され、21号鏡の残りの鏡縁が現れた［図70］。

18号鏡の鏡面・鏡背には3種類の平絹、19号鏡の鏡背には繊維痕跡、20号鏡の鏡面・鏡背には複数枚の平絹、21号鏡の鏡面には4枚程度の平絹、鏡背には繊維痕跡が見られ、現場でも21号鏡取り上げ後の鏡面のスタンプに織物の存在が観察できた［図71・72］。したがって、これら4面の鏡は、それぞれ織物に包まれた状態であったと考えられる。

22・23号鏡　東棺外の北から5・6面目の22・23号鏡は、ほぼ同位置で上下に重なって出土した。上側の22号鏡は棺北小口から南へ約0.55mに位置し、下側の23号鏡はそこから約8mm南にある。2面ともに鏡背を上にし、傾きの方向はN101°W、角度は約21～22°で、西南西が高く東北東

図73　22～24号鏡検出状態（西から）

図74　22・23号鏡及び槍8・刀10・刀17（左が北）

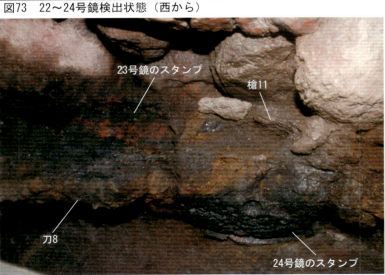

図75　22～24号鏡取り上げ後（西から）

図76　24号鏡（北西から）

が低い。22号鏡は完形である。23号鏡は銘帯付近を約3/4周する割れと、そこから外区に向かってのびる数条の放射方向の割れによって大きく4片に割れていたが、出土時には互いの位置関係を保っていた。

22・23号鏡から24号鏡にかけての直上には大きな板石が落下しており、それを除去すると各鏡の鏡縁の一部が姿を現した。周囲の土には青銅の影響による黒ずみが広範囲に見られるとともに、22号鏡の直上にある鉄製品の影響で鉄錆が染み込んでいた［図73］。22号鏡の直上には槍8・刀10・17がのっていた［図74］。22・23号鏡は互いに密着していたため、間に介在が予想される有機物等を調査する目的で一括して取り上げた。取り上げ後には黒色の流入土に鏡面のスタンプが残され、その表面には23号鏡の直下にある刀3・8に由来する錆が縞状に見られた［図75］。22～25号鏡及びその下部の鉄製品類より以下は、礫敷き面まで均質な砂質土（初期流入土）が堆積していた。

22号鏡の鏡縁には平絹が付着し、23号鏡の鏡面には繊維痕跡が見られた。

24号鏡　東棺外の北から7面目の鏡で、棺北小口から南へ約0.80mに位置する。

22・23号鏡とともに大きな板石の直下にあり、それを除去すると鏡縁上端が見え始めた［図73］。完形で、鏡面を木棺側に向けてほぼ直立しており、鏡背側に存在する刀3・8・10・17など多数の鉄製品の錆が土に浸透して鏡縁にまわり、それによって固定されたような状態であった。背後の鉄製品に押し出されるような格好で、下端部は粘土棺床東側立ち上がりの内斜面上端に接触している［図76］。

取り上げ後には、銅錆と鉄錆の浸透した黒色の初期流入土に押捺された鏡背のスタンプが残された［図75］。鏡面には繊維痕跡が見られた。

25号鏡　東棺外の北から8面目の鏡で、棺北小口から南へ約1.13mに位置する。

北から5～7面目の22～24号鏡の鏡縁が垣間見えた時点で、25号鏡の直上を覆う土には青銅の影響による黒ずみが顕著に見られ、その下に鏡の存在が予想された［図73］。この土を除去すると、25号鏡の鏡縁が姿を現すとともに、その西側には大きな板石の落下が見られた［図77］。板石を取り上げ、その背後の流入土を除去すると、25号鏡の全体が姿を現した。完形で、鏡面を木棺側に向けてほぼ直立しており、下端部は粘土棺床東側立ち上がりの上端に接触している。鏡背側に存在する刀8・17、槍6・9～12に由来する錆が鏡縁にまわり、それによって固定されたような状態であった。また、鏡面の下端付近には鉄鏃D群の一部が付着していた［図78］。

取り上げ後には、黒色の初期流入土に押捺された鏡背のスタンプが残された。スタンプの表面には背後にある鉄製品類の錆が縞状に見られた［図79］。鏡面には繊維痕跡が見られた。

26号鏡　東棺外の北から9面目の鏡で、棺北小口から南へ約1.42mに位置する。

北から7～9面目の24～26号鏡はこの位置に存在する

図77　22～25号鏡検出中の状態（西から）

図78　25号鏡（西から）

図79　25号鏡取り上げ後（西から）

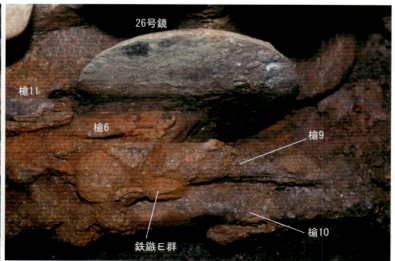

図80　26号鏡（西から）

鉄製品群と混在しながら、ほぼ立った状態で出土している。24・25号鏡が鉄製品群の西側すなわち棺に近い側にあるのに対し、26号鏡は東側にある。完形で、鉄製品群と石室東壁とのわずかな隙間に挟まれて鏡面を西に向けて直立した状態であった。

鉄鏃E群等の細かな鉄製品類を取り上げると、その下には黒色を帯びた均質な砂質土（初期流入土）が堆積しており、26号鏡の下半部を埋めていた。26号鏡は手前側にある鉄製品類と背後にある石室東壁の下から2段目の塊石2個との間の狭い隙間に入り込んだ状態であった［図80］。鏡面には繊維痕跡が見られた。

27〜29号鏡　東棺外の北から10〜12面目の27〜29号鏡は、3面がほとんど同じ位置に重なっていた。それぞれの平面的な位置関係は微妙であるが、南北方向を基準とすれば、北から10面目の27号鏡が最も北にあって、11面目の29号鏡との南北距離は約2mm、12面目の28号鏡とは約1.6cmである。27号鏡と北から9面目の26号鏡までの南北距離は約35cm、28号鏡と北から13面目の30号鏡までの南北距離は約24cmある。重なりの点では、上から順に27〜29号鏡となる。

まず、石室東壁の下から2段目の塊石の凹みに寄りかかるような形で、27・28号鏡の鏡縁が見え始めた［図81］。鏡の直上を覆う土には青銅の影響による黒ずみが顕著に見られた。この土を除去すると、27〜29号鏡の3面がいずれも鏡面を上に向けて重なった状態で姿を現した［図82］。3面はそれぞれの間に介在する有機物等の調査のため、一括で取り上げた。27〜29号鏡及び鉄製品の下には、黒色を帯びた均質な砂質土（初期流入土）が堆積し、29号鏡鏡背のスタンプが残された［図83］。

27〜29号鏡の傾きの方向はN97〜102°W、角度は約29°で、東が高く西が低い。27号鏡は直下にある28号鏡鏡面に密着しており、上方からの圧力によって鈕の周辺が若干陥没するように変形していた。鈕の周囲はひび割れ、南北方向にも割れが生じて、内区全体が微妙に凹むように変形していたが、かろうじて完形を保っていた。28号鏡も27号鏡の鈕に圧迫され、破片どうしの位置関係は保ちつつも4片程度に割れている。最も下の29号鏡は完形であった。

27号鏡の鏡面・鏡背には繊維痕跡、28号鏡の鏡面には平絹、鏡背には繊維痕跡、29号鏡の鏡面には繊維痕跡が見られた。したがって、これら3面の鏡は、それぞれ織物に包まれた状態であったと考えられる。

30・31号鏡　東棺外の北から13・14面目の30・31号鏡は近接して出土しているが、30号鏡は西側に、31号鏡は東側にそれぞれ傾いた状態であった。両者の南北間距離は約9cmと位置関係的にはほぼ重複しており、ともに鏡面を木棺の側に向けることからみても、30・31号鏡の関係は22・23号鏡や27〜29号鏡などに近いあり方であったと考えられる。

重なりの点では、30号鏡が西側にあり木棺に近く、31号鏡が東側で木棺から遠い側にある。30号鏡と27〜29号鏡

図81　27〜31号鏡検出状態（西から）

図82　27〜29号鏡（右が北）

図83　27〜29号鏡取り上げ後（西から）

図84　27〜32号鏡（南西から）

第Ⅰ部　調査編

のうち最も南側にある28号鏡との南北距離は約24cmである。

石室内に落下した石材を取り上げながら流入土を掘り下げる過程で、27・28号鏡の鏡縁とともに30・31号鏡の鏡縁が見え始めた［図81］。30・31号鏡の間には鉄鏃G群が介在し、周囲の土に鉄錆が蔓延するとともに、さらに広範囲にわたって青銅の影響による黒ずみが顕著に見られた。この土を除去すると、30・31号鏡の大部分が姿を現した。30号鏡鏡背の下部は折り重なった鉄製品の下に隠れた状態であった［図84・85］。

31号鏡を取り上げると、黒色を帯びた均質な流入土に31号鏡鏡背下半部のスタンプが残された。鏡縁下端には赤色顔料が溜まり、鮮やかな色彩を見せていた［図86］。

30号鏡の傾きの方向はN80°W、角度は約53°で、西が高く東が低い。31号鏡の傾きの方向はN103°E、角度は約74°で、逆に東が高く西が低い。30号鏡は大きく3片に割れているが、出土時には相互の位置的関係を保持しており、31号鏡は完形であった。ともに鏡面・鏡背に繊維痕跡が見られた。

32号鏡　東棺外の15面のうち南端の鏡で、粘土棺床の北小口から南へ約2.29mに位置する。30～32号鏡はわずかずつ重複しているが、重なりの順序の点では木棺から最も遠い側にある。

完形で、鏡面側を見せつつ大きく東に傾いて東壁最下段の塊石に接していた。傾きの方向はN80°E、角度は約47°であった。鏡面の上部には鉄鏃H群がのるような格好で存在

する［図84］。32号鏡の下には黒色を帯びた均質な砂質土（初期流入土）が堆積していた。取り上げ後には、流入土に鏡背のスタンプが残された［図86］。鏡面・鏡背には繊維痕跡が見られた。

Y字形鉄製品　Y字形鉄製品は2点があり、いずれも東棺外鉄製品群の北端付近から近接して出土している。

Y字形鉄製品1は刀10・17の鋒寄りの下、刀3・8の鋒寄りの上にはさまれるようにして出土した。本来茎を南に向けていたものが、刀群の鋒側が西に向けてずれ動き、茎側の約半分が粘土棺床凹部にかかっていた［図87・88］。北端の位置はN4.04m、E0.14m、標高85.69m、南端（茎先端）はN3.67m、E0.02m、標高85.58mである。

Y字形鉄製品2は20号鏡の下に一部が重なり、槍8の上にのる形で、茎を南に向けて出土した［図87］。北端の位置はN4.03m、E0.33m、標高85.75m、南端（茎先端）はN3.76m、E0.30m、標高85.73mである。

2点とも刀・槍類と同じく黒みがかった砂質土（初期流入土）をベースとし、Y字形鉄製品1の棺床凹部内斜面側に落ち込んだ部分を除けば礫敷き面から約17～23cm浮いた状態であった。

素環頭大刀・直刀　東棺外からは素環頭大刀1点（刀3）、直刀3点（刀8・10・17）が出土した。すべて鋒を北に向け、ひとまとまりをなしていた。

出土状態の上下関係は上から刀10・17・3・8の順である。刀10・17と刀3・8の間に22・23号鏡とY字形鉄製品1

図85　30号鏡（右が北）

図86　31・32号鏡取り上げ後（西から）

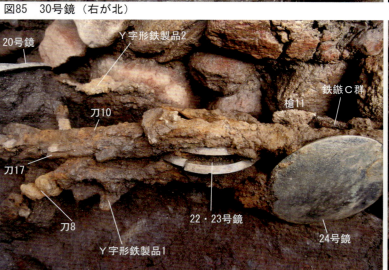

図87　東棺外北端付近鉄製品（西から）

図88　Y字形鉄製品1（北西から）

がはさまれるように介在する。

　刃の向きは、刀10・17が東、刀3・8が西で、22・23号鏡とY字形鉄製品1を介して上下で反転している［図87・88］。

　南北方向における出土位置関係をみると、鋒の位置は刀10が最も北のN4.10mにあり、刀8がN4.00m、刀17がN3.95m、刀3がN3.87mの順に約23cmの出入りがある。一方、茎端の位置は、最も北の刀8がN3.32m、最も南の刀3がN2.89mと、長さの違いを反映して約43cmと差が開いている。東西方向には、全体に鋒側がY字形鉄製品1とともに西へずれ動き、約半分が粘土棺床凹部にかかっていた。

　刀10・17は、22・23号鏡の取り上げに先立って槍8などとともに先行して取り上げた。ともに無数の折れを生じ、2本揃って同様のゆるやかなS字カーブを描くように変形したまま錆着した状態であった。22号鏡鏡背とは密着しており［図89］、下側の刀17下面には22号鏡鏡縁の錆が付着していた。なお、刀17は、24号鏡と25号鏡の間、N3.2m付近で折れ、茎を含む長さ約33cm程度の部分が遊離して刃を下にした状態で落下していた。その最下部は標高85.68mで、折損部では7cmほど落下している。

　刀3はY字形鉄製品1と23号鏡の下にあり、茎部分がわずかに刀8の上にかかる。N3.3m付近で大きく折れ、それよりも北側の刀身の大部分は刀10・17の取り上げ後に西やや上方に刃を向けて姿を現した。それよりも南側の部分は刃を上方やや東に向けて回転し、槍6の直下に隠れていた。

　刀8は重なりの最も下にあり、鋒側は刀群の中で最も西方向にずれ、とくに鋒部分は折れて遊離し、棺床東立ち上がりの内斜面に沿って標高85.62mまで落ち込んでいた。東棺外の刀・槍群中最も低い出土位置である。刀10・17の取り上げ後に付着した土を取り除いたところ、柄木に平絹を丁寧に巻いた状態が確認できた［図90］。

　刀3・8・10・17は原則的にいずれも黒みがかった砂質土（初期流入土）をベースとし、棺床凹部側に落ち込んだ部分を除けば礫敷き面からは約16〜26cm浮いた状態であった。

　槍　東棺外からは槍6点（槍6・8〜12）が出土した。

　すべて鋒を北に向け、北から順に槍8、槍12・槍11の2点、槍10・槍9・槍6の3点がそれぞれまとまりをなしていた。22・23号鏡の取り上げに先立って北端の槍8を別に取り上げた以外は、槍6・9〜12は刀3・17の断片とともに塊の状態のまま一括で取り上げた。

　槍8は、22号鏡の直上に密着し、鋒がY字形鉄製品2直下のN3.89m、茎端がN3.41mの位置にある［図74］。重なりの上では茎部分が槍12鋒の上になる。22号鏡よりも北側は黒みがかった砂質土（初期流入土）をベースとし、下方に向かって赤みの強い鉄錆を浸透させていた。下端の位置は礫敷き面より約20cm浮いた状態であった。

　槍11・12は上下に重なり、24・25号鏡や刀類と石室東壁の間にはさまれていた。上側の槍11の鋒がN3.45m、下側の槍12の鋒がN3.49mにあってほぼ鋒の位置を揃えている。N3.2〜3.3m付近の東壁3段目の塊石が壁面から押

図89　22〜24号鏡、刀10・17（北西から）

図90　刀3・刀8（西から）

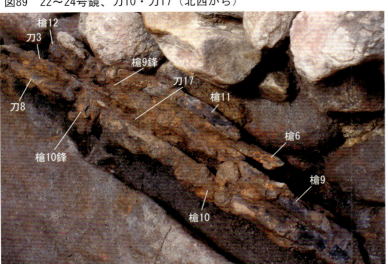

図91　槍6・9〜12（南西から）

図92　26・27号鏡、槍6・9〜12（西から）

し出されたことによる圧迫を受け、槍11はN3.2m付近でくの字に曲がり、槍12は同じ場所で完全に折れている［図91］。南半部で位置的に重なる槍6・9・10との関係は、上から順番に槍11・9・12・6で、槍10が最も下になる。

槍6・9・10は北半部が槍11・12の西に密着し、やはり25号鏡の東側に密着するほか、26号鏡の西側にあり、茎から柄にかけては27〜29号鏡の上にのる。上下関係では上から槍9・6・10の順となる。槍6の鋒がN3.16m、槍9の鋒がN3.18m、槍10の鋒がN3.25mにあって、これらもほぼ鋒の位置を揃えているといえるであろう［図92］。

槍9は山形装具付近で折れ、鋒の方向がやや高くなっており、その下に槍6の槍身がもぐり込んでいた。現場でも山形装具が観察され、柄の漆膜が27号鏡の上に被さっていた。槍10は槍身のなかほどで25号鏡鏡背に接し、銅錆が付着していた。鋒は折れて遊離している。槍9と同じく現場でも山形装具が観察され、柄の漆膜が27号鏡の上に被さっていた。槍6は大部分が槍9・12の下に隠れ、茎部分のみが26号鏡に接して南へ突き出していた［図93］。

槍6・9〜12もすべて初期流入土をベースとし、礫敷き面からは約17〜23cm浮いた状態であった。

**剣**　剣は東棺外からは剣2の茎を含む剣身の約半分の破片のみが出土した。27〜29号鏡の下に茎を置き、31号鏡の下に鋒寄りを欠いた剣身が隠れるように存在し、これらの鏡の取り上げ後に錆の塊として姿を現した［図86］。鋒側を欠いているが、出土状態の向きとしては鋒側が南になる。石室東壁最下段の塊石に密着し、付近の礫敷きよりも約11〜15cm浮いた位置にあった。

なお、剣2の鋒側の破片は大きく離れ、西棺外から出土している。

**鉄鏃B群**　全部で15点からなる鉄鏃群で、Y字形鉄製品2茎部の下、槍8鋒付近の上に、両者に挟まれるようにして3点（B4・7・8）、22・23号鏡の直下から12点（B1〜3・5・6・9〜15）が出土した。槍8鋒付近の3点は槍8に錆着し、いずれも鋒を北に向けていた。2面が重なって出土した22・23号鏡は間に介在する土中に含まれる有機物を調査する目的で重なった状態で一括して取り上げたが、その際、直下に存在した鉄鏃12点も土ごと落下し、その場に散乱したことで鉄鏃群の存在に気づいた。そのため、これら12点については鋒の向き等詳細を確認できなかった。

**鉄鏃C群**　24号鏡背後の刀10の茎端付近上に、錆で固定された大きな土の塊として存在した［図94］。この塊の中の鉄鏃群は13点（C1〜13）あり、すべて鋒を北に向け、N3.29〜3.21m間、E0.17〜0.23m間の南北約8cm、東西約6cmの範囲にまとまっている。高さは最も高い場所で標高85.77m、低い場所で85.74mである。

**鉄鏃D群**　25号鏡背後の槍10・11上から粘土棺床東側立ち上がり付近にかけて、2群に分かれて全部で16点出土した鉄鏃群である［図95］。粘土棺床東側立ち上がり付近の一群10点（D1・3〜10・15）は、立ち上がり上端よりも上方では25号鏡鏡面に付着した黒ずんだ砂質土をベースとす

図93　槍6・9〜11、鉄鏃E群（西から）

図94　鉄鏃C群（西から）

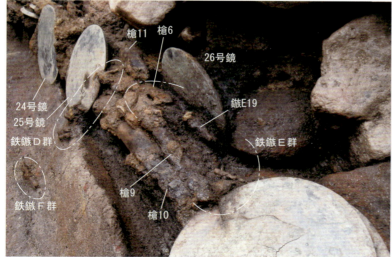

図95　鉄鏃D〜F群、槍6・9〜11（南西から）

図96　鉄鏃D群（西から）

るのに対し［図96］、下方では棺床凹部にずれ落ちて内斜面に貼り付いていた。これらの群全体としての広がりはN3.05～3.00m間、E0.10～0.16m間で、約5～6cm四方の範囲にまとまっている。最も高い位置は標高85.64m、低い位置は85.55mで、高低差は約9cmある。鋒の方向はいずれも北で、鋒側がやや下を向く。25号鏡背後の槍10上には4点（D11・12・14・16）、槍11上には2点（D2・13）あり、後者はN2.95～2.92m間、E0.21～0.23m間、標高85.73～85.74mの範囲にまとまっている。鋒の向きは北である。他の10点よりも高い位置にあるが、一群として見た場合にはより原位置に近いと考えてよいであろう。

　鉄鏃E群　25号鏡の東側から26号鏡の西側を通り、27～29号鏡の上にのる槍群（槍6・9・10）の上に点々と散った状態で31点が出土した鉄鏃群である。群全体としてはN2.81～2.46m、E0.19～0.38m間の南北約35cm、東西約19cmの範囲に広がり、単独あるいは数本から5～6本程度の小群にまとまりながら南北に並ぶ［図95］。立面的に見ると、最も高い位置は標高85.79m、低い位置は85.66mで、高低差は約13cmである。

　南端の一群11点（E7～10・16・17・20・26・27・31・32）は数がまとまっており、一部が27号鏡の上にのるほか、槍9・10の柄の東側に一塊になっている［図92］。南端の一群のベースは黒ずんだ砂質土（初期流入土）である。南北両端の間には、鋒を北に向けた2～3点が散っており、E21とE18・19・24は槍9よりもわずかに高い位置にある。いずれも鋒の向きは北である。一方、9点（E1～6・14・15・22）は一塊になって槍10の下まで落下しており、鋒の向きが南のものが含まれる［図80］。

　鉄鏃F群　鉄鏃D群の西側で、粘土棺床凹部内斜面のさらに低い位置から鉄鏃1点（F1）が出土した。付近の棺床東立ち上がり上端から約12cm下がった位置である。D群を構成する鉄鏃とは形式的な違いが大きいことから、D群とは分離してF群とした［図95］。

　鋒を北に向け、刃を上下にした状態で粘土面に貼り付いていた。鋒はN3.08m、E0.01m、標高85.46、茎端はN2.96m、E0.02m、標高85.49mに位置する。

　鉄鏃G群　30・31号鏡にはさまれる位置にあり、主に30号鏡鏡背の上にのる格好で出土した鉄鏃群である［図97・101］。

　全部で12点あり、N2.29～2.00m、E0.24～0.30m間の南北約29cm、東西約6cmの範囲に、いずれも鋒を北に向けて南北にまとまって並ぶ。北端に鋒位置を整然と揃えた一群（G1～3・6～12）があり、それより南にG4、さらにG5が若干離れて存在する。最も高い位置はG1～3・6～12北端で標高85.70m、最も低い位置は南端のG5の茎端で85.64mである。高低差は約6cmあり、あたかも北端の一群から2点が脱落するように滑り出たかのようである。

　有機質製品2　30・31号鏡にはさまれるような位置から32号鏡の上を通り、鉄鏃I群にかけての初期流入土上で、赤色顔料の面的な広がりを確認した。この面には微細な漆膜

図97　鉄鏃G群（右が北）

図98　東棺外有機質製品2の痕跡（西から）

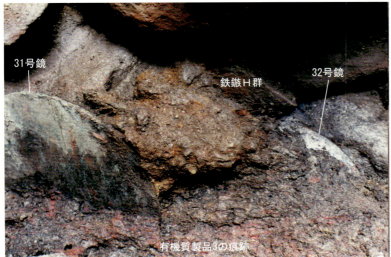

図99　鉄鏃H群（西南西から）

図100　鉄鏃I群（南西から）

第Ⅰ部 調査編

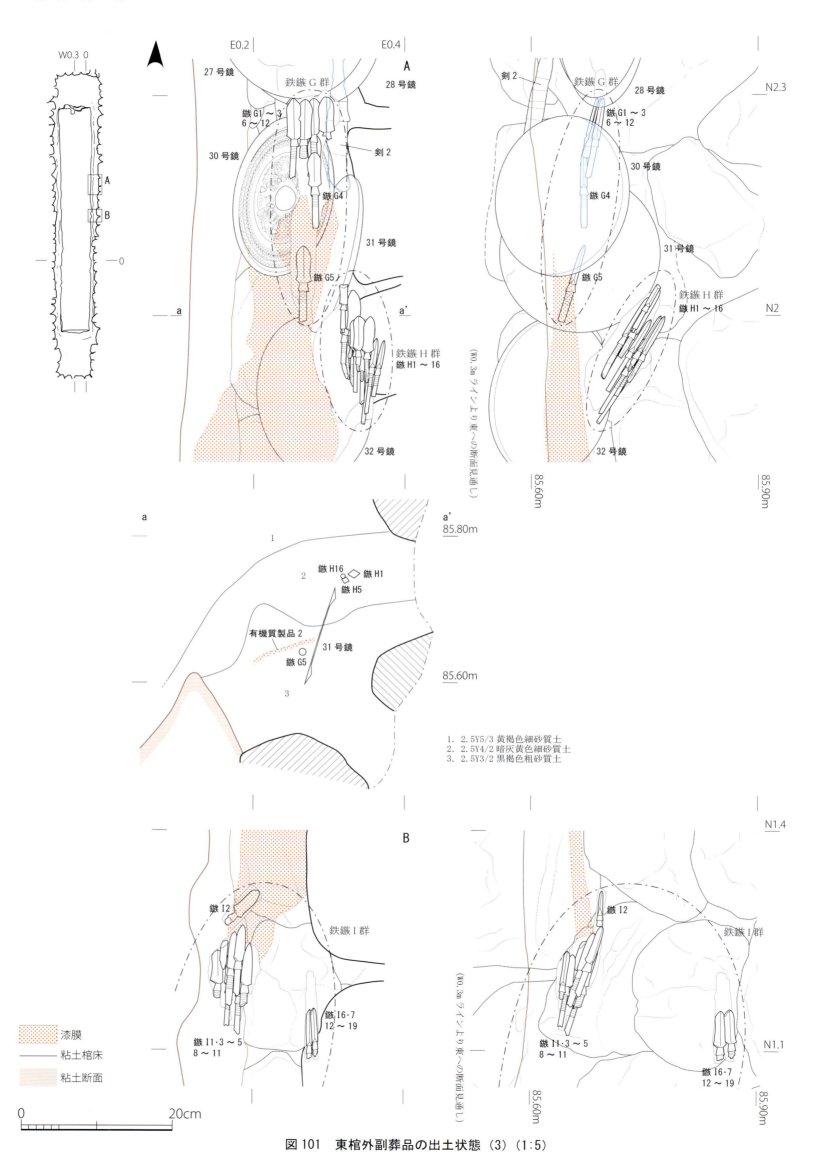

図101 東棺外副葬品の出土状態（3）（1:5）

状のものの破片が散っており、漆塗りの有機質製品の存在が想定された［図 98］。赤色顔料の面的な広がりは、N2.16 〜 1.22m、E0.12 〜 0.32m の間の、南北長約 94㎝、東西幅約 20㎝ の範囲に広がる。表面はやや凹凸があり、最も低い場所で標高 85.63m、最も高い場所で標高 85.69m である。ほぼ赤色顔料の範囲として痕跡を残すのみで製品自体は遺存しないが、平面、立面的な位置関係から見て、鉄鏃 G 群に関わる盛矢具であった可能性が想定できる。

**鉄鏃 H 群**　31 号鏡の南寄りから 32 号鏡の東端付近にのり、石室東壁に密着する位置で出土した鉄鏃群である［図 99・101］。

全部で 16 点あり、N2.04 〜 1.86m、E0.31 〜 0.37m 間の南北約 18㎝、東西約 6㎝ の範囲に、鋒を北に向けてまとまっている。全体に北側が高く、最も高い位置で標高 85.78m、最も低い位置は南端の 1 点の茎端で標高 85.69m である。高低差は約 9㎝ あり、本来鋒を揃えてまとまっていたものが順次南に向かってずれ落ちたかのような状況である。

**鉄鏃 I 群**　有機質製品 2 の痕跡の南端付近で、上下 2 群に分かれて 20 点が出土した鉄鏃群である［図 100・101］。

下方群は 9 点（I1 〜 5・8 〜 11）あり、初期流入土をベースとして N1.31 〜 1.12m、E0.14 〜 0.20m 間の南北約 19㎝、東西約 6㎝ の範囲に分布する。北端の 1 点がわずかに遊離して鋒を北東に向ける以外は、すべて鋒を北に向けてまとまっている。全体にわずかに北側が高く、最も高い位置で標高 85.70m、最も低い位置は南端の 1 点の茎端で標高 85.65m である。立面的には有機質製品の痕跡と同じベース上にある。

上方群は 10 点（I6・7・12 〜 19）あり、平面的な位置は N1.15 〜 1.08m 間とほぼ下の群の真上に位置するが、高さは標高 85.85 〜 87m と約 17㎝ も高い位置にある。石室東壁の 3 段目から 4 段目にかけての塊石の間に詰め込まれた粘土に密着した状態であった。鋒の方向はすべて北である。

なお、これらの群からさらに南へ約 27㎝ 離れた位置に茎の破片（I20）が散っていた。高さは標高 85.60m であった。

上方群の出土位置は、東・西棺外の副葬品の中では最も高く、礫敷き面との比高差は約 41㎝ に達する。壁面の塊石間に充填された粘土になかば食い込んで密着し、本来の副葬位置に近い高さを保持したものと判断される。下方群は本来上方群とひとまとまりであったものが、木棺の腐朽などの経年的な環境変化によって分離し、初期流入土の直上まで落下したものと考えられる。

**鉄鏃 J 群**　鉄鏃 I 群の約 0.6m 南で、粘土棺床凹部内斜面のさらに低い位置から鉄鏃 2 点（J1・2）が出土した［図 64］。東棺外の副葬品としては南端に位置する。付近の棺床東立ち上がり上端から約 18㎝ 下がった位置に、鋒を南に向け、刃をおおむね水平にした状態で粘土面に貼り付いていた。N0.34 〜 0.18m、W0.12 〜 0.06m、標高 85.40 〜 42m の範囲に位置する。

**有機質製品 3**　木棺北小口から南へ約 0.25 〜 1.04m の粘土棺床凹部東寄りの位置に、東西約 41㎝、南北約 79㎝ のいびつな隅丸長方形の範囲で水銀朱の面的な広がりが見られた。N3.94 〜 3.15m、W0.34 〜 E0.07m の範囲である。高さは標高 85.45 〜 85.51m で、粘土面に密着していた。この面には不明瞭ながら微細な漆膜状のものの破片が散っており、東寄りには南北方向の綾杉文の痕跡も見られ、漆塗りの有機質製品の存在が想定された［図 102］。

## 5　西棺外

**西棺外の隙間**　西棺外からは、三角縁神獣鏡 17 面、素環頭大刀 2 点、直刀 10 点、剣 1 点、槍 7 点、鉄鏃（片）86 点、刺突具 1 点、不明鉄器 1 点（組）が出土した［図 103 〜 105］。その大部分は石室西壁と粘土棺床西外斜面にはさまれた狭い隙間に詰め込まれたような状態で、一部は狭い隙間から押し出されるように粘土棺床凹部内斜面にはみ出していた。また、不明鉄器 12 は完全に粘土棺床の凹み内に落ち込んだ状態で出土しているが、東棺外と同じく本来の配置上は西棺外の副葬品群と一体のものである。

三角縁神獣鏡 17 面は、北端の 33 号鏡のみがやや離れているが、それ以外の 1 〜 16 号鏡は南北約 2m にわたって少しずつ重複しながら並んで出土した。33・1 号鏡間には約 0.7m の間隔があり、素環頭大刀・直刀（北群）8 点（刀 1・2・4・5・7・11 〜 13）、剣 1 点（剣 3）、槍 7 点（槍 1・3 〜 5・7・13・14）の刀剣槍類の大きな束があたかもその間を埋めるように重複していた。この束の北側には、鉄鏃 L 群がまとまっていた。また、6・7 号鏡の上から剣 2 の鋒側の破片が、10

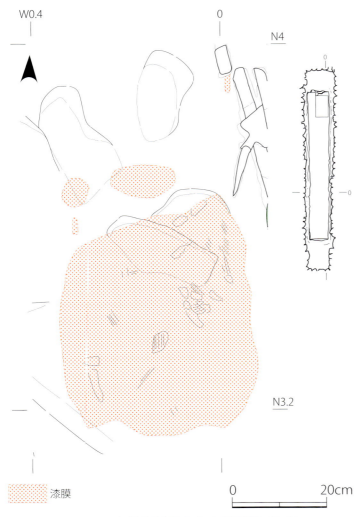

図 102　有機質製品 3 出土状況図（1:8）

第Ⅰ部 調査編

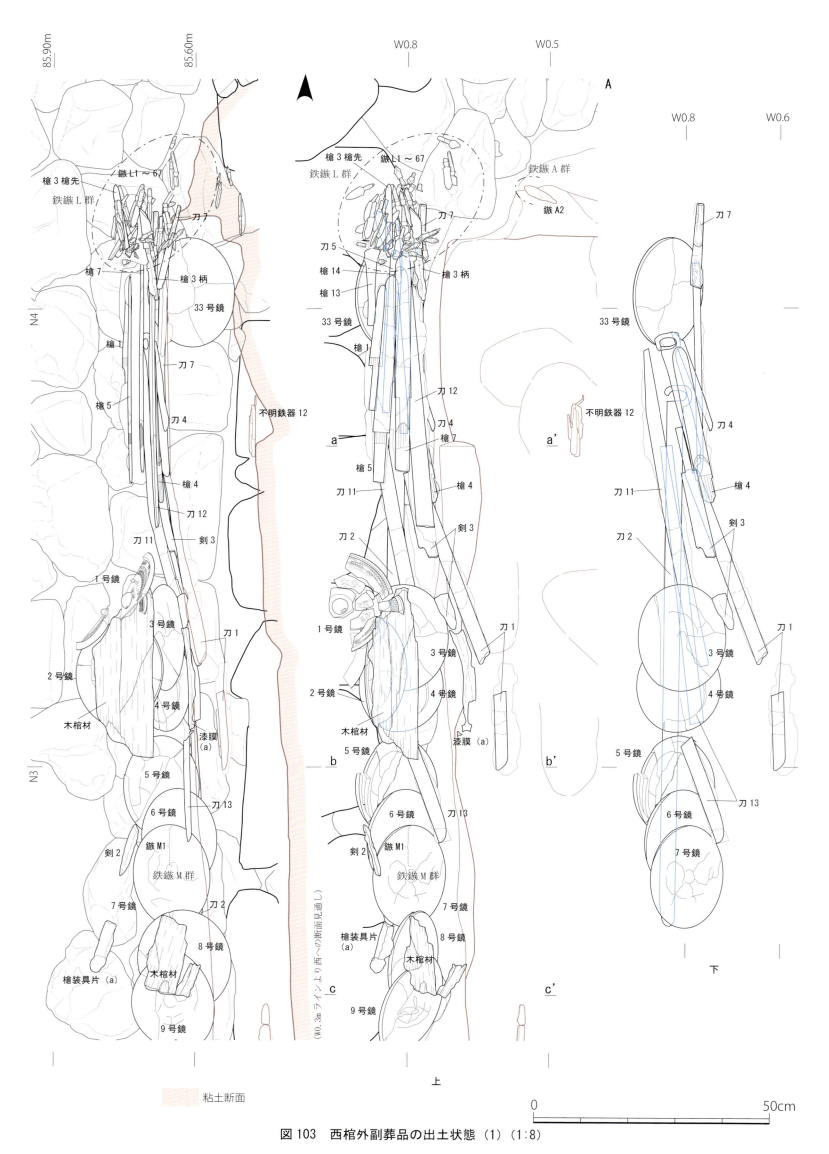

図103 西棺外副葬品の出土状態(1)(1:8)

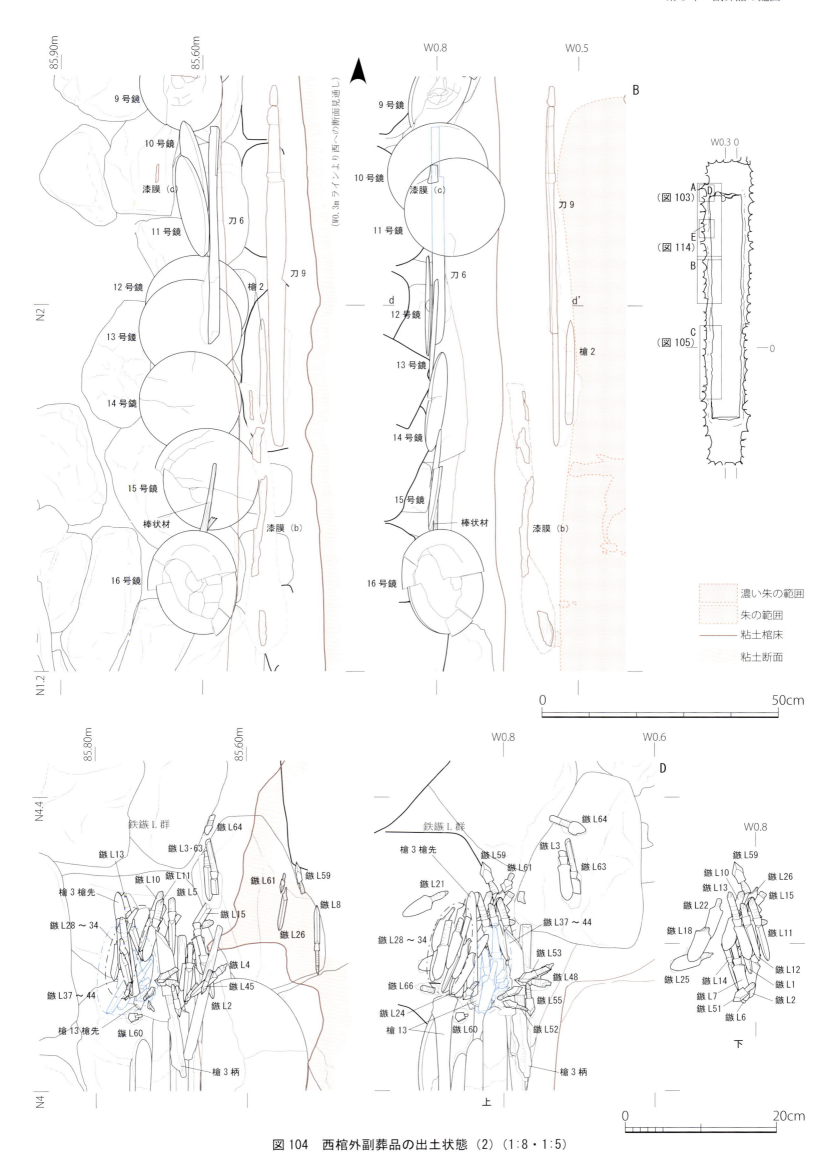

図 104　西棺外副葬品の出土状態（2）（1:8・1:5）

第Ⅰ部 調査編

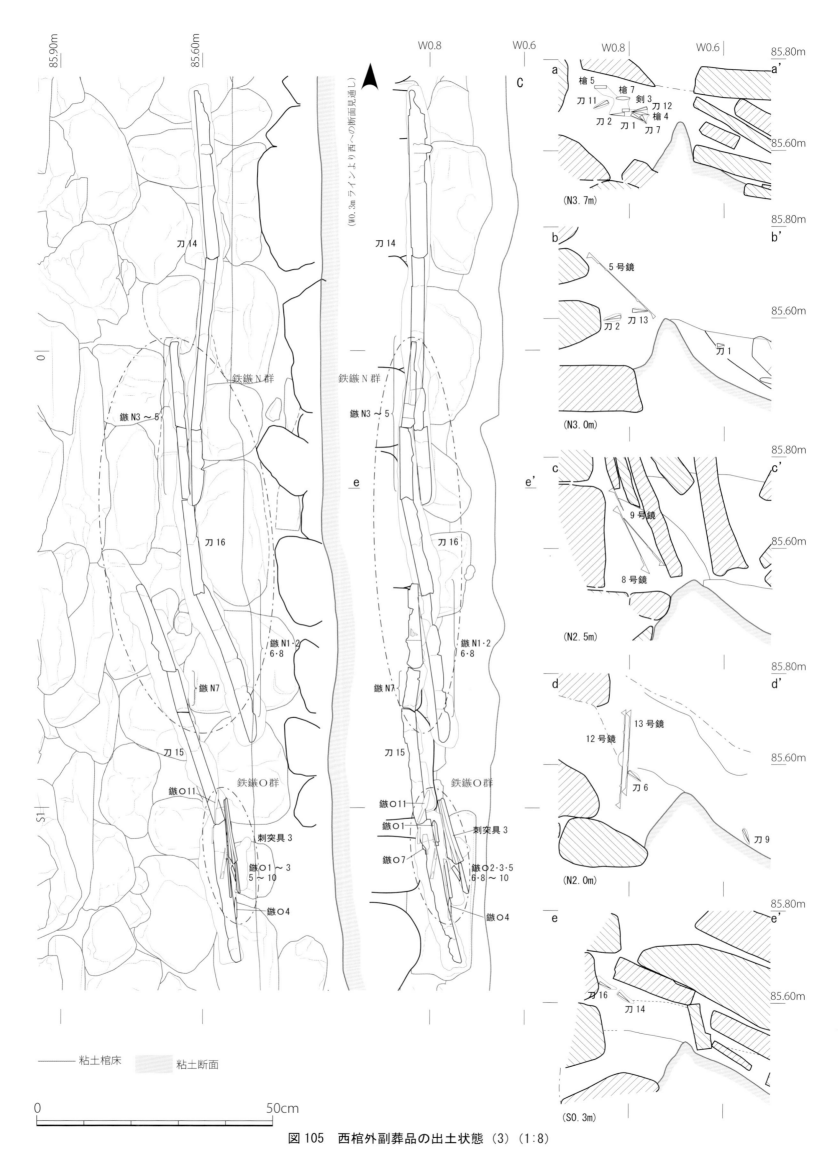

図105 西棺外副葬品の出土状態（3）（1:8）

図106　33号鏡検出状態（北東から）
図107　33号鏡（北東から）
図108　33号鏡取り上げ後（東から）
図109　1号鏡検出状態（東から）
図110　1号鏡（上3/4）（北東から）
図111　1・3・5〜7号鏡（東から）
図112　板石（A）取り上げ後（東から）
図113　2〜4号鏡検出状態（北東から）

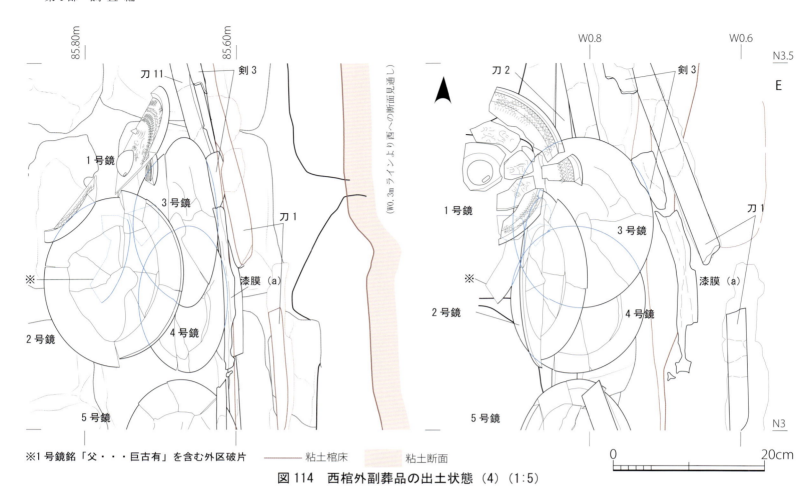

※1号鏡銘「父・・・巨古有」を含む外区破片　───粘土棺床　▨粘土断面

図114　西棺外副葬品の出土状態（4）（1:5）

～13号鏡に沿って刀6が出土した。これらは鉄鏃L64茎端（N4.37m）を北端とし、16号鏡南側鏡縁（N1.28m）を南端として、南北約3.1mにわたって西棺外の北半分を占める副葬品の集中域を形成している。この集中域は、東棺外において南北約3.3mにわたってその北半分を占める副葬品の集中域とあたかも対をなすような状況である。

一方、それよりも南側がほとんど副葬品の空白部分となる東棺外とは異なり、西棺外では約0.7mの空白部分を置いて、さらに南側にも直刀（南群）3点（刀14～16）が少しずつ重複しながら、南北約2.0mにわたって細長くまとまり、鉄鏃N・O群、刺突具3がそこに添えられるようにして出土した。

刀1の刀身の一部及び遊離した鋒部分、剣3の鋒破片は刀剣類の束から押し出されるような格好で、棺床内斜面に沿ってずれ落ちていた。また、付近の棺床内斜面には、槍の柄の一部と考えられる漆膜の付着が見られた。不明鉄器12も棺床凹部内底面に密着して出土している。

西棺外においては、33号鏡及び鉄鏃L群の一部が礫敷きに接触していたほか、12～15号鏡が礫敷き直上付近まで立ったまま落下していたが、副葬品は原則的には石室西壁と棺床西外斜面の隙間を埋めた初期流入土内もしくはその直上から出土し、東棺外と同様に礫敷き面からは浮いた状態にある。副葬品の高さには相当の高低差があることも同じであり、東棺外と同様、現状の出土状態や出土位置が本来配置されていた状態や位置をそのまま保っていない可能性を強く示唆するものである。

以下、北から順に一定のまとまりごとに出土状態を記述する。

**33号鏡**　西棺外17面のうち北端の鏡である。棺北小口から南へ約0.14mに位置し、他の16面からはやや孤立した位置にある。北から2面目の1号鏡との距離は約69cmである。

西棺外の鉄製品群は、棺北小口寄りに刀剣・槍類が集中し、さらに大量の鉄鏃の束（鉄鏃L群）があった。1～32号鏡の取り上げが終了し、引き続き鉄鏃L群を取り上げたところ、下から33号鏡が姿を現した［図106］。鉄鏃L群は西半が西壁2段目の塊石にのるようにして一塊となっていたが、33号鏡はこの塊石の下にすっぽりと嵌まり込んだような状態で出土した［図107］。鏡面を東側すなわち棺の側に向け、やや傾いて立った状態である。鏡の下端は礫敷き面に接触する。鏡の上端が接触する塊石は上方からの圧力によって割れており、それに圧迫されたためか33号鏡も上下方向に大きく割れが生じ、さらにそこからひびが派生して全体に5片に割れていた。破片相互の本来の位置関係は保たれていたが、圧力のために微妙なずれが生じていた。下端で石に接触していた部分の鏡縁は割れとともに三角縁の頂部が欠けている。鏡面には繊維の付着痕跡が認められ、織物に包まれた状態であったと考えられる。

33号鏡は鉄製品群のベースとなる黒色を帯びた均質な砂質土（初期流入土）に埋没していた。33号鏡を取り上げると、背後の流入土に鏡背のスタンプが残された。下半部は黒みを帯びた砂質土であるが、上半部は柔らかいシルト質の土で、石室西壁との間に空隙が生じ、表面には粒子の細かい水成粘土が堆積していた［図108］。

**1～4号鏡**　西棺外の17面の三角縁神獣鏡のうち北から数えて2～5面目の1～4号鏡は互いに折り重なって出土した。4面相互の位置関係を整理すると、出土状態における

鈕の位置は北から南へ1・3・2・4号鏡の順となり、それぞれ棺北小口から南へ0.83、0.90、0.98、1.01mに位置する。しかし、後述のように1号鏡の上約3/4の部分が北へ約7cm前後移動していることを考慮すると、3・1・2・4号鏡の順がより本来に近く、すべて鏡面を棺の側に向けていたと考えられる。4面の重なりは、棺に近い側から2・1・3・4号鏡の順となる。

石室西壁沿いに立位で重層していた大量の板石を除去していくと、石室西壁に斜めに寄りかかった状態の板石（A）と、その上に立った状態で落ち止まった板石（B）との間に挟まれた状態で、まず1号鏡鏡縁の一部が見え始めた［図109］。34面の銅鏡中、調査過程において最初に見つかった鏡である。板石（B）を除去すると、一部が板石（A）縁辺にのり、全体としては西壁3段目の塊石（C）の下にくい込むような格好で、鈕を含む1号鏡の約3/4の部分が鏡背を上に向けて斜めに立った状態で出土した［図110］。

板石（A）の背後には、石室西壁との間に2号鏡、1号鏡の下約1/4の部分、3・4号鏡が重なっていた［図111］。板石（A）を取り外すと、2号鏡鏡縁の一部が見え始めた［図112］。周辺に堆積した土は落下してきた石材を含まない比較的純粋な砂質土（初期流入土）で、黒く変色しており、赤色顔料が点々と混じっていた。2～4号鏡の直上は、黒色化した木棺材の破片で大きく覆われていた［図113］。

木棺材片を取り除くと、2号鏡鏡面の全体が現れた［図115］。2号鏡は東側からの圧迫を受けて大きく上下2片に割れ、西壁側に押し付けられるように縦断面「く」の字形に変形していた。上の破片はさらに4片以上、下の破片は8片以上の破片に割れていたが、相互の位置関係はほぼ保った状態であった。東西軸における鏡の傾きは、上半が約75°、下半が約25°で、「く」の字形の折れの角度は単純計算で約50°となる。

2号鏡を取り上げると、上半分の破片の背後には、赤色顔料の混じった黒色の初期流入土に押捺された鏡背文様のスタンプが残された［図116］。三角縁の頂部は背後にある西壁3段目の塊石（C）及びその南隣の塊石に接触していた。下半部の鏡縁は3号鏡の鏡面に密着し、鏡背文様の凹んだ部分には粒子の細かい黒色の水成粘土あるいはシルト質の土が溜まっていた。

この初期流入土の下から1号鏡の残り約1/4の部分が検出された［図117］。塊石（C）の下に隠れるようにして鏡縁を下にした外区片があり、それらに接合する内区の破片は滑り落ちて一部が外区片の上に重なり、一部はさらに移動して3号鏡鏡面の上に直接のっていた。1号鏡の下約1/4の破片の取り上げ後の状況をみると、塊石（C）と鏡背側の流入土の間には隙間があり、粒子の細かい水成粘土が溜まっていた［図118］。

1号鏡の下約1/4の部分を取り除くと、3号鏡の鏡面全体が現れた［図119］。3号鏡も東側からの圧迫を受け、鈕の周囲を全周し、さらにそこから放射状にのびる割れを生じていた。鏡の西寄りの部分は西壁に、東寄りの部分は鏡の下にあ

図115　2～4号鏡（東から）

図116　2号鏡取り上げ後（東から）

図117　1号鏡（下1/4）及び3・4号鏡（東から）

図118　1号鏡（下1/4）取り上げ後（東北東から）

第Ⅰ部 調査編

図119　3・4号鏡（東から）
図120　3号鏡取り上げ後（東から）
図121　4号鏡（東から）
図122　4号鏡取り上げ後（北東から）
図123　5〜7号鏡検出状態（東南東から）
図124　5〜7号鏡（東から）
図125　7号鏡取り上げ後（東南東から）
図126　6号鏡取り上げ後（東から）

る鉄製武器類に圧着され、破片は相互間の位置関係をほぼ保ちつつも、大きくは上中下の3部分に分かれてそれぞれ若干移動した状態であった。全体としては西側が持ち上がるように折れており、上半分のうち上端に位置する破片の傾きは東西軸で約60°、下半部の破片の傾きは東西軸で約21°であった。鏡の北半部では中間の破片を介在せずに縦断面「く」の字形に折れており、その折れの角度は単純計算で約39°となる。

3号鏡を取り上げると、南半部の鏡背文様の凹んだ部分には4号鏡鏡面との隙間に黒みを帯びた水成粘土あるいはシルト質の土が溜まっていた。鏡背の北半部は、西端の起き上がった部分の鏡縁が西壁最下段の塊石に接触し、東半部は下部にある鉄製武器類に密着していた。鉄製武器類の周辺は鉄銹が蔓延し、3号鏡の鏡背にも赤い鉄銹が一部面的にこびり付いており、とくに鈕は鉄銹に覆われた状態であった[図120]。

3号鏡下の土を取り除くと、4号鏡鏡面の全体が現れた[図121]。4号鏡も東側からの圧迫を受け、界圏と外区の間や鈕座の周囲に一層する割れが生じ、放射方向の割れと相まって20片以上の破片に割れていたが、これらの破片はほぼ本来の位置関係を保っていた。鏡面全体は西側が高く、東側が低く傾斜しつつ、西端は石室西壁に接触して外区の破片が持ち上がり、逆に東端は下の鉄製武器類を支点として外区の破片が垂れ下がって、全体として鏡面が波打つように変形していた。鏡の傾きの方向は、破片ごとの傾きの変化が大きいため一概にはいえないが、全体としてはほぼ西が高く東が低い。内区の主要部分の傾きは約21°で、上に重なっていた3号鏡と同じである。

4号鏡鏡背の西端は西壁2段目の塊石に接触し、東半部は下部にある鉄製武器類に密着していた。4号鏡を取り上げると、周囲の土を巻き込んで錆びふくれた鉄製武器類の上面には、4号鏡の鏡縁の圧痕が残された[図122]。

1～3号鏡の鏡面・鏡背、4号鏡の鏡面には繊維付着痕跡が認められ、とくに3号鏡鈕には4枚程度の重なり見られた。したがって、これら4面はそれぞれに織物に包まれた状態であったと推定される。

1号鏡の原位置　1号鏡は、鈕を含み、銘「作鏡甚・・・巨古有」を含む上約3/4の部分と、「聖・・・張是」を含む下約1/4の部分とに大きく分かれて出土し、他の鏡と比較して破片が大きく動いている。

1号鏡の破片の垂直分布を見ると、最高点は板石(A)端面上に直接のっていた外区破片の南端で85.86m、最低点は塊石(C)下の外区破片から脱落して3号鏡鏡面上を滑り落ちた小破片の東端で、85.70mであった。状況的に見て、より本来に近い位置にあるのは下約1/4の部分のうち、塊石(C)下にあった銘「父・・・巨古有」に対応する外区破片と判断される。鈕を含む鏡面側上約3/4の部分は、石室上部の崩壊以前は西壁に沿ってほぼ立った状態であったものが、石室崩壊によって落下した板石(A)の応力が東側から作用し、上方からは板石(B)の応力が加わって、東北側に回転した

図127　5号鏡（南東から）

図128　5号鏡取り上げ後（東から）

図129　8・9号鏡検出状態（東から）

図130　5～11号鏡（東から）

第Ⅰ部　調査編

もの考えられる。銘「父・・・巨古有」を含む外区破片を基準とすると、出土時の鈕の位置は北へ約7㎝前後移動しており、高さも本来の位置よりやや下がった位置にあると推定される。

　5～7号鏡・鉄鏃Ｍ群　西棺外の北から数えて6～8面目の5～7号鏡の3面は、鏡の半分程度ずつが互いに重なり、約45～47°の傾きで鏡面を木棺側に向けて立った状態で出土した。5号鏡と北隣の4号鏡の南北距離は約21㎝、5～7号鏡は棺北小口から南へそれぞれ約1.22、1.29、1.42mに位置する。3面の重なりは、棺に近い側から7・6・5号鏡の順となる。

　5～7号鏡の鏡面下端部には刀13、6・7号鏡の鏡面上端部には剣2の鋒側の破片がのり、5号鏡の鏡面下部には槍の柄と考えられる漆膜が付着していた。また、8・9号鏡の鏡面を大きく覆う脆弱化した黒色の木棺材片が北にのびて7号鏡鏡面の一部を覆っていた［図123］。5～7号鏡背後の石室西壁との隙間には初期流入土が堆積し、鏡に近い部分は黒色に変色していた。

　3面の重なりのうち、最も棺に近い側にある7号鏡は、鏡面のなかほどやや上寄りに穴が開いていたほかは完形で、傾きの方向はN85°W、角度は約47°であった。鏡面に開いた穴にはその部分の破片が入り込んでおり、落下石材の直撃を受けたと推定される［図124］。7号鏡鏡背は6号鏡南半部の鏡面に密着しており、内区部分など鏡背文様の凹んだ部分には黒色の水成粘土あるいはシルト質の土が溜まっていた［図125］。

　5・7号鏡間に挟まれていた6号鏡は無傷で、傾きの方向はN84°W、角度は約46°であった［図124・125］。6号鏡を取り上げると、背後には黒みを帯びた初期流入土に押捺された鏡背文様のスタンプが残された。北半部は背後にある5号鏡鏡面に密着し、鏡背文様の凹んだ部分には黒みを帯びた水成粘土あるいはシルト質の土が流入するとともに、5号鏡の破片の一部が貼り付いていた。鏡縁の上端は西壁2段目の塊石に接触している。鏡背の下半部は周辺にある鉄製武器類の影響で鉄銹が蔓延し、赤い鉄銹が帯状にこびり付いていた［図126］。

　最も棺から遠い側にある5号鏡は、鈕を含む全体の約半分強の下半部と残りの上半部に大きく割れており、下半部は6・7号鏡と同程度の傾きを保っていたが、上半部は西壁に当たってさらに直立気味に起き上がっていた。それぞれ界圏と外区の間に一周する割れが生じ、放射方向の割れと相まってさらに細かく割れ、おおむね相互の位置関係を保ったまま、より直立気味の上半部が下半部の背後にわずかにずれ落ちた状態であった。また、上端に相当する三角縁の部分は弧状に割れ、さらに背後に滑り落ちる寸前で止まっていた。鏡全体の傾きの方向は西が高く東が低く、N89°Wであった。下半部の約半分強の傾きは、東西軸で約45°であり、5～7号鏡にほぼ共通する傾きである。上半部は石室西壁に接触して起き上がり、傾きは東西軸で約73°であった［図127］。この折れ方は北に隣接する2～4号鏡と共通する。

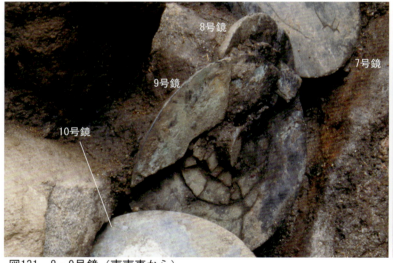

図131　8・9号鏡（南南東から）

図132　8号鏡取り上げ後（東から）

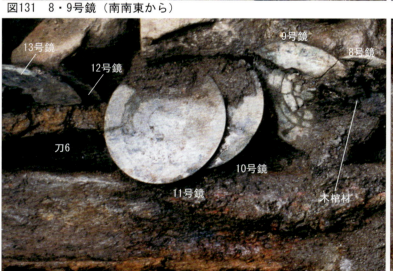

図133　10・11号鏡検出状態（東から）

図134　10・11号鏡（北東から）

5号鏡を取り上げると、背後には黒みを帯びた初期流入土に押捺された赤色顔料の付着する鏡背文様のスタンプが残された。上半部の鏡縁は西壁3段目の塊石に密着している。下半部が密着していた流入土には周辺の鉄製武器類の影響で鉄錆が蔓延していた。鏡背文様の凹んだ部分には黒みを帯びた水成粘土あるいはシルト質の土が流入していた［図128］。

　5・6号鏡の鏡面・鏡背、7号鏡の鏡面・鏡縁には繊維付着痕跡が認められ、これら3面はそれぞれ織物に包まれた状態であったと推定される。なお、有機物調査のため持ち帰った6・7号鏡のスタンプが押捺された初期流入土の塊の中に、鉄鏃1点（M1）が含まれていた。

　**8・9号鏡**　西棺外の北から数えて9・10面目の鏡である8・9号鏡の2面は、鏡の半分程度が互いに重なり、約62～72°の傾きで鏡面を木棺側に向けて立った状態で出土した。8・9号鏡はそれぞれ棺北小口から南へ約1.61、1.69mに位置し、重なりの上では9号鏡の方が棺に近い側に位置する。8号鏡と北に隣接する7号鏡は鏡縁が約3cm重なり、8号鏡の方がより棺に近い側にある。9号鏡と南に隣接する10号鏡は鏡縁が約4cm重なり、10号鏡の方がより棺に近い側にある。

　7号鏡の南端部分から8号鏡のほぼ全体、さらに9号鏡の北半分にかけての鏡面には黒色化した木棺材の一部が付着していた。この木棺材片と、1～4号鏡の上にのっていた大きな木棺材片との間には、崩壊した材の繊維が点々と見られ、一連のものと判断できる［図129］。

　9号鏡は東から圧迫されて界圏や獣文帯に沿って割れが全周し、外区部分はさらに5個の破片に割れるとともに、とくに内区部分には鈕を中心に蜘蛛の巣状のひび割れを生じていた。鈕を含む全体の約3/4の部分が下側となり、東から強く圧迫されたことにより、8号鏡鏡面に接触した鈕の部分が押されてとび出す格好になっている。鏡の傾きの方向はN67°Wで、角度は下側の鈕を含む全体の約3/4の部分が東西軸で約62°、上側の外区片が約72°であった。下側の約3/4の部分の上端部が背後の8号鏡に接触していたほかは、9号鏡の背後には黒みを帯びた初期流入土が入り込んでいた［図130・131］。

　8号鏡は9号鏡に押されて鈕を含む上半分と下半分に割れていた。上半分はさらに細かく8片程度に割れている。破片相互はおおむね本来の位置関係を保っていたが、内区の虎体躯を含む破片は東側から押されてやや西側にずれていた。鏡の傾きの方向はN84°W、角度は約63°であった。8号鏡の下端は礫敷き面付近まで落下していた［図130・図131］。

　8号鏡を取り上げると、背後の初期流入土に押捺された鏡背文様のスタンプが残された。鏡縁上端は西壁最下段の塊石に接触していた［図132］。8号鏡の鏡縁、9号鏡の鏡面には繊維付着痕跡が見られた。

　**10・11号鏡**　西棺外の北から数えて11・12面目の鏡である10・11号鏡の2面は、鏡の半分程度が互いに重なり、西が高く東が低い約18～20°の傾きで鏡面を上に向けて倒れた状態で出土した。10・11号鏡はそれぞれ棺北小口から南へ約1.88、1.96mに位置し、重なりの上では11号鏡が10号鏡の上にのる。11号鏡は南に隣接する12号鏡とは接点がないが、数値上は南北方向に約4mmの重なりがある。10・11号鏡とも、西端が西壁2段目の塊石の下に入り込んでおり、直上に落下してきた板石が存在したにもかかわらず、大きな破損はなかった。東端は粘土棺床の西側立ち上がり上端に接触している［図133］。

　10号鏡は、鈕付近から放射状に割れが生じていたが、破片が脱落することはなく、相互の位置関係を保っていた。鏡の傾きの方向はN46°W、角度は約18°で、西が高く東が低い。11号鏡は、界圏の一部に沿った後、鏡縁に抜けるひび割れが1ヶ所に生じている以外は完形である。鏡の傾きの方向はN52°W、角度は約20°で、10号鏡とほとんど同じである［図134］。

　10・11号鏡とも直下にある刀6の影響で鏡背の南半部分には鉄錆が付着していた。10・11号鏡及び刀6のベースは初期流入土であり、鏡に近い部分は黒色に変色していた。10・11号鏡ともに鏡面に繊維付着痕跡が認められ、それぞれ織物に包まれた状態であったと推定される。

　**12～15号鏡**　西棺外の北から数えて13～16面目の鏡である12～15号鏡の4面は互いに重なり合いながら鏡面を木棺の側に向けて立った状態で出土した。それぞれ棺北小口から南へ約2.18、2.23、2.39、2.56mに位置する。4面の重なりは、棺に近い側から15・14・13・12号鏡の順である［図136］。4面は石室西壁に沿って礫敷き直上付近まで立ったまま落下した状態で、なかでも15号鏡は下端が標高85.480mまで落ち込んでいた。鏡体の下半部及び背後は黒色を帯びた初期流入土の中に埋没している。

　12・13号鏡はともに完形で、最大で約16cm重複して密着していた。12号鏡の傾きの方向はN90°E、角度は約87°、13号鏡の傾きの方向はN94°E、角度は約88°で、鏡背側をわずかに上向きにしてほぼ立った状態である。両者とも鏡面側に密着する刀6の影響で、鏡背の下半部まで鉄錆が回り込んで付着していた［図136］。

　14・15号鏡の前面には比較的大きな板石2枚が落ち込んでおり、おそらくその衝撃によって14・15号鏡は破損していた。14号鏡の背後には石室西壁最下段の塊石があり、それに接触する中央付近にほぼ垂直方向の割れが生じ、この割れを境として鈕を含む北半分はさらに5片に割れていたが、破片相互の位置関係はほぼ保たれていた。鏡の傾きの方向はN97°W、角度は約80°でほぼ立った状態であるが、12・13号鏡とは逆に鏡面側がわずかに上向きになる。また15号鏡は背後にある石室西壁2段目の塊石に接触し、中央付近の垂直の割れを境にして、相当数の破片に割れていた。破片の2次的な移動も若干見られたが、破片相互間の相対的な位置関係はほぼ保たれていた。鏡の傾きの方向は鈕を含む北半分の破片を基準にすると、14号鏡と同じくN97°Wで、角度は約87°であった。北半分の破片は鏡背側がわずかに上側になるように直立し、南半分の破片は約71°の角度でさらに東に傾いていた［図137］。

第Ⅰ部　調査編

13号鏡の鏡面・鏡背及び鏡縁には平絹の重なりが見られ、12・14・15号鏡の鏡面には織物付着痕跡が観察されたことから、13号鏡は平絹に包まれており、他の3面もそれぞれ平絹に包まれていた可能性が高い。

**16号鏡**　西棺外の17面のうち南端の鏡である。棺北小口から南へ約2.78m、南小口から北へ約3.42mに位置する。北隣の15号鏡とは鏡縁の1点で接しているが、数値上は南北方向に約2cm分が重なっており、16号鏡の方が15号鏡よりも棺に近い側に位置する。14〜16号鏡の前面には前述した板石2枚が落ち込んでいたが、16号鏡は14・15号鏡と比べてさらに破損の程度が激しく、あたかも板石落下の直撃を受けたかのようであった。16号鏡は下端が東側にとび出す形で傾き、粘土棺床立ち上がりの上端付近に達している。15号鏡鏡面に接していた槍の柄と考えられる南北方向の棒状木材は、16号鏡との関係では背後の鏡背側になっており、15・16号鏡と棒状木材の落下過程における複雑な動きがうかがわれる。16号鏡の下には初期流入土が堆積していた［図138］。

16号鏡は多数の破片に割れていたが、銘帯付近を境に内区は細かく割れ、外区は大きく5片程度に割れていた。上述の東西方向の中軸線付近以北は、鈕を含む内区の約半分が脱落していた以外は、破片相互の相対的な位置を保った状態で、東西軸で約47°の角度で傾いており、西が高く東が低い。残る南半分は、中央が押し込まれるように脱落し、上側になった外区片は約62°の傾きで西側が起き上がり、逆に下側になった外区片は約18°の傾きで東側が浮き上がっていた。鏡面には繊維付着痕跡が認められた。

**鉄鏃L群**　西棺外の鉄製品群の中で最も北側に位置し、総数67点からなる鉄鏃群である［図139〜142］。

N4.31〜4.09m、W0.93〜0.73m間の南北約22cm、東西約20cmの範囲に主要な一塊があり、西壁2段目の塊石と刀7の茎の上にのっていた。立面的には標高85.79〜85.63mの間である。また、3点（L3・63・64）はやや遊離し、粘土棺床北西角をおさえる礫敷き直上にのっていた。鉄鏃の塊の中に槍身の中ほどで2つに折れた槍3と、槍13の鋒破片が介在している。

群中最も高い位置にあり、槍3鋒側の破片の上にのる柳葉形鏃のL24・28〜34は鋒を南に向けてよく揃っている。一方、その周囲に散っていた小型の定角式鏃はL45・55のように鋒が南を向くものもあるが、北向き（L59）、東向き（L49）、西向き（L48・52・53）のものもある。

槍3を含めてこれらを取り上げると、その下には柳葉形鏃の一群（L37〜44）がやはり鋒を南に向けてひとかたまりになっていた。ただ、槍3鋒の下になっていたL17・19・23はいずれも鋒を北に向けていた。L37〜44の塊の中に、槍13の鋒が入り込んでいた。これらのさらに下にはL1・2・5・6・10〜14・15・17といった柳葉形鏃が鋒を南に向けてひとかたまりになっていた。ただ、下に落ち込んでいたL8は鋒が北向きであった。

こうした出土状態からみて、鉄鏃L群は基本的に鋒を南

図135　11〜16号鏡（南東から）

図136　12〜15号鏡（北から）

図137　15号鏡（南東から）

図138　16号鏡（南東から）

に向けた矢の束であり、鋒方向が揃わないものは落下など二次的な移動の結果と考えられる。鏃群の中に槍3が介在する状況などから見て、矢の束は複数存在した可能性が高い。

槍　西棺外からは槍7点（槍1・3・5・7・13・14）が出土した。すべて鋒を北に向け、7点がおおむねひとまとまりをなしていた。鋒の南北位置について見ると、槍3が最も北のN4.27mにあり、槍13がN4.18m、槍7がN4.11m、槍14がN4.09m、槍5がN4.07m、槍1がN4.05m、槍4がN3.92mの順で、南北方向に約35cmの出入りがある。

槍3は前述のとおり槍身の中ほどで2つに折れ、鉄鏃L群中に混じって出土した。また、槍13は鋒の破片が鉄鏃L群中に混じっており、茎部分は33号鏡の直上に錆着していた。残る5点（槍1・4・5・7・14）の出土状態における上下関係は、上から槍7・5・1・14の順で、槍14の下には刀5・12・剣3が介在し、さらにその下に槍4があった。鋒の向きはすべて北である。槍4・7では山形装具の遺存が観察された［図144・145］。

東棺外では槍2～3本がほぼ鋒を揃えて置かれた状況が看取されたが、西棺外でも槍1・5・7・14の4点は鋒の位置の南北方向に約6cmの範囲内におさまり、鉄器群の最も上にまとまっていることから、同様に鋒を揃えた状況と理解できる。

西棺外では槍の柄の痕跡と考えられる漆膜や材の遺存が認められた。まず、2～4号鏡の東側には、N3.30～3.07m間の南北約23cmにわたり、幅3cm内外の崩壊した黒色漆膜と赤色顔料の遺存が見られた（漆膜（a））。3～7号鏡、刀13・剣3などと同じく初期流入土をベースとしている［図112］。14～16号鏡の東側には、粘土棺床凹部内斜面に貼りつくようにして、N1.82～1.26m間の南北約56cmにわたり、やはり幅2～3cm内外の灰褐色の漆膜状のもの（漆膜（b））が確認できた［図135・136］。さらに10・11号鏡の上部にも黒色漆膜の小片（漆膜（c））があった。8号鏡の上方、標高85.80m付近の高い位置からは、粗い粒状の漆塗りとした槍の柄の一部とみられる鉄錆で固定された破片（槍装具片（a））が出土している。また、15号鏡の鏡面から16号鏡の鏡背にかけて、径1cm内外の南北方向に長い棒状材の遺存が見られた［図137］。これらと槍身との対応関係は不明であるが、仮に最も南にある槍4の鋒位置（N3.92m）と漆膜（b）南端との距離についてみると、槍の柄の長さは最低でも約2.7mはあった計算になる。

素環頭大刀・直刀（北群）　西棺外からは素環頭大刀2点（刀1・2）、直刀10点（刀4～7・11～16）が出土した。このうち、直刀3点（刀14～16）は西棺外の南半にまとまっており、その他の槍・剣類とともに西棺外の北半に集中していた素環頭大刀2点、直刀7点（刀4～7・11～13）とは出土位置が異なることから、後者を北群、前者を南群として分けて記述する。

西棺外北群の刀9点のうち、刀5のみは鋒を北に向け、残る8点はすべて鋒を南に向ける［図139・142・143］。出土位置の南北方向における関係を見ると、刀1・2・4・5・7・

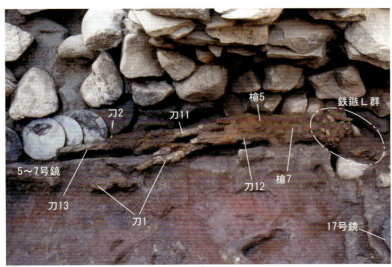

図139　西棺外鉄製品群（北群）（東から）

図140　鉄鏃L群（東から）

図141　鉄鏃L群取り上げ中（1）（東から）

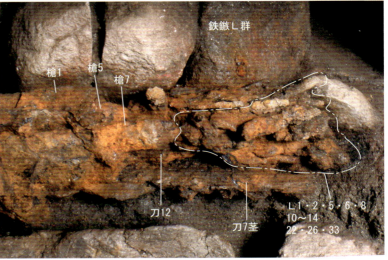

図142　鉄鏃L群取り上げ中（2）（東から）

11～13の8点はN4.22～2.66mの間にひとかたまりになり、刀6のみがN2.38～1.92mとわずかながら南に離れている。茎端（刀5のみ鋒）の南北位置について見ると、刀5・7・12の3点はよくまとまっており、刀7が最も北のN4.22mにあり、刀12がN4.21m、刀5がN4.12mの順で、南北方向に約10cmの出入りにとどまっている。これより南では、刀1・2・4・11・13の5点が、刀1・4がともに最も北のN3.95mにあり、刀11がN3.92m、刀2がN3.84m、刀13がN3.71mの順で、これも南北方向に約24cmの出入りである。北群南端の刀6はやや離れて茎端がN2.38mに位置する。

北群の刀類はいずれも鏡群と重複しながら初期流入土をベースとし、礫敷き面からは浮いている。北群の刀類の直上N4.1～3.6m間付近には槍1・5・7・14があり、それらの下に鋒を北に向けて刀5が、さらにその下に刀12があった。刀5は短刀で、刃を東に向け、位置的にはほぼ槍5の直下に密着する。刀12は刃を西に向ける。N4.12m付近で茎部が折れ、またN3.52m付近以南の鋒部分を欠失する。刀5の茎部の西側には刀11の茎部があり、下にある刀2の北半部にのっていた［図146］。刀11は刃を西に向ける。鋒側が東にずれ、茎端W0.89mに対し、鋒はW0.77mと約12cm東にある。

刀12の下には剣3・槍4があり、さらにその下に素環頭大刀2点（刀1・2）があった。刀2の環頭部分の上に刀1の柄がのる。刀2は刃を西に向け、鋒をほぼまっすぐに南に向ける。刀1は刃を東に向ける。N3.7、3.2m付近の2ヶ所で大きく折れ、南に行くほど東側へずれ落ちていた。刀身なかほどの破片は棺床西立ち上がりを越えてなかば凹部内斜面にかかっており、鋒を含む破片は棺床内斜面に貼り付くようにW0.4m付近まで移動していた。刀1の環頭部分の高さは標高85.71mであるが、鋒部分は標高85.65mで、約6cmの高低差がある。

刀1の環頭部分の直下に小型の刀4の茎部があり、さらに刀4の下には刀7があった。刀4・7はともに刃を東に向ける。刀7はN4.1m付近で折れ、茎を含む破片が刀身の破片の上に被さるようにのっていた。刀2の下には刀13があり、刃を東に向け、N3.1m付近で大きく折れていた。鋒を含む破片はやはり東にずれている。3・4号鏡付近では、刀2・11・13はいずれも鏡の直下にあるが、遊離した刀13の鋒を含む破片のみは逆転して5・6号鏡の上にのっていた。

北群南端の刀6は、他の8点からやや離れている。刀2鋒から刀6茎端までの距離は約28cmである。刀6は刃を東に向け、北半は10・11号鏡の直下にあり、南半は12・13号鏡の鏡面東側に接していた。

**剣** 西棺外からは剣3及び剣2の鋒側の破片が出土した。剣3は刀・槍類が最も集中する位置にあり、槍14・刀12の直下、槍4・刀1・2の直上に挟まれて鋒を南に向けて出土した。鋒が折れて遊離し［図146］、3号鏡鏡縁の上にわずかにのっていた。剣2の鋒側の破片は、6・7号鏡の鏡面上端部にのっていた。

**直刀（南群）** 南群の直刀3点はすべて鋒を南に向け、北から刀14・16・15の順に全長の1/3程度ずつが重複してほぼ一直線に並んで出土した。出土位置の南北方向における関係を見ると、それぞれ茎端でN0.64、N0.01、S0.51mである。刀14・16は刃を東斜め下、刀15は西斜め上に向け、いずれも複数箇所で折れて蛇行するように変形していた［図147～149］。

いずれも初期流入土をベースとし、礫敷き面からは浮いている。刀15茎端は標高85.74mにあり、礫敷き面との比高差は約29cmと東・西棺外出土の刀・剣・槍類の中で最も高い。ただし、鋒側は標高85.53mと低く、茎端と約21cmの高低差がある。刀16も茎端が標高85.67mであるのに対し、鋒は標高85.50mで約17cmの高低差がある。刀14は刀身のなかほどがやや下がっているが、鋒・茎端の高さは標高85.63mで同じである。

**鉄鏃N群** NS0～S1.2m付近の刀16及び15刀身の関寄りに沿って出土した鉄鏃群である［図147～149］。全部で8点あり、うち1点（N7）は刀15刀身の関寄りに錆着しており、鋒を南に向けていた。3点（N3～5）は刀16の関寄りの刀身から茎にかけての破片、5点（N1・2・6～8）は刀16の鋒寄りの破片を取り上げた際に周囲の土とともに取り上げられたため、鋒の方向等は不明である。

**鉄鏃O群** S1～0.8m付近の刀15鋒寄りに沿って刺突具3とともに出土した全部で10点からなる鉄鏃群である［図147・148］。S1.03～1.24m、W0.82～0.75m間の南北約21cm、東西約7cmの範囲にまとまっていた。北端の1点（O11）は刀15刀身の上にのり、南に向かって錆に巻かれた矢柄の一部が遺存していた。刀15刀身の東に接していた1点（O1）の南側にも、刀15刀身の上にのる形で矢柄の一部が遺存していた。南端の1点（O4）を含む多くのものは刀15もしくは刺突具3の下にあり、とくに刺突具3の下には錆の塊としてまとまっていた。鋒方向を確認できるもの（O1・4・7・11）はすべて北向きである。

**刺突具3** 直刀（南群）3点のうち、最も南側の刀15の東側に沿うようにして、鉄製刺突具1点（刺突具3）が出土した［図147・148］。

刺突具3は棒状の部品が3本で一組になるもので、南に先端を向ける。一部が折損して遊離しているが、基部は3本が結合した状態を保っている。S0.98～1.19m、W0.77～0.71mの南北約23cm、東西約6cmの範囲にまとまり、相互の位置関係は大きく崩れていない。ほぼ平らな状態で、高さ的には標高85.53～85.56mの間にある。ベースは初期流入土で、付近の礫敷き面からは約14cm程度浮いている。

**不明鉄器12** 木棺北小口から南へ約0.36～0.50mの粘土棺床凹部西寄りの位置で、長軸を南北に向けて出土した。北端はN3.82m、W0.44m、南端はN3.68m、W0.45mである。高さは標高85.48mで、粘土面に密着していた。直上に板石が落下しており、木棺上に置かれていたものが落下石材とともに落ち込んだものと考えられる［図150］。

（岡林）

第 5 章　副葬品の配置

図143　西棺外刀剣槍類（北群）（北東から）

図144　西棺外刀剣槍類（北群）（南東から）

図145　槍5・7・刀12（東から）

図146　刀1・2・11（東から）

図147　刀14～16・刺突具3・鉄鏃N・O群（北東から）

図148　刀15・16・刺突具3・鉄鏃N・O群（北東から）

図149　刀14・15・鉄鏃N群（南東から）

図150　不明鉄器12（南東から）

## 6 南棺外

**南棺外の副葬空間** 粘土棺床の南小口に接する礫敷き面は、石室南壁と東西両壁に囲まれた東西約0.8m、南北約1.0m程度の広さを有している。とくに南棺外では小ぶりの礫で礫面の凹みを埋めて上面を平らにした状況が見受けられ、礫敷きの遺物床としての機能が意識されていた可能性がある。盗掘による攪乱を受けていたが、ここからは、武器類（鉄鏃）、武具類（甲冑）、農工具類（刀子・鉇・斧・鎌・不明鉄器）、土器類（土師器）が出土した。

**発掘前の状況と発掘過程** 南棺外は石室内において唯一、人為的に攪乱を受けていた。南壁近くに空洞が保たれていたことから、石室崩壊以降の侵入行為の存在が予想されたものの、発掘前からその状況が看取できたわけではない。床面の礫敷きから厚さ約35cmで土砂が堆積し、その上面には落下した石材が点在し、壁際には石材の間から雨水による土砂の流入が円錐状の堆積で認められた。

表面の堆積土を約10cm程度掘り下げると、その下部の堆積土中から甲冑を構成する小札を主体とする鉄製品が多数出土し始めた。小札はほとんどが単一で分離しており、堆積土全体に高低差を有して包含されていた。小札以外の遺物についても細片化したうえに器種が混在した状態であったことから、南棺外の部分だけが副葬当初の状態を保っておらず、後世に攪乱を受けていることが判明した。結果的に南棺外に堆積していた土層はすべて攪乱土と認識でき、南棺外で原位置を保つ遺物は皆無であった。

南棺外では、攪乱された多数の小札が極めて狭い空間に折り重なっていたため、遺物の中心点の平面座標・高さを測定してドット図（1/10縮尺）を作成し、順次取り上げながら掘り下げることとした。南棺外の西半についてはこの作業を続けて礫敷き面近くまで掘り下げたが、諸般の事情から東半においては取り上げ方法を変更し、10cmメッシュのブロック単位で取り上げながら掘り下げを進めた。

掘り下げを進めた結果、特に壁際において連なりを有する小札が顕著に出土する状態となったため、これより下部については石室内の他の部分と同様に1/5縮尺の出土状態図を作成しながら掘り下げ、礫敷き面を全出させた。

以上のように南棺外では遺物出土状態の記録方法に不統一な部分があるため、示した図［図153・154］について若干の補足をしておく。図153（A）は、調査時にグリッド単位で排出した攪乱土を水洗し、そこに含まれていた遺物の種類と数量を集計したものである。図153（B）の点数分布図は、南棺外から出土した遺物のうち、図153（A）以外の全点を示している。図154は特に壁際において連なりを有する小札が顕著に出土する状態となった堆積土下部についての遺物出土状態図である。図153（C）のドット図は主に西半の記録に図154のデータを付加したものであり、東半の記録が大きく抜け落ちたものとなっている。

なお、取り上げ時においては、小札や斧を除いて、後述する円頭鉄板をはじめ帯状鉄板、鉄鏃、刀子、鉇、鎌は器種としての認識はなされておらず、小札の内外面の区別も図154に示したもの以外ではできていない。

**武具類の出土状態** 武具類を構成する部材として小札、帯状鉄板、円頭鉄板がある。小札は破片を含めて1,725点、帯状鉄板は破片数で49点、円頭鉄板は破片を含めて117点出土した。

まず小札の出土状態について述べる。小札は南棺外のなかで東西両壁に囲まれた80cm、南壁から北へ80cmの範囲から出土した。これ以外ではO・O区の石室崩落土中から出土したもの2点があるだけである。出土数量の平面分布は、南棺外のなかでは中央から東壁にかけてと西壁際に集中する箇所があるが、とくに箇所によって遍在する傾向にはない。高さの分布は礫敷き直上から攪乱土中位までの85.39〜85.67mの範囲にあるが、礫敷きから約5cm上の範囲に集中する傾向がある。

石室南東隅・南西隅から出土した小札は横方向の長い連なりを保ち、上下の重なりが顕著であった。攪乱の際には小札は分離されたものの、ある程度の大きさの塊を保って移動し、以後の再攪乱は受けなかったとみられる。これらの小札は石室第2段の石材に持ちかかるように接していたが、石材に銹着したものはなかった。

南西隅からは冑の一部（腰巻板854）が出土している［図151］。これは腰巻板に小札を3段に綴じたもので、小札の頭を東に向け、腰巻板は外面を上にしてカーブを保ってい

図151 冑の一部（腰巻板854）出土状態（北から）

図152 円頭鉄板903・907出土状態（北から）

た。この下には薄く土を挟んで同じく頭を東に向けた小札が4段ほど重なっているが、854とは直接接合しないため、冑の部材となるかは不明である。854と接合したものは重なりとしては最も下層から出土した帯に小札が綴じられた破片であるが、頭を南に向けて方向を違えていた。

南東隅では石室の隅を埋めるように、横方向の長い連なりをもつ小札が出土した。小札189は現状で最も長い横方向の連なりを保つもので、頭を隅に向けている。その下からも小札469・470・485が同じ方向で出土したが、これらの小札はいずれも甲冑類の最上段を構成する部位に該当する。これらの小札よりも頭側（壁側）には、段として連なる別の小札がないことから、攪乱による移動は受けているものの、原状をある程度保っているとみられる。

帯状鉄板は甲を構成するA・B、冑を構成する腰巻板の3種類に分けられる。いずれも攪乱を受けて細片となり、南棺外全体から出土しているが、このうち帯状鉄板A・Bは南棺外の中央部にまとまる傾向にある。帯状鉄板B877の一部は石室南東隅から出土しており、同所に集中して出土した小札群の最上位にある。直下に接していた鉈が黄色く錆膨れしているのに対し、帯状鉄板B877には錆の影響は及んでいないことから、両者は元々別の場所にあり、錆化が進行した段階で攪乱を受け、混在したとみられる。

円頭鉄板は小札や帯状鉄板とは綴じ合わされず、複数枚の円頭鉄板が横並びに側縁を重ねて綴じ合わせることによって立体物を構成する。出土位置が判明している11点をみると、東壁寄り、西壁寄り、南西隅の3ヶ所に集中域がある。高さの分布は礫敷き直上の85.38mから85.56mまでの間にあるが、85.50m前後に比較的集中している。

円頭鉄板903と907は綴じ合せの関係がわかる唯一の資料で、東壁際から2点が綴じ合された状態で出土した［図152］。2点はほぼ水平の状態にあり、頭を壁側に向けて内面を上にしていた。このほか東壁際では円頭鉄板（906・907）が出土しており、いずれも単品での出土であるが、先の2点と同様にほぼ完形の状態である。

農工具類の出土状態　南棺外から出土した農工具類には、刀子、鉈、斧、鎌、不明鉄器がある。

刀子は12点がいずれも南棺外のなかでは西半から出土している。刀子1や2のような細身のものは破片となっているが、ほとんどのものは完形に近い遺存状況である。

鉈は破片を含めて34点あるが、南棺外のほぼ全域から出土し、細片化が著しい。破片の接合状況をみると、完形の鉈1は最大で平面80㎝、高さ13㎝の距離を隔てて接合した。

斧は10点あり、大型のもの（1～6）と小型のもの（7～10）に分類できるが、後者は南棺外のなかでは南西隅の15×30㎝の範囲に集中して出土した。

鑿状の工具と考えられる不明鉄器5や楔の可能性がある不明鉄器11は西壁第3段の石材上に直接載る状態で一塊となって出土した。出土高は85.80mで、礫敷き面よりも約35㎝高く、堆積土とほぼ同じ高さであった。

土器の出土状態　南棺外では土師器が3点出土しているが、いずれも細片化している。土師器高杯1は東壁寄りで出土した。天地が倒置しており、礫敷きから約8㎝浮いた状態で、その間には小札や円頭鉄板が挟まれていた。また、その下からは土師器甕2・3が出土した。

赤色顔料の分布状況　副葬品が包含されていた堆積土は、全体的に赤色顔料が薄く滲んだり、粒状に包含されたりした状態であった。鉄製品類を取り上げると、礫敷きの上に薄く堆積する土層の表面に赤褐色と鮮赤色の2種類の色調の赤色顔料の分布が見られた。前者は壁際に顕著にみられ、壁面の石材にも均一に付着していた。一方、後者は中軸付近と南西隅に確認できたが、前者が面的であるのに対して局所的である。これらの赤色顔料の分布は全面的に認められるものではなく礫敷きが表出して空白となる部分もあるが、礫敷きの間にもわずかであるが塊状で入り込んでいた。

このような状況からみると、もともと礫敷きには赤色顔料は塗布されておらず、壁面石材に塗布されていた赤褐色顔料が流れ落ちて平面的な分布になったものと思われる。また、鮮赤色顔料は壁面石材には粒状に付着しただけであることから、面的な塗布に用いられたとは考えにくく、土器などの容器に入れられた顔料が攪乱の際に飛散したものとみられる。

盗掘と本来の副葬状況　石室の損壊を免れ、空洞を保っていた石室南壁付近は、構造的に盗掘者の侵入を招く結果となり、南棺外の副葬品は徹底的な攪乱を受けていた。南棺外の堆積土はすべて攪乱土であり、副葬当初の原位置を保つ遺物は皆無であることから、本来の副葬品の種類・数量や副葬時の配置を推し量ることは困難である。

ただ、本来南棺外に置かれていたとみられる遺物が南棺外以外の攪乱土中から出土することはほとんどなく、わずかにO・O区の石室崩落土中から出土した小札2点と若干量の鉄鏃（片）がある程度である。この状況からは、盗掘行為にともなって遺物が南棺外から大量に持ち出されたとは考えにくく、遺物の種類・数量は副葬時の状況をある程度保っているとみるべきであろう。

その反面、整理作業による接合によっても完形に復元できず、欠損部分を残した遺物も見受けられる。これは遺物によって偏りがあり、甲冑類では帯状鉄板、農工具では鉈が顕著である。したがって遺物の種類・数量は、副葬時の状況をある程度保っているとみたものの、なにがしかの遺物は不完全な状態でも持ち去られたとみなければならない。

石室の南東隅や南西隅には甲冑類の比較的大きな塊が遺されていた。このなかには冑と判明した部位や、甲の最上段に該当する特定部位が集中していた。おそらくこれらの副葬品は盗掘時にはおおよその原型を保っていたとみられるが、盗掘者はそのまま持ち去ることなく攪乱に及んでいる。その際、巻き上げられた塊が石室南端の両隅を埋めるように移動して堆積し、再度の攪乱を受けずに遺存したものであろう。

なお、攪乱は副葬品を細片化するまでの徹底的なものであったが、礫敷きには大きな乱れは認められないことから、礫敷きをさらに掘り下げるような行為には至らなかったと考えられる。

（卜部）

第Ⅰ部 調査編

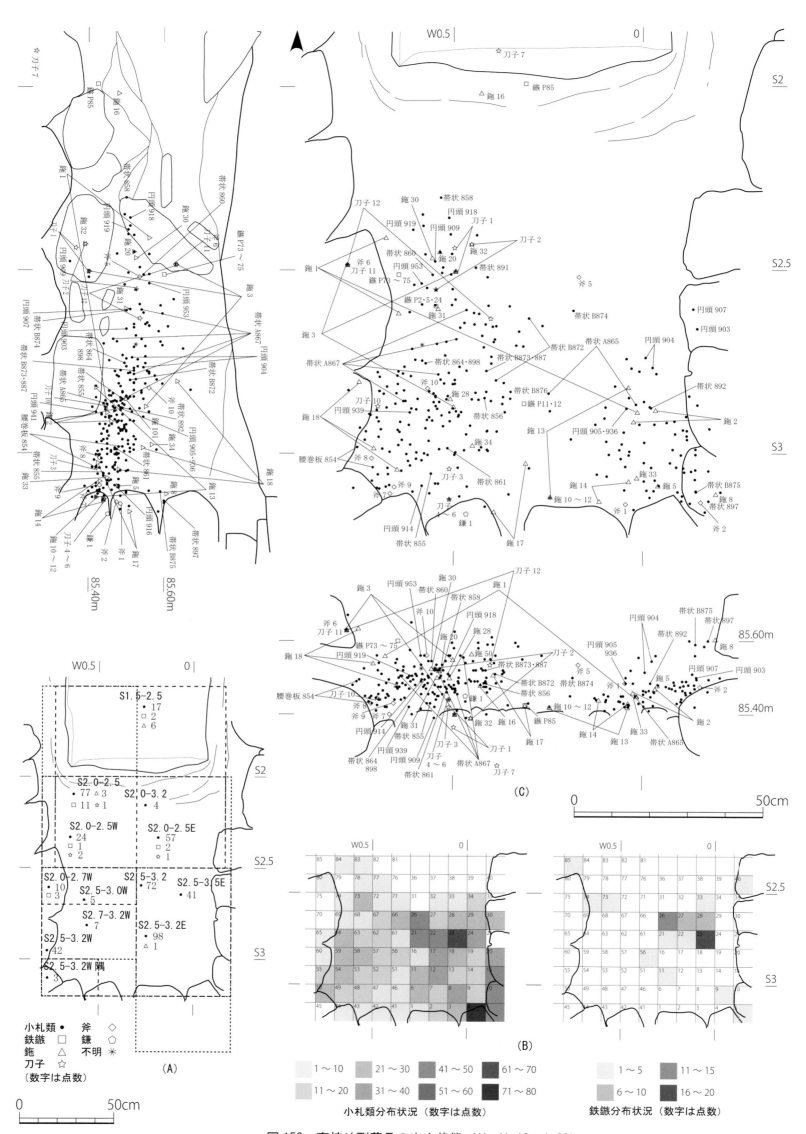

図153 南棺外副葬品の出土状態（1）（1:10・1:20）

第 5 章　副葬品の配置

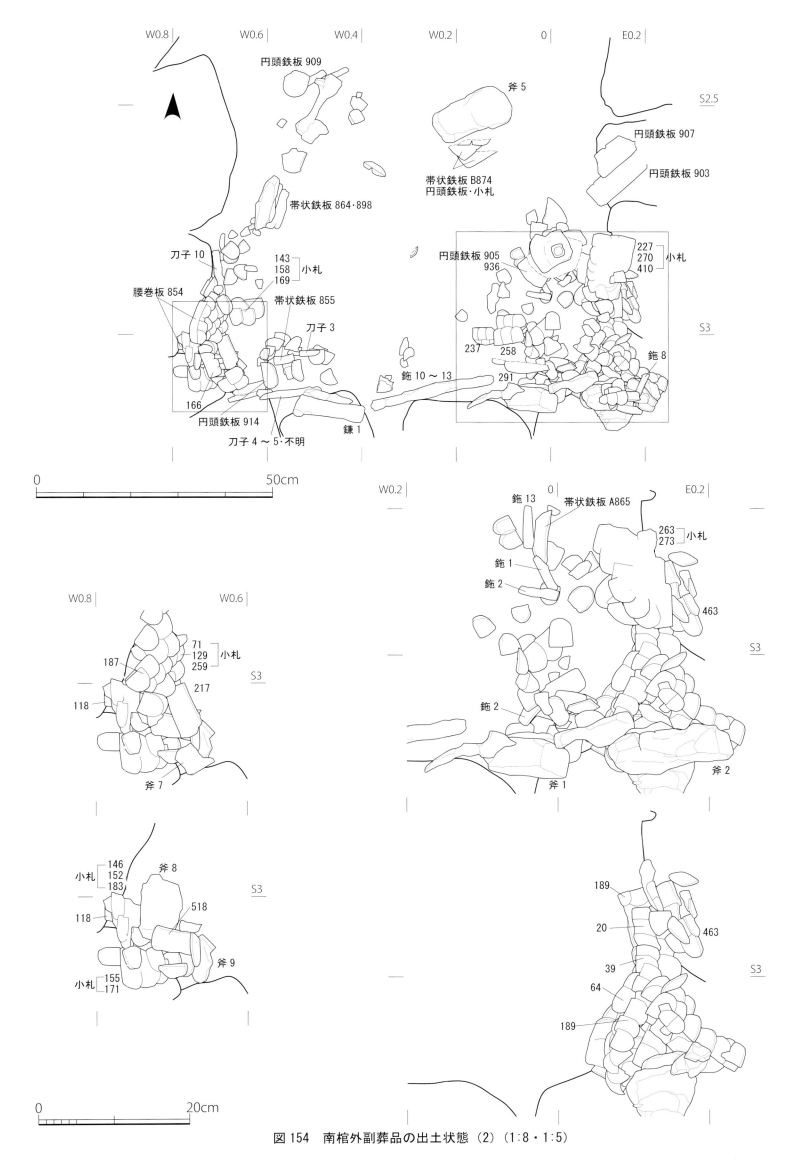

図154　南棺外副葬品の出土状態（2）（1:8・1:5）

第 I 部　調査編

## 第 2 節　銅鏡の副葬配置

　黒塚古墳では棺内から画文帯神獣鏡 1 面、棺外から三角縁神獣鏡 33 面の計 34 面の銅鏡が後世の攪乱を免れた状態で出土した。銅鏡の多量副葬における具体的な配置状態を知りうるきわめて貴重な事例である。

　ただし、出土時点での状態は、木棺の腐朽消滅や地震による石室上部の崩壊といった物理的環境の変化に伴う経時的な移動を経た結果であることは考慮が必要である。この点は、とくに棺外において三角縁神獣鏡と複雑に絡み合って出土した鉄製品類も同様であり、石室内部の物理的環境の変化に伴って相互に作用しつつ総体としての移動を経た結果が現状の出土状態に反映したものと評価される。

　この点を念頭に置きつつ、前節で詳述した副葬品の出土状態に関する観察結果を踏まえ、まず銅鏡の本来の副葬配置を明確化する。そのために、以下では銅鏡の破損状態と流入土等との関係、出土位置の高さ、銅鏡の向き、重なり等に着目し、整理を加える。

### 1　鏡の破損状態

　**完形鏡副葬**　棺内の画文帯神獣鏡 1 面はひび割れが生じていたものの破片化した状態ではなかった。棺外の三角縁神獣鏡は 33 面中 14 面が完全な状態を保っており、2 面はひび割れが生じているもののやはり破片化した状態ではなかった。破片化していた他の鏡も、石室内に落下した板石の影響で破片の一部が回転した状態であった 1 号鏡を除くと、いずれも基本的に破片相互の本来の位置関係を保って出土しており、もとは 34 面のすべてが完形鏡であったと考えられる。

　**鏡の破損率**　銅鏡の破損状態を①完存状態、②ひび割れが生じているが破片が分離していない状態、③破片化した状態、に整理する。これに依拠して鏡の破損率（③の状態の鏡の数/総数）を数値化すると全体では 50%（17/34 面）となる。棺内と棺外で鏡の破損率を比較すると、棺内は 0%（0/1 面）、棺外は 52%（17/33 面）となる。

　**出土位置による破損率の差**　棺外の鏡の破損率を西・北・東棺外で比較すると、西棺外 76%（13/17 面）、北棺外 100%（1/1 面）、東棺外 20%（3/15 面）となる。西棺外では 8 割近く、北棺外では 1 面中 1 面の鏡が破損しているのに対し、東棺外では 2 割となり、石室の中軸以西に相当する西・北棺外と東壁際の東棺外とで鏡の破損率に大きな差がある［図 155］。

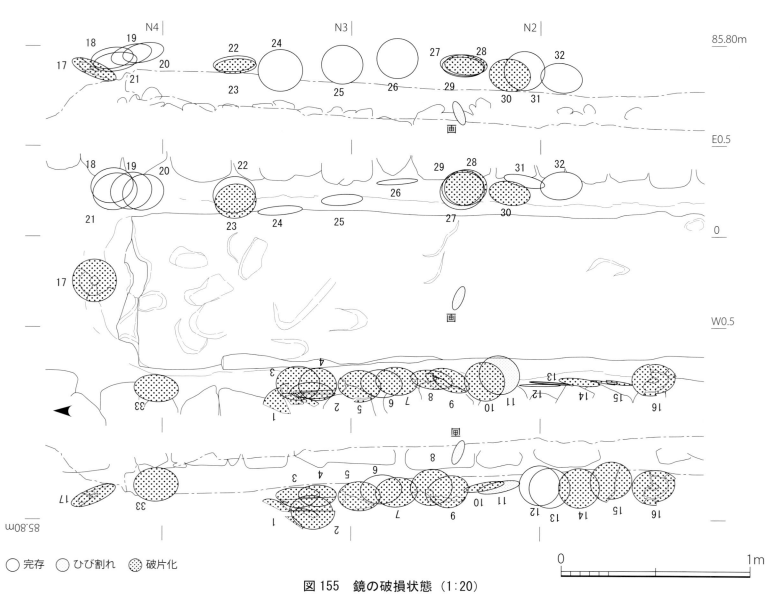

○完存　○ひび割れ　◉破片化

図 155　鏡の破損状態（1:20）

第5章　副葬品の配置

表8　銅鏡出土位置一覧表

| 番号 | 出土位置 | 面径(cm) | 棺北小口からの距離(m) | 鈕座標(m) N／S | 鈕座標(m) W／E | 南隣の鏡との鈕間南北距離(cm) | 南隣の鏡との重なり(cm) | 標高(m) 鈕 | 標高(m) 上端 | 標高(m) 下端 | 仮想の礫面上端高さ(m) | 左と下端の高低差(cm) | 傾き方向(高い方向) | 傾き | 番号 |
|---|---|---|---|---|---|---|---|---|---|---|---|---|---|---|---|
| 画 | 棺内 | 13.5 | 1.74 | N2.432 | W0.340 |  |  | 85.433 | 85.497 | 85.369 |  |  | N20°E | 68° | 画 |
| 33 |  | 23.7 | 0.14 | N4.035 | W0.840 | 69 | 0 | 85.627 | 85.705 | 85.520 | 85.519 | 0 | N86°W | 51° | 33 |
| 1 |  | 22.9 | 0.83 | N3.345 | W0.994 | 7 | 15 | 85.763 | 85.855 | 85.700 | 85.505 | 20 | N90±°W | − | 1 |
| 3 |  | 23.2 | 0.90 | N3.275 | W0.807 | 8 | 21 | 85.673 | 85.737 | 85.626 | 85.503 | 12 | N90±°W | − | 3 |
| 2 |  | 23.8 | 0.98 | N3.197 | W0.862 | 3 | 1 | 85.725 | 85.855 | 85.677 | 85.502 | 18 | N90±°W | − | 2 |
| 4 |  | 20.0 | 1.01 | N3.165 | W0.900 | 21 | 14 | 85.748 | 85.730 | 85.613 | 85.501 | 11 | N90±°W | − | 4 |
| 5 |  | 22.5 | 1.22 | N2.955 | W0.816 | 7 | 10 | 85.673 | 85.750 | 85.592 | 85.497 | 10 | N89°W | (45°) | 5 |
| 6 |  | 22.0 | 1.29 | N2.884 | W0.810 | 12 | 3 | 85.626 | 85.715 | 85.586 | 85.495 | 6 | N84°W | 46° | 6 |
| 7 |  | 22.3 | 1.42 | N2.760 | W0.797 | 19 | 14 | 85.652 | 85.732 | 85.570 | 85.493 | 8 | N85°W | 47° | 7 |
| 8 | 西 | 22.3 | 1.61 | N2.567 | W0.788 | 8 | 4 | 85.624 | 85.723 | 85.525 | 85.489 | 4 | N84°W | 63° | 8 |
| 9 |  | 23.3 | 1.69 | N2.489 | W0.806 | 19 | 15 | 85.651 | 85.730 | 85.560 | 85.487 | 7 | N67°W | (62°) | 9 |
| 10 |  | 21.8 | 1.88 | N2.295 | W0.778 | 8 | 0 | 85.622 | 85.657 | 85.590 | 85.483 | 11 | N46°W | 18° | 10 |
| 11 |  | 22.0 | 1.96 | N2.215 | W0.765 | 22 | 17 | 85.620 | 85.659 | 85.585 | 85.481 | 10 | N52°W | 20° | 11 |
| 12 |  | 21.8 | 2.18 | N2.000 | W0.808 | 5 | 6 | 85.612 | 85.721 | 85.503 | 85.477 | 3 | N90°E | 87° | 12 |
| 13 |  | 21.8 | 2.23 | N1.946 | W0.805 | 16 | 5 | 85.625 | 85.736 | 85.518 | 85.476 | 4 | N94°E | 88° | 13 |
| 14 |  | 21.8 | 2.39 | N1.791 | W0.799 | 17 | 0 | 85.627 | 85.736 | 85.518 | 85.472 | 4 | N97°W | 80° | 14 |
| 15 | 棺外 | 22.2 | 2.56 | N1.619 | W0.802 | 22 | 22 | 85.592 | 85.704 | 85.480 | 85.469 | 1 | N97°W | (87°) | 15 |
| 16 |  | 22.7 | 2.78 | N1.397 | W0.783 |  |  | 85.620 | 85.716 | 85.526 | 85.464 | 6 | N90±°W | − | 16 |
| 17 | 北 | 24.7 | -0.19 | N4.363 | W0.245 |  |  | 85.672 | 85.735 | 85.608 | 85.526 | 8 | 北東 | (31°) | 17 |
| 18 |  | 22.6 | -0.10 | N4.272 | E0.282 | 2 | 3 | 85.735 | 85.794 | 85.676 | 85.524 | 15 | N105°W | 31° | 18 |
| 21 |  | 23.7 | -0.08 | N4.256 | E0.248 | 9 | 17 | 85.714 | 85.766 | 85.662 | 85.524 | 14 | N109°W | 26° | 21 |
| 19 |  | 22.3 | 0.01 | N4.169 | E0.252 | 6 | 16 | 85.753 | 85.812 | 85.697 | 85.522 | 17 | N111°W | 31° | 19 |
| 20 |  | 22.3 | 0.07 | N4.107 | E0.245 | 48 | 0 | 85.765 | 85.819 | 85.709 | 85.521 | 19 | N110°W | 30° | 20 |
| 22 |  | 22.5 | 0.55 | N3.624 | E0.230 | 1 | 21 | 85.706 | 85.746 | 85.661 | 85.511 | 15 | N101°W | 22° | 22 |
| 23 |  | 21.9 | 0.56 | N3.616 | E0.195 | 24 | 0 | 85.692 | 85.731 | 85.651 | 85.511 | 14 | N101°W | 21° | 23 |
| 24 |  | 23.7 | 0.80 | N3.379 | E0.143 | 33 | 0 | 85.668 | 85.783 | 85.554 | 85.506 | 5 | N84°E | 75° | 24 |
| 25 | 東 | 22.0 | 1.13 | N3.051 | E0.195 | 29 | 0 | 85.700 | 85.806 | 85.594 | 85.499 | 10 | N85°E | 74° | 25 |
| 26 |  | 21.8 | 1.42 | N2.759 | E0.304 | 35 | 0 | 85.733 | 85.842 | 85.624 | 85.493 | 13 | N94°W | 89° | 26 |
| 27 |  | 23.4 | 1.76 | N2.414 | E0.254 | 0 | 22 | 85.733 | 85.754 | 85.639 | 85.485 | 15 | N102°W | 29° | 27 |
| 29 |  | 22.0 | 1.76 | N2.412 | E0.270 | 1 | 22 | 85.687 | 85.742 | 85.633 | 85.485 | 15 | N97°W | 29° | 29 |
| 28 |  | 22.5 | 1.78 | N2.398 | E0.274 | 24 | 0 | 85.699 | 85.754 | 85.644 | 85.485 | 16 | N97°W | 29° | 28 |
| 30 |  | 22.0 | 2.01 | N2.162 | E0.241 | 9 | 3 | 85.642 | 85.731 | 85.554 | 85.480 | 7 | N80°W | 53° | 30 |
| 31 |  | 22.0 | 2.10 | N2.077 | E0.312 | 19 | 22 | 85.666 | 85.770 | 85.559 | 85.478 | 8 | N103°E | 74° | 31 |
| 32 |  | 22.3 | 2.29 | N1.888 | E0.283 |  |  | 85.627 | 85.708 | 85.545 | 85.475 | 7 | N80°E | 47° | 32 |

※鏡の平面的な出土位置は、鈕の位置を基準にその石室内座標で示す。立面的な出土位置は、鈕・上端（最高点）・下端（最低点）の標高で示す。
※多くが南北方向に並ぶことから、相対的な平面位置を棺北小口の位置（N4.18m）を基準として示す。棺北小口以北のものについては数値がマイナスになる。他の鏡との相対距離は、南に隣接する鏡との鈕間の南北距離及び重なりの南北距離で表している。
※石室内における相対的な高さを示す指標として、石室側壁と粘土棺床外斜面との隙間に露出した礫敷き面を基準とした鏡の高さを示す。実際の礫敷き面は凹凸に富んでいるが、全体としては北が高く南が低い。礫の凹凸を捨象して仮想の礫面上端ラインを設定すると、東西両壁際ともにN1.00mで85.46m、N4.50mで85.53mを通るラインを引くことができる。N1.00～N4.50の3.5mの間で、約7cmの高低差である。ここではこの仮想の礫面上端ラインを礫敷き面の高さの基準とし、鏡の下端の高さとの比高差を数値化した。
※鏡の傾きは、鏡面の縁における最高点と最低点の2点の座標値から算出し、水平を0°、垂直を90°とした場合の数値（ ）°である。（ ）内の数字は鏡が破損している場合の参考値。鏡が大きく折れている場合は（−）とした。傾きの方向は、上記の最高点・最低点を結び、鏡の中心を通るラインの最高点の方向を求め、石室内座標北を0°とし、西へ振れる場合はN（ ）°W、東へ振れる場合はN（ ）°Eと表記した。

棺内の画文帯神獣鏡と北棺外の17号鏡ともに石室のほぼ中軸上にあるという位置的条件が類似するが、前者はひび割れが生じているものの破片化しておらず、それに対して後者は破損・破片化している。このことに有意性を見出すならば、棺の内外で鏡の破損率に差を生じる要因があったことになる。一方、石室の中軸以西と東壁際では、棺外であるという同条件のもとでなお鏡の破損率に大きな不均衡が生じている。石室の中軸以西と東壁際で、棺外の鏡の破損率に大きな差を生じる要因があったことになる。

**棺の内外で鏡の破損率に差を生じた要因**　まず、棺の内外で鏡の破損率に差を生じた要因について検討する。

石室は中世の盗掘に先立って自然崩壊し、大量の石材が内部に落下、堆積していた。棺外の鏡の過半数が破損している原因は、落下した石材が鏡に接触した際の衝撃や、重積した石材や土砂の圧力が、鏡に接触した石材を介して鏡体に不均等に作用したためと考えるのが最も合理的である。

一方、棺内の鏡はひび割れを生じながらも破片化しておらず、しかも立った状態を保って出土した。鉄製品も含めて、棺内遺物は損傷が少ない。第4章第4節で検討したように棺室内部には早い段階で初期流入土が侵入しており、棺内遺物はそれによってパックされ、そのことが落下した石材との接触を防ぎ、結果的に棺内遺物を保護したと考えられる。

**棺外の東西で鏡の破損率に差を生じた要因**　次に、棺外の鏡について、石室の中軸以西と東壁際で破損率に大きな差を生じた要因を検討する。

石室上部の自然崩壊によって落下した石材の多くは東壁上部から脱落した板石が西に向かって倒れ込むように落下したものである。それらは、東壁際では大半が粘土棺床内に斜めに落ち込み、東壁に密着するようなものは少ないのに対し、石室の中軸以西では垂直に立ったような状態で折り重なり、西壁際では西壁に密着するように立っていた。

このような状態から判断して、石室中軸以西の棺外の鏡の半数以上が破損しているのは、落下した石材の多くが鏡に接触したためと考えられる。一方、東壁際では最初に落下した

板石が鏡の上に斜めに覆い被さり、結果的にそれらを保護する役割を果たしたことが考えられる。

実際、西棺外において「く」の字形に折れるように破損した2〜5号鏡や8・9号鏡、穴が開いた7号鏡などの状態は、東上方から落下してきた板石の直撃を受け、あるいは間接的にその圧迫を受けた結果とみてよい。逆に、東棺外で3枚が重なっていた27〜29号鏡のうち、中間にあった28号鏡は上からの土圧が上側にあった27号鏡の鈕を介して不均等に作用したために割れ、27号鏡も鈕の周囲にひび割れが生じていたが、下側にあった29号鏡は28号鏡が破損することで不均等な土圧の作用を免れ、完存していた。このような破損のあり方は、鏡どうしの接触によるもので、西棺外で多く見られる石材との接触による破損のあり方とは異なるものといえる。

## 2　鏡の出土位置の高さ

**鏡の出土位置の高さ**　34面の鏡の出土位置を下端の高さ（標高）で比較すると、棺内の画文帯神獣鏡が最も低く85.369mであり、棺外の33面のうち最も高いのは東棺外北端付近の20号鏡で85.709m、最も低いのは西棺外南端付近の15号鏡で85.480mであった。

棺内の画文帯神獣鏡が突出して低いのは、粘土棺床中軸線上の高さが、棺床外斜面に敷かれた礫敷き面よりも低いためである。棺外の三角縁神獣鏡は当然ながらすべて礫敷き面よりも高い位置から出土している。

**棺内出土鏡の高さ**　棺内出土の画文帯神獣鏡は、棺室北端中央に立てかけられた状態をなお保っており、平面的な位置はほとんど移動していないと考えられる。出土時の画文帯神獣鏡下端の高さは、棺身の腐朽消滅によってその厚み分が沈下し、さらにその後の土圧によって粘土面に1.5cm程度が陥入した結果と理解できる。

**棺外出土鏡の礫敷き面との高低差**　礫敷きの上面は凹凸があるが、全体としては北が高く南が低い。凹凸を捨象して仮想の礫敷き面上端ラインを設定すると、東西両壁際ともにN1.00mで85.46m、N4.50mで85.53mを通るラインを引くことができる［表8「仮想の礫面上端高さ」］。N1.00〜N4.50の3.5mの間で、約7cmの高低差がある。

このラインを基準に鏡の出土位置を下端の高さで比較してみると、西棺外の17面では、最も高いのは1号鏡で高低差は約20cm、最も低いのは礫敷きに接触していた33号鏡で高低差は0cmである。同じく東棺外の15面では、最も高いのは20号鏡で高低差は約19cm、最も低いのは24号鏡で高低差は約5cmである［表8「左と下端の高低差」］。

**棺外出土鏡の「ベース」**　東・西棺外ともに鏡の出土位置は全体的には北へ行くほど高く、南へ行くほど低い傾向がある。これは礫敷きの上面ひいては石室全体の南北方向の傾斜に合致した傾向といえる。しかし同時に個々の鏡の下端と仮想の礫敷き面上端ラインとの高低差が最大20cmに達する振幅で一定しないことは、個々の鏡の出土位置を高さの点で規定しているものが、固定的な「面」ではないことを強く示唆している。

唯一下端が礫敷きに接触していた33号鏡を除くと、東・西棺外の31面はすべて礫敷き面から浮いた位置にあり、仮想の礫敷き面上端ラインとの高低差は平均で約10cmである。北棺外では東・西棺外よりも礫敷き面が高くなるが、それでも17号鏡は礫敷きには密着しておらず、東・西棺外の31面と共通する。

巨視的に見ると、棺外副葬品は初期流入土と石室崩壊後に流入した石材を多量に含む流入土との間に挟まれている。すなわち、棺外の鏡の出土位置を決定づけている「ベース」は、原則的には初期流入土の上面であるといってよい。ただし、最も低い位置から出土した33号鏡のように、完全に初期流入土内に埋没している場合もあれば、最も高い位置から出土した1号鏡のように、全体の約3/4の部分が初期流入土の上面よりも高い位置にあり、石室上部からの石材の落下に巻き込まれて大きく移動している場合もある。

**鏡の本来の副葬位置の高さ**　以上は、鏡を含む棺外副葬品がもともと一定の高い位置にあり、初期流入土の堆積と前後して落下し、複雑な移動を経た結果として説明される。北棺外における17号鏡の本来の副葬位置は礫敷き面をベースとして木棺北小口に斜めに立てかけられていた大型の有機質製品1の上であり、東・西棺外における三角縁神獣鏡32面の本来の副葬位置は石室側壁との隙間を含む木棺蓋上であった蓋然性がもっとも高い。

実際の出土位置よりも本来かなり高い位置に配置されていた一連の副葬品が、初期流入土の堆積、大型有機質製品や木棺の腐朽といった経時的な環境変化によって落下、移動したメカニズムについては第Ⅲ部第1章第3節で整理する。

## 3　鏡の向きと重なり

**鏡面の向き**　34面の鏡のうち、現場で鏡背側が視認できたのは、棺内の画文帯神獣鏡、北棺外の17号鏡、東棺外の18〜21・22・23・30号鏡、西棺外の1号鏡の計10面のみであった。他はすべて鏡面側のみが見えており、鏡背が確認できたのは取り上げ後のことである。

東・西棺外で鏡背側がほとんど確認できなかったのは、出土状態における鏡が基本的に棺床と石室側壁との狭い隙間にあって、東棺外においては鏡面を西に、西棺外においては鏡面を東に向けること、すなわちいずれも鏡面を棺の側に向けることを原則としており、石室の内部で作業していた調査者から見ると鏡背側が「裏側」となったためである。この点を踏まえ、概報では棺外鏡の配置の原則が「鏡面を棺の側に向ける」ことであったと考えられることを述べた。

**鏡の傾きの角度と方向**　これらの出土状態における傾き［表8「傾き」］は、棺内の画文帯神獣鏡が約68°、北棺外の17号鏡が約31°、東・西棺外の32面が18°〜89°で、45°を上回るものが過半数を占める。45°を上回るものの内訳は棺内の画文帯神獣鏡、東棺外の24・25・26・30・31・32

号鏡、西棺外の 5・6・7・8・9・12・13・14・15・33 号鏡の計 17 面である。このうち、80°以上が 4 面、70°以上 80°未満が 3 面、60°以上 70°未満が 2 面、50°以上 60°未満が 3 面を占める。水平に置かれたような状態のものはなく、逆に「立った」状態のものが多いと評価できる。

また、傾きの方向［表 8「傾き方向」］を検討すると、棺内の画文帯神獣鏡は北が高く、方位は N 20°E であった。平面的には想定される棺室北端面にほぼ平行すると評価でき、もともと鏡面を北側に向けていたと考えられる。

東棺外の 15 面では、西が高いものが 11 面、東が高いものは 4 面である。西が高いものの方位は N80°W～N111°W の幅に収まり、110°を上回るものは 11 面中 19 号鏡（N 111°W）の 1 面のみである。東が高いものの方位は N 80°E～N 103°E の幅に収まる。西棺外の 17 面では、西が高いものが 14 面を占め、東が高いものは 3 面である。西が高いものの方位は N46°W～N90°W の幅に収まり、70°を下回るものは 14 面中 9 号鏡（N67°W）、10 号鏡（N46°W）、11 号鏡（N52°W）の 3 面にとどまる。東が高いものの方位は N 90°E～N 97°E の幅に収まる。すなわち、東・西棺外の 32 面中、傾きの方向が東西方向に対して 20°以上振れるものはわずか 4 面であり、45°を超えて振れるものは 1 面もないことになる［図 156］。

**鏡面を棺の側に向けた配置**　こうしたことから、東・西棺外の三角縁神獣鏡 32 面の出土状態は、平面的には棺の両長側面にほぼ平行することを原則とし、立面的には立った状態のものが過半数を占めると評価できる。なおかつ、1 号鏡の上半約 3/4 の部分を除く 31 面が鏡面を棺の側に向けている。すでに検討したとおり、1 号鏡の上半約 3/4 の部分が遊離して回転し、鏡背を棺の側に向けていたのは、東壁の崩壊に伴う大量の石材の落下による応力が大きく加わった結果と考えられるので、結論的には 32 面すべてが例外なく鏡面を棺の側に向けていると評価することができる。

北棺外に単独で置かれていた 17 号鏡は鏡背を上にして多数の破片に割れ、破片ごとにさまざまな向きに傾いていた。最高点と最低点から算出した数値上の鏡の傾斜は約 31°で北東が高く南西が低いが、鏡の下に初期流入土が介在することなどを勘案すると、この出土状態が本来のものである可能性は低いであろう。木棺北小口には大型の有機質製品 1 が斜めに立てかけられていた可能性があり、17 号鏡はこの製品の上に置かれていたと考えられる。その場合、17 号鏡の鏡縁南端が棺床北小口から北へ約 5cm と木棺に近接する点からみて、17 号鏡が本来鏡背を棺の方に向けていたものが 90°以上回転して北に倒れたと考えるよりも、もともと鏡面を棺の方に向けていたものが有機質製品の腐朽とともにそのまま初期流入土上面まで落下したと考えるのが合理的である。他の三角縁神獣鏡 32 面がすべて鏡面を棺の側に向けていたと

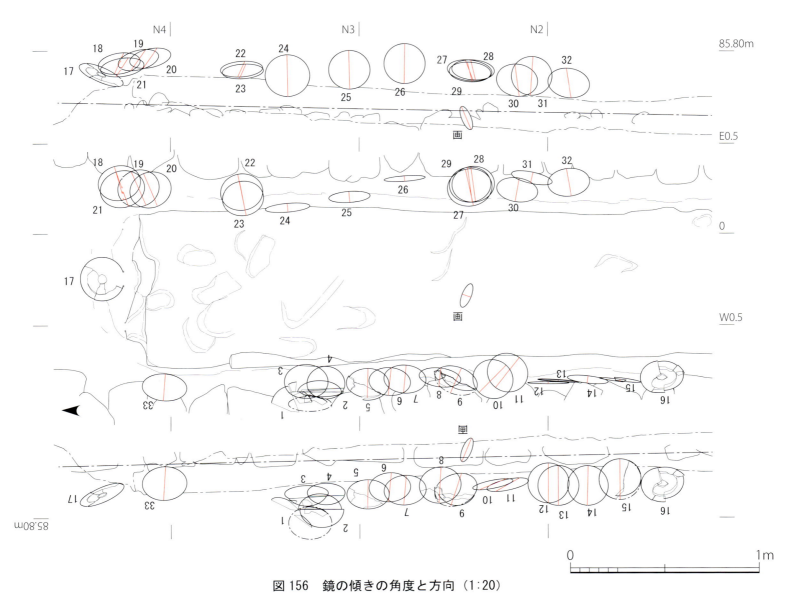

図 156　鏡の傾きの角度と方向（1:20）

第Ⅰ部　調査編

考えられることからも、17号鏡も同様であった蓋然性は高い。

棺外の33面の鏡はもともと一定の高い位置に配置されていたと考えられるのであるが、以上の出土状態の検討結果から、その時点で例外なく鏡面を木棺側に向けて置かれていたと理解するのが合理的である。

**鏡の鈕孔方向**　それぞれの鏡について、出土状態における鏡全体の方向と鈕孔方向との関係を調べたが、有意な関係性を示す結果を得られなかった。これは、副葬行為者が本来鈕孔方向に無頓着であったことを示すとともに、個々の鏡が布に包まれ、あるいは袋のようなものに入れられた状態で副葬されたこととも関連すると思われる。

**鏡の重なりと距離**　東・西棺外の三角縁神獣鏡の出土時点での配置には鏡の重なりや間隔などの点で様々な特徴が見られ、巨視的に見ると東・西棺外で差異が認められる。

東棺外の15面は、北から順に18〜21号鏡の4面、22・23号鏡の2面、24〜26号鏡の3面、27〜29号鏡の3面、30〜32号鏡の3面で、相互の重なり方に差が見られる。

まず、北端に位置する18〜21号鏡の4面は、棺に近い側から21・20・19・18号鏡の順で重なっている。一方、この4面の出土状態における鈕の位置は北から南に向かって18・21・19・20号鏡の順となり、重なりの順とは一致しない。したがって、4面は棺に近い側から順に南北方向に置かれたのではなく、4面のまとまりを意識して適宜置かれたと推定される。

次に、その南には22・23号鏡の2面がほぼ同位置で重なっており、さらに南に24〜26号鏡の3面を介して、27〜29号鏡の3面がやはりほぼ同位置で重なっている。22・23号鏡の南にある24号鏡は、数値上23号鏡と南北方向に約8mmの重なりがあり、位置的には24号鏡の方が22・23号鏡よりも棺寄りにある。24号鏡の南にある25・26号鏡の2面は隣接する鏡との重なりはない。24号鏡以南にある24〜27号鏡の相互の距離はそれぞれ約33、29、35cmで、25・26号鏡の2面は単独的である。

27〜29号鏡の南にある30〜32号鏡の3面は、30・31号鏡の2面が南北方向に約14cmの重なりがあり、30号鏡の方が棺に近い。31号鏡と南端の32号鏡とは南北方向に約3cm重なっており、31号鏡の方が棺に近い。この3面は、重なりの南北距離にばらつきがあるが、30・31・32号鏡の順に、棺に近い側から順に、かつ北から南に向かって順次置かれたと推定できる。

東棺外の15面は、北端にまとまって置かれた18〜21号鏡の4面、以下南に向かって同位置で重ね置かれた22・23号鏡の2面、23号鏡とわずかに重なる24号鏡、単独で置かれた25・26号鏡の2面、同位置で重ね置かれた27〜29号鏡の3面、さらに北側のものが南側のものよりもより棺に近いという関係を保ちながら重ね置かれた30〜32号鏡の3面で構成されている。

西棺外の17面は、北から順に33号鏡、1〜4号鏡の4面、5〜16号鏡の12面で、相互の重なり方に差が見られる。

まず、北端に位置する33号鏡と、北から2面目の1号鏡との間には約69cmの間隔がある。1号鏡から16号鏡までの残り16面は約2.1mの間に連なって出土しているので、33号鏡のあり方は孤立的といえるであろう。

次に、1〜4号鏡の4面は、棺に近い側から2・1・3・4号鏡の順に重なり、ひとかたまりになっている。この4面の出土状態における鈕の位置は北から南に向かって1・3・2・4号鏡の順となるが、1号鏡の鈕を含む上半約3/4の部分は北へ約7cm前後移動しており、3・1・2・4号鏡の順がより本来に近いものと考えられる。したがって、4面は棺に近い側から順に南北方向に置かれたのではなく、4面のまとまりを意識して適宜置かれたと推定される。このあり方は東棺外における18〜21号鏡の4面に近いと評価することが可能であろう。

一方、5〜16号鏡の12面は隣接するものどうしが南北方向に数mm〜16cm分重なりつつ一列に並んでいる。かつ、重なりの順はすべて南側のものが北側のものよりも棺に近い側にある。したがってこの12面は、棺に近い側から順に南北方向に置かれ、しかも南から北に向かって順次置かれたと推定できる。同時に、重なりの南北距離にばらつきがあることから、鏡の半分程度ずつが互いに重なった2〜3面からなるまとまりを抽出することもできる。そうしたまとまりとして、5〜7号鏡、8・9号鏡、10・11号鏡、12・13号鏡を挙げられる。

西棺外の17面は、北端に単独で置かれた33号鏡、そこから約69cm南にまとまって置かれた1〜4号鏡の4面、さらに南に南側のものが北側のものよりもより棺に近いという関係を保ちながら重ね置かれた5〜16号鏡の12面で構成されている。1〜4号鏡の4面と5〜16号鏡の12面の関係についてみると、1〜4号鏡の南端にある4号鏡と5〜16号鏡の北端にある5号鏡とは鏡縁どうしが点で接しているにすぎないが、計算上は約2.5mm重なり合う。現状の位置関係では4号鏡の方が5号鏡よりもより棺に近い位置にあるが、これが本来の重なりの順序を保つものかどうかは不明といわざるをえない。

全体としては、西棺外では多くの鏡が連続的に並ぶのに対し、東棺外では同位置で重ね置くような極端な重なり方が見られる反面、重なりのない部分もあり、断続的な様相といえる。

## 4　鏡の副葬配置

以上の検討結果から、鏡の本来の副葬配置は以下のように整理できる。

**棺内**　棺内の画文帯神獣鏡は、棺室北端の端面のほぼ中央に、絹布で包まれるか、袋のようなものに入れられた状態で、鏡面を北に向けて立てかけられていたと判断される。その後、棺室内に早い段階に入り込んだ初期流入土にパックされ、徐々に木棺材が腐朽消滅するとともに、立った状態を保ったまま棺床上まで落下したと考えるのが最も合理的である。

画文帯神獣鏡は推定される被葬者の頭上約55cmの位置に

あり、頭部からはやや離れているが、棺室北端という結界的位置に置かれている点が注意される。同時に、棺室西端のラインに沿って置かれた刀9・槍2、棺室東端のラインに沿って置かれた剣1と合わせ、全体として棺室北端から被葬者の頭部〜胸部付近にかけての範囲を大きくコの字形に取り囲む棺内副葬品の半囲繞配置を構成するものと理解できる。

　北棺外　北棺外の17号鏡は、粘土棺床北小口外斜面の礫敷き面をベースとして、木棺北小口に斜めに立てかけられていた有機質製品1の上に、鏡面を棺の側に向けて立てて置かれていたと考えられる。付着した繊維痕跡から、絹布に包まれるか、袋のようなものに入れられていたと想定される。有機質製品1が腐朽するまでの段階で初期流入土が礫敷き面を覆ったために、その後の有機質製品1の腐朽とともにそのまま初期流入土上面まで落下したとみられる。

　17号鏡の位置も、木棺北小口という結界的位置である点が注意される。また同時に、東棺外の15面、西棺外の17面と合わせて、木棺北半部を大きくコの字形に取り囲む棺外副葬品の半囲繞配置を構成するものと理解できる。

　東・西棺外　東・西棺外の32面は、初期流入土との関係において、33号鏡のように初期流入土にほぼ完全に埋没しているものがある反面、多くのものが初期流入土と石室崩壊後に流入した石材を多量に含む流入土との間に挟まれていることから、出土時の位置がそのまま副葬時の位置でないことは明白である。上記の検討を踏まえれば、三角縁神獣鏡を含む東・西棺外の副葬品は、副葬時には出土位置よりもかなり高い位置にまとめて置かれていた可能性が高い。

　その場合、本来の副葬位置は、石室側壁との隙間を含む木棺蓋上以外には求められないであろう。32面はいずれも鏡面を棺の側に向け、円弧を描いて立ち上がる棺蓋に貼り付けるように配置されたと考えられる。木棺の最大径に相当する蓋と身の合わせ目付近では、棺の側面は塊石積みの壁面下部にほとんど接するような状態であり、それより上部では側壁を構成する塊石の凸部が鏡の下端を支持する棚のような役割を果たした可能性が高い。鏡に付着した繊維痕跡から、鏡は個々に絹布に包まれ、あるいは袋のようなものに入れられていたと想定される。

　それらが初期流入土の堆積及び木棺木部の腐朽と前後して落下し、落下の過程やその後の石室上部の崩壊などの影響を受け、個別的には複雑な移動を経たものもあったと考えられる。しかしながら、落下の距離自体は最大でも40cm以内、平均的には30cm前後と見積もられるので、平面的に見た場合には、落下の過程でいったん側壁際に収斂する形での動きが想定されるものの、それによって相互の位置関係が決定的に損なわれることはなかったと判断される。

　東棺外の15面、西棺外の17面は、北棺外の1面と合わせ、総数33面という多量の三角縁神獣鏡によって木棺北半部を大きくコの字形に取り囲む半囲繞配置を形成している。銅鏡の多量副葬における副葬配置の一類型として評価しうるものである。それと同時に、棺外に副葬された鉄製武器類の大半がこの配置をトレースするように重複していることは、鏡と鉄製武器による半囲繞配置という棺内の状況と相似形をなすものと評価しうるであろう。

## 第3節　鉄製品の副葬配置

　棺内外から武器、武具、農工具、威儀具など多量の鉄製品が出土した。これらが棺内及び棺外の大部分において未攪乱の状態を保持していたことは、前期古墳の竪穴式石室における鉄製品の副葬配置を知る上できわめて貴重な資料といえる。一方、銅鏡と同じくこの出土状態がそのまま鉄製品群の本来の副葬位置や副葬状態を示すものとは考えられない。ここでは南棺外を除く鉄製品群の出土状態を検討し、復元される本来の副葬配置について所見を述べる。

### 1　刀剣槍類

　刀剣槍類の出土位置の高さ　刀剣槍類は刀17点、剣3点、槍14点が棺内及び東・西棺外から出土した［表9］。その出土位置を下端の高さ（標高）で比較すると、棺内の刀9が最も低く85.43〜85.44mであり、棺外で最も高いのは西棺外の槍3（鋒）で85.78m、最も低いのは西棺外の刀16（鋒）で85.50mであった。

　棺内の刀剣槍類はすべて粘土棺床凹部の粘土面に密着して出土した。これに対し、東・西棺外の刀剣槍類は粘土棺床周囲の礫敷き面よりも高い位置から、場合によってはかなり浮いた状態で出土しており、銅鏡と同様の出土状態を示す。

　棺内出土刀剣槍類の高さ　棺内から出土した刀剣槍類3点は、刀9が85.43〜85.44m、槍2が85.47m、剣1が85.46〜85.50mと、ほとんど高低差がない。これらは画文帯神獣鏡を含めて、棺室の縁辺に沿って被葬者の頭位側をコの字形に取り囲む平面的配置が明確であり、棺身が腐朽消滅することによって棺身の厚み分が沈下した以外は、本来の副葬位置をほぼ保つものと考えられる。

　棺外出土刀剣槍類の礫敷き面との高低差　棺外出土鏡について行った作業と同じく、仮想の礫敷き面上端ライン［表9「仮想の礫面上端高さ」］を基準に棺外出土刀剣槍類の出土位置を北端［表9「N左と下端の高低差」］及び南端［表9「S左と下端の高低差」］の高さで比較してみると、東棺外で最も高いのは刀10南端（茎端）で高低差は約26cm、最も低いのは刀8北端（鋒）で高低差は約10cmである。同じく西棺外で最も高いのは刀15北端（茎端）で高低差は約29cm、最も低いのは刀16南端（鋒）で高低差は約5cmである。

　棺外出土鏡と同様に、東・西棺外ともに刀剣槍類の全体的な出土位置は北へ行くほど高く、南へ行くほど低い傾向があり、礫敷きの上面ひいては石室全体の南北方向の傾斜にある程度合致した傾向を示す。一方、個々の刀剣槍類の下端と仮想の礫敷き面上端ラインとの高低差は東棺外では最大16cm、西棺外では最大24cmに達しており、一定しない。棺外出土の刀剣槍類には礫敷きに接触するものはなく、すべて礫敷き

表9　刀剣槍類出土位置一覧表

| 出土位置 | | 番号 | 棺北小口からの距離(m) | 鋒方向 | 北端座標・標高 (m) | | | 南端座標・標高 (m) | | | 仮想の礫面上端高さ (m) | N左と下端の高低差(cm) | S左と下端の高低差(cm) | 番号 |
|---|---|---|---|---|---|---|---|---|---|---|---|---|---|---|
| | | | | | N/S | W/E | 標高 | N/S | W/E | 標高 | | | | |
| 棺内 | | 刀9 | 1.71 | S | N 2.47 | W 0.34 | 85.44 | N 1.70 | W 0.54 | 85.43 | | | | 刀9 |
| | | 剣1 | 1.88 | S | N 2.30 | E 0.02 | 85.46 | N 1.85 | E 0.07 | 85.50 | | | | 剣1 |
| | | 槍2 | 2.21 | N | N 1.97 | W 0.51 | 85.47 | N 1.76 | W 0.51 | 85.47 | | | | 槍2 |
| 東棺外 | | 刀10 | 0.08 | N | N 4.10 | E 0.12 | 85.69 | N 3.23 | E 0.20 | 85.76 | 85.521 | 17 | 26 | 刀10 |
| | | 刀8 | 0.18 | N | N 4.00 | E 0.01 | 85.62 | N 3.32 | E 0.19 | 85.66 | 85.519 | 10 | 16 | 刀8 |
| | | 刀17 | 0.23 | N | N 3.95 | E 0.07 | 85.69 | N 2.98 | E 0.21 | 85.69 | 85.518 | 17 | 19 | 刀17 |
| | | 槍8 | 0.29 | N | N 3.89 | E 0.30 | 85.72 | N 3.41 | E 0.27 | 85.71 | 85.516 | 20 | 20 | 槍8 |
| | | 刀3 | 0.31 | N | N 3.87 | E 0.12 | 85.67 | N 2.89 | E 0.12 | 85.72 | 85.516 | 15 | 22 | 刀3 |
| | | 槍12 | 0.69 | N | N 3.49 | E 0.27 | 85.71 | N 2.90 | E 0.27 | 85.74 | 85.508 | 20 | 24 | 槍12 |
| | | 槍11 | 0.73 | N | N 3.45 | E 0.28 | 85.71 | N 2.87 | E 0.27 | 85.75 | 85.507 | 20 | 25 | 槍11 |
| | | 槍10 | 0.93 | N | N 3.25 | E 0.17 | 85.67 | N 2.47 | E 0.22 | 85.70 | 85.503 | 17 | 21 | 槍10 |
| | | 槍9 | 1.00 | N | N 3.18 | E 0.23 | 85.75 | N 2.45 | E 0.23 | 85.70 | 85.501 | 25 | 21 | 槍9 |
| | | 槍6 | 1.02 | N | N 3.16 | E 0.22 | 85.73 | N 2.77 | E 0.27 | 85.74 | 85.501 | 23 | 25 | 槍6 |
| | | 剣2 | 1.80 | S | N 2.38 | E 0.30 | 85.63 | N 2.16 | E 0.31 | 85.59 | 85.485 | 15 | 11 | 剣2 |
| 西棺外 | 北群 | 槍3 | -0.09 | N | N 4.27 | W 0.84 | 85.78 | N 4.01 | W 0.76 | 85.69 | 85.524 | 26 | 17 | 槍3 |
| | | 刀7 | -0.04 | S | N 4.22 | W 0.77 | 85.64 | N 3.64 | W 0.78 | 85.67 | 85.523 | 12 | 16 | 刀7 |
| | | 刀12 | -0.03 | S | N 4.21 | W 0.97 | 85.69 | N 3.52 | W 0.75 | 85.68 | 85.523 | 17 | 17 | 刀12 |
| | | 槍13 | -0.00 | N | N 4.18 | W 0.83 | 85.73 | N 3.97 | W 0.88 | 85.68 | 85.522 | 21 | 16 | 槍13 |
| | | 刀5 | 0.06 | N | N 4.12 | W 0.82 | 85.71 | N 3.78 | W 0.75 | 85.72 | 85.521 | 19 | 21 | 刀5 |
| | | 槍7 | 0.07 | N | N 4.11 | W 0.81 | 85.72 | N 3.65 | W 0.79 | 85.72 | 85.521 | 20 | 21 | 槍7 |
| | | 槍14 | 0.09 | N | N 4.09 | W 0.82 | 85.71 | N 3.73 | W 0.81 | 85.71 | 85.520 | 19 | 20 | 槍14 |
| | | 槍5 | 0.11 | N | N 4.07 | W 0.83 | 85.75 | N 3.63 | W 0.85 | 85.74 | 85.520 | 23 | 23 | 槍5 |
| | | 槍1 | 0.13 | N | N 4.05 | W 0.86 | 85.75 | N 3.78 | W 0.87 | 85.75 | 85.520 | 23 | 24 | 槍1 |
| | | 刀1 | 0.23 | S | N 3.95 | W 0.83 | 85.71 | N 3.00 | W 0.62 | 85.65 | 85.518 | 19 | 15 | 刀1 |
| | | 刀4 | 0.23 | S | N 3.95 | W 0.83 | 85.70 | N 3.74 | W 0.75 | 85.67 | 85.518 | 18 | 16 | 刀4 |
| | | 刀11 | 0.26 | N | N 3.92 | W 0.89 | 85.72 | N 3.22 | W 0.77 | 85.60 | 85.517 | 20 | 10 | 刀11 |
| | | 槍4 | 0.26 | N | N 3.92 | W 0.82 | 85.69 | N 3.58 | W 0.75 | 85.68 | 85.517 | 17 | 17 | 槍4 |
| | | 刀2 | 0.34 | S | N 3.84 | W 0.81 | 85.70 | N 2.66 | W 0.84 | 85.60 | 85.515 | 18 | 11 | 刀2 |
| | | 剣3 | 0.43 | S | N 3.75 | W 0.81 | 85.70 | N 3.30 | W 0.71 | 85.64 | 85.513 | 19 | 14 | 剣3 |
| | | 刀13 | 0.47 | S | N 3.71 | W 0.84 | 85.73 | N 2.84 | W 0.74 | 85.62 | 85.513 | 18 | 13 | 刀13 |
| | | 刀6 | 1.80 | S | N 2.38 | W 0.79 | 85.58 | N 1.92 | W 0.80 | 85.59 | 85.485 | 10 | 11 | 刀6 |
| | 南群 | 刀14 | 3.54 | S | N 0.64 | W 0.83 | 85.63 | S 0.33 | W 0.81 | 85.63 | 85.448 | 18 | 19 | 刀14 |
| | | 刀16 | 4.17 | S | N 0.01 | W 0.83 | 85.67 | S 0.86 | W 0.77 | 85.50 | 85.435 | 23 | 5 | 刀16 |
| | | 刀15 | 4.69 | S | S 0.51 | W 0.84 | 85.74 | S 1.33 | W 0.73 | 85.53 | 85.446 | 29 | 7 | 刀15 |

面から浮いた位置にあることになる。

**棺外出土刀剣槍類の本来の副葬位置の高さ**　前節で述べた通り、三角縁神獣鏡を含め、棺外副葬品の出土位置は基本的に初期流入土と石室崩壊後に流入した石材を多量に含む流入土との間に挟まれている。すなわち、棺外出土刀剣槍類の出土位置を決定づけている基本的な「ベース」は鏡と同じく初期流入土の上面と判断される。

したがって、棺外出土刀剣槍類の本来の副葬位置はもともと出土位置よりも高い位置にあり、初期流入土の堆積と前後して落下したものと理解でき、本来は鏡と同じく石室側壁との隙間を含む木棺蓋上に配置されていたと判断できる。

**棺外出土刀剣槍類と三角縁神獣鏡の位置的関係**　棺外の刀剣槍類が三角縁神獣鏡の鏡面・鏡背のいずれの側にあったかを検討してみる。

西棺外では、刀2は3～7号鏡、刀11は3・4号鏡の鏡背に接し、刀13の刀身の大半は1～4号鏡の鏡背直下にある。一方、刀1の鋒寄り部分は東へ大きくずれ、遊離した鋒破片は粘土棺床凹部内斜面に貼り付くように標高85.65m付近まで落下しており、結果的に5～7号鏡の鏡面側から出土している。また、刀13も鋒破片のみは5～7号鏡鏡面下端に密着しているが、これも二次的な移動の結果と判断される。刀6は鋒寄り部分が12・13号鏡の鏡面に接するが、茎寄りは鏡背を下にした10・11号鏡の直下にある。このほか、鉄鏃L群付近の多くの刀・槍類は強いて言えば33号鏡の鏡面側に相当するが、33号鏡は礫敷き直上まで落下して初期流入土中に埋没しており、初期流入土をベースとする鉄製品群との位置的関係をそのまま評価できない。

東棺外においては、刀10・17、槍8は鏡背を上に向けた22・23号鏡の直上にあるが、刀3・8はその直下にある。しかし、刀3・8・10・17、槍8のすべてが、鏡面を棺の側に向けて立った状態で出土した24・25号鏡との関係では鏡背側になる。槍9・10は25号鏡との関係では鏡背側になるが、26・27～29号鏡との関係では鏡面側になる。

総じて刀剣槍類は三角縁神獣鏡の鏡背側から出土する傾向があるが、逆の場合も見られる。ただ、鏡面側から出土する場合には、明らかに二次的な移動の結果と理解できる場合もあり、原則は鏡背側であったと考えるのが穏当と思われる。棺との関係では、鏡の方がより棺に近く、刀剣槍類はその上に置かれていた蓋然性が高い。

**刀剣槍類のまとまり**　東棺外の素環頭大刀1点（刀3）、直刀3点（刀8・10・17）は、鋒の位置が南北方向に約23cmの範囲内に収まり、平面的にも立面的にも互いに重複していることから、鋒を揃えてまとめて置かれた可能性がある。同じく東棺外の槍6点（槍6・8～12）のうち、槍11・12の2点は上下に重なり、鋒の位置が南北方向に約4cmの範囲内に収まる。槍6・9・10の3点は平面的にも立面的にもほぼ重複し、鋒の位置が南北方向に約9cmの範囲内に収まっており、これらも鋒の位置を揃えてまとめて置かれた可能性が高い。

このように、東棺外では素環頭大刀・直刀4点、槍2点、

槍3点の束ともいうべきまとまりが南北方向に少しずつ位置をずらしながら約1.5mにわたって並び、さらにそこに槍8が加えられている。

一方、西棺外の素環頭大刀2点（刀1・2）、直刀7点（刀4〜7・11〜13）（北群）は、東棺外の刀類のように鋒の位置を揃える傾向は顕著ではない。むしろ、茎端（刀5のみ鋒）の南北方向の位置が、刀5・7・12の3点で約10cm、刀1・2・4・11・13の5点で約24cmの範囲内に収まっている。ただし、刀類には柄装具が着装されていたと見られることから、柄頭の位置で揃えられていたかどうかは不明である。西棺外の槍6点（槍1・3・5・7・13・14）はすべて鋒を北に向け、位置的なまとまりが良い。鋒の南北方向の位置は約22cmの範囲内に収まっており、束で揃えて置かれていた可能性が高い。

西棺外では、素環頭大刀2点（刀1・2）、直刀7点（刀4〜7・11〜13）の刀群、剣3・槍4が折り重なり、その上に槍6点が鋒の位置を揃えてまとめて置かれ、南北方向に長さ約1.6mの刀剣槍類の集積を形成している。さらにその南にやや離れて刀6が加えられる。一方、直刀（南群）は3点が刀身の約1/3程度ずつ重なりながら一直線に並べられる。

鋒の向き　棺内出土の刀9・剣1は鋒を南に、槍2は北に向けていた。古墳被葬者の体側に配置される刀剣類が鋒を被葬者の足元側に向ける傾向があることはよく知られており、この場合も佩用品としての取り扱いがある程度意識されていたと考えることができる。槍の鋒が被葬者の頭側に向くことも、槍を手に執った場合の自然な向きと評価できる。

棺外出土の刀剣槍類の鋒方向について見ると、東棺外では刀4点、槍6点にすべて鋒を北に向け、剣2の茎を含む破片のみ鋒方向を南に向けていた。西棺外では槍7点はすべて鋒を北に向け、刀12点のうち11点が南、1点が北、剣3が南に向けていた。したがって、槍は東・西棺外を問わずすべて鋒を北に向け、剣は南に向けていることになる。一方、刀は東棺外では北に、西棺外では1点を除いて南に向けており、ばらつきがある。

槍の柄　棺外出土の槍類は基本的に着柄状態で副葬されていたと考えられる。多くの槍に着柄の痕跡があり、東棺外の槍9・10では漆塗りの柄の痕跡が南に向かって延びていた。西棺外では槍身との対応関係は不明ながら、柄と考えられる漆膜や材の遺存が認められた。

棺外の槍13点の槍身はすべて棺北半部をコの字形に取り囲んで配置された棺外鏡群の配置と重なり合っている。その場合、柄は南に長く延び、一見棺外副葬品の空白域に見える棺中央部から南半部にも及んでいたと考えられる。また、槍の鋒がすべて北向きであることは、槍身を棺北半に集中的に副葬しようとする意識の存在を示唆するものである。

抜き身・布巻き　棺内・棺外とも、刀剣槍類はすべて抜き身で、多くのものに織物の付着が見られることから、織物に包まれた状態であったと考えられる。

棺外における三角縁神獣鏡との補完的配置　西棺外における刀剣槍類の配置には著しい偏りがあり、北端に多数が集中する。西棺外の鏡は北端の33号鏡のみが単独的に置かれ、1〜16号鏡は連続的に重なりながら配置されるが、33号鏡と1号鏡との間の長さ約50cmほどの空間に最も集中的に刀剣槍類が置かれている。鏡と鉄製品がいわば相互補完的に配置されることで、西棺外北半全体としては連続的に切れ目なく副葬品が配置されていることになる。

東棺外では、18〜32号鏡が配置された約2.5mの間に西棺外のような著しい刀剣槍類の集中箇所はみられず、おおむねまんべんなく配置されている。18〜32号鏡はほぼ同位置で重ね置かれる場合のほか、間隔を置いて重なりのない断続的な配置が目立ち、西棺外とは様相を異にする。しかし、鉄製品も合わせて見るならば、やはり東棺外北半全体としてはあくまで連続的に副葬品が配置されていることになる。

このような東・西棺外の三角縁神獣鏡と刀剣槍類の補完的な関係は、両者の配置順序をよく反映している。すなわち、木棺蓋上に鏡が置かれた後、その上に覆い被せるようにして刀剣槍類が配置される。その際、刀剣槍類は鏡が密に置かれている部分を避けるように配置され、結果的に棺外北半部全体では粗密の少ない副葬品の配置となったと考えられる。

## 2　鉄鏃

**鉄鏃の出土位置の高さ**　鉄鏃334点はすべて棺外から出土し、このうち北・東・西棺外出土の215点はA〜O群のまとまりを形成しつつ、各所から散在的に出土している［表7］。

その出土位置を下端の高さ（標高）で比較してみると、最も低いのは西棺外O群の錆着した塊（O1〜3・5〜10）で85.40mを測る。東棺外のI群からやや遊離して出土したI20茎片が85.60m、西棺外のL53茎が85.63mでこれに続く。また、F1は85.46m、J1は85.40mまで粘土棺床凹部に沿って落ち込んでいた。最も高いのは石室東壁3段目から4段目にかけての塊石の間に詰め込まれた粘土に密着していた東棺外I群の上方群（I6・7・12〜19）で、85.87mに達し、付近の礫敷き面よりも約41cmも高い。

このように出土位置の高さに大きなばらつきがあり、粘土棺床外斜面の礫敷き面よりも高い位置から場合によってはかなり浮いた状態で出土しているのは、現象的に銅鏡・刀剣槍類と同じである。

**鉄鏃の本来の副葬位置の高さ**　したがって鉄鏃についても銅鏡・刀剣槍類と同じく本来の副葬位置は出土位置よりも高い位置にあり、初期流入土の堆積と前後して落下したものと理解できる。ただし、鉄鏃は鏡や刀剣槍類よりも小さく軽量であることから、西棺外L群の一部のように礫敷き面まで落下したものがある反面、東棺外I群上方群のように側壁の粘土面に密着して本来の副葬位置に近い高度を保つものがある。

**鉄鏃類の束**　東棺外のC群（13点）、D群（17点）、E群（31点）、G群（12点）、H群（16点）、I群（20点）は、基本的に鋒を北に向け、一部に束の状態でまとまって錆着した状態が認められ、B群についても同様の状態であったと類推される。相互間の南北距離はB−C群間約40cm、C−D群間約20cm、D−E群間約40cm、E−G群間約30cm、G−H群間約20cm、

H−I群間約60cmである。H−I群間がやや離れているが、B群からI群にかけての約2.5mの間に、10〜30本程度を一単位とする矢の束7束が少しずつ位置をずらしながら置かれた状態が復元できる。また、G群については盛矢具と考えられる有機質製品2が伴っており、他の束についても盛矢具に容れられた状態であった可能性がある。

西棺外のL群（67点）は前述の通り複数の矢の束からなっていた可能性があり、鋒の向きは南を基本とする。N群（8点）、O群（10点）は前者が鋒を南に、後者が北に向けてまとまっていたと考えられる。これらもいま述べた東棺外と同様の矢の束であったと考えられるが、その配置は西棺外北端のL群に集中し、矢の向きもまちまちで、東棺外とはあり方が異なる。

一方、北棺外のA群（2点）、東棺外のF群（1点）・J群（2点）、西棺外のM群（1点）のように、1〜2本の矢が単独的に置かれたと考えられるケースもある。

## 3　その他

**U字形鉄製品・刺突具1・2**　U字形鉄製品1点と刺突具2点（刺突具1・2）は北棺外の石室北東隅付近で壁面に立てかけられたような状態で出土した。これらはそれぞれ複数の部品からなる製品で、二次的な移動により遊離した部品もあるが、相互の位置関係は大きくは崩れていない。

いずれも付近の礫敷き面から最大20cm程度も浮いた状態で、基本的に有機質製品1の表面に由来する初期流入土上面の赤色顔料面をベースとして出土している。したがって、これらは17号鏡も含め、本来有機質製品1の上に置かれていたと考えられる。

U字形鉄製品は器物としての全体像が不明であるが、出土状態から見る限り、石室北東隅の東壁に斜めに立てかけられた状態が想定できる。刺突具1・2は本来着柄の状態であり、刺突具1が先端を下に向けていることから、柄を上に、先端を下にして立てられていたと推測される。その場合、石室壁面の持ち送りとの関係を考慮すると、柄は比較的短いものであった可能性がある。

**刺突具3**　刺突具3は、西棺外の直刀（南群）の東側に沿って出土した。着柄の状態で、柄を北に、先端を南に向けて、他の西棺外出土鉄製品類と同じく、石室西側壁との隙間を含む木棺蓋上の西寄りに配置されていたと判断できる。

**不明鉄器12**　粘土棺床凹部西寄りの位置で、長軸を南北に向け、粘土面に密着して出土した。木棺蓋上の西寄りに置かれていたものが、大部分の西棺外出土鉄製品類のように石室西壁に沿って落下せず、木棺の腐朽とともに棺床凹部まで落ち込んだものと考えられる。

## 4　鉄製品の副葬配置

以上の検討を踏まえ、棺内及び北・東・西棺外における鉄製品の本来の副葬配置は以下のように整理できる。

**棺内**　棺内の刀剣槍類3点は、棺室北端の端面のほぼ中央に立てかけられていた画文帯神獣鏡とともに棺室の縁辺に沿って置かれ、被葬者の頭位側をコの字形に取り囲むように配置されていた。その後、棺室内に早い段階に入り込んだ初期流入土にパックされ、徐々に木棺材が腐朽消滅するとともに、本来の平面的配置を保ったまま棺床上まで落下したと考えられる。

**北棺外**　北棺外の刺突具2点・U字形鉄製品は、17号鏡とともに北棺外のほぼ全体を覆って置かれた有機質製品1の上に置かれていたと考えられる。鉄鏃A群は1〜2本の矢が単独的に置かれたケースで、本来の位置は同様に有機質製品1の上であった可能性がある。その後、有機質製品1が腐朽するまでの段階で初期流入土が礫敷き面を覆ったために、有機質製品1の腐朽とともにこれらの副葬品も本来の平面的配置をほぼ保った状態で初期流入土上面まで落下したと考えられる。

**東・西棺外**　東・西棺外の素環頭大刀3点、直刀13点、剣2点、槍13点、Y字形鉄製品2点、鉄鏃213点、刺突具1点、不明鉄器1点は、三角縁神獣鏡32面とともに、石室側壁との隙間を含む木棺蓋上に置かれていたと考えられる。

このうち、東棺外北半の素環頭大刀1点、直刀3点、剣1点、槍6点、Y字形鉄製品2点、鉄鏃125点は、三角縁神獣鏡15面、有機質製品2点とともに南北約3.3mにわたる副葬品の集中域を形成し、西棺外北半の素環頭大刀2点、直刀7点、剣1点、槍6点、鉄鏃68点、刺突具1点、その他の鉄製品1点は、三角縁神獣鏡17面とともに南北約3.1mにわたる副葬品の集中域を形成している。これらは北棺外の三角縁神獣鏡1面とともに、全体として木棺北半部を大きくコの字形に取り囲む副葬品群の半囲繞配置を形成する。

この東・西棺外の副葬品の集中域においては、鏡はいずれも鏡面を棺の側に向け、石室側壁との隙間を含む木棺蓋上に貼り付けるように配置されたことが想定され、多量の鉄製品類がその上を覆うように副葬されたと考えられる。また、棺床凹部内にそのまま落下したと考えられる不明鉄器12や同一個体が東・西棺外に遊離して落下したと考えられる剣2の存在から、多量の鉄製品類は単に上に向かって積み重ねられるだけではなく、蒲鉾状に中央がせり上がる棺蓋の中ほどに向かって展開するように置かれたことが想定される。有機質製品3も、棺蓋中央東寄りのそのような位置に本来置かれていたと考えられる。

西棺外においては、さらに南に直刀3点、鉄鏃18点、刺突具1点が、石室西側壁との隙間を含む木棺蓋上に南北約2.0mにわたって配置され、東棺外ではその対称となる位置に矢2本（鉄鏃J群）が置かれたと考えられる。　　　（岡林）

# 第6章　副葬品

## 第1節　概要

竪穴式石室内からは、銅鏡34面、武器として刀類17点、剣3点、槍14点、鉄鏃280点以上、武具として小札1111点以上、帯状鉄板5種以上、円頭鉄板19点以上が出土した。さらに農工具類として刀子12点、鉇9点以上、斧10点、鎌3点、刺突具3点以上、不明鉄器12点以上、威儀具としてY字形鉄製品2点、U字形鉄製品1式、土師器として高杯1点、小型甕2点が出土した。以下に詳細を記す。（水野）

## 第2節　銅鏡

### 1　概要

画文帯神獣鏡1面と三角縁神獣鏡33面の合計34面の銅鏡が出土した。報告にあたって、現状、鏡背（図像配置と文様）、鏡面、笵傷と湯口（製作技法を示す痕跡等）の項目を設け、三角縁神獣鏡には「同笵鏡」[註1]の項目を加えた。図として三次元形状計測画像と実測図を併記し、別図に笵傷、鋳造時の欠陥等の観察所見を掲載した。所見は、本来の図像よりも高くなった部分を黒色で、低くなった部分をアミ掛けで示した。例えば、亀裂状笵傷では突線を黒線で、凹線をアミ掛けで示し、湯回りの悪い範囲もアミ掛けで示した。亀裂状笵傷の主要なものに丸数字をつけ、鏡縁の歪みの位置はコの字状の記号で示した。さらにX線写真も掲載した。

なお、図像の各部説明は、図示した位置をもとにして、鈕を中心に上下、左右等で配置を記載した。鈕孔方向は鈕の上方での角度の振れを示すものとする。

　［註1］同笵鏡の製作技法を同笵技法に限定しないという保留の意味で「　」をつけて表記する。

### 2　画文帯神獣鏡 ［図157・158、PL. 24・25］

**現状**　直径13.5cm、重量335.9gである。鈕の中央付近で2つに割れ、鈕に細かいヒビが入るもののほぼ完形に復元できる。遺存状況は鏡縁と画文帯にわずかに錆歪みが認められるが良好である。鋳上がりの悪い部分が半円方格帯の一部にある。色調は暗褐色の部分と鏡背内区を中心に淡褐色の部分がある。

**鏡背**　鈕は半球状で、直径約2.5cm、高さ約0.9cmである。鈕は圏線をもつ円座に載る。鈕孔の形状は、方形を基調としてやや上面に丸みをもつ。幅0.5cm、高さ0.5cmである。鈕孔は内部まで丁寧に研磨し、開口部の端を小さく丸めている。開口位置は鏡背面よりわずかに高く、鈕孔方向はほぼ上下方向で、左に約5°振れる。

内区文様は鈕座と半円方格帯にはさまれた幅約2.1cmに描かれる。4つの乳が配置され、それに巻き付く4体の獣像と上下左右に主な4体の神像が描かれる。なお、乳は半球状で円座をもつ。4体の獣像はいわゆる蟠龍形で、上下方の神像を挟んで、身体を向き合わせて、口を開くものと閉じるものが対をなす。ただし、獣像はいずれも鈕側を天として描かれるが、上下方の2体の神像は逆転して鏡縁側に頭を向ける。そして左右の神像は頭を獣像と同じく鈕側に向ける。

上方神像は、琴をもつことから伯牙とみられる。伯牙は鍾子期と従者の三人一組で表現されることが多いが1体のみで配置される。下方神像は身体を斜め向きにした神像で、顔の細部は模糊としているが、冠表現などから黄帝とわかる。その右側には頭を垂れて外向きに座る神像が小さく描かれる。人首鳥人の玄女というよりも、伯牙弾琴図の従者もしくは鍾子期の表現に近い。さらに黄帝の左側には、頭方向を鈕側に向けて内側を向く姿勢の羽をもつ小さな仙人が描かれる。左右の神像は身体を斜めに向けて座す。左方神像は斜めを向き、3つの突起をもつ冠帽のような頭表現から東王父とみられ、右方神像は3つの珠文を繋いだような頭表現をもち、西王母とみられる。内区文様の割付は丁寧に行われ、全体に文様を入り組ませて、文様の空白を埋めるように文様を配置している。

半円方格帯には半円と方格が各12個、交互に配される。方格は上端で一辺0.5cm前後の方形で、1字の銘をもつ。下方に文字や方格の枠線が模糊とする部分があり、2文字が判読できない。銘文は右方から時計回りに「吾作明竟自有紀□□公宜子」とある。「公」の前の文字は一部が確認できるものの崩れて判読できない。半円の上面には、凹線で表現した渦文が中央と周囲に4つずつ描かれる。半円と方格の間は楕円と短い2本一対の弧線を組み合わせた文様で充填され、画文帯側斜面には半円文が描かれる。

画文帯と半円方格帯を区画する界圏は、頂部に凹線をもち、内側斜面に細めの鋸歯文をもつ。外区の画文帯は圏線に挟まれた約0.7cmの幅をもつ。図像は時計回りに描かれ、仙人の載る雲車とともに、円形のものを捧げもつ飛天、鳥形、亀形、仙人、6体の走龍などが描かれる。加えて下方には、向き合う魚形が入り、画文帯としては変則的である。鏡縁には凹線で表現された渦文の入る扁平な三角文（半裁菱雲文）が巡る。

第Ⅰ部　調査編

図157　画文帯神獣鏡（1）

菱雲文の幅を小型の鏡径に合わせて狭めた省略表現とみられる。鏡縁形は平縁である。製作時期は後漢とみられ、同種の画文帯神獣鏡としては新相となる可能性をもつとみられる。

　鏡面　錆が薄く付着するが、部分的に光沢を残す。丁寧に研磨されて、研磨の方向が明らかとなるような粗い擦痕は確認できない。部分的に格子目状に織物の付着痕が残る。鏡の断面は現況で緩い凸面であり、現状で中心から鏡縁にかけて0.4㎝前後の反りをもつ。厚さは内区の上方神像頭付近で約1.1㎜、下方神像頭脇で約0.9㎜、下方の半円方格帯で約0.8㎜、外区画文帯の雲車付近で約3.6㎜、鏡縁で約3.8㎜である。

　笵傷と湯口　笵傷は少ないが、わずかに剥落傷とヒビ状の細い傷がある。剥落傷は左上方の画文帯の圏界側と、左方の半円方格に集中する。ヒビ状の傷は細かく短い。内区では鈕の左右、画文帯では下方にやや多く、左右にはわずかに確認できる。また、上方や左方の半円方格帯と下方神像付近に明らかに湯回りの悪い部分がある。鋳造時にはスと呼ばれる気泡が上方に集まるが、X線写真による観察ではその傾向は明確でなく、湯口の切り離しに伴う鏡縁の歪みも確認できなかった。

## 3　三角縁神獣鏡

**1号鏡**（張是作六神四獣鏡）〔図159・160、PL. 26・27〕
目録番号62　樋口鏡式98
　現状　直径22.9㎝、重量1126.2gである。ほぼ完形に復元できるが、細かく割れて銘帯と櫛歯文の一部に欠損がある。鈕の頂部には表面の剥落がやや目立つ。錆は全体に薄く付着し、三角縁から外区の一部に錆歪みがわずかにみられる。色調は黒緑色を基調として、内区、外区の一部に白銀色を残す。

　鏡背　鈕は半球状で、直径約3.6㎝、高さ約1.4㎝で、狭い円座をもつ。鈕孔は幅約1.0㎝、高さ0.5㎝の扁平な方形を基調とする。開口部は鋳バリが残り、鈕孔を仕上げる研磨は省略される。そのため開口位置は高くみえるが、鈕孔下面の本来の高さはほぼ円座の面に近い。現状の鈕孔は、奥に約1㎝のところで硬く詰まる。鈕孔方向は右に約35°振れる。鈕の外側には、幅約0.4㎝の有節弧をもつ。

　内区は笠松文様をもつ4つの乳で区画される。上下方に3体ずつ神像と左右に2体ずつ獣像を配した六神四獣鏡である。内区の割付は均等ではない。下方神像と左方獣像は余裕をもって表現されるが、上方神像の占める空間は狭く、神像脇の笠松文様は、下方に比べて小さい。

　上方の神像は中央の主神が大きく、両側の侍神がやや小さく表現される。中央神像は正面を向いて座し、頭に向き合う渦文状の双髻とみられる表現と肩に羽状の表現をもつ。左右の神像は中央神像側に身体を向けつつ顔を正面に向ける。2体とも棒状のものを両手で捧げ持ち、左神像が手にする棒状の上端には笠松文様に似た3段の文様が付くのに対して、右神像のものは1段であり、微細に表現は異なる。下方の神像も基本的な配置は上方と同様で、中央の主神は向き合う渦文状の頭表現をもち、左右の侍神は両手で両端に三日月状の表現の付く棒状の道具を捧げる。棒状の道具は上方に縦線の入る房状表現をもつ。右方の獣像2体は、身体を横向き

第 6 章　副葬品

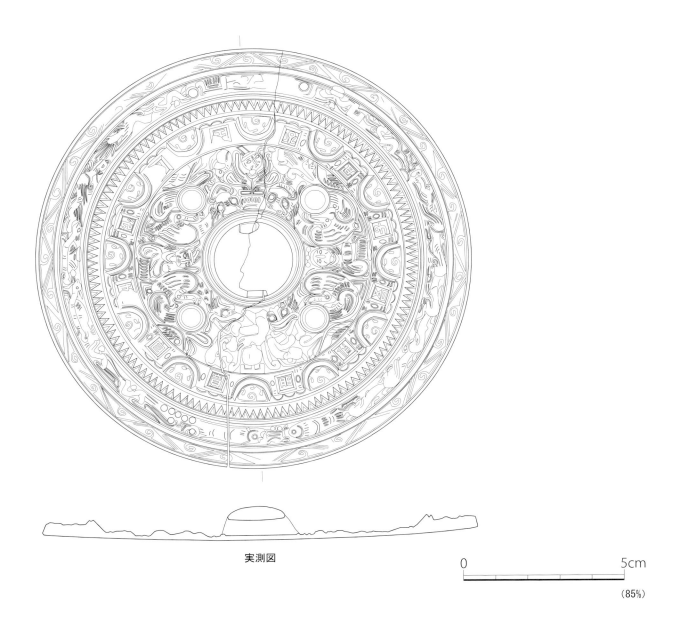

実測図

0　　　　　　5cm
(85%)

范傷及び鋳造欠陥観察記録

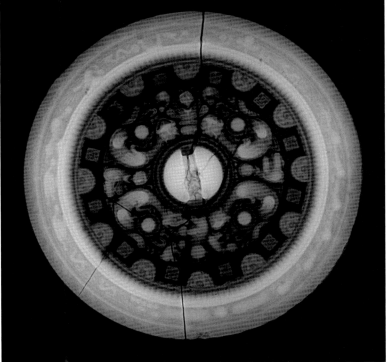

X線写真

図 158　画文帯神獣鏡（2）

第I部 調査編

表10 銅鏡一覧表

| 番号 | 名称 | 鏡径(cm) | 重量(g) | 銘文 | 目録番号 | 樋口鏡式 | 「同范鏡」 |
|---|---|---|---|---|---|---|---|
| ― | 画文帯神獣鏡 | 13.5 | 335.9 | 吾作明竟自有紀□□公宜子 | ― | ― | ― |
| 1 | 張是作六神四獣鏡 | 22.9 | 1126.2 | 張是作竟甚大好　上『君』神守及龍虎　身有『宜』文章口衛巨　古有聖『高』人東王父　渇飲□飢『官』 | 62 | 98 | 京都府内里古墳、徳島県宮谷古墳 |
| 2 | 天王・日月・獣文帯四神四獣鏡 | 23.8 | 1212.3 | 天王　日月 | 74 | 59 | 奈良県黒塚古墳27・33号鏡、新山古墳、岡山県備前車塚古墳、福岡県石塚山古墳5号鏡 |
| 3 | 新作徐州銘四神四獣鏡 | 23.2 | 1284.2 | 新作明竟　幽律三剛　配徳君子　清而且明　銅出徐州　師出洛陽　彫文刻鏤　皆作文章　取者大吉宜子孫 | 18 | 54 | 滋賀県綾部山古墳、京都府北山古墳、大阪府国分茶臼山古墳、岡山県備前車塚古墳 |
| 4 | 吾作四神四獣鏡 | 20.0 | 1264.9 | 吾作明竟甚大工　上有王喬以赤松　師子天鹿其麟龍　天下名好世無雙 | 35 | 44 | 京都府椿井大塚山古墳M7・M8、大阪府万年山古墳、兵庫県西求女塚古墳8号墳、広島県中小田1号墳、福岡県石塚山古墳6号鏡 |
| 5 | 天王・日月・獣文帯五神四獣鏡 | 22.5 | 1264.5 | 天王　日月 | 57 | 92 | 群馬県天神山古墳、奈良県桜井茶臼山古墳 |
| 6 | 陳是作四神四獣鏡 | 22.0 | 941.5 | 陳氏作竟甚大好　『公』上有仙人不知老　『位』古有聖人及龍虎　『至』身有文章口衛巨　『三』 | 52 | 48 | 群馬県三本木（伝） |
| 7 | 陳・是・作・竟・四神四獣鏡 | 22.3 | 1050.6 | 陳　氏　作　竟 | 33 | 75 | 京都府西山2号墳、岡山県（伝） |
| 8 | 神人龍虎画像鏡 | 22.3 | 1052.7 | ― | 100-101 | 6 | |
| 9 | 天王日月・獣文帯四神四獣鏡 | 23.3 | 1267.9 | 天王日月 | 68 | 63 | 岐阜県龍門寺1号墳、京都府椿井大塚山古墳M34、宮崎県持田古墳（推定） |
| 10 | 吾作三神四獣鏡 | 21.8 | 1115.2 | 吾作明竟甚大好　上有百鳥不知老　□□青竟日出卯兮 | 40 | 82 | 京都府芝ヶ原11号墳、兵庫県西求女塚古墳4号鏡、水堂古墳 |
| 11 | 吾作四神四獣鏡 | 22.0 | 1321.2 | 吾作明竟甚大好　上『位』有仙人不知老　渇飲玉『公』淦飢食棗　五男二女『三』長相　壽如金石口『至』 | 52-53 | 49 | 奈良県黒塚古墳25号鏡 |
| 12 | 吾作四神四獣鏡 | 21.8 | 1181.5 | 吾作明竟甚□□　□哉青龍有文章　□子宜孫樂未央　位至三公宜侯王　富且昌 | 36-37 | 46 | 奈良県黒塚古墳31号鏡 |
| 13 | 張是作四神四獣鏡 | 21.8 | 957.6 | 『張』是作竟甚大好　上有仙『旬』不知老　渇飲礼泉飢『食』棗　保子宜孫位至『侯』王　買竟者富且昌 | 53 | 47 | 京都府椿井大塚山古墳M6、奈良県黒塚古墳26号鏡 |
| 14 | 画文帯六神三獣鏡 | 21.8 | 937.9 | ― | 55 | 95 | 岐阜県東天神18号墳、奈良県桜井茶臼山古墳 |
| 15 | 天・王・日・月・吉・獣文帯四神四獣鏡 | 22.2 | 1045.8 | 天　王　日　月　吉 | 60 | 71 | 奈良県佐味田宝塚古墳 |
| 16 | 張氏作三神五獣鏡 | 22.7 | 1130.9 | 張氏作鏡真巧　仙人王喬赤松子　師子辟邪世少有　渇飲玉泉飢食棗　生如金石天相保兮 | 21 | 84 | 群馬県三本木（伝）、静岡県連福寺古墳、京都府椿井大塚山古墳M21、兵庫県権現山51号墳2号鏡、奈良県黒塚古墳18号鏡、香川県奥3号墳、泉屋博古館蔵M23・M24 |
| 17 | 波文帯盤龍鏡 | 24.7 | 1110.8 | ― | 3 | 136 | 愛知県奥津社（伝）、京都府椿井大塚山古墳M35、大阪府和泉黄金塚古墳東槨 |
| 18 | 張氏作三神五獣鏡 | 22.6 | 1132.7 | 張氏作鏡真巧　仙人王喬赤松子　師子辟邪世少有　渇飲玉泉飢食棗　生如金石天相保兮 | 21 | 84 | 群馬県三本木（伝）、静岡県連福寺古墳、京都府椿井大塚山古墳M21、兵庫県権現山51号墳2号鏡、奈良県黒塚古墳16号鏡、香川県奥3号墳、泉屋博古館蔵M23・M24 |
| 19 | 吾作四神四獣鏡 | 22.3 | 1063.2 | 吾作明竟甚大好　上有神守及龍虎　身有文章口衛巨　古有聖人東王父西王母　渇飲玉飢淫食棗　壽如金石長相保 | 67 | 56 | 兵庫県西求女塚古墳2号鏡、泉屋博古館M25 |
| 20 | 王氏作徐州銘四神四獣鏡 | 22.3 | 1051.2 | 王氏作竟甚大明　同出徐州刻鏤成　師子辟邪嬌其嬰　仙人執節坐中庭　取者大吉樂未央 | 79 | 38 | 滋賀県古富波山古墳、奈良県黒塚古墳32号鏡、福岡県老司古墳、フーリア美術館蔵 |
| 21 | 張氏作四神四獣鏡 | 23.7 | 1204.5 | 張氏作竟有人赤松　師玄辟邪世少有　渇飲玉泉飢食棗　生如金石不知老兮 | 34 | 41 | 愛知県奥津社（伝）、京都府椿井大塚山古墳M4、香川県西山古墳 |
| 22 | 吾作徐州銘四神四獣鏡 | 22.5 | 1150.9 | 吾作明竟　幽律三剛　銅出徐州　彫鏤文章　配徳君子　清而且明　左龍右虎　傳世有名　取者大吉保子宜孫 | 37 | 39 | 岐阜県内山1号墳、京都府椿井大塚山古墳M5、兵庫県西求女塚古墳9号鏡、奈良県佐味田宝塚古墳 |
| 23 | 吾作三神五獣鏡 | 21.9 | 1487.5 | 吾作明竟甚大工　上有王喬以赤松　師子天鹿其麟龍　天下名好世無雙　照吾此竟壽如太山 | 23 | 86 | 静岡県上平川大塚古墳、滋賀県古富波山古墳、京都府椿井大塚山古墳（伝）、兵庫県コヤダニ古墳 |
| 24 | 天王日月・唐草文帯四神四獣鏡 | 23.7 | 1225.3 | 天王日月 | 44 | 77 | 静岡県赤門上古墳、滋賀県雪野山古墳、京都府椿井大塚山古墳M3、兵庫県吉島古墳1・2号鏡、奈良県佐味田宝塚古墳、東京国立博物館蔵 |
| 25 | 吾作四神四獣鏡 | 22.0 | 1244.6 | 吾作明竟甚大好　上『位』有仙人不知老　渇飲玉『公』淦食棗　五男二女『三』長相　壽如金石口『至』 | 52-53 | 49 | 奈良県黒塚古墳11号鏡 |
| 26 | 張是作四神四獣鏡 | 21.8 | 1233.2 | 『張』是作竟甚大好　上有仙『旬』不知老　渇飲礼泉飢『食』棗　保子宜孫位至『侯』王　買竟者富且昌 | 53 | 47 | 京都府椿井大塚山古墳M6、奈良県黒塚古墳13号鏡 |
| 27 | 天王・日月・獣文帯四神四獣鏡 | 23.4 | 1436.2 | 天王　日月 | 74 | 59 | 奈良県黒塚古墳2・33号鏡、新山古墳、岡山県備前車塚古墳、福岡県石塚山古墳5号鏡 |
| 28 | 天王日月・獣文帯四神四獣鏡 | 22.5 | 1500.6 | 天王　日月 | 43 | 68 | 京都府椿井大塚山古墳M12、大阪府石切神社（伝） |
| 29 | 天王・日月・獣文帯四神四獣鏡 | 22.0 | 1351.5 | 天王　日月 | 70 | 60 | 奈良県黒塚古墳30号鏡、福岡県石塚山古墳3号鏡、御陵韓人池古墳 |
| 30 | 天王・日月・獣文帯四神四獣鏡 | 22.0 | 1355.2 | 天王　日月 | 70 | 60 | 奈良県黒塚古墳29号鏡、福岡県石塚山古墳3号鏡、御陵韓人池古墳 |
| 31 | 吾作四神四獣鏡 | 22.0 | 1211.7 | 吾作明鏡甚□□　□哉青龍有文章　□子宜孫樂未央　位至三公宜侯王　富且昌 | 36-37 | 46 | 奈良県黒塚古墳12号鏡 |
| 32 | 王氏作徐州銘四神四獣鏡 | 22.3 | 990.5 | 王氏作竟甚大明　同出徐州刻鏤成　師子辟邪嬌其嬰　仙人執節坐中庭　取者大吉樂未央 | 79 | 38 | 滋賀県古富波山古墳、奈良県黒塚20号鏡、福岡県老司古墳、フーリア美術館蔵 |
| 33 | 天王・日月・獣文帯四神四獣鏡 | 23.7 | 914.4 | 天王　日月 | 74 | 59 | 奈良県黒塚古墳2・27号鏡、新山古墳、岡山県備前車塚古墳、福岡県石塚山古墳5号鏡 |

※目録番号は奈良県立橿原考古学研究所附属博物館・京都大学・東京新聞（編）2000『大古墳展』、樋口鏡式は樋口隆康2000『三角縁神獣鏡新鑑』をもとにしている。

に向き合う姿勢で顔を正面に向けて、2体で三叉状の巨を衒む。獣像の前足と後足の爪表現は、外側の界圏上にわずかにはみ出す。左方の獣像2体も身体を向き合わせて顔を正面に向ける。2体でクランク状に曲がる巨を衒む。こちらも界圏斜面に爪表現がわずかにはみ出している。

界圏は内側に鋸歯文をもつ。この鋸歯文の縁には突線が残り、上面には強い面的な研磨を受けていない。銘帯には銘文とともに4個の方格がある。方格上端の一辺は約0.7～0.9cmとやや不ぞろいで、特に下方の方格が大きい。方格は1字の銘をもち、上方神像付近から反時計回りに「君」「宜」「高」「官」とある。それとは別に銘文は右方上の獣像付近から始まり、方格銘文と同様に反時計回りに「張是作竟甚大好　上『君』神守及龍虎　身有『宜』文章口衒巨　古有聖『高』人　東王父　渇飲□飢『官』」とある。この銘文中の『□』の位置に方格が配置される。文字の向きは方格中の文字も銘帯の文字も同様である。なお、銘文の「張」「是」「甚」「神」「章」は欠損して判読できないため、他の「同范鏡」から補完している。銘帯より櫛歯文帯を挟んで外区となる。外区斜面に鋸歯文をもち、外区上面は鋸歯文、複線波文、鋸歯文の組み合わせとなる。鋸歯文の縁に突線を残す部分があり、強い研磨は受けていない。三角縁内側斜面は、亀裂状の范傷を残すことから研磨が弱めである。

　鏡面　大部分に錆が付着するが、一部に光沢を残す。丁寧に磨かれているが研磨方向が判明する粗い擦痕をわずかに残す。鏡面の反りは、割れて計測はできないが凸面鏡である。現状では織物などの付着痕は確認できない。厚みは場所によりばらつきがあるが、下方神像頭付近で約1.9mm、銘帯で約1.4mm、外区外側鋸歯文で約3.1mmである。

　范傷と湯口　剝落傷は外区鋸歯文と上方左侍神と笠松文との間、有節弧内側に目立つ。亀裂状范傷は鏡背面を右上方から鈕下を抜ける①が目立ち、これにほぼ直交し、笠松文様に重なる②がある。②はかなり細かい亀裂状范傷であるが、左上の笠松文様の大きな剝落傷とつながる。湯口に関わる変形には、三角縁の先端が丸みを帯びて凹む部分が亀裂状の范傷①の延長上、銘文の「作竟」方向にある。

　「同范鏡」　京都府内里古墳鏡、徳島県宮谷古墳鏡。剝落傷は宮谷鏡の方が多く、製作順序は黒塚1号鏡→宮谷鏡とみられる。

2号鏡（天王・日月・獣文帯四神四獣鏡）［図161・162、PL.28・29］目録番号74　樋口鏡式59

　現状　直径23.8cm、重量1212.3gである。ほぼ完形に復元できるが、大きく割れて内区の左方神像脇と獣文帯の一部が欠損する。鋳上がりは良好である。鏡背面の色調は黒緑色を基調として右上方が暗色で、左方内区を中心にやや銀色を残す。全体として遺存状況は良好である。

　鏡背　鈕はやや高い半球状で、直径約3.2cm、高さ約1.4cmである。鈕孔は幅0.8cm、高さ0.4cmで、扁平な方形を基調とする。鈕孔を仕上げる研磨は省略され、周囲に鋳バリが残る。鈕孔位置は鋳バリのために鏡背面より高く見えるが、鈕孔下面は鏡背面に近い位置とみられる。現状で鈕孔はわずかに貫通する。鈕孔方向は左に約40°振れる。鈕の外側には幅約0.3cmのやや細い有節弧をもつ。

　内区は4つの乳により区画され、神像と獣像の組み合わせが繰り返される四神四獣鏡である。

　上下左右の4体の神像は同じ大きさで描かれ、肩から伸びる羽状表現をもち、正面を向いて座す点は共通である。4つの乳のうち、右上方と左下方の乳には笠松文様が付属し、反時計回りの位置の神像を挟んで2体の獣像は身体を向き合わせて顔を正面に向ける。そのため、神像1体と獣像2体が一組として一対の配置となり、これに左右の神像が加わる四神四獣鏡となる。また、有節弧の周囲には4つの小乳があるが、均等に割付られていない。特に下方の小乳は獣像の頭を避けて左にずれて小さくなっている。神像と獣像の表現は細部で異なる。上方神像は三山冠と見られる頭表現に対して、下方神像は内側に向き合う渦文を頭表現にもち、上方神像が東王父を、下方神像が西王母を意識した表現とみられる。乳に付属する笠松文様は上方が3段の房表現で、下方は5段の三日月状に下に垂れる表現と異なる。また、下方の笠松文様が神像の左側羽状表現と獣像を避けて歪み、下方小乳も下方獣像の頭を避けて配置が乱れることから、均等に四分割して図像を割付たのではなく、上方神像付近を先行して描き、下方神像付近で割付に破綻が生じたとみられる。左右の神像は、右方神像が斜めの三本線をもつ頭表現に対して、左方神像が3つの珠文状の表現で描き分けている。獣像も正面を向いて巨を衒むのは共通するが、巨の形は異なり、頭の獣毛表現や胴体の表現も微細に異なる。上方左獣像は頭に長い獣毛表現をもつのに対し、右方獣像は髭状の表現をもつ。また、下方獣像も左右で頭表現に違いが認められる。

　界圏は内側に鋸歯文をもつ。獣文帯には8個の方格と8匹の獣形を配している。方格は上端で0.8×0.6cmと幅広で、2字の銘をもつ。「天王」が7個で、「日月」が1個である。上方に「日月」があり、文字の天は鏡縁側となる。銘文は「天王日月」となり、読み方は反時計回りとなる。それに対して獣形の頭の向きは時計回りとなる。獣文帯より幅の狭い櫛歯文帯を挟んで外区となる。外区は外区斜面にも鋸歯文をもち、外区には鋸歯文、複線波文、鋸歯文を組み合わせる。外区上面の研磨は、鋸歯文の縁に突線を残し、三角縁内側斜面も亀裂状范傷を残すことから極めて弱い。

　鏡面　割れて詳細は不明であるが現状で凸面鏡である。全体に薄く錆が付着し、部分的に光沢を残す。研磨方向が判明するような粗い擦痕を残すが丁寧に磨かれている。厚さは場所により異なるが、右方神像の上下付近で約1.4mm、獣文帯で約1.4mm、外区は2.8～3.0mmほどである。

　范傷と湯口　鋳型表面の剝落傷は上方外区、獣文帯の下方と左方に多く、内区では上下方の笠松文様に剝落傷が目立つ。亀裂状范傷はやや右に振れた上方から下方へ鏡背面を横断する①と、鈕上方を抜けて交差する②が目立つ。これ以外に②と平行する③や、外区から鈕付近までの④や⑤がある。また、外区斜面の鋸歯文の隙間中央にやや歪んだヒビ状の傷が鋸歯

第Ⅰ部　調査編

図 159　1号鏡（1）

三次元形状計測画像
0　　　　　5cm
（85%）

文に沿うように弧を描く。湯回りの悪い部分は、下方神像の下から外区にかけて顕著で、下方の獣像の一部も文様が崩れる。この方向の三角縁の内側斜面が凹み、三角縁の端部もわずかに凹むことから、湯口に関わる変形とみられる。

「同笵鏡」　奈良県黒塚古墳27・33号鏡、新山古墳鏡、岡山県備前車塚古墳鏡、福岡県石塚山古墳5号鏡。笵傷からみた製作順序は27号鏡の項で述べる。

**3号鏡**（新作徐州銘四神四獣鏡）［図163・164、PL.30・31］
　　目録番号18　樋口鏡式54

**現状**　直径23.2cm、重量1284.2gである。大きく割れるがほぼ完形に復元できる。有節弧と内区に小さな欠損がある。錆は鏡背面全体に薄く付着するが、錆による文様の崩れはほとんどなく、遺存状況は極めて良い。上方の外区、内区の一部に鉄製品の錆が付着する。鋳上がりは良好であるが、湯回りの悪い部分が左方の笠松文様付近にある。色調は全体に黒緑色を基調として内区のごく一部が淡褐色を呈する。

**鏡背**　鈕は半球状で高く、直径約3.6cm、高さ約1.6cmである。鈕孔は扁平な長方形で、幅1.2cm、高さ0.4cmほどである。鈕孔を仕上げる研磨は省略され、開口部には鋳バリが大きく残る。鈕孔位置は鋳バリにより鏡背面より高くみえるが、鈕孔下面は鈕の円座面に近い。鈕孔は貫通しており、右に約20°振れる。鈕下には円座があり、外側に幅約0.4cmの有節弧をもつ。

内区は4つの笠松文様をもつ乳により区画される。乳は捩り座をもつが捩り座の一部は界圏にぶつかり、環状にならずに途切れる。上下2体の神像と左右2体の獣像をもつ四神四獣鏡である。

上方神像2体はいずれも正面を向いて坐し、肩から伸びる羽状表現をもつ。左神像は中央がバチ状に大きくなった三山冠の表現をもち、右神像は向き合う渦状の表現とともに中央にも突起をもつ頭表現をもつ。左神像が東王父、右神像が

第6章 副葬品

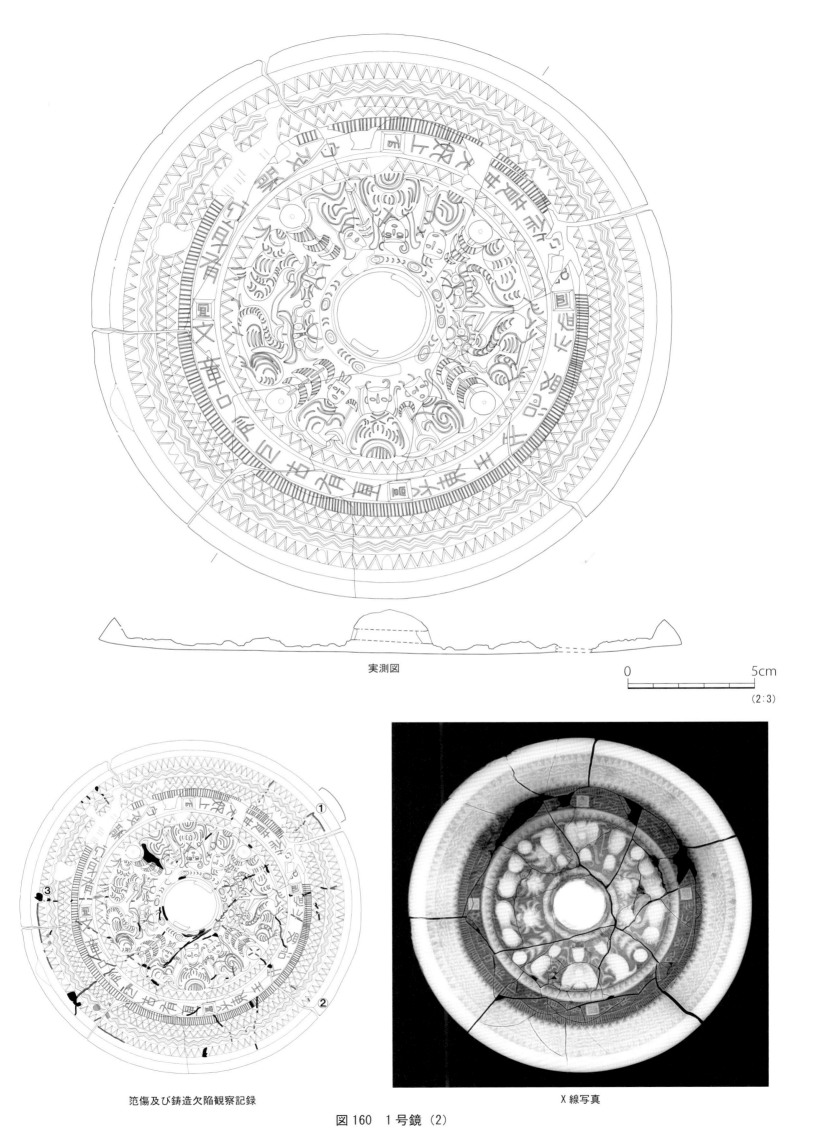

実測図

範傷及び鋳造欠陥観察記録　　　　　X線写真

図160　1号鏡（2）

第Ⅰ部　調査編

図161　2号鏡（1）

西王母を意識した表現とみられる。この時、右神像の肩から伸びる羽状表現と頭の渦文も右方の獣像を優先するように文様が途切れている。左右の上方の2体の獣像は、反時計回りに身体を向けており、向き合わない。なお、獣像は4体とも顔を正面に向けて屈曲する巨を銜む。

　下方左神像の表現は上方神像とほぼ同じである。いずれも肩から羽状の表現が伸びるが、下方右神像の右の羽状表現は右方下獣像の頭にぶつかり途切れる。

　上下方の2体の神像の間と左右方の2体の獣像の間には4個の笠松文様が配される。いずれも4段の三日月状の房と頂部に円盤状のものをもつ笠松文様を意図したとみられるが、下方笠松文様は上から2段目下の鋳型が乱れたところを修復せずに、房状の線を彫り込んで変形した表現となっている。なお、笠松文様の幅は上下方のものが最大幅1.4cmに対して、左右方の笠松文様は最大幅1.7cmと明らかに大きく、上下に2分割する文様構成を強調するようにみえる。

　下半の2体の獣像も神像を挟んで向き合うことはなく、2体とも身体を時計回りに向けており、上方の2体とは逆向きとなる。

　また、笠松文様の付属する4つの乳とは別に、内区中央に4つの乳が配されるものの不均一な配置であり、特に下方右は大きく位置がずれる。これらの乳により上方では2体の神像を、左方では2体の獣像を区画するが、下方は神像2体と獣像1体、右方では獣像1体を区画する変則的なものとなる。

　界圏は内側に圏線を伴い内側斜面に鋸歯文をもつ。その外側には銘帯と斜行した櫛歯文帯をもつ。銘文は右方下獣像付近から時計回りに始まる。「新作明竟　幽律三剛　配徳君子

第6章　副葬品

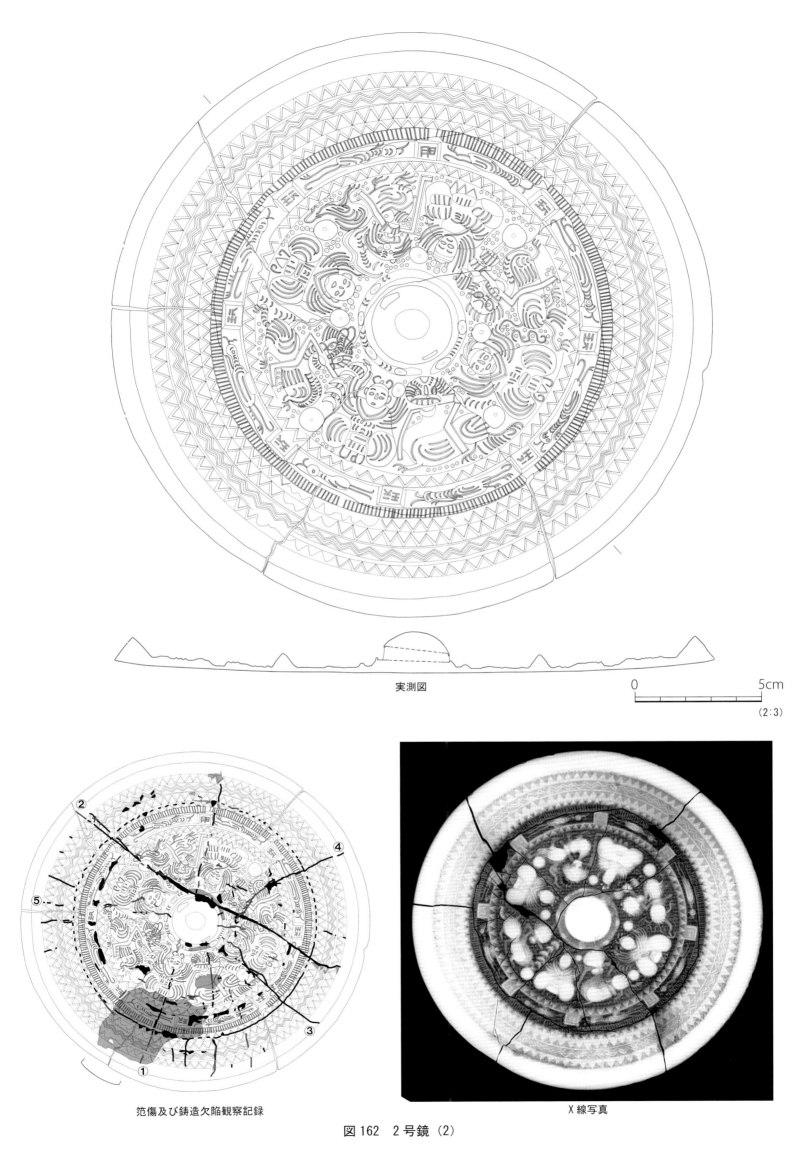

実測図

范傷及び鋳造欠陥観察記録

X線写真

図162　2号鏡（2）

第Ⅰ部　調査編

図163　3号鏡（1）

清而且明　銅出徐州　師出洛陽　彫文刻鏤　皆作文章　取者大吉宜子孫」とあり、銘文の端は十字状に配した5つの珠文で区切る。外区斜面は鋸歯文をもたないやや低い段差で、外区には鋸歯文、複線波文、鋸歯文を組み合わせる。外区上面の研磨は、内側鋸歯文の中央に凹みを残し、複線波文も平滑化しておらずやや弱い。三角縁内側斜面は、下端に亀裂状笵傷を残すが、外区外側の鋸歯文とともに横方向の粗い研磨痕を残す強い研磨を受けている。

　**鏡面**　鏡面の反りは割れて計測できないが現状で緩い凸面をなす。一部に光沢を残し、研磨方向の判明するやや粗い擦痕を残すが、全体として丁寧に研磨している。厚さは各部でばらつきがあるが、内区の右方笠松文様の捩り座付近で約1.4㎜、銘帯で約2.2㎜、外区内側で約3.4㎜、外区外側で約5.1㎜である。

　**笵傷と湯口**　剥落傷は少なく、上方外区と下方外区にわずかに確認できる。亀裂状の傷は下方から右方へ鏡背を横断する①が目立つ。加えて上方外区から鈕付近までの②と、これと一連となる可能性のある③が目立つ。鈕の中央を避けてほぼ直行交差する⑤が断続的に確認できる。湯周りの悪い部分は、内区左方の笠松文様から左方下獣像にかけて広く模糊とする部分に確認でき、鈕の左方側面も凹み、湯口に関わる変形の可能性がある。

　「**同笵鏡**」　滋賀県綾部山古墳鏡、京都府北山古墳鏡、大阪府国分茶臼山古墳鏡、岡山県備前車塚古墳鏡。綾部山鏡にも左方の笠松文様付近に模糊となる部分があり、湯口に関わる可能性が高い。

**4号鏡**（吾作四神四獣鏡）［図165・166、PL. 32・33］
目録番号35　樋口鏡式44
　**現状**　直径20.0㎝とやや小型で、重量1264.9ｇである。ほぼ完形に復元できるが、大きく割れて外区と櫛歯文の一部に欠損がある。鋳上がりは良好で、全体に薄く錆が付着する。

第 6 章　副葬品

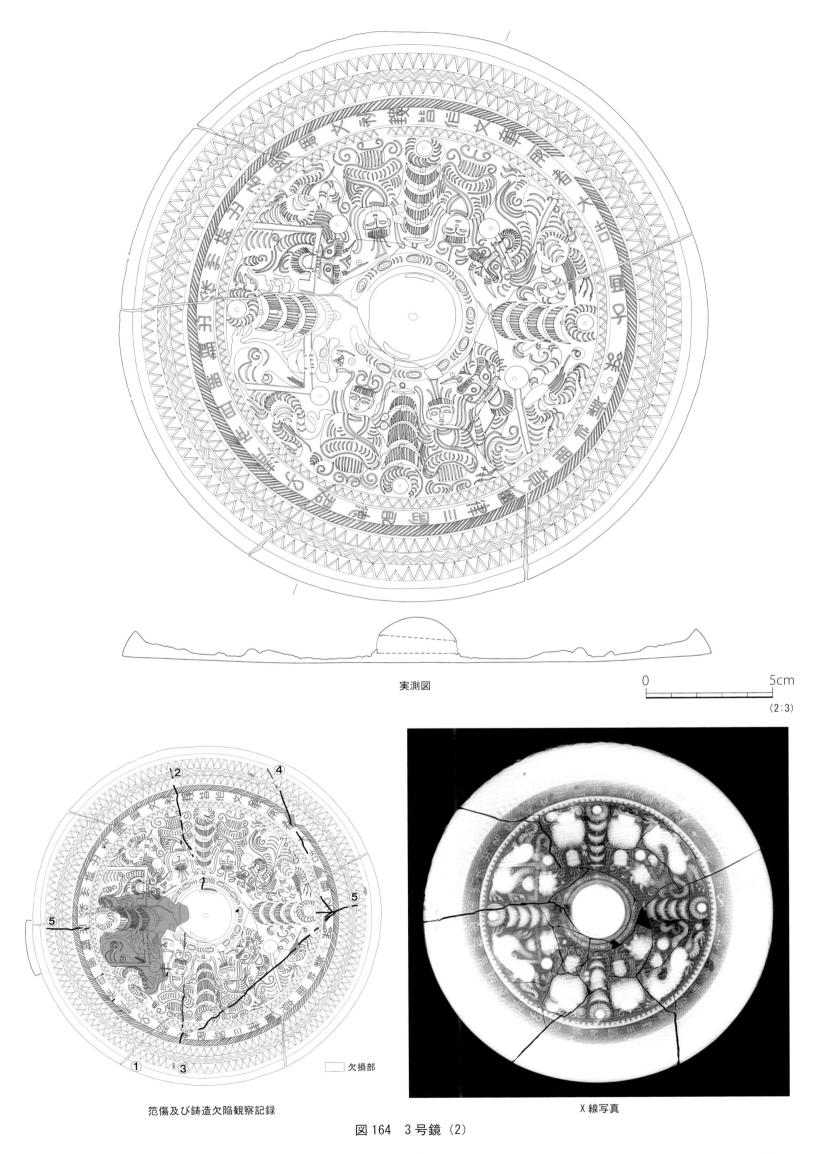

実測図

範傷及び鋳造欠陥観察記録　　　X線写真

図 164　3 号鏡（2）

第Ⅰ部　調査編

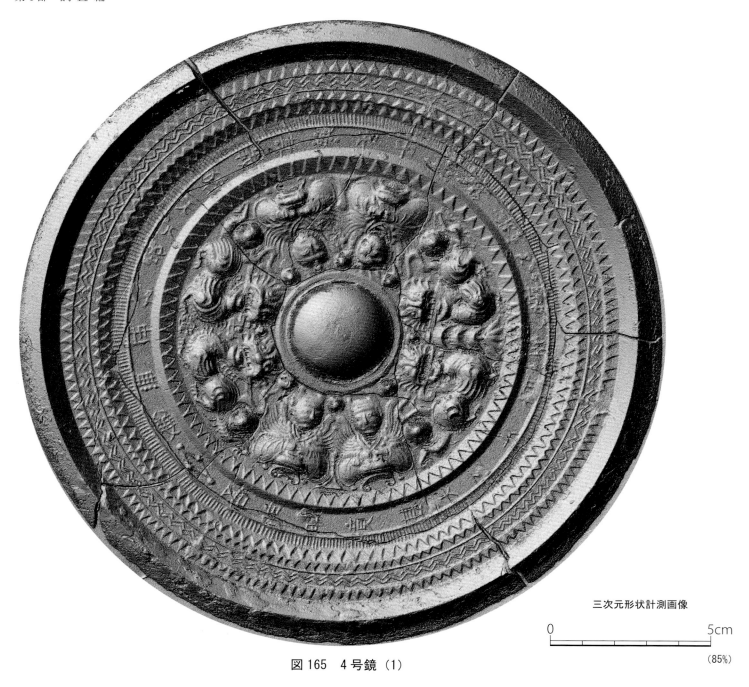

図165　4号鏡（1）

色調は全体に黒緑色を基調とし、一部銀色を呈する。

　鏡背　鈕は半球状で、直径約3.3cm、高さ約1.4cmである。鈕孔は扁平な長方形で、両側ともおおよそ幅0.8cm、高さ約0.4cmである。仕上げの研磨を省略し鋳バリが残る。開口位置はほぼ円座の面に近いが、鈕孔下面はさらに低く鏡背面に近い。鈕孔方向はほぼ上下方向で、右に約10°振れる。現状の鈕孔はわずかに貫通する。鈕の下には外に幅の狭い円座をもつが、外側に有節弧や圏線は伴わない。

　内区のやや鏡縁側に4つの乳があり、文様を区画する。また、これとは別に鈕の周囲に8つの小乳を配置する。上下方に2体ずつの神像と、左方、右方に2体ずつの獣像を配する四神四獣鏡である。

　上方の神像は2体とも身体は正面を向いて座すが、左右の神像の顔はやや斜めに向かい合う。左神像の頭表現は中央に珠文をもち、その左右には文様がやや模糊となるが向き合う渦文状の表現を持つ。それに対して右神像は、右に流れる三本線の頭表現で描き分けられており、左神像が西王母、右神像が東王父を意識したとみられる。肩から伸びる羽状表現などは左右神像に差異はない。右左方の2体ずつの獣像は、身体を向き合わせて顔は正面を向けて巨を衝む。右方と左方の獣像表現の違いは明確でないが、右方の獣像の間にのみ、笠松文様が配される。笠松文様は上部に円盤状の表現、3段の半月状の房表現と最下段に5枚の葉状表現をもつ。獣像間の小乳は他の小乳と比べても小さいが、左方の小乳はさらに小さい。全体に図像の割付は不均一で右方獣像に比べて、左方神獣はやや狭い。

　下方の神像は左神像顔がやや斜めに向くのに対して右神像の顔がより正面向きに近い。頭表現は2体とも向き合う渦文状の表現をもつ。

　界圏は幅約0.7cmとやや広く、内側の斜面に鋸歯文をもつ。銘帯は下方左神像付近から反時計回りに、「吾作明竟甚大工　上有王喬以赤松　師子天鹿其粦龍　天下名好世無雙」とある。文字の間隔にややばらつきが目立つ。銘文端に4つの珠文を菱形に線で結んだ表現をもつ。銘帯の外側に櫛歯文を挟んで外区となる。外区は外区斜面にも鋸歯文をもち、内側にやや小さい鋸歯文と複線波文を挟んで鋸歯文をもつ。外区上面の研磨は弱く、鋸歯文の中央に凹みが残り、亀裂状の笵傷が突線で残る。三角縁内側斜面も亀裂状笵傷が残り、強い研磨は受けていない。

　鏡面　割れているが現状で凸面をなす。大部分が薄く錆に

128

第6章　副葬品

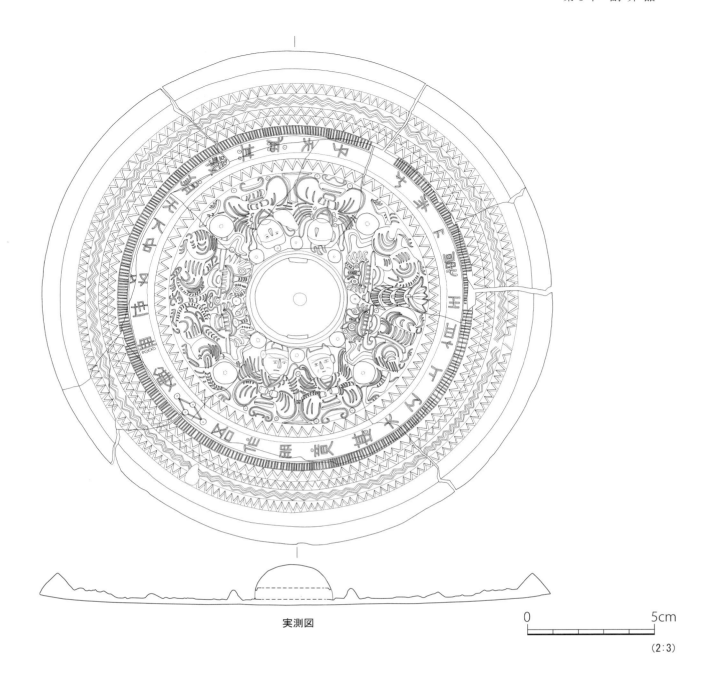

実測図

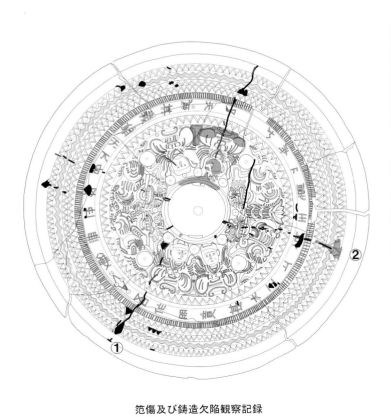

笵傷及び鋳造欠陥観察記録

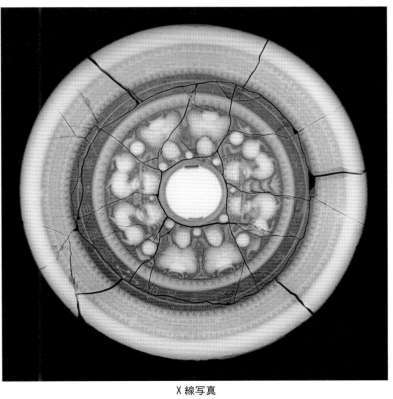

X線写真

図166　4号鏡（2）

第Ⅰ部 調査編

図167 5号鏡 (1)

覆われるが、一部は光沢を残し、丁寧に研磨されている。鏡面の一部に鉄製品の錆が付着する。厚さは場所によりばらつきがあるが、上方鈕の脇で約2.0㎜、上方右神像脇で約1.9㎜、銘帯で約1.3㎜、外区内側で2.3〜3.0㎜、外区外側で約4.0㎜である。

　**笵傷と湯口**　剥落傷の一部は後述する亀裂状の傷に関わるものが多い。それ以外に、外区の左方から上方、下方、そして銘帯の左右に小さい傷が目立つ。亀裂状の笵傷は、上方右神像から下方左神像を通る位置に鏡背面を外区まで横断する①がある。これにほぼ直交する方向に亀裂状笵傷②がある。それ以外にも鈕周辺に短く小さい傷がある。これらの亀裂状の笵傷に伴い周辺に剥落傷が生じている。三角縁の内側斜面には鋳型整形時とみられる横方向の擦痕とともに亀裂状傷も残る。湯回りの悪い部分は、上方右神像と鈕上方円座付近にみられる。

　**「同笵鏡」**　京都椿井大塚山古墳M7・M8、大阪府万年山古墳鏡、兵庫県西求女塚古墳8号鏡、広島県中小田1号墳鏡、福岡県石塚山古墳6号鏡。笵傷から想定される製作順序を一系列にとらえるならば黒塚4号鏡→椿井M7→椿井M8→西求女塚8号鏡→石塚山6号鏡となる可能性が高い。

　**5号鏡**（天王・日月・獣文帯五神四獣鏡）［図167・168、PL.34・35］目録番号57　樋口鏡式92

　**現状**　直径22.5㎝、重量1264.5gである。形状はほぼ完形に復元できるが、割れて内区、獣文帯、櫛歯文帯の一部に欠損がある。鋳上がりは精良である。色調は全体に青緑色を基調とする。三角縁の一部に錆歪みがあり、下方の一部に鉄製品の赤錆が付着する。

　**鏡背**　鈕は半球状で、直径約3.3㎝、高さ約1.4㎝である。鈕孔は上方鈕孔が扁平な長方形で、幅0.8㎝、高さ約0.5㎝で、下方は逆台形と形状が異なり、大きく鋳バリを残す。現状で開口付近まで詰まっている。開口位置は鏡背面よりわずかに高いが、鋳バリによるところが大きく、鈕孔下面の本来の高さは開口位置より低いとみられる。鈕孔方向は左に約25°振

第 6 章　副葬品

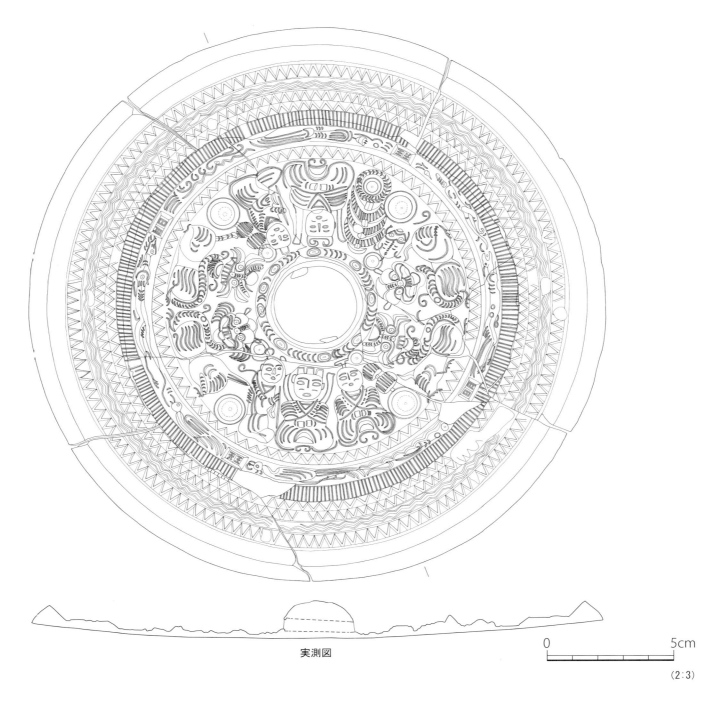

実測図

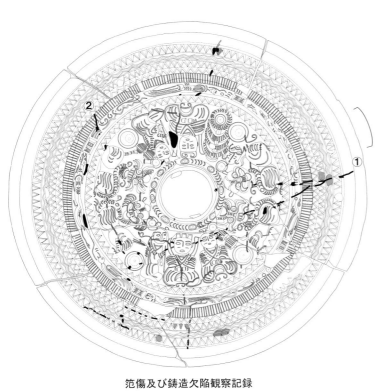

笵傷及び鋳造欠陥観察記録

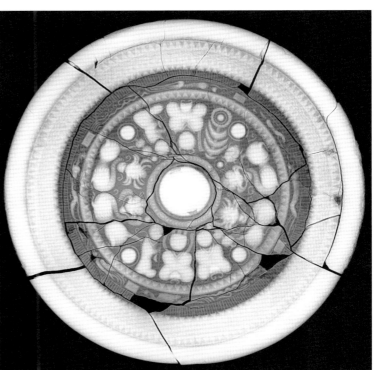

Ｘ線写真

図 168　5 号鏡（2）

第Ⅰ部 調査編

図169　6号鏡（1）

れる。鈕下には幅の狭い円座とその周囲に幅約0.5cmの有節弧をもつ。有節弧は左方の節の間隔が狭く、配置に乱れがある。

内区は4つの乳で区画され、乳には円圏が伴う。また、有節弧近くにも4つの小乳があり、神像・獣像とぶつからない所では円圏を伴う。内区を区画する4つの乳の配置は不均等で、間隔は上下に広くなっている。上方に2体の神像、下方に3体の神像、左右に2体ずつ獣像を配した五神四獣鏡である。

上方の左右神像は右神像がやや大きく描かれ、正面を向いて座す。左神像は一回り小さく、身体を右神像に、顔を正面に向けて両手で棒状のものを捧げる。右神像には肩から伸びる羽状表現が帯状に描かれるが、左神像にはなく、上方右神像を主神として、左を副神とする。頭表現は、右神像が向き合う渦文状の表現をもち、西王母を意識しているのに対して、左神像は頭に四角形の表現がなされており、描き分けられている。右神像の右側には、内区を区画する4つの乳とは別に笠松文様を配している。この笠松文様は、振り座をもつ小

乳に3段の三日月状の房と頂部に円盤状のものをもつ。これに対して上方左乳には笠松文様が付属する。本来、3段の房表現をもつが、一番上の房は小乳と重なっている。これに対して上方右の乳に笠松文様はなく、獣形（蛙）が描かれ、小乳の円圏にはその尻尾が重なる。

右方の2体の獣像は、身体を向き合わせて顔を正面に向けて口を開くが、巨は見当たらない。右方の2体の獣像は、右上の頭が丸く、丸い耳をもつことから虎であり、右下は角と髭をもつことから龍とみられる。左方の2体の獣像は右方獣像と類似し、左方上が龍、左方下が虎の表現を残す。

下方の神像は3体である。中央神像がやや大きく描かれ、正面を向いて座す。頭には3本の太い線表現があり、三山冠の表現をもつ東王父とみられる。左神像は上方左神像と姿勢が似て、中央神像側を向いて棒状のものを捧げており、頭には細い線で向き合う渦文の表現をもつ。下方の右神像は中央神像に対してやや小さいが正面を向いて座す。頭には四角の突起表現をもつ。肩から伸びる羽状表現は、下方中央神像

第6章 副葬品

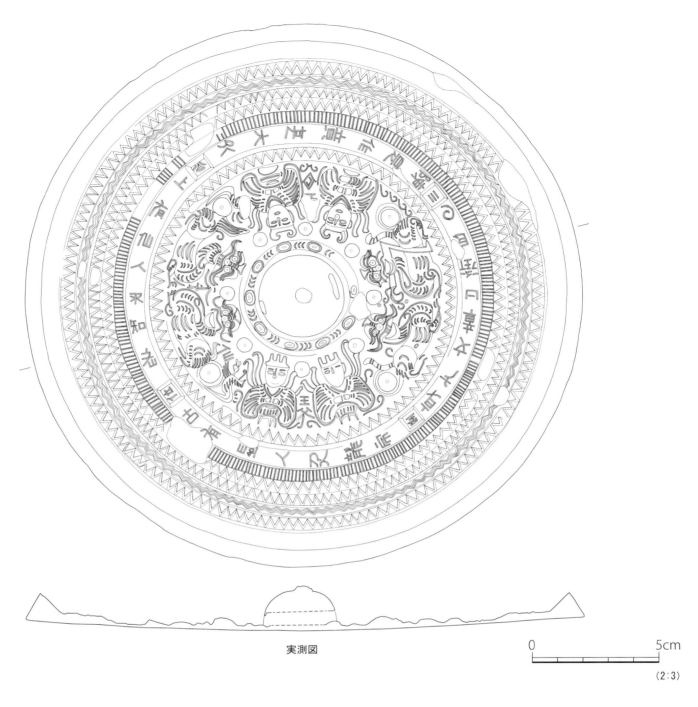

実測図　　　　　　　0　　　5cm
(2:3)

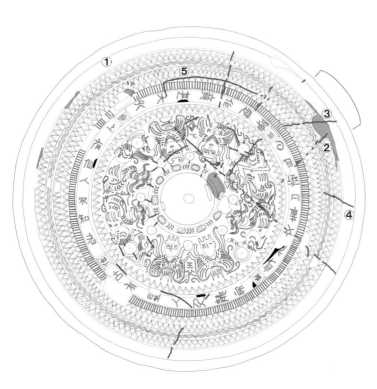

范傷及び鋳造欠陥観察記録

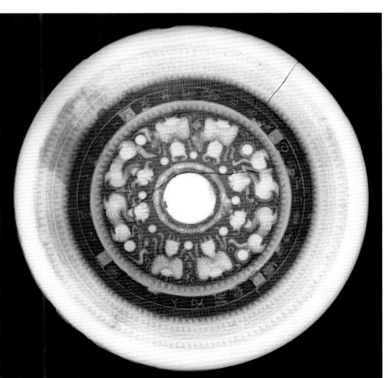

X線写真

図170　6号鏡（2）

第Ⅰ部 調査編

図171　7号鏡（1）
三次元形状計測画像
0　　　　　　　　5cm
(85%)

　が太い帯状に対して、右神像にはない。左神像の背には短い線が描かれるが羽状表現として明確でない。下方右の乳は、丸い房状の2段の笠松文様をもつ。その上に小乳が配置されるが、小乳に伴う円圏は下方右神像頭や右方下の獣像頭と重なり途切れる。小乳に伴う円圏が途切れていないのは上方右のみである。乳に付属する笠松文様は、鈕を挟んで対角に位置する。

　界圏は内側に鋸歯文をもち、幅約0.7cmとやや幅広である。その外側に獣文帯と櫛歯文帯をもつ。獣文帯には獣を頭時計回りに配するが、右方の2体のみが反時計回りに描かれる。また、獣文帯には4つの方格をもつ。上端で0.8×0.4cm前後の長方形で、2字の銘をもつ。上方神像右側から文字の天を鈕側に向けて反時計回りに「天王」「日月」「天王」「日月」の銘文をもつ。

　外区は斜面にも鋸歯文をもち、外区上面には内側からやや小さな鋸歯文、複線波文、鋸歯文を組み合わせて、外周突線をもつ。外区の研磨は鋸歯文の縁に突線を残し、三角縁内側斜面にも横方向の擦痕と亀裂状疵傷を残し、これらを平滑化するような研磨は受けていない。

　鏡面　割れているが現状で凸面鏡である。全体に錆が付着するが、一部に光沢を残し、研磨方向が判明するような粗い擦痕をわずかに残す。厚さは各部でばらつきがあるが、左方獣像頭付近で約2.0㎜、下方獣文帯で約1.4㎜、外区で約3.5㎜である。

　疵傷と湯口　全体に鋳型の剥落傷は少ないが、下方外区の鋸歯文と複線波文や、左方の獣帯文と外区鋸歯文などに確認できる。亀裂状疵傷は、右方下獣像から下方神像を通り鏡背面を横切る①と、断続的に左方獣像を上下に横切る②が目立つ。湯口に関わる大きな鏡縁の歪みは確認できないが、上方左の三角縁にごく緩い凹みがあり、X線写真でも付近が薄く、湯口に関わる可能性がある。

　「同笵鏡」　群馬県天神山古墳鏡、奈良県桜井茶臼山古墳鏡。天神山鏡は剥落傷を平滑に埋めており、製作順序が一系列に並ぶとすれば、黒塚5号鏡→天神山鏡となる。

第 6 章　副葬品

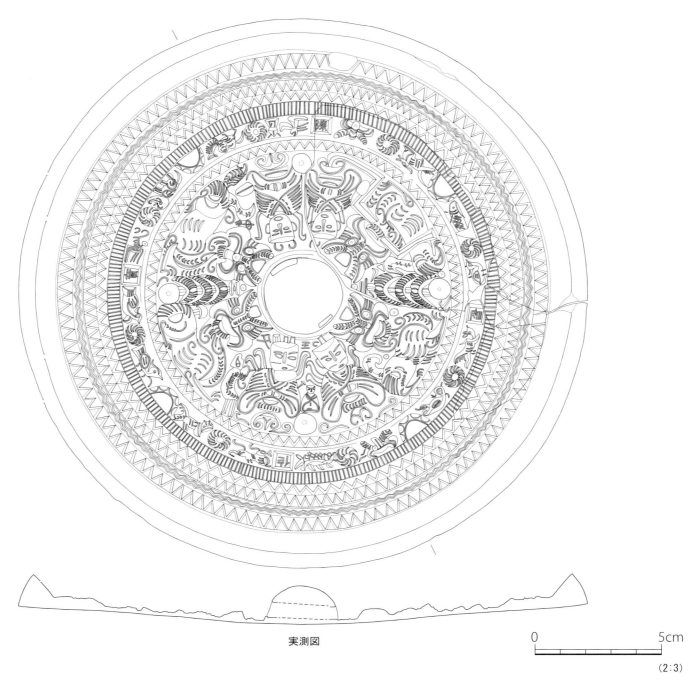

実測図

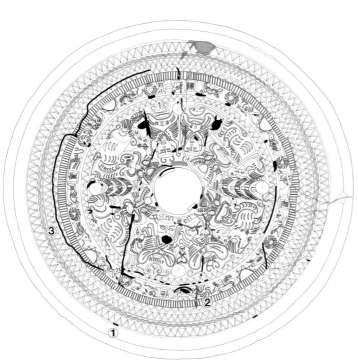

笵傷及び鋳造欠陥観察記録

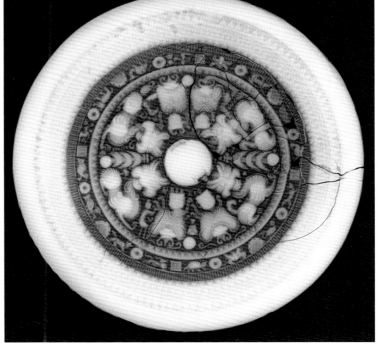

X 線写真

図 172　7 号鏡（2）

6号鏡（陳是作四神四獣鏡）［図169・170、PL. 36・37］
目録番号52　樋口鏡式48
　現状　直径22.0cm、重量941.5gである。上方三角縁に欠損が認められるが大きな割れのないほぼ完形品である。有節弧の右上に文様が模糊とした部分があるが、全体に鋳上がりは良好である。錆は全体に付着し、特に外区および三角縁に目立つ。色調は全体に青緑色を基調とするが、一部は白銀色を残す。下半には赤い鉄錆が薄く付着する。
　鏡背　鈕は半球状で、直径約3.3cm、高さ約1.6cmとやや高い。頂部に挽型等の軸受け痕とみられる直径0.6cm、高さ0.2cmほどの突起を残す。鈕孔は扁平な長方形で、右方孔は幅0.9cm、高さ0.4cmで、左方孔は幅0.5〜0.7cmの逆台形となっており、大きく鋳バリを残して仕上げの研磨を行っていない。開口位置は、右方が鏡背面よりわずかに高い位置に設定されているのに対して、左方鈕孔の下面は、鏡背面よりも低い位置となる。鈕孔は現状で固く詰まり貫通していない。鈕孔方向は右に約70°振れる。鈕には幅約0.4cmの有節弧をもつ。その外側に細い円圏が部分的に確認できる。
　内区は4つの乳で区画される。左上の乳以外は狭い円圏を伴う。また、有節弧の周辺には、8つの小乳が配されるが、均等に割付られていない。上下方に2体ずつの神像と、左右に2体ずつの獣像を配した四神四獣鏡である。
　上方の左右神像は同じ大きさで正面を向いて座し、ともに頭には向き合う渦状の表現を持ち、西王母を意識した表現をもつ。肩からは2本の羽状表現が伸びる。2体の神像の間には、鋳型の崩れと菱形の表現がある。下方神像間に「王父」の文字があることから、対をなす上方神像間に「王母」の文字が入ることが推定されるが、細部は判読できない。それに対して、下方の2体の神像は上方神像と同様に正面を向いて座し、肩から伸びる2本の羽状の表現をもつが、頭には三山冠とみられる三本線が描かれ、神像の間に「王父」の文字があることから東王父とみられる。下方左神像の左には小さな跪いた羽をもつ神仙がおり、その左側には「仙」の文字が入る。
　右方の2体の獣像は身体を向き合わせて、顔を正面に向ける。2体の表現は酷似するが、右上獣像は巨を銜み、右下獣像は巨の表現がない。左方の2体の獣像も身体を向き合わせて顔を正面にむけ、2体とも巨の表現をもたない。内区文様の隙間は、渦文や弧線で埋めている。
　界圏は幅約0.9cmと幅広で、内側斜面に鋸歯文をもつ。内区獣像の足先などがわずかにはみ出している。その外側に銘帯と櫛歯文帯をもつ。銘帯は上方右神像の付近から反時計回りに始まる。「陳氏作竟甚大好　『公』上有仙人不知老　『位』古有聖人及龍虎　『至』身有文章口銜巨　『三』」となる。『』で示したのは銘帯中の方格内の銘で、文字の天は鏡縁側である。方格は4つあり、上端で0.6〜0.7mmほどのやや不正形の方格で1字の銘をもつ。左下から反時計回りに、「位」「至」「三」「公」となる。
　外区は斜面に鋸歯文をもち、外区平坦面には内側からやや小さい鋸歯文、複線波文、鋸歯文の構成となり、外周突線をもつ。外区上面の研磨は、鋸歯文の縁に突線を残し、三角縁内側斜面に皴状の傷や亀裂状范傷を残し、ごく弱い。
　鏡面　現状で中心から鏡縁までで約5mmの反りをもつ凸面鏡である。全体に灰白色の錆と繊維の付着痕があるが、一部に暗緑色の光沢をもつ部分が残り、丁寧に研磨されている。厚みは各部にばらつきがあるが、内区内側で1.5mm前後、銘帯で0.9mm前後、外区外側で3.2mm前後である。
　范傷と湯口　剥落傷は亀裂状の傷に伴うものを除けば、右上方の外区鋸歯文や銘帯内側に目立つ。亀裂状の范傷は、上方神像から鈕の上方を抜けて外区へと鏡背面を横断する①と、ほぼこれに直交する右方獣像から下方へと抜ける②が目立つ。他にも小さい③や④などの傷が多数ある。⑤は外区斜面を巡る傷である。鋳上がりについては、有節弧の上方右部分の湯回りが悪く模糊とし、范傷②の延長上の三角縁端に歪みと内側斜面に湯回りの悪い部分があり、湯口に関わる変形とみられる。
　「同范鏡」　群馬県三本木（伝）鏡。

7号鏡（陳・是・作・竟・四神四獣鏡）［図171・172、PL. 38・39］目録番号33　樋口鏡式75
　現状　直径22.3cm、重量1050.6gである。形状はほぼ完形に復元できるが、割れて獣文帯と櫛歯文帯の一部に欠損がある。文様の鋳上がりは良好である。色調は全体に薄い青緑色を呈するが白銀色を残す。部分的に鉄製品の赤錆が付着する。三角縁には錆がやや目立つが、内区文様の崩れはほとんどない。
　鏡背　鈕は半球状で、直径約3.2cm、高さ約1.4cmである。鈕孔は扁平な長方形で、上方鈕孔は幅約1.3cm、高さ約0.4cmで、下方鈕孔は幅約1.0cm、高さ0.4cmと形状が異なる。特に下方鈕孔は鋳バリを多く残す。両側とも仕上げの研磨を省略する。開口位置は鏡背面よりわずかに高いが、鈕孔の下面はほぼ鏡背面に近い。鈕孔方向は左に約40°振れる。鈕孔は現状で半ばから硬く詰まっている。鈕は円座をもつが有節弧を伴わない。
　内区は4つの乳で文様を区画する。しかし、乳の配置はやや不均一である。この乳を挟んで上下方に2体ずつの神像と、左右方に2体ずつの獣像を配する四神四獣鏡である。
　上方の神像2体は正面を向いて座し、頭には向き合う渦文状の頭表現をもつ。上方左神像の左に小さく「王母」の文字があり、西王母を表現したとわかる。肩からは羽状表現が伸びるが、上方右神像は右方上の獣像とぶつかり、頭の渦文状表現の片方が表現されていない。右神像の羽状表現は左神像よりも短くなっており、左神像を優先したようにみえる。なお、上方神像の間に乳が入るが、割付が狭いためか、他と比べてやや小さい。下方の神像は上方と同じく正面を向いて座すが、左神像は頭の位置が身体に対してやや右にずれており、右神像も首をわずかに横に傾ける。下方の左神像は頭に三山冠の表現をもち、右神像は四角い突起と弧線をもつ頭表現をもつ。2体とも肩から羽状表現が伸びるが、左神像は長く、右神像はやや小さく、左方神像が優勢である。また、右

神像右側の羽状表現が右方下獣像とぶつかり歪んでいる。2体の下方神像大きさはほぼ同じであるが、左神像を優先して描かれており、下方の左神像の頭の左右には、「王」「父」の文字があり、東王父を表現したものとわかる。また、それ以外に、下方神像間の乳の上に正面を向く小さい坐像が配置されるほか、左神像の左側にも、左神像に身体を向けて立つ小さい神仙が描かれる。

　右方の獣像は2体とも反時計回りに身体を向けて、向き合わない。右方上の獣像は鋭い歯を見せてコの字状の巨を銜むが、右方下の獣像は口を開くが巨の表現はない。左方の獣像も反時計回りに身体を向けて、顔を正面に向ける。左方と右方の獣像間の乳には笠松文様が付属する。笠松文様は頂部に珠文と2段の円盤状表現、3段の半月状の房表現をもつ。笠松文様は鈕を挟んで左右の対角の位置にあるが、2つの笠松文様の棒状の線は、やや傾いて一直線上には載らない。また、鈕円座には内区の神像や獣像の文様が重なる部分が目立ち、割付が粗い。内区文様の隙間は、弧線や小神仙などで埋め尽くされている。

　界圏は約0.7cmとやや幅が広く、内側斜面に鋸歯文をもつ。その外側に、画像鏡風の獣文を配した半円方格帯をもつ。半円は4個で、上面は無文で、半円外側に5つの花弁状の半円が付く。方格は4個で、上端で一辺0.6cm前後の大きさで、1字の銘をもつ。文字の天は鏡縁側を向き、上方から時計回りに、「陳」「氏」「作」「竟」とある。半円と方格の間には振り座状の文様を挟んで2体ほどの獣形等が描かれる。獣形には獣首、亀形、白虎、青龍などの獣形、朱雀などの鳥形のほか、羽をもつ仙人、象、駱駝などが描かれる。

　半円方格帯より櫛歯文をはさんで外区となる。外区は外区斜面にも鋸歯文をもち、ほぼ同じ大きさの鋸歯文の間に複線波文が入る構成である。内側鋸歯文の下端に圏線状の突線が残り、鋸歯文中央に凹みを残しており、研磨はごく弱い。また三角縁内側斜面と外側鋸歯文の一部には強い研磨が確認できる。

　鏡面　現状で中心から鏡縁までで0.6〜0.8cmほどの反りを持つ凸面鏡である。灰白色の錆が付着するが一部に織物痕が残る。また暗緑色の光沢の残る部分もあり、研磨の擦痕は残るが丁寧に磨かれている。厚さは内区で1.2mm前後、半円方格帯で1.2mm前後、外区はおおよそ2.8〜3.8mmである。

　笵傷と湯口　剝落傷は上方外区や、上方神像の両脇、下方左神像の首、半円方格帯の振り座などに目立つ。亀裂状の傷は上方外区剝落傷から鈕左を抜けて外区に至る①が目立つ。また、①に鈕を挟んで並行する②や外区斜面に沿う③などの傷がある。上方左神像付近の鈕円座と右方下神像の頭付近に湯回りの悪い部分があるが、鏡縁に歪みは確認できなかった。

　「同笵鏡」　京都府西山2号墳鏡、岡山県（伝）鏡。

**8号鏡**（神人龍虎画像鏡）［図173・174、PL.40・41］
目録番号 100-101　樋口鏡式6
現状　直径22.3cm、重量1052.7gである。割れているが完形に復元できる。錆は左方の三角縁などに目立つが、文様の崩れはほとんどない。色調は全体に青緑色を基調とするが、鈕などに白銀色を残す。

　鏡背　鈕は半球状で、直径約3.3cm、高さ1.4cmである。鈕孔は扁平な長方形で、左方は幅0.9cm、高さ0.5cmで、右方は幅約0.8cm、高さ0.5cmの逆台形である。形が異なることから鋳バリを残し、鈕孔を研磨する仕上げを行っていないとみられる。開口位置は鏡背面よりわずかに高い。鈕孔は現状で詰まっていて中を確認はできないが、鈕孔の下面は鏡背面に近い位置とみられる。鈕と円座は強い研磨を受けており、鈕の下端は横方向の研磨でやや裾広がりとなる。鈕孔方向は左に約60°振れる。鈕の下に直径約4.9cmの幅広の円座をもつ。円座は亀裂状笵傷の影響を受けて左方に乱れがあり、円座の上面は非常に強く平坦に研磨されている。

　内区の幅は約4.9cmで、中央付近の4つの乳で区画される。乳は直径約2.0cm前後の大きめの円座を伴うが、右方上の乳では乳と円座の中心位置のずれが目立つ。さらに、円座周囲には小さい珠文を圏状に巡らすが、これもやや歪んで乳の中心からずれ気味である。上方と下方主神像2体、左方と右方に獣像2体を配置する。

　鈕の円座の周りには4つの乳とは別に、4つの小乳をもつ。これも円座をもつが、神獣像と多くの場所で重なり、神獣像が優先される。全体に文様の割付は粗く、計画的にみえない。

　上方神像は中央に正面を向いて座す神像があり、三山冠とみられる頭表現をもつことから東王父を意識した表現とみられる。この左右に2体の侍仙が顔と身体を中央神像に向けて立ち、両手を伸ばしている。左方の侍仙は羽状表現をもち、その左脇には小さく2段の円盤と3段の三日月状の房をもつ笠松文様が描かれる。

　下方神像は中央に大きな神像が正面を向いて座し、大きな頭飾りをもち、上方神像とは明確に表現が異なる。西王母を意識した表現とみられる。こちらも左右に2体の侍仙がおり、横向きに立って中央神像に向かい手を差し出している。左上には「仙人」の文字がある。下方の右侍仙の右側には笠松文様が配される。2段の円盤と3段の三日月状の房をもち、下端に円文が付くが、外区との間の圏線とぶつかり途切れる。

　右方獣像は明確な鱗と髭の表現をもち、龍とみられる。身体は反時計回りで、頭も横向きで口を開く。頭は小乳とぶつかりやや歪み、小乳円座上に文様が部分的に載る。左方獣像は身体を反時計回りに横に向けて、頭は斜めを向いて口を開く。胴部に横線による縞模様を描き、頭部は丸く、尾や足の付け根に獣毛表現をもち、右方の龍との違いは明瞭で虎とみられる。

　それら主な図像以外にも、左下乳の下に龍を、右下乳に亀形と左上の乳に獣形が描かれる。四神とすれば右上乳脇に朱雀などの鳥形が予想されたが、渦文が充填されるだけで獣形はない。内区文様の隙間は、渦文や弧線などで埋め尽くされている。外区斜面の内側に圏線をもつが、内区文様はこの圏線を越えて描かれるものが多い。

　多くの三角縁神獣鏡で銘帯のある位置から変則的な外区表現が始まる。通常の外区は内区に対して1段厚みをもつが、

第 I 部　調査編

図173　8号鏡（1）

外区は通有の銘帯と櫛歯文帯の位置から始まり、幅広で2つの段をもつ。内側から、1段目は鋸歯文帯と櫛歯文帯、そして2段目に鋸歯文帯と複線波文帯という構成となる。1段目は圏線上端が削られておらず、鋸歯文は縁が丸く、上面はあまり研磨を受けていない。それに対して2段目は複線波文と鋸歯文ともに平滑化しており、三角縁内側斜面も強い研磨を受けている。

　鏡面　断面は現状で凸面鏡である。縞状に錆が付着し、わずかに繊維の付着痕が残る。繊維との接触を反映した錆び方とみられる。広く光沢をもつ部分を残すが、鏡面の研磨は研磨方向が判明するような5cm以上の長いストロークのものを含み、やや粗い擦痕が目立つ。鏡縁や鈕などへの強い研磨も目立つ。厚さは各部でばらつきがあるが、鈕円座で約2.4mm、上方神像頭付近で約1.4mm、外区1段目で約2.4mm、外区2段目で3.9mm前後である。

　笵傷と湯口　各部が強く研磨されて一見目立たないが、笵傷は非常に多い。亀裂状笵傷に伴わない剝落傷は、左方外区の外側鋸歯文と右下の外区外側鋸歯文、右方の龍の首の付け根、左方の虎の後ろ足付近、下方西王母脇の右神像、上方の東王父、鈕円座などがある。外区の複線波文には、研磨し過ぎて文様が薄くなった部分も多い。亀裂状の笵傷は特に多く、上方東王父の右から鈕の上方を抜けて下方外区へ延びる①とこれにほぼ直交する②が目立つ。これ以外にも、鏡背を横断する③や下方神像を横断する⑥などがある。湯口に関わる変形は明確でないが、左上の三角縁にやや低くなる部分があり、亀裂状笵傷②に沿うように、右下の円座付近に湯周りが悪い部分があり、湯口方向を反映する可能性がある。

　「同笵鏡」　確認できていない。しかし、笵傷は非常に多く、先行製作された「同笵鏡」の存在を強く暗示する。通常の三角縁神獣鏡の文様構成とは異なり、内区文様は兵庫県西求女塚古墳7号鏡の画像鏡などに似るが、笠松文様をもつなど、分類上、三角縁神獣鏡の鏡群と理解できる。

9号鏡（天王日月・獣文帯四神四獣鏡）［図175・176、PL. 42・

第 6 章　副葬品

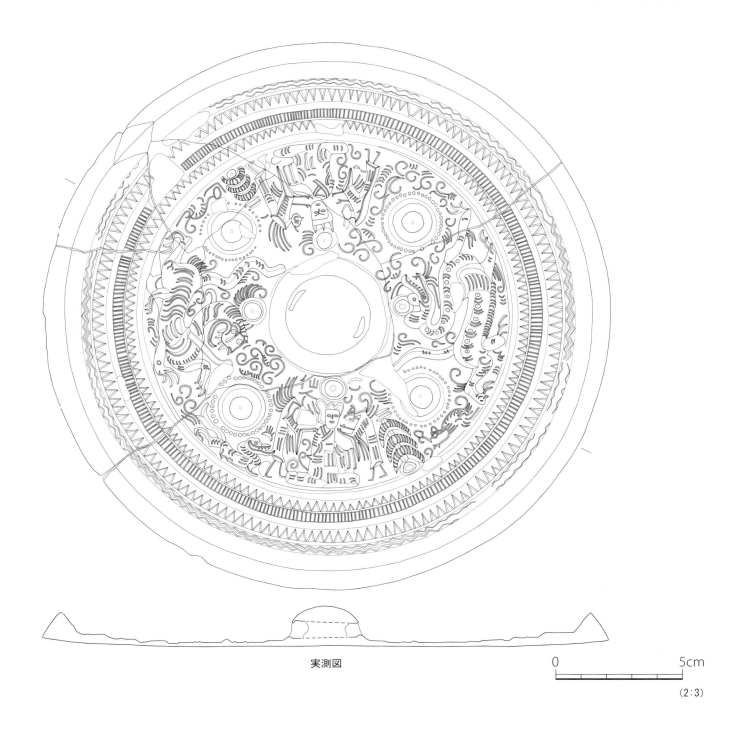

実測図

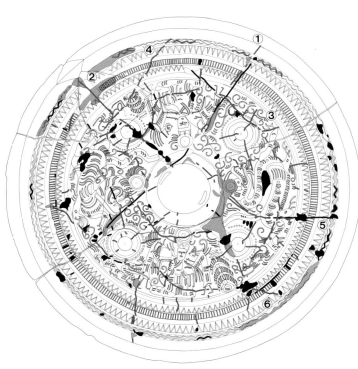

笵傷及び鋳造欠陥観察記録

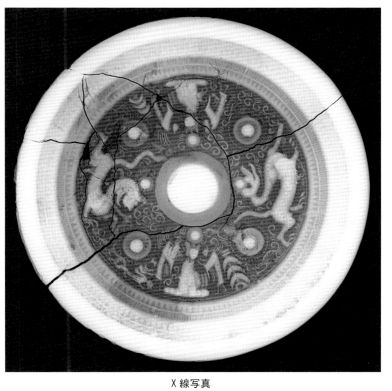

X 線写真

図 174　8 号鏡（2）

139

第Ⅰ部　調査編

図175　9号鏡（1）

43］目録番号68　樋口鏡式63

　現状　直径23.3cm、重量1267.9gである。内区と獣文帯の一部に欠損があるが、細かく割れた破片も接合でき、ほぼ復元できる。鋳上がりは良好である。色調は全体に暗青緑色を基調とするが白銀色を残す。錆は三角縁にやや多く付着するが、遺存状況は良好である。

　鏡背　鈕は半球状で、直径約3.6cm、高さ約1.4cmである。鈕孔は現状で硬く詰まっており、鈕孔の大きさは上方鈕孔で幅約0.7cm、高さ約0.3cmであり、下方鈕孔は幅約0.8cm、高さ約0.4cmの不整形な楕円形である。通常、扁平な長方形を基調とすることから鋳バリを多く残し、笠松文様の形を整える研磨は行っていないとみられる。鈕孔方向は左に約40°振れる。鈕には幅のごく狭い円座と、幅約0.4cmのやや細い有節弧をもつ。有節弧は右方上付近で歪んでいる。

　内区は4つのやや不均一に配置された乳で区画され、四方に神像と獣像の組み合わせをもつ四神四獣鏡である。

　基本的に、正面を向いて座す神像と身体を横向きに顔を正面を向ける獣像の繰り返しであるが、いずれの神像も三山冠とみられる3つの突出をもつ頭表現と肩から伸びる羽状の表現を持ち、特に区別はない。獣像の配置は上方と下方の2体の神像に対し、それぞれ両側から向き合う。つまり、上方神像に対して、上方右の獣像と左方上の獣像が乳を越えて向き合う配置となる。下方も同様で、下方左の獣像と右方下の獣像は下方右神像を挟んで向き合う。残る左方と右方の神像は、神像からみて反時計回りの位置に笠松文様が付属する乳がある。配置は鈕を挟んで対角の位置となる。笠松文様は円盤状のものの下に3段の三日月状の房をもち、円圏を伴う乳に付属する。左上の乳のみ円圏がなく、右上乳の円圏は欠損して円圏が確認しがたいが、他の「同笵鏡」には確認できる。

　4体の神像は表現に区別がない。獣像は規則的な配置であ

第 6 章　副葬品

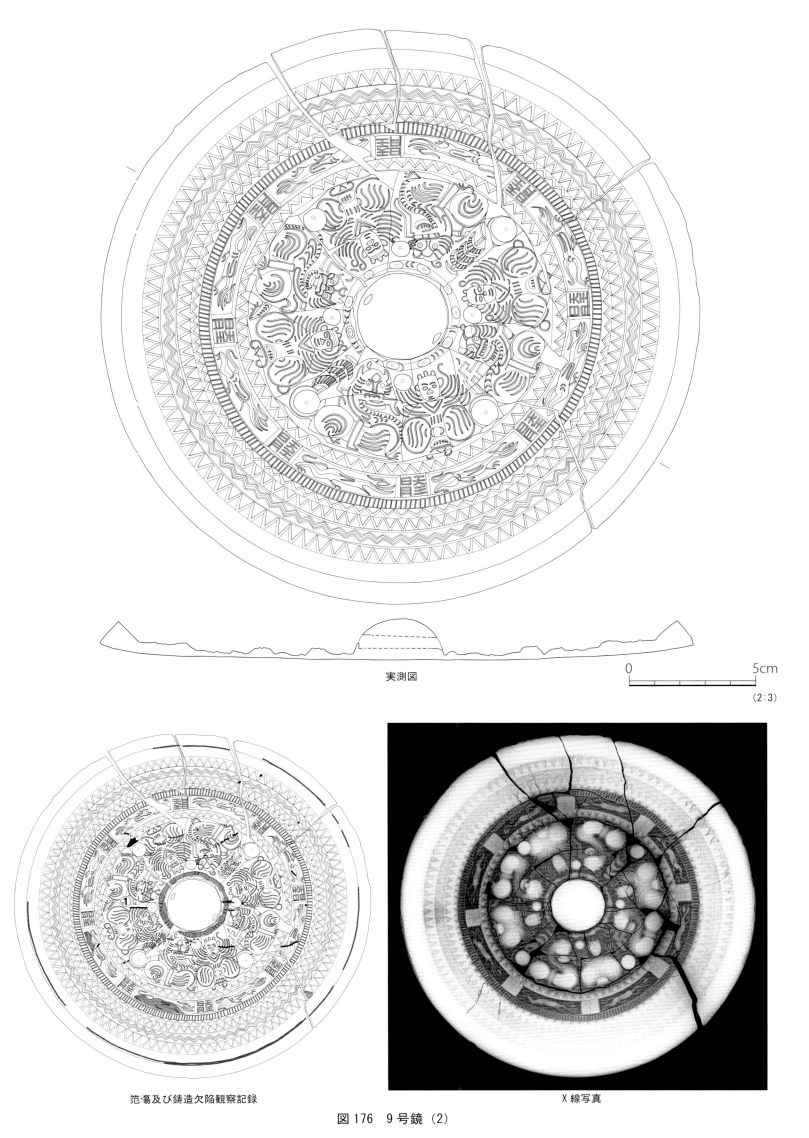

実測図

范傷及び鋳造欠陥観察記録　　　　　　　　X線写真

図 176　9号鏡 (2)

第Ⅰ部 調査編

図177　10号鏡（1）

るが、獣像の銜む巨の形は様々で、獣像の頭表現は頭の角度も含めて微細に異なる。しかし、虎の縞模様や龍の鱗の表現などの明確な区別はなく、曖昧である。また、有節弧の周囲の神像と獣像頭の間には4つの小乳が配され、神像の羽状表現と重なる部分もあるが、羽は歪むことなく小乳により消されている。

　界圏は幅0.7㎜とやや幅広で、内側斜面に幅広な鋸歯文をもつ。外側には8個の方格と8体の獣形もつ獣文帯がある。方格は、上端で1.1×0.9㎝とやや扁平で、文字の天を鈕側として全てに「天王日月」の銘文がはいる。方格銘には罫線はない。

　獣文帯より櫛歯文帯を挟んで外区となる。外区は外区斜面にも鋸歯文をもち、外区上面にはやや小さめの鋸歯文、複線波文、鋸歯文の組み合わせをもつ。外周突線をもたない。外区上面の研磨は鋸歯文の縁にわずかに突線が残り、複線波文の頂部の平坦化はほとんどみられない。三角縁内側斜面は、頂部付近に複数の突線状の擦痕が残り、凹線状の亀裂状の範

傷が残り、これらを削るような研磨をしていない。

　鏡面　現状で凸面をなす。鏡面には錆が付着するが一部に光沢が残り、わずかに繊維の付着痕が残る。丁寧に研磨されているが、目視できる研磨擦痕がある。厚さは各部でばらつきがあるが、下方神像頭付近で約1.7㎜、下方獣文帯で約1.4㎜、外区外側で約4.0㎜前後である。

　笵傷と湯口　全体に笵傷は目立たない。剝落傷は左上の乳の界圏付近にある。亀裂状の笵傷は大きなものは確認できない。細く短いものが下方獣像から神像を横切っている。下方の外区外側の鋸歯文の隙間には同心円状の擦痕があり、挽型などの痕跡の可能性がある。湯回りの悪い部分は、左下方の獣形と有節弧に文様がやや模糊とする部分があり、有節弧の弧線はよくみえない。湯口にともなう変形は確認できなかった。

　「同笵鏡」　岐阜県龍門寺1号墳鏡、京都府椿井大塚山古墳M34、宮崎県持田古墳（推定）鏡。椿井M34と左上の笵傷は共通するが、有節弧などの文様は椿井M34がシャープ

第6章　副葬品

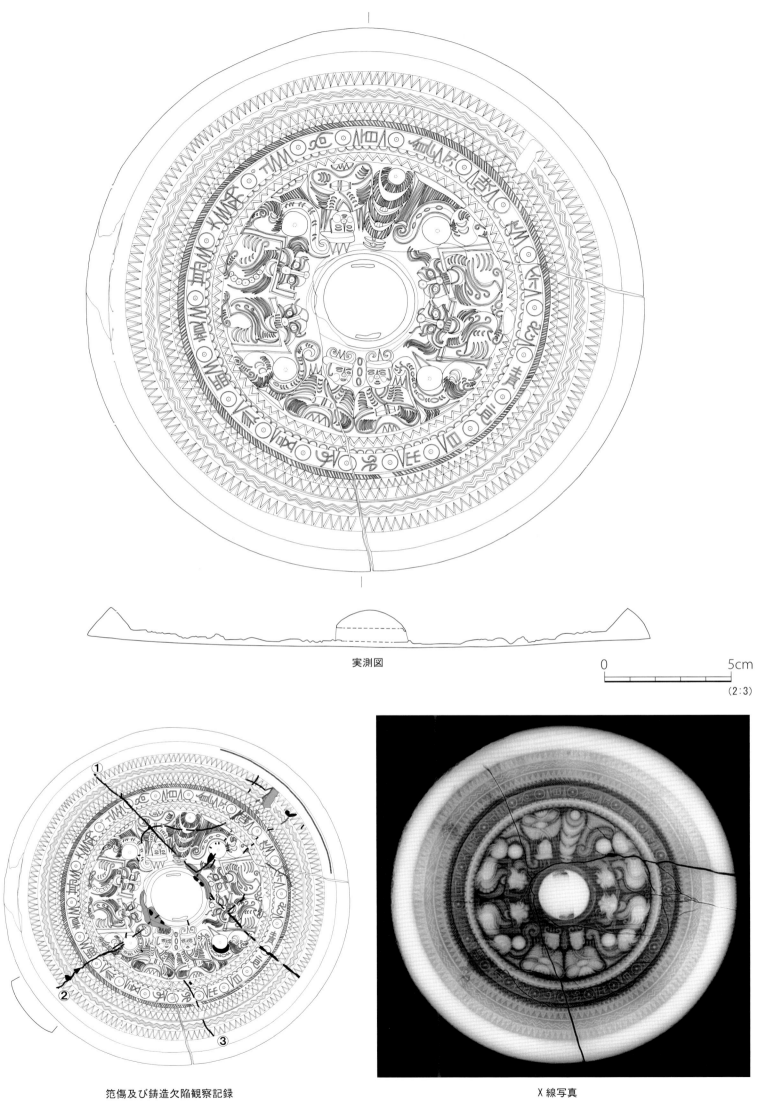

実測図

笵傷及び鋳造欠陥観察記録

X線写真

図178　10号鏡（2）

第Ⅰ部　調査編

である。また、黒塚9号鏡の獣文帯で、上方獣形の後足に弧線表現のない所に、椿井M34では弧線があり、獣形の一部文様に差異が確認できる。

10号鏡（吾作三神四獣鏡）［図177・178、PL.44・45］
目録番号40　樋口鏡式82
　現状　直径21.8㎝、重量1115.2gである。大きく割れるが完形に復元できる。鋳上がりは良好である。色調は全体に暗い青緑色を基調とする。錆は三角縁と外区の一部に付着するが遺存状況は良好である。また下方外区と三角縁に鉄錆が付着する。
　鏡背　鈕は半球状で、直径約3.3㎝、高さ約1.3㎝である。鈕孔は扁平な長方形とみられるが、幅1.1㎝、高さ0.5㎝前後で、両側に大きく鋳バリが残って形が崩れており、仕上げの研磨を行っていない。また、鈕孔は現状で硬く詰まっている。鈕孔方向はほぼ上下方向で、左に約8°振れる。鈕には直径約4.2㎝の円座をもつ。円座の外側に細い圏線が部分的に巡るが、神獣像はこれに重なる位置に配置されており、文様割付にかかわる可能性がある。
　内区は4つの乳で区画される。出土した他の三角縁神獣鏡に比べて文様の割付は丁寧である。下方に神像2体、上方に神像1体と振り座をもつ笠松文様、左右に2体ずつの獣像を配した三神四獣鏡である。
　上方神像は正面を向いて座し、鋸歯文のような3つの突起をもつ三山冠の頭表現があり、東王父を意識した表現とみられる。肩から伸びる羽状表現も鋸歯状の文様で表現する。上方神像右の笠松文様は、2段の円盤状と3段の三日月形の房をもち、下端に変則的な乳と振り座をもつ。振り座は界圏にぶつかり途切れている。下方の神像2体はほぼ同じ大きさで座し、左右の神像の顔は、やや斜めに向き合う。2体とも肩から伸びる羽状表現が幅の狭い鋸歯文でなされる。しかし、左右神像の頭には、内側に向かい合う渦文表現をもつが、その間に左神像は鋸歯文を2つ、右神像は1つと表現に違いをもつ。
　左右方の2組の獣像は身体を横向きに向かい合わせて顔を正面を向け、形の異なる巨を銜む。獣像の描き分けは曖昧であるが、右方上下の獣像の尾が円文と弧線の組み合わせに対し、左方上下獣像では尾や足に弧線による縞模様をもつなど左右獣像に違いがある。左方が虎の、右方が龍の表現をわずかに残した可能性はあるが区別は曖昧である。獣像の尾は、乳を越えて神像側に入る。尾と界圏との隙間は縦線の入る立体的な文様で充填している。
　界圏は幅約0.7㎝で、内側斜面に鋸歯文、外側に半円文を巡らす。その外側に銘帯がある。銘文は、下方左神像付近から時計回りに「吾作明竟甚大好　上右百鳥不知老　□□青竟日出卯兮」とある。「甚」以下に左右反転した文字が多い。また、1文字置きに円圏をもつ珠文と1～3個の鋸歯文を入れる点が特徴的である。この作鏡工人は鋸歯文を非常に多用する。銘帯は幅約0.7㎝でやや内傾し、その外側の一段低くなった所に幅0.4㎝と狭い斜行した櫛歯文帯をもつ。

　外区は外区斜面にも鋸歯文をもち、外区上面に鋸歯文、複線波文、鋸歯文を組み合わせる。外周突線をもたない。外区上面の研磨は、鋸歯文縁にわずかに突線を残し、三角縁内側斜面に横方向の擦痕や亀裂状笵傷を残しており、これらを削るような研磨をしていない。
　鏡面　現状で凸面鏡である。鏡面のほぼ全体に灰白色の錆が付着するが、部分的に光沢を残す。丁寧に研磨されるがわずかに研磨による擦痕を残す。錆にはわずかに繊維の付着痕が残る。厚さは各部にばらつきがあるが、下方右神像頭付近で約1.3㎜、下方銘帯で約1.2㎜、外区内側で約2.6㎜、外区外側で約3.4㎜である。
　笵傷と湯口　剝落傷は亀裂状の傷と関わらないものが右下乳付近や、鈕座右上などにある。亀裂状の笵傷は、上方神像から鈕上方を抜ける①があり、これにほぼ直交する②があり、これに伴う剝落傷が目立つ。これ以外にも①に並行する③などがある。湯回りの悪い部分は、鈕の左下付近が顕著で鈕側面に変形が認められる。
　「同笵鏡」　京都府芝ヶ原11号墳鏡、兵庫県西求女塚古墳4号鏡、水堂古墳鏡。水堂鏡は付着物が多く笵傷を確認できない。製作順序は黒塚10号鏡→芝ヶ原鏡となる可能性がある。

11号鏡（吾作四神四獣鏡）［図179・180、PL.46・47］
目録番号52-53　樋口鏡式49
　現状　直径22.0㎝、重量1321.2gである。割れて銘帯の一部が欠損するがほぼ完形である。鋳上がりは良好である。色調は全体に暗い青緑色を基調とする。錆は全体に薄く付着し、三角縁と外区の一部に厚く付着するが、文様の崩れはわずかで遺存状況は良好である。また、三角縁の一部に鉄製品の錆も付着する。
　鏡背　鈕は半球状で直径約3.2㎝、高さ約1.3㎝である。鈕孔は幅1.1㎝、高さ0.4㎝の長方形を基調とするが、開口部に鋳バリが残る。鏡背面よりも少し高い位置に開口するように見えるが、鋳孔を整える研磨を行っていない。鈕孔は現状で硬く詰まっており、中は観察できないが、鈕孔下面は円座の面に近いとみられる。鈕孔方向は左に約40°振れる。
　内区は4つの乳で区画されており、加えて有節弧沿いに8個の小乳を配置する。上下方に神像2体2組と、左右方に獣像2体2組を配置した四神四獣鏡である。
　上方の神像は正面を向いて座し、向き合う渦文状の頭表現をもち、西王母を意識した表現をもつ。2体はほぼ同じ表現をもつが上方左神像は、両肩から伸びる羽状表現が有節弧付近まで伸びるのに対して上方右神像は短く、微細に異なる。
　下方神像2体は同じく正面を向いて座す。頭には三山冠とみられる表現をもち、東王父を意識した表現をもつ。左右2体に大きな表現の区別はない。これらの上下方の各神像の間には、笠松文様がはいる。笠松文様は上下方とも3段の三日月状の房をもち、下端に振り座が付く。頂部には円盤状のものが付くが、上方の笠松文様は小乳と重なり、一部が消されている。
　左右の獣像2体は身体を向かい合わせて、顔は正面を向き、

巨を銜むが、右方の獣像間には十字状の文様が加えられている。左右の獣像には表現の描き分けはほぼないが、左方獣像の尾が楕円文と弧線を組み合わせるのに対して、右方獣像の尾は、弧線を主体として縞模様を意識した可能性がある。

　界圏は幅約 0.7cmで内側斜面に鋸歯文をもつ。この鋸歯文は縁に突線を残し、面的な強い研磨を受けていない。銘帯は下方より「吾作明竟甚大好　上『位』有仙人不知老　渇飲玉『公』淫飢食棗　五男二女『三』長相　壽如金石□『至』」と反時計回りに巡る。『』は銘帯中の上下左右に配された 4 つの方格の入る位置を示す。方格は上辺で 0.7cm前後の方形で、1 字の銘をもつ。鏡縁側を文字の天として、右方から反時計回りに「位」「至」「三」「公」とある。

銘帯より櫛歯文帯を挟んで外区となる。外区は外区斜面にも鋸歯文をもち、ほぼ司じ大きさの鋸歯文に挟まれた複線波文を組み合わせる。外区の研磨は上面を強く研磨して平滑化しており、特に外側鋸歯文の先端は削られて低くなっている。三角縁内側斜面も亀裂状の突線状の笵傷を平滑化する強い研磨を行っている。

　鏡面　現状で中心から鏡縁までで約 0.5cmの反りを持つ凸面鏡である。一部に灰白色の錆が付着するが、多くはまだ鈍い白銀色の光沢を残す。鏡面は丁寧に研磨されるが、わずかに擦痕を残す。厚さは各部でばらつきがあるが、左方の内区内側で約 0.8mm、銘帯で約 0.51mm、外区外側で約 4.0mmである。

　笵傷と湯口　剝落傷は多く、外区の左方上と右方上、下方笠松文様付近に目立つ。亀裂状の笵傷は右上から鈕右側を抜ける①と、鈕の右上でほぼ直交する②がある。鋳造時の湯回りが悪いのは、下方右神像から銘帯と、右上方の銘帯などである。下方右神像の延長上の三角縁端にはわずかに歪みがあり、湯口に関わる変形とみられる。

　「同笵鏡」　奈良県黒塚古墳 25 号鏡。双方に共通する剝落傷もあり、製作順序は黒塚 11 号鏡→黒塚 25 号鏡とみられる。

12 号鏡（吾作四神四獣鏡）［図 181・182、PL. 48・49］
　目録番号 36-37　樋口鏡式 46
　現状　直径 21.8cm、重量 1181.5gである。ヒビはわずかに入るが完形である。鋳上がりは内区文様の高いところを中心に模糊とする部分がある。色調は全体に暗い青緑色を基調とする。錆は全体に薄く付着するが、全体として遺存状況は良好である。

　鏡背　鈕は半球状で、直径約 3.3cm、高さ約 1.3cmである。鈕孔は扁平な長方形を基調とするが、幅 1.1cm、高さ 0.4cmで形が崩れており、鋳バリをとる研磨を行っていない。現状で鈕孔は硬く詰まっている。鈕孔方向は左に約 18°振れる。鈕には有節弧が巡るが幅約 0.3cmと狭く、節は模糊として細部が確認できない。

　内区は 4 つの乳で区画される。それとは別に小乳が有節弧近くに 8 つ配置される。上方と下方に神像が 2 体ずつ、左方と右方に神獣が 2 体ずつの四神四獣鏡である。

　上方の 2 体の神像は正面を向いて座すが、頭表現が異なる。上方左神像は短い 3 つの突起をもつ頭表現であり、右神像は顔から胴にかけて文様が模糊となるが、頭に内側に向き合う渦文の表現が確認でき、上方左が東王父、上方右が西王母を意識したものとみられる。神像の間には笠松文様が入る。3 段の三日月状の房をもち、鉢状の表現の下に葉状の表現をもつ。神像の図像の一部は界圏に重なる。下方の神像及び笠松文様も同様の表現である。

　左方と右方の獣像 2 体は、身体を横に向けて向き合い、顔を正面を向ける。2 体で同じ巨を銜むが、右方の獣像の巨には四葉座の葉のような文様が加えられている。左右の獣像には、角や鱗表現の有無などの描き分けはないが、胴部肩などの表現は右方と左方の上下獣像で微細に異なる。

　界圏は幅約 0.7cmで内側斜面に鋸歯文をもつ。銘帯は上方から「吾作明鏡甚□□　□哉青龍有文章　□子宜孫樂未央位至三公宜侯王　富且昌」と時計回りに巡る。「甚」以下に判読し難い文字が続く。文字間隔の乱れが目立ち、特に「吾作」から始まる部分は文字が小さく字間も詰まるが、銘文半ばの「至位三公」以降は字間が広くなり、計画的な割付を行っていないとわかる。また、「作」「位」など左右反転した文字などの錯誤も多い。やや斜行した櫛歯文帯を挟んで外区となる。なお、櫛歯文は圏線で銘帯と区画されるが、銘帯側にはみ出す部分が目立つ。

　外区は外区斜面にも鋸歯文をもつが、鋸歯の大きさが整わず割付の乱れがある。外区上面にはほぼ同じ大きさの鋸歯文の間に複線波文を組み合わせ、外周突線をもつ。外周突線と三角縁の内側端の隙間は左上と右下の隙間が広く、歪んでいる。

　外区は上面および三角縁斜面の内外が丁寧に研磨され、特に外側鋸歯文は先端側が研磨により低くなっている。三角縁内側斜面は凹線の亀裂状笵傷が薄く残る。

　鏡面　現状で中心から鏡端までで 0.6cm前後の反りをもつ。鏡面には一部に灰白色の錆が付着し、わずかに布の付着痕跡が残る。わずかにみえる鏡面は、全体に丁寧に研磨されて光沢をもつが、目視できる研磨痕を残す。厚さはばらつきが大きいが右方の内区内側で 1.6mm前後、銘帯で 0.9mm前後、外区外側で 4.2mm前後である

　笵傷と湯口　剝落傷のうち亀裂状の笵傷に関わらないものには、外区上方がある。亀裂状の傷は多く、鈕右を上下方向に外区まで抜ける①と、鈕の右下でこれにほぼ直交して鈕下方の鏡背面を左右に横切る②が目立つ。その他に②の平行に近い方向で鈕の上方を左右に抜ける③などの大きな亀裂状の傷をもつ。湯回りの悪い部分は多数ある。特に上方右神像から外区にかけて顕著で、三角縁の内側斜面に凹みがあり、付近にスも多く、湯口に関わるものとみられる。

　「同笵鏡」　奈良県黒塚古墳 31 号鏡。双方に剝落傷はあり、黒塚 31 号鏡の方が文様は明瞭である。製作順序は剝落傷から黒塚 31 号鏡→黒塚 12 号鏡とみられる。

13 号鏡（張是作四神四獣鏡）［図 183・184、PL. 50・51］
　目録番号 53　樋口鏡式 47
　現状　直径 21.8cm、重量 957.6gである。わずかに上方鏡

第Ⅰ部 調査編

図179　11号鏡（1）

縁に小さい欠損があるもののほぼ完形である。文様の鋳上がりは良好である。三角縁の一部に錆による歪みがあるが、全体として遺存状況は良好である。色調は全体に暗い青緑色を基調とする。左下方には鉄製品の錆も薄く付着する。

　鏡背　鈕は半球状で、直径約3.0cm、高さ約1.3cmである。鈕孔は長方形を基調とするが、右上方の鈕孔は幅1.1cm、高さ0.4cmの逆台形で、左方下の鈕孔は幅1.1cm、高さ0.5cmで孔の中央を塞ぐように鋳バリが大きく残り、鈕孔を整形する研磨を全く行っていない。現状で鈕孔は貫通していない。開口位置は鋳バリのために円座よりも高くみえるが、鈕孔下面は円座面に近い。鈕孔方向は左に約60°振れる。鈕には幅約0.3cmほどの有節弧をもつが、鈕付近の文様は模糊として節は明確でない。

　内区は4つの乳を配して区画し、有節弧沿いに8つの小乳をもつ。上下方に2体ずつの神像と、左右方に2体ずつの獣像を配した四神四獣鏡である。

　上下方の神像は左右2体ともに正面を向いて座し、内側に向き合う渦文状の頭表現をもつ。4体の神像は全て同じ表現であり、すべて西王母を意識した表現とみられる。上方神像の間には笵傷があり、文様が崩れて鏡背面は盛り上がっている。下方神像の間には右を向いて跪く小さな侍仙が描かれ、頭には長く伸びる弧線表現をもつ。

　左右の獣像は2体1組で身体を横向きに向き合い、顔を正面に向ける。左方獣像が巨を銜まないのに対して右方獣像は屈曲した巨を銜むなどの違いはあるが、左右の獣像間に明確な表現の違いは確認できない。神獣像の一部は、わずかに界圏に重なる。

　4つの乳のうち、左下を除いて笠松文様が付属する。笠松文様は5ないし6段の三日月状の房表現をもつ。左下乳は笠松文様の代わりに左方下獣像の尾が描かれている。また、8つの小乳は円圏を伴うが、各図像とぶつかる所は省略され、小乳の頂には小さい突起があり、圏線のためのコンパス状工具の軸受けの痕とみられる。

　界圏は幅0.7cmで内側に鋸歯文をもつ。銘帯は右方から時

第6章 副葬品

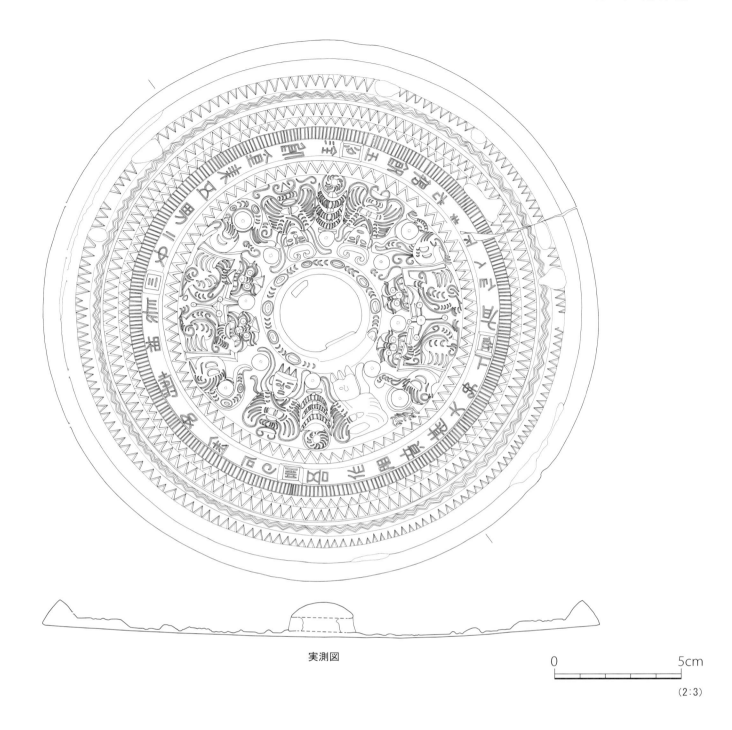

実測図

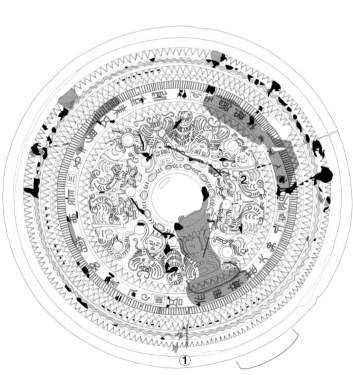

范傷及び鋳造欠陥観察記録

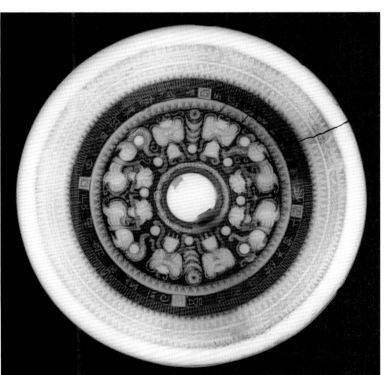

X線写真

図180 11号鏡（2）

147

第Ⅰ部 調査編

図181　12号鏡（1）

計回りに「『張』是作竟甚大好　上有仙『旬』不知老　渇飲礼泉飢『食』棗　保子宜孫位至『侯』王　買竟者富且昌」という銘文をもつ。銘帯中には上下左右に4つの方格があり、それぞれ『張』『旬』『食』『侯』の文字が入る。文字の天は鏡縁側となるが、銘文としてはそのまま他の銘文とともに時計回りに読むこととなる。なお、「好上」以下の文字の多くが鏡文字となっており、鋳型に文字を彫り込む際の錯誤が目立つ。

　銘帯より斜行した櫛歯文帯を挟んで外区となる。外区は外区斜面にも鋸歯文をもつが、その大きさは均一でなく、特に左方の割付に乱れが目立つ。外区上面にはほぼ同じ大きさの鋸歯文に挟まれた複線波文を組み合わせ、外周突線をもつ。外区の研磨は鋸歯文の縁に突線が残り、三角縁内側斜面に亀裂状笵傷や横方向の擦痕が残ることから、これらを削り、平滑化するような研磨を行っていない。

　鏡面　現状で中心から鏡縁まで0.6cm前後の反りをもつ。鏡面は一部に灰白色の銹や鉄製品由来の赤銹が付着するが、全体に丁寧に研磨されて光沢を残す。わずかに織物の付着痕が残る。研磨方向を目視可能な粗い擦痕をわずかに確認できる。厚さはばらつきが大きいが、右方の内区中央付近で2.1mm前後、銘帯で1.9mm前後、外区外側の研磨の影響を受けない地の面で3.3mm前後である。

　笵傷と湯口　剝落傷は下方外区、鈕左右、右外区右下などが目立つ。亀裂状笵傷は鈕下方を左右に抜ける①があり、鈕下方にこの傷による凹みが確認できる。しかし、左方外区では亀裂状笵傷の延長を確認できなかった。これにほぼ直交する方向で上方から下方へ抜ける②があり、鈕左側に交点をもつ、他にも亀裂状の笵傷は多く、これに伴う剝落傷も多い。湯回りの悪い場所は、有節弧の上方と、外区下方から右方にかけての鋳上がりが悪い。湯口に関わる変形は明確でない。

　「同笵鏡」　京都府椿井大塚山古墳M6、奈良県黒塚古墳26号鏡。製作順序及び「同笵鏡」間の文様の改変については26号鏡の項で述べる。

第 6 章 副 葬 品

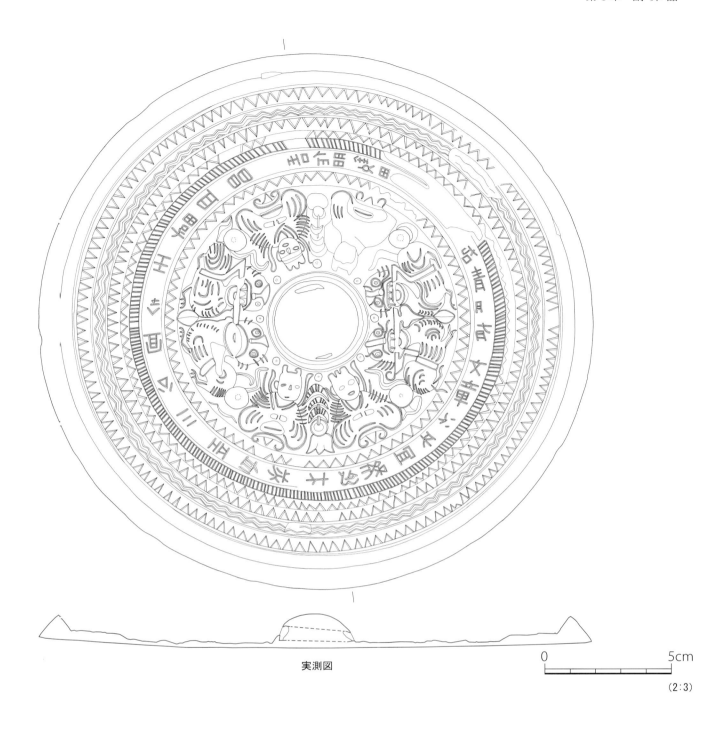

実測図

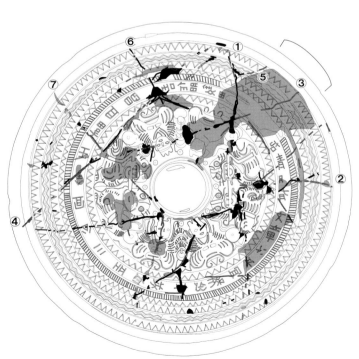

笵傷及び鋳造欠陥観察記録

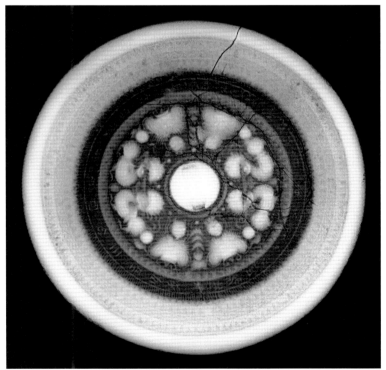

X 線写真

図 182　12 号鏡（2）

第Ⅰ部　調査編

図 183　13 号鏡（1）

**14 号鏡**（画文帯六神三獣鏡）［図 185・186、PL. 52・53］
目録番号 55　樋口鏡式 95

　**現状**　直径 21.8cm、重量 937.9g である。大きく割れて櫛歯文帯がわずかに欠損するが、ほぼ完形に復元できる。錆は三角縁を中心に全体に付着するが文様の崩れは少なく、遺存状況は良好である。色調は全体に青緑色を基調とし、鉄錆が薄く付着する。文様の鋳上がりは良好である。

　**鏡背**　鈕は半球状で、直径約 3.4cm、高さ約 1.4cm である。鈕孔は長方形を基調とするが、右上方の鈕孔は幅 1.6cm、高さ 0.5cm、反対側は幅 1.4cm、高さ 0.4cm と異なり、鈕孔に鋳バリを残し、整える研磨を行っていない。右方の鈕孔下面は円座面より低く鏡背面に近い。現状で鈕孔は一部が貫通する。鈕孔方向は右に約 80°振れる。幅 0.3cm の有節弧をもつが、右側の文様は模糊として文様が低くなっている。

　内区は 4 つの乳で区画される。上下方に神像 3 体ずつと左方に獣像 2 体、右方に獣像 1 体の六神三獣鏡である。

　上方神像は 3 体で、中央神像は顔、身体とも正面を向いて座し、3 つの突起をもつ頭表現と、肩から伸びる羽状の表現をもち、東王父を意識した表現とみられる。その両側には 2 体の神像がおり、身体を中央神像に向けて座し、顔を正面に向けて手に棒状のものを捧げている。上方右側神像は頭表現に 2 つの方形の突起をもち、上方左神像は 1 つの突起表現をもつ。

　下方神像も 3 体である。中央神像は正面を向いて座し、内側に向かい合う渦状の頭表現と肩から羽状の表現が伸びる。西王母を意識した表現とみられる。その両側に上方神像と同様に中央神像を向いて座した 2 体の神像がいる。頭の表現付近は鋳型が崩れて判然としないが、左神像は棒状のものを捧げて、3 つの突起とみられる頭表現と羽状の表現をもつ。それに対して、右神像は羽状表現をもつものの、頭表現は判然とせず、手元の表現は判然としない。

　乳とは別に円圏が 4 つ配置されている。画文帯神獣鏡の内区にみられる 4 つの円圏を模した可能性があるが、円圏は直径 0.8 ～ 1.0cm と大きさにばらつきがあり、配置も不均

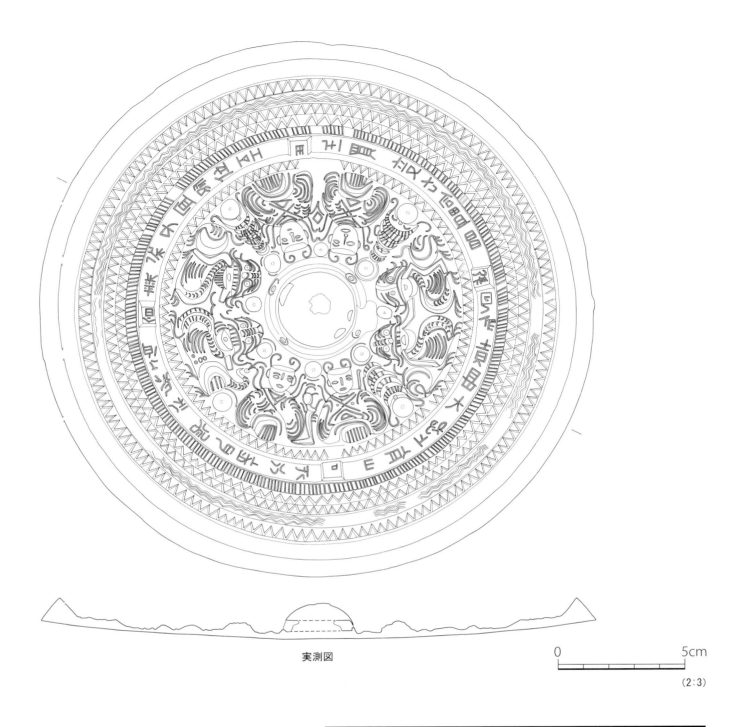

実測図

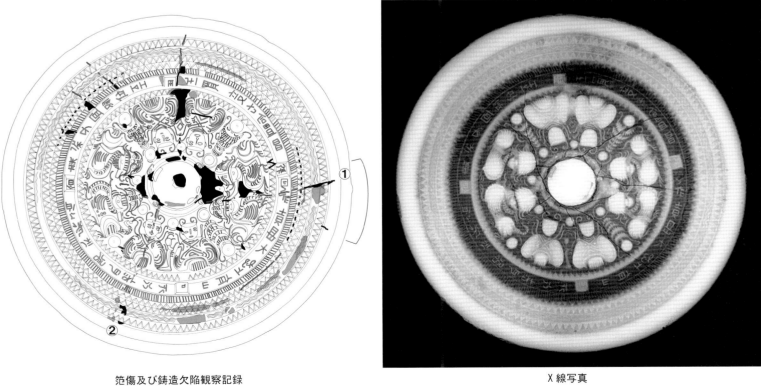

範傷及び鋳造欠陥観察記録   X線写真

図184　13号鏡（2）

第Ⅰ部　調査編

図185　14号鏡（1）

一である。

　右方の獣像は身体を反時計回りに向けて顔を正面に向ける。右方下には笠松文様が入る。やや模糊とするが頂部に円盤状のものと3段の三日月状の房をもち、下端に円圏が付く。左方の2体の獣像は、身体を横向きに向き合い、顔を正面にむけて1つの巨を衒む。文様の隙間は渦文や円圏などで埋めている。

　界圏は幅約0.8cmで、内側斜面に鋸歯文をもつ。その外側には銘帯の代わりに画文帯をもつ。仙人の載る雲車や走獣、亀形、騎獣などが反時計回りに描かれ、画文帯神獣鏡の画文帯の図像を抜き出したものである。その外側には通有の三角縁獣鏡と同様に櫛歯文帯を挟んで外区となる。

　外区は外区斜面にも鋸歯文をもち、外区上面には鋸歯文に挟まれた複線波文を組み合わせて、外側に外周突線をもつ。外区の研磨は鋸歯文の縁に突線を残し、複線波文頂部も平滑化していない。三角縁内側斜面も下方に広く凹みが残り、鋳型に伴うとみられる横方向の長い擦痕とともに亀裂状の笵傷や皺状の傷を残しており、これらを削る研磨を行っていない。

　鏡面　現状で凸面をなす。大部分に灰白色の錆が付着するが、一部に光沢が残り、研磨方向を目視できる粗い研磨痕も確認できるが、基本的には丁寧に研磨されている。厚さはばらつきがあるが、下方内区内側で約1.3㎜、右方画文帯で約1.5㎜、右方外区外側で約4.2㎜である。

　笵傷と湯口　剥落傷は左上乳付近、右上外区および画文帯と櫛歯文に小さい傷がある。亀裂状の笵傷は左外区から鈕を挟んで、右方笠松文様に向かって鏡背面を横断する①がある。これにほぼ直交する②が目立ち、鈕左側で交差する。これ以外にも③などいくつかみられる。

　湯回りの悪い部分は、亀裂状笵傷①に沿うように右側の有節弧から笠松文様と外区の複線波文にかけて目立ち、三角縁端がわずかに低く凹むことから、右方に湯口があったものとみられる。

　「同笵鏡」　岐阜県東天神18号墳鏡、奈良県桜井茶臼山古墳鏡。

第 6 章　副 葬 品

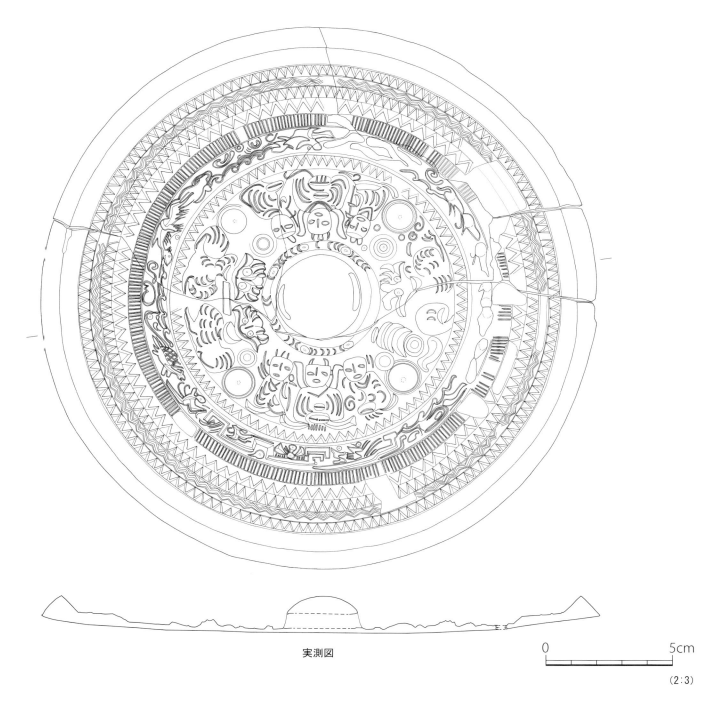

実測図

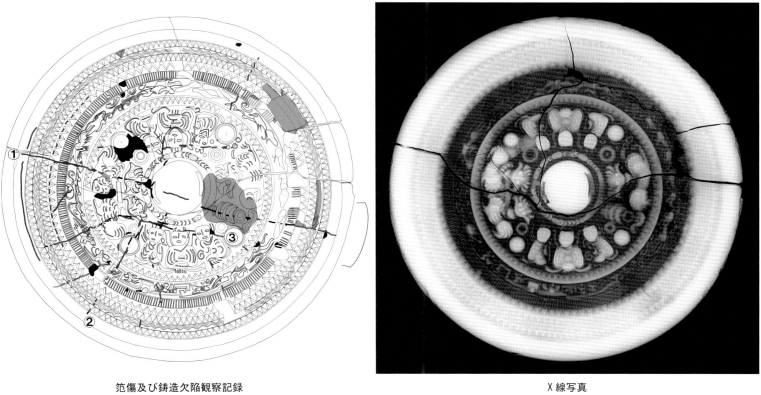

范傷及び鋳造欠陥観察記録　　　　　　　　　　　X線写真

図 186　14号鏡（2）

第Ⅰ部　調査編

図187　15号鏡（1）

**15号鏡**（天・王・日・月・吉・獣文帯四神四獣鏡）[図187・188、PL. 54・55] 目録番号60　樋口鏡式71

**現状**　直径22.2cm、重量1045.8gである。大きく割れて、有節弧の一部、内区と外区の一部が欠損するがほぼ完形に復元できる。銹歪みが三角縁と外区の一部にあるが、全体として遺存状況は良好である。色調はやや明るい青緑色を基調とする。

**鏡背**　鈕は半球状で、直径約3.4cm、高さ約1.4cmである。鈕孔は長方形を基調とするが、左上方の鈕孔は幅0.9cm、高さ0.4cm、反対側は幅0.8cm、高さ0.4cmと、鈕孔に鋳バリが残って形が崩れており、鈕孔を整える研磨等を行っていない。鈕孔は現状でわずかに貫通している。鈕孔方向は左に約45°振れる。鈕には幅約0.3cmの有節弧が巡る。

内区は4つの乳で区画されて、上下方に2体ずつの神像と左右方に2体ずつの獣像を配する四神四獣鏡である。

上方神像は左右とも正面を向いて座し、同じ大きさで描かれ、太い三本線の頭表現をもつ。東王父を意識した表現とみられる。文様の割付が狭く、肩から伸びる羽状表現は左神像のみ大きくやや優勢である。

下方神像も左右とも正面を向いて座し、ほぼ同じ大きさで描かれるが、やや左神像の幅が狭い。下方左神像の頭表現が丸い3つの突起に簪状の線が描かれるのに対して、下方右神像の頭表現は、鋸歯文で3つの突起をもつ。左神像が西王母を、右神像が東王父を意識した表現とみられる。羽状表現は下方右神像が優勢で長く伸びるが、右神像の右側は笠松文様と重なり一部が消されている。それに対して下方左神像では羽状表現を小さい鋸歯文で表現するなど、左右神像の扱いに違いがあり、下方右神像が優勢とみられる。有節弧に沿って小乳が4つ配置されており、上方神像の左側と下方神像の右側の、鈕を挟んで対角の位置に笠松文様が配置されている。これらは4つの乳の脇に位置する。それに対して下方左の乳には笠松文様が付属する。3ヶ所の笠松文様は、いずれも3段の三日月状の房をもち、その頂部に小乳がくる。

154

第 6 章　副 葬 品

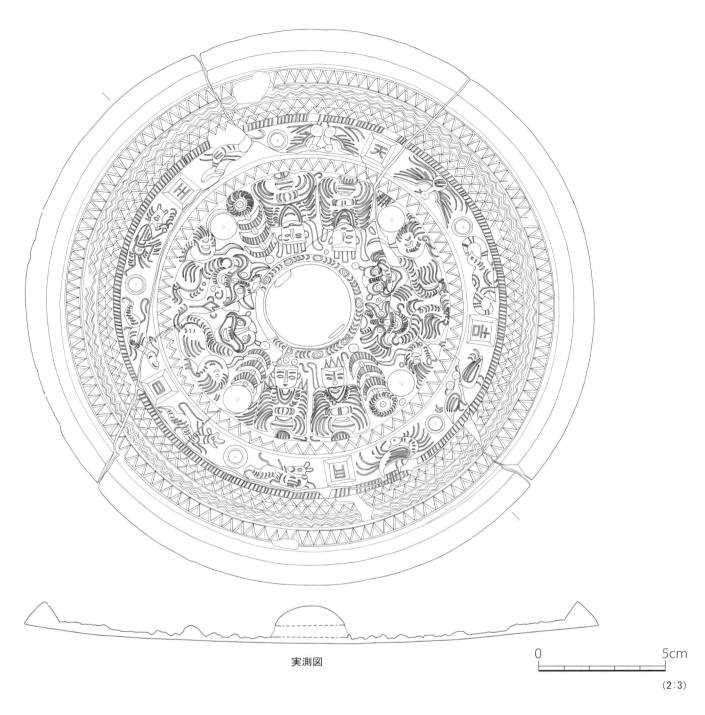

実測図

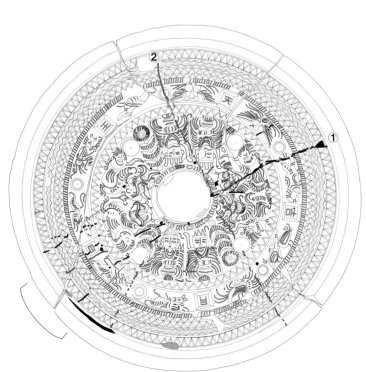

笵傷及び鋳造欠陥観察記録

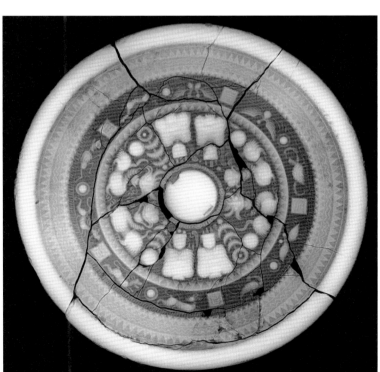

X 線写真

図 188　15 号鏡（2）

155

第Ⅰ部　調査編

図189　16号鏡（1）

　対角に配置する笠松文様には振り座が付属する。小乳が笠松文様の一部でないことは、右上小乳が笠松文様なしに配置されることからわかる。右上乳のみ笠松文様はなく、その位置に右獣像の尾が描かれる。
　左方と右方の2体の獣像は身体を横に向き合い、頭を正面に向ける。右方上獣像は頭が丸く耳を表現し、右方下獣像は角をもつことから、右方上が虎、右方下が龍と描き分けを意識している。左方の2体の獣像も同様で、左方上が龍、左方下が虎の頭表現を残すが、身体の表現はほとんど同じである。また、左方神獣の間には菱形に棒が付くような文様が入るが、右方には神像間には文様がない。文様の割付は均等でなく、左方獣像付近を除いて主な神獣像が非常に近接して描かれる。図像の隙間には珠文や弧線、渦文を配して埋め尽くしている。
　界圏は幅0.8cmで、内側斜面に鋸歯文をもつ。その外側には獣文帯があり、5個の方格をもつ。方格は上端で、一辺0.8cm前後である。1字の銘をもち、文字の天は鏡縁側を向く。反時計回りに上方から「天」「王」「日」「月」「吉」とある。獣文は方格の間に2組ずつ描かれ、その中央には円圏をもつ小乳が配置される。獣形には向き合う鳥形、玄武とみられる亀形や朱雀とみられる鳥形のほか、四足の獣形や、立ち姿の仙人など10点の図像が描かれている。
　獣文帯より櫛歯文帯を挟んで外区となる。外区は外区斜面に鋸歯文をもち、外区上面は内側からやや小さい鋸歯文、複線波文、鋸歯文を組み合わせて外周突線をもつ。このとき三角縁の内側下端と外周突線の間隔にはやや歪みがある。外区の研磨は鋸歯文縁の突線を残し、三角縁内側斜面も亀裂状疵とともに長い横方向の擦痕を残し、これらを削るような研磨は受けていない。
　鏡面　現状で凸面鏡である。鏡面は一部灰色の錆が付着し、わずかに織物の付着痕が残る。一部に光沢が残り、丁寧に研磨されたことが分かる。厚さは各部でばらつきがあるが、右

第6章　副葬品

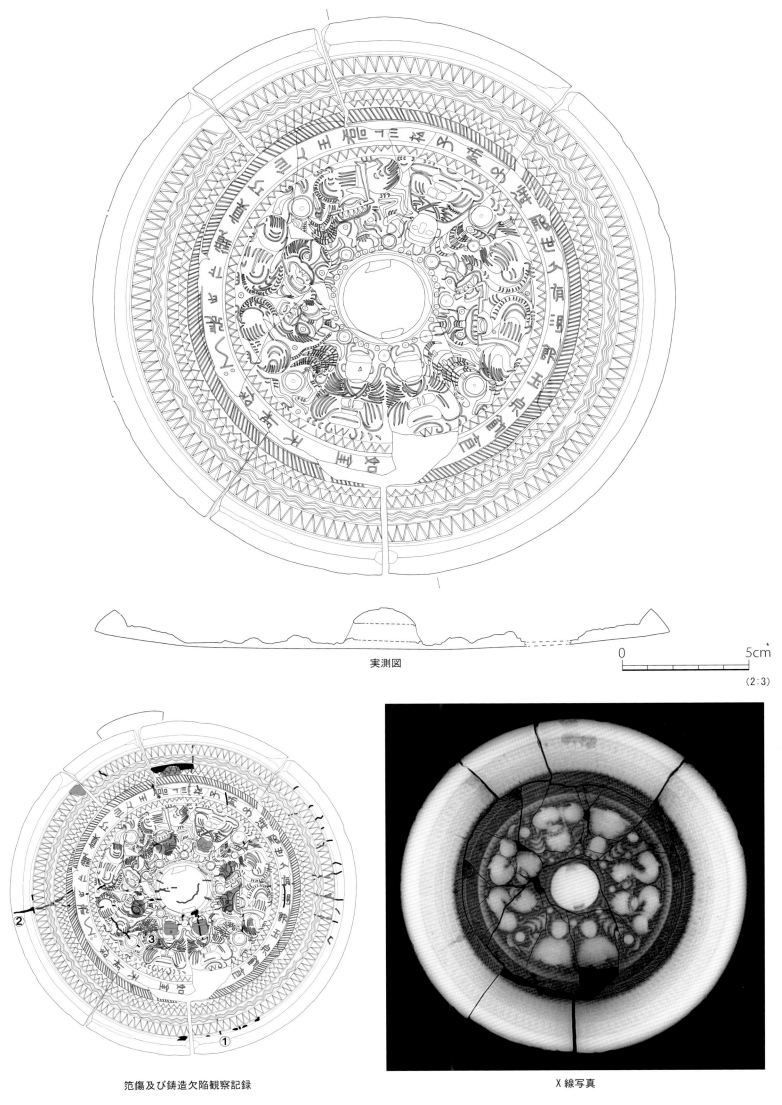

実測図

范傷及び鋳造欠陥観察記録　　　　　　X線写真

図190　16号鏡（2）

第Ⅰ部　調査編

図191　17号鏡（1）

方内区内側で約1.7㎜、獣文帯で1.6㎜前後、外区外側で2.6㎜前後である。

　笵傷と湯口　剥落傷は亀裂状の傷に伴うものが多く、左方下の三角縁内側斜面や左方外区などわずかである。亀裂状の笵傷は、右方から鈕中心のやや下側を抜けて鏡背面を横断する①がある。左方では亀裂状の笵傷はあまり目立たず、途切れがちであるが一連のものと考える。それとほぼ直交するものに、鈕の右側を抜けて上方から右下へ伸びる②がある。それ以外にも下方左神像の脇を抜ける亀裂状笵傷などがある。湯回りの悪い部分は少ないが、三角縁の内側斜面の凹みが亀裂状笵傷①の左方下の延長上にあり、湯口に関わる可能性がある。

　「同笵鏡」　奈良県佐味田宝塚古墳鏡。佐味田宝塚鏡は大きく欠損し比較が難しいが、獣文帯や外区の剥落傷から製作順序は、黒塚15号鏡→佐味田宝塚鏡となる可能性がある。

16号鏡（張氏作三神五獣鏡）［図189・190、PL.56・57］
目録番号21　樋口鏡式84

　現状　直径22.7㎝、重量1130.9gである。大きく割れて内区の一部と、銘帯から櫛歯文帯に欠損がある。神獣像の顔などに文様が模糊とする部分がある。銹は三角縁の一部にあるが全体として遺存状況は良好である。色調は暗緑色である。

　鏡背　鈕は半球状で、直径約3.3㎝、高さ約1.5㎝である。鈕孔は下方鈕孔で幅が0.9㎝、高さ0.6㎝の長方形を基調とするが、鈕孔には鋳バリが残り形が崩れている。鈕孔を整える研磨は行っていない。現状で鈕孔は貫通しており、下方の鈕孔下面は円座面に近い。鈕孔方向は左に約15°振れる。鈕は円座をもち、その周囲に環状に珠文を配置する。しかし、珠文の配置は不均一で、小乳や神獣像と重複する時には珠文は省略、あるいは避けるように位置をずらしている。

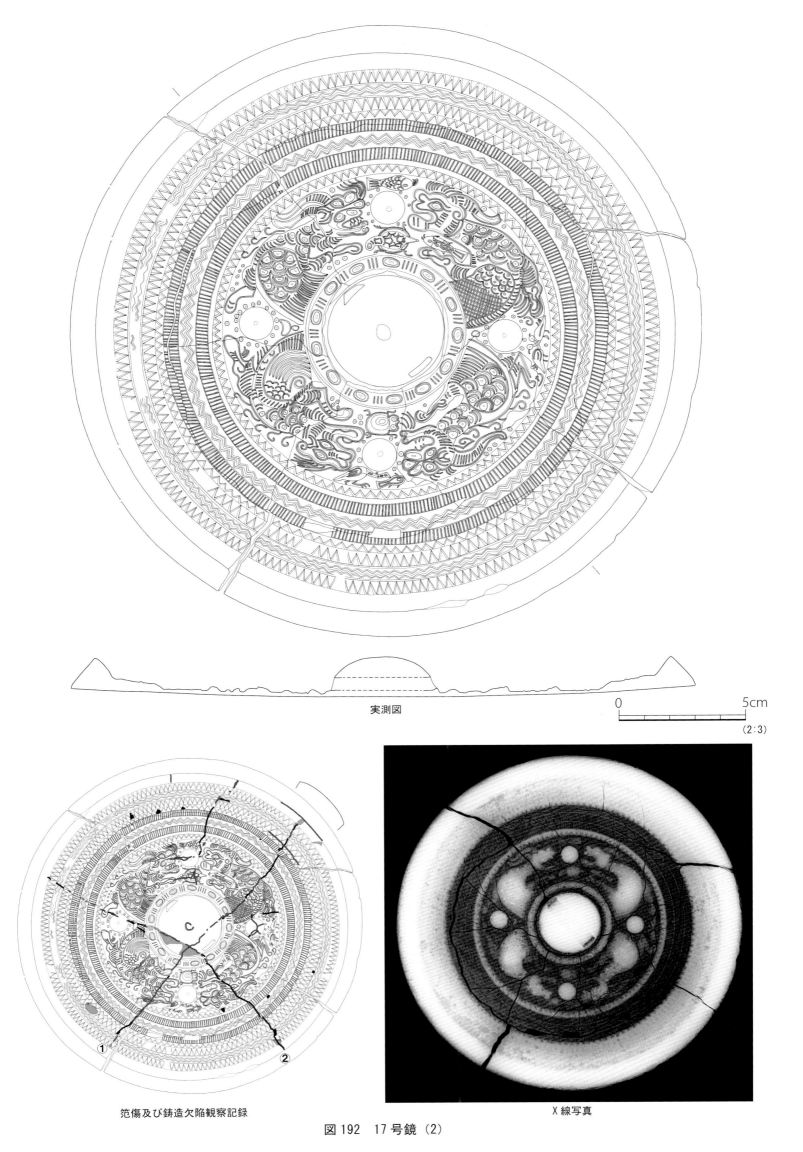

実測図

笵傷及び鋳造欠陥観察記録

X線写真

図192　17号鏡（2）

内区は4つの乳で区画され、上方に獣像と神像、下方に2体の神像、左右方に2体ずつの獣像を配する三神五獣鏡である。

上方右神像は正面を向いて座し、頭には3つの珠文状の突起表現をもつ。上方左獣像は身体を反時計回りに向けて、顔を正面に向けて巨を銜む。その左側に乳に付属しない笠松文様があり、獣像の前足で支えている。笠松文様は3段の三日月状の房をもつ。上方神獣の間には神像側を向いて跪く小さな仙人が描かれる。また、上方右の乳には笠松文様が付属し、笠松文様を捧げるように手を添える侍仙が上方神像を向いて立ち姿で描かれる。その笠松文様は3段の三日月状の房をもつ。

下方の神像は2体とも顔と身体を正面に向けて座し、頭には内側を向く渦状の表現をもつ。顔の眼鼻は模糊として細部が不明であるが、肩から伸びる羽状表現をもち、2体に表現の違いは見当たらない。下方左神像の左側には、乳に付属する笠松文様を捧げる小さな仙人がおり、下方神像に背を向けて横向きで跪いている。内区の乳のうち、左上を除く3つは笠松文様が付属するが、上方左の乳は左方神獣に押されたためか、位置がずれて乳と一体化しない。また、笠松文様の頂部付近に小乳が配置されるが、少しずれて軸線上に載らない。上方の笠松文様が3段であるのに対して下方の左右の乳に付属する笠松文様は、4段の三日月状の房状表現をもつ。笠松文様を小さな仙人が捧げる表現は全体で2つあり、鈕を挟んで対角に位置する。

左方獣像2体は身体を横向きに向き合わせ、顔は斜めに傾けて向き合う。それに対して右方獣像2体は、身体を横向きに向き合わせた姿勢を取るが、右方上の獣像は右上の笠松文様を捧げる小さな仙人とぶつかり、前胴のみの表現となっている。右方下獣像は正面を向いて、右方上の獣像とともに1つのクランク状の巨を銜む。いずれも角の表現をもつ。内区文様は全体に密で、隙間には珠文や弧線等を描いて空隙を埋めている。しかし、文様の割付は計画的ではなく、上方と左方は配置に余裕を持つが、右方は狭く、図像の歪みと重なりが目立つ。

界圏は幅約0.5cmで、内側に鋸歯文をもつ。その外側に銘帯がくる。銘文は左方から始まり、時計回りに「張氏作鏡真巧　仙人王喬赤松子　師子辟邪世少有　渇飲玉泉飢食棗　生如金石天相保兮」とある。「棗」「生」は銘帯が欠損して読めないが、他の「同笵鏡」から判明する。

銘帯の外側に斜行する櫛歯文帯を挟んで外区となる。外区は外区斜面にも鋸歯文をもち、外区上面には内側にやや小さい鋸歯文と複線波文を挟んで鋸歯文が組み合わされ、外側に外周突線をもつ。外区上面の研磨は、鋸歯文の縁の突線を残し、三角縁内側斜面には亀裂状笵傷や皺状の傷とともに横方向の長い擦痕がある。鋳型の擦痕によるものとみられ、これらを削るような強い研磨は行われていない。

鏡面　凸面鏡である。一部に灰色の錆が付着するが、全体に暗緑色で、鏡面には光沢が残る。丁寧に研磨されているが、研磨方向が目視できるようなやや粗い擦痕も残す。厚さはばらつきがあるが、内区内側で約1.8mm、銘帯で約1.6mm、外区内側で約4.2mm、外区外側で約4.9mmである。

笵傷と湯口　剥落傷は外区上方と下方の外周突線に目立つ。亀裂状の笵傷は、一見すると目立たず全体に細かく途切れるが、巨視的にみると上方から下方に抜ける①があり、これにほぼ直交する②が鏡背面を横断する。②の右側は、細かく亀裂が入り、下方神像を斜めに横切るような③もある。湯回りの悪い部分は神像や獣像頭部の鏡背から高い部分と鈕上方にある。明確ではないが亀裂状の笵傷①の延長上の上方三角縁にわずかに歪みがあり、湯口に関わる可能性がある。

「同笵鏡」　群馬県三本木（伝）鏡、静岡連福寺古墳鏡、京都府椿井大塚山古墳M21、兵庫県権現山51号墳2号鏡、奈良県黒塚古墳18号鏡、香川県奥3号墳鏡、泉屋博古館蔵M23・M24の8面がある。製作順序については18号鏡の項で述べる。

**17号鏡**（波文帯盤龍鏡）[図191・192、PL. 58・59]
目録番号3　樋口鏡式136

現状　直径24.7cm、重量1110.8gである。黒塚古墳出土鏡では最も鏡径が大きい。大きく割れて内区の一部と櫛歯文の一部が欠損するがほぼ完形に復元できる。錆は全体に薄く付着し、三角縁の一部や左方の外区複線波文などの表面に錆歪みがわずかに出るが、全体として遺存状況は良好である。色調は全体に青緑色を基調とする。

鏡背　鈕はやや扁平な半球状で、直径約4.5cm、高さ1.5cmと大きい。左上鈕孔は幅1.0cm、高さ0.7cmで長方形を基調とするが、右下方の鈕孔は幅1.0cm、高さ0.3cmの逆台形で、鈕孔には鋳バリが大きく残り、形が崩れている。鈕孔を整える研磨を行っていない。開口位置は鏡背面より鋳バリのために高くみえるが、鈕孔下面位置は鏡背面に近く、現状で鈕孔は貫通していない。鈕孔方向は左に約40°振る。鈕には幅約0.5cmの有節弧があり、内外に細い圏線を伴う。

内区は上下左右の4つの乳で区画される。乳の周囲に珠文を巡らすが、近接した獣像などと重なって配置は乱れている。4体の盤龍形をもつ四獣を配置する。

上方の2体の獣像は上方乳を挟んで向き合い、上半身が鈕から這い出るような姿で描かれており、四頭式の盤龍鏡の図像を模している。上方右の獣像は横向きの一角の龍頭で、上方左の獣像は頭をひねった二角の龍頭である。それに対して、下方左の獣像は頭をひねるが角を持たない。下方右の獣像は右上とほぼ同じ一本角の龍頭である。4体とも首には鱗状の表現をもつが、肩にかけては表現が異なる。特に角を表現しない下方左の獣像は、長い弧線の獣毛状の表現が強調される。内区文様は非常に密で、乳の上下を中心に、魚、亀、双鳥、魚を獲る鳥、蛙などの小像が配置され、隙間を珠文や弧線で埋める。

界圏は幅約0.6cmで内側に鋸歯文をもつ。その外側は通有の三角縁神獣鏡では銘帯や獣文帯となるが、ここでは櫛歯文帯・複線波文・櫛歯文の組み合わせとなる。

外区は外区斜面にも鋸歯文をもち、外区上面は2つの鋸

歯文に挟まれた複線波文をもち、通有の三角縁神獣外区と同じ構成となる。鋸歯文の三角形の幅は全体に狭いが、右上付近のみ幅が広くなっており、割付に乱れが目立つ。外区上面の研磨は鋸歯文内側を中心に行われるが弱く、三角縁内側斜面には突線の亀裂状笵傷を残し、これを削る研磨は行われていない。

　鏡面　現状で凸面をなす。全体に灰褐色の錆が付着し、わずかに錆歪みがみられるが、織物の付着痕がわずかに残る。鏡面の一部に光沢が残り、研磨方向が目視できる擦痕が確認できるが丁寧に研磨されていたと分かる。厚さは各部にばらつきがあるが、内区内側で約1.4mm、界圏外の複線波文で約1.1mm、外区内側で約3.6mm、外区外側で約4.6mmである。

　笵傷と湯口　剝落傷は上方から左および左下の外区鋸歯文などにみられるが目立たない。亀裂状の笵傷は鏡背面を右上から左下へ抜ける①があり、鈕にも歪みが出ている。これにほぼ直交する位置に亀裂状笵傷②があり、鈕の中心よりやや下よりで交差する。鈕上にも亀裂状の傷が確認できる。これ以外にも傷はあるが全体に短い。湯回りの悪い部分は、亀裂状笵傷①に沿う上方の外区にある。外区斜面の角が丸く、延長上の三角縁に緩い凹みがあり、湯口に関わる変形とみられる。

　「同笵鏡」　愛知県奥津社（伝）鏡、京都府椿井大塚山古墳M35、大阪府和泉黄金塚古墳東槨鏡。

18号鏡（張氏作三神五獣鏡）［図193・194、PL.60・61］
　目録番号21　樋口鏡式84
　現状　直径22.6cm、重量1132.7gの完形である。鏡背面は暗緑色で、錆は全体に薄く付着するが遺存状況は良好である。色調は暗青緑色である。

　鏡背　図像の配置は「同笵鏡」である黒塚16号鏡と一致するため、相違点を中心に記載する。重量は16号鏡と近似する。鈕は半球状で、直径約3.3cm、高さ約1.5cmと大きな違いはない。鈕孔に幅0.9cm、高さ0.6cmの長方形で16号鏡とほぼ合致し、鈕孔を整える研磨が省略されるのも共通である。鈕孔方向は右に約4°振れる。わずかであるが明確に16号鏡と鈕孔方向が異なる。文様の修正は確認できなかったが、文様の鋳上がりは16号鏡に比べて18号鏡はやや模糊とする部分が多い。

　銘文は時計回りに16号鏡で欠損した部分を含めて「張氏作鏡真巧　仙人王喬示松子　師子辟邪世少有　渇飲玉泉飢食棗生如金石天相保兮」となる。研磨は16号鏡と比べて全体に強い。鈕の表面はきれいに研磨され、笵傷を残す16号鏡と異なる。また、外区は鋸歯文と複線波文の上面を平滑化するような研磨が目立ち、外側の鋸歯文の先端側と外周突線が研磨のために低くなる。三角縁内側斜面も強く研磨して、亀裂状笵傷の突線を削るが、凹線の皺状の跡はわずかに残る。研磨の有無は明確で「同笵鏡」でも同じ製作工程を踏んでいない。

　鏡面　現状で中心から鏡縁までで0.8cm前後の反りをもつ。灰色の錆が付着し、一部に織物の痕が残る。部分的に暗緑色の鏡面が確認できるが、光沢が残り、非常に丁寧に研磨されている。厚さは内区内側で1.1mm前後、銘帯で0.7～1.1mm、外区内側で3.7mm、外区外側で4.6mmである。「同笵鏡」である黒塚16号鏡との比較では全体に18号鏡がやや薄い。厚みは研磨の結果であり、内区よりも外区での厚みの異なりが目立つ。

　笵傷と湯口　剝落傷は左方外区と下方外周突線、上方外区に目立つ。亀裂状の笵傷は、上方から下方に抜ける亀裂状の笵傷①は16号鏡にもあり、ほぼ直交する亀裂状笵傷②は左方が明確で、これに沿って外区文様が崩れている。18号鏡にはこれを平らに埋めたものの、鋸歯文を復元しなかったものとみられる。亀裂状笵傷②の位置は16号鏡と重なる。それ以外の傷では、上方①の左側の新たに亀裂状笵傷③があり、②に並行する位置には下方神像を横断する亀裂状笵傷④があり、16号鏡と比べて笵傷は増えている。湯回りの悪い場所は神像の顔などの鏡背面から高い位置と、①に沿った上方の界圏、外区斜面、三角縁内側斜面にみられ、16号鏡と大きく変わっていない。神獣の顔など高い位置の文様が模糊とするが、下方神像には目が鋳上がっており、16号鏡の神像と対照的で、文様を修正した可能性がある。また、三角縁内側斜面は部分的に凹む部分があるが、湯口に関わるかは不明である。

　「同笵鏡」　群馬県三本木（伝）鏡、静岡連福寺古墳鏡、京都府椿井大塚山古墳M21、兵庫県権現山51号墳2号鏡、奈良県黒塚古墳16号鏡、香川県奥3号墳鏡、泉屋博古館蔵M23・M24の8面がある。製作順序は一系列で製作したとすれば、下方の外周突線に傷がない泉屋M23と奥3号墳鏡が先に製作され、左外区に大きな剝落傷をもつ黒塚18号鏡が新相となる。

19号鏡（吾作四神四獣鏡）［図195・196、PL.62・63］
　目録番号67　樋口鏡式56
　現状　直径22.3cm、完形で重量1063.2gである。錆は全体に薄く付着するが遺存状況は良好である。色調は暗青緑色である。

　鏡背　鈕は半球状で、直径約3.3cm、高さ約1.4cmである。鈕孔は長方形を基調として、幅1.1cm、高さ0.5cmであるが、左方鈕孔は逆台形となっており、鋳バリを残して鈕孔を整える研磨は行っていない。開口位置は鋳バリのために鏡背面より高くみえるが、鈕孔下面の高さは円座の面に近い。現状で鈕孔は貫通している。鈕孔方向は左に約86°振れる。鈕の下に円座をもち、圏線が巡る。

　内区は上下左右の4つの乳をもち、乳を挟んで上下方2体ずつの神像と左右2体ずつの獣像を配した四神四獣鏡である。

　上方神像は2体とも正面を向いて座し、頭には向き合う渦状の表現と肩に羽状表現があり、西王母にみられる表現を持つ。上方の左右神像に表現の違いは見あたらない。神像の間には乳と付属する笠松文様が入る。笠松文様は2枚の円盤状のものと3段の三日月状の房を持ち、4段目は撚り座風

第Ⅰ部 調査編

図193　18号鏡（1）

の円圏と一体化している。両神像の頭の脇には小乳が配置され、これにより左神像の頭の位置が歪み、羽状表現は短くなっている。下方神像2体も正面を向いて座す。頭上付近の鋳型が崩れて文様の一部が確認できない。下方左神像の頭には少なくとも中央付近に1つの突起が確認でき、下方右神像の頭は右端に1つの突起表現があるが細部は確認できない。他の「同笵鏡」から3つの突起をもつ三山冠とわかり、東王父を意識した表現と確認できる。また、下方の神像間には、上方と同様に乳に付属する笠松文様が入る。これも鈕近くの文様が崩れて頂部の円盤状表現は確認できない。下方の乳には振り座がない。上下方神像頭の外側に小乳があるが、4つの小乳の配置は、文様の隙間に無理に押し込んでおり、配置は均等でない。

　右方獣像は乳に向かって身体を向き合わせ、顔を正面に向ける。2体に目立つ表現の違いはない。右方の乳には他と異なり、葉や房を表現した植物表現が付属する。左方獣像もほぼ同じ配置であるが、乳に付属する笠松文様は小さく、三日月状の3段の房をもつ。各文様の隙間は珠文や弧線などで埋められている。

　界圏は幅0.8cmで内側斜面に鋸歯文をもつ。鋸歯文の縁には細い突線を残す。その外側は銘帯である。銘文は右方から時計回りに「吾作明竟甚大好　上有神守及龍虎　身有文章口銜巨　古有聖人東王父西王母　渇飲玉飢泮（全）食棗　壽如金石長相保」となる。文字の間隔や字体の乱れは少ない。ただし、「守及」と「身有」の文字は他と比べて明らかに太い。

　銘帯より櫛歯文帯を挟んで外区となる。外区は外区斜面にも鋸歯文をもち、内側からやや小さい鋸歯文、複線波文、鋸歯文を組み合わせ、外側に外周突線をもつ。外側の鋸歯文には割付の乱れが目立ち、鋸歯文幅の大きいものと小さいものが混在する。外区の研磨は鋸歯文の縁に細い突線を残しており、外周突線の上端も平滑化していない。三角縁内側斜面にも研磨は行われるが、内側斜面の下から5mmほどわずかに凹

第6章　副葬品

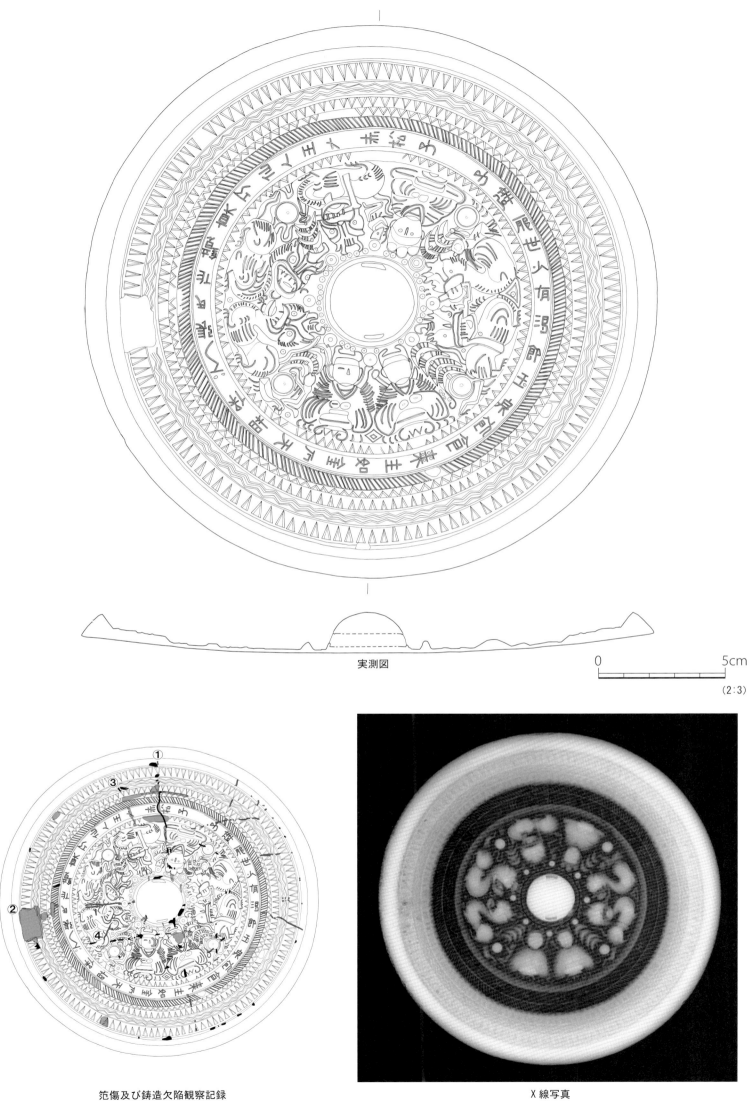

実測図　　　　　　　　　0　　　　　5cm
　　　　　　　　　　　　　　　(2:3)

笵傷及び鋳造欠陥観察記録　　　　　X線写真

図194　18号鏡（2）

第Ⅰ部　調査編

図195　19号鏡（1）

む部分があり、これらを平滑に削る研磨は受けていない。

　**鏡面**　現状で中心から鏡縁にかけて 0.5cm 前後の反りを持つ。全体に灰白色の錆が付着し、わずかに歪む。一部に織物痕が付着する。わずかに暗緑色の鏡面が確認でき、丁寧に研磨されていたとわかる。厚さは右方の内区内側で 1.1mm 前後、銘帯で 0.9mm 前後、外区外側で 4.3mm 前後である。しかし、左方の銘帯では 0.8mm 程で、内区外側も 0.81mm と各部にばらつきが大きい。鋳型や鋳造時の結果というよりは鏡面側の研磨による影響が大きいと思われる。

　**笵傷と湯口**　剥落傷は上方外区や下方神像付近にあるが、亀裂状の笵傷に関わらないものは少ない。亀裂状の笵傷は上方から下方へ鈕の右脇を抜ける①があり、これにほぼ直交する②が途切れながら鈕の右下に交点をもち、鏡背面を横断するのが目立つ。この傷に関わり面的な鋳型の崩れが鈕下方や下方外区に起きている。これ以外にも、上方に②と平行する③などがある。湯回りの悪い部分は、神像の顔などの高い部分にある他、左下の三角縁内側斜面に広く膨らみがあり、湯口に関わる変形の可能性をもつ。

　「同笵鏡」　兵庫県西求女塚古墳2号鏡、泉屋博古館M25。剥落傷の増加傾向から製作順序は黒塚19号鏡→泉屋M25→西求女塚2号鏡とみられる。

　**20号鏡**（王氏作徐州銘四神四獣鏡）［図197・198、PL. 64・65］目録番号79　樋口鏡式38

　**現状**　直径 22.3cm、重量 1051.2g で完形である。錆は全体に付着し、上方外区に文様が確認し難い部分があるが、内区文様の崩れは少ない。鋳上がりは比較的良好だが、神像・獣像の顔や鈕の周辺に模糊とする部分がある。色調は暗青緑色である。

　**鏡背**　鈕は半球状で、直径約 3.2cm、高さ約 1.3cm である。鈕孔は幅 1.0cm、高さ 0.4cm 程のやや扁平な長方形を基調とするが、両方の鈕孔付近には鋳バリが残り、鈕孔を整える研

第6章 副葬品

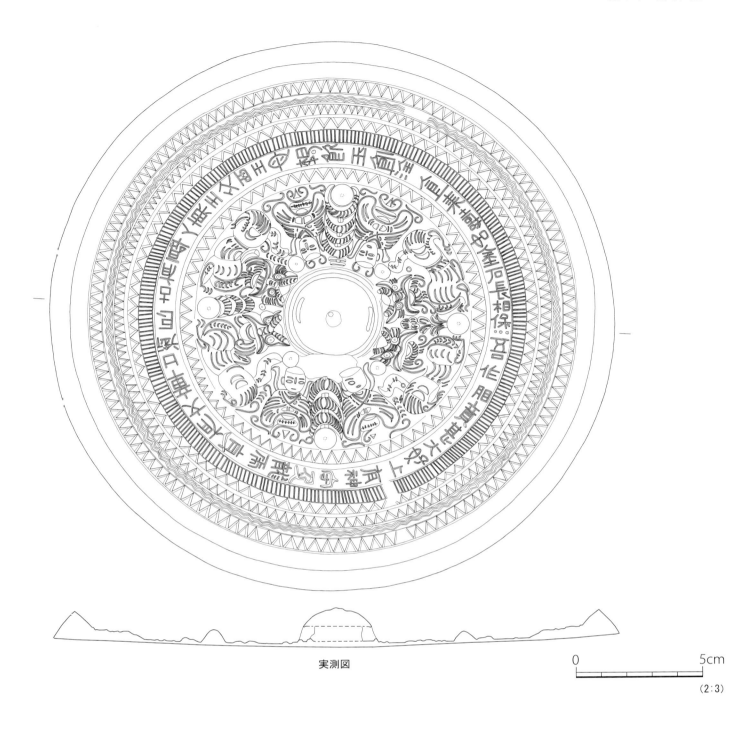

実測図

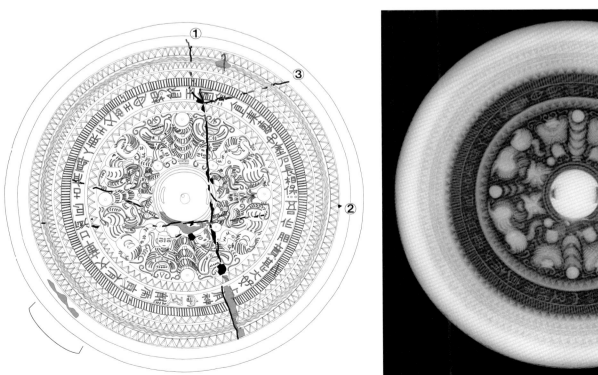

范疵及び鋳造欠陥観察記録　　　　　Ｘ線写真

図196　19号鏡（2）

第Ⅰ部　調査編

図 197　20号鏡（1）

磨は行っていない。現状の鈕孔は詰まっており、内側は観察できない。鈕孔方向は左へ約84°振れる。鈕の下に円座をもち、幅約0.3cmほどの有節弧をもつ。しかし、有節弧は文様が模糊として、節の多くは位置が判明せず、真円を描かず部分的に歪む。

内区はやや鈕寄りの4つの乳で区画される。上下左右に神像と獣像を1体ずつ組み合わせて、神像と獣像が交互に配置される四神四獣鏡である。

神像はいずれも正面を向いて座し、肩から伸びる羽状の表現をもつ。上方左と下方右の神像は、頭に内向きの渦文が向き合う西王母を意識した表現をもつ。それに対して左方下と右方上の神像は、3つの突起をもつ頭表現をもち、東王父を意識したとみられる。

獣像はいずれも身体を反時計回りに向ける。獣像表現の細部は異なり、上方獣像は斜めを向いて口を開け、左方獣像は頭も横を向き巨を銜む。下方獣像は正面を向きながら頭を傾けて巨を銜み、右方獣像は正面を向く。

上方左と下方右の神像から時計回りの位置に笠松文様が入る。頂部に円盤状のもの、その下に三日月状の3段の房をもち、下端に立体的な鉢と3枚の葉状の表現が付く。鈕を挟んで対角に位置するが、文様の軸線は歪み一直線に載らない。

乳は右方の2つが有節弧からやや離れており、均等な配置ではない。内区文様と乳の位置が重なったためとみられるが、この場合、図像の割付の初めに乳を均等に配置して神像・獣像を描いているのではないとわかる。

界圏は幅約0.5cmで、内側に鋸歯文をもつ。その外側に銘帯がくる。付着物で一部に判読し難い部分もあるが、銘文は左上から始まり、反時計回りに「王氏作竟甚大明　同出徐州　刻鏤成　師子辟邪嬈其嬰　仙人執節坐中庭　取者大吉樂未央」とある。

銘帯より斜行する櫛歯文帯を挟み外区となる。外区は外区斜面にも鋸歯文をもち、外区上面には内外の鋸歯文に挟まれた複線波文をもち、外周突線をもつ。左方の外側鋸歯文はや

第 6 章　副葬品

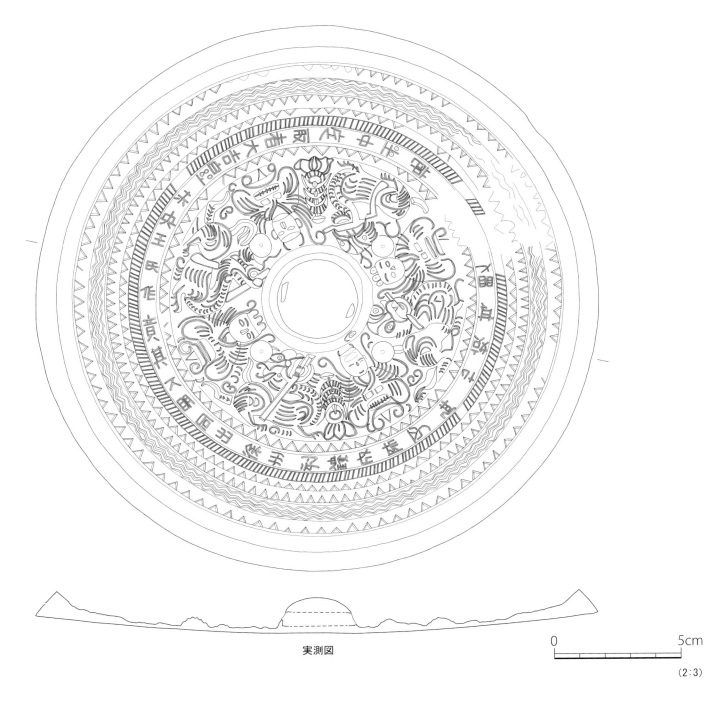

実測図

(2:3)

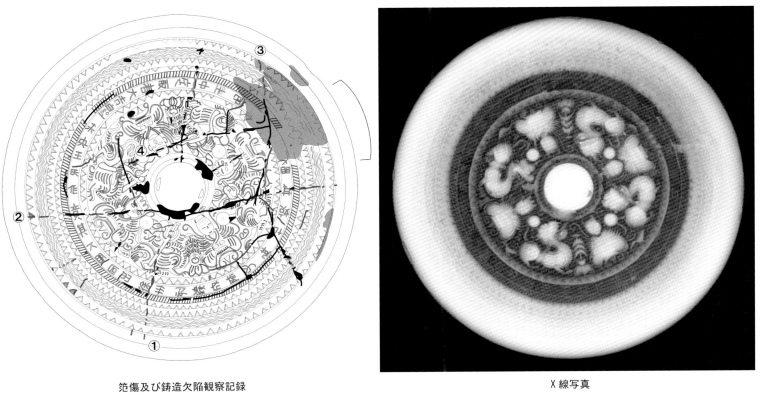

笵傷及び鋳造欠陥観察記録　　　　　　　　　　X 線写真

図 198　20 号鏡 (2)

第Ⅰ部　調査編

図199　21号鏡（1）

や大きく間隔も広く、割付は均一でない。また、外区上面は強い研磨を受けて、平滑化して文様が薄くなる部分がある。外周突線は三角縁内側斜面端と重なる部分があり、右下や右方では確認できず歪む。三角縁内側斜面も亀裂状の笵傷が確認できなくなるような強い研磨を行っている。

　鏡面　現状で中心から鏡縁まで0.8cm前後の反りをもつ。青灰色の錆が付着し、鏡縁付近にわずかに光沢のある部分が確認でき、丁寧に研磨されたことがわかる。一部に鉄錆が帯状に付着する。錆に織物の痕が残る。厚さは右方の内区内側で1.6mm、銘帯で1.5mm前後、外区複線波文間で4.0mmである。

　笵傷と湯口　剥落傷は左方内区や鈕右上、右方の外区鋸歯文などにある。亀裂状の笵傷は上方から下方に抜ける①があり、これにほぼ直交するものに鈕の下を左右に抜ける亀裂状笵傷②がある。鏡背面を横切り、交差する鈕下は、やや広く鋳型が崩れる。それ以外にも右方を上下に抜ける亀裂状笵傷③と鈕の上を左右に抜ける④などが目立つ。湯回りの悪い部分は、文様の鏡背面から高い部分が模糊とする。左方の外区鋸歯文が薄いが研磨による部分が大きい。湯口に関わる変形は明確でないが、わずかに右上方の三角縁内側斜面が歪み、湯口に関わる可能性がある。

　「同笵鏡」　滋賀県古富波山古墳鏡、奈良県黒塚古墳32号鏡、福岡県老司古墳鏡、フーリア美術館蔵鏡。製作順は剥落傷から黒塚32号鏡→黒塚20号鏡とみられる。

21号鏡（張氏作四神四獣鏡）［図199・200、PL. 66・67］
目録番号34　樋口鏡式41
　現状　直径23.7cm、重量1204.2gで完形である。錆は全体に薄く付着するが文様の崩れはなく、遺存状況は良好である。文様の鋳上がりは神像の顔表現など一部が模糊となるが、全体として良好である。色調は暗青緑色である。

第 6 章 副 葬 品

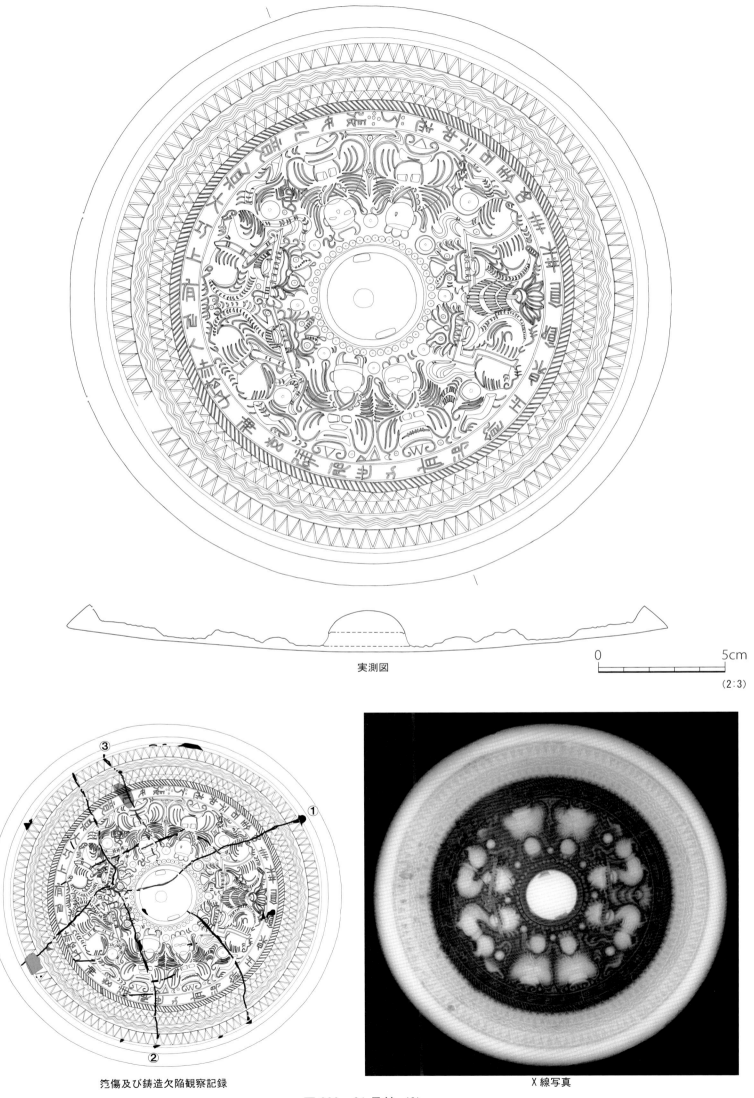

実測図　0　5cm
(2:3)

疵傷及び鋳造欠陥観察記録　　　X線写真

図200　21号鏡（2）

第 I 部　調査編

図 201　22 号鏡 (1)

　**鏡背**　鈕は半球状で、直径約 3.6cm、高さ約 1.5cm とやや高い。鈕孔はやや扁平な長方形を基調とするが、上方は幅 1.0cm、高さ 0.4cm の逆台形で、鋳バリにより形は崩れている。鈕孔を整える研磨は行っていない。鈕孔は現状で完全に塞がっており、内面は観察できない。鈕孔方向は左に約 27°振れる。鈕の下には円座があり、周囲に珠文を密に巡らせる。しかし、内区の図像を避けてその配置はやや歪む。
　内区は 4 つの乳で区画され、上下方に 2 体ずつの神像と左右に 2 体ずつの獣像をもつ四神四獣鏡である。また、鈕の円座周囲に小乳を 8 つ配している。
　上方の神像 2 体は正面を向いて座し、肩から羽状表現を伸ばす。上方左神像の頭には向き合う渦文状の表現を持ち、上方右神像の頭には 3 つの珠文状の突起表現をもち、左神像は西王母、右神像は東王父を意識したとみられる。上方神像の間には神像の形に沿った棒状の文様が入る。また、上方神像の左には鳥形が、右には菱形の文様が入る。
　下方神像の 2 体も正面を向いて座し、肩から伸びる羽状表現をもつ。上方神像と同様に下方左神像が西王母、下方右神像が東王父を意識した頭表現をもつ。下方神像の間隔は上方に比べて狭く、神像胴部はほぼ接している。また、鳥形などの文様も入らず、下方は図像全体の間隔が狭い。
　左方獣像 2 体は身体を向き合い、顔を正面に向けて巨を衛む。2 体の獣像の表現の違いは明確でない。右方獣像も同様に身体を横向きに向き合うが、2 体の獣像の間に 3 段の三日月状の房をもつ笠松文様が入る。下端に鉢と葉状の表現をもつタイプである。笠松文様が入ったため、右方獣像の胴部は左方獣像に比べてやや短い。尾の形は 2 体の間で異なるが、意識して描き分けたのかは不明である。全体に内区文様は密で、隙間を珠文や弧線で埋めている。図像の割付は不均一で、右上の小乳と右方の乳のみに圏線をもつ。上方に一番余裕があり、次が左方で、下方が狭い。界圏をもたず、細い圏線を挟んで銘帯となる。銘文は上方からはじまり、反時計回りに「張氏作竟真大巧　上有仙人赤松子　神玄辟邪世少有　渇飲玉泉飢食棗　生如金石不知老兮」とある。

第6章　副葬品

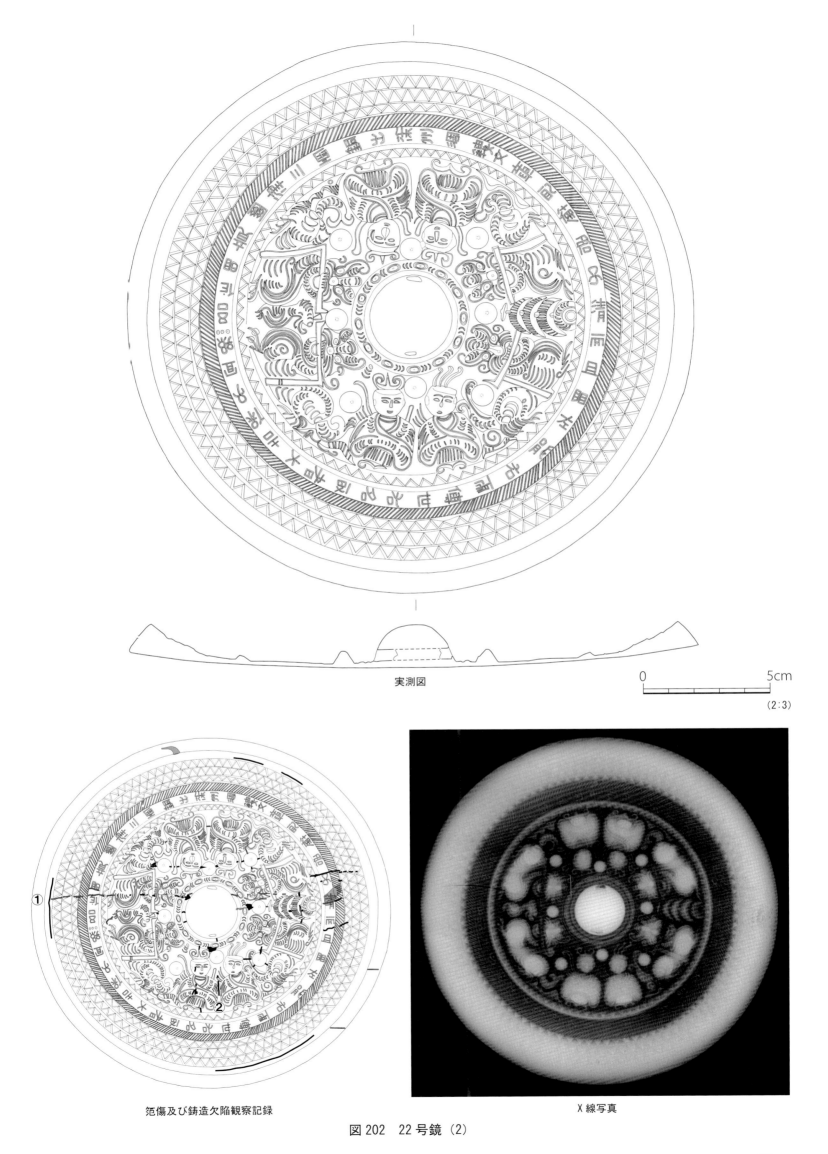

実測図

笵傷及び鋳造欠陥観察記録

X線写真

図202　22号鏡（2）

銘帯より斜行する櫛歯文帯を挟んで外区となる。外区は外区斜面にも鋸歯文をもち、外区上面は内側からやや小さい鋸歯文、複線波文、鋸歯文を組み合わせ、外周突線をもつ。外区上面には鋸歯文の縁に細い突線が残っており、完全に平滑化していない。三角縁内側斜面にも亀裂状の笵傷を突線として残し、強い研磨を受けていない。

　鏡面　現状で中心から鏡縁までで 1.0cm 前後の反りをもつ。淡い灰褐色の錆が付着し、鏡面には何枚かの織物痕が広く付着している。その隙間からは光沢のある面がのぞき、丁寧に研磨されていたことがわかる。厚さは右方の内区内側で 1.4mm 前後、銘帯で 1.2mm 前後、外区複線波文の間で 4.3mm である。全体に左方が厚く、鈕を挟んで内区内側も 2.1mm、銘帯で 2.0mm、外区複線波文間で 5.0mm 程となる。

　笵傷と湯口　剥落傷は左方外区鋸歯文や上方外周突線、右方銘帯などにある。亀裂状の傷は右上から鈕の中心のやや上方を横断する①があり、左方でやや曲がるが外区まで抜けて外区鋳型を面的に壊す原因となっている。これにほぼ直交するものに上方から下方へ鈕の左側で交差する亀裂状笵傷②がある。その他にも上方で②に並行する③などがある。湯周りの悪い場所は明確でない。

　「同笵鏡」　愛知県奥津社（伝）鏡、京都府椿井大塚山古墳 M4、香川県西山古墳鏡。剥落傷の増加傾向から製作順序は椿井 M4 → 黒塚 21 号鏡とみられる。

22 号鏡（吾作徐州銘四神四獣鏡）［図 201・202、PL. 68・69］
　目録番号 37　樋口鏡式 39
　現状　直径 22.5cm、重量 1150.9g で完形である。全体に暗青緑色の錆が薄く付着するが、遺存状況は良好で文様の鋳上がりも良好である。

　鏡背　鈕は半球状で、直径約 3.2cm、高さ約 1.5cm である。鈕孔は扁平な長方形を基調とするが、上方鈕孔は幅 0.7cm、高さ 0.5cm で、下方鈕孔は幅 0.6cm、高さ 0.4cm とやや形が異なる。鋳バリを残し、鈕孔を整える研磨は行っていない。鈕孔方向はほぼ上下方向である。鈕の下には円座をもち、幅約 0.5cm の有節弧をもつ。

　内区は中央の 4 つの乳で区画され、上下方に 2 体ずつの神像と、左右方に 2 体ずつの獣像を配した四神四獣鏡である。上下方の神像の頭部の間、左右方の獣像の頭部の間にもそれぞれ乳がある。

　上方神像は 2 体とも正面を向いて座し、やや表現は異なるが、いずれも頭には向き合う渦文状の表現に 1 本の突起をもつ。このうち上方右神像の頭表現は、下方神像の頭表現に酷似し、西王母を意識した表現と見られる。上方左神像については、後述のように「同笵鏡」の中に突起が 1 本ではなく 3 本のものがある。肩から羽状表現が伸びるが、神像間の乳とぶつかり、羽状表現は小さくなる。

　下方神像も正面を向いて座すが、下方左神像が上方神像と同じく向き合う渦文状と一本線の頭表現を持つのに対して、下方右神像の頭には三本線が斜めに伸びる表現をもち、東王父を意識した表現とみられる。2 体とも羽状表現をもつが、下方右神像の右側羽状表現は右方の獣像の尾とぶつかり省略されている。

　左方の獣像は身体を横に向かい合い、顔を正面に向けて別々の巨を銜む。獣像の間には小さい横向きの獣形の上半が描かれる。

　右方の獣像も左方とほぼ同じ姿勢で巨を銜むが、右方獣像の間には振り座をもつ 3 段の三日月状の房をもつ笠松文様が入る。振り座の下半は界圏とぶつかり途切れる。

　界圏は幅約 0.6cm で、内向きの斜面に鋸歯文をもつ。その外側に銘帯があり、左方より時計回りに「吾作明竟　幽律三剛　銅出徐州　彫鏤文章　配徳君子　清而且明　左龍右虎　傳世右名　取者大吉　保子宜孫」との銘文がある。「君子」の「子」のみ線が太い。

　銘帯より斜行する櫛歯文帯を挟んで外区となる。外区には 3 重に鋸歯文が巡る。本来、一番内側の鋸歯文は外区斜面の鋸歯文となる。外区に通有の複線波文を省略しただけでなく、外区に平坦な面をつくらず、緩い斜面に 3 重に鋸歯文を巡らしながら外区の厚みを増す。そのため三角縁の内側斜面は短い。鋸歯文の縁にわずかに突線、もしくは中央に凹みを残し、平滑化していない。三角縁内側斜面も下端に凹みや左方と下方に笵傷を残し、これらを削るような研磨を受けていない。

　鏡面　現状で中心から鏡縁までは 0.8cm 前後の反りをもつ。全体に灰白色の錆で鏡面を観察できない。織物の付着痕がわずかに確認できる。厚さは各部でのばらつきが大きいが、左方の内区内側で約 1.7mm、内区外側で約 1.4mm、銘帯で約 1.5mm、外区外側の鋸歯文先脇で約 7.6mm である。

　笵傷と湯口　剥落傷は右方銘帯、下方神像間乳付近および上方三角縁にみられるが、全体に笵傷は少ない。亀裂状笵傷は左から右方へ鏡背を横断する①がある。これ以外に、①にほぼ直交する下方神像間から鈕下までの亀裂状笵傷②や、①に平行して上方神像を左右に横断する傷などがある。銘帯の「君子」の「子」の上にも小さい傷がある。剥落傷は下方の外区斜面の鋸歯文や、上方の斜行した櫛歯文に確認できる。文様が模糊とする部分は亀裂状の笵傷と重なる右方の銘帯付近であり、上方の三角縁外側斜面にも凹みが確認できる。湯口にともなう明確な変形は確認できない。

　「同笵鏡」　岐阜県内山 1 号墳鏡、京都府椿井大塚山古墳 M5、兵庫県西求女塚古墳 9 号鏡、奈良県佐味田宝塚古墳鏡。内区文様の面的な改変が確認できる。内山 1 号墳鏡の詳細は不明であるが、佐味田宝塚鏡のみ有節弧の節や弧線の位置が異なり、上方左神像の頭表現も他鏡が 1 本に対して、3 本の突起を持つ。また、下方右神像の頭は他よりも短い三本線の表現をもつ。これ以外にも、佐味田宝塚鏡のみ下方神像左の空間に他の鏡にある弧線がない。さらに細かく見れば、神像の羽状表現や神獣の頭表現の線の位置が微細に異なり、神像頭の形も異なる。この差異は鏡背面からの図像の高さの違いによるものであり、広範囲での面的な文様の修復による改変、もしくは踏み返しを行った際のずれと文様修正の可能性がある。なお、「子」が太いのはすべての鏡に共通であり、

椿井M5、黒塚22号鏡、西求女塚9号鏡には佐味田宝塚鏡にない共通の外区の笵傷をもつ。剝落傷の増加傾向は単純に一系統に並ばない。

23号鏡（吾作三神五獣鏡）［図203・204、PL. 70・71］
目録番号23　樋口鏡式86

現状　直径21.9㎝、重量1487.5gである。大きく割れているが完形に復元できる。錆は全体に付着するが文様の崩れは少ない。鋳上がりは神像の顔表現などの鏡背面から高い所が模糊となるが比較的良好である。色調は暗青緑色である。

鏡背　鈕は半球状で、直径約3.3㎝、高さ約1.5㎝である。鈕孔は幅1.0㎝、高さ0.3㎝で扁平な長方形を基調とするが、鋳バリが残り、鈕孔を整える研磨は行っていない。鈕孔は現状で詰まっている。鋳バリのために開口位置はやや高くみえるが、鈕孔下面は円座の面に近い。鈕孔方向は右に約45°振れる。鈕の下に円座をもち、有節弧を持たない。

内区は4つの乳で区画され、上方に神像と獣像、下方に神像2体、左右方に2体ずつの獣像を配する三神五獣鏡である。

円座の周辺に小乳を7つ配するが、神獣像に押されて配置が乱れ、左方にに確認できない。

上方右の神像は正面を向いて座し、頭に3つの突起を持ち、肩から伸びる羽状表現をもつ。上方左の獣像は身体を反時計回りに向けて顔を正面に向けて巨を銜む。

それに対して下方神像2体はいずれも正面を向いて座し、頭には内向きに向き合う渦文状の表現をもち、左右神像に大きな表現の違いはない。肩から伸びる羽状表現は、小乳のために羽状表現は小さくなっている。

右方獣像は身体を向き合い、顔を正面に向けて、別々の巨を銜む。2体の獣像の頭表現はわずかに異なり、右方上の獣像は前胴のみの表現となる。

左方の獣像も身体を向かい合わせるが、左方下の獣像はやや小さく描かれ、その後胴は乳の上方にくる変則的な配置となる。左方上の獣像の頭は斜めに傾けて角を強調するが、左方下は正面を向く。文様の細部は模糊として確認できない。

界圏は幅約0.7㎝で、内側に鋸歯文をもつ。その外側に銘帯がくる。銘文は右上から時計回りに「吾作明竟甚大工　上有王喬以赤松　師子天鹿其驎龍　天下名好世無雙　照吾此竟壽如太山」となる。銘文の端に菱形状の文様が入る。

銘帯より櫛歯文帯を挟み外区となる。外区は外区斜面にも鋸歯文をもち、外区平面には内側から小さい鋸歯文、複線波文、鋸歯文を組み合わせて、外周突線をもつ。外区の研磨は鋸歯文の縁に細い突線がわずかに残り、三角縁内側斜面にも亀裂状笵傷の突線が残っており、これらを削るような研磨は受けていない。

鏡面　凸面鏡である。一部に灰白色の錆が付着するが、光沢をもつ鏡面が残り、鏡面は丁寧に研磨されるが、一部に目視できる粗い擦痕がある。厚さはばらつきがあるが内区内側で約1.7㎜、銘帯で約0.7㎜、外区外側で約3.7㎜である。

笵傷と湯口　亀裂状笵傷に伴わない鋳型表面の剝落傷は、鈕右側、外区右側と外区下方にあるがわずかである。全体に亀裂状の傷が目立つ。左方から鈕下側を掠めて右に抜ける亀裂状笵傷①があり、この他に、左方をやや斜めに外区から外区を横切る亀裂状笵傷②が目立つ。①に直交しないが、右上から鈕を挟んで伸びる亀裂状笵傷③は②に対して直交に近くなる。それ以外にも、上方から下へ伸びる④などがある。湯回りの悪い部分は左方下神獣付近が目立つが、湯口に関わる変形は明確でない。

「同笵鏡」　静岡県上平川大塚古墳鏡、滋賀県古富波山古墳鏡、京都府椿井大塚山古墳（伝）鏡、兵庫県コヤダニ古墳鏡。

24号鏡（天王日月・唐草文帯四神四獣鏡）［図205・206、PL. 72・73］目録番号44　樋口鏡式77

現状　直径23.7㎝、重量1225.3gで完形である。錆は全体に薄く付着し、右上外区の一部が崩れるが全体として遺存状況は良好で、鋳上がりも良好である。色調は暗青緑色である。

鏡背　鈕は半球状で、直径約3.4㎝、高さ約1.5㎝で、頂に挽型等の軸受け痕とみられる直径0.7㎝、高さ0.3㎝ほどの突起をもつ。鈕孔は幅約0.8㎝、高さ約0.4㎝で扁平な長方形を基調とするが、鋳バリが残り、鈕孔を整える研磨は行っていない。鋳バリのために鈕孔位置はやや高くみえるが、鈕孔下面は円座の面に近い。鈕孔方向は右に約65°振れる。鈕孔の現状は中ほどで詰まっている。鈕の下には円座があり、有節弧を持たない。鈕の周囲に小乳を4つ配しており、現状で円座右方のみに二重線の鋸歯状の文様が付く。佐味田宝塚鏡では上方にも同様の文様があるが、面的に鋳型が崩れてその部分を平坦に埋めたものとみられる。他の「同笵鏡」でも下方や左方に鋸歯状文様は確認できない。

内区は4つの乳で区画され、上下方に神像2体ずつと左右方に獣像2体ずつを配する四神四獣鏡である。

上方神像は2体ともほぼ正面を向いて座す。上方右神像は内向きに向き合う渦文と鋸歯文3つを組み合わせた頭表現を持つ。上方左神像の頭付近は平坦で文様がない。しかし佐味田宝塚古墳の「同笵鏡」から上方右神像と同じ頭表現をもつとわかる。肩には鋸歯文で表した羽状表現をもつ。その2体の右側には、2枚の円盤と3段の三日月形の房をもつ笠松文様があり、下端に振り座をもつ。振り座は界圏にぶつかり、途切れている。

下方神像2体もほぼ同様の頭表現をもち、座して正面を向く。ただし、下方左神像はわずかに右斜めを向いており、上方神像が左右とも衣の重ねが同じであるのに対して、下方神像では衣の襟は左右神像で逆の表現をもつ。

左方獣像2体は身体を向かい合わせて顔を正面に向け、別々の巨を銜む。左方の獣像に表現の違いはない。左方下獣像の尾の先は小乳と重なる。右方獣像も身体を向かい合わせて顔を正面に向けて、巨を銜む。右上の乳を除いた3つの乳の周辺には図像の隙間にあわせた形の文様が入る。

界圏は幅約1.0㎝で、内側に鋸歯文、外側に連続する半円文をもつ。その外側には、唐草文帯があり、6つの方格をもつ。方格は上端が0.9㎝前後で4字の銘文をもち、文字の天

第Ⅰ部 調査編

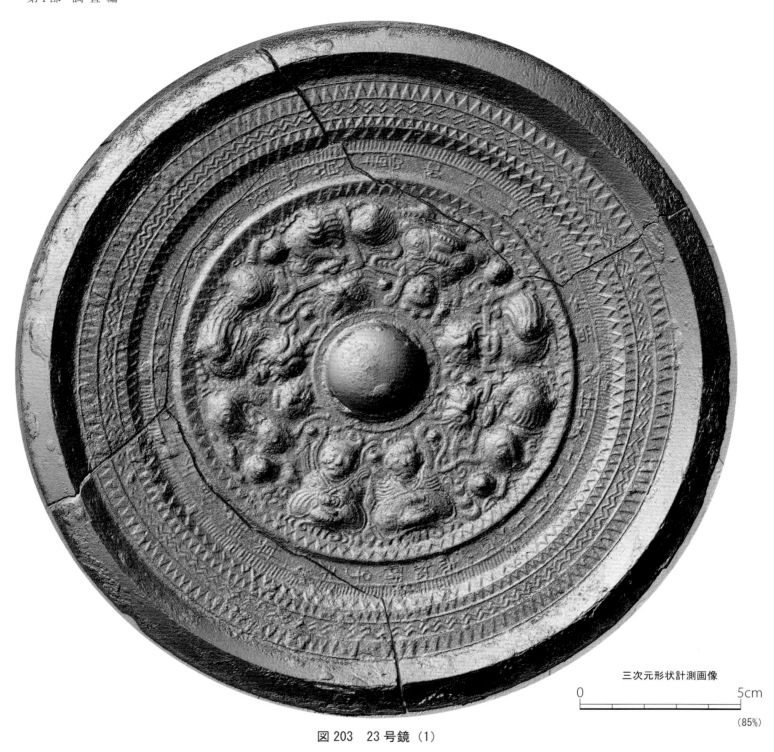

図203　23号鏡（1）

は鈕側で、いずれも「天王日月」とある。方格の間には、円圏をもつ小乳を挟んで唐草文を2つずつ配している。ただし唐草文は細部や大きさにばらつきが目立ち、下方の唐草文帯には唐草文の代わりに反時計回りに向く鳥形が描かれる。

　銘帯より外側の斜行した櫛歯文帯を挟んで、外区となる。外区は斜面に小さい鋸歯文をもち、外区上面には鋸歯文、複線波文、鋸歯文を組み合わせる。外区の研磨は鋸歯文の縁に細い突線が残り、三角縁内側斜面にも突線の亀裂状笵傷が残り、これらを平滑化するような研磨は行われていない。

　**鏡面**　現状で中心から鏡縁までで0.6cm前後の反りをもつ。一部に灰白色の錆が付着するが、大部分に光沢を持つ鏡面が残る。丁寧に研磨されているが、目視できる擦痕を残す。厚さは左方の内区内側で約1.3mm、唐草文帯で約1.1mm、外区複線波文間で2.7mmである。外区は右方でやや厚目となる。

　**笵傷と湯口**　剥落傷は鈕上から上方の方格脇や上方左の外区鋸歯文に目立ち、他にも右下方の外区、右方上獣像などにある。亀裂状の笵傷は下方外区から内区、上方内区、途切れながら外区へと伸びる亀裂状笵傷①と、これにほぼ直交して左方外区から右方外区へと抜ける亀裂状笵傷②が目立つ。それ以外にも下方外区から鈕へ伸びる傷③など、細かい傷が多数ある。湯回りの悪い部分は目立たず、上方外区の鋳上がりが薄いが、湯口に関わる変形は明確ではない。

　**「同笵鏡」**　静岡県赤門上古墳鏡、滋賀県雪野山古墳鏡、京都府椿井大塚山古墳M3、兵庫県吉島古墳1号鏡・2号鏡、奈良県佐味田宝塚古墳鏡、東京国立博物館蔵鏡がある。笵傷の増加傾向を一系列にとらえるならば、椿井M3→佐味田宝塚鏡→黒塚24号鏡→吉島2号鏡→吉島1号鏡となる可能性が高い。

**25号鏡**（吾作四神四獣鏡）［図207・208、PL.74・75］
目録番号52-53　樋口鏡式49
　**現状**　直径22.0cm、重量1244.6gで完形である。錆は全体に付着し、外区の一部文様が見難いが全体として遺存状況は良好である。暗青緑色を呈し、鋳上がりは良好である。

第6章　副葬品

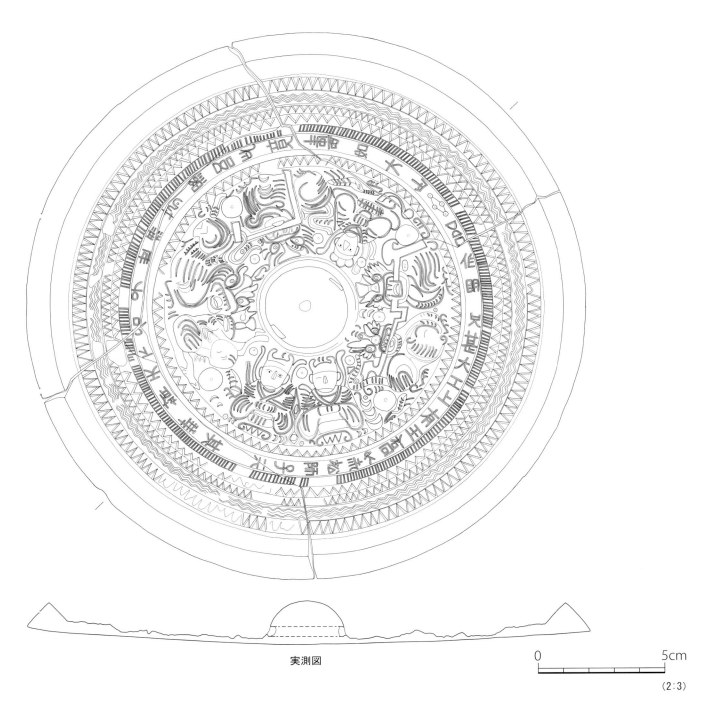

実測図

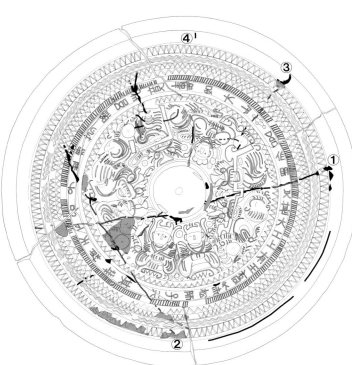

范傷及び鋳造欠陥観察記録

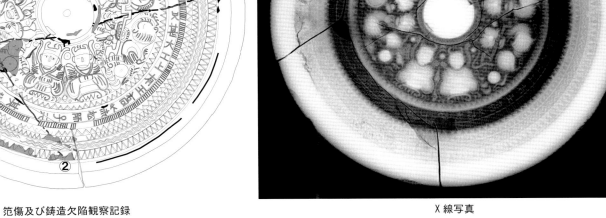

X線写真

図204　23号鏡（2）

第I部　調査編

図205　24号鏡（1）

　**鏡背**　黒塚11号鏡の「同笵鏡」であり、相違点を中心に記載する。鈕は半球状で、直径約3.2cm、高さ約1.3cmと11号鏡とほぼ同じである。鈕孔も幅0.8cm、高さ0.4cmでほぼ11号鏡と同じで、鋳バリを残して鈕孔を整える研磨は行っていない。現状で鈕孔は部分的に貫通している。鈕孔方向は左に約60°振れており、11号鏡と異なる。

　内区文様は11号鏡に対して大きな改変は見当たらない。ただし、11号鏡では下方右神像は文様が模糊としていたが、25号鏡では細部文様がでており、右下の有節弧の鋳上がりも25号鏡の方がやや良い。研磨については文様が崩れた外区上方左を比較すると、文様が崩れた部分に対して、2面とも鋸歯文と複線波文を平坦化し、文様が薄くなるような強い研磨を行っており、鋳上がりの悪い所や鋳型が崩れた所を中心に強い研磨が加えられる傾向にある。三角縁内側斜面も強く研磨されて、下方に凹みがある。しかし、「同笵鏡」の11号鏡と比べると三角縁内側斜面の亀裂状笵傷をわずかに残しており、11号鏡の方が強い研磨を受けている。

　**鏡面**　現状で中心から鏡端まで0.4cm前後の反りをもつ。一部に灰白色の錆が付着するが、光沢を残す部分が多く、丁寧に鏡面を研磨しているが、4cmほどの長めの擦痕がわずかに残る。厚さは内区内側で0.83mm、銘帯で約0.78mm、外区外側で約4.1mmである。11号鏡と比較して全体に0.2mmほど厚い。外区外側ではその差がほとんどないことから、厚さの違いは鋳型の合わせ方ではなく、鏡面側の研磨による影響が大きい。また、同じ銘帯の中でも左方で0.78mm、右方で0.53mmと錆等の影響を考慮しても0.3mm前後のばらつきがある。

　**笵傷と湯口**　剥落傷は外区上半と鈕左側に目立ち、11号鏡よりも明らかに剥落傷は増えている。亀裂状笵傷は11号鏡の①は同様にあるが、11号鏡の亀裂状笵傷②は上方神像を横切る位置に部分的に確認できるが目立たない。むしろ、

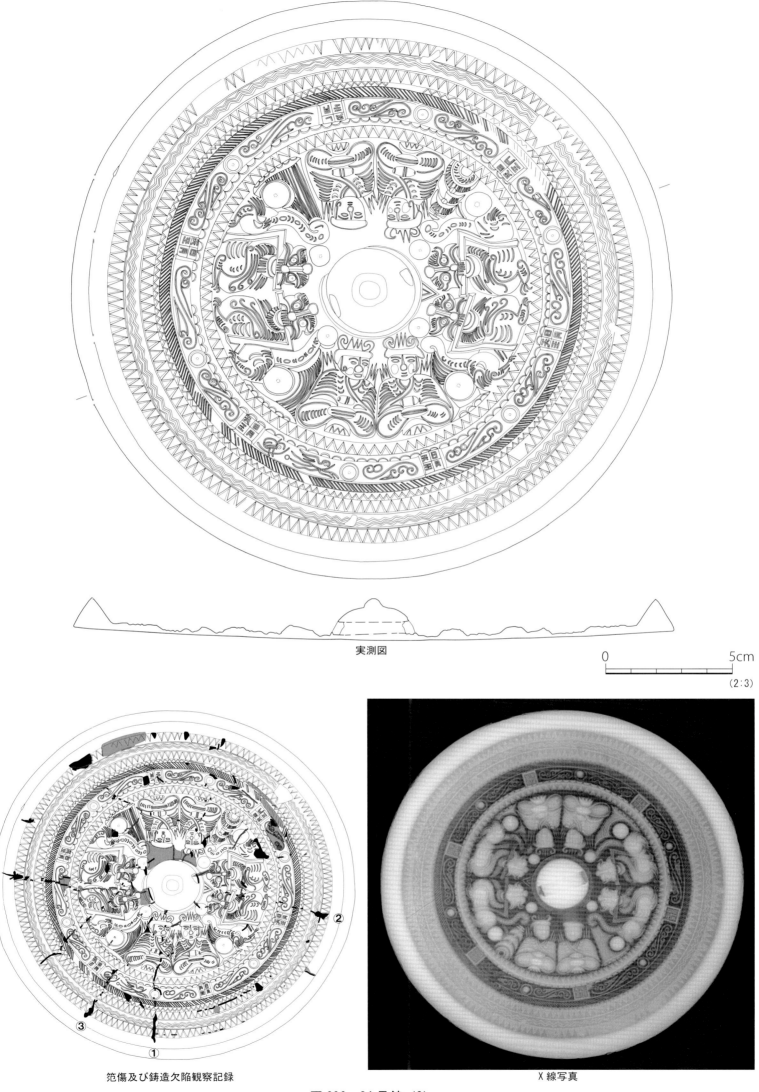

実測図

図 206　24号鏡（2）

第Ⅰ部 調査編

図207　25号鏡（1）

外区右方から鈕へ伸びる亀裂状笵傷③が明瞭となっている。他にも亀裂状の傷は25号鏡の方が多い。湯回りが悪いのは鈕の右から右下にかけてであり、11号鏡と似た位置に三角縁の歪みが認められた。また、下方の三角縁内側斜面に湯回りの悪い部分があり、三角縁先端にわずかに歪みがある

「同笵鏡」　奈良県黒塚古墳11号鏡。湯回りは黒塚11号鏡の方が悪いが、剝落傷は25号鏡が多く、黒塚11号鏡→黒塚25号鏡とみられる。

**26号鏡**（張氏作四神四獣鏡）［図209・210、PL.76・77］
　目録番号53　樋口鏡式47
　現状　直径21.8cm、重量1233.2gで完形である。錆は全体に薄く付着し、三角縁外側にわずかに錆歪みがあるが遺存状況は良好である。色調は全体に暗い青緑色を基調とし、部分的に白銀色を残す。
　鏡背　黒塚13号鏡と「同笵鏡」であり、その相違点を中心に記載する。鈕はほぼ同じ形で、鈕孔も扁平な長方形を

基調とした幅約1.1cm、高さ0.3cmとやや高さが低くなるが、大きく鋳バリを残したためとみられ、鈕孔を整える研磨は同じく行っていない。現状で鈕孔は貫通していない。鈕孔方向は、左に約87°で、13号鏡とは30°近く異なる。
　文様の改変が確認でき、その部分のみ記載する。上方の神像の間は亀裂状笵傷により文様が崩れたが、その凹んで荒れた鋳型に直接上下方向の線を刻み込んでいる。下方神像では神像間の侍仙の上半身部分の鋳型が崩れたが、ここにも2本の線を刻み、一応、文様を復元しようと試みている。
　研磨は鈕表面に笵傷を残しており甘い。しかし、外区鋸歯文の縁に細い突線や鋸歯文中央に小さい凹みが残っており、三角縁内側斜面の亀裂状笵傷も研磨を受けているものの、突線の亀裂状笵傷を確認できる程度の緩い研磨である。「同笵鏡」の13号鏡の研磨と比べると、外区研磨はやや強く、鈕上の研磨は明らかに弱く、様相が異なる。
　鏡面　現状で中心から鏡縁まで0.5cm前後の反りをもつ。鏡面には広範囲に灰白色の錆が付着し、わずかに織物の付着

第 6 章　副葬品

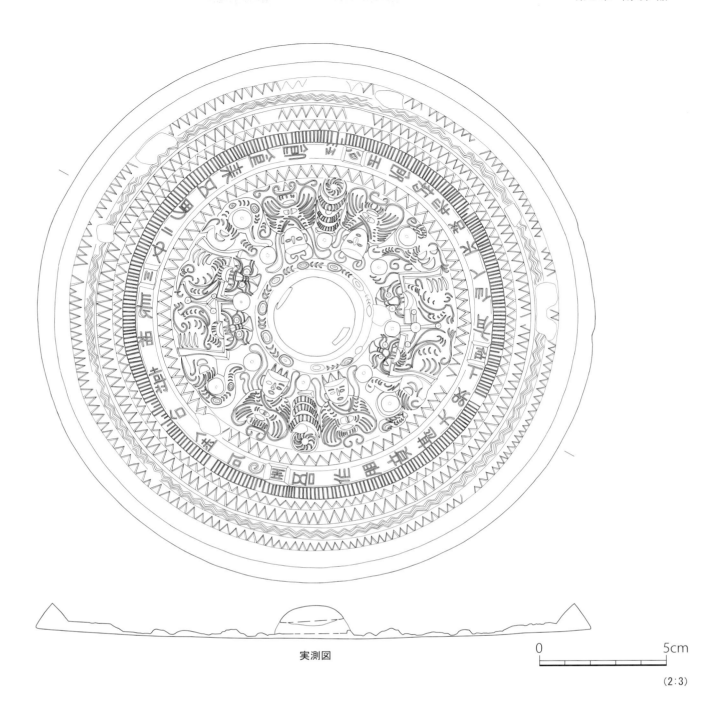

実測図

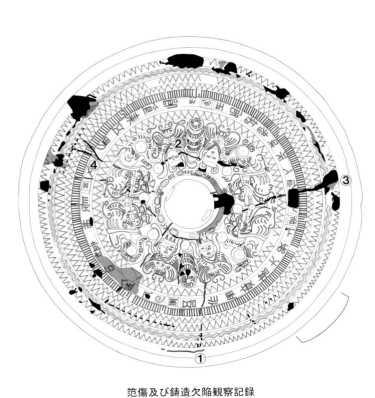

笵傷及び鋳造欠陥観察記録

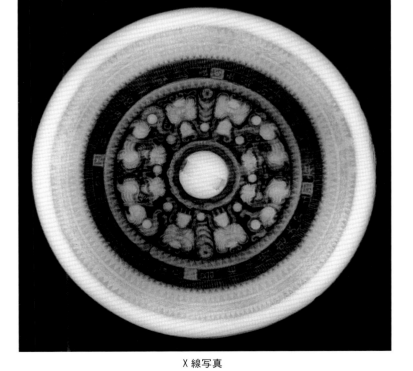

X線写真

図 208　25 号鏡（2）

第Ⅰ部　調査編

図209　26号鏡（1）

痕が確認できる。部分的に光沢を残しており、鏡面は丁寧に研磨されているが、わずかに粗い擦痕を残す。厚さは各部でばらつきが大きいが、内区中央付近で2.2mm前後、銘帯で2.0mm前後、外区外側で4.7mmである。「同笵鏡」である13号鏡と比べてやや厚みがある。内区は0.2mm以上の差はないが、右方外区では1mm以上の差となる。鏡面の研磨による影響が大きいとみられる。

　笵傷と湯口　剝落傷は左方外区と上方外区右下の界圏、下方神像間などに目立ち、26号鏡の方が剝落傷は多い。また、亀裂状の傷も13号に比べて明らかに増える。鈕下を左右に抜ける亀裂状笵傷①がより明確になり、左方外区へと抜ける。ただし、13号鏡でほとんど見えなかった左方の亀裂状の笵傷⑤が加わる。また、13号鏡での亀裂状笵傷②が上方へ伸びる亀裂状傷として目立っていたが、26号鏡ではより直線的に鏡背を上下に横断する③が明確に見え、これが①とほぼ直交する傷となる。これ以外にも下方外区から鈕へ伸びる④も確認できる。湯回りの悪い場所は下方外区と右方であり、

13号鏡とほぼ一致し、三角縁内側斜面でわずかに凹みが確認でき、湯口に関わる変形の可能性がある。

　「同笵鏡」　京都府椿井大塚山古墳M6、奈良県黒塚古墳13号鏡。製作順序は椿井M6→黒塚13号鏡→黒塚26号鏡となるとみられる。有節弧の左右の笵傷は3面すべてに確認できるが、椿井M6の文様が一番明瞭で、有節弧の節も明瞭に確認できる。この「同笵鏡」の特徴は文様の加筆である。椿井M6にない乳の圏線を、黒塚13号鏡では文様の隙間のみに加えており、そのまま黒塚26号鏡に引き継がれている。また、椿井M6では、下方神像間の侍仙の頭に短い2本の角状表現があったが、黒塚13号鏡では弧状に線が延ばされる。さらに、その部分は黒塚26号鏡では亀裂状笵傷③にかかって侍仙の上半身部分の鋳型が崩れて凹むが、そのまま真土を貼り直すことなく、荒れた鋳型表面に上下方向の二本線を直接刻み込む。一応、文様の復元を意識したとみられる。さらに、上方神像間には椿井M6では直線と菱形を組み合わせた文様があったが、黒塚13号鏡ではその文様は崩れ

第 6 章 副葬品

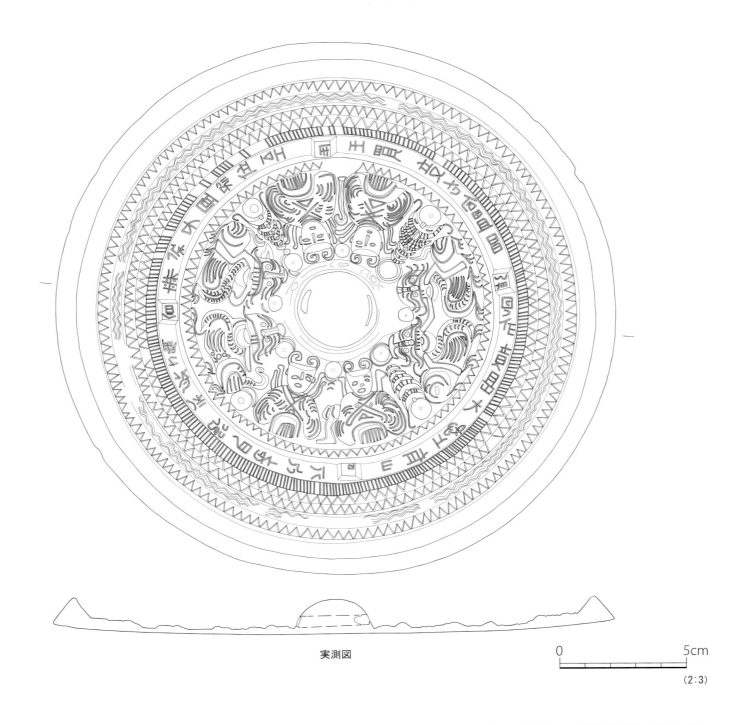

実測図　　　　　　0　　　5cm
　　　　　　　　　　(2:3)

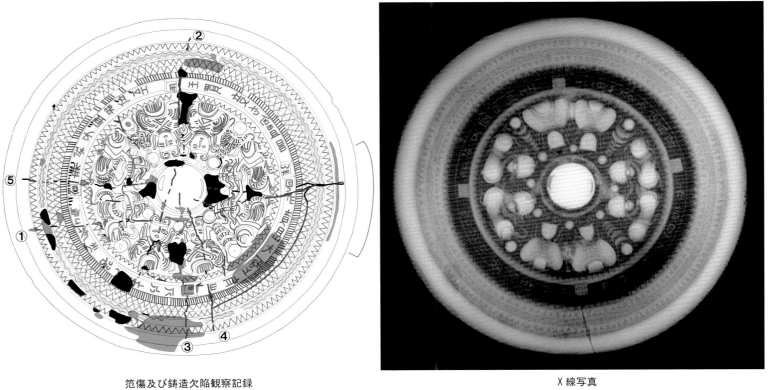

范傷及び鋳造欠陥観察記録　　　　　　X 線写真

図 210　26 号鏡（2）

第 I 部　調査編

図 211　27 号鏡 (1)

て鋳型に凹みができてしまった。続く黒塚 26 号鏡では、その鋳型の凹みを埋めることなく、そのまま縦方向の線を崩れた表面に刻む。これは、椿井 M6 の文様を粗い手法で復元を試みたものである。三角縁神獣鏡では、「同笵鏡」間で文様を追加することは稀にあるが、文様の復元を意図して手を加えることは珍しい。鋳型に真土を貼り直さずに、鋳型の崩れて荒れた表面に直接文様を彫り込む手法は、三角縁神獣鏡の作鏡姿勢を強く示す。

**27 号鏡**（天王・日月・獣文帯四神四獣鏡）［図 211・212、PL. 78・79］目録番号 74　樋口鏡式 59

　現状　直径 23.4cm、重量 1436.2g である。大きく割れるがほぼ完形に復元できる。錆は全体に付着し、三角縁の一部が歪むが遺存状況は良好である。色調は黒緑色を基調として右上方の青色が強く、三角縁の左下には白銀色を残す。

　鏡背　黒塚 2 号鏡と黒塚 33 号鏡と「同笵鏡」であり、その比較を中心に記載する。鈕は直径約 3.2cm で、高さ約 1.4cm と他の「同笵鏡」とほぼ同じである。鈕孔は上方が幅 0.8cm、高さ 0.5cm に対して、下方が幅 0.6cm、高さ 0.4cm の逆台形であることから鋳バリを残し、鈕孔を整える研磨が省略される点は共通である。鈕孔の大きさは幅が 0.8cm と 3 面ともほぼ同じであるが、高さは鋳バリのために比較が難しいが、よく似た形状の中子を使用したとみられる。鈕孔は鏡背面より高い位置に開口するが、鈕孔下面は鏡背面に近いのも共通である。鈕孔は現状で貫通している。鈕孔方向は、左に約 40°振れており、黒塚 2 号鏡・33 号鏡とほぼ一致する。

　文様の改変は右上の笠松文様などに目立つ。一番上の房は 2 号鏡と 33 号鏡と比べて小さく、房表現の線の長さが異なる。後述するように鋳型表面の剥落傷からみた製作順序は、27 号鏡→33 号鏡→2 号鏡とみられ、単に鋳上がりの違い

第6章 副葬品

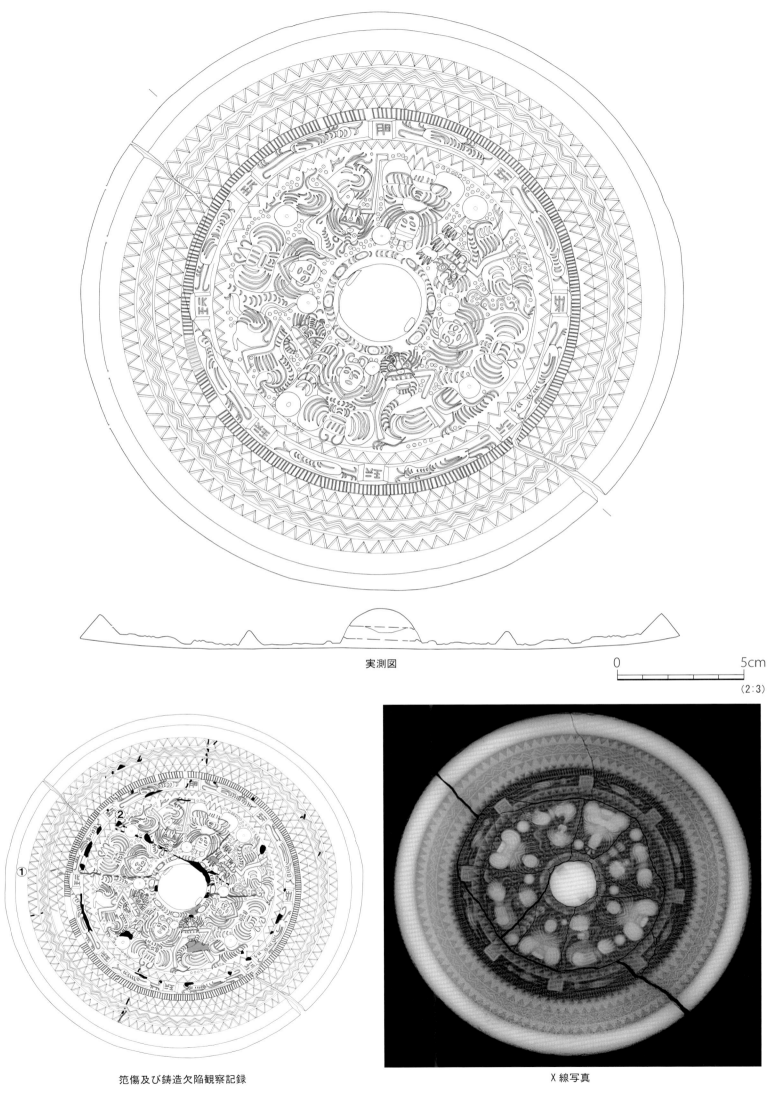

実測図　　　　　　　　　0　　　5cm
　　　　　　　　　　　　　(2:3)

范傷及び鋳造欠陥観察記録　　　　　X線写真

図212　27号鏡（2）

三次元形状計測画像

図213　28号鏡（1）

ではなく、33号鏡の段階で追刻されたとみられる。

　研磨について3面を比較すると、2号鏡は明らかに研磨が弱く、鈕上の傷が残るのに対して、27号鏡と33号鏡はきれいに研磨している。外区上面の研磨でも2号鏡は鋸歯文の縁の細い突線と鋸歯文下端にわずかに突線を残し、三角縁内側斜面に亀裂状笵傷や皺状の痕跡を残すことから、全体に研磨は弱い。それに対して、27号鏡では右側複波文の上面が平滑化しており、33号鏡でも同様の個所があることから、2号鏡のみ研磨が弱い。

　鏡面　割れて詳細は不明であるが凸面をなす。全体に薄く灰白色の錆が付着するが、光沢を残す部分もある。研磨方向が判明する粗い擦痕はあるが丁寧に磨かれている。厚さは場所により異なるが、右方神像の上下付近で1.5mm、獣文帯で1.4mm、外区で3.3mm前後である。3面の「同笵鏡」のほぼ同じ場所で2・27・33号鏡の順で計ると、鈕の下で2.2mm、2.2mm、2.4mm、下方神像下で1.3mm、1.8mm、1.4mm、右下外区外側で2.8mm、3.4mm、3.2mmと数値は異なる。錆の影響とともに、鏡面の研磨による影響が大きいとみられる。

　笵傷と湯口　鋳型の剥落傷は上方外区、獣文帯の下方と左方に多くみられる。内区では下方の笠松文様に剥落傷が目立つ。亀裂状笵傷は、左方から鈕を挟んで内区まで抜ける傷①が目立つ。また、鈕の上を左上方から右方へと抜ける②がやや目立つが、全体に笵傷は少ない。大きな傷はほぼ合致する。2号鏡にあった三角縁内側斜面の皺状の小さな傷は、27号鏡と33号鏡では強い研磨のためか確認できない。湯回りの悪い部分は、2号鏡では下方三角縁の内側斜面に凹みがあって明確であったが、27号鏡は全体に文様の鋳上がりが良く、有節弧の下方に文様のやや模糊とする部分がある。

　「同笵鏡」　奈良県黒塚古墳2・33号鏡、新山古墳鏡、岡山県備前車塚古墳鏡、福岡県石塚山古墳5号鏡。笵傷から製作順序は、黒塚古墳出土鏡では、鈕周りの剥落傷や下方獣像の崩れなどから黒塚27号鏡→黒塚33号鏡→黒塚2号鏡となるとみられる。

第 6 章　副 葬 品

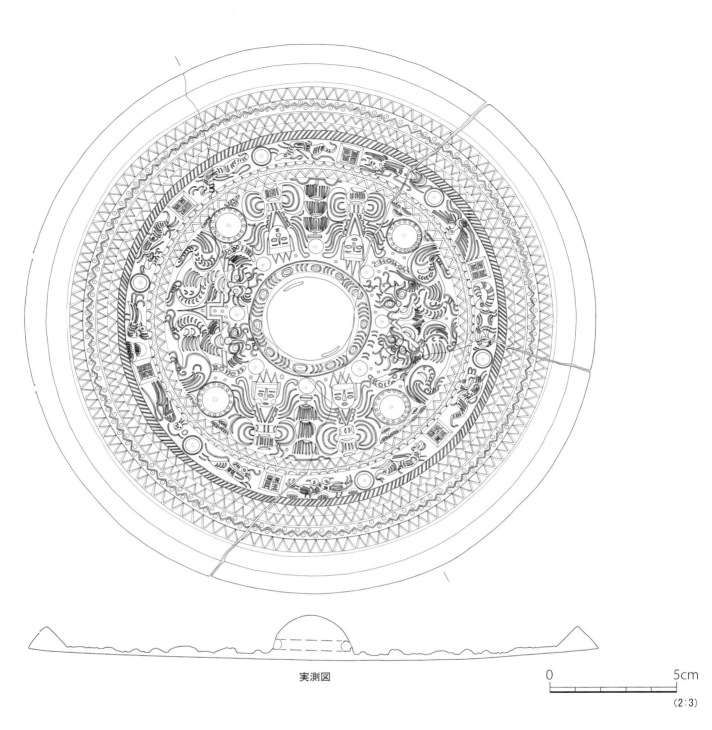

実測図　　　　　　0　　　　　5cm
（2：3）

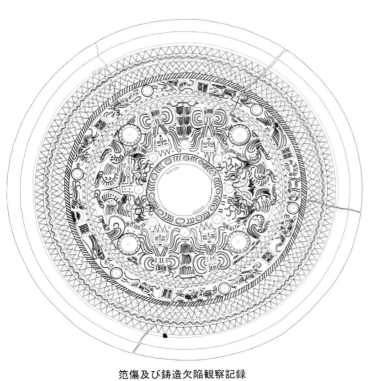

笵傷及び鋳造欠陥観察記録

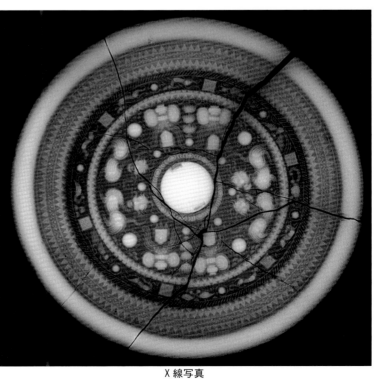

X線写真

図214　28号鏡（2）

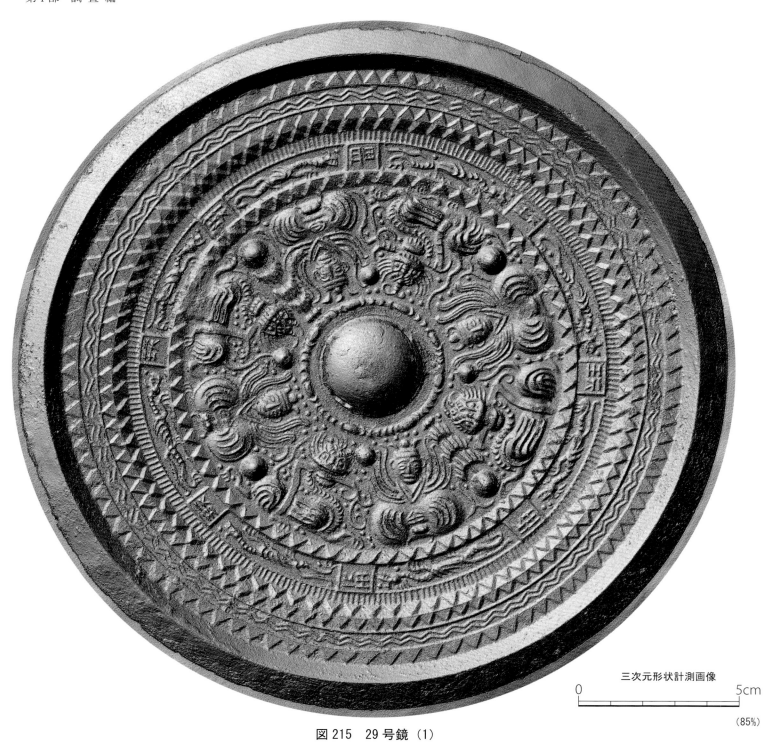

図215　29号鏡（1）

28号鏡（天王日月・獣文帯四神四獣鏡）［図213・214、PL.
80・81］目録番号43　樋口鏡式68

**現状**　直径22.5cm、重量1500.6gである。大きく割れるがほぼ完形に復元できる。錆は全体に付着するが遺存状況は良好である。文様の鋳上がりも良い。色調は黒緑色を基調として左方上の青色が強い。三角縁の左下には鉄製品の錆も付着する。

**鏡背**　鈕は半球状で、直径約3.4cm、高さ約1.6cmである。鈕孔は幅0.8cm、高さ0.4cmの扁平な長方形を基調とするが鋳バリが残り、鈕孔を整える研磨は行っていない。鋳バリのために鈕孔位置はやや高くみえるが、鈕孔下面は鏡背面に近い。鈕孔は現状で詰まっている。鈕孔方向は左に約30°振れる。幅約0.5cmの有節弧をもち、外側に細い圏線をもつ。

内区は4つの乳で区画され、上下方に神像2体と左右方に獣像2体を配する四神四獣鏡である。

乳は円座をもち、その上に小さい珠文を巡らす。加えて有節弧の周囲に小乳を8つ配している。

上方神像・下方神像ともに2体ともほぼ正面を向いて座し、左右神像の表現の違いはない。三山冠とみられる鋸歯文状の3つの突起をもつ頭表現をもち、いずれも東王父を表現したものとみられる。肩からは羽状表現が伸びる。神像の間には1つの円盤状のものと3段の房状の表現を持つ笠松文様が配置され、その頂部に小乳が位置する。

右方獣像は身体を横向きに向き合わせ、顔は斜めに傾げながら正面を向く。頭には2本の角をもつ。左方獣像もほぼ同様の配置で、顔を正面に向けて1つのクランク状の巨を銜む。こちらも頭に角の表現を持つ。

界圏は幅約0.7cmで、内側に鋸歯文、外側に半円文を連続する。その外側は獣文帯で、獣文とともに6つの方格をもつ。方格には4字の銘をもち、いずれも「天王日月」の銘文をもつ。方格との間に円圏をもつ乳を配して二分し、その間に朱雀や玄武と青龍と白虎に相当するとみられる獣形のほか、羽をもつ仙人、向き合う2羽の鳥形等が配される。

獣帯より斜行する櫛歯文帯を挟んで外区となる。外区は外

第6章 副葬品

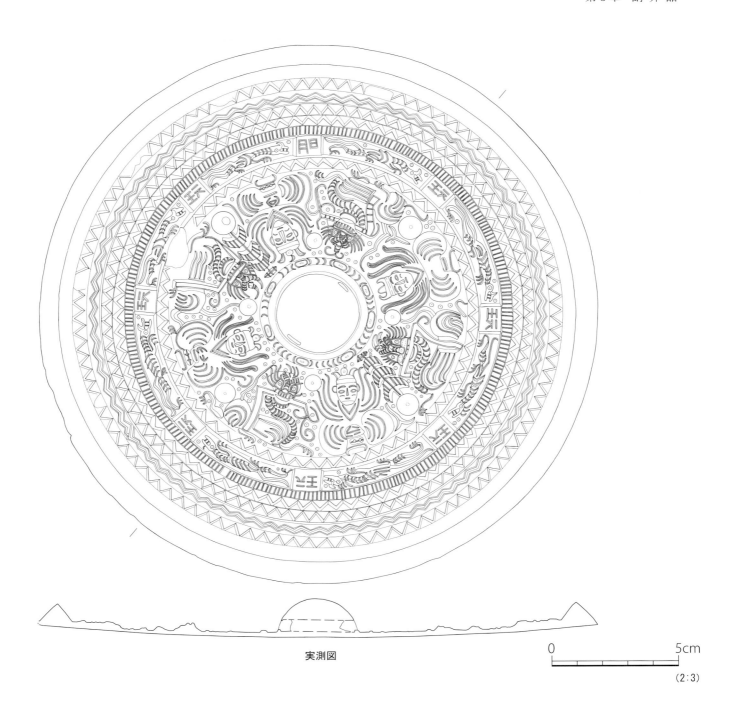

実測図　　　　　　　　　　　　0　　　　　5cm
(2:3)

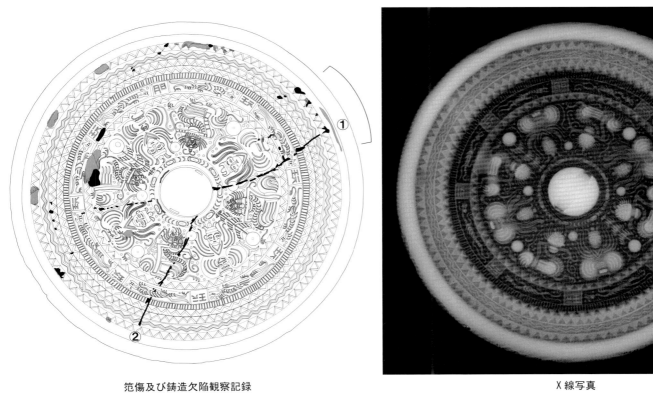

笵傷及び鋳造欠陥観察記録　　　　　　　　　　X線写真

図216　29号鏡（2）

187

第Ⅰ部　調査編

図217　30号鏡 (1)

区斜面にも鋸歯文をもち、外区上面に鋸歯文、珠文をもつ単線の波文、鋸歯文を組み合わせて、外周突線をもつ。外区の研磨は鋸歯文の縁に細い突線を残し、単線波文や珠文の上端は研磨で平坦化していない。三角縁内側斜面も端部に小さな突線を残し、これらを削るような研磨をしていない。

　鏡面　現状で凸面をもつ。ほぼ全面に灰白色の錆が付着し、織物の付着痕がわずかに残る。錆でほとんど鏡面の観察はできないが、光沢をのぞかせる部分があり、丁寧に研磨されていたことがわかる。厚さは内区内側で2.7㎜、銘帯で2.2㎜、外区外側で3.2㎜である

　笵傷と湯口　鋳型の剥落傷は目立つものはなく、上方左の外区にわずかに確認できるのみである。三角縁神獣鏡としては笵傷が極めて少ない。鋳上がりの模糊とする部分もほとんどなく、方格の田の字上の線と「天王日月」および外区単線波文と珠文もシャープに鋳上がる。Ｘ線写真で見る限り、やや上方にスが多いが、大きな変形は確認できない。

　「同笵鏡」　京都府椿井大塚山古墳M12、大阪府石切神社（伝）鏡。椿井M12の外区に剥落傷があり、製作順序は黒塚28号鏡→椿井M12とみられる。

　29号鏡（天王・日月・獣文帯四神四獣鏡）[図215・216、PL.82・83] 目録番号70　樋口鏡式60

　現状　直径22.0㎝、重量1351.5ｇで完形である。錆は全体に薄く付着するが遺存状況は良好である。文様の鋳上がりも良好で、暗青緑色を呈する。

　鏡背　鈕は半球状で、直径約3.3㎝、高さ約1.4㎝である。鈕孔は幅0.8㎝、高さ0.4㎝で扁平な長方形を基調とするが、鋳バリが残り形が崩れている。鈕孔を整える研磨は行っていない。鋳バリのために鈕孔位置はやや高くみえるが、鈕孔下面は鏡背面に近い。鈕孔は詰まっており、鈕孔方向は右に約40°振れる。鈕下には幅約0.3㎝の細めの有節弧をもつ。

　内区は4つの乳で区画され、神像と獣像の組み合わせを上下左右で繰り返す四神四獣鏡である。

　配置は上方神像に対して笠松文様の付属する乳を挟んで、

第 6 章　副葬品

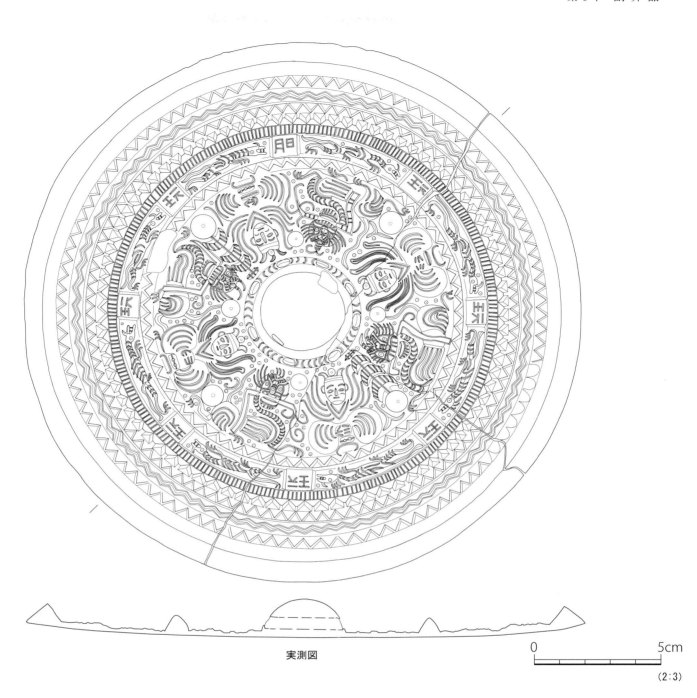

実測図

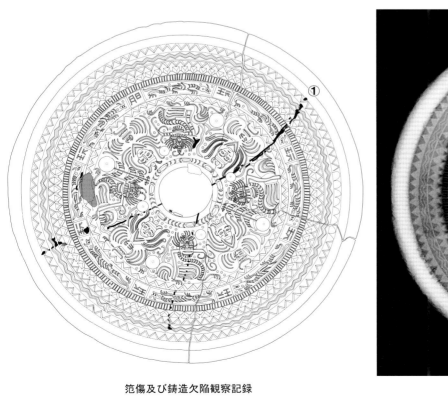

笵傷及び鋳造欠陥観察記録

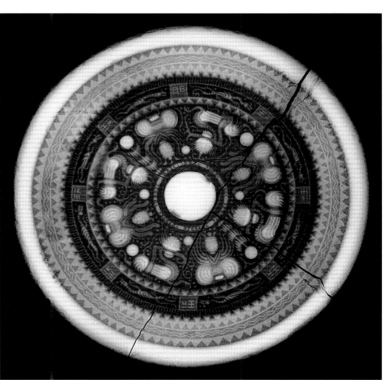

X線写真

図 218　30 号鏡（2）

第Ⅰ部　調査編

図 219　31 号鏡（1）

　左方上の獣像と上方右の獣像が向き合う。下方右神像に対しても笠松文様の付属する乳を挟んで、下方左獣像と右方下獣像が向き合い、左方下神像と右方上神像は単独で配するとも理解できる。加えて有節弧周辺に小乳を 4 つ配している。
　神像はいずれも正面を向いて座し、羽状表現を持つが、左右の神像は羽状表現が三本線で表現されるのに対して、上下神像は単線で表現される。頭表現は右方神像のみ内向きの弧線と中央に突起をもち、他は外反する短い弧線と中央に突起をもつ。獣像は身体を横向きにして顔を正面にむけて巨を衛む。
　笠松文様は鈕を挟んで対角に配置され、円盤状のものと 3 段の三日月状の房表現を組み合わせる。図像の隙間には珠文や渦文を大量に配して空白を埋めている。
　界圏は幅約 0.5cm で内側に鋸歯文をもつ。その外側に獣文帯をもつ。8 つの方格があり 2 字の銘をもつ。上方のみ「日月」で、それ以外は「天王」の繰り返しである。文字の天は鏡縁側で、反時計回りに「天王日月」と読める。方格内の 2

文字は鏡縁側に偏り、鈕側に隙間が広い。方格の間には時計回りに獣文が繰り返される。幅の狭い櫛歯文帯を挟んで外区となる。
　外区は外区斜面に鋸歯文をもち、外区平坦面の内側に小さい鋸歯文、複線波文、鋸歯文を配する。外区の研磨は内側の鋸歯文の縁には細い突線が残るが、外側鋸歯文は強い研磨で平滑化している。三角縁内側斜面も研磨され、亀裂状笵傷は目立たない。
　鏡面　現状で中心から鏡縁まで 0.5cm 前後の反りをもつ。灰白色の錆が付着するが、上方に光沢を持つ鏡面が残る。丁寧な研磨であるが、目視できる長めの擦痕を含む。厚さは錆の影響を受けるが、左方の内区内側で約 1.7mm、獣文帯で約 1.4mm、外区複線波文間で約 2.5mm である。右方の外区複線波文間で約 3.4mm であり、研磨によるばらつきが大きい。
　笵傷と湯口　剝落傷は外区鋸歯文の上方、左上、内区左方の獣像と神像に目立つ。亀裂状笵傷は、右方から鈕を挟んで左方にぬける亀裂状笵傷①があり、それ以外に鈕右を掠める

190

第 6 章　副葬品

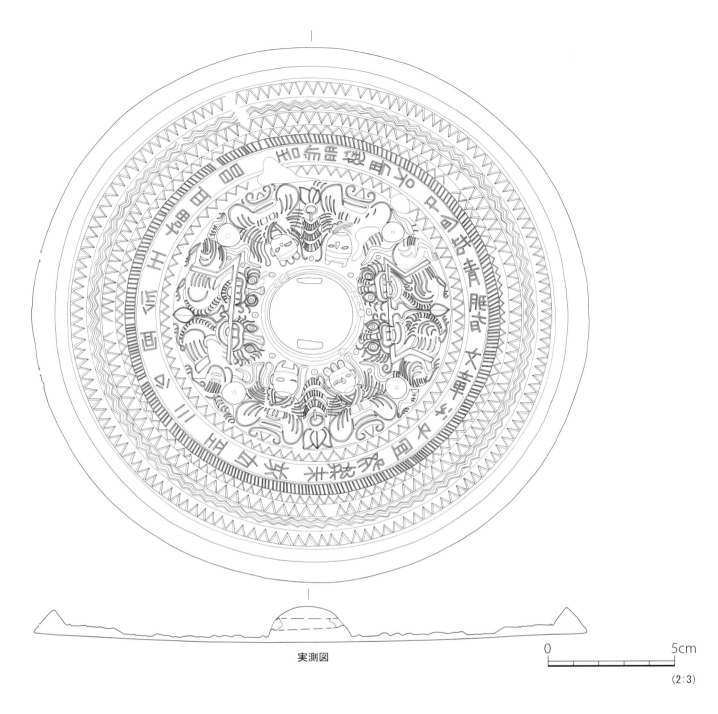

実測図

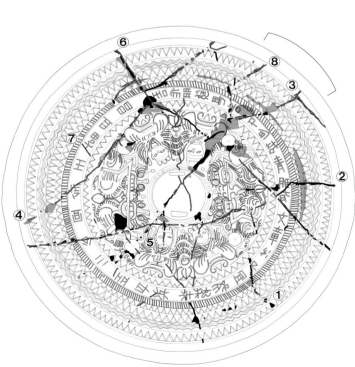

范傷及び鋳造欠陥観察記録

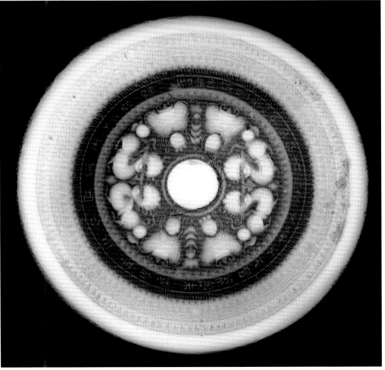

X 線写真

図 220　31 号鏡（2）

図 221　32 号鏡（1）

位置に亀裂状笵傷②がある。湯回りの悪い部分は、右方の三角縁内側斜面にあり、わずかに凹む。湯口に関わる変形の可能性がある。

「同笵鏡」　奈良県黒塚古墳 30 号鏡、福岡県石塚山古墳 3 号鏡、御陵韓人池古墳鏡。笵傷の増加傾向は黒塚 30 号鏡→黒塚 29 号鏡→石塚山 3 号鏡とみられる。

30 号鏡（天王・日月・獣文帯四神四獣鏡）［図 217・218、PL. 84・85］目録番号 70　樋口鏡式 60

　現状　直径 22.0cm、重量 1355.2g で大きく割れるがほぼ完形に復元できる。錆は全体に薄く付着するが遺存状況は良好で、暗青緑色を呈する。文様の鋳上がりも良好である。

　鏡背　29 号鏡と「同笵鏡」であり、その相違点を中心に記載する。鈕は半球状で、直径約 3.4cm、高さ約 1.4cm であり、ほぼ同じ大きさである。鈕孔は幅 0.9cm、高さ 0.3cm と扁平な長方形を基調とし、鋳バリにより形が崩れている。鈕孔は現状で貫通しておらず、本来の孔の大きさの比較はできない。鈕孔を整える研磨は行わないのは同様である。鈕孔方向は右に約 40°振れており、ほぼ同じである。有節弧の幅は約 0.4 cm と 29 号鏡よりやや太めで文様が明確であるが、内区文様の改変は確認できなかった。研磨の比較では、鈕表面が丁寧に研磨されて 29 号鏡が皺を残すのと異なる。また、外区鋸歯文と複線波文の上面は研磨で平滑化しており、30 号鏡の方が強い研磨を受けている。研磨の様相は「同笵鏡」間でも明らかに異なる。

　鏡面　反りの大きさは割れており 29 号鏡との厳密な比較は難しいが凸面鏡である。灰白色の錆が付着するが、中央に光沢をもつ鏡面が残り、丁寧に研磨されている。およその厚さは内区内側で 1.7mm、銘帯で 1.1mm、外区外側で 2.7mm である。

　笵傷と湯口　剝落傷は左方内区の獣像と鈕上のわずかに確認できるのみで、29 号鏡にみられた鋸歯文の剝落は確認できない。亀裂状笵傷は鏡背右方から左方に横断する①があり、これは 29 号鏡とほぼ同様である。29 号鏡の亀裂状笵傷②は途切れながらも確認できる。29 号鏡にあった右方の三角

第 6 章 副葬品

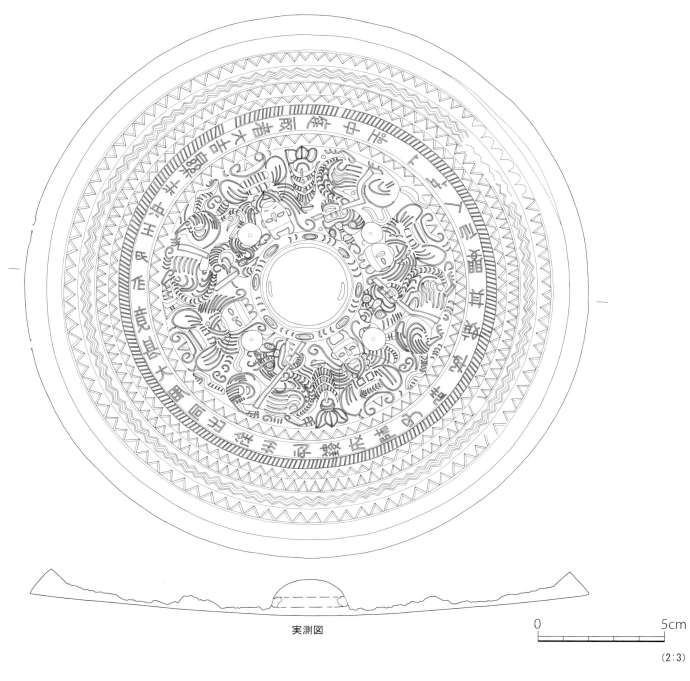

実測図

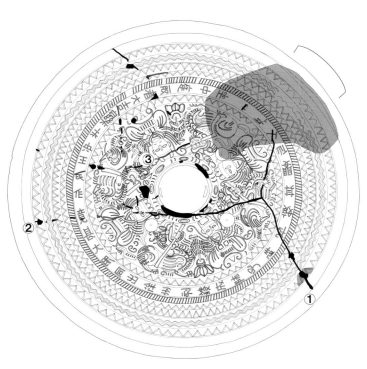

范傷及び鋳造欠陥観察記録

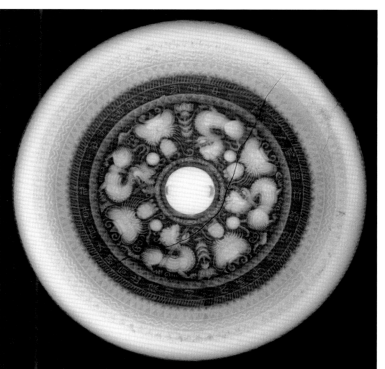

X線写真

図 222　32 号鏡（2）

第Ⅰ部　調査編

図223　33号鏡（1）

縁内側斜面の凹みは確認できない。
　「同笵鏡」　奈良県黒塚古墳29号鏡、福岡県石塚山古墳3号鏡、御陵韓人池古墳鏡。外区の剝落傷の増加傾向は、黒塚30号鏡→黒塚29号鏡→石塚山3号鏡とみられる。

31号鏡（吾作四神四獣鏡）[図219・220、PL. 86・87]
　目録番号36-37　樋口鏡式46
　現状　直径22.0cm、重量1211.7gで完形である。錆は全体に薄く付着し、外区の一部が歪むが全体として遺存状況は良好で、暗青緑色を呈する。文様の鋳上がりは良好である。
　鏡背　黒塚12号鏡と「同笵鏡」であり、その相違点を中心に記載する。鈕の形は12号鏡とほぼ同じであるが、12号鏡の鈕が全体に研磨されるのに対して31号鏡の鈕には亀裂状笵傷が突線、凹線で残り、研磨の仕方は明確に異なる。開口位置は31号鏡が鏡背から約4mm近く離れるのに対し

て12号鏡では鏡背面近くに開口する。孔の形状も幅0.8cm、高さ0.5cmと12号鏡よりも高さがあり見かけの形状は異なる。鈕孔方向は左に約3°振れるのに対して、12号鏡は左に約18°振れており異なる。鈕孔は現状で詰まっている。内区文様の主な改変は、下方右神像の衣表現にある。31号鏡は三本線に対して、12号鏡は四本線で表現されており、差異が確認できた。他にも右方獣像の足付近に横方向の線の引き直しがある。12号鏡には文様が模糊とする部分があり、細部全ての確認は難しいが、小乳も12号鏡よりも小さい。共通な笵傷は確認できており、他にも明確な文様改変が確認できる。
　外区上面の研磨も31号鏡は鋸歯文の中央に凹みを残し、外周突線の上面を平滑化するような研磨を受けていない。また、三角縁内側斜面にも亀裂状の笵傷を残す。それに対して12号鏡は外区上面を外周突線を含めて平滑化し、文様を薄

第 6 章　副葬品

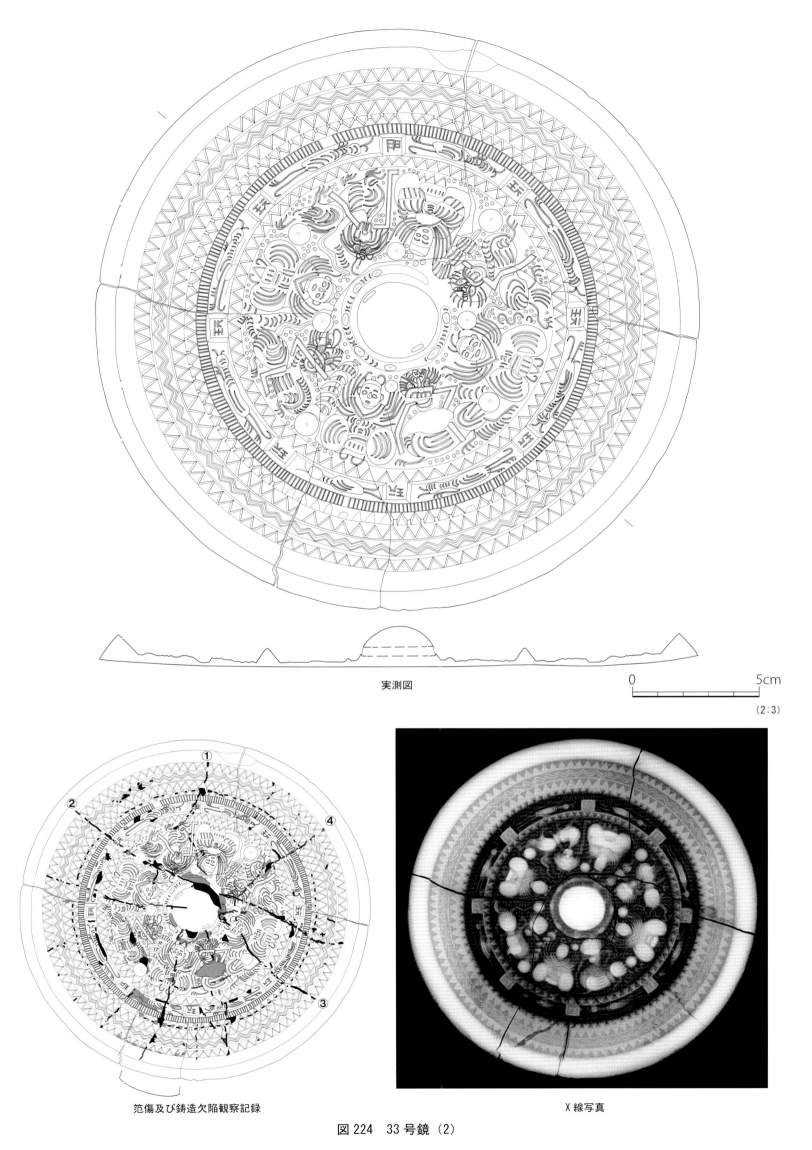

実測図　　　　　　　　　　0　　　5cm
　　　　　　　　　　　　　(2:3)

笵傷及び鋳造欠陥観察記録　　　　　X線写真

図 224　33 号鏡（2）

くするような強い研磨を受けており、31号鏡と様相が異なる。また、銘文については、12号鏡よりも残りが良く「吾作明鏡甚□□　□哉青龍有文章　□子宜孫樂未央　位至三公宜侯王　富且昌」と、「甚」以下に3文字判読が難しい文字があるが、「甚」の次は「高」となる可能性がある。2文字目は形はわかるが判読できず、3文字目は「佳」と読めなくもないがいずれも断定できない。

　鏡面　現状で中心から鏡縁まで0.4cm前後の反りをもつ。灰白色の錆が付着するが部分的に光沢をもつ鏡面が残る。鏡面に粗い研磨痕は目立たず丁寧に研磨されている。厚さは右方の内区内側で2.0mm前後、銘帯で1.2mm前後、外区外側で4.5mm前後である。「同范鏡」である12号鏡と比べて全体に0.2mm前後厚目である。内区にその傾向が顕著であり、31号鏡の銘帯でも左方と右方で0.4mm近く厚みが異なる部分があるのに対して外区ではその差が小さくなることから、鏡面側の研磨の影響が大きいものとみられる。

　范傷と湯口　剥落傷は左方内区の神獣と鈕下にあり、12号鏡と基本的な范傷を共有する。しかし、31号鏡にある上方右神像の崩れは、12号鏡では文様が模糊となり比較が難しい。外区斜面の剥落傷や上方外周突線などから12号鏡に剥落傷の増加が認められる。

　12号鏡と31号鏡は亀裂状范傷が目立つ鏡である。31号鏡の図をもとにみると、鏡背左上を横断する亀裂状范傷④や鈕を挟んで右上から右下に伸びる范傷①、鈕下を左右に抜ける②などは共有されるが、31号鏡の亀裂状范傷⑥と⑧は12号鏡では一部のみしか確認できず目立たない。逆に12号鏡で目立った③は31号鏡では一部しか確認できない。剥落傷は12号鏡の方が多いが、亀裂状范傷は製作順に単純に増加しない。同じ位置でも突線で現れた傷が、別の鏡では凹線となる場合があり、状況は単純でなく、剥落傷とは様相が異なる。湯回りの悪い部分は、右方から上方にかけてあり、ほぼ12号鏡と一致するが、12号鏡にみられた三角縁内側斜面の凹みは確認できない。

　「同范鏡」　奈良県黒塚古墳12号鏡。剥落傷の増加傾向から黒塚31号鏡→黒塚12号鏡とみられる。

32号鏡（王氏作徐州銘四神四獣鏡）［図221・222、PL. 88・89］目録番号79　樋口鏡式38

　現状　直径22.3cm、重量990.5gで完形である。錆は全体に薄く付着するが、遺存状況は良好であり、暗青緑色を呈する。文様の鋳上がりも良好である。

　鏡背　20号鏡と「同范鏡」であり、その相違点を中心に記載する。鈕の形は20号鏡と合致し、鈕孔の大きさも幅1.0cm、高さ0.4cmとほぼ同じである。鈕孔方向は20号鏡が左に84°振れるのに対して、32号鏡は左に88°振れており、方向はやや異なる。鈕孔を整える研磨が行われないのは同様である。現状で鈕孔は貫通していない。

　内区文様の改変は20号鏡の文様に模糊とする部分があり、確認できなかった。外区上面の研磨は、鋸歯文の中央に凹みを残し、上面を平滑化するような研磨はうけておらず弱い。三角縁内側斜面には亀裂状范傷が残り、「同范鏡」の20号鏡と比べて全体に研磨は弱い。

　鏡面　現状で中心から鏡縁までで0.9cm前後の反りをもつ。灰白色の錆が付着するが、中央に光沢を持つ鏡面が残る。丁寧に研磨されており、目視できる粗い擦痕はわずかである。厚さは内区内側で約1.6mm、銘帯で1.6mm前後、外区複線波文間で3.8mmである。「同范鏡」である20号鏡と内区はほぼ同じ数値であり、かなり近似している。

　范傷と湯口　剥落傷は鈕周辺と左方界圏鋸歯文にみられ、20号鏡にも確認できる。亀裂状の范傷は、鈕下方を左右に横断する亀裂状范傷②および右方下より鈕右側を伸びる①は20号鏡と共有されるが、20号鏡での上下方に伸びる亀裂状范傷①は、32号鏡ではほとんど確認できない。湯回りの悪い部分は右上の内区から外区、三角縁にみられ、三角縁端は明確に凹み、湯口に関わる変形とみられる。20号鏡でも右上の外区は鋳上がりが悪く、わずかに三角縁が歪む。

　「同范鏡」　奈良県黒塚古墳20号鏡。剥落傷の増加傾向から黒塚32号鏡→黒塚20号鏡とみられる。

33号鏡（天王・日月・獣文帯四神四獣鏡）［図223・224、PL. 90・91］目録番号74　樋口鏡式59

　現状　直径23.7cm、重量914.4gで、大きく割れて三角縁先端一部と内区の一部が欠損するがほぼ完形に復元できる。錆は全体に薄く付着するが遺存状況は良好で、暗青緑色を呈する。文様の鋳上がりも良好である。

　鏡背　黒塚2号鏡と27号鏡と「同范鏡」である。その比較は27号鏡で記載したため、33号鏡の情報を中心に記載する。鈕の形は他と合致する。鈕孔は現状で硬く詰まる。鈕孔は幅0.8cm、高さ0.4cmで形が崩れており、鈕孔を整える研磨が行われておらず、鈕孔方向も左に約40°振れており、2号鏡・27号鏡とほぼ合致する。

　内区文様の改変は27号鏡で記載したように、笠松文様の一部に確認できた。「同范鏡」における鋳造後の研磨は、各鏡で必ずしも同様の研磨工程を踏んでおらず、2号鏡が一番研磨が甘く、次に33号鏡で、一番強く研磨されているのは27号鏡であった。

　鏡面　現状で凸面鏡である。灰白色の錆が付着するが中央に光沢をもつ鏡面が残り、丁寧に研磨される。厚さは内区内側で約2.4mm、銘帯で約1.9mm、外区外側で約3.4mmである。

　范傷と湯口　剥落傷は下方獣像と鈕周辺と上方外区、獣文帯などにあり、27号鏡の傷を基本的に共有する。亀裂状の范傷は、上方から下方に抜ける亀裂状范傷①および直交方向に近い③、近接する②が目立つ。湯回りの悪い部分は、下方左で、鋸歯文がやや薄く、内側の獣文帯の獣形も鋳上がりが悪い。これは2号鏡の状況と合致するが、2号鏡のような三角縁内側斜面の凹みは確認できない。

　「同范鏡」　奈良県黒塚古墳2号鏡・27号鏡、新山古墳鏡、岡山県備前車塚古墳鏡、福岡県石塚山古墳5号鏡。（泉・水野）

## 第3節　武　器

### 1　刀剣槍類［図225～232、PL.92～97］

**概要**　刀剣槍類として、素環頭大刀3点、直刀14点、剣3点、槍14点を確認した。

棺外出土鉄製品の多くは束の状態で錆着して出土したが、鉄自体の遺存が不良のため個体ごとに分離できず、そのまま保存処理を受けているものも多い。そのため、図化にあたっては装具痕跡を実測可能な面を優先し、結果的に作図した面が揃っていない。形態の細部は複数のX線写真をもとに復元的に表現し、個体ごとに分離した図化に努めた。

計測表［表11～13］の重量は基本的に付着物を含んだ保存処理後のものである。多くは束の状態であり、東棺外の刀3、槍6・9・11・12の束が約1.4kg、西棺外の刀1・2・4・5・7・11～13、剣3、槍1・4・5・7・14の束が約4.7kgの塊となっている。そのため、多くは個別の重量が計測できない。計測表では計測可能な破片重量に「＋」をつけて表記する。欠損等で数値が確定できないものには（　）をつけた。また、剣と槍の識別は、木製装具と出土状態から判断した。茎部付近の木製装具が根挟み状の上下2枚に左右2枚を充てた4枚合わせの構造をもつものは、いずれも鋒を北に揃えて出土しており、これを槍として扱うものとする。　　　（水野）

**刀**［図225～228］

棺内1点、東棺外4点、西棺外12点の合計17点が出土した。素環頭大刀と直刀に分け、基本的に残存長の短いものから長いものへと図示した。素環頭大刀3点（刀1～3）は全長110cmを超える2点を含み、出土刀の中では長大な一群である。それらに続くものに全長80～100cmほどの直刀5点（刀13～17）があるが、刀16のように特異な形状の茎部をもつものもあり、素環頭大刀を改造したものが含まれる可能性もあろう。次に刀身長73cm前後に復元できる直刀5点（刀8～12）があるが、これは四尺刀に該当し、規格性の高い一群といえる。それ以下は、短刀ともいうべき27cm～50cm程度の3点があり（刀4～6）、他と比較して著しく長い茎部を有する刀7など、形態はバラエティに富む。これらにも改造した刀が含まれている可能性がある。柄の木製装具は、握る柄間を中心に、刃部側の柄縁と茎尻側の柄頭にわけ、各部の特徴を記載する。

**刀1**　素環頭大刀である。刃部に欠損があり、全長は92.5cmで、素環頭を除く長さは88.9cmである。錆により他の刀剣との固着が激しく、X線写真でも関の位置、目釘孔の有無は確認できず、刃部長、茎部長ともに詳細は不明である。厚さは0.6cm前後である。刃部幅2.3～2.8cmに対して茎部幅も2.8cm前後と関はかなり浅いか存在しない可能性がある。ふくら鋒で平棟平造りである。茎尻の刃側から径0.9cm前後、断面隅丸方形の環体がまわって素環頭を形成する。茎尻の背側と環体とは接続しない。素環頭の幅は5.4cmである。

刃部に鞘に由来する木質の痕跡はない。茎部には木質が薄く残っており、柄装具の装着が確認できるが、柄巻きは認められない。柄間装具の断面形は、長径3.0cm、短径1.5cm前後で楕円形である。背には木質が及んでおらず、茎落とし込みの構造をとる。茎尻より2.8cmまで柄の木質が及び、端部は直線的に切り落とされる。さらにこの柄装具に、別材の柄頭装具の木質が0.5cmほど重なる。柄頭装具は素環頭の半ばまで及び、刃側から背側にかけて斜めに木質端が確認できる。刃側の環頭基部にはやや厚く木質が残存しており、刃側から素環頭にかけてゆるやかな曲線を描く形状の柄頭装具と考えられる。

**刀2**　素環頭大刀である。残存長118.3cm、素環頭を除く残存長は115.9cm、刃部長は関の正確な位置が不明であるが、鋒から柄縁装具端までの長さは95.6cmである。鋒は僅かに欠損するがふくら鋒で平棟平造りである。刃部幅は2.4～3.0cm、厚さ0.7cm前後で、関の形状は不明で、刃部と茎部の幅の差から非常に浅い関とみられる。茎部は柄縁装具端部より茎尻まで長さ20.3cm、幅2.6～2.8cmである。茎尻の背側から径0.9cm前後、断面隅丸方形の環体がまわって素環頭を形成する。茎尻の刃側と環体とは接続しない。素環頭の幅は約5cmである。

刀身には鞘に由来する木質の痕跡はない。柄には柄縁装具の痕跡がわずかに残存する。また、柄間には柄縁に接して幅1.0cmの布帛を巻いた痕跡が5巻分ほど残る。柄間は長径3.0cm、短径2.0cmほどの断面杏仁形を呈している。柄の半ばで柄巻きは終了するとみられ、柄間装具に接して刃側に広がる柄頭装具が確認できる。形状は長径3.5cm、短径2.0cm以上と柄間と比較して一回り太い。背側にも木質が及ぶように見えるため、茎部を包み込む分割型の構造の可能性がある。これより素環頭基部まで木質は続くが柄巻きの痕跡がなく、大型の柄頭装具とみられる。漆や文様装飾などは確認できない。また、刀1のように素環頭に装具木質が及んだ形跡は確認できない。この装具より茎部側には、脱落した木質の塊が付着している。

**刀3**　素環頭大刀である。刀身は錆の影響も考えられるが内反りである。残存長111.3cm、素環頭を除く残存長106.3cm、刃部長90.3cmである。ふくら鋒をもつ平棟平造りで、刃部幅2.5～3.0cm、厚さ約0.8cmである。茎部は長さ17.3cm、幅約2.8cmの断面台形である。目釘孔は錆により存在を確認できない。関の形状は浅い撫関である。素環頭は径約1cmの環体が茎尻の背側から刃側に回り込んでおり、刃部側には僅かに間隙が認められる。素環頭の幅は6cm程度と復元できる。

刃部に鞘に由来する木質の痕跡はない。柄は関から茎尻までが木質で覆われている。柄間は長径3.4cm、短径1.6cmのやや扁平な杏仁形で、茎部の背に木質の付着が認められないことから、茎落とし込みの構造をとる。柄装具は一木とみられる。柄縁は原型を留めていないが、関より3.7cmの位置から幅1cm程度の布帯が巻かれているのが確認できることから、柄縁の最大幅は3.7cm程度と推定できる。

**刀4**　残存長27.8cm、刃部長22.1cmで本墳出土の刀の中では最も短い直刀である。刃部幅2.3cm、厚さ0.8cm、ふくら鋒で平棟平造りである。関は茎部にむけて緩やかな曲線を

第Ⅰ部 調査編

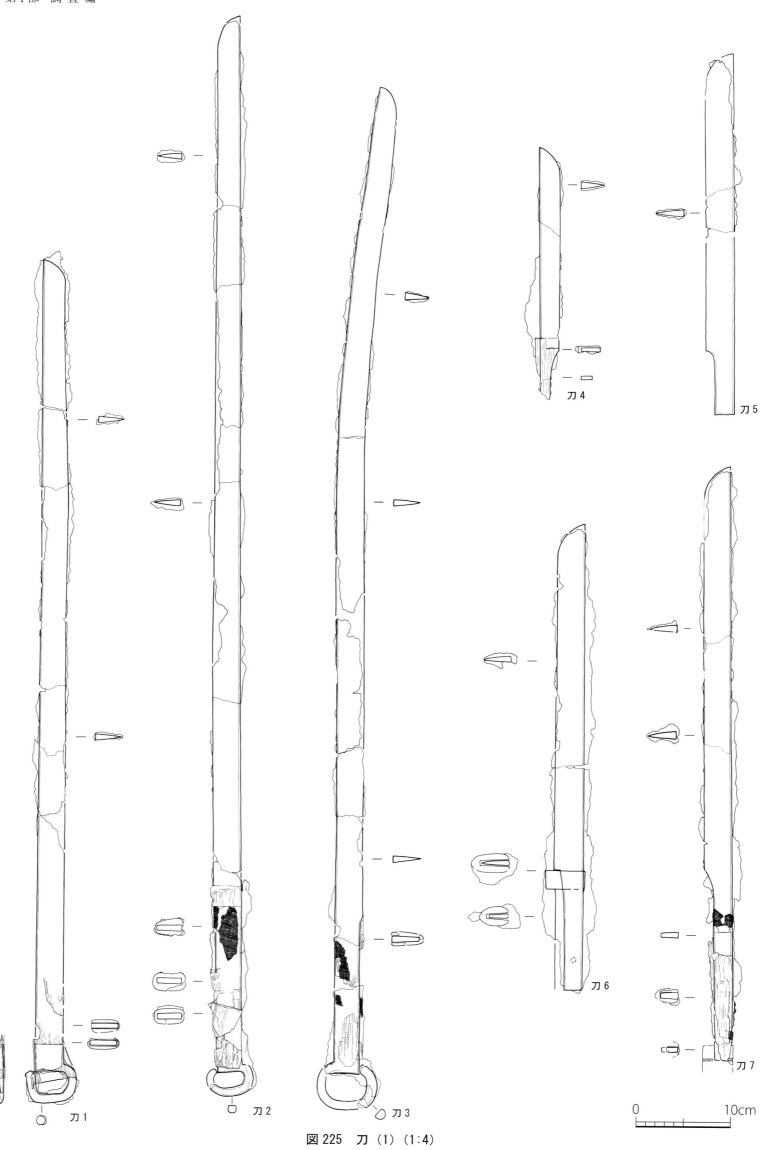

図 225 刀 (1) (1:4)

描く撫関である。茎部は残存長 5.5cm、幅 1.1cm、厚さ 0.5cm前後である。茎尻は、錆により欠けて形状不明である。茎部は木質に被われていたが残存状況が悪く、形状の復元はできない。ただし、茎部の背を覆う木質が確認できるため、茎落とし込みでなく分割型の柄構造であった可能性がある。

刀5　西側遺物群の刀中で、この刀5のみ鋒を北に向ける直刀である。錆により複数の刀剣槍が固着したブロックに埋もれて、刀身の一部を除いて肉眼での観察ができない。推定復元長は 38.8cm前後、刃部幅 3.0cm、厚さ 0.8cmである。鋒は、現状平面形は槍のように両刃にみえるが、刃部断面は二等辺三角形で片刃と判断できる。関はX線写真による観察でも明瞭には現れていないが、鋒より 31～32cmに位置すると推定される。茎部の形状も不明瞭であるが、茎部幅は刃部との比較から、2.1cm～2.3cm程度と推定される。装具の有無および形状は不明である。

刀6　残存長は 50.8cm、刃部長 37.5cmの直刀である。ふくら鋒で刃部断面が二等辺三角形となる平棟平造りである。刃部幅 2.9～3.2cm、厚さ 0.7cmである。関から茎部にかけて大きく錆で覆われている。茎部は長さ 13.1cm、幅 2.0～2.5cm、関は不明瞭であるが、柄縁装具の端でほぼ直角に屈曲する直角関で、茎尻の形状は一文字である。茎尻より 3.3cmの位置に、径 0.6cmの目釘孔が穿たれている。

刀身に鞘に由来する木質は確認できず、抜き身である。茎部には柄装具の木質が残存している。柄縁装具は断面杏仁形で、長径 4.1cm、短径 2.0cmに復元できる。背側には木質が付着せず、茎落とし込みの構造である。柄は縦 3.0cm、幅 2.1cmの断面杏仁形である。柄縁装具と柄間との境は不明瞭で、一木である可能性が高い。柄巻き・柄頭は残存していない。

刀7　残存長は 64.6cm、刃部長 43.7cmの直刀である。平棟平造りで、鋒は錆で破損するがふくら鋒に復元できる。刃部幅 2.9～3.1cm、厚さ 0.8cmである。関の形状は、抉りが深く長い撫関である。茎部長 20.9cm、幅 1.9～2.0cmと本古墳出土の他の鉄刀と比較して細くく、茎尻の形状は一文字である。径約 0.4cmの目釘孔が茎尻より 8.5cmの位置にある。

刃部に鞘に由来する木質の痕跡は無い。柄装具は茎部の半ばより茎尻にかけて木質が残存している。背側には木質が付着しておらず、茎落とし込みの構造となる。一部に幅 0.8cm前後の布帯による柄巻きが残存しているほか、茎尻の背に接して、2条の沈線のめぐる赤漆が塗られた柄頭装具の断片が僅かに残っている。関より茎部側 6.7cmの部位までは木質が付着していない。この範囲には布の付着が認められ、茎部に布を巻いたのちに柄縁など装具を装着した可能性、またはこの部分には木製装具は装着されておらず、布が巻かれるのみであった可能性もある。

刀8　残存長 70.1cmの直刀である。鋒および関の残存状況は悪いが、復元すると刃部長約 53.5cm、茎部長約 16.6cmである。鋒の形状は不明で、刃部は平棟平造りで、幅 2.6～3.3cm、厚さ 0.7～0.8cmである。関は大きく破損するが、茎部側にわずかに残存しており、撫関に復元できる。茎部幅 2.0～2.5cm、厚さ 0.7cmで、茎尻は一文字尻である。茎尻より 3.9cmの位置に径 0.5cmの目釘孔が穿たれている。

鋒から刃部にかけては、鋒付近に織物が付着するほかは、鞘装具に由来するような木質の痕跡は認められない。茎部には柄を構成する木質と柄巻きの布帛が良好に残存している。柄縁装具は、幅 1.7cmほどの木質の痕跡を関付近に残すのみである。柄は長径 3.0cm、短径 2.0cmの断面杏仁形である。柄の背と茎部の背のラインは一致しており、茎落とし込みの構造をとる。柄巻きは幅 1.5cm前後で、柄縁から柄頭に向けて逆時計回りに巻いている。柄巻きの柄頭側端部は、布帛を紐状に数条裂き、それらを結わえて端部処理としていたようである。柄頭装具は茎尻より 3.0cmで柄巻きと接する。端部の 0.3cmほど、一条の沈線を巡らした黒漆塗りの柄頭装具が残存する。棺内の刀9と同様の柄頭装具が装着されていた可能性が高い。それ以外の部分は脱落して不明であるが柄部とは別材と考えられる。

刀9　木棺内出土の直刀である。柄頭装具を含めた残存長は 77.8cm、刀身全長 73.4cm、刃部長 58.4cm、ふくら鋒で平棟平造りである。刃部幅 2.5cm～3.0cm、厚さ 0.7～0.8cmである。関は柄縁装具端部より 0.3cmほど茎部側に確認でき、深さ 0.5cmほどの浅い角関である。茎部長 15.3cm、幅約 2.3cm、茎尻形状は一文字である。茎部背寄りに、茎尻より 2.8cmと 4.2cmの位置に径 0.6cmと径 0.4cmの2つの目釘孔が穿たれている。刃部には木質の痕跡はなく鞘に納められていた形跡はない。その代わりに赤色顔料の付着した平絹の間に真綿が確認されており（第Ⅱ部第2章第6節）、これらに包まれていたとみられる。茎部全体は木質に覆われており、柄縁と柄頭装具が比較的良好に残存している。柄縁は全体を黒漆で覆っている。木質の腐朽により歪みがあるが、長径 3.8cm、短径 2.4cmの断面杏仁形に復元される。背側が割り抜かれており、柄間とともに一木造りで茎落とし込みの構造を備えている。柄間は背を除いて木質に覆われている。柄巻きの布・糸・組紐等は残存していない。柄頭は、全面を黒漆で塗布し、さらに一部を朱彩している。連弧文状の文様が、二重陰刻線で表現される細帯で表現される。地の色は黒漆で、陰刻線部は朱彩している。腐朽等により大きく変形しており、特に柄頭頂部の小口面はめくれて歪む。柄頭は長さ 6.5cmで、頂部小口部で長径 4.5cm×短径約 3cm程度。柄側で長径 3.5cm、短径 2.8cm程度に復元される。柄頭側へラッパ状に広がる形状が想定される。柄頭装具は落とし込みの痕跡が無いため、別造りの可能性が高い。ただし、茎部に残された木質との境は明瞭ではない。

刀10　残存長 75.8cmの直刀である。刃部残存長 60.2cm、厚さ 0.7cm～0.8cm、刃部幅 2.6～3.1cmの平棟平造りで、鋒の形状は欠損して不明である。茎部長 15.6cm、幅 2.6～2.7cm、厚さ 0.8cm、関は浅い撫関で茎尻の形状は一文字である。茎尻より 3.8cmの位置に径 0.4cmほどの目釘孔が認められる。

刀身には鞘に由来する木質は確認できない。関から茎部にかけて、柄縁および柄装具の木質が残存している。柄縁装具は長径 3.5cm以上、短径約 2cmの断面杏仁形に復元できる。柄縁と柄間とは一木で、茎部の背に木質が認められないこと

第Ⅰ部 調査編

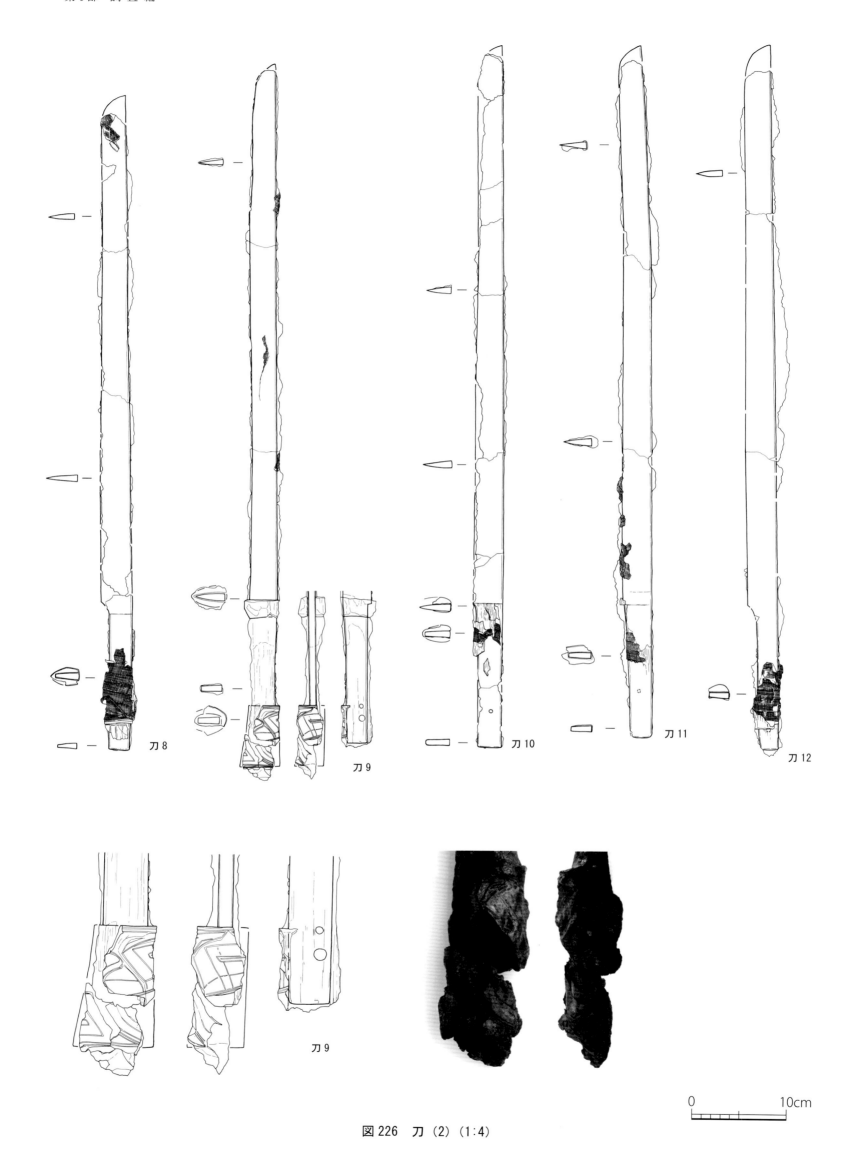

図 226 刀（2）（1:4）

から茎落とし込みの構造となる。幅1.0cm前後の布帯による柄巻きが残存する。

刀11　西棺外刀5など多くの刀と錆着した残存長73.8cmの直刀である。刃部長約59.3cm、幅2.6～2.9cm、厚さ0.8cmの平棟平造りで、鋒は欠損があるがふくら鋒である。

茎部は長さ約14.5cm、幅2.2～2.8cm、厚さ0.8cmの断面台形で、茎尻の形状は一文字である。目視による推定では茎尻より5.0cmの位置に径0.4cm程度の目釘孔が穿たれている。関は錆が激しく確認できないが、刃部と茎部の幅の差から、浅い角関または撫関である。

刃部に鞘に由来する木質の痕跡はないが、刃部の半ばから柄縁付近にかけた刃側に、僅かに繊維の重なった痕跡が連なっており、抜き身の刀を織物で包んだ可能性がある。柄装具の残存状態も悪く、柄縁装具の痕跡が僅かに認められるが、形状復元までに至らない。背には木質痕跡はなく、茎落とし込みの構造の可能性がある。茎部のなかほどに布帛による幅1cmほどの柄巻きが残存している。柄縁から時計回りに巻いている。繊維の織りは刃部のものと比して粗い。

刀12　残存長73.9cmの直刀である。刃部長58.3cm、幅2.7～3.3cm、厚さ0.7cm、平棟平造りで、鋒は失われており形状不明である。関は不明瞭ながら撫関の可能性が高い。茎部長15.6cm、幅1.3～2.3cmで、茎尻の形状は一文字である。目釘孔が茎尻より2.1cmの位置に穿たれ、径0.4cmの目釘が貫通する。

刃部に鞘に由来する木質の痕跡はない。関周辺では柄縁装具の痕跡を留めていないが、茎部の半ばから茎尻にかけて柄装具の木質と幅1cm前後の布帯による柄巻きが7巻ほど残存している。柄の断面形状は杏仁形で、長径3～3.5cm、短径2.4cmほどに復元できる。茎部の背側には木質の痕跡は認められず、茎落とし込みの構造をとる。茎尻より2.2cmで木質の痕跡が直線的に失われる部分があり、別材でつくられた柄頭装具が脱落した痕跡とみられる。柄装具と柄頭装具との接合は、柄頭装具に柄穴を作り出して差し込んだものとみられる。

刀13　残存長82.1cmの直刀である。刃部長66.5cm、幅2.9～3.1cm、厚さ0.6～0.8cm、平棟平造りで、ふくら鋒に復元できる。関は浅い撫関で、茎部残存長15.6cm、幅2.3～2.4cm、厚さ0.8cm、茎尻は欠損している。欠損した茎部端より8.1cmの位置に径0.5cm前後の目釘孔が穿たれている。

刃部に鞘に由来する木質の痕跡はない。関から茎尻にかけて木質が残存し、柄縁から柄間の装具が確認できる。柄縁は長径3.9cm、短径2.9cmの断面杏仁形を呈しており、装具の一部が脱落・錆着している。柄間の残存状況は良くないが、背側に幅1.2cm程度の布帛による柄巻きが一部残存している。柄縁・柄間ともに茎落とし込みの構造をとり、一木とみられる。柄頭は残存していない。

刀14　残存長91.1cmである。刃部長約77.1cm、鋒は錆により崩れているが、やや張りの強いふくら鋒とみられる。刃部は平棟平造りで、厚さは鋒で0.6cm、関で0.9cm前後、刃部幅は3.0～3.6cmである。茎部長約14cm、幅約2.9cmと復元できるが、錆により半壊しており、目釘孔、茎尻の形状は不明である。関形状も不明であるが、茎部幅からみて、浅い撫関または角関であろう。

刃部に鞘に由来する木質の痕跡はない。関から柄縁から柄間にかけての装具の木質が残存している。柄縁と柄間はともに断面が杏仁形である。柄縁装具は長径4.4cm、短径3.1cm、柄間は長径3.5cm、短径2.2cmである。柄縁および柄間は茎落とし込みの構造をとり、一木とみられる。柄縁装具の一部に漆皮膜が残存するが、文様などの装飾は確認できない。柄間には幅0.8cm程度の布帛による柄巻きが一部残存している。柄頭の形状および構造は不明である。

刀15　残存長92.0cmの直刀である。刃部長79.7cmでふくら鋒である。刃部は平棟平造り、厚さは鋒より茎部まで約0.7cm、刃部幅2.6～3.2cmである。関の形状は撫関で、茎部長12.3cm、幅2.1～2.2の断面台形で茎尻形状は一文字である。目釘孔は錆により確認できない。

刃部に鞘に由来する木質の痕跡はないが、茎部には柄縁装具と柄間の木質部が一部残存する。柄縁は幅2.0cmで、長径3.5cm、短径約2.5cmの断面杏仁形に復元できる。表面は剥離して漆や文様の痕跡は残されていない。柄縁および柄間の背側には木質が残存しておらず、茎落とし込みの構造をとる。

茎尻近くの背には、漆状の皮膜が残存しており、さらに帯状の繊維が観察される。幅約1.3cm前後の布帯が柄巻きに使用され、その上から黒漆を塗布したものと考えられる。柄頭の痕跡はなく、構造形状ともに不明である。

刀16　残存長96.7cmの直刀である。刃部長80.0cm、ふくら鋒である。刃部は平棟平造り、厚さは鋒から茎部まで約0.7cm、刃部幅2.7～2.8cmと一定している。関は不明瞭ながら浅い角関である。茎部は長さ16.7cm、幅0.7～2.4cmの断面台形である。茎部は関より9cmほどは一定幅を保つが、茎尻に向けて斜めに一段狭まり幅1.3cmほどになり、さらに茎尻が斜めに切られて幅0.7cmほどとなる。茎尻より11.7cmに径約0.5cmの目釘孔が穿たれる。関より茎尻まで直線に伸び、かつ一文字の茎尻を備えた他の刀の形状とは大きく異なることから、改造を加えている可能性がある。

刃部に鞘に由来する木質の痕跡はない。関より茎尻にかけて、薄く木質が残存している。関の直下に柄縁の痕跡とおぼしき木質の痕跡が認められるが、全体として柄の形状を復元するには至らない。茎部の背には木質が認められないため、茎落とし込みの構造をとる。柄頭は木質がほぼ失われているが、背および表面の一部に黒漆の痕跡が残る。柄側に縁部にわずかに文様を構成していた沈線が認められる。柄頭部の背側と茎部の背との間には木質が残るため、柄とは別材と考えられる。棺内出土の刀9と同様の柄頭が装着されていたと想定される。

刀17　刀10と錆着する。装具木質部を含む残存長100.6cm、残存長99.7cm、刃部長約84.5cmで、鋒は刃が欠けるがふくら鋒と思われる。刃部は平棟平造りで、錆の影響もあるがやや内反りとなる。刃部幅2.1～2.8cm、厚さ0.8～0.9cmである。関の形状は不明であるが、刃部幅と茎部幅の差は僅かで、浅い関である。茎部は長さ約14.5cm、幅2.2～2.3

第Ⅰ部 調査編

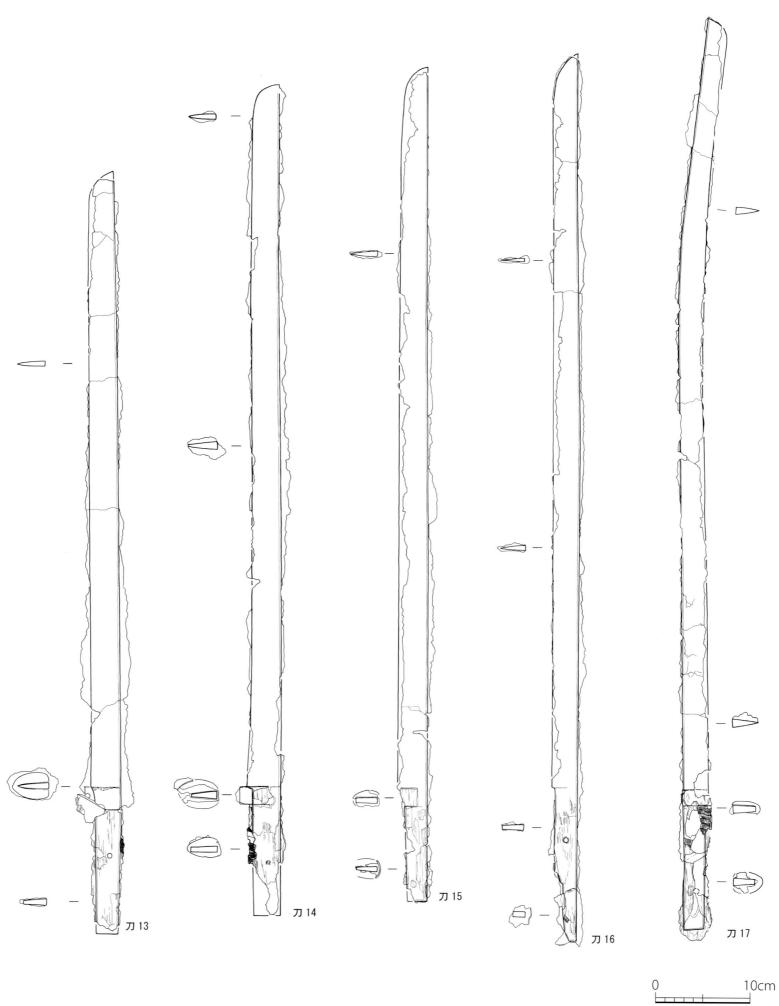

図227 刀(3)(1:4)

第 6 章　副葬品

表 11　刀計測表

| 番号 | 全長<br>(cm) | 刃部長<br>(cm) | 刃部最大幅<br>(cm) | 茎部長<br>(cm) | 重量<br>(g) | 備考 |
|---|---|---|---|---|---|---|
| 1 | 92.5 | — | 2.8 | — | (451.7) | 素環頭大刀 |
| 2 | (118.3) | (95.6) | 3.0 | 20.3 | (1481.4) | 素環頭大刀 |
| 3 | (111.3) | (90.3) | 3.0 | (17.3) | 450.0 | 素環頭大刀 |
| 4 | (27.8) | 22.1 | 2.3 | (5.5) | — | |
| 5 | (38.8) | (31.8) | 3.0 | (7.0) | — | |
| 6 | (50.8) | (37.5) | 3.2 | 13.1 | 490.0 | |
| 7 | (64.6) | 43.7 | 3.1 | (20.9) | (271.8＋) | |
| 8 | (70.1) | (53.5) | 3.3 | (16.6) | 353.4 | |
| 9 | (73.4) | (58.4) | 3.0 | (15.3) | 643.8 | 残存装具込み<br>全長 77.8 |
| 10 | (75.8) | (60.2) | 3.1 | 15.6 | (715.6) | |
| 11 | (73.8) | (59.3) | 2.9 | 14.5 | (717.2) | |
| 12 | (73.9) | (58.3) | 3.3 | 15.6 | (379.5) | |
| 13 | (82.1) | (66.5) | 3.1 | (15.6) | (1221.8) | |
| 14 | (91.1) | (77.1) | 3.6 | (14.0) | 850.0 | |
| 15 | (92.0) | (79.7) | 3.2 | 12.3 | 538.2 | |
| 16 | (96.7) | (80.0) | 2.8 | 16.7 | 461.5 | |
| 17 | (99.7) | (84.5) | 2.8 | 14.5 | (897.3) | 残存装具込み<br>全長 100.6 |

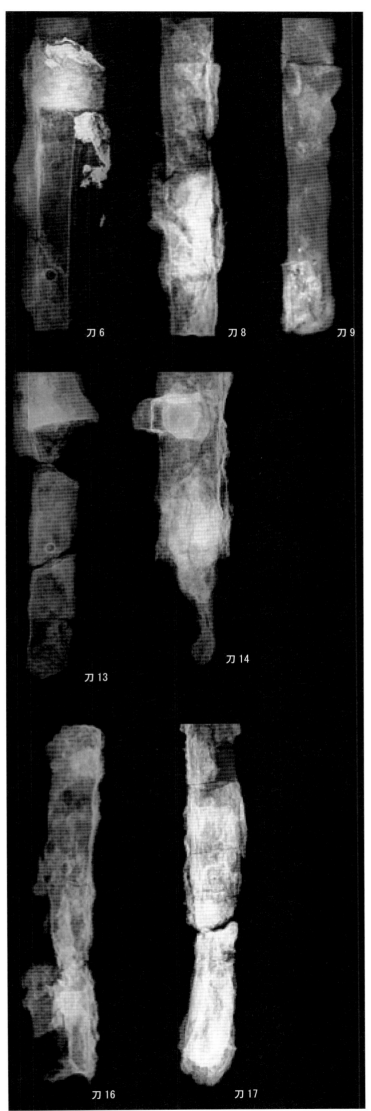

図 228　刀 X 線

cmで茎尻は一文字である。茎尻より 4.1cmほどに径約 0.5cmの目釘孔が認められる。

　刃部に鞘に由来する木質の痕跡はないが、関から茎尻にかけて柄縁および柄装具の木質が残存している。また、柄縁装具周辺に、幅 0.6cm前後の布帛による柄巻きが一部残っている。柄の断面は、柄縁付近で長径約 3.1cm、短径約 1.8cm、茎尻より 5cmで長径 3.2cm、短径 2.3cmの杏仁形に復元でき、柄頭にかけて厚みを増す形状であったと思われる。柄間から柄頭にかけては木質が連続しており、一木である。柄縁装具は、柄装具の木質の上に載るようにも見え、柄状に一段削りこんだ柄装具先端部に柄縁装具を差し込んでいる可能性がある。木質表面はほぼ失われており、彩色や文様は不明である。

　**刀残片（a）**　棺内の堆積土洗浄中に検出した刀の残片である。残存長 5.3cm、刃部幅 2.8cm、厚さ 0.8cmで平棟平造りの刃部破片である［PL. 95］。刃部幅 2.3cmで短刀となる刀 4、0.6cmと刃部が薄い刀 1、錆着した刀剣槍群内に埋もれた刀 5を除いて、刃部幅、厚さともに本墳出土の刀に多くみられるサイズである。接合作業では帰属が特定できなかった。

（持田）

**剣**［図 229］

　3 点を確認した。刃部長や関と茎部の形態が異なり、個体ごとに大きく様相が異なる。

　**剣 1**　棺内から完形で出土した。全長 45.2cm、刃部の長さが 40.8cmに対して茎部は長さ 4.4cmと短い。刃部は断面が扁平な菱形で鎬をもつ。やや先細りで、関付近で幅 2.8cm、厚さは 0.4cmほどである。直角関をもち、茎部は茎尻側で薄く、幅もやや狭くなる。直径約 0.6cmの目釘孔があり、有機質の釘が用いられている。茎部には木質が付着するが、装具部材の組み合わせは確認できなかった。柄口は直線的でほぼ関付近にあたり、刃部を覆う織物痕との境と合致する。刃部には木製鞘の痕跡はなく、真綿を挟んだ織物が巻きけられて

表 12　剣計測表

| 番号 | 全長<br>(cm) | 刃部長<br>(cm) | 刃部最大幅<br>(cm) | 茎部長<br>(cm) | 重量<br>(g) | 備考 |
|---|---|---|---|---|---|---|
| 剣 1 | 45.2 | 40.8 | 2.8 | 4.4 | 301.8 | |
| 剣 2 | (33.5) | (22.2) | 2.9 | (11.2) | 127.2 | |
| 剣 3 | (37.5) | (27.6) | 3.6 | (10.0) | (384.0＋) | |

いた。織物には赤色顔料が付着し、漆の細かい破片も付着するが、剣1に伴うものかは不明である。

　**剣2**　西棺外と東棺外に分かれて出土した。付近に接合対象となる個体がないこと、刃部の幅が一致し、錆の付着状況も似ることから、2点は接合しないが、木棺上に副葬された同一個体と判断した。復元すると残存長33.5cm以上、刃部長22.2cm以上となり、茎部長11.2cm程となる。刃部は断面が扁平な菱形で鎬をもつ。全体に錆歪みがあるが、鋒はふくらをもち、関付近で幅2.9cm、厚さ0.3cmほどとみられる。小さな直角関をもち、先細りの長い茎部をもつ。茎部は関付近で幅1.9cm、茎尻では幅1.0cmと幅を狭めるが、厚さは0.3cm前後で大きく変化しない。目釘孔は2つあり、関側から直径0.4cmと0.3cmの孔が穿たれ、有機質の目釘は茎尻側にのみ使用が確認できた。刃部には織物や木質などの付着は確認できず、抜き身で副葬されたとみられる。それに対して茎部には木質が付着し、柄を装着していたとわかる。木製装具の柄口は直線的で、関とほぼ一致した位置にあたる。柄口から長さ2.8cmにわたり、線刻を持つ木製装具が部分的に確認できた。柄口装具の幅は不明だが、厚みは復元すると2.0cm以上である。柄口装具の線刻はほぼ中央に方格の線刻とその角から直線が伸びるが、文様の全体像は不明である。表面には黒漆が塗られている。線刻をもつ柄口から茎部側では段をつけて細くなり、一部に糸が密に巻き付けられ、黒漆が塗られていた。剣の柄の握りとみられ、復元すると断面は幅約2cm、厚さ約1cmの細い楕円形となる。柄頭の痕跡は茎尻に木質と漆膜が付着するものの全体形状は不明である。

　**剣3**　刃部の鋒から8.5cmの部分は折れて遊離し、それ以外の刃部の大半から茎部にかけての部分は錆付いた刀剣類の束内にある。後者の部分はX線写真等から判断して長さ約19.5cm以上の刃部と長さ約10cm程度と推定される茎部をもつとみられる。鋒側の破片とそれ以外の破片は直接接合しないが、他に接合対象がなく、刃部幅から判断して同一個体と判断した。残存長は37.5cm以上となる。鋒はふくらが弱く、断面は扁平なレンズ状で鎬は明確でない。小さな直角関をもつとみられ、関付近の刃部幅は約3.6cmと幅広である。茎部と木製装具は錆付いた刀剣類の束内にあるため、X線写真等でも目釘孔や装具の構造は確認できない。出土状態から剣と判断している。

　**槍**［図229〜232］

　14点が出土した。全長や茎部長、関の形態も多様である。柄の木製装具は大きく平口と山形に分類されるが、木製装具は茎部付近で4枚合わせの構造をもち、関付近で扁平なレンズ状の断面をもつ点では共通し、出土状態を確認できるものは鋒を北に向けて出土している。槍の呼称は、「鎗」あるいは漢字を避けて「ヤリ」とも表記されるが、剣、直刀と並ぶ考古学的分類名称として、木製の長柄が付く利器として一般的な「槍」を採用した。

　**槍1**　残存長25.3cm、茎部長9.6cmである。西棺外の錆着した刀剣類の束内にある。身幅は関付近で4.0cmと幅広で、刃部は鋒がわずかに欠損し、非常に短い。刃部断面形は扁平な菱形で鎬をもつとみられる。木製装具の先端は平口で、4枚の板材を組み合わせた構造をもつ。これは根挟み状の茎部を挟む上下面の材に対して、左右に別材を充てた構造をもち（以下、4枚合わせの構造と呼称する）、茎部上の材の幅は約1.8cmである。関は小さな直角関と撫関を組み合わせており、下端付近の茎部幅は約1.8cmとなる。目釘孔の有無は不明である。装具は糸を密に巻いて漆で固めており、分厚いレンズ状の断面形をもつ。

　**槍2**　錆で刃部縁が欠けて全体に一回り小さくなっており、遺存状況は良くない。残存長は23.6cmで、刃部幅は残りの良い部分で幅2.0cm以上となる。関は鋒より21.0cmの位置にあり、小さな直角関をもつ。刃部断面は表面が剥落して明確でないが薄い菱形で鎬をもつとみられる。茎部は長さ2.6cmと短く、やや先細で目釘孔は確認できない。茎部に付着する木質から不明瞭であるが木製装具は4枚合わせの構造とみられ、茎部上の材の幅は約1.3cmとみられる。装具先端は平口である。

　**槍3**　鋒が欠損し、茎部は折れて接合しない。残存長は40.7cm以上である。残存する刃部は長さ23.8cmと短く、関付近の幅は4.3cmと幅広である。直角関をもち、茎部は約16.7cm以上と非常に長い。茎部に直径約0.5cmの目釘孔を1つもつ。木製装具は平口で、茎部上で4枚合わせの構造を持つ。茎部上の材の幅は約1.8cmである。特徴的なのは刃関双孔をもつ点である。しかし、木製装具は直径0.4cmほどの双孔まで届かず、関付近で装具先端は平坦となるとみられ、双孔は装具の固定に利用できていないため、木製装具の付け替えを示唆している。ただし、X線写真では双孔には何かが入っているように見え、それを覆うように刃部に山形の影が薄く見え、部分的に漆などで覆っていた可能性がある。木製装具の外面に糸を密に巻いて黒漆で固めている。茎部中央付近、目釘孔より1.5cmほど下の位置の装具に幅0.5cmほど一段高くなり、糸の巻付けていない部分が確認できる。ここだけをみると剣の柄ともみえるが、その断面形は厚いレンズ状とみられるため、ここでは槍として扱う。刃部は幅の割に短く、他の槍と比べて茎部は長く、刃部が折れた後に研ぎ直し、装具を付け替えた可能性もある。刃部にはL群の鉄鏃3点が付着していた。

　**槍4**　西棺外の錆着した刀剣類の束内にあり、鋒と茎部付近が確認できた。全長35.7cmで、刃部長30.2cm、関付近で刃部幅は3.2cmである。断面は扁平な菱形で鎬をもつ。小さな直角関をもち、緩やかに幅を狭める茎部をもち、2つの目釘孔が確認できる。関側の目釘孔には断面が四角い有機質の目釘が確認できる。木製装具の先端は山形で、茎部から関付近で4枚合わせの構造をもつ。その断面形は厚みのあるレンズ状である。その上に何らかの繊維を巻き付け、漆で固めたその上に、さらに厚く黒漆が塗られている。表面の遺存状況の良い部分では繊維の巻き付けは確認できない。漆で固めた後に先端を山形に削り出している。なお、目視する限り、糸の代わりに使用された繊維は鉇の柄に使用されたものと似る。装具先端は関より約5cmの位置にくる。茎部上の材の幅

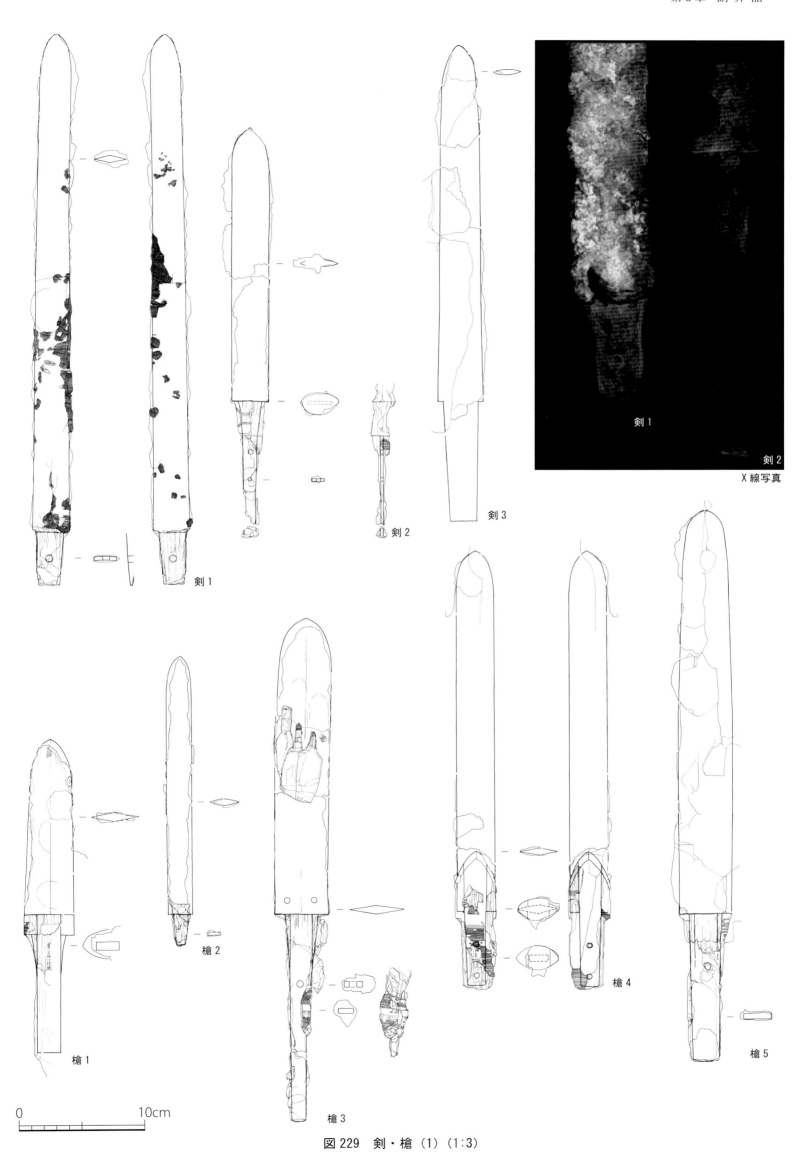

図 229 　剣・槍（1）（1：3）

は約1.8cmである。

**槍5** 西棺外の錆着した刀剣類の束内にある。全長44.9cm、関付近の幅は4.2cmと幅広で、刃部断面は確認できない。刃部長は33.2cmでややふくらの強い鋒とみられる。小さな直角関をもち、茎部は幅を緩やかに狭めて11.8cmと長い。茎部には直径約0.6cmの目釘孔が1つ確認できる。装具先端は平口で、ほぼ関の位置に合致する。装具は茎部上で4枚合わせの構造をもち、外側に糸を密に巻き付けて漆で固めている。茎部上の材の幅は約1.9cmである。槍3と似て関よりも刃部側に漆膜が付着するものの、木製鞘は確認できない。

**槍6** 東棺外の錆着した刀剣類の束内にあり、全長40.1cm、刃部長33.8cmである。鋒はふくらが弱く、刃部断面は扁平な菱形で鎬をもつ。関付近の幅は3.0cmである。関は短い直角関で、茎部は幅を緩やかに狭める。茎部には直径0.6cmの目釘孔が1つあり、有機質の目釘が入っている。目釘の長さは1.8cmほど残り、断面形はやや四角張っていた。装具先端は山形で、茎部付近で4枚合わせの構造をもつ。茎部上の材の幅は1.6cmである。装具表面は糸を巻き付けて漆で固めてから先端を山形に削り出している。その断面形は分厚いレンズ状である。

**槍7** 全長47.2cmで、関は判然としないが、撫関で短い茎部をもつ。関付近の刃部の最大幅は4.0cmで、断面は扁平な菱形である。刃部表面は錆で覆われて確認し難いが断面から鎬をもつとみられる。装具の外表面は崩れているが、山形の先端を持ち、茎部付近で4枚合わせの構造をもつ。茎部上の材の幅は約2.0cmである。目釘孔は2つあり、直径約0.6cmとやや大きい。茎部長に比べて目釘孔の間隔が狭く、関からの位置も近く不自然であることから装具の付け替えに伴って追加穿孔した可能性がある。

**槍8** 全長47.5cmである。刃部長44.6cmで、鋒はふくらが強く先細である。関付近の幅は3.3cmで、刃部断面は扁平な菱形で鎬をもつ。関は直角関で、短い茎部をもち、直径0.6cmの目釘孔がある。それ以外に刃部関付近に直径0.6cmの刃関双孔をもつ。装具先端は山形で、茎部付近で4枚合わせの構造を持ち、茎部上の材の幅は約1.8cmである。関から1.8cmまでは糸の巻き付けが明確であり、黒漆を塗って固定している。木製装具の痕跡は関から刃部側に1.8cm付近までは明瞭で、その先でも木質は部分的に確認できる。裏面も同様であるが、通常の槍装具に比べて装具の厚みが1.5cm前後と薄い。また、刃関双孔の位置は4枚合わせの板の合わせ目に跨ることから、鉄身と装具を固定する機能は有していない。本来刃関双孔をもつ剣または槍であったものに山形装具を付け替えた可能性が高い。

**槍9** 鋒が欠けており、残存長約56.6cmである。刃部は関付近で幅3.3cmとなり、断面は扁平な菱形であり、鎬をもつ可能性がある。刃部長は42.2cmと長く、関は小さい斜関で先すぼまりの茎部をもつ。茎部長は13.8cmと長く、茎尻でやや幅を広げる。目釘孔が1つ確認できる。装具は、先端が山形で4枚合わせの構造をもち、茎部上の材の幅は約1.6cmとみられる。外面には密に糸を巻き付けて黒漆を塗り固め

た上で、先端を山形に削り出して、その上にさらに厚く漆を塗っている。

**槍10** 鋒がわずかに欠損し、残存長54.4cmである。刃部長は47.1cmと長く、鋒はふくらが強く、関付近の幅は3.7cmと幅広で、刃部断面は扁平な菱形で鎬をもつとみられる。関は小さな直角関で先細となる短い茎部をもつ。茎部の関側に横方向に並ぶ2つの円孔があり、ともに茎部の側面ラインにわずかに切られている状況が確認できる。このことから、刃関双孔をもつ剣または槍を関の形を改変して再利用したとみられる。装具の先端は山形で4枚合わせの構造を持ち、茎部上の材の幅は1.7cm前後である。装具外表には、糸を密に巻き付け、漆で固めた上で、木材と糸を切るように山形に削り出して、さらに全体に厚く漆を塗っている。装具の断面形は分厚いレンズ状をなす。

**槍11** 刃部が欠損して折れているが、復元すると全長57.3cmほどで、残存する刃部長は50.4cmと極めて長い。鋒はふくらが強く、関付近での刃部幅は3.6cmと幅広である。刃部断面は扁平な菱形で鎬をもつとみられる。関は直角関で、緩やかに先細となる茎部をもつ。茎部には直径0.6cmほどの目釘孔があり、有機質の釘が確認できた。それ以外に茎尻に半分に切れた目釘孔がある。この部分から茎尻までの破片は確認できないことから、茎部が欠損した槍を再利用した可能性がある。現状の木製装具は、先端が山形であり、4枚合わせの構造を持ち、茎部上の材の幅は1.8cm前後である。外表面には糸を密に巻き、漆で固めている。一般に、山形装具は4枚合わせで分厚いレンズ状の断面としたものに、糸を巻いて漆で固め、その後に装具先端を糸ごと山形に削り出したとされる。しかし、本例では山形に削り出した先端斜面にわずかであるが糸が架かり、それを漆で固めた部分が確認できた。この場合、装具先端はあらかじめ大まかに山形に整形されており、それに糸を巻いて漆で固めた後に、最終的な整形を行い、漆を塗って仕上げたものと見られる。

**槍12** 鋒が欠け、刃部も折れて接合しない。残存長は54.9cm以上である。刃部は47.1cm以上で、槍としては非常に長い。関付近での刃部幅は3.5cm前後とみられ、断面は扁平な菱形で鎬をもつ。関の形状はX線写真でも明確でないが撫関で先細りの茎部をもつとみられる。茎部には直径0.5cmほどの目釘孔が2つあり、間隔は近い。装具先端は山形で4枚合わせの構造を持ち、茎部上の材の幅は1.8cm前後である。装具外表の糸の巻き付けはやや隙間が目立つが、その上を漆で厚く塗り固めている。装具の断面形は分厚いレンズ状をなす。

**槍13** 西棺外の33号鏡付近から、鋒と関から茎部にかけての破片が出土した。しかし、それを繋ぐ刃部は確認できず、2点が同一個体かは厳密には確認できない。出土位置が近接することと、刃部幅が近いことから同一個体として扱う。鋒側の残存長は6.3cmで、刃部幅は3.6cmと幅広でややふくらのつよい鋒である。関から茎部にかけての破片は残存長18.7cmである。関付近の刃部幅は3.6cm前後と幅広で撫関であり、緩く幅を狭める茎部をもち、直径0.4cmの目釘孔を

第 6 章 副葬品

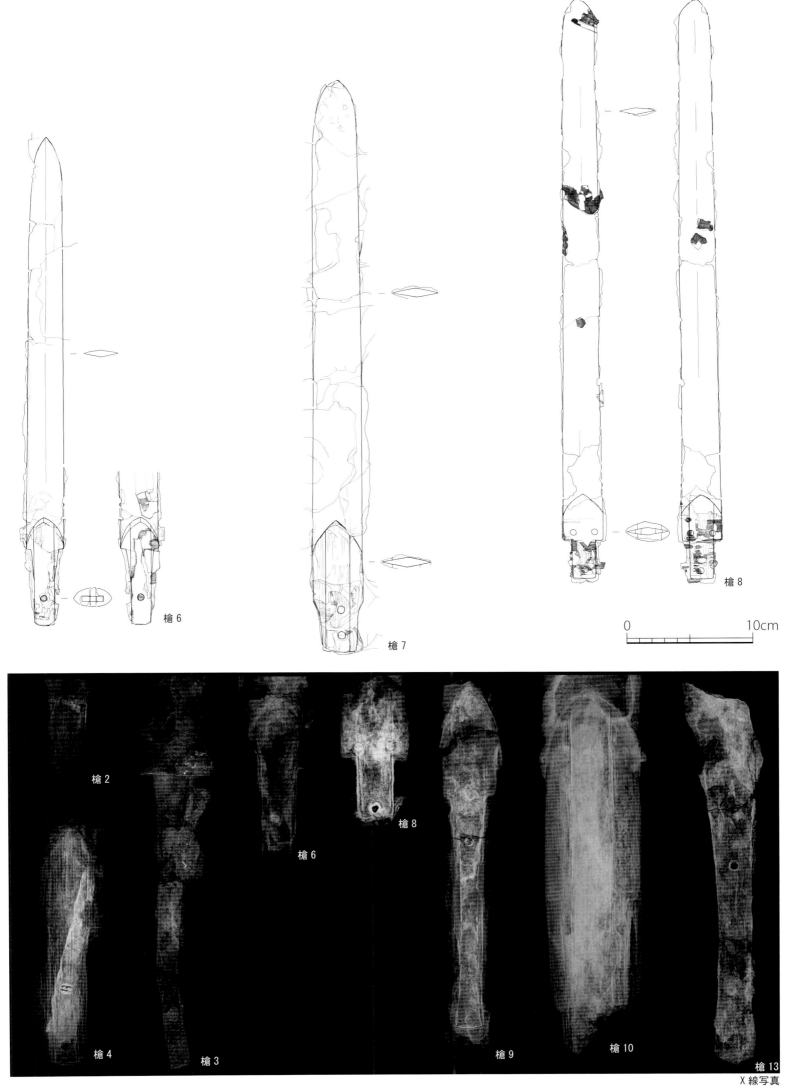

図 230 槍 (2) (1:3)

第Ⅰ部 調査編

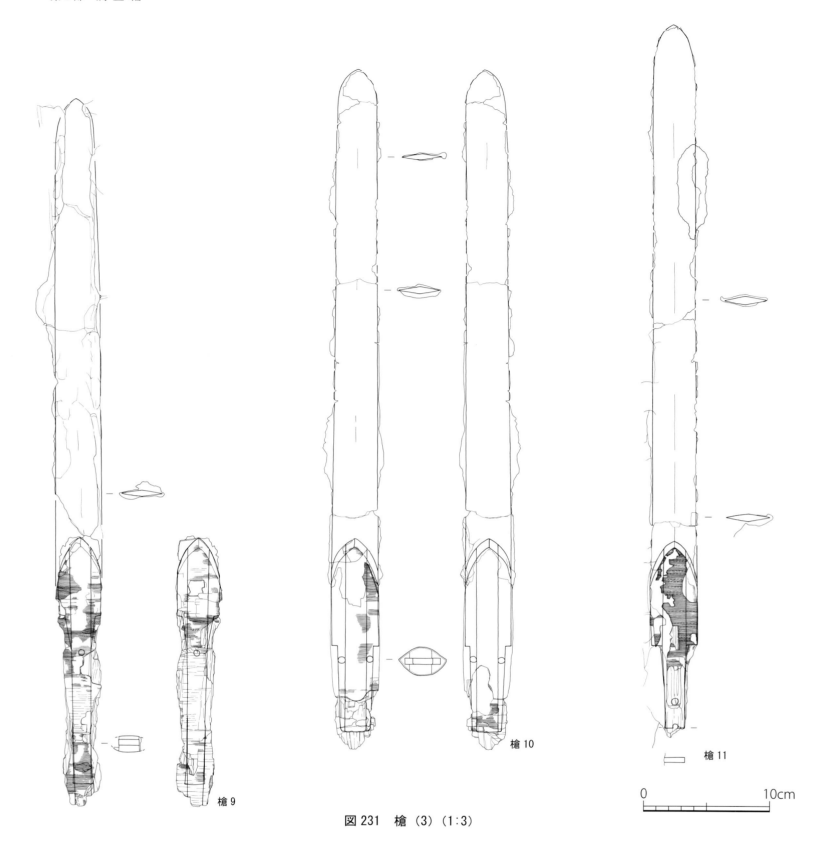

図231 槍（3）（1:3）

表13 槍計測表

| 番号 | 全長<br>(cm) | 刃部長<br>(cm) | 刃部最大幅<br>(cm) | 茎部長<br>(cm) | 重量<br>(g) | 備考 |
|---|---|---|---|---|---|---|
| 槍1 | (25.3) | (15.6) | 4.0 | (9.6) | - | |
| 槍2 | (23.6) | (21.0) | (2.0) | 2.6 | 23.1 | |
| 槍3 | (40.7) | (23.8) | 4.3 | (16.7) | (263.2) | 刃関双孔 |
| 槍4 | 35.7 | 30.2 | 3.2 | 5.5 | (79.8＋) | |
| 槍5 | 44.9 | 33.2 | 4.2 | 11.8 | - | |
| 槍6 | 40.1 | 33.8 | 3.0 | 6.3 | - | |
| 槍7 | 47.2 | 42.9 | 4.0 | 4.0 | - | |
| 槍8 | 47.5 | 44.6 | 3.3 | 3.1 | 180.0 | 刃関双孔 |
| 槍9 | (56.6) | (42.2) | 3.3 | 13.8 | (81.9) | |
| 槍10 | 54.4 | 47.1 | 3.7 | 8.6 | 398.0 | 刃関双孔 |
| 槍11 | (57.3) | (50.4) | 3.6 | 7.0 | (129.7＋) | |
| 槍12 | (54.9) | (47.1) | (3.5) | 8.1 | (143.1＋) | |
| 槍13 | - | - | (3.6) | (13.5) | (47.2＋) | |
| 槍14 | (36.0) | (31.0) | 3.0 | - | - | |

もつ。茎部は長さ13.5cmと長く、幅は中央付近で1.6cm前後であるが、茎尻は緩く丸みをもち、厚みも端部側では薄くやや幅広となる。茎部上で4枚合わせの構造をもち、茎部上の材の幅は1.6cm前後とみられる。

　槍14　西棺外の錆着した刀剣類の束の断面で存在が確認できた個体で、部分的にX線写真等でも存在が確認できた。木製装具は不明であるが、副葬方向から槍として扱う。断面形は菱形で鎬をもつとみられる。おおよその全長は36cm、刃部長31cm前後とみられる。

　柄　14点の槍に柄の末端を示す石突などの遺物は出土していない。柄の存在は棺床上の漆被膜や鉄製品に付着した漆片、粗い粒状の漆が塗られた痕跡から確認できる。棺外の槍はいずれも鋒を北に向けて、一連の鉄製品群の北端に集中し

第 6 章　副葬品

て出土することから一定の長さの柄の装着が想定できる。棺内の槍 2 は、木棺内の棺室の長さからみて、柄を折るなどの加工を加えていなければ、その長さは 2.3 m 以内とみられる。

## 2　鉄鏃 ［図 235 ～ 243、PL. 98 ～ 108］

**概要**　鉄鏃の多くは全体に銹が進行し、鏃身が空洞化して歪みが目立つものが多い。また、副葬時の束の状態で銹付き、織物痕や木質などの付着物とともに保存処理されたものを含む。そのため、型式の確認には肉眼観察と撮影角度を変えた複数のX線写真を併用し、実測図は復元的に作成した。特に鏃身の厚さは銹の影響を強く受けており、断面図を掲載しているが、鉄鏃計測表［表 15］には計測値としての鏃身厚の項目は採用せず、各型式の記載の中で触れるに留める。

　確認できた出土総数は 280 点で、石室南棺外が盗掘を受けたことを考慮すると、副葬数は 280 点以上となる。なお、鉄鏃の数え方は、鏃身尻から茎部との接合部の鏃身関の確認をもって 1 点と数えている。そのため、鏃身先端や矢柄片は鉄鏃の個体数に入れておらず、第 5 章での出土状態の点数と異なる。

　出土鉄鏃は矢柄との装着形態により、無茎・短茎鏃と有茎鏃に大別できる。無茎・短茎鏃のうち、出土鉄鏃群には短茎部をもつ短茎鏃にはA字形短茎鏃があり、無茎鏃には柳葉形無茎鏃がある。一方、有茎鏃のうち、出土鉄鏃群には棒状の頸部をもつ有頸鏃はなく、無頸で有茎の柳葉式と定角式、鑿頭式のほか、三角形式、腸抉柳葉式、圭頭式を確認した。柳葉式は、亜種頸部（窄被）の有無と大型・中型の分類により 4 つの型式に細分される。定角式は、中型と小型に細分される。鑿頭式は、ほぼ全て同一の型式であるが、矢柄との装着のためのいわゆる口巻きに、通有の樹皮を用いるものと、糸を用いるものに細分できる。これ以外に、三角形式と中型・小型の腸抉柳葉式があり、合計 13 型式を確認した［図 233］。基本的に鉄鏃茎部に矢柄の装着痕を確認でき、矢として副葬したと判断できる。一部の刀剣類などの銹に矢柄痕跡が確認できるものの、矢柄長や矢羽の枚数は具体的には確認できなかった。

　これら鉄鏃は竪穴式石室内の棺外に 16 の鉄鏃群に分かれて出土した（A ～ P 群）。そこで個別の型式から記載し、その後に各鉄鏃群の型式構成と盛矢具を含めて副葬状況について報告する。

**出土した鉄鏃の型式**

（a）A字形短茎鏃　5 点がK群から出土した（K1 ～ K5［図 238］）。全長 6.9 cm 程、最大幅 3.6 cm 程、付着物込みの重量 23.0 ～ 35.9 g である。鏃身平面形はふくらが弱く、側線は緩いS字カーブをもつ。腸抉の内側は緩いカーブを描いて開くA字形短茎鏃である。鏃身と短茎部の接点の屈曲は鋭角を為す。腸抉先端は尖らず、切り落としたような端面をもつ。なお、腸抉内側の切断面はシャープで明瞭な面をもつ。鏃身断面形は扁平なレンズ状で、現状で鎬は確認できない。短茎

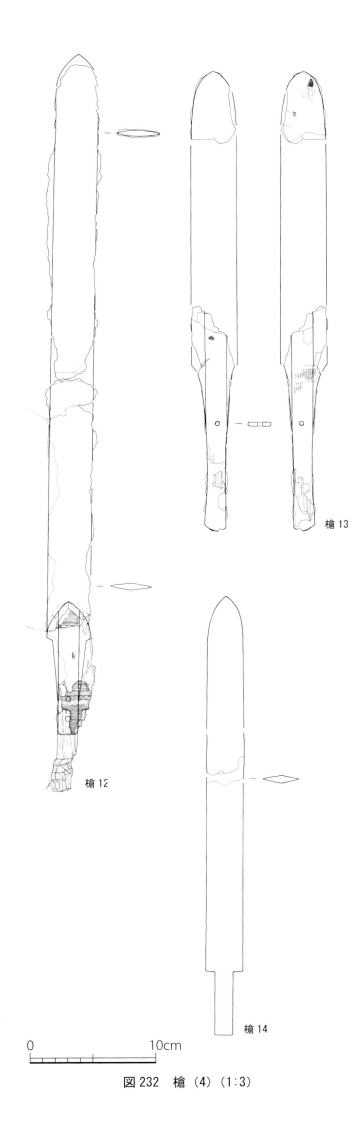

図 232　槍（4）（1:3）

長は1.8cm前後で、腸抉先端よりわずかに長い。鏃身に比べてやや薄く厚さ0.3cm前後で、茎部端ではわずかに幅を広げる。A字形の短茎鏃としては鏃身の開きがやや狭く、古相である。

根挟みは、鏃身に接する部分に痕跡を残し、根挟み関の形状や長さは不明である。根挟みは木製であるが、樹種は不明である。根挟み先端はややふくらをもつ三角形に削り出されて、根挟みの先端位置は表裏両面で揃っている。糸を巻き付ける部分は、糸1本分ほどの深さで一段細く削られている。糸は遺存状況が悪くほとんど確認できないが、痕跡から太さ0.7mmほどで密に巻かれていたとみられる。根挟みの糸を巻き付ける部分の断面形はカマボコ形で、短茎部を挟んだ断面形は1.0×0.9cmほどのやや縦長の楕円となる。織物痕があり、K1・4の鏃身には何枚にも重なった状態で付着していた。また、K2の鏃身には他の鏃の矢柄痕跡があり、その直径は0.8cm前後に復元できる。他に、K1・4には多孔質の付着物が確認でき、皮革製品と接していた可能性がある。

（b）無茎柳葉式　B群に13点、N群に1点の合計14点を確認した（B1～B13［図235］、N4［図240］）。全長3.2～3.6cm、根挟み等の付着物込みでの重量はおよそ6.3～9.4gである。鏃身側線は緩いS字カーブを描く柳葉形で、無茎柳葉式である。鏃身平面形の先端寄りに強いふくらをもち、幅1.5cm前後と鏃身の最大幅となる。鏃身尻の平面形は、側線から鋭く屈曲し、わずかに底辺の中央が凹むように緩い弧を描く。底辺を除く鏃身側線の全てが刃部として研ぎ出されている。それに対して鏃身尻の端面は板状で明瞭な切断面をもつ。鏃身最大幅での断面形は扁平な菱形で、明瞭な鎬をもつ両鎬造りである。鏃身の根挟みと接する部分には平坦面をもち、その部分に鎬は及ばない。鏃身平坦面中のやや下半に直径1.5mmほどの孔をもつ。鏃身の厚みは、鏃身の孔付近で0.5cm前後である。

根挟みの素材は、乳白色でいわゆる鹿角製とみられるが、表面を滑らかに削っており、本来の鹿角表面は確認できず、厳密には同定できてない。根挟み外表面の遺存状況は良くなく、多くは崩れて素材の乳白色を呈するが、B8などの根挟みには水銀朱の付着が確認できる。しかし、根挟みに意図的に塗布したのか、他の色が移ったのかは不明である。根挟みを多数の断片資料から総合的に復元すると、全長は約5.0cmで、根挟みの挟み部の平面形は先端にふくらをもつ長さ2.0～2.3cmの長三角形で、中央に1.5mm程の孔をもつ。根挟みの股がくる基部付近での幅は約0.9cmである。短茎鏃の根挟みと比べて非常に太いのが特徴である。B12やB14などを参考にすると根挟み基部から茎部関までの長さは約1.6cmである。基部の断面はほぼ円形で、直径0.9～1.0cmである。根挟み関は円形の直角関で、茎部長はB14では1.3cm以上で、茎部断面は直径約0.5cmのほぼ円形で、やや先細りに削り出している。矢柄径は0.8cm前後とみられ、根挟み基部は矢柄よりも一回り太いことになる。茎部に矢柄痕跡は確認できなかったが、根挟み関に明確な平坦面をもつことから、矢柄先端を先細りに削り出さない切断型とみられる。

なお、鏃身と根挟みとの固定には、糸を用いるのではなく、X線写真で確認すると鏃身孔と根挟み孔に有機質の目釘を用いている。B群は同型式のみで構成されており、B3の矢柄痕跡に樹皮による口巻き痕が確認できることから、根挟みと矢柄の接続には通有の樹皮による口巻きが用いられたとみられる。

（c）柳葉式　柳葉式は多数に分類されるが、本墳出土の柳葉式は、鏃身部に強い屈曲をもつB、C類である。これに、ふくらをもつ円錐台形状の亜種頸部の有無と、鏃身長の違いから大型と中型があり、合計4種類に細別できる。『ホケノ山古墳の研究』での柳葉式の分類［水野2008］を補足して使う［図234］。

大型柳葉式（B3b類）　E群に3点、F群に1点、J群に2点の合計6点を確認した（E7・9・12［図236］、F1［図237］、J1・2［図238］）。全長10.9～11.8cm、重量25.5～27.9g前後である。鏃身長は約8.1cm、鏃身先端にふくらが強く、

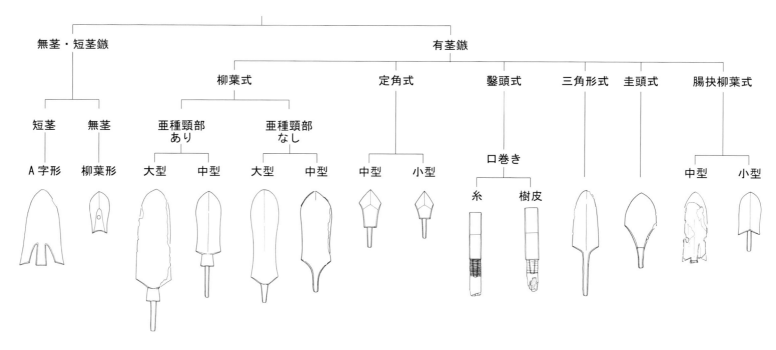

図233　黒塚古墳出土鉄鏃型式分類

側線のＳ字カーブは弱く、側線から鏃身尻への屈曲は明瞭で、鏃身尻の平面形は緩く茎部側に突出する。鏃身は 0.5cm 前後と厚く、断面は扁平な菱形で鎬をもつ両鎬造りである。鏃身の最大幅は刃部ふくらと鏃身下端の屈曲部の幅の値が近く、やや屈曲部が幅広なものが多く、2.8cm 前後である。鏃身尻には明瞭な面を持ち、これに長さ約 1.0cm、最大径約 1.0cm の円錐台形をなす亜種頸部が付属する。側面から見て鏃身と亜種頸部との境に段差はなく、緩い屈曲をもつ。亜種頸部の矢柄先端との当たりは、丁寧に平坦面を削り出している。茎部長は 2.6cm 前後で、断面は隅丸方形、もしくは円形に近い。矢柄径は、口巻きの上から計って直径 0.9cm となる。矢柄の先端はほぼ平らで、詳細には矢柄先端より幅 3mm ほどがわずかに先細に削られ、完全に切り落としたままではない。口巻きは鏃身先端を上とした時に、左上がりになるように樹皮を巻き付けており、その表面には黒漆を塗っている。口巻きの幅は、確認できる最大幅で約 3.3cm である。

なお、現状で J1 の口巻きに光沢が強いのは保存処理の樹脂によるものである。口巻きに厚く塗られた黒漆により、本来は口巻き樹皮の状況は観察できなかったとみられるが、多くは漆外表面が剥落しており、樹皮の巻き付けが確認できる。

**中型柳葉式（B2b 類）** 81 点と出土数の最も多い型式である。A 群 1 点、E 群 1 点、G 群 9 点、H 群 16 点、I 群 18 点、L 群 18 点、N 群 3 点、O 群 1 点、P 群 13 点、ほかに攪乱（Q 群）より 1 点が出土している（A1［図 235］、E10［図 236］、G1 ～ 8・10、H1 ～ 16［図 237］、I1 ～ 8・10 ～ 19［図 238］、L1 ～ 16・38・42［図 239］、N5 ～ 7、O1、P1 ～ 6［図 240］、P7 ～ 12・14［図 241］、Q1［図 242］）。全長 8.3 ～ 10.1cm ほどで、矢柄等の付着物込みの重量は 19.3 ～ 27.9g ほどである。鏃身長は 4.8 ～ 5.5cm 前後で、大型柳葉式の鏃身長が 8.1cm 前後であることから、その分類区分は明瞭である。鏃身最大幅は刃部ふくら付近の幅 1.8cm 前後である。亜種頸部の大きさは、最大径 0.9 ～ 1.1cm、長さ 1.0cm 前後と、大型（B3b 類）とほぼ同じである。鏃身側線のＳ字カーブは大型より強く、鏃身尻の屈曲もやや強く平面形もやや異なる。鏃身尻の平面形は緩やかに直線的に突出し、鏃身尻には明瞭な鍛造の面をもつ。鏃身は厚く、断面は菱形で鏃身のほぼ中央に鎬をもつ両鎬造りである。側面から見ると、平面形で鏃身最大幅付近で安定した厚みをもち、屈曲部付近で 0.5cm 前後と最大厚となる。側面からみて鏃身と亜種頸部との境に段差はなく、わずかに屈曲するのみである。茎部は、亜種頸部の端面との接合部分はシャープな隅角を持つように丁寧に研磨されている。茎部長は 2.2 ～ 2.6cm 前後で、断面は隅丸方形もしくは多角形になるように丁寧に削られている。この型式は多数の鍛造の面をもち、なおかつ研磨を多用するため、製作工程が特に複雑な鉄鏃である。例えば、L4 の茎部は、銅鏃のように茎部方向に沿って薄く削った面を確認しており、鍛造後に鉄鏃全体をかなり多めに研磨して整形している。

矢柄は口巻きの上から計って直径約 0.9cm で、亜種頸部と接する端部で幅 0.3cm ほどがわずかに先細となるが、それ以下は矢柄の太さについての変化はない。口巻きは樹皮で、左上がりに巻かれており、口巻き幅は 1.8cm 前後にまとまる。口巻きと矢柄との間にはほとんど段差が生じず、非常に薄い樹皮を用いている。また、矢柄の多くは口巻きの部分のみが残る場合が多く確認は難しいものの、口巻きに塗られた黒漆は口巻きの範囲を超えて矢柄の一部にまで塗られていた可能性がある。矢柄については近接して副葬された刀剣類などにその痕跡があり、口巻きのない部分の矢柄径は 0.8 ～ 0.9cm と判明するが、矢柄の長さや矢羽根についての情報は得られなかった。

**大型柳葉式（B3a 類）** E 群に 5 点を確認した（E2・3・5・8・11［図 236］）。全長 8.2 ～ 10.8cm、鏃身先端から屈曲部までの長さ 7.1 ～ 7.6cm で、矢柄痕跡までを鏃身長とすれば 7.7 ～ 8.2cm で、重量 16.2 ～ 28.4g である。全体的に遺存状態が悪く、型式の細部は不明なものが多い。鏃身形状は、鏃身側線のＳ字カーブは強めで、鏃身屈曲部まで刃部を持つ。鏃身先端付近にふくらをもち、鏃身の最大幅と屈曲部の幅が近く、2.3cm 前後である。鏃身厚は 0.4cm 前後と亜種頸部をもつ大型柳葉式（B3b 類）よりも薄い。鏃身尻での屈曲は明瞭で鏃身尻にはいずれも明瞭な面をもつ。鏃身断面形は扁平でややふくらをもつ菱形で、鎬をもつ両鎬造りである。鏃身屈曲部から茎部にかけてはわずかに外反して茎部につながる。茎部断面は方形を基調とし、茎部長は矢柄装着痕から測ると長さ 1.4 ～ 2.8cm と、亜種頸部をもつ柳葉式 B3・2b 類と比べて茎部はやや短い。

E2 の側面観は、板状で側面分類ⅱa 類（第Ⅱ部第 1 章第 4 節）に近く、鏃身と茎部の境は明確でない。

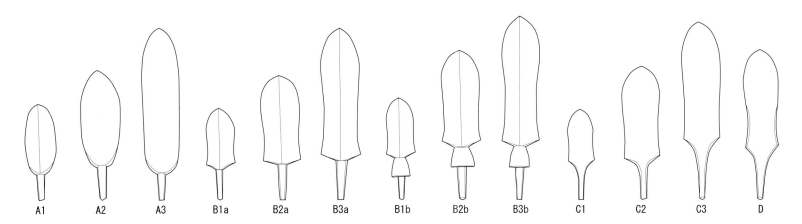

図 234　柳葉式鉄鏃主要型式分類図

矢柄は、先端が幅0.4cm程にわたり、先細に削り出され、矢柄径は0.8mm前後とみられる。口巻きは樹皮で左上がりに巻かれ、黒漆が塗られているが、口巻きの遺存状況はいずれも悪く、口巻きの幅は不明である。

**中型柳葉式（B2a類）** C群とE群から1点ずつ、出土地不明（Q群）から1点の合計3点を確認した（C13［図235］、E1［図236］、Q2［図242］）。これ以外に欠損して型式の判別がつかない破片がE群に1点ある（E4［図236］）。全長は7.6〜7.8cm前後、重量20.3〜21.1gで、鏃身先端から屈曲部までの長さは5.6〜5.9cmで、矢柄痕跡までを鏃身長とみれば6.5cm前後で、大型との区別は明瞭である。鏃身側線にごく緩いS字カーブをもつが屈曲部の突出は目立たず、鏃身屈曲部まで刃部を持つ。鏃身の最大幅は約2.3cmでふくらをもつ鏃身先端と屈曲部の幅は近い。屈曲部から茎部にかけては、わずかに外反する。多くは錆で確認できないが本来は両鎬造りの可能性が高い。断面は扁平な菱形で、厚さは0.5cm前後である。側面分類はⅱa類で、鏃身よりも茎部でさらに薄く先細となる。茎部の断面は方形を基調とする。C13では、矢柄先端を先細に削るのを確認できる。樹皮による口巻きを確認できるが、口巻き幅や矢柄の径は不明である。

**(d) 定角式** 定角式は、バリエーションが少ない型式であるが、本墳からは通有の中型品のほかに小型品が出土した。

**中型定角式** C群11点、D群1点、E群17点、L群8点、M群1点、O群1点、P群2点の合計41点を確認した（C2〜12、D11［図235］、E13〜15、17〜24［図236］、E24〜30［図237］、L55〜62、M1、O1［図240］、P77・78［図242］）。全長はおおよそ5.1〜6.1cm、鏃身長2.8〜3.1cm、重量8.3〜10.9g程である。両鎬造りで錆により目視できるものは少ないが明瞭な鎬を持ち、刃先の断面は菱形となる。しかし、側面から見て鏃身の必ずしも中軸に刃部側線が来るのではなく、やや上下に偏りをもつものが多い。鏃身の最大幅は1.3〜1.8cm前後で、最大厚は縦と斜めの鎬が集まる所で0.7cm前後である。鏃身尻に向かってやや薄くなり、鏃身尻の厚さは0.6cm前後である。刃部は鏃身先端から鏃身最大幅となる部分まで

で、鏃身下半の断面は、やや扁平な長方形である。鏃身側面と鏃身尻には明瞭な面をもつ。茎部は長さ1.8cm前後で、断面は方形を基調とする。

矢柄は直径0.8cm前後である。矢柄の先端は、約1.2cmの幅で矢柄先端を先細に削り出しており、口巻きの幅は1.4〜1.7cm前後にまとまる。口巻きは樹皮で基本的に左上がりに巻かれている。口巻き部の径と矢柄径はほとんど変わらない。詳細に観察すると口巻きの剥がれた部分の矢柄側にはごく薄い段差がみられた。口巻き部分の矢柄を一段薄く削った可能性も検討したが、明確な削り出しによる段差は確認できず、口巻きの範囲を超えて矢柄の一部にも塗られた黒漆などの付着物との段差とみる。

**小型定角式** C群に1点、D群に11点、L群に15点の合計27点を確認した（C1、D1〜10・14［図235］、L36・39〜41・43［図239］、45〜54［図240］）。全長4.0〜4.3cm、鏃身長2.1〜2.6cm、重量5.8〜8.9gである。鏃身長が中型定角式の3cm前後に対して小型は2.6cm以下と小さい。全体に小型で、通有の中型定角式と比べて鏃身最大幅が1.3〜1.5cmと狭いが鏃身最大厚は鎬が集まる部分で0.6cm前後、鏃身関付近の厚さは0.5cm前後と中型定角式とあまり変わらないため、厚みが非常に目立つ。結果として鏃身下半の断面はより方形に近く、鏃身下半の長さが短くなることが特徴である。両鎬造りで刃部の断面は分厚い菱形となる。中型定角式と同様に側面の中軸線上に刃部がくるとは限らず、上下どちらかに偏る場合が多い。鏃身尻も同様に明瞭な平坦面をもつ。鏃身が小さく、茎部厚との差は小さいが、鏃身と茎部の境に明瞭な段差をもつ側面分類ⅰ類である。茎部は長さ1.6〜2.2cmで断面は方形もしくは隅丸方形であり、中型とあまり変わらない。

矢柄は直径0.8cmで、矢柄先端を幅1.0cmにわたり先細に削る。これは中型定角式の矢柄と比べて幅が狭い。口巻きは樹皮で左上がりに巻かれ、口巻き幅は1.0〜1.1cm前後にまとまる。口巻き表面には黒漆が塗られ、その範囲は口巻きを超えて矢柄に及ぶがその幅は不明である。結果として口巻き

表14　黒塚古墳出土鉄鏃群型式出土数一覧（個体数の確認は鏃身と茎部との接合部の確認をもって1点としており、図示した点数とは異なる）

| 群 | 出土数 | 短茎 | 無茎 | 亜種頸部柳葉式 | | 柳葉式 | | 腸抉柳葉式 | | 三角形式 | 圭頭式 | 定角式 | | 鑿頭式 | 不明 | 群 |
|---|---|---|---|---|---|---|---|---|---|---|---|---|---|---|---|---|
| | | | | 中型 | 大型 | 中型 | 大型 | 中型 | 小型 | | | 中型 | 小型 | | | |
| A | 2 | | | 1 | | | | | | 1 | | | | | | A |
| B | 13 | 13 | | | | | | | | | | | | | | B |
| C | 13 | | | | | 1 | | | | | | 11 | 1 | | | C |
| D | 13 | | | | | | | | | 1 | | 1 | 11 | | | D |
| E | 28 | | | 1 | 3 | 1 | 5 | | | | | 17 | | | 1 | E |
| F | 1 | | | | 1 | | | | | | | | | | | F |
| G | 9 | | | 9 | | | | | | | | | | | | G |
| H | 16 | | | 16 | | | | | | | | | | | | H |
| I | 18 | | | 18 | | | | | | | | | | | | I |
| J | 2 | | | 2 | | | | | | | | | | | | J |
| K | 5 | 5 | | | | | | | | | | | | | | K |
| L | 63 | | | 18 | | | | | | 21 | | 8 | 15 | 1 | | L |
| M | 1 | | | | | | | | | | | 1 | | | | M |
| N | 9 | | 1 | 3 | | | | 1(+2) | | 2 | | | | | | N |
| O | 7 | | | 1 | | | | | | 5 | | 1 | | | | O |
| P | 76 | | 13 | | | | | | 1 | 2 | | 2 | | 58（糸24 樹皮24） | | P |
| Q（不明） | 4 | | | 1 | | 1 | | | | 2 | | | | | | Q（不明） |
| 集計 | 280 | 5 | 14 | 81 | 6 | 3 | 5 | 3 | | 33 | 1 | 41 | 27 | 58 | 2 | 集計 |

部分終端と矢柄の間に段差は目立たない。

　(e) 鑿頭式　P群から58点を確認した（P19〜76［図241・242］）。全長5.6〜6.1cm、鏃身長3.9〜4.4cm、重量9.2〜17.7gで、鉄鏃の型式と法量はほぼ同じであるが、口巻きに樹皮を用いるもの24点と、糸を用いるもの24点を確認している。

　鏃身は幅0.9〜1.2cm、厚み0.9cm前後と細長く、側面にも明瞭な面を持つ四角柱を基調とする。鏃身尻にも平坦面をもち、明瞭な隅角をもつ。鎬の有無からみると片鎬造りにみえるが、完全な片鎬造りではなく、側面からみると上面は明瞭に鎬をもつのに対して、下面はごく浅く緩く屈曲しており、表裏の区別をもつ。鏃身下半の断面はほぼ方形である。側面から見て鏃身と茎部の境は、明瞭に段差をもつ側面分類ⅰ類である。茎部は長さ2.0〜2.5cmで、断面は方形を基調とする。

　口巻きの糸は、直径約0.5mmと通有の短茎鏃の根挟みに使用する糸よりも細く、巻き付けも密である。口巻きの糸の幅は1.4cm前後に揃えられている。現状では口巻きの黒漆の塗られた糸が確認できるが、本来はさらに厚く黒漆の皮膜が被り、糸巻きの詳細は見えなかったようである。糸巻きの下端では、矢柄表面との間にほとんど段差が確認できない。P31は口巻きの糸の大部分が外れているが、口巻きの幅1.4cmのところで矢柄の太さがわずかに段をもつ。一部に糸巻きの範囲を薄く削ったように見えるものもあるが判然としない。矢柄の径は約0.8cmであるが、矢柄表面は矢竹のままではなく、薄く表面を削った痕跡が残る。矢柄の先端は先細に削り出すことのない切断型である。なお、P32は糸の撚りの方向が通常と逆となっている。

　口巻きに樹皮を用いる矢柄も、口巻きの範囲の幅1.4cm前後にまとまり、明確な規則性が認められる。樹皮の口巻きも口巻き下端と矢柄の境には段が目立たず、P43では口巻きの範囲を超えて矢柄の一部にも黒漆が塗られている。

　(f) 三角形式　33点を確認した。D群1点、L群21点、N群2点、O群5点、P群2点、不明（Q群）2点である（D13［図235］、L17〜35・37・44［図239］、N8・9、O2〜6［図240］、P15・18［図241］、Q4・5［図242］）。全長7.5〜8.5cm、鏃身長5.1〜5.6cm、重量13.3〜17.2gである。鏃身は先端にややふくらをもつ長い三角形を基調とし、柳葉式と似るが、鏃身先端が鋭く、鏃身側縁にS字カーブをもたない。鏃身刃部から鏃身尻への屈曲は鋭く、鏃身下半の平面形は緩やかに外反し、撫関として茎部に続く。鏃身中央の鎬は明瞭で、L24など、鏃身屈曲部以下の矢柄で隠れる茎部付近まで鎬をもつものがある。鏃身断面は扁平な菱形である。この型式は類例が少ないものの有稜系鉄鏃である。鏃身と茎部の境に段差を持たない側面分類ⅱa類である。鏃身厚は鏃身最大幅付近で0.5cm前後と全体に薄く、錆びて遺存状況の良くないものが多いが、全体を良く研磨している。鏃身から茎部にかけての平面形は、緩く外反し連続するものと、わずかに屈曲するものが混在する。茎部長は矢柄痕跡から茎部端までで2.0〜3.2cm前後とばらつきがある。鏃身下半の撫関部分の側面には明瞭な面をもち、茎部断面は方形を基本とする。

　矢柄は直径0.8cmで、先細りに先端が削られている。口巻きは樹皮であるが、全般に遺存状況が悪く、口巻きの幅は不明である。鏃身を上とすると、わずかに左上がりになるように巻き、黒漆が付着する。

　(g) 圭頭式　A群から1点出土した（A2［図235］）。全長6.3cm、鏃身最大幅約2.7cmである。錆歪みが著しく現状では鎬を確認できないが、厚みのある鏃身とみられ、X線写真でも関は明確でなく、撫関となる可能性が高い。矢柄までを鏃身長とすると4.4cmで、保存処理後の重量は14.0gである。

　(h) 腸抉柳葉式　4点を確認し、中型と小型があった。

　中型腸抉柳葉式　中型と小型の判別がつくのはN1［図240］だけで、他に腸抉が確認できるものにN2とN3がある。いずれもN群から出土したため、中型腸抉柳葉式の項で扱う。N1は茎部が折れており、残存長は5.0cm、鏃身残存長は4.8cmで、重量は4.9gである。鏃身長は推定復元すれば4.9cmほどとなり、鏃身は先端にふくらをもつ柳葉形で、鏃身側線は緩いS字カーブを描く。鏃身厚は0.4cm前後と薄く、鏃身の断面は扁平な菱形で中央に鎬をもつ両鎬造りの有稜系鉄鏃である。腸抉は浅いが先端は尖り、腸抉内側は直線的で明瞭な面をもち、茎部との接点は鋭角をなす。茎部は折れているが方形を基調とする。側面からみるとN3では銅鏃のように茎部を薄く削り、鏃身との境に段差をもつ断面分類ⅰ類である。矢柄痕跡が認められ、先細の矢柄が装着されるが詳細は不明である。

　小型腸抉柳葉式　P群から1点が出土した。P17［図241］の全長は4.7cm、鏃身先端から腸抉先までの鏃身長3.5cm、重量8.4gである。中型腸抉柳葉式の鏃身長が4.8cm以上であり、その違いは明瞭である。鏃身は柳葉形で、鏃身先端にふくらが強く、鏃身側線のS字カーブは目立たない。鎬は明瞭で鏃身断面は菱形の両鎬造りである。腸抉は浅く、腸抉内側のラインは直線的で腸抉内側に明確な面をもつ。茎部は長さ1.4cmで、断面は方形である。側面からみると鏃身と茎部に小さな段をもつ側面分類ⅰ類である。

　矢柄は直径0.8cm前後で、矢柄先端を先細に削る。口巻きは樹皮で左上がりに巻かれ、口巻きの残存幅は1.4cmである。表面に黒漆が塗られている。

　出土鉄鏃群の構成と副葬　石室内での出土状態から16群を認識している。各群の鉄鏃型式の構成と、副葬状況の復元のための整理を行う。鉄鏃群は、出土状態のまとまりから判断しており、鉄鏃群の順番は、石室内北棺外から東棺外と西棺外を北から順にみて、南棺外へとアルファベットをつけている。

　A群（2点）［図235］　石室内の北棺外から出土した2点である。他の群と異なり東西に離れて出土してまとまりがない。北棺外での鉄鏃出土はこの2点のみである。亜種頸部（筬被）をもつ中型柳葉式A類と、圭頭式の2点である。東西棺外の北よりの鉄鏃群との関連も考慮したが、他の群と位置が離れ、周辺に同型式がないことから別群とした。また、北棺外には有機質製品1があり、その上に17号鏡やU字形鉄製品等とともに、矢として副葬された可能性が高い。A1の両面

第Ⅰ部　調査編

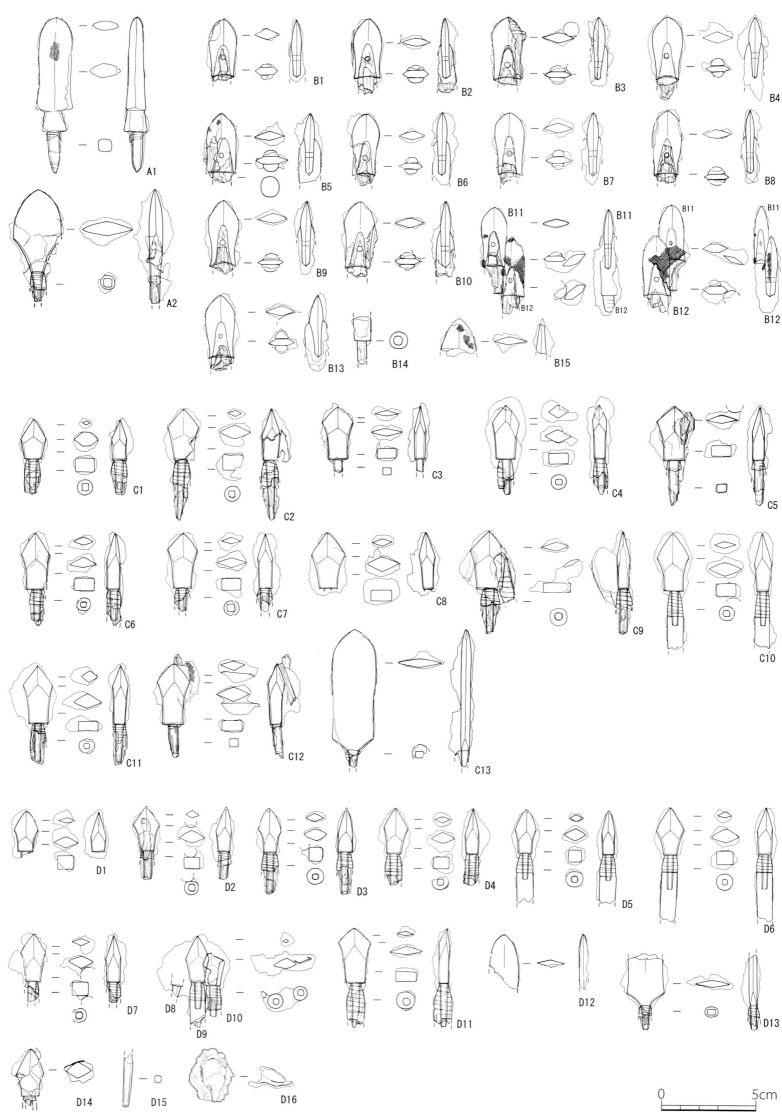

図235　鉄鏃（1）（A群：A1・A2、B群：B1〜B15、C群：C1〜C13、D群：D1〜D16）（1:2）

第 6 章　副 葬 品

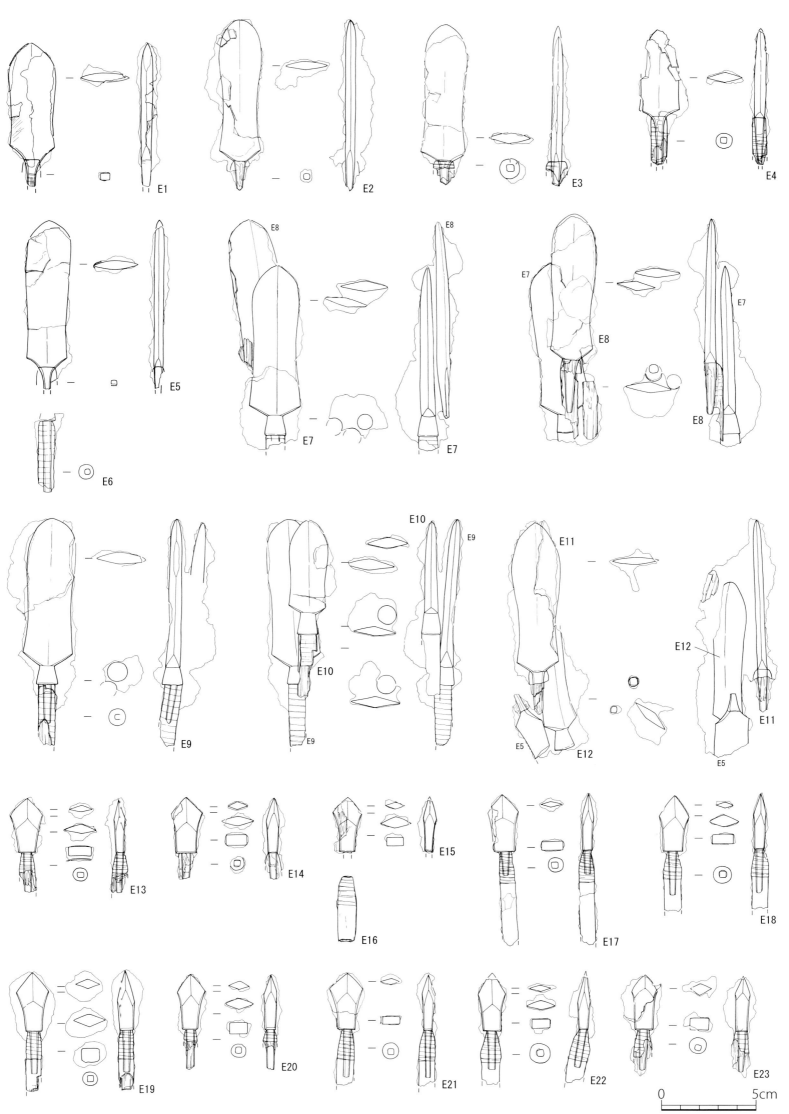

図 236　鉄鏃（2）（E 群：E1 〜 E23）

第Ⅰ部 調査編

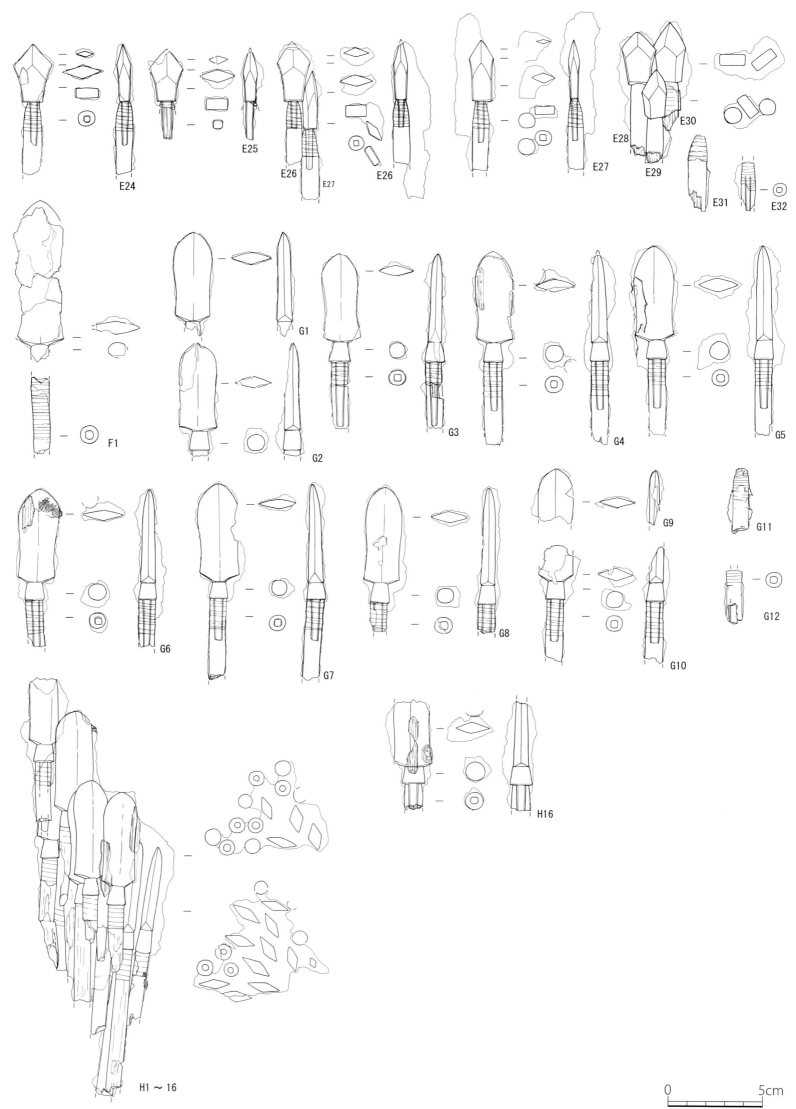

図237 鉄鏃（3）（E群：E24～E32、F群：F1、G群：G1～G12、H群：H1～H16）（1：2）

には目の細かい織物痕が付着しており、A2は、本墳唯一の圭頭式としての特異性が目に付く。

　B群（13点以上）［図235］　東棺外の刀剣類の束と、23号鏡と22号鏡との間から出土した。銅鏡の取り上げまで確認できなかった鉄鏃群である。銅鏡の取り上げ時に鉄鏃群は出土状態が乱れたため、鏃の副葬方向等の詳細は不明である。無茎柳葉式13点と破片1点で構成され、大型の鹿角製とみられる根挟みの使用に特徴がある。B11・B12が鏃先端方向を揃えて錆付いていることから、鏃身先端を揃えるように何らかの盛矢具に納めた束の状態で副葬されたとみられる。B3、5、9、10には他の個体の矢柄痕跡があり、B群は矢柄を装着した矢として副葬されたことがわかる。また、B5、B11・B12の鏃身には織物痕が表裏に付着するが、盛矢具に由来するのか、近接した銅鏡に由来するのかは不明である。

　C群（13点）［図235］　中型柳葉式（B2a類）1点、中型定角式11点、小型定角式1点とで構成される。近接してD群があり、出土状態ではそれぞれにまとまりが認められるが、この2群に関しては本来1つの束であった可能性もある。

　D群（13点）［図235］　中型定角式1点と小型定角式11点を中心に、三角形式1点を含む。D8〜D10が鏃身先端を揃えて錆着していることから、何らかの盛矢具に納めて副葬したと分かる。織物片や黒漆片も付着するが盛矢具のものか、刀剣類に属するものかは判別できない。D14は大きく欠損するが、小型定角式とみられ、黒い皮膜状の付着物が確認できる。D15は表面が木質で覆われ、内側に錆が付着することから茎部ではなく、矢柄片の可能性が高い。また、D16は皮膜状となった錆に鉄器片が付着するが、外面がほとんど残っておらず型式は不明である。D13は鏃身下半のみで中型柳葉式B2a類と三角形式との識別が難しいが、D12に三角形式の鏃身先端があることから、三角形式として扱う。

　E群（28点）［図236・237］　柳葉式と定角式が混在する。柳葉式は4種類が混在し、亜種頸部を持つ大型柳葉式（B3b類）3点、中型柳葉式（B2b類）1点、亜種頸部を持たない大型柳葉式（B3a類）5点、中型柳葉式（B2a類）1点、定角式17点、不明1点で構成される。柳葉式と定角式は混在するが、柳葉式同士と定角式同士での錆着は確認できたが、柳葉式と定角式の錆着は確認できなかった。E7・8では大型柳葉式で亜種頸部の有無の違いをもつB3a類とB3b類が、E9・10では大型柳葉式（B3b類）と中型柳葉式（B2b類）が先端を揃えて錆着していた。定角式ではE26・27とE28〜30が鏃身を揃えて錆着しており、鏃身先端を北に向けて、何らかの盛矢具に納めて副葬されたとみられるが、それに伴う織物痕や木質の付着は確認できなかった。

　F群（1点）［図237］　亜種茎部をもつ大型柳葉式（B3b類）1点である。平面的には木棺痕跡内に落ち込み、刃先を北へ向けていたが棺上の副葬品とみられる。E群に同型式が3点あり、副葬時には同一の群であった可能性がある。

　G群（9点）［図237］　亜種茎部をもつ中型柳葉式（B2b類）で構成される。30号鏡の下からまとまって出土した。G5に黒色の皮膜状の付着物がある。木質は付着しないが盛矢具に

関わる可能性がある。これに関連するのが有機質製品2である。G・H群南側の南北約94cm、東西約20cmの範囲で微細な漆の被膜の広がりを調査時に確認しており、盛矢具に関わるものと考えられる。また、G4には他の鉄鏃の矢柄痕が付着し、G6の鏃身には矢柄片とともに巻き付くような付着物があって細かい目の織物の痕跡とみられる。

　H群（16点）［図237］　中型柳葉式（B2b類）16点から構成される。32号鏡の上から鏃身先端を揃えて束の状態で出土し、現状も束のままである。そのため各個体の細部は不明であるが複数のX線写真で確認する限り同一型式のみである。中型柳葉式（B2b類）のみで構成されるG群と似る。この2群は、本来一つの束で木棺腐朽の際に移動したことも予想され、有機質製品2との関わりが考えられる。しかし、漆で固めた織物片などの盛矢具の具体的な構造を示すような痕跡は鉄鏃束に確認できなかった。

　I群（18点）［図238］　亜種頸部をもつ柳葉式（B2b類）から構成される。出土した標高は大きく2群に分かれるが、I13〜18をはじめ、鏃身先端を揃えて錆着したものが多く、織物痕や漆とみられる細片が付着する。本来、木棺上の1つの盛矢具に納められていたものが、木棺の腐朽に伴い一部が石室壁体に引っかかり、残りが棺側に落下したとみられる。この群により、石室内への初期の流入砂層上面よりもさらに高い位置に副葬品が副葬されたことが確認できる。I2・3には、裏面に刀剣装具片が付着するが、その間に織物痕は確認できない。ただしI2には皮膜状の付着物がある。I14〜19は、中型柳葉式（B2b類）6点が束となるが、付着物は確認できない。また、I6・7には鉄鏃群を覆うように多孔質の付着物があり、革製品などの可能性がある。錆びて明確でないが、I6・7の裏面にも多孔質の付着物があることから、何らかの盛矢具の一部となる可能性はある。また、裏面には粗い粒状の黒漆が付着しており槍の柄の痕跡とみられる。

　J群（2点）［図238］　亜種茎部をもつ大型柳葉式（B3b類）で、鏃身先端を南に向けて出土した。平面的には木棺痕跡内から出土したが、木棺上に副葬されていた可能性が高い。大部分の鉄鏃群と異なり南を向く。2点のみで他の群からの移動の可能性は低い。なお、J2の鏃身は錆で大きく形が崩れて一回り小さくなっているが、本来はJ1と同型式である。

　K群（5点）［図238］　A字形短茎鏃5点で構成される。木棺痕跡内流入土のS1.3〜2.0mという木棺内南側の広範囲の埋土から出土した。採取した土の洗浄により出土したため詳細な出土状態は不明であるが、K2などに別個体の矢柄痕跡があることから、本来K群としてまとまって矢柄を装着した状態で副葬されたとみられる。鏃身片面に目の細かい織物を多重に巻き付けた痕跡と多孔質の付着痕跡があり、何らかの盛矢具に収められていた可能性が高い。

　L群（63点）［図239・240］　亜種茎部をもつ中型柳葉式（B2b類）（18点）、三角形式（21点）、中型定角式（8点）、小型定角式（15点）、不明（1点）から構成される。西棺外の北側に刀剣類とともに出土した。出土状態では北向きと南向きが混在し、L41など鏃身先端が北を向くものもあるが、大多数の

第Ⅰ部　調査編

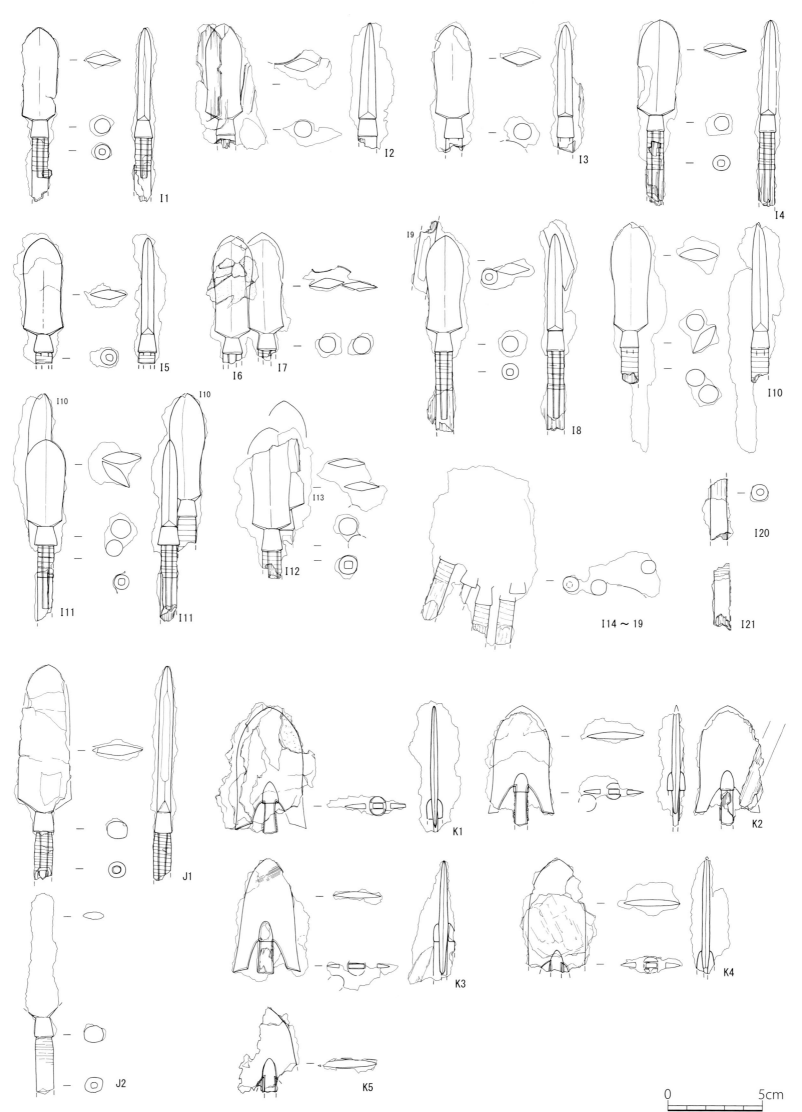

図 238　鉄鏃（4）（Ⅰ群：I1～I21、J群：J1・J2、K群：K1～K5）（1:2）

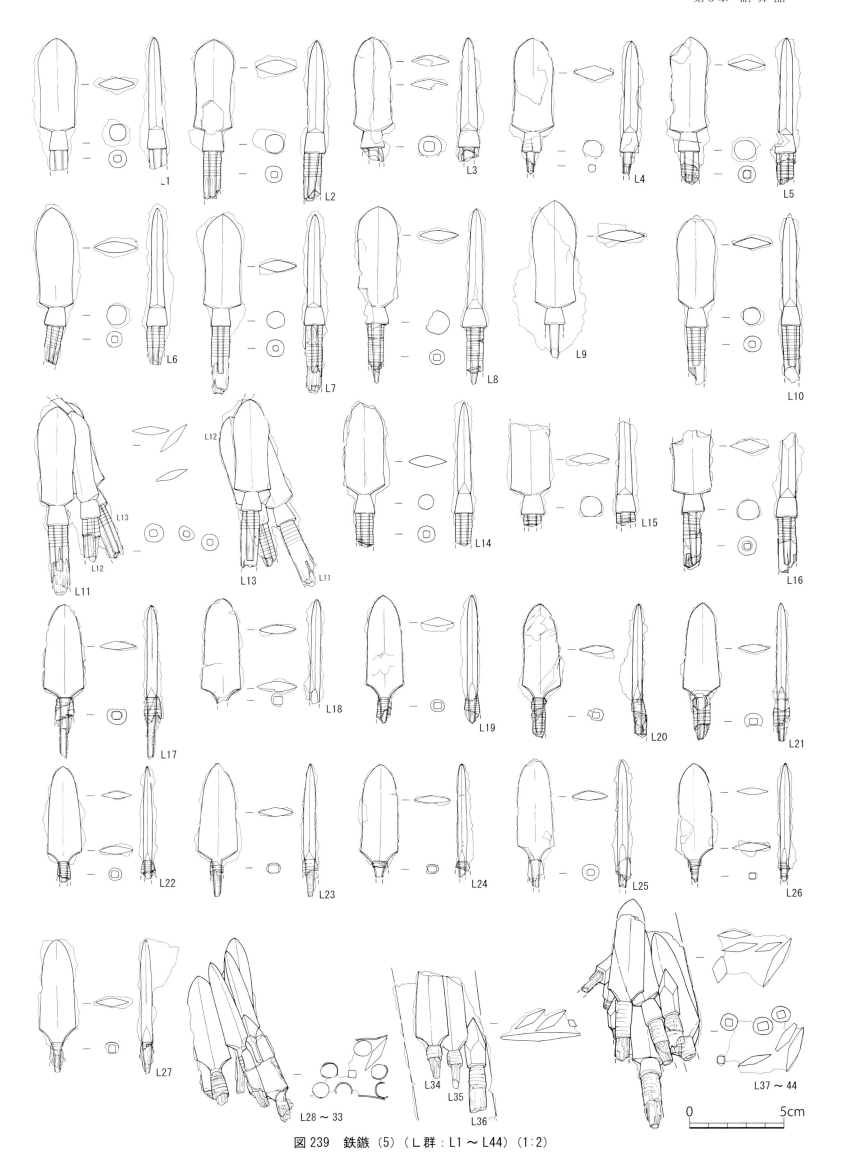

図 239　鉄鏃 (5) (L群：L1～L44) (1:2)

第Ⅰ部 調査編

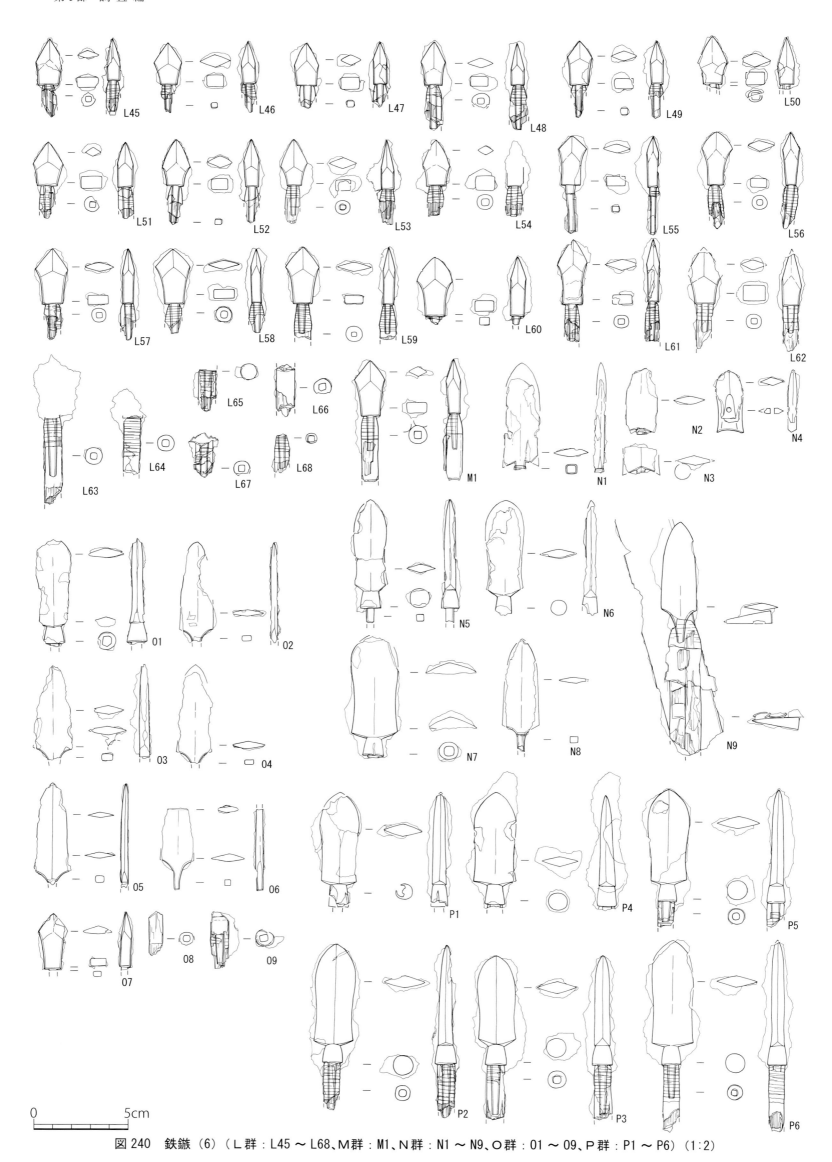

図240 鉄鏃（6）（L群：L45〜L68、M群：M1、N群：N1〜N9、O群：O1〜O9、P群：P1〜P6）（1:2）

第6章　副葬品

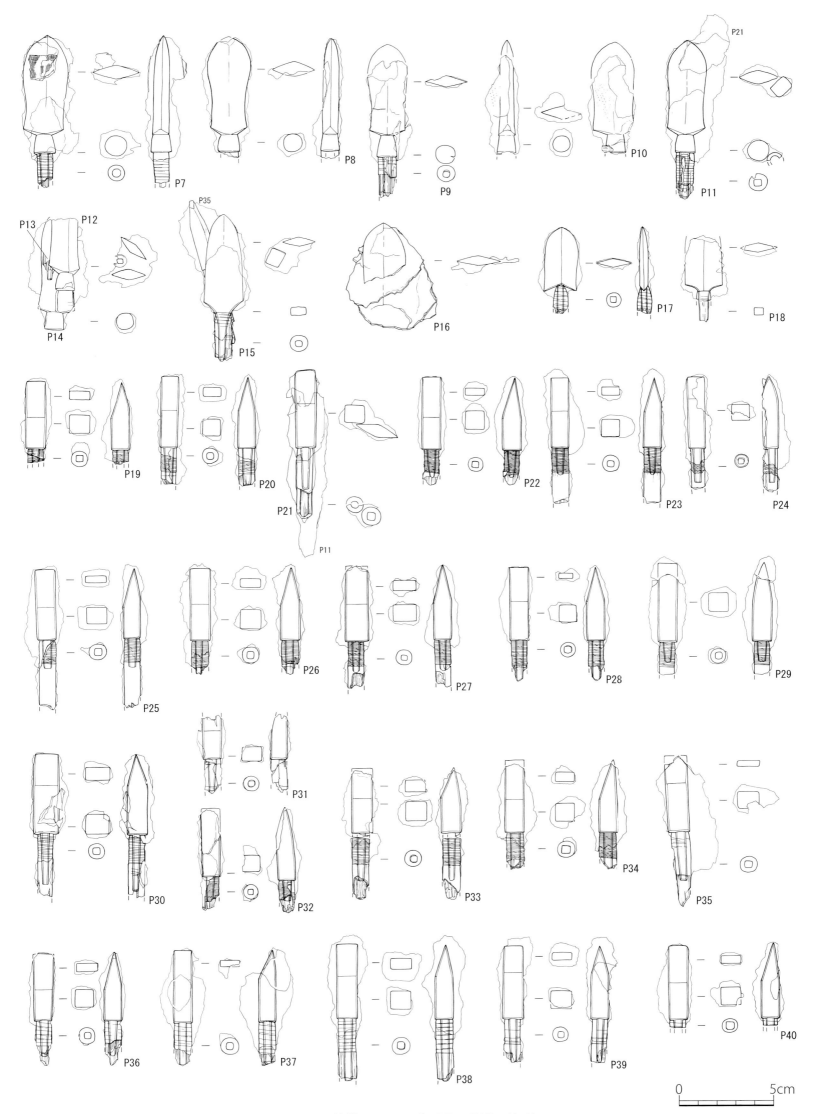

図241　鉄鏃（7）（P群：P7〜P40）（1:2）

第Ⅰ部　調査編

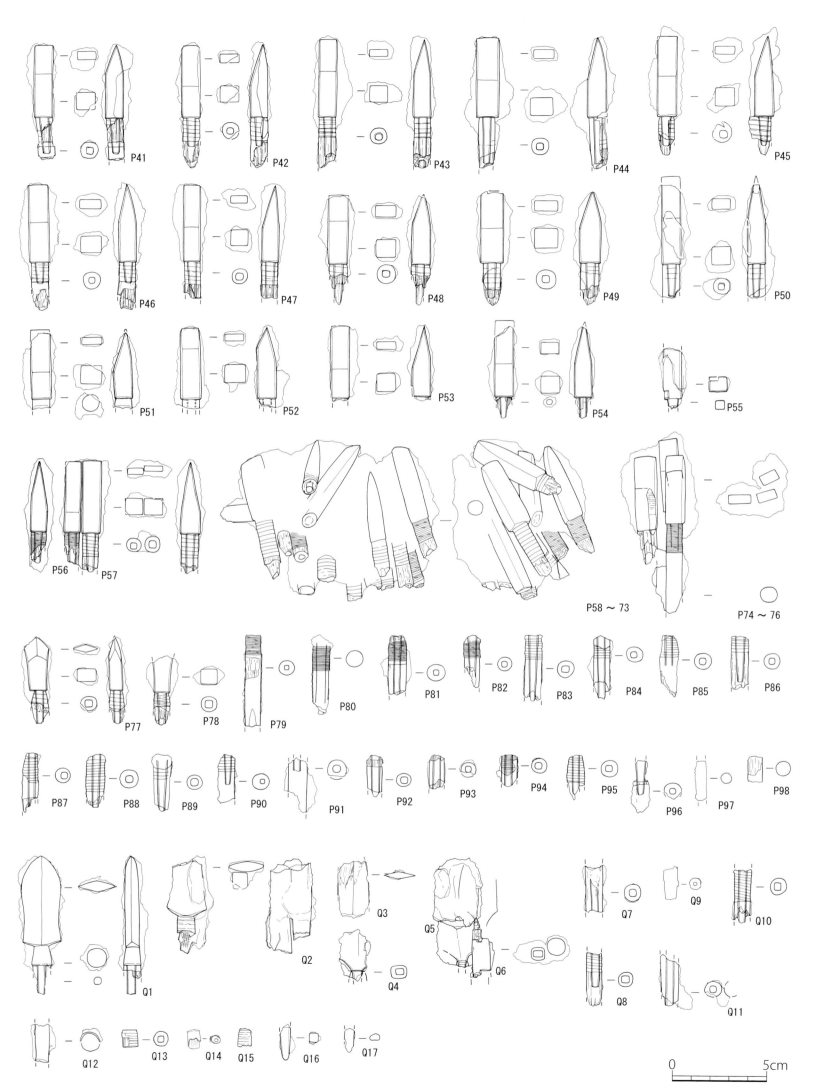

図 242　鉄鏃（8）（P群：P41 〜 P98、Q群：Q1 〜 Q17）（1：2）

第6章　副葬品

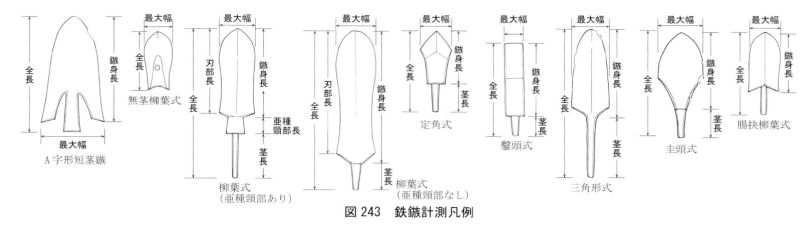

図 243　鉄鏃計測凡例

表 15　鉄鏃計測表

| 番号 | 型式 | 全長(cm) | 鏃身長(cm) | 刃部長(cm) | 亜種頸部長(cm) | 茎部長(cm) | 鏃身幅(cm) | 重(g) | 番号 | 型式 | 全長(cm) | 鏃身長(cm) | 刃部長(cm) | 亜種頸部長(cm) | 茎部長(cm) | 鏃身幅(cm) | 重(g) |
|---|---|---|---|---|---|---|---|---|---|---|---|---|---|---|---|---|---|
| A1 | 柳葉式 B2b | 8.5 | 5.1 | 4.9 | 1.1 | 2.3 | (1.8) | 17.1 | E28 | 中型定角式 | (6.7) | 2.8 | | | | (1.8) | |
| A2 | 主頭式 | (6.1) | 4.5 | | 1.0 | (1.6) | (2.6) | 14.0 | E29 | 中型定角式 | (5.0) | 3.6 | | | | (1.3) | 36.2 |
| B1 | 無茎柳葉式 | 3.2 | | | | (1.5) | 1.5 | 3.9 | E30 | 中型定角式 | (5.9) | 3.2 | | | | (1.6) | |
| B2 | 無茎柳葉式 | 3.3 | 3.3 | | | | 1.5 | 6.3 | E31 | 茎 | (4.2) | | | | | | 4.6 |
| B3 | 無茎柳葉式 | 3.4 | 3.4 | | | | 1.6 | 7.5 | E32 | 茎 | (2.7) | | | | (2.7) | | 2.7 |
| B4 | 無茎柳葉式 | 3.4 | | | | | 1.6 | 9.4 | F1 | 大型柳葉式 B3b | (12.6) | (7.5) | (7.2) | (1.0) | (5.2) | (2.4) | 25.5 |
| B5 | 無茎柳葉式 | 3.4 | | | | | 1.6 | 9.2 | G1 | 柳葉式 B2b | (5.6) | 4.8 | 4.5 | (0.8) | | 2.0 | 12.0 |
| B6 | 無茎柳葉式 | 3.4 | | | | | 1.4 | 7.3 | G2 | 柳葉式 B2b | (6.2) | 4.8 | 4.6 | 1.1 | | (1.9) | 11.1 |
| B7 | 無茎柳葉式 | 3.4 | | | | | 1.6 | 6.7 | G3 | 柳葉式 B2b | 9.4 | 4.8 | (4.5) | 1.1 | 3.5 | (1.9) | 15.4 |
| B8 | 無茎柳葉式 | 3.5 | | | | | (1.5) | 7.1 | G4 | 柳葉式 B2b | (8.5) | (4.7) | (4.4) | 1.1 | 2.7 | 2.0 | 22.7 |
| B9 | 無茎柳葉式 | 3.6 | | | | | 1.6 | 7.5 | G5 | 柳葉式 B2b | (8.9) | 5.1 | 4.7 | 1.1 | 2.7 | 2.1 | 39.9 |
| B10 | 無茎柳葉式 | 3.6 | | | | | 1.6 | 7.3 | G6 | 柳葉式 B2b | (8.6) | 5.1 | 4.7 | 1.0 | (2.5) | 2.2 | 22.9 |
| B11 | 無茎柳葉式 | 3.5 | | | | | 1.6 | 7.8 | G7 | 柳葉式 B2b | (8.6) | 5.4 | 4.8 | 1.0 | 2.3 | (2.1) | 23.2 |
| B12 | 無茎柳葉式 | 3.3 | | | | | 1.4 | 11.5 | G8 | 柳葉式 B2b | (7.9) | 5.2 | 5.0 | 1.1 | (1.6) | 1.9 | 19.5 |
| B13 | 無茎柳葉式 | 3.3 | | | | | 1.5 |  | G9 | - | (3.0) | (3.0) | | | | 2.0 | 2.8 |
| B14 | 根挟み | (2.6) | | | | (1.3) | (0.9) | 1.5 | G10 | 柳葉式 B2b | (5.3) | (2.0) | (1.6) | 1.0 | 2.3 | (1.8) | 9.4 |
| B15 | - | (1.9) | | | | (1.9) | | 2.6 | G11 | 茎 | (3.6) | | | | | | 4.5 |
| C1 | 小型定角式 | 4.1 | 2.2 | | | 1.9 | 1.3 | 6.6 | G12 | - | (2.9) | | | | (2.9) | | 2.7 |
| C2 | 中型定角式 | 6.1 | 2.8 | | | 3.3 | 1.6 | 9.4 | H1~16 | 柳葉式 B2b | | (5.5) | (5.2) | (0.9) | (4.3) | (1.9) | |
| C3 | 中型定角式 | (3.6) | 2.9 | | | (0.8) | 1.6 | 6.7 | H1~16 | 柳葉式 B2b | (9.9) | 5.1 | 4.8 | 1.1 | (3.6) | (1.7) | |
| C4 | 中型定角式 | (4.9) | 3.0 | | | 1.9 | 1.4 | 11.6 | H1~16 | 柳葉式 B2b | (8.9) | 5.4 | 5.1 | 0.9 | (3.6) | | |
| C5 | 中型定角式 | 5.4 | 3.0 | | | 2.5 | 1.7 | 11.0 | H1~16 | 柳葉式 B2b | | | | (1.1) | | | |
| C6 | 中型定角式 | (4.3) | 3.1 | | | 1.3 | 1.6 | 9.7 | H1~16 | 柳葉式 B2b | | (4.8) | (4.5) | 1.0 | | | |
| C7 | 中型定角式 | 4.9 | 3.1 | | | 1.8 | 1.5 | 10.0 | H1~16 | 柳葉式 B2b | | | | 4.5 | 4.6 | 1.2 | |
| C8 | 中型定角式 | (3.4) | 3.1 | | | (0.4) | 1.8 | 11.8 | H1~16 | 柳葉式 B2b | | (4.9) | (4.5) | (0.9) | | | |
| C9 | 中型定角式 | 5.7 | 3.2 | | | 2.5 | (1.6) | 15.4 | H1~16 | 柳葉式 B2b | | | | | | | 479.0 |
| C10 | 中型定角式 | 5.1 | 3.2 | | | 1.9 | 1.7 | 12.6 | H1~16 | 柳葉式 B2b | | | | | | | |
| C11 | 中型定角式 | (5.3) | 3.1 | | | 2.1 | 1.5 | 11.5 | H1~16 | 柳葉式 B2b | | | | | | | |
| C12 | 中型定角式 | (5.2) | 3.3 | | | 1.9 | 1.7 | 13.1 | H1~16 | 柳葉式 B2b | | | | | | | |
| C13 | 柳葉式 B2a | (7.6) | 6.6 | 5.9 | | (1.0) | 2.3 | 20.3 | H1~16 | 柳葉式 B2b | | | | | | | |
| D1 | 小型定角式 | (2.2) | (2.2) | | | (2.3) | 1.2 | 4.8 | H1~16 | 柳葉式 B2b | | | | | | | |
| D2 | 小型定角式 | (3.9) | 2.3 | | | (1.5) | (1.4) | 5.6 | H1~16 | 柳葉式 B3b | | | | | | | |
| D3 | 小型定角式 | (4.6) | (2.3) | | | | 1.2 | 4.9 | H1~16 | 柳葉式 B2b | | | | | | | |
| D4 | 小型定角式 | (4.2) | 2.5 | | | (1.7) | 1.2 | 6.5 | (H16) | 柳葉式 B2b | (8.5) | (3.7) | (3.3) | 1.0 | (1.3) | | (22.4) |
| D5 | 小型定角式 | (3.7) | (2.3) | | | 1.4 | 1.1 | 7.1 | I1 | 柳葉式 B2b | 8.3 | 5.1 | 4.8 | 1.0 | 2.2 | (1.9) | 19.3 |
| D6 | 小型定角式 | 4.5 | 2.6 | | | 1.9 | 1.5 | 7.8 | I2 | 柳葉式 B2b | (6.8) | 5.2 | 4.7 | 0.9 | (0.7) | | 26.7 |
| D7 | 小型定角式 | (3.7) | 2.6 | | | (1.0) | 1.3 | 6.8 | I3 | 柳葉式 B2b | (6.7) | 5.1 | 4.8 | 1.1 | (0.5) | 2.0 | 23.0 |
| D8 | 小型定角式 | | | | | (0.6) | | | I4 | 柳葉式 B2b | 10.0 | 5.2 | 4.8 | 0.9 | 3.9 | (2.1) | 25.1 |
| D9 | 小型定角式 | 4.0 | 2.5 | | | 1.5 | 1.2 | 18.1 | I5 | 柳葉式 B2b | (6.9) | 5.3 | 4.8 | 1.0 | (0.6) | 2.1 | 25.8 |
| D10 | 小型定角式 | (3.1) | (1.8) | | | (1.7) | (1.3) | | I6 | 柳葉式 B2b | (6.9) | (5.5) | (5.0) | 0.9 | (0.5) | 2.1 | 42.2 |
| D11 | 中型定角式 | 5.4 | 3.0 | | | (2.4) | 1.70 | 8.7 | I7 | 柳葉式 B2b | (6.6) | (5.2) | (4.7) | 0.9 | (0.6) | (1.8) | |
| D12 | | (3.0) | (3.0) | | | | 1.6 | 1.7 | I8 | 柳葉式 B2b | 10.1 | 5.3 | 5.0 | 1.1 | 3.7 | 2.0 | 41.5 |
| D13 | 三角形式 | (4.1) | (2.8) | (2.1) | | (1.3) | (2.0) | 8.2 | I9 | 茎 | (3.9) | | | | (2.5) | | |
| D14 | 小型定角式 | (3.0) | 2.5 | | | (0.5) | (1.3) | 3.8 | I10 | 柳葉式 B2b | | (5.9) | (5.0) | 0.9 | | 2.1 | 64.6 |
| D15 | 茎 | (2.9) | | | | (2.9) | (0.5) | 0.6 | I11 | 柳葉式 B2b | 9.3 | 4.8 | 4.4 | 1.0 | 3.4 | 2.1 | |
| D16 | | (2.9) | | | | | (2.4) | 3.4 | I12 | 柳葉式 B2b | (7.6) | (4.9) | (4.5) | 1.0 | 1.2 | 2.0 | 67.1 |
| E1 | 柳葉式 B2a | (7.8) | (6.4) | 5.7 | | (1.3) | (2.3) | 21.1 | I13 | 柳葉式 B2b | | | | (1.1) | | | |
| E2 | 大型柳葉式 B3a | (9.4) | 7.7 | 7.1 | | (1.6) | 2.2 | 28.4 | I14~19 | 柳葉式 B2b | | | | | | | |
| E3 | 大型柳葉式 B3a | (8.2) | 6.9 | 6.3 | (1.1) | (1.3) | (2.3) | 16.5 | I14~19 | 柳葉式 B2b | | | | | | | |
| E4 | 不明 | (7.4) | (4.7) | (4.3) | | (2.6) | (2.0) | 14.9 | I14~19 | 柳葉式 B2b | | | | | | | 133.7 |
| E5 | 大型柳葉式 B3a | (8.8) | (7.6) | (7.1) | | (1.2) | 2.3 | 16.4 | I14~19 | 柳葉式 B2b | | | | | | | |
| E6 | 茎 | (4.3) | | | | (3.9) | | 6.5 | I14~19 | 柳葉式 B2b | | | | | | | |
| E7 | 大型柳葉式 B3b | (10.0) | (8.2) | (7.7) | 1.1 | (0.2) | 2.7 | 94.3 | I14~19 | 柳葉式 B2b | | | | | | | |
| E8 | 大型柳葉式 B3a | (10.8) | (7.8) | (7.2) | (0.6) | (2.9) | (2.3) | | I20 | 茎 | (3.3) | | | | | | 5.6 |
| E9 | 大型柳葉式 E3b | (11.2) | 8.0 | (7.3) | 1.0 | (2.1) | 2.6 | 78.9 | I21 | 茎 | (3.7) | | | | | | 2.9 |
| E10 | 中型柳葉式 B2b | | (5.0) | (4.7) | 1.2 | | (2.1) | | J1 | 大型柳葉式 B3b | (11.8) | 8.1 | 7.3 | 1.1 | (2.6) | (2.8) | 27.9 |
| E11 | 大型柳葉式 B3a | (10.5) | 8.2 | 7.6 | (0.8) | (2.3) | (2.3) | 85.7 | J2 | 大型柳葉式 B3b | (10.9) | (6.7) | | 1.1 | | (1.8) | 13.0 |
| E12 | 大型柳葉式 B3b | | | | 1.1 | | | | K1 | A字形短茎鏃 | 6.9 | 6.6 | | | 1.8 | (3.5) | 35.9 |
| E13 | 中型定角式 | (5.0) | 2.9 | | | (2.2) | 1.7 | 7.5 | K2 | A字形短茎鏃 | (6.2) | (5.6) | | | (2.2) | (3.3) | 23.8 |
| E14 | 中型定角式 | (4.4) | (3.0) | | | (1.4) | (1.5) | 5.8 | K3 | A字形短茎鏃 | (6.3) | (6.3) | | | (1.8) | (3.6) | 33.7 |
| E15 | 中型定角式 | (2.8) | (2.8) | | | | (1.5) | 4.1 | K4 | A字形短茎鏃 | (6.1) | (6.1) | | | (3.0) | (3.0) | 23.0 |
| E16 | 茎 | (3.6) | | | | | | 4.5 | K5 | A字形短茎鏃 | (4.6) | (4.6) | | | (0.9) | (3.0) | 5.5 |
| E17 | 中型定角式 | 4.3 | 3.1 | | | 1.3 | (1.4) | 8.3 | L1 | 柳葉式 B2b | (7.2) | 5.0 | 4.7 | 1.1 | (1.0) | 2.0 | 24.5 |
| E18 | 中型定角式 | 5.4 | 3.0 | | | 2.4 | 1.5 | 8.3 | L2 | 柳葉式 B2b | (8.6) | 5.1 | 4.7 | 1.0 | (2.4) | 2.1 | 27.4 |
| E19 | 中型定角式 | 5.5 | 3.2 | | | 3.15 | 1.7 | 18.3 | L3 | 柳葉式 B2b | (6.7) | 5.1 | 4.7 | 1.0 | (0.7) | 2.1 | 15.7 |
| E20 | 中型定角式 | (5.2) | 3.0 | | | (2.2) | 1.5 | 6.8 | L4 | 柳葉式 B2b | (7.4) | 5.1 | 4.7 | 1.0 | (1.2) | 2.2 | 21.7 |
| E21 | 中型定角式 | 5.6 | 3.0 | | | 2.6 | 1.8 | 8.3 | L5 | 柳葉式 B2b | (8.0) | 5.2 | 5.0 | 1.1 | (1.7) | 2.0 | 26.3 |
| E22 | 中型定角式 | (4.9) | (2.8) | | | (2.1) | 1.5 | 9.8 | L6 | 柳葉式 B2b | (8.5) | 5.4 | 5.2 | 1.1 | (2.0) | 2.0 | 27.1 |
| E23 | 中型定角式 | (4.2) | (2.2) | | | (2.2) | (1.0) | 10.9 | L7 | 柳葉式 B2b | (8.7) | 5.2 | 4.9 | 1.0 | (2.5) | 2.0 | 27.9 |
| E24 | 中型定角式 | (5.5) | 3.2 | | | (2.4) | (2.0) | 10.5 | L8 | 柳葉式 B2b | (9.7) | 5.5 | | 0.9 | (3.2) | (2.1) | 24.8 |
| E25 | 中型定角式 | (4.8) | (2.8) | | | (2.0) | (1.7) | 7.2 | L9 | 柳葉式 B2b | (8.6) | 5.8 | 5.4 | (0.9) | (1.8) | 2.3 | 45.5 |
| E26 | 中型定角式 | (4.5) | (3.0) | | | (1.5) | 1.7 | 20.7 | L10 | 柳葉式 B2b | (8.1) | (5.0) | 4.6 | 1.0 | (2.1) | 2.0 | 22.6 |
| E27 | 中型定角式 | (5.6) | 3.3 | | | (2.3) | 1.3 | | | | | | | | | | |

# 第Ⅰ部　調査編

| 番号 | 型式 | 全長(cm) | 鏃身長(cm) | 刃部長(cm) | 亜種頸部長(cm) | 茎部長(cm) | 鏃身幅(cm) | 重(g) | 番号 | 型式 | 全長(cm) | 鏃身長(cm) | 刃部長(cm) | 亜種頸部長(cm) | 茎部長(cm) | 鏃身幅(cm) | 重(g) |
|---|---|---|---|---|---|---|---|---|---|---|---|---|---|---|---|---|---|
| L11 | 柳葉式B2b | (8.8) | 5.1 | 5.0 | 1.1 | (2.6) | (1.9) |  | P20 | 鑿頭式(糸) | (5.9) | 3.9 |  |  | (1.9) | 1.0 | 14.2 |
| L12 | 柳葉式B2b | (8.5) | 5.1 | 4.6 | 1.0 | (2.3) | 1.9 | 111.7 | P21 | 鑿頭式(糸) | 6.6 | 4.3 |  |  | 2.3 | 1.1 | P11接合 |
| L13 | 柳葉式B2b | (9.0) | (5.4) | 5.0 | 1.1 | (2.5) | 2.0 |  | P22 | 鑿頭式(糸) | (5.5) | 4.0 |  |  | 1.5 | 1.0 | 17.2 |
| L14 | 柳葉式B2b | (7.8) | (5.0) | (4.49) | 1.1 | (1.8) | (2.0) | 23.2 | P23 | 鑿頭式(糸) | 5.4 | 4.0 |  |  | 1.9 | 0.9 | 21.9 |
| L15 | 柳葉式B2b | (5.7) | (3.9) | (3.5) | 1.1 | (0.7) | (2.1) | 17.5 | P24 | 鑿頭式(糸) | 5.9 | 4.0 |  |  | 1.9 | 0.9 | 13.3 |
| L16 | 柳葉式B2b | (7.4) | (3.5) | (3.3) | 1.0 | (2.8) | (2.0) | 29.5 | P25 | 鑿頭式(糸) | 5.5 | 3.9 |  |  | 1.5 | 1.1 | 20.8 |
| L17 | 三角形式 | (8.5) | 5.1 |  |  | (3.3) | (2.1) | 17.2 | P26 | 鑿頭式(糸) | (5.8) | 4.0 |  |  | (1.8) | 1.0 | 18.3 |
| L18 | 三角形式 | (5.8) | 5.4 |  |  | (0.3) | 2.1 | 23.8 | P27 | 鑿頭式(糸) | (5.9) | (4.1) |  |  | (1.7) | 1.2 | 18.8 |
| L19 | 三角形式 | (7.0) | 5.6 |  |  | (1.5) | 1.9 | 16.9 | P28 | 鑿頭式(糸) | (6.3) | 4.1 |  |  | (2.2) | 1.0 | 15.3 |
| L20 | 三角形式 | 7.2 | 5.2 |  |  | 2.0 | 2.0 | 16.6 | P29 | 鑿頭式(糸) | (4.8) | 3.7 |  |  | (1.1) | 1.0 | 17.1 |
| L21 | 三角形式 | (7.7) | 5.0 |  |  | 2.6 | 2.0 | 12.1 | P30 | 鑿頭式(樹皮) | 7.3 | 4.3 |  |  | 2.9 | 1.4 | 23.1 |
| L22 | 三角形式 | (6.3) | 5.2 |  |  | (1.0) | 1.8 | 13.3 | P31 | 鑿頭式(糸) | (4.3) | (2.4) |  |  | (1.9) | 1.0 | 5.7 |
| L23 | 三角形式 | (7.3) | 5.3 |  |  | (1.9) | 2.1 | 13.8 | P32 | 鑿頭式(糸) | (5.0) | (3.7) |  |  | (1.3) | (1.0) | 9.2 |
| L24 | 三角形式 | (6.1) | 5.3 |  |  | (0.8) | 2.0 | 12.8 | P33 | 鑿頭式(糸) | (6.0) | (3.4) |  |  | (2.6) | (1.1) | 13.8 |
| L25 | 三角形式 | (7.0) | (5.5) |  |  | (1.5) | (1.9) | 14.1 | P34 | 鑿頭式(糸) | (5.8) | (3.7) |  |  | (2.0) | (1.0) | 18.8 |
| L26 | 三角形式 | (6.5) | 5.3 |  |  | (1.2) | (1.8) | 13.5 | P35 | 鑿頭式(樹皮) | (6.8) | 4.2 |  |  | 2.7 | 1.2 | P15接合 |
| L27 | 三角形式 | (7.2) | 5.5 |  |  | (1.6) | 1.9 | 18.9 | P36 | 鑿頭式(樹皮) | 5.6 | 3.7 |  |  | 1.9 | 1.1 | 12.6 |
| L28~33 | 三角形式 |  |  |  |  |  |  |  | P37 | 鑿頭式(樹皮) | (6.3) | (3.9) |  |  | (2.3) | (1.0) | 21.9 |
| L28~33 | 三角形式 | (6.2) | 5.1 |  |  | (1.1) |  |  | P38 | 鑿頭式(樹皮) | (7.5) | 4.0 |  |  | (3.4) | 1.1 | 27.7 |
| L28~33 | 三角形式 |  | 4.9 |  |  |  |  |  | P39 | 鑿頭式(樹皮) | (6.3) | 4.0 |  |  | (2.3) | 1.1 | 14.7 |
| L28~33 | 三角形式 | (7.2) | 5.2 |  |  | (1.9) |  | 125.8 | P40 | 鑿頭式(樹皮) | (4.5) | 4.1 |  |  | (0.4) | 1.1 | 13.2 |
| L28~33 | 三角形式 |  |  |  |  |  |  |  | P41 | 鑿頭式(樹皮) | (5.9) | 4.0 |  |  | (1.9) | 1.0 | 16.2 |
| L28~33 | 三角形式 | (5.5) |  |  |  |  |  |  | P42 | 鑿頭式(樹皮) | 5.6 | 4.0 |  |  | 1.6 | (1.0) | 10.9 |
| L34~36 | 三角形式 | (5.8) | (4.0) |  |  | (1.8) | 1.7 |  | P43 | 鑿頭式(樹皮) | 6.4 | 4.3 |  |  | 2.2 | 1.0 | 18.6 |
| L34~36 | 三角形式 | (6.1) | (4.1) |  |  | (2.1) |  |  | P44 | 鑿頭式(樹皮) | (6.9) | 4.4 |  |  | (2.4) | 1.2 | 19.4 |
| L34~36 | 小型定角式 | (5.2) | (2.6) |  |  | (2.6) |  |  | P45 | 鑿頭式(樹皮) | (6.0) | 4.4 |  |  | (1.6) | 1.0 | 17.7 |
| L37~44 | 三角形式 | (7.9) | (4.7) |  |  | (3.2) | 1.9 |  | P46 | 鑿頭式(樹皮) | (5.4) | 4.3 |  |  | (1.1) | 1.1 | 16.6 |
| L37~44 | 柳葉式B2b |  |  |  |  |  |  |  | P47 | 鑿頭式(樹皮) | (6.2) | 4.2 |  |  | (2.0) | 0.9 | 19.7 |
| L37~44 | 小型定角式 |  |  |  |  |  |  |  | P48 | 鑿頭式(樹皮) | (6.0) | (3.8) |  |  | (2.2) | 1.1 | 15.4 |
| L37~44 | 小型定角式 |  |  |  |  |  |  |  | P49 | 鑿頭式(樹皮) | (5.8) | (3.9) |  |  | (1.9) | 1.2 | 17.0 |
| L37~44 | 小型定角式 |  |  |  |  |  |  | 157.8 | P50 | 鑿頭式(樹皮) | (6.1) | (4.3) |  |  | 1.8 | 1.0 | 16.2 |
| L37~44 | 柳葉式B2b |  |  |  |  |  |  |  | P51 | 鑿頭式 | (4.1) |  |  |  |  | 1.1 | 8.6 |
| L37~44 | 小型定角式 |  |  |  |  |  |  |  | P52 | 鑿頭式 | (3.9) | 3.9 |  |  |  | 1.1 | 13.9 |
| L37~44 | 三角形式 |  |  |  |  |  |  |  | P53 | 鑿頭式 | (4.0) | 4.0 |  |  |  | 1.0 | 9.7 |
|  | 槍13(鋒) |  |  |  |  |  |  |  | P54 | 鑿頭式 | (5.0) | (3.8) |  |  | (1.2) | 1.0 | 9.2 |
| L45 | 小型定角式 | 4.0 | 2.5 |  |  | 1.5 | (1.4) | 5.8 | P55 | 鑿頭式 | (3.2) | (2.8) |  |  | (0.4) | (1.0) | 4.1 |
| L46 | 小型定角式 | (3.9) | 2.3 |  |  | (1.5) | 1.5 | 6.0 | P56 | 鑿頭式(糸) | (5.6) | 3.9 |  |  | (1.6) | (0.9) | 25.4 |
| L47 | 小型定角式 | (3.5) | 2.3 |  |  | (1.3) | 1.3 | 6.2 | P57 | 鑿頭式(糸) | (6.1) | 4.0 |  |  | (2.0) | (1.0) |  |
| L48 | 小型定角式 | (4.8) | 2.4 |  |  | (2.4) | 1.3 | 7.9 | P58~73 | 鑿頭式(糸) |  |  |  |  |  |  |  |
| L49 | 小型定角式 | (4.2) | 2.4 |  |  | (1.8) | 1.3 | 6.9 | P58~73 | 鑿頭式(樹皮) |  |  |  |  |  |  |  |
| L50 | 小型定角式 | (2.9) | (1.9) |  |  | (0.2) | (1.5) | 6.3 | P58~73 | 鑿頭式 |  |  |  |  |  |  |  |
| L51 | 小型定角式 | (4.2) | 2.1 |  |  | (1.8) | 1.6 | 8.7 | P58~73 | 鑿頭式(樹皮) |  |  |  |  |  |  |  |
| L52 | 小型定角式 | (4.6) | 2.5 |  |  | (2.1) | 1.5 | 8.1 | P58~73 | 鑿頭式(樹皮) |  |  |  |  |  |  |  |
| L53 | 小型定角式 | 4.3 | 2.6 |  |  | 1.7 | 1.4 | 7.7 | P58~73 | 鑿頭式(樹皮) |  |  |  |  |  |  |  |
| L54 | 小型定角式 | (4.2) | 2.6 |  |  | (1.5) | 1.5 | 8.9 | P58~73 | 鑿頭式(樹皮) |  |  |  |  |  |  |  |
| L55 | 中型定角式 | (5.3) | 2.7 |  |  | (2.5) | 1.4 | 8.3 | P58~73 | 鑿頭式(樹皮) |  |  |  |  |  |  | 468.8 |
| L56 | 中型定角式 | (5.3) | 2.9 |  |  | (2.4) | 1.6 | 10.3 | P58~73 | 鑿頭式 |  |  |  |  |  |  |  |
| L57 | 中型定角式 | (4.9) | 3.0 |  |  | (1.9) | 1.7 | 8.8 | P58~73 | 鑿頭式(樹皮) |  |  |  |  |  |  |  |
| L58 | 中型定角式 | (4.6) | 3.0 |  |  | (1.6) | 1.8 | 10.9 | P58~73 | 鑿頭式 |  |  |  |  |  |  |  |
| L59 | 中型定角式 | (4.7) | 3.0 |  |  | 1.6 | 1.8 | 10.2 | P58~73 | 鑿頭式(樹皮) |  |  |  |  |  |  |  |
| L60 | 中型定角式 | (3.7) | 3.2 |  |  | (0.4) | 1.4 | 9.7 | P58~73 | 鑿頭式(樹皮) |  |  |  |  |  |  |  |
| L61 | 中型定角式 | (5.6) | 3.5 |  |  | (2.0) | 1.6 | 8.1 | P58~73 | 鑿頭式(糸) |  |  |  |  |  |  |  |
| L62 | 中型定角式 | (4.4) | (2.8) |  |  | (1.6) | (1.6) | 9.7 | P58~73 | 鑿頭式 |  |  |  |  |  |  |  |
| L63 | 不明 | (3.2) |  |  |  | (3.2) |  | 15.2 | P58~73 | 鑿頭式 |  |  |  |  |  |  |  |
| L64 | 茎 | (3.0) |  |  |  | (3.0) |  | 7.4 | P74 | 鑿頭式(糸) | (5.9) | 4.1 |  |  |  | 1.1 |  |
| L65 | 茎 | (2.2) |  |  |  | (2.2) |  | 3.7 | P75 | 鑿頭式 |  | 3.8 |  |  |  | 1.0 | 80.0 |
| L66 | 茎 | (2.9) |  |  |  | (2.9) |  | 5.8 | P76 | 鑿頭式(糸) |  | 4.0 |  |  |  | 1.0 |  |
| L67 | 茎 | (1.9) |  |  |  | (1.9) |  | 3.8 | P77 | 中型定角式 | (4.7) | 2.9 |  |  | (1.8) | (1.3) | 8.7 |
| L68 | 茎 | (1.9) |  |  |  | (1.9) |  | 1.6 | P78 | 中型定角式 | (3.8) | (2.1) |  |  | (1.7) | (1.1) | 6.0 |
| M1 | 中型定角式 | 5.5 | 3.1 |  |  | (1.9) | 1.6 | 11.9 | P79 | 茎(糸) | (5.0) |  |  |  |  |  | 5.0 |
| N1 | 中型腸抉柳葉式 | (5.0) | (4.8) |  |  | (0.5) | (1.8) | 4.9 | P80 | 茎(糸) | (4.3) |  |  |  | (1.8) |  | 5.0 |
| N2 | 腸抉柳葉式 | 3.6 | (3.6) |  |  |  | (1.6) | 4.1 | P81 | 茎(糸) |  | (3.2) |  |  | (3.2) |  | 5.8 |
| N3 | 腸抉柳葉式 | (1.6) | (1.6) |  |  | (0.2) | (1.7) | 1.9 | P82 | 茎(糸) | (2.9) |  |  |  | (2.2) |  | 2.9 |
| N4 | 無茎柳葉式 | (2.8) | (2.8) |  |  |  |  | 2.0 | P83 | 茎(樹皮) | (3.7) |  |  |  | (3.7) |  | 5.1 |
| N5 | 柳葉式B2b | (6.8) | 5.0 | 4.6 | 1.0 | (0.8) | (1.7) | 7.5 | P84 | 茎(樹皮) | (3.5) |  |  |  | (3.4) |  | 5.4 |
| N6 | 柳葉式B2b | (5.9) | (4.8) | 4.4 | (1.1) |  | (1.8) | 4.7 | P85 | 茎(樹皮) |  |  |  |  | (1.7) |  | 3.1 |
| N7 | 柳葉式B2b | (6.6) | (5.5) | (5.0) | 1.0 |  | (2.5) | 27.1 | P86 | 茎(樹皮) |  |  |  |  | (2.6) |  | 3.8 |
| N8 | 三角形式 | (6.0) | (5.1) |  |  | (1.0) | (1.5) | 4.9 | P87 | 茎(樹皮) |  |  |  |  | (2.9) |  | 2.9 |
| N9 | 三角形式 | (6.6) | 5.3 |  |  | (1.3) | 1.8 |  | P88 | 茎(樹皮) | (2.9) |  |  |  | (2.9) |  | 3.4 |
| O1 | 柳葉式B2b | (5.9) | (4.8) |  | (1.0) | (0.1) | (1.8) | 7.8 | P89 | 茎(樹皮) |  |  |  |  | (2.8) |  | 3.3 |
| O2 | 三角形式 | (5.5) | (5.5) |  |  |  | (1.7) | 3.4 | P90 | 茎(樹皮) |  |  |  |  | (1.6) |  | 2.7 |
| O3 | 三角形式 | (5.2) | (5.2) |  |  | (0.1) | (1.8) | 7.9 | P91 | 矢柄 |  |  |  |  | (0.7) |  | 4.4 |
| O4 | 三角形式 | (4.9) | (4.9) |  |  |  | (1.7) | 3.9 | P92 | 茎 | (2.3) |  |  |  |  |  | 2.1 |
| O5 | 三角形式 | (5.6) | (5.3) |  |  | (0.3) | (1.7) | 3.3 | P93 | 茎(樹皮) | (1.9) |  |  |  |  |  | 2.0 |
| O6 | 三角形式 | (4.4) | (3.3) |  |  | (1.1) | 1.6 | 4.8 | P94 | 茎(糸) | (1.8) |  |  |  | (1.8) |  | 1.8 |
| O7 | 中型定角式 | (3.1) | 3.0 |  |  | (0.1) | (1.3) | 3.1 | P95 | 茎 |  |  |  |  | (2.1) |  | 0.9 |
| O8 | 矢柄片 | (2.4) |  |  |  | (2.4) |  | 1.0 | P96 | 茎 | (1.9) |  |  |  | (1.9) |  | 2.3 |
| O9 | 茎 |  |  |  |  | (2.8) |  | 3.6 | P97 | 矢柄片 | (2.1) |  |  |  | (2.1) |  | 0.9 |
| P1 | 柳葉式B2b | (6.1) | (4.9) | (4.6) | (1.2) |  | 2.0 | 19.6 | P98 | 矢柄片 | (1.4) |  |  |  |  |  | 0.8 |
| P2 | 柳葉式B2b | (9.0) | 5.4 | (5.1) | 1.0 | (2.6) | 2.1 | 25.9 | Q1 | 柳葉式B2b | (7.5) | 4.8 | 4.6 | 1.1 | (1.5) | 2.1 | 23.8 |
| P3 | 柳葉式B2b | (8.6) | 4.8 | (4.5) | 1.1 | 2.7 | 2.0 | 37.1 | Q2 | 柳葉式B2a | (4.0) | (3.0) | (2.6) | (0.9) |  | (2.1) | 28.1 |
| P4 | 柳葉式B2b | (6.2) | 5.1 | (4.8) | (1.1) |  | (2.2) | 20.8 | Q3 |  | (3.0) | (3.0) |  |  |  | (1.6) | 3.5 |
| P5 | 柳葉式B2b | (7.2) | 5.1 | (5.0) | 1.0 | (1.1) | 2.2 | 24.6 | Q4 | 三角形式 | (2.8) | (2.3) |  |  | (0.5) | (1.6) | 1.6 |
| P6 | 柳葉式B2b | (8.4) | (5.6) | (5.4) | 1.1 | (1.8) | 2.2 | 29.9 | Q5 | 三角形式 | (5.9) | (5.5) |  |  | (0.4) |  |  |
| P7 | 柳葉式B2b | (8.2) | 5.3 | 5.1 | 1.1 | (1.9) | 2.4 | 35.3 | Q6 |  |  |  |  |  |  |  | 118.0 |
| P8 | 柳葉式B2b | (6.2) | (5.2) | (5.0) | 1.0 |  | 2.3 | 21.0 | Q7 | 茎 | (2.6) |  |  |  |  |  | 2.0 |
| P9 | 柳葉式B2b | 7.4 | (4.0) | (3.6) | 1.2 | 2.2 | 2.0 | 17.0 | Q8 | 茎 | (2.9) |  |  |  | (2.9) |  | 3.6 |
| P10 | 柳葉式B2b | (5.3) | (4.3) | (4.0) | (1.0) |  | (2.2) | 12.0 | Q9 | 茎 | (2.1) |  |  |  |  |  | 1.6 |
| P11 | 柳葉式B2b | (8.7) | 5.1 | 4.8 | 1.0 | (2.5) | 2.0 | 52.2 | Q10 | 茎 |  |  |  |  | (1.8) |  | 2.7 |
| P12 | 柳葉式B2b | (4.0) | (3.1) | (2.7) | 0.9 |  |  |  | Q11 | 茎 | (2.8) |  |  |  |  |  | 3.7 |
| P13 | 茎 | (3.2) |  |  |  |  |  | 31.9 | Q12 | 矢柄片 | (2.1) |  |  |  |  |  | 1.1 |
| P14 | 柳葉式B2b | (6.0) | (5.0) | (4.7) |  |  |  |  | Q13 | 矢柄片 | (1.0) |  |  |  |  |  | 1.2 |
| P15 | 三角形式 | (7.9) | 5.4 |  |  | (2.5) | 2.1 | 41.1 | Q14 | 矢柄片 | (1.3) |  |  |  |  |  | 0.5 |
| P16 |  |  |  |  |  |  |  | 15.8 | Q15 | 矢柄片 | (1.0) |  |  |  |  |  | 0.7 |
| P17 | 小型腸抉柳葉式 | (4.7) | 3.5 |  |  | (1.6) | 1.8 | 8.4 | Q16 | 茎 | (2.0) |  |  |  |  |  | 0.5 |
| P18 | 三角形式 | (4.7) | (3.0) |  |  | (1.7) | 2.0 | 7.1 | Q17 | 茎 | (1.3) |  |  |  |  |  | 0.3 |
| P19 | 鑿頭式(糸) | (4.5) | 3.7 |  |  | (0.7) | 1.1 | 13.4 |  |  |  |  |  |  |  |  |  |

鏃身は南を向く。L群は出土数が多く、複数の盛矢具からなる可能性が高い。ただし、別々の向きの束が近接して副葬されたというよりも、基本的に南向きに副葬されたものの、木棺の腐朽に伴い束の方向が乱れたとみられる。鉄鏃の出土方向の乱れの割には鉄鏃群のまとまりは明確であって分割できないため、1つの群として扱う。鏃身を南に向ける副葬は他の群と様相を異にする。

M群（1点）［図240］　中型定角式1点のみである。西棺外で7号鏡の脇から単独で出土した。西棺外の鉄鏃群からは大きく離れている。石室内への初期の流入砂層上から出土しており、他の鉄製品と同様に木棺上に副葬されたとみられるが、木棺の腐朽に伴い、東棺外のD・E群から遊離した可能性もある。

N群（9点）［図240］　無茎柳葉式1点、中型を含む腸抉柳葉式3点、中型柳葉式（B2b類）3点と三角形式2点から構成される。腸抉柳葉式を複数含むことに特徴があるが、0～S1.0mのやや広い西棺外に点在する。N2、4、5はまとまって出土しており、N7と9も近接して出土している。南に近接するO群と同一の束の可能性がある。N9は刀15に付着していたが鉄鏃との間に織物等の付着物は確認できなかった。

O群（7点）［図240］　中型柳葉式（B2b類）1点、三角形式5点、定角式1点で構成される。出土状態には群としてのまとまりがあるものの、織物痕や漆片など盛矢具に関わる痕跡は確認できていない。

P群（76点）［図241・242］　鑿頭式（58点）、亜種頸部をもつ中型柳葉式（B2b類）（13点）、三角形式（2点）、小型腸抉柳葉式（1点）、中型定角式（2点）である。鑿頭式では、口巻きに糸を用いるタイプを24点、樹皮を用いるタイプを24点確認した。

P群は他の群と異なり、南棺外が攪乱を受けていたため出土状態から鉄鏃群を認定したのではなく、便宜的に粘土棺床端から石室の南小口周辺の鉄鏃を一括して群としたものである。P58～73、74～76は鑿頭式のみの束であり、鏃身先端を揃えており、何らかの盛矢具に収められたのは明らかである。P群の出土数は76点と多く、複数の盛矢具等の副葬が想定される。この時、鑿頭式には口巻きの糸巻きと樹皮巻きが混在して錆着しており、盛矢具ごとに分けるなどの区別はなかった。他に柳葉式（B2b類）、三角形式、腸抉柳葉式があり、P15とP35では三角形式と鑿頭式が錆着していた。なお、次に述べるQ1～3・7・11・16・17はP群に帰属する可能性があり、南棺外への副葬数は厳密には76点以上となる。P群は、織物等の付着物が少ないが、P7の柳葉式（B2b類）には細かい目の織物痕が付着する。ただしP7以外の鉄鏃では確認できないことから他の副葬品に関わる織物である可能性が高い。また、P16には柳葉式鏃身上半とともに皮膜状の付着物がある。P22では、糸による口巻きと矢柄との境にわずかに段差あるようにも見えるが、矢柄の削り出しによるものかは判然としない。

不明（Q）［図242］　出土鉄鏃群の帰属が不明なものを便宜上「不明（Q）」とした。鉄鏃の個体数が確認できるのは4点である。Q1は亜種頸部（篦被）を持つ中型柳葉式（B2b類）、Q2は柳葉式（B2a類）であるが欠損して厳密には大型、中型の識別ができない。Q4・5は三角形式の鏃身片で、他は茎部と矢柄片である。いずれも南棺外以外の落下石材間の掘り下げ時や他の副葬品を取り上げる際に周囲から取り上げた土の中から篩で出土したもので、鉄鏃群の帰属判断がつかなかったものである。大まかな出土位置が判明するものとしては、Q1～3・7・11・16・17は石室南半から出土しており、盗掘によって南棺外から掻き出された可能性がある。Q4・6・10・12・15は東棺外、Q8は西棺外の鉄製品群の周辺から出土している。

（水野）

【引用文献】
水野敏典 2008「前方後円墳出現前後の副葬品構成と鉄鏃－副葬品からみたホケノ山古墳の検討－」『ホケノ山古墳の研究』橿考研

## 第4節　武　具

南棺外からは甲や冑などの鉄製武具類の主たる部材となる小札が多数出土している。また小札の中には様々な形をした帯状の細長い鉄板（以下、帯状鉄板）と綴じ合わされているものがあり、帯状鉄板も甲や冑などの鉄製武具類を構成する部材とみなされる。そのほか小札や帯状鉄板とは組み合わされずに面的な構成をなす用途不明の円頭鉄板がある。

小札・帯状鉄板・円頭鉄板はすべて南棺外から出土したが、徹底的な攪乱を受けていた。小札のほとんどは本来の構成から分離した状態で、単独では冑と甲に分類することは極めて困難である。整理作業のなかで接合に努めたが、全体像の復元には至っていない。よって以下の報告では、甲・冑といった製品ごとの記述をとらず、まず小札全体の内容について記し、帯状鉄板、円頭鉄板の順に部材ごとに記述する。

なお、以下の記述の中で使用する位置関係を示す語は身体への装着を前提として、「内面」は体表に近い側、「外面」は体表よりも遠い側をいう。「上」は頭側で、「下」はその反対側をいう。「右」、「左」は、特に断らない限り、すべて外面を見た時の位置関係をいう。また挿図に掲載した武具類の実測図は、両面ないし外面を表現しており、原則として前者は外面を左側に、内面を右側に配置している。

### 1　小　札［図248～267、PL.109～126］

形態と大きさ　小札の基本的な形態は、上辺が半円形の丸みを帯び、両側辺から直線の下辺に向かってわずかに窄まる鞋形である。ほとんどのものは、最大長（縦）が中軸線上、最大幅（横）が中位よりやや上の側辺を結んだ線上で得られる。小札の表面には小札どうしを革紐で綴じ合せるため、径3mm前後の円孔が上辺寄りに上下2個（上を上辺孔第1孔、下を上辺孔第2孔と呼称）、左右両側辺寄りに上下2個（上を左右辺孔第1孔、下を左右辺孔第2孔と呼称）、下辺寄りに1個（下辺孔と呼称）、計7個穿たれている。穿孔方向を示すバリは見ら

第Ⅰ部　調査編

れないものの、外面の孔の周囲が若干窪んでいることから、穿孔方向は外面から内面に向けてとみられる。縦方向、横方向ともに僅かであるが湾曲を持ち、凸面が外面、凹面が内面として明瞭に区別できる。

　小札の大きさは、長さ2.6～5.7cm、幅2.5～3.4cmの間にあり、とくに長さは最小と最大で2倍以上の開きがある。厚さも0.9～1.7mmと幅があるが、大半のものは1.2mm前後に集中する。518［図262］は長さ5.7cmと最大の小札であり、厚さも1.6mmと厚くなっているが、これを除けば必ずしも大型品が小型品に比べて厚いわけではない。

　完形の小札全446点の長さと幅の相関関係をグラフに示すと、明瞭な右上がり直線にはならず、幅を持って漸次的に右上がりに推移している［図245］。とくに集中域は認められず、大型品と小型品とは相似形にならないようである。

　次に長さのみを取り上げて点数の多寡を比較する棒グラフをみると、2.8cm、3.2cm、3.7cmの3ヶ所に明らかなピークが認められる［図246］。それぞれのピークには前後に幅があるため、任意ではあるが20点以上を基準とすると、長さ2.7～2.9cmの小型品、長さ3.1～3.5cmの中型品、3.6～3.9cmの大型品の3種類に分類できる。それぞれの出土数は、小型品が74点（14％）、中型品が208点（38％）、大型品が206点（38％）で、中型品と大型品がほぼ同数である。

　小札の重さは、表面に繊維や獣毛の付着物があり、錆化の影響もあるため必ずしも純粋な重さとはならないが、計測可能な完形小札300点の合計が1,194.6g、1点の平均重量が4.0gである。単独の状態の完形小札では2.6～8.8gと非常に大きな幅がある。そのなかで小型品は2.8g前後、中型品は4.0g前後、大型品は5.6g前後のものが多い。

　上述した小札の基本形態とは異なるものが1例認められる。243［図254］は上辺孔第1孔と右辺孔第1孔部分を含めて右上隅を大きく斜めにカットし、カット部分に沿って1孔を新たに穿つ。

　**数量**　形状から小札と判断できるものは、完形品446点、破片1,279点で合計1,725点を数える。同一個体の重複が避けられる特定部位の残存数を基準に実数の算出を試みるならば、完形品も含めて綴じ孔のうち①上辺孔を有するものは1,098点、②左辺孔を有するものは1,120点、③右辺孔を有するものは1,102点、④下辺孔を有するものは1,129点であり、いずれも1,100点前後の近い範囲にまとまる。し

たがって南槨外から出土した小札の実数としては、②と③の平均1,111点が参考値となる。

　**通常の重ね方と綴じ方**　観察可能な小札の綴じ方はすべて固定綴じで、上下の可動綴じは認められない。冑・甲ともに、縦方向へはすべて小札の丸みを帯びた部分（上辺）を上向きに置き、上から下へ順次上重ねにし、上段の下辺孔と下段の上辺孔第1孔を一致させて重ねている。横方向へは、左辺孔と右辺孔の2孔を一致させて重ね合わせるが、外面から見て左から右へ上重ね（右上重ね）するものと右から左へ上重ね（左上重ね）するものの2種類がある。両者の数は右上重ね335点、左上重ね167点で、およそ2：1の割合である。

　革紐の基本的な綴じ方は、上辺孔・下辺孔、左辺孔・右辺孔ともに一致させた孔を革紐で縦方向に綴じたのちに、横方向の鋸歯状に綴じ合せており、これを通常の綴じ方と認識できる。すなわち、1孔の内面から外面に通した革紐をのこる1孔から内面に通し、これを1.5周回繰り返して縦に綴じ付け、次に横方向にある2孔のうちの1孔に斜めに通して外面に出す。この綴じ方を順次繰り返していく。外面から見た場合、上辺孔・下辺孔、左辺孔・右辺孔の重なりでは、ともに縦方向の孔を通す革紐のみが現れるだけで、横方向へ斜め

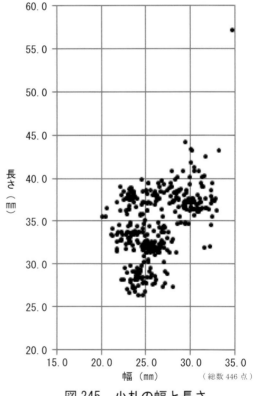

図245　小札の幅と長さ

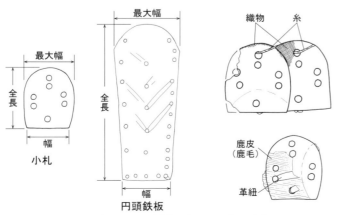

図244　小札・円頭鉄板計測及び付着物凡例

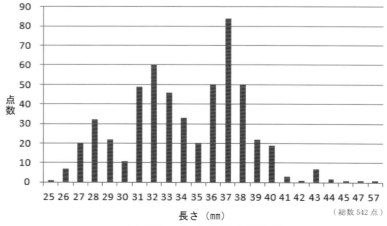

図246　小札の長さ別点数

に横断する革紐は内面でしか現れない。

鋸歯状の綴じの進行方向は必ずしも一定ではない。外面から見た場合、上辺孔・下辺孔と左辺孔・右辺孔とで進行方向の一致するものと一致しないものの2種類がある。前者は①鋸歯の山が右下がりと②左下がりの2つに分けられ、後者は③上辺孔・下辺孔が鋸歯の山が右下がりで左辺孔・右辺孔が鋸歯の山が左下がり、④上辺孔・下辺孔が鋸歯の山が左下がりで左辺孔・右辺孔が鋸歯の山が右下がりの2つに分けられ、合計4種類の進行方向の組み合わせがある［図247］。

**大きさによる構成**　分類した小札の3種類の大きさは、構成の組み合わせにどのように反映されているのであろうか。

まず横方向は基本的には同じ大きさのもので構成されている。異なる大きさの組み合わせの実例を挙げるならば、外面の重ね順から見て小・小・中・中（42［図249］）、小・中（80［図250］）、大・中・中（107［図250］）があり、小型品と大型品の組み合わせはないものの、小・中や大・中の組み合わせは少数ながらみられる。189［図253］は小札の構成として最も多くの枚数が残存するものであるが、下段の左端2点が小型品で、他はすべて中型品である。また、473［図261］は同じ大型品どうしの構成であるが、左右の小札で長さ4㎜の差があり、45［図249］は小型品どうしの構成であるが、長さ6㎜の差が認められる。このように実例としては少ないが、横方向の構成は小札の長さ6㎜以内の差であれば綴じることができるようである。

縦方向についてはやはり基本的には同じ大きさのもので構成している。横方向の構成と同様に小型品と大型品の組み合わせはないものの、異なる大きさの組み合わせには、外面から見て上から下に、小・中（87［図250］）、大・中（231［図254］）、大・中・中（299［図256］）、中・大・大（463［図261］）がある。463は、3段の連なりで、上段5枚、中段4枚、下段4枚の小札が確認できる。このうち、上段はいずれも中型品、中段と下段はいずれも大型品で、上段と中段の長さの差は最大6㎜である。同品は各段とも横方向に著しい湾曲を有するもので、体の部位に合わせて上方の径を小さくする際に意識的にこのような組み合わせを施した可能性がある。

**特定部位**　小札表面の革紐の遺存状況によって、構成品の最上段の位置に該当することがわかるものがある。内面の上辺孔の鋸歯状の綴じが、縦ないしは横へ斜行する革紐が完全に遺存しているもので、これはその小札よりも上位には小札が連ならないことを示している。この状況を確認できるものは19件あり、列挙すれば、33［図248］、63・64［図249］、80・91・102・108［図250］、136・142［図251］、156・160［図252］、198［図253］、234［図254］、260・273［図255・PL.134］、291［図256］、410［図259・PL.134］、502・505［図262・PL.134］である。このうち大型品の連なりは、156、260、273、291、410、505の5例であり、他は中型品の連なりである。

革紐の遺存状況以外に、覆輪の遺存状況によっても部位が特定できるものがあるが、これについては覆輪の項で述べる。

**湾曲・折れを有する小札**　小札単体は縦、横ともわずかな湾曲を有しているが、連なりになっても全体として大きな湾曲はなしていない。ところが、なかには少数ながら不自然な湾曲や折れが有する小札の構成がある。2次的な外圧による変形の可能性も払拭できないが、ここでは5件をあげた。

260［図255］は1段で横方向に3枚が連なるが、小札の中位で縦方向に湾曲がみられる。112［図250］は、4段で横方向に2～3枚が左上重ねで連なっているが、重なりの端部において横方向に山折れが認められる。481［図261］は大型品の単体であるが、左下隅において斜め方向に山折れが認められる。

463［図261］は上述したように横方向に著しい湾曲を有するものであるが、小札単体では折れや湾曲は有しておらず、重ね部分を密着させずに隙間をつくることで横方向の湾曲を生じさせている。これと同様に199［図253］は上下の重なりの部分に隙間をつくり、縦方向に大きく角度を変えている。

**多孔小札**　先述したとおり、小札の綴孔は上辺2孔、左右辺各2孔、下辺1孔の計7孔であるが、この基本形より綴孔を多く穿った多孔小札が存在する。31点確認している。穿孔数は1～5孔で、穿孔する位置については、中央部や左右辺下隅など極めて不規則で統一されていない。多くは組立時の現場合わせによるものとみられるが、503［図262］は下辺の4孔が小札の中軸からずれており、当初からこの配置をとっていたと思われる。ただし、内面に残る横の小札の重なりは孔の半分にまで及んでおり、多孔部分が革紐を通して実際に機能していたかは疑問である。

このように増設された孔は必ずしも革紐を通して使用されたとは限らないが、革紐の遺存や孔の合わせ状況によって使用が確認できるものもある。512［図262］は2段で、上段は左上重ねの左右2枚が残る。このうち上段の左小札は右下隅に穿孔されているが、これと上段右小札の左下隅に増設された孔が合致している。また、下段の上辺に増設された右寄りの孔は、上段右小札の右下隅と上下に対応している。なぜこの部分で上下の綴じが必要になったのかは不明だが、ここで横方向の綴じを終了させて右へは続かない可能性がある。

小札の中央に増設された孔についても、綴じ方の理解に苦しむが、473・481・487［図261］は革紐の遺存により、確実に使用されているものである。

**変則的な重ね方と綴じ方**　通常の重ね方以外に、変則的な

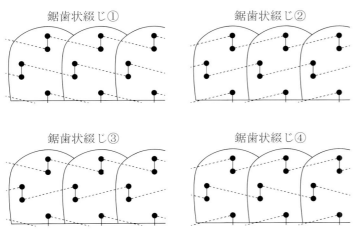

図247　小札の重ね方と綴じ方

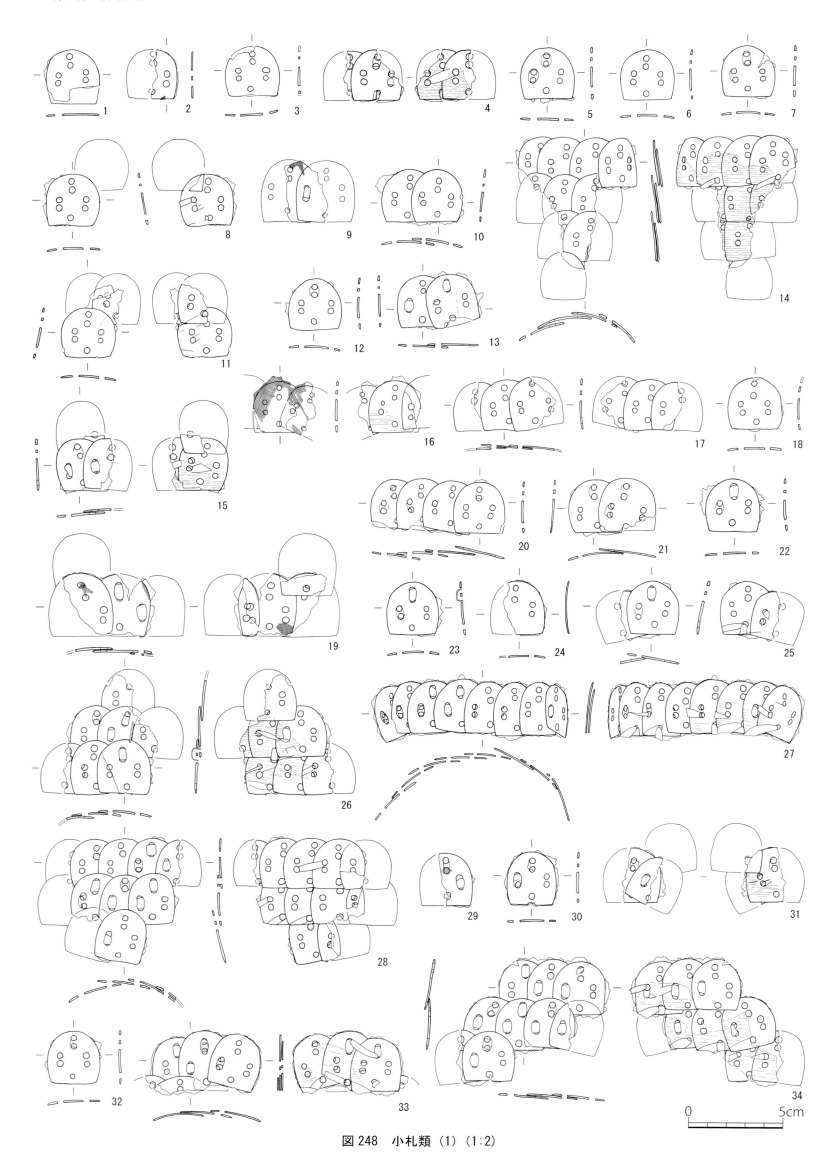

図248　小札類（1）（1:2）

図249 小札類（2）（1:2）

第Ⅰ部 調査編

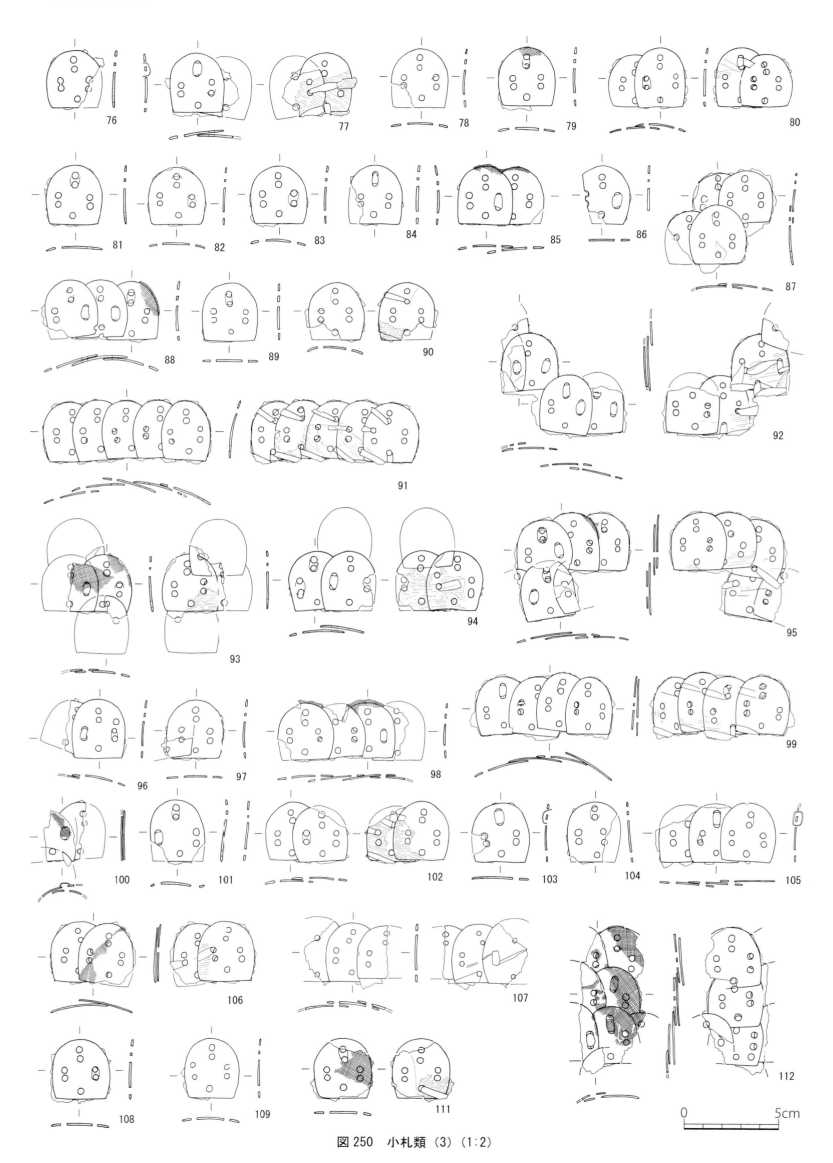

図 250　小札類（3）（1:2）

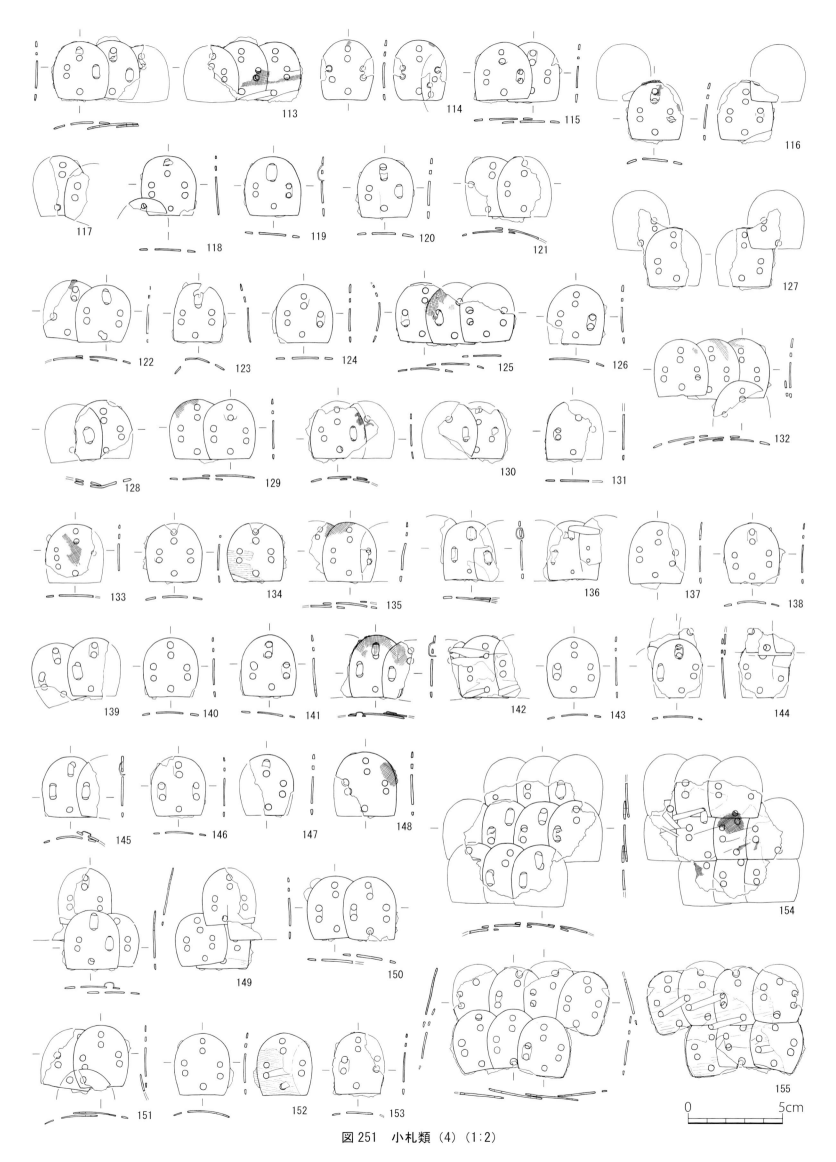

図 251　小札類（4）（1:2）

第Ⅰ部 調査編

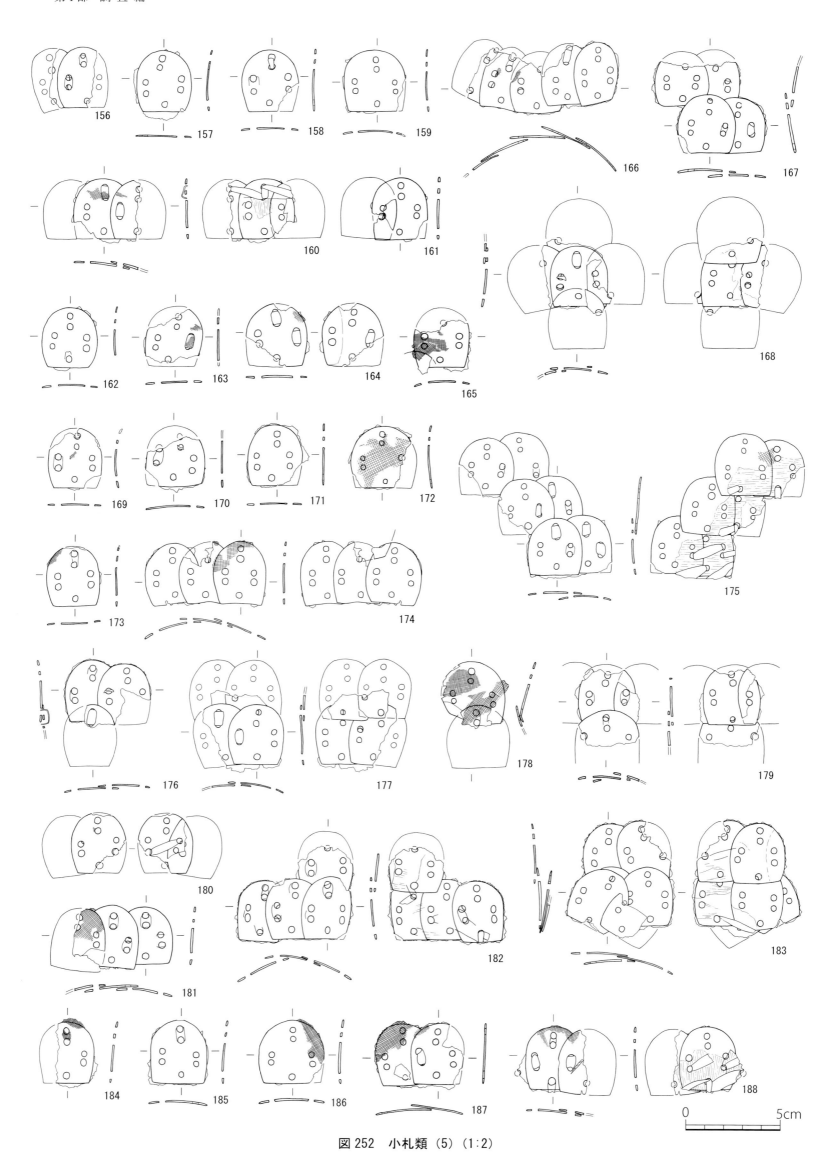

図 252　小札類 (5) (1:2)

第6章 副葬品

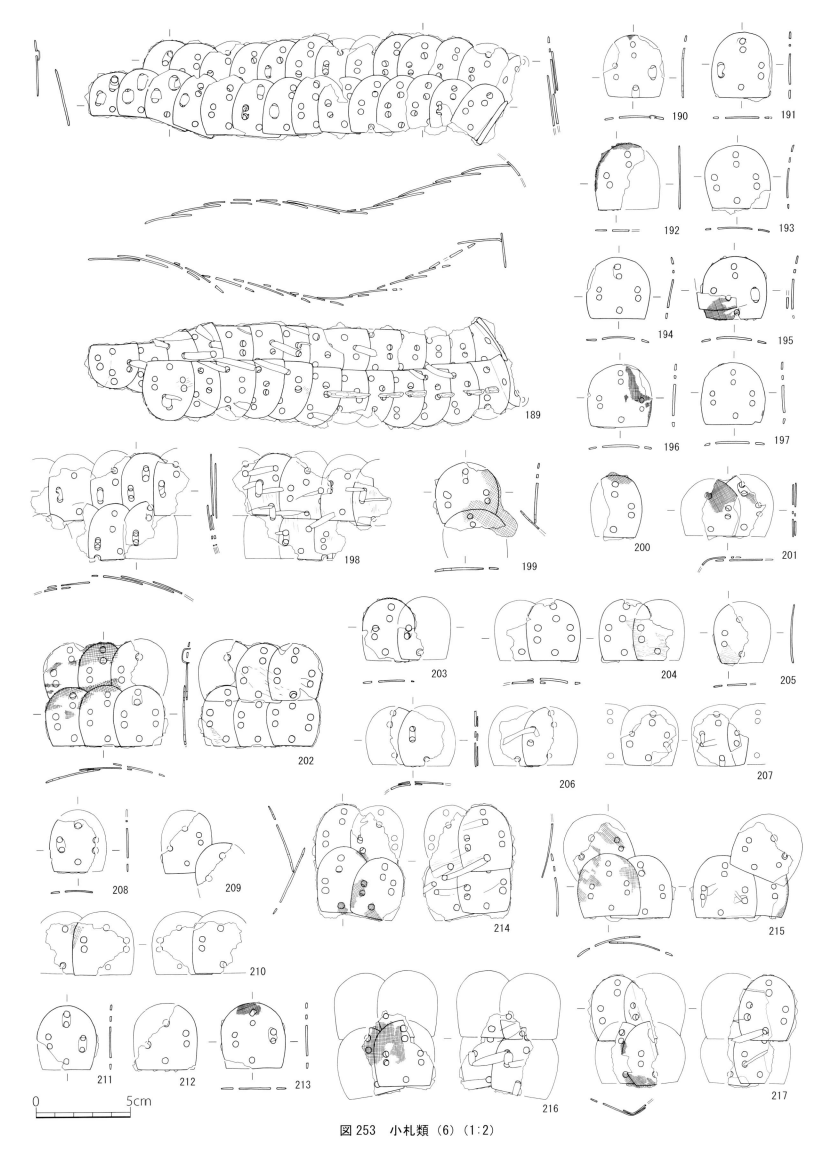

図253 小札類（6）（1:2）

第Ⅰ部 調査編

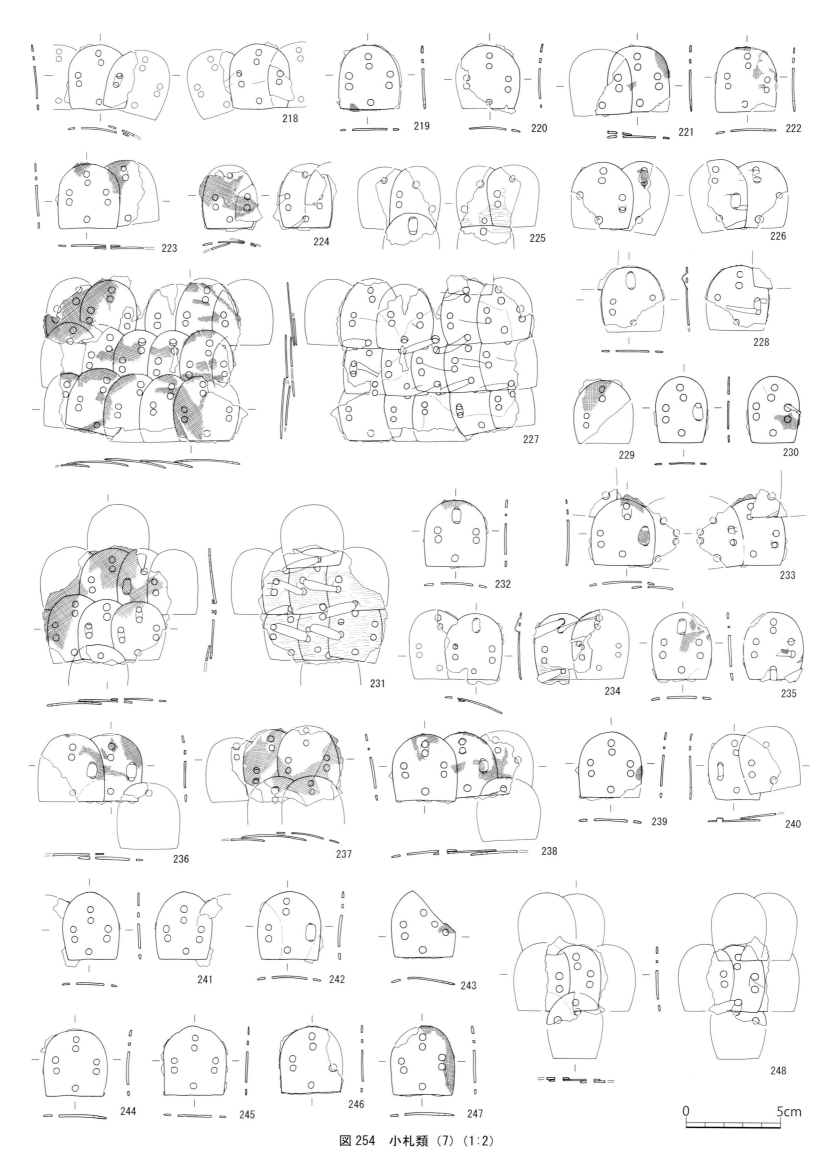

図254 小札類（7）（1:2）

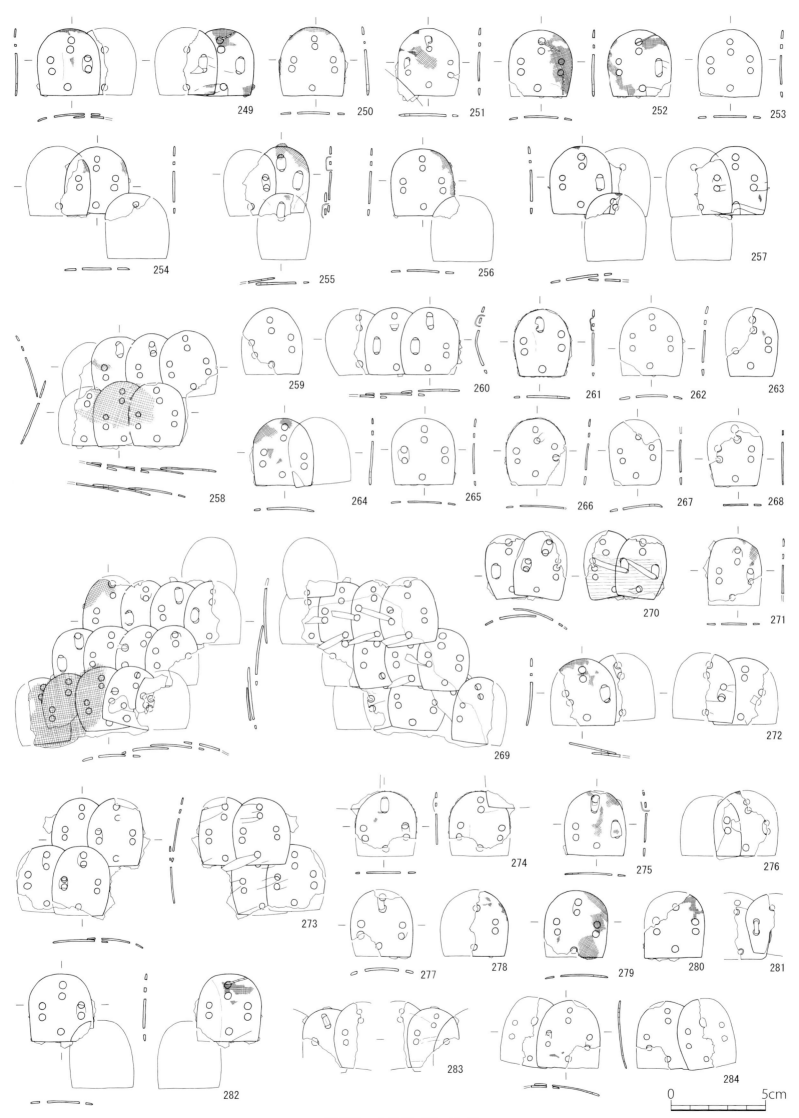

図255 小札類（8）（1:2）

第Ⅰ部 調査編

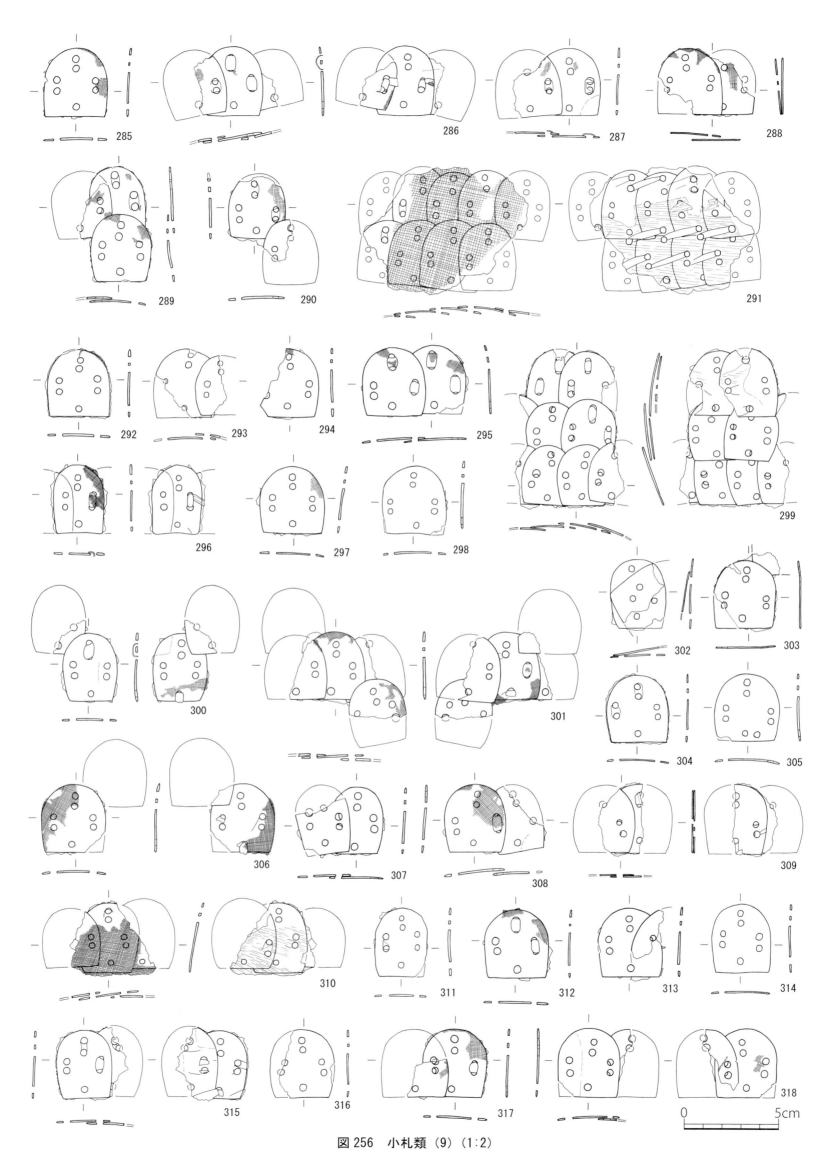

図256 小札類（9）（1:2）

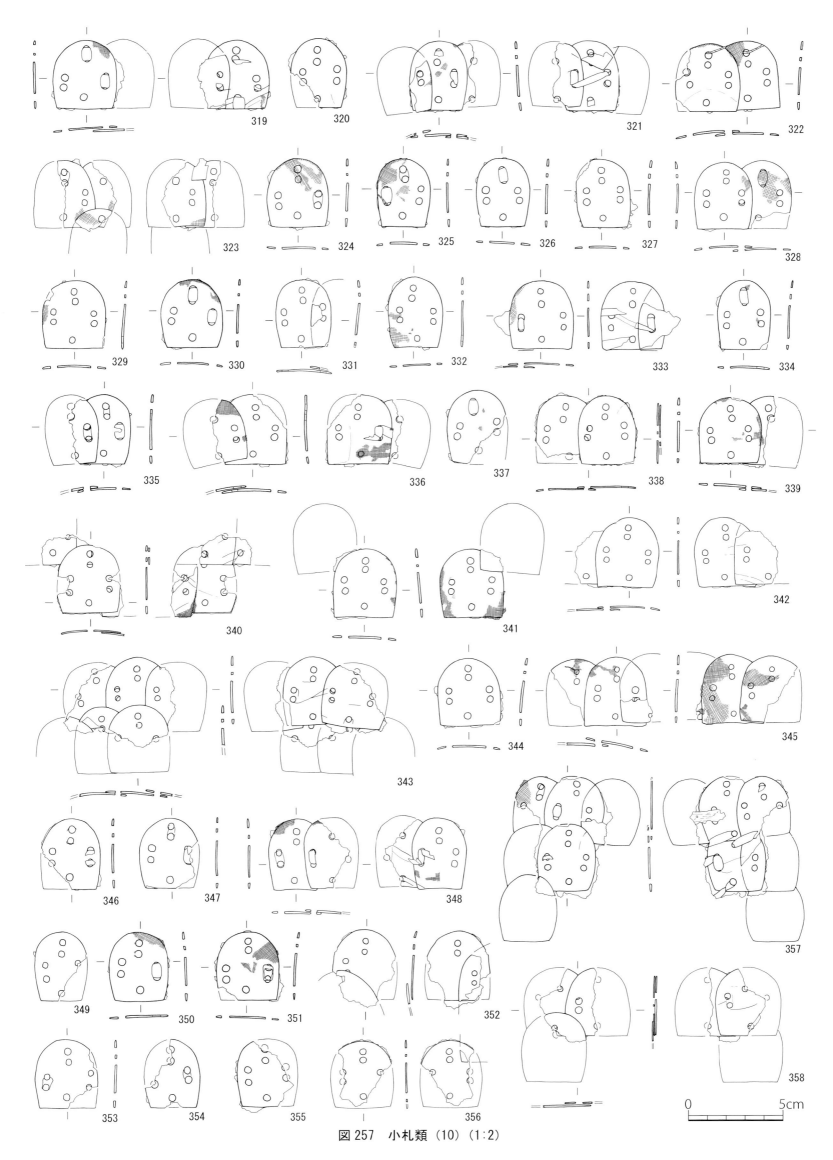

図 257 小札類（10）（1:2）

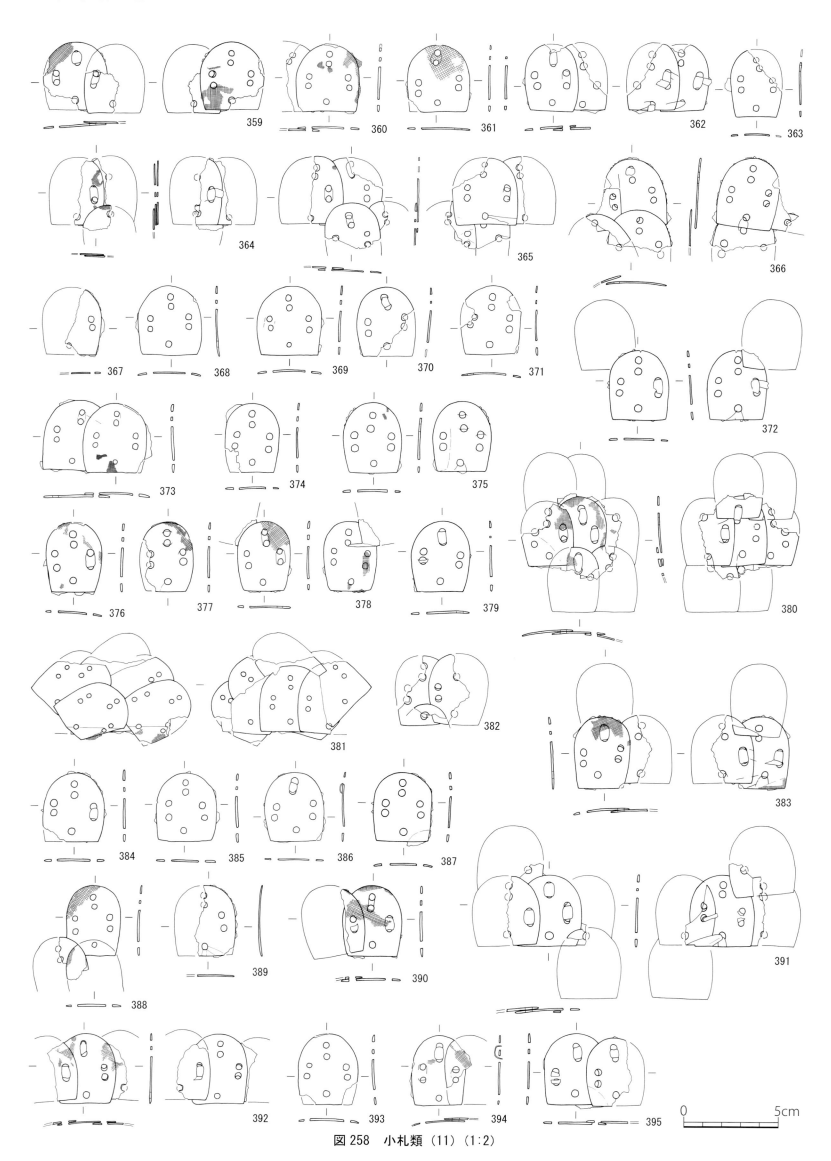

図 258 小札類（11）（1：2）

第6章 副葬品

図 259 小札類 (12) (1:2)

第Ⅰ部 調査編

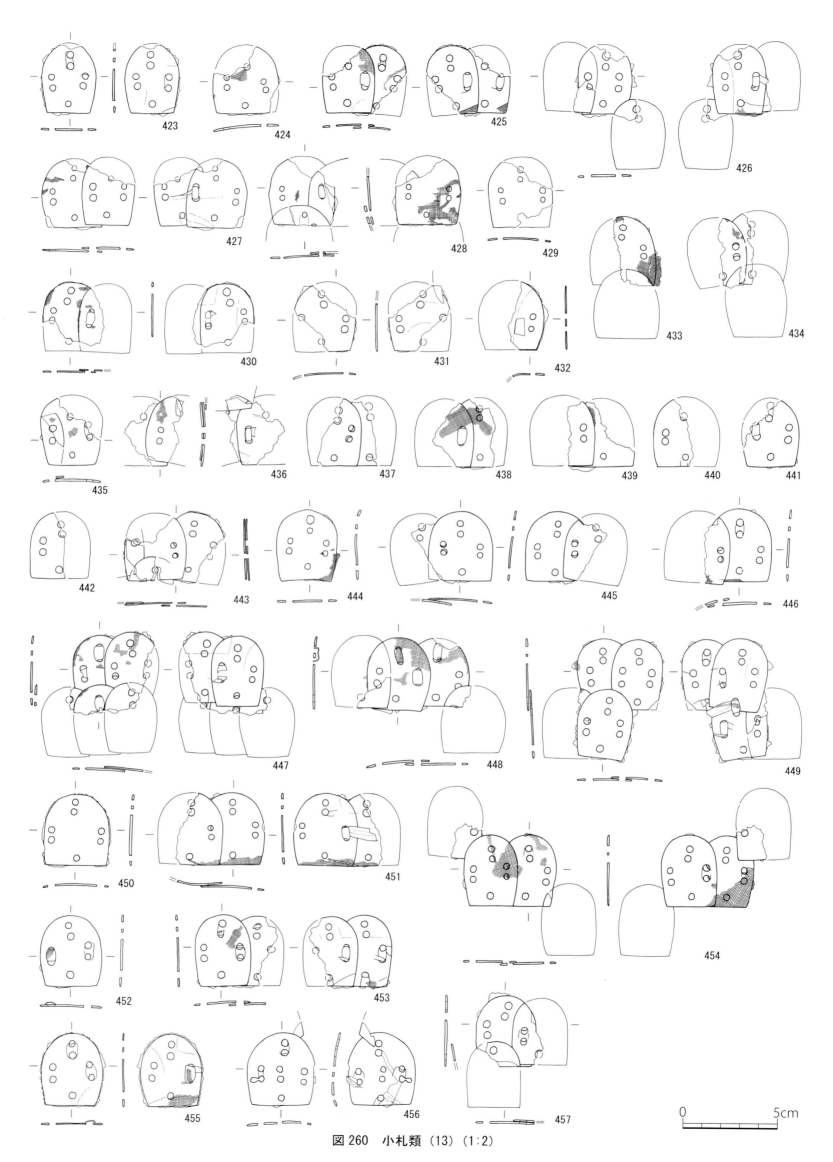

図 260 小札類 (13) (1:2)

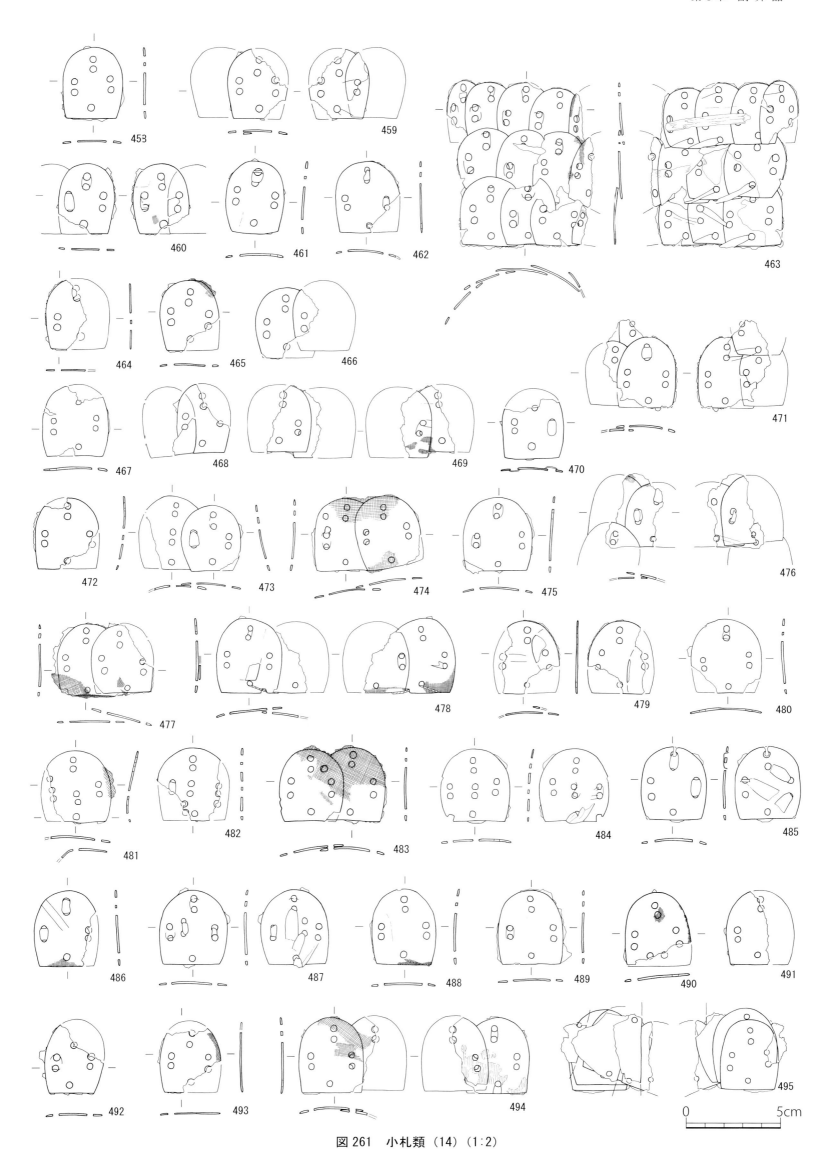

図261 小札類(14)(1:2)

図262 小札類（15）（1:2）

図263　小札類（16）（1:2）

第Ⅰ部 調査編

図 264 小札類 (17) (1:2)

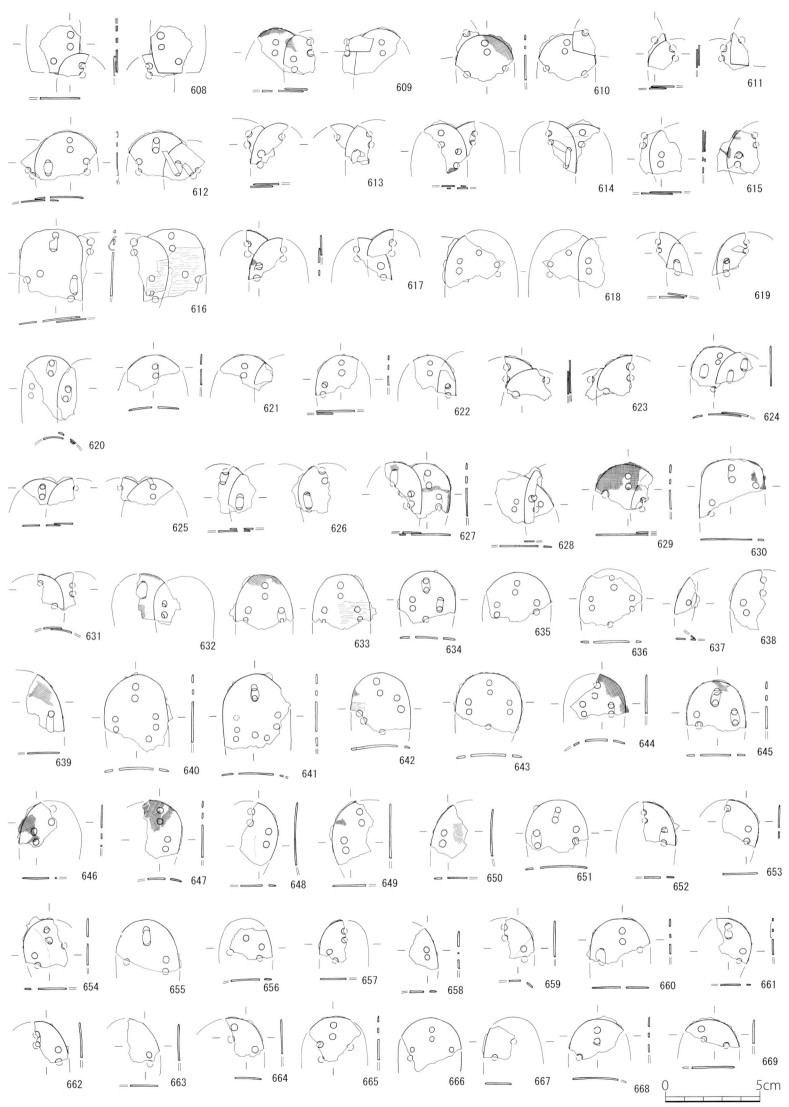

図 265　小札類（18）（1:2）

第Ⅰ部 調査編

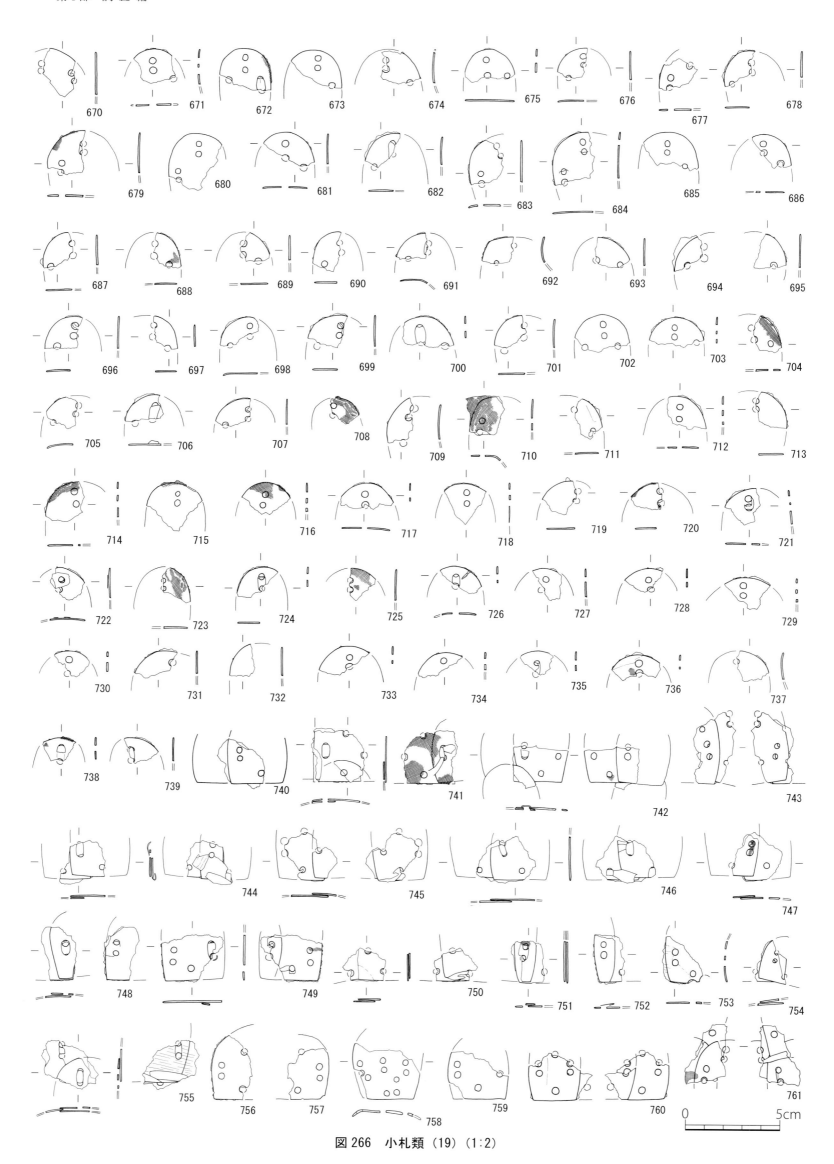

図266 小札類（19）（1:2）

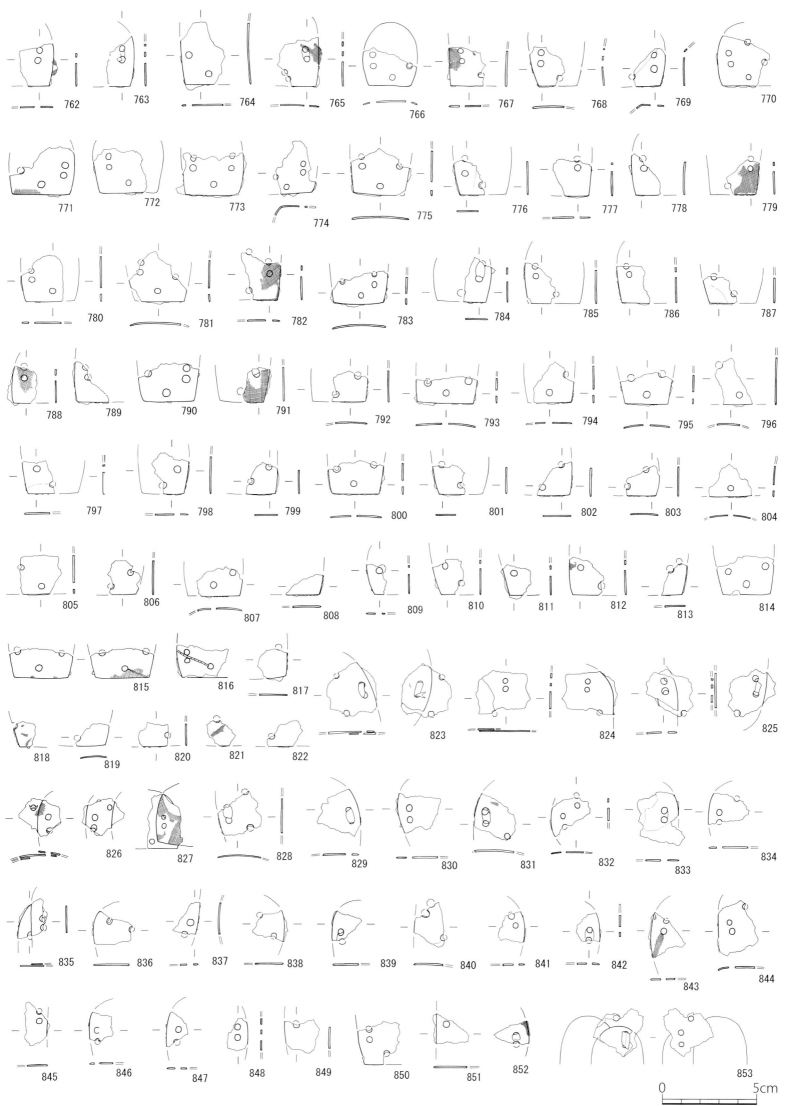

図 267 小札類（20）（1:2）

重ね方が観察できるものが4例ある。421［図259］は縦に2段、横に上段2枚、下段3枚の小札が遺存しており、いずれも大型品である。このうち下段中央の小札は外面から見て左右とも上重ねになっており、綴じの状況から最後に綴じられたことがわかる。また、上段では中央の小札は遺存していないが、左右に遺存する小札の状況から、やはり左右とも上重ねになる。上下2段分しか遺存しておらず全形は不明であるが、甲や冑の中心軸に相当する可能性がある。

515［図262］は横3枚の左上重ねの連なりである。内面下辺部の横方向の綴じは、中央小札から向かって右へは水平方向に革紐を通しており、鋸歯状とはならない。したがって内面に向かって右端の小札の下には下段の小札が連ならない可能性があり、一段ごとに端の小札を1枚分減らしていく重ね方とみられる。

517［図262］は2段の小札であるが、上辺孔どうしを綴じ合わせる異例品である。革紐が遺存しておらず、攪乱の際の外圧による変形の可能性もあるが、重なりの孔の位置が2孔とも揃っていることから当初のものと判断した。類例から見て冑の頭頂部の閉塞に充てられたとみられる。

通常の小札とともに上述した多孔小札には、通常の綴じ方とは異なり、変則的な綴じ方が認められるものがある。

487［図261］は左辺に4孔が穿たれている。これらの孔から革紐は横方向ではなく、下段に連なる小札の上辺孔に向かっている。また、上辺孔第2孔からは内面に革紐が垂下しており、横方向の鋸歯状綴じにはなっていない。484［図261］は487と同様に内面には左辺孔からいずれも斜めに下りる革紐が遺存し、左右とも下に重ならずにこの小札を起点として右上重ね、左上重ねになる可能性がある。

215［図253］は、2段で下段が左右2枚左上重ねである。内面に残る革紐は下段右小札の右辺孔、左辺孔ともに上辺孔に向かって斜めに上がっており、横方向への鋸歯状綴じにはなっていない。

485［図261］の内面には、上辺孔第2孔から左辺孔第1孔に、左辺第2孔から下辺孔に、さらには右辺孔第1孔から左辺孔第2孔に向かっていずれも幅広の革紐が通されている。右辺孔から左辺孔に向かう革紐の斜行は、外面から見て向かって左側に上に重なる小札があることを示している。

518［図262］は長さ5.7cmを測り、すべての小札の中で最も大型である。右辺孔から左辺孔は通常通りの鋸歯状綴じであるが、左辺孔第2孔から上辺孔第1孔に向けて、そして左辺孔第1孔から上辺孔第1孔に向けて変則的に綴じられている。上辺孔第1孔の周囲は左右辺から向かう2節が残っておらず、上段に重ねられた小札の下辺孔第2孔に綴じられていると思われる。左右辺孔の周囲には革紐が遺存しており、外面から見て左右の小札はいずれも上重ねになる。

**覆輪** 小札の各側辺には布包覆輪が確認できるものがあり、そのうち覆輪本体の繊維と糸が遺存するものが6点、糸のみ遺存するものが45点ある。

418［図259］、451［図260・PL. 134］、478［図261・PL. 134］、815［図267］の4点は小札下辺に覆輪を施したもの
である。418は左上重ねの大型品。内面に幅7mmの覆輪繊維が遺存しており、その上に下辺孔から右下がりに糸が出ている。451は左上重ねの横2枚の小札で、右小札の外面に覆輪の繊維、内面に糸、左小札の外面に糸が遺存する。覆輪幅は4mmで、下辺孔を覆うまでは至らない。糸は下辺孔から重ね目に向かって右下がりに出ており、下辺孔と重ね目をそれぞれ山にしてジグザグに繊維を固定したとみられる。478は左上重ねの横2枚の大型品。左小札の外面下辺孔から右下がりの糸が出ている。内面には幅7mmの覆輪繊維が遺存しており、その上に下辺孔から右下がりに糸が出ている。815は単品の小札であるが、内面の痕跡から左上重ねとみられる。内面の下辺に覆輪が遺存しており、下辺部孔から繊維の上に右下がりの糸が出ている。これらの小札4点は、下辺に覆輪を施したうえに下辺孔には革紐が綴じられていないことから、最下段を構成するものである。

247［図254］は外面上辺と右辺に覆輪の繊維が遺存する。右辺孔第1孔からは右下隅に向かって糸が出ており、内面にも右辺孔第1孔から上方に向かって糸が出ている。覆輪幅は10mmで右辺孔まで及ぶ。構成品の右上隅に位置する小札と考えられる。

252［図255・PL. 134］は単品であるが、内面左辺孔には革紐が縦に遺るので、左上重ねの小札である。右辺と上辺に覆輪の繊維が遺存する。上辺孔第1孔からは外面で右下がりに右辺部に向かう糸と、内面では左上重ね目に向かう糸が出ており、これと一連となるかは不明であるが、外面右辺第2孔から右下隅に向かう糸が出ている。覆輪幅は9mmで右辺孔まで及ぶ。247と同様、構成品の右上隅に位置する小札と考えられる。

249［図255］、322［図257・PL. 134］の2点は覆輪本体の遺存はないが、上辺に覆輪の糸が確認できるものである。322は左上重ねの横2枚の大型品。外面では左右小札とも上辺孔第1孔から糸が重ね目に向かって出ており、内面では右小札の上辺孔第1孔から向かって右上がりに糸が出ている。249は左上重ねの横2枚の大型品。左小札の内面上辺孔第1孔から向かって右上がりに糸が出ており、断片的に遺存する覆輪繊維の上に重なっている。816［図267］は小札の左下隅の破片で、外面に覆輪の糸が確認できる。下辺孔から出た糸が左辺孔の孔間を通っている。

小札の縁辺に遺存する覆輪は断片的であるため、全体的な構造については不明であるが、247・252の状況から、2つ折りした平絹を小札の縁辺に充てて包み込み、綴孔に通した糸で固定しているものとみられる。また覆輪は綴孔に及んでいるものと及んでいないものがあるが、縁辺においては糸が確実に覆輪を貫通している部分は確認できておらず、覆輪の施し方として糸で縫い付けていたかは不明である。

**繊維と獣毛** 小札の外面および内面には顕著に繊維が付着している。また、内面には獣毛が付着している。繊維については平絹、獣毛については鹿毛であることが分析により判明している（第II部第2章第6節・第7節）。平絹は断片的ながらも重なりが著しく、全体の構造については不明である。また

鹿毛については、毛のついた皮が装着時のクッションとして内面に内貼りされたものとみられるが、全体の構造については不明である。なお獣毛と繊維の層序については不明である。

小札の組み上げと鹿毛の施工関係については、次の例が参考となる。198［図253・PL.134］は先述の通り、構成品の最上段に位置し、縦が2段、横が5枚（上段）、3枚（下段）の連なりである。内面には縦方向の鹿毛が確認できるが、革紐は面的にあてがった鹿毛の上から綴じられている。また、291［図256・PL.117］も198と同様に構成品の最上段に位置するものであるが、鹿毛の上に革紐が綴じられている。270［図255・PL.114］も同様に鹿毛の上に革綴が確認できる。したがって鹿毛の内貼りは、小札の綴じ合わせ終了後ではなく、小札の綴じ合わせと同時に行われていることになる。

小札には繊維と獣毛の有機質以外に木質の付着が見られる。189［図253・PL.110］の内面には、上段小札の左右辺孔第1孔の位置に、幅3mmの木質が長さ9.2cmにわたって横方向に付着している。357［図257・PL.118］の内面には、上段小札の左右辺孔の中間位置に、幅6mmの木質がやはり横方向に付着している。わずか2例の遺存であるが、付着している位置はほぼ同じで、二次的な移動に伴って付着したものではないことは明らかであるが、構成の中でどのように取り付けられ、機能していたかについては不明である。

## 2　帯状鉄板（腰巻板）［図268、PL.125］

**腰巻板と小札**　出土した帯状鉄板の中で冑の腰巻板と認定できるものは854［図268］である。腰巻板の上部に小札が縦2段に綴じ付けられて残存している。腰巻板は幅1.8cm、残存長19.2cmで、U字形の湾曲を持つが直線状に変形している部分がある。両端はいずれも破断している。外面には平絹の付着が認められる。小札を綴じ付ける孔は、上下に2孔一対であけられており、その間隔は上下1.3cm、左右1.8cm前後である。腰巻板と小札との綴じ付けは、腰巻板の内面から立ち上げられており、腰巻板の上孔と小札下辺孔を重ね、革紐は腰巻板下孔から縦に1.5周回させ、腰巻板上孔から横方向へ鋸歯状に進行する。鋸歯状の綴じは内面から見て右下がりと右上がりの2通りが確認でき、途中で縦の周回を変えているとみられる。現状で小札は破片も含めて第1段が9枚、第2段が2枚の計11枚が遺存している。小札の大きさは2.9cm〜3.4cmで、小型品1枚と他は中型品の構成になっている。重ね方は横方向がすべて右上重ね、縦方向が下から上へ下重ねする。縦2段部分は外方に大きくゆがんでおり、当初の立ち上がり角度はうかがえない。腰巻板の内面には獣毛が遺存しており、その上から革紐が綴じ付けられている［PL.134］。

この腰巻板と接合関係にないが、形状から見て同一の腰巻板が2片ある。855・856［図268］で、残存長はそれぞれ6.5cm、11.1cmである。いずれも湾曲し、外面に平絹の付着が認められる。なお、残存する腰巻板の総長は36.8cmとなるが、冑の顔面部分が全周せずに開けられていたとしても腰巻板の不足は否めず、一部は外部へ持ち出されたとみられる。

このように明確に冑と認定できるものは、腰巻板から直接小札が立ち上がる部分に限定されるが、重ね方の特徴によって冑の可能性が考えられる小札の連なりがある。166［図252］は、横5枚の中型品が右上重ねに綴じられている。横方向に湾曲をもち、かつ小札の下辺の並びが一直線にならずに左右に上がるカーブを描いている。これは左右の重ね代を均等にせず、下よりも上で多くとっているために生じた形態である。冑の頭頂部付近においては、上段ほど小札の枚数を減らして径を小さくする必要があり、本例はその部分に該当する可能性がある。

**帯状鉄板**　冑の部材となる確証はないが、上述した腰巻板とは形状を異にする帯状鉄板が8点ある。857［図268］は現存する両端の幅がそれぞれ2.0cm、2.4cmと広狭になっている。孔は2孔一対であけられているが、上下の間隔が異なる。山折り状に湾曲し、外面に繊維が付着する。858・859・864［図268］は孔が上辺寄りにあけられているものである。859は全幅が遺存しており、2孔一対であけられている。孔の間隔は上下0.7cm、左右2.0cmで、腰巻板と近い。860・861［図268］は端部が遺存するもので、その部分にのみ孔があけられている。860は上下2列で端から3孔、計6個の孔があけられている。革紐の遺存があるものの、小札が綴じ付けられたものかは不明である［PL.134］。863は幅3.0cmの帯で千鳥状に孔があけられている。小札が付着しているが、小札の綴孔に重複しているものはなく、二次的移動によって付着したものとみられる。

## 3　帯状鉄板A〜C［図268〜270、PL.127〜129］

上述した冑の腰巻板とは全く形状が異なる帯状鉄板が別にある。これらは腰巻板よりも幅広の平らな鉄板で、多数の円孔を穿って小札を綴じ付けており、縁辺には覆輪を施している。現状で7片確認でき、直接の接合関係にないが、同一個体になるものを含み、形状等からみてA、B、Cの3種類に分けられる。これらの帯状鉄板は一体として組み合わされるとみられ、そうした場合、帯状鉄板が上・左・右の三方のフレームを構成し、その内部を小札で綴じ合わせた形状に復元できる。上側のフレームを帯状鉄板A、左側のフレームを帯状鉄板B、右側のフレームを帯状鉄板Cとする。

**帯状鉄板A**　両端が刀の鋒状に尖る横長の鉄板で、最大幅4.3cm、長さは50cm以上に復元できる。鉄板本体には反りや湾曲は見られず、両端部付近でわずかに外反する。鉄板の下辺には、外面から下に向かって小札を綴じ付けている。現状では左端付近（865［図268］）、中央付近（867［図268］）、右端付近（866［図268］）の3片に分かれており、それぞれは接合しないが、同一個体として間違いない。鉄板の全面には多数の円孔が穿たれているが、3片それぞれで配列が若干異なっている。

865の孔の配列は上から単独のもの1列、2孔一対のものが2列となっている。第1列は布包覆輪を縫い付けるため

第Ⅰ部 調査編

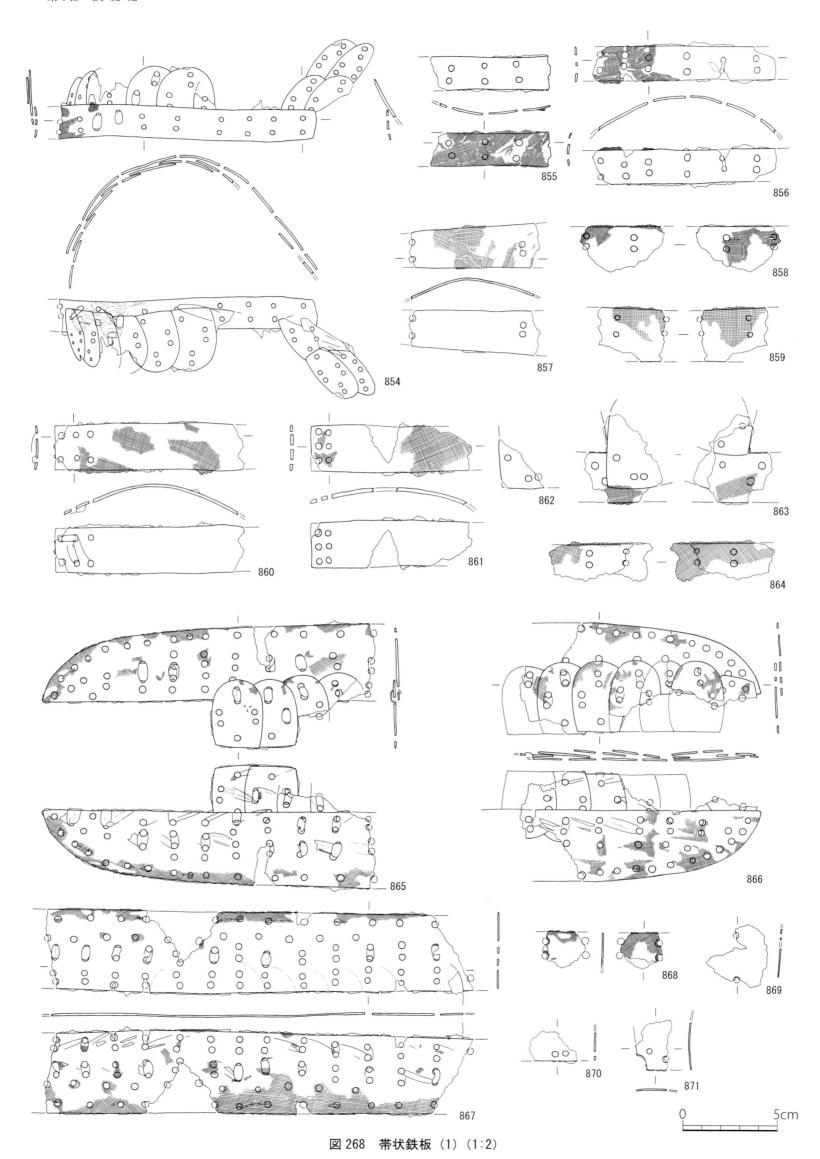

図 268 帯状鉄板（1）（1:2）

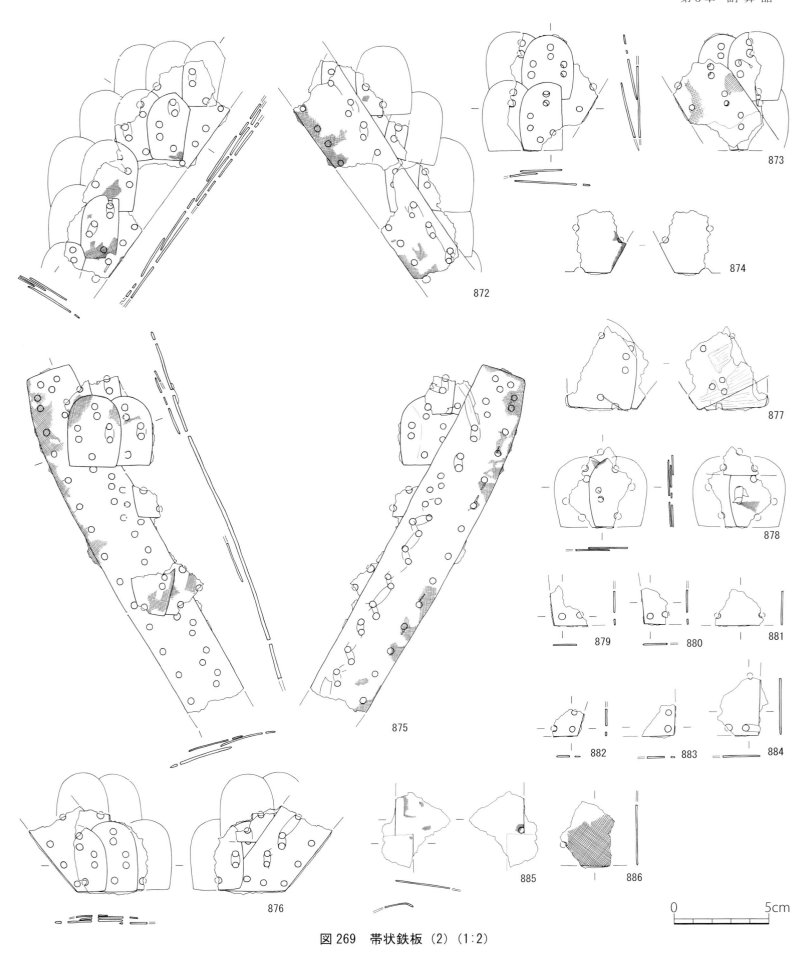

図 269 帯状鉄板（2）（1:2）

の孔列で、孔間隔は 1.5 〜 2.0cm、覆輪幅 8mm である。覆輪の縫い付けは、2 つ折りにした平絹を上辺にあてがい、綴孔に通した糸を横隣の綴孔から反対側に通す並縫いの工程を繰り返す [PL. 134]。覆輪は上辺の湾曲に沿って鋒状に尖る端部まで施されている。第 2 列は上下間隔 0.7cm、左右間隔 1.3 〜 1.6cm。革紐が綴じ付けられており、内面には右下がりの鋸歯状綴じが確認できるが、実際にはこの革紐によって綴じ付けられる小札等は痕跡も含めて全く見当たらない。第 3 列は小札を綴じ付けるための孔列であり、2 孔を小札の上辺孔に重複させて外面側に左上重ねで綴じている。ただし、遺存する小札 4 枚のうち左 2 枚は孔を 1 つ分下にずらして 1 孔のみにて綴じている。このため小札の上辺はわずかに下がっている。この措置により第 2 列も 1 孔分下にずれることになり、全く使用されない綴孔が少数ながら存在する。なお小札の下辺孔には革紐が遺存しており、第 2 段の小札へ上重ねで続いていく。遺存する小札の大きさは、長さ 3.8cm

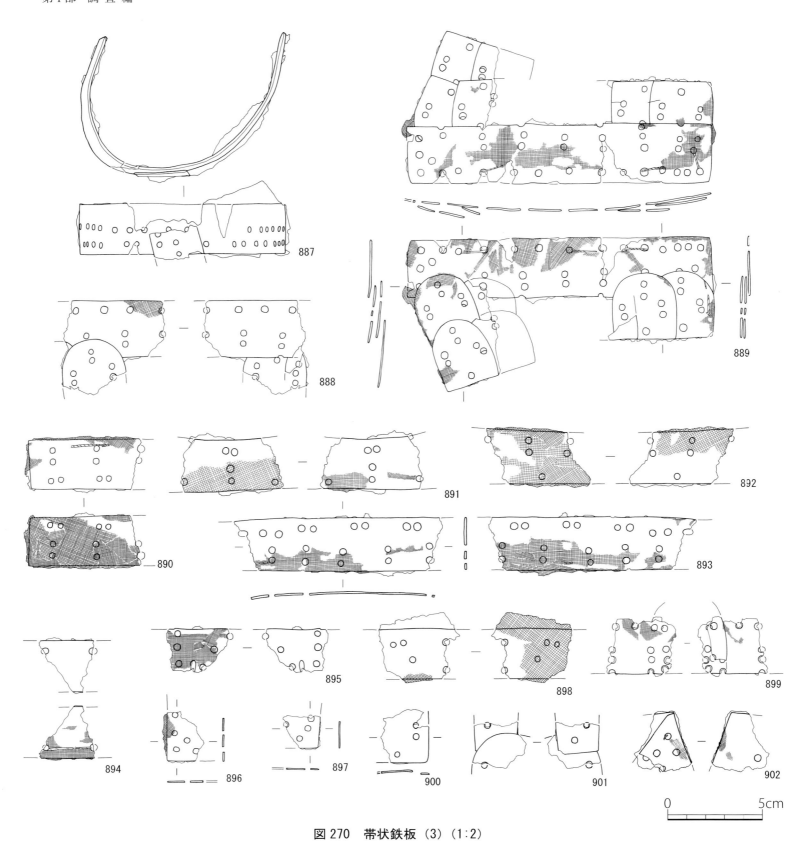

図270 帯状鉄板（3）（1:2）

でいずれも大型品である。

　866の孔の配列は、上から単独のもの2列、2孔一対のもの1列の計3列であり、縦に4孔が並ぶ。第1列は867と同様、覆輪綴じ付け孔であり、第3列は小札綴じ付け孔である。第2列には革紐は全く遺存しておらず、孔は使用されていない。第3列に綴じ付けられた小札は6枚遺存しており、第3列の2孔を上辺孔と重複させて帯状鉄板の外面に横へ右上重ねで綴じ付けている。小札は長さ3.8cmの大型品である。下辺孔に革紐が遺存しており、865と同様に第2段の小札は上重ねで続いていく。なお、帯状鉄板の右端部には台形状の部材の一部が遺存している。小札の右下に重ねられており、綴孔4孔のうち3孔は帯状鉄板の綴孔と重複している。明確な接合関係は認められないが、帯状鉄板Cの端部である可能性が高い。

　867の孔の配列は、上から単独のもの2列、2孔一対のもの2列の計4列であり、縦に6孔が並ぶ。第1列は覆輪綴じ付け孔であり、第4列は小札綴じ付け孔である。覆輪は外面で幅6mmであるが、内面では幅25mmと幅広になっており、綴孔第2列まで及んでいる［PL. 134］。第2列は右端部では2孔分あけられておらず途切れている。また第3列は内面に右下がりの鋸歯状綴じが認められるが、865の第2列と同様に小札の遺存や痕跡は認められず、革紐を通しているのみである。第4列に綴じ付けられる小札は遺存しないが、表面に残る痕跡では右半では右上重ね、左半では左上重ねになっている。したがって重ねが変わる位置は、帯状鉄板A全体の左右の中心に該当すると想定される。なお中央の小

札は左右が上重ねになるか下重ねになるかは不明である。

このように865、866、867では孔の配列が異なっており、中央部の867では縦に最多の6孔が並び、左端付近の865では5孔に、右端付近の866では5孔から4孔に減少する。孔数の減少は867の中でみられる変化であり、小札の綴じ付け状況からしてもこれら3片は同一個体とみて間違いない。綴孔として実際に機能しているのは、上辺の覆輪縫い付けの1孔と下辺の小札綴じ付けの1孔ないし2孔であり、孔の不揃いは構造上、とくに問題を生じていない。

**帯状鉄板Ｂ** 向かって左側に位置する斜めのフレームである。875［図269］は上端部が遺存しており、外形は左辺がわずかに湾曲して幅を減じている。残存長（右辺）20.0cm、幅（中央）3.6cm、上端幅2.4cm。鉄板には反りや湾曲は認められない。孔は左辺側に単独の孔列、右辺側に2孔一対の孔列が斜めに配されている。左辺側の孔列は布包覆輪を縫い付けるためのもので、孔間隔は1.3～1.7cm、覆輪幅は10mmである。覆輪の縫い付けは帯状鉄板Ａと同様に、2つ折りにした平絹を左辺にあてがい、糸で並縫いしている。小札は右辺側の孔列を使って綴じられているが、帯状鉄板Ｂと小札の長軸は約28°の角度をなす。小札は上から第1段、第2段、第4段、第7段相当位置のものが断片ながら遺存している。使用される小札は長さ3.8cm、3.9cmの大型品である。第1段、第2段の小札は横方向を左上重ね、下段を上重ねで綴じ、左辺孔と鉄板綴孔を重ね合せている。この両段の左端の小札は完形である。孔列の第3段、第4段相当部分では孔の間隔が詰まっており、使用していない孔がある。反対に孔列の第7段相当部分では孔の間隔が広くなっており、それを小札1枚で充てているため、小札半枚分ずれている。これにより小札の右辺孔と鉄板綴孔および右隣の小札左辺孔を重ね合せている。この段の小札は左半をカットしており、左辺の覆輪縫い付け孔にまで小札が及ぶのを避けている。なお、875の小札綴孔には、内面では革紐がジグザグに最長11孔まで一連で通っている。仮に帯状鉄板Ｂを起点として小札の綴じを右に向かって進行し、対となる帯状鉄板Ｃで折り返して下段の小札を綴じ付けながら戻ってきた場合、小札綴孔の革紐の通りは一連にはならずに4孔分ごとに間隙が生じる。したがって帯状鉄板Ｂ、Ｃと内部の小札との綴じ付け方法については、帯状鉄板に隣接する数段分の小札だけを先に綴じ付けた後、内部の小札を埋めるように綴じ付けるか、あるいは先に横・縦ともに内部の小札を組み上げた後に、それを帯状鉄板ＢとＣに綴じ付ける二者が考えられる。

876［図269］は帯状鉄板Ｂの下端である。小札が上下2段、1枚と3枚が遺存している。端部の隅角は小札最下段の下辺部と揃うように約128°でカットされている。小札最下段の右端の小札は、長さ3.9cmの大型品で、鉄板に下重ねされており、変則的な綴じ付けである。875と同様、内面では小札綴孔の革紐が5孔分ジグザグに一連で遺存している。

**帯状鉄板Ｃ** 向かって右側に位置する斜めのフレームである。872［図269］は両端を欠損する。残存長（左辺）11.5cm、幅3.0～3.4cm。鉄板には反りや湾曲は認められない。孔の配列は帯状鉄板Ｂと左右対称となり、右辺側に単独の孔列、左辺側に2孔一対の孔列が斜めに配されている。小札は5段分11枚が遺存している。小札は長さ3.6～3.7cmの大型品である。鉄板に綴じ付けられた小札は上辺部から右辺部にかけてカットされている。小札の綴じ付けは、鉄板外面に上重ねして右上重ねで横に連ねている。鉄板と小札との綴じ付けは左辺孔と上辺孔を交互にしており、この部分では乱れは生じていない。小札の下辺孔は使用されておらず、鉄板の対応位置にも穿孔はされていない。872の右辺と小札の長軸とは約35°の角度をなす。

873［図269］は872とは接合関係は無いが形状や穿孔の状況から同一の部材と判断されるものである。幅3.4cm。鉄板には2段に小札が2枚ずつ遺存する。小札は長さ3.6cm、3.9cmの大型品である。鉄板に綴じ付けられた小札のうち、下段は右辺部が縦にカットされている。小札の綴じ付けは、鉄板外面に上重ねして右上重ねで横に連ねている。鉄板右辺と小札長軸とは約30°の角度をなす。

874・877～886［図269］の11点は、隅角部あるいは上辺、下辺の一部が遺存する帯状鉄板である。小破片であるため、これらが帯状鉄板Ａ～Ｃである確証はない。878は帯状鉄板の下辺外面に小札大型品を綴じ付けたもので、右上重ねの小札2枚が遺存する。

**その他の帯状鉄板** 上記した3種類の帯状鉄板とは形態や孔の配列は異なるが、外面に小札などが綴じ付けられたものや、小札の綴じ付けは不明であるが明らかに冑の腰巻板とは形態が異なるものがある。

887［図270］は幅2.7cmで、Ｕ字形に湾曲する。現状では上下の判別がつかないため、以下の記述は実測図の配置に基づく。端部はともに遺存しており、周長18.8cmを測る。鉄板の中央と下端に上下2列の孔があけられている。上列は孔間隔0.9～1.3cm、下列は2孔一対が1.3cm間隔で配されており、両者に関係性はみられない。両端に革紐が残る。鉄板の中央には別の帯状鉄板とみられるものが付着しており、これに穿孔された4孔のうち1孔が下端列と重複している。

888・889［図270］は外面の下端から小札が下へ連なる帯状鉄板である。888は幅3.2cm。鉄板表面には上辺沿いに1cm間隔、下辺寄りに上下2孔一対が2cm間隔であけられている。外面の上辺には8mm幅で繊維の付着が認められ、糸の遺存はないものの覆輪とみられる。小札の綴じ付けは、上辺孔第1孔と帯状鉄板の下辺孔第2孔を重複させ、上辺孔第2孔に革紐を通しており、帯状鉄板の2孔のうち上孔は使用されていない。なお革紐を通す際に小札第2孔が再穿孔されたとみられ、帯状鉄板の下辺には半円孔が認められる。小札の横の重なりは、右上重ねである。

889は888と同様の帯状鉄板であるが、左右端が残っており全形が判明する。幅3.3cm、全長16.2cmで、外面側にわずかに湾曲する。小札は左上重ねで7枚分綴じ付けられるが、右端に1段2枚、左端に2段4枚が遺存する。小札は長さ3.6～3.7cmの大型品である。小札の綴じ付けは888と同様で、帯状鉄板の下辺には半円孔が認められ、2孔のうち上

孔は使用されていない。小札の右辺と帯状鉄板の右端は縦に揃っており、構成品としての右辺をなす。それを示すように小札外面の右辺には覆輪の繊維と糸が遺存する。小札外面の糸は孔から出ていないが、帯状鉄板右端の内面には孔から出ている糸があり、右辺には小札から帯状鉄板にかけて一連で覆輪が施されていたとみられる。一方、帯状鉄板の左端には2段4枚の小札が遺存するが、3枚の小札の長軸が帯状鉄板とずれている。第1段右の小札にずれはなく、上辺孔第1孔と帯状鉄板下辺孔が重複しているので、本来は右辺と同様、左辺も小札の左辺と帯状鉄板の左端は揃えられていたとみられる。

890・891・893［図270］は、上辺に横2孔一対の孔列、中央から下に縦2孔一対の孔列を配する幅2.7～3.0cmの帯状鉄板である。890は端部が遺存し、下辺第2孔には覆輪縫い付け糸が認められる。孔間隔は2.4cmと広い。892［図270］は上辺の孔列が単独になっているものとみられる。894［図270］は小破片であるため孔の配列は不明であるが、覆輪縫い付けの孔間隔が2.6cmと広い。

895～899［図270］は帯状鉄板の小破片であるが、孔の配列が不規則なものである。899は888・889と同じ孔の配列であるが、下辺寄りの孔の左右間隔が2.2cm、0.9cmと不均一である。

901・902［図270］は帯状鉄板に小札および別の部材が付着しているものである。

## 4 円頭鉄板［図271～274、PL. 130～133］

**形態と大きさ** 円頭鉄板は小札や帯状鉄板とは組み合わされない左右対称の縦長鉄板である。後述するように孔のあけ方によってA、B、Cの3種類に分けられるが、形態、大きさともほぼ共通する。おおよその外形は、上辺が円みを帯び、両側辺との間ににぶい屈曲の肩部をもつ。幅の最大値はこの肩部で得られ、下辺に向かって幅が狭まる。左右両辺はやや内湾気味に下辺に至る。幅の最小値は下辺で得られ、下辺の隅部は約93°の角度をなす。大きさは縦長がいずれも約16cmであるが、最大幅は6.8cm前後の幅広（a）と5.8cm前後の幅狭（b）の2種類に細分される。鉄板の厚みは0.8～1.8cmと幅があるが、1.3mm前後のものが多く、小札や帯状鉄板の厚みと変わらない。

縦軸は若干の湾曲を帯び、横軸は湾曲がみられず平板である。円頭鉄板は全体の構成と用途が不明であるため、内外面に関しては、身体装着の前提が立たず区分ができない。ここでは仮に円頭鉄板の湾曲の凸面を外面、反対の凹面を内面として報告する。

それぞれの鉄板の左右両辺と下辺、および中央には、綴じ付け用の革紐を通すための円孔が穿たれている。左右辺孔は7個と13～14個、中央孔は6個、下辺孔は5個（最下端の左右辺孔、中央孔を含めて）を数える。孔は直径3mm前後を測り、小札や帯状鉄板の孔とほぼ同じ大きさである。円頭鉄板の綴じ合せは、鉄板どうしの側縁を重ねて横方向に連ねていき、円頭鉄板だけの構成品となる。革紐は綴じ合せた左辺と中央孔とをV字形に結んで縦方向に綴じが進行する。綴じ付けの際の重ね代は一部だけであるので鉄板表面の革紐が目立つ極めて装飾性の強い製品である。

円頭鉄板の左辺および下辺には幅9mmの覆輪痕跡が認められる。繊維の遺存は確認できないが、布包覆輪と推定される。

円頭鉄板の内外面には平絹の付着が顕著に認められる。全体の構造については不明である。なお、小札内面に付着していた獣毛は、円頭鉄板への付着は一切認められなかった。

**数量** 形状から円頭鉄板と認識できるものは、破片も含めて117点を数える。これらのうち同一個体の重複が避けられる特定部位を数えると、①上辺頂部19点、②上辺右肩部17点、③上辺左肩部14点、④下辺右隅部15点、⑤下辺左隅部11点、となる。したがって元々の点数は19点以上となるが、最少点数と最多点数ではやや開きがあり、19点を大きく超えることはないとみられる。

**種類** 円頭鉄板は孔の配列数の違いにより、A、B、Cの3種類に分けられる。円頭鉄板Aは左辺・右辺ともに13～14孔を配するもの（右辺多孔・左辺多孔）、円頭鉄板Bは左辺に13～14孔、右辺に7孔を配するもの（左辺多孔・右辺少孔）、円頭鉄板Cは左辺に7孔、右辺に13～14孔を配するもの（左辺少孔・右辺多孔）である。単体で左右両辺が遺存し、かつ孔間隔が判明する19点のなかでは、左右両辺に7孔を配する円頭鉄板は見当たらず、左辺少孔・右辺少孔の円頭鉄板は存在しないと判断できる。したがって片辺のみの遺存であっても、孔間隔から右辺が少孔であるものは円頭鉄板Bに、左辺が少孔であるものは円頭鉄板Cに分類できる。なお、円頭鉄板の下辺孔は、AからCの3種類とも5孔の配置で共通している。また最大幅については幅広（a）と幅狭（b）の細分についても、AからCの3種類で認められる。

**円頭鉄板A** 907・908・910［図271］、913［図272］、939［図273］の5点が確認できるが、完形品はない。907は5点のなかで最も大きな破片である。残存長10.6cm、復元最大幅5.9cm。孔は左右両辺とも同じ配置を取り、上辺の下寄りに最上端の第1孔、肩部に第2孔、第3孔以下を1.0～1.2cm間隔で穿っている。鉄板の中軸上には上辺頂部から4.2cm下がった位置に最上端の第1孔を穿ち、2.3～2.6cm間隔で第2孔以下を穿っている。左辺には縦に7mm幅で覆輪の痕跡が認められる。革紐は左右辺第1孔と中央第1孔がV字形に通り、以下は左右両辺を1孔おきにして、左右辺第3孔と中央第2孔、左右辺第5孔と中央第3孔がやはりV字形に通っている。なお左辺第2孔以下では覆輪部分に革紐の遺存は確認できない。右辺の第2孔と第6孔からは、革紐が右隣の鉄板に向かって右斜め下に派生している。内面では右辺第1孔と中央第1孔とに革紐が通っている。内外面には顕著に繊維が付着するが、いずれも革紐の上面を覆っている。なお907は左辺肩部付近を欠損しているが、この一部は903の右辺内面に綴じ合わされた状態で遺存している。

908は最大幅6.7cm。V字形の革紐の通りは907と同じであるが、右辺では第5孔と第6孔、第7孔と第8孔とが

第6章　副葬品

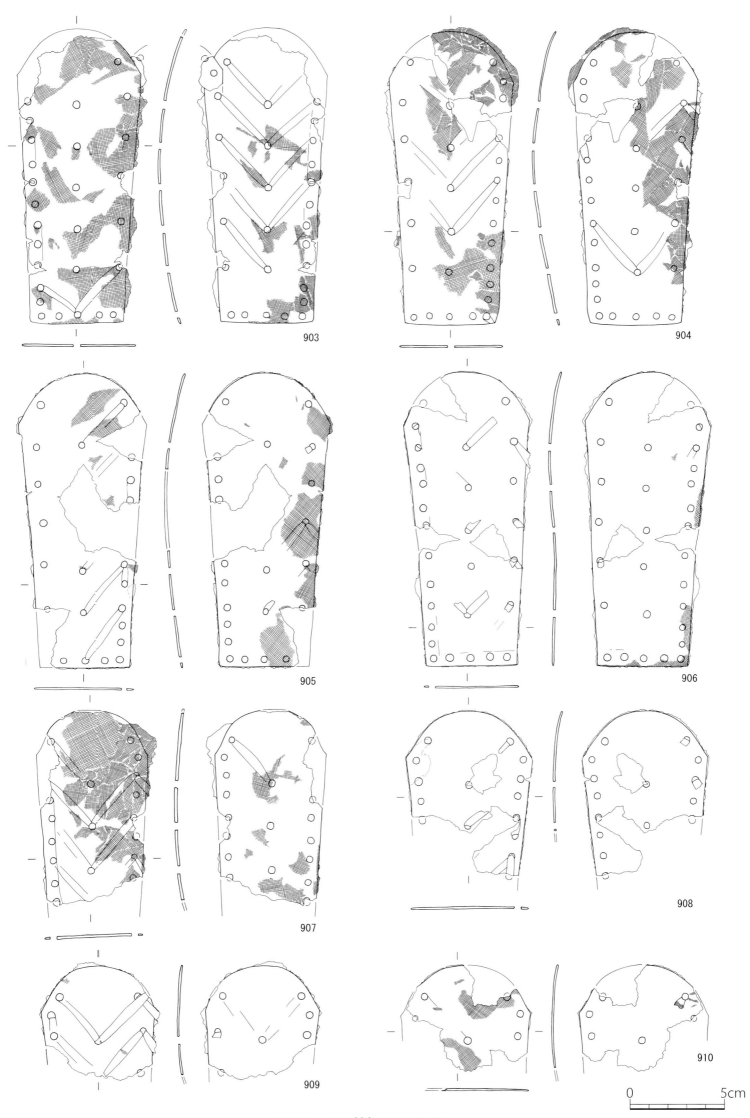

図271　円頭鉄板（1）（1:2）

第Ⅰ部 調査編

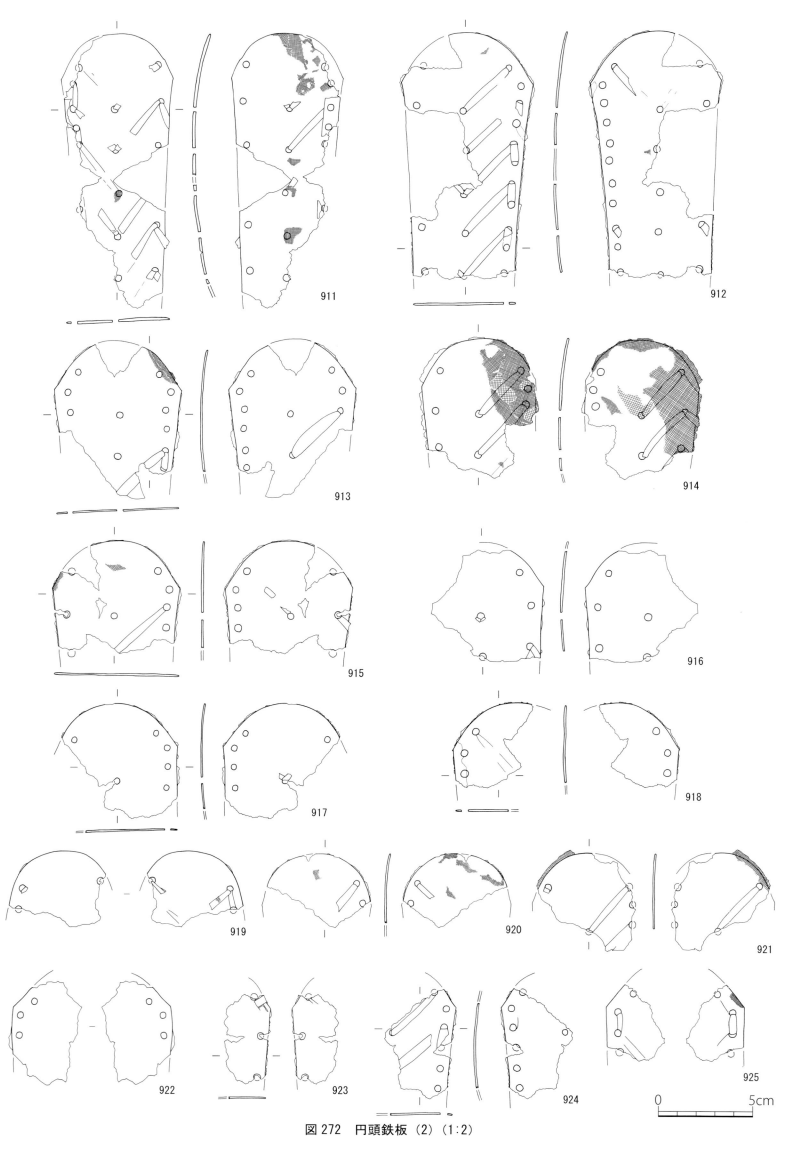

図272 円頭鉄板（2）（1:2）

第 6 章 副葬品

図 273　円頭鉄板（3）（1:2）

第Ⅰ部 調査編

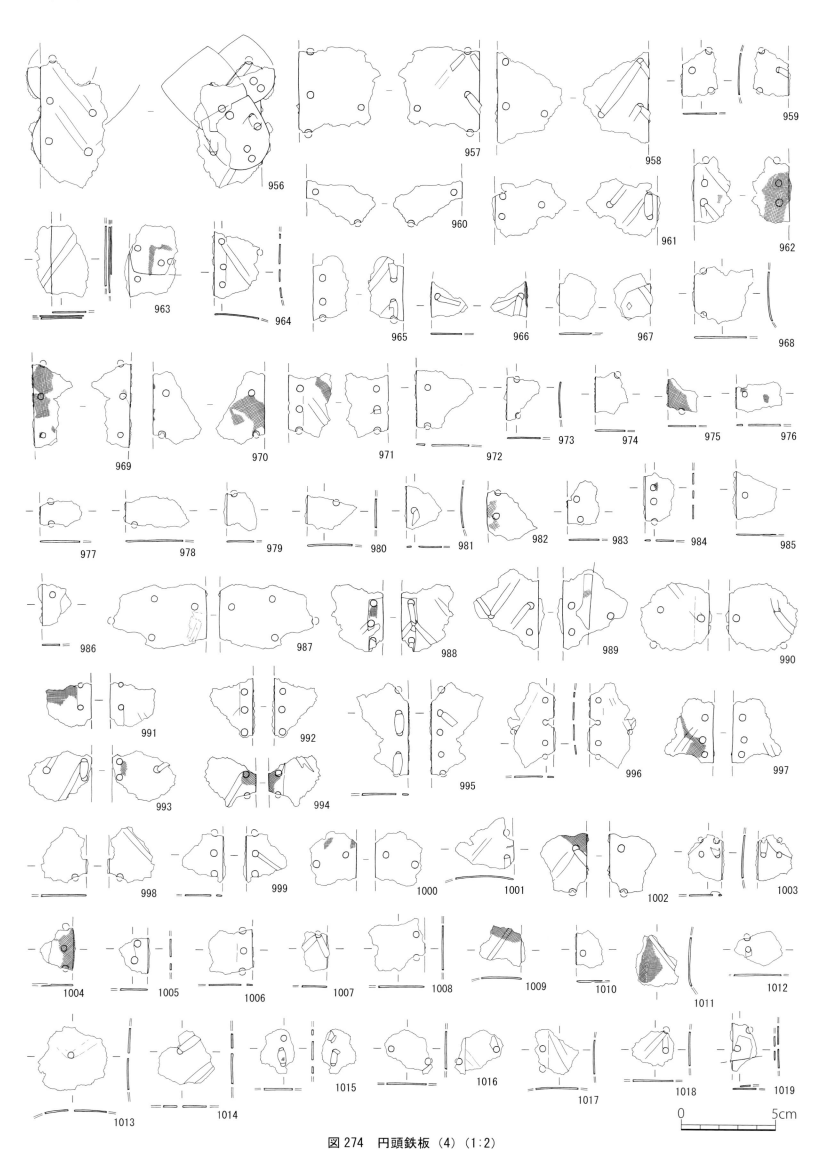

図 274　円頭鉄板（4）（1:2）

縦に通っており、右隣の鉄板との綴じ付け方が907とは異なるとみられる。

910は復元長大幅6.9cm、913は最大幅6.7cmで右辺第5孔と第6孔に縦に革紐を通している。

939は上半部を欠損して下辺部が残る。復元下辺幅は4.4cmと、幅狭（b）の可能性がある。左右辺孔の間隔は0.9～1.3cm、中央第4孔と第5孔の間隔は2.6cm。革紐は内外面ともに中央第4孔と第5孔をV字頂点として左右辺孔に通っている。右辺内面の第6孔からは左隣の鉄板に向かって革紐が斜め下に派生している。

円頭鉄板B　14点が確認できる（903・906・909［図271］、911・916・923［図272］、926・938・952・953・954［図273］、986・998・1007［図274］）。

903と906はほぼ完形品である。903は復元全長16.1cm、復元最大幅6.5cm、下辺幅4.8cm。孔の配列は、左辺孔14個、右辺孔7個、中央孔6個である。左辺の内外面には幅0.9cmの覆輪痕跡が認められる。外面では中央第6孔と左右辺孔とでV字形に革紐が通るが、左辺は右辺第6孔との対応位置から1個分下にずれた第12孔と通っている。右辺内面の肩部には別個体である907の一部が付着している［PL. 134］。これを907と接合すると、各鉄板の中軸が並行して下辺が揃うことから、円頭鉄板は左辺孔と右辺孔を左上重ねで綴じ合せて横に連ねていく構成となる。903と907の重ね代は0.9cmである。なお903は右辺少孔、907は左辺多孔であるため、907の左辺孔で実際に重複して綴じ合せに使用されるのは、第3孔以下1つおきの孔となる。

906は全長15.1cm、最大幅6.7cm、下辺幅4.8cm。左辺および下辺の内外面には幅9mmの覆輪繊維及び痕跡が認められる。左辺孔は13個である。外面の右辺孔から革紐が右隣の鉄板に向けて右斜め下に派生している。

909は最大幅6.1cmの幅狭（b）である。外面ではV字形の革紐が顕著に遺存している。このなかでは、左辺第2孔と第3孔とが縦に通っているのに対し、右辺第2孔と第3孔がそれぞれ右隣の鉄板に向かって右斜め下に派生している。また内面には外面と同じ孔でV字形に革紐が通っている。

911は復元最大幅5.9cmの幅狭（b）である。左辺の内外面には幅8mmの覆輪が一部遺存しており、内面では革紐の上を覆輪が覆っている。革紐は、外面では中央第1孔と左右辺第1孔、中央第2孔と第3孔および右辺第2孔、中央第3孔と左辺第5孔および右辺第3孔、中央第4孔と左右辺孔、中央第5孔と右辺第5孔がV字形に通る。また、左辺では第2孔と第3孔、第4孔と第5孔が縦に通り、右辺では第2孔、第5孔から右隣の鉄板に向けて斜め右下に革紐が派生している。

916は上辺から右辺にかけての遺存であるが、幅広（a）である。右辺第3孔から右隣の鉄板に向けて斜め右下に革紐が派生する。

952は上辺と下辺を欠損する。左辺孔は第5孔から第11孔まで、中央孔は第1孔から第5孔まで、右辺孔は第2孔から第5孔までの部分に相当する。左辺の内外面に覆輪痕跡が認められる。革紐は中央第2、第3、第4孔と左右辺孔がV字形に通るほか、左辺第5孔と第6孔が縦に通り、右辺第4孔と第5孔からは右隣の鉄板に向けて斜め右下に派生している。

953は上辺と下辺を欠損する。現存幅は5.5cmで、幅狭（b）と思われる。左辺に5孔、中央に3孔、右辺に2孔が遺存するものの、孔の相当位置については不明である。革紐は内面が顕著に遺存しており、中央孔からは左右辺孔にV字形に通り、左辺孔では縦に通っている。

954は上辺と下辺を欠損した小破片。残存幅は5.3cm。左辺孔は第9孔から第11孔まで、中央孔は第3孔から第5孔まで、右辺孔は第5孔の部分に相当する。外面の革紐は、中央孔第5孔と左辺第9孔、右辺第5孔がV字形に通り、左辺第10孔と第11孔が縦に通る。

円頭鉄板C　14点が確認できる（904・905［図271］、912・914・915［図272］、937・940・942・951［図273］、957・958・968～970［図274］）。

904と905はほぼ完形品である。904は全長16.1cm、最大幅6.6cm、下辺幅4.8cm。全体の中位で湾曲する。孔の配列は、左辺孔7個、右辺孔14個、中央孔6個である。外面では中央第3孔、第4孔と左右辺孔とでV字形に革紐が通る。左辺内面では第2孔から隣接する鉄板に向かう革紐が斜め下に派生する。

905は全長16.1cm、復元最大幅6.8cm、復元下辺幅4.8cm。上半部が湾曲する。孔は一部が欠損するが、配列は904と同じとみられる。革紐は右辺外面の第4孔と第5孔、第8孔と第9孔が縦に通る。左辺内面では第4孔から隣接する鉄板に向かう革紐が斜め下に派生する。

912は最大幅7.0cm。革紐は外面右半が顕著に遺存する。このうち右辺では第1孔を除く奇数孔と偶数孔が上下に縦の通りとなるが、第4孔からは右斜め下にも派生する。

937は下辺幅4.7cm。外面下辺に幅7mmの覆輪痕跡が認められる。942は下辺幅4.8cm。内面下辺には幅8mmの布覆輪が一部遺存し、また下辺孔を横に通る革紐が遺存する。

綴じ合せ　円頭鉄板の綴じ合せは、903と907の2点が接合することにより、円頭鉄板どうしの左右辺を重ね合せることが明らかである。構成は、重複した左右辺孔から中央孔に革紐を通して円頭鉄板を綴じ合せ、順次横方向に連ねていくが、革紐の遺存からは始点と終点が確認できず、はたして円頭鉄板は全周するのか、それとも左右端があるのかについては不明であり、構成品の全形を復元するには至っていない。ここでは円頭鉄板の最小の構成単位である2枚の綴じ合せについて、観察事実に基づき復元を試みたい。

まず、鉄板の重ね合せ方については、次の4点が確認できる。①穿孔数の異なる円頭鉄板B（903）と円頭鉄板A（907）を重ねる。②円頭鉄板Bから右への横並びは、右辺外面の革紐の状況より、下重ねとなる。③左から円頭鉄板Cへの横並びは、左辺内面の革紐の状況から、下重ねとなる。④円頭鉄板Aから右への横並びは、右辺外面の革紐の状況から、下重ねになるものがある（907）。

第Ⅰ部　調 査 編

表16　小札計測表

| 番号 | 全長（cm） | 幅（cm） | 最大幅（cm） | 厚（mm） | 孔数 | 重（g） |
|---|---|---|---|---|---|---|
| 1 | 2.7 | (0.9) | 2.8 | 0.8 | (6) | 2.8 |
| 2 | (2.7) | (1.2) | (1.1) | 1.0 | (5) | 1.2 |
| 3 | (2.7) | 2.5 | 2.8 | 0.7 | (7) | 3.0 |
| 4 | (2.7) | (1.2) | (1.7) | 0.8 | (5) | 4.0 |
| | 2.7 | 2.8 | (2.6) | 1.0 | 7 | |
| 5 | 2.8 | 2.6 | 2.8 | 1.2 | 7 | 3.6 |
| 6 | 2.8 | 2.5 | 2.8 | 0.9 | 7 | 4.2 |
| 7 | 2.8 | 2.4 | 2.8 | 0.8 | 7 | 2.8 |
| 8 | 2.8 | 2.3 | 0.8 | 0.8 | 7 | 3.6 |
| | h | h | h | - | - | |
| 9 | (3.3) | (1.1) | (1.7) | 0.9 | (5) | 3.0 |
| | (2.9) | (1.3) | (1.7) | 0.8 | (3) | |
| 10 | 2.8 | 2.5 | 2.8 | 1.2 | 7 | 7.3 |
| | 2.8 | 2.3 | 2.8 | 0.8 | 7 | |
| 11 | 2.8 | 2.4 | 2.9 | 1.3 | 7 | 6.2 |
| | (2.1) | (1.4) | (1.5) | 1.0 | (3) | |
| | (1.9) | (1.4) | (1.5) | - | (3) | |
| 12 | 2.9 | 2.4 | 2.8 | 1.5 | 7 | 3.6 |
| 13 | 2.9 | 2.4 | 2.8 | 0.9 | 7 | 5.9 |
| | (2.5) | 2.5 | 2.7 | 1.2 | 7 | |
| 14 | (2.7) | (1.0) | (1.4) | - | (4) | 24.1 |
| | (2.9) | (1.0) | (1.5) | - | (4) | |
| | (2.4) | - | (0.7) | - | (4) | |
| | 2.8 | (1.4) | (2.0) | - | (5) | |
| | 2.9 | (1.2) | (1.4) | 1.1 | (4) | |
| | 2.8 | (1.2) | 2.4 | 0.9 | 7 | |
| | 2.9 | 2.4 | 2.8 | - | 7 | |
| | 2.8 | 2.4 | 2.7 | - | 7 | |
| | 2.7 | 2.4 | 2.7 | 1.1 | 7 | |
| | h | h | h | 1.1 | - | |
| 15 | 2.8 | (1.0) | 2.8 | 0.9 | 7 | 4.1 |
| | (2.3) | (1.0) | (1.4) | 0.9 | (3) | |
| | h | h | h | 0.4 | (1) | |
| 16 | h | h | h | - | (2) | 5.5 |
| | 2.8 | 2.2 | 2.7 | 1.4 | 7 | |
| | 2.9 | (1.0) | (1.8) | 0.9 | (5) | |
| 17 | (2.8) | (0.7) | (1.7) | 0.7 | (4) | 7.0 |
| | 2.8 | 2.6 | 2.8 | 1.0 | 7 | |
| | (2.8) | (1.3) | (2.5) | 1.1 | 7 | |
| 18 | (2.9) | 2.5 | 2.9 | 1.0 | 7 | 4.9 |
| 19 | (2.9) | - | (2.0) | 1.4 | (4) | 9.4 |
| | (2.8) | - | 3.0 | 1.6 | 7 | |
| | h | h | h | - | (2) | |
| | h | h | h | - | (1) | |
| 20 | 2.7 | (1.0) | 2.7 | 1.1 | 7 | 13.0 |
| | (2.8) | 2.6 | 2.9 | 1.3 | 7 | |
| | 2.9 | 2.7 | 2.8 | 1.0 | 7 | |
| | 2.8 | (2.3) | 2.8 | 1.0 | 7 | |
| 21 | 2.9 | 2.4 | 2.9 | 1.0 | 7 | 6.7 |
| | (2.7) | (0.8) | 3.1 | 1.0 | 7 | |
| 22 | 2.9 | 2.4 | 2.9 | 2.0 | 7 | 4.5 |
| 23 | 2.9 | 2.4 | 2.7 | 1.2 | 7 | 3.9 |
| 24 | 2.9 | (1.4) | (2.1) | 1.3 | (4) | 3.1 |
| 25 | 2.9 | 2.4 | 2.8 | 0.9 | (4) | 5.4 |
| | (2.6) | (1.3) | (1.4) | 1.0 | 7 | |
| 26 | 2.8 | (1.6) | (1.6) | 0.8 | (5) | 17.1 |
| | 2.9 | 2.7 | 2.8 | 1.6 | 7 | |
| | 2.9 | 2.6 | 2.9 | 1.3 | 7 | |
| | 2.7 | 2.7 | 2.7 | 1.0 | 7 | |
| | 2.7 | 2.5 | 2.8 | - | 7 | |
| | (2.0) | (1.3) | (1.4) | 0.8 | (3) | |
| | (2.5) | (2.5) | (1.6) | 1.5 | (4) | |
| 27 | 2.9 | 2.4 | 2.7 | 1.3 | 7 | 29.0 |
| | 2.9 | 2.5 | 2.7 | 1.7 | 7 | |
| | 2.8 | 2.3 | 2.5 | 0.8 | 7 | |
| | 2.9 | 2.4 | 2.7 | 1.7 | 7 | |
| | 2.9 | 2.3 | 2.8 | 1.3 | 7 | |
| | 2.6 | 2.5 | 2.7 | 1.2 | 7 | |
| | 2.8 | (2.2) | 2.7 | 1.2 | 7 | |
| | 2.7 | (1.8) | 2.8 | 1.8 | 7 | |
| 28 | h | h | h | - | (3) | 24.8 |
| | 2.8 | 2.5 | 2.8 | 1.0 | 7 | |
| | h | h | h | - | (2) | |
| | (2.7) | (0.8) | 2.8 | 0.8 | 7 | |
| | 2.9 | (2.0) | 2.8 | 1.6 | 7 | |
| | 2.8 | 2.3 | 2.8 | 1.2 | 7 | |
| | h | h | h | - | - | |
| | 2.9 | 2.3 | 2.7 | 1.4 | 7 | |
| | 2.8 | 2.6 | 2.9 | 1.3 | 7 | |
| | 2.9 | 2.5 | 2.7 | 0.9 | 7 | |
| | 2.6 | (1.2) | (1.7) | 0.8 | (5) | |
| 29 | 2.9 | (1.2) | (1.6) | 0.8 | (5) | 1.4 |
| 30 | 3.0 | 2.3 | 2.7 | 1.2 | 7 | 3.6 |
| 31 | 2.9 | (1.7) | (1.8) | 0.9 | (5) | 3.7 |
| | (2.7) | (1.3) | (1.1) | 1.5 | (3) | |
| | h | h | h | - | - | |
| 32 | 3.0 | 2.4 | 2.8 | 1.0 | 7 | 2.7 |
| 33 | 3.0 | 2.5 | 2.9 | 1.5 | 7 | 12.5 |
| | (3.1) | (1.2) | 2.8 | 1.1 | 7 | |
| | h | h | h | 0.7 | (1) | |
| | h | h | h | - | (2) | |
| | 2.9 | 2.4 | 2.8 | 1.0 | 7 | |
| 34 | 2.7 | 2.3 | 2.8 | 1.3 | 7 | 23.9 |
| | 2.8 | 2.5 | 2.7 | 0.9 | 7 | |

| 番号 | 全長（cm） | 幅（cm） | 最大幅（cm） | 厚（mm） | 孔数 | 重（g） |
|---|---|---|---|---|---|---|
| 34 | 2.8 | 2.4 | 2.8 | 1.0 | 7 | |
| | 2.9 | 1.3 | (1.6) | 1.0 | (4) | |
| | 2.7 | 2.3 | 2.8 | 1.1 | 7 | |
| | 2.7 | 2.3 | 2.9 | 1.0 | 7 | |
| | 2.8 | 2.4 | 2.8 | - | 7 | |
| | 2.8 | (1.9) | 2.9 | 1.1 | 7 | |
| | (2.5) | (1.0) | (1.1) | - | (2) | |
| 35 | 2.8 | 2.4 | 2.7 | 1.3 | 7 | 2.8 |
| 36 | 3.0 | 2.5 | 2.9 | 1.0 | 7 | 3.2 |
| 37 | 3.1 | (1.2) | (2.3) | 1.2 | (6) | 3.4 |
| 38 | (3.1) | (1.0) | (2.0) | 1.3 | 7 | 3.0 |
| 39 | 2.9 | (1.8) | 2.9 | 0.9 | 7 | 15.9 |
| | 3.0 | 1.8 | 2.8 | 2.0 | 7 | |
| | 2.8 | 2.5 | 2.8 | 1.5 | 7 | |
| | 2.8 | 2.5 | 2.8 | 1.3 | 7 | |
| 40 | (3.0) | (1.9) | (1.5) | - | (5) | 33.1 |
| | 2.9 | 2.6 | 2.7 | - | 7 | |
| | 2.9 | 2.4 | 2.7 | - | 7 | |
| | 2.8 | (2.2) | 2.7 | - | 7 | |
| | 2.7 | 2.0 | 2.4 | - | 7 | |
| | 2.8 | 2.4 | 2.8 | - | 7 | |
| | 2.7 | (1.7) | (2.0) | - | 7 | |
| | (1.6) | 2.4 | - | - | (4) | |
| | (2.8) | 2.7 | 2.9 | - | (5) | |
| | 3.0 | 2.4 | 2.6 | - | 7 | |
| | 3.0 | 2.3 | 2.8 | - | 7 | |
| | 2.6 | 2.4 | 2.8 | 1.1 | 7 | |
| | (2.6) | (2.0) | (1.9) | - | (4) | |
| | (2.5) | 2.4 | (2.0) | 1.0 | (4) | |
| | (2.6) | (1.1) | (1.4) | - | (2) | |
| 41 | 3.1 | - | (2.0) | 1.6 | (5) | 9.4 |
| | (2.9) | (0.9) | 2.9 | 1.4 | 7 | |
| | (2.8) | (2.3) | (1.5) | 1.3 | (3) | |
| 42 | 2.9 | 2.6 | 2.8 | 2.0 | 7 | 15.0 |
| | 2.8 | 2.5 | 2.8 | 1.0 | 7 | |
| | 2.8 | 2.4 | 2.8 | 0.9 | 7 | |
| | 3.0 | 2.7 | 2.9 | 1.0 | 7 | |
| 43 | 3.1 | 1.7 | 3.0 | 0.8 | 7 | 3.4 |
| 44 | 3.1 | 2.5 | 3.0 | 0.9 | 7 | 4.2 |
| 45 | (2.3) | (1.1) | (1.9) | 1.0 | (3) | 4.0 |
| | (2.5) | (1.1) | 2.8 | 0.9 | 7 | |
| | h | h | h | - | - | |
| | h | h | h | - | - | |
| 46 | (3.0) | - | (2.5) | 1.1 | (5) | 3.9 |
| | h | h | h | 1.2 | (3) | |
| | h | h | h | - | (1) | |
| 47 | 3.1 | (2.6) | 2.9 | 1.3 | 7 | 6.3 |
| | (3.3) | (1.0) | (1.2) | 1.3 | 7 | |
| | h | h | h | 1.0 | (4) | |
| 48 | 3.1 | (1.7) | 3.0 | 1.6 | 7 | 6.0 |
| | h | h | h | 1.4 | (1) | |
| 49 | 3.1 | (1.5) | 3.0 | 1.1 | 7 | 3.9 |
| 50 | (2.9) | (1.2) | (1.5) | 1.0 | (5) | 3.0 |
| | (2.6) | (0.9) | (1.5) | - | (2) | |
| 51 | (2.8) | (1.2) | (1.4) | 1.3 | (5) | 1.6 |
| 52 | 3.1 | 2.6 | (2.6) | 0.9 | 9 | 3.7 |
| 53 | 3.1 | 2.5 | 2.9 | 0.7 | 7 | 3.1 |
| 54 | 3.1 | 2.6 | 2.9 | 1.3 | 7 | 4.5 |
| 55 | (3.2) | (1.6) | (1.6) | 1.1 | (5) | 4.8 |
| | 3.1 | 2.5 | 2.9 | 1.0 | 7 | |
| 56 | 3.1 | 2.6 | 2.9 | 1.2 | 7 | 5.5 |
| 57 | 3.1 | 2.6 | 2.9 | 0.9 | 7 | 3.2 |
| 58 | 3.1 | 2.8 | 3.0 | 1.3 | 7 | 4.8 |
| 59 | 3.1 | (2.6) | 2.9 | 1.2 | 7 | 3.9 |
| 60 | (3.1) | (2.0) | (1.9) | 1.5 | (5) | 3.5 |
| | h | h | h | - | (1) | |
| 61 | 3.2 | 2.4 | 2.9 | 1.2 | 7 | 5.2 |
| 62 | 3.2 | 2.5 | 2.9 | 0.8 | 7 | 7.0 |
| | 3.2 | (0.9) | 2.9 | 0.9 | 7 | |
| | h | h | h | - | (1) | |
| 63 | 3.2 | 2.6 | 3.0 | 1.0 | 7 | 6.4 |
| | (2.9) | (1.1) | (2.6) | 1.0 | (6) | |
| 64 | 3.2 | 2.2 | 2.8 | 1.0 | 7 | 7.6 |
| | 3.2 | 2.6 | 2.8 | 1.0 | 7 | |
| 65 | 3.2 | 2.7 | 2.9 | 1.0 | 8 | 7.6 |
| | (3.0) | 2.6 | 3.0 | 0.8 | 7 | |
| 66 | 3.2 | 2.6 | 3.0 | 1.4 | 7 | 4.1 |
| 67 | 3.2 | 2.6 | 2.9 | 1.0 | 7 | 4.8 |
| 68 | 3.2 | 2.6 | 3.1 | 1.0 | 7 | 5.1 |
| 69 | 3.2 | (1.3) | 3.0 | 0.8 | 7 | 4.1 |
| 70 | 3.1 | 2.6 | 3.0 | 1.2 | 7 | 7.8 |
| | 3.2 | 2.6 | 3.0 | 1.0 | 7 | |
| 71 | 3.2 | 2.2 | 2.9 | 1.1 | 7 | 2.7 |
| 72 | 3.2 | 2.5 | 3.0 | 1.2 | 7 | 8.0 |
| | (2.8) | (1.0) | (2.1) | 1.5 | 7 | |
| 73 | 3.2 | 2.5 | 2.9 | 1.1 | 7 | 4.3 |
| 74 | 3.2 | 2.7 | 3.0 | 1.4 | 7 | 5.7 |
| 75 | 3.2 | 2.5 | 2.9 | 1.2 | 7 | 4.3 |
| 76 | 3.2 | (1.5) | (2.3) | 1.0 | 7 | 2.8 |
| 77 | 3.2 | 2.5 | 2.8 | 0.8 | 7 | 6.8 |
| | (2.6) | (1.1) | (2.2) | 1.2 | (4) | |
| 78 | 3.2 | (1.7) | 3.0 | 0.9 | 7 | 2.9 |
| 79 | 3.2 | 2.7 | 3.0 | 1.1 | 7 | 4.7 |
| 80 | 2.8 | 2.4 | 2.8 | 1.1 | 7 | 7.4 |

| 番号 | 全長（cm） | 幅（cm） | 最大幅（cm） | 厚（mm） | 孔数 | 重（g） |
|---|---|---|---|---|---|---|
| 80 | 3.2 | 2.3 | 2.7 | 1.1 | 7 | |
| 81 | 3.2 | 2.5 | 2.9 | 1.2 | 7 | 3.7 |
| 82 | 3.2 | 2.6 | 3.0 | 1.2 | 7 | 4.8 |
| 83 | 3.2 | 2.5 | 3.0 | 1.2 | 7 | 3.9 |
| 84 | 3.2 | (2.2) | (2.4) | 1.3 | 7 | 2.9 |
| 85 | 3.2 | 2.6 | 3.0 | 1.0 | 7 | 6.8 |
| | 3.2 | (2.1) | 3.0 | 1.0 | 7 | |
| 86 | 3.2 | (1.0) | 2.4 | 0.8 | 7 | 3.4 |
| 87 | 2.8 | (1.2) | (2.0) | 1.3 | (5) | 13.8 |
| | 3.2 | 2.6 | 3.0 | 1.2 | 7 | |
| | 2.7 | 2.4 | 2.6 | 1.0 | 7 | |
| | 2.8 | 2.5 | 2.7 | 1.5 | 7 | |
| 88 | 3.2 | (1.3) | 2.9 | 0.8 | 6 | 12.9 |
| | 3.2 | 2.6 | 2.9 | 1.4 | 7 | |
| | 3.2 | 2.9 | 3.1 | 1.3 | 7 | |
| 89 | 3.2 | 2.6 | 2.9 | 1.1 | 7 | 4.4 |
| 90 | (2.6) | 1.1 | 3.0 | 1.2 | 7 | 3.8 |
| 91 | 3.2 | 2.5 | 2.9 | 1.2 | 7 | 21.1 |
| | 3.2 | 2.6 | 2.9 | 1.5 | 7 | |
| | 3.1 | 2.8 | 2.8 | 1.2 | 7 | |
| | 3.2 | 2.4 | 2.9 | 1.3 | 7 | |
| | 3.2 | 2.6 | 2.8 | 1.5 | 7 | |
| 92 | (2.5) | 2.6 | 2.9 | 1.4 | (6) | 16.6 |
| | 3.2 | 2.5 | 2.9 | 1.4 | 7 | |
| | h | h | h | - | (2) | |
| | 3.2 | (2.2) | 3.0 | 1.7 | 7 | |
| | (1.4) | (1.4) | - | 1.0 | (1) | |
| 93 | h | h | h | 1.0 | (2) | 7.6 |
| | (2.7) | (1.4) | (1.5) | 1.4 | (5) | |
| | 3.2 | 2.7 | 3.0 | 1.5 | 7 | |
| | h | h | h | 1.0 | (1) | |
| 94 | 3.2 | 2.6 | 3.0 | 1.1 | 7 | 7.3 |
| | 3.2 | (1.8) | (2.4) | 1.1 | 7 | |
| | h | h | h | - | - | |
| 95 | 3.2 | 2.6 | 2.8 | 1.0 | 7 | 17.5 |
| | 3.2 | 2.6 | 2.9 | 1.8 | 7 | |
| | 2.9 | (1.2) | (1.4) | - | (3) | |
| | (2.9) | 2.5 | 3.0 | 1.1 | 7 | |
| | (2.5) | (1.0) | (0.9) | - | (2) | |
| | 3.2 | 3.2 | 3.0 | 1.2 | 7 | |
| 96 | 2.8 | (1.2) | (1.7) | 1.0 | (5) | 6.2 |
| | 3.2 | 2.5 | 2.9 | 1.1 | 8 | |
| 97 | h | h | h | - | (2) | 6.1 |
| | 3.2 | 2.6 | 3.0 | 1.0 | 7 | |
| 98 | 3.2 | (2.0) | 2.9 | 1.0 | 7 | 12.8 |
| | (2.9) | 2.8 | 3.1 | 1.0 | 7 | |
| | 3.2 | (1.6) | 3.0 | 1.0 | 7 | |
| | (3.0) | (1.1) | (2.1) | 1.0 | (5) | |
| 99 | 3.1 | 2.5 | 2.5 | 1.0 | 7 | 15.6 |
| | 3.2 | 2.5 | 3.0 | 1.2 | 7 | |
| | 3.2 | 2.6 | 2.9 | 0.8 | 7 | |
| | 3.2 | 2.6 | 2.9 | 1.2 | 7 | |
| 100 | h | h | h | - | - | 4.3 |
| | (2.7) | (1.7) | (1.7) | 1.2 | (3) | |
| | 3.2 | (1.3) | (1.6) | 1.2 | (5) | |
| 101 | 3.4 | (1.3) | 2.9 | 1.0 | 7 | 3.4 |
| 102 | 3.2 | 2.5 | 2.9 | 1.5 | 7 | 6.8 |
| | 3.0 | 2.5 | 2.9 | 0.9 | 7 | |
| 103 | 3.2 | (2.6) | 3.0 | 1.0 | 7 | 4.4 |
| 104 | 3.3 | (1.1) | (2.1) | 1.2 | 7 | 2.5 |
| 105 | (2.8) | 2.7 | 3.1 | 1.1 | (6) | 10.4 |
| | (3.1) | 2.4 | 3.0 | 0.9 | 7 | |
| | 3.3 | 2.7 | 3.0 | 1.0 | 7 | |
| 106 | 3.3 | 2.7 | 3.1 | 1.2 | 7 | 10.8 |
| | (3.1) | (2.3) | 3.0 | 1.9 | 7 | |
| 107 | (3.3) | (1.1) | (2.3) | 0.7 | (4) | 7.8 |
| | 3.3 | 2.3 | 3.0 | 1.1 | 7 | |
| | 2.9 | (1.7) | (1.7) | 1.3 | 7 | |
| 108 | 3.3 | 2.7 | 3.1 | 1.2 | 7 | 4.5 |
| 109 | 3.3 | 2.4 | 2.9 | 1.3 | 7 | 5.6 |
| 110 | 47と接合 | - | - | - | - | - |
| 111 | (2.9) | (2.1) | 3.0 | 0.9 | 7 | 3.5 |
| 112 | (2.6) | (1.3) | (1.5) | - | (2) | 18.0 |
| | 3.3 | (1.3) | 2.8 | 1.3 | 7 | |
| | (3.3) | (1.1) | (1.3) | - | (4) | |
| | 3.1 | 2.6 | 2.9 | 1.7 | 7 | |
| | (2.5) | (0.7) | (1.1) | - | (2) | |
| | 3.1 | (1.8) | (2.7) | 1.4 | 9 | |
| | h | h | h | 1.5 | (1) | |
| | h | h | h | - | (1) | |
| 113 | 3.3 | 2.5 | 3.0 | 1.3 | 7 | 10.3 |
| | 3.2 | (1.9) | 2.8 | 1.2 | 7 | |
| | h | h | h | 2.2 | (4) | |
| 114 | h | h | h | - | (2) | 3.1 |
| | 3.3 | 2.2 | (2.5) | 0.8 | 7 | |
| 115 | 3.2 | 2.6 | 3.1 | 1.1 | 7 | 7.9 |
| | 3.3 | 2.5 | 3.0 | 1.0 | 7 | |
| 116 | 3.3 | 2.5 | 2.9 | 0.8 | 7 | 4.1 |
| | h | h | h | 1.2 | - | |
| 117 | 3.3 | (1.0) | (1.6) | 0.9 | (5) | 2.9 |
| | h | h | h | - | (2) | |
| 118 | 3.3 | (1.7) | 2.9 | 0.8 | 7 | 4.3 |
| | h | h | h | 1.1 | (1) | |
| 119 | 3.3 | 2.6 | 3.0 | 1.3 | 7 | 5.3 |

## 第 6 章 副 葬 品

| 番号 | 全長（cm） | 幅（cm） | 最大幅（cm） | 厚（mm） | 孔数 | 重（g） | 番号 | 全長（cm） | 幅（cm） | 最大幅（cm） | 厚（mm） | 孔数 | 重（g） | 番号 | 全長（cm） | 幅（cm） | 最大幅（cm） | 厚（mm） | 孔数 | 重（g） |
|---|---|---|---|---|---|---|---|---|---|---|---|---|---|---|---|---|---|---|---|---|
| 120 | 3.3 | 2.5 | 2.9 | 1.0 | 7 | 3.6 |  | (3.1) | 1.0 | (1.4) | 1.5 | 7 |  | 192 | 3.5 | (1.2) | (1.7) | 1.1 | (4) | 3.0 |
| 121 | 3.3 | (1.3) | 2.7 | 0.8 | (6) | 4.8 |  | 3.4 | 2.4 | 2.9 | 1.0 | 7 |  | 193 | 3.5 | (2.0) | 3.5 | 1.0 | 7 | 5.9 |
|  | (3.4) | (1.5) | (2.4) | 0.9 | (5) |  | 166 | (2.8) | 2.2 | 2.9 | 1.3 | 7 | 14.0 | 194 | 3.5 | 2.9 | (3.1) | 1.0 | 7 | 4.8 |
| 122 | 3.3 | 2.2 | (2.5) | 1.2 | (6) | 6.0 |  | (3.0) | (1.1) | (1.6) | 0.9 | (5) |  | 195 | h | h | h | 0.9 | (1) | 7.0 |
|  | 3.2 | 2.3 | 2.9 | 0.9 | 7 |  |  | (3.0) | 2.4 | 3.0 | 0.8 | 7 |  |  | 3.5 | 2.9 | 3.4 | 1.5 | 7 |  |
| 123 | 3.3 | 2.5 | 2.6 | 0.9 | 7 | 3.7 |  | 3.4 | (2.2) | 3.1 | 1.0 | 7 |  | 196 | 3.5 | 3.0 | 3.2 | 1.0 | 7 | 5.1 |
| 124 | 3.3 | (2.3) | 3.1 | 1.1 | 7 | 3.9 | 167 | 3.2 | 3.2 | 2.6 | 1.3 | 7 | 15.1 | 197 | 3.5 | 2.9 | 3.4 | 1.0 | 7 | 6.2 |
|  | (3.1) | 2.2 | 2.8 | 0.8 | 7 |  |  | (2.2) | 2.7 | 3.0 | 1.0 | (6) |  |  | (3.5) | 2.6 | 2.8 | 2.0 | 7 |  |
| 125 | (3.0) | 2.2 | 3.0 | 1.1 | (6) | 7.3 |  | (2.7) | 2.6 | 2.9 | 0.9 | (6) |  |  | 3.5 | (2.3) | 2.7 | 1.2 | 7 |  |
|  | (2.4) | 2.4 | 2.9 | 0.9 | (5) |  |  | h | h | h | 1.0 | (1) |  |  | (3.0) | (0.9) | (3.0) | 0.9 | (4) |  |
| 126 | 3.3 | 2.3 | 3.0 | 1.3 | 7 | 5.5 |  | (3.4) | (0.8) | (1.2) | 1.3 | (3) |  |  | (2.8) | - | (1.2) | 0.8 | (3) |  |
| 127 | 3.3 | (1.9) | (2.0) | 1.2 | (5) | 4.0 | 168 | 3.4 | 2.8 | 3.1 | 1.2 | 7 | 8.4 | 198 | 3.2 | (2.0) | 2.8 | 1.3 | 8 | 24.5 |
|  | (2.2) | (1.4) | - | 1.3 | (3) |  |  | h | h | h | - | (3) |  |  | h | h | h | 1.1 | (4) |  |
| 128 | (2.8) | (1.1) | (1.4) | - | (3) | 5.4 |  | h | h | h | 0.7 | (2) |  |  | (2.8) | 2.6 | (2.7) | 0.9 | (6) |  |
|  | (2.9) | (1.1) | 3.0 | 1.0 | 7 |  | 169 | (3.3) | (1.6) | 2.8 | 0.8 | 7 | 2.4 |  | h | h | h | - | (1) |  |
| 129 | 3.3 | 2.3 | 2.9 | 1.1 | 7 | 6.6 | 170 | (2.5) | (2.3) | 3.0 | 0.8 | 7 | 2.8 |  | h | h | h | - | (1) |  |
|  | 3.3 | 2.2 | 2.8 | 1.1 | 7 |  | 171 | 3.4 | (1.8) | 2.9 | 0.9 | 7 | 3.4 | 199 | (3.4) | 2.7 | 3.4 | 1.4 | 7 | 7.0 |
| 130 | (2.8) | (1.7) | 3.0 | 1.4 | 7 | 4.7 | 172 | 3.4 | (1.7) | 2.9 | 0.9 | (6) | 3.2 |  | h | h | h | 0.8 | (2) |  |
|  | (2.9) | - | (2.1) | 1.1 | (3) |  | 173 | (3.3) | 2.3 | 2.9 | 0.9 | 7 | 2.4 | 200 | 3.5 | (1.7) | (1.8) | 1.0 | (5) | 2.6 |
| 131 | (3.1) | (1.8) | (2.1) | 1.0 | (5) | 2.4 |  | 3.4 | 2.4 | 2.9 | 1.0 | 7 |  | 201 | (3.1) | (1.5) | - | 1.2 | (4) | 6.4 |
|  | 3.1 | 2.5 | 2.6 | 1.0 | 7 |  | 174 | (3.3) | (2.3) | 3.0 | 1.0 | (6) | 10.2 |  | (3.3) | (1.5) | (2.6) | 1.1 | 7 |  |
| 132 | 3.3 | (2.0) | 2.9 | 1.1 | 7 | 14.9 |  | 3.3 | 2.4 | 2.9 | 1.1 | 7 |  |  | 3.4 | (1.9) | 2.9 | 1.0 | 7 |  |
|  | 3.2 | 2.6 | 3.0 | 1.1 | 7 |  |  | h | h | h | - | - |  |  | 3.3 | 2.3 | 2.9 | 1.0 | 7 |  |
|  | h | h | h | 1.5 | (3) |  |  | 3.2 | 2.6 | 2.9 | 1.0 | 7 |  | 202 | 3.5 | 2.3 | 2.9 | 1.0 | 7 | 17.0 |
| 133 | (2.8) | - | (2.4) | 0.7 | (7) | 2.6 |  | (3.0) | (1.9) | 2.9 | 1.4 | 7 |  |  | 3.3 | 2.3 | 2.9 | 1.0 | 7 |  |
| 134 | (3.1) | 2.5 | 2.9 | 1.0 | 7 | 3.8 | 175 | (3.0) | (1.0) | (2.8) | 1.0 | 7 | 27.3 |  | 3.2 | 2.2 | 2.8 | - | 7 |  |
|  | - | - | (1.8) | 1.0 | (4) |  |  | 3.2 | 2.4 | 2.9 | 1.5 | 7 |  |  | (3.3) | (2.6) | (1.2) | 1.1 | (3) |  |
| 135 | 3.3 | 2.3 | 2.9 | 0.8 | 7 | 4.3 |  | 3.2 | (1.6) | (2.5) | 1.5 | 7 |  | 203 | (3.2) | (0.9) | (2.7) | - | (3) | 4.0 |
|  | h | h | h | - | (2) |  |  | 3.4 | 2.7 | 3.2 | 1.4 | 7 |  |  | h | h | h | 0.8 | (3) |  |
| 136 | h | h | h | - | (2) | 4.7 |  | 3.4 | 2.3 | 2.9 | 1.2 | 7 |  | 204 | (2.2) | (1.5) | (2.2) | 0.7 | (3) | 5.2 |
|  | 3.3 | 2.6 | (2.6) | 1.0 | 7 |  | 176 | 3.3 | (0.8) | 2.9 | 1.3 | (5) | 6.3 |  | (3.3) | 2.3 | 2.9 | 0.8 | 7 |  |
|  | h | h | h | - | (2) |  |  | h | h | h | - | (2) |  | 205 | (3.3) | (0.9) | (1.8) | 0.8 | (4) | 1.1 |
| 137 | 3.3 | 2.6 | (2.4) | 1.0 | 7 | 3.3 |  | (3.3) | (1.1) | (2.0) | 0.9 | (5) |  | 206 | (3.1) | (1.1) | (2.4) | 0.8 | (5) | 3.9 |
| 138 | 3.3 | (1.8) | 2.9 | 1.2 | 7 | 4.5 | 177 | 3.4 | 2.4 | 3.0 | 1.0 | 7 | 8.6 |  | (3.2) | (1.1) | (2.2) | 0.8 | (3) |  |
| 139 | 3.3 | (0.8) | 2.9 | 0.9 | 7 | 4.8 |  | h | h | h | 0.9 | (2) |  | 207 | (2.9) | (1.4) | (2.5) | 1.1 | 7 | 2.6 |
|  | 3.2 | (1.6) | (2.0) | 0.9 | (5) |  |  | h | h | h | 0.7 | (2) |  |  | h | h | h | - | (2) |  |
| 140 | 3.3 | (2.1) | 2.9 | 0.8 | 7 | 3.4 | 178 | h | h | h | - | (2) | 5.4 | 208 | (2.8) | (1.8) | (2.4) | 0.9 | (6) | 2.4 |
| 141 | 3.4 | 2.5 | 2.9 | 1.2 | 7 | 3.3 |  | 3.4 | 2.7 | 3.1 | 0.7 | 7 |  | 209 | (3.2) | 2.3 | (2.2) | 1.0 | 7 | 3.6 |
|  | (3.1) | (6.7) | (1.0) | 0.9 | (2) |  |  | h | h | h | - | (2) |  |  | h | h | h | 1.3 | (2) |  |
| 142 | 3.3 | 2.5 | 3.0 | 1.4 | 7 | 5.7 | 179 | (2.8) | 2.6 | 3.0 | 1.2 | 7 | 7.2 | 210 | (2.7) | (1.4) | (2.6) | 0.7 | (4) | 4.7 |
|  | (3.2) | (0.8) | (1.5) | 1.1 | (4) |  |  | h | h | h | - | (2) |  |  | (2.8) | (1.1) | (2.9) | 1.0 | (5) |  |
| 143 | 3.4 | 2.2 | 2.8 | 1.1 | 7 | 3.6 |  | (2.0) | - | - | 1.0 | (4) |  | 211 | 3.5 | (1.4) | 3.1 | 1.0 | 7 | 4.1 |
|  | h | h | h | - | - |  | 180 | h | h | h | - | (2) | 2.7 | 212 | 3.5 | (2.7) | 2.7 | 1.5 | (5) | 4.4 |
| 144 | 3.3 | (0.9) | (2.6) | 0.7 | 7 | 4.1 |  | (2.7) | (0.9) | (2.7) | 0.8 | 7 |  | 213 | 3.5 | (3.2) | 3.4 | 1.0 | 7 | 4.7 |
|  | h | h | h | 0.8 | (1) |  |  | (2.6) | - | (1.8) | - | (4) |  |  | 3.6 | 2.0 | 2.9 | 1.2 | 7 |  |
| 144 | h | h | h | - | (1) |  | 181 | 3.4 | (1.9) | 2.9 | 1.2 | 7 | 11.0 | 214 | 3.4 | (1.6) | 2.8 | 0.9 | 7 | 14.8 |
|  | 3.3 | (2.3) | 2.8 | 0.8 | 7 |  |  | 3.2 | 2.6 | 3.0 | 0.9 | 7 |  |  | 3.6 | 2.4 | 3.0 | 1.2 | 7 |  |
| 145 | (3.0) | (0.9) | (1.3) | - | (2) | 4.5 |  | 3.4 | 2.4 | 2.9 | 0.8 | 7 |  |  | (3.3) | 2.4 | (2.2) | 0.9 | (4) |  |
| 146 | 3.4 | 2.3 | 2.9 | 1.0 | 7 | 3.2 | 182 | 3.3 | 2.1 | 2.9 | 1.3 | 7 | 14.7 |  | 3.5 | 2.9 | 3.4 | 0.8 | 7 |  |
| 147 | 3.4 | (1.0) | (1.8) | 0.7 | (5) | 2.0 |  | 3.4 | (1.9) | 2.9 | 1.1 | 7 |  | 215 | 3.5 | 3.2 | 3.4 | 1.2 | 7 | 14.9 |
| 148 | 3.6 | (1.6) | (2.6) | 1.3 | 7 | 4.4 |  | (2.7) | 2.5 | (2.5) | 1.2 | (6) |  |  | (2.8) | 2.6 | 3.3 | 0.9 | 7 |  |
|  | 3.3 | 2.7 | 3.0 | 1.5 | 7 |  |  | (3.1) | 2.4 | 3.0 | 0.9 | 7 |  |  | (3.7) | (1.6) | (1.8) | - | (5) |  |
| 149 | 2.9 | 2.4 | 2.9 | 1.3 | 7 | 13.7 |  | (1.6) | (1.5) | (2.3) | - | (3) |  | 216 | 3.6 | 2.7 | 3.1 | - | 7 | 7.2 |
|  | (3.2) | (2.4) | (2.0) | 1.1 | (5) |  | 183 | 3.5 | 2.3 | 2.8 | 0.9 | (5) | 22.1 |  | h | h | h | - | (2) |  |
|  | h | h | h | - | - |  |  | 3.4 | 2.2 | 3.0 | 0.9 | 7 |  |  | h | h | h | - | (2) |  |
| 150 | 3.4 | (2.1) | (2.4) | 0.9 | 7 | 8.2 |  | 3.3 | 2.5 | 3.0 | 1.1 | 7 |  |  | 3.3 | (1.4) | 3.3 | 1.0 | (5) |  |
|  | 3.2 | 2.4 | 2.9 | 1.3 | 7 |  |  | 3.4 | 2.1 | 2.0 | 1.3 | (6) |  | 217 | (3.4) | (1.5) | (1.3) | - | (3) | 9.5 |
| 151 | 3.3 | (2.4) | (2.2) | 1.0 | 7 | 9.0 | 184 | 3.4 | (1.7) | (1.9) | 0.9 | (5) | 2.6 |  | 3.6 | 2.5 | 2.9 | 1.0 | 7 |  |
|  | 3.4 | 2.3 | 3.0 | 1.0 | 7 |  | 185 | 3.4 | 2.7 | 3.0 | 0.8 | 7 | 4.9 |  | (3.0) | (1.3) | (1.3) | - | (3) |  |
|  | h | h | h | - | (1) |  | 186 | (2.5) | 2.5 | 2.9 | 0.9 | (6) | 4.4 | 218 | 3.6 | 2.9 | 3.2 | 1.0 | 7 | 7.0 |
| 152 | 3.4 | 2.5 | 2.9 | 0.9 | 7 | 4.8 |  | 3.4 | 2.5 | 2.9 | 0.9 | 7 |  |  | (3.3) | (0.6) | (1.4) | 0.9 | (7) |  |
| 153 | 3.4 | 2.3 | (2.3) | 1.0 | 7 | 3.3 | 187 | 3.4 | (2.0) | (2.8) | 0.9 | 7 | 5.8 |  | h | h | h | - | (2) |  |
|  | h | h | h | - | (3) |  |  | h | h | h | - | (3) |  | 219 | 3.6 | (2.8) | 3.2 | 0.9 | 7 | 4.8 |
|  | (3.1) | - | 2.8 | 1.3 | (6) |  | 188 | 3.5 | 2.5 | 3.0 | 1.5 | 7 | 5.7 | 220 | 3.6 | (1.3) | (2.9) | 0.8 | 7 | 3.6 |
|  | (2.5) | - | (2.2) | 0.9 | (4) |  |  | (3.5) | (1.4) | (1.4) | 1.0 | (3) |  | 221 | (3.0) | (1.8) | (1.3) | 1.2 | (3) | 6.5 |
|  | (3.0) | (1.2) | (1.7) | 0.9 | (3) |  |  | 2.8 | 2.7 | 2.7 | 1.1 | 7 |  |  | 3.6 | (2.1) | 3.3 | 1.2 | 7 |  |
| 154 | (3.3) | (2.3) | 2.7 | - | 7 | 16.3 |  | 2.9 | 2.4 | 2.8 | 1.6 | (6) |  | 222 | 3.6 | (1.9) | 3.3 | 1.1 | 7 | 5.7 |
|  | 3.3 | (2.0) | 3.0 | - | 7 |  |  | 3.2 | 2.5 | 2.9 | 2.0 | (5) |  | 223 | 3.6 | (1.5) | (2.6) | 0.9 | (5) | 8.7 |
|  | (2.8) | - | (2.0) | - | (4) |  |  | (3.0) | 2.6 | 2.6 | 1.5 | 7 |  |  | 3.6 | 3.0 | 3.2 | 1.0 | 7 |  |
|  | (2.0) | 2.5 | (1.4) | - | (4) |  |  | (3.0) | 2.6 | 2.7 | 1.2 | 7 |  |  | h | h | h | - | - |  |
|  | (1.9) | 2.8 | (2.6) | - | (5) |  |  | 3.1 | 2.5 | 2.6 | 1.8 | 7 |  | 224 | (3.1) | 2.5 | 2.9 | 1.0 | 7 | 4.8 |
|  | h | h | h | - | (3) |  |  | 3.2 | (1.5) | 2.7 | 1.6 | (6) |  |  | h | h | h | - | (2) |  |
|  | 3.4 | 2.2 | 3.1 | 0.7 | 7 |  |  | 3.2 | 2.5 | 3.0 | 1.6 | 7 |  | 225 | - | - | - | 1.2 | (3) | 5.7 |
|  | 3.2 | 1.1 | (1.1) | 1.2 | 7 |  |  | (2.7) | 2.5 | 3.0 | 1.0 | 7 |  |  | (3.5) | - | - | 1.1 | (5) |  |
|  | 3.2 | (1.3) | 2.8 | 0.9 | 7 |  |  | 3.3 | (1.0) | 2.9 | 1.0 | 7 |  | 226 | 3.6 | (1.5) | 3.3 | 1.0 | (6) | 6.8 |
| 155 | (2.6) | 2.4 | (1.4) | 1.3 | (6) | 21.5 |  | 2.7 | (2.3) | 2.8 | 0.8 | 7 |  |  | (3.1) | (1.0) | (2.1) | 1.0 | (5) |  |
|  | (3.3) | (2.4) | 2.9 | - | 7 |  |  | 2.9 | 2.4 | 2.9 | 2.0 | (6) |  |  | (3.1) | 2.8 | 3.0 | - | 7 |  |
|  | (2.8) | 2.0 | 2.9 | 0.9 | 7 |  |  | 3.0 | - | - | 1.3 | (5) |  |  | (3.5) | 2.8 | 3.1 | 1.1 | 7 |  |
|  | (3.1) | 2.1 | 2.9 | 0.8 | 7 |  | 189 | 2.8 | (1.8) | (2.6) | 1.8 | 7 | 103.8 |  | (3.5) | (1.0) | (1.5) | 1.2 | 7 |  |
| 156 | (3.1) | (1.4) | (1.7) | 0.8 | (4) | 4.0 |  | 3.4 | 2.8 | 2.8 | 1.4 | 7 |  |  | 3.3 | 2.7 | 2.8 | - | 7 |  |
|  | 3.4 | (1.2) | 2.9 | - | 7 |  |  | 3.3 | 2.2 | 2.9 | 1.6 | (6) |  |  | (2.8) | - | (2.7) | - | 7 |  |
| 157 | 3.4 | 2.2 | 2.9 | 0.9 | 7 | 3.9 |  | 3.3 | 2.8 | (2.9) | 1.3 | (6) |  |  | h | h | h | - | (2) |  |
| 158 | 3.4 | (1.5) | 3.0 | 1.0 | 7 | 3.3 |  | (3.0) | 2.6 | 2.8 | 1.4 | (6) |  |  | 2.9 | (1.0) | (1.3) | 1.0 | (4) |  |
| 159 | 3.4 | 2.5 | (3.1) | 0.9 | 7 | 4.7 |  | 3.2 | 2.4 | 2.9 | - | 7 |  |  | 3.5 | - | 2.7 | - | 7 |  |
|  | h | h | h | - | (2) |  |  | 3.3 | 2.6 | 2.9 | 1.6 | 7 |  | 227 | (3.1) | - | (3.4) | - | (6) | 58.4 |
| 160 | 3.4 | (1.6) | 3.0 | 1.2 | 7 | 6.0 |  | (2.4) | 2.5 | 3.0 | 1.0 | 7 |  |  | h | h | h | - | 5 |  |
|  | (3.2) | (1.5) | (1.5) | 1.2 | (5) |  |  | (2.9) | 2.3 | 2.9 | 0.8 | 7 |  |  | 3.4 | (2.6) | 3.0 | - | 7 |  |
| 161 | h | h | h | - | (2) | 4.0 |  | 3.2 | 2.7 | 2.9 | 1.1 | 7 |  |  | 3.5 | 2.9 | 3.0 | - | 7 |  |
|  | 3.4 | (2.2) | (2.7) | 1.0 | 7 |  |  | 3.3 | 2.7 | 3.1 | - | 7 |  |  | (3.2) | 2.5 | (2.5) | - | 7 |  |
| 162 | 3.4 | 2.2 | 2.9 | 0.9 | 7 | 4.1 |  | 3.4 | 2.5 | 2.9 | 1.2 | 7 |  |  | 3.6 | 2.3 | 3.0 | 1.0 | 7 |  |
| 163 | (3.2) | - | 3.0 | 1.0 | 7 |  |  | (3.2) | 2.7 | 2.9 | 1.2 | (6) |  |  | h | h | h | - | (1) |  |
| 164 | (3.3) | (1.2) | 3.2 | 0.9 | 7 | 3.6 |  | 3.0 | - | - | 1.0 | (3) |  |  | (2.8) | - | 2.9 | - | (6) |  |
| 165 | (2.6) | 2.5 | 2.9 | 0.8 | (6) | 3.4 | 190 | 3.4 | 2.7 | (3.1) | 0.9 | 7 | 3.7 |  | 3.6 | (2.2) | 3.5 | 1.2 | 7 |  |
|  | h | h | h | 0.8 | - |  | 191 | 3.6 | (2.6) | (3.1) | 0.9 | 7 | 4.3 |  |  |  |  |  |  |  |

第Ⅰ部 調査編

| 番号 | 全長（cm） | 幅（cm） | 最大幅（cm） | 厚（mm） | 孔数 | 重（g） | 番号 | 全長（cm） | 幅（cm） | 最大幅（cm） | 厚（mm） | 孔数 | 重（g） | 番号 | 全長（cm） | 幅（cm） | 最大幅（cm） | 厚（mm） | 孔数 | 重（g） |
|---|---|---|---|---|---|---|---|---|---|---|---|---|---|---|---|---|---|---|---|---|
| 228 | (3.3) | - | 3.3 | 0.8 | (6) | 4.3 | 269 | 3.3 | (1.2) | (1.9) | 1.0 | (5) | | 310 | 3.7 | 2.5 | 3.0 | 1.2 | 7 | |
| | (1.2) | - | (1.0) | - | - | | | (3.3) | 2.9 | 3.1 | 1.2 | 7 | | | (3.2) | (2.2) | (1.6) | 1.3 | (3) | |
| 229 | (2.3) | - | (3.2) | 1.0 | (4) | 3.0 | | 3.4 | 2.3 | 2.8 | - | 7 | | 311 | 3.7 | (2.0) | 2.8 | 0.8 | 7 | 3.9 |
| 230 | 3.6 | 2.3 | 2.8 | 0.7 | 7 | 2.9 | | 3.2 | 2.3 | 2.8 | - | 7 | | 312 | 3.7 | 3.0 | 3.4 | 1.1 | 7 | 5.9 |
| 231 | h | h | h | - | (1) | 24.6 | | (3.4) | (1.5) | (2.0) | 1.2 | (5) | | 313 | 3.7 | 2.9 | 3.3 | 1.0 | 7 | 7.3 |
| | 3.5 | (1.5) | 2.6 | - | 7 | | | h | h | h | - | (1) | | | h | h | h | 1.0 | (1) | |
| | 3.5 | 2.5 | 2.8 | - | 8 | | 270 | (3.1) | 2.0 | 2.7 | 0.8 | 7 | 8.6 | 314 | 3.7 | 2.8 | 3.2 | 0.9 | 7 | 4.6 |
| | (2.8) | (1.3) | (2.7) | - | 7 | | | (3.4) | 2.5 | (2.8) | 0.9 | (7) | | 315 | 3.7 | 2.4 | 2.9 | 1.2 | 7 | 6.4 |
| | (3.3) | 2.4 | (1.7) | 1.1 | (3) | | 271 | (3.4) | - | 3.0 | 0.8 | 7 | 3.5 | | (3.7) | (1.1) | (2.1) | 1.1 | (5) | |
| | 3.6 | 3.3 | 3.3 | - | 7 | | 272 | (3.7) | (1.9) | (2.7) | 1.2 | 7 | 5.3 | 316 | 3.7 | (2.1) | (2.6) | 1.1 | 7 | 4.9 |
| | (2.5) | (1.3) | (1.1) | - | (2) | | | (3.7) | (1.4) | (1.6) | 1.0 | (5) | | 317 | (2.0) | (2.1) | (1.7) | 1.1 | (3) | 10.0 |
| | (0.6) | 2.8 | - | - | - | | | (3.5) | - | (3.1) | 0.8 | 7 | | | 3.7 | 3.0 | 3.3 | 1.5 | 7 | |
| 232 | 3.6 | 3.1 | 3.3 | 1.1 | 7 | 5.7 | 273 | (3.1) | - | 3.1 | 1.0 | 7 | 16.6 | 318 | 3.7 | (2.3) | 3.4 | 1.3 | 7 | 6.8 |
| 233 | 3.6 | 3.0 | 3.4 | 1.1 | 7 | 8.5 | | 3.6 | 2.7 | 3.0 | 0.9 | 7 | | | (3.0) | - | (1.1) | 0.7 | (4) | |
| | (3.3) | (1.1) | (2.4) | 0.8 | (6) | | | 3.7 | 2.4 | 3.1 | 1.0 | 7 | | 319 | 3.7 | 2.9 | 3.4 | 1.0 | 7 | 5.6 |
| | h | h | h | 0.7 | (1) | | 274 | 3.2 | - | 3.2 | 1.0 | 7 | 4.3 | | (2.8) | 0.9 | (1.7) | 0.6 | (2) | |
| | h | h | h | - | (2) | | | 1.0 | - | 1.5 | - | - | | 320 | 3.7 | (1.2) | 2.9 | 0.8 | 7 | 3.7 |
| 234 | h | h | h | 0.8 | (3) | 4.0 | 275 | (3.6) | 3.0 | 3.3 | 1.1 | 7 | 5.0 | 321 | (2.5) | (0.9) | (1.3) | - | (2) | 8.2 |
| | 3.6 | (1.7) | (2.9) | 0.9 | 7 | | 276 | h | h | h | - | (2) | 5.3 | | 3.7 | 2.6 | 3.1 | 1.2 | 7 | |
| 235 | 3.6 | 2.5 | 3.2 | 1.0 | 7 | 3.8 | | (3.6) | (1.9) | (2.7) | 1.0 | 7 | | | (3.5) | (0.8) | (1.3) | 0.7 | (4) | |
| 236 | (3.0) | (1.4) | (2.3) | 1.5 | (5) | 10.8 | 277 | (3.2) | (1.5) | 3.2 | 0.8 | 7 | 4.4 | 322 | h | h | h | - | (1) | 9.7 |
| | 3.6 | 3.1 | 3.4 | 1.6 | 7 | | 278 | (3.5) | (1.7) | (1.8) | 1.0 | (4) | 2.3 | | 3.7 | 2.5 | (2.9) | 1.1 | 7 | |
| | h | h | h | - | (1) | | 279 | (3.1) | (1.3) | 3.4 | 0.9 | 7 | 3.9 | | 3.8 | 3.2 | 3.3 | 0.9 | 7 | |
| 237 | (3.1) | (1.1) | (1.9) | 1.5 | (4) | 13.3 | 280 | (3.4) | 3.0 | (3.0) | 0.8 | (6) | 3.8 | 323 | 3.8 | (1.5) | (1.7) | 1.0 | (5) | 7.0 |
| | 3.6 | 2.8 | 3.1 | 1.0 | 7 | | 281 | (2.8) | (1.3) | (1.8) | 0.7 | (2) | 3.4 | | (3.6) | (1.6) | (2.4) | 1.0 | - | |
| | (3.2) | 2.7 | 3.3 | 1.0 | (6) | | | (3.2) | (0.6) | (1.6) | 0.8 | 7 | | | h | h | h | - | (1) | |
| | h | h | h | - | (2) | | 282 | 3.7 | (2.2) | 3.4 | 1.5 | 7 | 6.3 | 324 | h | h | h | - | 7 | |
| | h | h | h | - | (2) | | | h | h | h | - | - | | | 3.8 | 2.9 | 3.2 | 1.0 | 7 | 3.8 |
| 238 | 3.6 | 3.1 | 3.4 | 1.3 | 7 | 15.4 | 283 | (3.3) | - | 2.8 | 0.9 | (5) | 3.8 | 325 | 3.8 | 2.3 | 2.8 | 0.8 | 7 | 3.6 |
| | 3.6 | 3.2 | 3.5 | 1.5 | 7 | | | (3.5) | (0.7) | (1.3) | 1.0 | (4) | | 326 | 3.8 | 2.3 | 2.8 | 0.8 | 7 | 4.1 |
| | (3.4) | (1.9) | (2.7) | 1.0 | (6) | | | h | h | h | - | (1) | | 327 | 3.8 | 2.4 | 2.9 | 1.1 | 7 | 4.6 |
| | h | h | h | - | (1) | | 284 | 3.7 | (1.5) | (2.7) | 0.9 | (4) | 5.4 | 328 | 3.7 | 2.8 | 3.1 | 1.3 | 7 | 10.4 |
| 239 | 3.6 | (2.2) | 3.4 | 1.0 | 7 | 5.2 | | 3.7 | (1.5) | 3.2 | 0.9 | 7 | | | 3.8 | (1.1) | 3.3 | 0.9 | 7 | |
| 240 | 3.6 | 2.3 | 2.8 | 0.8 | 7 | 5.9 | 285 | 3.7 | 3.2 | 3.3 | 1.0 | 7 | 6.0 | 329 | 3.8 | 3.0 | 3.3 | 1.0 | 7 | 5.2 |
| | (3.3) | (5.7) | (2.0) | 0.9 | (4) | | | (3.0) | (1.3) | (1.4) | 1.0 | (3) | | 330 | 3.8 | 2.7 | 3.3 | 1.0 | 7 | 4.8 |
| 241 | h | h | h | 1.0 | 7 | 7.6 | 286 | 3.7 | 2.7 | 3.2 | 1.0 | 7 | 7.6 | 331 | 3.8 | (2.4) | 2.9 | 0.7 | 7 | 3.9 |
| | 3.6 | 2.5 | 2.9 | 1.7 | 7 | | | (2.8) | (1.6) | (1.8) | 1.0 | (3) | | | h | h | h | - | - | |
| 242 | 3.6 | 3.0 | 3.4 | 1.0 | 7 | 5.9 | 287 | (3.3) | (2.2) | (2.6) | 1.1 | (4) | 8.3 | 332 | 3.8 | 2.3 | 2.9 | 1.0 | 7 | 3.7 |
| 243 | 3.6 | 3.0 | 3.4 | 1.0 | (6) | 4.5 | | 3.7 | 3.1 | 3.4 | 1.0 | 7 | | 333 | h | h | h | 1.3 | (2) | 7.5 |
| 244 | 3.6 | 3.0 | 3.3 | 1.0 | 7 | 6.3 | 288 | (3.1) | 3.1 | (2.6) | 1.0 | (6) | 10.0 | | 3.8 | 3.1 | 3.4 | 0.9 | 7 | |
| 245 | 3.6 | 3.2 | 3.4 | 1.3 | 7 | 5.9 | | 3.7 | (1.4) | (3.0) | 1.0 | (6) | | 334 | 3.8 | (2.0) | 2.8 | 0.8 | 7 | 3.5 |
| 246 | 3.7 | 3.2 | (2.5) | 0.9 | (6) | 5.0 | | (3.0) | (1.5) | (1.4) | 1.3 | (3) | | 335 | (3.4) | (1.0) | (1.5) | 1.2 | (5) | 4.4 |
| 247 | 3.7 | 3.1 | 3.4 | 1.0 | 7 | 5.6 | 289 | 3.7 | 2.4 | 2.9 | 1.2 | 7 | 10.1 | | 3.8 | 2.3 | 2.8 | 1.0 | 7 | |
| 248 | h | h | h | 1.2 | (3) | 5.3 | | 3.7 | 2.7 | 3.2 | 0.7 | 7 | | 336 | (3.4) | (1.2) | (1.8) | 1.1 | (4) | 9.8 |
| | (3.1) | (1.0) | (1.4) | 1.0 | (2) | | 290 | (3.3) | 2.7 | 3.0 | 1.0 | 7 | 4.7 | | 3.8 | 3.2 | 3.5 | 1.2 | 7 | |
| | 3.6 | 2.2 | 2.8 | 1.0 | 7 | | | h | h | h | 0.9 | (4) | | 337 | (2.9) | (0.9) | (2.9) | 0.9 | 7 | 3.8 |
| | (3.3) | (0.6) | (1.4) | 1.0 | (2) | | 291 | (2.3) | (0.6) | (2.7) | - | (4) | 36.6 | 338 | 3.8 | 2.8 | 3.2 | 1.2 | 7 | 10.5 |
| | h | h | h | 1.2 | - | | | 3.7 | 2.5 | 3.0 | - | 7 | | | (3.2) | - | 3.2 | 1.4 | 7 | |
| | h | h | h | - | - | | | (3.8) | (1.5) | 3.2 | - | 7 | | 339 | 3.6 | 3.1 | 3.4 | 1.2 | 7 | 10.7 |
| 249 | 3.7 | 3.1 | 3.4 | 1.2 | 7 | 7.6 | | (2.8) | - | (2.1) | - | (4) | | | 3.8 | (1.4) | (1.5) | 1.3 | (4) | |
| | (3.5) | (1.4) | (1.7) | 0.9 | (4) | | | (2.6) | (2.7) | (1.7) | - | (2) | | 340 | 3.8 | 3.0 | (2.7) | 1.2 | 7 | 7.7 |
| 250 | 3.7 | 3.2 | 3.4 | 1.4 | 7 | 7.8 | | (3.3) | 2.4 | 3.0 | 1.0 | 7 | | | (2.9) | (0.9) | (1.1) | - | (2) | |
| 251 | 3.7 | 2.9 | 3.3 | 0.9 | 7 | 5.4 | | 3.5 | 2.6 | 3.0 | - | 7 | | | (1.5) | (1.6) | - | 0.9 | (2) | |
| | h | h | h | h | - | | | 3.7 | 2.8 | 3.1 | 0.8 | 7 | | | (1.6) | (1.7) | - | 1.1 | (2) | |
| 252 | 3.7 | (2.3) | 3.4 | 1.0 | 7 | 4.2 | | (3.2) | (0.9) | (1.8) | 0.8 | (3) | | 341 | 3.8 | 3.0 | 3.3 | 1.2 | 7 | 7.7 |
| 253 | 3.7 | (1.9) | 3.4 | 0.8 | 7 | 6.1 | 292 | 3.7 | 3.2 | 3.4 | 0.8 | 7 | 6.0 | | h | h | h | - | - | |
| 254 | (3.2) | (1.3) | 1.4 | 1.2 | (3) | 9.2 | 293 | (3.2) | (1.3) | 3.3 | 0.8 | (6) | 5.8 | 342 | (3.1) | (1.8) | (2.3) | 1.1 | (3) | 9.8 |
| | 3.6 | 3.1 | 3.4 | 1.4 | 7 | | | (3.2) | (0.7) | (1.6) | 1.0 | (4) | | | 3.8 | 3.3 | 3.5 | 1.3 | 7 | |
| | h | h | h | 1.3 | (1) | | 294 | 3.7 | 2.5 | (2.6) | 1.0 | (6) | 3.8 | 343 | h | h | h | - | (3) | 15.7 |
| 255 | (3.3) | (1.1) | (1.7) | 1.0 | (3) | 6.4 | 295 | 3.7 | 3.0 | 3.4 | 0.8 | 7 | 8.1 | | (2.3) | - | - | 1.5 | (2) | |
| | 3.6 | 2.3 | 2.8 | 1.0 | 7 | | | 3.7 | (1.7) | 3.4 | 0.8 | 7 | | | (3.0) | 3.2 | (2.7) | 0.9 | 7 | |
| | h | h | h | - | - | | 296 | 3.7 | 2.5 | 2.8 | 1.0 | 7 | 4.1 | | (2.8) | 3.4 | 0.8 | 7 | | |
| 256 | 3.7 | 3.0 | 3.3 | 1.2 | 7 | 5.5 | 297 | 3.7 | 3.1 | 3.4 | 1.1 | 7 | 5.7 | | (3.3) | (1.2) | (1.4) | 1.3 | (2) | |
| | h | h | h | 1.0 | - | | 298 | 3.7 | (2.2) | 3.4 | 0.9 | 7 | 4.7 | 344 | 3.8 | (2.8) | 3.3 | 1.4 | 7 | 6.0 |
| 257 | 3.7 | 2.9 | 3.4 | 1.2 | 7 | 8.9 | 299 | (3.2) | (2.0) | 3.0 | 0.9 | (6) | 27.7 | 345 | 3.8 | (1.2) | (2.9) | 0.8 | (4) | 11.3 |
| | (2.9) | (1.5) | 1.7 | 1.1 | (4) | | | h | h | h | 0.9 | - | | | 3.8 | 3.2 | 3.3 | 1.5 | 7 | |
| | h | h | h | - | (1) | | | (3.3) | (1.3) | (1.8) | 1.1 | (3) | | | h | h | h | - | (2) | |
| 258 | (3.5) | (2.4) | (2.3) | 0.8 | (5) | 25.8 | | 3.3 | 2.8 | 3.0 | - | 7 | | 346 | 3.8 | (1.4) | (2.9) | 0.8 | 7 | 3.5 |
| | 3.7 | 2.1 | 3.1 | - | 7 | | | 3.4 | 2.3 | 2.9 | - | 7 | | 347 | 3.8 | (1.5) | (2.7) | 1.0 | 7 | 4.1 |
| | (3.8) | 2.5 | 3.2 | 1.0 | 7 | | | (3.3) | (1.5) | (2.2) | 0.9 | (4) | | 348 | 3.8 | 2.3 | 2.8 | 0.8 | 7 | 7.4 |
| | (3.2) | (1.9) | (2.1) | 0.9 | (3) | | | 3.2 | 2.7 | 3.0 | 0.9 | 7 | | | (3.7) | (1.2) | (2.4) | 0.8 | (5) | |
| | 3.4 | 2.7 | 3.1 | 1.5 | 7 | | | 3.4 | 2.3 | 2.9 | 1.1 | 7 | | 349 | 3.8 | (0.9) | (2.3) | 0.9 | (6) | 3.2 |
| | 3.5 | 2.5 | 3.1 | 1.5 | 7 | | | 3.7 | (2.2) | 3.1 | 0.7 | (6) | | 350 | 3.8 | 2.6 | 3.1 | 1.4 | 7 | 5.6 |
| | (3.3) | (0.8) | 3.1 | 1.2 | 7 | | 300 | 3.7 | 2.2 | 2.9 | 0.9 | 7 | 5.0 | 351 | 3.8 | (2.1) | 3.3 | 1.0 | 7 | 6.0 |
| 259 | 3.7 | (1.2) | (2.7) | 0.8 | 7 | 3.2 | | h | h | h | 0.8 | (2) | | 352 | h | h | h | - | (2) | 10.1 |
| 260 | (3.5) | (0.9) | (1.6) | 1.1 | (5) | 10.7 | | (2.2) | - | (2.4) | 1.2 | (5) | | | 3.8 | (1.8) | (3.3) | 1.6 | (4) | |
| | 3.6 | 3.0 | 3.3 | 1.2 | 7 | | 301 | (3.3) | (1.9) | (1.6) | 0.8 | (3) | 15.8 | | h | h | h | - | - | |
| | 3.7 | (2.5) | 3.2 | 1.2 | 7 | | | 3.7 | 3.0 | 3.4 | 2.0 | 7 | | 353 | 3.8 | (1.5) | (3.2) | 0.8 | 7 | 3.5 |
| 261 | 3.7 | 2.4 | 3.0 | 1.2 | 7 | 4.2 | | (3.5) | (1.6) | (1.8) | 0.9 | (4) | | 354 | (3.4) | 2.5 | (2.4) | 0.8 | 7 | 3.2 |
| 262 | 3.7 | (2.0) | 3.3 | 1.0 | 7 | 5.0 | | h | h | h | 1.1 | - | | 355 | (3.6) | (2.0) | (2.7) | 0.9 | 7 | 3.5 |
| 263 | 3.7 | 2.3 | (1.6) | 1.1 | (6) | 2.7 | 302 | 3.7 | (1.5) | 3.0 | 1.1 | 7 | 7.4 | 356 | (3.4) | - | - | 0.9 | (6) | 2.7 |
| 264 | 3.7 | 2.9 | 3.3 | 0.8 | 7 | 5.0 | | (2.9) | (1.7) | - | - | (2) | | | h | h | h | 0.9 | (2) | |
| | h | h | h | - | - | | 303 | h | h | h | 0.8 | - | 3.2 | | - | - | - | 0.9 | (2) | |
| 265 | 3.7 | 3.1 | 3.3 | 1.0 | 7 | 5.5 | | 3.7 | (1.7) | 3.2 | 0.7 | 7 | | 357 | (36.6) | 2.4 | 3.1 | 0.9 | 7 | 14.8 |
| 266 | 3.7 | (1.5) | (3.1) | 0.7 | 7 | 3.0 | 304 | 3.7 | 3.0 | 3.3 | 1.1 | 7 | 6.5 | | h | h | h | - | (5) | |
| 267 | 3.7 | (1.9) | 2.8 | 0.7 | (6) | 2.6 | 305 | 3.7 | (2.3) | 3.4 | 1.0 | 8 | 5.7 | | h | h | h | - | 7 | |
| 268 | (3.0) | 2.3 | (2.3) | 0.9 | (6) | 2.4 | 306 | 3.7 | (2.1) | 3.4 | 1.0 | 7 | 5.8 | | h | h | h | - | - | |
| 269 | 3.6 | (2.0) | (2.2) | 1.2 | (4) | 45.1 | | h | h | h | - | (6) | | | (2.2) | - | (2.7) | 0.8 | (5) | |
| | (3.0) | - | (2.1) | - | (5) | | 307 | (2.9) | (1.7) | 2.9 | 0.9 | 7 | 6.4 | | (2.5) | - | 3.1 | - | 7 | |
| | 3.4 | 2.7 | 3.3 | - | 7 | | | 3.8 | 2.4 | 2.9 | 0.8 | 7 | | 358 | h | h | h | 1.5 | (2) | 5.7 |
| | 3.3 | (2.5) | (2.6) | - | 7 | | 308 | 3.7 | 2.8 | 3.2 | 0.9 | 7 | 8.2 | | (3.6) | (1.6) | (2.6) | 1.5 | (5) | |
| | h | h | h | - | (2) | | | 3.7 | 2.5 | (2.1) | 0.7 | (6) | | | (3.7) | (1.5) | (1.5) | 1.0 | (4) | |
| | 3.4 | (1.1) | 2.8 | 1.0 | 7 | | 309 | (3.4) | (1.1) | (1.9) | 0.9 | (5) | 4.0 | 359 | (3.2) | (1.2) | 3.3 | 0.9 | 7 | 6.2 |
| | 3.3 | 2.4 | 2.9 | - | 7 | | | 3.7 | (1.3) | (1.7) | 1.1 | (5) | | | (2.2) | (1.5) | (1.9) | 1.1 | (3) | |
| | 3.4 | 2.5 | 2.7 | - | 7 | | 310 | (2.9) | (1.3) | (1.4) | - | (2) | 7.6 | | | | | | | |

# 第6章 副葬品

| 番号 | 全長(cm) | 幅(cm) | 最大幅(cm) | 厚(mm) | 孔数 | 重(g) | 番号 | 全長(cm) | 幅(cm) | 最大幅(cm) | 厚(mm) | 孔数 | 重(g) | 番号 | 全長(cm) | 幅(cm) | 最大幅(cm) | 厚(mm) | 孔数 | 重(g) |
|---|---|---|---|---|---|---|---|---|---|---|---|---|---|---|---|---|---|---|---|---|
| 360 | (3.7) | (1.2) | (1.8) | 1.0 | (4) | 8.2 | 404 | 3.9 | 2.5 | 3.2 | 0.7 | 7 | 7.7 | 442 | (3.6) | (1.8) | (1.8) | 0.9 | (5) | 2.3 |
|  | (3.7) | (2.8) | 3.4 | 0.9 | 7 |  |  | (3.5) | (1.3) | (1.2) | 1.2 | (3) |  |  | (3.3) | 2.9 | 3.3 | 0.8 | (5) |  |
| 361 | (3.6) | (2.5) | 3.3 | 1.0 | 7 | 5.4 | 405 | h | h | h | 1.0 | (1) | 11.3 | 443 | 3.9 | (1.8) | (2.5) | 1.2 | 7 | 8.7 |
| 362 | (3.6) | 2.3 | 2.8 | 0.7 | 7 | 6.7 |  | (3.5) | (1.1) | (1.6) | 1.0 | (4) |  |  | (2.0) | - | (0.9) | 0.4 | (1) |  |
|  | (3.6) | 2.5 | (1.9) | 1.2 | (6) |  |  | 3.8 | 2.8 | 3.1 | 1.4 | 7 |  |  | (1.3) | - | (1.1) | - | - |  |
| 363 | (3.7) | 2.2 | (2.2) | 0.9 | 7 | 2.4 |  | 3.9 | (2.5) | 3.1 | 0.8 | 7 |  | 444 | 3.9 | 2.7 | 3.1 | 1.1 | 7 | 5.5 |
| 364 | h | h | h | 0.8 | (1) | 3.1 |  | h | h | h | 1.3 | (4) |  | 445 | (3.1) | (0.8) | (1.7) | 1.1 | (4) | 8.4 |
|  | (2.6) | (1.4) | (1.2) | 0.8 | (3) |  |  | h | h | h | - | (1) |  |  | 3.9 | (2.6) | 3.4 | 1.3 | 7 |  |
|  | (3.6) | (1.1) | (1.2) | 0.8 | (4) |  | 406 | (2.5) | - | (1.5) | 1.1 | (4) | 6.7 |  | (3.6) | (1.0) | (1.4) | - | (2) |  |
| 365 | 3.6 | (1.3) | (1.8) | 0.7 | (5) | 12.0 |  | 3.9 | 2.3 | 2.9 | 1.3 | 7 |  | 446 | 3.9 | 3.1 | 3.4 | 1.3 | 7 | 8.0 |
|  | (3.6) | 3.2 | 3.4 | 0.9 | 7 |  |  | h | h | h | - | - |  |  | 3.9 | 2.2 | 2.8 | 1.1 | 7 |  |
|  | (2.6) | - | (2.8) | 1.0 | (3) |  |  | 3.8 | 2.9 | 2.9 | 1.0 | 7 |  |  | 3.9 | 2.2 | (2.1) | 1.0 | 7 |  |
|  | h | h | h | 0.7 | (2) |  | 407 | 3.7 | 2.9 | 3.3 | 1.0 | 7 | 17.6 | 447 | h | h | h | 1.0 | (1) | 10.4 |
| 366 | 3.8 | 2.9 | 3.3 | 1.0 | 7 | 9.7 |  | h | h | h | 0.7 | (3) |  |  | h | h | h | - | (2) |  |
|  | (2.3) | (1.5) | h | 1.0 | (3) |  |  | 3.9 | (2.0) | 2.9 | 0.9 | 7 |  |  | h | h | h | - | - |  |
|  | h | h | h | - | (2) |  |  | 3.8 | 2.3 | 2.9 | 1.5 | 7 |  |  | (1.8) | (1.6) | - | 1.0 | (2) |  |
|  | (2.3) | - | 3.3 | - | (5) |  | 408 | 3.9 | 2.3 | 2.8 | 1.3 | 7 | 4.9 | 448 | 3.9 | 2.7 | 3.3 | 1.1 | 7 | 12.0 |
| 367 | (3.6) | (0.9) | (1.5) | 1.2 | (3) | 2.4 |  | 3.9 | 2.3 | 3.1 | 0.7 | 7 |  |  | (3.7) | 2.9 | 3.3 | 0.9 | 7 |  |
| 368 | 3.8 | 3.0 | 3.4 | 0.9 | 7 | 5.6 | 409 | 3.9 | 2.9 | 3.3 | 0.8 | 7 | 11.1 |  | h | h | h | - | - |  |
| 369 | 3.8 | 3.0 | 3.4 | 1.0 | 7 | 6.7 |  | h | h | h | - | (2) |  |  | h | h | h | - | (1) |  |
| 370 | 3.8 | (0.8) | (2.6) | 1.0 | 7 | 3.3 |  | (3.2) | (1.2) | (1.7) | 0.8 | (3) |  | 449 | 3.8 | 2.2 | 2.9 | 0.8 | 7 | 13.5 |
| 371 | 3.8 | 2.6 | (2.5) | 1.1 | 7 | 3.7 |  | (3.0) | 2.5 | 2.9 | 1.1 | (6) |  |  | 4.0 | 2.6 | 2.9 | 1.0 | 7 |  |
| 372 | 3.8 | 2.9 | 3.2 | 0.9 | 7 | 4.7 |  | (3.3) | 2.3 | 3.1 | 1.3 | 7 |  |  | 3.8 | (2.0) | 2.7 | 0.9 | 7 |  |
|  | h | h | h | - | - |  |  | (3.3) | 2.4 | 3.0 | 0.9 | 7 |  | 450 | 3.9 | 3.1 | 3.5 | 1.5 | 7 | 8.9 |
| 373 | 3.8 | 3.1 | 3.4 | 1.1 | 7 | 11.7 |  | h | h | h | 0.8 | (4) |  | 451 | (3.9) | 2.2 | (2.3) | 0.7 | (5) | 8.8 |
|  | 3.8 | (2.7) | 3.4 | 1.1 | 7 |  | 410 | (3.4) | (2.1) | (2.1) | - | - | 30.4 |  | 3.9 | 3.0 | 3.4 | 1.3 | 7 |  |
| 374 | 3.8 | (1.7) | 2.9 | 1.0 | 7 | 3.5 |  | (3.7) | 2.7 | 3.1 | - | 7 |  | 452 | 3.9 | 2.8 | 3.3 | 1.0 | 7 | 5.7 |
| 375 | 3.8 | 2.6 | 3.1 | 1.5 | 7 | 4.6 |  | (3.0) | 2.3 | 3.0 | 1.6 | 7 |  | 453 | 3.9 | 2.5 | 3.0 | 1.3 | 7 | 8.3 |
| 376 | 3.8 | 2.3 | 2.9 | 1.2 | 7 | 4.2 |  | h | h | h | 1.0 | (2) |  |  | 3.8 | (1.4) | (2.2) | 0.9 | (6) |  |
| 377 | 3.8 | (1.6) | (2.3) | 1.0 | 7 | 3.5 |  | h | h | h | 1.0 | (1) |  |  | 3.9 | 2.3 | 2.9 | 1.0 | 7 |  |
| 378 | 2.8 | 2.2 | 2.8 | 0.8 | 7 | 4.2 | 411 | 3.9 | (1.1) | 3.1 | 0.9 | 7 | 4.4 | 454 | 4.0 | 2.5 | 2.9 | 0.9 | 7 | 11.0 |
|  | h | h | h | - | - |  | 412 | (3.6) | (0.7) | (2.1) | 0.8 | (5) | 4.9 |  | (1.9) | (1.6) | - | 1.0 | (1) |  |
| 379 | 3.8 | 2.5 | 3.1 | 0.7 | 7 | 4.4 |  | (3.8) | (0.7) | (2.3) | 0.9 | (3) |  |  | (0.7) | - | (0.5) | - | - |  |
|  | h | h | h | - | (2) |  | 413 | 3.9 | 2.3 | 3.3 | 1.1 | 7 | 5.7 | 455 | 3.9 | 2.8 | 3.3 | 1.5 | 7 | 5.7 |
|  | h | h | h | 1.1 | (2) |  | 414 | (2.8) | - | (1.7) | - | (4) | 5.2 | 456 | 4.0 | 3.1 | (3.5) | 0.8 | 9 | 5.8 |
| 380 | (2.6) | 2.3 | 2.8 | 0.9 | 7 | 11.7 |  | 3.9 | 2.3 | 2.7 | 0.7 | (5) |  |  | 4.0 | (1.7) | 3.2 | 0.8 | 7 |  |
|  | 3.8 | 2.3 | 2.8 | 1.0 | 7 |  | 415 | (3.8) | 2.9 | 3.4 | 0.7 | 7 | 6.3 | 457 | (3.3) | (1.3) | (1.3) | 0.9 | (3) | 7.6 |
|  | (3.6) | 1.2 | 1.8 | 1.0 | (4) |  | 416 | (2.8) | (1.1) | (1.6) | 0.5 | (3) | 4.9 |  | h | h | h | - | (1) |  |
|  | h | h | h | - | - |  |  | (3.7) | (1.2) | 3.1 | 0.9 | 7 |  | 458 | 4.0 | 2.7 | 3.1 | 1.4 | 7 | 6.0 |
|  | (1.2) | 2.2 | - | - | (1) |  |  | h | h | h | - | (1) |  | 459 | h | h | h | - | (2) | 4.2 |
| 381 | (3.8) | 3.0 | 3.4 | 1.2 | (5) | 44.2 | 417 | (2.7) | (0.9) | (1.6) | 1.0 | (5) | 6.5 |  | (3.8) | (1.6) | (2.7) | 1.0 | 7 |  |
|  | 3.8 | 2.6 | 3.4 | 1.0 | 7 |  |  | (3.6) | (1.1) | (1.8) | 1.1 | (3) |  | 460 | (3.5) | (1.0) | 2.9 | 1.0 | 7 | 3.6 |
|  | (2.0) | 2.4 | (1.9) | - | - |  |  | h | h | h | - | - |  |  | h | h | h | - | (2) |  |
|  | 3.7 | (2.5) | (2.6) | - | (2) |  | 418 | (2.9) | 2.8 | 3.3 | 0.9 | (7) | 6.4 | 461 | 4.0 | 2.4 | 3.1 | 1.0 | 7 | 4.8 |
|  | 3.8 | (2.2) | (2.6) | 1.2 | 7 |  |  | h | h | h | - | - |  | 462 | 4.0 | (1.7) | 3.3 | 1.0 | 7 | 6.5 |
|  | (3.3) | (1.7) | (1.5) | - | (3) |  | 419 | (3.2) | (0.9) | 2.8 | 1.0 | 7 | 3.5 |  | 3.9 | 2.9 | 3.4 | 0.8 | 7 |  |
|  | 3.8 | 2.9 | 3.3 | - | (5) |  |  | (3.8) | (1.2) | (1.4) | 0.7 | (5) |  |  | (3.4) | 2.4 | 3.0 | 1.7 | 7 |  |
|  | (3.4) | (2.1) | (2.7) | 0.8 | (1) |  | 420 | (3.7) | 2.4 | (1.5) | 0.8 | (4) | 4.0 |  | (3.0) | 2.3 | 3.0 | 1.2 | (5) |  |
|  | 3.8 | 2.4 | (2.4) | 0.8 | 7 |  |  | h | h | h | - | - |  |  | h | h | h | - | 82) |  |
| 382 | (3.8) | (0.8) | (2.2) | 0.8 | (4) | 4.9 |  | (2.9) | (0.9) | 3.4 | 0.9 | (6) |  |  | 3.9 | 2.5 | 3.1 | 1.6 | 7 |  |
|  | h | h | h | - | (1) |  | 421 | (3.7) | (1.8) | (2.4) | 1.2 | (5) | 9.2 |  | 3.8 | 2.9 | (3.0) | 1.1 | 7 |  |
| 383 | 3.8 | (2.2) | 2.9 | 0.6 | 7 | 7.4 |  | h | h | h | 1.0 | (2) |  | 463 | 4.0 | (1.4) | 3.0 | 0.9 | 7 | 45.9 |
|  | (3.7) | (1.4) | (2.2) | 0.9 | (5) |  |  | h | h | h | - | - |  |  | (2.5) | (2.4) | (2.3) | 1.5 | (4) |  |
|  | h | h | h | - | - |  |  | (3.3) | 2.6 | 2.7 | 1.1 | (6) |  |  | (2.7) | - | 3.1 | 0.9 | (69) |  |
| 384 | 3.8 | (1.8) | 3.2 | 0.8 | 7 | 4.2 | 422 | h | h | h | 0.7 | (2) | 5.9 |  | 3.4 | 2.3 | 2.8 | 1.0 | 7 |  |
| 385 | 3.8 | 2.8 | 3.2 | 0.6 | 7 | 5.8 |  | h | h | h | - | - |  |  | 3.5 | 2.2 | 3.0 | 1.0 | 7 |  |
| 386 | 3.8 | (2.5) | 3.1 | 0.8 | 7 | 4.7 |  | h | h | h | - | - |  |  | 3.3 | 2.1 | 2.6 | 1.4 | 7 |  |
| 387 | 3.8 | 2.8 | 3.1 | 0.9 | 7 | 5.1 |  | h | h | h | - | - |  |  | (3.2) | - | (1.3) | - | - |  |
|  | 3.8 | 2.4 | 2.9 | 0.9 | 7 |  | 423 | (3.7) | 2.2 | 2.9 | 0.8 | 7 | 3.6 | 464 | (3.7) | (1.0) | (1.9) | 0.9 | (5) | 2.0 |
| 388 | h | h | h | - | (3) | 6.1 | 424 | (3.7) | (2.8) | 3.5 | 1.0 | (6) | 5.8 | 465 | (3.1) | (0.9) | 3.1 | 1.0 | (7) | 4.4 |
|  | h | h | h | - | - |  | 425 | (3.5) | 2.3 | 2.8 | 0.9 | (6) | 5.1 | 466 | 4.0 | (0.9) | (2.9) | 1.1 | 7 | 4.4 |
| 389 | 3.8 | (1.3) | (2.0) | 1.4 | (5) | 3.7 |  | (3.2) | (1.0) | (2.6) | 0.9 | 7 |  |  | h | h | h | - | (2) |  |
| 390 | (3.3) | (0.8) | (1.1) | 0.8 | (2) | 5.4 |  | h | h | h | - | (1) |  | 467 | (3.5) | 2.9 | 3.5 | 1.0 | (6) | 5.4 |
|  | 3.9 | 2.6 | 3.2 | 0.9 | 7 |  | 426 | (3.6) | 2.4 | 2.9 | 1.0 | 7 | 5.2 | 468 | h | h | h | 0.7 | (1) | 3.9 |
|  | h | h | h | - | (1) |  |  | h | h | h | - | (2) |  |  | (3.8) | 2.3 | (2.2) | 0.9 | (6) |  |
| 391 | (3.7) | (1.4) | (1.8) | 1.0 | (5) | 11.6 | 427 | (3.7) | (2.6) | 3.2 | 0.9 | 7 | 7.1 | 469 | (3.7) | (1.0) | (1.4) | 1.2 | (2) | 5.2 |
|  | 3.8 | 3.0 | 3.3 | 1.3 | 7 |  |  | (3.3) | 2.4 | 2.8 | 0.8 | (6) |  |  | (3.6) | (1.9) | (2.0) | 1.0 | 7 |  |
|  | (3.3) | (1.3) | (1.1) | 1.0 | (1) |  |  | (3.6) | 3.1 | 3.4 | 1.6 | (5) |  | 470 | (3.3) | 2.8 | 3.3 | 1.2 | 7 | 5.7 |
|  | h | h | h | 1.2 | (1) |  | 428 | h | h | h | - | (2) | 8.5 |  | h | h | h | - | (4) |  |
| 392 | (3.3) | (1.1) | (1.5) | 0.8 | (2) | 7.8 |  | h | h | h | - | (1) |  | 471 | 4.0 | (0.5) | 3.2 | 1.0 | 7 | 8.0 |
|  | 3.8 | 2.7 | 3.3 | 1.3 | 7 |  | 429 | (3.5) | (1.5) | 3.4 | 1.0 | (6) | 3.1 |  | h | h | h | - | (3) |  |
|  | (3.0) | (1.8) | (1.8) | 0.8 | (3) |  |  | (3.1) | - | (2.9) | 1.1 | 7 |  |  | h | h | h | - | (2) |  |
| 393 | 3.9 | (1.4) | 3.2 | 0.5 | 7 | 4.4 | 430 | (3.1) | - | (1.4) | 1.0 | (2) | 4.4 | 472 | (3.3) | 1.2 | (3.3) | 1.0 | 7 | 4.7 |
| 394 | 3.9 | 2.5 | 2.8 | 0.9 | 7 | 5.7 | 431 | (3.1) | (1.2) | (2.7) | 0.9 | (6) | 2.7 | 473 | 4.0 | (2.1) | (2.9) | 1.0 | 7 | 9.9 |
|  | h | h | h | - | (2) |  | 432 | (3.7) | (1.1) | (1.7) | 1.0 | (2) | 2.9 |  | 3.6 | (1.6) | 3.1 | 1.4 | 7 |  |
| 395 | 3.9 | 3.0 | 3.4 | 0.8 | 7 | 8.1 |  | h | h | h | - | - |  | 474 | 4.0 | 3.0 | 3.5 | 1.5 | 9 | 14.6 |
|  | (3.2) | (1.1) | (2.4) | 0.9 | (5) |  | 433 | (3.2) | (0.9) | (1.8) | 0.9 | (4) | 4.6 |  | 3.9 | (2.0) | 3.5 | 1.3 | 7 |  |
|  | (2.0) | (1.3) | - | 1.1 | (3) |  |  | h | h | h | - | - |  | 475 | 4.0 | 3.2 | 3.7 | 1.0 | 7 | 7.8 |
| 396 | 3.9 | 2.7 | 3.2 | 1.2 | 7 | 8.0 |  | (3.6) | (1.2) | (1.2) | 0.6 | (3) |  |  | (3.8) | (1.7) | (1.8) | 1.0 | (2) |  |
|  | (2.4) | (0.9) | (1.3) | 0.8 | (2) |  | 434 | (3.8) | (1.0) | (1.4) | 0.7 | (5) | 3.1 | 476 | (3.5) | (1.5) | (1.7) | 1.4 | (4) | 6.4 |
| 397 | 3.9 | 2.3 | 2.8 | 0.7 | 7 | 4.6 |  | h | h | h | 0.6 | (3) |  |  | h | h | h | 0.9 | (2) |  |
| 398 | 3.9 | 2.9 | 3.4 | 1.6 | 7 | 8.5 |  | h | h | h | - | (1) |  | 477 | 4.0 | (2.5) | 3.4 | 0.8 | (5) | 11.7 |
| 399 | 3.9 | 2.7 | 3.2 | 0.7 | 7 | 5.7 | 435 | 3.6 | 2.4 | (2.4) | 0.9 | (6) | 3.9 |  | 3.8 | (2.7) | (3.3) | 1.0 | 7 |  |
| 400 | 3.9 | 2.9 | 3.2 | 1.3 | 7 | 7.5 |  | (3.4) | (0.9) | (2.5) | 0.8 | (3) |  | 478 | 4.0 | 2.9 | 3.5 | 1.2 | 7 | 10.7 |
|  | 3.9 | 2.5 | 2.9 | 0.9 | 7 |  | 436 | (3.5) | (0.8) | (1.4) | 0.8 | (3) | 3.9 |  | (3.4) | (2.0) | (2.0) | 1.1 | (2) |  |
| 401 | 3.8 | 2.3 | 3.1 | 1.5 | 7 | 10.8 |  | h | h | h | - | - |  | 479 | 4.0 | (1.1) | (2.8) | 0.8 | 7 | 3.4 |
|  | h | h | h | - | (1) |  | 437 | (3.7) | (1.9) | (2.0) | 0.9 | 7 | 3.8 |  | h | h | h | - | - |  |
|  | h | h | h | 0.9 | (2) |  |  | (3.5) | (1.7) | (1.7) | 0.7 | (5) |  | 480 | 4.0 | (1.4) | 3.2 | 1.0 | 7 | 6.5 |
|  | (3.6) | 2.9 | 3.4 | 0.9 | 7 |  | 438 | (3.5) | (0.9) | (2.1) | 0.9 | (2) | 5.0 | 481 | 4.0 | (2.3) | 2.9 | 1.4 | 10 | 5.5 |
| 402 | 3.9 | 2.9 | 3.3 | 1.4 | 7 | 13.0 |  | (3.7) | (2.0) | 2.8 | 0.4 | (5) |  | 482 | 4.0 | (1.0) | (3.0) | 0.9 | (12) | 3.6 |
|  | (2.8) | (1.3) | (1.4) | 0.8 | (3) |  | 439 | (3.2) | (1.0) | (1.4) | 1.2 | (3) | 7.5 | 483 | 4.1 | (2.2) | 3.5 | 0.9 | 8 | 14.1 |
|  | h | h | h | - | (1) |  |  | (3.6) | 3.2 | (1.9) | 1.2 | (3) |  |  | 4.0 | 3.1 | 3.5 | 1.2 | 7 |  |
| 403 | 3.9 | 2.3 | 2.9 | 0.9 | 7 | 4.9 | 440 | (3.7) | (1.7) | (2.0) | 1.1 | (4) | 4.0 | 484 | 4.1 | 2.8 | 3.7 | 0.8 | 9 | 7.1 |
|  | h | h | h | 1.1 | (3) |  | 441 | (3.6) | 2.5 | (2.6) | 0.9 | 7 | 3.5 | 485 | 4.1 | (2.7) | 3.5 | 1.0 | 7 | 6.1 |
|  |  |  |  |  |  |  |  |  |  |  |  |  |  | 486 | 4.1 | (2.3) | (2.9) | 1.0 | 7 | 4.6 |

## 第Ⅰ部 調査編

| 番号 | 全長(cm) | 幅(cm) | 最大幅(cm) | 厚(mm) | 孔数 | 重(g) | 番号 | 全長(cm) | 幅(cm) | 最大幅(cm) | 厚(mm) | 孔数 | 重(g) | 番号 | 全長(cm) | 幅(cm) | 最大幅(cm) | 厚(mm) | 孔数 | 重(g) |
|---|---|---|---|---|---|---|---|---|---|---|---|---|---|---|---|---|---|---|---|---|
| 487 | 4.1 | 3.0 | 3.6 | 0.9 | 9 | 6.6 | 541 | (2.8) | - | (2.1) | 1.2 | (3) | 3.3 | 594 | h | h | h | - | - | 4.2 |
| 488 | 4.1 | 2.9 | 3.4 | 1.2 | 7 | 6.0 | | h | h | h | - | (1) | | | (1.5) | (2.7) | - | 0.9 | (2) | |
| 489 | 4.1 | 3.1 | 3.3 | 1.2 | 7 | 6.6 | | h | h | h | - | (3) | | | (1.4) | - | - | 1.2 | (2) | |
| 490 | (3.3) | - | 3.5 | 1.4 | 8 | 5.5 | 542 | h | h | h | 1.3 | (3) | 6.6 | | h | h | h | - | - | |
| 491 | (4.0) | (2.0) | (2.2) | 1.4 | (5) | 4.2 | | (3.1) | 2.5 | 2.8 | 1.4 | (6) | | | (1.3) | - | - | 0.9 | (2) | |
| 492 | (3.7) | 2.4 | 3.0 | 1.0 | (6) | 3.4 | | h | h | h | - | (2) | | 595 | h | h | h | - | (2) | 5.4 |
| 493 | (3.2) | (1.1) | 3.3 | 0.9 | 7 | 3.7 | | (2.2) | (1.0) | - | 1.5 | (3) | | | h | h | h | - | (1) | |
| 494 | 4.1 | (2.7) | 3.4 | 1.0 | 7 | 8.8 | | (2.6) | 3.0 | (3.2) | 1.2 | (6) | | | (2.5) | (1.4) | (2.4) | 1.2 | (4) | |
| | (3.6) | - | (1.7) | 1.4 | (4) | | 543 | (2.5) | (1.4) | (1.5) | - | (2) | 8.4 | | h | h | h | - | - | |
| | 3.8 | 2.8 | (2.5) | - | 7 | | | h | h | h | - | (3) | | | h | h | h | 1.5 | (1) | |
| | 4.0 | 2.8 | - | - | (1) | | | h | h | h | 1.1 | (3) | | 596 | h | h | h | 0.9 | (2) | 1.3 |
| 495 | - | 2.9 | - | - | - | 26.2 | 544 | (2.8) | (2.2) | 3.3 | 0.9 | (6) | 3.2 | | h | h | h | - | (1) | |
| | (3.6) | (1.2) | - | - | (1) | | 545 | (3.0) | - | (2.7) | 1.0 | 7 | 3.9 | | h | h | h | 0.5 | - | |
| | (2.1) | - | (1.1) | - | (1) | | | (2.4) | - | (1.2) | 1.7 | (2) | | | (2.7) | - | (2.2) | 1.0 | (4) | |
| | (3.7) | - | (2.9) | - | (1) | | 546 | (3.0) | - | - | 0.9 | (4) | 1.4 | 597 | h | h | h | - | (2) | 5.6 |
| | (3.8) | - | (1.5) | - | (1) | | 547 | (3.3) | - | (2.0) | 0.9 | (5) | 3.0 | | (1.4) | 2.3 | - | 1.1 | (1) | |
| 496 | 4.1 | 2.8 | 3.4 | 1.0 | 7 | 13.1 | | (2.1) | - | - | 0.8 | (2) | | | h | h | h | 0.8 | (2) | |
| | 3.9 | 3.2 | 3.5 | 1.0 | 7 | | 548 | (2.9) | - | 2.9 | 0.7 | (6) | 3.3 | | (2.5) | - | - | 1.0 | (3) | |
| 497 | 3.9 | 3.2 | 3.4 | 1.0 | 7 | 14.5 | | h | h | h | - | (2) | | 598 | (1.2) | (1.6) | - | - | (2) | 2.7 |
| | 4.1 | 3.1 | 3.4 | 1.2 | 7 | | 549 | (2.4) | - | (2.6) | 0.9 | (5) | 1.8 | | h | h | h | 0.6 | - | |
| 498 | 4.3 | 3.2 | 3.4 | 1.5 | 8 | 7.1 | 550 | (2.5) | (2.4) | (3.0) | 0.8 | (5) | 3.1 | | (1.8) | - | 3.0 | 0.8 | (6) | |
| 499 | 4.1 | (1.0) | (3.3) | 0.9 | 7 | 5.0 | 551 | (2.4) | (0.7) | - | 0.7 | (4) | 1.1 | 599 | (2.4) | - | (0.9) | 0.6 | (4) | 4.9 |
| 500 | 4.3 | (2.6) | (3.1) | 1.0 | 7 | 7.2 | 552 | (2.1) | (1.3) | (1.8) | 0.7 | (3) | 1.8 | | (2.1) | (1.6) | - | 0.9 | (3) | |
| 501 | 4.1 | 3.0 | 3.4 | 1.1 | 7 | 9.3 | | (2.1) | (1.3) | (1.4) | 0.5 | (3) | | | (2.2) | (1.9) | (1.6) | 0.7 | (3) | |
| | (4.2) | (1.2) | (2.3) | 1.0 | (4) | | 553 | h | h | h | 0.8 | (2) | 1.7 | | h | h | h | 0.8 | (2) | |
| | h | h | h | - | (1) | | | (2.7) | (0.8) | (2.1) | 1.0 | (3) | | 600 | (2.0) | - | 2.9 | 0.9 | (4) | 4.8 |
| | 4.3 | 2.8 | 3.2 | 1.3 | 7 | | | h | h | h | - | - | | | (1.7) | 2.5 | - | 1.5 | (2) | |
| 502 | 4.5 | (1.4) | - | 0.9 | 86 | 14.4 | 554 | h | h | h | - | - | 2.5 | | (2.2) | - | - | 1.4 | (2) | |
| | (2.5) | - | - | 0.9 | (4) | | | (2.5) | (2.0) | - | 0.7 | (4) | | 601 | (1.7) | - | - | 1.3 | (3) | 5.2 |
| | h | h | h | 1.1 | (2) | | 555 | (2.6) | (1.9) | - | 0.9 | (4) | 2.2 | | (1.7) | (1.8) | - | 0.9 | (2) | |
| 503 | 4.3 | 3.3 | 3.6 | 1.0 | 10 | 8.0 | 556 | (3.1) | - | (1.4) | 0.8 | (4) | 1.3 | | (1.5) | - | - | 0.8 | (2) | |
| | h | h | h | - | (2) | | 557 | (2.6) | (1.1) | (1.8) | 1.1 | (3) | 1.4 | 602 | (2.5) | (1.0) | - | 0.9 | (2) | 4.5 |
| | (3.2) | (1.8) | 3.0 | 1.3 | (6) | | 558 | (3.1) | - | (2.2) | 1.2 | (6) | 2.6 | | (2.4) | (2.8) | - | 0.9 | (2) | |
| 504 | (3.2) | (1.8) | (2.0) | 1.0 | 84 | 14.4 | 559 | (3.0) | 2.7 | (2.7) | 0.8 | (4) | 2.5 | | (1.3) | - | - | 1.1 | (2) | |
| | h | h | h | - | (2) | | 560 | (3.0) | 2.8 | (2.6) | 1.2 | (5) | 3.1 | 603 | (2.1) | (1.3) | (1.9) | 0.8 | (3) | 3.4 |
| | 4.2 | 3.0 | 3.3 | 1.0 | 7 | | 561 | (3.1) | 2.4 | 3.0 | 1.0 | (6) | 3.2 | | (2.6) | (1.6) | (1.4) | 0.6 | (3) | |
| | (2.5) | (1.6) | (2.0) | - | (2) | | 562 | (2.9) | 2.4 | (2.6) | 0.9 | (6) | 3.0 | | h | h | h | - | (1) | |
| | h | h | h | - | - | | 563 | (2.7) | (2.3) | - | 0.8 | (5) | 1.8 | | (2.4) | h | h | 0.9 | (1) | |
| | 4.0 | 2.8 | 3.2 | 0.9 | 7 | | 564 | (3.6) | (2.2) | (2.2) | 0.7 | (5) | 2.2 | 604 | h | h | h | 0.7 | (1) | 11.1 |
| 505 | 4.1 | (2.4) | 3.4 | 1.3 | 7 | 26.9 | 565 | h | h | h | - | (2) | 3.2 | | (2.9) | (1.5) | (1.8) | 1.3 | (2) | |
| | 4.3 | 3.0 | 3.4 | 0.9 | 7 | | | (3.0) | 2.4 | (2.5) | 0.9 | (5) | | | (3.9) | 3.2 | 3.6 | 1.5 | (8) | |
| | 4.2 | 2.9 | 3.3 | 1.1 | (6) | | 566 | (2.5) | 2.4 | 2.8 | 0.9 | 7 | 2.8 | | (2.5) | (2.0) | (1.9) | - | (3) | |
| | h | h | h | - | (1) | | 567 | (2.8) | 2.4 | (2.7) | 1.0 | (5) | 2.5 | 605 | (1.3) | (1.2) | - | 1.1 | (2) | 2.2 |
| 506 | 4.3 | 3.0 | 3.2 | 1.0 | 7 | 7.1 | 568 | (2.7) | (2.1) | (2.2) | 0.9 | (6) | 3.7 | | (1.4) | - | - | 1.0 | (3) | |
| 507 | h | h | h | - | (1) | 4.7 | | (1.9) | (0.9) | - | 0.8 | (2) | | | h | h | h | - | (1) | |
| | (4.0) | (1.8) | (2.2) | 1.3 | (6) | | 569 | (2.6) | (1.6) | (2.2) | 1.0 | (6) | 2.6 | 606 | (2.2) | - | - | 1.0 | (3) | 7.6 |
| 508 | 4.3 | (2.7) | 3.4 | 1.4 | 7 | 7.5 | 570 | (2.9) | (2.3) | (1.8) | 0.7 | (4) | 1.6 | | h | h | h | 0.9 | (2) | |
| 509 | 4.3 | (2.9) | 3.5 | 1.4 | 8 | 7.3 | 571 | (2.6) | 2.3 | (2.3) | 1.0 | (5) | 3.2 | | h | h | h | - | (1) | |
| 510 | 4.4 | (1.4) | 3.5 | 1.0 | (10) | 5.6 | | h | h | h | 1.1 | (1) | | | (2.8) | 2.2 | - | 1.4 | (2) | |
| 511 | 4.4 | 2.9 | 3.4 | 1.2 | 7 | 8.8 | 572 | (2.0) | 2.8 | 3.3 | 1.1 | (5) | 2.5 | | (2.0) | (0.5) | (1.9) | 1.3 | (2) | |
| | h | h | h | - | - | | 573 | (3.0) | (1.2) | (2.6) | 0.9 | (3) | 2.5 | | h | h | h | - | - | |
| 512 | (4.3) | (1.5) | (1.5) | 1.1 | (3) | 8.0 | 574 | (3.0) | 3.2 | 3.4 | 0.9 | (5) | 4.8 | | (4.0) | - | (2.6) | 1.3 | (5) | |
| | (4.6) | 3.3 | (2.4) | 1.0 | (9) | | 575 | (3.2) | 3.2 | 3.4 | 1.0 | (5) | 4.4 | 607 | (41.2) | (1.2) | (2.0) | 0.8 | (4) | 8.6 |
| 513 | 4.6 | (2.2) | 3.6 | 0.8 | 11 | 7.7 | 576 | (3.4) | (1.3) | (2.6) | 1.0 | (5) | 3.2 | | (2.8) | (2.5) | (2.8) | 1.6 | (4) | |
| 514 | 4.7 | (1.4) | 3.4 | 1.0 | 8 | 7.8 | 577 | (3.2) | - | (1.7) | 1.1 | (4) | 3.0 | | (2.3) | (2.0) | (1.6) | - | (2) | |
| | h | h | h | - | (2) | | 578 | (2.5) | 2.9 | (3.2) | 1.2 | (5) | 3.7 | 608 | (2.7) | (1.2) | (2.0) | 1.0 | (3) | 2.6 |
| 515 | h | h | h | 1.4 | (2) | 10.6 | | h | h | h | 1.0 | - | | | (1.2) | - | - | 0.9 | (2) | |
| | (4.4) | 3.1 | 3.4 | 1.0 | 8 | | 579 | (3.0) | (1.3) | (1.8) | 1.2 | (4) | 2.0 | | (1.8) | - | (1.5) | 1.5 | (2) | |
| | (3.7) | (1.2) | (1.9) | 1.0 | (2) | | 580 | (2.9) | (0.9) | 2.8 | 0.8 | (5) | 2.2 | 609 | (1.9) | - | (1.7) | 1.0 | (4) | 3.3 |
| 516 | (4.3) | (1.3) | (2.1) | 0.9 | (5) | 5.0 | 581 | (3.2) | 2.4 | (2.3) | 0.8 | (6) | 3.3 | | h | h | h | - | - | |
| | (3.6) | (1.6) | (1.6) | 1.0 | (3) | | 582 | (3.3) | - | 3.4 | 1.2 | (7) | 4.8 | | (2.6) | - | (3.1) | 1.0 | (4) | |
| 517 | (3.9) | - | 3.8 | 1.0 | (11) | 7.1 | | (3.3) | (2.7) | 3.4 | - | (6) | | 610 | (1.2) | (1.2) | (1.4) | - | (1) | 2.8 |
| | (2.0) | - | - | 1.1 | (3) | | 583 | (3.2) | (1.9) | (1.7) | - | (3) | 8.1 | | h | h | h | - | (1) | |
| 518 | 5.1 | 3.5 | 3.7 | 1.0 | 8 | 8.2 | | h | h | h | - | - | | 611 | (1.7) | (0.7) | - | 1.2 | - | 0.9 |
| 519 | (2.3) | - | (3.0) | 1.0 | (7) | 3.1 | | (3.7) | (5.3) | 3.5 | 1.2 | 7 | | 612 | (2.1) | - | (1.9) | 1.7 | (4) | 3.3 |
| 520 | (2.8) | (2.5) | (3.2) | 1.5 | (6) | 5.0 | 584 | (3.4) | (1.5) | (1.8) | 1.1 | (2) | 8.2 | | (2.4) | - | (2.9) | 0.9 | (6) | |
| 521 | h | h | h | 0.8 | (2) | 1.5 | | (1.4) | (2.4) | (3.3) | 1.3 | (3) | | 613 | (2.7) | - | - | 1.4 | (3) | 1.7 |
| | (2.4) | - | (1.3) | 1.0 | (4) | | | (3.5) | (1.6) | (2.2) | 1.0 | (4) | | | (1.9) | - | - | 0.7 | (3) | |
| 522 | (2.3) | (0.6) | (1.1) | 1.2 | (4) | 1.7 | 585 | (3.6) | (1.7) | (1.7) | 0.8 | (3) | 5.3 | 614 | (2.7) | - | (1.2) | 1.2 | (4) | 2.6 |
| | (2.4) | - | (1.8) | 1.0 | (3) | | 586 | (3.1) | - | (2.6) | 0.8 | (5) | 4.4 | | (2.7) | - | (1.7) | 1.7 | (4) | |
| 523 | (2.2) | (1.6) | (2.0) | 1.0 | (5) | 1.3 | 587 | (2.3) | 2.4 | (2.5) | 0.9 | (5) | 2.9 | 615 | (2.5) | - | (1.7) | 1.3 | (4) | 2.2 |
| 524 | (2.4) | - | (3.0) | 1.3 | (6) | 3.1 | | h | h | h | 1.3 | - | | | (2.3) | - | (1.8) | 1.5 | (4) | |
| 525 | (2.6) | 2.6 | 3.0 | 1.2 | (5) | 3.7 | | h | h | h | 1.0 | (2) | | | (3.6) | - | 3.3 | 1.2 | (7) | 7.2 |
| 526 | (2.8) | 2.3 | (2.3) | 0.9 | (6) | 2.1 | | h | h | h | - | (2) | | 616 | (3.1) | - | (1.5) | 1.2 | (4) | |
| 527 | (2.4) | (0.6) | (1.8) | 1.2 | (3) | 1.4 | 588 | (2.8) | - | - | 1.1 | (2) | 7.5 | 617 | (1.1) | - | - | 0.8 | (4) | 1.4 |
| 528 | (2.8) | - | (1.4) | 0.6 | (4) | 1.0 | | (3.0) | - | - | - | (4) | | | (2.1) | - | (1.1) | 0.6 | (4) | |
| 529 | (2.7) | - | (2.7) | 1.0 | (5) | 2.2 | | (2.5) | - | - | 0.9 | (2) | | 618 | h | h | h | - | (2) | 3.7 |
| 530 | (2.8) | - | (2.3) | 1.2 | (6) | 3.0 | | h | h | h | - | (2) | | | (2.9) | - | (3.0) | 1.0 | (5) | |
| 531 | (2.6) | - | - | 0.8 | (5) | 2.1 | 589 | h | h | h | - | (1) | 5.3 | 619 | (1.9) | - | (1.0) | 1.4 | (4) | 1.5 |
| | h | h | h | - | - | | | (2.0) | (1.6) | - | 0.9 | (2) | | | (1.9) | - | - | 0.7 | (2) | |
| 532 | (2.4) | 2.5 | (2.3) | 0.8 | (4) | 2.1 | | (1.6) | (1.6) | - | - | - | | 620 | (3.5) | - | (2.0) | 0.9 | (4) | 2.7 |
| 533 | (2.6) | (1.7) | (2.9) | 1.2 | (5) | 2.6 | | (1.2) | - | - | 0.8 | - | | | h | h | h | - | (2) | |
| 534 | (2.8) | 2.2 | (2.1) | 0.7 | (5) | 2.7 | 590 | (1.4) | (1.0) | - | - | (2) | 2.4 | 621 | (1.6) | - | - | 1.0 | (2) | 1.6 |
| 535 | (2.4) | (1.3) | (2.2) | 0.8 | (4) | 1.5 | | (1.7) | (1.4) | - | 1.0 | (3) | | | h | h | h | - | - | |
| 536 | (2.6) | (1.5) | (2.1) | 0.7 | (6) | 1.5 | | (1.5) | - | - | 0.9 | (2) | | 622 | (2.2) | - | (1.8) | 1.0 | (4) | 1.6 |
| 537 | (3.0) | (1.1) | (2.7) | 1.0 | (6) | 2.7 | 591 | (1.6) | (1.9) | - | - | (1) | 2.0 | | h | h | h | - | - | |
| | (1.3) | - | (1.3) | - | (2) | | | h | h | h | 0.7 | - | | 623 | - | - | - | 0.8 | (2) | 2.2 |
| 538 | (2.4) | - | (2.8) | 0.9 | (5) | 2.2 | 592 | h | h | h | 0.6 | - | 1.7 | | (1.7) | - | - | 1.1 | (2) | |
| | h | h | h | 0.6 | (1) | | | (1.8) | (1.4) | - | 0.6 | (2) | | 624 | (2.4) | - | 2.8 | 1.4 | (6) | 3.7 |
| 539 | (3.0) | (0.5) | (1.6) | 0.9 | (4) | 3.0 | 593 | (2.1) | - | (1.2) | 0.9 | (3) | 1.5 | | (1.4) | - | (1.7) | 1.4 | (4) | |
| | (3.1) | (1.2) | (1.7) | 0.7 | (4) | | | (1.1) | (1.4) | - | 0.8 | (2) | | 625 | (1.4) | - | - | 0.7 | (2) | 1.2 |
| 540 | (2.3) | - | (1.0) | 0.7 | (2) | 2.4 | | | | | | | | | (1.2) | - | - | 1.2 | (1) | |
| | (3.1) | - | (2.2) | 0.7 | (5) | | | | | | | | | | | | | | | |

第 6 章 副 葬 品

| 番号 | 全長（cm） | 幅（cm） | 最大幅（cm） | 厚（mm） | 孔数 | 重（g） | 番号 | 全長（cm） | 幅（cm） | 最大幅（cm） | 厚（mm） | 孔数 | 重（g） | 番号 | 全長（cm） | 幅（cm） | 最大幅（cm） | 厚（mm） | 孔数 | 重（g） |
|---|---|---|---|---|---|---|---|---|---|---|---|---|---|---|---|---|---|---|---|---|
| 626 | (2.6) | - | (1.7) | 0.9 | (4) | 1.6 | 715 | h | h | h | 1.0 | (2) | 2.4 | 787 | (1.5) | (1.5) | - | 1.0 | (2) | 1.0 |
|  | (2.0) | - | (1.3) | 0.7 | (6) |  | 716 | (1.7) | - | - | 1.0 | (2) | 1.4 | 788 | (1.9) | (1.0) | - | 0.8 | (2) | 1.0 |
| 627 | (2.9) | - | (1.2) | 0.7 | (4) | 3.1 | 717 | (1.4) | - | - | 1.0 | (2) | 1.2 | 789 | (2.3) | (1.6) | - | 0.8 | (2) | 0.9 |
|  | (3.0) | - | 2.7 | 0.5 | (6) |  | 718 | (2.3) | - | - | 2.0 | (2) | 1.5 | 790 | (2.1) | 2.6 | (2.6) | 0.9 | (4) | 2.2 |
| 628 | h | h | h | - | (2) | 4.5 | 719 | (1.9) | - | - | 1.1 | (2) | 0.5 | 791 | (1.9) | (0.8) | - | 1.0 | (2) | 0.7 |
|  | (2.3) | - | - | 1.5 | (4) |  | 720 | (1.4) | - | - | 0.9 | (2) | 0.4 | 792 | (1.7) | (1.7) | - | 1.1 | (2) | 1.1 |
| 629 | (2.5) | - | - | 0.8 | (5) | 2.5 | 721 | (1.8) | - | - | 0.9 | (2) | 0.7 | 793 | (1.3) | 2.9 | - | 0.7 | (3) | 1.6 |
|  | h | h | h | - | (1) |  | 722 | h | h | h | - | (1) | 0.7 | 794 | (2.2) | (2.0) | - | 0.7 | (2) | 1.2 |
| 630 | (3.1) | - | (3.4) | 0.9 | (5) | 2.5 |  | (1.8) | - | - | 0.8 | (2) |  | 795 | (1.7) | 2.3 | - | 0.9 | (2) | 1.5 |
| 631 | (1.7) | - | - | 1.0 | (2) | 1.5 | 723 | h | h | h | 1.4 | (2) | 0.9 | 796 | (2.6) | (1.5) | - | 0.7 | (2) | 1.0 |
|  | (1.8) | - | - | 1.1 | (3) |  | 724 | (1.7) | - | - | 1.0 | (2) | 0.7 | 797 | (1.8) | (1.4) | - | 0.8 | (2) | 0.9 |
| 632 | (2.5) | - | (1.8) | 0.9 | (4) | 2.2 | 725 | (1.7) | - | - | 1.2 | (2) | 0.6 | 798 | (2.2) | (1.1) | (1.9) | 0.8 | (2) | 1.1 |
|  | (2.2) | - | (1.5) | 0.8 | (2) |  | 726 | (1.3) | - | - | 0.7 | (2) | 0.5 | 799 | (1.8) | (1.6) | - | 1.0 | (2) | 1.0 |
| 633 | (3.0) | - | 3.1 | 0.9 | (6) | 3.6 | 727 | h | h | h | 1.1 | (2) | 0.6 | 800 | (1.8) | - | 2.4 | 1.0 | (3) | 2.0 |
| 634 | (2.8) | - | 3.0 | 0.9 | 7 | 3.1 | 728 | (1.2) | - | - | 0.9 | (2) | 1.0 | 801 | (1.6) | (1.3) | - | 1.3 | (2) | 0.9 |
| 635 | (2.7) | - | (3.3) | 1.2 | (6) | 3.3 | 729 | (1.8) | - | - | 1.2 | (2) | 1.3 | 802 | (1.8) | (1.8) | - | 1.0 | (2) | 1.1 |
| 636 | (2.8) | - | 3.2 | 0.8 | 7 | 2.4 | 730 | h | h | h | 1.0 | (2) | 0.7 | 803 | (1.7) | (1.5) | (1.4) | 1.0 | (2) | 0.6 |
| 637 | h | h | h | 1.0 | (1) | 0.8 | 731 | h | h | h | - | (1) | 0.9 | 804 | (1.8) | - | (2.2) | 0.5 | (1) | 0.7 |
| 638 | - | - | (1.8) | 1.2 | (4) | 2.4 | 732 | h | h | h | 0.8 | - | 0.7 | 805 | (2.1) | (1.5) | - | 1.2 | (2) | 1.4 |
| 639 | 3.2 | - | (2.0) | 1.0 | (1) | 1.7 | 733 | h | h | h | 1.5 | (2) | 1.0 | 806 | (1.9) | (1.3) | - | 0.8 | (2) | 0.6 |
| 640 | (4.3) | - | 3.3 | 1.2 | 7 | 6.1 | 734 | (1.0) | - | - | 1.5 | (1) | 0.8 | 807 | (1.6) | - | (2.1) | - | 0.7 | (2) | 1.2 |
| 641 | 4.0 | (2.4) | 3.4 | 1.5 | (9) | 6.8 | 735 | h | h | h | 0.8 | (2) | 0.4 | 808 | (1.1) | (1.7) | - | 1.0 | - | 0.5 |
| 642 | (3.2) | - | 3.1 | 0.9 | 7 | 3.0 | 736 | h | h | h | 0.7 | (2) | 0.9 | 809 | (1.6) | (0.5) | - | 0.9 | (1) | 0.3 |
| 643 | (3.0) | - | 3.5 | 1.1 | 7 | 5.2 | 737 | (1.6) | - | - | 0.8 | (2) | 0.6 | 810 | (2.0) | (0.7) | - | 0.8 | (1) | 1.0 |
| 644 | - | - | (2.9) | 1.7 | (6) | 2.8 | 738 | (1.2) | - | - | 0.7 | (2) | 0.4 | 811 | (1.7) | (0.7) | - | 0.8 | (1) | 0.4 |
| 645 | (2.8) | - | (3.1) | 0.9 | (6) | 3.0 | 739 | (1.5) | - | - | 0.8 | (2) | 0.6 | 812 | (2.0) | (1.4) | - | 0.9 | (2) | 0.7 |
| 646 | (2.3) | - | (1.6) | 0.6 | (4) | 0.9 | 740 | (2.5) | (1.7) | (1.8) | - | (2) | 3.3 | 813 | (1.7) | (1.2) | - | 0.9 | (2) | 0.7 |
| 647 | 3.1 | - | 2.1 | 0.9 | (4) | 2.0 |  | (2.5) | (1.0) | (1.9) | 1.1 | (3) |  | 814 | (2.1) | 2.5 | (3.0) | 0.9 | (3) | 2.3 |
| 648 | (3.4) | - | (1.9) | 0.9 | (4) | 1.8 |  | h | h | h | - | (1) |  | 815 | (1.6) | 2.9 | - | 0.9 | (2) | 2.4 |
| 649 | (2.8) | - | - | 1.6 | (4) | 3.3 | 741 | (2.9) | (2.2) | - | 1.3 | (5) | 4.8 | 816 | - | - | (2.7) | 0.5 | (3) | 1.3 |
| 650 | (2.8) | - | - | 0.8 | (2) | 1.1 |  | (2.8) | (0.9) | (1.5) | - | (2) |  | 817 | (1.5) | (1.2) | - | 1.0 | (1) | 1.1 |
| 651 | (2.9) | - | 3.2 | 0.7 | (6) | 3.5 |  | (1.8) | 2.3 | (2.8) | 1.0 | (4) |  | 818 | (1.4) | (0.5) | (1.1) | 1.1 | (1) | 0.5 |
| 652 | (2.2) | - | (1.6) | 0.7 | (4) | 1.0 | 742 | h | h | h | - | (2) | 3.4 | 819 | (1.2) | (1.5) | - | 0.9 | (1) | 0.4 |
| 653 | (2.7) | - | (1.8) | 1.3 | (3) | 2.0 |  | h | h | h | - | (2) |  | 820 | (1.3) | (1.3) | - | 1.2 | (1) | 0.6 |
| 654 | (2.7) | - | (2.4) | 1.0 | (5) | 1.5 | 743 | (3.9) | (1.1) | (2.0) | 1.2 | (3) | 3.2 | 821 | (1.5) | (0.4) | (1.5) | 0.9 | (1) | 0.4 |
| 655 | (2.9) | - | (3.5) | 1.4 | (5) | 3.5 |  | (3.5) | (1.1) | (1.5) | 0.9 | (5) |  | 822 | (1.5) | (1.3) | - | 1.2 | (1) | 0.7 |
| 656 | (1.8) | - | - | 0.9 | (4) | 1.0 | 744 | (1.4) | (1.6) | - | 0.8 | (2) | 2.2 | 823 | (2.7) | - | - | 0.8 | (4) | 2.8 |
| 657 | (2.3) | - | - | 0.6 | (3) | 0.8 |  | (2.0) | (1.3) | (1.7) | 1.3 | (3) |  |  | (2.4) | - | (1.5) | - | - |  |
| 658 | (2.2) | - | - | 1.6 | (2) | 1.0 | 745 | (2.7) | (1.3) | - | 0.7 | (5) | 2.4 | 824 | h | h | h | - | (1) | 2.3 |
| 659 | (2.1) | - | (1.3) | 0.7 | (4) | 0.9 |  | (1.7) | (0.8) | - | 1.2 | (1) |  |  | (2.1) | - | (2.5) | 0.9 | (3) |  |
| 660 | (2.0) | - | (1.5) | 1.4 | (5) | 3.3 | 746 | (2.2) | (1.5) | (1.5) | 1.4 | (3) | 2.8 | 825 | (2.4) | - | (1.7) | 1.5 | (2) | 2.9 |
| 661 | (2.0) | - | - | 1.3 | (4) | 1.3 |  | (2.4) | (1.7) | (2.0) | 0.9 | (3) |  |  | (3.6) | - | (2.1) | 0.9 | (3) |  |
| 662 | (1.4) | - | (1.2) | 1.2 | (4) | 1.0 | 747 | (2.2) | (1.0) | - | 0.9 | (3) | 2.5 | 826 | h | h | h | 1.1 | (3) | 1.9 |
| 663 | (2.5) | - | - | 0.9 | (2) | 1.1 |  | (2.6) | (1.2) | - | 1.0 | (3) |  |  | h | h | h | - | (1) |  |
| 664 | (2.0) | - | - | 0.8 | (3) | 0.9 | 748 | (2.9) | (1.2) | (1.6) | - | (2) | 3.1 | 827 | (2.9) | (1.6) | (1.6) | 0.8 | (3) | 2.2 |
| 665 | (2.4) | - | - | 1.3 | (5) | 2.1 |  | (2.8) | (0.8) | (1.3) | - | (2) |  |  | (2.7) | (1.2) | (1.4) | 1.0 | (2) |  |
| 666 | (2.5) | - | (2.8) | 0.8 | (5) | 2.0 | 749 | (2.5) | (1.9) | (3.2) | 0.8 | (5) | 2.6 | 828 | (2.2) | - | (2.3) | 0.8 | (4) | 1.1 |
| 667 | h | h | h | 0.6 | (2) | 0.6 |  | (1.6) | - | (0.8) | - | (2) |  | 829 | (2.5) | - | - | 1.2 | (2) | 1.6 |
| 668 | (1.8) | - | - | 0.8 | (3) | 1.5 | 750 | (1.6) | (1.4) | - | 0.8 | (2) | 1.8 | 830 | (2.1) | - | (2.2) | 0.9 | (2) | 1.5 |
| 669 | (1.9) | - | - | 0.7 | (3) | 1.3 |  | (1.8) | (1.3) | - | 0.9 | (2) |  | 831 | (2.8) | - | (2.1) | 1.2 | (2) | 2.0 |
| 670 | (2.7) | - | - | 1.2 | (4) | 1.8 | 751 | h | h | h | - | (2) | 1.4 | 832 | h | h | h | 1.0 | (2) | 0.8 |
| 671 | (1.8) | - | - | 0.9 | (3) | 0.9 |  | (2.2) | (1.3) | (1.6) | 0.7 | (3) |  | 833 | (2.7) | - | - | 1.3 | (2) | 4.9 |
| 672 | (2.1) | - | (2.0) | 1.0 | (5) | 1.5 | 752 | h | h | h | - | (2) | 1.4 | 834 | (1.6) | - | - | 1.0 | (3) | 0.7 |
| 673 | h | h | h | 0.9 | (3) | 1.2 |  | (2.5) | (1.2) | (1.5) | 0.9 | (3) |  | 835 | (2.2) | - | - | 1.0 | (3) | 0.9 |
| 674 | (1.6) | - | - | 1.0 | (3) | 0.8 | 753 | (2.2) | (1.5) | (1.0) | 0.9 | (3) | 1.1 |  | h | h | h | 0.9 | (2) |  |
| 675 | (1.9) | - | - | 1.1 | (3) | 1.2 | 754 | (2.1) | (1.5) | (0.7) | 0.9 | (3) | 1.2 | 836 | h | h | h | 1.0 | (2) | 1.0 |
| 676 | (1.5) | - | - | 1.0 | (3) | 0.6 |  | (2.1) | (1.3) | - | 0.9 | (3) |  | 837 | h | h | h | 0.7 | (3) | 0.4 |
| 677 | (1.4) | - | - | 0.7 | (3) | 0.6 | 755 | h | h | h | 1.4 | (2) | 3.2 | 838 | - | - | - | 0.7 | (2) | 0.6 |
| 678 | (1.8) | - | - | 0.8 | (3) | 0.7 |  | h | h | h | - | (2) |  | 839 | (1.6) | - | - | 1.1 | (2) | 0.5 |
| 679 | (2.3) | - | - | 0.9 | (4) | 4.4 | 756 | (3.5) | (1.4) | (2.1) | 0.9 | (4) | 2.1 | 840 | (2.3) | - | - | 0.7 | (3) | 0.8 |
| 680 | (3.1) | - | (2.6) | 0.7 | (3) | 1.7 | 757 | (2.8) | (1.6) | (1.9) | 0.9 | (4) | 1.8 | 841 | h | h | h | 1.0 | (2) | 0.8 |
| 681 | (2.0) | - | - | 1.1 | (3) | 1.1 | 758 | (2.8) | (2.5) | (3.4) | 0.8 | (10) | 3.6 | 842 | h | h | h | 0.7 | (2) | 0.4 |
| 682 | (1.7) | - | - | 0.9 | (2) | 0.8 | 759 | (2.6) | (2.2) | 3.2 | 0.6 | (4) | 2.0 | 843 | (2.3) | - | - | 1.2 | (2) | 1.0 |
| 683 | (2.2) | - | (1.7) | 0.8 | (4) | 1.0 | 760 | (2.6) | 2.3 | (2.8) | 0.9 | (6) | 2.5 | 844 | (2.6) | - | - | 1.0 | (2) | 2.0 |
| 684 | (2.5) | - | (2.1) | 0.6 | (4) | 1.9 |  | h | h | h | - | (2) |  | 845 | h | h | h | 0.7 | (2) | 0.6 |
| 685 | (1.8) | - | - | 1.2 | (3) | 2.6 | 761 | h | h | h | - | (2) | 3.5 | 846 | (1.6) | - | (1.2) | 0.9 | (2) | 0.4 |
| 686 | (1.9) | - | - | 1.1 | (3) | 0.9 |  | h | h | h | - | (1) |  | 847 | (1.8) | - | - | 0.7 | (2) | 0.5 |
| 687 | h | h | h | 0.6 | (3) | 0.7 |  | h | h | h | - | (2) |  | 848 | (1.8) | - | (1.0) | 1.0 | (2) | 0.4 |
| 688 | h | h | h | 0.7 | (3) | 0.6 | 762 | (2.3) | (1.1) | (1.8) | 0.7 | (2) | 1.5 | 849 | (1.9) | - | - | 1.9 | (1) | 1.4 |
| 689 | h | h | h | 1.0 | (3) | 0.5 | 763 | (2.8) | (1.1) | (1.2) | 1.0 | (2) | 1.2 | 850 | h | h | h | 0.6 | (3) | 1.2 |
| 690 | (2.0) | - | - | 0.9 | (3) | 0.8 | 764 | (3.4) | (1.6) | - | 0.9 | (2) | 3.9 | 851 | (1.6) | - | - | 0.6 | (1) | 0.5 |
| 691 | (1.4) | - | - | 1.5 | (3) | 0.8 | 765 | (2.7) | (1.4) | - | 1.4 | (4) | 2.6 | 852 | (1.3) | - | - | 0.9 | (2) | 0.5 |
| 692 | h | h | h | 0.8 | (2) | 0.6 | 766 | (2.1) | 2.2 | (2.8) | 0.8 | (4) | 1.5 | 853 | h | h | h | - | - | 2.2 |
| 693 | h | h | h | 0.8 | (2) | 1.0 | 767 | (2.1) | (1.7) | - | 0.7 | (2) | 1.4 |  | h | h | h | - | (3) |  |
| 694 | h | h | h | 0.8 | (2) | 0.7 | 768 | (2.2) | (0.9) | - | 1.0 | (3) | 1.2 |  | 2.9 | - | - | 1.5 | 7 |  |
| 695 | (1.8) | - | - | 0.9 | (1) | 0.8 | 769 | (2.1) | (1.3) | - | 1.0 | (2) | 0.9 |  | 3.0 | - | - | 1.5 | (6) |  |
| 696 | (1.8) | - | (1.7) | 1.0 | (3) | 0.9 | 770 | (2.8) | (1.9) | (2.8) | 1.0 | (5) | 2.5 |  | (2.3) | - | - | 1.5 | (6) |  |
| 697 | (1.5) | - | - | 0.6 | (3) | 0.3 | 771 | (2.5) | 3.1 | (2.2) | 1.3 | (4) | 3.5 |  | 3.2 | - | 2.7 | 1.3 | (6) |  |
| 698 | (0.9) | - | - | 0.7 | (3) | 0.5 | 772 | (2.5) | (2.5) | - | 0.7 | (3) | 2.4 | 854 | 3.4 | - | 3.1 | 1.6 | 7 | 62.2 |
| 699 | (1.8) | - | - | 0.9 | (3) | 1.2 | 773 | (2.4) | (1.9) | (3.2) | 0.9 | (5) | 3.0 |  | (1.4) | - | - | 1.8 | (7) |  |
| 700 | (1.8) | - | - | 0.9 | (3) | 1.1 | 774 | (2.8) | (1.8) | - | 0.8 | (2) | 1.5 |  | 3.2 | - | - | 1.5 | (4) |  |
| 701 | (1.8) | - | - | 0.7 | (3) | 0.7 | 775 | (2.7) | (2.3) | (3.1) | 0.8 | (4) | 2.6 |  | 3.4 | - | - | 1.6 | (4) |  |
| 702 | (2.1) | - | (2.6) | 0.8 | (4) | 1.4 | 776 | (1.9) | (1.3) | - | 0.8 | (3) | 0.9 |  | 3.1 | - | - | 1.9 | 7 |  |
| 703 | (1.5) | - | - | 0.9 | (3) | 0.5 | 777 | (2.0) | (1.2) | - | 1.7 | (2) | 2.0 |  | 2.3 | - | - | 1.9 | 7 |  |
| 704 | h | h | h | 0.7 | (3) | 0.7 | 778 | (2.3) | (1.3) | - | 1.1 | (2) | 0.9 |  | (18.6) | 1.8 | 1.8 | 1.9 | * |  |
| 705 | h | h | h | 0.7 | (3) | 0.7 | 779 | (1.9) | (1.2) | - | 0.9 | (2) | 0.7 | 855 | (6.3) | 1.8 | - | 2.0 | * | 8.0 |
| 706 | (1.3) | - | - | 0.6 | (3) | 0.9 | 780 | (2.5) | (1.9) | - | 0.8 | (2) | 1.3 | 856 | (9.6) | 1.8 | - | 1.3 | * | 13.5 |
| 707 | (1.6) | - | - | 0.9 | (3) | 0.6 | 781 | (2.8) | (2.3) | - | 1.0 | (4) | 2.2 | 857 | (6.9) | - | (2.4) | 1.3 | * | 10.7 |
| 708 | h | h | h | 1.1 | (3) | 0.5 | 782 | (2.0) | (1.3) | - | 0.9 | (4) | 1.3 | 858 | (4.4) | - | - | 1.9 | * | 7.9 |
| 709 | (2.2) | - | - | 0.7 | (3) | 0.7 | 783 | (1.9) | - | - | 1.4 | (2) | 1.6 | 859 | (3.6) | 2.8 | - | 1.2 | * | 4.4 |
| 710 | (2.0) | - | - | 0.7 | (2) | 1.8 | 784 | (2.4) | (1.2) | (1.2) | 1.0 | (3) | 0.9 | 860 | (10.0) | 2.5 | - | 0.8 | * | 14.8 |
| 711 | h | h | h | - | (3) | 0.6 | 785 | (2.2) | (1.1) | - | 0.7 | (3) | 1.1 | 861 | (8.2) | 1.8 | - | 1.0 | * | 10.0 |
| 712 | (1.7) | - | - | 1.4 | (2) | 1.5 | 786 | (2.0) | (1.4) | (1.5) | 0.9 | (2) | 1.2 | 862 | (2.6) | (2.0) | - | 1.3 | * | 1.8 |
| 713 | (2.1) | - | - | 1.3 | (2) | 1.0 |  |  |  |  |  |  |  |  |  |  |  |  |  |  |
| 714 | (1.9) | - | - | 1.1 | (2) | 1.3 |  |  |  |  |  |  |  |  |  |  |  |  |  |  |

265

第Ⅰ部 調査編

| 番号 | 全長(cm) | 幅(cm) | 最大幅(cm) | 厚(mm) | 孔数 | 重(g) | 番号 | 全長(cm) | 幅(cm) | 最大幅(cm) | 厚(mm) | 孔数 | 重(g) | 番号 | 全長(cm) | 幅(cm) | 最大幅(cm) | 厚(mm) | 孔数 | 重(g) |
|---|---|---|---|---|---|---|---|---|---|---|---|---|---|---|---|---|---|---|---|---|
| 863 | (3.4) | 2.7 | - | 1.1 | (3) | 12.3 | 889 | 3.8 | 3.0 | 3.2 | 1.9 | 7 | | 954 | (5.0) | (5.3) | | 1.0 | (7) | 7.9 |
| | (4.2) | (2.8) | | 1.0 | (3) | | | (3.5) | (1.9) | (2.0) | | (6) | | 955 | (8.1) | | (4.1) | 1.8 | (7) | 12.8 |
| | (1.8) | (2.0) | - | | * | | | h | h | h | | | | 956 | (7.0) | - | | 0.8 | (5) | 20.7 |
| 864 | (5.5) | - | | 1.4 | * | 7.9 | | 3.7 | 3.3 | 3.4 | 1.5 | 7 | | | (2.8) | | | | (1) | |
| 865 | (3.8) | 2.4 | 2.8 | 0.9 | 7 | 49.6 | | 3.8 | (2.9) | 3.5 | 1.8 | 7 | | | (2.7) | | | | (2) | |
| | (3.8) | 2.6 | 2.9 | 1.0 | 7 | | | 3.7 | 3.0 | 3.3 | 0.8 | 7 | | | 3.8 | (1.2) | (2.2) | | (4) | |
| | h | h | h | - | (6) | | | (3.5) | (1.0) | (1.3) | 1.2 | (4) | | 957 | (4.4) | | | 1.4 | (4) | 9.0 |
| | h | h | h | | (4) | | 890 | (6.0) | 2.5 | 2.6 | 1.1 | * | 10.8 | 958 | (4.9) | | | 1.5 | (3) | 6.7 |
| | (11.7) | | | 1.0 | * | | 891 | (5.4) | 2.9 | | 1.5 | * | 12.6 | 959 | (2.6) | | | 1.0 | (3) | 1.4 |
| 866 | (3.0) | | (1.9) | 1.0 | (4) | 36.1 | 892 | (5.6) | 3.1 | | 1.0 | * | 7.6 | 960 | (2.2) | | | 0.9 | (2) | 1.4 |
| | 3.9 | (1.0) | 2.8 | 1.5 | 7 | | 893 | (11.0) | 2.8 | | 1.3 | * | 21.4 | 961 | (3.0) | | | 2.1 | (3) | 4.2 |
| | 3.8 | (2.2) | 2.8 | 1.0 | (6) | | 894 | (2.9) | - | | 1.5 | * | 3.5 | 962 | (3.1) | | | 1.0 | (3) | 2.0 |
| | (3.1) | | 2.7 | 1.0 | (6) | | 895 | (3.3) | - | | 1.5 | * | 3.9 | 963 | (3.1) | | | | | 5.3 |
| | (1.7) | - | (1.3) | 1.0 | (2) | | 896 | (2.8) | (1.6) | | 2.0 | * | 3.8 | | (2.6) | (1.6) | | | (3) | |
| | (2.3) | | (2.8) | 1.0 | (4) | | 897 | (2.1) | (1.1) | | 1.4 | * | 1.0 | 964 | (3.5) | | | 0.9 | (4) | 2.4 |
| | (1.6) | | | 1.1 | (4) | | 898 | (4.2) | 2.8 | | 1.3 | * | 10.2 | 965 | (3.3) | | | 0.9 | (3) | 2.2 |
| | (11.9) | | 3.9 | 0.9 | * | | 899 | (3.6) | - | | 1.3 | (13) | 6.3 | 966 | (1.9) | | | 1.0 | (1) | 0.9 |
| 867 | (22.1) | 4.4 | | 1.3 | * | 53.6 | | h | h | h | | (2) | | 967 | h | h | h | 1.7 | (2) | 2.3 |
| 868 | h | h | h | 1.6 | * | 1.4 | 900 | (3.0) | (2.0) | (2.5) | 1.0 | (2) | 2.7 | 968 | (3.1) | | | 1.1 | (2) | 3.9 |
| 869 | (3.3) | - | | 0.6 | * | 2.7 | 901 | (2.0) | | (2.4) | 1.2 | (1) | 4.3 | 969 | (3.2) | | | 1.3 | (3) | 1.8 |
| 870 | (1.6) | - | | 1.4 | * | 1.2 | | (1.7) | (1.8) | - | | * | | 970 | (4.0) | | | 1.6 | (2) | 3.5 |
| 871 | (2.7) | (1.0) | | 1.2 | * | 1.3 | 902 | | | | | | 6.8 | 971 | (3.3) | | | 0.7 | (3) | 1.9 |
| 872 | h | h | h | - | (2) | 40.2 | 903 | (15.7) | 4.8 | (6.3) | 1.2 | (27) | 52.2 | 972 | (3.2) | | | 1.3 | | 3.6 |
| | (2.5) | 2.1 | (2.3) | 1.5 | (1) | | | | | | | (2) | | 973 | (2.3) | | | 0.9 | (2) | 1.2 |
| | (2.5) | (1.5) | | 0.8 | (3) | | 904 | 16.1 | 4.4 | 6.6 | 1.3 | 28 | 67.0 | 974 | (2.3) | | | 0.8 | (1) | 1.4 |
| | h | h | h | | (2) | | 905 | 16.1 | (4.0) | (6.3) | 1.2 | (22) | 37.4 | 975 | (1.6) | | | 0.9 | (1) | 0.6 |
| | (3.6) | | | 0.9 | (5) | | 906 | 15.1 | 4.8 | 6.7 | 1.1 | 28 | 45.9 | 976 | (1.2) | | | 1.3 | (1) | 1.4 |
| | 3.6 | 2.0 | 2.2 | | (5) | | 907 | (10.6) | - | (5.6) | 1.7 | (18) | 33.8 | 977 | (2.3) | | | 1.2 | (2) | 1.2 |
| | h | h | h | | (2) | | 908 | (8.9) | - | 6.7 | 1.2 | (16) | 14.5 | 978 | h | h | h | - | (1) | 1.9 |
| | (3.8) | (2.3) | (2.2) | 1.0 | (3) | | 909 | (6.2) | - | 6.1 | 0.9 | (7) | 20.2 | 979 | (2.1) | | | 1.1 | (1) | 1.5 |
| | (2.5) | (1.8) | (1.7) | 1.3 | - | | 910 | (5.8) | - | (6.6) | 1.1 | (6) | 6.7 | 980 | (1.9) | | | 0.8 | (1) | 1.2 |
| | (3.5) | 1.6 | 1.9 | | (5) | | 911 | (15.0) | - | (5.8) | 1.7 | (16) | 33.2 | 981 | (2.3) | | | 0.9 | (1) | 1.3 |
| | h | h | h | | (2) | | 912 | (13.5) | - | 7.0 | 1.1 | (20) | 34.1 | 982 | (2.6) | | | 1.5 | (2) | 2.4 |
| | (12.4) | (2.9) | (3.4) | 1.8 | * | | 913 | (8.5) | - | 6.7 | 1.0 | (11) | 28.6 | 983 | (2.4) | | | 0.9 | (2) | 2.0 |
| 873 | 3.8 | (5.6) | (1.7) | 1.0 | (2) | 20.8 | 914 | (7.6) | - | (6.0) | 1.2 | (8) | 24.4 | 984 | (2.6) | | | 1.1 | (2) | 1.4 |
| | 3.8 | 1.0 | 2.4 | 1.0 | (6) | | 915 | (6.2) | - | (6.7) | 1.2 | (7) | 12.5 | 985 | (2.6) | | | - | (1) | 3.1 |
| | (3.9) | (1.0) | (1.7) | 0.9 | (4) | | 916 | (6.2) | - | (6.0) | 1.0 | (5) | 14.2 | 986 | (2.3) | | | 1.5 | (1) | 1.6 |
| | 3.8 | 2.4 | 2.8 | 1.5 | (6) | | 917 | (6.4) | - | (6.1) | 0.9 | (6) | 13.6 | 987 | (3.5) | | | 0.9 | (4) | 10.7 |
| | (4.9) | 3.4 | | 1.5 | * | | 918 | (4.7) | - | (4.2) | 1.3 | (5) | 5.9 | | | | | | | |
| 874 | (3.4) | (1.3) | - | 0.8 | * | 3.1 | 919 | (4.3) | - | | 1.0 | (3) | 6.0 | 988 | (3.7) | | | 1.1 | (2) | 3.5 |
| 875 | h | h | h | | (2) | 68.8 | 920 | (4.0) | - | (5.5) | 1.2 | (2) | 5.6 | 989 | (4.0) | | | 1.3 | (3) | 7.5 |
| | (1.9) | 2.4 | (2.2) | | (2) | | 921 | (5.3) | - | (5.1) | 0.9 | (5) | 10.2 | | (3.2) | | | | | |
| | (2.1) | (1.1) | (1.5) | | (2) | | 922 | (5.6) | - | (3.7) | 1.0 | * | 8.0 | 990 | (3.6) | | | 1.1 | (3) | 5.5 |
| | 3.9 | 2.6 | 2.8 | | 7 | | 923 | (4.9) | - | (2.5) | 0.9 | (3) | 8.5 | 991 | (2.3) | | | 1.2 | (2) | 2.3 |
| | 3.8 | 2.2 | 2.9 | 1.0 | 7 | | 924 | (6.0) | - | (2.4) | 0.9 | (7) | 8.3 | 992 | (3.2) | | | 1.4 | (3) | 2.9 |
| | (1.7) | (1.1) | (1.2) | 1.0 | (2) | | 925 | (4.2) | - | (2.4) | 1.0 | (4) | 4.0 | 993 | (2.6) | | | 1.8 | (3) | 3.4 |
| | (2.6) | (1.0) | - | | (3) | | 926 | (6.5) | - | (3.5) | 1.1 | (5) | 5.8 | 994 | (2.8) | | | 0.9 | (2) | 1.7 |
| | (2.7) | - | | 1.4 | (3) | | 927 | (1.8) | - | | 1.0 | (1) | 0.7 | 995 | (5.1) | | | 1.1 | (5) | 4.6 |
| | (20.2) | 2.4 | 3.5 | 1.3 | * | | 928 | | | | 1.0 | (1) | 2.4 | 996 | (4.6) | | | 0.9 | (4) | 2.7 |
| 876 | (4.6) | 3.3 | | 1.5 | * | 19.7 | 929 | (3.6) | - | | 1.4 | (1) | 2.3 | 997 | (3.3) | | | 1.2 | (2) | 3.2 |
| | 3.5 | (0.9) | (1.6) | | (5) | | 930 | (3.2) | - | | 0.9 | (1) | 2.6 | 998 | (3.0) | | | 1.2 | (1) | 2.0 |
| | 3.8 | 2.6 | 2.8 | 2.1 | (5) | | 931 | (4.7) | - | | 1.0 | - | 5.6 | 999 | (2.6) | | | 1.4 | (3) | 1.8 |
| | (3.5) | (1.3) | (1.6) | 1.4 | (3) | | 932 | (2.3) | - | | 1.8 | (1) | 4.1 | 1000 | (3.0) | | | 0.8 | (3) | 3.2 |
| | (1.9) | - | | 1.1 | (1) | | 933 | (2.2) | - | 4.6 | 1.0 | (1) | 3.7 | 1001 | (3.1) | | | 0.8 | (2) | 1.9 |
| | (1.3) | (2.0) | | | (1) | | 934 | | | | 1.1 | (1) | 1.7 | 1002 | (3.1) | | | 1.3 | (2) | 2.8 |
| 877 | (4.5) | 3.2 | (1.6) | 1.2 | (4) | 10.9 | 935 | (2.1) | - | 1.5 | (2) | | 1.3 | 1003 | (2.5) | | | 1.6 | (4) | 2.1 |
| | (3.6) | (3.3) | (3.6) | 0.8 | * | | 936 | (11.2) | (2.8) | (5.3) | 1.0 | (16) | 18.9 | 1004 | (2.3) | | | 1.6 | (2) | 1.3 |
| 878 | (3.9) | (0.6) | (1.9) | 0.7 | (6) | 5.2 | 937 | (10.6) | 4.7 | (5.3) | 1.1 | (15) | 19.6 | 1005 | (1.9) | | | 1.0 | (2) | 1.0 |
| | (3.9) | (1.0) | (2.1) | 0.8 | (5) | | 938 | (7.7) | (2.2) | (2.6) | 1.0 | (5) | 4.7 | 1006 | (2.4) | | | 0.8 | (1) | 1.9 |
| | (1.6) | (1.7) | - | 0.7 | (3) | | 939 | (5.4) | (4.0) | | 1.3 | (13) | 12.1 | 1007 | (2.2) | | | 1.4 | (1) | 0.9 |
| 879 | (2.2) | (1.7) | | | (2) | 1.0 | 940 | (5.9) | (4.2) | | 1.0 | (5) | 7.9 | 1008 | (2.8) | | | 0.9 | (2) | 2.7 |
| 880 | (2.0) | (1.1) | | 0.9 | (2) | 0.9 | 941 | (8.4) | (1.3) | (4.1) | 0.9 | (11) | 12.3 | 1009 | (2.3) | | | 1.4 | - | 2.5 |
| 881 | (2.0) | - | | 0.8 | (2) | 1.4 | 942 | (4.7) | 4.8 | | 1.2 | (8) | 10.4 | 1010 | (2.0) | | | 0.8 | (2) | 0.9 |
| 882 | (1.5) | (1.3) | | 1.1 | (3) | 0.8 | 943 | (4.8) | (6.3) | | 0.8 | (7) | 3.0 | 1011 | h | h | h | 0.8 | - | 2.6 |
| 883 | (1.7) | - | | 1.4 | (2) | 1.0 | 944 | (3.3) | (2.5) | | 1.0 | (5) | 3.6 | 1012 | h | h | h | 1.3 | (2) | 1.4 |
| 884 | (3.2) | (1.3) | | 1.3 | (3) | 4.3 | 945 | (3.8) | (1.2) | (2.8) | 1.2 | (3) | 3.3 | 1013 | h | h | h | 1.2 | (1) | 1.3 |
| 885 | (4.1) | - | | 0.8 | * | 3.8 | 946 | (2.8) | (2.0) | | 1.2 | (4) | 3.7 | 1014 | h | h | h | 1.6 | (1) | 2.8 |
| | (1.8) | - | | | * | | 947 | (2.8) | (1.6) | | 1.4 | (3) | 4.4 | 1015 | h | h | h | 1.6 | (3) | 1.7 |
| 886 | (3.6) | - | | 1.7 | * | 3.7 | 948 | (2.4) | - | | 1.3 | (1) | 1.4 | 1016 | h | h | h | 0.8 | (2) | 1.4 |
| 887 | (18.8) | 2.7 | - | 1.5 | * | 34.3 | 949 | (1.7) | (1.6) | | 1.4 | (4) | 1.6 | 1017 | (2.6) | | | 1.0 | (2) | 1.5 |
| 888 | h | h | h | | (1) | 17.4 | 950 | (2.6) | (1.5) | | 1.0 | (2) | 1.3 | 1018 | h | h | h | 1.2 | (2) | 1.2 |
| | | | 3.4 | 1.0 | (6) | | 951 | (2.4) | (1.9) | | 2.0 | | 2.1 | 1019 | h | h | h | | (1) | 1.6 |
| | (2.3) | 3.1 | | 1.1 | * | | 952 | (11.4) | - | (6.3) | 1.3 | (16) | 31.7 | | (2.6) | | | 1.0 | (2) | |
| 889 | 16.0 | 3.3 | | 1.2 | * | 72.2 | 953 | (6.5) | - | (5.5) | 0.9 | (10) | 22.1 | | | | | | | |

※ ( ) 内の数字は残存値、hは小片、-は計測不能なものを示し、孔数欄の*は帯状鉄板のため数えていないことを示す。

次に革紐の通し方については、次の4点が確認できる。①中央孔と左右辺とを通る革紐は、内外面ともV字形をなす。②V字形の革紐の通りは、左辺多孔鉄板（A、B）では中央孔と左辺の奇数孔である。③左辺多孔鉄板（A、B）では、左辺外面を縦に通る革紐は偶数孔と奇数孔を上下とする孔間に表出する。④右辺多孔鉄板（A、C）では、右辺外面を縦に通る革紐は奇数孔と偶数孔を上下とする孔間に表出する。

上記した鉄板の重ね合わせと革紐の通し方を前提として、円頭鉄板Bどうしの綴じ合わせと、円頭鉄板Cどうしの2種類の綴じ合わせを以下のように想定する［図275］。

円頭鉄板Bどうしの綴じ合わせは、まず左右2枚の円頭鉄板を重ね、革紐を重ね代の第1孔に外面から内面へ通し、それを右側鉄板の中央孔第1孔から外面に出し、右辺第1孔から内面に通し、中央孔第1孔から外面に出して再び左側重ね代第1孔から内面に通す。そして縦に並縫いして左辺第3孔から内面に通した革紐を中央孔第2孔から外面に出した後は同じ所作を繰り返す。このように革紐の通りは左右2枚の鉄板においては重ね代と右側鉄板の中央孔から右辺とを往復

第6章　副葬品

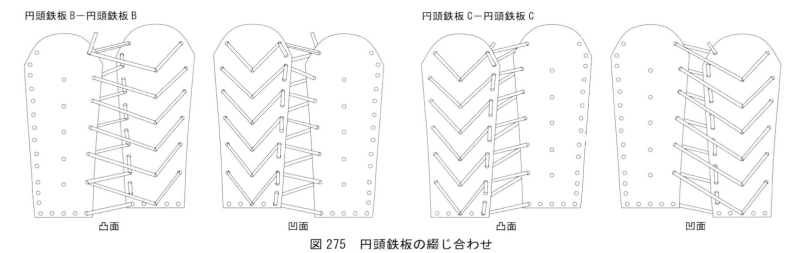

図275　円頭鉄板の綴じ合わせ

した後に縦に下りて完結しており、革紐は右側の鉄板3枚目以降には続いていかない。

一方、円頭鉄板Cどうしの綴じ合わせは、上記した綴じ合わせを内外面逆にした形となる。すなわち、左右2枚の円頭鉄板を重ね、革紐を重ね代の第1孔に内面から外面に通し、それを左側鉄板の中央第1孔から内面に通し、左側鉄板左辺第1孔から外面に通す。再度中央第1孔から内面に通し、重ね代第1孔から縦に並縫いで右辺第3孔から外面に通した革紐を中央第2孔から内面に通して同じ所作を繰り返していく。この綴じ合わせでは、革紐の通りは左右2枚の鉄板において重ね代と左側鉄板の中央孔から左辺孔とを往復して完結しており、革紐は右側の鉄板3枚目以降には続いていかない。（卜部）

## 第5節　農工具類

### 1　刀子［図276・277、PL. 137］

12点が南棺外から出土した。うち鋒部から柄部までが確認でき、ほぼ完形となる個体が9点ある。刃部の幅が狭く直線の刃関を有するもの（刀子1～3）と、刃部の幅が広く撫関を有するもの（刀子4～12）に分類できる。

刀子1・2　ともに刃部幅は狭く1.0～1.2cmである。いずれも刃部の中央付近で欠損するが、残存部位の長さから全長は14.5cm以上とみられる。刃部の背の厚さは0.3～0.4cm、ともに関は刃関で、直角よりもやや開いた形状となる。いずれも木柄に茎部を落とし込んで装着しており、1の柄部には直径約0.3cmの目釘孔が確認できる。2は木柄の刃部側の縁が幅約0.8cmで段状に突出し、柄部には赤色顔料を塗布した繊維の巻き付けが残存する。茎部長は5.3～5.4cmである。

刀子3　刃部の破片で、刃部幅は1.0cmである。刃関の形状が1・2に比べてやや緩く、わずかに山形を呈する。

刀子4～12　刃部の幅が広く撫関を有するもので、刃部幅が2.0～2.2cmで全長15cm程度と大型のもの（4・5）、刃部幅が1.3～1.7cmで全長11.3～13cmと小型のもの（7～12）、両者の中間に位置するもの（6）に分類できる。木柄に茎部を差し込んで装着するものが大半であるが、9は茎部に木質が確認できない。柄部に付着する木質から、大半は刃に対してほぼ直角に木柄端部が取り付けられるが、10はわずかに斜めとなる。茎部長は2.5～3.9cmを測る。

刀子4・6・7・9・10などは織物の付着が顕著である。刀子4は刃部に密着して目の細かい織物が、その外側に目の粗い織物が重なって付着する。刀子4～6は錆着した状態で出土し、目の細かい織物は各刀子に密着し織りの方向も個体ごとに異なるが、目の粗い織物は織りの方向がほぼ同じであることが観察された。個別の刀子を目の細かい織物で包み、さらにそれらをまとめて目の粗い織物で包んで副葬したものと考えられる。

なお、刀子4～6は、不明鉄器8とも錆着していた。また、刀子11・12は斧6と錆着していた。刀子11・12の刃部片は現状でも斧6に付着した状態であるため、個別に図化をおこない図上で合成した。写真は鉄斧と錆着した状態で掲載している［PL. 139］。

（東影）

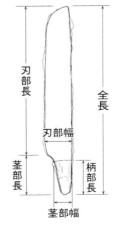

図276　刀子計測凡例

表17　刀子計測表

| 番号 | 全長（cm） | 刃部長（cm） | 刃部幅（cm） | 茎部長（cm） | 茎部幅（cm） | 柄部長（cm） | 厚（cm） | 重（g） |
|---|---|---|---|---|---|---|---|---|
| 1 | (17.2) | (11.9) | 1.2 | 5.4 | 0.8 | 5.2 | 0.3 | 31.0 |
| 2 | (14.5) | (9.2) | 1.0 | (5.3) | 0.9 | (5.2) | 0.4 | 26.5 |
| 3 | (4.6) | (2.9) | 1.0 | (1.7) | 0.8 | (0.9) | 0.2 | 3.5 |
| 4 | (14.5) | 10.5 | 2.2 | (4.0) | 0.85 | (2.8) | 0.3 | 37.6 |
| 5 | 14.7 | 11.5 | 2.0 | 3.2 | 1.1 | 2.7 | 0.4 | 33.0 |
| 6 | (12.2) | (8.9) | 1.7 | 3.3 | 1.1 | (3.0) | 0.3 | 25.4 |
| 7 | 12.4 | 8.5 | 1.4 | 3.9 | 1.0 | 2.7 | 0.4 | 28.6 |
| 8 | (12.3) | 9.4 | 1.3 | (2.9) | 0.7 | (2.1) | 0.4 | 22.6 |
| 9 | 11.3 | 8.8 | 1.3 | 2.5 | 0.9 | － | 0.4 | 21.4 |
| 10 | (12.0) | 9.3 | 1.7 | (2.7) | 1.3 | (2.0) | 0.4 | 33.3 |
| 11 | (11.5) | (9.4) | 1.5 | (2.2) | 1.0 | (3.4) | 0.3 | 23.2 |
| 12 | (5.6) | (2.4) | 1.6 | (3.2) | 0.9 | (2.5) | 0.4 | 11.2 |

第Ⅰ部 調査編

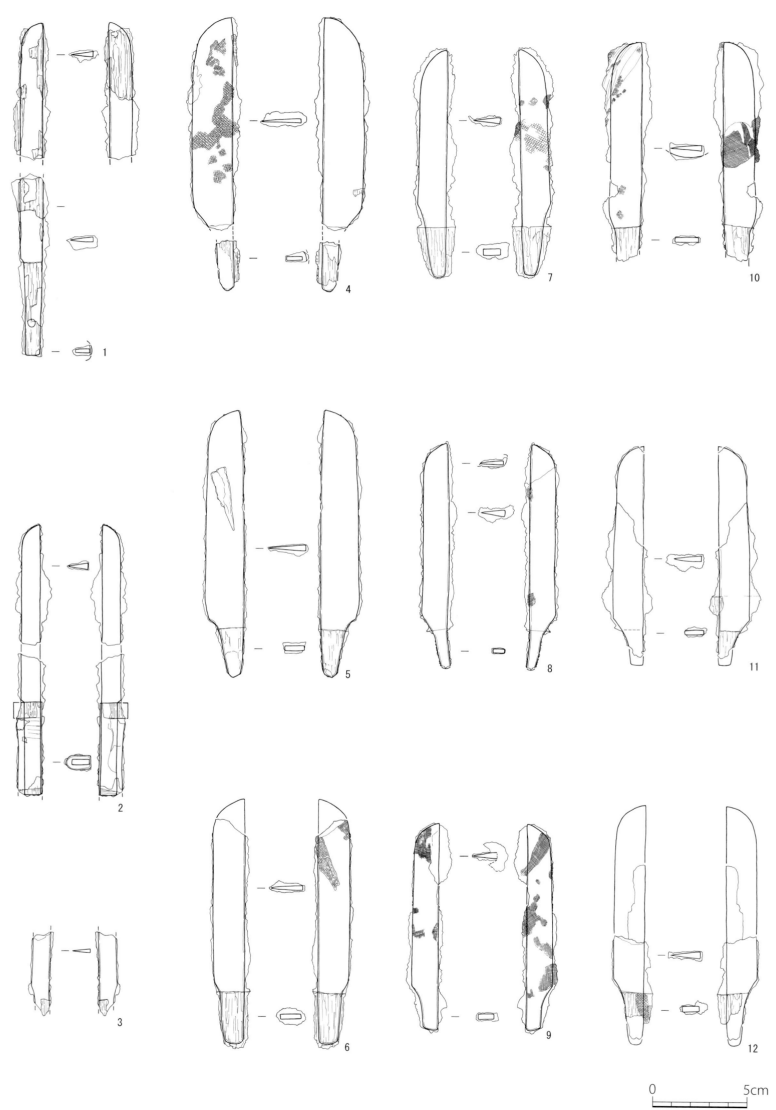

図 277　刀子（1:2）

## 2　鉇［図278〜280、PL. 138］

　個体数は刃部関で数えると9点以上であるが、折れて接合しない破片が他に多数ある。特に柄とみられる扁平な棒状鉄片は多数存在するが、全体が判明するものは鉇1のみである。鉇と判断した出土破片数は他の鉄製品に付着したものを除くと34点あり、刃部の大きさと柄の鉄身幅から大型と小型に分類できる。大型品が7点以上、小型品が2点以上である。大型、小型、判別不明の順に報告する。部分の名称は模式図［図280、表18］に従い、刃部側を上として記述する。

　**大型品**　刃部関をもとに個体数を確認すると7点以上となる。

　**鉇1**　側面からみてやや蛇行するように湾曲するが、現状で全長41.5cm、重量80.6gと、完形に復元できる唯一の個体である。刃部は長さ3.1cm、最大幅約1.2cmで、鉄身柄の幅が0.9cmに対して刃部はやや幅広となる。鎬をもち、刃部裏面はほぼ刃部上面の形に沿って浅く凹み、刃部断面形は逆V字状をなし、刃部端には0.1cmほどの平坦面をもつ。側面からみると刃先は1cmほど鎬側に反る。

　木製柄が装着されており、長さは刃先から6.3cmより28.3cmまでの約22cmである。部分的に外表面が残っており、観察所見を総合すると、柄全体の断面形は幅約2cm、厚さ1cmほどの扁平な八角形もしくは表裏に平坦面を持つ楕円形に近い形状である可能性が高い。木製柄の片面を鉄身の形に合わせて凹むように削り、これに鉄身を落とし込んだ後に、なんらかの繊維を鉄身の片面に直接触れるように0.3〜0.7cmの幅で、刃部を上にした時に左上がりになるように巻き付けて固定し、表面には漆を塗っていたとみられる。なお、この繊維の巻き付けは木製柄の上端から約1.2cmより約15cmまでの長さ13.8cmの間に施され、下半約7cmの間には繊維は巻き付けられていない。さらに木製柄の下端から約13cmは鉄身が露出する。なお、柄の先端には鑿状などの刃部はなく、端部はやや丸みをもつ。

　木製柄の繊維の巻き付けがない範囲には、細かい目の織物や、その上に重なる粗い目の織物が部分的に付着するほか、織物の上に多孔質の付着物と一部に紐状の繊維痕跡を確認した。なお、織物痕跡は柄に巻き付けるようには付着しておらず、近接した他の器物にともなう織物と判別がつかない。

　**鉇2**　残存長18.7cm、重量27.3gである。刃先が欠損するが、刃部から木製柄の上半と繊維の巻き付けが確認できる。刃部は残存長2.2cm、残存幅1.1cmで欠損部分を復元すると刃部長約2.4cmとみられ、刃部最大幅は1.1cmほどとなる。刃部裏側は、刃部上面に沿うように凹み、その断面は扁平な逆V字形となる。柄の幅0.8cm、厚さ0.4cmの扁平な棒状である。

　木製柄の位置は、折損した刃先から2.5cmからはじまり、鉇1と比べて刃先からの距離は短い。また、1と同様に木製柄の上端と繊維の巻き付けの開始位置は合致しない。X線写真等で確認する限り、上端から約1.5cmにわたって繊維を巻き付けていない部分を確認できた。木製柄の片面に鉄身を落とし込み、その上から繊維状のものを幅0.3〜0.6cmほどの幅で左上がりになるように巻き付けて固定している。柄全体の断面形は1と同様に幅2cm、厚さ1cmほどの扁平な多角形を基調とするとみられる。

　**鉇3**　残存長22.1cm、中央部は斧6に錆着しており、重量25.8g以上である。刃先と柄が途中で欠損する。刃部は残存長2.4cmで、復元すると約3cmである。刃部は最大幅1.3cmで鎬をもち、鎬側に反る。鉄身の柄は幅0.9cm、厚さ0.3cm前後である。刃部には漆状の皮膜が付着し、裏面には目の細かい織物が付着するが、部分的で巻き付いておらず、鉇3に伴うとは断定できない。木製柄の装着と繊維の巻き付け方は鉇2に近く、刃部残存先端から木製柄の上端は2.9cmと近い。木製柄の構造は鉇1と同様で、繊維の巻き付け方も鉇1とよく似る。鉄身の柄の下端には、刃部と同様に巻き付けた繊維の上に目の細かい織物片が付着する。

　**鉇4**　残存長4.9cm、重量8.1gである。先端の欠損する刃部から木製柄上端までの破片で、刃部は残存長1.6cm、最大幅は1.2cmである。刃部は鎬をもち、刃部断面は扁平な逆V字形で、鎬側に反る。鉄身の柄は扁平な長方形で幅1.0cm、厚み0.3cmほどである。刃部に対して木製柄の付く位置は鉇2に近く、刃部残存端から約2.1cmの短い位置である。木製柄への繊維の巻き付け開始位置は、木製柄の上端より0.7cmから始まり、鉇1と同様に木製柄に繊維を巻き付けていない部分が認められる。

　**鉇5**　残存長5.3cm、重量8.7gである。欠損した刃部から柄の破片であり、木製柄の上端が確認できる。刃部の残存する最大幅は約1.3cmである。鉄身の柄は幅1.0cm、厚さ0.3cm前後で、断面は扁平な長方形である。木製柄は残存刃部端より約2.4cmのところから始まり、繊維の巻き付けは木製柄の上端より約1.2cmから始まる。

　**鉇6**　刃部片であり、残存長2.8cm、最大幅1.2cm、重量1.5gである。刃部には鎬をもち、刃部の断面は扁平な逆V字形で、刃部裏側は刃部上面の形に添って凹む。

　**鉇7**　刃部片である。残存長2.6cm、残存最大幅1.3cm、重量2.3gである。他に比べて刃部はやや大き目である。刃部に鎬をもち、断面は扁平な逆V字形である。

　以下は、刃部を確認できないが鉇の木製柄もしくは繊維の巻き付けについて情報が得られたものである。

　**鉇8**　残存長14.6cm、重量21.4gの柄片である。両端は欠損し、刃部は確認できない。鉄身の柄は幅0.9cm、厚み0.3cmほどで、断面は扁平な長方形である。木製柄の上端と繊維の巻き付け開始位置が確認できる。木製柄はほぼ全長にわたり付着しており、上端から約1.5cmのところから繊維の巻き付けが始まる。繊維の巻き付けや木製柄の断面形などはほぼ鉇1と同様である。

　**鉇9**　残存長5.6cm、5.7gの柄片である。鉄身の幅0.8cm、厚さ0.3cmで、断面は扁平な長方形である。木製柄の構造は鉇1とほぼ同様であるが、鉄身が木製柄の中央にくるのであればその幅は2cmを超えてやや幅広となる。木製柄の上端

第Ⅰ部 調査編

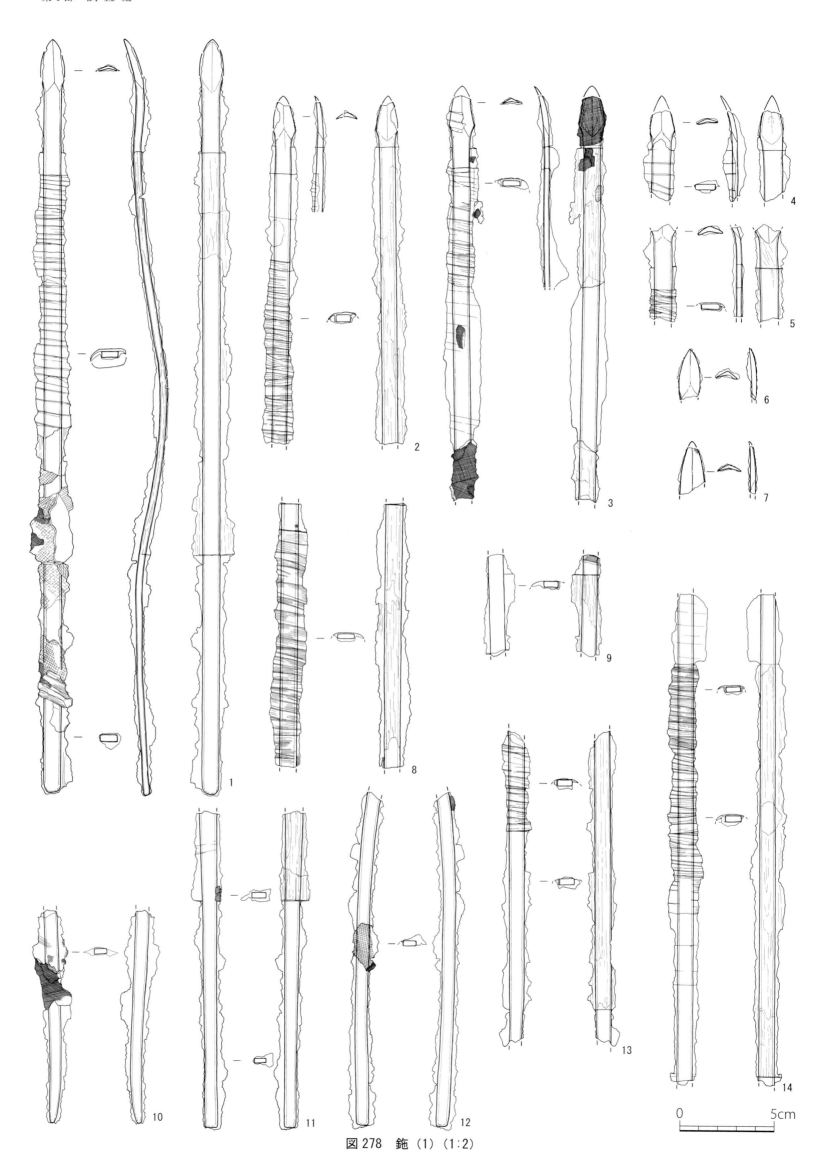

図 278　鉇（1）（1：2）

第6章 副葬品

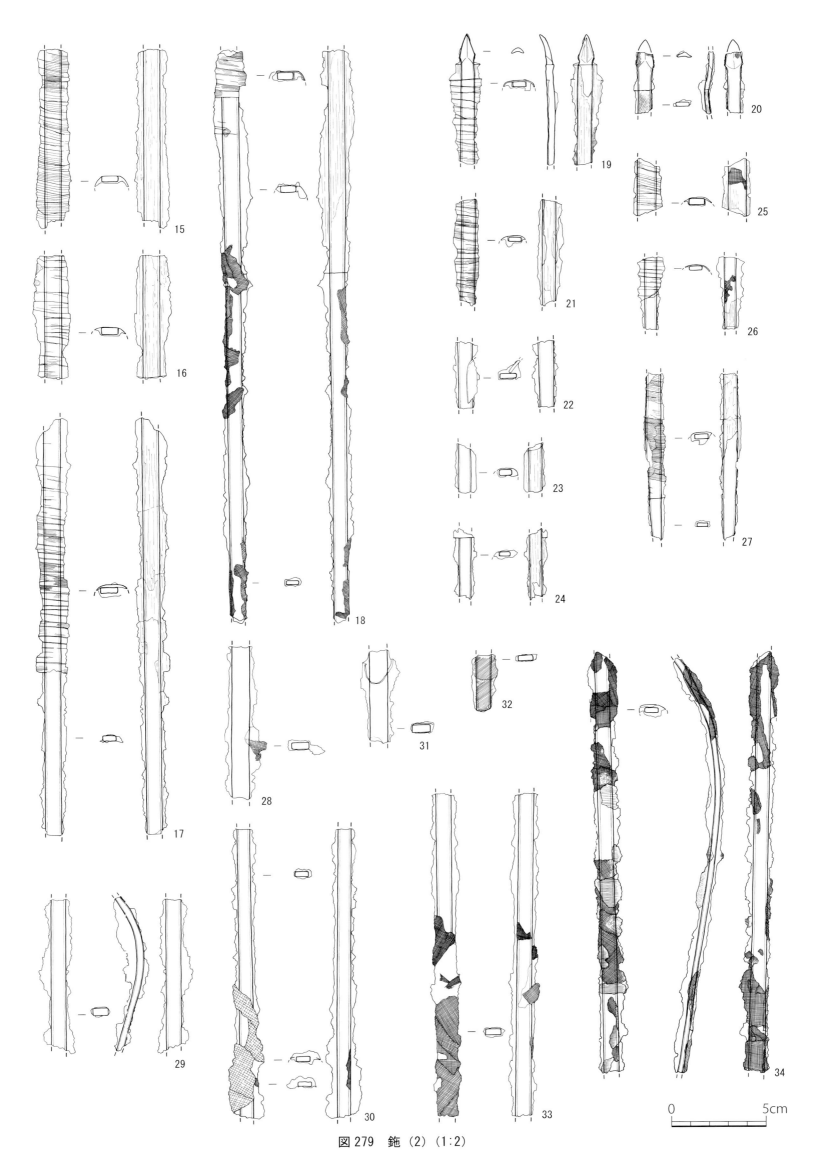

図279 鉇（2）（1:2）

は確認できるが、繊維の巻き付けは確認できない。

**鉇11** 残存長17.3cm、重量24.4gの鉄身の下端と木製柄の下端が確認できる。柄の一部に繊維痕を確認したが巻き付けの下端位置は不明である。鉄身の柄の下端はわずかに先細となり、幅0.8〜0.9cm、厚さ0.3cmである。鉄身柄の下端は隅角がやや丸くなっており、刃部等は付いていない。木製柄下端から長さ12.2cmにわたり鉄身が露出する。

**鉇13** 残存長17.3cm、重量21.9gである。鉄身の両端が欠損するが、木製柄の下端と繊維の巻き付けの下端が確認できる。鉄身の幅0.8〜0.9cm、厚さ0.4cmで、断面は扁平な長方形である。木製柄の下端から幅9.6cmにわたり、繊維が巻き付けられていない。

**鉇14** 残存長26.8cm、先端約4cmは斧4に付着し、重量28.5g以上である。木製柄を装着した鉄身の柄片で、斧4との付着部分は図上で復元している。鉄身は幅0.9cm、厚さ0.3cmで、断面は扁平な長方形である。両端が欠損するが木製柄の下端と繊維の巻き付けの下端が確認できる。木製柄の下端から幅8.9cm付近から、まとまった繊維の巻き付けが行われていない。

**鉇15** 残存長9.9cm、重量20.1gの柄の破片である。鉄身の柄は幅0.85cm、厚さ0.3cmである。繊維が巻き付けられた木製柄が伴う。その構造は鉇1と同様である。

**鉇16** 残存長6.7cm、重量10.0gの柄の破片である。鉄身の柄は幅0.9cm、厚さ0.4cmである。これに繊維が巻き付けられた木製柄が伴う。木製柄の構造は鉇1と同様である。

**鉇17** 残存長22.9cm、重量36.6gの柄片である。鉄身の幅0.8〜0.9cm、厚さ0.3cmで、断面は扁平な長方形である。両端が欠損するが、木製柄下端には長さ8.9cm以上にわたり、繊維の巻き付けが確認できない。

**鉇18** 残存長31.3cm、重量41.2gの柄片である。鉄身の柄の幅0.8〜0.9cm、厚さ0.3cmで、断面は扁平な長方形である。両端が欠損するが、木製柄の下端が確認でき、長さ9.6cmにわたり、繊維が巻き付けられていない部分を確認できる。また、鉄身の柄が長さ約19.0cmにわたり木製柄から露出している。これは全長41.5cmの鉇1と比べても長い。木製柄の下端から鉄身の柄には細かい目の織物が付着しており、鉄身の柄の下端付近では巻き付くように付着していた。

**小型品** 刃部の最大幅1.0cm以下で、鉄身の柄幅0.8cm以下のものを小型とした。刃部で確認すると個体数は2点以上となる。

**鉇19** 残存長7.2cm、重量7.3gの刃部から柄までの破片である。木製柄と繊維の巻き付けの開始位置が確認できる。刃部は長さ1.7cm、最大幅0.8cmで、大型の鉇1〜7と比べて明らかに小さい。刃部断面は扁平な逆V字形で、裏面の刃部端に約0.1cmの平坦面をもつ。鉇1と比べて一回り小さいがほぼ同様の形態をもつ。鉄身の柄は幅0.7cm、厚さ0.3cmで断面は扁平な長方形である。木製柄の付く位置は鉇2と同様に刃部関に近く、刃先から1.7cmの位置に木製柄が装着される。木製柄は復元すると幅1.8cm、厚み0.8cmほどで、大型品に比べてやや細い。木製柄への繊維の巻き付けは、木製柄の上端より約0.8cmの位置から始まる。木製柄の基本的な構造は鉇1と同様とみられる。

**鉇20** 残存長3.4cm、重量2.5gで、先端が欠損した刃部から鉄身の柄の破片である。刃部は最大幅0.9cm、残存長1.1cm、復元すれば刃部長は1.7cmほどとみられる。刃部断面形は扁平な逆V字形となり、細部は鉇19に似る。柄は幅0.7cm、厚み0.3cmほどの扁平な長方形である。木製柄の上端は残存刃部先端から2.1cmの位置である。刃部の一部に目の細かい

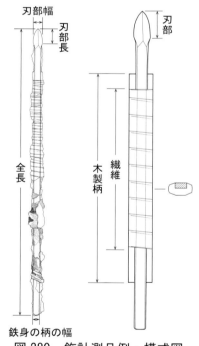

図280 鉇計測凡例・模式図

表18 鉇計測表

| 番号 | 全長(cm) | 刃部長(cm) | 刃部幅(cm) | 鉄身の柄の幅(cm) | 鉄身の柄の厚さ(cm) | 重(g) | 番号 | 全長(cm) | 刃部長(cm) | 刃部幅(cm) | 鉄身の柄の幅(cm) | 鉄身の柄の厚さ(cm) | 重(g) |
|---|---|---|---|---|---|---|---|---|---|---|---|---|---|
| 1 | 41.5 | 3.1 | (1.2) | 0.9 | 0.4 | 80.6 | 18 | (31.3) | − | − | 0.8〜0.9 | 0.3 | 41.2 |
| 2 | (18.7) | (2.2) | (1.1) | 0.8 | 0.4 | 27.3 | 19 | (7.2) | 1.7 | 0.8 | 0.7 | 0.3 | 7.3 |
| 3 | (22.1) | (2.4) | 1.3 | 0.9 | 0.3 | 25.8以上 | 20 | (3.4) | (1.1) | 0.9 | 0.7 | 0.3 | 2.5 |
| 4 | (4.9) | (1.6) | 1.2 | 1.0 | 0.3 | 8.1 | 21 | (5.9) | − | − | 0.7 | 0.3 | 4.9 |
| 5 | (5.3) | (0.8) | (1.3) | 1.0 | 0.3 | 8.7 | 22 | (3.6) | − | − | 0.8 | 0.3 | 4.3 |
| 6 | (2.8) | (2.8) | 1.2 | − | − | 1.5 | 23 | (2.7) | − | − | 0.7 | 0.3 | 2.6 |
| 7 | (2.6) | (2.6) | 1.3 | − | − | 2.3 | 24 | (4.0) | − | − | 0.6 | 0.2 | 2.1 |
| 8 | (14.6) | − | − | 0.9 | 0.3 | 21.4 | 25 | (3.1) | − | − | 0.8 | 0.3 | 3.5 |
| 9 | (5.6) | − | − | 0.8 | 0.3 | 5.7 | 26 | (3.9) | − | − | 0.7 | 0.2〜0.3 | 1.8 |
| 10 | (11.6) | − | − | 0.8 | 0.3 | 12.1 | 27 | (7.0) | − | − | 0.5〜0.7 | 0.2〜0.3 | 7.2 |
| 11 | (17.3) | − | − | 0.9 | 0.3 | 24.4 | 28 | (8.3) | − | − | 0.9 | 0.5 | 18.1 |
| 12 | (18.3) | − | − | 0.7〜0.8 | 0.3 | 20.6 | 29 | (8.4) | − | − | 0.9 | 0.4 | 13.0 |
| 13 | (17.3) | − | − | 0.8〜0.9 | 0.4 | 21.9 | 30 | (15.8) | − | − | 0.8 | 0.4 | 22.2 |
| 14 | (26.8) | − | − | 0.9 | 0.3 | 28.5以上 | 31 | (5.1) | − | − | 0.9 | 0.4 | 6.8 |
| 15 | (9.9) | − | − | 0.9 | 0.3 | 20.1 | 32 | (3.4) | − | − | − | 0.3 | 5.4 |
| 16 | (6.7) | − | − | 0.9 | 0.4 | 10.0 | 33 | (17.6) | − | − | 0.8 | 0.3 | 27.8 |
| 17 | (22.9) | − | − | 0.8〜0.9 | 0.3 | 36.6 | 34 | (23.2) | − | − | 0.8〜0.9 | 0.3 | 41.7 |

織物片が付着するが、柄を固定する繊維等の巻き付け痕は確認できなかった。

　鉇24　残存長4.0cmの柄片である。鉄身の幅0.6cm、厚み0.2cmで両端が欠損する。木製柄の装着は確認できたが、繊維の巻き付けは確認できない。木製柄の下端とすれば、繊維が巻き付けられていない部分が幅3.2cm以上になるとみられる。

　鉇25　残存長3.1cmの柄片である。幅0.8cm、厚さ0.3cm大型品と小型品の境目の大きさで分類に迷う。木製柄の木質の下に鉄身に仁着する横方向の繊維痕を部分的に確認できた。鉄鏃の茎部にみられるように、木製柄の装着前の下準備として繊維を巻き付けているものがあることがわかる。

　鉇26　残存長3.9cmの柄片である。鉄身の幅0.7cm、厚み0.2～0.3cmで両端が欠損する。木製柄が付着する。小型品でも木製柄下端に繊維が巻き付けられていない範囲が長さ1.8cm以上あることが確認できる。

　鉇27　残存長7.0cmの柄片である。鉄身の幅0.5～0.7cm、厚み0.2～0.3cmで両端が欠損する。小型品でも大型品と同様に木製柄に繊維が巻き付けられていない範囲が長さ2.4cm以上あることが確認できる。

　その他　鉇の鉄身の柄と同様の形態をもつが、刃部や木製柄の痕跡を確認できないものがある。必ずしも小片だからではなく、一定の長さをもつものを含み、木製柄を持たない鉇等の工具類となる可能性があるため、別に報告する。

　鉇10　残存長11.6cm、重量12.1gの鉄身の柄片で、鉄身の下端を残す。下端はやや先細りして、先端は丸みがあり、刃部をもたない。鉄身の柄の幅0.5～0.8cm、厚さ0.3cmの扁平な棒状で、小型品の柄となる可能性がある。上半に目の細かい織物痕が面的に付着するが、木製柄の痕跡は確認できない。

　鉇12　残存長18.3cm、重量20.6gで、鉄身の柄の下端を残す。鉄身は幅0.7～0.8cm、厚さ0.3cmで、小型品の柄となる可能性がある。部分的に織物の付着痕があるが木製柄の痕跡はない。

　鉇33　残存長17.6cm、重量27.8gの破片である。鉄身は幅0.8cm、厚さ0.3cmで、両端が欠損した扁平な棒状である。これも木製柄の痕跡は確認できない。その代わりにこれも両面に目の細かい織物片が面的に付着するが、巻き付けられてはいない。刃部は確認できないが、鉄身の形状は鉇の柄と同様である。鉇1の鉄身の露出範囲が13cmほどであり、それよりも木製柄が確認できない範囲が長い。鉇とすれば木製柄をもたないものとなる可能性がある。

　鉇34　残存長23.2cm、重量41.7gの破片である。鉄身の幅0.8～0.9cm、厚さ0.3cmの扁平な棒状で、大型品の鉄身の柄とほぼ同形態である。鉇18などの木製柄下端以下の鉄身の露出部分片の可能性もある。しかし、残存長が23cmを超えるにもかかわらず、木製柄が確認できない。鉇とは断定できないが、今回出土した鉄製品に該当する類品がなく本項で扱うものとする。鉄身の表裏には部分的に細かい目の織物が付着する。織物は部分的に数枚重なる部分もあるが、鉄身に対して明確には巻き付けていない。鉄身の両端が欠損して

刃部は確認できない。一部が緩く湾曲するが、本来の形状との関係も不明である。
　　　　　　　　　　　　　　　　　　　　（水野）

## 3　斧 ［図281～283、PL.239］

　南槨外から10点が出土した。いずれも袋状の折り返しを伴う有袋鉄斧で、斧1～4は刃部と袋部の境界に屈曲部を有する有肩鉄斧に、斧5～10は明瞭な屈曲部のない無肩鉄斧に分類される。無肩鉄斧には大小があり、形態的な共通性は比較的高いが、有肩鉄斧はいずれも大型で、個体間の形態差が大きい。全体に錆化が著しく、形態の細部や袋部折り返しに関わる製作技術については不明な点が多い。斧1・3～9の袋部の内側には柄と考えられる木質が付着する。

　斧1　刃部の一部が欠損する。平面形態は裾広がりの袋部より肩部が屈曲し、刃部は鉞状に外湾する。袋部の横断面形は扁平な方形を呈す。袋部折り返しは密着し、水平方向の折り返しも認められる。

　斧2　刃部の一部が欠損する。袋部から肩部にかけてなだらかに屈曲して、比較的明瞭な肩部をもつ。袋部の横断面形は楕円形を呈す。袋部折り返しの大半は本来密着していたと推定されるが、錆化によりわずかに隙間が生じている。

　斧3　表面の錆び膨れや剥離が多く、錆化による変形が顕著である。袋部から肩部にかけてなだらかに屈曲して、比較的明瞭な肩部をもつ。袋部の横断面形は扁平な楕円形で、袋部折り返しは密着する。

　斧4　錆化が著しく、刃部の一部が欠損する。袋部から肩部にかけて強く屈曲して明瞭な肩部をもち、方形の刃部を形づくる。袋部の横断面形は扁平な方形で、袋部折り返しは密着する。刃部には織物の圧痕が複数箇所に認められる。

　斧5　刃部および袋部の一部が欠損する。袋部から刃部にかけてわずかに広がり、丸みのある刃部を形づくる。袋部の横断面形は扁平な楕円形を呈す。袋部折り返しは、密着しておらず、刃先部側の端部はハ字状に開く。織物の痕跡が複数箇所に認められる。

　斧6　袋部の一部と刃部を欠く。袋部の外側には小札および刀子、袋部内には鉇の各破片が錆着する。袋部の側辺は直線的であるが、刃部の形状は明らかでない。袋部の横断面形は扁平な楕円形を呈す。袋部折り返しは、本来より密着しておらず、刃先部側の端部はハ字状に開く。

　斧7　袋部の一部が欠損する。平面形は縦長方形で、側辺は直線的である。袋部の横断面形は正円に近い楕円形を呈す。袋部折り返しの大半は本来密着していたと推定されるが、錆化によりわずかに隙間が生じている。刃先部側の端部はハ字状に開く。

　斧8　一部に錆化を認めるも完存する。平面形は縦長方形で、側辺は直線的である。袋部の横断面形は楕円形を呈す。袋部折り返しの中ほどは密着し、刃先部側の端部でハ字状に開く。袋部の周囲には織物の痕跡が部分的に付着する。

　斧9　刃部および袋部の一部が欠損する。平面形は縦長方形で、側辺は直線的である。袋部の横断面形は楕円形を呈す。

第Ⅰ部 調査編

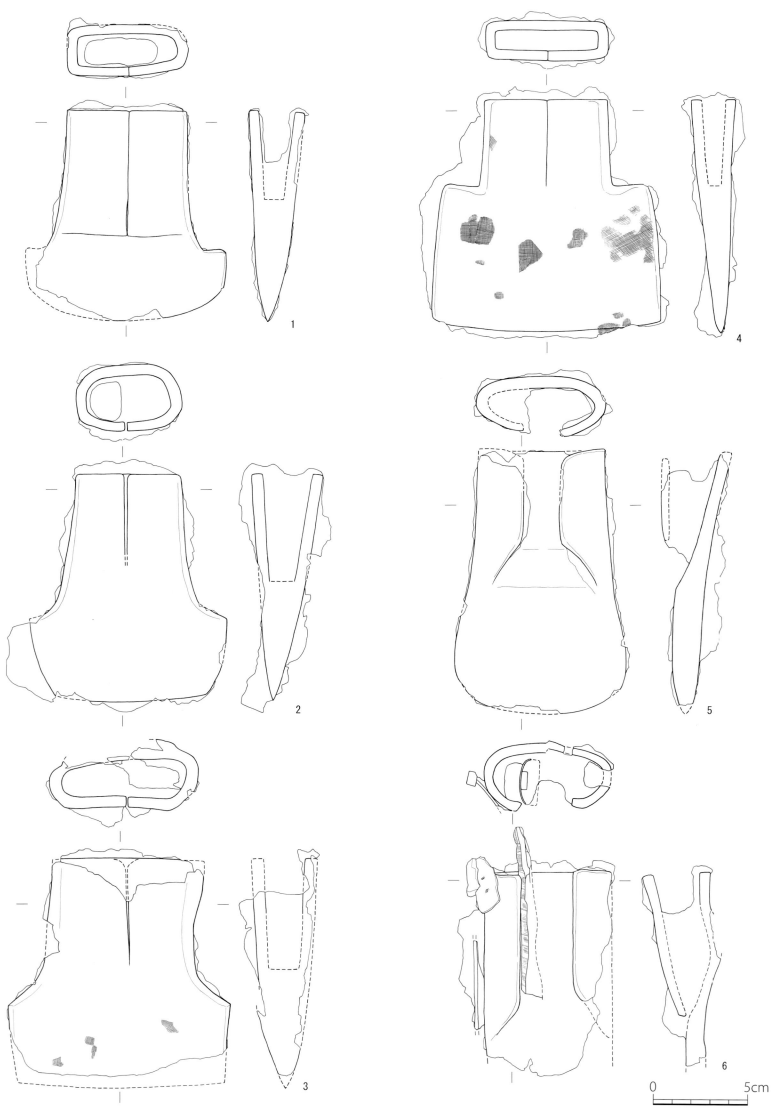

図 281　斧（1）（1:2）

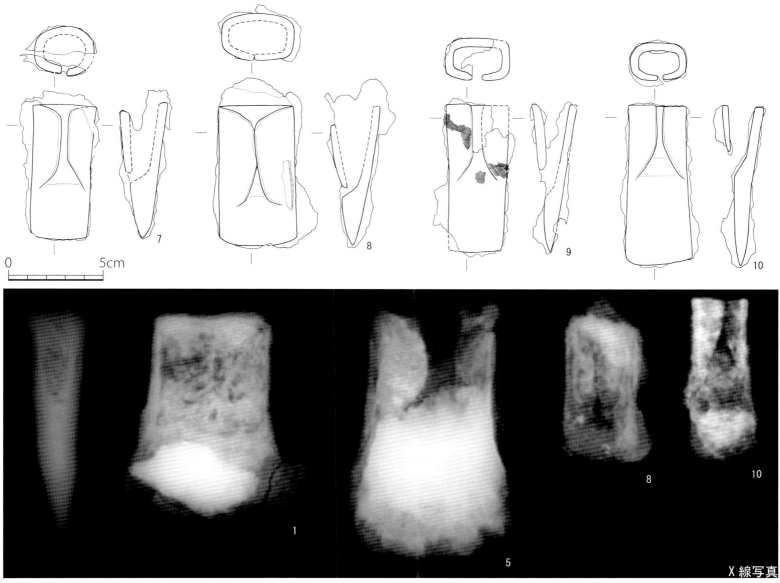

図282　斧（2）（1:2）

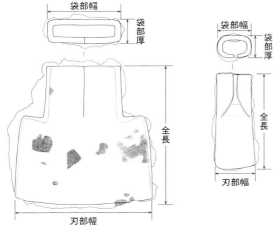

図283　斧計測凡例

表19　斧計測表

| 番号 | 全長（cm） | 刃部幅（cm） | 袋部幅（cm） | 袋部厚（cm） | 重量（g） |
|---|---|---|---|---|---|
| 1 | 12.1 | [10.2] | 6.3 | 2.9 | 439.0 |
| 2 | 12.5 | 8.0 | 5.6 | 3.8 | 496.0 |
| 3 | [12.5] | [10.8] | 7.8 | [3.3] | 466.0 |
| 4 | 12.7 | 12.0 | 6.5 | 2.3 | 757.0 |
| 5 | 14.4 | 8.9 | 6.7 | 3.0 | 555.0 |
| 6 | (11.0) | — | [6.7] | 3.8 | 389.8 |
| 7 | 7.4 | 2.9 | 3.2 | 2.5 | 106.8 |
| 8 | 7.6 | 4.0 | 3.9 | 2.6 | 171.2 |
| 9 | 8.1 | [2.7] | 3.4 | 2.3 | 72.0 |
| 10 | 8.8 | 3.5 | 3.0 | 2.1 | 93.9 |

※（ ）は残存値、［ ］は復元値を示す。

袋部折り返しの大半は本来密着していたと思われるが、錆化によりわずかに隙間が生じている。刃先部側の端部はハ字状に開く。袋部の周囲を中心に織物の痕跡が部分的に付着する。

斧10　一部に錆化を認めるも完存する。平面形は縦長方形で、側辺は直線的である。袋部の横断面形は楕円形を呈する。袋部折り返しは刃先部側の端部でわずかにハ字状に開くほかは、大半が密着していたと推定されるが錆化による変形のためか現状ではわずかに隙間が生じている。

### 4　鎌［図284、PL. 139］

南棺外から攪乱された状態で出土した。個体の残存状況や形態的特徴から、出土した個体数は3点に復元できる［図284］。いずれも直刃鎌で、一方の短辺を基部として折り返すことによって着柄部を形成する。またいずれも刃部を手前に、基部を右側に置いた場合、基部の折り返しが上を向く「甲技法」［都出1967］に属す。

鎌1　完形の個体である。背・刃縁とも直線的で、基部から刃先にむかって幅が狭くなる。全長14.1cm、最大幅3.9cm、重量87.2gを測る。折り返しの角度は約50°である。

鎌2　刃先を欠く破片で、背・刃縁とも直線的で平行する。残存長7.6cm、最大幅2.9cm、重量27.4gを測る。折り返しの角度は約30°である。

鎌3　刃先と基部の破片に分かれる。背が直線的で刃縁

がやや内湾する形態が共通することから、同一個体の破片とした。最大幅3.1cmを測り、全長14cm前後に復元される。重量は刃先が22.7g、基部が17.4gである。折り返しの角度は約45°である。

いずれも全体が錆化しているために本来の厚さは明確でないが、最大厚で0.3～0.4cm程度と推定される。また、いずれも着柄痕跡と考えられるような木質が遺存していない。これに加えて、鎌1では背から裏面にかけて、鎌2・3では折り返し付近の表面から裏面にかけて連続する織物の痕跡がみられることから、鉄身のみを布帛で巻いた状態で副葬された可能性が高い。　　　　　　　　　　　　　　　　　　　（宇野）

### 5　刺突具［図285～287、PL.140・141］

出土位置から北棺外（刺突具1・2）、西棺外（刺突具3）、S0.3－2m間の西壁沿いから棺床上の流入土中から出土した1群（刺突具4～11）の大きく3つの群に分けられる。このうち刺突具4～11については、破片資料のみで鉄鏃や刀子などに該当しない棒状鉄製品の一群を刺突具の可能性があるとして、ここで報告する。この中には西棺外の刺突具3と同一個体の可能性のあるもの、あるいは刺突具ではない可能性のあるものも含まれる。なお、部分の名称を先端から先端部（逆刺基部端まで）、頸部、基端部と呼称する。

**刺突具1**　5本で1セットを構成するものと考えられる。すべて先端部に逆刺を持つ。1-1は基部を欠損しており不明であるが、1-2～5は基端部を茎状に加工する。頸部の断面形態はすべて方形である。1-1は残存長29.4cm、先端部長6.6cmを測る。先端部及び頸部の一部に繊維付着痕が認められる。1-2は全長43.8cm、先端部長6.9cmである。先端部に繊維付着痕が認められる。基部と頸部の境界付近に糸巻痕が認められ、基部には木質が付着する。1-3は全長41.1cm、先端部長6.4cmを測る。1-4は全長40.6cm、先端部長6.5cmである。先端部には繊維付着痕が4面全てに認められ、基部には木質が付着する。1-5は全長42.3cm、先端部長6.9cmを測る。先端部及び頸部の一部に繊維付着痕が認められる。基部には木質が付着する。

**刺突具2**　4本で1セットを構成するものと考えられる。すべて先端部に逆刺を持たない。2-1は全長36.5cmである。頸部幅0.9cm、頸部厚0.9cmであり、断面形態は正方形を呈する。頸部全体に繊維付着痕跡が認められ、さらに頸部中央やや基端部側に織物が巻かれた痕跡が長さ4cm残る。基端部は茎状に加工される。基端部には木質が付着する。2～7は複数に細片化しており、破片どうしは接合しない。出土状態から図283のように復元される。頸部幅は1.0cm、頸部厚は0.6cmで、断面形態は長方形を呈する。2-8と2-9は錆着している。2-8は全長36.9cmである。基端部は茎状に加工される。2-9は基端部を欠損する。残存長31.0cmを測る。

**刺突具3**　3本が結合された状態である。すべて先端部を欠損している。基端部には柄の痕跡と考えられる木質が残る。三角形の突出部と考えられ、槍の柄などで見られるものと同様と考えられるが、糸巻の範囲や側面に挟み込む別材の存在などは不明である。3-1と3-3は頸部付近で外側に屈曲する。3-1は残存長20.7cmである。頸部幅は0.9cm、頸部厚0.6cmで断面は長方形を呈する。基端部に向かって細くなり、基端は幅0.5cmを測る。3-2は残存長21.0cmである。頸部幅は1.0cm、頸部厚0.8cmで長方形を呈する。基端部の断面は頸部と

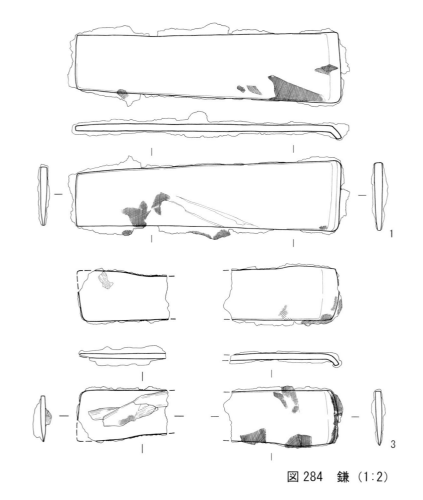
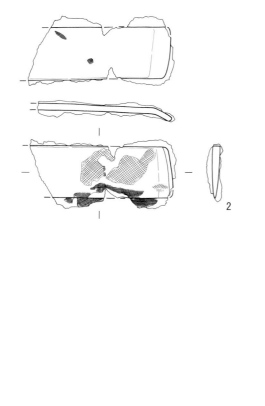

図284　鎌（1:2）

第6章 副葬品

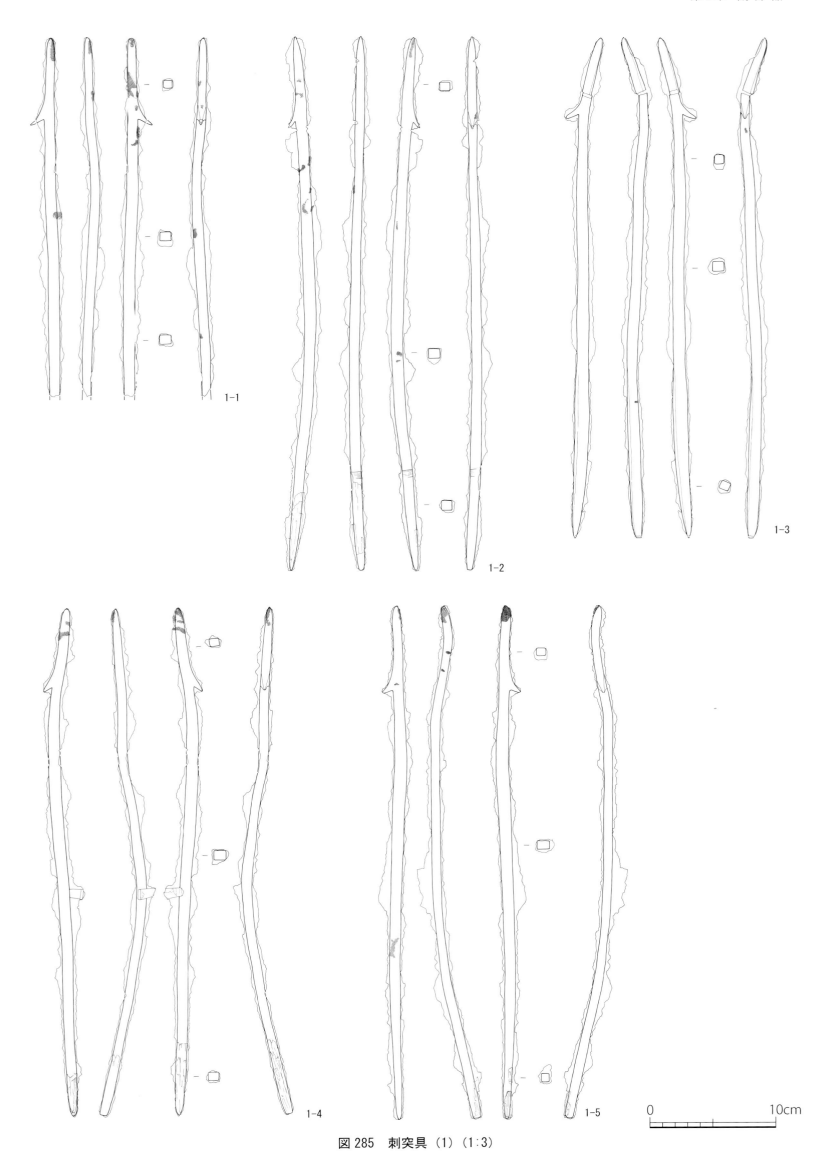

図 285　刺突具（1）（1:3）

第Ⅰ部　調査編

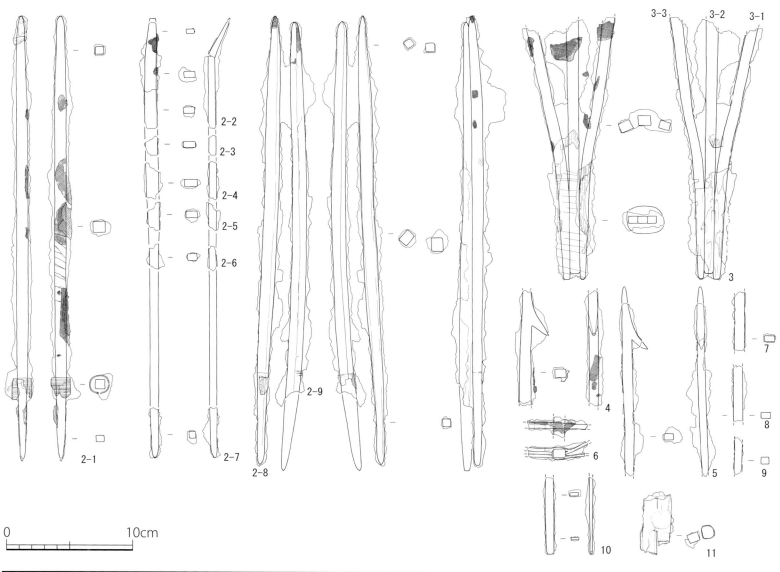
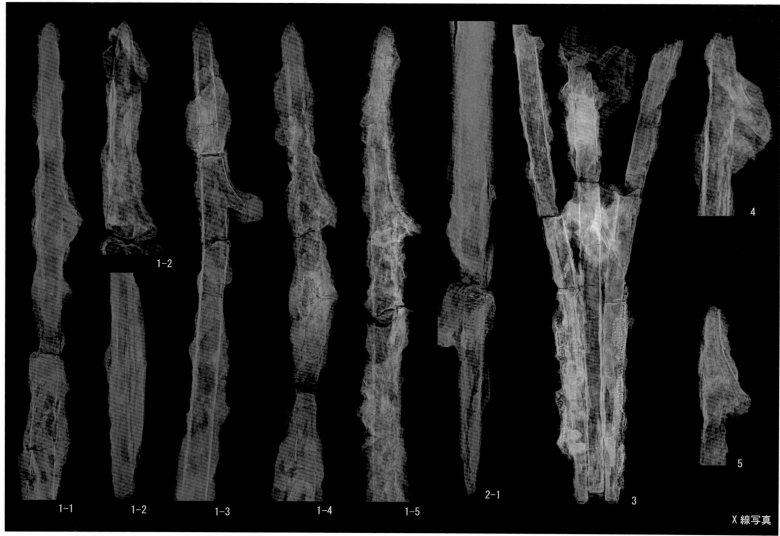

図 286　刺突具（2）（1:3）

第 6 章　副葬品

図 287　刺突具計測凡例

表 20　刺突具計測表

| 番号 | 全長 (cm) | 先端部 (cm) | | 頸部 (cm) | | 基端部 (cm) | 重量 (g) | 番号 | 全長 (cm) | 先端部 (cm) | | 頸部 (cm) | | 基端部 (cm) | 重量 (g) |
|---|---|---|---|---|---|---|---|---|---|---|---|---|---|---|---|
| | | 長 | 幅 | 幅 | 厚 | | | | | 長 | 幅 | 幅 | 厚 | | |
| 1-1 | (29.4) | 6.6 | (1.5) | 0.9 | 0.7 | - | 87.3 | 3-1 | (20.7) | - | - | 0.9 | 0.6 | 5.0 | 166.8 |
| 1-2 | 43.8 | 6.9 | (1.5) | 0.9 | 0.8 | 8.2 | 123.0 | 3-2 | (21.0) | - | - | 1.0 | 0.8 | - | |
| 1-3 | 41.1 | 6.4 | (1.8) | 0.9 | 0.8 | - | 107.8 | 3-3 | (20.8) | - | - | 1.0 | 0.8 | 5.0 | |
| 1-4 | 40.6 | 6.5 | 1.4 | 1.0 | 0.8 | 6.1 | 103.6 | 4 | - | (3.7) | (2.2) | 0.9 | 0.7 | - | 24.0 |
| 1-5 | 42.3 | 6.9 | 1.6 | 1.0 | 0.6 | 7.9 | 118.4 | 5 | - | (3.6) | (1.6) | 0.8 | 0.6 | - | 20.7 |
| 2-1 | 36.5 | 6.4 | 0.8 | 0.9 | 0.9 | 6.7 | 135.9 | 6 | - | - | - | 0.9 | 0.6 | - | 7.4 |
| 2-2 | - | (3.1) | 0.5 | 0.5 | 0.4 | - | 25.7 | 7 | - | - | - | 0.8 | 0.5 | - | 5.0 |
| 2-3 | - | - | - | 0.5 | 0.3 | - | | 8 | - | - | - | 0.6 | 0.6 | - | 4.0 |
| 2-4 | - | - | - | 0.5 | 0.4 | - | | 9 | - | - | - | 0.6 | 0.6 | - | 1.3 |
| 2-5 | - | - | - | 0.5 | 0.4 | - | | 10 | - | - | - | 0.7 | 0.3 | - | 4.7 |
| 2-6 | - | - | - | 0.4 | 0.3 | - | | 11 | - | - | - | 0.9 | 0.9 | - | 29.0 |
| 2-7 | - | - | - | - | - | (4.0) | | | | | | 1.0 | 0.9 | - | |
| 2-8 | 36.9 | 8.0 | 1.2 | 0.9 | 0.8 | 7.6 | 316.0 | | | | | | | | |
| 2-9 | (31.0) | 8.2 | 1.1 | 1.0 | 0.9 | (2.0) | | | | | | | | | |

同じ長方形を呈する。3-3 は残存長 20.8cm、頸部幅は 1.0cm、頸部厚 0.8cm で長方形を呈する。基端部に向かって細くなり、基端は幅 0.5cm である。

刺突具 4 〜 11　全て破片資料であり、組合せは不明である。4・5 は先端部から頸部である。刺突具 4 は先端部の一部と頸部以下が欠損している。先端部は逆刺を持つ。頸部側面に繊維付着痕が認められる。頸部幅 0.9cm、厚さ 0.7cm を測る。5 は先端部の一部と頸部以下が欠損している。先端部は逆刺を持つ。頸部幅 0.8cm、幅 0.6cm である。

6 〜 10 は頸部の一部と考えられる。6 は幅 0.9cm、厚さ 0.6cm である。長方形を呈する。有機質でツル状を呈するものが破片を挟むように 2 本水平に付着する。表面には繊維付着痕跡が認められる。7・8・10 は断面長方形で、9・11 は正方形に近い。これらは S0.3 m 以南の流入土中から出土しており、計測値と形状からも 4 〜 8 は刺突具 3 と同一個体の可能性がある。
　　　　　　　　　　　　　　　　　　　　（絹畠）

## 6　不明鉄器 ［図 288、PL. 137］

不明鉄器 1 〜 4　小さく折れた直刀の刃部片と茎部片状のもの 4 点が南棺外および付近の攪乱土から出土した。刃部幅からみて同一個体の可能性もあるが接合しない。断面形が長三角ないし扁平な台形であり、刀とすれば、刃部から茎部付近となるが、確認できた長さは合計しても約 30cm 分で、通常の直刀とすればかなり短く、破片が不足する。しかし、近接する東西棺外に茎部が欠損した直刀などはなく、接合対象はない。刃部幅は 2.2cm 前後と狭く、直刀と判断するには、茎部とみうれる断面台形となる部分に木製の装具痕跡や目釘孔も確認できず特異な点が多い。錆による歪みも大きいためか、破片ごとの実測では、幅や厚みにばらつきがでて同一個体とも断定が難しい。特に 1 は薄く、片面には織物が重なって付着しており、裏面は平坦で表面が剥がれたようにみえるがわずかに織物の痕跡があり、薄い鉄製品とみられる。一定の大きさを持つ鉄製利器とみられるが、全体形状は不明である。

不明鉄器 5・6　5 は残存長 15.1cm、幅 1.4 〜 1.5cm の断面方形、重量 99.1g の棒状の鉄器である。下端は欠損するが、上端は敲かれてやや潰れて幅がやや広がり、最大幅 2.0cm ほどの四角形を基調とする。木質が一部に付着するが、柄などの装具はなく、鉄身の製品とみられる。

6 は残存長 8.7cm、最大幅 1.3cm の断面方形であり、重量は 50.2g である。6 の先端は分厚い片刃で、先端が緩く弧を描く刃部をもつ。5 と 6 は断面形などから同一個体の可能性があり、その場合は上端を敲いて使用する鑿と考えられる。重量は合計して 149.3g 以上となる。

不明鉄器 7・8　7 は棒状の鉄器である。付着する木質を含む残存全長は 7.8cm、鉄身の残存長は 7.2cm、一辺 1.0 〜 1.1cm の断面方形で、わずかに先細りとなる。鉄身の上端には明瞭な平坦面があり、下端は折れて欠損する。付着物込みの残存重量は 29.7g である。木製の柄とみられる木質が付着し、木質の一部には皮革の可能性をもつ多孔質の付着物が確認できる。木製柄は X 線写真では残存全長の上端から約 4.0cm のところに木質の継ぎ目とみられる直線が確認できるが、その下方にも木の付着痕跡が確認できた。角度を変えた X 線写真でも他に木製柄の部材の合わせ目は確認できなかったことから、ソケット状の木製柄に鉄身を差し込む構造で、柄口に別材を使用したとみられる。

8 は全体に錆で歪むが、残存長 9.2cm、最大幅は 0.8cm、厚さ 0.8cm の断面方形で、重量は 28.5g である。ほぼ片刃造りで刃先が平らである。7 に対してやや細身であるが、同一個体であれば木製の柄をもつ鑿のようなものである可能性がある。重量は合計して 58.2g 以上となる。付着物には、刃部付近に目の細かい織物とその上に多孔質の付着物を確認したが、鑿の片面のみで、刃先を包むようには付着しておらず、8 に伴うものかは断定できない。

不明鉄器 9　全長 10.0cm、最大幅 3.4cm、最大厚 2.3cm、重量 204.0g の中実の鉄器である。上端は敲かれたようにやや潰れており、上面からみると幅 3.4cm、厚さ 2.3cm の長方形で、側面から見ると先細りの棒状である。全体に錆で歪むが、複数の X 線写真で確認する限り、両刃造りの分厚い刃部を持つ。刃先は平らである。上端を敲いて使用する鉄器で、鉄身が非常に分厚い点から楔のような製品とみられる。織物や木材などの付着物は確認できない。南棺外付近の崩れた西壁の上面から出土し、標高 85.80m 付近と他の南棺外遺物よりも高い位置から出土した。古墳時代の副葬品に類例が確認できず、副葬品と断定できないが、報告しておく。

279

第Ⅰ部 調査編

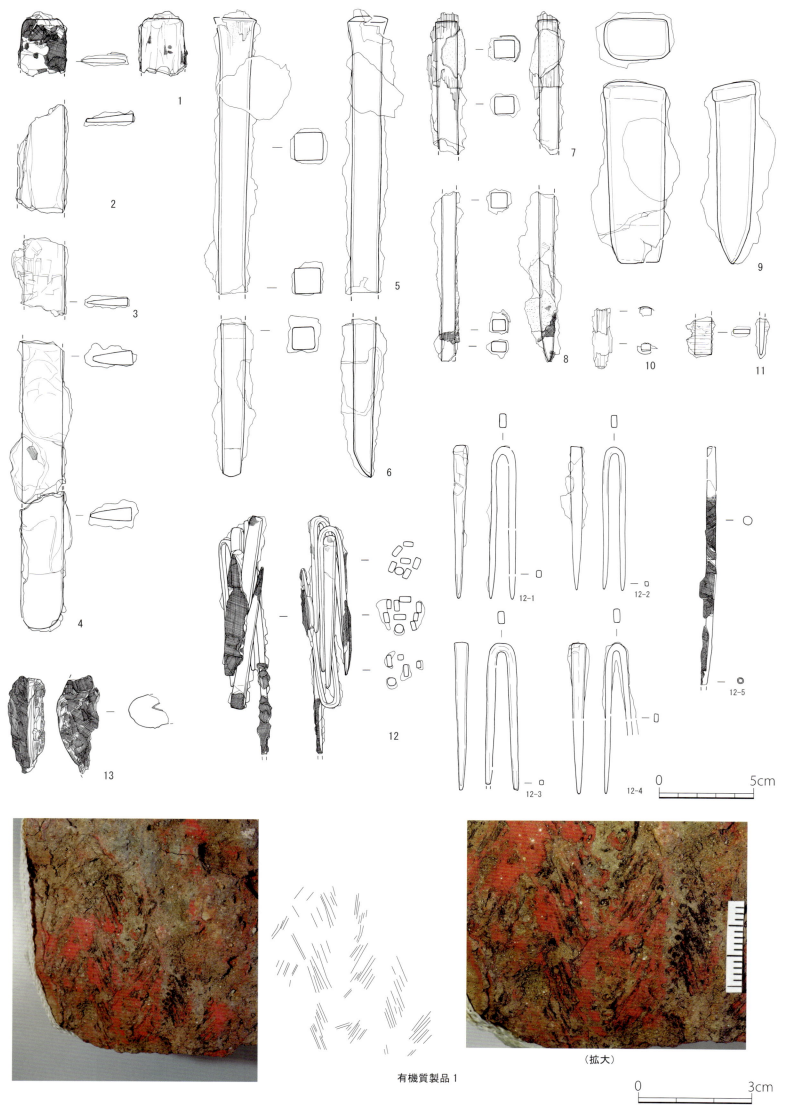

有機質製品1

図288 不明鉄器（1:2）・有機質製品（1:1）

不明鉄器 10　残存長 3.2cm のやや扁平な棒状片である。重量 2.5g で、幅 0.8cm、厚さ 0.5cm ほどの断面長方形の両端が欠損した棒状の鉄片である。両面に木質が付着し、断面はやや多孔質で鉄身は明確でない。鋸の柄とは構造が異なり、性格は不明である。

不明鉄器 11　残存長 2.3cm、幅 1.5cm、最大厚 0.5cm、付着物込みで 2.4g の扁平な鉄片である。下端は薄くとがっており、鉄製品の長軸に直交する方向の木質が付着する。鑿の爪部に似るが、他に接合しそうな鉄製品は確認できず、性格は不明である。

不明鉄器 12　ピンセット状の鉄製品 4 点と棒状製品 1 点である。これらは一体として織物に厚く包まれた状態で北側の粘土棺床上から出土した。合計重量は 47.7g である。ピンセット状の鉄製品は、全長 8.1〜8.5cm で両端を揃えている。折り曲げ部に最大幅があり、幅 0.7cm、厚さ 0.3cm 前後の板状の断面をもち、先端付近の断面は方形で、先端は先細りで尖る。ほぼ同形態のものが 4 点あり、うち 1 点は方向を逆にして出土した。一緒に出土した棒状の鉄製品は残存長約 13.0cm、厚さ 0.2〜0.5cm で、断面は円形に近い多角形である。上端は小さい面をもち、下端は先細りとなるが、欠損して尖るのかは不明である。

これらは組み合った状態で出土したが、相互に結節するような細工は確認できず、出土状態に意味があるのかは不明である。しかし、これらを包むように、目の細かい織物が何重にも重なり、朱とみられる赤色顔料が染みついていた。

不明鉄器 13　南棺外から出土した残存長 5.5cm、幅 2.0cm、厚さ 1.6cm、重量 10.5g の織物の塊であるが、単体で有機質の製品を構成するものではないことから、本節で報告する。

大きく半円状に割れており、その断面にわずかに鉄製品の付着痕跡がある。鉄斧のような厚みのある扁平な刃部端か、あるいは断面が多角形の棒状鉄製品などを包んでいたとみられるが、出土地点の付近にこれに対応する鉄器は確認できない。鉄製品付着痕跡から約 1cm の厚さで目の細かい織物が幾重にも重なっており、本来、鉄製品に巻き付けられていた織物とみられる。

(水野)

【引用文献】
都出比呂志「農具鉄器化の二つの画期」『考古学研究』第 13 巻第 3 号　考古学研究会

## 第 6 節　威儀具

### 1　Y 字形鉄製品 ［図 289、PL. 142・143］

東棺外から 2 点が出土した。全体として Y 字形を呈する平板な鉄製品である。鉄製品の名称としては形状に着目した『概報』の呼称を踏襲する。大きく二股に開く頂部、三角形の体部、茎状に細長く先端が尖る基部の 3 つの部分からなる。

Y 字形鉄製品 1 ［図 289］　頂部の一部を欠損するが全形はうかがうことができる。頂部は外方へ湾曲しながら二股に開き、先端に円盤部が付く。外縁にはそれぞれ 2 ヶ所、雲形のカーブをもつ突起が付く。二股の分岐は切れ込み状にはなっておらず、湾曲する。頂部と体部との境の外縁には、頂部先端と同形の円盤部が付く。なお、これらの円盤部の中央には、いずれも径 0.4cm 程度の円孔が穿たれる。体部は直線気味に下降して裾広がりとなり、隅角は丸くおさめる。体部の下縁は右上がりとなっており、左右対称の形状にならない。基部の幅は体部との境部分が最大であり、基部先端は尖る。鉄板の厚みは体部の中央付近が最大となり、基部先端まで厚みは同じである。そのため体部と基部との境には段差は生じない。また頂部と体部の境についても同様である。

表面には多数の繊維が付着する。円盤部の円孔の両面にリボン状の平絹が確認できる。円孔の中心にはこのリボン状の平絹を取り付けるための紐状繊維があり、繊維の断面には赤色や黄色の色素が確認できる。また表裏の広範囲に平絹が付着するほか、斜めに巻き付けた糸目方向が確認できる。これらは円盤部のリボン状平絹の上に重なることから、副葬に際して巻きくるむために用いた繊維であると考えられる。

全長 41.3cm、頂部の開き 18.0cm（推定）、体部幅 7.8cm、基部長 15.6cm、基部幅 1.9cm、厚み 0.4〜0.8cm、重量 176.2g を測る。

Y 字形鉄製品 2 ［図 289］　頂部の大部分は欠損しているものの、体部と基部は多くが残存している。頂部は体部との境部分のみが残存しており、二股の分岐部分は 1 と同様、切れ込み状にはなっておらず、湾曲する。頂部と体部との境の外縁には円盤部がつき、中央に径 0.4cm 程度の円孔が穿たれる。体部は直線気味に下降して裾広がりとなり、隅角は丸くおさめる。体部の下縁はやや左上がりとなっており、左右対称の形状にならない。基部の幅は体部との境部分が最大であり、基部先端方向にいくにしたがって細くなっている。鉄板の厚みは体部の中央付近が最大となり、基部先端まで厚みは同じである。そのため体部と基部との境には段差は生じない。

1 と同様に円盤部の円孔の両面にリボン状の平絹が確認でき、このリボン状の平絹の断面には赤色、黄色、青色の色素が確認できる（第Ⅱ部第 2 章第 6 節）。また表裏の広範囲に平絹が付着し、斜めに巻き付けた糸目方向が確認できる。これらは円盤部のリボン状平絹の上に重なることから、副葬に際して巻きくるむために用いた繊維であると考えられる。

残存長 29.3cm、体部残存幅 6.8cm、基部残存長 11.8cm、基部幅 1.6cm、厚み 0.4〜0.7cm、重量 246.4g を測る。

Y 字形鉄製品 1・2 ともに、各部位間に鍛接痕跡がなく、一体で成形したとみられる。体部下端で 1 と 2 の実測図を重ねると円盤部及びその円孔位置と頂部の股の位置は合致しない。

(前田)

### 2　U 字形鉄製品 ［図 290〜293、PL. 144・145］

フレーム状の大小 2 点の U 字形の鉄棒と中空の鉄製管 21 点からなり、大小フレームの間を鉄製管で鋸歯状に繋いだ状態に復元される［図 290〜293］。後述のように織物を中心とした有機質の部材と組み合わせた骨組みの部分と考えられる

第Ⅰ部 調査編

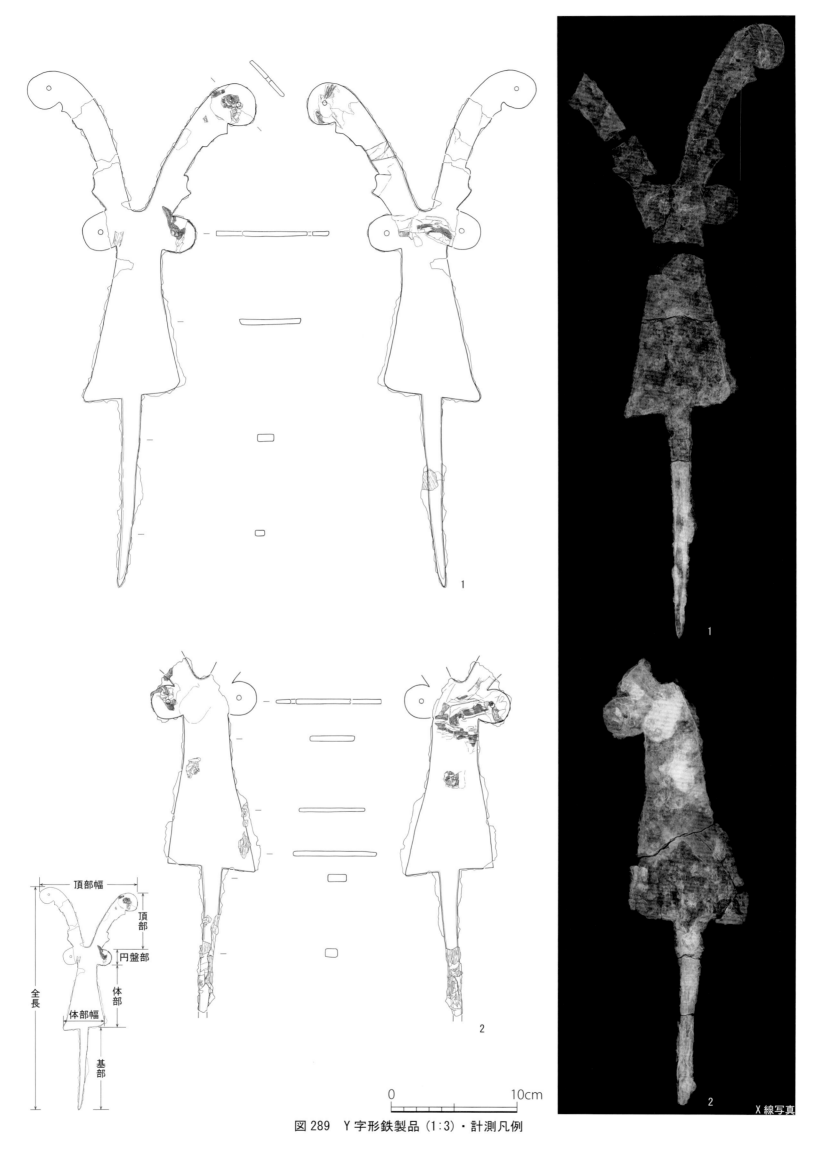

図289 Y字形鉄製品（1:3）・計測凡例

が、鉄製部分の名称としては形状に着目した『概報』の呼称を踏襲する。

　**大型フレーム**　1は高さ29.3cm、幅27.2cmのU字形の棒状鉄製品である。鉄棒としての長さは約70cmで、重量は128.1gである。断面は一辺0.6〜0.8cmの方形で、折れて接合しない部分があるが左右対称であり、中央付近がやや太目で、均整のとれたU字形である。U字形の左側先端部は完存する。茎部状に緩やかに細くなり、明確な関はX線写真でも確認できない。右端部の先端は欠損している。

　大小U字形フレームと鉄製管のみで完結する器物とは考え難いため、有機質の別材との組み合わせを想定し、木製装具等の痕跡に注意したが、木質痕跡は確認できなかった。一方、多量の織物が付着しており、特にU字形の両端付近には細かい目の織物が緩く巻きついていた。織物は鉄器表面に密着したものではなく、隙間が大きく緩いもので、その上に木製柄などの別素材が被さる可能性はなかった。他にも大型フレームの右側端部の欠損部付近には横方向の繊維痕跡と細かい織物片が表裏に付着しており、U字形フレームのあちこちに小さな織物痕跡を確認できた。また、鉄製管が付着した状態で出土した箇所には瘤状の錆があり、それ以外にも瘤状の錆が一定間隔で確認できることから、瘤状の錆は鉄製管とフレームとの接合位置と関わるものとみられる。それ以外に、フレームの中央付近などが部分的に茶色く変色しており、有機質の付着物の可能性をうかがわせる。

　**小型フレーム**　2は高さ26.2cm、幅16.4cmのU字形の棒状鉄製品である。鉄棒としての長さは約63cmで、重量は106.3gである。断面は方形で、中央付近で一辺最大0.8cmとなる。両端部は完存し、端部より8.0cm程の位置に一段細くなる深さ1mm弱の直角関をもち、端部は茎部状をなし、その先端は緩く尖る。関を含めて他の部材との接合を意識した造りとなっており、ここでも木製装具の存在を想定したが痕跡は確認できなかった。また、大型フレームと同様の瘤状の錆が一定間隔で確認できる。

　関から先の端部を茎部と呼ぶが、この付近には大型フレームと同様に目の細かいある程度の大きさの織物が緩く重なっていた。大型フレームにみられた横方向の繊維痕に似た織物の重なりは小型フレーム左端の関付近にも確認できた。しかし、織物は大型フレームと同様に茎部のみではなく、U字形フレームの広い範囲に断片的に付着することから、茎部に巻き付けられた織物とU字形を覆うように貼られた織物などが混在するとみられる。

　**鉄製管**　大小のU字形フレームをつなぐ鉄製管は21点ある。長さ5.0〜5.2cm、直径0.6cm前後である。断面は綺麗な円形で、加工の際に叩いた面は確認できない。管の厚さは0.1〜0.15cm前後で、薄い鉄板を丸めた中空管である。鉄製管の綴じ合わせは、目視ではほとんど確認できず、X線写真でようやく確認できるほど精巧な造りである。

　鉄製管の両端は閉じ合わせの位置で管径の約半分弱の部分を斜めに切断している。切断部分は典型的には管の端部から0.4〜0.5cm程度の位置から、管の外側から0.2〜0.3cm程度の位置までを直線的に切り落としている。その際、必ず切断部分の最も深い場所に閉じ合わせが来るようにしている。

　これら鉄製管には、斜めに切断した面と面を合わせたV字形に錆着して出土したものが3組あり、うち1組はV字形のまま大型フレームに錆着していた［図290・291-4・5］。V字形の角度はおよそ50〜75°と幅が認められる。

　鉄製管と大小のU字形フレームとの間には、鍛接やロウ着けなどの金属を介しての接合は確認できなかった。その代わりに鉄製管の内側に、太さ2.5mm程の紐が遺存しており、糸の撚りと繊維が部分的に確認できる［図294］。この紐は短茎鏃の根挟みに用いる糸よりもかなり太く、大小のU字形フレームと鉄製管とは、この紐を用いて固定したと考える。具体的には大小のU字形フレームに紐を結びつけて鉄製管の中に紐を通して、鉄製管と大小フレームを固定したと想定する。フレームに紐の痕跡は確認できなかったが、一定間隔で見られる瘤状の錆は紐による結節と関わるものとみられる。この時に、紐を緩めて一定の可動性を持たせたのか、強く結節して鉄製管をU字形のフレームに完全に固定したのかは不明である。V字形で出土した鉄製管の切断面の隙間が1mm程度はあることから、結果として一定の可動性をもったと推定する。

　大小U字形フレームと鉄製管を組み合わせた状態で、特に鋸歯文状に配置された鉄製管の片面に織物痕が面的に付着していた。目視する限り、同一種類の織物が皺になることなく貼り付いていた。U字形鉄製品に織物を固定する縫い目などは確認できなかったが、小型フレームの内側に織物痕が顕著ではないことから、U字形フレームに織物を巻き付けてはいない。U字形鉄製品と織物の関係を出土状態から考えてみると、U字形鉄製品は有機質製品1の上に載る位置で、石室北壁に引っかかるように斜めの状態で出土しており、元々、上面がほぼ水平に近い有機質製品1の上に、織物痕の面を下にして置かれていたとみられる。ただし、隣接する刺突具1に面的な織物痕が確認できないことから、有機質製品1全体に織物が敷かれたのでなく、U字形フレーム上半を覆う位置に織物があり、付着したと考えられる。さらにU字形フレーム下半には別の織物が茎部に緩く付着していたとみられる。

　**復元**　各部材は出土状態からも大小U字形フレームの間に鉄製管が鋸歯状に配置されていたとみられる。同一平面ですべての鉄製品が組み合うとすれば、小型フレームの端部は大型フレームの端部よりも3cmほど下へ突出し、大小フレームの茎部先端は揃わない。ただし、フレームの茎部先端を揃えようとすると、小型フレームが大型フレームよりも手前になるような立体的な構造が必要となり、その場合には下端の鉄製管の接合位置が小型フレームの茎部関よりも端部側に来てしまう。平面的に大小フレームが配置され、その上に面的に織物が貼り付いていたと考えられる。

　全体として、鉄製部分の全体に織物が貼り付き、茎関以下には別の織物が緩く付着するなど、織物との関わりが目立つ。また、大型フレームの中央付近が錆で変色しており、別の紐等の有機質が付着していた可能性がある。同時に、茎部などに木製の補強材等の痕跡は確認できず、鉄製部材同士は紐だ

第Ⅰ部 調査編

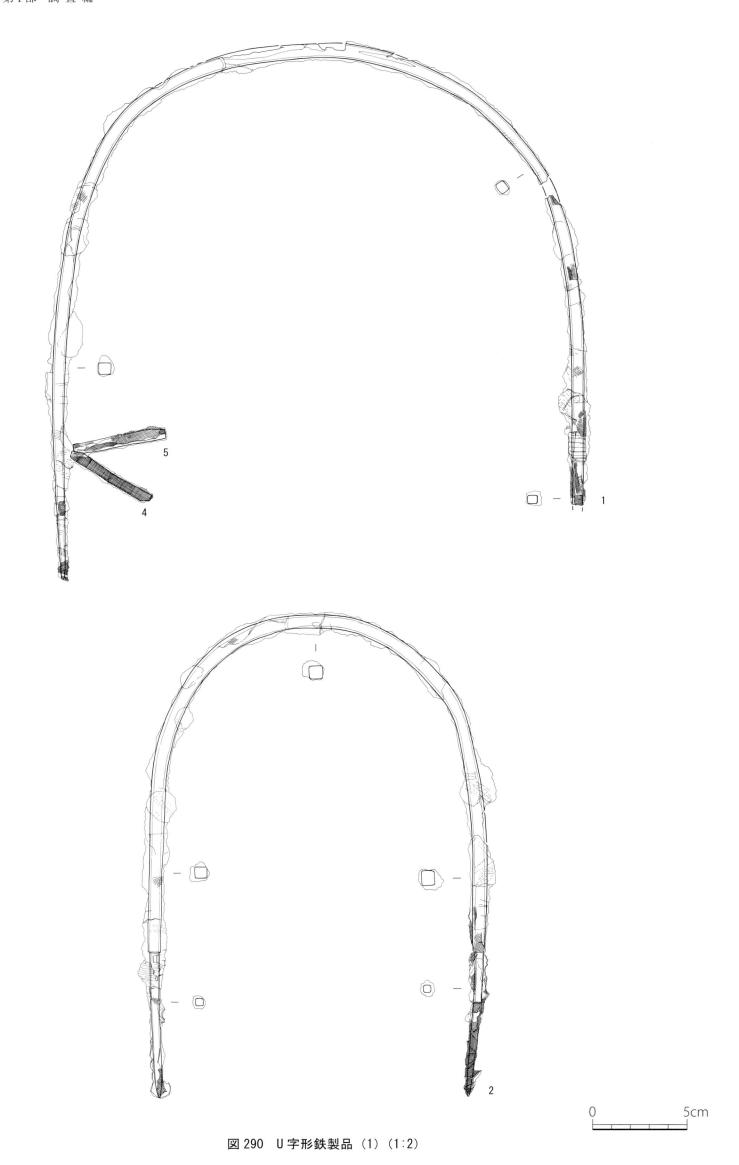

図290 U字形鉄製品（1）（1:2）

第6章 副葬品

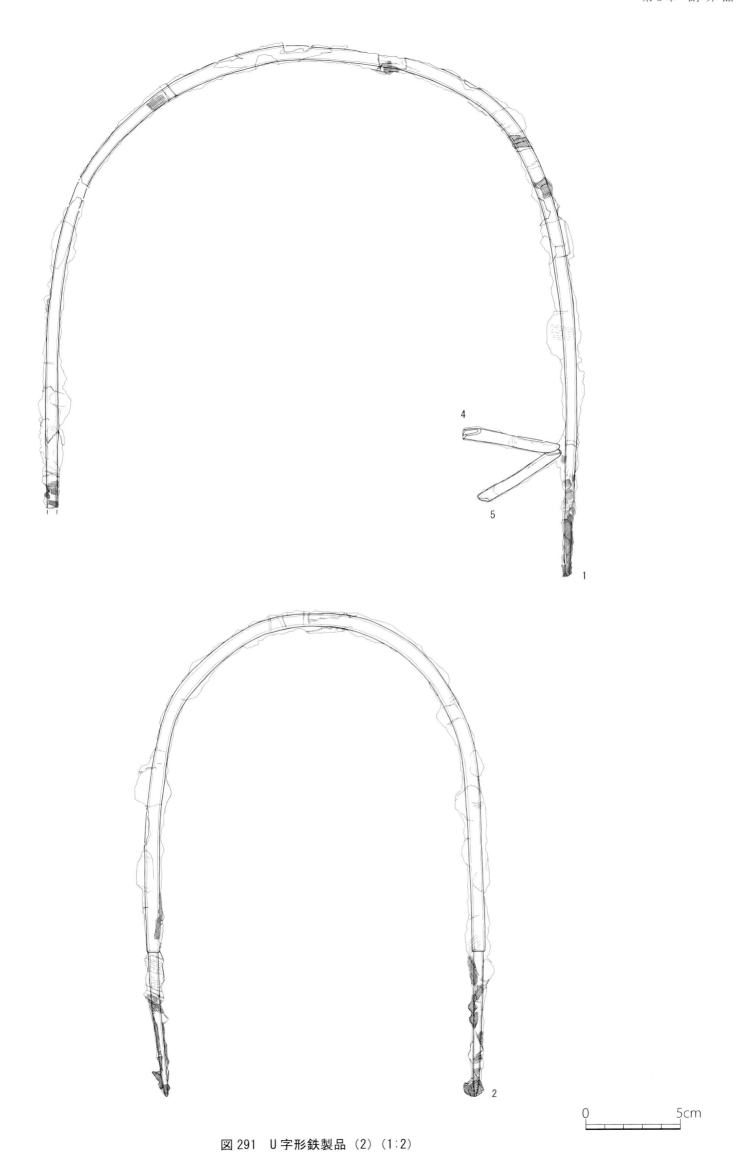

図 291　U字形鉄製品（2）(1：2)

第Ⅰ部 調査編

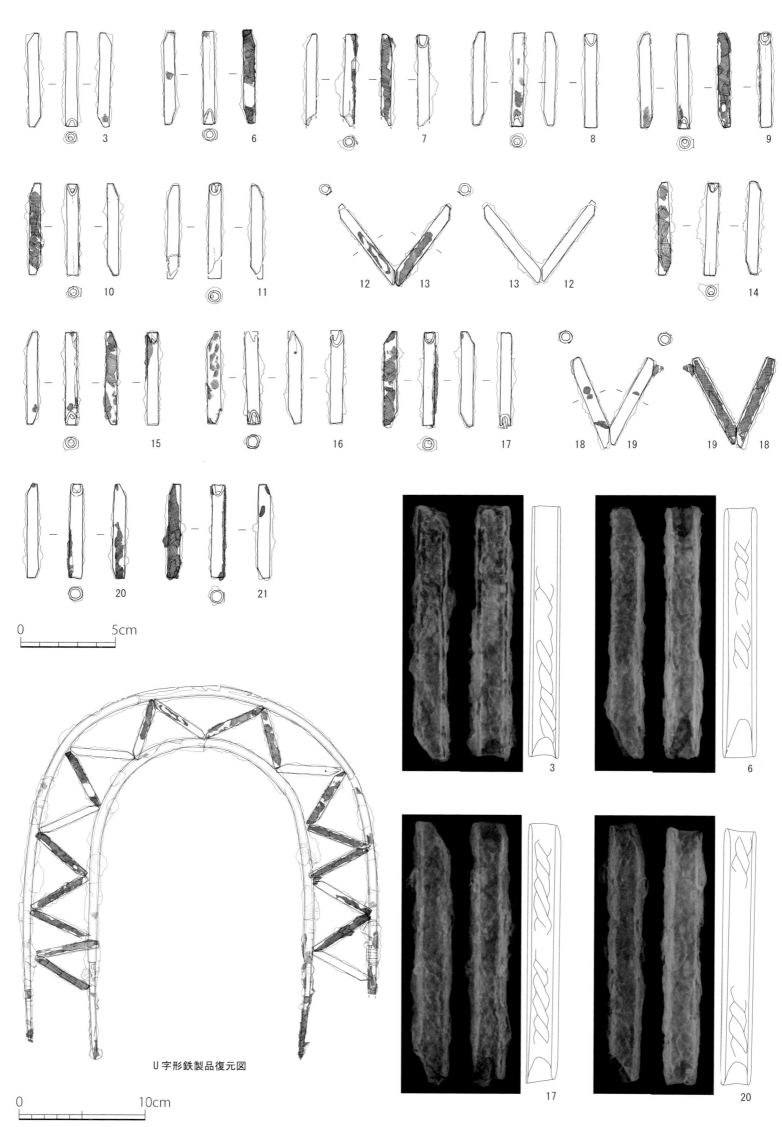

U字形鉄製品復元図

図 292 U字形鉄製品 (3) (1:2・1:3)

第6章　副葬品

図293　鉄製管計測凡例

表21　U字形鉄製品（鉄製管）計測表

| 番号 | 全長(cm) | 径(cm) | 重(g) | 番号 | 全長(cm) | 径(cm) | 重(g) | 番号 | 全長(cm) | 径(cm) | 重(g) |
|---|---|---|---|---|---|---|---|---|---|---|---|
| 1 | (70.0) |  | 128.1 | 8 | 5.1 | 0.6 | 5.0 | 15 | 5.2 | 0.6 | 5.1 |
| 2 | 62.6 |  | 106.3 | 9 | 5.1 | 0.6 | 4.7 | 16 | (5.1) | 0.7 | 5.1 |
| 3 | 5.1 | 0.6 | 5.7 | 10 | 5.0 | 0.6 | 5.0 | 17 | 5.2 | 0.7 | 6.5 |
| 4 | 5.1 | 0.6 | - | 11 | (4.9) | 0.7 | 4.6 | 18 | 5.2 | 0.7 | 11.5 |
| 5 | 5.1 | 0.6 | - | 12 | (5.0) | 0.6 | 9.6 | 19 | 5.1 | 0.7 |  |
| 6 | 5.1 | 0.6 | 4.5 | 13 | 5.1 | 0.6 |  | 20 | 5.1 | 0.7 | 5.6 |
| 7 | (5.0) | 0.6 | 4.0 | 14 | 5.1 | 0.6 | 6.0 | 21 | 5.2 | 0.7 | 5.9 |

図294　U字形鉄製品・鉄製管写真

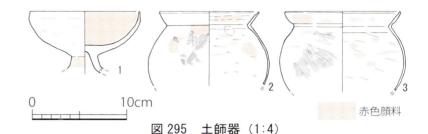

図295　土師器（1:4）

けで固定したとみられ、捩りや引っ張るなどの大きな力をかけられる器物ではない可能性が高い。また、中空の鉄製管の加工は非常に精巧で、古墳時代前期の鉄製品としては非常に特殊である。高度な鉄加工技術が用いられていることから、古代中国の領域で製作された可能性がある。

類例を確認できず、不明な部分は多いが、U字形部分に織物が付着し、茎部部分にも別の織物が付着することから、織物に関わるフレームとみられ、幅が30cm弱の一種の旗、もしくは小型の幡のような儀仗品であった可能性がある。

## 第7節　有機質製品

表面に塗布された赤色顔料からその範囲を知りうる比較的大型の有機質製品3点（有機質製品1～3）を確認した。これらは断片的な漆膜の存在やわずかな刺繍の痕跡から漆塗りの革製品などであると考えられるが（第5章第1節）、遺物としての遺存状態がきわめて悪いため、土ごと取り上げた有機質製品1の一部について本節で報告する。

有機質製品1は北棺外で南北99cm、東西124cmに及ぶ水銀朱の面として検出した。検出できたのは基本的に水銀朱層のみで詳細は不明であるが、東壁及び北壁に沿って綾杉状の文様を伴う漆膜を確認した［図50、PL.18］。東壁沿いの漆膜を薬品で強化し、土ごと切り取って取り上げた［図288］。革製品などに刺繍された文様が表面に塗られた黒漆の面に浮き出し、漆膜の凹凸として遺存したものである。綾杉状の文様は近接して多重に巡っていた可能性がある。
　　　　　　　　　　　　　　　　　　　　　　　　（水野）

## 第8節　土　器

**土師器**［図295、PL.146］　南棺外から3点の土師器（高杯1点、甕2点）が出土している［表22］。いずれも副葬品で、他の副葬遺物とともに大きな時期差なく副葬されたと考えられる点で、年代を土器から推察することのできる稀少な資料である。なお、とくに明記しない限り形式細別や調整手法等々については『矢部遺跡』［寺沢（編）1986］で設定した分類と呼称法を踏襲する。

高杯（1）はE4形式の椀状低脚高杯で、杯部と脚部外面は横方向のミガキA、杯部内面は縦方向放射状のミガキAを、脚部内面は横方向のミガキBを施す。全面に赤色顔料が付着するが、杯内面はとくに顕著である。なお、図296-4は同形式の高杯裾部で盗掘坑出土であることから、同一個体である可能性もあるが、本来別個体が存在した可能性を彷彿させる。

甕（2・3）はいずれも布留形（F形式）で、口径10～12cm、推定復元器高12cmほどの小形品（Ⅲ形式）の、体部最大径が中位にあって球形を呈するF-Ⅲ-C形式に属する。第4次形式は後述するように、体部外面はタタキ痕を一切残さない（5）、口縁部の形態素は（2）がわずかに内湾する口縁にわずかに外面に端面をもつe2形式、（3）はh形式に近似するが、わずかに端部内面を丸くまとめたe1形式である。

調整法は、（2）の口縁部が内外面ともに横方向のスリナデICa手法、体部外面は肩部が横方向のスリナデICa、以下は斜め方向のIAa、体部内面は口縁部との屈曲はシャープさを欠き、4mm幅で横方向のナデオサエを施す。一部に指頭痕を残す。以下は上半が横方向のケズリA、下半が斜め（左上）方向のケズリAとなる。器壁の全体に赤色顔料が付着している。（3）も口縁部の内外面ともに横方向のスリナデICa手法であるが、頸部接点にオサエによる凹部が残るため内湾度は（2）よりも高い。体部外面は肩部に縦方向の短いスリナデIB、以下は斜め方向のIAaを施す。体部内面の口縁部との屈曲はやはりシャープさを欠き、5～6mm幅での横方向のケズリAを施す。以下は斜め（左上）方向のIAaを施す。やはり、器壁全体に赤色顔料の付着が及ぶが、口縁部内面にはその固まりが付着する。
　　　　　　　　　　　　　　　　　　　　　　　　（寺沢）

【引用文献】
寺沢　薫（編）1986『矢部遺跡』奈良県立橿原考古学研究所

# 第7章　墳丘出土遺物

## 第1節　古墳に関わるもの

### 1　土　器　［図296〜299、PL. 146〜149］

盗掘坑・墓壙埋土・墳丘盛土・墳丘下包含層等から平箱44箱分の土器片が出土した。整理作業ではまず表土や後世の整地層出土の中・近世土器片などが除外され、黒塚古墳の築造に間接的にでも関わるであろう遺存度のよい古墳時代の土師器など約1467点が抽出された。さらに形式（器種・器形）判別が可能な資料や、年代および施文・調整法、製作地などにおいて特筆すべき土器片に限定して整理をおこない最大限記録した結果、実測図を作成した点数は184点であった。

さらに、同一形式が多数ある上、形状認定に不安が大きい細片資料や遺存度が著しく悪い資料などを除外した結果、うち177点を掲載することとなった。個別資料の細部については観察表［表22］を参照願いたい。

ここでは出土した土器のうち古墳時代の土師器に限って、とくに管見を得た特徴と指摘しておくべき事項について記載する。なお、文中とくに明記しない限り形式細別や調整手法等々については『矢部遺跡』［寺沢（編）1986］で設定した分類と呼称法を踏襲する。

盗掘坑出土の土師器［図296-4〜39］　埋葬施設盗掘坑出土の土器には大形の壺が目立つ。この種の口縁部・頸部17点（10〜18・20・21・23〜28）と底部6点（33〜38）を図示した。二重口縁壺（24など）と直口壺（12・28など）の二種があり、前者には加飾壺（10・11・29・30）と無文（13〜15）があり、多くは頸頭に断面三角形の突帯を貼り付ける。10は受け口状を呈する加飾二重口縁壺と考えるが細片で立ち上がりには自信がない。これらの壺は図示したとおりほとんどが赤彩されていて、底部はいずれも焼成前穿孔を施されている。口径30cm、胴部最大径40cmにおよぶいわゆる茶臼山型壺にしては小さいが、類似した性格を帯びた一群と考えられる。盗掘坑での集中出土からみて本来、墓壙・石室上に配置されていた可能性が高いであろう。

壺（9）は伊勢湾沿岸地方の瓢形壺で口唇部に繊細な刻みをもつ。胎土は乳白色で内外面ともに縦方向のミガキAを施し赤彩。受口口縁甕（7・22）は乳褐色でチャートが目立つ近江製、甕（6）は口縁部外面に細かなタタキ痕跡を残す。布留式の傾向を帯びたものあるいは影響を受けた庄内大和形甕（SY(F)）であろう。壺（21）は在地製だが東海（伊勢湾沿岸部）系の二重口縁壺であろう。

墓壙埋土内出土の土師器［図297-40〜62］　表土と墳丘盛土として取り上げられた8点の土器を含むが、基本的に墓壙埋土ないしは覆土内出土と認識される一群の土器である。各器種が一様に検出されており、墳丘築造時あるいは埋葬施設の造営時に墳丘盛土中の土器を含めて包含されたものと考えられる。

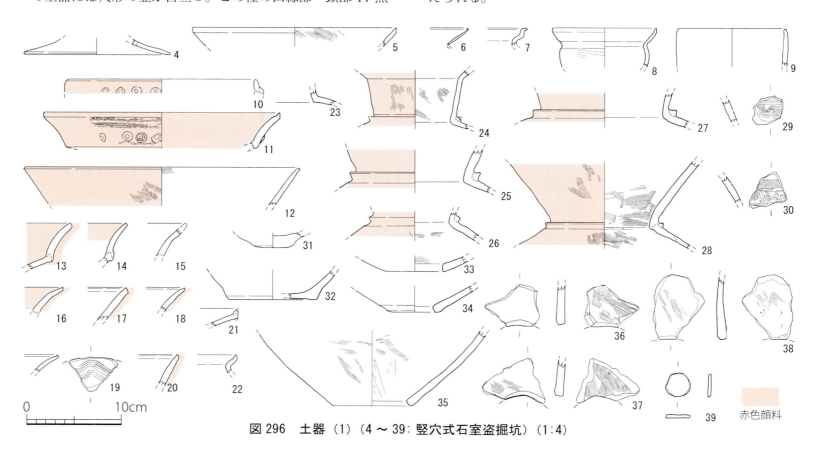

図296　土器（1）（4〜39：竪穴式石室盗掘坑）（1:4）

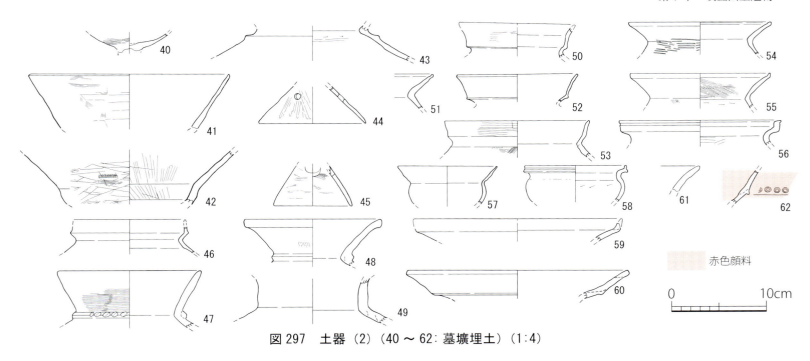

図297 土器(2)(40～62:墓壙埋土)(1:4)

壺には盗掘坑で出土した二重口縁壺と同一形式の例(49)のほか、壺(21)同様の細い頸部に大きく開いて立ち上がる口縁を持つ二重口縁壺(59)、大きく外反する(60)などの東海(伊勢湾沿岸部)系が目立つが、これらはチャートや堆積岩が目立ち淡明黄(赤)褐色の胎土から南山城から淀川上流地域からの搬入品であろう。また、口縁外面にスリナデⅠAaを施し頸部に棒状工具による押捺刻目突帯を施す直口壺(47)や広口壺(48)も西遠江や伊勢湾沿岸部製と考える。51・54・55は庄内形甕。57は小形丸底鉢Ⅱ-B2。

43は鼓形器台、46は有段口縁壺、52は有段口縁甕で、いずれも乳褐色で山陰製。同じく有段口縁甕だが、50・52は北陸製であろう。受口口縁甕(56)は近江製、鉢(58)はいわゆる「て」字状口縁で暗褐色を呈し自形の角閃石が目立つ。備中(足守川流域)製。

**後円部墳丘盛土(一部表土)出土の土師器**〔図298-63～87〕 甕には中形、大形、超大形品(72)が存在する。65・70は庄内形甕であろうが前者は口縁端部にe1手法を採用する。67は弥生形甕だが、頸部の深いスリナデと屈曲・肥厚した口縁は布留式の手法である。69は頸部スリナデの内湾口縁から0式布留甕の可能性が高い。68・75のような口縁の立ち上がり角度の大きな布留形甕は新しい要素であるが、布留0式段階から存在する。口縁端部にe1手法を残している点が布留1式以降には見られない古い要素である。逆に71の器形は庄内形のシャープな「く」字状口縁を残すS(F)甕だが、口縁端部にはg2手法が採用される。72は口縁b手法で「布留式傾向庄内甕」とされるタイプであるが、もはやS(F)甕であろう。87は庄内2～3式に多用される細かな矢羽根タタキを施すが、いずれも布留0式を構成する様式範疇で考えて大過ない。66は受口口縁で乳黄褐色を呈し多量のチャート粒を含有する粘性の高い胎土で、外面に横方向のスリナデ、内面にケズリBを施す近江製。

77は小形丸底鉢Ⅱ-B2。78は直口壺で内外面に赤色顔料を塗布する。86はミニチュア壺で二重口縁の可能性がある。外面に赤色粘土のスリップをかける。二重口縁壺は4点認められる。79は灰白色の胎土に赤色顔料を特定部位に塗布するいわゆる「パレス式」壺の口縁部で伊勢湾沿岸製。廻間Ⅱ-3・4式か。80は垂下口縁の東海(伊勢湾沿岸部)系二重口縁壺であろう。82は二重口縁の立ち上がりから東部瀬戸内系と考えられる。高杯(63・64)はいずれもG形式で64は加飾と赤色顔料を塗布する。

**前方部墳丘盛土出土の土師器**〔図298・299-88～159〕 土器が最も多く出土した地点で、高杯、甕、壺、小形高杯・器台、小形丸底鉢がおしなべて見られる。高杯は椀形高杯(88・90・92～94・99)でおそらく低脚裾広がりのE4形式。88は杯外面に赤色顔料を塗布する。他は脚部形態素1・4、A・Bで杯部屈曲の高杯でほとんどは91のようなB5形式であろう。ただし、91は乳褐色を呈し北陸製であろう。89は屈曲部が剥離している。96は胎土からは在地の可能性が高いが、脚上部にヘラ描きの直線文と列点文を配した伊勢湾沿岸部の欠山式の系譜であろう。

甕は中・大形品で、庄内大和形が目立つ。しかし、口縁部の立ち上がりの角度が大きい例(105～108)や、口縁e手法(107・117)、明瞭な内湾・肥厚例(104・111・118・120)が顕在化している点を考えると、ほとんどはSY(F)形式と見るべきであろう。110は内面スリナデ、112はケズリのようだが弥生形あるいはY(SないしF)形の可能性がある。107は胎土が乳褐色で搬入品だが地域を特定できない。113は淡橙色ないしは乳褐色を呈し多量のチャート粒を含有する粘性の高い胎土で、受口口縁と外面ケズリBから近江製。119は暗茶褐色の有段口縁の甕で山陰中部製、121は赤褐色を呈し短く内傾して立ち上がる口縁をもつ。内面ケズリの中形甕にしては器壁が厚い。備後～美作地域であろうか。

壺はやはり二重口縁壺が目立つ。133・136・137は大形品であるが赤色塗彩はない。131・138・140は加飾二重口縁壺で、138の底部は143のようであるかもしれない。144はその小形タイプであろうか。140は頸部が極端に細い小形品で頸部に刻目突帯を施す。口縁部は131のように上下に拡張させた幅広で肥厚した口縁が取り付くのであろう。いず

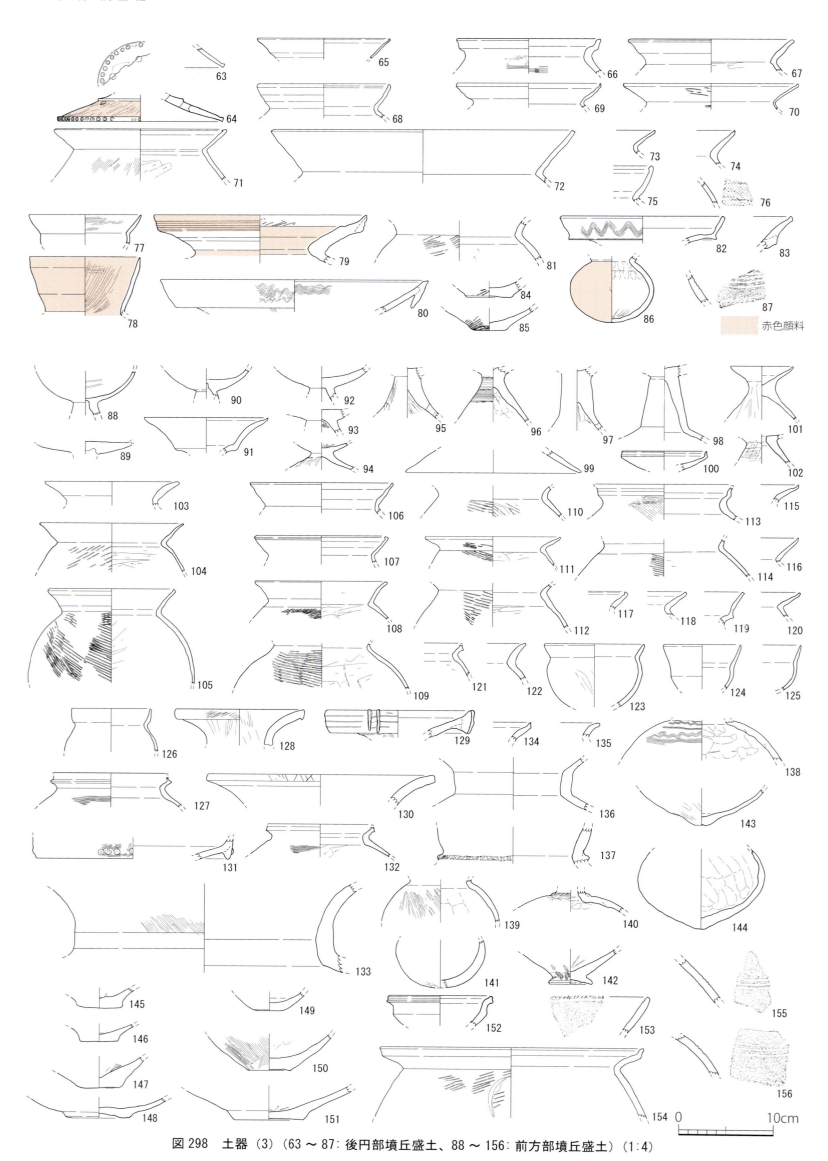

図298 土器（3）（63〜87：後円部墳丘盛土、88〜156：前方部墳丘盛土）（1:4）

第 7 章　墳丘出土遺物

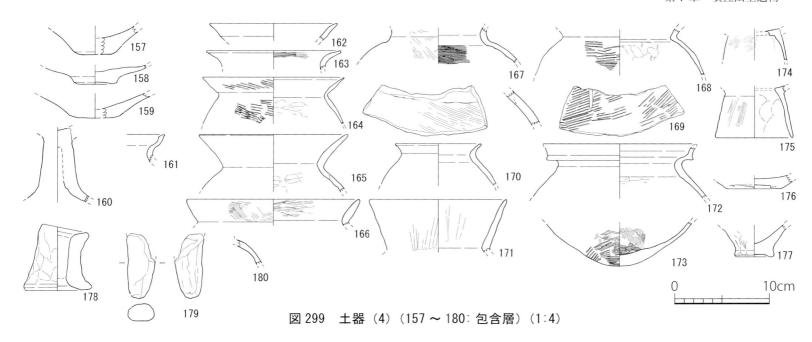

図 299　土器（4）（157〜180：包含層）（1：4）

れも畿内地方の二重口縁の系譜にはない伊勢湾沿岸部以東の影響ないしは搬入品であろう。129は「パレス式」の壺で廻間I-4式相当の搬入品であるが、赤褐色を呈する尾張東部台地地帯製か。

広口壺（128・130）も在来系譜ではなく東方の東遠江〜西駿河系であろう。128は口唇部を櫛状工具で刻み、130は格子状ないしは鋸歯状にヘラ描きする。127・132は口径が小さくなるので壺とした。短く内傾して立ち上がる口縁をもつ点では121に類するがいずれも擬凹線文を残し、127は屈曲部が突帯化している。いずれも肩部に波状のスリナデを施す。いずれも淡黄褐色で山陰西部製であろう。126は受口状の緩い有段口縁の小形壺で鈍い暗黄褐色を呈する。日本海沿岸部地域からの搬入品であろうが地域を特定できない。

小形の鉢（158）は58と同様に、暗褐色を呈し自形の角閃石が目立つ備中（足守川流域）製。58に比して「て」字の屈曲や端面のシャープさを欠く。小形器台にはC4形式（100）、C3ないしC4形式（102）、C2形式（101）が、小形丸底鉢ではⅡ-A1形式（123）、Ⅱ-B2形式（124・125）が見られる。

包含層出土の土師器［図299-160〜180］ 墳丘盛土下の包含層出土の土師器にはとくに東方系の甕が目立つ。168は弥生形甕だが胴部がかなり球形化しているのは庄内0式以降の特徴である。しかし、赤褐色の硬質の胎土や造作は愛知県豊田市伊保遺跡［大橋（編）1974］などの三河地方のタタキ甕や、奈良県磯城郡三宅町伴堂東遺跡［坂（編）2003］や三河遺跡［坂・小池（編）2008］の当該地域からと考えられる搬入土器などに酷似する。169は内外面を条痕風のスリナデⅠAaで調整する。薄茶褐色のチャートの目立つ粘度の高い胎土は三河〜西遠江に通底する。166の「く」字口縁甕も口縁内外面にスリナデⅠAaを多用する。三河〜東遠江の伊場式か。174・175はS字状口縁甕脚台だが淡褐色、暗褐色で端部の折り返しがない。遠江以東の製作品であろう。

161の受口口縁甕は近江製、163も胎土は粘度の高いチャートと赤色斑粒の多い乳褐色で近江製の可能性が高い。162は「く」字口縁のY(F)形式の可能性が高いが、暗赤褐色の胎土は月影式に共通し北陸製の可能性がある。SY(F)形式の164やY(S)形式の173は数少ない在地製である。172

表22　土器観察表

| 番号 | 調査区 | 層位 | 器種 | 法量（cm） | | 調整 | | 胎土 | 色調 | 焼成 |
|---|---|---|---|---|---|---|---|---|---|---|
| | | | | 径（幅） | 残存高 | 外面 | 内面 | | | |
| 1 | 1 | 石室内 | 高杯 | 口径11.5 | 6.8 | ミガキ | ミガキ | 1mm以下の白・赤色砂粒、雲母を含む | 外）2.5YR5/6　明赤褐<br>内）2.5YR5/4　にぶい赤褐<br>内外面とも7.5R4/8　赤色の顔料が付着する | 良 |
| 2 | 1 | 石室内 | 甕 | 口径10.3 | 8.1 | ハケ | ケズリ | 1mm以下の白色砂粒、0.5mm以下の赤色砂粒、雲母を含む | 5YR6/6　橙<br>内外面とも10R4/8　赤色の顔料が付着する | 良 |
| 3 | 1 | 石室内 | 甕 | 口径12.2 | 8.7 | ハケ | ケズリ | 1mm以下の白色砂粒、0.5mm以下の赤色砂粒、雲母を含む | 7.5YR7/6　橙<br>内外面とも7.5R4/8　赤色の顔料が付着する | 良 |
| 4 | 1 | 盗掘坑 | 高杯 | 底部径15.4 | 1.8 | ミガキ？ナデ | ナデ | 3〜5mm大の白色小石、0.5mm以下の雲母、黒・赤色砂粒を含む | 外）5YR7/6　橙<br>内）7.5YR7/6　橙 | 良 |
| 5 | 1 | 盗掘坑 | 甕 | 口径21.4 | 2.1 | | ハケ | 1mm以下の白・赤色砂粒、0.5mm以下の雲母を含む | 外）5YR6/6　橙<br>内）5YR6/4　にぶい橙 | 良 |
| 6 | 1 | 盗掘坑 | 甕 | | 1.8 | タタキ | ナデ | 0.5mm以下の雲母、白・赤色砂粒を含む | 外）5YR4/3　にぶい赤褐<br>内）7.5YR4/4　褐 | やや不良 |
| 7 | 1 | 盗掘坑 | 甕 | | 1.9 | ナデ | ナデ | 1mm以下の白・黒・赤色砂粒を含む | 10YR8/3　浅黄橙 | 良 |
| 8 | 1 | 盗掘坑 | 甕or鉢 | 口径10.8 | 4.3 | タタキ | ナデ | 1mm以下の雲母、白・黒・赤色砂粒を含む | 7.5YR6/6　橙 | 良 |
| 9 | 1 | 墓壙埋土 | 壺 | 口径11.2 | 4.2 | ミガキ？ | ミガキ？ | 1mm以下の白色砂粒、0.5mm以下の雲母を含む | 10R5/6　赤 | 良 |
| 10 | 1 | 盗掘坑 | 壺 | 口径19.6 | 1.6 | | | 4mm大の白色小石、1mm以下の白・赤色砂粒を含む | 5YR6/8　橙<br>外面に2.5YR4/8　赤褐色の顔料がわずかに残る | 良 |
| 11 | 1 | 盗掘坑 | 壺 | 口径24.6 | 3.9 | | ナデ | 1mm以下の白・黒・赤色砂粒、0.5mm以下の雲母を含む | 外）7.5YR6/4　にぶい橙、2.5YR4/4　にぶい赤褐色の顔料が一部残る<br>内）5YR　明赤褐、7.5YR6/6　橙 | 良 |
| 12 | 1 | 盗掘坑 | 壺 | 口径28.8 | 4.1 | ハケ | ハケ | 1mm以下の白色砂粒、0.5mm以下の雲母、赤色砂粒を含む | 外）7.5YR6/6　橙、2.5YR5/6　明赤褐色の顔料が残る<br>内）2.5YR6/8　橙、一部5Y4/1　灰 | 良 |
| 13 | 1 | 盗掘坑 | 壺 | | 5.0 | ミガキ | | 1mm以下の白色砂粒、0.5mm以下の雲母を含む | 5YR6/8　橙、10YR5/6　赤色の顔料が残る | やや不良 |

# 第 I 部 調査編

| 番号 | 調査区 | 層位 | 器種 | 法量（cm）径（幅） | 法量（cm）残存高 | 調整 外面 | 調整 内面 | 胎土 | 色調 | 焼成 |
|---|---|---|---|---|---|---|---|---|---|---|
| 14 | 1 | 盗掘坑 | 壺 | | 4.4 | | ナデ | 1mm以下の白色砂粒、0.5mm以下の雲母を含む | 外）10YR5/3　にぶい黄褐、7.5YR7/6　橙<br>内）7.5YR5/3　にぶい褐、2.5YR5/6　明赤褐色の顔料が残る | やや不良 |
| 15 | 1 | 盗掘坑 | 壺 | | 3.0 | ミガキ | | 1mm以下の白色砂粒を含む | 外）2.5YR6/8　橙<br>内）7.5YR5/6　明褐 | やや不良 |
| 16 | 1 | 盗掘坑 | 壺 | | 2.8 | | | 1mm以下の白色砂粒、0.5mm以下の雲母を含む | 外）7.5YR7/4　にぶい橙<br>内）5YR7/4　にぶい橙<br>内外面とも 2.5YR5/6　明赤褐色の顔料が残る | やや不良 |
| 17 | 1 | 盗掘坑 | 壺 | | 3.5 | ハケ | | 2mm以下の白色砂粒、0.5mm以下の雲母、赤色砂粒を含む | 外）7.5YR7/6　橙、2.5YR5/6　明赤褐色の顔料がわずかに残る<br>内）2.5YR6/8　橙 | やや不良 |
| 18 | 1 | 盗掘坑 | 壺 | | 2.6 | | | 1mm以下の白色砂粒、0.5mm以下の雲母を含む | 外）5YR7/6　橙、2.5YR5/6　明赤褐色の顔料が残る<br>内）2.5Y6/1　黄灰、7.5YR7/6　橙 | 良 |
| 19 | 1 | 盗掘坑 | 壺 | | 2.2 | | ナデ | 1mm以下の白色砂粒を含む | 5YR6/8　橙 | やや不良 |
| 20 | 1 | 盗掘坑 | 壺 | | 3.4 | | | 1mm以下の白色砂粒、0.5mm以下の雲母を含む | 5YR6/6　橙<br>外面に 2.5YR5/4　にぶい赤褐色の顔料が残る | 良 |
| 21 | 1 | 盗掘坑 | 壺 | | 1.8 | ナデ | なで | 0.5mm以下の白色砂粒、雲母を含む | 外）7.5YR7/6　橙<br>内）5YR6/6　橙 | 良 |
| 22 | 1 | 墓壙埋土 | 甕 | | 2.0 | ナデ | ナデ | 1mm以下の白・黒・赤色砂粒を含む | 7.5YR7/4　にぶい橙 | 良 |
| 23 | 1 | 盗掘坑 | 壺 | | 1.8 | | | 1mm以下の白・赤色砂粒、0.5mm以下の雲母を含む | 外）7.5YR7/8　橙、10YR6/4　にぶい黄橙<br>内）2.5Y2/1　黒 | 良 |
| 24 | 1 | 盗掘坑 | 壺 | | 6.5 | タテハケ | ハケ | 2mm以下の白色砂粒、1mm以下の雲母、赤色砂粒を含む | 外）7.5YR7/8　黄橙<br>内）7.5YR7/6　橙<br>内外面とも 2.5YR5/6　明赤褐の赤色顔料が残る | やや不良 |
| 25 | 1 | 盗掘坑 | 壺 | | 4.7 | ナデ | ナデ | 2mm以下の白色砂粒、1mm以下の雲母、黒・赤色砂粒を含む | 外）10YR7/3　にぶい黄橙、2.5Y4/1　黄灰、一部 2.5YR4/6　赤色顔料が残る<br>内）7.5YR7/6　橙 | 良 |
| 26 | 1 | 盗掘坑 | 壺 | | 3.2 | ナデ | ヨコハケ | | 外）2.5YR4/6　赤褐<br>内）5YR6/6　橙 | 良 |
| 27 | 1 | 盗掘坑 | 壺 | | 3.7 | | | 3mm以下の白色小石・砂粒、1mm以下の雲母、赤色砂粒を含む | 7.5YR6/6　橙 | やや不良 |
| 28 | 1 | 盗掘坑 | 壺 | | 9.5 | ハケ | 口縁部ヨコハケ 肩部ハケ | 2mm以下の白色砂粒、1mm以下の雲母、黒色砂粒を含む | 外）7.5YR6/6　橙、一部 2.5YR4/8　赤褐の赤色顔料が残る<br>内）5YR6/6　橙 | 良 |
| 29 | 1 | 盗掘坑 | 壺 | | | | ナデ | 0.5mm以下の白色砂粒、雲母を含む | 外）7.5YR7/4　橙<br>内）7.5YR7/4　にぶい橙 | 良 |
| 30 | 1 | 盗掘坑 | 壺 | | | | ナデ | 0.5mm以下の白・赤色砂粒、雲母を含む | 外）7.5YR7/6　橙<br>内）5YR6/6　橙 | 良 |
| 31 | 1 | 盗掘坑 | 壺底部 | 底部径 2.9 | 1.7 | | ハケ | 1mm以下の白色砂粒を含む | 外）7.5YR3/1　黒褐<br>内）5YR6/6　橙、一部 7.5YR5/2　灰褐 | 良 |
| 32 | 1 | 盗掘坑 | 壺底部 | 底部径 9.2 | 3.2 | | | 2mm以下の白色砂粒、0.5mm以下の雲母、赤色砂粒を含む | 外）5YR6/6　橙<br>内）7.5YR7/6　橙 | 良 |
| 33 | 1 | 盗掘坑 | 底部穿孔壺 | 底部径 6.0 | 1.7 | | ハケ | 1mm以下の雲母、白・灰・赤色砂粒を含む | 7.5YR7/6　橙、外面一部 7.5YR3/1　黒褐 | 良 |
| 34 | 1 | 盗掘坑 | 底部穿孔壺 | 底部径 4.4 | 2.9 | | | 1mm以下の白色砂粒、0.5mm以下の雲母を含む | 7.5YR5/6　明褐 | 良 |
| 35 | 1 | 盗掘坑 | 底部穿孔壺 | 底部径 8.0 | 8.1 | ハケ | ハケ ケズリ | 3mm以下の白色小石・砂粒、1mm以下の雲母、赤・灰色砂粒を含む | 7.5YR6/6　橙 | 良 |
| 36 | 1 | 盗掘坑 | 底部穿孔壺 | | | | ハケ | 1mm以下の雲母、白・黒・赤色砂粒を含む | 外）7.5YR7/4　にぶい橙<br>内）7.5YR6/6　橙 | 良 |
| 37 | 1 | 盗掘坑 | 底部穿孔壺 | | | ハケ | ハケ | 1mm以下の雲母、白・黒・赤色砂粒を含む | 外）10YR6/4　にぶい黄橙<br>内）7.5YR6/4　にぶい橙 | 良 |
| 38 | 1 | 盗掘坑 | 底部穿孔壺 | | | ハケ | ハケ ケズリ | 3mm以下の白色小石、1mm以下の雲母、黒・赤色砂粒を含む | 外）7.5YR7/6　橙、わずかに赤色顔料が残る<br>内）7.5YR7/6　にぶい橙 | 良 |
| 39 | 1 | 盗掘坑 | 土製品 | 2.6*2.5 | | | | 0.5mm以下の雲母、赤色砂粒を含む | 5YR6/6　橙、7.5YR7/6　橙 | 良 |
| 40 | 1 | 表土 | 高杯 | | 2.1 | ハケ | | 2mm以下の白色砂粒、1mm以下の雲母を含む | 5YR7/　橙 | 良 |
| 41 | 1 | 墳丘盛土 | 高杯 | 口径 20.8 | 5.9 | ハケ？ | ケズリ | 1mm以下の白色砂粒を含む | 外）2.5YR5/8　明赤褐<br>内）2.5YR5/6　明赤褐 | 良 |
| 42 | 1 | 墓壙埋土 | 高杯 | | 5.8 | ハケ ミガキ | ミガキ | 1mm以下の赤色砂粒・雲母を含む | 外）7.5YR7/6　橙<br>内）7.5YR6/6　橙 | 良 |
| 43 | 1 | 表土 | 鼓形器台 | | 3.8 | ナデ | ケズリ | 1mm以下の白色砂粒、雲母を含む | 外）5YR7/6　橙、一部 10YR6/1　褐灰<br>内）5YR7/4　にぶい橙 | 良 |
| 44 | 1 | 表土 | 小形器台 | 底部径 11.2 | 4.0 | ミガキ | ミガキ | 1mm以下の白・赤色砂粒、雲母を含む | 外）7.5YR6/6　橙<br>内）7.5YR7/6　橙、一部 5Y4/1　灰 | 良 |
| 45 | 1 | 墓壙埋土 | 小形器台 | 底部径 8.2 | 4.4 | ハケ | ハケ | 3mm程度の白色小石、0.5mm以下の雲母、白・灰・赤色砂粒を含む | 外）5YR6/6　にぶい橙<br>内）7.5YR7/6　橙 | 良 |
| 46 | 1 | 墓壙埋土 | 壺 | | 2.9 | ハケ | ナデ | 1mm以下の白色砂粒を含む | 外）10YR8/6　黄橙<br>内）10YR8/3　浅黄橙 | 良 |
| 47 | 1 | 墓壙埋土 | 壺 | 口径 15.0 | 5.8 | ヨコハケ | | 1～2mm程度の白・黒色の石、0.5mm程度の赤色砂粒を含む | 7.5YR7/6　橙 | 良 |
| 48 | 1 | 墓壙埋土 | 壺 | 底部径 14.2 | 5.1 | ハケ ナデ | | 3mm以下の白色小石、0.5mm以下の雲母、赤色砂粒を含む | 10YR7/4　にぶい黄橙 | 良 |
| 49 | 1 | 墓壙埋土 | 壺 | | 4.9 | | | 1mm以下の白・赤色砂粒を含む | 7.5YR7/4　にぶい橙 | 良 |
| 50 | 1 | 墓壙埋土 | 甕 | | 3.2 | ナデ | ナデ | 1mm以下の白色砂粒、0.5mm以下の雲母、赤色砂粒を含む | 外）7.5YR6/4　にぶい橙<br>内）7.5YR7/6　橙 | 良 |
| 51 | 1 | 墓壙埋土 | 甕 | | 3.7 | ナデ | ケズリ | 0.5mm以下の白色砂粒、雲母、赤色砂粒を含む | 外）7.5YR7/4　にぶい橙<br>内）7.5YR6/6　橙 | 良 |
| 52 | 1 | 墓壙埋土 | 甕 | 口径 12.6 | 3.0 | ナデ | ナデ | 0.5mm以下の黒・赤色砂粒を含む | 外）10YR7/3　にぶい黄橙<br>内）10YR8/4　浅黄橙 | 良 |
| 53 | 1 | 墓壙埋土 | 甕 | 口径 15.2 | 4.0 | ハケ | ナデ | 2mm以下の白・灰・黒・赤色砂粒を含む | 外）10YR8/4　浅黄橙<br>内）10YR6/2　灰黄褐 | 良 |
| 54 | 1 | 表土 | 甕 | 口径 15.0 | 3.5 | タタキ | | 1mm以下の雲母、白・赤色砂粒を含む | 10YR7/4　にぶい黄橙 | 良 |
| 55 | 1 | 表土 | 甕 | 口径 14.6 | 3.8 | 体部ハケ | 口縁部ハケ 体部ケズリ | 1mm以下の雲母、白色砂粒を含む | 外）10YR7/4　にぶい黄橙<br>内）10YR7/2　にぶい黄橙 | やや不良 |
| 56 | 1 | 墓壙埋土 | 甕 | 口径 17.0 | 2.8 | ナデ | ヨコハケ | 3mm以下の白・灰・褐色砂粒を含む | 外）10YR8/4　浅黄橙<br>内）10YR8/4　浅黄橙 | 良 |
| 57 | 1 | 墓壙埋土 | 小形丸底鉢 | 口径 10.4 | 4.1 | ナデ | ナデ | 1mm以下の白・黒色砂粒、雲母を含む | 7.5YR6/6　橙 | 良 |
| 58 | 1 | 表土 | 鉢 | 口径 10.6 | 3.9 | ハケ？ ナデ | ケズリ | 1mm以下の雲母、白・黒・赤色砂粒を含む | 7.5YR6/6　橙、一部 7.5YR5/2　灰褐 | 良 |
| 59 | 1 | 墓壙埋土 | 壺 | | 2.0 | | | 1mm以下の白色砂粒、雲母を含む | 外）2.5YR6/6　橙<br>内）10YR6/2　灰黄褐 | 良 |
| 60 | 1 | 墓壙埋土 | 壺 | 口径 23.0 | 3.1 | ナデ | ナデ | 3mm以下の白・赤色小石を含む | 7.5YR7/4　にぶい橙 | 良 |
| 61 | 1 | 表土 | 壺 | | 2.7 | | | 2mm以下の白色砂粒、0.5mm以下の雲母、黒・赤色砂粒を含む | 外）5YR7/6　橙<br>内）5YR6/8　橙 | 良 |

第 7 章　墳丘出土遺物

| 番号 | 調査区 | 層位 | 器種 | 法量（cm）径（幅） | 残存高 | 調整 外面 | 調整 内面 | 胎土 | 色調 | 焼成 |
|---|---|---|---|---|---|---|---|---|---|---|
| 62 | 1 | 墓壙埋土 | 壺 | | 3.7 | ナデ | ナデ | 1mm以下の白色砂粒、雲母を含む | 外）2.5YR4/6　赤褐<br>内）10YR3/4　暗赤、赤色顔料が付着する | 良 |
| 63 | 4 | 墳丘盛土 | 高杯 | | 2.2 | ナデ | ナデ | 0.5mm以下の雲母、白色砂粒を含む | 外）10YR7/4　にぶい黄橙、一部10YR3/2 黒褐<br>内）10YR7/4　にぶい黄橙 | 良 |
| 64 | 1 | 墳丘盛土 | 高杯 | 口径17.2 | 2.9 | ミガキ | ナデ | 1mm以下の雲母、白・黒色砂粒を含む | 外）2.5Y4/2　暗灰黄<br>内）5YR5/4　にぶい赤褐 | 良 |
| 65 | 4 | 墳丘盛土 | 甕 | 底部径14.0 | 2.2 | ナデ | ナデ | 0.5mm以下の雲母、白・黒・赤色砂粒を含む | 7.5YR7/4　にぶい橙 | 良 |
| 66 | 3 | 表土 | 甕 | 口径15.0 | 3.8 | ハケ | ハケ | 4mm大の赤褐色小石、2mm以下の黒・赤色砂粒、1mm以下の白色砂粒を含む | 7.5YR8/3　浅黄橙 | 良 |
| 67 | 4 | 墳丘盛土 | 甕 | 口径17.0 | 3.5 | ナデ | ナデ<br>ケズリ | 0.5mm以下の雲母、白・黒色砂粒を含む | 7.5YR6/4　にぶい橙 | 良 |
| 68 | 4 | 墳丘盛土 | 甕 | 口径13.8 | 3.7 | ナデ | ナデ | 2mm以下の白色砂粒、0.5mm以下の雲母を含む | 外）5YR6/8　橙<br>内）7.5YR6/6　橙 | やや不良 |
| 69 | 3 | 表土 | 甕 | 口径15.0 | 2.7 | ナデ | ナデ | 0.5mm以下の白色砂粒を含む | 外）10YR6/6　明黄褐<br>内）7.5YR7/4　にぶい橙 | 良 |
| 70 | 4 | 墳丘盛土 | 甕 | 口径18.4 | 3.8 | タタキ<br>ナデ | ナデ | 0.5mm以下の雲母、黒・赤色砂粒を含む | 外）10YR6/3　にぶい黄橙<br>内）2.5Y6/2　灰黄 | 良 |
| 71 | 4 | 墳丘盛土 | 甕 | 口径17.8 | 5.6 | ハケ？ | ケズリ | 0.5mm以下の雲母、白・赤色砂粒を含む | 7.5YR6/6　橙 | 良 |
| 72 | 4 | 墳丘盛土 | 甕 | 口径31.2 | 5.8 | ナデ | ナデ | 2mm以下の白・灰色砂粒、0.5mm以下の雲母を含む | 7.5R7/4　にぶい橙 | 良 |
| 73 | 4 | 墳丘盛土 | 甕 | | 2.6 | ナデ | ナデ | 1mm以下の白色砂粒、0.5mm以下の雲母を含む | 5YR7/6　橙 | やや不良 |
| 74 | 4 | 墳丘盛土 | 甕 | | 3.7 | タタキ | | 1mm以下の白色砂粒、0.5mm以下の雲母、赤色砂粒を含む | 7.5YR6/4　にぶい橙 | 良 |
| 75 | 4 | 墳丘盛土 | 甕 | | 3.8 | ナデ | ハケ？<br>ナデ | 2mm以下の白色砂粒、0.5mm以下の雲母を含む | 外）7.5YR3/1　黒褐<br>内）5YR6/6　橙 | 良 |
| 76 | 4 | 墳丘盛土 | 甕 | | | タタキ | | 0.5mm以下の雲母、赤色砂粒を含む | 外）7.5YR8/3　浅黄橙<br>内）10YR7/3　にぶい黄橙 | 良 |
| 77 | 1 | 墳丘盛土 | 小形丸底鉢 | 口径11.8 | 3.3 | | 口縁部ヨコハケ | 0.5mm以下の白・黒・赤色砂粒、雲母を含む | 外）5YR7/6　橙<br>内）5YR6/6　橙 | 良 |
| 78 | 4 | 墳丘盛土 | 壺 | 口径11.6 | 6.4 | ミガキ？ | ミガキ | 1mm以下の白・黒色砂粒、0.5mm以下の雲母を含む | 2.5YR5/6　明赤褐、赤色顔料が付着する | やや不良 |
| 79 | 4 | 墳丘盛土 | 壺 | | 5.7 | ナデ | ナデ | 0.5mm以下の雲母、赤色砂粒を含む | 2.5Y8/2　灰白<br>内外面とも2.5YR4/6　赤褐の顔料が面的に残る | 良 |
| 80 | 4 | 墳丘盛土 | 壺 | 口径28.0 | 3.5 | ミガキ？ | | 1mm以下の白色砂粒、0.5mm以下の雲母、赤・黒色砂粒を含む | 外）5YR5/6　明赤褐<br>内）7.5YR6/6　橙 | 良 |
| 81 | 4 | 墳丘盛土 | 壺 | | 4.4 | タタキ | | 3mm大の白色小石、1mm以下の白・赤色砂粒、0.5mm以下の雲母を含む | 外）7.5YR7/4　にぶい橙<br>内）10YR6/4　にぶい黄橙 | 良 |
| 82 | 5 | 表採 | 壺 | 口径17.0 | 2.9 | ナデ<br>ハケ | | 1mm以下の白色砂粒、赤色砂粒を含む | 外）10YR7/6　明黄褐<br>内）10YR5/2　灰黄褐 | 良 |
| 83 | 1 | 墳丘盛土 | 壺 | | 3.6 | ナデ | | 1～5mmの白色小石を含む | 外）5YR7/6　橙<br>内）7.5YR7/6　橙 | やや不良 |
| 84 | 1 | 墳丘盛土 | 壺底部 | 底部径4.4 | 1.8 | タタキ | | 2mm以下の白色小石、1mm以下の赤色砂粒、雲母を含む | 外）5YR5/4　にぶい赤褐<br>内）10YR4/1　灰<br>底）10YR6/6　赤橙 | やや不良 |
| 85 | 1 | 墳丘盛土 | 壺底部 | 底部径2.6 | 2.5 | タタキ | | 1mm以下の白・橙色砂粒を含む | 外）10YR8/6　黄橙<br>内）2.5Y6/2　灰黄<br>底）N5/　灰 | やや不良 |
| 86 | 4 | 墳丘盛土 | 壺 | | 7.2 | ミガキ | ケズリ後ナデツケ | 3mm大の白色小石、0.5mm以下の雲母、白・黒・赤色砂粒を含む | 外）5YR4/6　赤褐<br>内）5YR5/3　にぶい赤褐 | 良 |
| 87 | 4 | 墳丘盛土 | 弥生前期壺 | | | ハケ | ナデ | 3mm大の白色小石、1mm以下の黒・赤色砂粒を含む | 外）10YR6/4　にぶい黄橙<br>内）10YR8/3　浅黄橙 | 良 |
| 88 | 8 | 墳丘盛土 | 高杯 | | 4.8 | | | 0.5mm以下の雲母、白・黒・赤色砂粒を含む | 外）2.5YR6/6　橙、赤色顔料が付着する<br>内）5YR6/6　橙<br>脚部）10YR6/2　灰黄 | 良 |
| 89 | 6 | 墳丘盛土 | 高杯 | | 1.5 | ミガキ | ミガキ | 1mm以下の白・灰色砂粒、0.5mm以下の雲母を含む | 外）5YR6/6　にぶい橙<br>内）5YR5/4　にぶい赤褐 | 良 |
| 90 | 8 | 墳丘盛土 | 高杯 | | 3.3 | ハケ | | 1mm以下の赤色砂粒、0.5mm以下の雲母を含む | 7.5YR6/6　橙 | 良 |
| 91 | 6 | 墳丘盛土 | 高杯 | 口径13.0 | 3.9 | ナデ | | 1mm以下の白色砂粒、0.5mm以下の雲母を含む | 外）7.5YR8/6　浅黄橙<br>内）10YR7/5　にぶい黄橙 | 良 |
| 92 | 8 | 墳丘盛土 | 高杯 | | 3.8 | | | 1mm以下の白・赤色砂粒を含む | 5YR7/6　橙 | やや不良 |
| 93 | 7・9 | 墳丘盛土 | 高杯 | | 2.6 | | ハケ | 3mm以下の白色砂粒、1mm以下の赤・黒色砂粒、0.5mm以下の雲母を含む | 5YR6/4　にぶい橙 | 良 |
| 94 | 10 | 墳丘盛土 | 高杯 | | 3.0 | ハケ | | 1mm以下の白色砂粒、0.5mm以下の雲母、白色砂粒を含む | 7.5YR6/6　橙 | 良 |
| 95 | 7・9 | 墳丘盛土 | 高杯 | | 5.5 | ハケ | | 0.5mm以下の白・黒色砂粒を含む | 7.5YR6/8　明褐 | 良 |
| 96 | 10 | 墳丘盛土 | 高杯 | | 5.9 | タタキ | ナデ | 5mm大の白色小石、1mm以下の雲母、白・赤色砂粒を含む | 外）7.5YR6/6　橙<br>内）5YR6/4　にぶい橙 | 良 |
| 97 | 10 | 墳丘盛土 | 高杯 | | 6.7 | ナデ | ナデ | 5mm大の白色小石、2mm以下の白色砂粒、0.5mm以下の雲母、黒色砂粒を含む | 7.5YR5/4　にぶい褐 | 良 |
| 98 | 8 | 墳丘盛土 | 高杯 | | 8.1 | | ケズリ | 0.5mm以下の雲母、白・灰・赤色砂粒を含む | 10YR7/6　明黄褐 | やや不良 |
| 99 | 8 | 墳丘盛土 | 高杯 | 底部径18.2 | 2.5 | | ナデ | 1mm以下の白・赤色砂粒、0.5mm以下の雲母、灰色砂粒を含む | 2.5YR6/8　橙 | 不良 |
| 100 | 8 | 墳丘盛土 | 小形器台 | 口径8.8 | 2.1 | ミガキ | ミガキ | 1mm以下の赤色砂粒、0.5mm以下の雲母を含む | 7.5YR6/6　橙 | 良 |
| 101 | 8 | 墳丘盛土 | 小形器台 | 口径6.6 | 5.8 | ミガキ | | 2mm以下の白・赤色砂粒を含む | 7.5YR6/6　橙 | 良 |
| 102 | 7・9 | 墳丘盛土 | 小形器台 | | 3.1 | ケズリ<br>ナデツケ<br>ヨコミガキ | | 1mm以下の白・赤・黒色砂粒、0.5mm以下の雲母を含む | 7.5YR6/6　橙 | やや不良 |
| 103 | 8 | 墳丘盛土 | 甕 | 口径14.0 | 2.6 | ナデ | ナデ | 1mm以下の灰・黒色砂粒を含む | 外）10YR7/4　にぶい黄橙、2.5Y3/1　黒褐<br>内）10YR8/4　浅黄橙 | 良 |
| 104 | 6 | 墳丘盛土 | 甕 | 口径15.0 | 5.3 | タタキ<br>ナデ | ケズリ | 3mm大の白色小石、1mm以下の白・赤色砂粒、0.5mm以下の雲母を含む | 外）7.5YR6/6　橙、一部2.5Y3/1　黒褐<br>内）7.5YR5/4　にぶい橙 | 良 |
| 105 | 7・9 | 墳丘盛土 | 甕 | 口径13.0 | 10.3 | タタキ | ケズリ | 0.5mm以下の雲母、赤・黒色砂粒を含む | 外）7.5YR7/6　橙、一部10YR3/1　黒褐<br>内）7.5YR6/6　橙 | 良 |
| 106 | 8 | 墳丘盛土 | 甕 | 口径14.8 | 3.4 | ナデ | ナデ | 0.5mm以下の雲母、黒・赤色砂粒を含む | 外）10YR3/1　黒褐<br>内）10YR6/3　にぶい黄橙 | 良 |
| 107 | 8 | 墳丘盛土 | 甕 | 口径13.4 | 2.9 | ナデ | ナデ | 1mm以下の白・黒・赤色砂粒、雲母を含む | 外）10YR7/4　にぶい黄橙<br>内）10YR8/3　浅黄橙 | 良 |
| 108 | 8 | 墳丘盛土 | 甕 | 口径15.6 | 4.1 | タタキ後ハケ | ケズリ後ナデ | 1mm以下の白・赤色砂粒、0.5mm以下の雲母、黒色砂粒を含む | 外）10YR6/3　にぶい黄橙、7.5YR3/1　黒褐<br>内）10YR6/3　にぶい黄橙 | 良 |
| 109 | 7・9 | 墳丘盛土 | 甕 | | 5.0 | タタキ | ケズリ | 1mm以下の黒・赤色砂粒、0.5mm以下の雲母を含む | 外）7.5YR7/4　にぶい橙、10YR3/1　黒褐<br>内）7.5YR6/6　橙 | 良 |
| 110 | 7・9 | 墳丘盛土 | 甕 | | 3.4 | タタキ | ケズリ | 1mm以下の白色砂粒、0.5mm以下の雲母、赤・黒色砂粒を含む | 外）7.5YR7/6　橙<br>内）7.5YR6/4　にぶい橙 | 良 |

第Ⅰ部 調査編

| 番号 | 調査区 | 層位 | 器種 | 法量(cm) 径(幅) | 残存高 | 調整 外面 | 調整 内面 | 胎土 | 色調 | 焼成 |
|---|---|---|---|---|---|---|---|---|---|---|
| 111 | 8 | 墳丘盛土 | 甕 | 口径14.2 | 3.3 | タタキ | ケズリ | 0.5mm以下の雲母、白・黒色砂粒を含む | 5Y3/1 オリーブ黒 | 良 |
| 112 | 7・9 | 墳丘盛土 | 甕 | | 4.8 | タタキ | ケズリ | 0.5mm以下の雲母、黒色砂粒を含む | 外)7.5YR7/6 橙<br>内)7.5YR6/4 にぶい橙 | 良 |
| 113 | 7・9 | 墳丘盛土 | 甕 | | 3.6 | タタキ ナデ | ナデ | 2mm以下の白・灰・黒・赤色砂粒を含む | 5YR7/6 橙 | やや不良 |
| 114 | 6 | 墳丘盛土 | 甕 | | 4.1 | タタキ | ケズリ | 1mm以下の白・灰色砂粒、0.5mm以下の雲母を含む | 7.5YR6/6 橙 | やや不良 |
| 115 | 6 | 墳丘盛土 | 甕 | | 1.9 | ナデ | ナデ | 0.5mm以下の黒色砂粒を含む | 10YR4/1 褐灰 | 良 |
| 116 | 7・9 | 墳丘盛土 | 甕 | | 2.6 | ナデ | ナデ | 0.5mm以下の雲母、白色砂粒を含む | 外)10YR6/4 にぶい黄橙<br>内)10YR6/3 にぶい黄橙 | 良 |
| 117 | 8 | 墳丘盛土 | 甕 | | 2.0 | | | 1mm以下の白色砂粒を含む | 5YR6/8 橙 | やや不良 |
| 118 | 8 | 墳丘盛土 | 甕 | | 2.6 | ナデ | ケズリ | 1mm以下の白色砂粒を含む | 外)10YR3/1 黒褐<br>内)7.5YR7/4 にぶい橙 | 良 |
| 119 | 6 | 墳丘盛土 | 甕 | | 3.7 | ナデ | ナデ | 0.5mm以下の雲母、白色砂粒を含む | 外)10YR5/2 灰黄褐<br>内)10YR4/2 灰黄褐 | 良 |
| 120 | 6 | 墳丘盛土 | 甕 | | 2.7 | | | 2mm以下の白色砂粒、1mm以下の赤色砂粒、0.5mm以下の雲母を含む | 外)5YR6/6 橙<br>内)7.5YR6/4 にぶい橙 | 良 |
| 121 | 8 | 墳丘盛土 | 甕 | | 2.5 | ハケ？ | ケズリ | 1mm以下の白・灰色砂粒、0.5mm以下の雲母を含む | 5YR5/8 明赤褐 | やや不良 |
| 122 | 10 | 墳丘盛土 | 甕 | | 4.0 | ハケ？ | ハケ？ | 1mm以下の白・黒色砂粒、0.5mm以下の雲母を含む | 外)7.5YR5/3 にぶい黄橙<br>内)10YR6/3 にぶい黄橙 | 良 |
| 123 | 10 | 墳丘盛土 | 小形丸底鉢 | 口径10.4 | 7.0 | ナデ | ナデ | 0.5mm以下の雲母、白・黒色砂粒を含む | 10YR6/2 灰黄褐 | 良 |
| 124 | 6 | 墳丘盛土 | 小形丸底鉢 | 口径8.0 | 4.9 | ナデ | ナデ | 1mm以下の赤色砂粒、0.5mm以下の雲母、白色砂粒を含む | 7.5YR6/6 橙 | 良 |
| 125 | 6 | 墳丘盛土 | 小形丸底鉢 | | 5.0 | ナデ | ナデ | 1mm以下の白色砂粒、0.5mm以下の雲母を含む | 外)5YR6/4 にぶい橙<br>内)7.5YR6/2 にぶい橙 | 良 |
| 126 | 8 | 墳丘盛土 | 壺 | 口径8.2 | 4.7 | ナデ | ナデ | 1mm以下の白・黒色砂粒、0.5mm以下の雲母、赤色砂粒を含む | 7.5YR6/4 にぶい橙 | 良 |
| 127 | 6 | 墳丘盛土 | 壺 | | 3.3 | ハケ | ケズリ | 1mm以下の白色砂粒を含む | 10YR8/4 浅黄橙 | 良 |
| 128 | 6 | 墳丘盛土 | 壺 | 口径13.4 | 3.9 | ミガキ | ミガキ | 5mm大の黒色小石、2mm以下の白・灰色砂粒、0.5mm以下の雲母を含む | 外)5YR6/8 橙<br>内)7.5YR5/6 明褐 | 良 |
| 129 | 6 | 墳丘盛土 | 壺 | 口径15.0 | 3.0 | ハケ | | 8mm大の白色小石、1mm以下の白・灰色砂粒を含む | 外)5YR6/8 橙<br>内)7.5YR6/6 橙 | 良 |
| 130 | 8 | 墳丘盛土 | 壺 | | 3.4 | | | 1mm以下の白色砂粒を含む | 外)5YR6/6 橙<br>内)10YR7/3 にぶい黄橙 | 良 |
| 131 | 7・9 | 墳丘盛土 | 壺 | | 2.3 | | | 1mm以下の白・赤・黒色砂粒を含む | 7.5YR5/6 明褐 | 良 |
| 132 | 7・9 | 墳丘盛土 | 壺 | | 3.1 | ヨコハケ | ケズリ | 1mm以下の雲母、白・赤色砂粒を含む | 外)7.5YR6/6 橙<br>内)7.5YR5/2 灰褐 | 良 |
| 133 | 8 | 墳丘盛土 | 壺 | | 9.6 | ハケ ナデ | ナデ | 1mm以下の白色砂粒、0.5mm以下の雲母、黒・赤色砂粒を含む | 外)10YR7/4 にぶい黄橙<br>内)7.5YR7/4 にぶい橙 | やや不良 |
| 134 | 10 | 墳丘盛土 | 壺 | | 2.1 | ミガキ | ナデ | 0.5mm以下の雲母、白・黒色砂粒を含む | 外)7.5YR6/3 にぶい褐、一部10YR4/1 褐灰<br>内)7.5YR6/6 橙 | やや不良 |
| 135 | 6 | 墳丘盛土 | 壺 | | 1.6 | ナデ | | 3mm大の白色小石、1mm以下の白・黒色砂粒を含む | 外)5YR5/8 明赤褐<br>内)5YR6/8 橙、10YR5/1 褐灰 | 良 |
| 136 | 8 | 墳丘盛土 | 壺 | | 5.8 | ナデ | ナデ | 1mm以下の赤色砂粒、0.5mm以下の雲母、白・黒色砂粒を含む | 外)7.5YR7/4 にぶい橙<br>内)2.5Y3/1 黒褐 スス付着 | やや不良 |
| 137 | 8 | 墳丘盛土 | 壺 | | 4.1 | | | 4mm大の白色小石、2mm以下の白色砂粒、1mm以下の雲母を含む | 外)7.5YR8/4 浅黄橙<br>内)2.5Y3/1 黒褐 | 良 |
| 138 | 7・9 | 墳丘盛土 | 壺 | | 4.5 | | ユビオサエ | 0.5mm以下の雲母、白・黒・赤色砂粒を含む | 外)7.5YR7/4 にぶい橙<br>内)2.5Y4/1 黄灰 | やや不良 |
| 139 | 6 | 墳丘盛土 | 壺 | | 4.7 | ミガキ | ユビオサエ ナデ | 1mm以下の白色砂粒、0.5mm以下の雲母を含む | 外)10YR7/3 にぶい黄橙<br>内)10YR4/1 褐灰 | 良 |
| 140 | 7・9 | 墳丘盛土 | 壺 | | 2.3 | ミガキ | ユビオサエ | 0.5mm以下の雲母、白・黒色砂粒を含む | 外)10YR6/3 にぶい黄橙、2.5Y4/1 黄灰<br>内)10YR4/1 褐灰 | 良 |
| 141 | 10 | 墳丘盛土 | 壺 | | 5.2 | ナデ | ナデ | 0.5mm以下の雲母、白色砂粒を含む | 10YR4/2 灰黄褐 | 良 |
| 142 | 6 | 墳丘盛土 | 壺or鉢底部 | 底部径4.4 | 3.8 | ハケ | ナデツケ | 2mm以下の白色砂粒を含む | 7.5YR7/6 橙 | 良 |
| 143 | 7・9 | 墳丘盛土 | 壺底部 | 底部径1.4 | 4.0 | ミガキ | | 2mm以下の白色砂粒、0.5mm以下の雲母、赤・黒色砂粒を含む | 7.5YR6/8 橙 | 良 |
| 144 | 7・9 | 墳丘盛土 | 壺 | | 8.8 | | ユビナデ | 0.5mm以下の雲母、白・灰色砂粒を含む | 外)10YR7/3 にぶい黄橙、一部2.5Y4/1 黄灰<br>内)10YR7/4 にぶい黄橙 | 良 |
| 145 | 7・9 | 墳丘盛土 | 壺底部 | 底部径4.8 | 2.2 | | | 2mm以下の白色砂粒、0.5mm以下の雲母、赤・黒色砂粒を含む | 外)10YR6/4 にぶい黄橙<br>内)10YR5/2 灰黄褐 | 良 |
| 146 | 10 | 墳丘盛土 | 壺底部 | 底部径4.0 | 1.9 | | | 0.5mm以下の雲母を含む | 10YR6/3 にぶい黄橙 | 良 |
| 147 | 8 | 墳丘盛土 | 壺底部 | 底部径3.8 | 3.4 | | ハケ | 0.5mm以下の雲母、白・灰色砂粒を含む | 外)10YR6/4 にぶい黄橙、2.5Y4/1 黄灰<br>内)10YR6/6 明黄褐 | やや不良 |
| 148 | 8 | 墳丘盛土 | 壺底部 | 底部径5.0 | 2.2 | | | 0.5mm以下の雲母、白・灰色砂粒を含む | 外)10YR6/4 にぶい黄橙、2.5Y4/1 黄灰<br>内)2.5Y5/1 黄灰 | 良 |
| 149 | 10 | 墳丘盛土 | 壺底部 | 底部径2.5 | 2.1 | | | 1mm以下の白色砂粒を含む | 外)5YR6/8 橙、一部10YR3/1 黒褐<br>内)7.5YR6/4 にぶい橙 | やや不良 |
| 150 | 8 | 墳丘盛土 | 壺底部 | 底部径4.4 | 4.0 | ハケ | ハケ ナデ | 2mm以下の白・灰色砂粒を含む | 外)7.5YR7/4 にぶい橙<br>内)10YR8/4 浅黄橙 | やや不良 |
| 151 | 6 | 墳丘盛土 | 壺底部 | 底部径7.2 | 3.7 | | | 1mm以下の白・赤色砂粒を含む | 5YR7/8 橙 | 良 |
| 152 | 6 | 墳丘盛土 | | 口径10.6 | 3.2 | ナデ | ナデ | 1mm以下の白・黒色砂粒、雲母を含む | 5YR6/6 橙 | 良 |
| 153 | 8 | 墳丘盛土 | 縄文土器 | | 4.1 | | | 3mm以下の白色砂粒を含む | 外)7.5YR5/4 にぶい褐、10YR3/2 黒褐<br>内)7.5YR4/2 灰褐、10YR3/1 黒褐 | 良 |
| 154 | 8 | 墳丘盛土 | 弥生中期甕 | 口径27.6 | 7.7 | タタキ | ナデ | 3mm以下の白色砂粒、2mm以下の黒色砂粒、0.5mm以下の雲母を含む | 外)7.5YR5/4 にぶい褐、一部7.5YR3/2 黒褐<br>内)10YR5/4 にぶい黄褐、一部10YR3/1 黒褐 | 良 |
| 155 | 7・9 | 墳丘盛土 | 弥生前期壺 | | | | | 5mm以下の白色小石、1mm以下の雲母を含む | 外)2.5YR5/6 明赤褐<br>内)7.5YR5/6 明褐 | 良 |
| 156 | 8 | 墳丘盛土 | 弥生前期壺 | | 4.4 | | | 2mm以下の白色砂粒、1mm以下の黒色砂粒、0.5mm以下の雲母を含む | 外)5YR5/3 にぶい赤褐、7.5YR4/1 褐灰<br>内)7.5YR6/4 にぶい橙 | 良 |
| 157 | 2 | 墳丘盛土 | 弥生中期壺底部 | 底部径2.8 | 3.1 | タタキ？ | | 4mm以下の白色小石、2mm以下の白色砂粒、1mm以下の黒色砂粒、0.5mm以下の雲母を含む | 外)10YR6/4 にぶい黄橙<br>内)10YR5/2 灰黄褐 | 良 |
| 158 | 2 | 墳丘盛土 | 壺底部 | 底部径3.6 | 2.1 | | | 2mm以下の白色砂粒、0.5mm以下の雲母を含む | 2.5YR5/6 明赤褐、一部10YR3/1 黒褐 | 良 |
| 159 | 2 | 墳丘盛土 | 壺底部 | 底部径3.8 | 2.7 | | | 2mm以下の白・黒色砂粒、1mm以下の赤色砂粒、0.5mm以下の雲母を含む | 外)2.5YR6/8 橙、10YR5/2 灰黄褐<br>内)2.5Y5/2 暗灰黄、10YR6/3 にぶい黄橙 | やや不良 |
| 160 | 7・9 | 包含層 | 高杯 | | 8.1 | | | 1mm以下の白色砂粒、0.5mm以下の雲母、黒色砂粒を含む | 外)7.5YR6/4 にぶい橙<br>内)5YR7/4 にぶい橙 | やや不良 |
| 161 | 7・9 | 包含層 | 甕 | | 3.0 | ナデ | | 1mm以下の白・黒色砂粒、0.5mm以下の雲母を含む | 10YR8/2 灰白 | やや不良 |

| 番号 | 調査区 | 層位 | 器種 | 法量（cm） | | 調整 | | 胎土 | 色調 | 焼成 |
|---|---|---|---|---|---|---|---|---|---|---|
| | | | | 径（幅） | 残存高 | 外面 | 内面 | | | |
| 162 | 7・9 | 包含層 | 甕 | 口径 13.4 | 1.9 | | | 3mm以下の灰・赤・茶色砂粒を含む | 外）10YR5/1　褐灰、10YR3/1　黒褐<br>内）7.5YR7/4　にぶい橙 | 良 |
| 163 | 7・9 | 包含層 | 甕 | 口径 14.0 | 2.0 | ナデ | ハケ | 1mm以下の白・赤色砂粒、0.5mm以下の雲母を含む | 2.5YR7/4　にぶい橙 | 良 |
| 164 | 7・9 | 包含層 | 甕 | 口径 14.8 | 5.1 | タタキ | ケズリ<br>ユビオサエ | 1mm以下の白色砂粒、0.5mm以下の雲母を含む | 7.5YR5/4　にぶい橙 | 良 |
| 165 | 7・9 | 包含層 | 壺 | 口径 15.2 | 6.3 | | ユビオサエ | 2mm以下の赤色砂粒、1mm以下の白色砂粒、0.5mm以下の雲母を含む | 7.5YR6/6　橙 | 良 |
| 166 | 7・9 | 包含層 | 甕 | 口径 18.0 | 2.9 | ハケ | ハケ | 2mm以下の赤色砂粒、0.5mm以下の雲母を含む | 10YR7/4　にぶい黄橙 | 良 |
| 167 | 10 | 包含層 | 壺 | | 3.9 | ハケ | ハケ | 1mm以下の雲母を含む | 10YR8/3　浅黄橙 | 良 |
| 168 | 7・9 | 包含層 | 甕 | | 5.0 | タタキ | ユビオサエ<br>ケズリ | 0.5mm以下の雲母、白・赤色砂粒を含む | 外）5YR6/6　橙<br>内）7.5YR6/4　にぶい橙 | 良 |
| 169 | 10 | 包含層 | 甕 | | | タタキ | ハケ | 3mm以下の白・灰色砂粒を含む | 外）7.5YR8/6　浅黄橙<br>内）2.5Y8/2　灰白 | 良 |
| 170 | 7・9 | 包含層 | 壺 | 口径 9.0 | 4.6 | | | 1mm以下の白・灰・赤色砂粒、0.5mm以下の雲母を含む | 7.5YR7/6　橙 | 良 |
| 171 | 7・9 | 包含層 | 壺 | 口径 14.1 | 5.8 | ミガキ | ミガキ | 2mm以下の白色砂粒、1mm以下の黒色砂粒、0.5mm以下の雲母を含む | 外）7.5YR5/4　にぶい褐<br>内）5YR4/1　褐灰 | 良 |
| 172 | 7・9 | 包含層 | 壺 | | 5.7 | ナデ | ケズリ | 1mm以下の雲母、0.5mm以下の白・赤色砂粒を含む | 5YR6/6　橙 | 良 |
| 173 | 10 | 包含層 | 壺底部 | | 4.8 | タタキ | ハケ | 0.5mm以下の雲母、白色砂粒を含む | 外）2.5Y5/1　黄灰、10YR4/1　褐灰<br>内）2.5Y5/2　暗灰黄 | 良 |
| 174 | 7・9 | 包含層 | S字状口縁甕 | | 3.4 | ハケ | ナデ | 1mm以下の白色砂粒、0.5mm以下の雲母黒色砂粒を含む | 外）7.5YR7/6　橙<br>内）7.5YR6/4　にぶい橙 | やや不良 |
| 175 | 7・9 | 包含層 | S字状口縁甕 | 底部径 8.0 | 5.7 | ハケ | ナデ | 2mm以下の白色砂粒、0.5mm以下の雲母を含む | 外）10YR5/3　にぶい黄褐<br>内）7.5YR5/2　灰褐 | やや不良 |
| 176 | 7・9 | 包含層 | 壺底部 | 底部径 5.6 | 1.5 | ハケ | | 1mm以下の白・黒・赤色砂粒、0.5mm以下の雲母を含む | 外）10YR8/8　黄橙、10YR4/1　褐灰<br>内）2.5Y7/2　灰黄 | やや不良 |
| 177 | 7・9 | 包含層 | 壺底部 | 底部径 3.8 | 3.5 | ナデ<br>ハケ | | 1mm以下の白・赤色砂粒、0.5mm以下の雲母を含む | 7.5YR6/6　橙 | 良 |
| 178 | 10 | 包含層 | 器台or支脚 | 底部径 5.8 | 7.2 | | ナデ | 1mm以下の黒色砂粒、0.5mm以下の雲母、白色砂粒を含む | 10YR5/2　灰黄褐 | 良 |
| 179 | 7・9 | 包含層 | 土製品 | | | | ナデ | 3mm大の赤色砂粒、0.5mm以下の雲母、白・黒・赤色砂粒を含む | 10YR4/3　にぶい黄褐 | 良 |
| 180 | 7・9 | 包含層 | 小型壺 | | 2.7 | | | 0.5mm以下の雲母を含む | 外）2.5Y6/1　黄灰<br>内）5Y5/1　灰 | 不良 |

は外反気味に直立する口縁を持ち微かに擬凹線文を残す大形甕で、淡褐色の緻密な胎土は備前製だろうか。

壺には広口壺A（165）・F（167）、直口壺C（171）、短頸壺D（170）がある。180は小形の壺肩部破片で瓦質。韓式系土器であろう。高杯脚部（160）は形態素Ⅱ-A-c、178はミニチュア器台の可能性もあるが支脚であろう。ただし暗褐色で二次的焼成はない。　　　　　　　　　　（寺沢）

【引用文献】
大橋　勤（編）1974『伊保遺跡』猿投遺跡調査会
寺沢　薫（編）1986『矢部遺跡』奈良県立橿原考古学研究所
坂　靖（編）2003『伴堂東遺跡』奈良県立橿原考古学研究所
坂　靖・小池香津江（編）2008『三河遺跡』奈良県立橿原考古学研究所

## 第2節　古墳に関わらないもの

### 1　土器［図300］

羽釜　1は土師器羽釜である。後円部北斜面2区の郭4上面から出土した。羽釜上部から口縁部にかけての破片で、外部は煤が付着する。口縁部は「く」の字状に外反させて端部はつまみあげる。奥井編年Ⅴ型式である［奥井2008］。16世紀中ごろまでの資料とみられる。

陶磁器　2〜13のうち、5・6は後円部表土から出土した皿である。墳頂にかつて存在した稲荷祠に対する供え物の皿であろう。2は後円部から出土し、口縁部径4.2cm、高さ4.3cmの小型品で外面は茶褐色を呈する。蠟燭立ての「ひょうそく」である。3〜13は、前方部出土で肥前系の磁器であり、桔梗文や紅葉、菊花など植物文、流水文などを描く。18世紀後半頃のものであろう。13は陶器の広口の台付き椀である。

炮烙　14〜17は前方部から出土した。すべて口縁部付近の破片であり煤が外面に付着している。陶磁器と同様の時期のものであろう。

土師器小皿　18〜23・27は後円部出土で、24〜26、28〜30は前方部出土である。24〜30の口縁部内外に煤の付着が顕著であり、燈明皿である。

### 2　瓦［図300、PL.149］

軒丸瓦、軒平瓦、丸瓦、平瓦が主に後円部西の石組み溝付近から出土した。33・34は巴文を施す軒丸瓦で、36は木瓜紋を施す軒丸瓦である。35は桟瓦片であり、木瓜紋を施す。丸瓦は図示していないが、内面に玉縁の接合痕跡があり、縦方向の叩きが良く残る。瓦の文様に織田家の家紋が入ることから、陣屋絵図には見えないものの付属建物が墳丘上に建っていたことを示唆する。

### 3　石製品［図300］

石仏・五輪塔は後円部から出土した。31・32は石仏で、2体とも墳丘に置かれていたもので、ともに高さ約40cm、幅約25cmあり、表面に地蔵仏を浮き彫りにする。五輪塔の「空・風」を一体化した部材は11点（37〜47）あり、すべて後円部北斜面2区の郭4上面から出土した。48は五輪塔の火輪の部材である。　　　　　　　　　　（泉）

【引用文献】
奥井智子2008「中世大和の煮沸具について」『考古学論攷』第31冊　奈良県立橿原考古学研究所

第Ⅰ部 調査編

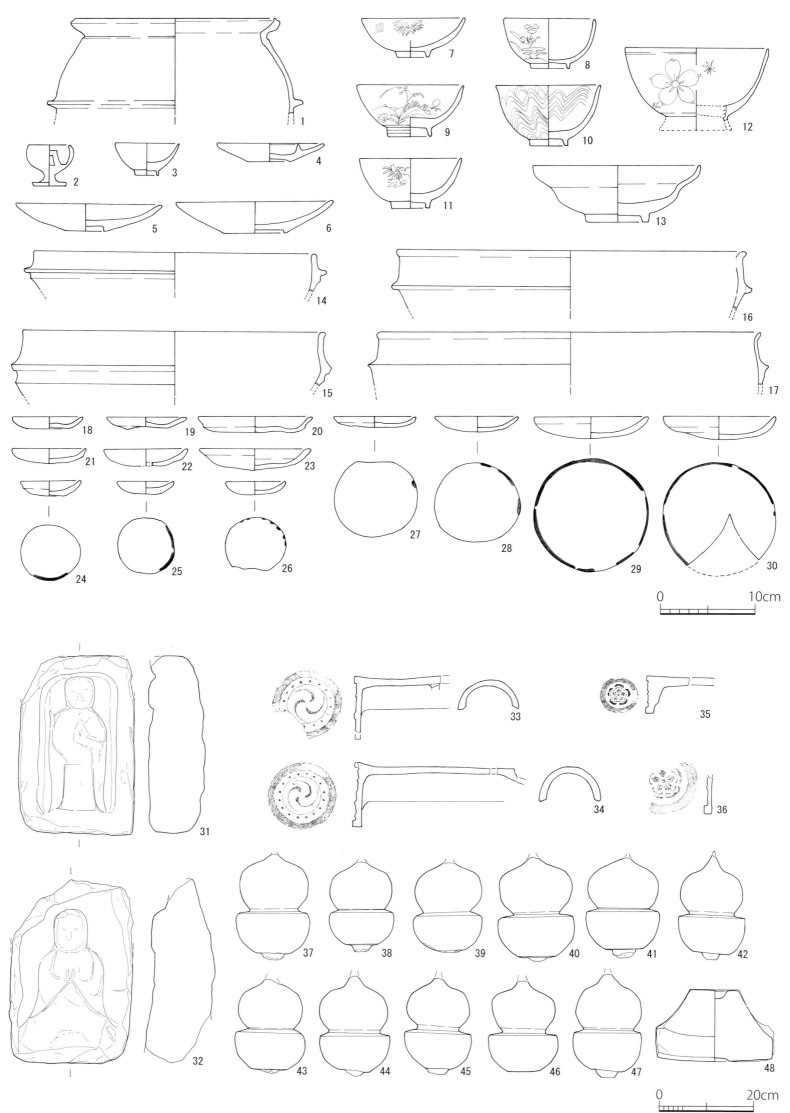

図300　近世遺物（1:4・1:8）

# 第Ⅱ部 研 究 編

## 第1章 考古学的研究

### 第1節 黒塚古墳棺槨の特徴と位置づけ

岡林孝作

### 1 はじめに

　黒塚古墳の棺槨は、長大な割竹形木棺と、それを内蔵する大規模な竪穴式石室であった。

　1993年から実施された大和古墳群における一連の発掘調査では、黒塚古墳のほか、中山大塚古墳［豊岡・卜部ほか1996］・下池山古墳［卜部・岡林ほか2008］で長大な刳抜式木棺と大規模な竪穴式石室からなる棺槨の実態が明らかにされている。これらは同一の地域に存在する全長120～130mクラスの前方後円（方）墳であり、しかも前期前葉～中葉の比較的短期間に順次築造されたと考えられることから、ほぼ地域性や階層性に起因する偏差を考慮することなく古墳時代前期前半の棺槨の変遷を辿りうる良好な資料群といえる。筆者は以前に、これら3古墳の竪穴式石室の構造的特徴を比較検討する作業から出発し、竪穴式石室の出現から完成までの発達段階をⅠ～Ⅲ群に整理したことがある［岡林2008］。

　ここでは、上記3古墳の棺槨を、木棺、墓壙、基底部、壁体、上部構造などの変化の方向性に着目して改めて比較検討し、黒塚古墳棺槨の位置づけをさらに明確化したい。

### 2 比較検討

　**舟形木棺から割竹形木棺へ**　中山大塚古墳木棺は長さ約6.3m、足側（南端）幅約1.1m、高さ約0.55m程度の舟形木棺に復元される。横断面形は南端部では底面中央に幅0.63mの平坦面をもち、両端でゆるくカーブして立ち上がる扁平かつ幅広いもので、小口面は斜めに立ち上がりゆるく彎曲する形態が想定されている。

　黒塚古墳木棺は長さ6.09m、頭側（北端）径1.03m、足側（南端）径0.89mに復元される割竹形木棺である。棺内流入土の観察、棺内副葬品の出土状態、赤色顔料の分布、棺床面に形成された傷などから、半裁した樹幹の内部を完全に刳り抜く構造（貫通式）ではなく、長さ約2.7m、幅0.45mの棺室部分のみを刳り抜いた非貫通式構造（A類）が復元できる。

　下池山古墳木棺は蓋の材が長さ1.54m、身の材が長さ5.24mにわたって遺存し、長さ6.29m、頭側（北端）径1.04m、足側（南端）径0.74mに復元される割竹形木棺である。材が良好に遺存していたことから、黒塚古墳と同様の非貫通式構造であることが判明しており、棺室の長さは最大2.7m、幅0.6m前後、深さ17cm前後に復元される。

　3古墳の木棺は長さ6.1～6.3m前後、最大幅（径）1.0～1.1m前後でほぼ同規模であるが、中山大塚古墳は舟形木棺、黒塚・下池山両古墳は割竹形木棺であり、畿内を中心とした地域における有力古墳の木棺形態が舟形木棺主体から割竹形木棺主体へと変遷する動向を端的に示している。また、黒塚古墳のみならず下池山古墳木棺もまた非貫通式構造をとることは、貫通式構造が次第に主流を占めていく中で、大和古墳群においては依然としてより贅沢な用材利用がおこなわれていたことを示すものとしても注目してよい［岡林2009］。

　**三段墓壙から二段墓壙へ**　3古墳の墓壙は、中山大塚古墳で南北約17m、東西約12m、深さ約3.7m、黒塚古墳で復元規模が南北約19m、東西約15m、深さ約4m、下池山古墳で南北18.3m、東西13.1m、深さ4.2mという大規模なものであった。

　中山大塚・黒塚両古墳の墓壙は三段墓壙と呼ぶべきものである。ともに上段と中段の境が天井部を閉塞する作業面に、中段と下段の境が石室壁体構築中の休止面に相当する。ただし、中山大塚古墳の下段墓壙はきわめて幅が狭く、黒塚古墳の下段墓壙が幅約6mに達することと大きく異なる。その要因として、前者には基底部のバラス敷きがなく、後者には存在するという基底部構造の発達が想定できる。

　下池山古墳の墓壙は二段墓壙で、上段と下段の境が天井石を架構する作業面に相当する。したがって、墓壙の段と石室の構築過程の対応関係からいえば、中山大塚・黒塚両古墳と下池山古墳の墓壙では、上段どうし、及び前二者の中・下段と後者の下段が対応する。

　中山大塚古墳石室における壁体構築中の休止面は、壁面においては基底石から約40～60cmの高さに通る水平の目地として表れ、これよりも下の壁面は垂直もしくはやや開き気味に立ち上がり、これよりも上の壁面は大きく内湾した後持ち送りながら立ち上がる。この目地の高さは墓壙中段の平坦面とほぼ一致し、裏込め土の大単位とも対応する。黒塚古墳石室の場合は、休止面は塊石積みの壁面下段と板石積みの壁面上段との境界線に一致し、これが墓壙中段の平坦面および裏込め工程の大単位に対応する。これに対して下池山古墳石室では明確な壁体構築上の休止面はない。

　中山大塚古墳から黒塚古墳への変化は基底部構造の発達に

第Ⅱ部　研究編

対応したものと考えられるが、黒塚古墳から下池山古墳への変化は同じ方向性の延長線上にあるというよりも、壁体構築における明確な休止面の消滅に対応すると考えられる。

前期の竪穴式石室は時期が下がるほど石室壁体の構築開始面が相対的に高くなることが指摘されている［新納1991］。一般的な傾向として、壁体の構築開始面が相対的に高くなると、この休止面は基底石から1～2段程度の低い位置になるか、明確なものとしては消滅する［岡林2012］。

中山大塚古墳では、墓壙形成・石室構築の過程で墓壙南壁が大きく開いて前方部側に向かう通路状のスロープを形成していた段階があったことが明らかにされており、石室構築にかかわる「作業道状遺構」と評価されている。「作業道状遺構」と墓壙との接続部はレベル的には上段墓壙と中段墓壙の境目付近に相当し、墓壙底面よりも2m以上も高い。黒塚古墳では、墓壙から前方部上に通じる切り通し状の作業道（墓道）が少なくとも延長約22.5mにわたって検出されている。ほぼ墓壙底面と同じ高さに接続していたと考えられ、検出面での見かけ上の幅は最大で約7.5m、底面幅は約1～2.8mである。下池山古墳でも同様に上段墓壙南壁が開口していた段階があり、資材運搬や木棺搬入のための通路として機能した可能性が指摘されているが、詳細は明らかにできていない。

**基底部構造の発達**　中山大塚古墳石室では、墓壙底中央を周囲よりも15cm程度高く掘り残し、その上に置き土して棺床を設ける。黒色粘土と青灰色粘土を粗く混ぜた粗悪な粘土を用い、棺側部分のみ置かれ、下部の置き土面がそのまま棺底に接触する面となる。壁体は墓壙底に若干の土や黒色粘土を置いた上に直接積み上げられる。

黒塚古墳石室の基底部構造はやや複雑化している。まず墓壙底中央を周囲よりも高く掘り残し、その上に置き土をすることは同じであるが、さらにその上面にバラスを敷いて基台をつくる。この基台を土台として粗悪な黒色粘土を主体とする粘土を積んで横断面逆台形の棺床下半部とし、さらに粘土を加えて棺床上半部の立ち上がりを形成する。粘土棺床周囲の全面には薄いバラス敷を施し、壁体はその上に構築される。

下池山古墳石室の基底部構造はさらに複雑で、墓壙底中央に掘り残した高まりを含めていったん墓壙底全面に厚さ20cm程度までバラスを敷く。その上に精良な土で高さ30cmの断面台形の基台を築き、さらにその上端の高さまでバラスを加え、基台の上に板石を敷いて精良な赤色粘土で棺床を構築する。壁体はバラス敷きの上に、粘土棺床の末端を敷き込んで積み上げられる。

このように基底部構造は中山大塚→黒塚→下池山の順により単純なものからより複雑なものへと発達を遂げている。端的にいえば、墓壙底面のバラス敷きの出現と発達、それに伴う粘土棺床および壁体構築開始位置の上昇という変化の方向性が明確である。

なお、黒塚・下池山両古墳では墓壙外に延びる排水溝が確認されている。黒塚古墳では墳丘と埋葬施設の中軸が直交す

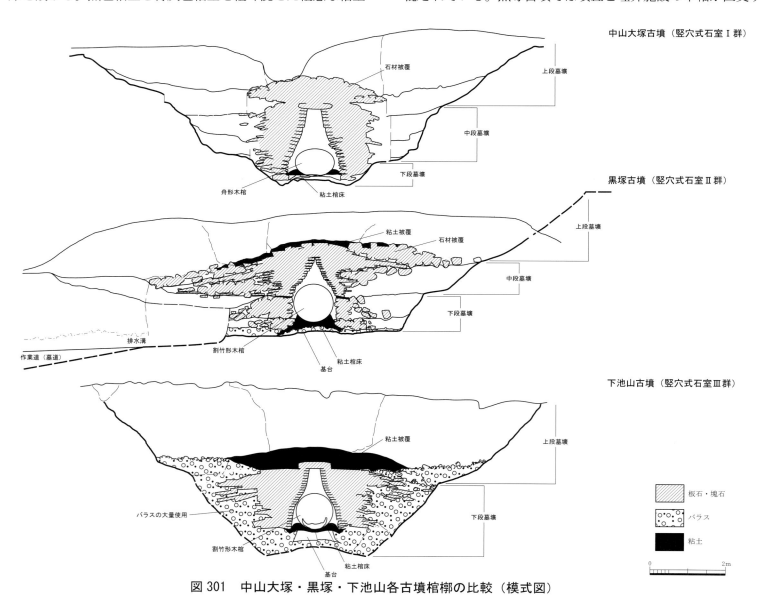

図301　中山大塚・黒塚・下池山各古墳棺槨の比較（模式図）

ることから、排水溝は墓壙の長辺南寄りを基点として西の前方部側に延びるが、下池山古墳では墳丘と埋葬施設の中軸が一致しており、排水溝は墳丘中軸線上を通り、くびれ部を過ぎた後に直角に折れて前方部の東側に排水するようになっている。一方、中山大塚古墳は下池山古墳と同じく墳丘と埋葬施設の中軸が一致するが、墓壙外前方部寄りの断ち割りトレンチ、墳丘中軸線に沿って前方部に向かって設けられたトレンチのいずれでも排水溝は未確認であり、集排水構造の未発達な基底部の状況からも本来存在しなかった可能性が高い。

**壁体構造の変化** 中山大塚古墳石室の壁面は安山岩板石小口積みで、内法規模は長さ 7.51m、幅 1.26〜1.42m、高さ 2.05m である。下位約 0.4〜0.6m の間はやや外傾気味に積み上げ、中位で内湾気味に強く持ち送り、上位は持ち送りながらさらに高く積み上げる。四隅は中〜上位で隅三角持ち送りを多用し、隅角は不明確である。用材となった板石の小口面が整わないことから、凹凸の多い壁面の仕上がりとなっている。天井石は差し渡し 1m 内外の小振りの板石を用いる。壁面の背後に板石による控え積みを行う。裏込めは若干の板石を含みつつ、土のみを充塡する。

黒塚古墳石室の壁面は、下段は花崗岩を主体とする塊石をやや外傾気味に積み上げ、上段は安山岩・玄武岩の板石を持ち送りながら小口積みする。内法規模は長さ 8.20m、幅 0.89〜1.22m、南端付近での最大高 1.58m である。四隅は上位で隅三角持ち送りし、隅角は不明確である。壁面に板石積みの部分と塊石積みの部分があり、板石積み部分も用材に小口面が整わない板石を多く含むことから、比較的凹凸の多い壁面の仕上がりである。明確な天井石はなく、両側壁を相互に突き合わせにして石室上部を閉塞する。壁体下段では壁面と同様の塊石で若干の控え積みをとり、上段では塊石と板石を混用して控え積みする。裏込めは塊石と粘土ブロックを含む土を充塡する。

下池山古墳石室の壁面は、安山岩板石を下半部ではほぼ垂直に近い角度で積み上げ、いったん強く持ち送って内側にせり出した後、持ち送りながら高く小口積みする。石室四隅は明確な隅角を有する。用材の板石は小口面が整い、一定の規格化がなされており、凹凸の少ない整った壁面の仕上がりである。内法規模は長さ 6.8m、幅 0.9〜1.3m、高さ 1.8m 前後である。壁体は板石による控え積みを上半部ほど厚くとり、裏込めには少量の塊石を混ぜた大量のバラスを充塡する。

3 石室は、壁面下部をほぼ垂直に、壁面上部を控え積みを多用しつつ持ち送りながら高く積み上げる基本的な形状で共通する。中山大塚・下池山両古墳石室では壁面下部から上部への移行部でいったん木棺を覆うように強く持ち送り、その後は徐々に持ち送る傾斜の変化が顕著であり、黒塚古墳石室でも壁面上部の残存部では同様の傾向が見られる。その形状はいわゆる「家形」のイメージ［藤井 2014］とは異質である。

一方、使用石材の違いから壁面の仕上がりには差があり、背後の裏込めに使用された充塡材も中山大塚古墳石室では土、黒塚古墳石室では塊石を含む土、下池山古墳石室では塊石を含むバラスと差がみられる。とくに下池山古墳石室の裏込め

表 23 中山大塚・黒塚・下池山各古墳棺槨の比較

| 要 素 | 中山大塚 | 黒塚 | 下池山 |
|---|---|---|---|
| 舟形木棺 | ○ | × | × |
| 三段墓壙 | ○ | ○ | × |
| 石材被覆 | ○ | ○ | × |
| 裏込め（土主体） | ○ | ○ | × |
| 割竹形木棺 | × | ○ | ○ |
| 排 水 溝 | × | × | ○ |
| 基 台 | × | × | ○ |
| 基底部のバラス敷き | × | × | ○ |
| 粘土被覆 | × | ○ | ○ |
| 二段墓壙 | × | × | ○ |
| 裏込め（バラス） | × | × | ○ |

に大量の精選されたバラスを使用していることは、土を含まないことによる壁体全体の安定化とともに、透水性を強く意識したものと理解される。

**上部構造の変化** 中山大塚古墳石室では天井を架構して石室上部を閉塞した後、その上に大量の板石を甲高の亀甲状に積んだ石材被覆を設ける。黒塚古墳石室では両側壁を突き合わせにして石室上部を閉塞後、その上を板石で亀甲状に覆い、さらに周囲を塊石で根固めするように覆う石材被覆を設ける。石材被覆の上にはそれに加えて棺床と同様の粗悪な黒色粘土を用いた粘土被覆を施す。下池山古墳石室の石室上部は天井石の全体とその周囲を精良な赤色粘土を使用した粘土被覆で甲高の亀甲状に覆い、石材被覆はない。

いずれの石室も両側壁を高く持ち送ることによって石室上部の開口部の幅を極力小さくする点は同じであるが、中山大塚・下池山両古墳の石室では天井石を架構し、黒塚古墳石室では壁面を突き合わせにして上部を閉塞し、明確な天井石をもたない。石室上部の閉塞後、中山大塚古墳石室では石材被覆、黒塚古墳石室では石材被覆＋粘土被覆、下池山古墳石室では粘土被覆で覆う。石材・粘土にかかわらず共通して中央が高い甲高に仕上げる点は浸透した雨水等の石室内への流入を防止するためと考えられ、とくに構築材を石材から遮水性に優れた粘土に置き換えていく過程からは、防水効果を高めようとする明確な意識を読み取ることができる。

## 3 黒塚古墳棺槨の位置づけ

**変化の方向性と竪穴式石室の設計思想** 以上のように、中山大塚・黒塚・下池山各古墳の棺槨を比較すると、全体として黒塚古墳は中山大塚古墳と下池山古墳の中間的な様相を示しており、中山大塚→黒塚→下池山の順に変化を遂げていることが明確である［表 23］。この変化の方向性は、大きく 3 つの観点から整理することができる。

第一に、基底部構造におけるバラス敷きの発達と壁体構築開始面の上昇、墓壙外に延びる排水溝の整備、壁体構造における土主体の裏込めから精選されたバラスのみの裏込めへの変化、被覆構造における石材被覆から粘土被覆への転換といった一連の変化は、粘土の遮水性、バラス層の透水性など構築材の特性を巧みに利用した総体的な防排水構造の発達の観点から説明が可能である。すなわち、亀甲状に盛り上げた粘土被覆によって上方から浸透する雨水等が石室内に入り込むのを防ぐとともに石室外に導水し、壁体背後に裏込めとし

て充填されたバラス層を通じて速やかに基底部のバラス敷きに集め、そこから排水溝を通じて墓壙外に排出する防排水システムの完成に向けての、防水性向上の方向性である。

第二に、壁面に使用された石材の一定の規格化、裏込め用材の土からバラスへの転換による石室構築用材の石材化の徹底、棺床・被覆に用いる粘土の精良化といった変化は、石室の総体的な構造的安定を図り、堅牢性・密閉性を強化するという方向性の観点から説明できる。基底部構造におけるバラス敷きについても、近年は不等沈下の防止といった機能を強調する意見が出されており［山田 2013］、壁体におけるバラスの多用が石室構築用材の石材化の徹底による構造強化の側面を有することと同じく、集排水機能の充実とともに石室の重量を支持するための基礎構造の強化という視点からも評価しうる。

第三に、三段墓壙から二段墓壙への変化、壁体構築上の休止面の不明瞭化、作業道（墓道）の整備は、石室構築技術の向上という観点から説明できる。中山大塚・黒塚古墳石室では、基底部からほぼ垂直に立ち上がった壁面が強い持ち送りによって大きく内傾する傾斜変換点に対応して、壁体構築作業をいったん休止した明確な休止面があり、それが墓壙の段にも対応する。石室壁面における同様の傾斜の変換は下池山古墳石室にもみられるが、下池山古墳ではそれに対応する壁体構築中の休止面は明確ではなく、壁体構築作業は見かけ上は一気に進められており、対応する墓壙の段も存在しない。また、黒塚古墳の作業道（墓道）に相当する墓壙と前方部とを接続する一時的な通路施設は、下池山古墳の状況がやや明らかではないものの、3 古墳のすべてに存在する。このような通路施設は「墓壙の墓道」［和田 1997］、「墓壙通路」［魚津 1999］などと呼ばれ、石室構築にかかわる資材搬入や葬送儀礼における木棺の搬入のための通路として機能したと理解されている。中山大塚古墳の「作業道状遺構」が墓壙底面よりも 2m 以上も高い位置に接続する通路状のスロープであるのに対し、黒塚古墳の作業道（墓道）は墓壙底面とほぼ同じ高さに接続していたと考えられ、資材運搬や木棺搬入のための通路としての機能面からは一定の改良が見られる。

第一・二の防水性・堅牢性・密閉性の追求こそが中山大塚（Ⅰ群）→黒塚（Ⅱ群）→下池山（Ⅲ群）の順に完成へと向かう竪穴式石室の設計思想であり、そのことを背景に第三の総体としての石室構築技術の向上があったと評価できる。

**石室構築過程における儀礼の整備**　中山大塚古墳と黒塚古墳の竪穴式石室を比較した場合、石室構築過程における儀礼の整備という観点からも画期となるような重要な変化が見られる。

中山大塚・黒塚両古墳の墓壙はともに三段墓壙であるが、黒塚古墳では中山大塚古墳に比べて墓壙底面の面積が飛躍的に拡大し、その全体にバラス敷きが施工される。上述のようにこれらの変化は基底部における集排水機能の発達や石室の基礎構造の強化と不可分の関係にあるが、それとともに「儀礼の場」の整備という側面も見逃せない。

中山大塚古墳の棺床は、墓壙底中央に掘り残された高まりの上に置き土をした棺床下部（棺床下半部の土台的部分）の上に粘土で棺床上部（棺床上半部の断面三角形部分）を付加したものである。棺床下部となる置き土は壁面下部の施工後に石室内に敷かれており、壁体下部の構築→粘土棺床の設置→木棺の搬入・安置という工程上の先後関係が明らかである。この場合、壁面基底から約 40 ～ 60 ㎝の高さに通る目地に対応する休止面が木棺搬入のための作業面となる。

これと同様の工程上の先後関係が判明する事例として、中山大塚古墳と同じくⅠ群に属する最初期の竪穴式石室である奈良県小泉大塚古墳［入倉・小山ほか 1997］、島根県神原神社古墳［蓮岡ほか 2002］の石室を挙げることができる。Ⅰ群に属する竪穴式石室の事例は多くはないが、検討に耐えうる 3 例までが同様の構築順序を示す事実は重要である。また、Ⅰ群の竪穴式石室においては、兵庫県権現山 51 号墳［近藤・松本ほか 1991］をはじめ中山大塚古墳と同様に堅田直が粘土棺床下半部の用材に注目して分類した第 2 類［堅田 1964］に属する未発達な棺床構造が特徴的で、粘土の質が粗悪あるいは粘質土であること、棺床がひじょうに低いものであることも傾向として指摘できる。

これに対し、黒塚古墳の棺床は、墓壙底中央の高まりの上に構築した基台を芯として粘土で棺床下部を構築し、その上に粘土で棺床上部を加えたものであるが、その作業はすべて壁体構築開始以前に行われ、かつ棺床下部の構築と棺床上部の施工との間に木棺の安置作業が行われる。したがって、工程上の先後関係は、粘土棺床下部の設置→木棺の搬入・安置→粘土棺床上部の施工→壁体下部の構築となり、中山大塚古墳の場合とは手順に微妙な変化が生じている。黒塚古墳では、棺床上部は、棺床下部の上にあらかじめ少量の粘土で横断面が小さな低い三角形をなす芯をつくり、割竹形木棺を安置した後に外側から少量の粘土を薄く貼り付ける工程を 9 ～ 10 回前後繰り返して形成されている。

黒塚古墳と同様に壁体全体の構築が木棺の安置後に行われる施工順序は、Ⅱ群以降の大多数の竪穴式石室に共通するものである。なかでも粘土棺床自体の観察所見から粘土棺床下部の設置→木棺の搬入・安置→粘土棺床上部の施工の工程順序が復元された事例として、大阪府池田茶臼山古墳［堅田 1964］、娯三堂古墳［田上ほか 1992］、愛媛県妙見山 1 号墳第 1・第 2 主体部［下條ほか 2008］などが挙げられる。また、黒塚古墳の棺床下部と上部に介在する赤色顔料層のような粘土棺床構築の工程単位での赤色顔料の塗布は、京都府椿井大塚山古墳石室［樋口 1998］、元稲荷古墳石室［西谷 1985］、寺戸大塚古墳後円部石室［京都大学文学部考古学研究室向日丘陵古墳群調査団 1971、近藤・都出 2004］・前方部石室［梅本・森下ほか 2001］など多くの事例で確認されている。

黒塚古墳では棺床下部の表面のみならず、周囲のバラス敷きを含め、その段階での墓壙底面全面に厚く赤色顔料が塗布されており、墓壙内への木棺の搬入・安置がとくに重要な儀礼的工程であったことを示している。中山大塚古墳の段階には存在しなかったか、存在しても顕在的ではなかった［註 1］、一定の広さをもつ「儀礼の場」を伴う儀礼の整備が黒塚古墳

の段階に急速に進んだことがうかがわれる。木棺の搬入路としての作業道（墓道）の整備もその一環として位置づけられる。

それに加えて黒塚古墳の粘土棺床では、木棺安置後に棺床上部の粘土を外側から充填・付加する単位ごとに赤色顔料を塗布した状況も特筆される。赤色顔料層に沿って薄く剥離した粘土面には人の拳の圧痕が観察され、手で叩き締めながら粘土を貼り付けるごとに赤色顔料を塗布する呪的な色彩の強い施工がなされており、こうしたことも木棺の安置に関わる儀礼的行為の一端を示すものと理解できる。

**黒塚古墳棺槨の位置づけ**　さいごに、黒塚古墳の竪穴式石室にみられるいくつかの特徴について簡単に整理し、時期的な位置づけをさらに明確化しておきたい。

黒塚古墳石室の四壁面は、壁面下段を塊石積み、壁面上段を板石小口積みとする構成をとり、下段・上段は背後の控え積み・裏込めも含めて石室構築の工程上も区分される。壁面上段は持ち送りによって上端で突き合わせに閉じられ、明確な天井石がなく、天井石に代わるものとして大量の板石で亀甲状に大きく被覆される。いわゆる合掌式構造をとる点は黒塚古墳石室の大きな特徴である。

黒塚古墳石室の合掌式構造に比較的近いと考えられるのはⅠ群の中山大塚・神原神社古墳、Ⅱ群の元稲荷古墳の石室である。中山大塚古墳石室では最大でも差し渡しが1m前後の小さな天井石を有するが、天井石の架構後は板石でその外端を押さえ、さらに外方に向かって控え積みを行う。神原神社古墳石室では差し渡し40〜60cm程度の板石を天井石として架構し、やはり周囲に板石の控え積みを行う。ともに上部に板石を重ねて覆い、最終的には亀甲状に盛り上げた石材被覆とする。壁面を完全に突き合わせにして閉じるかどうかの差は小さな違いとはいえないが、黒塚古墳石室と中山大塚・神原神社古墳石室の上部構造はその点を除けば似ていると評価できるであろう。元稲荷古墳石室は差し渡し1〜1.5m前後の天井石11個を架構するが、石室上部は壁面を突き合わせにして閉じており、その点で黒塚古墳のあり方にもっとも近い。元稲荷古墳石室が塊石を用いた石材被覆を有する点も黒塚古墳との共通点であり、その南端部では石材間に粘土がよく残存していた［梅本・石岡ほか2014］というから、黒塚古墳と同じく粘土被覆が併用されていた可能性もある。なお、石材被覆と天井石との関係は盗掘時に天井石をすべて動かされていたために残念ながら不明である。

黒塚古墳石室では壁面下段の塊石の隙間や壁面下段・上段の境目の塊石と板石の間には粘土が詰め込まれた状況が散見され、壁体の裏込め土には塊石とともに多量の粘土ブロックが含まれていた。こうした壁体における粘土の使用はⅢ群のバラスを多用する壁体構造にはみられない特徴である。Ⅱ群の岡山県浦間茶臼山古墳石室［近藤・新納ほか1991］では板石小口積みの板石間に接着剤のようにして粘土を挟み込んだ状況が観察され、塊石を多く含む裏込め土にも粘土が多用されており、黒塚古墳石室との一定の類似性を指摘できる。また、元稲荷古墳石室では状況が異なるものの、壁体上部の裏込めに粘土が混合されていたほか、壁面基底石の下部に粘土帯が存在する。

結論的に、黒塚古墳の棺槨は、木棺は非貫通式の割竹形木棺A類であり、竪穴式石室はⅡ群に該当する。棺槨の発展過程からは、中山大塚古墳→黒塚古墳→下池山古墳の築造順序をトレースできる。また、黒塚古墳の竪穴式石室には同じくⅡ群に属する石室のなかでも、元稲荷古墳石室、浦間茶臼山古墳石室との類似点が多く認められる。

［註1］　中山大塚古墳の木棺搬入時の面（下段墓壙と中段墓壙の境）の広さは、黒塚古墳の墓壙底の広さと近似し、木棺搬入作業に必要なスペースは同程度確保されている。しかし、黒塚古墳と同様の「儀礼の場」の整備が行われているとは言いがたい。

【引用文献】

入倉徳裕・小山浩和ほか1997「小泉大塚古墳」『島の山古墳調査概報』学生社

魚津知克1999「長塚古墳後円部埋葬施設の構築作業と儀礼行為」『前波の三ツ塚』可児市教育委員会

梅本康広・石岡智武ほか2014『元稲荷古墳』向日市教育委員会・（公財）向日市埋蔵文化財センター

梅本康広・森下章司ほか2001『寺戸大塚古墳の研究Ⅰ』（財）向日市埋蔵文化財センター

卜部行弘・岡林孝作・清水康二ほか2008『下池山古墳の研究』奈良県立橿原考古学研究所

岡林孝作2008「竪穴式石室の成立過程」『橿原考古学研究所論集第十五』八木書店

岡林孝作2009「遺存木棺資料による古墳時代木棺の分類」『古墳時代におけるコウヤマキ材の利用実態に関する総合的研究』奈良県立橿原考古学研究所

岡林孝作2012「竪穴系埋葬施設（含棺）」『古墳時代研究の現状と課題（上）古墳研究と地域史研究』同成社

堅田　直1964『池田市茶臼山古墳の研究』大阪古文化研究会

京都大学文学部考古学研究室向日丘陵古墳群調査団1971「京都向日丘陵の前期古墳群の調査」『史林』54-6　史学研究会

近藤喬一・都出比呂志2004『向日丘陵の前期古墳』向日市文化資料館

近藤義郎・新納　泉ほか1991『浦間茶臼山古墳』浦間茶臼山古墳発掘調査団

近藤義郎・松本正信ほか1991『権現山51号墳』『権現山51号墳』刊行会

下條信行ほか2008『妙見山1号墳』愛媛大学考古学研究室・今治市教育委員会

田上雅則・清喜裕二ほか1992『娯三堂古墳』池田市教育委員会

豊岡卓之・卜部行弘・坂　靖ほか1996『中山大塚古墳』奈良県立橿原考古学研究所

新納　泉1991「石槨構造とその編年的位置」『浦間茶臼山古墳』浦間茶臼山古墳発掘調査団

西谷真治1985『元稲荷古墳』西谷真治先生還暦祝賀会

蓮岡法暲・勝部　昭・松本岩雄ほか2002『神原神社古墳』加茂町教育委員会

樋口隆康1998『昭和28年椿井大塚山古墳発掘調査報告』京都府山城町

藤井康隆2014「元稲荷古墳の竪穴式石槨にかんする二、三の問題」『元稲荷古墳』向日市教育委員会・（公財）向日市埋蔵文化財センター

山田　暁2013「竪穴式石槨の構築原理の変化」『ヒストリア』241　大阪歴史学会

和田晴吾1997「墓壙と墳丘の出入口─古墳祭祀の復元と発掘調査─」『立命館大学考古学論集Ⅰ』立命館大学考古学論集刊行会

## 第2節　黒塚城縄張りの復元

本村充保

### 1　はじめに

　中世後期に、古墳を城郭として利用する事例は各地にみられ［千田ほか2008］、黒塚古墳もその一例である。近隣では、黒塚古墳の南東約800mに位置する中山大塚古墳も山城として利用されていたことが発掘調査で確認されている［豊岡・卜部ほか1996］。本節では、地表面観察および発掘調査成果から黒塚城の縄張りを復元し［図302］、あわせて史料からうかがえる黒塚城[註1]の様相について概観する。なお、黒塚古墳は、近世には柳本陣屋の一部に取り込まれていたことが知られる［図17］。また、現柳本小学校敷地内に所在したと推定される柳本館[註2]と一体的に機能していた可能性もある。そこで用語の混乱を避けるため、本稿でいう「黒塚城」とは、黒塚古墳を利用して築かれた城郭遺構に限定して用い、史料に散見される「柳本館」あるいは「柳本城」とは区別しておく。なお、史料にみられる表記には「楊本」と「柳本」が混在する。原典に忠実に表記すべきかもしれないが、煩雑になるのを避けるため、すべて「柳本」で統一する。

### 2　縄張りの復元

　**後円部の縄張り**　墳頂の郭1を主郭とし、その裾廻りに郭2～4が帯郭状に取り巻く。郭1は東西約12m×南北約22mの長方形の平坦部が造成されているが、建物に伴う柱穴・礎石は確認されていない。表土下20cmほどで検出面に達することから、柱穴・礎石はすでに削平された可能性もある。墳丘断面図［図20・21］によれば、郭2～4周辺は、古墳の段築をある程度利用して、斜面部を切岸状にカットしたものと思われる。

　郭群の西側には、虎口と考えられる東西約13m×南北約13mの方形の平坦部が取りつく。平坦部の規模からみれば、郭として評価することもできるが、後述するように、郭3の北西端部を改修することで虎口として分離した可能性が高いと判断し、本稿では郭ではなく、虎口として評価しておく。まず、虎口から郭1への進入経路を復元する。郭4から虎口西端部（A）へ入り、小規模な段差を登ると、広い平坦部を造成した虎口にいたる。ここから虎口の北東隅（B）を通り、郭3（C）を経由して郭2（D）へ入り、郭2（E）から郭1に入ったと考えられる。郭1と郭2の段差は1.2mほどであり、階段などの昇降施設が設けられていたと考えられる。このように、虎口から郭1への進入経路は、不完全ながら枡形を形成しており、戦国期に設置された可能性が高いと考えられる。次に、細部の特徴についてみていく。虎口は、郭3と連結しており、北回り・南回りに分岐する。北回りは、通路幅を狭くすることで郭3と明確に分離するが、南回りは、小規模な段差をつける程度で、郭3との境界は不明瞭である。北回りの虎口と郭3との連結部分（B）が狭くなっているのは、後世の崩落や削平の可能性も考慮する必要はあろうが、おそらく郭2への進入を制御するための造作とみてよいだろう。これに対し南回りは、郭3の西端部を改修することで、虎口が付加された可能性が高いと考えられる。南回りは虎口の背後であり、ここを突破されても、郭3から直接郭1に進入するルートもないため、大規模な改修はなされなかったのではないだろうか。なお、郭2裾部と虎口との境に、幅約1.5m、深さ約30cmの南北溝（溝2）が1条検出されているが、性格は不明である。

　**前方部の縄張り**　墳頂部平坦面を利用した郭5・6と、その北側および西側にL字状の郭7が取りつく。郭5と郭6は、小規模な段差によって分離されるが、1つの郭とみることも可能である。なお、郭5の平坦面は、近世の石垣ないし昭和36年の児童公園設置に伴う削平が加えられた可能性があり、段差の有無を含め、本来の郭の構造を復元することは難しい。郭7は、東西約75m×南北約60mの範囲に、幅10～12mの平坦部が造成されている。黒塚古墳の郭の中で最大の規模をもつが、これは郭としての重要性を反映したものではなく、古墳本来の形状に由来するものと考えられる。また、郭7は層厚1mほどの流土で覆われており、地表面観察で郭の構造を復元することは難しいが、郭5の切岸裾と郭7との間に武者走り状の平坦部が造成されていることが確認されている［図22］。前方部側の郭群は、いずれも平面規模は大きい反面、構造が単純で、明確な防御施設も確認できない。後円部側の郭群とも、後述する堀切により分断されており、戦時において、ここを守るという意識は低かったと考えられる。

　**堀切**　前方部と後円部の連結部は、幅約6.7m、深さ約3.4mを測る大規模な薬研堀状の堀切によって分断されていたことが確認されている。前方部の郭群から後円部の郭群への進入経路は不明であるが、少なくとも調査区内では、堀切内に土橋が構築されていたことを示す痕跡は確認されていない。後円部虎口が南側から進入する構造となっている点を考慮すれば、郭5の南東隅ないし郭6東端部から、簡単な木橋のようなものが架けられていたのではないだろうか。なお、堀切北端部の堀底は、郭7と連結していた可能性があり、郭7から南側へ移動するための堀底道として機能したと考えられる。

　この堀切は、後円部と前方部を分断する機能をもつが、それぞれの郭の状況や、堀切の東側に隣接するように後円部郭群の虎口が位置するという構造からみて、防御施設としての城の機能が付与されたのは後円部のみであったと考えられる。

このような構造は、丘陵先端部を占地した丘城を、その背後に延びる尾根から分断するために設けられた堀切を連想させるものであり、狭義の城郭が後円部の郭群のみで構成されていたことを如実に物語る構造といえる。

**大手** 外部から黒塚城へ進入するための土橋状の堤が3ヵ所ある。この3つの堤は、嘉永七年（1854）の「柳本陣屋絵図」［図17］にも描かれている。まず、北池と内堀の間に位置する堤（後円部東側堤）は、「柳本陣屋絵図」をみると、ほかの2つの堤よりかなり細く、小規模なものとして描かれている。元和元年（1615）の織田尚長入部以前は、内堀（北池を含む）部分は水田であったされており［天理市史 1976］、ここに堤が設置されたのは、柳本陣屋の整備に伴い、内堀が改修されたのちのことであった可能性が高い。このため、後円部東側堤が大手であった可能性は低いと考えられる。

次に、北池と菱池の間に位置する堤（後円部北東側堤）は、「柳本陣屋絵図」では3つの堤の中で、最も大きな堤として描かれている。ただ、柳本館推定地を現柳本小学校敷地内に求める説［天理市史 1976］が正しいとすれば、そこからみて反対側に位置すること、堤が取り付く郭4には、堤からの進入に対する防御施設が確認できないことから、ここが大手であった可能性は低いと考えられる。後円部東側堤と同様に、柳本藩邸時代に内堀へ水を貯めるために設置されたものと考えておきたい。堤の規模が大きいのは、堤が決壊して、北池の水が菱池やその北側の低地部へ浸水することを防ぐためであろう。

最後に、内堀の西側の堤（前方部南西側堤）についてみていく。「柳本陣屋絵図」をみると、堤の南側には「西門」、そこから西側へ延びる道には「大手」と記されている点が注目される。「柳本陣屋絵図」は幕末に作成された絵図であるうえ、柳本陣屋を描いたものであり、黒塚城を描いたものではない。また、後円部北東側堤と同様に、郭6には明確な防御施設がなく、内堀に水を貯めるために構築された堤の可能性も否定できない。ただ、柳本館推定地からみて正面側に位置すること、後円部郭群の虎口も西側を正面とすることから、柳本館と黒塚城との連絡のための土橋として造成された可能性がある。消去法的ではあるが、前方部南西側堤を大手と推定しておきたい。

## 3　史料からみた柳本館（柳本城）と黒塚城

**柳本館と柳本城** ここでは、史料にみえる柳本館（柳本城）および黒塚城について概観する。なお、重複を避けるため、史料の詳細は第Ⅰ部第2章第1節に譲る。柳本館（柳本城）に関する史料としては、『大乗院寺社雑事記』文明三年（1471）閏八月九日条が初見である［竹内（編）1978a］。それによれば、十市遠清が「柳本館」に押し寄せ、柳本範満は堀に落ちて死に、息子の源次（範遠）も切腹したとある。「城」ではなく、「館」と呼ばれていることから、居住空間を備えた施設であったと考えられ、柳本館と黒塚城とは別の施設とみるべきだろう。柳本館が現柳本小学校敷地内にあったとすれば［天理市史 1976］、柳本館には堀が掘られていたと考えられ、柳本範満が落ちた堀とは柳本館に伴う堀ということになる。また、『多聞院日記』天文十一年（1542）三月十八日条によれば、十市遠治により攻められ、「柳本ノ城」は自焼したとされる［竹内（編）1978b］（以下、原典を示さないものは、すべて『多聞院日記』による）。黒塚古墳墳丘部における発掘調査成果によれば、焼土が含まれた土層は確認されておらず、柳本城と黒塚城とは別の施設であったことを示す傍証となるだろう。なお、「柳本館」と「柳本ノ城」とが同一の施設であることを示す直接的な記述はない。しかし、自焼とあるからには、「柳本ノ城」

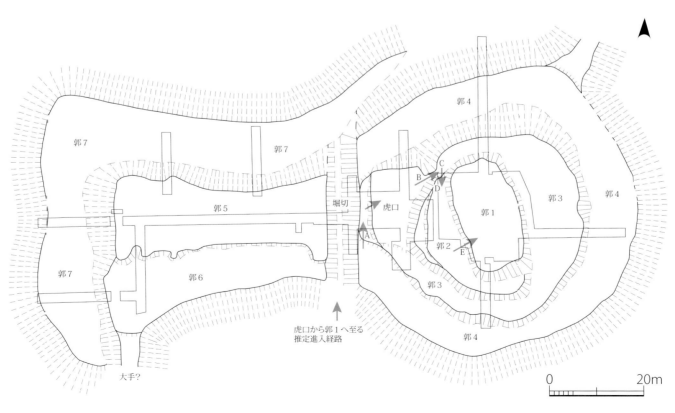

図302　黒塚城縄張り図（1：800）

には焼け落ちた屋敷が存在していたはずで、館とよんでも差し支えない施設であった可能性が高い。後述するように、十市遠勝の死後、後室と息女が柳本城に入城しており、柳本城内には居住可能な空間と屋敷があったと考えられる。これらのことから、柳本館と柳本城は同一の施設の別称とみてよいだろう。

**柳本城と黒塚城** 黒塚城に直接言及していると考えられる史料は、天正五年（1577）十月一日条である。これによれば、（松永）金吾は、柳本衆の攻撃を受け、「柳本・クロツカ」で自害し、夜には城も落ちたとある。この「クロツカ」が黒塚古墳、すなわち黒塚城を指すことはほぼ間違いなく、「クロツカ」の名がみえる唯一の史料である。ここでも「柳本・クロツカ」と併記されていること、金吾の死と「城」の落城には時間差があったと考えられることから、金吾が自害したのは黒塚城で、夜に落城したのは柳本城だったとみることができる。なお、黒塚城に関して直接言及されているのはこれのみだが、全く手がかりがないわけではない。これに先立つ元亀二年（1571）二月二十五日条に、柳本に付城を作らせたとある。上記のように、柳本館と柳本城は同一施設の別称とすれば、この付城とは柳本城ではなく、黒塚城のことを指す可能性が高い。この時期に付城の築城が行われたとすれば、それを担ったのは十市氏と考えられる。この頃の十市氏は、親松永派（遠勝後室・御なへ、嫡流）と親筒井派（遠長、遠勝の弟）に分かれて対立しているが、嫡流は親松永派であることから、築城には松永氏の意向が働いていたと考えられる。実際、天正三年（1575）には、柳本城は松永氏へ引き渡されており、この頃までに黒塚城築城は完了していたと考えられる。

**金吾の人物像** 最後に「クロツカ」で自害した金吾という人物についてみておきたい。天正三年七月十八日条などに「松永金吾」という名が散見されるので、金吾が松永氏一族の人物であることは間違いない。しかしこの金吾については、松永久秀の嫡男である「久通」にあてる説と、久秀の甥とする説があり定かではない。久通は、永禄六年（1563）に父久秀から家督を継いでいるが、その翌年に従五位下右衛門佐に叙任されている［朝日新聞社（編）1994］。「金吾」とは「衛門府」の唐名であることから、「金吾＝久通」とする根拠の1つといえる。一方、久秀の甥とする説の根拠は不明だが、『奈良県史』など多くの文献がこの説を採っている［奈良県史編集委員会1993・天理市史1976など］。その理由としては、次の記事の解釈によると考えられる。天正五年十月十一日条によれば、「昨夜松永父子腹切自焼了（後略）」とあり、松永父子は信貴山城で切腹・自焼したとされる。この松永父子のうち、父は久秀として異論はないだろうが、子は久通であるとするのが通説である。ただ、久秀の実子は久通一人しか知られていないため[註3]、「クロツカ」で自害したのが「金吾＝久通」であるとすれば、信貴山城で松永父子が切腹したという記事と矛盾が生じるためであろう。

金吾の素性を知るうえで注目すべきは、元亀三年（1572）七月十三日条と、同天正三年十二月十八日条である。前者の記事から、十市遠勝の後室と息女が柳本城に入城したこと、後者の記事から、柳本城が「松右」へ引き渡されたことがわかる。「松右」とは、松永右衛門佐の略称、つまり久通を指す。十市遠勝の息女の名は「御なへ」といい、柳本城引き渡しの五ヶ月前の天正三年七月に金吾と祝言を挙げた[註4]ことが知られる。また天正四年正月八日条によれば、「御なへ」は、『多聞院日記』の著者である多聞院英俊の訪問を柳本城で受けたことが知られる。そこには「松永右衛門佐殿」、「御なへ」、後室以下十数名の名と年賀の品目が列記されているが、この十数名の中に金吾の名はみえず、同日条の後段に「金吾」には不在のため会えなかったと書かれている。これについては、2通りの解釈ができる。1つは、「松永右衛門佐殿（久通）」には会えたが、「金吾」は不在で、年賀の品を渡せなかったので名を記さなかったとする見方である。もう1つは、「松永右衛門佐殿」と「金吾」が同一人物だから出てこないとする見方である[註5]。多聞院英俊は、「御なへ」と同じ十市氏出身の人間として、金吾はともかく、「御なへ」の身を案じており[註6]、「御なへ」の夫である金吾を別人と誤認していたとは考えられない。またこの日、英俊は新賀（十市氏本拠）、釜口（長岳寺）、柳本の3ヶ所を訪れている。記事の冒頭に人物名と品目が列挙されているが、これはいわば年賀の品の配布リストであり[註7]、「松永右衛門佐殿」と「金吾」は同一人物とみて間違いないだろう[註8]。

この場合、信貴山城で死んだ松永久秀の子とは誰なのかが問題となる。金吾の息子二人は、信貴山城落城の六日前に京都六条河原で処刑されており[註9]、孫の誤りという可能性は低い。あるいは史料にみえない子がいたのかもしれない。

## 4 小　結

黒塚城の基本的な縄張りは、後円部に造成された郭1～4と前方部に造成された郭5～7、その間に掘られた堀切によって構成されていたと考えられる。堀切は、後円部郭群と前方部郭群を分断する機能を果たしており、両者の位置関係からみて、後円部郭群を防御するための施設であったと考えられる。それを示すように、堀切に面した後円部郭群の西側に虎口が作られている。また、虎口が不完全ながら枡形を形成すること、堀切が城の規模からみて不釣り合いなほど大規模であることから、築城時期は戦国期の可能性が高いと考えられる。史料にみられる付城築城の記事が黒塚城のことを指すとすれば、その時期は元亀二年から天正三年頃のことであったと考えられる。

［註1］黒塚古墳に築かれた城郭遺構は「黒塚（クロツカ）砦」と呼称され［天理市史編纂委員会1976］、『概報』でもそのように呼称した。実際、確認された城郭遺構は、「砦」と呼んでも違和感がないほど小規模なものである。しかし史料には「付城」という表現はみられるが、「砦」という表現はみられない。そこで本稿では「砦」は用いず、「城」で統一する。

［註2］『柳本郷土史論』［秋永1940］によれば、古老の言い伝えから想像できるとされる。また『改訂天理市史　上巻』［天理市史編纂委員会1976］は、『大乗院寺社雑事記』文明十七年（1485）九月二十六日条に収められた「柳本庄坪付図」に記された内容と

現在の地名が対応することを根拠とする。なお柳本小学校にあったのは惣領居館で、「柳本鳥居」とよばれた庶流居館は鳥居町の辺り（柳本小学校の南西側）にあったとされる。

［註3］松永永種という名の養子が一人いるが、信貴山城落当時すでに出家していることから、少なくともこの人物のことではない。

［註4］「御なへ」は、金吾と龍王山城で祝言を挙げたとされる（『多聞院日記』天王三年七月十八日条）。なお「御なへ」は、永禄八年（1565）～同十一年（1568）に、人質として多聞山城で暮らしていたことが知られる。当時多聞山城主であった久通とは、旧知の間柄だったと考えられる。

［註5］後室（「御なへ」の母）の次に「松永加賀」という人物が出てくる。その名から松永一族の人物であると考えられるが、久秀・久通・金吾との関係は不明である。

［註6］英俊は人質時代の「御なへ」に幾度となく金品を仕送りし、金吾自害の翌日には柳本に遣いを送って、「御なへ」の安否を確認している。

［註7］久通は「松永右衛門佐殿」と書かれているが、列挙された人物のうち、「殿」がついているのは久通のみで、やや改まった感がある。列記された名前は、あくまでも年賀の品を配る予定の人物を挙げているにすぎず、実際に会えたかどうかは、名前の有無とは関係ないと考えられる。

［註8］「松永右衛門佐（松右、松永右）」と「金吾（松金、松永金）」が同日の記事に一緒に出てくることはほとんどなく、これ以外では天正五年正月二十七日条など3例しかない。ここでは「十常（十市常陸介＝遠長）并松右へ礼ニ下了、入夜帰之、（後略）」とある。同日後段には、天正四年の記事と同様に、名前と礼品の品目が列記されている。そこには、「一荷・（食籠メン十八）、十常、杉原二帖・ユエン伊源殿（後略）、二荷・（ツミマセ豪）金吾へ、ミノカミ一束・帯（二）十後へ、雑肴（二束）・沉（一両）御なへへ、（後略）」と書かれている。この表現から、「松右」と「金吾」が同一人物である蓋然性は高いといえるだろう。ちなみに、列挙された人物には「松右」の名はなく、「加賀」の名がみられる。名字は書かれていないが、天正四年の記事からみて、「松永加賀」である可能性が高く、少なくとも「松永加賀」と「金吾」は別人とみてよい。

［註9］『多聞院日記』には、「昨日五日申ノ刻、於京都松永金吾ノ息（十二・三才歟）、人質タリシヲ、（後略）」とある。これに対し、吉田神道宗家の吉田兼見によって書かれた『兼見卿記』天正五年十月四日条［金子・遠藤2014］には、「松永右衛門佐人質安土上洛、矢部善七・福角奉行、明日渡洛中成敗云〃、人質両人、十二才、十四才」とあり、翌五日条にも「昨日之人質両人、渡洛中、於六条川原成敗云〃、十四才、松永孫六息也（孫は彦の誤り、彦六は久通の通称）」とある。さらに十一日条には、「昨日十日松永在城之城シギ落城、父切腹自火、悉相果云〃」とあり、父子とは書かれていない。両日記の記述には若干の相違もあるが、ほぼ同じ内容を伝えており、信憑性は高いといえるだろう。この点からみても、「松永金吾」と「松永久通」が同一人物であることは、間違いないと考えられる。

【引用文献】
秋永政孝1940『柳本郷土史論』柳本町産業組合
朝日新聞社（編）1994『日本歴史人物事典』
金子　拓・遠藤珠紀2014『新訂増補　兼見卿記　第一』八木書店
千田嘉博・小島靖彦2008「城に再利用された古墳―大阪府下の諸例を中心に―」『近畿地方における大型古墳群の基礎的研究』奈良大学文学部文化財学科
竹内理三（編）1978a『増補續史料大成　大乗院寺社雑事記五』臨川書店
竹内理三（編）1978b『増補續史料大成　多聞院日記二』臨川書店
天理市史編纂委員会1976『改訂天理市史　上巻』
豊岡卓之・卜部行弘・坂　靖ほか1996『中山大塚古墳』奈良県立橿原考古学研究所
奈良県史編集委員会1993『奈良県史11　大和武士』

# 第3節　黒塚古墳出土鏡の意義

水野敏典

## 1　はじめに ―大量副葬の意義―

黒塚古墳における画文帯神獣鏡1面と三角縁神獣鏡33面の出土をいかに評価すべきであろうか。まずは大和古墳群の墳長130mクラスの前方後円墳の副葬品構成とその量について、確定的な一例が判明したことが挙げられる。その上で古墳時代前期の銅鏡出土量を評価するために同一埋葬施設から10面以上出土した例を集成した［表24］。銅鏡の出土数は内容が不明な鏡や出土伝承鏡の扱いで変動するが、傾向を掴むには十分である。京都府椿井大塚山古墳［樋口1998］、奈良県佐味田宝塚古墳［梅原1921］・新山古墳［梅原1921］、そして黒塚古墳が30面以上となり、大和と山城の墳長100m級の古墳に30面以上の出土古墳が集中し、前期古墳として突出する。

しかし、2009年の奈良県桜井茶臼山古墳の再調査［寺澤ほか2011］により合計81面もの銅鏡が出土したことで大量副葬の意義は変わったと考える。墳長200m以上のいわゆる大王墓級の前方後円墳の多くは陵墓として宮内庁に管理されており、埋葬施設や副葬品の情報は限られていた。そこで1990年代を中心に各地の最古相の墳長100～150mクラスの前方後円墳を「仮想箸墓古墳」として調査し、小さい古墳から大きな古墳の、つまり大王墓級の古墳について推定を試みていたように思う。ところが、桜井茶臼山古墳の埋葬施設周辺の状況が明らかになると、単に桜井茶臼山古墳という1古墳の評価ではなく、大王墓級の古墳と100m級の古墳との祭祀的な隔絶性とも呼べる格の違いを認識させられることとなった。二重口縁壺を並べる後円部墳頂の方形壇は以前から認識されていたが、これを囲む直径30cm程の丸太を密に並べた高さ3m近い囲繞施設の存在は、墳長100m級の古墳祭祀との間に、壺の使用などの共通点は認められても、その祭祀が質的格差を伴って簡略化された可能性を疑わせる内容であった。これらの突出した大王墓級の存在を踏まえて、調査から約20年を経た黒塚古墳の大量副葬の多岐にわたる意義を考えてみたい。

## 2　出土状態確認の意義

本稿では三角縁神獣鏡を、「舶載」三角縁神獣鏡と「仿製」三角縁神獣鏡に分類した100年に及ぶ研究史を踏まえて、「」

表24 銅鏡10面以上を出土した前期古墳

|   | 府県 | 古墳名 | 墳形 | 全長（m） | 総数（面） | 「舶載」三角縁神獣鏡 | 「仿製」三角縁神獣鏡 | 中国鏡 | 倭鏡 | 鏡種不明 |
|---|---|---|---|---|---|---|---|---|---|---|
| 1 | 奈良県 | 桜井茶臼山古墳 | 前方後円墳 | 207 | 81以上 | 26 | 0 | 41 | 14 | |
| 2 | 京都府 | 椿井大塚山古墳 | 前方後円墳 | 175 | 36以上 | 32以上 | 0 | 4 | 0 | |
| 3 | 奈良県 | 佐味田宝塚古墳 | 前方後円墳 | 112 | (35) | 11 | 1 | 6 | 9 | (8) |
| 4 | 奈良県 | 黒塚古墳 | 前方後円墳 | 130 | 34 | 33 | 0 | 1 | 0 | |
| 4 | 奈良県 | 新山古墳 | 前方後方墳 | 126 | 34 | 7 | 2 | 3 | 22 | |
| 6 | 岡山県 | 鶴山丸山古墳 | 円墳 | 55〜68 | (32) | (3) | (4) | 0 | (25) | |
| 7 | 奈良県 | 大和天神山古墳 | 前方後円墳 | 113 | 23 | 0 | 0 | 20 | 3 | |
| 8 | 大阪府 | 壺井御旅山古墳 | 前方後円墳 | 45 | (22) | 0 | (4) | 0 | (18) | |
| 8 | 長野県 | 川柳将軍塚古墳 | 前方後円墳 | 91 | (22) | 0 | 0 | (3) | (19) | |
| 10 | 奈良県 | 衛門戸丸山古墳 | 円墳 | 約50 | 14 | 0 | 0 | 1 | 13 | |
| 11 | 岡山県 | 備前車塚車塚 | 前方後方墳 | 48 | 13 | 11 | 0 | 2 | 0 | |
| 12 | 兵庫県 | 西求女塚古墳 | 前方後方墳 | 98 | 12以上 | 7 | 0 | 5 | 0 | |
| 12 | 大阪府 | 紫金山古墳 | 前方後円墳 | 102 | 12 | 1 | 9 | 1 | 1 | |
| 12 | 京都府 | 美濃山王塚古墳 | 前方後円墳 | 約60 | 12以上 | 0 | 0 | 3 | (9) | |
| 15 | 愛知県 | 東之宮古墳 | 前方後方墳 | 67 | 11 | 4 | 0 | 1 | 6 | |
| 16 | 福岡県 | 一貴山銚子塚古墳 | 前方後円墳 | 104 | 10 | 0 | 8 | 2 | 0 | |

（　）は数未確定　　各報告書及び［下垣2016］参照

を付けてその名称を使用している。「同笵鏡」についても同様に技法を限定しない保留の意味で「」をつけて使用している。

30面を超える出土状態の詳細が判明した発掘調査例は現在に至るまで黒塚古墳のみである。大量副葬は、副葬行為の意味をより明確にすると考える。

第一に、棺内の画文帯神獣鏡と棺外の三角縁神獣鏡の対比がある。棺内と棺外の副葬品の出土は、発掘調査ではほぼ近接したタイミングとなるが、埋葬行為の過程を整理すると棺内副葬品と棺外副葬品の時間的な隔絶は明確である。その点で、画文帯神獣鏡は完全に他の三角縁神獣鏡と扱いが異なる。棺内でも被葬者の頭に近接して副葬されており、より重視されている。直刀、剣、槍とともに1点ずつが選択されてそこに量的な副葬はない。

第二に、古墳祭祀における棺外副葬鏡の意義である。棺外の出土状態は、赤色顔料の集中分布から判明する木棺の人体埋葬位置、とりわけ頭を中心に木棺北側を取り囲むように三角縁神獣鏡を配置する「棺内頭部・棺外包囲分置型」である［岩本2004］。基本的に鏡面を木棺側に向けて副葬しており、被葬者に対して鏡面を向けることで祭祀的役割を果たしたとみられる。巨大な墳丘を築き、石と粘土で石室を造り、巨大な木棺に被葬者を納めて、何重にも被葬者を覆い、封印するような一連の行為があり、その中で三角縁神獣鏡（棺外鏡）の大量副葬を理解すべきであろう。さらに、木棺外には大量の刀剣類と鉄鏃などが銅鏡と混在して副葬されており、棺外の鉄製武器類にも三角縁神獣鏡とほぼ同様の役割を見出せる。棺外副葬品は、単なる威信財や宝器としての価値からのみ副葬されたのではなく、一連の古墳祭祀を構成する要素として、前方後円形の巨大な墳丘に被葬者を埋葬する行為の中で被葬者を封印、もしくは護り鎮めるという明確な役割をもつと考える。今回は、威信財論［下垣2011］へは踏み込まないが、黒塚古墳の大量の棺外鏡の副葬により、副葬行為の意味はより明瞭になったと考える。ただし、これは三角縁神獣鏡＝葬送具［河上1999］を単純には意味しないと考える。棺内ではなく棺外にあえて貴重な銅鏡を配置することの、古墳祭祀上

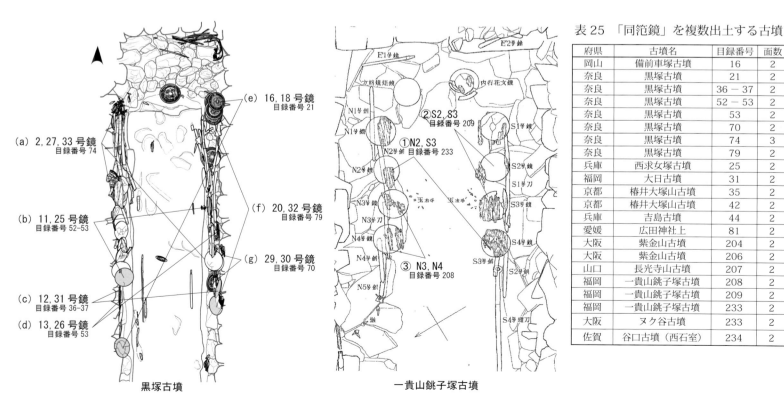

表25 「同笵鏡」を複数出土する古墳

| 府県 | 古墳名 | 目録番号 | 面数 |
|---|---|---|---|
| 岡山 | 備前車塚古墳 | 16 | 2 |
| 奈良 | 黒塚古墳 | 21 | 2 |
| 奈良 | 黒塚古墳 | 36 − 37 | 2 |
| 奈良 | 黒塚古墳 | 52 − 53 | 2 |
| 奈良 | 黒塚古墳 | 53 | 2 |
| 奈良 | 黒塚古墳 | 70 | 2 |
| 奈良 | 黒塚古墳 | 74 | 3 |
| 奈良 | 黒塚古墳 | 79 | 2 |
| 兵庫 | 西求女塚古墳 | 25 | 2 |
| 福岡 | 大日古墳 | 31 | 2 |
| 京都 | 椿井大塚山古墳 | 35 | 2 |
| 京都 | 椿井大塚山古墳 | 42 | 2 |
| 兵庫 | 吉島古墳 | 44 | 2 |
| 愛媛 | 広田神社上 | 81 | 2 |
| 大阪 | 紫金山古墳 | 204 | 2 |
| 大阪 | 紫金山古墳 | 206 | 2 |
| 山口 | 長光寺山古墳 | 207 | 2 |
| 福岡 | 一貴山銚子塚古墳 | 208 | 2 |
| 福岡 | 一貴山銚子塚古墳 | 209 | 2 |
| 福岡 | 一貴山銚子塚古墳 | 233 | 2 |
| 大阪 | ヌク谷古墳 | 233 | 2 |
| 佐賀 | 谷口古墳（西石室） | 234 | 2 |

図303　「同笵鏡」の出土位置

の意義を考えたものである。この祭祀行為に鏡種がどのように関わるのかは別の問題であり、各古墳被葬者およびその後継者が入手可能な鏡種や副葬品の構成とも密接に関わると想定する。

第三に、副葬時における「同笵鏡」への意識である。三角縁神獣鏡には「同笵鏡」と呼ぶ同一文様鏡があり、各地の古墳被葬者との分有関係から政治的関係を明らかにしようとした小林行雄の同笵鏡論は現在も大きな影響力をもつ［小林1961］。調査時点での黒塚古墳の26種類の「同笵鏡」は、全国39基の古墳被葬者とつながることとなる［樋口1999］。同一古墳への複数の「同笵鏡」の副葬例は12例あるが［表25］、黒塚古墳の7組15面は最多である。結論から言えば、黒塚古墳では「同笵鏡」の副葬配置に特別な配慮を確認できなかった。検証可能な行為として「同笵鏡」を横に並べる、もしくは木棺の両側に対の位置に配置するなどの規則性を想定したが、7組の「同笵鏡」配置には規則性が認められず、少なくとも副葬時に「同笵鏡」を意識した配置は確認できなかった［図3C3］。「仿製」三角縁神獣鏡ではあるが、黒塚古墳に次ぐ3組6面の「同笵鏡」をもつ福岡県一貴山銚子塚古墳［小林・有光ほか1952］でも配置に明確な規則性を読み取ることができなかった。三角縁神獣鏡は古代中国にその名はなく、あくまでも考古学的な分類名称である。「同笵鏡論」も考古学的な解釈であり、今後、出土状態にもとづくなど解釈に検証の余地があるかと思われる。その中で配置の特殊性が窺われたのは北棺外に単独で配置された17号鏡である。三角縁盤龍鏡として図像に神像をもたない考古学的分類上の特異性ではなく、単純に鏡径が最も大きいことによる可能性が高い。これは盤龍鏡における鏡径の大小に古墳時代の価値を見出すとした車崎正彦の見解に通じるものがある［車崎1993］。

## 3　三角縁神獣鏡という銅鏡について

三角縁神獣鏡の大量副葬により得られた情報をみていく。

まず、三角縁神獣鏡の鏡種の全体像について見通しを得た。これまで三角縁神獣鏡は各地で出土し続け、三角縁神獣鏡の鏡種も増え続けていたが、三角縁神獣鏡の製作された鏡種の総数については全く見込みが立たないでいた。黒塚古墳の調査時点（1998年）では、「舶載」三角縁神獣鏡の出土総数は約330面であり、黒塚古墳から出土した33面は全体の1割に相当した。ところが新しい鏡種の確認は3種に限られた。このことから三角縁神獣鏡の鏡種はその大半が既に判明しており、今後は新鏡種が大きく増えるのではなく既知の「同笵鏡」の面数が増えるとの想定が可能となった。この見通しは、調査後20年を経過しても変わっていない。

また、黒塚古墳調査以前の大和古墳群では、大和天神山古墳［伊達・小島ほか1963］などから三角縁神獣鏡が出土せず、周辺にも出土伝承がなかったために、大和古墳群には三角縁神獣鏡が副葬されていないのではないかとの考え方もあった［河上1999］。しかし、全長130m級の黒塚古墳は、大和古墳群中でさほど目立つ存在ではないにもかかわらず、三角縁神獣鏡の出土数として最大の33面を出土した。桜井茶臼山古墳における三角縁神獣鏡26面以上の出土は、大王墓級の古墳を複数含む大和古墳群内に相当量の三角縁神獣鏡が存在する可能性を示唆している。「舶載」三角縁神獣鏡の製作総数については、最大3000面とみる意見もあり［菅谷2003］、三角縁神獣鏡のイメージも変更が迫られている。

## 4　三角縁神獣鏡の観察

大量出土により、統一的な視点でのまとまった量の三角縁神獣鏡の観察機会を得た。今回は個別の鏡ごとに分析する頁的余裕はないが、報告の過程での観察で作鏡姿勢を示すいくつかの現象を見出せたので整理しておきたい。

**鈕孔の仕上げ**　33面の全てに鈕孔の鋳バリを残し、孔を整える研磨が行われていなかった。この鋳バリは、鋳造時に鈕孔を形成するために鋳型に入れた中子（棒状の粘土塊）が鈕の径に対してやや短く、湯が入り込むためであり、鋳型本体に中子を落とし込むための切り込みを入れて長めの中子を入れないために起きる現象である［図304］。その結果、鋳造後には鈕孔開口部に鋳バリが残り、鈕孔に紐を通すには中子の粘土塊と鋳バリの除去が必要となる。なお、鈕孔については福永伸哉の指摘があるように［福永2005］、黒塚古墳出土鏡も三角縁神獣鏡の鈕孔はいずれも扁平な長方形であり、三国時代の呉鏡のような円形の鈕孔はない。

出土時に大部分の銅鏡の鏡面を中心に織物痕を確認したことから（第Ⅱ部第2章第6節）、織物の袋に三角縁神獣鏡を納めて副葬した可能性が高い。その一方で鈕の紐は全く確認できなかった。現状で鈕孔内がふさがって貫通していないものが22面ある[註1]。鈕孔は繊維質のものではなく砂粒を含む硬い土でふさがっており、一部中子の粘土塊を含む可能性がある。鋳バリで鈕孔が半分ふさがったものもあった（13号鏡）。これまで観察の機会があった黒塚古墳以外の古墳から出土した三角縁神獣鏡もほぼ同様に鈕孔に鋳バリを残しており［水野・山田（編）2005ほか］、三角縁神獣鏡の作鏡工人が鈕孔の仕上げに関心が低いことは明らかであり、三角縁神獣鏡の多くは鈕紐を綺麗に通すのが困難な状況である。一方で、後漢鏡である黒塚古墳、椿井大塚山古墳、奈良県上牧久渡3号墳［水野2015］の画文帯神獣鏡の鈕孔が丁寧に研磨されているのとは対照的である［図305］。後漢鏡は鈕孔に大きな鋳バリを残すことなく、孔の周囲を小さく丸く研磨するのが一般

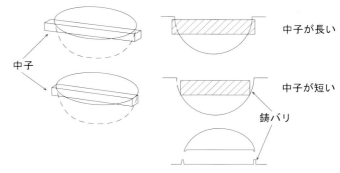

図304　鈕と鈕孔の鋳型

第Ⅱ部　研究編

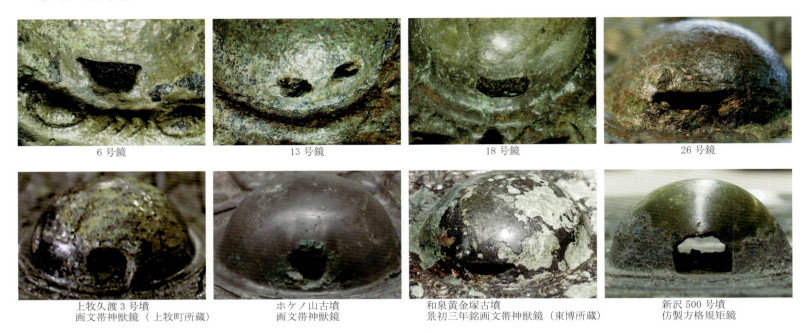

| | | | |
|---|---|---|---|
| 6号鏡 | 13号鏡 | 18号鏡 | 26号鏡 |
| 上牧久渡3号墳<br>画文帯神獣鏡（上牧町所蔵） | ホケノ山古墳<br>画文帯神獣鏡 | 和泉黄金塚古墳<br>景初三年銘画文帯神獣鏡（東博所蔵） | 新沢500号墳<br>仿製方格規矩鏡 |

図305　銅鏡の鈕孔

上：16号鏡　下：18号鏡　　　上：20号鏡　下：32号鏡　　　上：13号鏡　下：26号鏡

図306　三角縁神獣鏡「同笵鏡」研磨の状況

表26「同笵鏡」の研磨

| 目録番号 | 黒塚古墳<br>出土鏡 | 研磨の強弱 |
|---|---|---|
| 74 | 2号鏡 | × |
| | 27号鏡 | ○ |
| | 33号鏡 | ○ |
| 21 | 16号鏡 | × |
| | 18号鏡 | ○ |
| 70 | 29号鏡 | × |
| | 30号鏡 | ○ |
| 36－37 | 12号鏡 | ○ |
| | 31号鏡 | × |
| 53 | 13号鏡 | × |
| | 26号鏡 | ○ |
| 79 | 20号鏡 | ○ |
| | 32号鏡 | × |
| 52－53 | 11号鏡 | ○ |
| | 25号鏡 | △ |

○：強　△：やや弱　×：弱

的とみられる。また、古墳時代前期の倭鏡である鼉龍鏡や内行花文鏡も鈕孔に鋳バリを残さない。後漢鏡や倭鏡と共伴する「舶載」三角縁神獣鏡は、鈕孔の仕上げの研磨が省略されたやや粗雑な造りの銅鏡として、中国製である後漢鏡とも古墳時代前期の倭鏡とも様相が異なる。

では、三角縁神獣鏡以外に鈕孔に鋳バリを残す銅鏡がないかというとそうではない。大阪府和泉黄金塚古墳［末永ほか1954］出土の景初三年（239）銘をもつ画文帯神獣鏡は鈕孔に鋳バリを残し、三角縁神獣鏡の鈕孔によく似る。この紀年銘を信じるならば三国時代のある時期から魏鏡の鈕孔は仕上げが粗いものが含まれたこととなる。青龍三年銘をもつ大阪府安満宮山古墳［鐘ヶ江ほか2000］の方格規矩鏡や、文様が非常に精緻な奈良県ホケノ山古墳［岡林・水野ほか2008］の画文帯神獣鏡でも鈕孔の仕上げは粗い。大和天神山古墳出土15号鏡など、西晋まで製作年代が下る可能性のある銅鏡は、鈕の中子がやや短く、鈕孔の仕上げが粗くなる傾向がある。魏晋代の銅鏡は、後漢鏡の図像を再利用するものが多く、銅鏡製作は低調となるとみてよい。この点で「舶載」三角縁神獣鏡は同時期の古代中国の鏡作りの動向と連動するように

みえ、「舶載」三角縁神獣鏡の技術的系譜は倭鏡よりも魏晋鏡に近いと言える。

「同笵鏡」の研磨による仕上げの差異　「同笵鏡」は同一文様鏡であり、同じ製品というイメージがあるが、外区上面や三角縁の内側斜面、鈕外面の研磨仕上げに有無が認められた。出土した「同笵鏡」間ではむしろ共通の研磨を行うものが少なく［表26］、「同笵鏡」が現代の工業製品のように同品質の製品製作を目指していないことを教えてくれる。

鈴木勉により三角縁神獣鏡における研磨の有無は既に指摘されているが［鈴木2016］、同一埋葬施設出土の「同笵鏡」でも必ずしも同じ仕上げ工程を踏んでいない［図306］。これは「舶載」三角縁神獣鏡の作鏡姿勢を強く示す現象である。研磨を行う場合と、行わない場合の基準は不明であるが、文様の鋳上がりが良好な場合は研磨を省略し、不良なものに強い研磨を加える傾向にある。それに対して鏡面と三角縁の外側斜面の研磨は、全ての出土三角縁神獣鏡で一律に丁寧で、省略は認められなかった。また、三次元計測データ[註2]を用いて「同笵鏡」間の厚みを比較したが、「同笵鏡」の同一箇所でも異なる場合が多かった。これは鏡背面と鏡面の鋳型

第 1 章　考古学的研究

①目録番号 36-37

黒塚 31 号鏡

黒塚 12 号鏡

下方神像の衣表現に文様の修正が顕著である。右神像の左衣の襞が 3 本から 4 本へ変わっているのが目立つ。左神像の両側の衣襞表現の下端の形が異なる。神像肩から伸びる羽状表現の形と小乳の大きさなどの文様の修正が確認できる。

②目録番号 74

黒塚 27 号鏡

黒塚 33 号鏡

黒塚 2 号鏡

笵傷からみた製作順序は、黒塚 27 号鏡→33 号鏡→2 号鏡である。27 号鏡の段階ですでに有節弧付近が崩れているが、上方右の笠松文様の上段は、房の半ばまで線が 3 本であったものが、33 号鏡からは 5 本で房全体に線が及ぶ。

③目録番号 21

黒塚 18 号鏡

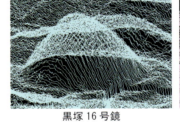
黒塚 16 号鏡

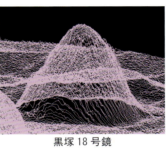
黒塚 18 号鏡

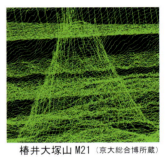
椿井大塚山 M21（京大総合博所蔵）

④目録番号 53

椿井大塚山 M6（京大総合博所蔵）

黒塚 13 号鏡

黒塚 26 号鏡

椿井大塚山 M6→黒塚 13 号鏡→黒塚 26 号鏡である。上方神像間の文様は崩れた後に補修することなく縦線が追刻される。小乳に円圏が加えられる。下方神像間の小像の頭は 2 本の突起をもつものが、大きく弧線を加え、上半身が崩れた後に補修することなくタテの 2 本線を追刻する。

図 307　三角縁神獣鏡「同笵鏡」における文様の改変（水野・山田（編）2005）

第Ⅱ部　研究編

の合わせ方によるものよりも、断面形からみて鏡面側の研磨量の違いが大きいと考える。つまり、三角縁神獣鏡の作鏡工人にとって鏡背面の仕上がりは従で、鏡面と三角縁の外側斜面の仕上がりを主として重視したことを示している。

　**三角縁神獣鏡「同笵鏡」にみる文様の改変**　「同笵」とは同じ鋳型という意味であるが、しばしば鋳型の文様が改変されており、主なものを以下に記す［図307］。

　目録番号36-37（黒塚12・31号鏡）　製作順序は31号鏡→12号鏡であり、下方神像の衣の突線表現の改変が明確である。特に下方右神像の左衣の襞が3本から4本へ変わっているのが目立つ。さらに、三次元計測の画像を拡大観察すると、左神像の両側の衣襞表現の線の下端の形は一見似るがほぼ全て異なっており、神像肩から伸びる羽状表現の線の太さや鈕周辺の小乳の大きさなど、多数の文様改変が確認できた。なお、左神像の顔から胴にかけての亀裂状笵傷が12・31号鏡に共通して確認できることから、同じ鋳型（笵）の使用によるものと確認できる。

　目録番号74（黒塚2・27・33号鏡）　笵傷からみた製作順序は27号鏡→33号鏡→2号鏡である。27号鏡の段階ですでに有節弧付近に鋳型の崩れがあるが、上方右の笠松文様の上段は、房の半ばまでの3本線が33号鏡と2号鏡では5本線になり、房全体に線が及んで立体感が失われる。中・下段についても房のタテ線表現は長くなる。また、上段神像の頭表現は、27号鏡では珠文が目立つ表現であったが、2号鏡ではより3本線に近い表現へ改変される。また、神像座の刻み目は、33号鏡と2号鏡では幅が狭く、深く掘り直されている。

　目録番号21（黒塚16・18号鏡、椿井大塚山M21）　「同笵鏡」において乳は彫り直し易い場所らしく、多くの場合、先端の丸い乳に手を加えて、先の尖った乳となるように彫り直すことが多い。多数あるが、その一例として挙げる。

　目録番号53（黒塚13・26号鏡、椿井大塚山M6）　鋳型表面の剥落傷の増加傾向から製作順序は、椿井大塚山M6→黒塚13号鏡→26号鏡であり、文様の改変と追刻が確認できた。M6では上段の2体の神像の間に菱形と縦線を組み合わせた文様が入るが、13号鏡では縦線部分の鋳型が崩れてしまう。しかし、次の26号鏡ではその部分に真土を貼って文様を刻み直すのではなく、剥落して凹んで荒れた鋳型の表面に縦線を刻むことで文様の復元を意図している。さらに、13号鏡の段階で有節弧付近の小乳に円圏を描き加えており、小乳にはコンパス状の軸の痕跡が残る。また、笠松文様は、M6では三日月状の房をもち、上下を分ける稜の上方にのみ房状の縦線があったが、13号鏡では稜を崩して三日月状の房全体に縦線を刻み、立体感を失わせている。それ以外にも左右神像の外側の空隙に、13号鏡では単線による羽状表現を加える。下方では、神像の間に跪いた侍仙がおり、M6では頭に2本線の表現を持つ。それが13号鏡では長い弧線が追刻され、さらに26号鏡では上半身部の鋳型が崩れて凹みとなるが、真土を貼り直すことなく、鋳型に2本のタテ線を刻んで文様を復元しようとする。また、下方でも13号鏡段階で小乳に円圏を加えている。下方神像の顔は、M6では整っているが、13号鏡、26号鏡と目鼻口をなぞるように追刻して、鼻先の位置がずれて顔がやや崩れるなど、多数の文様の改変が認められる。神像間の文様など粗雑であっても文様の復元を意識しており、黒塚13・26号鏡は、椿井大塚山M6を手元に残すか、もしくは文様を知る同一工房で製作された可能性が高い。

　文様改変の傾向をまとめると、文様の追刻は文様の隙間が大きいと行われることが多く、図像の割付も文様の隙間を嫌って埋める傾向が強い。また、鋳型が崩れるか、鋳上りが浅いと線をなぞるように追刻を行い、元の図像を変えてしまうものがある。しかし鋳型が崩れても大部分はそのまま放置するか、平滑に鋳型を埋めており、文様を復元する例は稀である。

## 5　笵傷にみる三角縁神獣鏡

　三角縁神獣鏡では、主に同笵技法を用いて同一文様鏡を量産しており、鋳型の傷（笵傷）は大きく剥落傷と亀裂状の笵傷の2種類に分類される［水野ほか2005］[註3]。剥落傷は鋳造ごとに鋳型表面に生じ、結果的に笵傷を共有しつつ増加傾向が認められる。これは、笵傷の大部分を修復しないことを

①亀裂状の鋳型の傷（左から　黒塚30号鏡、黒塚29号鏡、花野谷鏡）

②外区鋸歯文の面的な崩れ（左から鋳型の傷は共有しつつ増加する）（左から　黒塚30号鏡、黒塚29号鏡、花野谷鏡）

**図308　亀裂状の傷と面的な剥落傷**（目録番号70）（水野ほか2005）

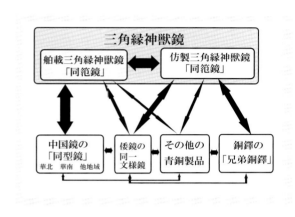

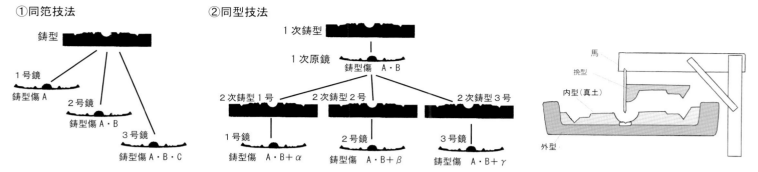

図309　同笵技法と同型技法の鋳型の傷の増加モデル

図310　三角縁神獣鏡の鋳型のイメージ

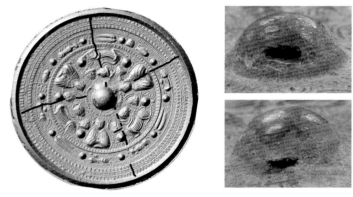

図311　三角縁神獣鏡をとりまく青銅器製作技術の相関図

目録番号216　新沢千塚500号墳出土鏡

図312　「仿製」三角縁神獣鏡の十字状の亀裂状笵傷と鈕孔の例

示しており、剝落傷（笵傷）の増加傾向から製作順序が想定できる［図308・309］。しかし、青銅器における同笵技法の使用は現代では稀で、その実現性に疑問が持たれていたが、会津大塚山古墳鏡の復元実験で同笵技法による製作に成功したことで同笵技法の可能性を確認できた［鈴木ほか2001］。

亀裂状の笵傷は、文字通りの鋳型表面のヒビが転写されたものである。亀裂状笵傷は、部分的に凹線や凸線であらわれ、別の「同笵鏡」では亀裂状笵傷の凸凹が逆転することも珍しくない。剝落傷の増加傾向に合わせて緩やかに亀裂状の笵傷も増加する傾向にあるが、同じ位置の亀裂状笵傷でも「同笵鏡」ごとに現れ方にばらつきがあり、初期に明確であったものが後に見え難くなることがあり、剝落傷とは様相が異なる。森下章司により文様の異なる「仿製」三角縁神獣鏡間において笵傷位置の共通性の指摘があり［森下2005］、その後、清水康二により「舶載」三角縁神獣鏡と「仿製」三角縁神獣鏡の間でも笵傷位置が共通し、両者の間で鋳型の再利用があるとの指摘があり［清水2015］、議論を呼んでいるが、亀裂状笵傷そのものの評価と原因については明確な指摘がなかった。

今回、出土した大部分の「舶載」三角縁神獣鏡に、十字状に直交する亀裂状笵傷を確認した［図313］。確認が難しいものも断続的にみられ、「同笵鏡」を比較するとより明確となる。確認例の多さから直交する亀裂状笵傷の発生は偶然の産物とは考え難い状況である。しかも、笵傷の交点は鏡の中心、つまり鈕の中心を避けるものが多く、同時に十字状の亀裂状笵傷と並行する亀裂状笵傷も多く認められた。鋳型が出土していないため、銅鏡に残る笵傷から推測するしかないが、湯口との位置関係も含めて鋳型構造による何らかの必然の結果と考える。しかし、他の鏡種に顕著でないが「仿製」三角縁神獣鏡にも確認できることから［図312］、三角縁神獣鏡に特有

な鋳型構造に起因するとみられる。可能性としては銅鐸のような外型と内型を用いた2層式の鋳型構造で、鋳型内部の補強材などの影響を想定している［図310］。鏡背面鋳型で一番深いのは鈕の頂であり、その中心には鋳型の基本形をつくる挽型や圏線のための軸受けの存在が想定され、これを避けて中心から逸れた位置に亀裂状笵傷の交差がくる可能性などを推定している。十字状の亀裂状笵傷は、笵傷の一端に鏡縁のゆがみがくることが多く、結果として湯口方向も規定する可能性もあるが、今後、鋳造実験等を通じて検証する必要がある。

## 6　三角縁神獣鏡の作鏡姿勢

「舶載」と「仿製」の三角縁神獣鏡は三次元計測を応用した製作技術の抽出においても決定的な違いが確認できておらず、青銅器製作技術的にはほぼ一連の製作と考えている［水野2017］。「舶載」と「仿製」三角縁神獣鏡の技術的な共通性を列挙しておくと、①同笵技法の採用。笵傷を共有しつつ増加傾向をみせ、鏡径の収縮が確認できない。②剝落傷と亀裂状の笵傷の確認。これは三角縁神獣鏡に顕著な笵傷であり、鋳型構造や製作技法に直結する。加えて大部分で笵傷を修理しないという作鏡姿勢が共通する。③断面形の共通する鏡が存在した。文様の異なる三角縁神獣鏡に鏡径、三角縁と外区形状、鈕形の合致が一定の割合で確認できた。これは偶然ではなく何かを共有することを示すが、現状では挽型共有の可能性等を考えている［岩本2005］。挽型とすれば三角縁から鈕形までを一体化したものとみられ、回転の精度からみて挽型は簡易なものをイメージしている［図310］。これは笵傷を容認する作況姿勢とともに強い技術的な共通性を示す［水野

第Ⅱ部 研究編

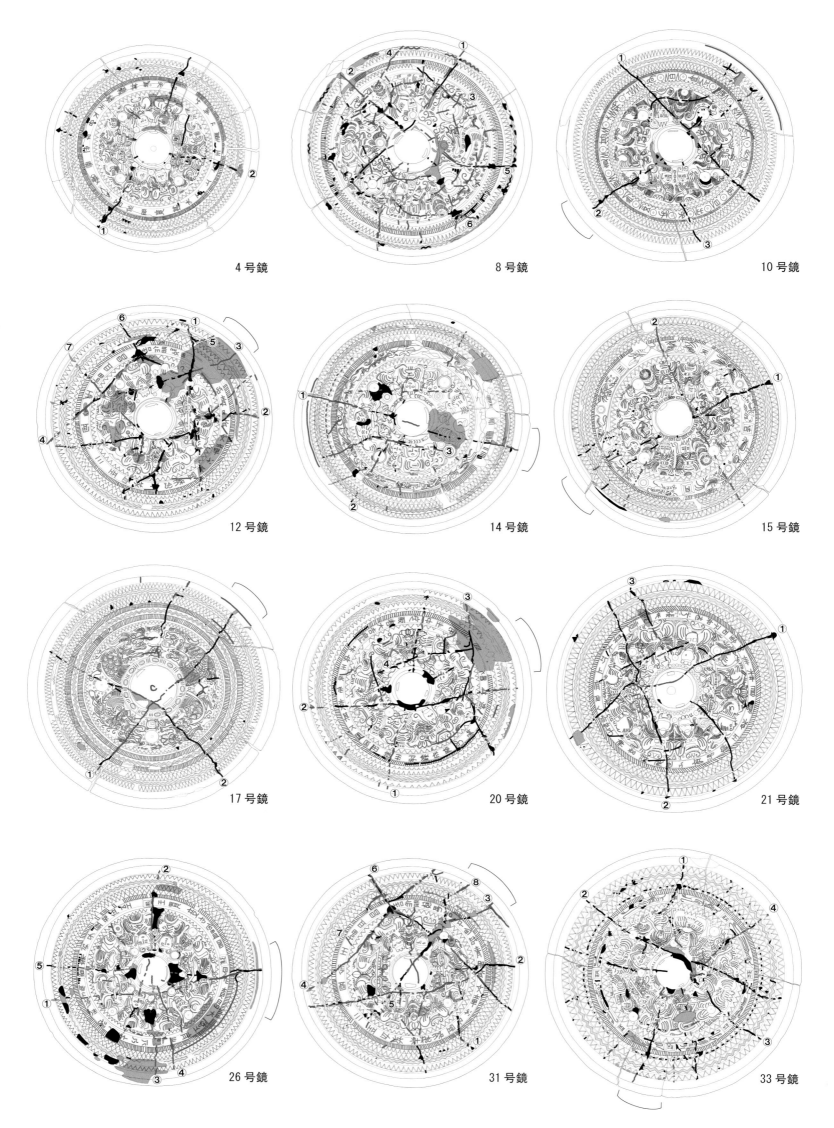

図313　十字状の亀裂状笵傷

2017］。今回の黒塚古墳出土鏡での観察を経て、新たに④として鈕孔に鋳バリを残し、鈕孔を整える研磨をしない。⑤として十字状の亀裂状笵傷が両者に存在する。この２点を加えたい。④と⑤も「舶載」と「仿製」三角縁神獣鏡に共通の現象である［図312・313］。特に⑤は他の鏡種に顕著でなく、三角縁神獣鏡特有の共通性を示している。同笵技法は現時点の分析において後漢鏡や倭鏡では一般的でない。断面の共通性も銅鏡製作の量産工程の共通性を示し、笵傷、特に十字状笵傷の存在は、鋳型の構造的な共通性を暗示する。他の古墳出土の中国鏡や倭鏡とも製作技術的には異なり［図311］、孤立した状況にみえ、三角縁神獣鏡の特異性が際立つ。「仿製」三角縁神獣鏡は、「舶載」三角縁神獣鏡の単なる模倣などではなく、直接的な技術継承を必要とするレベルでの共通性があることから、三角縁神獣鏡のすべてが中国製、あるいは日本製となる可能性をも考えている。三角縁神獣鏡はすべて中国製であるとした車崎正彦の考え方に通じるが［車崎2000］、現状では私見において断定に至らない。「舶載」三角縁神獣鏡には銘文があり、その製作には中国系知識人の協力が不可欠である。また、鈕孔の仕上げ等に同時期の中国鏡との技術的な連動が認められるものの、古代中国やその外縁部でも、古代道教などの神話から逸脱した独自の図像をもつ中国鏡群は他に確認できないこと、大和古墳群での副葬を考慮すると三角縁神獣鏡の総数が非常に多くなると想定されるため、製作地については判断を保留している[註4]。

「舶載」三角縁神獣鏡の作鏡姿勢を整理すると、鏡径が22cm前後の大型鏡で、鏡面の丁寧な研磨を重視し、同笵技法の使用による鏡背面の笵傷の増加と文様の崩れ、加えて銘文の誤字、文様割付の錯誤を容認している。これは短い製作期間での大量注文への対応とみられ、結果として鋳型製作数を減らす同笵技法や鋳型量産のための挽型の使用などを選択したとみる。この点で「舶載」三角縁神獣鏡と「仿製」三角縁神獣鏡は、ほぼ同じ内容の注文に沿った製作と考える。

また、鈕紐を通すのが困難なものが多く、鏡の使用法として鈕を重視せず鈕に紐を通して指をかけて持ち上げない、あるいは据え置きを前提とした使用形態が想定できる。

三角縁神獣鏡の総種類数や製作技術、作鏡姿勢をはじめ、出土状態からみた古墳祭祀と同笵鏡論など、黒塚古墳出土鏡が提起する問題は多岐にわたり、多くは再論を必要とするが、まずは問題点を提起しておく。

本稿はJSPS科研費17H02423の成果の一部を含む。

［註１］黒塚古墳出土三角縁神獣鏡の鈕孔内部については、出土時点で固く土で詰まっているものが大半を占めたため、中子の粘土である可能性も含め、情報を保持するために可能な限り現状のままにとどめている。
［註２］第Ｉ部第６章及び図307・308・312の画像は三次元計測により作成した。計測の仕様は別稿［水野・山田（編）2005、水野2017］による。銅鏡研究への三次元計測の導入は、黒塚古墳の発掘調査を契機として開始し、これまでに『三次元デジタル・アーカイブを活用した古鏡の総合的研究』（水野・山田（編）2005）、『考古資料における三次元デジタルアーカイブの活用と展開』（水野（編）2010）、『三次元計測を応用した青銅器製作技術からみた三角縁神獣鏡の総合的研究』（水野（編）2017）などを公表している。
［註３］黒塚古墳の三角縁神獣鏡の笵傷は、『三次元デジタル・アーカイブを活用した古鏡の総合的研究』等でも整理をしたが、報告を機に再整理を行った。
［註４］技術的な系譜は解明されつつあるが、王仲殊の工人の渡来説を含めて鋳型の出土なしには製作地を決めがたい状況である［王1992］。

【引用文献】
岩本　崇 2004「副葬配置からみた三角縁神獣鏡と前期古墳」『古代』116
岩本　崇 2005「三角縁神獣鏡の規格と挽型」『三次元デジタル・アーカイブを活用した古鏡の総合的研究』奈良県立橿原考古学研究所
梅原末治 1921『佐味田及新山古墳研究』岩波書店
王　仲殊 1992『三角縁神獣鏡』学生社
岡林孝作・水野敏典ほか 2008『ホケノ山古墳の研究』奈良県立橿原考古学研究所
鐘ヶ江一朗ほか 2000『安満宮山古墳』高槻市教育委員会
河上邦彦 1999「あとがき」『黒塚古墳発掘調査概報』学生社
車崎正彦 1993「鼉龍鏡考」『翔古論聚－久保哲三先生追悼論文集－』
車崎正彦 2000「三角縁神獣鏡をめぐって」『栃木県考古学会誌』21
小林行雄 1961「古墳発生の歴史的意義」『古墳時代の研究』青木書店
小林行雄・有光教一ほか 1952『一貴山銚子塚古墳の調査報告書』福岡県教育委員会
菅谷文則 2003「三角縁神獣鏡の出土傾向」『橿原考古学研究所論集 第十四』八木書店
鈴木　勉ほか 2001『復元！三角縁神獣鏡』福島県教育委員会
鈴木　勉 2016『三角縁神獣鏡・同笵（型）鏡論の向こうに』雄山閣
清水康二 2015「初期三角縁神獣鏡成立過程における鏡笵再利用」『古代文化』67-1
下垣仁志 2011『古墳時代の王権構造』吉川弘文館
下垣仁志 2016『日本列島出土鏡集成』同成社
末永雅雄ほか 1954『和泉黄金塚古墳』綜芸舎
伊達宗泰・小島俊次・森　浩一 1963『大和天神山古墳』奈良県教育委員会
寺沢　薫ほか 2011『東アジアにおける初期都宮および王墓の考古学的研究』奈良県立橿原考古学研究所
樋口隆康 1998『昭和28年椿井大塚山古墳発掘調査報告書』京都府山城町
樋口隆康 1999「黒塚古墳出土の鏡の意義」『黒塚古墳発掘調査概報』学生社
福永伸哉 2005『三角縁神獣鏡の研究』大阪大学出版会
水野敏典（編）2010『考古資料における三次元デジタルアーカイブの活用と展開』奈良県立橿原考古学研究所
水野敏典 2015「3号墳」『上牧久渡古墳群発掘調査報告書』上牧町教育委員会
水野敏典 2017「青銅器製作技術からみた三角縁神獣鏡」『三次元計測を応用した青銅器製作技術からみた三角縁神獣鏡の総合的研究』奈良県立橿原考古学研究所
水野敏典・山田隆文（編）2005『三次元デジタル・アーカイブを活用した古鏡の総合的研究』奈良県立橿原考古学研究所
水野敏典・今津節生・岡林孝作・山田隆文ほか 2005「三角縁神獣鏡の鋳造欠陥と「同笵鏡」製作モデル」『三次元デジタル・アーカイブを活用した古鏡の総合的研究』奈良県立橿原考古学研究所
森下章司 2005「三次元計測と鏡研究―傷の比較研究」『三次元デジタル・アーカイブを活用した古鏡の総合的研究』奈良県立橿原考古学研究所

## 第4節　黒塚古墳出土武器をめぐる諸問題

水野敏典

### 1　はじめに

　黒塚古墳に大量副葬された武器は、古墳時代前期を理解する上で様々な問題を提起する。本稿では問題の所在を提示し、整理の方向性を示したい。主に大量副葬の評価、素環頭大刀と直刀の型式差異、槍装具の付け替えにみる鉄器生産、鉄鏃編年による黒塚古墳の年代観について類例を挙げながら整理する[註1]。

### 2　大量副葬の評価

　黒塚古墳の副葬品は34面の銅鏡出土が目立つが鉄製武器の量も非常に多く、黒塚古墳のもう一つの特色となる。武器副葬の量的な評価のために、鉄鏃と銅鏃の出土点数の合計が100点以上、もしくは刀・剣・槍などの大型利器の合計が30点以上の主要な前期古墳例を集成した［表27］。

　まず、黒塚古墳の鉄鏃出土量は280点以上であり、京都府椿井大塚山古墳［樋口1998］の248点以上を超えて前期古墳で最多である。鉄鏃の型式も従来あまり知られていないものを含み、大和周辺に類例がなく、孤立していた資料の再評価を可能としたことに大きな価値がある。また、刀、剣、槍の大型利器は、やや時期の下る大王墓級（墳長200m以上）の奈良県メスリ山古墳［小島・伊達ほか1977］出土の212点の槍を別格とすれば、黒塚古墳出土の34点以上は、京都府園部垣内古墳［森・大野ほか1990］95点、大阪府紫金山古墳［上原・阪口ほか2007］75点、奈良県東大寺山古墳［金関ほか2010］45点、兵庫県西求女塚古墳［安田ほか2004］の42点に次ぐ量となる。上位3基は古墳時代前期でも後半の「仿製」三角縁神獣鏡や方形板革綴短甲の出現以降と時期が異なり、前期でも「仿製」三角縁神獣鏡が出土しない前期前半に限定すれば西求女塚古墳に次ぐ最大級の出土量といえる。前期前半の墳長100m級の前方後円墳への副葬量が、最大で銅鏡が30面台、刀剣類も30～40点台にまとまることは、大量副葬についての緩やかな規範の存在を予想させる。同時に前期の大王墓級の前方後円墳については、メスリ山古墳の槍212点、奈良県桜井茶臼山古墳の銅鏡81面以上の出土［寺澤ほか2011］など副葬量が突出し、その特殊性が際立つ。

### 3　副葬品の構成と配置

　黒塚古墳の鉄製武器の構成は、素環頭大刀、直刀、剣、槍、鉄鏃であり、典型的な前期古墳である。銅鏃を含まず鏃類は鉄鏃に偏重するが、銅鏃の有無などの副葬品選択の原理は今後の課題である。ただし、阪口英毅の指摘通り、副葬時の鉄鏃と銅鏃は共に白銀色の刃部をもち、錆びた現状と比べて両者の外見の差は小さかったとみられる［阪口2017］。

　大型利器として素環頭大刀、直刀、剣、槍が出土したが、その各点数は3、14、3、14点と刀類が一番多く、次いで槍、剣となる。西求女塚古墳や椿井大塚山古墳は攪乱を受けて、出土状態による剣と槍の識別は難しいが、両古墳が刀よりも剣・槍に重点を置くのに対して、黒塚古墳は刀重視の特徴を持つ。

　発掘調査では棺内と棺外の副葬品は木棺が腐朽していることから一覧する形となるが、黒塚古墳の東西棺外副葬品は基本的に木棺蓋上に置かれたとみられる。よって、棺内と棺外の副葬には明確な時間的な断絶があり、副葬品に込められた祭祀的意義は異なる可能性がある。棺内の刀9は線刻の入った柄頭をもち、木製鞘の代わりに刃部を真綿の入った織物で包むなど他の扱いと異なり、棺内の剣2も剣の中で一番長く、

表27　武器の出土数

| 府県 | 古墳名 | 墳形 | 全長(m) | 埋葬施設 | | 鏃 | | | 刀剣槍類 | | | | 鉄鏃編年(水野) | 他の遺物 | | |
|---|---|---|---|---|---|---|---|---|---|---|---|---|---|---|---|---|
| | | | | | | 鉄鏃 | 銅鏃 | 合計 | 刀 | 剣 | 槍 | 合計 | | 「舶載」三角縁 | 「仿製」三角縁 | 方形板革綴短甲 |
| 奈良 | ホケノ山古墳 | 前方後円墳 | 80 | 石囲木槨 | | 74以上 | 70以上 | 144以上 | 2 | 7以上 | | 9以上 | 前期1 | | | |
| 奈良 | 黒塚古墳 | 前方後円墳 | 130 | 竪穴式石室 | 棺内 | 0 | 0 | 0 | 1 | 1 | 1 | 34 | 前期2 | | | |
| | | | | | 棺外 | 280以上 | 0 | 280以上 | 16 | 2 | 13 | | | | | |
| 兵庫 | 西求女塚古墳 | 前方後方墳 | 98 | 竪穴式石室 | 主室 | 0 | 0 | 0 | 0 | 4 | 2 | 42以上 | 前期2 | | | |
| | | | | | 副室 | 56以上 | 0 | 56以上 | 1 | (9) | (26以上) | | | | | |
| 京都 | 椿井大塚山古墳 | 前方後円墳 | 175 | 竪穴式石室 | | 248以上 | 14 | 262以上 | 7以上 | 12以上 | 7以上 | 26以上 | 前期2 | | | |
| 滋賀 | 雪野山古墳 | 前方後円墳 | 70 | 竪穴式石室 | 棺内 | 10 | 30 | | 2 | 3 | 0 | | 前期2 | | | |
| | | | | | 棺外 | 33 | 66 | 139 | 0 | 2 | 3 | 10 | | | | |
| 群馬 | 前橋天神山古墳 | 前方後円墳 | 126 | 粘土槨 | | 78 | 30 | 108 | 5 | 12 | | 17 | 前期2 | | | |
| 奈良 | メスリ山古墳 | 前方後円墳 | 235 | 竪穴式石室 | 副室 | (5) | 236 | 241 | 1 | 1 | 212以上 | 214以上 | 前期2 | | | |
| 京都 | 妙見山古墳 | 前方後円墳 | 114 | 竪穴式石室 | 棺外 | 31 | 106 | 137 | | 8 | | 8 | 前期2 | | | |
| 京都 | 長法寺南原古墳 | 前方後円墳 | 62 | 竪穴式石室 | | 123 | 2 | 125 | 1 | 5 | 2 | 8 | 前期2 | | | |
| 大阪 | 紫金山古墳 | 前方後円墳 | 110 | 竪穴式石室 | 棺内 | 0 | 0 | 0 | | | | | 前期3 | | | |
| | | | | | 棺外 | 165 | 0 | 165 | 41 | 32 | | 74 | | | | |
| 奈良 | 東大寺山古墳 | 前方後円墳 | 130 | 竪穴式石室 | 棺内 | 0 | 0 | 0 | 0 | 1以上 | 0 | | 前期3 | | | |
| | | | | | 棺外 | (70) | 261 | (330) | 20以上 | 14以上 | 10 | 45以上 | 前期3 | | | |
| 奈良 | 新沢千塚500号墳 | 前方後円墳 | 62 | 粘土槨 | 副 | 1 | 27 | 28 | 23 | 4 | 8 | 35 | 前期3 | | | |
| 京都 | 園部垣内古墳 | 前方後円墳 | 82 | 粘土槨 | | 109 | 19 | 128以上 | 23 | 49 | 23 | 95 | 前期3 | | | |
| 石川 | 雨の宮古墳 | 前方後円墳 | 64 | 粘土槨 | | 74 | 55 | 129 | 5 | (14) | (2) | 21 | 前期3 | | | |

鉄鏃・銅鏃合計100点以上、もしくは刀剣槍類30点以上を副葬する古墳［註2］（（　）は不確定を示す）

真綿の入った織物にくるまれていた。棺内では刀と剣は各1点ずつと量的な副葬はなく、被葬者の身の回り品の様相を呈し、棺外の大量の武器副葬とは様相が異なる。副葬された武器は殺傷力をもつが、副葬品は何らかの選択の結果として、一旦、当時の武装とは切り離して考えるべきであろう。副葬武器の選択の原理は不明であるが、手掛かりのひとつは副葬配置にあり、黒塚古墳は大量副葬であるために副葬行為の方向性をより強く示すと考える。刀、剣、槍、鉄鏃群は、銅鏡群と混在し、刀剣類は被葬者を挟むように東西棺外に配置された。また、刀剣類は鞘なしの抜き身で副葬されており、銅鏡は鏡面を木棺側に向けていたことから、単に威信財的な価値や社会的な希少性から選択したのではなく、光を反射する器物に祭祀的な価値を見出したとみる。被葬者を覆う長大な割竹形木棺、竪穴式石室の石材と粘土、後円部の二重口縁壺の配置、そして巨大な前方後円形の墳丘というように、被葬者を幾重にも覆い囲む祭祀行為の一端として棺外副葬があると考える。石室内に分散して副葬された鉄鏃群も、靫のように矢の鏃身側が解放された盛矢具であれば、刀剣類と似た様相を呈する。副葬行為の目的は、古典的解釈であるが被葬者を護り鎮めるためとみられ、今回は銅鏡が被葬者から見て外側に光を放つのでになく内側に向くことを重視すれば被葬者を鎮めることを期待したとの想定も可能である。副葬された武器が被葬者が生前に個人保有したものか、所属集団が保有したものの一部か、あるいは葬送儀礼のために持ち寄られたのかは不明であるが、少なくとも倉庫内に備蓄するような種別ごとの集積ではなく、混在させた配置に特徴がある。

## 4　素環頭大刀と直刀

副葬武器は、当時の兵の武装を直接には示さないものの、多くの情報を与えてくれる。黒塚古墳では素環頭大刀3点と直刀14点が出土した。素環頭大刀はそれぞれに形態が異なるが、いずれも非常に長大で、全長が110cmに及ぶ、いわゆる「五尺刀」に相当する可能性をもつものを含む。半島出土の一般的な素環頭大刀と比べても長大であり、古代中国の領域で製作されたものが、銅鏡などとともに搬入された可能性をもつ。ただし、柄の木製装具は素環頭部の一部を覆うなど倭風の柄装具に付け替えられ、他の直刀と同様に木製鞘はなく抜き身であり、他の大型利器と区別されない。前期古墳において素環頭大刀と直刀の共伴は特殊な例でなく、一定量以上が出土する場合にはむしろ一般的である。今尾文昭は、特に古墳時代前期において大型利器は倭で製作困難であり、大陸からの搬入に頼っていたという考えに立ち、素環頭大刀の環頭部を切り落とすことで直刀を製作するというアイデアを示した［今尾1982・1986］。現状でも古代中国領域および朝鮮半島における刀類は素環頭大刀が大勢を占めており、倭の領域では直刀が主流で補完的に素環頭大刀が出土する。倭における直刀の生産開始時期は、池淵俊一は4世紀後半から5世紀初めとし［池淵1993］、豊島は前期後半の短刀の出現にはじまり、中期初頭以降に大刀（直刀）と長剣が生産さ

れたと推測している［豊島2010］。また、鉄器製作工房址の分析から村上恭通は前期中葉に大刀（直刀）や長剣の画一的生産が始まると考え［村上1999］、近年の研究では真鍋成史も前期前葉における短剣などの小型武器の製作と、刀と長剣の研磨を認めて、前期後葉に畿内での刀と長剣製作の可能性を考えるが、全国の古墳出土品を生産するほどでなかったとして、古墳時代の開始段階の倭での直刀生産開始を支持していない［真鍋2017］。古墳時代の途中から倭での大型利器の製作開始を想定する場合は、それ以前のものについては素環頭大刀の直刀化を念頭に置いたものとみられる。古墳時代開始当初から直刀は大量に出土するが、これを倭製とみる立場を表明するのは菊地芳朗など少数である［菊地2010］。本稿では素環頭大刀を中国製、直刀を倭製とみる菊池芳朗の考え方を基本的に支持し、直刀出現が倭製大型利器の製作開始となる可能性を指摘する。

まず、型式学的な視点から考えてみたい。直刀の型式学的研究があり［臼杵1984］、その進展の中で、茎部幅、茎部断面形や刃部関、刃部幅などの型式整理が進んでいる［齋藤2017］。古墳時代前期の直刀は茎部が柄を木製装具の刳り込みに落とし込む形態が主流で、黒塚古墳も同様である。茎部断面は扁平な台形をなし、目釘での木製装具との固定を基本とする。これに対して出土した素環頭大刀は、全長が非常に長いが刃部関は無関か、あってもごく浅く、茎部は幅広である。黒塚古墳出土の素環頭大刀の環頭部は茎部との共造りで、背から刃側に回り込むものと、刃側から背に回り込むものの両方が出土した。倭様の装具への付け替え前の柄装具や目釘孔の存在は不明である。素環頭大刀と直刀を比較すると、環頭部を切断しても直刀と必ずしも同じ形態とならない点は指摘しておきたい。直刀の茎部は、断面が扁平な台形で、関の深さだけ刃部に比べて幅が狭く、木製装具を着けることを前提とした形態である。茎部端の切断痕は兵庫県城の山古墳例で指摘されているが［樋本ほか1972］、それ以降に明確な類例は増えていない。一方で、東大寺山古墳の装飾付きの環頭大刀など、確実に刀を改造した例もあるが［金関ほか2010］、倭風の装飾性の強い環頭部を装着したかったのであって素環頭を嫌ったものではない。ただし、同時期の直刀でも関が明確でないものがあり、素環頭大刀の直刀化例がないとは言い難いが、素環頭大刀と直刀の間に刃部関や茎部に型式学的な差異をもつ場合のある点は強調しておきたい［図314］。また前期古墳において素環頭大刀と直刀は明らかに共伴し、排他的な関係ではない。むしろ、素環頭大刀に長大なものが多いことから刀類の上位存在にみえ、素環頭大刀の大型品に環頭部を残しつつ、中型以下は環頭部を切断して直刀化するという考え方で良いのか、検討の余地があるように思う。例えば、柳葉式鉄鏃を倭製と認識するのは鍛冶工房址で出土したからでも材料分析の結果でもなく、倭独自の型式をもつためである。直刀が倭の独自型式と認識した際に、検討の第1候補に本来挙げるべきは倭領域内での製作の可能性と考える。なお、黒塚古墳の刀4は短刀の範疇に入るとみられ、短刀の出現を製作画期の一つとみる豊島や村上の基準でも倭での直

刀の製作開始が黒塚古墳築造段階に遡る可能性をもつ。古墳時代前期における倭での大型利器製作は、直刀の出土量からみても十分に可能性があると考える。

現在、大型利器製作の可能性を持つ遺跡として福岡県博多遺跡群［大塚2006］と奈良県纒向遺跡［小池1998、川上2000］を挙げておく。共に古墳時代前期の鍛冶関連資料として、鉄滓と大型の断面かまぼこ形の大型羽口や切断された鉄片が出土した。特に博多遺跡群では大量の鉄片と砥石とともに、定角式鉄鏃の未成品が出土した。刀剣類は出土していない。纒向遺跡でも古墳時代前期において一定規模の鉄器生産が窺われるが不明な点が多い。大型利器の製作の検証に必要なものが何かを見極めるのは今後の課題となる[註3]。

## 5　剣と槍

黒塚古墳で出土した槍は14点である。一見して全長や関の形態、茎部の形態にばらつきが目立つ。木製装具先端の形状は、山形と平口の2種類に大別でき、傾向として槍身の短いものが平口で、長いものに山形装具を用いているが明確な基準は不明である。槍の研究史は長いが、装具構造については菅谷文則の指摘があり［菅谷1975］、豊島直博の分類と編年観へと展開するが［豊島2010］、総じて槍と剣の識別は鉄身だけでは困難であり、本稿でも木製装具の構造と出土状態を合わせて判断している。槍は装具が山形、平口の区別なく、いずれも根挟み状の上下木製部材に左右の別材を加えて茎部付近で4枚合わせの構造をもつ。出土状態の判明したものはいずれも刃先を北に向け、被葬者の頭方向に揃うことから、装具の構造と併せて槍の識別基準とした。他の鉄製品に付着した錆や漆被膜から長柄の存在がうかがわれるが、長柄そのものや石突は確認できてはいない。刃部長は15～50cm、茎部の形態、目釘孔の位置など非常にばらつきが多く、統一的な規格は伺えない。また、槍1・3は刃部幅に比べて刃部が短くて茎部が長く他と様相が異なる。刃部が折れたものを研ぎ直した再生品が含まれたり、製作時期や地域性による可能性がある［ライアン2017］。槍3・8・10には刃関双孔を確認した。刃関双孔をもつ大型利器は弥生時代後半以降に知られ、本来、鹿角製柄装具に代表される柄装具の目釘などを持つ剣身とされるが［豊島2010］、目釘の間隔が広いものや槍に転用されたものも多い。前期前半の古墳副葬品での刃関双孔をもつ槍の類例は、奈良県上牧久渡3号墳［水野2015］の1点、西求女塚古墳の3点、京都府北谷1号墳［豊島2010、田代1995］、大分県免ヶ平古墳［小田・真野1986］などがある［図316］。特に黒塚古墳の槍10や上牧久渡3号墳では刃部関が改変され、双孔の一部が欠けているものがある。刃関双孔には有機質の目釘は確認できず、双孔は四枚合わせ構造の材に跨る位置に来て目釘孔としては機能しておらず、木製装具の付け替えを示唆している。

先端が山形となる木製装具は、古墳時代前期の槍に典型的な装具である。槍の製作地は明らかでなく、複数の工房による製作も予想されるが形態は極めて斉一的である。根挟み状の装具で先端位置を固定後に決めるのには、合理的な必然性があり、槍身の茎部長のばらつきに対応したとみられる。ばらつきをもつ槍身に対して規格性をもつ木製装具の先行量産は役に立たないために、長めの根挟み状の部材を製作しておき、後に槍身に合わせて拵えを整えたとみられる。つまり、槍茎端部と根挟みの股が接するまで挟んでから、目釘位置を決め、左右別材を加えて糸と漆で槍身を固定し、個体ごとに木製装具の先端位置を決めて、余分な長さの根挟み部を切り落として先端の形状を整えるという手順が想定される［図315］。しかし、先端が山形の必然性はなく、古墳時代中期には平口の槍へと変化することからも、斉一的な山形装具にはヤマト政権の設定した槍デザイン（型式）への志向性を認めることができる。なお、中期の槍は平口で呑口端部が帯状にで突出した型式が大量に出土するが、これは前期の山形装具と異なり、根挟みの装具先端位置があらかじめ決められていた事を示し、規格性を持った槍の量産を確認できる。槍装具の構造は菊地と豊島の研究を参考とした［菊地2010、豊島2010］。

刃関双孔にみる槍装具の付け替えは、黒塚古墳においても大型利器の供給が潤沢でなく、別装具であった槍や剣をかき

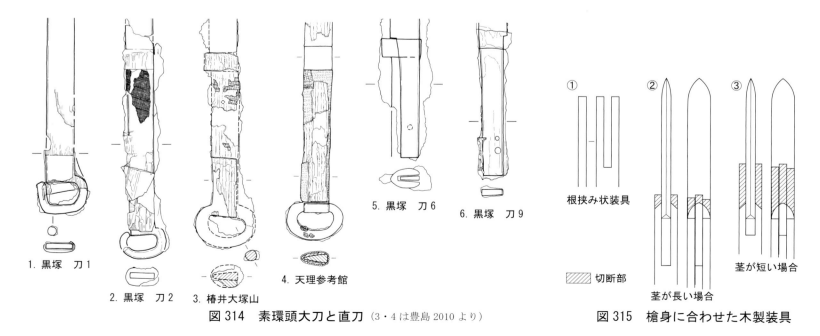

図314　素環頭大刀と直刀（3・4は豊島2010より）　　　図315　槍身に合わせた木製装具

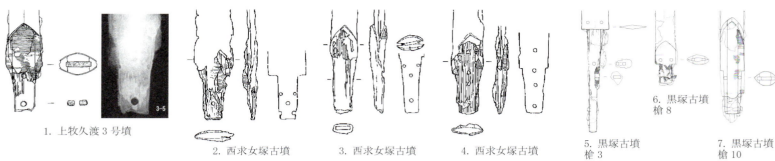

1. 上牧久渡3号墳   2. 西求女塚古墳   3. 西求女塚古墳   4. 西求女塚古墳   5. 黒塚古墳槍3   6. 黒塚古墳槍8   7. 黒塚古墳槍10

図316　刃関双孔と改変（1は水野2015、2〜4は安田ほか2004による）

1. 木製刀装具の線刻（剣2）

2. 糸巻き底辺型とみられる装具（槍8）

3. 糸の切断状況（槍11）

4. 剣2と付着の粒城物質

図317　装具の拡大写真

集めて、斉一的な山形の装具に着け直して外見的な統一性を確保したようにみえる。槍の量産は、212点を出土したメスリ山古墳を一つの画期として量産が進むイメージがあるが、この中にも刃関双孔を確認でき［千賀2005］、槍身形態のバリエーションが依然として多い点で集積結果としての212点であり、古墳時代中期以降の規格性の高い量産とは異なる。よって、大量副葬と大量生産は一旦切り離して考えた方が良さそうである。

また、刃関双孔などにみる槍の装具の付け替えは、先に挙げた古墳時代前期における倭での直刀製作に否定的な要素ともみえるが、それと反するものに槍身の長さがある。椿井大塚山古墳、西求女塚古墳においては長大なもので40㎝前後であり、時期の下る紫金山古墳でも槍は最長で刃部長47.4㎝である。それに対して、黒塚古墳では刃部長が47㎝を超えるものが槍10〜12の3点あり、特に槍11は刃部長50.4㎝と長い。先に触れた刃関双孔をもつ槍の混在は装具の付け替えを想定させ、古墳時代前期前半において弥生時代の大型利器をかき集めたイメージがあるが、同時に弥生時代に出土が知られていない長大なものが多数出土することにも留意すべきである。刃関双孔をもつ槍10では刃部長が47.1㎝あり、これがいつ、どこで製作されたか今後検討する必要がある。山形の槍装具の型式は、基本的に豊島分類の糸巻頂点型で、糸の代わりに繊維を巻くもの（槍4）を含む。豊島分類の糸巻底辺型は槍8に1例が確認できるが［豊島2010］、他と比べて装具の厚さが薄く、様相が異なる［図317-2］。

最後に槍の長さについて触れておきたい。黒塚古墳では長柄の端を示す石突は出土していない。したがって、正確な長さは不明であるが、石室内の副葬位置をみると、槍は全て粘土槨床の北端に集中しており、長柄が石室内の副葬位置を規定したとみられる。棺灰西側で長柄のものとみられる漆被膜が確認されており、この漆を長柄の終端とすれば北側槍13を含む刀剣類の塊からは約3mとなる。また、棺内の槍2は小型品であるが、木棺内の赤色顔料の広がりを棺内空間とみれば、最長で2.2m程となる。槍の長柄にばらつきがある可能性はあるが、前期後半の例である奈良県上殿古墳［伊達1966］では漆膜から槍の長柄を含む全長を3.5mと報告しており、一つの参考値と考えられる。

**線刻をもつ装具**　剣2の柄口は黒漆で塗られた線刻を持つ。文様は四角とその角から放射状に伸びる線刻が確認できるが、文様の全体構成は復元できない［図317-1］。刀9は直弧文をベースに柄頭用にアレンジしたものとみたほうが良い。黒塚古墳の築造段階に直刀である刀9に線刻を持つ木製装具を確認できるのは興味深い。

## 6　鉄鏃

黒塚古墳における280点以上の鉄鏃出土は、前期古墳最大の出土量であるが、資料的な価値はむしろ型式の広がりにある。前期の鉄鏃研究の問題は、各古墳から出土する鉄鏃型式が少なく、比較対象とする古墳の鉄鏃型式と重ならず、型式組列が組み難いことにあった。その点で、黒塚古墳の13型式の鉄鏃群は、孤立しがちな前期古墳資料を結びつける基準資料として重要である［図318・319］。

**鉄鏃群と型式**　出土鉄鏃群は、鋌を持つ有稜系鉄鏃群として典型的な前期鉄鏃群である中型柳葉式B類と定角式、鑿頭式の3型式が出揃う。加えて、類例の少ないナデ関の三角形式、小型定角式、腸抉柳葉式、無茎柳葉式を含み、有稜系鉄鏃を中心に構成される。

**柳葉式**　亜種頸部の有無、大型と中型により4種類が確認できる。鏃身尻の平面形が丸い柳葉式A類を含まず、いずれも鏃身に屈曲部をもつB類である［図320］。B類でも中型と大型に集中して小型（B1）が出土しない。特に中型の柳

葉式であるB2b類が81点と最も多く、鉄鏃群の中核を占める。桜井茶臼山古墳［中村・小島ほか1961］の同型式と比べて鏃身が短く古相である。B2b類は亜種頸部をもつ有稜系鉄鏃の中でも研磨する面が多く、精密な鍛造よりも大量の研磨が要求される型式で、矢柄との当たりや鏃身尻などが非常に丁寧に削り出されている。鉄鏃E群では大型でも亜種頸部の有無の2種が共伴しており、排他的な関係でない。これら柳葉式は側面分類i類だけでなく、亜種頸部をもつものを始め、変則的な側面分類ii類を含む。

定角式　中型で平面形は通有な型式であるが、両鎬造りである。古相の定角式には奈良県中山大塚古墳［豊岡・卜部ほか1996］、福岡県津古生掛古墳［宮田1988］例があり、片鎬造りで鏃身先端をやや下に曲げる癖があるが、これらとは別系統である。側面からのX線写真なしでは識別が困難であり、今後類例が増える可能性がある。上牧久渡3号墳などに類例がある。小型定角式は特異な型式で、佐賀県西一本杉ST009号墳［松尾1983］など、類例の可能性をもつものは限定される。ST009号墳例は遺存状況が悪く、実見しても型式の細部が確認できなかったが、同型式とみられるものが黒塚古墳に確認できたことで、大和と結びつく資料となった。

鑿頭式　棒状の鏃身で、一見、片鎬造りであるが、下面が緩く湾曲し、先端は両鎬造りのような姿である。中山大塚古墳出土の幅広でやや薄い片鎬造りの鑿頭式とは系統が異なる。形態としては滋賀県雪野山古墳［都出ほか1996］の鑿頭式銅鏃に似る。口巻きが樹皮巻きと糸巻きのものが混在する。古墳時代前期の有茎鏃に糸の口巻きを用いるものには岡山県浦間茶臼山古墳［近藤・新納ほか1991］、広島県弘住3号墳［阿部ほか1983］、西一本杉ST009号墳、雪野山古墳などがあり、前期では古相にまとまりが認められる。

無茎柳葉式　鏃身側線が緩いS字カーブを描き、鏃身は厚く、鏃身先端に鎬をもち、鏃身端部は板状で明確な面をもつ。矢柄との接続に幅広な根挟みを用いる。西求女塚古墳に鏃身が角張った関連型式がある他、雪野山古墳や群馬県前橋天神山古墳［前橋市教育委員会（編）1970］に類例がある。雪野山古墳例は薄く鎬がなく、前橋天神山古墳例はやや大型化した新相である。黒塚古墳のみ鹿角製で他は木製根挟みである

が、痕跡からみて幅広な同形態の根挟みとみられる。大迫山1号墳［川越（編）1989］の銅鏃と形態が似るが、椿井大塚山古墳銅鏃では柳葉式の鏃身S字カーブが失われているが、型式の並行関係には注意すべきである。

三角形式　ナデ関で鏃身中央に強い鎬を持つ。メスリ山の石製鏃にこれと柳葉式が融合したような型式があるが、他にまとまった類例はなく、奈良県ホケノ山古墳［岡林・水野ほか2008］出土の鉄鏃群以降の試作品的な有稜系鉄鏃とみられ、単発的で後続の型式は確認できない。側面分類ii類で茎部付近まで鎬をもつ。柳葉式にみるi類からii類へという変遷観には載らない。

腸抉柳葉式　ホケノ山古墳の腸抉柳葉式銅鏃を正確に鉄に置き換えた型式である。黒塚古墳例は、鏃身から茎部にかけて、銅鏃と同様に側面分類i類に削り出しており、同型式の中でも古相である。非常に出土数が限られ、前期前半でもごく短期間にのみ存続する型式である。類例に木槨系の埋葬施設を持つとみられる山口県国森古墳［乗安・大村1988］や、刃関双孔を改造した槍が出土した上牧久渡3号墳などがある。

A字形短茎鏃　ホケノ山古墳出土の長大な短茎鏃の後継型式で、その腸抉先端を水平に近い角度で切り落とし、板状の端面をもつ点が共通する。黒塚古墳例はA字形でもやや鏃身幅が狭く、鏃身はやや厚目であるが、鎬は確認できなかった。福岡県石塚山古墳［長嶺1996］、椿井大塚山古墳などに類例があり前期に典型的な型式である。根挟みは、先端平面形はふくらをもつを三角形で、糸を巻き付ける部分は断面半円形で、根挟みの先端よりも一段低く削り出す。糸の残りは悪いが鑿頭式に使用した糸よりも太い。

圭頭式　錆歪みが大きいが鏃身は比較的厚みがあり有稜系の可能性があるが鏃身関は確認できない。

盛矢具　多くの鉄鏃群で鏃身先端が揃って錆付いており、矢が何らかの盛矢具に収められたのは明らかである。しかし、雪野山古墳、石塚山古墳、新潟県城の山古墳［水澤ほか2016］などにみられる絹糸などを固く編み込んで漆で固めた靫の破片は全く確認できなかった。鏃身に織物片は付着していたが、矢を盛る構造は不明で木質などのフレームの痕跡も確認できなかった。鏃の先端は比較的良く揃うが、先端に板などの付

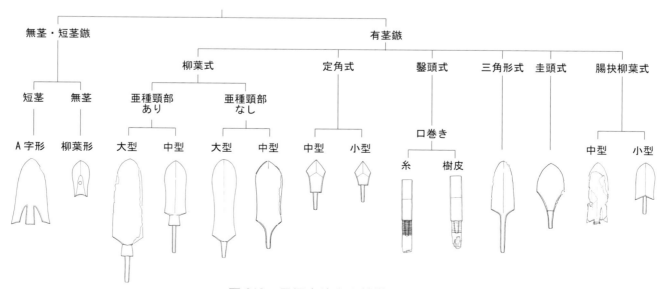

図318　黒塚古墳出土鉄鏃型式分類

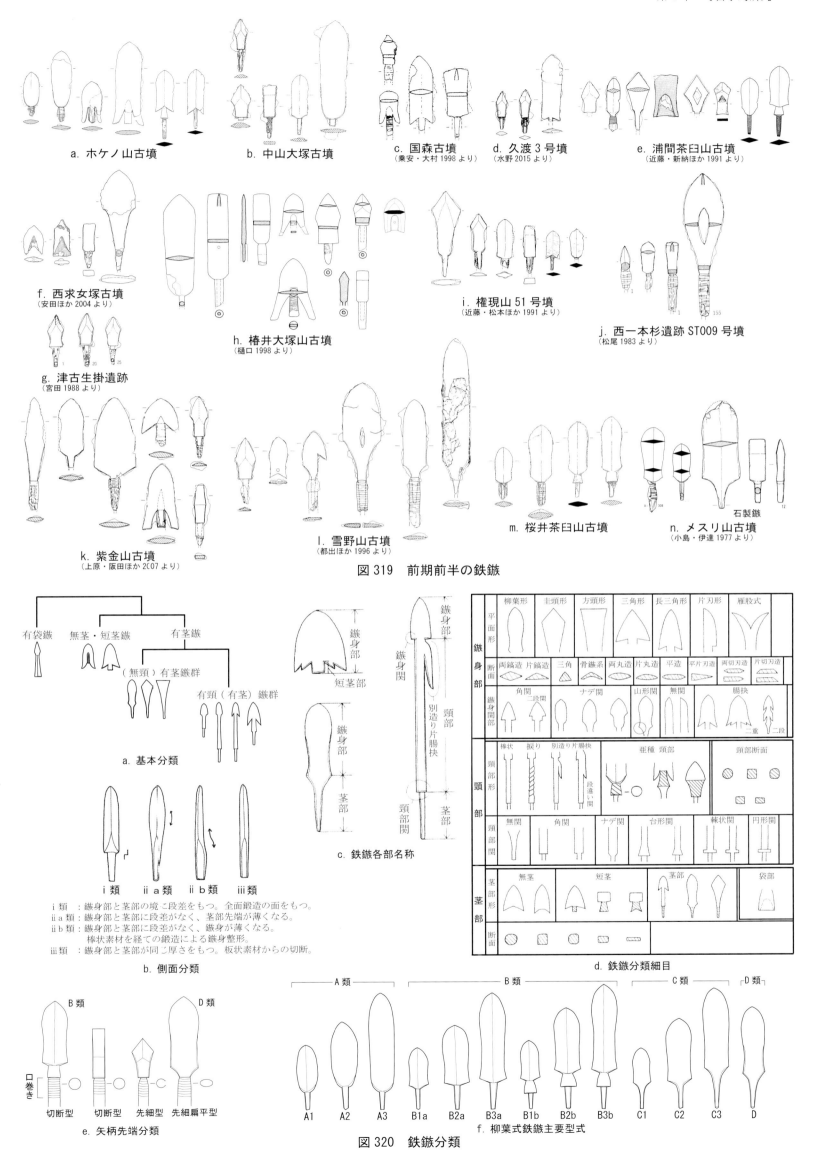

図319 前期前半の鉄鏃

図320 鉄鏃分類

第Ⅱ部　研究編

無茎柳葉式鉄鏃の鹿角製と　　腸抉柳葉式鉄鏃拡大（N3）　　鑿頭式糸の口巻（P80）　　　鑿頭式樹皮の口巻（P78）
みられる根挟み（B14）

図 321　鉄鏃の拡大写真

着物も確認できなかった。盛矢具を用いず、矢の束を紐等で縛り単純に織物で包むか、袋に入れるだけの可能性も否定できない。

　**矢柄**　鉄鏃型式に規定された矢柄先端の型式と、鉄鏃型式ごとの口巻き幅に強い規格性を確認した。矢柄の研究はすでに川畑純の研究があるが［川畑 2015］、それに知見を加えるものである［図 320-e］。柳葉式 Bb 類の矢柄先端は切断型で、先端の 2mm ほどがわずかに先細となり、そのあとの矢柄の太さは変わらない。口巻きが外れた部分を観察する限り、矢柄の表面は薄く矢柄方向に表面が削られていた。柳葉式 B2b 類の口巻きは樹皮を巻き付け、その幅は 1.8cm 前後でまとまっており、口巻き部分だけでなく矢柄の一部にも漆が塗られていた。

　同様の切断型の矢柄を用いるものに鑿頭式がある。糸と樹皮の 2 種類の口巻きがあるが、その幅は 1.4cm 前後に揃う。口巻きは非常に薄く、口巻き部と矢柄との間に明確な段差は生じない。矢柄によっては糸が外れた部分の矢柄表面と矢柄との間でわずかな段差が見てとれたため、口巻き部だけ矢柄表面を一段薄く削る可能性も検討したが、削り出した矢柄の段は明確でなく、口巻きから矢柄にかけて幅広に漆を塗っており、口巻きが外れたことで段差があるように見えたと判断した。口巻きに糸を用いる場合も同様で、漆が口巻きの範囲を超えて矢柄にも塗られていた。口巻きへの糸の使用は、わずかではあるが古墳時代に広くあり、古墳時代前期では前半でも古相に時期的なまとまりが認められる。

　定角式の矢柄は、先端から幅約 1.0cm にかけて先細となり、先端の断面形は丸い。口巻きの幅は 1.4 ～ 1.7cm に揃う。鑿頭式と同様に口巻きよりも幅広に黒漆を塗っている。古墳時代中期の柳葉式 D 類や後期の棘状関をもつ長頸鏃などに矢柄先端が先細で扁平となる「扁平先細型」があるが、黒塚古墳には扁平となるものはなく、今後、古墳時代の中で鏃身型式に対応した矢柄先端形態の細分が可能とみられる［図 321］。また、口巻き幅の規格性は、矢柄との接合強度や、矢のデザインとも大きく関わることから、その存在を予想していたが、今回、具体的に数値として確認できた。規格性は矢の量産とも大きく関わり、矢の生産と分配の視点からも鉄鏃様式の広がりとともに広域での検討が必要とみられる。

　**弓**　鉄鏃が出土する場合、矢と対になる弓の副葬が予想されるが、メスリ山古墳の鉄弓の弭金具や長野県大星山 1 号墳［土屋・青木ほか 1996］の両頭金具などのような弓の存在を示す明確な痕跡は確認できなかった。しかし、弓は副葬されていた可能性が高いと考えている。

　**黒塚古墳の鉄鏃編年上の位置**　古墳時代前期の鉄鏃群は有稜系鉄鏃群の出現期とともに成立し、ホケノ山古墳鉄鏃群を第 1 次の試作的な有稜系鉄鏃群として前期 1 段階に位置付ける。これに後続し、典型的な柳葉式 B 類、定角式、鑿頭式が出揃う黒塚古墳鉄鏃群は前期 2 段階古相に位置づけられる［水野 2008・2013］。

　編年的な評価のために黒塚古墳の鉄鏃の各要素をみていく。柳葉式では、前期 1 段階の指標となる柳葉式 A1 類を含まず、新相の鏃身に突出部を持つ柳葉式 B 類へと移行している。ホケノ山古墳出土の腸抉柳葉式銅鏃には亜種頸部を持つものが含まれていたが、B 類で亜種頸部を鉄に置き換えた柳葉式 B2b 類、B3b 類が黒塚古墳で出現し、同時に亜種頸部を持たない B2a 類、B3a 類など側面分類 ii 類の鎬をもつ柳葉式が併存する。これが有稜系鉄鏃として一段階新しい前期 2 段階とする根拠の一つであり、編年の上限を示す。B2b 類の中でも桜井茶臼山古墳例と比べて鏃身が短く古相である。短茎鏃ではホケノ山古墳にみられた長大な短茎鏃を含まず、前期に典型的な A 字形短茎鏃となるが、鏃身がやや幅狭な古相である。定角式では中型と小型があるがいずれも両鎬造りである。両鎬造り自体は、前期 2・3 段階の中で緩やかに古相を示すだけであるが、小型定角式は西一本杉 ST009 号墳などごく限られた古墳にしか確認できておらず、定角式でも明確に古相である。鑿頭式は、編年的評価が難しい型式であるが、黒塚古墳の棒状の形態は特殊で、雪野山古墳の銅鏃に似る点を指摘しておく。三角形式は有稜系鉄鏃であるが、単発的で型式組列が組めない。ホケノ山古墳以降の試作品的な有稜系鉄鏃のひとつで前期 2 段階新相へは繋がらない。これと同様のものに腸抉柳葉式鉄鏃がある。腸抉柳葉式銅鏃の素材を鉄に移し替えたもので非常に類例が少ない。中でも黒塚古墳例は正確に銅鏃を模した側面分類 i 類で古相である［図 321］。この腸抉柳葉式鉄鏃の類例は、木槨系の埋葬施設とみられる国森古墳のほか、上牧久渡 3 号墳など極めて出土例が少なく、前期第 2 段階でもごく限られた時期に限定される。また、古墳時代前期の矢柄の口巻きへの糸の使用は前期前半

でも古相に特徴的である、鉄鏃編年上は椿井大塚山古墳、西求女塚古墳出土鉄鏃群との関連が深く、時期的には浦間茶臼山古墳とも並行する。総評として古墳時代前期の鉄鏃群を代表する柳葉式B類、定角式、鑿頭式の有稜系鉄鏃群が出揃った初期の鉄鏃群として第2段階古相と評価し、鉄鏃からみた黒塚古墳の築造時期を古墳時代前期前半に位置づける。

> [註1]「槍」の呼称は中世以降に成立したとみられ、古墳時代のものに対して「鎗」と表記したり、漢字を避けて「ヤリ」と呼称する場合があるが、本稿では刀、剣と並ぶ大型利器の考古学的分類として、茎部を持ち長柄をもつ武器に対して「槍」を用いる。また「山形装具」を「呑口」と呼ぶ場合があるが、鞘に対しての構造を示す用語であり、山形と平口もともに呑口であり、装具先端の分類には不適切なため本稿では使用しない。
>
> [註2] 表27は[阪口2017]を参考にして作成した。メスリ山古墳の鉄矢は鉄鏃としてカウントしたが、石製鏃は含めていない。
>
> [註3] 平成30年3月に福岡市埋蔵文化財センターにおいて博多遺跡群の製鉄関連遺物の検討会が開かれ、村上恭通氏、比佐陽一郎氏など多く研究者と博多遺跡群での刀剣類の製作の可否識別の基準についてご教授いただいた。砥石に注目したい。

【引用文献】

青木香津江 1998「桜井市纒向遺跡102次（勝山古墳第1次）発掘調査概要」『奈良県遺跡調査概報1997年度（第二分冊）』奈良県立橿原考古学研究所

阿部　滋ほか 1983『弘住遺跡発掘調査報告』広島市教育委員会

池淵俊一 1993「鉄製武器に関する一考察―古墳時代前半期の刀剣類を中心にして―」『古代文化研究』1　島根県古代文化センター

今尾文昭 1982「素環頭鉄刀考」『考古学論攷』8 奈良県立橿原考古学研究所

今尾文昭 1986「素環頭鉄刀と三世紀」『三世紀の九州と近畿』河出書房新社

上原真人・阪口英毅・吉井秀夫ほか 2007『紫金山古墳の研究』京都大学大学院文学研究科考古学研究室

臼杵　勲 1984「古墳時代の鉄刀について」『日本古代文化研究』創刊号

大塚紀宣 2006『博多106　博多遺跡群第147次発掘調査概報』福岡市教育委員会

大和久震平（編）1974『七廻り鏡塚古墳』大平町教育委員会

岡林孝作・水野敏典ほか 2008『ホケノ山古墳の研究』奈良県立橿原考古学研究所

金関　恕ほか 2010『東大寺山古墳の研究』東大寺山古墳研究会・天理大学・天理大学附属天理参考館

川上洋一 2000「桜井市纒向遺跡（第117次調査）発掘調査概要報告」『奈良県遺跡調査概報1999年度（第三分冊）』奈良県立橿原考古学研究所

川越哲志（編）1989『大迫山第1号古墳発掘調査概報』広島県東城町教育委員会・広島大学文学部考古学研究室

川畑　純 2015『武具が語る古代史』京都大学学術出版会

菊地芳朗 2010『古墳時代史の展開と東北社会』大阪大学出版会

小島俊次・伊達宗泰ほか 1977『メスリ山古墳』奈良県立橿原考古学研究所

近藤義郎・新納　泉ほか 1991『浦間茶臼山古墳』浦間茶臼山古墳発掘調査団

近藤義郎・松本正信ほか 1991『権現山51号墳』『権現山51号墳』刊行会

齋藤大輔 2017「刀剣研究のまなざし」『第14回　古代武器研究会発表資料』古代武器研究会

阪口英毅 2017「鉄の威風―武装からみた黒塚古墳とその時代―」『黒塚古墳のすべて』第3回研究講座資料

菅谷文則 1975「前期古墳の鉄製ヤリとその社会」『橿原考古学研究所論集　創立35周年記念』吉川弘文館

伊達宗泰 1966「和爾上殿古墳」『奈良県史跡名勝天然記念物調査報告第23冊』奈良県教育委員会

千賀　久 2005「メスリ山古墳」『巨大埴輪とイワレの王墓』奈良県立橿原考古学研究所附属博物館

土屋　積・青木一男ほか 1996『上信越自動車道　埋蔵文化財発掘調査報告書7　長野市内その5 大星山古墳群・北平1号墳』日本道路公団名古屋建設局・長野県教育委員会

都出比呂志ほか 1996『雪野山古墳の研究』八日市市教育委員会

寺沢　薫ほか 2011『東アジアにおける初期都宮および王墓の考古学的研究』奈良県立橿原考古学研究所

豊岡卓之・卜部行弘・坂　靖ほか 1996『中山大塚古墳』奈良県立橿原考古学研究所

豊島直博 2010『鉄製武器の流通と初期国家形成』塙書房

長嶺正秀 1996『豊前石塚山古墳』苅田町・かんだ郷土史研究会

中村春寿・小島俊次ほか 1961『桜井茶臼山古墳』奈良県教育委員会

乗安和二三・大村秀典 1988『国森古墳』田布施町教育委員会

原口正三ほか 1973『高槻市史　第六巻考古編』高槻市史編さん委員会

樋口隆康 1998『昭和28年椿井大塚山古墳発掘調査報告書』京都府山城町

樋本誠一ほか 1972『城の山・池田古墳』和田山町教育委員会

前橋市教育委員会（編）1970『前橋天神山古墳図録』

松尾吉高 1983「西一本杉遺跡」『西原遺跡』佐賀県教育委員会

真鍋成史 2017「鍛冶遺跡出土の刀剣について」『古代武器研究』13　古代武器研究会・山口大学人文学部考古学研究室

水澤幸一ほか 2016『城の山古墳発掘調査報告書』胎内市教育委員会

水野敏典 2008「前方後円墳出現前後の副葬品構成と鉄鏃」『ホケノ山古墳の研究』奈良県立橿原考古学研究所

水野敏典 2015「3号墳」『上牧久渡古墳群発掘調査報告書』上牧町教育委員会

水野敏典 2013「金属製品の型式学的研究⑤鉄鏃」『副葬品の型式と編年』同成社

宮田浩之 1988『津古生掛遺跡Ⅱ』小郡市教育委員会

村上恭通 1999「鉄製武器型副葬品の成立とその背景」『先史学・考古論究Ⅲ』龍田考古会

森　浩一・大野左千夫ほか 1990『園部垣内古墳』同志社大学文学部文化学科

安田　滋ほか 2004『西求女塚古墳発掘調査報告書』神戸市教育委員会

ライアン・ジョセフ 2017「長茎短剣の成立過程」『古代学研究』212

# 第5節　黒塚古墳出土鉄製武具の復元

卜部行弘

## 1　はじめに

第Ⅰ部第6章第4節で報告したように、黒塚古墳南棺外からは甲冑類を構成する多数の小札が各種の帯状鉄板、円頭鉄板とともに出土している。小札の点数は、実数として1,111点以上と推定されるが、この数量は現時点で日本列島内において小札が出土している前期古墳のなかで最多である［表28］。527点以上とされる京都府椿井大塚山古墳の小札革綴冑［橋本1996］の数量をも凌駕しており、内容からすれば黒塚古墳には小札を主たる部材とする冑と甲がそれぞれ副葬されていたとみるのが自然であろう。

このように数量的には冑と甲の存在が想定されるが、副葬位置が後世の徹底的な攪乱を受けていたため、当初の形状が完全に失われてしまい、復元の成案にはいまだ至っていない。ここでは数少ない断片的な事実と他古墳出土例を参考にしながら可能な限り復元を試みる。

## 2　小札革綴冑［図322］

基本的な構造は、1段の腰巻板から小札中型品が下から上へ下重ねにより立ち上がるものである。大きさは現代日本人男子の平均的な頭のサイズ（耳介間幅：190.8㎜、頭長：189.6㎜）［産業技術総合研究所データベース］が収まる数字を前提とした。平面形については、出土した腰巻板は当初の形状を保っておらず不明であるが、他古墳出土例に円形（滋賀県雪野山古墳）と楕円形（椿井大塚山古墳、三重県石山古墳、京都府瓦谷1号墳）の2種類があり、ここでは仮に円形とした。

これらの前提に立ち、平面形は直径22㎝の円形とし、前面には全周の1/3に5段分の縦10.0㎝、最大幅19.4㎝のスリットを入れて目から下の顔面部分をあけた。小札はすべて中型品を用い、長さ3.2㎝、幅2.8㎝の規格サイズとした。出土した小札には縦方向には湾曲がほとんど見られなかったため、全体の形状は半球形とせず、第1段から第8段まではほぼ直に立ち上げた。そして縦方向に強い湾曲を持つ遺存例（260［図255］）を参考として、9段目の小札を湾曲させて傾斜を変換し、頭頂部は平らな形状とした。頭頂部の構造は、上辺孔どうしを綴じ合せた遺存例（517［図262］）があることから、最上段は3点の小札を前後方向に横列で並べることにより閉塞部とした。

このような仕様によって復元を行ったところ、完成品は12段構成、腰巻板周長42.5㎝、腰巻板下辺から頭頂部まで高さ25㎝、小札の使用総数は301点となった。

## 3　小札革綴甲

甲の復元に当たっては、押付板状をなす帯状鉄板Aの両端に別の帯状鉄板Bと帯状鉄板Cが斜めに綴じ付けられることを前提とした。この前提によれば、構造は帯状鉄板A、B、Cで上と左右のフレームを構成し、その内部に大型品小札を縦と横に綴じ付けるものとなる。帯状鉄板Aの全長が定まらないため、大きさ、形状についてはともに未確定である。ただし、冑と同じ技法によって小札を綴じ付けているものの、冑と違って極めて平板的な製品になるのは間違いなく、この点を重視するならば、身体を防御する甲とみなしてもよいと思われる。

では果たして甲として機能できる形状と大きさになるか検討したい。まず帯状鉄板Aは両端部を残すが3片にわかれており、全長は51.9㎝以上、小札の横の連なりは28点以上である。次に帯状鉄板Bは両端部を残すが3片にわかれており、全長は25.7㎝以上、小札の縦の段数は9段以上となる。以上の帯状鉄板Aと帯状鉄板B、Cが形成するフレームを

**図322　冑復元品**

最小限の大きさとする。そしてこの中に大型品小札（長さ3.8cm、幅2.9cm）が規則的に配置できるように若干の補正をかけると、帯状鉄板Aは全長53cm、帯状鉄板Bと帯状鉄板Cの内側辺長は30cmとなる。

このような仕様による復元では、構成品の全形は縦長27.5cm、横幅（上辺）55cm、横幅（下辺）26cmの逆台形となる。小札は上下9段、合計196点から構成され、各段の点数は、最上段の第1段から順に28点、28点、26点、24点、22点、20点、18点、16点、14点である。

極めて異形の復元となるが、形からすれば身体の胸前あるいは後背にあてた甲にふさわしく、横幅（上辺）55cmは現代日本人男性（20〜79歳）の平均肩幅42.3〜46.5cm［経済産業省2007］を上回る。甲の分類では、前後に分かれた補襠式に近い形状になると思われるが、丈（縦）が27.5cmと短く、この大きさの構成品だけで甲としての機能は果たしえない。帯状鉄板Bと帯状鉄板Cを下方に長くすれば丈が自ずと長くなるが、帯状鉄板Aと角度がついて綴じ付けられているため、幅広のまま下降せずに逆三角形に近づき、身体を防御するうえで効果的な形態にはならない。

小札の構成枚数については、最少限の実数1,111点から復元で得られた冑（301点）と甲（196点）の点数を差し引くと、約600点がなおも残る。したがって上記の甲以外にも別の甲を想定しなければならないが、1,111点のうち大型品小札の点数は、割合（38％）からすると約400点と推定され、上記の甲の対となる部位についても枚数的には同様の形状と点数で想定することができる。ただし、フレームをなす帯状鉄板は、破片の残存状況から見て一組だけにとどまるので、対となる甲については小札のみか他の帯状鉄板との組み合わせによる構成となる。出土品の中には綴じ方や覆輪によって最上段や隅に位置する小札の連なりが確認できるものがあり、形状は不明ながら帯状鉄板A、B、Cを使用しない甲があった可能性は高い。

このように見た場合、黒塚古墳から出土した甲については、形状的にも点数的にも、中国前漢代にみられるような小札のみで頸部から肩、胸、胴、背、膝までの全身をほぼ一連で覆う甲とは根本的に異なり、極めて限定された部位に小札を使用した甲であったと考えられる。その場合、一領の甲として機能するためには、革や繊維を素材とする衣服状の縫製品を下地として、その上に小札を局所的に綴じ合わせていたとも推定される。

### 4 円頭鉄板

円頭鉄板は小札や帯状鉄板とは組み合わされず、複数の円頭鉄板だけで面的な構成をなす。下端を揃えて横方向に連ねていくものであるが、始点と終点が確認できないため全形については不明であり、復元には至っておらず、用途についても不明である。

円頭鉄板については次のような特徴が指摘できる。小札や帯状鉄板と同径の孔をあけ、革紐で綴じ合せる点について

は甲冑と共通している。鉄板の内外面には、ともに革紐をV字形に表出させており、装飾性の強い製品である。鉄板どうしの綴じ合せは小札と異なり、革紐が重複部と中央孔を往復して上から下に進行しており、綴じ合せによる緊結は重複部に隙間が生じることで横方向に湾曲をもたせることが可能である。

以上の特徴から、円頭鉄板については、全体の構成は不明であるが、円形に巡らせることにより頭部やその他の身体部位を保護する武具か、あるいは冠のような装飾品としての機能を考えることもできる。

円頭鉄板の類例は日本列島内では見出せないが、中国河南省曹操高陵（西高穴2号大墓）から短冊形舌状甲片と称する鉄板が出土している［河南省文物考古研究院2016］。これは3,071点出土した甲片のなかでCb型として分類されたもので、長さ8.1cm、幅3.2cmを測り、中軸上と縁辺部に綴孔があけられている。同種のものと綴じ合わされて、甲の一部をなしていたと思われる。

なお、小札ではあるが外面に革紐を装飾的に通す例が中国出土資料にある。山東省前漢斉王墓第5号陪葬坑出土品のうち金貼銀貼鉄甲と称される甲では、胸前から胴、後背まで一連で巡る鞍形の小札1点ずつに革紐で装飾を施している。小札は長さ3〜4cmで、8孔の綴孔を使って二重の菱形文を革紐で描いている［白（編著）2008］。また、広東省前漢南越王墓出土品では、胴から背面に一連で巡る長さ4.2cmの長方形小札の外面に、やはり8孔の綴孔を使って二重の菱形文を革紐で描いている［白（編著）2008］。

### 5 黒塚古墳出土甲冑の系譜

上述した黒塚古墳出土冑と甲の復元案は限定的な前提に立つものであり、全体の形状については依然として不明と言わざるを得ない。ただし大まかではあるが基本的な構造は把握でき、しかもきわめて特異な形状の帯状鉄板を使用する甲の存在も明らかとなった。また、小札革綴冑と組み合う鉄製甲の存在については、方形板革綴短甲が出土した瓦谷1号墳が唯一の例であったが、新たな資料を追加することができた。ここでは断片的ながらも黒塚古墳出土甲冑が技術的にどのような系譜にあり、どのように位置づけられるかをみてみたい。

日本列島内で小札が出土した前期古墳は、黒塚古墳を含

表28 小札出土古墳一覧（橋本1996を元に作成、一部改変）

| | 古墳名 | 墳形・規模 | 埋葬施設 | 小札出土点数 |
|---|---|---|---|---|
| 1 | 福岡県・石塚山古墳 | 前方後円墳・110m | 竪穴式石室 | 19点 |
| 2 | 福岡県・ビワノクマ古墳 | 前方後円墳・50m | 竪穴式石室 | |
| 3 | 岡山県・浦間茶臼山古墳 | 前方後円墳・138m | 竪穴式石室 | 11点以上 |
| 4 | 兵庫県・西求女塚古墳 | 前方後方墳・98m | 竪穴式石室 | 1点 |
| 5 | 大阪府・忍岡古墳 | 前方後円墳・90m | 竪穴式石室 | 7点以上 |
| 6 | 大阪府・玉手山6号墳 | 前方後円墳・30m | 竪穴式石室 | 166点以上 |
| 7 | 京都府・椿井大塚山古墳 | 前方後円墳・169m | 竪穴式石室 | 527点以上 |
| 8 | 京都府・瓦谷1号墳 | 前方後円墳・48m | 粘土槨 | 76点 |
| 9 | 京都府・妙見山古墳 | 前方後円墳・114m | 竪穴式石室 | 190点以上 |
| 10 | 京都府・黄金塚2号墳 | 前方後円墳・120m | 粘土槨 | |
| 11 | 滋賀県・雪野山古墳 | 前方後円墳・70m | 竪穴式石室 | 137点 |
| 12 | 奈良県・黒塚古墳 | 前方後円墳・134m | 竪穴式石室 | 1,111点以上 |
| 13 | 奈良県・城山2号墳 | 円墳・21m | 粘土槨 | 156点以上 |
| 14 | 三重県・石山古墳 | 前方後円墳・120m | 粘土槨 | 310点以上 |

表29　小札革綴冑比較（橋本1996を元に作成、一部改変）

| | 椿井大塚山古墳 | 雪野山古墳 | 石山古墳 | 瓦谷1号墳 | 黒塚古墳（復元案） |
|---|---|---|---|---|---|
| 底径・高さ<br>平面形 | 奥行 26cm<br>横幅 21cm<br>楕円形 | 奥行 21.5cm<br>横幅 22cm<br>高さ 20cm<br>円形 | ― | 奥行 23.6cm<br>横幅 18.8cm<br>高さ 12.8cm<br>楕円形 | 奥行 21.2cm<br>横幅 21.2cm<br>高さ 23.5cm<br>円形 |
| 腰巻板<br>幅・長さ | 幅 1.9～2.3cm<br>長さ 47cm | 幅 3.0cm<br>長さ 34.5cm | なし | 上段：幅 3.5cm<br>　　長さ 64cm<br>下段：幅 3.5cm<br>　　長さ 67cm | 幅 1.8cm<br>長さ 42.4cm |
| 小札<br>大きさ・枚数 | 長さ 2.6～3.0cm<br>幅 2.3～2.7cm<br>527枚以上 | 長さ 3.5～5.0cm<br>幅 2.7～4.1cm<br>137枚 | 長さ 2.7～3.0cm<br>幅 2.3～2.6cm<br>310枚以上 | 長さ 3.5～4.3cm<br>幅 2.3～3.5cm<br>72枚 | 長さ 3.1～3.4cm<br>幅 2.1～2.7cm<br>301枚 |
| 段数 | 8段以上 | 8段 | 14段 | 3段 | 12段 |
| 頭頂部 | 不明 | 小札1枚分の空隙 | 最終段を小札2枚で閉塞 | 11×9の空隙を有機物による閉塞と推定 | 最終段を小札3枚で横置きにして閉塞 |

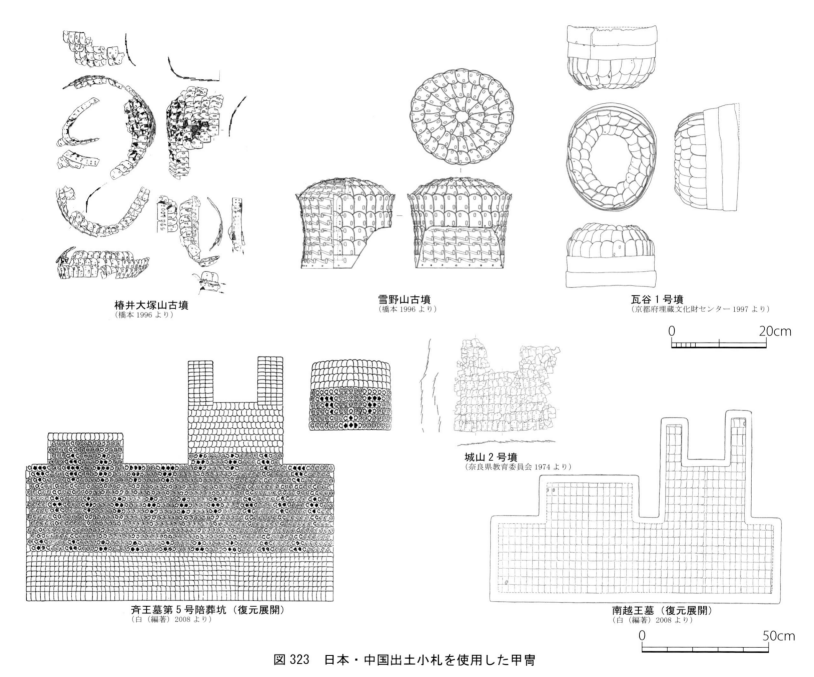

図323　日本・中国出土小札を使用した甲冑

めて14例あげられる。そして小札革綴冑は黒塚古墳の他に10例が確認されている［橋本1996］。このうち、全体の形状と構造が比較的よくわかるものは、滋賀県雪野山古墳、三重県石山古墳、京都府椿井大塚山古墳、京都府瓦谷1号墳の4例である［図323］。これらの諸要素を表にして比較してみると、大まかであるが時期的に新しいものほど、小札単体の大きさが大きくなり、段数と使用枚数を減じている傾向がわかる［表29］。その背景には、わずかな湾曲を持つ小札を多数綴じ合わせることによって全体の形状を作り出す技術から、全体の形状に即した湾曲を設計に基づいて小札に振り分けて加工する技術へ進展したと考えられる。

橋本達也は小札の構成から、同じ大きさの小札を用いて製作された「単種タイプ」と、複数の大きさの小札を用いる「複種タイプ」に分類し、2系統の技術として理解している［橋本1996］。黒塚古墳の復元案では、使用した小札は中型品の規格品で統一したが、もとより「単種タイプ」である確証はなく、小札全体としては3種類の大きさを取り揃えているところである。ただし、遺存品として確実に冑に使用されている小札は小型品1点と中型品10点であり、甲として復元した帯状鉄板A、B、Cに綴じ付けられる小札はいずれも大

型品である。湾曲を求められる冑については主に中型品小札をあて、平板的な甲についてはより大面積の大型品小札でまかなうという使い分けがあったとみられる。

　甲については、3種の帯状鉄板をフレームとしてその内部に小札を綴じ合せるものとして復元した。帯状鉄板は異形ともいうべきもので、このうち帯状鉄板Aは一見、短甲後胴の押付板のように見える。大阪府紫金山古墳、京都府園部垣内古墳では数段の鉄板で押付板を構成しており、最上段の鉄板は形状、大きさとも帯状鉄板Aに近い。ところが、押付板は構造的に帯金とともに内側から地板を当てているのに対し、帯状鉄板Aは外面から小札を上重ねで当てており、両者はまったく異なる綴じ付け方法をとる。

　数少ない小札革綴甲の実例である奈良県城山2号墳出土品は、すべて小札により甲が形成され、小札以外の部材は使用されていない。また、時期的にはさかのぼるが同じ鞍形の小札を主要な部材として使用する甲である、前漢斉王墓第5号陪葬坑出土品、陝西省西安市北郊前漢墓出土品、前漢南越王墓出土品、河北省満城漢墓出土品、江蘇省前漢楚王陵出土品、陝西省前漢長安城武庫出土品、吉林省楡樹老河深遺跡出土品（前漢末〜後漢初）には、やはりフレームとなるような鉄板は使用されていない［図323］［白（編著）2008］。

　なお、帯状鉄板とは形態を異にするが、前期古墳から出土した長大な鉄板としては、椿井大塚山古墳から出土している長方形鉄板2点があげられる［樋口1998］。長さ31cm、幅7.6cmと長さ31cm、幅7cmで、それぞれ湾曲しており、鉄板の中軸上には2.0〜2.5cm間隔をもつ2個の綴孔が2対あけられている。片側の辺に沿っても6孔があけられており、別の部材を綴じ付けた痕跡が確認できる。この鉄板については、有機質製甲の引合板である可能性が高い［小林1974、橋本1996］。

　このように日本列島内はもとより、鞍形の小札のルーツである中国大陸においても小札と綴じ合わされる帯状鉄板の類例は見いだせない。したがって現状ではこれ以上の言及は不可能である。黒塚古墳出土甲について、帯状鉄板と小札を綴じ付けたものは補襠甲に近い形として復元し、全体として胸前、後背、肩など局所的に小札を使用したと考えたが、この当否についても今後の類例を待ちたい。

　なお、時期的には降るが、北魏の鎮墓武人俑には補襠鎧が表現されたものがある。洛陽偃師前杜楼北魏石棺墓出土品［洛陽市第二文物工作隊2006］、偃師杏園村北魏墓出土品［中国社会科学院考古研究所河南二隊1991］では、小札を使用した補襠鎧を胸前と後背に着用しており、小札の上辺が明確に表現されている。補襠鎧は三国時代に始めて出現するが、新出の優質な甲であったとされる［楊1980］。上述した資料は、陶俑の表現であるため様式的に統一されており、甲の素材についても不明であり、単純な比較はできない。甲の形を考えるうえでの参考として留めたい。

　日本の前期古墳から出土する小札革綴冑や小札革綴甲は、前代にはその原型となるものをまったく見いだせず、中国につながる外来系譜とされる［橋本1996］。一方で日本、中国ともにその形態は多様性に富み、小札を使用した革綴仕様という点を除けば、製品として同形品というものは存在しない。さらには中国出土の甲が小札の円辺部を下向きにして、上から下に順次下重ねしているのに対し、日本列島出土の甲は、小札の円辺部を上向きにして上から下に順次上重ねしており、この事実から両者の系譜が直接つながるものではないとする見方もある［小林2008］。

　小札の綴じ方についてあらためて検討すると、日本列島出土の小札革綴冑、小札革綴甲には可動式の綴じは見られず、すべて固定式の綴じである。また小札どうしの綴じ付けは、進行方向の違いはあるものの、基本的には重ねた2孔から横の2孔へ進行する鋸歯状に施されている[註1]。これに対し、中国出土の小札を使用した甲冑は、前漢代から可動式綴じと固定式綴じを併用するものがあり、小札どうしの綴じ付けは極めて多様性が認められ、基本的には横方向であるが重ねた2孔から上下に移動しながら進行していく。その一方で、小札を外面からみると、日本、中国ともに革紐の表出は2孔を縦に通る部分だけであり、整然とした印象を受ける製品に仕上がっている。

　以上の背反する事実からすれば、日本列島出土の小札を使用した甲冑の系譜を中国に求めるにしても、舶載した製品をそのままの形で日本の古墳に副葬したとは考え難い。甲冑の形状はそれぞれ異なるものの、小札の綴じ付けには一律性が認められる点を重視すれば、舶載された製品を近接する場所において、大きく改変したうえで再度組み上げた可能性を考えたい。組み上げにあたっては、小札の円辺部を甲冑ともに上向きにし、元々鍛以外の部分は上向きであった中国製の冑については、腰巻板を付加する独自の改変を施したとみられる。

　一方、甲についても小札の円辺部を上向きにした以外に、全身を覆うものから局所的に小札をあてがうものに大きく改変している。図上の単純な比較ではあるが、城山2号墳の小札革綴甲は前漢代の小札使用甲の後背と両肩以外を除去した形状に相似する［図323］。黒塚古墳の小札革綴甲では帯状鉄板を併用することにより、補襠鎧に近い形状へ改変した可能性を考えた。この改変に際してモデルとしたのは元の三国時代の中国製補襠鎧か、あるいは在来の有機質製甲かは更に検討を要するが、古墳時代前期の小札革綴甲冑が数量的に希少にもかかわらず多様性が認められる背景には列島内における改変が作用しているとみられる。

［註1］例外として、瓦谷1号墳小札革綴冑では、綴じを斜右上に進行させて、1本の革紐で上下方向と横方向の綴じを交互に行っている［京都府埋蔵文化財調査研究センター1997］。

【引用文献】
河南省文物考古研究院 2016『曹操高陵』中国社会科学院出版社
京都府埋蔵文化財調査研究センター 1997『瓦谷古墳群』京都府遺跡調査報告書第23冊
経済産業省 2007「57項目平均値データ」（発表資料）『人間特性基盤整備事業（size JPN）（委託先：社団法人人間生活工学研究センター）』

小林謙一 1974「甲冑製作技術の変遷と工人系統（上）」『考古学研究』第 20 巻第 4 号　考古学研究会

小林謙一 2008『東アジアにおける武器・武具の比較研究』平成 16 年度～平成 19 年度科学研究費補助金　基盤研究（C）研究成果報告書

産業技術総合研究所データベース『AIST 人体寸法データベース 1991-1992』

中国社会科学院考古研究所河南二隊 1991「河南偃師県杏園村的四座北魏墓」『考古』1991 年第 9 期

奈良県教育委員会 1974『馬見丘陵における古墳の調査』奈良県史跡名勝天然記念物調査報告　第 29 冊

白　栄金（編著）2008『甲冑復元』中国伝統工芸全集

橋本達也 1996「古墳時代前期甲冑の技術と系譜」『雪野山古墳の研究』八日市市教育委員会

樋口隆康 1998『昭和 28 年 椿井大塚山古墳発掘調査報告』山城町

楊　泓 1980『中国古兵器論叢』文物出版社

洛陽市第二文物工作隊 2006「偃師前杜楼北魏石棺墓発掘簡報」『文物』2006 年第 12 期

# 第 6 節　出土土器からみた黒塚古墳の築造時期の位置づけ

寺沢　薫

## 1　様式認定の基準と視点

黒塚古墳の竪穴式石室床面からは小形甕 2 点と椀形低脚高杯 1 点が出土した［図 324］。長く見積もっても、石室構築から埋葬までの時期幅を直接土器で示すことのできる数少ない有効な事例である。これらの土器群はまた、赤色顔料の付着状況や小形甕の底部が高杯の椀状杯部にうまく収まることなどから、赤色顔料の容器として使用された甕・高杯のセットを二対、供献品とした可能性もある。こうした行為の執行を一連の祭式の復元のなかで位置づけることができるのであれば、土器の示す年代をより限定的に考える視点となろう。

2 点の小形甕は器形や調整手法などからみれば、大・中形品一般にみる典型的な 0 式布留甕ではない［寺澤（編）1986］。しかし一方で小形品であるがゆえに、口縁部や肩部の成形や調整手法において 0 式布留甕のもつ古い属性を随所に残している。また椀形高杯の E4 形式も大和では庄内 3 式から布留 0 式にピークがあり、布留 1 式には一気に僅少化することから、布留 0 式の範疇内で考えておくことが適当と思われる。

布留 0 様式の提案についてはその後も賛否が続いているけれども［森岡・西村 2006］、誤解と曲解に基づいた批判が目につく状況では、すでに提起し指摘した現行の編年論が内包する方法的・原理的欠陥の問題以外には、基本的な訂正の必要は感じていない。

前後様式と比較しての形式・型式の多様性や各形態素の複合性や融合性の問題は、暦年代の推定幅の長さとも関連させて、ともすれば様式としての混乱や時間的重複性の結果との意見も見受けられるが、反論としては方法的に本末転倒な議論である。むしろ土器様式に顕著なこうした事実をもって、大和川流域を中心として分布する布留 0 様式を生成した政治的社会が孕む実態や背景を追究すべきが筋であろう。

## 2　時期の位置づけ

現時点では布留 0 式の様式的細別はなし得ていないが、かつて形式・型式組成のセリエーションによって将来は新旧様式に細別できる可能性を提示し、とりあえず古相・新相の分離案を提示したことがある［寺沢（編）2002］。小形甕と椀形高杯の僅かな点数から仔細な土器様式を限定することには限界があるが、この提案にしたがって箸墓古墳築造に伴う土器群を布留 0 式古相と認定した議論からすれば、黒塚古墳石室内土器は布留 0 式新相と考えることが妥当ではないかと思っている。私の暦年代観ではおよそ 3 世紀の第 4 四半期におさまる時期である［寺沢 2005］。

なおこの推定は、ほかの出土器群との整合性も担保可能と考える。黒塚古墳墳頂部の盗掘坑からは赤彩のある二重口縁壺破片が少なからず出土しているが［図 296］、すでに示唆したように、これらの土器群が仮に後円部墳丘上ないしは石室上に供献されたものであったとしてもそれを布留 0 式新相と考えて矛盾する個体はない。むしろ妥当な年代と考えてよかろう。

また、墓壙埋土や墳丘内出土の土器、包含層出土の土器の下限は墳丘構築の時期あるいはその上限を示すものであるが、一部に極端に先行する縄文土器や弥生土器の細片を包含するものの、他のすべてが庄内 0 式から布留 0 式新相までの幅で理解できる型式である。この点は黒塚古墳第 3 次調査（南池護岸工事に伴う墳丘南側裾部のトレンチ調査）［泉・青木 1992］時の墳丘下包含層出土土器の時期幅とも矛盾はなく、黒塚古墳の築造自体が布留 0 式新相を遡るものではなく、同時に布留 1 式まで下る可能性が希薄であることの状況的証左ともなるであろう。

最後に、今回報告した土師器には遠距離搬入品や他地域の系統品が目立つ。とりわけ、伊勢湾沿岸部から西遠江地域が卓越し、ついで中・東部瀬戸内、山陰、近江などの地域が目につく。黒塚古墳の被葬者像や築造の背景とは直接に関わることではないが、纒向遺跡の出土土器の傾向とも通底する現

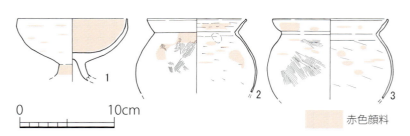

図 324　石室内出土土器（1:4）

象であり、黒塚古墳が占地され築造された王権中枢周辺域にあたる柳本地域での直前の状況と背景を知る上での有効な資料となり得よう。

【引用文献】

泉　武・青木勘時 1992「黒塚古墳（第1・2次）」『天理市埋蔵文化財調査概報 昭和63・平成元年度（1988・1989年）』天理市教育委員会

寺沢　薫（編）1986『矢部遺跡』奈良県立橿原考古学研究所

寺沢　薫（編）2002『箸墓古墳の調査』奈良県立橿原考古学研究所

寺沢　薫 2005「古墳時代開始期の暦年代と伝世鏡論（上・下）」『古代学研究』第169・170号

森岡秀人・西村　歩 2006「総括　古式土師器と古墳の出現をめぐる諸問題」『古式土師器の年代学』（財）大阪府文化財センター

# 第7節　黒塚古墳出土鉄製刺突具の意義

絹畠　歩

## 1　はじめに

黒塚古墳では複数の鉄製刺突具が出土した。本節では、鉄製刺突具に関する先行研究を概観し、その現状と課題を確認する。そのうえで、黒塚古墳出土刺突具を改めて検討し、古墳時代における黒塚古墳出土鉄製刺突具の意義を明らかにしたい。

## 2　鉄製刺突具に関する先行研究

鉄製刺突具はこれまで漁具の一種として認識されてきた[註1]。漁具の古墳への副葬は、被葬者の生前の職掌を考える上でも重要視され、刺突具も釣針などとともに古墳へ副葬される漁具として集成がなされてきた［山中 1980、和田 1982］。

分類としては、まずヤスかモリかの区別が行われる。山中英彦は一般的に定義される、投げて突き刺すモリと手に柄を保持して突き刺すヤスの区別法は、考古学の分類には適さないと指摘する。そこで民俗例を参照しつつ、一本の先端部で構成されるものをモリ、複数の先端部で構成されるものをヤスと呼称する分類案を採用する［山中 1980］。和田晴吾は柄が固定されるものをヤス、離頭式のものをモリとする。さらにヤスを単体で使用する単式、それが複数組み合う複式に細分した［和田 1982］。清野孝之は和田の分類を踏襲した上でヤスについてサイズと先端部と頸部の形状から細分を試みる［清野 1999］。大野左千夫は独自の分類から袋部を持つものをモリ、持たないものをヤスと呼称している［大野 1991］。

魚津知克はまず着柄方法から茎部をもつ有茎式と袋部をもつ有袋式に二分し、さらにそれぞれを細分する。有茎式では軸部の断面形が円形のものをⅠ類、方形もしくは隅丸方形のものをⅡ類、1つの茎部に複数の軸部が接続するもの（身部断面は方形もしくは隅丸方形）をⅢ類とした。Ⅰ類はサイズで二分を行い、Ⅱ類は単独で用いられたもの（Ⅰa類）と数本一組で用いられたもの（Ⅱb類）で二分する。Ⅱb類ではその組み合わせによって、6つの類型に細分している。有袋式についても先端が1本か、複数かで二分し、さらに軸部の形状や断面形態でそれぞれを細分する［魚津 2010］。

副葬状況に関する検討として、先行研究が刺突具出土古墳の共伴遺物全般を扱っていたのに対して、清野孝之は刺突具に近接した位置に副葬された遺物に注目して検討を行った［清野 1999・2000］。その結果、棺内で平根系鉄鏃と共伴する武器共伴型a類、棺外で平根系鉄鏃を除く武器類と共伴する同b類、棺外で農工具と共伴する農工具共伴型にグルーピングできるとした。平根系鉄鏃との共伴に関しては鉄鏃研究からも注目されているが［鈴木 2004］、魚津はさらに古墳時代前期においてそれらの相関関係を強く主張する。すなわち、松木武彦の平根系鉄鏃を狩猟用具とする研究成果［松木 2004］を援用し、漁撈用具と狩猟用具の副葬という「海」と「山」の二元論的副葬意識の可能性を示した［魚津 2010］。

以上の先行研究では漁具の認定も含めた集成・分類研究から始まり、古墳副葬の意義について多くの考察がなされてきた。特に、魚津の分類及び他の副葬品との関係などの悉皆的研究によって、漁具としての鉄製刺突具についての検討が深まったといえるだろう。

## 3　黒塚古墳出土鉄製刺突具の検討

次に先行研究を踏まえ、黒塚古墳出土鉄製刺突具について、特に分類と副葬状況の2点から検討を行う。

**分類**　刺突具1は全長平均42cm前後の5本で構成される。出土状態から5本が1セットとして結合し、1個体を構成するものと判断される。構成が4本と差異はあるものの、大阪府紫金山古墳などで想定されている魚津分類有茎式Ⅱb類紫金山型に類似する。その前提に立てば、結合の状況については中心に1本、その周りに4本が配置された立体的な結合方法と推定される。古墳出土の鉄製刺突具の中において、構成本数が5本で立体的な結合を採るものは、管見の限り他に見当たらない[註2]。

刺突具2は、全長平均37cm前後の4本で構成される。刺突具1と同様に、出土状態から4本が1セットとして結合し、1個体を構成するものと判断される。刺突具2-2は、他に比べ薄手で厚さなどが異なっている。よってこの2-2を中心に、その周りに3本が配置された立体的な結合方法と推定され、魚津分類Ⅱb類紫金山型に該当する。

刺突具3は、刺突具1・2が立体的結合であることが想定されるのに対して、3本が熊手のように並列的に配置さ

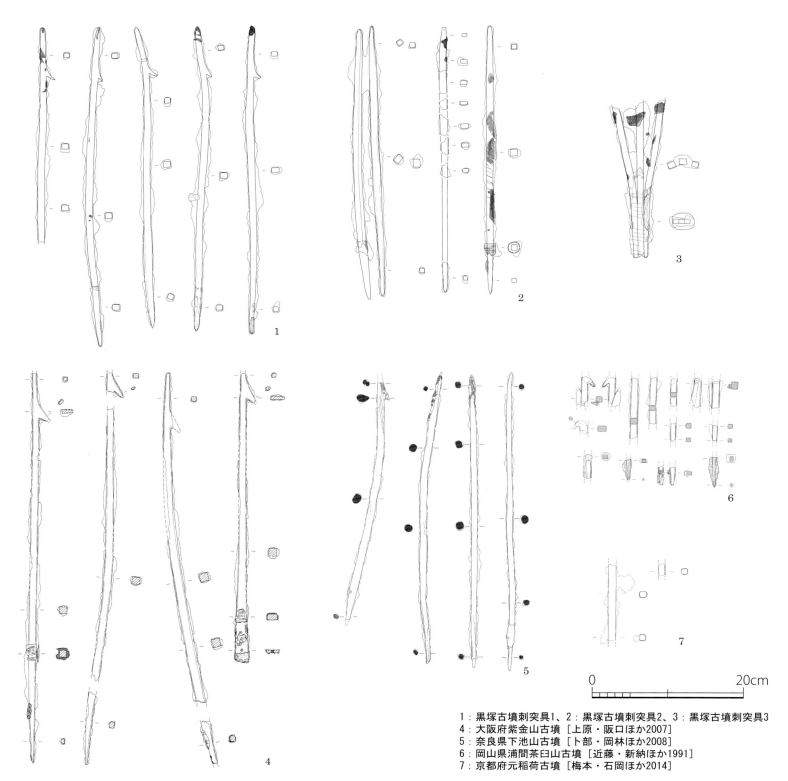

1：黒塚古墳刺突具1、2：黒塚古墳刺突具2、3：黒塚古墳刺突具3
4：大阪府紫金山古墳［上原・阪口ほか2007］
5：奈良県下池山古墳［卜部・岡林ほか2008］
6：岡山県浦間茶臼山古墳［近藤・新納ほか1991］
7：京都府元稲荷古墳［梅本・石岡ほか2014］

図325　古墳出土大型刺突具（1:5）

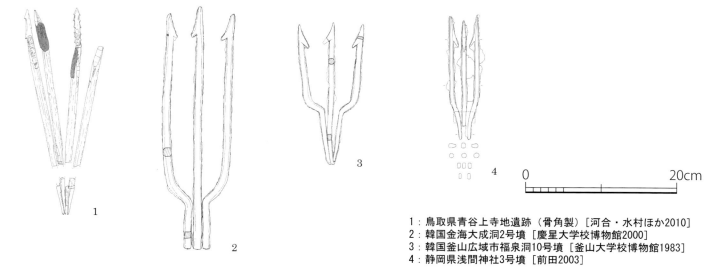

1：鳥取県青谷上寺地遺跡（骨角製）［河合・水村ほか2010］
2：韓国金海大成洞2号墳［慶星大学校博物館2000］
3：韓国釜山広域市福泉洞10号墳［釜山大学校博物館1983］
4：静岡県浅間神社3号墳［前田2003］

図326　平面構成の刺突具（1:5）

る平面的結合を採る。先端部が欠損していて不明確なものの、魚津分類では有茎式Ⅱb類浅間神社型に相当すると判断される。これまで平面的結合を採る形態の鉄製刺突具は日本列島において古墳時代中期から存在するとされてきた［魚津2007・2010］。一方で、朝鮮半島において4世紀に平面的な結合方法を採る鉄製刺突具が確認できること、鳥取県青谷上寺地遺跡で弥生時代の平面的結合を採る骨製刺突具が出土することから、古墳時代前期の日本列島においても存在するかどうか、慎重に見極める必要がある、とされていた［魚津2014］。黒塚古墳で刺突具3が出土したことにより、古墳時代前期の日本列島においても平面的な結合を採る鉄製刺突具が存在することが確認された意義は大きい。

　副葬位置　黒塚古墳では、刺突具1・2は北棺外、刺突具3は西棺外と大きく2群に分かれて出土した。次に、出土状態や近在の副葬品の組み合わせなどを検討してみたい。

　刺突具1・2は北棺外石室北東隅で出土した。刺突具1は先端部を下に向けて石室壁面に立てかけられたような状態で出土している。全長40cmもの長さをもつ刺突具は通常その柄もかなり長かったことが想定されるが、出土状態では基端部から壁までの空間がほとんどなく、数mに及ぶと考えられる柄が想定できるような空間が認められない。一方で、柄の痕跡と考えられる木質が基端部に付着していることから、完全な着柄状態でなく、一部折り取られていた可能性がある。刺突具1・2に隣接してU字形鉄製品が出土している。

　刺突具3は西棺外で出土した。付近の刀の鋒の向きと同じく南に先端部を向けて配置される。この配置状況は清野のいう武器共伴型b類に位置づけられる［清野1999］。一方で刺突具1・2の出土状態と同様に黒塚古墳では平根系鉄鏃との直接的な並列的配置関係は認められない。


## 4　おわりに　―黒塚古墳出土鉄製刺突具の意義―

　以上、黒塚古墳出土鉄製刺突具について検討を行った。形態的特徴の点では、5本1組で立体的な結合を採る刺突具1と3本1組で平面的な結合を採る刺突具3の存在が注意される。これらは他の同時期の古墳では管見の限り確認できないものである。出土状態、他の副葬品との共伴関係の点では、刺突具3は清野分類の武器共伴型b類にあてはまるものの、刺突具1・2については清野分類にあてはめることができない。また魚津が指摘するような平根系鉄鏃とも共伴していない。

　最後にこれら大型の刺突具が「刺突漁具」であるかについて少し触れておきたい。刺突具は先行研究において漁具であることを前提に研究が深化されてきた。その根拠として、逆刺があることや、複数の先端部を糸巻きで固定した武器は見られないことが挙げられてきた［清水2007ほか］。確かに逆刺がある武器は使い難いという側面があるが、鉄鏃の逆刺のように傷口を広げる効果も考えられる。また刺突具には逆刺がないものもあり、その評価も行う必要がある。刺突具1・2は北棺外から威儀具と評価しているU字形鉄製品とともに出土した。その出土状態からは「山海之政」としての漁具の意味や武器の意味に加えて、「威儀具」としての意味も考える必要があるように見受けられる。もともと骨角器などで漁具として使用されていた刺突具が大型化して威儀具として使用された可能性を挙げることができるだろう[註3]。

　刺突具の漁具、武器、威儀具などの機能は現時点で一つに絞り切れるものではなく、複数の機能を備えていた可能性がある。黒塚古墳出土刺突具を媒介として議論が深化することに期待したい。

[註1]　刺突漁具には大きくヤスとモリの2種がある。両者の区別は、基本的に柄を持って突くか、投げて突くかの違いによることが一般的である。一方でヤスが刺突漁具のうち先の分かれたものを指し、モリが刺突漁具一般を指すとの指摘もある［北山2007］。民俗例でも地域により呼び方が異なっており（ヤス、モリ、カナツキ、ナゲヤスなど）、こうした地域的な名称の差異を乗り越えるため、神野善治は投げずに手で持って突く漁具を「ヤス」、獲物を投げるなどして突き刺す漁具を「モリ」と呼び区別することを提案する［神野2015］。以上のように区別への見解が分かれる上に、神野が改めて提唱しているような、持って突く、投げて突く、という機能に基づく二分法は、遺物からの判別が甚だ困難である。そのため本稿及び報告文では、後述する機能面の課題も踏まえ、一括してすべて「刺突具」として報告した。

[註2]　民俗資料の刺突漁具の中には5本で立体構造を採るタイプのもの（5本カナツキ）が存在する。

[註3]　後期古墳の事例になるが、茨城県舟塚古墳出土埴輪の中に「鉾形土製品」がある［明治大学博物館2010］。一見すると先端部が4本の刃先に分けられているように見え、複数本を結節した刺突具の可能性がある。武装した人物埴輪の胴部付近から出土しており、それに付随していたものと考えられている［大塚・小林1971］。この「鉾形土製品」が刺突具ならば武装した人物に伴うものであり、漁具としての機能よりも、武器・威儀具としての機能を示唆する資料となる。

　　また、朝鮮半島三国時代新羅地域を中心として出土する刺突具の「二枝鉾（槍）」・「三枝鉾（槍）」は、金在弘が漁具と見る一方で、一般的には武器と考えられている［金2014］。特に「二枝鉾（槍）」・「三枝鉾（槍）」の中でも基部が袋状のものは、新羅地域の中でも階層的上位の古墳に多く採用されている傾向があることから、これらに関しても武器・威儀具的機能を考えることができる。

【引用文献】
上原真人・阪口英毅ほか2007『紫金山古墳の研究』京都大学大学院文学研究科考古学研究室

魚津知克2007「佐知佐知の祀り―前期・中期古墳における鉄製漁具副葬の意義―」『古墳時代の海人集団を再検討する　発表要旨集』第56回埋蔵文化財研究集会実行委員会

魚津知克2010「古墳時代社会における鉄製漁具副葬行為の意義」『遠古登攀　遠山昭登君追悼考古学論集』遠古登攀刊行会

魚津知克2014「日韓の漁具」『武器・武具と農工具・漁具―韓日三国・古墳時代資料―」「日韓交渉の考古学―古墳時代―」研究会・国立釜山大学校博物館

梅本康宏・石岡智武ほか2014『元稲荷古墳』向日市教育委員会・（公財）向日市埋蔵文化財センター

卜部行弘・岡林孝作ほか2008『下池山古墳の研究』奈良県立橿原考古学研究所

大塚初重・小林三郎1971「茨城県舟塚古墳Ⅱ」『考古学集刊』4-4　東京考古学会

大野左千夫1991「漁撈」『古墳時代の研究4生産と流通Ⅰ』雄山閣

河合章行・水村直人ほか2010『青谷上寺地遺跡出土品調査報告書5　骨角器（1）』鳥取県埋蔵文化財センター

神野善治 2015「漁撈用具」『国際常民文化研究叢書9―民具の名称に関する基礎的研究―〔地域呼称一覧編〕』神奈川大学国際常民文化研究機構

北山峰生 2007「大和の漁具と漁民」『古墳時代の海人集団を再検討する 発表要旨集』第56回埋蔵文化財研究集会実行委員会

金 在弘 2014「三国時代の漁具の地域性と階層性」『武器・武具と農工具・漁具―韓日三国・古墳時代資料―』「日韓交渉の考古学―古墳時代―」研究会・国立釜山大学校博物館

慶星大学校博物館 2000『金海大成洞古墳群Ⅱ』

近藤義郎・新納 泉ほか 1991『浦間茶臼山古墳』浦間茶臼山古墳発掘調査団

清水邦彦 2007「古墳時代前・中期の漁具副葬」『古墳時代の海人集団を再検討する 発表要旨集』第56回埋蔵文化財研究集会実行委員会

鈴木一有 2004「平根系鉄鏃の諸相」『古代武器研究』5 古代武器研究会

清野孝之 1999「古墳副葬漁撈具の性格」『国家形成期の考古学―大阪大学考古学研究室10周年記念論集―』

清野孝之 2000「漁撈具副葬儀礼の検討」『第7回鉄器文化研究集会 表象としての鉄器副葬』第7回鉄器文化研究集会事務局

釜山大学校博物館 1983『東萊福泉洞古墳群Ⅰ』

前田庄一 2003『掛川市長谷土地区画整理用地内遺跡発掘調査報告書Ⅱ』掛川市教育委員会

松木武彦 2004「戦闘用鏃と狩猟用鏃」『古代武器研究』5 古代武器研究会

明治大学博物館 2010『王の埴輪―玉里舟塚古墳の埴輪群―』

山中英彦 1980「鉄製漁撈具出土の古墳について」『古代探叢―滝口宏先生古稀記念考古学論集―』滝口宏先生古稀記念考古学論集編

和田晴吾 1982「弥生・古墳時代の漁具」『考古学論考』平凡社

# 第8節 黒塚古墳出土Y字形鉄製品の性格

前田俊雄

## 1 はじめに

黒塚古墳の竪穴式石室からはY字形鉄製品が2点出土した。上部が大きく二股に開いた平板な鉄製品で、全体としてY字形を呈することからY字形鉄製品と呼称したものであるが、まったく同形態の類例は他に知られていない。

ただ、上部が二股に分かれた平板な鉄製品ということでは、滋賀県安土瓢箪山古墳の「異形鉄器」[梅原・柴田1938]、京都府妙見山古墳の「異様な鉄器」[梅原1955]、愛知県東之宮古墳の「Y字形鉄製品」[渡邉ほか（編）2014]が類例として提示できる。刃部がなく、実用的な利器ではないであろうことは「他にさし込んだ利器の形式化した類」[梅原・柴田1938]という評価の通りであるが、近年はその性格について「単なる装飾品ではなく、共通する用途と意義をもった希少な器物であった可能性が高い」[森下2005]といった理解も示されている。

ここでは黒塚古墳出土のY字形鉄製品の特徴を改めて整理するとともに、他古墳出土の類例との比較検討を行い、その性格について考えてみたい。

## 2 黒塚古墳出土Y字形鉄製品の特徴

黒塚古墳出土Y字形鉄製品を検討するに際して、その特徴をあらためてみていく。

まずは形態に注目すると、円盤部から二股に大きく開く頂部にかけては、雲形の切れ込みをもつ鰭状の突起や円盤状の先端部など、曲線を多用した複雑かつ独特な形状をもつ。三角形の体部の各辺も完全な直線ではなく、微妙なカーブを有する。側面形状は関状の段差をもたず板状である。厚さは体部が厚く、頂部と円盤部が薄く、4～7mmの幅がある。

頂部先端の円盤部分と二股の付け根にある円盤部には直径4mmほどの円孔があり、そこに通されていたリボン状の平絹が表面に付着する。強い装飾性がうかがわれ、本製品の性格を示唆するものである。

茎に相当する基部は長く、先細の形状で先端はやや尖り、柄と見られる木質が一部に付着する。柄に打ち込んで着柄したとは考えにくい長さであり、分割式の柄に挟み込んで着柄したと思われるが、大きな力をかけるには不向きな形状といえる。

2点は欠損部分があり、二股から体部下端までの長さが若干異なるものの、実測図を重ねると体部と円盤部についてはほぼ同一形状であり、体部下辺が水平でないことによる左右非対称の形状を含めてよく似ている。東棺外の刀剣槍類の北端付近から、ともに頂部を北に向けて近接して出土しており、2点がセット関係にあった蓋然性が高い。

## 3 類例

上部が二股に分かれた平板な鉄製品で、利器ではないものをY字形鉄製品として定義づけると、黒塚古墳例のほかに以下の類例が挙げられる。

**東之宮古墳**［図327-3・4］ 墳長72mの前方後方墳で、埋葬施設は後方部中央に築かれた竪穴式石室である。Y字形鉄製品は同形のもの2点が被葬者の頭部側の棺外に、石室の主軸方向に直交するかたちで副葬されていた。この頭部側の棺外には他に鉄剣、鉄刀とともに三角縁波文帯三神三獣鏡と仿製方格規矩鏡が置かれていた。

**安土瓢箪山古墳**［図327-5］ 墳長162mの前方後円墳で、埋葬施設は後円部に3基の竪穴式石室、前方部に2基の箱式石棺の計5基がある。Y字形鉄製品2点は後円部中央の竪穴式石室の棺外小口部分で石室主軸に直交するかたちで出土している。

**妙見山古墳** 墳長115mの前方後円墳である。埋葬施設

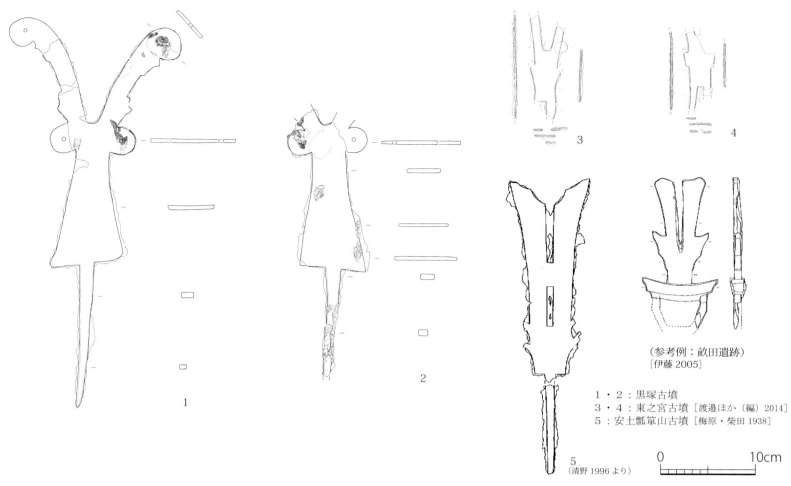

図327　Y字形鉄製品の類例（1:4）

は後円部に竪穴式石室が、前方部には粘土槨が築かれていた。Y字形鉄製品は後円部の竪穴式石室内におさめられた組合式石棺上部の空間から、鉄鏃、銅鏃、筒形銅器などとともに1点が出土した。

### 4　比較検討

**形態**　全体的な形態について見ると、黒塚古墳のY字形鉄製品は曲線を中心としたものであり、安土瓢箪山古墳および妙見山古墳のものは直線的である。東之宮古墳のものは欠損部分が多く全体形状が不明瞭な部分が多いが、直線と曲線が合わさったような形状が残存部分からうかがわれる。また黒塚古墳のY字形鉄製品は体部中央に透孔はないが、他例はいずれも体部中央に長方形の透孔が穿たれている。

出土古墳の築造時期も参考にすると、Y字形鉄製品は全体的に曲線的で体部中央に方形の透孔をもたないもの（黒塚古墳例）から、中間形態（東之宮古墳例）を経て、全体的に直線的で体部中央に方形の透孔をもつもの（安土瓢箪山古墳例・妙見山古墳例）に変化するという流れが想定される。

**柄**　比較的残存状態が良い黒塚古墳・安土瓢箪山古墳のものには茎部分（基部）があり、黒塚古墳例では木質の付着が確認される。これを敷衍してよければ、Y字形鉄製品は柄などに装着して用いるものであったと考えられる。

黒塚古墳ではY字形鉄製品2点は東棺外で石室主軸に平行して刀剣槍類などとともに出土している。副葬位置からは長大な柄の存在を想定することもできるものの、正確な長さが復元できる痕跡は残されていない。これに対して他例について見ると、東之宮古墳ではY字形鉄製品の出土位置と周囲の空間から想定できる柄は長く見積もっても30cm程度で、安土瓢箪山古墳では同じく40cm程度である。

**2点一対**　Y字形鉄製品は1基の埋葬施設から2点がある程度まとまった位置で出土する傾向が強い。妙見山古墳のみ1点の出土であるが、大きく盗掘を受けていることから、本来は2点が副葬されていたものが、1点は持ち出された可能性がある。このことからY字形鉄製品は本来2点を1セットにして用いられたものと考えられる。

**装飾性**　Y字形鉄製品の使用方法を復元する際に重要な手がかりに付着する繊維がある。黒塚古墳例では円盤状の突起に円孔が穿たれており、その円孔にリボン状の平絹が付着している。この平絹には赤色や黄色などといった色素が確認でき、きわめて装飾的であったことが知られる。またこれとは別に黒塚古墳例では、体部にも繊維の付着が確認できる。他古墳の出土例では、安土瓢箪山古墳および妙見山古墳出土例でも繊維の付着が顕著である。ただし、黒塚古墳例のようなリボン状の平絹を通すための孔は確認できない。

**その他の関連資料**　Y字形鉄製品の類例は同時期の日本列島では他に認められないが、日本列島以外に目を向けてみると、その形状から朝鮮半島で多数みられる有棘鉄器との関連が想起される。しかし有棘鉄器は下部の取り付け部分が袋部になっているのに対して、Y字形鉄製品は茎部をもち、装着方法が異なっている点はすでに指摘されているとおりである［森下2005］。

この他に形態の類似性から注目されるものに玉杖形木製品がある。玉杖形木製品には多様な形態のものが存在している

が、なかでも先端部分に突起をもち、また先端部分が蓋形埴輪の立飾り部分のような立体的な形状にならないものがこれまでにもY字形鉄製品との関係が考えられることがあった。例えば石川県畝田遺跡出土の玉杖形木製品［伊藤2005］と安土瓢箪山古墳出土のY字形鉄製品はその先端部分の形状が類似することが指摘されている［清野1996］。また玉杖形木製品には体部中央に孔が穿たれているものもある。このことからY字形鉄製品、なかでも東之宮古墳例以降のものは玉杖形木製品との形態的な関連性が示唆される。しかしながら黒塚古墳出土Y字形鉄製品と玉杖形木製品は形態的な相違点が大きく、またY字形鉄製品は2点を1つのセットとして使用していたと考えられるなど、Y字形鉄製品と玉杖形木製品の関係についてはさらなる検討が必要である。

## 5　まとめ

黒塚古墳出土のY字形鉄製品について、他古墳出土の類例とも比較しつつ検討をおこなった。Y字形鉄製品は全国で4古墳7点が出土しているに過ぎず、数も少なく相互の形態的な懸隔も大きい。その中であえてY字形鉄製品の特徴を挙げるならば、柄の付いた装飾性の強い非実用的器物であって、2点を1セットにして用いられるといった点を指摘できる。また、森下章司が指摘しているように、その出土古墳は黒塚古墳をのぞくと、各地においてその時期の最大規模の前方後円（方）墳である［森下2005］。

以上のような点から、Y字形鉄製品は儀仗的な性格の強い器物であった可能性が高く、その中でも黒塚古墳出土例はもっとも古く位置づけられ、曲線を多用した複雑かつ独特な形状はもとより、リボン状の平絹などの付着物が良好に遺存する点でも突出した存在といえる。さらなる類例の増加を待ちたい。

【引用文献】
伊藤雅文 2005「畝田遺跡出土玉状形木製品にかんする新知見と研究メモ」『石川県埋蔵文化財情報』第13号　石川県埋蔵文化財センター
梅原末治 1955「向日町妙見山古墳」『京都府文化財調査報告第廿一冊』京都府
梅原末治・柴田　實 1938『滋賀県史蹟調査報告第七冊　小谷城阯・安土瓢箪山古墳』滋賀県
清野孝之 1996「鰭飾りの変遷とその背景」『雪野山古墳の研究』八日市市教育委員会
森下章司 2005「東之宮古墳の出土品」『史跡東之宮古墳』犬山市教育委員会
渡邉　樹・鈴木康高・森下章司（編）2014『史跡東之宮古墳』犬山市教育委員会

# 第9節　黒塚古墳出土三角縁神獣鏡の仕上げ痕跡の観察

中井一夫

## 1　黒塚古墳出土鏡の観察

鏡には鋳造後これを製品として仕上げるための作業が存在する。しかし完璧に仕上げた場合、途中の痕跡は無くなりどのようにして仕上げたのかは推測するしかないが、三角縁神獣鏡には仕上げ途中に行われる削りの痕跡が多々みられることが知られている。それは鏡背面すべての部位でみられるが、ここでは鏡縁外面の削り痕跡の観察を中心に報告する。

痕跡は後述する実験の結果から、鋳肌の凸凹が起因する削りの方向に対して直角のライン（A）と、工具の刃こぼれに起因する削り方向を示すライン（B）がある。同じ場所を数度削るとAは消えるがBは残る。これを磨いて綺麗な面を作るのである。このAの痕跡が残るものを痕跡A、Bの痕跡の残るものを痕跡B、Bの痕跡が僅かに認められるものを痕跡Cとし、観察を行った。

痕跡Aのあるものは［図328-写真1］、1〜6・9・10・12〜19・21〜28・32・33号鏡の26面である。

痕跡Bのあるものは［図328-写真2］、上記の鏡に加えて7・11・20・29・31号鏡の5面である。

痕跡Cのみ確認できたものは、8・34号鏡の2面であった。34号鏡は画文帯神獣鏡であるので、三角縁神獣鏡では僅か1面であった。痕跡A・Bは面的に見られるものを取り上げた。

鏡縁外面の削りの痕跡は、上方から左下がりの斜めに見られるのが基本であるが、一度に上から下まで削るのではなく、上部・中央部・下部と大きく三度の削り作業が行われており、これの境には稜線が形成されているものもある［図328-写真3］。また中央部に比して上部の仕上げが雑で、痕跡Aは特に上部に限ってみられるものが多い。下部においてもAが認められるものもある。最も雑な仕上げのものは上・中央・下部全てにAが見られる。同じ部位を数度の削りを行うことにより、削り方向に直行する大きな縦のラインは大きく鋭い凸凹から　緩い丸みを帯びたものに変わり、後に平になる。この段階では方格規矩鏡の方格部やT・V・L部によく見られるようなもう一つの削り方向に直行する細い縦のラインが現れる［図328-写真4］。中央部まで痕跡Aが見られた鏡には、2・3・9・10・14・16・23・24・27・33号鏡がある。縦のラインが緩くなって僅かにそうだろうと考えられるものが他に数面ある。他は、上部のみとか下部のみに見られる。逆方向の削りもいくらか見受けられた。写真2はその一例であるが切り合い関係から最後の削りであることがわかる。

一回の削りでどの程度の面積が削られるのかは、痕跡同士の切り合いがあるため、確かめられなかったが、長さが目立つのは33号鏡の約5cmであった［図328-写真5］。

他の部分は顕著なものを紹介するにとどめることとする。

第 1 章 考古学的研究

図 328 三角縁神獣鏡研磨の写真

333

三角縁内側斜面　3号鏡において写真6に見えるように削り方向に対して直行するラインの見られるものもある。7号鏡では上部に削り足りない部分が残っているところも見られた［図328-写真7］。削りの方向は基本的には水平方向であるがたまに斜め方向のものもある［図328-写真8］。

　外区　外側の鋸歯文には並行に走る削りの痕跡が多く認められた。また先端部が水平ではなく先端に向かって低くなっているものが数例あった。これは内面の削りの際に同時に削られたからであろうと思われる［図328-写真9・10］。

　外区中央の複線波文にも明らかな痕跡が残る。境線部にも残るものもある［図328-写真11・12］。内側の鋸歯文にも見られるが、外側鋸歯文部に比して明確なものは少ない。

　外区斜面　明確な痕跡が認められるのは少ないが、写真14等がある。鋸歯文の存在しない8号鏡でも無紋の段側面に認められた［図328-写真13］。

　銘帯　櫛歯文部においては、高い部分に円弧に沿っての痕跡があるものがある。文字や文様部分にかすかな痕跡が認められる部分がある。両者の間の境線では銘帯部からの削りの認められる部分が多く見られた［図328-写真15・16］。

　界圏鋸歯文　鋸歯文の面を削った痕跡が認められる他に、わずかではあるが基底部の平坦部にも痕跡が存在する［図328-写真17］。

　内区　多くの部位で確認できたが、文様が複雑なためであろうか広い範囲でこれが認められる部分は少ない。3号鏡の神像の胸部はそういった中で一番明確なものであろう［図328-写真18］。周囲の襟部の状態と比べるとより明白である。8号鏡では、神像の顔面の他に仙人の頭髪部や雲気文部で認められた［図328-写真19・20］。

　鈕　明確に確認できるものは少なかった。写真に示すように短い長さのものが多い［図328-写真21］。より明確な痕跡を古墳出土の他鏡で確認したことがあるがここでは見られなかった。

## 2　三角縁外側斜面の削りの実験

　外側斜面の削りの特徴として、一度に削る面積が広くかつ長いことを挙げることができる。鋳造後行われる酸化被膜の除去のための工程として「胴擦り」があるが、縁外面においてはこの作業は行いにくいと考えられる。また方格規矩鏡でしばしば見られるキサゲ痕跡に比して削り方向に対して直交するラインが非常に大きなものであることに疑問を持った。そこで、酸化被膜の付着したままでの削り作業を行ってみた。削る工具はキサゲと呼ばれる鋼材であるので、すべてが鋼材と思われる金切鋸の背を用いることとした。

　鏡を両足に挟んだが滑り落ちやすいのでタオルで保持し、体の方向に対して右側を鏡面側として削り作業を行った［図328-写真22・23］。この作業は非常に簡単で時間もさほどかからなかった。最初の削りで酸化被膜は無くなり、荒い縦線が現れる。その後同じ位置を二・三度削ると荒い縦線は緩やかな丸みを持った線となる。実物との大きな違いは刃こぼれによる削り方向の線が細かく実物に比してはっきりしないことである。これは実物に対して用いられた工具が実験に用いたものに対してもろいものであったか、キサゲとしての仕上げが雑なものであったことを示していると考えられる［図328-写真24～26］。

# 第2章　文化財科学的研究

## 第1節　黒塚古墳の石材の石種とその採石推定地

奥田　尚

### 1　はじめに

　黒塚古墳は新生代第四紀に奈良盆地東南部の山麓に形成された砂礫層・粘土層の互層からなる段丘が浸蝕された東西方向の尾根状地形の先端部に位置する。段丘層には石材となるような石が観察されない。当古墳の石室とその上面、排水溝に石材が使用され、墳丘には葺石が観察されない。使用されている石材は、全て他地から運ばれてきたものである。

　石室とその上面に使用されている石材には、表面が滑らかな川原石様の石と板状節理を利用して剝がしたような角が鋭い板状の石が使用され、排水施設には川原石様の石が使用されている。これら使用石材の観察結果を石材の石種、石材の採石推定地、石材の使用傾向の順に述べる。

### 2　石材の石種　［図329、表30～35］

　観察した石材で識別した石種は、細粒黒雲母花崗岩、中粒黒雲母花崗岩、粗粒黒雲母花崗岩、中粒柘榴石黒雲母花崗岩、ペグマタイト、片麻状細粒黒雲母花崗岩、片麻状中粒黒雲母花崗岩、片麻状粗粒黒雲母花崗岩、弱片麻状黒雲母花崗岩、片麻状ペグマタイト、斑糲岩、変輝緑岩、輝石安山岩、橄欖石安山岩・玄武岩、石英斑岩である。これら石種の特徴について述べる。

　細粒黒雲母花崗岩：色は暗灰色で、石英・長石・黒雲母が噛み合っている。石英は無色透明、粒径が 0.5～1mm、量が多い。長石は灰白色、粒径が 0.5～1mm、量が多い。黒雲母は黒色、板状で、粒径が 0.5～1mm、量が僅かである。

　中粒黒雲母花崗岩：色は灰白色で、石英・長石・黒雲母が噛み合っている。石英は無色透明、粒径が 2～4mm、量が僅かである。長石は灰白色、粒径が 2～5mm、量が非常に多い。黒雲母は黒色、褐色で、板状を呈し、粒径が 0.5～1mm、量がごく僅かである。

　粗粒黒雲母花崗岩：色は灰白色で、石英・長石・黒雲母が噛み合っている。石英は無色透明、粒径が 2～6mm、量が中である。長石は灰白色、粒径が 2～8mm、量が非常に多い。黒雲母は黒色、褐色で、板状を呈し、粒径が 1～3mm、量が僅かである。

　中粒柘榴石黒雲母花崗岩：色は灰白色で、石英・長石・黒雲母・柘榴石が噛み合っている。石英は無色透明、粒径が 1～4mm、量が僅かである。長石は灰白色、粒径が 1～4mm、量が非常に多い。黒雲母は黒色、褐色、金色で、板状を呈し、粒径が 1～1.5mm、量が中である。柘榴石は赤褐色、球状で、粒径が 1～4mm、量が僅かである。

　ペグマタイト：色は灰白色で、基質の長石に石英の斑晶が散在する。いわゆるペグマタイト構造を呈する。石英は無色透明、粒径が 3～5mm、量が中である。長石は灰白色である。

　片麻状細粒黒雲母花崗岩：色は灰色で、灰白色と暗灰色の縞状を呈する。灰白色部には石英と長石が多く、暗灰色部には石英と黒雲母が多い。石英・長石・黒雲母が噛み合っている。石英は無色透明、粒径が 0.5～1mm、量が中である。長石は灰白色、粒径が 0.5～2mm、量が非常に多い。黒雲母は黒色、板状で、粒径が 0.5～1mm、量が僅かである。

　片麻状中粒黒雲母花崗岩：色は灰色で、灰白色と暗灰色の縞状を呈する。灰白色部には石英と長石が多く、暗灰色部には石英と黒雲母が多い。石英・長石・黒雲母が噛み合っている。石英は無色透明、粒径が 2～5mm、量が非常に多い。長石は灰白色、粒径が 3～5mm、量が僅かである。黒雲母は黒色、板状で、粒径が 1～2mm、量がごく僅かである。

　片麻状粗粒黒雲母花崗岩：色は灰色で、片麻状を呈する。石英・長石・黒雲母が噛み合っている。石英は無色透明、粒径が 5～8mm、量が中である。長石は灰白色、粒径が 5～8mm、量が非常に多い。黒雲母は黒色、板状で、粒径が 3～5mm、量がごく僅かである。

　弱片麻状黒雲母花崗岩：色は灰白色で、微かに片麻状を呈する。石英・長石・黒雲母が噛み合っている。石英は無色透明、粒径が 2～5mm、量が中である。長石は灰白色、粒径が 2～5mm、量が非常に多い。黒雲母は黒色、褐色、金色で、板状を呈し、粒径が 1～2mm、量が僅かである。部分的に集合して脈状をなすことがある。また、石英質部が多くなる部分もある。

　片麻状ペグマタイト：色は灰白色で、片麻状を呈する。石英・長石が噛み合っている。石英は無色透明、粒径が 8～10mm、量が多い。長石は灰白色、粒径が 10～15mm、量が多い。

　斑糲岩：色は淡緑灰色で、長石・角閃石・輝石が噛み合っている。長石は灰白色、粒径が 2～3mm、量が多い。角閃石は黒色、粒径が 2～4mm、量が僅かである。輝石は灰緑色、粒径が 2～4mm、量が多い。

　変輝緑岩：色は暗灰色で、針状の長石と角閃石が含まれる。共に粒径が 0.5～1mm、量が多い。基質はやや粒状で、ガラス質である。

　輝石安山岩：色は暗灰色で、板状節理が顕著である。斑晶

第Ⅱ部　研究編

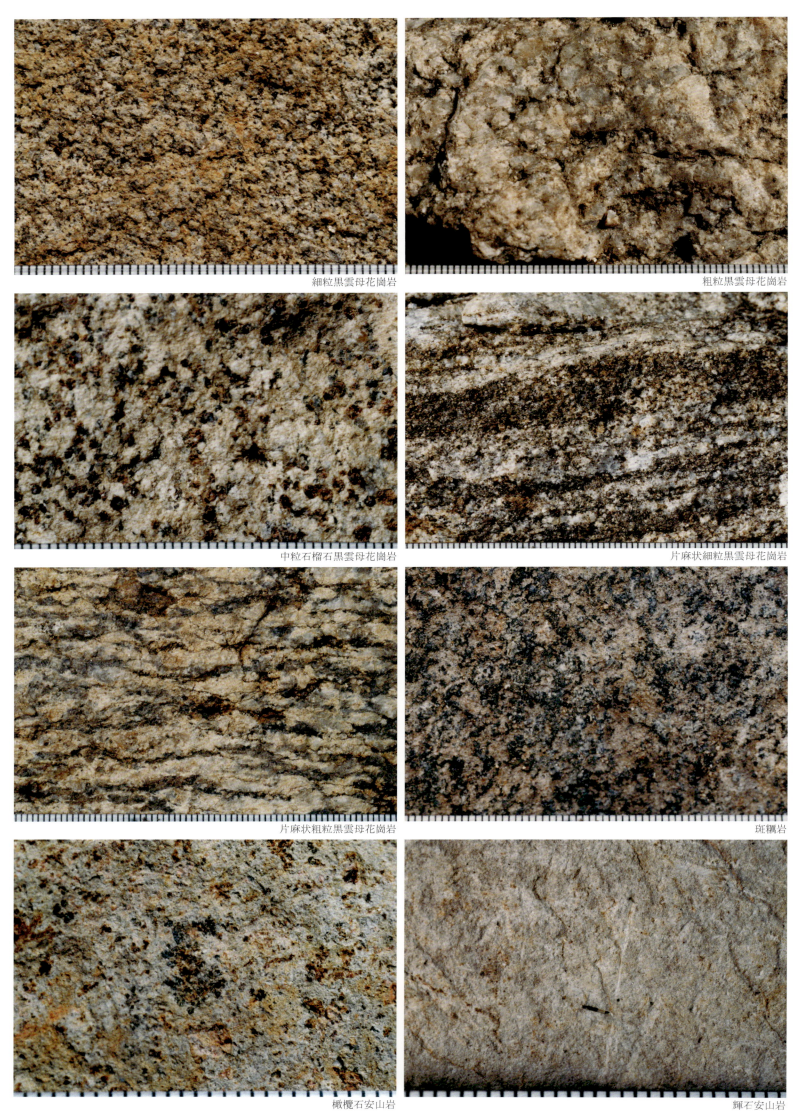

図 329　石材写真

鉱物が長石・輝石である。長石は無色透明、短柱状で、粒径が1〜1.5㎜、量が僅かである。輝石は黒色、柱状で、粒径が0.5〜2㎜、量が僅かである。石基はやや粒状、ガラス質である。

橄欖石安山岩・玄武岩：色は青灰褐色で、板状節理が顕著である。斑晶鉱物が長石・輝石・橄欖石である。長石は灰白色、短柱状で、粒径が1〜2㎜、量が僅かである。輝石は黒色、粒状で、粒径が1〜2㎜、量が中である。橄欖石は茶褐色、粒状で、粒径が0.5〜1.5㎜、量が中である。石基はガラス質である。橄欖石の量が多く、粗粒のものを玄武岩とした。

石英斑岩：色は灰色で、板状節理が顕著である。斑晶鉱物は石英と長石である。石英は無色透明、粒径が1〜5㎜、量が多い。長石は灰白色、短柱状で、粒径が0.5〜2㎜、量が僅かである。石基はガラス質である。

## 3 石材の採取推定地

黒塚古墳が位置する付近は、南北方向の断層に挟まれて段丘層が分布し、この段丘層に東側の山地からの流れにより、開析谷が形成され、東西に延びる尾根状のなだらかな地形となっている。この尾根状地形の西端部に黒塚古墳が築造されている。段丘東部の渋谷向山古墳付近になれば、風化した領家花崗岩類の基盤岩を不整合に覆う腐り礫などを含む段丘の地層が分布する。黒塚古墳に使用されているような石材となる石はこの段丘層にはみられない。近距離で石材となるような石が産するのは東方の龍王山から穴師山を経て三輪山にかけての山地や谷川である。表面が滑らかな川原石様の石は黒塚古墳の東方にある西門川、南東方にある烏田川、更に南方の巻向川にみられる。山地に分布する基盤岩は深成岩類で、石種と岩相が場所により若干異なる。龍王山から西門川にかけては片麻状細粒黒雲母花崗岩、片麻状中粒黒雲母花崗岩、片麻状粗粒黒雲母花崗岩、西門川から穴師山を経て巻向川にかけては粗粒黒雲母花崗岩、中粒黒雲母花崗岩、細粒黒雲母花崗岩、片麻状アプライト質細粒黒雲母花崗岩、片麻状アプライト質中粒黒雲母花崗岩、片麻状アプライト質粗粒黒雲母花崗岩、片麻状ペグマタイト、アプライト、ペグマタイト、巻向川から三輪山にかけては中粒黒雲母花崗岩、細粒黒雲母花崗岩、片麻状中粒黒雲母花崗岩、片麻状粗粒黒雲母花崗岩、岩体をなす斑糲岩が分布する。このような岩石分布の影響により、西門川の川原には片麻状細粒黒雲母花崗岩、片麻状中粒黒雲母花崗岩、粗粒黒雲母花崗岩、烏田川には片麻状アプライト質黒雲母花崗岩、アプライト、巻向川にはペグマタイト、アプライト、片麻状ペグマタイト、中粒黒雲母花崗岩、斑糲岩の礫がみられる。以上のような石材となる石の分布と石材の形状をもとに近距離で採石できる地を推定する。

表面が滑らかな川原石様の石は谷川や川原で、表面に層状風化や擾乱がみられる石は山腹で、節理面を利用して剥がしたような石は山腹の露岩の節理面を利用して採石されたと推定される。

黒塚古墳の石材である細粒黒雲母花崗岩、中粒黒雲母花崗岩、粗粒黒雲母花崗岩・弱片麻状黒雲母花崗岩・変輝緑岩は西門川の川原、片麻状細粒黒雲母花崗岩、片麻状中粒黒雲母花崗岩、片麻状粗粒黒雲母花崗岩は烏田川の川原、斑糲岩、ペグマタイト、片麻状ペグマタイトは巻向川の川原で採石されたと推定される。剥石様の輝石安山岩は、岩相的に大阪府太子町春日の石まくりか春日山付近に分布する輝石安山岩の岩相の一部に似ている。板状節理が顕著な輝石安山岩は春日山付近、細かい板状節理が顕著な石は石まくり付近の石と推定される。橄欖石安山岩・玄武岩は板状節理を利用して剥がした様相を呈し、大阪府柏原市国分市場の芝山東南部に分布する芝山火山岩の岩相の一部に似ている。採石地としては芝山山頂の東部にある葡萄畑付近が推定される。石英斑岩は兵庫県篠山市今田付近に広く分布する石英斑岩の岩相の一部に似ている。現在、この石英斑岩を板状に剥がし、「丹波石」の石材名で市販されている。

## 4 石材の使用傾向

黒塚古墳の埋葬施設付近の石室上面、石室の壁石、石室の床面、排水溝に石材が使用されている。墳丘の斜面では葺石を観察していない。観察した石材の個数は2501個である。石材の外面は、川原石様に滑らかで、円みをもつ石と板状節理を利用して剥がしたような鋭い角がある板状の石とがある。川原石様の石材の石種は細粒・中粒・粗粒黒雲母花崗岩、中粒柘榴石黒雲母花崗岩、ペグマタイト、片麻状細粒・中粒・粗粒黒雲母花崗岩、弱片麻状黒雲母花崗岩、片麻状ペグマタイト、斑糲岩、変輝緑岩で、板石状の石材の石種は輝石安山岩、橄欖石安山岩・玄武岩、石英斑岩である。遺構ごとに観察した石材の石種・粒径・個数について述べる。

### 1）石材被覆　［表30、図330］

石材908個を観察した。石種は細粒黒雲母花崗岩（137個 15％）、中粒黒雲母花崗岩（182個 20％）、粗粒黒雲母花崗岩（78個 9％）、中粒柘榴石黒雲母花崗岩（2個 0.22％）、片麻状細粒黒雲母花崗岩（68個 7％）、片麻状中粒黒雲母花崗岩（50個 6％）、弱片麻状黒雲母花崗岩（77個 8％）、片麻状ペグマタイト（34個 4％）、斑糲岩（82個 9％）、輝石安山岩（83個 9％）、橄欖石安山岩・玄武岩（109個 12％）、石英斑岩（6個 1％）である。川原石様の石が710個（78％）、角が鋭い板石が198個（22％）である。前者の石材は黒塚古墳の東方にある西門川、烏田川、巻向川の川原等で採石でき、後者の石材である輝石安山岩は石まくり付近か春日山付近、橄欖石安山岩・玄武岩は芝山付近、石英斑岩は今田付近で採石されたと推定される。川原様の石710個を採石地別にみれば、西門川で474個（67％）、烏田川で118個（17％）、巻向川で116個（16％）となる。

石材をみかけの長径で区分すれば、5㎝以上10㎝未満の石が8個（1％）、10㎝以上20㎝未満が85個（9％）、20㎝以上30㎝未満が282個（31％）、30㎝以上40㎝未満が338個（37％）、40㎝以上50㎝未満が151個（17％）、50㎝以上60㎝未満が33個（4％）、60㎝以上70㎝未満が6個（1％）、

第Ⅱ部 研究編

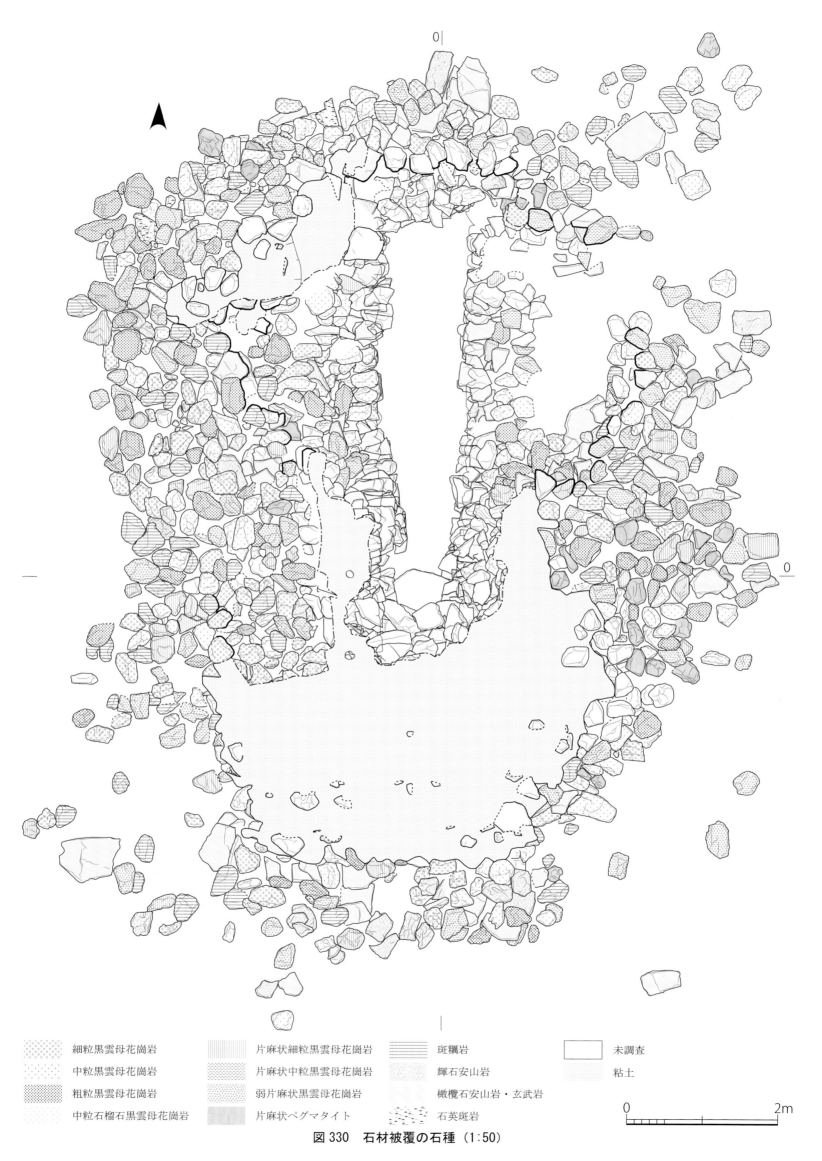

図 330 石材被覆の石種（1:50）

70cm以上80cm未満が3個（-%）、80cm以上90cm未満が1個（-%）、90cm以上100cm未満が1個（-%）である。粒径が20cm以上40cm未満の石が620個（68%）で、約3分の2を占める。

2）石室の壁石［図331、表31～33］

石室の壁面は東西南北の4面あり、東西の壁は石室の長軸部、南北の壁は石室の小口部に位置する。壁面と壁断面に使用されていた石材・壁石の裏面の石材も含め941個を観察した。表31・32は石室壁面の石材である。石種は細粒黒雲母花崗岩（59個 6%）、中粒黒雲母花崗岩（159個 17%）、粗粒黒雲母花崗岩（41個 4%）、中粒柘榴石黒雲母花崗岩（3個 -%）、片麻状細粒黒雲母花崗岩（40個 4%）、片麻状中粒黒雲母花崗岩（62個 7%）、片麻状粗粒黒雲母花崗岩（2個 -%）、弱片麻状黒雲母花崗岩（9個 1%）、片麻状ペグマタイト（12個 1%）、斑糲岩（19個 2%）、輝石安山岩（163個 17%）、橄欖石安山岩・玄武岩（370個 39%）、石英斑岩（2個 -%）である。川原石様の石が406個（43%）、角が鋭い板石が535個（57%）である。前者の石材は黒塚古墳の東方にある西門川、烏田川、巻向川付近で採石でき、後者の石材である輝石安山岩は南河内郡太子町の石まくり付近か羽曳野市飛鳥の春日山付近、橄欖石安山岩・玄武岩は柏原市国分市場の芝山付近、石英斑岩は篠山市今田付近で採石されたと推定される。川原様の石406個を採石地別にみれば、西門川で268個（66%）、烏田川で104個（26%）、巻向川で31個（8%）となる。

石材をみかけの長径で区分すれば、5cm以上10cm未満の石が30個（3%）、10cm以上20cm未満が277個（29%）、20cm以上30cm未満が395個（42%）、30cm以上40cm未満が182個（19%）、40cm以上50cm未満が50個（5%）、50cm以上60cm未満が6個（-%）、60以上70未満が1個（-%）である。粒径が10cm以上30cm未満の石が672個（71%）で、約7割を占める。

3）礫敷き［図331、表34］

棺を置いた周囲の石室の床面に石が敷かれている（礫敷き）。観察個数は145個で、石種が細粒黒雲母花崗岩（27個 19%）、中粒黒雲母花崗岩（35個 24%）、粗粒黒雲母花崗岩（20個 14%）、片麻状細粒黒雲母花崗岩（26個 18%）、片麻状中粒黒雲母花崗岩（25個 17%）、弱片麻状黒雲母花崗岩（1個 1%）、片麻状ペグマタイト（8個 6%）、斑糲岩（1個 1%）、橄欖石安山岩（1個 1%）、石英斑岩（1個 1%）である。川原石様の石が143個（99%）、角が鋭い板石が2個（1%）である。前者の石は黒塚古墳の東方にある西門川、烏田川、巻向川付近、後者の石である橄欖石安山岩は柏原市国分市場の芝山付近、石英斑岩は篠山市今田付近で採石されたと推定される。

石材をみかけの長径で区分すれば、5cm以上10cm未満の石が21個（15%）、10cm以上20cm未満が86個（59%）、20cm以上30cm未満が24個（17%）、30cm以上40cm未満が14個（10%）である。粒径が10cm以上30cm未満の石が110個（76%）で、約4分の3を占める。

4）排水溝の石材［図332、表35］

後円部から前方部へほぼ墳丘主軸線に並行して排水施設の暗渠が設けられ、この部分に石材が使用されている。側部と蓋となる上部に比較的大きな石材が使用され、底となる部分は比較的に径が小さい石で充填されている。排水溝に使用されていた石材507個を観察した［図332・35］。石種は細粒黒雲母花崗岩（54個 11%）、中粒黒雲母花崗岩（79個 16%）、粗粒黒雲母花崗岩（82個 16%）、中粒柘榴石黒雲母花崗岩（1個 -%）、ペグマタイト（6個 1%）、片麻状細粒黒雲母花崗岩（86個 17%）、片麻状中粒黒雲母花崗岩（128個 25%）、片麻状粗粒黒雲母花崗岩（27個 5%）、弱片麻状黒雲母花崗岩（6個 1%）、片麻状ペグマタイト（7個 1%）、斑糲岩（29個 6%）、変輝緑岩（2個 -%）である。使用石材は川原石様の石のみである。これらの石を採石地別にみれば、西門川で223個（44%）、烏田川で241個（48%）、巻向川で42個（8%）となる。

石材をみかけの長径で区分すれば、5cm以上10cm未満の石が281個（55%）、10cm以上20cm未満が147個（29%）、20cm以上30cm未満が56個（11%）、30cm以上40cm未満が21個（4%）、40cm以上50cm未満が2個（-%）である。粒径が5cm以上20cm未満の石が428個（84%）を占める。石室石材や石室上面の敷石と比べれば、石材の粒径が細かく、黒塚古墳東方で採石されたと推定される石のみで、意図的に露岩を剥がしたような板石がみられない。

石室付近の石材には、川原石様の石と板状節理を利用して剥がした様な石とが使用され、排水施設には川原石様の石のみが使用されている。石室材の使用を更に詳しくみれば、石室の上部に板石の剥石が多く、下部に川原石様の石が多い。また、石室の上面を覆う石材被覆には川原石様の石と剥石が混じって使用されている。

川原石様の石は巻向川から西門川にかけての付近で採石された石と推定され、板状の剥石は、石英斑岩が篠山市今田付近、輝石安山岩が南河内郡太子町春日の石まくりや春日山付近、橄欖石安山岩・玄武岩が柏原市国分市場の芝山付近で採石されたと推定される。板石の採石地点は3か所となり、石材の使用傾向が異なる。石英斑岩は石室の下部、壁石の中部、石室上面の石材被覆にもみられ、石室の築造当初から最後まで使用されている。しかし、輝石安山岩と橄欖石安山岩・玄武岩は石室壁石の中部から上方、石材被覆に混在して使用されている。石室内に棺を置いた時点までは、川原石様の石と石英斑岩が使用され、その後に輝石安山岩と橄欖石安山岩・玄武岩の板石が使用されていることになる。また、石室壁石での輝石安山岩は橄欖石安山岩・玄武岩の中に混じって部分的に集まって使用されていることから、運ばれて来た石が次々に積まれたと推定される。このように石材が部分的に集まって使用される現象は奈良県巣山古墳の葺石でもみられる［広陵町教育委員会2005］。集中する部分の石材の量が一回で運ばれている量を示している可能性がある。

第Ⅱ部 研究編

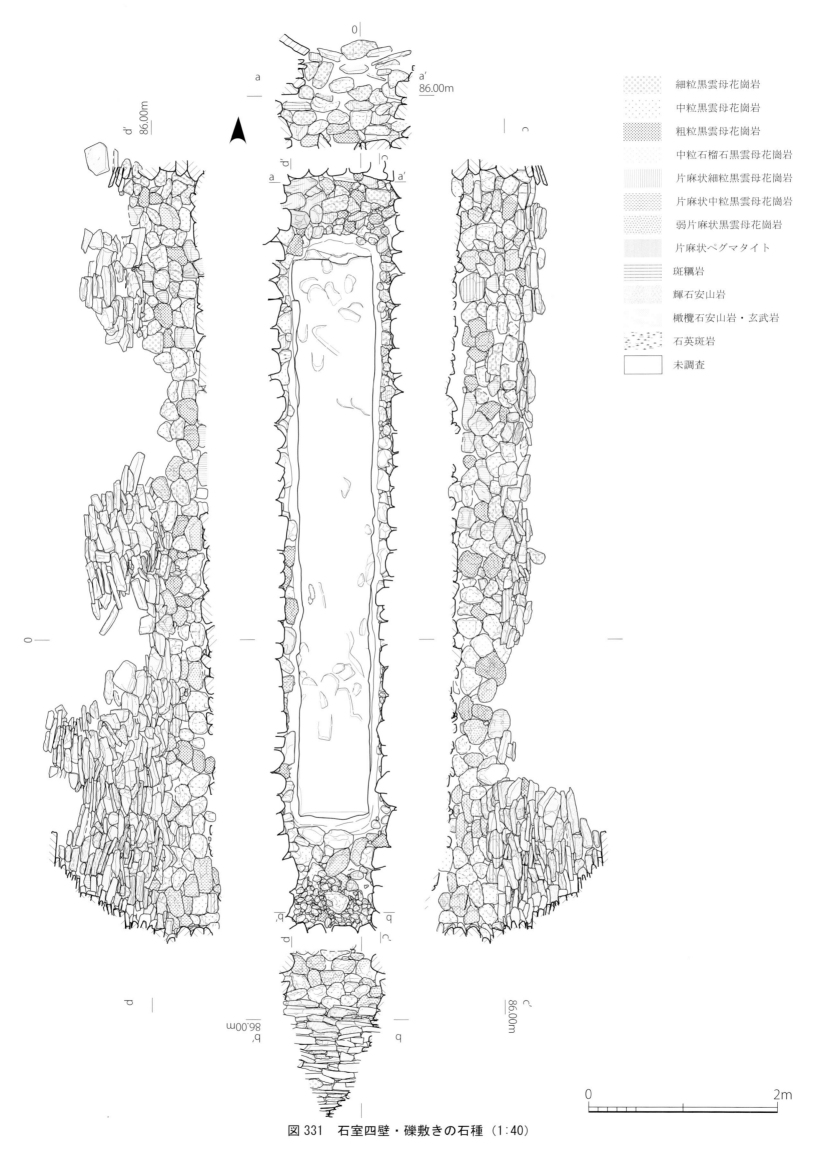

図331 石室四壁・礫敷きの石種 (1:40)

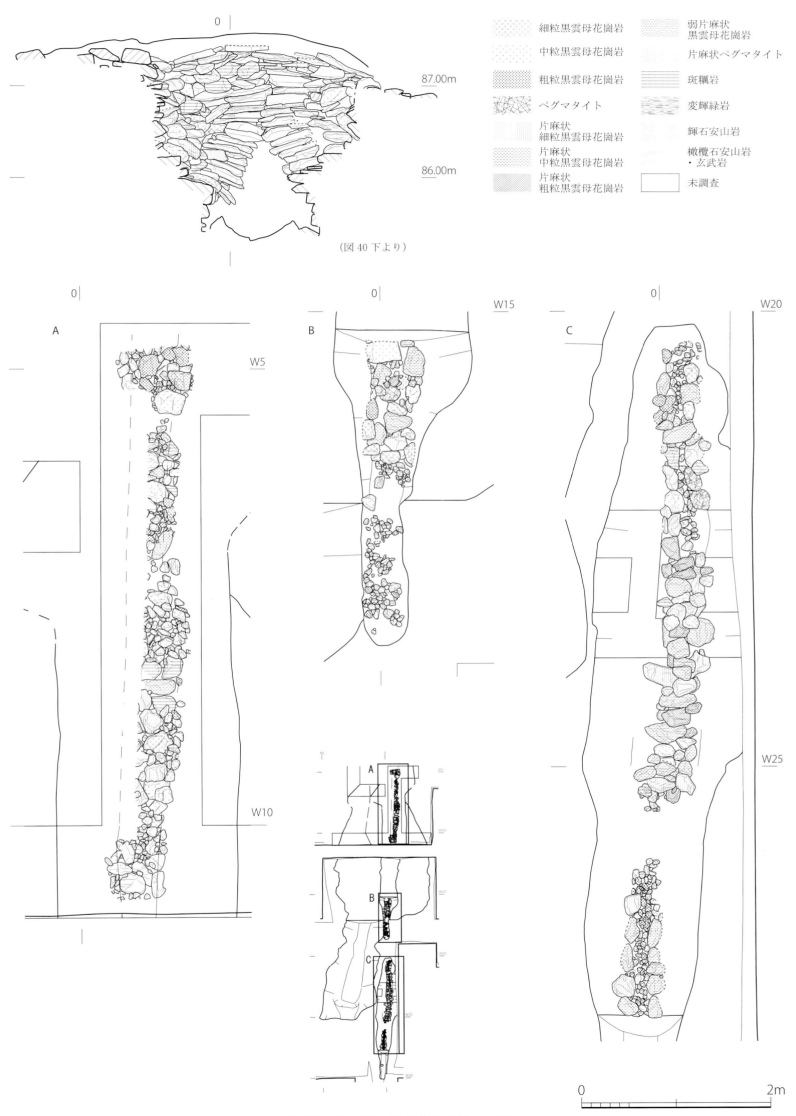

図 332　天井部・排水溝の石種（1:40）

## 5 おわりに

　黒塚古墳に使用されている石材で、川原石様の石は巻向川、烏田川、西門川等の近距離の地で採取されたと推定されるが、板状の剝石は今田付近、芝山付近、石まくりか春日山付近と遠地から運ばれている。

　近地にある渋谷向山古墳や奈良県二反田古墳の葺石は、共に川原石様の石が巻向川から西門川にかけての付近の石、板状の剝石は芝山付近の石である［奥田 2017a・2017b］。

　黒塚古墳では板状の剝石に石英斑岩（今田付近の石）、輝石安山岩（石まくりか春日山付近の石）、橄欖石安山岩・玄武岩（芝山付近の石）が使用されている。畿内の前・中期古墳の剝石の石室材の使用傾向をみれば、石英斑岩（今田付近の石）、結晶片岩（兵庫県沼島付近の石）、二上山系石材（芝山付近・亀の瀬付近・旭ヶ丘付近・石まくり春日山付近の石をまとめて二上山系とする）を使用される古墳がある。石室材を観察できた桜井茶臼山古墳では芝山付近、亀の瀬付近、石まくり・春日山付近、沼島付近の石が使用され、石英斑岩がみられない。沼島付近の結晶片岩は天井石に1石のみ観察され、御幣餅状に丁寧に加工されている。石室の壁に使用されているような剝石ではない。また、石室の天井石に御幣状に加工された輝石安山岩（石まくり付近の石）が数石使用されている。神戸市の西求女塚古墳では、石室の壁石に橄欖石安山岩・玄武岩の剝石、天井石に御幣状の石英斑岩や結晶片岩の加工石が使用されている。天理市の東殿塚古墳の墳頂部や柏原市の天湯川田神社境内には石英斑岩や橄欖石安山岩・玄武岩の板石がみられる。池田市の娯三堂古墳や四條畷市の忍ヶ岡古墳の壁石に石英斑岩がみられる。前期古墳の石室の壁石材の使用傾向からみれば、摂津付近は主として石英斑岩を使用される地域、茨木市から木津川市にかけての付近は主として結晶片岩を使用される地域、大和東南部から中河内にかけての付近は主として二上山系石材を使用される地域に区分される。

　石材の使用傾向から黒塚古墳の被葬者について推定すれば、二上山系石材を石室に使用でき、石英斑岩を石室材に使用されている地域と何らかの関係を僅かにもつ者であったといえる。

【引用文献】
奥田　尚 2017a「景行天皇山邊道上陵にみられた石材の石種について」『書陵部紀要』第68号（陵墓篇）宮内庁書陵部
奥田　尚 2017b「二反田古墳の石材と埴輪の砂礫」『桜井市文化財調査報告書 第46集 平成27年度国庫補助による発掘調査報告書』桜井市教育委員会
広陵町教育委員会 2005『巣山古墳調査概報』学生社

表30　石材被覆の石材の石種とその粒径

| 石　種 | 粒　径（cm） | | | | | | | | | | 合計 |
|---|---|---|---|---|---|---|---|---|---|---|---|
| | 5〜9 | 10〜19 | 20〜29 | 30〜39 | 40〜49 | 50〜59 | 60〜69 | 70〜79 | 80〜89 | 90〜99 | |
| 細粒黒雲母花崗岩 | | 17 | 49 | 46 | 22 | 3 | | | | | 137 |
| 中粒黒雲母花崗岩 | 1 | 12 | 61 | 77 | 28 | 2 | 1 | | | | 182 |
| 粗粒黒雲母花崗岩 | 1 | 5 | 21 | 32 | 14 | 4 | | 1 | | | 78 |
| 中粒柘榴石黒雲母花崗岩 | | | 2 | | | | | | | | 2 |
| ペグマタイト | | | | | | | | | | | |
| 片麻状細粒黒雲母花崗岩 | 1 | 7 | 31 | 20 | 8 | 1 | | | | | 68 |
| 片麻状中粒黒雲母花崗岩 | | 5 | 16 | 18 | 10 | 1 | | | | | 50 |
| 片麻状粗粒黒雲母花崗岩 | | | | | | | | | | | |
| 弱片麻状黒雲母花崗岩 | 2 | 7 | 13 | 32 | 19 | 4 | | | | | 77 |
| 片麻状ペグマタイト | 1 | 2 | 16 | 12 | 3 | | | | | | 34 |
| 斑糲岩 | | 2 | 22 | 44 | 12 | 2 | | | | | 82 |
| 変輝緑岩 | | | | | | | | | | | |
| 輝石安山岩 | | 11 | 28 | 26 | 11 | 6 | 1 | | | | 83 |
| 橄欖石玄武岩・安山岩 | 2 | 15 | 23 | 30 | 21 | 10 | 4 | 2 | 1 | 1 | 109 |
| 石英斑岩 | | 2 | | 1 | 3 | | | | | | 6 |
| 合　計 | 8 | 85 | 282 | 338 | 151 | 33 | 6 | 3 | 1 | 1 | 908 |

表31　石室東西壁の石材の石種とその粒径

| 石　種 | 東壁の石材 | | | | | | 合計 | 西壁の石材 | | | | | | 合計 |
|---|---|---|---|---|---|---|---|---|---|---|---|---|---|---|
| | 粒　径（cm） | | | | | | | 粒　径（cm） | | | | | | |
| | 5〜9 | 10〜19 | 20〜29 | 30〜39 | 40〜49 | 50〜59 | | 5〜9 | 10〜19 | 20〜29 | 30〜39 | 40〜49 | 50〜59 | |
| 細粒黒雲母花崗岩 | 2 | 9 | 6 | 2 | | | 19 | | 12 | 13 | 2 | | | 27 |
| 中粒黒雲母花崗岩 | 2 | 16 | 35 | 8 | 1 | | 62 | 3 | 17 | 44 | 5 | | | 69 |
| 粗粒黒雲母花崗岩 | | 3 | 12 | 5 | | | 20 | 1 | 5 | 9 | 1 | | | 16 |
| 中粒柘榴石黒雲母花崗岩 | | | 2 | 1 | | | 3 | | | | | | | |
| ペグマタイト | | | | | | | | | | | | | | |
| 片麻状細粒黒雲母花崗岩 | | 2 | 8 | 5 | 1 | | 16 | | 8 | 5 | 2 | | | 15 |
| 片麻状中粒黒雲母花崗岩 | | 6 | 18 | 1 | 1 | | 26 | | 10 | 9 | 3 | | | 22 |
| 片麻状粗粒黒雲母花崗岩 | 1 | | | 1 | | | 2 | | | | | | | |
| 弱片麻状黒雲母花崗岩 | | | | | | | | | | 3 | 1 | | | 4 |
| 片麻状ペグマタイト | | 1 | 2 | 1 | 2 | | 6 | | | 1 | | | | 1 |
| 斑糲岩 | | | | | | | | | 1 | 6 | | | | 7 |
| 変輝緑岩 | | | | | | | | | | | | | | |
| 輝石安山岩 | 1 | 18 | 24 | 12 | 2 | 1 | 58 | 3 | 24 | 17 | 9 | 2 | | 55 |
| 橄欖石玄武岩・安山岩 | | 21 | 34 | 23 | 4 | | 82 | 6 | 63 | 55 | 52 | 13 | | 189 |
| 石英斑岩 | | | | | | | | | 1 | | 1 | | | 2 |
| 合　計 | 6 | 76 | 141 | 59 | 11 | 1 | 294 | 13 | 141 | 162 | 76 | 15 | | 407 |

表32 石室南北壁の石材の石種とその粒径

| 石　種 | 南　壁　の　石　材 | | | | | | | 北　壁　の　石　材 | | | | | | |
|---|---|---|---|---|---|---|---|---|---|---|---|---|---|---|
| | 粒　　径 (cm) | | | | | | 合計 | 粒　　径 (cm) | | | | | | 合計 |
| | 5～9 | 10～19 | 20～29 | 30～39 | 40～49 | 50～59 | | 5～9 | 10～19 | 20～29 | 30～39 | 40～49 | 50～59 | |
| 細粒黒雲母花崗岩 | | 2 | | | | | 2 | 2 | 3 | 2 | | | | 7 |
| 中粒黒雲母花崗岩 | | 4 | 4 | | | | 8 | 2 | 6 | 1 | 1 | | | 10 |
| 粗粒黒雲母花崗岩 | | | 2 | | | | 2 | | | 1 | | | | 1 |
| 中粒柘榴石黒雲母花崗岩 | | | | | | | | | | | | | | |
| ペグマタイト | | | | | | | | | | | | | | |
| 片麻状細粒黒雲母花崗岩 | | | | | | | | 1 | 2 | 1 | | | | 4 |
| 片麻状中粒黒雲母花崗岩 | 1 | 2 | 4 | | | | 7 | 2 | 3 | 1 | | | | 6 |
| 片麻状粗粒黒雲母花崗岩 | | | | | | | | | | | | | | |
| 弱片麻状黒雲母花崗岩 | | 2 | 3 | | | | 5 | | | | | | | |
| 片麻状ペグマタイト | | | | | | | | | 1 | | | | | 1 |
| 斑糲岩 | | 1 | 1 | | | | 2 | | | | 1 | | | 1 |
| 変輝緑岩 | | | | | | | | | | | | | | |
| 輝石安山岩 | 3 | 12 | 5 | 7 | 1 | | 28 | 1 | 1 | | | | | 2 |
| 橄欖石玄武岩・安山岩 | 1 | 10 | 11 | 4 | 1 | | 27 | | 2 | 2 | 1 | | | 5 |
| 石英斑岩 | | | | | | | | | | | | | | |
| 合　　計 | 5 | 33 | 30 | 11 | 2 | | 81 | 9 | 17 | 9 | 2 | | | 37 |

表33 石室壁石の石材の石種とその粒径

| 石　種 | 粒　　径 (cm) | | | | | | | 合計 |
|---|---|---|---|---|---|---|---|---|
| | 5～9 | 10～19 | 20～29 | 30～39 | 40～49 | 50～59 | 60～69 | |
| 細粒黒雲母花崗岩 | 3 | 24 | 25 | 6 | 1 | | | 59 |
| 中粒黒雲母花崗岩 | 6 | 41 | 93 | 17 | 2 | | | 159 |
| 粗粒黒雲母花崗岩 | 1 | 8 | 25 | 7 | | | | 41 |
| 中粒柘榴石黒雲母花崗岩 | | | 2 | 1 | | | | 3 |
| ペグマタイト | | | | | | | | |
| 片麻状細粒黒雲母花崗岩 | 2 | 11 | 17 | 9 | 1 | | | 40 |
| 片麻状中粒黒雲母花崗岩 | 1 | 20 | 34 | 5 | 2 | | | 62 |
| 片麻状粗粒黒雲母花崗岩 | 1 | | | 1 | | | | 2 |
| 弱片麻状黒雲母花崗岩 | | 2 | 6 | 1 | | | | 9 |
| 片麻状ペグマタイト | | 5 | 4 | 1 | 2 | | | 12 |
| 斑糲岩 | | 4 | 13 | 2 | | | | 19 |
| 変輝緑岩 | | | | | | | | |
| 輝石安山岩 | 8 | 56 | 54 | 36 | 8 | 1 | | 163 |
| 橄欖石玄武岩・安山岩 | 8 | 105 | 122 | 95 | 34 | 5 | 1 | 370 |
| 石英斑岩 | | 1 | | 1 | | | | 2 |
| 合　　計 | 30 | 277 | 395 | 182 | 50 | 6 | 1 | 941 |

表34 礫敷きの石材の石種とその粒径

| 石　種 | 粒　　径 (cm) | | | | | 合計 |
|---|---|---|---|---|---|---|
| | 5～9 | 10～19 | 20～29 | 30～39 | 40～49 | |
| 細粒黒雲母花崗岩 | 7 | 17 | 1 | 2 | | 27 |
| 中粒黒雲母花崗岩 | 4 | 20 | 7 | 4 | | 35 |
| 粗粒黒雲母花崗岩 | 4 | 12 | 3 | 1 | | 20 |
| 中粒柘榴石黒雲母花崗岩 | | | | | | |
| ペグマタイト | | | | | | |
| 片麻状細粒黒雲母花崗岩 | 2 | 13 | 8 | 3 | | 26 |
| 片麻状中粒黒雲母花崗岩 | 1 | 18 | 4 | 2 | | 25 |
| 片麻状粗粒黒雲母花崗岩 | | | | | | |
| 弱片麻状黒雲母花崗岩 | | 1 | | | | 1 |
| 片麻状ペグマタイト | 3 | 4 | | 1 | | 8 |
| 斑糲岩 | | | 1 | | | 1 |
| 変輝緑岩 | | | | | | |
| 輝石安山岩 | | | | | | |
| 橄欖石玄武岩・安山岩 | | | | 1 | | 1 |
| 石英斑岩 | | 1 | | | | 1 |
| 合　　計 | 21 | 86 | 24 | 14 | | 145 |

表35 排水溝の石材の石種とその粒径

| 石　種 | 粒　　径 (cm) | | | | | 合計 |
|---|---|---|---|---|---|---|
| | 5～9 | 10～19 | 20～29 | 30～39 | 40～49 | |
| 細粒黒雲母花崗岩 | 29 | 18 | 6 | 1 | | 54 |
| 中粒黒雲母花崗岩 | 42 | 26 | 9 | 2 | | 79 |
| 粗粒黒雲母花崗岩 | 65 | 14 | 3 | | | 82 |
| 中粒柘榴石黒雲母花崗岩 | 1 | | | | | 1 |
| ペグマタイト | 1 | 3 | 1 | 1 | | 6 |
| 片麻状細粒黒雲母花崗岩 | 35 | 34 | 11 | 5 | 1 | 86 |
| 片麻状中粒黒雲母花崗岩 | 73 | 26 | 18 | 10 | 1 | 128 |
| 片麻状粗粒黒雲母花崗岩 | 10 | 11 | 5 | 1 | | 27 |
| 弱片麻状黒雲母花崗岩 | 3 | 3 | | | | 6 |
| 片麻状ペグマタイト | 3 | 4 | | | | 7 |
| 斑糲岩 | 17 | 8 | 3 | 1 | | 29 |
| 変輝緑岩 | 2 | | | | | 2 |
| 輝石安山岩 | | | | | | |
| 橄欖石玄武岩・安山岩 | | | | | | |
| 石英斑岩 | | | | | | |
| 合　　計 | 281 | 147 | 56 | 21 | 2 | 507 |

# 第2節　黒塚古墳の変形と地震

寒川　旭

## 1　はじめに

　黒塚古墳において、石室の東側壁面の一部から大量の石材が落下していたことが判明した。筆者は、調査がかなり進行した段階で現場に伺ったので、石室内部の副葬品や落下した石材は、すでに取り上げられていた。石室の壁面を構成する石材についてのみ観察を行ったので、その内容を簡単に紹介したい。さらに、この古墳の被害の原因となったと考えられる地震について考察するとともに、周辺各地で見つかった古墳の地震痕跡の事例について紹介する。

## 2　黒塚古墳の変形について

　黒塚古墳は奈良盆地東縁の大和古墳群に含まれる全長約130mの前方後円墳で、古墳時代前期の3世紀後半に築造されたと考えられている。墳丘の主軸は東西で、西側が前方部、東側が後円部である。これに直交する南北方向の竪穴式石室が検出され、画文帯神獣鏡・三角縁神獣鏡などの青銅鏡のほか、刀剣・鉄鏃・甲冑などの多くの副葬品が出土して注目を集めた。鎌倉時代に盗掘を受けたことが判明したが、それ以前に、竪穴式石室の東側の壁面から大量の石材（板石）が落下して石室の内部を覆ったため、副葬品は残されたままだった。

　発掘調査によると、黒塚古墳が築造された直後より、石室壁面から浸透した雨水による土砂の流出が続いており、裏込めの隙間を埋めていた土砂が石室内部の床面に厚く堆積した。そして、土砂が少しずつ流れ出す過程で、壁面を構成する石材間の隙間が大きくなり、徐々に不安定な状態になったようである。そして、ある段階で、強い外力を受けて絶えきれなくなり、東側壁面の北部から、大量の石材が、石室の内部に落下したと考えられる。

　石室の東側壁面から落下した石材には水による干渉が見られず、多くの石材（板石）がきれいな軌道を描きながら水平方向に飛び出しており、一部は副葬品の鏡に直撃して破損させている。最も遠くに達した石材は西側壁面に当たった後、垂直方向に長軸を向けながら落下して、床に堆積した土砂に刺さっている。その他の石材についても、壁面から遠い位置では高角度（壁面ではほぼ垂直）、近い位置では緩い角度で、土砂層に突き刺さっていた［図334-1・2］。水平方向に、まとまって飛び出した多くの石材が、放物線を描きながら地面に達したことを示しており、その原因を地震の強い揺れと考えれば、矛盾無く説明できる。

　鎌倉時代に盗掘が行われた時点で、すでに大量の石材が落下していたので、石室の変形を招いた地震の時期は盗掘より前である。一方では、壁面からの土砂が石室内部に流れ込んで堆積し、床面を覆った段階で石材が落下している。このため、黒塚古墳が築造されてからある程度の年代を経た後で、鎌倉時代に至るまでの間に、この出来事が生じたと考えられる。一方、石室の東側壁面の石材が大量に抜け落ちたことによって、その位置の墳丘に、少し窪むなど、何らかの変形が生じた可能性が高い。その地点から、盗掘が実施されたことも推測できる。

## 3　黒塚古墳の石材の傾き

　石室の壁面は、下部が丸みをおびた河原石、上部が板石で構成されている。この中には、大きく傾いた石材も含まれていたので、石室の一部において、個々の石材（石材の面が平坦に近い板石）の傾斜を求めた。具体的には、石材の上面について、現地でクリノメーターを用いながら、大凡の方向と傾斜角を測定した。

　それぞれの場所の写真［図334-3～6］を示して石材に番号をつけて、本文中に計測値（方向・傾斜角）を示した。なお、傾斜角の後にN（E）と書いていれば北（東）に向かって傾いていることを示す。

　北側壁面中・下部［図334-3］では、1は急傾斜、2はN24W・29E、3はN18E・15E、4はN18E・13E、5はN40E・19Eと、概ね写真中央に向かって最大で29°傾いている。6はN60E・29Nと逆方向に傾斜、そして、7はN70W・24Sと石室に向かって傾いている。北側壁面の東よりの位置では、8がN25W・33W、9がN75E・31N、10がN50E・47N、11がN63E・27N、12がN38E・13W、13がN40E・18W、14がN53E・47N、15がN58E・27N、16がE-W・25N、17がN68W・15N、18がN42E・15E、19がN40W・20Eと、概ね写真中央に向かって最大で47°傾いている。一方、この写真の右端にある石材の傾きはわずかで、20がN30W・16W、21はN35E・10W、22にほぼ水平で傾きは3°以内、23がN2E・8W、24はほぼ水平である。北側壁面の上部［図334-4］では、1がN11W・19E、2がN28E・22E、3がN40E・16E、4がN57W・14E、5がN25W・15E、6がN10W・26E、7がN14W・27E、8がN80E・17N、9がほぼ水平、10がN60E・16S、11がN43W・18E、12がN5E・16E、13がN25E・30E、14がN16E・26E、15がN2E・17E、16がN8E・23E、17がN5W・22E、この中の4個は25°～30°という大きな傾きを示している。また、石材9と、河原石a・bが真ん中で割れている。

　南側の壁面［図334-5］上部の石材では、1がN78E・22N、2がN5E・13E、3がN12W・10E、4がN80W・11N、5

第 2 章　文化財科学的研究

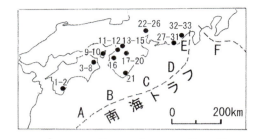

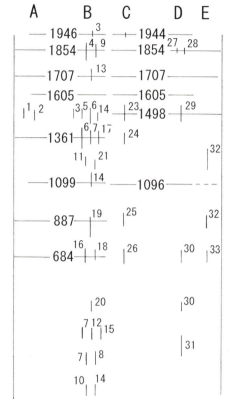

南海地震　　東海地震

西暦で示したのは文字記録からわかる地震の発生年。
1～33 は遺跡で見つかった地震痕跡で、上の図の●は
遺跡の位置を示す。下の図で番号を付けた縦線は、それ
ぞれの遺跡の地震痕跡の年代幅を示す。
1: アゾノ、2: 舟戸、3: 宮ノ前、4: 神宅、5: 古城、6: 中島田
7: 黒谷川宮ノ前、8: 黒谷川郡頭、9: 志筑廃寺、10: 下内膳
11: 石津太神社、12: 下田、13: 池島・福万寺、14: 瓜生堂
15: 志紀、16: 川辺、17: カヅマヤマ古墳、18: 酒船石
19: 平城京大極殿回廊跡、20: 赤土山古墳、21: 川関
22: 東畑廃寺、23: 尾張国府跡、24: 門間沼、25: 地蔵越
26: 田所、27: 御殿二之宮、28: 袋井宿、29: 元島、30: 坂尻
31: 鶴松、32: 上土、33: 川合

図 333　南海トラフの巨大地震年表
(寒川 2013b に加筆)

1　黒塚古墳の石室壁面の遠景

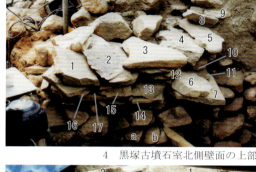

4　黒塚古墳石室北側壁面の上部

2　黒塚古墳の石室壁面の近景

5　黒塚古墳石室南側壁面

3　黒塚古墳石室北側壁面の中・下部

6　黒塚古墳石室西側壁面

7　赤土山古墳の地滑り跡
写真の左上から右下に向かって
墳丘の盛土が滑り落ちた

8　カヅマヤマ古墳の地滑り跡
石室の右側（南側）が垂直
方向に約 2m 滑り落ちた

11　スガ町古墳群の地割れ跡
地割れによって主体部が引き裂かれている

9　今城塚古墳の地滑り跡
墳丘から滑り落ちた盛土が濠に
堆積した粘土の上を滑り動いた

10　西求女塚古墳の地滑り跡
石室の真ん中で切断されて写真の右側が
垂直方向に約 2m 滑り落ちた

図 334　黒塚古墳・その他の古墳の地震痕跡

がN88W・9N、6がN8E・31Eと、6以外の傾きは緩やかである。

同じ写真で、南壁で東寄りの位置［図334-5の中央］を上から計測すると、7がN65W・11N、8がN70W・23N、9がN50W・22N、10がN31W・16E、11がN52W・23N、12がN12W・37E、13がN53W・18N、14がN65W・13N、15がN80E・18N、16がN70W・10Sと、緩やかに、石室の内部に向かって傾いている。さらに下部では、17がN2W・17W、18がN16W・15W、19がN10E・25W、20がN16W・15W、21がN23W・23W、22がN3E・18W、23がN3E・18W、24がN12W・19W、25がN22W・27W、26がN5E・27Wとなり、ほとんどが石室内部に向かって傾いており、25・26は30°近く傾いて不安定な状態になっている。また、20から26までの石材の東側には大きな隙間があり、複数の石材が石室方向に向かって移動したことを示している。また、板石10は真ん中で割れている。

また、西側南端の壁面［図334-5の右側］を上部から中部まで計測すると、27がN80E・11N、28がN68W・9S、29がN32E・6E、30がN57W・16S、31がN70W・9S、32がN32E・12E、33がN56E・7E、34がN46E・6Sと、比較的ゆるい傾きになっている。下部になると、35がN62E・21S、36がN62E・33S、37がN80E・30S、38がN37E・20S、39がN8W・13E、40がN8W・13E、41がN5E・15Eと東あるいは南に向かって傾いており、中には30°以上の傾きも見られる。板石30は真ん中で割れて破片が抜け落ちている。36の右隣の板石も端の部分が割れている。

西側の壁面で、2列目の石材［図334-6］でも、42がN58W・7S、43がN34W・11W、44がN-S・12W、45がN2E・33E、46がN45E・13Eとなり、一部の石材には30°以上の傾きも見られる。この写真では板石30の真ん中と板石31の右端が割れており、板石37の右隣の板石の左端、および、板石41の中央も割れている。

壁面の石材の多くが、水平に近い状態で積み重ねられたと仮定すると、古墳が築造された後、現在に至るまでの間に、個々の石材が少し動いたようである。また、割れた石材も含まれており、石室の壁面に対して強い力が加わったことを示している。度重なる地震の揺れや、裏込め土の流失によって石材が少しずつ動き、ある段階で発生した大きな地震によって石材が大量に落下したと考えられる。落下を免れて、その場にとどまった石材の一部も、現在までに繰り返し生じた地震の揺れによって少し動いた可能性が高い。

## 4　南海トラフの巨大地震

黒塚古墳が築造された奈良盆地は、南海トラフから発生した巨大地震によって大きな被害を受け続けており、黒塚古墳の石室の変形も、このタイプの地震が原因である可能性が高い。例えば、1707年10月28日（宝永4年10月4日）の宝永地震について、天理市荒蒔町の『荒蒔宮座中間村年代記』には「大和ニ而も方々家も動崩し、当村も四五軒動崩し、其外家どもどれとも少ツツハゆがみ申候」、奈良市内の『町代高木又衛門公用手帳文書記』には「奈良町損、崩家六十五軒、破損弐百拾二軒、堺石塔石燈籠四十九ヶ所」と書かれている［東京大学地震研究所（編）1983］。

南海トラフは西からA～Eと5区分され、A・Bから南海地震、C～Eから東海地震が発生する［図333］。C～Eを東海地震と東南海地震に区分することが多いが、本稿では、一括して「東海地震」とする。そして、文字記録（歴史史料）からわかる地震の発生年を、図中に西暦で記入している。

最近の例を見ると、1707年の宝永地震はAからEまでが一つの地震として発生したもので地震規模はM8.6以上である。1854年12月23日にはA・Bから安政東海地震、翌日にはC～Eから安政南海地震が発生しており地震規模はともにM8.4である。最も新しいのは、1944（昭和19）年の東南海地震と1946（昭和21）年の昭和南海地震で、地震規模はともに小さく、前者はM7.9、後者はM8.0だった［宇佐美ほか2013など］。

江戸時代より前に南海トラフから発生した巨大地震は、1361年の正平南海地震が『斑鳩嘉元記』など、1099年康和南海地震が『後二條師通記』など、887年の仁和南海地震が『日本三代実録』など、684年の白鳳南海地震が『日本書紀』に書かれており、それぞれ発生年月日がわかる［文部省震災予防評議会（編）1941など］。ただ、江戸時代より前は文字記録が少なく、南海トラフの巨大地震が起きても記録が残っていない事例がある。図示した西暦年だけを見ると、江戸時代より前には、見かけ上、南海トラフ地震が少ない。

しかし、1988年以降、南海トラフからの巨大地震によって生じたと考えられる地震痕跡が遺跡の発掘現場から見つかり、文字記録の空白を埋めている。一例として、1498（明応7）年は明応東海地震の記録のみが残っていたが、高知県四万十市のアゾノ遺跡、徳島県板野町の宮ノ前遺跡、東大阪市の瓜生堂遺跡などから、15世紀末頃の液状化跡が見つかり、同じ時期に南海地震も存在したことがわかった［寒川1992・2011など］。

図には南海トラフの巨大地震によって生じたと考えられる主な地震痕跡を縦線（線の長さは推定される年代の幅）で示している。文字記録と地震痕跡から地震の年代を求めると、概ね100～200年の間隔で発生していることがわかる。ちなみに、地震の規模が大きい場合、前後の間隔が大きくなる傾向が見られる。

一方、文字記録のない古墳時代以前についても、南海トラフ巨大地震の可能性が高い地震痕跡が多く見つかっている。現段階までの資料では、弥生時代中期中頃、弥生時代後期前半、古墳時代初頭、古墳時代前期末などに、南海トラフ巨大地震が存在した可能性が高い［寒川2013a・bなど］。

宝永地震の場合、南海トラフ全体から一つの地震として発生した。1361年や887年・684年も宝永タイプの可能性が高いと考えられており、地震規模はM8.6以上である。その他、1854年のように東海地震と南海地震が連続する事

例があり、1498年や1096・1099年もこのタイプである。一方では、1944年・1946年のように地震規模が特に小さいこともある。そして、1605年は揺れがほとんどなく津波だけが押し寄せた「津波地震」で、地震規模も小さかった。

奈良盆地は、東海地震と南海地震の震源域の境界付近に位置することから、南海トラフ全体が同時に破壊される宝永タイプの巨大地震で、特に強い揺れに見舞われる可能性が高い。ちなみに、同タイプと考えられる1361年の南海トラフ巨大地震では、法隆寺で書き綴られた『斑鳩嘉元記』に、"法隆寺の御塔九輪の上にある火炎（水輪）が折れかかり、金堂東ノ間佛壇の下が崩れ落ちた。東大門北脇の築地が少し破れ落ちた。薬師寺金堂の二階が傾いて破れ、御塔、中門、廻廊が悉く顛倒し、同西院が顛倒、その外諸堂が破損。（唐）招提寺の塔の九輪が大破損し、西廻廊がすべて顛倒し、渡廊が悉く破壊した。"と奈良盆地の被害が書かれ、大坂では"天王寺金堂破れ倒れた。"とある。同史料には、大阪湾で現在の安居神社（大阪市天王寺区）の近くまで津波が押し寄せた記述もある。

## 5　奈良盆地南部における古墳の地震痕跡

奈良盆地南部の古墳で地震痕跡が認められており、その多くは南海トラフから発生した巨大地震が原因と考えられている。以下、筆者が現地調査したものについて簡単に紹介したい。

奈良盆地東縁で黒塚古墳から約7km北の丘陵に築かれた赤土山古墳（天理市櫟本町）では、天理市教育委員会の調査で地滑りの痕跡が検出された。図334-7のように明瞭な滑り面が認められ、滑り落ちた墳丘盛土が南に向かって移動していた。写真下部の滑り面は、大阪層群下部層の柔らかい粘土層の上端に一致しており、これに沿って滑り動いたと考えられる。さらに、墳丘に設置された埴輪列が、地滑りとともに滑り落ちて、そのまま埋積されたこともわかった。埴輪列が風化や大きな欠損を受けない状態で埋積されたことなどから、古墳築造直後の古墳時代前期末頃（4世紀末〜5世紀初頭）の南海トラフ巨大地震が原因と考えられる。また、墳丘は前方後円墳として築造されたことや、887（仁和3）年の南海トラフ地震でも地滑りが生じた可能性が高いことがわかった［天理市教育委員会2004、寒川2011、釜井2016など］。

奈良盆地南端で東西方向の丘陵の南側斜面に築造されたカヅマヤマ古墳では、明日香村教育委員会による2004・2005年度の発掘調査で地滑りの存在が明らかになった。結晶片岩の石材を敷き詰めた塼積式の石室が中央で切断され、東西方向の滑り面に沿って墳丘の盛土と共に、南に滑り落ちていた［明日香村教育委員会2007］。垂直落差は約2mで、滑り面に沿う石材が直立〜反転し、滑り面から幅1.5mの範囲では滑り落ちた石材が40〜60°の傾斜、さらに南では、落下した石材が20〜30°の傾斜を示していた［図334-8］。石室の一部では、盗掘によって副葬品とともに多くの石材が運び出され、その後に地滑りが生じた。盗掘箇所を埋積した地層に含まれる遺物は13世紀後半から14世紀初頭までの年代なので、これより少し後に地滑りが生じたことになる。また、地滑り発生後にも小規模な盗掘が行われており、その時の堆積物中からは15世紀の遺物が検出されている。地滑り前後の盗掘の年代から、1361年8月3日午前4時頃（正平16年6月24日寅刻）に発生した正平南海地震（東海地震も同時に発生の可能性大）の激しい揺れが原因と考えられる［明日香村教育委員会2007、寒川2011、釜井2016など］。

カヅマヤマ古墳と同じ丘陵の南斜面で、約200m東に位置している真弓テラノマエ古墳では、N45°W方向に伸びる地割れ跡（最大幅70cm、深さ70cm以上）が検出された。地割れに直交する方向に円弧状の崖地形が見られ、これに沿って南西側が1m前後滑り落ちていた。塼積式の横穴式石室にも段差が生じているので古墳築造（7世紀前半）後の地変とわかる［明日香村教育委員会2011］。

カヅマヤマ古墳の東約1.5kmに位置して飛鳥美人の極彩色壁画で知られる高松塚古墳でも、奈良文化財研究所などの調査で、墳丘の表層部の柔らかい盛土の下から、最大幅30cm前後の地割れをはじめ、数多くの亀裂が検出され、一部では6〜7cmの段差が生じていた。亀裂の多くは石室と、これを覆う盛土の境界に沿うように分布していたが、石室を構成する石材の一部にも亀裂が及んでいた。その他、石室南側の墓道の盛土も明瞭に食い違っていた［奈良文化財研究所2006、文化庁ほか2017］。

カヅマヤマ古墳から約400m北で、小さな丘にある真弓鑵子塚古墳の石室の床面には、幅数cm以内の亀裂が東西方向に何本も平行しており、延長上で石室の壁面を構成する複数の石材にも亀裂が生じて（割れて）いた。この墳丘の北端には、地滑りを示す北向きの滑落崖があり、墳丘に近接した位置でも、南東、および南西方向へ滑り落ちた地滑り跡が認められている［明日香村教育委員会2008・2010］。真弓鑵子塚古墳の約250m東にある牽牛子塚古墳では、現存する墳丘の南部と北西部で地滑りが生じており、石室を構成する石材にも複数の亀裂が生じていた［明日香村教育委員会2013］。また、高松塚古墳から約2km東にある都塚古墳の石室では、壁面を構成する石材にも亀裂や剝離が生じていた［明日香村教育委員会・関西大学文学部考古学研究室2016］。

## 6　活断層型地震による古墳の変形

活断層から発生した大地震によって、古墳に地震痕跡が刻まれた事例もある。断層直上の古墳、断層に近接した低地、さらに、丘陵尾根に築かれた古墳について、近畿地域で認められた地震痕跡を紹介したい。

1596年9月5日午前零時（文禄5・慶長元年閏7月13日子刻）に発生した伏見地震で、京阪神・淡路地域の広い範囲が顕著な被害を蒙った。有馬―高槻断層帯と淡路島東岸の多くの活断層が活動したことがわかった。さらに、六甲山地南縁の活断層も活動した可能性が高い。この地震で動かなかった淡路島北西岸の野島断層が引き起こしたのが1995年1月17日の兵庫県南部地震（阪神・淡路大震災）である［寒川2011・

2013a・bなど]。

有馬－高槻断層帯を構成する断層の一つである安威断層の直上に築造されたのが、継体天皇の陵墓と考えられている今城塚古墳。高槻市教育委員会作成の地形図には、地滑りを示す地形（滑落崖など）が、墳丘の多くの位置に認められる。そして、高槻市教育委員会による発掘調査で、これらの地形に対応する地滑りの痕跡が認められた。2000年度に実施された前方部の調査では、図334-9のように、滑り落ちた墳丘盛土が、周濠に堆積した粘土の表面を滑りながら、対岸の堤まで達していた。粘土の最上部付近から採取した試料の放射性炭素年代測定値が西暦1450年頃（暦年較正値）となり、伏見地震で生じた地滑りと考えて矛盾がない［寒川・宮崎2001、高槻市教育委員会（編）2001、高槻市立しろあと歴史館2004、寒川2011、森田2011、釜井2016など］。

黒塚古墳と同笵と見なされる三角縁神獣鏡が副葬されていた神戸市灘区の西求女塚古墳。1993年度に実施された神戸市教育委員会の発掘調査で、石室が真ん中で切断されて南側が垂直方向に約2m滑り落ちたことがわかった［図334-10］。滑り落ちた墳丘盛土は、南西に向かって水平方向にも10m以上移動して、地震当時の水田耕作土を覆っていた。この水田耕作土には16世紀後半の備前焼の擂り鉢を始め、16世紀後半以前の遺物が多く含まれており、17世紀以後の遺物は認められなかったので、1596年の伏見地震による地滑り跡と考えられる。さらに、調査が進行する過程で、これまで前方後円墳と考えられていた西求女塚古墳が、前方後方墳だったことがわかった［神戸市教育委員会2004、寒川2011、釜井2016など］。

1927（昭和2）年3月7日に発生した北丹後地震（M7.3）では、丹後半島西部で北北西－南南東方向に走る郷村断層、およびこの断層南端で直交する方向の山田断層の一部が活動した。この地震によって、丘陵に築かれた古墳に地割れや地滑りの痕跡が刻まれたことが、京都府埋蔵文化財調査研究センターの発掘調査で明らかになった。まず、郷村断層から約100m東のスガ町古墳群（京丹後市）のB-4号墳は、尾根の方向と一致する北東－南西方向の地割れ（最大幅1.4m）で引き裂かれていた［図334-11］。同市の「通り古墳群」では、墳丘の一部が北東－南西および北北東－南南西方向の滑落崖に沿って東へ滑り落ちていた。これに伴って、3号墳の主体部が真ん中で切断され約60cmの左横ずれを伴いながら約60cm滑り落ちていた。また、同市の遠所古墳群や谷奥古墳群にも多くの地割れが生じていた［寒川2003・2011など］。

## 7　まとめ

黒塚古墳において、石室の東側壁面の北部から、大量の石材が落下して石室内部を埋めた。これらの石材は放物線を描くように落下しており、地震の激しい揺れが原因と考えられる。鎌倉時代の盗掘が試みられた時にはすでに石材が落下していた。また、石室の床面に砂が堆積した状態で大量の石材が落下しているので、古墳築造からある程度の年月を経過した後で、盗掘（鎌倉時代）以前の出来事と考えられる。落下を免れた石室壁面の石材にも傾いたものが多く見られ、一部は割れているので、これも度重なる地震の影響と考えられる。奈良盆地地域で古墳の変形を与える地震として、最も可能性が高いのは、南海トラフから発生する巨大地震である。100～200年程度の間隔で繰り返し発生しており、歴史史料や遺跡の地震痕跡から発生年代が把握されている。

黒塚古墳築造後、壁面から裏込め土の流出が続いており、壁面が徐々に不安定な状態になったと考えられる。この間、南海トラフの巨大地震などの強い揺れを被りながら、何とか耐え続けたものの、ある時期の激しい揺れによって、大量の石材が飛び出したものと思える。その後も、度重なる地震の影響を受けながら大きな変形を免れて今日に至った。

南海トラフから発生する巨大地震の中で、黒塚古墳の盗掘年代以前で年月日が判明しているものとして、1096・1099年、887年、684年がある。887年・684年などは南海トラフ全体から一つの地震として発生した可能性が高く、当地域にも特に激しい地震動を与えたはずである。

奈良盆地および近接した地域の古墳で、地震痕跡が見つかった事例が多い。定まった形に築造され、年代も把握可能な古墳は、過去の地震の年代や被害を知るための貴重な文化遺産でもある。今後、古墳の発掘調査の際に地震痕跡に留意することによって、将来の地震における被害の軽減に役立つ資料が得られるだろう。

【引用文献】
明日香村教育委員会2007『カヅマヤマ古墳発掘調査報告書』
明日香村教育委員会2008『明日香村の文化財⑩　真弓鑵子塚古墳』
明日香村教育委員会2010『真弓鑵子塚古墳発掘調査報告書』
明日香村教育委員会2011「真弓テラノマエ古墳範囲確認調査」『明日香村遺跡調査概報　平成21年度』
明日香村教育委員会2013『牽牛子塚古墳発掘調査報告書』
明日香村教育委員会・関西大学文学部考古学研究室2016『都塚古墳発掘調査報告書』
宇佐美龍夫・石井　寿・今村隆正・武村雅之・松浦律子2013『日本被害地震総覧』東京大学出版会
釜井俊孝2016『埋もれた都の防災学』京都大学学術出版会
神戸市教育委員会2004『西求女塚古墳発掘調査報告書』
寒川　旭1992『地震考古学－遺跡が語る地震の歴史』中公新書
寒川　旭2003「古墳に刻まれた地震の痕跡」『橿原考古学研究所論集　第十四』八木書店
寒川　旭2011『地震の日本史　増補版　大地は何を語るのか』中公新書
寒川　旭2013a『歴史から探る21世紀の巨大地震　揺さぶられる日本列島』朝日新書
寒川　旭2013b「地震考古学に関する成果の概要」『第四紀研究』52-5
寒川　旭・宮崎康雄2001「今城塚古墳で認められた地滑りの痕跡」『日本文化財科学会第18回大会研究発表要旨集』
高槻市教育委員会（編）2001『史跡・今城塚古墳－平成12年度・第4次規模確認調査』
高槻市立しろあと歴史館2004『発掘された埴輪群と今城塚古墳』
天理市教育委員会2004『史跡赤土山古墳』
東京大学地震研究所（編）1983『新収日本地震史料　第3巻別巻』
奈良文化財研究所2006『高松塚古墳の調査』
文化庁・奈良文化財研究所・奈良県立橿原考古学研究所・明日香村

教育委員会 2017『特別史跡　高松塚古墳発掘調査報告』
森田克行 2011『よみがえる大王墓・今城塚古墳』新泉社

文部省震災予防評議会（編）1941『増訂大日本地震史料　第1巻』鳴鳳社

# 第3節　黒塚古墳における微小遺体分析

金原正明
金原正子

## 1　はじめに

　黒塚古墳では、粘土棺床、墳丘形成土から多くの試料を採取していた。当初花粉分析と珪藻分析を行うことによって、遺体や遺物に関する情報だけでなく、粘土棺床や墳丘形成土の堆積物としての採取場所や環境の情報をも含むと考え、試料採取を行い分析した。花粉や珪藻以外の微小遺体も観察されることが判明していたため、本報告の作成に際して、それらも対象とし分析方法の適応化と高精度化を検討しつつ追加分析を行い、有機質と無機質の微小遺体の検討としてまとめる。発掘調査が行われた後、木棺材の樹種をめぐり検出された微細木材片の検鏡の結果を共に記したが、本試料群では新たな結果が得られ、その検討をまとめる。

## 2　分析方法

　微小遺体（microscopic remains）の場合、検出過程は有機質と無機質に分けることとなり、花粉分析と珪藻分析の手法を基調に分析を組み立てて微調整しつつ行った。

### a　微小有機質遺体の分析方法

　有機質遺体分析（花粉分析を含む）では、岩石・鉱物粒子の除去を行い、動物質を含む有機質遺体試料への影響を抑えるためリン酸三ナトリウムを用いた。採取試料から採量し遠沈管に入れる。0.5％リン酸三ナトリウム溶液を加え15分間湯煎し一晩静置する。遠心分離によって水洗後、0.25mmの篩で礫などの大きな粒子を取り除き、沈澱法で砂粒を除去する。遠心分離によって水洗後、25％フッ化水素酸溶液を加えて15分間湯煎し一晩静置する。遠心分離によって水洗後、氷酢酸によって脱水し、アセトリシス処理（無水酢酸9：濃硫酸1のエルドマン氏液を加え1分間の湯煎を施す）を行う。再び氷酢酸を加えた後、水洗を行う。沈渣にチール石炭酸フクシン染色液を加えて染色する。ホットプレートを用い40℃～50℃に加温しつつ、親水性のグリセリンゼリーで封入してプレパラート作製する。なお、検鏡および同定・計数は、生物顕微鏡によって300～1000倍で行う。本分析の場合は、花粉と木材の細片が出現し、同定レベルによって、科、亜科、属、亜属、節および種の階級で分類し、複数の分類群にまたがるものはハイフン（－）で結んで示した。同定分類は現在までに検討集成して取得した分類知識およびそのマニュアルによって行った。結果は図で表した。

### b　微小無機質遺体の分析方法

　無機質遺体分析（珪藻分析を含む）では、有機質の除去を行い、また、沈降させて微小遺体の多い部分を分離した。採取試料から採量し遠沈管または小型ビーカーに入れる。30％過酸化水素水を沸騰しないように撹拌しつつ調整しながら加える。加温しながら1晩放置する。上澄みを捨て、水を加え撹拌し、遠心分離し上澄みの極細粒のコロイド等を捨てこの操作を5回〜6回繰り返す。ホットプレートを沸騰しないように90℃程度に温め、カバーグラスを載せる。残渣をマイクロピペットでカバーグラスに1滴滴下して、水を加えカバーグラス全面に広げる。乾燥させた後、マウントメディアを用いてカバーグラスごとスライドグラス焼き付けて、プレパラートを作成する。生物顕微鏡および偏光顕微鏡を用い、300～1000倍で検鏡および同定・計数を行う。珪藻は種の階級まで分類ができる。同定分類は現在までに検討集成して取得した知識とそのマニュアルによって行った。珪藻以外の微小遺体も観察を行った。結果は図で表した。

## 3　試　料

　試料は、粘土棺床赤色顔料散布範囲12点、棺内畦43点である。棺床赤色顔料散布範囲は先端を切除した注射器のシリンダーで採取した。棺床赤色顔料散布範囲は有機質分析では上下に分割して24点を分析に用いた。他に断ち割り、排水溝底部、墳丘盛土など80試料を花粉分析試料とした。これら試料には分析者採取試料と調査者採取試料がある。

## 4　結　果

### a　棺床および棺内畦

　結果は、検出要素の有無、珪藻分析結果、花粉分析結果として図に示す。

**微小有機質遺体［図335］**　花粉・胞子が検出される試料は少なく、棺床赤色顔料散布範囲では1試料から検出されたのみで、棺内畦では12試料から検出された。いずれも極めて低密度で、コナラ属アカガシ亜属、コナラ属コナラ亜属、スギ、アカザ科－ヒユ科など風媒花植物ないし分解に強いシダ植物胞子が検出された。ほぼ全試料から、同定できるものとしては針葉樹材の細片が観察された。褐色を呈し分解または半炭化しており、かなり収縮しほとんどが密な晩材部の細片であった。極まれに幅広の早材部の破片があり有縁壁孔が観察でき、N1.2W0.2 上やN3.0 2 西では分野部が検出され窓状壁孔が観察された。このことから、棺床粘土ないし棺内

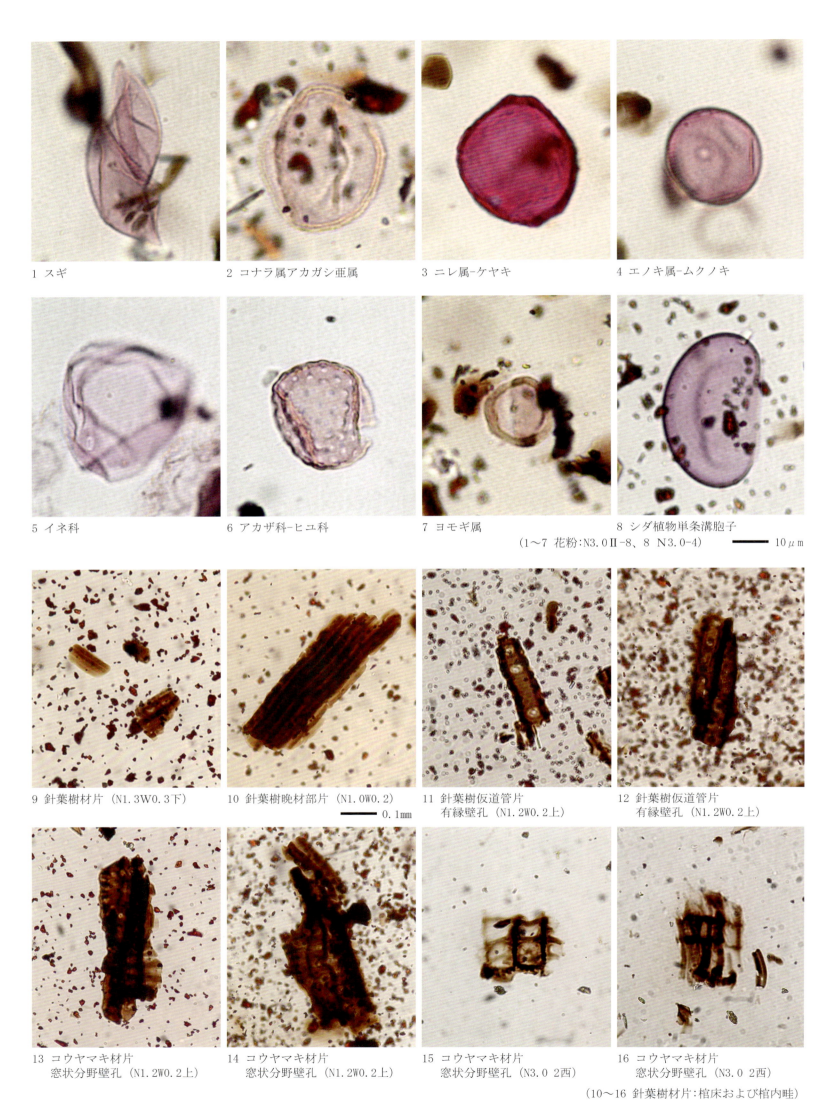

図335　微小有機質遺体

第2章　文化財科学的研究

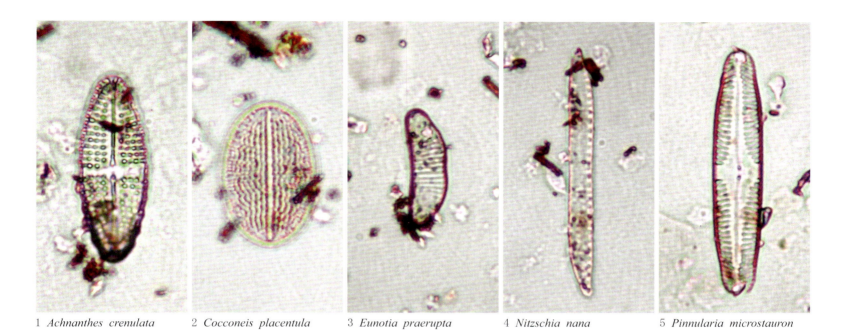

1 *Achnanthes crenulata*　　2 *Cocconeis placentula*　　3 *Eunotia praerupta*　　4 *Nitzschia nana*　　5 *Pinnularia microstauron*

（1〜5　珪藻：S0.3mライン2）　　　—— 10μm

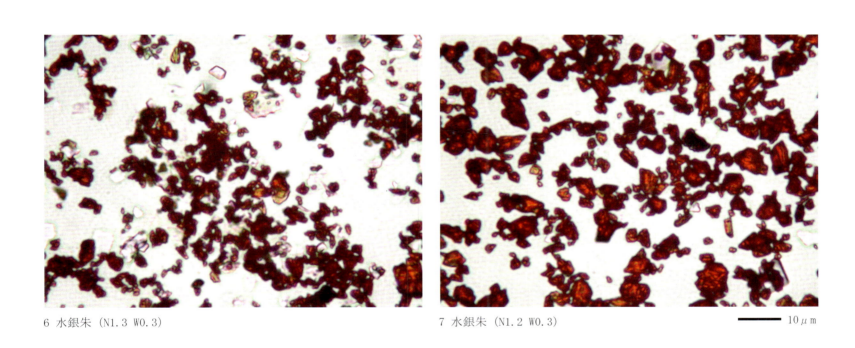

6　水銀朱（N1.3 W0.3）　　　　　　　　　7　水銀朱（N1.2 W0.3）　　　　　　　—— 10μm

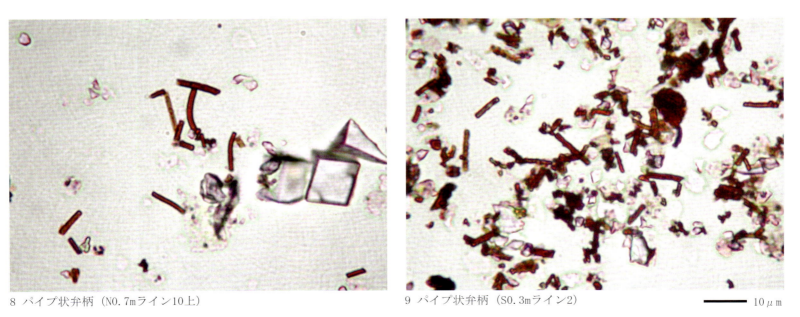

8　パイプ状弁柄（N0.7mライン10上）　　　9　パイプ状弁柄（S0.3mライン2）　　　—— 10μm

図336　黒塚古墳の微小無機質遺体・遺物

第Ⅱ部　研究編

畦堆積物に含まれている木材細片で明らかに同定できるものは針葉樹材片であり、コウヤマキ（Sciadopitys verticillata Sieb. et Zucc.）まで同定できる破片が検出されたが不明のものも多い。当初の同定分析では有縁壁孔が観察できる微細木片が検出されないことから広葉樹の細胞と判断したが、新たに行った粘土棺床全域の本分析では、異常に収縮分解した有縁壁孔および窓状分野壁孔が観察され針葉樹片ないしコウヤマキ材片が認められた。他に棺内畦の試料からは不明細胞も観察されたが同定しきれなかった。水銀朱とみられる半透明の粒状の赤色粒子が多数あり、棺床試料のすべてから観察された（写真に示す）。N1.0W0.2、N1.0W0.3、N1.1W0.2、N1.2W0.3、N1.3W0.2、N1.3W0.3では特に多く、N1.8東西畦の4、6、10-中、12は極めて多い。

**微小無機質遺体・遺物**［図336］　珪藻はほとんど含まれておらず、N3.0 2中、S0.3 1、S0.3 2、N0.7 2から検出された。S0.3 2からは傾向がわかる程度検出され、好止水性種のPinnularia microstauronの出現率が高いが、好流水性種、沼沢湿地付着生種、陸生珪藻が多様に出現する。他に赤色粒子が観察され、粒状と棒状の2タイプが認められ、粒状のものは微小有機質遺体と同じ試料から観察された。棒状のものはN1.0W0.3、N1.1W0.1、N0.7 東西畦の2、10上、11東、11西、N3.0東西畦の2中、2西、3東、3中、3西、4、S0.3 2に含まれ、特にS0.3 2では密度が高い。粒状の赤色粒子は、やや角のある1～2μm程度のほぼ均一な大きさで、水銀朱の粒子だと考えられる。棒状の赤色粒子は、径1μmほどで長さはまちまちである。形状から鉄バクテリア（Leptothrix）由来のパイプ状弁柄とみなされる。

**b　断ち割り、掘方、排水溝、墳丘盛土**
花粉分析のみを行った。ほとんどの試料は花粉が検出されないか極めて密度が低く、検出された花粉はスギ、イチイ科－イヌガヤ科－ヒノキ科、コナラ属コナラ亜属、コナラ属アカガシ亜属、エノキ属－ムクノキなどの樹木、イネ科、カヤツリグサ科、アカザ科－ヒユ科などの草本であり、ほとんどが風媒花植物であった。他にシダ植物単条溝胞子が検出された。N2.0断面6およびW30～38（南壁第9層）からはやや低密度の花粉が検出された。N2.0断面6では草本花粉が極めて優勢でヨモギ属が卓越しイネ科も多い。W30～38（南壁第9層）では樹木花粉も多く、マツ属複維管束亜属、コナラ属アカガシ亜属、コナラ属コナラ亜属、ハンノキ属、クマシデ属－アサダ属、エノキ属－ムクノキと続き、草本花粉ではイネ科、アブラナ科、カヤツリグサ科、アカザ科－ヒユ科、ヨモギ属と続く。

## 5　検　討

**a　棺床および棺内畦**
微小有機質遺体では、花粉・胞子が検出される試料は少なく、極めて低密度にコナラ属アカガシ亜属、コナラ属コナラ亜属、スギ、アカザ科－ヒユ科など風媒花植物ないし分解に強いシダ植物胞子が検出される程度であり、これらは空中に浮遊する風媒花植物の花粉に由来すると考えられ、棺床粘土の成因としては水成堆積物ではなく、風化生成された有機質の従来少ない粘土である可能性が考えられる。

各試料から、花粉レベルの大きさの収縮劣化した木材破片が観察された。ほとんどは柾目方向の細片で分解収縮が加わり木目の詰まった晩材部片であり、明らかな有縁壁孔は確認できないが等間隔に点状の痕跡があり仮道管とみなし針葉樹片とした。分解によって密で強い晩材部のみが残存したと考えられる。多量に精査した結果、極めてまれに早材部片が観察され、劣化しているが有縁壁孔が認められ、明らかに仮道管であり針葉樹片と認められた。特にN1.2W0.2上やN3.0 2西では分野部が検出され窓状壁孔が観察され、コウヤマキ（Sciadopitys verticillata Sieb. et Zucc.）まで同定できる破片が認められた。前回は早材部の有縁壁孔は認められず検討した結果、針葉樹は存在しないとした［奈良県橿原考古学研究所1999］が、今回は新たな試料で試料部位も異なり精査量も多大であったことから、異なった結果が得られた。以上の分析および観察結果から、木材細片は、一部試料ではコウヤマキと同定され、棺床および棺内畦ほとんどの試料から針葉樹片が検出される結果となった。コウヤマキが木棺に使われた可能性が考えられる。当初の分析同定では粘土棺床の付近から出土した木材片でケヤキと同定されていたものをヤマグワ（クワ属）と訂正した経緯があるが、粘土棺床からはそのヤマグワ（クワ属）の他に分解で通常の形状でないコウヤマキが検出されたことになる。近年検討を行った東大寺山古墳の遺物においてもコウヤマキの木材片とヤマグワの木材片が乾燥保存されており木棺に何らかの形でヤマグワ材が使われていたとみられる。黒塚古墳においてヤマグワ材の残存はよく、木棺内部の構造物ないし棺内に納められた木製品であったためコウヤマキに比べ比較的良好に残存したものとみなすのが妥当である。

水銀朱については、藤ノ木古墳の分析時から、有機質を残存させ無機質を分解する花粉分析の分析処理では、除去できず、分解しないことがわかっており、堆積物から水銀朱を粒子単位で確認することが可能であった。本分析においても棺床試料のすべてから観察され、赤色顔料散布範囲である中央部試料から多量に検出され、やや暗い赤色の粒状の半透明物質として観察された。

微小無機質遺体では、棒状（パイプ状）の赤色で透明の粒子が観察され、パイプ状弁柄（ベンガラ）であるとみなされた。中央部の赤色顔料頒布範囲ではほぼ検出されないが、N1.0W0.3、N1.1W0.1、N0.7 東西畦の2、10上、11東、11西、N3.0東西畦の2中、2西、3東、3中、3西、4、S0.3 2に含まれ、粒状の水銀朱が含まれるものもあるが、単一性が高い。また、パイプ状弁柄（ベンガラ）で色彩のないSEMで観察されることが多いが、生物顕微鏡で容易に観察され、堆積物中から見出せることが示された。また、パイプ状弁柄（ベンガラ）の多いS0.3 2からは、好止水性種のPinnularia microstauronの出現率が高く、流れのあまりない池沼や溝の環境が示唆され、棺床粘土由来かと考えたがパイプ状弁柄（ベンガラ）由来で、鉄バクテリア（Leptothrix）の生育

環境に依ると考える。

　b　断ち割り、掘方、排水溝、墳丘盛土

　断ち割り、掘方、排水溝、墳丘盛土の堆積物は、花粉分析のみを対象としたが、検出された花粉は少なく、スギ、イチイ科－イヌガヤ科－ヒノキ科、コナラ属コナラ亜属、コナラ属アカガシ亜属、エノキ属－ムクノキなどの樹木、イネ科、カヤツリグサ科、アカザ科－ヒユ科、シダ植物単条溝胞子などの草本で、風媒花植物の空中花粉由来とみなされ、特に堆積物の由来を示すものではないと考えられ、周辺の地域的植生が反映され、コナラ属アカガシ亜属、コナラ属コナラ亜属、エノキ属－ムクノキなどの樹木が分布し、イネ科やアカザ科－ヒユ科、シダ植物の草本が分布していたと推定される。N2.0 断面 6 および W30 ～ 38（南壁第 9 層）はやや異質で、N2.0 断面 6 では、草本が多くヨモギ属が卓越しイネ科も多い植生が示され、古墳築造後の初期の二次植生で草本の多い状況が反映されたと推定されるが、本来堆積物が示す植生の可能性もある。W30 ～ 38（南壁第 9 層）ではマツ属複維管束亜属のアカマツ二次林が成立し、アブラナ科栽培が盛行する様相が反映され、近世の植生が示されている。層位に問題があるなら、落ち込んだり流入した堆積物ではなかろうか。

## 6　まとめ

　棺床粘土の上部を分析した結果、針葉樹細片、コウヤマキ細片が観察され、コウヤマキ材が棺材などに用いられていたとみなされた。東大寺山古墳に類例でも認められるが、ヤマグワ材は残存がよく木棺内の構造物や棺内に納められていた木製品の可能性が検討される。花粉や珪藻の微遺体からは明確には粘土や堆積物の由来は解釈できなかった。水銀朱やパイプ状弁柄（ベンガラ）が、やや暗い半透明のそれぞれ粒状と棒状（パイプ状）の赤色粒子として観察でき、これらを比較的容易に検出することができた。なお、本分析で用いた方法は今後堆積物の分析を行う上で総合的に情報を解析する標準的な方法となろう。

【参考文献】

安藤一男 1990「淡水産珪藻による環境指標種群の設定と古環境復原への応用」『東北地理』42-2

金原正明 1993「花粉分析法による古環境復原」『新版古代の日本　第 10 巻　古代資料研究の方法』角川書店

小杉正人 1988「珪藻の環境指標種群の設定と古環境復原への応用」『第四紀研究』27-1

東大寺山古墳研究会・天理大学・天理大学付属天理参考館 2010『東大寺山古墳の研究』六一書房

中村　純 1967『花粉分析』古今書院

奈良県立橿原考古学研究所 1999『黒塚古墳調査概報』学生社

Hustedt,F.(1937-1938)Systematische und ologishe Untersuchungen uber die Diatomeen Flora von Java,Bali und Sumatra nach dem Material der Deutschen Limnologischen Sunda-Expedition. Arch. Hydrobiol, Suppl. 15.

# 第4節　黒塚古墳出土朱の産地推定

今津節生
南　武志

## 1　概　要

　黒塚古墳をはじめ大和地域の古墳の主体部から発見された朱の産地推定を行った。産地推定方法は、朱を構成する硫黄の質量数 $^{32}$S と質量数 $^{34}$S の同位体比を測定し、日本および中国の朱鉱山鉱石の硫黄同位体比と比較する方法を用いた。古代の朱産地として知られている三重県丹生鉱山、奈良県大和水銀鉱山、徳島県水井鉱山、中国貴州省銅仁県万山特区鉱山、および中国陝西省安康地区青銅鉱山より採取した鉱石より朱を分離してその硫黄同位体比を測定した。その結果、日本産朱鉱石の硫黄同位体はいずれもマイナスの値を呈したのに対し、中国産朱鉱石はプラスの値を示した。一方、北部九州、出雲、吉備、丹後などの弥生時代後期から古墳時代の有力な墳墓の埋葬施設から発見された朱の硫黄同位体比と比較したところ、古墳時代の始まりと相前後して墳墓出土の朱から測定された硫黄同位体比がプラスからマイナスの値に大きく変化していることが判明した。

　黒塚古墳より採取された朱の硫黄同位対比は -8.94 ± 2.1 ‰ であった。この値に加えて大和の古墳から出土した朱の硫黄同位体比を調べたところ、ほとんどの墳墓・古墳の朱はマイナスの値を示した。以上より、黒塚古墳をはじめとして、大和の古墳出土朱の大多数は日本産の朱が利用されていると推定した。

## 2　はじめに

　弥生時代後期から古墳時代にかけて日本列島各地で大型の首長墓が築造された。その首長墓から多量の朱が発見された例が各地で報告されている。しかも、首長墓が大型であるほど用いられた朱の量も多い傾向がある。朱を埋葬儀式に用いる風習は古代中国より伝わったと考えられ、朱は権力の誇示に用いられた可能性が高い。日本と中国における主な朱（辰砂）産地を調べたところ、日本の主な鉱山では三重県丹生鉱山は縄文時代より辰砂鉱石を採掘していた記録が報告され、弥生時代後期に徳島県水井鉱山が開発されたことが知られている。また、奈良県大和水銀鉱山も同時期以降に開発された可能性がある［Minami et al. 2008］。一方中国では、紀元前より陝西省の鉱山から辰砂鉱石が採掘され、また貴州省の鉱山も古いことが知られている［南ほか 2009］。中国から朱を埋葬儀式に用いるという風習が伝わった当初は朱も中国より贈ったことが、魏志倭人伝で朱を日本に贈ったとの記載からも推定される。しかしながら、縄文時代から朱の存在は日本国内で知られており、日本産朱も使用されたと考えられる。中国産朱と日本産朱がどの遺跡で使用されていたかは当時の権力の推移と密接に関係していたと考えられる。特に、弥生時代後期から古墳時代において首長墓から発見される朱の産地推定は対外文物の入手や首長間交流の具体的な様相を知る上で重要である。

　硫黄（S）は 25 種類の同位体が存在する。そのうち放射性同位体でない安定同位体は $^{32}$S、$^{33}$S、$^{34}$S、$^{36}$S の 4 種類である。天然界においてその存在割合はそれぞれおよそ 95.02％、0.75％、4.21％、0.02％ である。そこで比較的多く存在する $^{32}$S と $^{34}$S の存在割合を、標準品に使用するキャニオン・ディアブロ隕石のトロイライト（硫化鉄）中の $^{32}$S と $^{34}$S の存在割合と比較することで、遺跡出土朱の産地同定を試みた。キャニオン・ディアブロ隕石は地球創生時の原始マグマと同じと考えられている。同位体効果により硫化水素や亜硫酸ガスなどの気体には $^{34}$S に比べ $^{32}$S が含まれやすくなるので、火山活動が活発な地域では $^{32}$S を多く含む鉱物が存在することが鉱物学の分野で知られている［佐々木ほか（編）1992］。日本国内の主な辰砂鉱山は中央構造線沿いに存在し、火山活動に伴って朱が表面近くに形成されたと考えられる。一方、中国では貴州珊瑚で知られるように、太古の昔は海であった地域に辰砂鉱山が存在している。これは辰砂鉱石にも違いが認められ、日本産辰砂鉱石は朱の微細粒子で主に構成されているのに対し、中国貴州省産辰砂鉱石は朱の巨大な結晶が認められる。そこで日本産辰砂鉱石の硫黄同位体比分析を行ったところ、三重県産、徳島県産、および奈良県産辰砂鉱石に含まれる硫黄同位体比はいずれも標準品よりマイナスの $\delta^{34}$S 値を示した。これは $^{32}$S の存在比が標準品より高いことを示している。これに対し、中国貴州省産および陝西省産辰砂鉱石は標準品に対してプラスの $\delta^{34}$S 値を示し、$^{34}$S の存在比が高いことが判明した［南ほか 2004］。また、三重県産辰砂鉱石は徳島県産および奈良県産辰砂鉱石に比べ有意に低いマイナスの $\delta^{34}$S 値を示した。徳島県産と奈良県産辰砂鉱石の硫黄同位体比は違いが認められなかった［Minami et al. 2005］。そこで遺跡朱の産地同定に硫黄同位体比分析が使用できると考え、遺跡朱の硫黄同位体比分析を行った。

## 3　分析の方法と試料

　**硫黄同位体比の分析の方法**　硫黄同位体の中で質量数 32 と 34 を用いてその割合を比較する方法は、地質学の分野で広く用いられている。質量数 32 の硫黄は軽く、二酸化硫黄や硫化水素のようなガス状化合物中に濃縮されやすく、火山地帯の鉱石は質量数 32 の硫黄を多く含む傾向がある。一方、

質量数 34 の硫黄は重く、硫酸などの化合物中に濃縮されやすく、海水中などでじっくり熟成された化合物は $^{34}S$ を多く含む傾向にある。この性質を朱の産地推定に応用した。硫黄同位体比分析は、前報記載の方法 [Minami et al. 2005] で行った。すなわち、朱（硫黄として約 0.7 mg）に五酸化バナジウム 100 mg と酸化ケイ素（100 mg）を加えてメノウ乳鉢で混和し、石英ガラス反応管に入れ石英ガラスウールと詰めたのち還元銅を入れ、さらに石英ガラスウールで蓋をする。これを真空下に 950℃で熱することで二酸化硫黄を取りだし、Thermo Finnigan DELTAplus 質量分析計（Thermo Electron 社製）で硫黄同位体（$^{32}S$ と $^{34}S$）の割合を測定した。得られた値は標準物質であるキャニオンディアブロ Canyon Diablo 隕石のトロイライト（FeS）の硫黄同位体比と比較し、δ $^{34}S$‰で示した。従来、朱サンプルを逆王水（濃塩酸：濃硝酸＝ 1：3）で溶解した後、Minami et al. の方法（2005）に従って測定していた。この方法では、約 10 mg 以上の朱サンプルが必要であった。遺跡より採取する朱は多くの場合ごくわずかであったことから、もっと測定感度がよい分析手法の開発が課題であった。そこで、新たに朱サンプルを直接ガス発生装置に入れ、発生した二酸化硫黄ガスを同位体分析用質量分析装置に導入する方法を用いることとした。すなわち、Elemental Analyzer (Euro EA HEKAtech GmbH, Germany) を用い、朱サンプル粉末を図 337 に示すフロントリアクター上部に投入し、飽和酸素

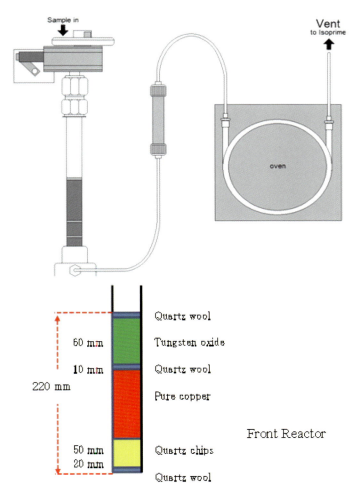

朱はフロントリアクター上部に添加する。飽和酸素条件下でオーブンを 1000℃に加熱し、生成した二酸化硫黄ガスをベント部分より同位体測定用質量分析計に導入する。

**図 337　Elemental Analyzer の構造図と朱サンプル導入部分**

（25 ml at Δ P of 15 kPa）条件下で 1000℃として二酸化硫黄ガスを得た。生じた二酸化硫黄ガスは、直接同位体分析用質量分析計（IsoPrism High Performance Stable Isotope Ratio MS, GV Instrument Ltd., EVISA, Germany）に導入して硫黄同位体比を測定した [Kawano et al. 2015]。標準物質であるキャニオン・ディアブロ隕石の硫化鉄に含まれ硫黄同位体比と比較し、硫黄同位体比（δ $^{34}S$‰）を算出した。

## 4　結果および考察

黒塚古墳の竪穴式石室から発見された朱の硫黄同位体比δ値（δ $^{34}S$‰）は -11.18 〜 5.70‰（平均 -8.94 ± 2.1‰）を示す。この硫黄同位体比δ値を、これまで分析した中国・韓国・日本で採掘された辰砂鉱山の朱と比較すると、中国陝西省旬陽の辰砂鉱石の硫黄同位体比δ値が +10.5 ± 0.1 ‰であり、貴州省万山特区の硫黄同位体比δ値は +22.58 ± 3.63 ‰であったことから、陝西省産あるいは貴州省産を代表とする中国産朱とはδ値が大きく異なる [南ほか 2013]。一方、国内産の朱として、古代日本で採取された可能性があると考えた主要辰砂鉱山から採取した辰砂鉱石の硫黄同位体比δ値と比較すると、各鉱山の三重県丹生鉱山（-7.26 ± 1.85 ‰）、徳島県水井鉱山（-2.38 ± 1.44 ‰）、奈良県大和水銀鉱山（-2.05 ± 1.62 ‰）から得た辰砂鉱石硫黄同位体比δ値 [南ほか 2013] と比較した。その結果、黒塚古墳から発見された朱は、国内産の朱の特徴を示している。

近畿地方で墳墓の埋葬施設に朱が積極的に利用されるのは丹後の弥生墳丘墓である。丹後地方の墳墓の埋葬施設から発見された朱の硫黄同位体は、弥生時代後期の京都府岩滝町大風呂南 1 号墓では +8.46‰、弥生最終末の赤坂今井墳丘墓では -8.36‰、古墳時代はじめの太田南 2 号墳 -1.70‰であり、弥生時代から古墳時代に移り変わる直前に硫黄同位体比がプラスからマイナス、すなわち中国産から日本産に急激に変化している [南ほか 2011]。このような弥生後期後半から古墳時代への朱の産地の急激な変化は北部九州地域や出雲地域でも同様に看取される西日本共通の変化である [今津・南 2006、河野ほか 2014]。

現在までに、奈良県の遺跡から発見された朱の同位体比分析を 130 点以上実施している。その結果を表 36 にまとめ、奈良県の遺跡から発見された朱の硫黄同位体比の推移を概観してみたい。

現在までに奈良県の弥生時代墳墓の埋葬施設から朱が発見されたという報告は無い。墳墓の埋葬施設から朱が発見されるのは古墳の登場からである。最も初期の古墳と考えられるホケノ山古墳の埋葬施設から発見された朱の硫黄同位体比は 14 個の試料で -13.58 〜 -4.30‰の日本産の値を示す。しかし、2 個の試料で +3.53‰および +7.54‰の値を示しており、一部に中国産朱が使用されている可能性を指摘したい。また、前期前半の桜井茶臼山古墳では 10 個の試料のほとんどは -4 前後の日本産朱の特徴を示すが、一部に +0.85‰の値を示す朱があり、吉備の弥生時代終末を代表する岡山県楯築墳丘墓

表36 遺跡出土朱の硫黄同位体比δ値の分析結果（奈良県）

| 地域 | 時代 | 時代区分 | 遺跡名(site) | 平均値(mean) | 標準偏差(SD) | 個体数(number) | 最小・最大値(range) | | 特記事項 |
|---|---|---|---|---|---|---|---|---|---|
| 奈良県 | 縄文時代 |  | 伏見遺跡 | -4.43 |  | 1 |  |  | 朱鉱石 |
|  |  | 後期 | 八条北遺跡 | -7.64 | 3.58 | 3 | -11.77 | ～ -5.58 | 朱鉱石あり |
|  |  | 晩期 | 宮ノ平遺跡 | 3.30 |  | 1 |  |  | 土器付着朱 |
|  | 弥生時代 | 中期後半 | 唐古・鍵遺跡 | 7.51 | 0.00 | 2 | 7.51 | ～ 7.51 | KRK33次SK-120 |
|  | 古墳時代 | 前期 | ホケノ山古墳 a | -7.74 | 2.43 | 14 | -13.58 | ～ -4.30 |  |
|  |  | 前期 | ホケノ山古墳 b | 5.55 | 1.99 | 2 | 3.53 | ～ 7.54 | No.17, No.22 |
|  |  | 前期 | 桜井茶臼山古墳 | -3.51 | 2.37 | 8 | -6.80 | ～ 0.85 |  |
|  |  | 前期 | 小泉大塚古墳 a | -5.35 | 2.14 | 7 | -7.99 | ～ -2.50 |  |
|  |  | 前期 | 小泉大塚古墳 b | 13.90 |  | 1 |  |  |  |
|  |  | 前期 | 天神山古墳 | -7.74 | 1.92 | 10 | -9.89 | ～ -3.68 |  |
|  |  | 前期 | 黒塚古墳 | -8.94 | 2.13 | 5 | -11.18 | ～ -5.70 |  |
|  |  | 前期 | 中山大塚古墳 | -23.22 | 0.91 | 2 | -23.86 | ～ -22.58 |  |
|  |  | 前期 | 中山大塚古墳 | -4.58 | 0.88 | 2 | -5.20 | ～ -3.96 |  |
|  |  | 前期 | 櫛山古墳 | -17.89 | 3.52 | 2 | -20.38 | ～ -15.40 |  |
|  |  | 前期 | メスリ山古墳 | -7.96 | 4.04 | 2 | -10.81 | ～ -5.10 |  |
|  |  | 前期 | 鴨都波1号墳 | -4.18 |  | 1 |  |  |  |
|  |  | 前期 | 富雄丸山古墳 | -6.13 | 4.45 | 4 | -12.46 | ～ -2.41 |  |
|  |  | 前期 | 島の山古墳 | -7.16 | 2.07 | 12 | -11.79 | ～ -3.80 |  |
|  |  | 前期 | 池ノ内2号墳 | -5.73 | 1.78 | 3 | -7.75 | ～ -4.43 |  |
|  |  | 中期 | 五條猫塚古墳 | -5.92 | 1.25 | 15 | -7.54 | ～ -3.59 |  |
|  |  | 中期 | 新沢千塚500号墳 a | -3.00 | 2.00 | 3 | -5.90 | ～ -1.38 |  |
|  |  | 中期 | 新沢千塚500号墳 b | 20.35 | 4.95 | 3 | 15.40 | ～ 26.99 |  |
|  |  | 後期 | 見瀬丸山古墳 | -5.50 |  | 1 |  |  |  |
|  |  | 後期 | 藤ノ木古墳 | -18.55 | 8.07 | 18 | -26.11 | ～ -4.98 |  |

の硫黄同位対比に近い値（産地不明）を示している。小泉大塚古墳でも8個の試料のほとんどは-5前後の日本産朱の特徴を示すが、一部に+13.90‰の値を示す中国産が存在する。古墳時代中期は前期に比較すると発見例も少なくなり、おおむね日本産朱の値を示すが、例外的に新沢千塚500号墳では+15.40～+26.99‰の値を示す中国産朱が存在する。

以上のように、奈良県遺跡出土の朱の硫黄同位体比は、全国的な傾向と同じように古墳時代前期から後期に至るほとんどの埋葬施設から出土した朱の硫黄同位体比は-3～-15‰の日本産朱の値を示した。黒塚古墳で-11.18～5.70‰の日本産の朱が使用されていた。しかし、古墳発祥の地であり大和政権の中心地域であったこの地域では前期のホケノ山古墳、小泉大塚古墳、中期の新沢千塚500号墳など少数ではあるが中国産朱が使用されていたこと指摘したい。

## 5 まとめ

私達は硫黄同位体比分析の研究において、弥生時代後期（1～2世紀）に中国産の朱が地域の中心となる王墓に大量に使用されたこと、弥生時代後期末（3世紀前半）の古墳出現前夜に、中国産朱から日本産朱への大転換が西日本各地で同時多発的に起こる現象を指摘してきた［今津・南2006］。さらに、古墳時代前期（3世紀後半）になると中国産朱は全国的にほぼ検出されなくなり、全国的に日本産の朱に画一化されることを明らかにしてきた［今津・南2008、今津・南2013］。古墳文化の中心地である奈良県の古墳では、全国的な傾向と同様に埋葬施設に国産朱が大量に使用されるものの、前期から中期に至るまで、一部の古墳で中国産朱の使用が確認できた。

なお、朱は彩色材料なので、主体となる有機遺物が消滅した跡に残る朱は区別が難しく、産地の異なる朱が混在する可能性もある。今回実施したように、一つの埋葬施設でもできる限り位置を特定しながら複数の朱を分析することが産地推定の精度を高めることに繋がることを指摘しておきたい。

【引用文献】

今津節生・南 武志 2006「福岡県前原市域出土朱のイオウ同位対比」『三雲・井原遺跡』前原市教育委員会

今津節生・南 武志 2008 「大和における古墳出土朱のイオウ同位体比」『ホケノ山古墳の研究』奈良県立橿原考古学研究所

今津節生・南 武志 2013「硫黄同位体比法から見た津堂城山古墳出土朱の産地推定」『津堂城山古墳』藤井寺市教育委員会

河野摩耶・南 武志・今津節生 2014「九州北部地方における朱の獲得とその利用－硫黄同位体比分析による朱の産地推定－」『古代』132

佐々木昭ほか（編）1992『地球科学14―地球の資源・地表の開発』岩波書店

南 武志・今井 亮・豊 遙秋ほか 2004「中国貴州省と湖南省辰砂鉱石の硫黄同位体比測定」『考古学と自然科学』46

南 武志・今津節生ほか 2006「島根県の遺跡から発見された朱」『西谷古墳群発掘調査報告書』

南 武志・楊 主明・豊 遙秋ほか 2009「中国における辰砂が産出された古代鉱山の探索」『考古学と自然科学』58

南 武志・岩橋孝典・大庭俊次ほか 2011「硫黄同位体比分析から推測する出雲地域西谷墳墓群および他の墳墓出土朱の産地」『考古学と自然科学』62

南 武志・河野麻耶・古川 登ほか 2013「硫黄同位体分析による西日本日本海沿岸の弥生時代後期から古墳時代の墳墓における朱の産地同定の試み」『地球化学』47

Takeshi Minami, Akira Imai, Michiaki Bunno et al. 2005"Short Contribution Using sulfur isotopes to determine the sources of vermillion in ancient burial mounds in Japan", Geoarchaeology, 20

Takeshi Minami, Michiaki Bunno, Setsuo Imazu, 2008 "Measurement of sulfur isotopes in the ore of cinnabar mine in Japan" Science and Technology, 20, Kinki University

Maya Kawano, Akiho Tsutsui, Takeshi Minami. 2015 "Preparation method of barium sulfate from mercuric sulfide for sulfur isotope ratio measurement", Science and Technology, 27, Kinki University

T.Minami, A.Imai, M.Bunno, K.Kawakami, S.Imazu. 2005 "Using sulfur isotopes to determine the sources of vermillion in ancient burial mounds in Japan", Geoarchaeology, 20

# 第5節　黒塚古墳の棺床に分布した赤色顔料の分析

奥山誠義
今津節生

## 1　はじめに

黒塚古墳の棺床はほぼ全面が赤く染められていた。既刊の『概報』では、ほぼ全面に赤色顔料が散布されていたと報告され、朱（辰砂、HgS）とベンガラ（酸化鉄系顔料）の2種類が確認されている。さらに、朱については第Ⅱ部第2章第4節によって日本産の辰砂が原料であった可能性が示唆されている。

本調査では、顔料分布の再確認と棺床中央付近における鉛直方向の顔料分布を検討した結果を報告する。また、ベンガラ粒子の観察を行ったので併せて報告する。

## 2　調査方法

**試料**　発掘調査で採取した直径10mm、長さ40mm前後の柱状サンプルを用いた（No.1～77）。この柱状サンプルは、プラスチック製シリンジの先端をカットした「パイプ」を打ち込み採取した。柱状サンプルは棺床の棺床北端より16cm南の部分を始点として南北25cm、東西基準線より25cmの間隔で採取した。なお、棺床中央部は試料密度を高めるため、試料採取間隔が12.5cmとなっている［図340］。

**分析**　粘土棺床表面に相当する柱状サンプルの天面と鉛直方向に相当する柱状サンプルの側面に対する元素分析を行い、棺床表面と鉛直方向の赤色顔料の分布を検討した。

粘土棺床表面の元素分析は、蛍光X線分析法を用いた定性分析を行った。蛍光X線分析には、日本電子株式会社製JCX-3100RⅡを用い、測定条件を表37に示す。また、粘土棺床の深さ方向の元素分析及び粒子観察は日本電子株式会社製JSM-100LAを用い、測定条件は表38に示す。

## 3　測定結果

### （1）粘土棺床表面の元素分析

古墳時代を代表する赤色顔料は、大きく2種類に大別され、一つは酸化鉄系顔料（一般的にベンガラと呼ばれる）で、もう一方は水銀を主成分とする辰砂（朱あるいは水銀朱）である。本調査では、主に鉄（Fe）と水銀（Hg）の各元素の検出結果を試料採取区画に当てはめ、分布結果を得た。分析結果を表39と図340に示す。なお、柱状サンプルNo.3とNo.8～11は試料が破損し、棺床表面が確認できなかったため分析から除外した。

元素分析の結果、Hgを顕著に検出した地点は大きく3つの範囲に及ぶ。1つは粘土棺床のN4.5～3.2mの範囲、2つ目はN2.55～0.9mの範囲、そして3つめはN0.75～S0.85mの範囲である。残る範囲はFeを顕著に検出した。Hgの分布には粗密がみられるため、意識的にHgを含む「朱」を用いていたことが推測される。

### （2）粘土棺床の深さ方向の元素分布

#### ①蛍光X線分析による元素分布

粘土棺床のN1.7m付近におけるおおよそのFeとHgの顔料比率を比較検討するため、蛍光X線分析によって天面（棺床表面）から5mm深くなるごとに、FeとHgの含有量を比較した。No.71においては図338のようになり、深さ25mmを境に上層にHgが、下層にFeが分布している様子が確認できた。元素分布と色調の変化は概ね一致した。

#### ②SEM-EDX法による深さ方向の元素分布

柱状サンプル（No.71）の側面をカーボン両面テープに転写し、走査電子顕微鏡で観察した。45mm長の資料を4～5mmの幅で分割して観察および元素分析し、画像編集ソフトで合成した［図339］。元素マップ測定の結果、Hgは棺床表面から30mm程度まで分布し、それより深い部分ではほとんど見られなかった。Feは棺床表面から43mmまで分布しているが、およそ28mm以上深い部分で一様に分布している様子が観察できた。

### （3）Fe検出部における粒子観察

粘土棺床の柱状サンプルの中でFeを検出している任意の個所において、その粒子形態を観察した。観察に供した試料はS0.7m付近のNo.54である。棺床表面ではHgを顕著に検出しているが、棺床表面から35mm深い部分では先述（2）の②同様にFeを検出した。この部分の粒子形態をSEMにて観察した。

観察の結果、管状の微粒子が密集した粒子塊を確認した［図341］。さらに拡大して観察すると、直径約1μm、長さ5～20μmの中空の管状の粒子が観察できた。これはいわゆる「パイプ状ベンガラ」と称され、鉄バクテリアが沈積して生じる含水酸化鉄に由来するものである。本調査より粘土棺床には、Hgを主成分とする「朱」とともに鉄酸化物である「パイプ状ベンガラ」が混在していることが確認された。

## 4　まとめ

粘土棺床表面における顔料の分布は、粘土棺床の北側にHgが顕著に分布している様子が確認でき、Hgを主成分とする「朱」が用いられていたこと明らかとなった。N3m付近では元素分析できなかったため明確な元素の分布は不明である。顔料分布にエリア分けがあったのか否か断定はできず課題が残った。

棺床表面からの鉛直方向の元素分布をみると、28mmの深

さまでHgが顕著に分布していることが確認できた。それよりも深い部分ではFeが優勢であった。このことから相当量の朱が使用されていたことが推測される。一方、Feが優勢な領域の一部ではパイプ状ベンガラが確認された。粘土棺床には朱とともにパイプ状ベンガラが混在しており、朱とパイプ状ベンガラを使用していたことが確認された。

表37　蛍光X線分析　測定条件

| | |
|---|---|
| 使用機器 | JSX-3100RⅡ |
| 管球 | ロジウム(Rh) |
| 管電圧 | 50kV |
| 管電流 | 自動 |
| 測定時間 | 100秒 |
| 照射径 | 1mm |
| 雰囲気 | 大気 |

表38　SEM-EDX　測定条件

| | |
|---|---|
| 使用機器 | JSM-100LA |
| 加速電圧 | 20kV |
| 観察条件 | 高真空モード |
| 観察倍率 | ×35 |
| 積算回数 | 25回 |

表39　粘土棺床表面　元素分析結果

| | K | Ca | Ti | Fe | Rb | Sr | Zr | Hg |
|---|---|---|---|---|---|---|---|---|
| No.1 | △ | △ | △ | ◎ | △ | △ | △ | ○ |
| No.2 | △ | △ | △ | ○ | △ | △ | △ | ◎ |
| No.3 | - | - | - | - | - | - | - | - |
| No.4 | △ | △ | △ | ○ | △ | △ | △ | ◎ |
| No.5 | △ | △ | △ | ○ | △ | △ | △ | ◎ |
| No.6 | △ | △ | △ | ○ | △ | △ | △ | ◎ |
| No.7 | △ | △ | △ | ◎ | △ | △ | △ | ○ |
| No.8 | - | - | - | - | - | - | - | - |
| No.9 | - | - | - | - | - | - | - | - |
| No.10 | - | - | - | - | - | - | - | - |
| No.11 | - | - | - | - | - | - | - | - |
| No.12 | △ | △ | △ | ○ | △ | △ | △ | ◎ |
| No.13 | △ | △ | △ | ○ | △ | △ | △ | ◎ |
| No.14 | △ | △ | △ | ○ | △ | △ | △ | ◎ |
| No.15 | △ | △ | △ | ○ | △ | △ | △ | ◎ |
| No.16 | △ | △ | △ | ○ | △ | △ | △ | ◎ |
| No.17 | △ | △ | △ | ○ | △ | △ | △ | ◎ |
| No.18 | △ | △ | △ | ○ | △ | △ | △ | ◎ |
| No.19 | △ | △ | △ | ○ | △ | △ | △ | ◎ |
| No.20 | △ | △ | △ | ◎ | △ | △ | △ | ○ |
| No.21 | △ | △ | △ | ○ | △ | △ | △ | ◎ |
| No.22 | △ | △ | △ | ○ | △ | △ | △ | ◎ |
| No.23 | △ | △ | △ | ◎ | △ | △ | △ | ○ |
| No.24 | △ | △ | △ | ○ | △ | △ | △ | ◎ |
| No.25 | △ | △ | △ | ○ | △ | △ | △ | ◎ |
| No.26 | △ | △ | △ | ◎ | △ | △ | △ | ○ |
| No.27 | △ | △ | △ | ○ | △ | △ | △ | ◎ |
| No.28 | △ | △ | △ | ○ | △ | △ | △ | ◎ |
| No.29 | △ | △ | △ | ◎ | △ | △ | △ | ○ |
| No.30 | △ | △ | △ | ○ | △ | △ | △ | ◎ |
| No.31 | △ | △ | △ | ○ | △ | △ | △ | ◎ |
| No.32 | △ | △ | △ | ◎ | △ | △ | △ | ○ |
| No.33 | △ | △ | △ | ○ | △ | △ | △ | ◎ |
| No.34 | △ | △ | △ | ○ | △ | △ | △ | ◎ |
| No.35 | △ | △ | △ | ◎ | △ | △ | △ | ○ |
| No.36 | △ | △ | △ | ◎ | △ | △ | △ | ○ |
| No.37 | △ | △ | △ | ◎ | △ | △ | △ | ○ |
| No.38 | △ | △ | △ | ◎ | △ | △ | △ | ○ |
| No.39 | △ | △ | △ | ○ | △ | △ | △ | ◎ |
| No.40 | △ | △ | △ | ◎ | △ | △ | △ | ○ |
| No.41 | △ | △ | △ | ◎ | △ | △ | △ | ○ |
| No.42 | △ | △ | △ | ○ | △ | △ | △ | ◎ |
| No.43 | △ | △ | △ | ○ | △ | △ | △ | ◎ |
| No.44 | △ | △ | △ | ◎ | △ | △ | △ | ○ |
| No.45 | △ | △ | △ | ○ | △ | △ | △ | ◎ |
| No.46 | △ | △ | △ | ○ | △ | △ | △ | ◎ |
| No.47 | △ | △ | △ | ◎ | △ | △ | △ | ○ |
| No.48 | △ | △ | △ | ○ | △ | △ | △ | ◎ |
| No.49 | △ | △ | △ | ◎ | △ | △ | △ | ○ |
| No.50 | △ | △ | △ | ◎ | △ | △ | △ | ○ |
| No.51 | △ | △ | △ | ○ | △ | △ | △ | ◎ |
| No.52 | △ | △ | △ | ○ | △ | △ | △ | ◎ |
| No.53 | △ | △ | △ | ○ | △ | △ | △ | ◎ |
| No.54 | △ | △ | △ | ○ | △ | △ | △ | ◎ |
| No.55 | △ | △ | △ | ○ | △ | △ | △ | ◎ |
| No.56 | △ | △ | △ | ◎ | △ | △ | △ | ○ |
| No.57 | △ | △ | △ | ◎ | △ | △ | △ | ○ |
| No.58 | △ | △ | △ | ◎ | △ | △ | △ | ○ |
| No.59 | △ | △ | △ | ◎ | △ | △ | △ | ○ |
| No.60 | △ | △ | △ | ◎ | △ | △ | △ | ○ |
| No.61 | △ | △ | △ | ◎ | △ | △ | △ | ○ |
| No.62 | △ | △ | △ | ◎ | △ | △ | △ | ○ |
| No.63 | △ | △ | △ | ◎ | △ | △ | △ | ○ |
| No.64 | △ | △ | △ | ◎ | △ | △ | △ | ○ |
| No.65 | △ | △ | △ | ◎ | △ | △ | △ | ○ |
| No.66 | △ | △ | △ | ◎ | △ | △ | △ | ○ |
| No.67 | △ | △ | △ | ◎ | △ | △ | △ | ○ |
| No.68 | △ | △ | △ | ◎ | △ | △ | △ | ○ |
| No.69 | △ | △ | △ | ◎ | △ | △ | △ | ○ |
| No.70 | △ | △ | △ | ◎ | △ | △ | △ | ○ |
| No.71 | △ | △ | △ | ○ | △ | △ | △ | ◎ |
| No.72 | △ | △ | △ | ○ | △ | △ | △ | ◎ |
| No.73 | △ | △ | △ | ○ | △ | △ | △ | ◎ |
| No.74 | △ | △ | △ | ○ | △ | △ | △ | ◎ |
| No.75 | △ | △ | △ | ○ | △ | △ | △ | ◎ |
| No.76 | △ | △ | △ | ○ | △ | △ | △ | ◎ |
| No.77 | △ | △ | △ | ○ | △ | △ | △ | ◎ |

◎：顕著、○：少量、△：わずか

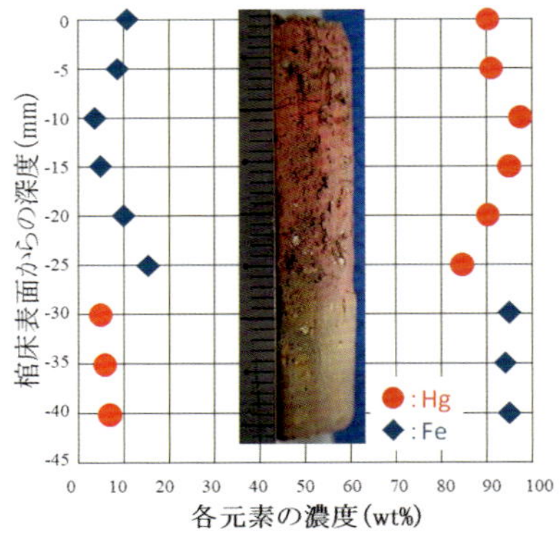


図338　No.71 顔料主成分分布
（鉛直方向）

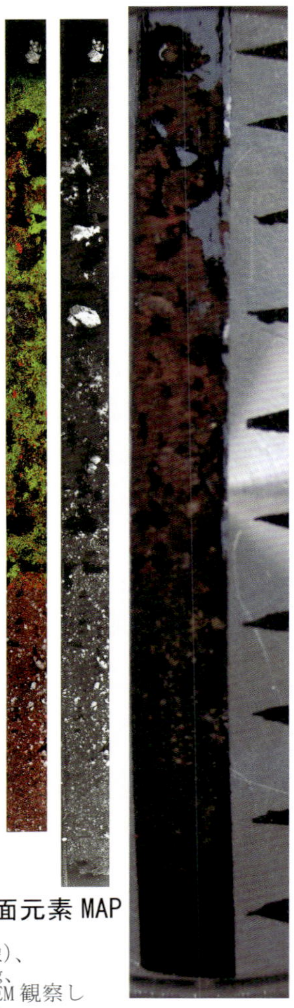

図339　柱状サンプルNo.71 の断面元素 MAP

（右：試料画像、中央：SEM（二次電子像）、左：元素 MAP 像）上が棺床表面。緑：Hg、赤：Fe。棺床表面から 4 ～ 5 mm間隔で SEM 観察し元素 MAP 測定。画像ソフト上で結合した。

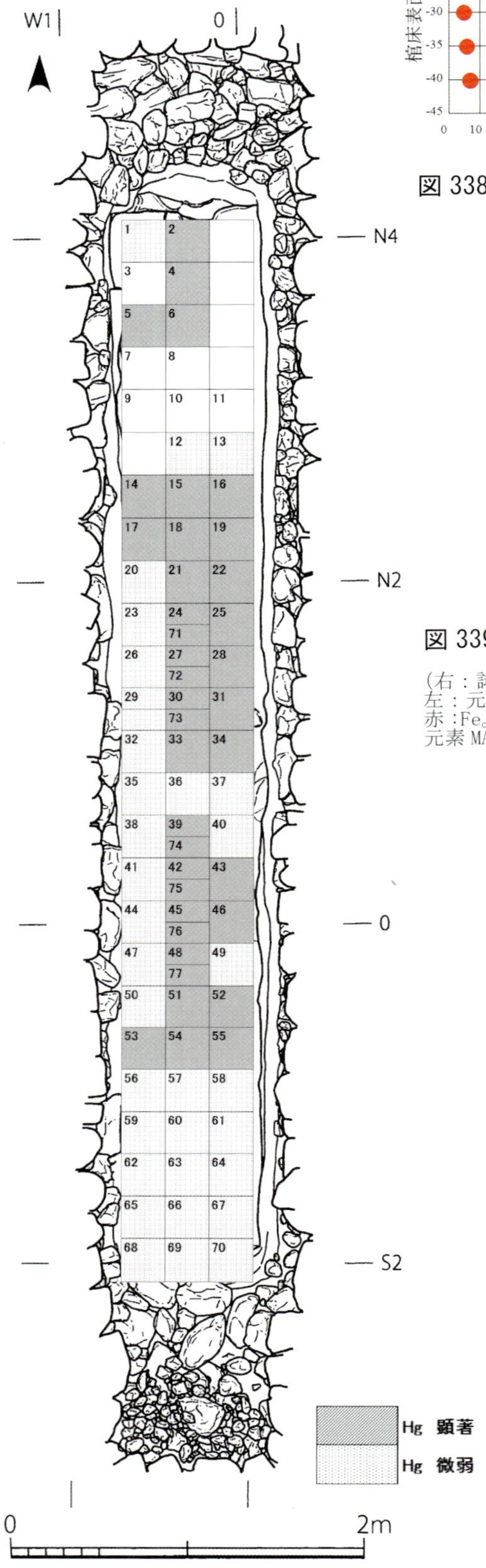


図340　粘土棺床元素分布 MAP

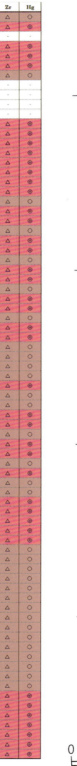

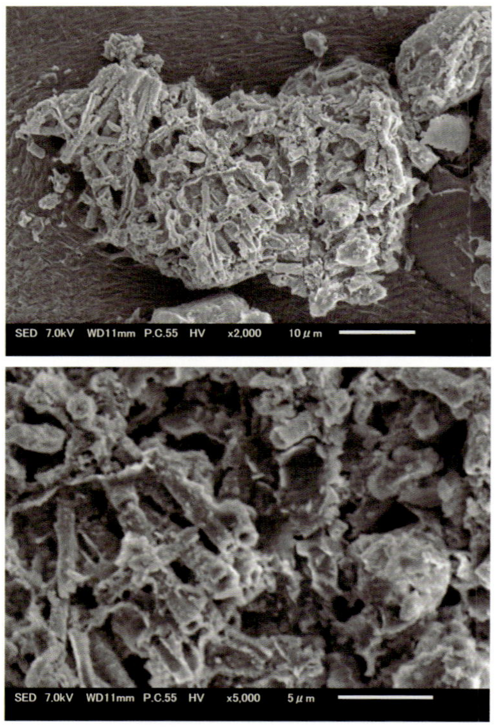


図341　粘土棺床（No.54）に確認された
パイプ状ベンガラ
（上：×2000、下：×5000）

## 第6節　黒塚古墳出土繊維製品の調査

吉松茂信

### 1　はじめに

　黒塚古墳の発掘調査に伴い銅鏡、大刀類をはじめとする金属遺物が多数出土し、それらの表面に多くの繊維等の有機物を確認することができた。この古墳はほぼ未盗掘のため金属遺物に使用されていた繊維がもとどのような形で金属遺物に使用されていたかを知ることのできる良い資料を提供してくれている。調査にあたって遺物の主なものについて一通りの調査を実施したが、全体に、細部においても未調査の部分が多く、引き続き調査の必要があると思われる。
　今回繊維調査を実施した遺物は下記の品目である。
1　銅鏡類（画文帯神獣鏡、1〜33号鏡）
2　U字形鉄製品
3　Y字形鉄製品
4　大刀・剣
5　小札
　又、繊維調査に当たって実施した調査項目は、繊維の残存状況と分布、繊維の種類と重なり、繊維の織り密度、繊維の用途の特定、顕微鏡写真撮影による資料化等である。

### 2　鏡付着繊維調査［図342〜344］

　黒塚古墳から出土した銅鏡34面について繊維調査を実施した結果これらの鏡の全てから、繊維付着や繊維付着痕跡を確認した。発掘調査時に金属遺物の取り上げと同時に必要に応じ、それに接するスタンプ状土資料を取り上げ調査を実施した。又、元の銅鏡の埋納状況と見られる位置状況の中で18号鏡〜21号鏡はほぼ一体となる状況が見られたため、銅鏡を取り上げる前に現地調査を実施し、各銅鏡に付着する繊維の方向や繊維付着状況を確認した結果、銅鏡1面ずつを平絹で包んでいることを確認した。
　1号鏡　繊維の残存状況は極めて悪く、鏡面にかすかな付着痕跡、鏡背の一部に平絹の付着が確認できる。平絹の織り密度は（1cm単位）経糸50本、緯糸30本程度である。
　2号鏡　鏡面、鏡背に繊維付着痕跡が確認できる。鏡背には複数箇所に赤色顔料の付着がある。
　3号鏡　鏡面、鏡背に繊維付着痕跡が確認できる。鏡背の鈕には4枚程度の繊維の重なりが確認できるが繊維の残存状況が悪く織り密度は確認できない。
　4号鏡　鏡面に繊維付着痕跡が確認できる。
　5号鏡　鏡面、鏡背に繊維付着痕跡が確認できる。
　6号鏡　鏡面、鏡背の一部に平絹と平絹付着痕跡が確認できる。
　7号鏡　鏡面に平絹の付着と鏡の側面に繊維付着痕跡が確認できる。繊維の重なりは1枚で織り密度は、経糸50本、緯糸47本程度である。
　8号鏡　鏡の側面の複数箇所に繊維付着痕跡が確認できる。
　9号鏡　鏡面に平絹の付着が確認できる。織り密度は経糸55本、緯糸45本程度である。
　10号鏡　鏡面に繊維付着痕跡が確認できる。
　11号鏡　鏡面に平絹の付着が確認できる。織り密度は経糸50本、緯糸40本程度である。
　12号鏡　鏡面に繊維付着痕跡が確認できる。
　13号鏡　鏡面、鏡背に平絹の付着痕跡、鏡の側面に平絹の重なりが確認できる。
　14〜16号鏡　鏡面に繊維付着痕跡が確認できる。
　17号鏡（盤龍鏡）　棺北側に位置する三角縁盤龍鏡は他の鏡と繊維の使用状況が異なり染色された裂の使用が確認できる。出土状況は鏡背を上として出土し、鏡面、鏡背に繊維が良く残存し、筬目平絹、平絹、紫平絹、赤色顔料付着繊維の他、鏡背に紐状（材質不明）の格子状付着物等が確認できる。
　鏡背には鏡に接する面から筬目平絹、織り密度の異なる4種類の平絹（平絹1〜4）、紫平絹、赤色顔料付着繊維の重なりと、その外側に一辺が1.5cm程度の格子状付着物が確認できる。この格子状付着物の材質調査は行っていないため不明であるが、径1mm程度の繊維を複数本合わせて用いていることが確認できる。
　鏡面には鏡に接する面から筬目平絹、平絹、紫平絹等が残片的に付着する。発掘時に取り上げたスタンプ状土資料を同時に調査した結果、鏡背と同様の繊維の使用状況が確認できる。又、鏡から剥離した繊維断片には残存状況の良いものが見られ、繊維の重なり状況を確認することができる。
　使用されている繊維の織り密度は筬目平絹（経糸60本、緯糸20本）、平絹1（経糸40本、緯糸30本）、平絹2（経糸100本、緯糸40本）、平絹3（経糸70本、緯糸30本）平絹4（経糸45本、緯糸20本）、紫平絹（経糸40本、緯糸30本）程度である。
　付着する繊維の用途として、裂がほぼ同じ糸目方向に使用され鏡面、鏡背の繊維付着が同じ重なりであることから鏡を巻きくるんでいた裂と考えられる。
　18号鏡　鏡面、鏡背に3枚の繊維の重なりがあり、それぞれ織り密度が異なる。特に鏡に接する平絹に織り密度の高い繊維が使用され、付着する平絹の糸目方向は鏡面、鏡背とも同じ糸目方向に使用されている。又、石室への土砂や水の流入により平絹と平絹の隙間にそれらが入り込んだ二度の堆積痕が確認できる。
　平絹の織り密度は、鏡に接する平絹1（経糸150本、緯糸30本）、平絹2（経糸75本、緯糸30本）、平絹3（経糸50本、緯糸30本）程度で、これらの繊維の使用状況から鏡を巻きくるむための用途に使用された裂と考えられる。

第Ⅱ部　研究編

19号鏡　鏡背に繊維付着痕跡が確認できる。

20号鏡　鏡面、鏡背に平絹の付着及び繊維付着痕跡が確認できる。鏡に接する平絹には赤色顔料付着平絹が使用され、その織り密度は経糸50本、緯糸40本、その上に重なる平絹の織り密度は経糸50本、緯糸40本程度で、付着する平絹の糸目方向は同方向である。

21号鏡　鏡面、鏡背に平絹の付着及び付着痕跡が確認できる。鏡面には4枚程度の織り密度の異なる平絹が重なり、裂の糸目方向は重なりごとに異なることが確認できる。これらの平絹は鏡面から鏡背へと連続して付着し、それらの平絹の中に裂の経糸切断面が見られる。鏡背には繊維付着痕跡が確認でき残存状況は悪い。

鏡面に残る平絹の織り密度は、鏡に接する面より、平絹1（経糸50本、緯糸40本）、平絹2（経糸50本、緯糸40本）、平絹3（経糸40本、緯糸40本）、平絹4（経糸40本、緯糸25本）程度のものが確認できる。これらの繊維付着状況から裂の用途として鏡を巻くるんでいた繊維であることが確認できる。

22号鏡　鏡の側面に平絹の付着があり、その織り密度は、経糸45本、緯糸30本程度のものが確認できる。

23～26号鏡　鏡面に繊維付着痕跡が確認できる。

7号鏡　鏡面付着平絹　　　　　　　　7号鏡　鏡面付着平絹拡大
9号鏡　鏡面付着平絹　　　　　　　　9号鏡　鏡面付着平絹拡大
11号鏡　鏡面付着平絹　　　　　　　17号鏡　鏡背付着平絹
17号鏡　鏡背付着平絹拡大　　　　　17号鏡　鏡面スタンプ土資料筬目平絹

図342　銅鏡に付着した繊維（1）

図343 銅鏡に付着した繊維 (2)

第Ⅱ部 研究編

図344 銅鏡に付着した繊維（3）

27号鏡　鏡面、鏡背に繊維付着痕跡が確認できる。

28号鏡　鏡面に平絹の付着、鏡背に繊維付着痕跡が確認できる。平絹の織り密度は、経糸50本、緯糸30本程度である。

29号鏡　鏡面に繊維付着痕跡が確認できる。

30～32号鏡　鏡面、鏡背に繊維付着痕跡が確認できる。

33号鏡　鏡面に繊維付着痕跡が確認できる。

画文帯神獣鏡　鏡面、鏡背に赤色顔料付着平絹の痕跡が確認できる。

### 3　U字形鉄製品付着繊維調査［図345］

U字形鉄製品は大小のU字形フレームと複数の鉄製管から構成される鉄製品で、U字形フレーム、鉄製管に平絹の付着が確認できる。

U字形フレームには複数の重なりを持つ平絹を斜めに巻き付けた状況が確認でき、その先端部分では巻き付けた平絹を折り返しているため、10枚程度の平絹の重なりが確認できる。又、鉄製管の多くに平絹数枚の重なりが確認でき、付着する繊維の片面の形状が扁平で、埋納時平らな平面に乗せていた状況が想定される。鉄製管を包む平絹は金具に対して斜め方向に使用され、裂をバイヤス状に使用して2枚に折って包み合わせ、合わせ目を糸で縫製して製作していることが確認できる。この鉄製管の内部には紐状の繊維が確認でき、もとU字形フレームと鉄製管を連結するために用いられたと考えられる。

U字形鉄製品に使用されている繊維の織り密度は、U字形フレームでは、平絹が経糸45本、緯糸45本程度、鉄製管では複数確認でき、平絹1が経糸50本、緯糸30本、平絹2が経糸90本、緯糸30本程度のものが確認できる。

以上の繊維の残存状況よりU字形フレームと鉄製管とは別々に異なる方法で金具を平絹で包んでいたことが確認できる。又、鉄製管に付着する繊維の形状から埋納する時点において、台上もしくは箱状の容器に入れていた可能性が想定できる。

U字形鉄製品先端に付着する平絹

U字形鉄製品先端に付着する平絹

U字形鉄製品付着平絹拡大

U字形鉄製品付着平絹

U字形鉄製品付着平絹拡大

U字形鉄製品鉄製管付着平絹と縫い糸

**図345　U字形鉄製品に付着した繊維**

第Ⅱ部　研究編

### 4　Y字形鉄製品付着繊維調査［図346～349］

　Y字形鉄製品1　2点出土したY字形鉄製品の内の1点で、平板なY字形の先端頂部円盤部と下方に付く円盤部の2カ所には円孔があり、その円孔の両面にリボン状の平絹の付着がある。円孔の中心にはリボン状の飾りを取り付ける為の紐状繊維が確認できる。このリボン状繊維は、もとY字形鉄製品の装飾として取り付けていた物で、重なり合うリボンの繊維断面に赤色や黄色の色素が確認できる。

　又、Y字形鉄製品の表裏の多くの部分に平絹の付着が確認できる。これらの平絹はリボン状繊維の上から斜めに巻き付けた糸目方向が確認できることより、埋納にあたって使用された繊維であると思われる。

　これらY字形鉄製品に使用されている平絹の織り密度は、リボン状繊維に使用されている平絹1が経糸90本、緯糸40本、リボン状繊維の中に見られる筏目平絹では経糸50本、緯糸40本、Y字形鉄製品を巻きくるむために使用されている平絹が経糸70本、緯糸35本程度のものが確認できる。

　Y字形鉄製品2　Y字形鉄製品1とは形状が異なり、欠失部分があり全体を窺い知る事はできない。この鉄製品にも円

Y字形鉄製品1　表

頂部円盤部付着繊維　裏

頂部円盤部付着繊維　表

下部円盤部付着繊維　裏

下部円盤部付着繊維　表

頂部円盤部付着繊維

頂部円盤部付着繊維拡大

頂部円盤部付着繊維

頂部円盤部付着繊維

**図346　Y字形鉄製品1に付着した繊維（1）**

頂部円盤部付着繊維　　　　　　　　　　円盤部付着繊維

Y字形鉄製品を包む平絹　　　　　　　Y字形鉄製品を包む平絹拡大

図347　Y字形鉄製品1に付着した繊維（2）

盤部に円孔があり、その両面にリボン状繊維の付着が確認でき、もと鉄製品を装飾するために取り付けていたものと思われる。このリボン状繊維の断面には赤色、黄色、青色の色素が確認できる。又、鉄製品の表裏の多くの部分に平絹の付着があり、リボン状繊維の上面より斜めに巻き付けた糸目方向が確認できることより、埋納にあたって使用された繊維であると思われる。

鉄製品を包む繊維の織り密度は平絹が経糸50本、緯糸40本、リボン状繊維の織り密度は平絹1が経糸90本、緯糸40本、平絹2が経糸50本、緯糸35本程度のものが確認できる。

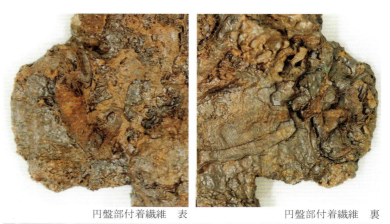

円盤部付着繊維　表　　　　　円盤部付着繊維　裏

円盤部付着リボン状平絹

円盤部付着リボン状平絹

Y字形鉄製品2　裏

図348　Y字形鉄製品2に付着した繊維（1）

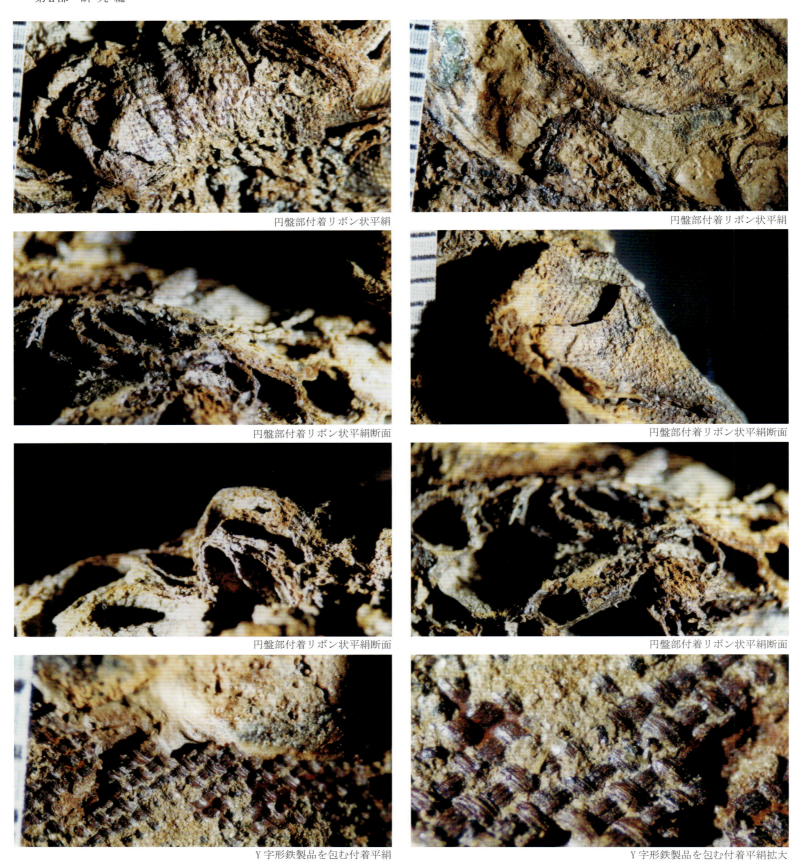

図349 Y字形鉄製品2に付着した繊維（2）

## 5 刀剣類付着繊維調査［図350・351］

黒塚古墳から多くの刀剣類が出土しているが、今回繊維調査を実施したのは、棺内と棺外の計3点のみで、多くの刀剣類が未調査である。

**刀9** 刀は鞘を取り外し、柄木と刀身を繊維で包んだ状況が確認できる。使用されている繊維は赤色顔料付着平絹、真綿、赤色顔料付着平絹を一組として刀を巻きくるんだ状況が確認できる。繊維はやや斜めに巻き付けた糸目方向で、8枚程度の赤色顔料付着平絹の重なりを持ち、刀の片面には巻き付けた最後の合わせ目が、やや斜めに打ち合わされ、その裂の先端は折り返される形で輪状となる。調査では裂の詳しい使用状況はわからないが、繊維の観察から巻きくるんだ刀の厚みは約3cm程度と推察される。

使用されている赤色顔料付着平絹の織り密度は、経糸45本、緯糸30本程度である。

**剣1** 剣に付着する繊維は、刀9と同様の赤色顔料付着平絹、真綿、赤色顔料付着平絹を一組とした繊維でくるまれていることが確認できる。使用されている赤色顔料付着平絹には、平絹1が経糸130本、緯糸35本、平絹2が経糸75本、緯糸35本程度の高い織り密度のものが確認できる。

**刀6** 刀は鞘を取り外し、赤色顔料付着平絹、真綿、赤色

顔料付着平絹を一組とした棺内から出土した刀と同じ繊維の使用方法が確認できる。繊維の残存状況が悪く、赤色顔料付着平絹の6枚程度の重なりを確認するがもとの状況はわからない。

使用されている赤色顔料付着平絹の織り密度は、経糸50本、緯糸30本程度である。

刀9　赤色顔料付着平絹と真綿

刀9　赤色顔料付着平絹と真綿

刀9　赤色顔料付着平絹と真綿の重なり

刀9　刀の峰部分に付着する繊維

刀9　刀を巻きくるむ繊維付着

刀9　赤色顔料付着平絹

刀9　赤色顔料付着平絹と真綿

刀9　赤色顔料付着平絹と真綿の重なり

刀9　赤色顔料付着平絹、真綿の使用状況

図350　刀剣に付着した繊維（1）

第Ⅱ部　研究編

剣1　赤色顔料付着平絹
剣1　赤色顔料付着平絹と真綿
刀6　赤色顔料付着平絹
刀6　赤色顔料付着平絹

図351　刀剣に付着した繊維（2）

## 6　小札付着繊維調査

　黒塚古墳の多くは未盗掘であったのに対し、南端に埋納された甲冑類は盗掘によって攪乱され、小札断片として出土した。今回は全体の調査に及んでいないが、小札に付着する繊維の種類、織り密度、繊維の用途について調査を実施した［表40、図352～357］。

　小札の中には平絹を糸で小札に取り付けたもの、又、繊維以外では甲の内側に毛皮（鹿皮）を革紐で綴じて内張として使用したものがあり、もと甲に使用されていた繊維類と共に用途を確定できない付着繊維を多く確認することができる。

　以下、調査した結果を「小札付着繊維一覧表」［表40］とし、繊維付着の確認できないものは表から除外し、織り密度は1cm単位の本数を示す。経糸は経、緯糸は緯、小札に裂を糸で取り付けているものをA、毛皮を小札に取り付けているものをBと表示する。

表40　小札付着繊維一覧表

| 小札番号 | 付着繊維の種類 | 繊維の織り密度 | | 備考 | 小札番号 | 付着繊維の種類 | 繊維の織り密度 | | 備考 | 小札番号 | 付着繊維の種類 | 繊維の織り密度 | | 備考 | 小札番号 | 付着繊維の種類 | 繊維の織り密度 | | 備考 |
|---|---|---|---|---|---|---|---|---|---|---|---|---|---|---|---|---|---|---|---|
| 9 | 平絹 | 経60 緯35 | | | 244 | 平絹 | 経40 緯30 | | | 407 | 平絹 | | | | 850 | 平絹 | 経50 緯35 | | |
| 14 | 平絹 | | | | 249 | 平絹 | | | | 411 | 赤色顔料付着平絹 | 経55 緯40 | | | 851 | 平絹 | | | |
| 16 | 平絹 | 経80 緯45 | 経60 緯35 | | 256 | 赤色顔料付着平絹 | 経55 緯25 | | B | 418 | 平絹 | 経50 緯30 | | | 853 | 平絹 | 経50 緯30 | | |
| | | 経50 緯30 | | | 267 | 平絹 | 経45 緯40 | | | 421 | 平絹 | | | | 855 | 平絹 | 経60 緯60 | | |
| 41 | 平絹 | | | | 269 | 平絹 | | | | 426 | 平絹 | | | | | | | | |
| 46 | 平絹 | 経40 緯30 | | | 273 | 平絹 | 経60 緯35 | 経50 緯35 | | 427 | 平絹 | 経65 緯20 | 経50 緯30 | | 859 893 | 赤色顔料付着平絹 | 経70 緯45 | 経60 緯35 | |
| 49 | 平絹 | 経20 緯17 | | | 283 | 平絹 | | | | 443 | 平絹 | | | | 860 | 平絹 | 経150 緯40 | 経60 緯30 | A |
| 55 | 平絹 | 経23 緯18 | | | 285 | 平絹 | | | | 450 | 平絹 | 経60 緯25 | 経40 緯40 | | 861 | 平絹 | 経55 緯40 | | A B |
| 70 | 平絹 | | | | 287 | 平絹 | 経70 緯25 | | | 451 | 赤色顔料付着平絹 | 経80 緯30 | 経50 緯30 | | 862 | 平絹 | 経55 緯24 | | A |
| 88 | 平絹 | | | | 290 | 赤色顔料付着平絹 | 経65 緯50 | | B | 462 | 平絹 | | | | | | 経50 緯30 | | |
| 93 229 | 平絹 | 経64 緯31 | | A | 293 | 平絹 | | | | 467 | 平絹 | | | | 862 | 平絹 | 経50 緯25 | | |
| 111 | 平絹 | 経45 緯25 | | | 295 | 平絹 | | | | 473 | | 経43 緯30 | 経35 緯20 | | | | | | |
| 121 | 平絹 | 経25 緯18 | | B | 297 | 平絹 | 経40 緯40 | | | | | 経25 緯20 | | | 897 | 平絹 | 経50 緯40 | | |
| 122 | 平絹 | | | | 307 493 | 平絹 | 経70 緯42 | 経55 緯38 | | 475 | 平絹 | | | | 868 | 平絹 | 経50 緯30 | | |
| 125 | 平絹 | 経100 緯30 | 経60 緯30 | | | 赤色顔料付着平絹 | 経53 緯28 | 経45 緯25 | | 476 | 平絹 | | | | | 赤色顔料付着平絹 | 経45 緯30 | | |
| 133 | 平絹 | | | | 316 | 赤色顔料付着平絹 | 経55 緯30 | 経50 緯25 | | 480 | 平絹 | | | | 870 | 平絹 | 経50 緯30 | | A |
| 134 | 平絹 | | | | 323 | 赤色顔料付着平絹 | 経65 緯35 | 経55 緯40 | | 495 | 平絹 | 経60 緯35 | | | 871 | 平絹 | 経50 緯30 | 経90 緯50 | |
| 155 | 平絹 | 経60 緯30 | | | 331 | 平絹 | 経50 緯40 | | | 498 | 赤色顔料付着平絹 | 経60 緯35 | | | | | 経150 緯20 | | |
| 155 | 平絹 | | | | 332 | 平絹 | 経50 緯40 | | | 499 | 平絹 | 経70 緯30 | 経65 緯30 | | | | | | |
| 170 | 平絹 | | | | 333 | 平絹 | | | | | | 経45 緯30 | 経40 緯30 | | | 赤色顔料付着平絹 | 経75 緯35 | 経45 緯30 | |
| 172 | 平絹 | 経60 緯38 | | | | | | | | 501 | 平絹 | 経60 緯40 | 経55 緯30 | B | | | | | |

| 小札番号 | 付着繊維の種類 | 繊維の織り密度 | | 備考 | 小札番号 | 付着繊維の種類 | 繊維の織り密度 | | 備考 | 小札番号 | 付着繊維の種類 | 繊維の織り密度 | | 備考 | 小札番号 | 付着繊維の種類 | 繊維の織り密度 | | 備考 |
|---|---|---|---|---|---|---|---|---|---|---|---|---|---|---|---|---|---|---|---|
| 179 | 平絹 | | | | 344 | 平絹 | 経60 緯30 | 経50 緯30 | A | 503 | 平絹 | 経130 緯20 経55 緯40 | 経60 緯30 | A | 874 | 平絹 | | | |
| 188 | 平絹 | | | | 347 | 赤色顔料付着平絹 | 経65 緯25 | | | | | | | | 886 | 赤色顔料付着平絹 | 経60 緯50 | | |
| 194 | 平絹 | | | | 359 | 赤色顔料付着平絹 | 経60 緯35 | | | 505 | 平絹 | | | | 887 | 平絹 | 経50 緯28 | 経35 緯30 | |
| 196 | 平絹 | | | | | | | | | 506 | 平絹 | | | | | | 経40 緯30 | | |
| 197 | | 経20 緯17 | | | 362 | 平絹 | 経50 緯25 | | | 510 | 平絹 | | | B | 895 | 平絹 | | | |
| 198 | 平絹 | | | | 364 | 平絹 | | | | 511 | 平絹 | 経60 緯30 | | | | | 経40 緯25 | 経35 緯35 | |
| 205 | 平絹 | | | B | 372 | 平絹 | | | | 513 | 平絹 | | | B | 896 | 平絹 | | | |
| 211 | 平絹 | | | | | | 経20 緯20 経55 | 経45 緯40 | | 518 | 平絹 | | | | | 莚目平絹 | 経45 緯 | | |
| 213 | 平絹 | 経35 緯35 | | | 377 | 平絹 | | | | 579 | 平絹 | 経60 緯50 | | | 894 | 平絹 | 経55 緯30 | 経45 緯20 | |
| 214 | 平絹 | 経50 緯35 | | | | | 緯40 | | | 630 | 平絹 | 経55 緯35 | | | 900 | 平絹 | | | |
| 215 | 平絹 | 経120 緯35 経65 緯30 | 経85 緯40 | | 379 | 平絹 | 経160 緯38 | | A | 663 | 平絹 | | | | 904 | 平絹 | | | |
| | | | | | 387 | 平絹 | 経45 緯38 | | | 669 | 平絹 | 経50 緯35 | | | 907 | 赤色顔料付着平絹 | 経130 緯28 | 経55 緯40 | |
| 220 | 平絹 | 経40 緯30 | | | 391 | 平絹 | 経50 緯40 | | | 712 | 平絹 | | | | 912 | 莚目平絹 | 経100 緯40 | | |
| | 赤色顔料付着平絹 | 経60 緯35 | | | 393 | 平絹 | 経70 緯40 | | | 738 | 平絹 | 経50 緯27 | | | 930 | 平絹 | 経40 緯25 | | |
| 222 | 平絹 | | | | 397 | 平絹 | 経60 緯30 | | | 753 | 平絹 | 経55 緯30 | | | 946 | 平絹 | | | |
| 225 409 | 平絹 | 経32 緯30 | 経25 緯20 | | 399 | 平絹 | | | | 757 | 平絹 | | | | 975 | 平絹 | | | |
| 227 | 平絹 | | | | | | | | | 822 | 平絹 | | | | 234 245 406 | 平絹 | 経140 緯35 経60 緯25 | 経120 緯25 経35 緯30 | A |
| 235 | 平絹 | | | | 402 | 赤色顔料付着平絹 | 経60 緯30 | | | 849 | 平絹 | 経55 緯30 | | | | | | | |
| 236 | 平絹 | | | | | | | | | | | | | | | | | | |

図248-16 平絹

図249-55 平絹

図250-93、図254-231 平絹と綴じ糸

図251-132 平絹

図252-174 平絹

図253-199 平絹

図352 小札に付着した繊維（1）（図番号次項は小札番号）

第Ⅱ部 研究編

図253-207 毛皮を綴じる革紐　　図253-217 平絹
図254-222 赤色顔料付着平絹　　図254-228. 259-410 平絹
図256-288 平絹　　図256-308. 261-494 平絹
図257-324 赤色顔料付着平絹　　図257-348 赤色顔料付着平絹
図258-363 平絹　　図258-378 平絹

図353　小札に付着した繊維（2）（図番号次項は小札番号）

図258-380 平絹
図258-388 平絹
図258-394 平絹
図259-403 赤色顔料付着平絹
図259-422 平絹
図260-428 平絹
図260-451 平絹
図262-496 平絹
図262-502 毛皮を綴じる革紐
図262-504 平絹

図354 小札に付着した繊維（3）（図番号次項は小札番号）

第Ⅱ部 研究編

図262-511 毛皮の付着　　図262-511 毛皮拡大
図262-512 毛皮　　図265-633 平絹
図266-757 平絹　　図268-864.図270-898 赤色顔料付着平絹平絹と真綿
図268-865 平絹と綴じ糸　　図268-865 平絹
図268-866 平絹　　図268-866 平絹と綴じ糸

図355　小札に付着した繊維（4）（図番号次項は小札番号）

第 2 章　文化財科学的研究

図 268-867　平絹と綴じ糸　　　　　　　　　　　図 268-867　平絹と綴じ糸

図 269-873　平絹　　　　　　　　　　　　　　　図 269-875　平絹と綴じ糸

図 269-876　平絹　　　　　　　　　　　　　　　図 269-876　平絹

図 270-891　赤色顔料付着平絹　　　　　　　　　図 270-899　平絹

図 272-914　赤色顔料付着平絹と真綿　　　　　　図 273-937　平絹

図 356　小札に付着した繊維（5）（図番号次項は小札番号）

図254-236.247. 図259-407　平絹

図357　小札に付着した繊維（6）（図番号次項は小札番号）

## 第7節　黒塚古墳出土小札付着獣毛の同定

奥山誠義

柳田明進

鶴　真美

### 1　はじめに

黒塚古墳出土鉄製品には、大量の有機物が付着していることが『概報』にも報告されている。織物等繊維製品については、第Ⅱ部第2章第6節でも具体的に指摘されているように平絹（布）やテープ状の平絹、房状の平絹等多種多様な繊維製品が確認されている。黒塚古墳においては、1,000枚以上に及ぶ鉄製小札が確認されており、発掘直後から小札に獣毛付着が指摘されていた。本稿では小札付着獣毛の調査を行ったのでここに報告する。

### 2　調査方法

観察可能な資料を基に、小札付着獣毛の調査を行った。調査は主に観察によるもので、光学顕微鏡（OM）および走査型電子顕微鏡（SEM）を用いた。大部分の動物毛はスケール、毛皮質、毛髄質の3つの構造に分けられ、動物種に応じて特徴の出現程度に差があることが知られている［図358］。表面の鱗状のスケール模様（毛小皮紋理）は、花弁状、横行状、横行波状、著しい横行波状、モザイク状、山形状、針山状等に分類される。中心部の空洞構造である毛髄質（メデューラ）状、格子状、梯子状、網目状、スポンジ状、管状、無髄質などに分類される。毛皮質はスケールと毛髄質の間に存在する角化繊維細胞であり、毛の形状や物性を決定する［竹ノ内・奥村ほか2015、近藤2013］。毛の太さや等も動物種によって異なることから、これらの特徴を総合的に検討し、動物種の検討を行った。

調査資料は、小札資料から遊離し復元が困難な小片で、表41に示した12点である。

### 3　測定結果

観察結果を図359・360に示した。獣毛らしき形態が観察できる資料から単なる管状にしか見えない資料、割竹型の形状しか確認できない資料等様々ではあるが、小札付着の獣毛は、土壌に埋没し鉄錆に置換されており、ほとんどが痕跡の状態で観察可能な資料は、ごく一部であった。12点中10点については、SEM観察を行うことができ、スケールや毛髄質の痕跡を観察することができた。観察できたスケールの痕跡の多くは、獣毛表面のスケールが遺存しているものではなく、獣毛の表面に鉄分が集積し、いわば鉄錆によって獣毛表面を覆うように鉄錆が膜状に形成され、さらに長い年月を経て獣毛自体が消失し、鉄錆に印象されて鋳型となって残存したものと考えられる。本来の獣毛表面のスケールが金型の原型であるとするならば、小札資料の多くに観察されたスケールは金型の鋳型の状態である。毛髄質はほぼ鉄分に置き換えられて痕跡と化して遺存した状態である。スケールおよび毛髄質の形態は、そのほとんどが同様な特徴を示した。横行状のスケール模様を呈し、空隙の多い格子状の毛髄質を有し、非常に薄い毛皮質であった。これらの観察所見より、小

表41　調査資料一覧

| | 資料番号 | 出土地点等 | 調査内容 | |
|---|---|---|---|---|
| | | | 実体顕微鏡（OM） | 走査型電子顕微鏡（SEM） |
| 1 | 529 | 11区 | | ○ |
| 2 | 605 | 流入粗砂 | | ○ |
| 3 | 611 | S2.5〜3.2　東攪乱 | | ○ |
| 4 | 616 | S3.2〜2.7　西側攪乱 | ○ | |
| 5 | 632 | S2.0〜2.5　東攪乱 | ○ | ○ |
| 6 | 670 | S2.0〜2.5　攪乱 | ○ | |
| 7 | 672 | S2.5〜3.2　流入粗砂 | ○ | |
| 8 | 673 | S2.0〜2.5　 | | ○ |
| 9 | 695 | N0.07〜2　東棺外 | ○ | |
| 10 | 696 | S2.5〜2　西攪乱 | | ○ |
| 11 | 707 | S2.0〜2.5　西側粗砂 | ○ | ○ |
| 12 | 14-1 | S2.5　付近 | | ○ |

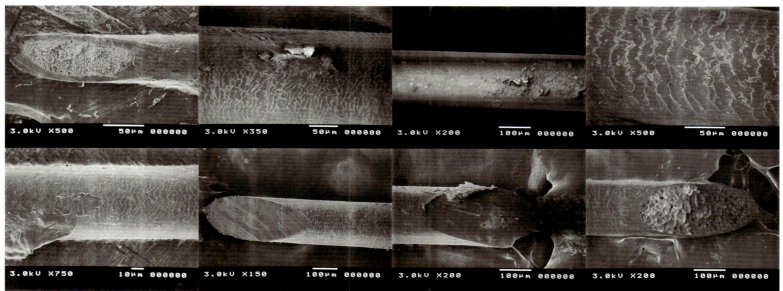

図 358 動物毛の SEM 像（左から、猫、馬（尾）、豚、鹿）

No.529 資料全体（上）と SEM 像（下）　　No.605 資料全体（上）と SEM 像（下）　　No.611 資料全体（上）と SEM 像（下）

No.616 資料全体と実体顕微鏡像　　No.632 資料全体（左）と SEM 像（右）

No.670 資料全体（上）と SEM 像（下）

No.672 実体顕微鏡像

No.673 実体顕微鏡像（上）と SEM 像（下）

図 359　資料写真と観察画像（1）

第Ⅱ部　研究編

札に付着する獣毛は鹿毛と考えられる。

## 4　まとめ

黒塚古墳出土小札に付着する獣毛は鹿毛であることが確認できた。出土品に見られる獣毛は、これまで多数の報告例がある。例えば、奈良県下池山古墳出土の大型内行花文鏡に伴う織物にはウサギの毛が利用され［卜部ほか2008］、兵庫県茶すり山古墳出土の冑［井上・奥村2010］や和歌山県大谷古墳出土馬甲［木川1999］には鹿毛が利用されていたことが報告されている。また、動物種が特定できないまでも、獣毛付着が認められる出土資料は多数存在する。

鹿毛あるいは鹿の毛皮は、緩衝性能や保温性に優れているとされていることから、これら両者の目的あるいはいずれかの目的を果たすために、施工されていた可能性が考えられる。しかしながら、本報告における鹿毛との同定結果は、あくまでも存在していたことを証明するに過ぎず、目的・施工技術までは確認できなかった。

謝辞

本調査には、吉村由利香氏（大阪市立工業研究所）ならびに奥村　章氏（消費科学研究所、元大阪産業技術研究所）にご指導、ご助言を賜りました。ここに記して感謝いたします。

【引用文献】

井上美和子・奥村　章 2010「竪矧板鋲留衝角付冑の布と獣毛様付着物の同定」『史跡　茶すり山古墳』兵庫県立考古博物館

卜部行弘ほか 2008『下池山古墳の研究』奈良県立橿原考古学研究所

木川りか 1999「大谷古墳出土馬甲に付着した毛皮の獣毛形態及びDNA分析による生物種調査」『和歌山市立博物館紀要』14号

近藤啓治 2013『日本産哺乳動物毛図鑑-走査電子顕微鏡で見る毛の形態』北海道大学出版会

竹ノ内一昭・奥村　章ほか 2015「正倉院宝物特別調査毛材調査報告」『正倉院紀要』37号　宮内庁正倉院事務所

No.695 実体顕微鏡像（上）とSEM像（下）

No.707 実体顕微鏡像（上）とSEM像（下）

No.696 資料全体（上）とSEM像（下）

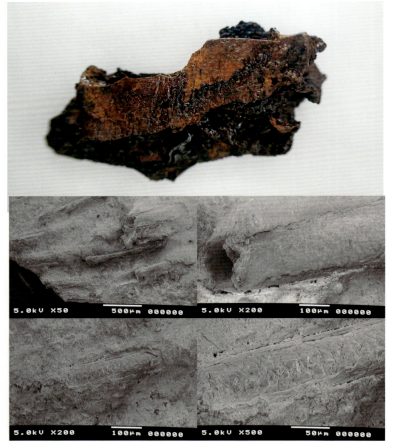

No.14-1 資料全体（上）とSEM像（下）

図360　資料写真と観察画像（2）

# 第8節　黒塚古墳出土木棺材の樹種

福田さよ子

## 1　はじめに

　竪穴式石室から出土した木片について、樹種の調査をおこなったので結果を報告する。

　木片［図43］は、西棺外の3号鏡付近で出土したもので、長さ37.3cm・幅7.1cm・厚さ3.5cmを測る。調査担当者からは他にも木質の断片や痕跡が筆者に届けられたが、ここでは図43の木片を中心に同定の結果を記載する。

## 2　試料の採取

　この木片は硬く収縮して組織の遺存状態が悪く、当初は取り上げられた材の表面にセロイジン液を塗布し徒手で切片を作成して、広葉樹であることを確認した。広葉樹の場合、樹種の同定には木口面の一年輪以上の情報が最重要であるため、木片からブロックサンプルを採取し、三断面の観察をおこなった。サンプルブロックを採取した箇所は図361に示す。

## 3　検鏡試料の作成

　採取したブロックはセロイジン液に漬け込み、数週間をかけて濃度を上げて浸潤させた後クロロフォルムに浸し、やや硬化させた。これを乾燥して変形しないように注意しながらカミソリを使用して徒手で木口・柾目・板目の各薄切片を切削し、ガムクロラールで封入してプレパラートに仕上げた。これらを生物顕微鏡と落射蛍光顕微鏡下で検鏡・観察をし、樹種の同定をおこなった。なお、樹種の同定は文末の参考文献の記載や材鑑のプレパラートとの照合をおこなって進めた。

## 4　同定の結果

　一年輪の幅が狭くやや「ぬか目」を呈するが、年輪界に沿って直径250～300μmの大型の道管が並び孔圏を形成する環孔材である。孔圏内の大道管は1～2列で、単独または2～3個複合する。孔圏外の小道管は、2～数個が小塊状または接線方向に複合する。道管内にはチロースが充填し、周囲を柔細胞が取り囲む［図362-1・2・3］。道管の穿孔は単穿孔で壁孔は交互壁孔、小道管にはらせん肥厚が存在する［図362-5・9］。放射組織は異性で大型の方形および直立細胞が認められ、その中にしばしば結晶が存在する［図362-4・6］。放射組織は1～6細胞列で、広いところで67μm、高さは高いもので96～100μmを測る［図362-7・8・9］。

　以上の観察結果から、この材はクワ科（Moraceae）のクワ属（*Morus*）と同定した。

　なお、試料の採取から同定までには当時の京都大学木質科学研究所（現 生存圏研究所）の林昭三先生（故人）や影守紀子先生、天理大学の金原正明先生（現 奈良教育大学）に多大なるご教授やご指導・ご協力をいただき、プレパラートを検鏡してこの結果をご確認いただいた。また、金原先生には概報執筆の際にも多くのご協力をいただいた。

## 5　まとめ

　3号鏡付近で出土したもっとも残存状況の良い木片は、クワ属（*Morus*）の材であることが確認できた。その出土状態と木繊維の走行状況やサンプルを切り取った面を合わせて観察すると、木表を鏡側に接し木裏を主体部内側に向けた板目材で、年輪界は緩やかなカーブを描き大径材の一部であることが観察できる［図361］。

　またこの木片のやや南の8・9号鏡付近で出土した木質(26)は、広葉樹であることが確認できた［図362-13］。他にも1997年12月10日に現地で採取したサンプル5点のうち、サンプル②としたものは木質の圧痕を残した朱が付着した土であり、樹種の同定に供することはできなかったが、他の4点はすべて広葉樹の断片であることが確認できた。また、そのうちの④や⑤は環孔材であることまでが確認できた［図362-10～12］。この他にも、調査中に木棺材の可能性があるとして調査担当者から筆者に届けられた木質の残片は、材組織の観察の結果すべて広葉樹であることが確認できたが、遺存状態が悪く詳細な同定には至らなかった。

【参考文献】

島地　謙・伊東隆夫 1982『図説木材組織』地球社

林　昭三 1991『日本産木材 顕微鏡写真集』京都大学木質科学研究所

Wheeler E.A.et all（編）1998『IAWAによる光学顕微鏡的特徴リスト 広葉樹材の識別』伊東隆夫・藤井智之・佐伯浩（日本語版監修）海青社

図361　サンプル採取箇所と木取り模式図

第Ⅱ部　研究編

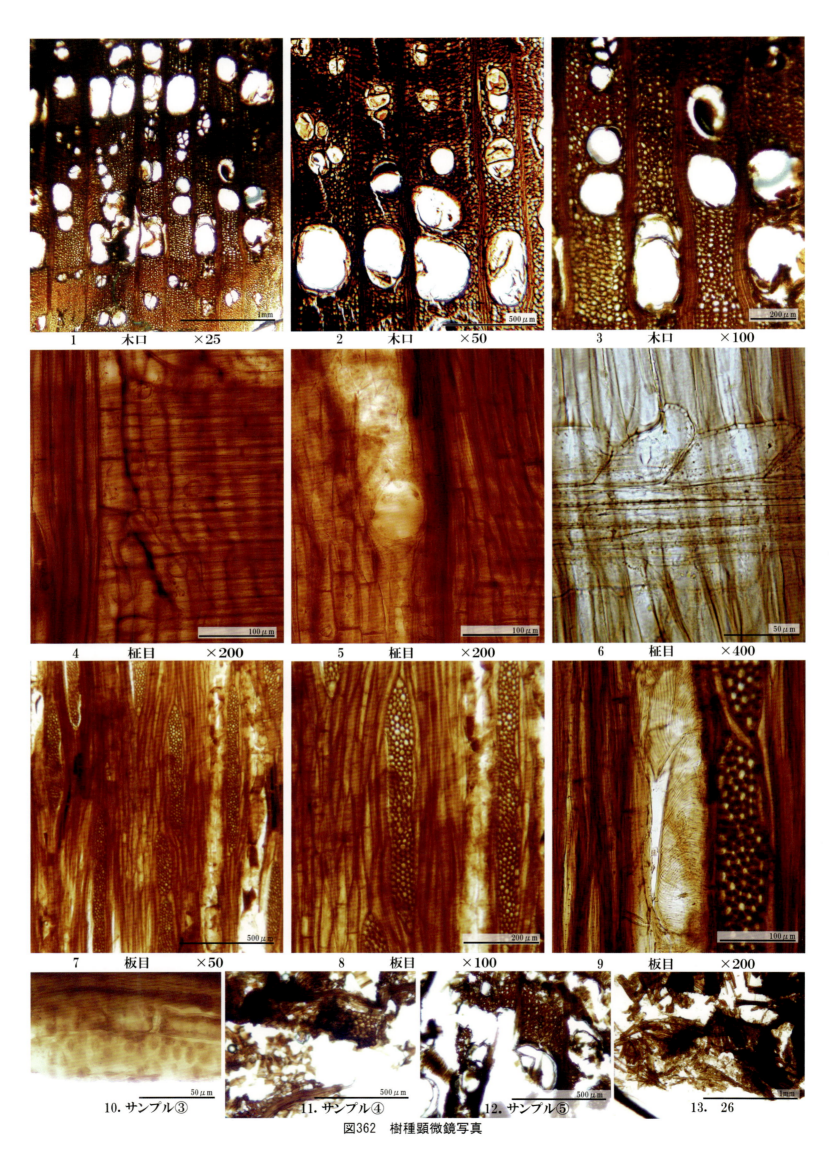

図362　樹種顕微鏡写真

# 第9節　黒塚古墳出土鏡の金属組織と化学組成

長柄 毅一

## 1　金属材料の科学的調査

　青銅器の冶金学的な調査として、通常、成分分析や金属組織の観察が行われる。合金の成分を知ることで、当時の金属精錬の方法や技術レベルを知るための手掛かりになる。さらに、合金元素や不純物の成分は、その金属製品の性質（色、硬さや強さ、加工のしやすさ、耐食性等）に大きな影響を及ぼすため、何のために作られたのか、どのような加工技術が用いられていたのか、など青銅器に纏わる様々なことを明らかにするためのヒントを与えてくれる。また、金属組織は、金属原子の集合体である結晶の形態的な情報であり、合金成分、製作方法によって様々に変化する。そのため、成分分析データを考慮しつつ青銅器の組織を観察することで、その青銅器がどのような方法で作製されたのか（鋳造品なのか、鍛造品なのか、接合されたものか、熱処理はされたのか、されたとすればどのような方法でおこなわれたのか、等）を類推し、古代の技術力、特徴や変遷を明らかにするための根拠となることが期待できる。

　古代の青銅鏡の科学的な分析については、大正七年に近重眞澄による成分の調査報告［近重1918］があり、白銅鏡として分類される漢鏡等が銅、錫、鉛の三元素を主要構成元素とすることが報告されている。また、小松茂、山内淑人らは古代青銅鏡56面の分析を行い、漢より三国、六朝、隋などを経て唐に至る千百年余りに製作された鏡のほとんどにおいて銅、錫、鉛の比率がおよそ70：25：5を中心に分布していることを報告［小松・山内1937］したほか、金属組織写真も併せて紹介した。田辺義一も同様に古墳時代の神獣鏡を中心とした41面の分析データを公開［G.Tanabe1962］しており、一部を除いて多くの鏡が錫を18〜25％、鉛を3〜8％含む銅合金であることを明らかにしている。黒塚古墳出土の三角縁神獣鏡がこうした先行研究にみられるような成分を示すのかどうかは大いに興味が惹かれるところであるが、残念ながら、上記のケースはいずれも、資料からサンプルを採取して分析されており、国指定重要文化財である黒塚古墳の三角縁神獣鏡に同じ手法を適用することはできない。一方、資料を棄損せずに成分を知る方法としては、近年、蛍光Ｘ線分析法が採られるようになっている。これは、分析対象にＸ線を照射し、そこで新たに励起、発生するＸ線（蛍光Ｘ線という）のエネルギーや波長を解析する方法で、分析対象物を全く傷つけることなく、なにが、どのくらいあるのかを知るのに役立つ。近年は専らこの蛍光Ｘ線分析法が青銅器の分析方法として主流になったが、ひとつ大きな問題点がある。出土青銅器の多くが、土中腐食により表面を厚い腐食層で覆われているということである。蛍光Ｘ線分析法は素材の表面近傍において発生する蛍光Ｘ線を用いた調査であり、表面が錆に覆われている場合、地金ではなく、錆の組成を分析していることになるため、地金の成分を明らかにすることは極めて難しい。蛍光Ｘ線分析法による青銅鏡の分析研究では、沢田正昭による157面の分析報告［沢田1981］が挙げられるだろう。沢田もこの錆の問題に取り組んでおり、ほとんどすべての青銅鏡はその錆の状態の如何を問わず、同一面における錫と鉛の含有量がほぼ比例的な関係を持っているという興味深い考察を行っている。ただし、その根拠となる腐食のメカニズムについては述べられてはいない。

　今回、我々は、黒塚古墳出土銅鏡について、蛍光Ｘ線分析に加えて金属組織観察を行った。本来、金属組織観察は、まず資料から観察用サンプルを切り出し、樹脂に埋め込んだ後に表面が鏡面になるまで研磨、これを酸などでエッチングすることで結晶の形態を浮かび上がらせ、金属顕微鏡を用いて行われる。この手法はもちろん黒塚古墳鏡には適用できないが、三角縁神獣鏡の鏡背面表面をマイクロスコープにより詳細に観察している過程で、偶然、金属組織が現出している部分を発見した。そこで、観察面を鏡面側に変え、同様の観察を行ったところ、金属組織をより見出しやすいことが判明した。鏡面は緩やかな凸面になっているが、最近のマイクロスコープでは、ピントをずらした複数の画像を合成し、視野全体で焦点のあった画像を得ることが可能である（これを3Dタイリング機能という）。こうして、研磨などの前処理を全くせずに、銅鏡から直接、金属組織を取得することができた。鏡面側は完成当初において、研磨痕が消失するくらいに磨かれていたはずであり、これが土中で腐食することで金属組織が現出したものと考えられる。すなわち、上記の金属組織観察の準備操作が自然に行なわれていたということになる。さらに、今回の調査においては、鏡面側について、蛍光Ｘ線による定性、定量分析も実施した。出土銅鏡の蛍光Ｘ線分析で知ることができるのは、前述のとおり、表面腐食層の成分情報であるが、少なくとも、なにが含まれているのか（定性）を確認することはできる。ただし、このように重要文化財を分析する機会はめったにないことから、ファンダメンタル・パラメータ（FP）法による定量評価も一応、行っている。「2の（2）分析結果」においてその内容について記述するが、先に結論を言えば、銅鏡の構成成分を精度よく反映しているとは言い難い。もしも定量的な成分に関する、より正確な情報を得たいと考えるのなら、金属組織が唯一の手掛かりとなる。後述するように、成分が金属組織に大きな影響を及ぼしているからである。そこで、金属組織による定量値の推定を試みるため、まず、鉛含有量は5％で固定し、錫含有量を18、20、22、25％と変えた4種の三元系高錫青銅鋳造合金を標準サンプルとして作製した。これらの金属組織と黒塚

第Ⅱ部　研　究　編

古墳鏡表面から取得できた金属組織を対比することで、出土鏡に含まれる成分の定量値に関する考察を行った。

## 2　蛍光X線分析法による銅鏡の成分分析

### （1）分析方法

使用した分析機器は可搬型蛍光X線分析装置 OURSTEX 100FA である。Pd（パラジウム）をターゲットとするX線管球において、管電圧 35 kV、管電流 0.16 mA、測定時間 60 sec の条件で分析を行った。分析中に銅鏡に対して事故の無いよう安全に調査を行うため、図 363 に示すようにアルミ製の資料台を作製し、アクリル製の天板の上に銅鏡を慎重に置いて分析を行った。なお、天板には穴が開いており、検出器の先端が天板表面において面一になるようにし、鏡面が検出器先端にほぼ密着するよう工夫した。

### （2）分析結果

34 面の銅鏡において、概ねすべて同様の定性結果を示した。代表して、3 号鏡の蛍光X線スペクトルを図 364 に示す。鏡に含まれることが確定できた元素は Fe（鉄）、Cu（銅）、As（砒素）、Sn（錫）、Pb（鉛）である。なお、Pd はX線ターゲットによるもので含有元素ではない。図中にない S（硫黄）も不純物として存在する可能性が考えられたが、S の Kα、Kβ線が Pb の Mα線と重なる位置にあるため、確定できなかった。このほか、Ni（ニッケル）や Sb（アンチモン）、Ag（銀）が候補として定性ソフトウエアによって挙げられたが、Kα や Lα は認められても Kβ、Lβ をそれぞれ確認できなかったため、今回、"確実に含まれる元素" としていない。ただし、こうした微量元素については、過去に様々な古代銅鏡において行われた湿式分析や、SPring-8 による非破壊分析においても報告［樋口・外山・廣川ほか 2008］されており、黒塚古墳鏡においても含まれる可能性は十分にある。

さて、得られた蛍光X線のスペクトルから、FP 法による定量計算を行った。代表して 28 号鏡における結果を紹介する。分析位置は、図 365 における a〜i の 9 点である。分析面はかなり厚いとみられる緑色の錆に覆われているが錆の状況は均一ではない。分析位置 a の近傍は鮮やかな瑠璃色の腐食層で覆われており、分析位置 g のように出土時の表面処理によって腐食層が削りとられた痕跡の見られる部分もある。定性分析によって確定した上記 5 元素の定量値を表 42 に示す。主要合金元素の Sn は 10〜54％、Pb は 3〜11％と大きくばらついている。Cu、Sn、Pb はそれぞれ土中での腐食のされやすさが異なることから、出土青銅器の錆におけるこれら三元素の比率は地金の比率とは全く異なり、分析位置 g にみられるように、Sn 含有率が 54％ という異常値を示す場合もある。これは、本件に限らず、他の出土高錫青銅器においてもしばしば見られる現象である。このように極めて錫の多い組成の青銅合金で三角縁神獣鏡のような複雑な形状の鋳物をもし製作しようとしても、凝固過程で簡単に割れてしまうと推定されることから、鋳造による製作は不可能であり、地金成分とすれば明らかに異常値である。すでに本稿で述べているように、蛍光X線分析法は、表面にX線を照射し、表面近傍（金属の場合、深さ数十ミクロン）で励起された蛍光X

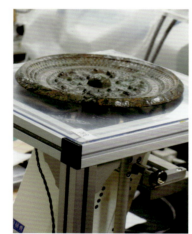

図 363　蛍光X線分析における資料設置の様子

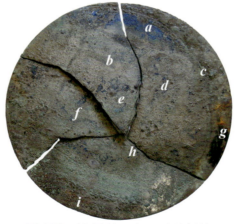

図 365　28 号鏡における分析位置

表 42　28 号鏡表面の XRF による定量分析

| 分析位置 | 組成　wt％ | | | | |
| --- | --- | --- | --- | --- | --- |
| | Fe | Cu | As | Sn | Pb |
| a | 0.5 | 75 | 0.3 | 18 | 6 |
| b | 1.9 | 76 | 0.4 | 18 | 4 |
| c | 2.7 | 77 | 0.3 | 16 | 4 |
| d | 4.8 | 68 | 0.4 | 21 | 5 |
| e | 1.6 | 79 | 0.3 | 14 | 5 |
| f | 3.5 | 58 | 0.6 | 28 | 10 |
| g | 2.9 | 30 | 1.3 | 54 | 11 |
| h | 5.3 | 81 | 0.2 | 10 | 3 |
| i | 0.5 | 57 | 0.4 | 34 | 7 |

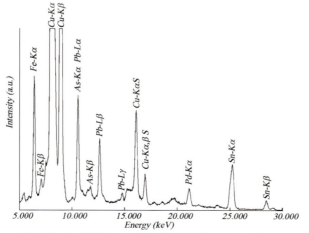

図 364　3 号鏡における蛍光X線スペクトル

図 366　画文帯神獣鏡にみられる赤色顔料

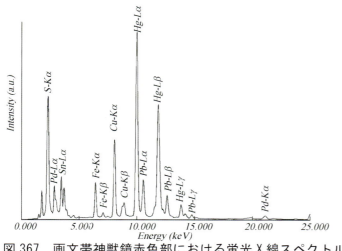

図 367　画文帯神獣鏡赤色部における蛍光 X 線スペクトル

線のエネルギーを測定する方法である。したがって、表 42 に示す定量値というのは、28 号鏡を構成する本体の成分ではなく、あくまでも、表層の腐食部分の金属成分の比率である。

ところで、今回の調査において、いくつかの銅鏡に見られる、赤色の付着物についても蛍光 X 線による定性分析を行った。図 366 は画文帯神獣鏡の鏡面側の一部であり、図 367 に赤色部の蛍光 X 線スペクトルを示す。地金の Cu、Sn、Pb および管球の Pd が検出されたほか、S と Hg（水銀）が主要元素の Cu 以上の強度で検出された。S-K α 線も Pb-L α 線よりもはるかに高い強度で検出されており、Pb の M α 線ではないことが明らかである。したがって、この赤色付着物は辰砂（HgS）と推定できる。この分析は 27 号鏡に付着している赤色部分においても同様に行ない、Hg と S を検出、出土鏡に付着している顔料は辰砂であることが明らかとなった。『黒塚古墳調査概報』［奈良県立橿原考古学研究所（編）1999］では、石室内の粘土棺床には主にベンガラ（酸化鉄）が塗布されているとあり、2 種類の赤色顔料が用いられていたことになる。

## 3　マイクロスコープによる金属組織の観察

### (1) Cu-Sn-Pb 三元系合金の金属組織の特徴

黒塚古墳より出土した銅鏡は、蛍光 X 線分析によって、Cu、Sn、Pb の三元素を基本元素とする合金でできていることが確認できた。そこで、まず Cu-Sn-Pb 三元系合金の金属組織の特徴を述べることとしたい。

この Cu-Sn-Pb 合金において、合金としてのベースとなり、その性質に大きな影響を及ぼすのは Cu と Sn からなる金属相である。図 368 に Cu-Sn 二元系合金状態図［N.Saundders and A.P.Miodownik］を示す。様々な固溶体や金属間化合物を生成する極めて複雑な系であることが知られている。Cu の結晶は面心立方構造（FCC）であるが、Sn 原子は FCC 結晶を構成する Cu 原子の一部と置き換わって最大 15.8 ％まで溶け込み、FCC 構造はひずみながらも維持される。これを α 固溶体（α 相）という。（図中に α と示されている。）β と γ は体心立方構造（BCC）の固溶体であり、青銅においては高温で安定な相である。このほか、δ 相と呼ばれる金属間化合物 $Cu_{41}Sn_{11}$ や ε 相と呼ばれる金属間化合物 $Cu_3Sn$ が図中にみられる。これら δ 相と ε 相はいずれも結晶の形が極めて複雑

であり、脆い。参考までに記述すると、インドのケララ州にはこの δ 相のみからなる δ ブロンズ（Sn 含有量 32 ～ 33％）で製作される金属鏡があり、かつては反射望遠鏡にも用いられた。金属でありながらガラスのように割れやすく、中国古代銅鏡のような複雑な鏡背面を持つ鏡の製作は困難であり、平板が作られるのみである。ここで、Sn を 20 ％含む青銅を熔かしたのち鋳造する場合について金属組織の変化を説明しておく。状態図では点線の部分である。この成分では、少なくとも 1000 ℃以上で熔解され、合金は均一な液体となる。注湯後、鋳型中で冷却され、およそ 910℃くらいから FCC 結晶（α 相）が晶出し始める。これは樹木の枝のように成長することから、デンドライト（樹枝状晶）と呼ばれる。温度の低下に伴い、デンドライトは成長し、液相が減少していく。

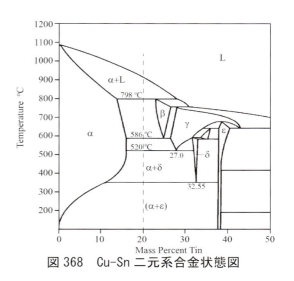

図 368　Cu-Sn 二元系合金状態図

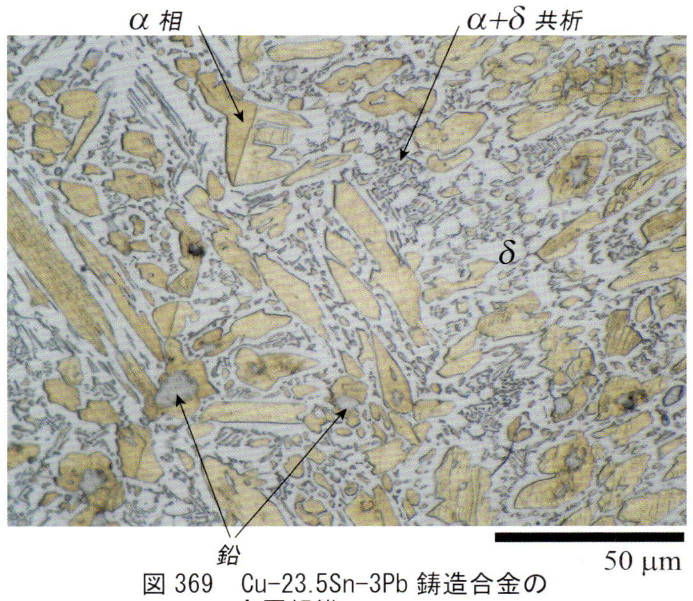

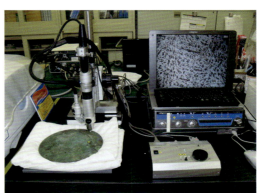

図 369　Cu-23.5Sn-3Pb 鋳造合金の金属組織

図 370　マイクロスコープによる金属組織の直接観察

798 ℃以下では完全に固体となる。このとき、α相とβ相の二相からなる組織となっている。586 ℃でβ相はα相とγ相に、γ相は520 ℃でα相とδ相に分解する。さらに平衡状態図では、350 ℃以下でδ相がα相とε相に分解するとあるが、実はこの変化には極めて長い時間が必要であり、実際には常温において、ε相が析出することはない。すなわち、Cu-20Sn 合金は常温においてα相とδ相からなる。ただし、このδ相は単独で大きな相を形成するのではなく、多くはα相と細かく共存しており、これをα+δ共析相という。なお、Pb は母相となる Cu と溶け合わないため、単独で相を形成する。

図369に富山大学で鋳造した Cu-23.5%Sn-3%Pb 合金の金属組織を示す。枯草色の部分が軟らかく可塑性に富むα相である。スカイグレーの部分がδ相であり、ほとんどが共析相を形成している。この部分は硬く脆いことから室温での鍛造による成形を困難にする。

(2) 観察の方法

金属組織の観察はハイロックス製デジタルマイクロスコープ KH-7700 を使用して行った。銅鏡を直接観察するため、3D タイリング機能によって視野の全面で焦点のあった組織画像を取得した。図370は観察しているときの様子である。リアルタイムで観察しているときは、この写真内の組織画像のように全面に焦点が合っているわけではないが、レンズの高さを変え、焦点のあった画像を複数取得したのち、それらを統合し全面で焦点のあった画像を取得できた。

(3) 得られた組織の特徴

鏡の表面はほとんどの領域が錆で覆われているため、金属組織が取得できるのはごく一部である。34面の銅鏡より取得した組織画像［図371〜373］の特徴を以下に記述する。なお、銅鏡によっては、組織が現出している部分が極めて少なく、ようやく組織が取得できた場合も多いため、観察倍率は統一していない。ただし、それぞれの写真の右下にスケールを表示した。

1号鏡　針状に伸びたα相と共析相、鉛とみられる粒組織がみられる。組織写真内を縦横に走っているのは表面の擦過痕で金属組織ではない。

2号鏡　島状に分布するα相と共析相がみられる。1号鏡と比べてα相は大きく、比較的ゆっくり凝固したものと考えられる。鉛は確認できないが、蛍光X線分析で存在が確認できている。腐食の状況によりα相との見分けがつかなくなっているものと思われる。

3号鏡　中央付近にα相のデンドライトがはっきり確認できる。残りは共析相。10 μm程度の鉛と推定できる部分もみられる。

4号鏡　α相と共析、鉛相からなる。α相の形態は1号鏡に近い。

5号鏡　腐食のため金属組織が検出できる部分が極めて少なく、ようやく撮ることのできた1枚。α相と共析、鉛と推定できる相がみられる。

6号鏡　デンドライト状のα相と共析がはっきり確認可能。黒い粒状の部分は鉛があったところと考えられる。

7号鏡　α相と共析がはっきりと確認できる。また、巣に見える部分は鉛があったところと考えられる。

8号鏡　大きなα相のデンドライトと共析、鉛相が認められる。鉛と図示した部分はα相のデンドライトの端にみられるコントラストの異なる部分である。

9号鏡　α相のデンドライトと共析相がはっきり確認できる。鉛があったと思われる孔も認められる。

10号鏡　α相が粒状に分布。残りはほぼ共析相。鉛がわずかに認識可能。

11号鏡　デンドライト状のα相と共析相が認められる。鉛相が検出可能。

12号鏡　αデンドライトと共析がはっきり認められる。鉛相も検出可能。

13号鏡　白い部分がα相のデンドライトである。コーティングされた樹脂がα相のところにたまり、これが変質して白くなったものと考えられる。黒い部分は共析組織とみられる。

14号鏡　組織観察に適した状態の部分がほとんどなく、かろうじて取得した1枚。α相と共析がようやく認められる。鉛相を判定することは困難。

15号鏡　α相と共析相がみられる。粒状の鉛相がなんとか検出できる。

16号鏡　α相と共析相、鉛がいずれも検出できる。α相の形状は1号鏡、4号鏡に近い。

17号鏡　α相の2次デンドライトが確認できる。残りは共析相。13号鏡と同様、樹脂が白化したもの。

18号鏡　デンドライトの成長がよく観察できる。共析と鉛相が検出できる。

19号鏡　α相デンドライトが観察できる。白っぽい部分は共析と考えられる

20号鏡　α相のデンドライトが認められる。

21号鏡　α相と共析、鉛相が観察可能

22号鏡　腐食、表面の防錆コーティングの影響などで、組織が明瞭に観察できる部分はほぼ無い。写真中央付近でかろうじてα相と共析部分が観察できるのみ。

23号鏡　組織は見えにくいが、1号鏡などと同様の細かなα相のデンドライトと共析相が確認できる。

24号鏡　保存用樹脂の影響か、ところどころ焦点が合っていないが、α相は明瞭に判別可能。

25号鏡　α相が明瞭に観察できる。共析のα相とδ相まで識別可能。黒い部分は鉛相もしくは鋳巣。

26号鏡　α相のデンドライトが観察できる。

27号鏡　デンドライトと共析が明瞭に判別可能。

28号鏡　腐食防止用の樹脂の影響によるのか、全体が若干不明瞭であるが、α相と共析相が観察可能。共析領域ではα相とδ相も識別できる。27号鏡と比較すると、この共析領域の面積比が広い。

29号鏡　太いα相のデンドライトと共析相がはっきりとみられる。共析はα相とδ相が識別可能。全体に霞んで見えるのは樹脂の影響とみられる。

30号鏡　太いαデンドライトと共析がみられる。共析は傷と腐食の影響によってα相とδ相の識別は困難。

　31号鏡　明瞭にα相と共析相が見える。共析相のα相とδ相は識別可能。黒い部分は鉛があったところとみられる。

　32号鏡　白化した樹脂の埋まったα相デンドライトが識別できるのみ。

　33号鏡　α相と共析、δ相まで識別可能。鉛は濃い粒状の部分か。

　画文帯神獣鏡　鉛相が識別できる。α相とδ相は識別が困難。

（4）金属組織からの主要元素の定量値算出の試み

　上記34面の神獣鏡から検出された金属組織は、形態、大きさなどの差異はあるものの、概ね、図369に示した鋳造片の金属組織と同様、α相、α+δ共析相、Pb相で構成されている。これらの各相の組成は、EPMAを用いた定量分析によって明らかにできる。α相はCuに14～16％のSnを含む固溶体であり、δ相はSnを32％含むことがわかっている。また、共析の平均Sn含有量は26.4％であるから、それぞれの相の面積率が分かれば、全体の平均組成を推定することも可能である。図369はCu-xSn-5Pb（x=18, 20, 22, 25）鋳造合金の金属組織である。これは、鋳造試料から分析用サンプルを切り出し、樹脂に包埋したのち、研磨、エッチングして組織観察をしたものである。(a)のCu-18Sn-5Pb合金組織では、α相の占める割合が最も多く、面積率ではほぼ75％程度である。α相の成長後、最終凝固域にみられるα+δ共析相や偏晶反応によって形成されるPb相も確認できる。Sn含有量が2％多い(b)のCu-20Sn-5Pb合金組織では、α相の面積率は減少し、共析相との割合はほぼ半々となる。さらにSn量が増える(c) Cu-22Sn-5Pb合金の組織では、α相の割合は30％程度にまで減少し、(d) Cu-25Sn-5Pb合金になるとα相の面積率は10％程度にまで減少する。また、Pb相については、α相、α+δ共析相とは別に、独立した相を形成する。Cu-xSn-5Pbは含有するPbを5％で一定としたので図374からは説明できないが、Pb量の増加とともに、このPb相は当然増加する。すなわち、Cu-Sn-Pb三元系合金において、これらの含有量が金属組織に明白な影響を及ぼす。したがって、逆に、金属組織から、Cu/Sn/Pbの成分比を推定することも可能と考えられる。そこで、図371～373に示した黒塚古墳出土の34面の金属組織を、図374の組織と対照して、それぞれの鏡の成分を推定した。ただし、デンドライトの太さ、間隔は凝固速度で変わるので、注意が必要である。凝固速度が遅いと、デンドライトはゆっくりと成長し、太くなる。凝固速度が速いと個々の枝は細くなっていくが、樹枝間隔は短くなっていく。したがって、単に、α相の形態のみを比較するのではなく、その占有面積率を基準として、定量評価を試みた。また、黒塚古墳鏡の組織におけるPb相は細かいα相や巣と判別しにくいことから、今回、Pbの定量値算出は行わない。ここでは、α相にのみ着目し、α相の量を図374(a)～(d)と比較しつつ、Pbを除くCuとSnのうち、Snが占める割合Sn/(Cu+Sn)比（パーセント）を推定する。

この、Sn/(Cu+Sn)比は図374(a)～(d)において、それぞれ、(a) 19、(b) 21、(c) 23、(d) 26％となる。1号鏡ではα相は針状となっており、図374(c)と(d)の間の組織とみられる。α相の面積率は20％程度と低く、Sn/(Cu+Sn)比は24.3％程度と見積った。このように推定した各銅鏡におけるSn/(Cu+Sn)比を図375に表示した。ただし、解析したのはごく狭い領域であり、分析点数も少ないことから、組成の偏析等を加味すると、その量を中心に±1％程度の誤差はあるだろうと考え、図には2％の幅を以て標記した。（統計処理によるものではない。）図374の試料間のSn含有量は2％ずつ増えており、組織も明らかに識別できることから、2％以上の誤差は考えにくい。ただし、組織の見え方には銅鏡によって差があり、きれいに組織が観察できた場合はよいとしても、腐食の状況によって鮮明な組織画像が得られなかった場合については、組成値はさらにこの幅からはみ出すこともあるかもしれない。また、画文帯神獣鏡の組織は不鮮明でα相の面積率を算出することができなかったため、図ではデータなし（空欄）としている。「同笵鏡」は同じ色で示した。

　さて、図375から、Sn/(Cu+Sn)比は概ね、18～25％の範疇にあるが、そのうち、多くは20～23％の範囲にあり、鋳造が困難になる23％以上の銅鏡は3面のみであった。村上隆による京都府椿井大塚山古墳出土鏡の分析データ［村上 2011］では、Sn/(Cu+Sn)比は23～26％の範疇にあり、比較すると、概ね、黒塚古墳鏡のSn含有量は低いといえるが、これについては、今後、慎重に検討する必要がある。「同笵鏡」を比較すると、11号鏡と25号鏡、13号鏡と26号鏡、20号鏡と32号鏡は、組織も類似しており、それぞれほぼ同じ組成であった。16号鏡と18号鏡は取得できた金属組織がかなり異なっているが、これは凝固速度差によるものと考えられ、α相の面積率からいうとほぼ同じ組成であると推定した。12号鏡と31号鏡、29号鏡と30号鏡はα相の面積率に少し差があり、そのため、Sn/(Cu+Sn)比には2％程度の違いがあった。2号鏡、27号鏡、33号鏡は、2号鏡と33号鏡が近いものの、27号鏡のαデンドライトが他よりも成長して広い面積を占有しており、Sn含有量の推定値は2、33号鏡よりも3％程度少ない結果となった。ただし、椿井大塚山9号鏡はSn/(Cu+Sn)比が26％であり、同型の椿井大塚山10号鏡は23％と、これも3％程度とかなりの差があることが報告されている。なぜ、「同笵鏡」の成分が一致しないのか極めて興味深い。もちろん、定量精度を向上させて、本当にどのくらいの差があるのかは今後、精査する必要もあるだろうが、椿井大塚山古墳出土鏡の報告例もあることから、「同笵鏡」同士であっても成分にバラつきがあると判断して問題ないと考える。

## 4　まとめ

　蛍光X線分析により、黒塚古墳出土鏡は、Cu-Sn-Pb三元系合金で製作されたことが明らかとなった。微量元素については、今回、確定していない。また、金属組織を非破壊で鏡

図 371 黒塚古墳出土鏡の金属組織（1）

図 372　黒塚古墳出土鏡の金属組織（2）

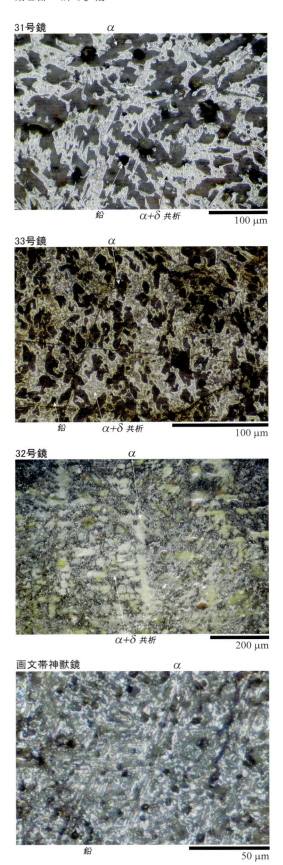

図373 黒塚古墳出土鏡の金属組織（3）

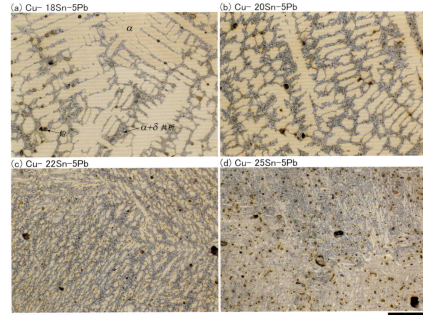

図374 Cu-x%Sn-5%Pb鋳造合金の金属組織

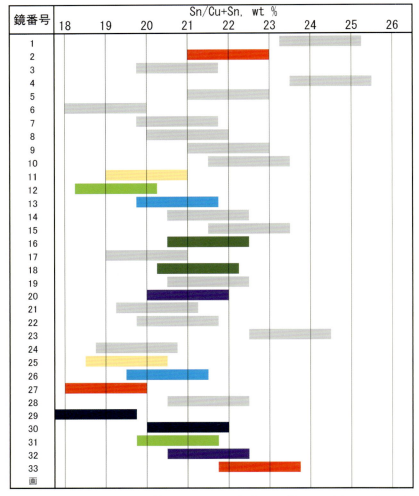

図375 金属組織から推定した黒塚古墳出土鏡のSn/(Cu+Sn)wt.%

面より検出し、これを根拠として、主要元素のCuとSnの割合を明らかにした。その結果、CuとSnの合計量のうち、Snが占める割合は18～25％と広い幅があることを明らかにした。さらに、「同笵鏡」であっても成分にバラつきがあることを明らかにした。出土銅鏡の金属組織を、非破壊でここまで観察した例は過去になく、ここに示したのはいずれもきわめて貴重な科学データであると考える。三角縁神獣鏡がどこで、どのように作られていったのかを考察していくうえでの重要な根拠データとなることが十分期待できる。一方、今回、成分既知の鋳造試料の金属組織を対照試料として、α相の面積率を基準に黒塚古墳鏡の成分値を概算するという手法をとったが、α相、共析相それぞれの成分値やPb相を確定することなどによって、分析値の精度を上げることが可能になると考えられる。

謝辞　この研究はJSPS科研費JP15K12442の助成を受けたものです。また、金属組織写真のデータ解析に尽力いただいた栗田佳之以氏に感謝します。

【引用文献】

小松　茂・山内淑人1937「古鏡の化学的研究」『東方学報8巻』
沢田正昭1981「古鏡の化学」『古鏡』日本の美術178
近重眞澄1918「東洋古銅器の化学的研究」『史林』3-2

奈良県立橿原考古学研究所（編）1999『黒塚古墳調査概報』
樋口隆康・外山 潔・廣川 守・伊藤真義・梅崎則正・野崎彰子・住友芳夫・鈴木謙爾・奥山誠義 2008「SPring-8 を利用した古代青銅鏡の放射蛍光分析（Ⅱ）」『泉屋博古館紀要』第 24 巻
村上 隆 2011 「三角縁神獣鏡の組成と金属組織…椿井大塚山古墳出土の三角縁神獣鏡を中心に…」『京都国立博物館学叢』第 33 号

Giichi Tanabe 1962「A study on the Chemical Compositions of Ancient Bronze Artifacts Excavated in Japan」『Journal of the Faculty of Science, University of Tokyo, Sec.V: anthropology Vol.2, Part 3』
N.Saunders and A.P.Miodownik in T.B.Massalski（Ed.）Binary Alloy Phase Diagrams（ASM, Ohio, 1990）

# 第 10 節　黒塚古墳出土鏡の放射光蛍光分析

廣川　守

## 1　はじめに

兵庫県にある大型放射光施設 SPring-8 における蛍光 X 線分析は、高エネルギーかつ高輝度の入射 X 線を用いるため、重元素の蛍光 K-X 線を励起でき、錆などの表面状態の影響を避けながら、銅鏡に含まれる微量成分を高精度で測定できるのが大きな特徴である。泉屋博古館では 2002 年より、この施設を利用して泉屋博古館所蔵中国古代青銅鏡の蛍光 X 線分析をおこなった。その分析結果は泉屋博古館紀要に公表したが[注1]、さらなる検証をすすめることを目的として、2004 年に橿原考古学研究所と共同で同研究所所蔵青銅鏡の分析を 2004 年 2 月と 12 月の 2 回に分けて実施した[注2]。対象とした資料は、当時保存修復処理をほどこす前の黒塚古墳出土鏡 34 面を中心とするものであった。ここではこの 33 面について実施した測定について報告する。

## 2　測定条件及びデータ解析方法

蛍光分析実験の測定条件並びにデータ解析手順は以下の通りである。

　　ビームライン：産業利用 BL19B2
　　入射 X 線　　：水平入射　　エネルギー 70 keV
　　　　　　　　　ビーム寸法 0.5㎜ X 0.5㎜
　　放出 X 線　　：90 度散乱
　　　　　　　　　エネルギー分散型スペクトロメーター
　　測定時間　　：300sec/point

試料の青銅鏡は、数 10㎜の破片から完形品まで、ビームが入射する面が垂直になるように、ゴニオメーターに固定された試料台にセットした。この様子を図 376 に示す。測定時間は 1 ヶ所につき 300 秒、同一試料について鏡面 3 ヶ所ずつ測定し、さらに断面が計測可能な試料について 2 ヶ所測定した。鏡面測定については地金が露出している部分を優先的に選択し、全面が錆で被われた鏡では錆層が薄く平滑な箇所を選択した。測定の手順はすべてあらかじめコンピューターに記憶されたシーケンスにしたがって、自動的に進めた。

解析で注目した微量元素は、銀 Ag、アンチモン Sb である。これらは蛍光 X 線エネルギーが 22keV ～ 30keV と高いため、表面から 0.2㎜程度までの領域の観測が可能である[注3]。そのためできる限り表面酸化膜などの障害を緩和できると考えたのである。また、データの検討には、上記元素について、主要元素である錫 Sn のピーク強度で規格化した数値を採用した。対象とした微量成分の絶対量を求めるのが理想であるが、主成分である銅 Cu の蛍光 X 線エネルギーが 8.04kev であるため、本測定における検出感度が極めて低く、錆などの表面状態の影響を強く受けるため、絶対量での検証が困難なためである。

錫 Sn で規格化した理由は、銀 Ag、錫 Sn、アンチモン Sb は放出蛍光 X 線 K α のエネルギーが互いに近い値であるため、吸収、散乱、屈折等の補正項をほぼ自動的に相殺でき、特別の補正手続きを施すことなく、かなり信頼度の高い定量的データを得ることができることによる。上記理由により、本分析では、銀 Ag、錫 Sn、アンチモン Sb のそれぞれの K α スペクトルの積分強度を求め、錫 Sn に対する銀 Ag あるいはアンチモン Sb の強度比を用いて実験結果の考察を行った。なお、各蛍光 X 線ピーク面積を求める際のバックグラウンドの差し引きは、単純台形近似を採用した。

## 3　測定結果

測定結果について、スペクトルの代表例として図 377 に、銅 Cu、錫 Sn、銀 Ag、アンチモン Sb のピーク強度及び強度比を表 43 にそれぞれ示す。まず図 377 のスペクトルをみると、錫 Sn のピークが高く、逆に銅 Cu のピークが非常に低い。前述の通り銅 Cu の検出感度が低いことを示している。

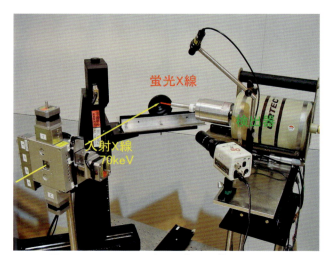

図 376　SPring-8 エネルギー分散型
　　　　蛍光 X 線スペクトロメーター（BL19B2）

またKα蛍光X線エネルギー30keV以上の希土類は全く検出できなかった。次に表43の銀Ag、アンチモンSbの各ピーク強度を錫Snのピーク強度で規格化した数値について、その内容を以下に概述する。

まず同じ銅鏡において計測部位の違いでどれくらい数値が変動しているかを確認する。測定した34面の鏡面測定でみると、Sb/Sn値で最大値と最小値の差は、最小（最も3測点の数値が近似）が26号鏡の0.0002、最大（最も3測点の数値がばらつく）が20号鏡の0.0035で、平均するとおおよそ0.0007であった。

また34面のうち14面について破断面を各銅鏡2点測定したが、平直に近い鏡面と異なり凹凸が激しいため、蛍光X線検出強度が大きくバラつく結果となった。このうち各元素のピーク積算値が大幅に低い結果に終わった測点については測定精度が低いと判断して検討から除外した。その上で、断面を測定した14面について、断面と鏡面を比較すると、Sb/Sn値の鏡面平均値と断面平均値との差は、最小が3号鏡の0.0001、最大が17号鏡の0.0033で、平均すると0.00097であった。断面・鏡面の数値変動は、同一鏡における鏡面数値変動と大差ないことが判った。そのため、表43に示したように、鏡毎に鏡面・断面を区別せずに平均した数値で検討をすすめた。

全34面について規格化した数値の平均値は、表43のとおり、小数点以下5桁目を四捨五入しているが、これをみると、とくに1号鏡と14号鏡はほぼ同値（Sb/Sn0.0078・Ag/Sn0.0024）で、33号鏡（Sb/Sn0.0078・Ag/Sn0.0029）とも極めて近似している。さらに、3号鏡（Sb/Sn0.0087・Ag/Sn0.0027）と4号鏡（Sb/Sn0.0086・Ag/Sn0.0028）、9号鏡（Sb/Sn0.0100・Ag/Sn0.0035）と20号鏡（Sb/Sn0.0100・Ag/Sn0.0034）、11号鏡（Sb/Sn0.0107・Ag/Sn0.0043）と13号鏡（Sb/Sn0.0106・Ag/Sn0.0043）、15号鏡（Sb/Sn0.0088・Ag/Sn0.0029）と18号鏡（Sb/Sn0.0088・Ag/Sn0.0028）などもほぼ同値である。その他にも10号鏡（Sb/Sn0.0082・Ag/Sn0.0031）と23号鏡（Sb/Sn0.0083・Ag/Sn0.0029）など、Sb/Sn値、Ag/Sn値ともほとんど同じ数値と判断できるものが数多く存在している。

さらにこれらの数値について、縦軸をAg/Sn値、横軸をSb/Sn値にしてグラフ化したのが図378である。これをみると、Sb/Sn値で0.0075～0.0090あたりに分布が集中している。34面のうち画文帯神獣鏡（Sb/Sn0.0082・Ag/Sn0.0024）だけが他の33面と異なる鏡式であるためグラフでは○で示したが、これも分布集中域に入っていて、近接する21号鏡（Sb/Sn0.0080・Ag/Sn0.0025）などとほぼ同じである。逆に分布集中域から若干離れた例が、25号鏡（Sb/Sn0.0135・Ag/Sn0.0038）、12号鏡（Sb/Sn0.0115・Ag/Sn0.0050）、5号鏡（Sb/Sn0.0062・Ag/Sn0.0024）などである。それらを除くと分布域が狭い範囲に収束していることが明らかになった。さらに図379では、今回の黒塚古墳出土鏡データに加え、これまでに解析した泉屋博古館所蔵鏡の分析データ[註1]をプロットしている。泉屋博古館所蔵鏡のうち三角縁神獣鏡を含む神獣鏡分布域に納まっていて、さらに分布集中域もAg/Sn値がやや低めの位置で重なっている。

次に「同笵鏡」の状況を検討する。黒塚古墳出土鏡34面のなかには「同笵鏡」が多くみられる。さらにこれまでにSPring-8で分析済みの泉屋博古館所蔵鏡と同型の鏡も存在する。ここでは同型鏡のみを抽出してデータを比較検討する。「同笵鏡」は2号鏡-27号鏡-33号鏡の3面、11号鏡-25号鏡の2面、12号鏡-31号鏡の2面、16号鏡-18号鏡-泉屋M23-泉屋M24の4面、19号鏡-泉屋M25、20号鏡-32号鏡の2面の合計6組である。これらをプロットしたのが図380である。各「同笵鏡」は黒線で示し、黒塚古墳出土三角縁神獣鏡全33面はグレー三角で示した。これをみると、＊で示した11号鏡-25号鏡や＋で示した12号鏡-31号鏡は数値が大きく乖離している。とくに11号鏡-25号鏡はSb/Sn値に大きな開きがあり、12号鏡-31号鏡はSb/Sn値、Ag/Sn値ともに離れている。ほかの◇、□、○、△で示した各鏡式も数値が離れていて、むしろ異なる鏡式同士で数値の近似が目立っている。

以上、黒塚古墳出土鏡について、銀Ag、アンチモンSbの各ピーク強度を錫Snのピーク強度で規格化した数値による検討をおこなった。その結果、いずれも泉屋博古館所蔵鏡の分析で設定した三角縁神獣鏡を含む神獣鏡分布域に入ることが判った。5号鏡、12号鏡、25号鏡を除く31面については、とくに狭い分布域に収束していることが明らかになった。このことから、少なくとも主要成分のうちの錫Snと微量成分の銀Ag、アンチモンSbについては、その組成比が極めて近似していると考えらる。また少なからず存在する「同笵鏡」については、同じ「同笵鏡」群のなかで数値に若干の差異が認められることが判った。

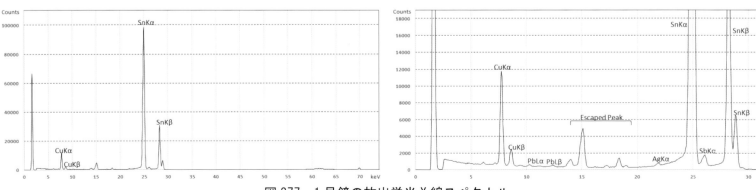

図377　1号鏡の放出蛍光X線スペクトル

## 表 43　黒塚古墳出土鏡計測データ

| | | Sn | Sb | Ag | Cu | Sb/Sn | Ag/Sn | | | Sn | Sb | Ag | Cu | Sb/Sn | Ag/Sn |
|---|---|---|---|---|---|---|---|---|---|---|---|---|---|---|---|
| 1号鏡 | 断面 | 839221 | 6177 | 2249 | 58345 | 0.0074 | 0.0027 | 17号鏡 | 断面 | 834424 | 4227 | 1168 | 37651 | 0.0051 | 0.0014 |
| | 鏡面 | 726520 | 5699 | 1434 | 38338 | 0.0078 | 0.0020 | | 断面 | 841954 | 7555 | 2646 | 53679 | 0.0090 | 0.0031 |
| | 鏡面 | 711286 | 5798 | 1581 | 37313 | 0.0082 | 0.0022 | | 鏡面 | 986756 | 9798 | 2789 | 22191 | 0.0099 | 0.0028 |
| | 鏡面 | 715059 | 5481 | 1837 | 37927 | 0.0077 | 0.0026 | | 鏡面 | 983993 | 10111 | 2989 | 17296 | 0.0103 | 0.0030 |
| | Ave. | | | | | 0.0078 | 0.0024 | | 鏡面 | 1223301 | 13229 | 4111 | 18163 | 0.0108 | 0.0034 |
| 2号鏡 | 断面 | 784805 | 6258 | 1821 | 37565 | 0.0080 | 0.0023 | | Ave. | | | | | 0.0090 | 0.0028 |
| | 断面 | 700558 | 5877 | 1627 | 36260 | 0.0084 | 0.0023 | 18号鏡 | 鏡面 | 531376 | 4498 | 1573 | 27458 | 0.0085 | 0.0030 |
| | 鏡面 | 906863 | 7441 | 2972 | 28905 | 0.0082 | 0.0033 | | 鏡面 | 892848 | 8112 | 2946 | 26486 | 0.0091 | 0.0033 |
| | 鏡面 | 1013681 | 9126 | 2792 | 21863 | 0.0090 | 0.0028 | | 鏡面 | 1206556 | 10574 | 2576 | 19981 | 0.0088 | 0.0021 |
| | 鏡面 | 1005440 | 8859 | 2418 | 22712 | 0.0088 | 0.0024 | | Ave. | | | | | 0.0088 | 0.0028 |
| | Ave. | | | | | 0.0085 | 0.0026 | 19号鏡 | 鏡面 | 649925 | 5668 | 1676 | 17894 | 0.0087 | 0.0026 |
| 3号鏡 | 断面 | 855646 | 7357 | 2810 | 39678 | 0.0086 | 0.0033 | | 鏡面 | 589598 | 4762 | 2151 | 55124 | 0.0081 | 0.0036 |
| | 断面 | 1044108 | 9021 | 2941 | 45706 | 0.0086 | 0.0028 | | 鏡面 | 528185 | 4559 | 1806 | 29356 | 0.0086 | 0.0034 |
| | 鏡面 | 992384 | 8959 | 2556 | 39652 | 0.0090 | 0.0026 | | Ave. | | | | | 0.0085 | 0.0032 |
| | 鏡面 | 917207 | 7926 | 2442 | 35139 | 0.0086 | 0.0027 | 20号鏡 | 鏡面 | 576289 | 6494 | 1727 | 28710 | 0.0113 | 0.0030 |
| | 鏡面 | 838824 | 7062 | 1653 | 35365 | 0.0084 | 0.0020 | | 鏡面 | 1187688 | 13008 | 4436 | 20360 | 0.0110 | 0.0037 |
| | Ave. | | | | | 0.0087 | 0.0027 | | 鏡面 | 986664 | 7634 | 3555 | 10613 | 0.0077 | 0.0036 |
| 4号鏡 | 断面 | 741381 | 6133 | 1725 | 34593 | 0.0083 | 0.0023 | | Ave. | | | | | 0.0100 | 0.0034 |
| | 鏡面 | 808800 | 6919 | 2408 | 17763 | 0.0086 | 0.0030 | 21号鏡 | 鏡面 | 813899 | 6915 | 1760 | 12303 | 0.0085 | 0.0022 |
| | 鏡面 | 642535 | 5578 | 1651 | 28592 | 0.0087 | 0.0026 | | 鏡面 | 973181 | 7681 | 2552 | 29070 | 0.0079 | 0.0026 |
| | 鏡面 | 660162 | 5856 | 2103 | 28102 | 0.0089 | 0.0032 | | 鏡面 | 988234 | 7540 | 2552 | 29397 | 0.0076 | 0.0026 |
| | Ave. | | | | | 0.0086 | 0.0028 | | Ave. | | | | | 0.0080 | 0.0025 |
| 5号鏡 | 断面 | 1109116 | 6753 | 2762 | 61316 | 0.0061 | 0.0025 | 22号鏡 | 鏡面 | 579470 | 5770 | 1414 | 31410 | 0.0100 | 0.0024 |
| | 断面 | 783144 | 4659 | 2131 | 73975 | 0.0059 | 0.0027 | | 鏡面 | 468876 | 5192 | 1022 | 33013 | 0.0111 | 0.0022 |
| | 鏡面 | 707677 | 4563 | 1362 | 44269 | 0.0064 | 0.0019 | | 鏡面 | 731421 | 7297 | 2038 | 29230 | 0.0100 | 0.0028 |
| | 鏡面 | 682454 | 4281 | 1810 | 25537 | 0.0063 | 0.0027 | | Ave. | | | | | 0.0103 | 0.0025 |
| | 鏡面 | 758379 | 4635 | 1591 | 37544 | 0.0061 | 0.0021 | 23号鏡 | 断面 | 587909 | 5165 | 1547 | 29070 | 0.0088 | 0.0026 |
| | Ave. | | | | | 0.0062 | 0.0024 | | 断面 | 549482 | 5068 | 1610 | 30103 | 0.0092 | 0.0029 |
| 6号鏡 | 鏡面 | 770230 | 5992 | 3047 | 24786 | 0.0078 | 0.0040 | | 鏡面 | 790942 | 6078 | 2243 | 24577 | 0.0077 | 0.0028 |
| | 鏡面 | 732076 | 6237 | 3005 | 25783 | 0.0085 | 0.0041 | | 鏡面 | 915317 | 7156 | 3072 | 28589 | 0.0078 | 0.0034 |
| | 鏡面 | 684082 | 5616 | 2528 | 25869 | 0.0082 | 0.0037 | | 鏡面 | 955057 | 7515 | 2727 | 29110 | 0.0079 | 0.0029 |
| | Ave. | | | | | 0.0082 | 0.0039 | | Ave. | | | | | 0.0083 | 0.0029 |
| 7号鏡 | 鏡面 | 785007 | 7151 | 2347 | 25226 | 0.0091 | 0.0030 | 24号鏡 | 鏡面 | 811504 | 7256 | 3512 | 28103 | 0.0089 | 0.0043 |
| | 鏡面 | 694601 | 6089 | 2337 | 29284 | 0.0088 | 0.0034 | | 鏡面 | 806492 | 7179 | 3048 | 29129 | 0.0089 | 0.0038 |
| | 鏡面 | 717636 | 6638 | 2488 | 26088 | 0.0092 | 0.0035 | | 鏡面 | 787097 | 6057 | 3018 | 22908 | 0.0077 | 0.0038 |
| | Ave. | | | | | 0.0090 | 0.0033 | | Ave. | | | | | 0.0085 | 0.0040 |
| 8号鏡 | 鏡面 | 1043176 | 8291 | 2325 | 35007 | 0.0079 | 0.0022 | 25号鏡 | 鏡面 | 802377 | 10847 | 3123 | 22829 | 0.0135 | 0.0039 |
| | 鏡面 | 1054301 | 7739 | 2510 | 34677 | 0.0073 | 0.0024 | | 鏡面 | 897931 | 12532 | 3566 | 25270 | 0.0140 | 0.0040 |
| | 鏡面 | 1316918 | 11026 | 4464 | 32795 | 0.0084 | 0.0034 | | 鏡面 | 879798 | 11367 | 3068 | 24033 | 0.0129 | 0.0035 |
| | Ave. | | | | | 0.0079 | 0.0027 | | Ave. | | | | | 0.0135 | 0.0038 |
| 9号鏡 | 鏡面 | 924815 | 10485 | 3793 | 24191 | 0.0113 | 0.0041 | 26号鏡 | 鏡面 | 1206445 | 11402 | 5006 | 14548 | 0.0095 | 0.0041 |
| | 断面 | 594313 | 6007 | 1861 | 67050 | 0.0101 | 0.0031 | | 鏡面 | 937986 | 8978 | 2953 | 16046 | 0.0096 | 0.0031 |
| | 鏡面 | 830637 | 8015 | 3010 | 34616 | 0.0096 | 0.0036 | | 鏡面 | 889699 | 8543 | 2748 | 24782 | 0.0096 | 0.0031 |
| | 鏡面 | 796412 | 7461 | 2564 | 31942 | 0.0094 | 0.0032 | | Ave. | | | | | 0.0095 | 0.0035 |
| | 鏡面 | 831207 | 7897 | 2987 | 34460 | 0.0095 | 0.0036 | 27号鏡 | 鏡面 | 1069145 | 11107 | 3531 | 33498 | 0.0104 | 0.0033 |
| | Ave. | | | | | 0.0100 | 0.0035 | | 鏡面 | 1088524 | 10947 | 3797 | 33256 | 0.0101 | 0.0035 |
| 10号鏡 | 鏡面 | 741329 | 6089 | 1974 | 33019 | 0.0082 | 0.0027 | | 鏡面 | 1078200 | 11168 | 2665 | 33761 | 0.0104 | 0.0025 |
| | 鏡面 | 715994 | 6215 | 2072 | 33094 | 0.0087 | 0.0029 | | Ave. | | | | | 0.0103 | 0.0031 |
| | 鏡面 | 773533 | 6233 | 2151 | 33663 | 0.0081 | 0.0028 | 28号鏡 | 断面 | 456184 | 3540 | 1363 | 31201 | 0.0078 | 0.0030 |
| | 地金 | 908312 | 7267 | 2581 | 38732 | 0.0080 | 0.0028 | | 断面 | 521065 | 4377 | 1167 | 75418 | 0.0084 | 0.0022 |
| | 薄い緑青 | 652883 | 5648 | 2971 | 59203 | 0.0087 | 0.0046 | | 鏡面 | 1182122 | 7742 | 3356 | 20580 | 0.0065 | 0.0028 |
| | 土と錆 | 1035079 | 8971 | 2848 | 54324 | 0.0087 | 0.0028 | | 鏡面 | 1220123 | 8221 | 3569 | 16428 | 0.0067 | 0.0029 |
| | 錆 | 1196520 | 9370 | 3974 | 38712 | 0.0078 | 0.0033 | | 鏡面 | 1346078 | 8542 | 3263 | 13576 | 0.0063 | 0.0024 |
| | 錆剥離面 | 1971938 | 15526 | 6581 | 39717 | 0.0079 | 0.0033 | | Ave. | | | | | 0.0072 | 0.0027 |
| | Ave. | | | | | 0.0082 | 0.0031 | 29号鏡 | 鏡面 | 784046 | 6171 | 3591 | 21406 | 0.0079 | 0.0046 |
| 11号鏡 | 鏡面 | 884308 | 9006 | 3908 | 22418 | 0.0102 | 0.0044 | | 鏡面 | 862406 | 6716 | 3575 | 23560 | 0.0078 | 0.0041 |
| | 鏡面 | 841840 | 9319 | 3578 | 24538 | 0.0111 | 0.0043 | | 鏡面 | 871685 | 6285 | 3832 | 25003 | 0.0072 | 0.0044 |
| | 鏡面 | 820919 | 8942 | 3354 | 25343 | 0.0109 | 0.0041 | | Ave. | | | | | 0.0076 | 0.0044 |
| | Ave. | | | | | 0.0107 | 0.0043 | 30号鏡 | 鏡面 | 1154573 | 9694 | 4185 | 23155 | 0.0084 | 0.0036 |
| 12号鏡 | 鏡面 | 752288 | 8269 | 3997 | 23590 | 0.0110 | 0.0053 | | 鏡面 | 894007 | 7775 | 2766 | 30780 | 0.0087 | 0.0031 |
| | 鏡面 | 798039 | 9143 | 3926 | 23952 | 0.0115 | 0.0049 | | 鏡面 | 907352 | 7735 | 3088 | 25528 | 0.0085 | 0.0034 |
| | 鏡面 | 834273 | 10021 | 3907 | 22878 | 0.0120 | 0.0047 | | Ave. | | | | | 0.0085 | 0.0034 |
| | Ave. | | | | | 0.0115 | 0.0050 | 31号鏡 | 鏡面 | 995611 | 10300 | 3315 | 17436 | 0.0103 | 0.0033 |
| 13号鏡 | 鏡面 | 828053 | 9017 | 3130 | 26026 | 0.0109 | 0.0038 | | 鏡面 | 798851 | 7455 | 2412 | 31051 | 0.0093 | 0.0030 |
| | 鏡面 | 775567 | 8216 | 3502 | 25519 | 0.0106 | 0.0045 | | 鏡面 | 807797 | 7874 | 2843 | 28855 | 0.0097 | 0.0035 |
| | 鏡面 | 698105 | 7263 | 3114 | 19732 | 0.0104 | 0.0045 | | Ave. | | | | | 0.0098 | 0.0033 |
| | Ave. | | | | | 0.0106 | 0.0043 | 32号鏡 | 鏡面 | 891826 | 7702 | 3093 | 24606 | 0.0086 | 0.0035 |
| 14号鏡 | 断面 | 441315 | 4067 | 1405 | 39481 | 0.0092 | 0.0032 | | 鏡面 | 897099 | 8506 | 1910 | 26401 | 0.0095 | 0.0021 |
| | 鏡面 | 1039559 | 7743 | 2677 | 21429 | 0.0074 | 0.0026 | | 鏡面 | 1015102 | 9259 | 3444 | 31441 | 0.0091 | 0.0034 |
| | 鏡面 | 1047860 | 7688 | 2097 | 22275 | 0.0073 | 0.0020 | | Ave. | | | | | 0.0091 | 0.0030 |
| | 鏡面 | 1034818 | 7509 | 1990 | 29631 | 0.0073 | 0.0019 | 33号鏡 | 断面 | 881234 | 7447 | 2366 | 45788 | 0.0085 | 0.0027 |
| | Ave. | | | | | 0.0078 | 0.0024 | | 断面 | 500650 | 3711 | 1384 | 25176 | 0.0074 | 0.0028 |
| 15号鏡 | 断面 | 1256363 | 10731 | 4155 | 23564 | 0.0085 | 0.0033 | | 鏡面 | 995813 | 7879 | 3110 | 16893 | 0.0079 | 0.0031 |
| | 断面 | 506545 | 4374 | 1266 | 6420 | 0.0086 | 0.0025 | | 鏡面 | 866883 | 6344 | 2528 | 28837 | 0.0073 | 0.0029 |
| | 鏡面 | 872178 | 7761 | 2872 | 31920 | 0.0089 | 0.0033 | | 鏡面 | 899287 | 7009 | 2512 | 26687 | 0.0078 | 0.0028 |
| | 鏡面 | 997817 | 8904 | 3029 | 28572 | 0.0089 | 0.0030 | | Ave. | | | | | 0.0078 | 0.0029 |
| | 鏡面 | 1036582 | 9491 | 2692 | 33231 | 0.0092 | 0.0026 | 画文帯神獣鏡 | 断面 | 526338 | 4893 | 1509 | 27688 | 0.0093 | 0.0029 |
| | Ave. | | | | | 0.0088 | 0.0029 | | 鏡面 | 1134155 | 8690 | 2604 | 6870 | 0.0077 | 0.0023 |
| 16号鏡 | 断面 | 1225283 | 10233 | 2232 | 36566 | 0.0084 | 0.0018 | | 鏡面 | 1187884 | 8696 | 2542 | 6339 | 0.0073 | 0.0021 |
| | 断面 | 904658 | 6788 | 3486 | 27385 | 0.0075 | 0.0039 | | 鏡面 | 1073365 | 9112 | 2626 | 6519 | 0.0085 | 0.0024 |
| | 鏡面 | 877022 | 6514 | 2855 | 19346 | 0.0074 | 0.0033 | | Ave. | | | | | 0.0082 | 0.0024 |
| | 鏡面 | 839844 | 6117 | 2401 | 17509 | 0.0073 | 0.0029 | | | | | | | | |
| | 鏡面 | 952140 | 7219 | 2713 | 22359 | 0.0076 | 0.0028 | | | | | | | | |
| | Ave. | | | | | 0.0076 | 0.0029 | | | | | | | | |

第Ⅱ部 研究編

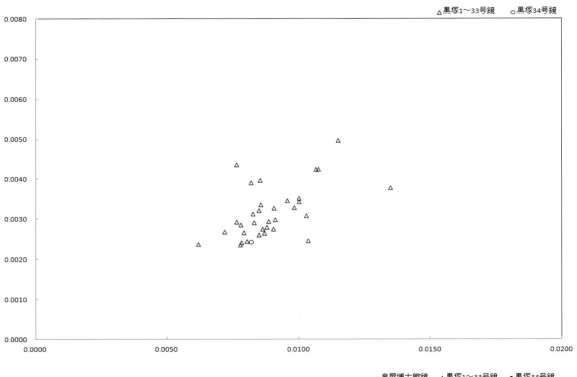

図378 黒塚古墳出土鏡
Sb/Sn・Ag/Sn 値分布状況

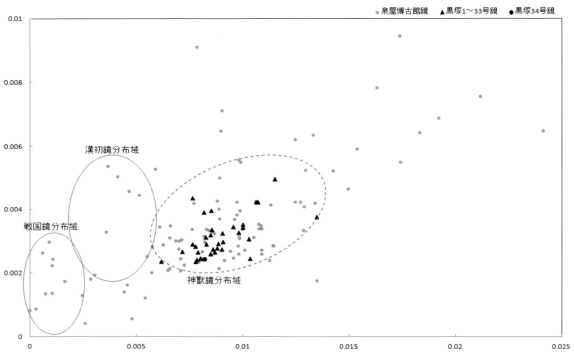

図379 泉屋博古館蔵鏡との比較

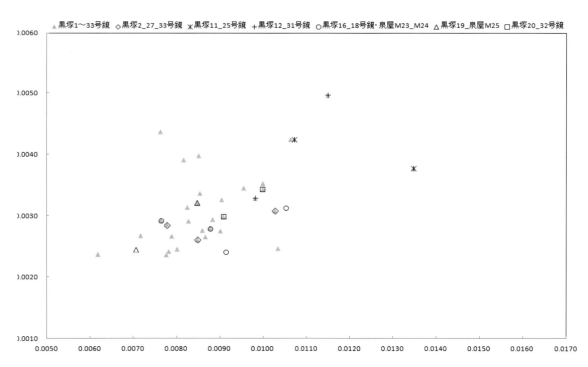

図380 「同范鏡」の分布状況

【註・引用文献】
（1）泉屋博古館古代青銅鏡放射光蛍光分析研究会 2004「SPring-8を利用した古代青銅鏡の放射光蛍光分析」『泉屋博古館紀要』20
（2）2004年度分析調査の参加メンバーは以下の通りである（所属は当時）。
樋口隆康・外山潔・廣川守（以上泉屋博古館）、今津節生・宮原晋一・清水康二（以上橿原考古学研究所）、伊藤真義・北野（野崎）彰子・梅崎則正（以上JASRI）、住友芳夫・鈴木謙爾（以上住友金属工業）
（3）前掲註（1）文献及び泉屋博古館古代青銅鏡放射光蛍光分析研究会 2008「SPring-8を利用した古代青銅鏡の放射光蛍光分析（Ⅱ）―鏡面マッピング断面ならびに標準試料の分析―」『泉屋博古館紀要』24

## 第11節　黒塚古墳出土鏡における破断面の元素分析

奥山誠義

### 1　はじめに

黒塚古墳より出土した銅鏡34面は、破損を免れた完形の鏡が14面、亀裂や破断を生じ破損した鏡が20面確認されている。そのうち、破片を伴う鏡は19面である。これらの破片を伴う鏡は出土時から破断しており、破片化した時期は特定が困難である。その破断面には銀灰色を呈し、鏡表面に比べて腐食が進んでいないと思われる箇所がみられるものもあった。この銀灰色を呈する破断面は、腐食の影響を受けていないわけではないが、鏡の表面に比べて鏡の材料そのものを表している可能性が高い。当研究所では、貴重な資料から非破壊的に材料組成を読み取る調査の一環として、測定可能な破断面を持つ銅鏡7面について、蛍光X線分析法により元素分析を行った。

### 2　測定条件及びデータ解析方法

蛍光X線分析は日本電子株式会社製JCX-3100RⅡを用いた。蛍光X線分析の測定条件を表44に示す。分析箇所は観察結果に基づいて、各資料について数カ所を選択して実施した（図381）。測定結果は、装置付帯の解析ソフトに組み込まれたFP法により組成分析した。FP法は、検出元素を100wt%と換算して含有量が計算される。分析装置の検出限界以下の微量元素等が計算から省かれるため厳密な組成を示すものではない。なお、測定した銅鏡は、分析装置資料室の制限（径30cm×高さ15cm）から、2号鏡、3号鏡、4号鏡、5号鏡、9号鏡、16号鏡、33号鏡の7面である。

### 3　測定結果

測定結果を図381に示し、検出元素及びFP法による半定量分析結果を表45・46に示した。含有量算出は全資料および全測定箇所に共通した5元素によっておこなった。

表45に示したとおり、検出元素は、いずれの鏡においても銅（Cu）、錫（Sn）、鉛（Pb）を顕著に検出し、鉄（Fe）、ヒ素（As）を少量検出した。そのほか資料や測定箇所により、銀（Ag）、アンチモン（Sb）をわずかに検出した。

### 4　考察

以上の結果より、黒塚古墳鏡は銅と錫を主成分として、鉛を含む青銅であることが確認できた。少量あるいは僅かに検出した成分は、土壌由来成分あるいは鏡に含まれる不純物成分と考えられる。鉄は土壌中に含まれる成分であるため、その影響によるものと考えられる。ヒ素およびアンチモンは鏡の原料鉱石に由来する不純物と考えられる。FP法の結果を見ると、いずれの鏡も主成分の構成に大きな差異はなく、銅＞錫＞鉛となっている。ここで表46に黒塚鏡の主成分であるCu、Sn、Pbの3元素によるFP法の半定量結果を示す。

調査対象とした7面においては、同一鏡内では大きく含有量が異なる傾向は見られなかったが、全体ではCu含有量が40.87～61.41wt%、Sn含有量が37.92～51.29wt%、Pb含有量が3.29～5.69wt%まで幅があり一様ではなかった。この結果によれば、Sn含有量が多く、高錫青銅であったと考えられるが、組織観察による金属組成分析（第Ⅱ部第2章第9節）においては、金属組織の観察結果から、本調査に供した7面の鏡には40wt%以上もSnを含む高錫青銅では見られないα相［長柄ほか 2013］が確認されている。このことから、これら7面の鏡の本来のSn含有量は明らかに40wt%以下であり、本調査分析結果とは差異が生じている。青銅鏡の主成分（Cu、Sn、Pb）含有量は、地下埋蔵環境における腐食によって変化し、Cuが溶出することによって相対的にSn含有量が高くなると指摘されている［沢田 1981］。本調査においては蛍光X線分析法による完全非破壊機器分析により、腐食の程度が小さいと思われる箇所を選択的に調査したが、腐食の影響を受けていた可能性が考えられる。

一方、本調査において対象とした黒塚古墳鏡の「同笵鏡」群である2号鏡と33号鏡では、Cuが最大10wt%、Snが最大9wt%、Pbが最大1.9wt%程度異なっている。2号鏡と33号鏡は、同一条件下で測定した結果であるが大きく異なっており、主成分含有量が異なっていた可能性が考えられる。この結果は、SPring-8における蛍光X線分析結果（同第10節）と組織観察結果による分析（同第9節）と齟齬はなく、FP法による半定量分析によっても、同一の結果が裏付けられた。

### 5　まとめ

本調査より、蛍光X線分析法による非破壊分析によって、

## 第Ⅱ部 研究編

黒塚古墳鏡7面（2号、3号、4号、5号、9号、16号、33号）は銅と錫を主成分として鉛を少量含む青銅であることを確認し、その主成分の含有量は銅＞錫＞鉛という関係を持つことが確認できた。FP法による半定量分析では最も顕著に含むCu含有量に注目すると40wt%から61wt%まで幅があり、一様ではないことが確認できた。埋蔵環境下での腐食の影響を考慮すると、本分析結果は定性分析としては的確な調査であったと考えられるが、半定量分析については非破壊機器分析法による参考結果と考えたい。一方、「同范鏡」である2号鏡と33号鏡においては、Cuが最大10wt%、Snが最大9wt%、Pbが最大1.9wt%程度異なっていた。測定箇所の腐食の程度により単純比較はできないが、この2面は「同范鏡」であるが主成分含有量が異なっていた可能性が考えられる。

以上より、黒塚鏡の34面中の7面という一部の資料となるが非破壊分析によって主成分の傾向を把握し、「同范鏡」間の関係を検討することができた。

【引用文献】
沢田正昭 1981 「古鏡の化学」『古鏡』日本の美術 178
長柄毅一ほか 2013 「非破壊法による出土青銅鏡の組織観察と成分分析」『日本文化財科学会第30回大会研究発表要旨集』 日本文化財科学会

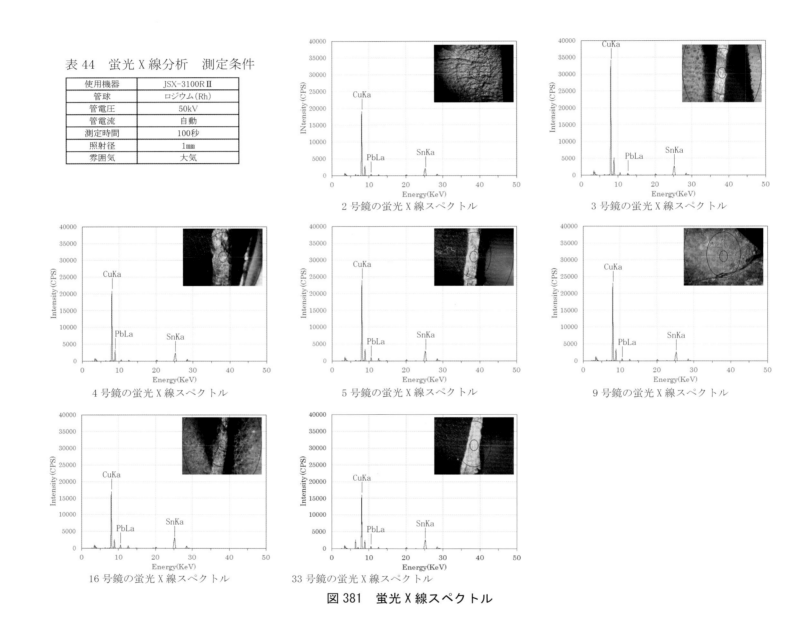

表44　蛍光X線分析　測定条件

| 使用機器 | JSX-3100RⅡ |
|---|---|
| 管球 | ロジウム（Rh） |
| 管電圧 | 50kV |
| 管電流 | 自動 |
| 測定時間 | 100秒 |
| 照射径 | 1mm |
| 雰囲気 | 大気 |

図381　蛍光X線スペクトル

表45　検出5元素によるFP法半定量分析結果（wt%）

| 鏡番号 | point | Fe | Cu | As | Sn | Pb | その他検出元素 | 同范鏡 |
|---|---|---|---|---|---|---|---|---|
| 2 | 1 | 1.51 | 52.35 | 0.25 | 42.82 | 3.06 | Ag, Sb | 黒塚33号鏡 |
| 2 | 2 | 1.51 | 52.19 | 0.28 | 43.19 | 2.83 | Ag, Sb | |
| 2 | 3 | 1.36 | 53.42 | 0.31 | 41.75 | 3.17 | Ag, Sb | |
| 3 | 1 | 0.29 | 61.29 | 0.35 | 34.67 | 3.41 | Ag, Sb | |
| 3 | 2 | 0.33 | 55.35 | 0.44 | 40.34 | 3.54 | Ag, Sb | |
| 4 | 1 | 0.07 | 57.72 | 0.65 | 38.10 | 3.46 | Ag, Sb | 西求女8 椿井大塚M7・8 |
| 4 | 2 | 0.44 | 52.50 | 0.32 | 44.47 | 2.27 | Ag, Sb | |
| 5 | 1 | 0.64 | 49.94 | 0.44 | 44.06 | 4.92 | Ag, Sb | 桜井茶臼山 |
| 5 | 2 | 0.66 | 48.79 | 0.72 | 45.09 | 4.74 | | |
| 9 | 1 | 0.45 | 53.37 | 0.51 | 41.90 | 3.77 | Ag, Sb | |
| 9 | 2 | 0.85 | 52.76 | 0.36 | 41.99 | 4.04 | Ag, Sb | |
| 16 | 1 | 0.61 | 42.84 | 0.30 | 51.03 | 5.22 | Ag, Sb | 椿井大塚山M21 |
| 16 | 2 | 0.55 | 40.74 | 0.48 | 53.31 | 4.92 | Ag, Sb | |
| 33 | 1 | 11.47 | 46.48 | 0.63 | 37.55 | 3.87 | Ag | 黒塚2号鏡 |
| 33 | 2 | 8.18 | 42.09 | 0.59 | 45.71 | 3.42 | Ag | |

表46　黒塚古墳鏡の主成分（Cu、Sn、Pb）による分析結果（wt%）

| 鏡番号 | point | Cu | Sn | Pb | その他検出元素 | 同范鏡 |
|---|---|---|---|---|---|---|
| 2 | 1 | 52.84 | 43.70 | 3.47 | Ag, Sb | 黒塚33号鏡 |
| 2 | 2 | 52.66 | 44.05 | 3.29 | Ag, Sb | |
| 2 | 3 | 53.86 | 42.49 | 3.66 | Ag, Sb | |
| 3 | 1 | 61.41 | 34.67 | 3.92 | Ag, Sb | |
| 3 | 2 | 55.46 | 40.36 | 4.18 | Ag, Sb | |
| 4 | 1 | 57.71 | 37.92 | 4.37 | Ag, Sb | 西求女8 椿井大塚M7・8 |
| 4 | 2 | 52.67 | 44.59 | 2.74 | Ag, Sb | |
| 5 | 1 | 50.13 | 44.29 | 5.58 | Ag, Sb | 桜井茶臼山 |
| 5 | 2 | 48.92 | 45.29 | 5.79 | | |
| 9 | 1 | 53.50 | 41.99 | 4.51 | Ag, Sb | |
| 9 | 2 | 53.03 | 42.37 | 4.60 | Ag, Sb | |
| 16 | 1 | 43.02 | 51.29 | 5.69 | Ag, Sb | 椿井大塚山M21 |
| 16 | 2 | 40.87 | 53.50 | 5.64 | Ag, Sb | |
| 33 | 1 | 49.66 | 44.99 | 5.36 | Ag | 黒塚2号鏡 |
| 33 | 2 | 43.94 | 51.48 | 4.58 | Ag | |

# 第Ⅲ部　総括編

## 第1章　墳丘・埋葬施設

### 第1節　墳丘

#### 1　立地と墳丘の構築方法

　**旧地形の復元と古墳の立地**　黒塚古墳が占地する低位段丘面は北を真面堂川、南を西門川によって画された一見すると安定的に広がる緩斜面を形成している。この低位段丘面の東部には一段高い中位段丘上に占地する行燈山古墳・櫛山古墳などがあり、行燈山古墳の西に寄り添うようにアンド山古墳・南アンド山古墳・大和天神山古墳が築造され、黒塚古墳はそこからさらに北西に離れた段丘北縁辺部に築造されている。

　まず、これまでの発掘調査で確認された墳丘下の状況、柳本藩邸遺跡・黒塚東遺跡等周辺での発掘調査成果を参考に、黒塚古墳周辺の旧地形を復元的に検討してみる。

　墳丘裾部付近の盛土下で確認された地山の高さは、墳丘の北東側から東側、さらには南側にかけてが標高76.5〜77.5m前後、墳丘の北西側から西側にかけてが標高75〜76m前後である。地山は部分的に礫混じりの砂質土あるいはシルトを主体とした段丘堆積物である。上面は基本的に平坦で、直上を包含層によって覆われる部分も多い。これらの事実から、古墳築造以前の地表面は微視的には東から西へ、南から北へゆるやかに下がる傾斜面であったと判断できる。

　墳丘の北側には菱池を含む谷地形が西から東に向かって入り込んでいる。その上流側は一見平坦であるが、中・近世に埋没したと推定される東北東から西南西に向かって流下する谷地形が検出されている［青木1993・1995］。この谷を隔てた北側には東から西に延びる微高地が存在し、後円部の北側約100mの地点では標高74〜74.5mで粘土・砂礫からなる段丘堆積物の地山が広がっていた［青木1996］。後円部の東北東約100mの地点では、標高77.5〜77.8mで粗砂からなる地山が広がり、後円部下の地山がわずかに高まりながら東に向かって続くことが判明している［今尾ほか1983］。また、古墳の南東に位置する柳本藩邸屋敷付近は現在広い平坦地であるが、西から東に向かって大きく入り込む古い谷地形が検出されており、19世紀半ば頃に埋め立てられたことが判明している［松本1992・1993］。

　したがって、黒塚古墳築造時の周辺地形は、現在見られるような安定的な緩斜面ではなく、多数の谷地形によって分断されていたと考えられる。黒塚古墳は、段丘北縁辺部の東から西に向かって細長い舌のようにのびる、上面が標高75〜78m前後で東から西へ、南から北へわずかに傾斜する痩せた緩傾斜面上に築造されたものと判断される。

　**墳丘の構築方法**　各トレンチで墳丘盛土の断ち割りを実施した結果、墳丘の構築方法について以下のような所見が得られた。

　墳丘はほとんどが盛土によって築造されている。盛土に用いられた土は周辺の地山と同じく細礫を含む粗砂や砂質土が多く、墳丘下の遺物包含層に含まれるものと同様の土器片が混入している。墳丘の周囲が採土地であった蓋然性が高く、現在の北池・内堀・菱池が採土の結果生じた凹地の名残と考えられる。埋葬施設の粘土棺床や粘土被覆に使用されている黒褐色・黒色系の質の悪い粘土やシルトも同質のものが墳丘盛土に多用されており、やはり周辺の段丘堆積物に由来するものと考えられる。

　墳丘築成は土手状盛土を多用しながら段階的に盛り上げる方式を基本としている。盛土の大単位の高さは平均的には1m前後である。

　そうしたなかで、後円部では標高82m付近と標高85〜86m付近に顕著な水平積みがみられ、築成の途中で一時的に平坦面を整えたことが想定される。この平坦面はそれぞれ基盤層上面から高さ約3〜4mと約4〜5mの位置にある。とくに標高85〜86m付近の平坦面は、墓壙形成時の面として機能したと考えられ、古墳築造上の重要な工程の一つを画するものと評価できる。

　前方部では墳丘築成のある段階でほぼ墳丘中軸線に沿って幅12m内外、最大深さ約1.8mの切り通し状の凹みが一時的に形成されていたことが推定された。土手状盛土を用いた築成の過程を示すものともいえるが、盛土途中の前方部を通過して後円部側に土を運搬するための通路としての機能も想定されよう。

#### 2　墳丘形態の復元

　**復元の根拠**　確実に墳丘表面が遺存すると考えられる部分は発掘調査では確認されておらず、墳丘の本来の形状・規模を直接的に復元する手がかりは少ない。ここでは、墳丘測量図及び断面図をもとに、墳丘構築における盛土単位、中世に付加された郭群の立面的位置などを参考に可能な範囲で復元を試みたい。

　**段築**　後円部における中世の郭群は一見して三段の構成をなしており、これまでもそれを根拠に後円部については三

段築成であることが指摘され、前方部についても郭群の状況から二段築成を想定した見解がある［秋山（編）1985、伊達 1963、今尾ほか 1983］。

既存の古墳を再利用して中世城郭に改変する際、段築のテラス面を拡張する方法で平坦面を確保することは合理的であり、後円部三段、前方部二段とした従来の復元案は蓋然性の高いものと評価できる。

今回の墳丘断ち割り調査で判明した後円部の構築過程では、上述のように標高 82m 付近と標高 85 〜 86m 付近に一時的に平坦面を整えたことが想定された。この平坦面の高さと後円部郭群の高さを対比してみると、下の方の平坦面が郭 4、上の方の平坦面が郭 2・3 にほぼ対応する。この点からも、後円部は三段築成であった可能性が高いといえるであろう。また、第 1 段テラスは標高 82m 前後、第 2 段テラスは標高 85 〜 86m 前後にあったことも類推できる。

前方部については、構築過程において一時的に整備された明確な平坦面を確認することができなかった。ただし、郭群が大きく二段の構成をとることから類推して、前方部は二段築成であったと考えるのが穏当である。

**墳丘裾**　今回の調査では明確な墳丘裾部は検出できていないが、後円部東側については第 3 次調査の所見が参考になる。それによれば、墳丘中軸線に最も近い位置での後円部東側の立ち上がりは E37m ライン付近、標高 77m 付近に求められる。前方部前端については、7・8 区のそれぞれ西端部で地山が約 22 〜 35°で西に向かって下がる状況を確認しているものの、菱池側からの浸食のため前方部前端の立ち上がりを直接的に知ることができない。

**墳丘の復元**　以上の手がかりを参考に、墳丘土層断面図との整合を図りながら墳丘測量図上で本来の姿を推定復元したものが図 382 である。

後円部の中心は石室の中心である N1m、EW0m とし、墳丘中軸線を N1m ラインとした。中軸線上での後円部東裾を E37m、標高約 77m とし、そこから後円部の直径約 74m を割り出している。前方部前端については、7・8 区の調査結果と矛盾しない範囲での最小の数値として、W97m、標高約 74m と仮定した。

後円部の第 1 段テラスを標高約 82m、第 2 段テラスを標高約 86m とし、墳頂部を標高約 90m と仮定した。各テラスの高さをもとに、墳丘測量図、墳丘土層断面図と矛盾のない最小の各段直径を割り出した。その結果、第 1 段は直径約 53m、第 2 段は直径約 35m、墳頂平坦面は直径約 18m となった。各テラス幅を約 2.5m と仮定した結果、斜面の傾斜角度は第 1 段が約 25°、第 2・3 段が約 33°となった。後円部の底径：第 1 段径：第 2 段径：墳頂部径の比率は、ほぼ 4：3：2：1 となり、奈良県桜井茶臼山古墳をはじめとする後円部 3 段、前方部 2 〜 3 段の前期大型前方後円墳と類似した比率［青木 2003］を示す。

前方部については上記の前方部前端の位置と現況の形状から、第 1 段テラスを標高約 78.5m、墳頂最高点を後円部第 1 段と同じ標高約 82m と仮定した。虎口の張り出しが本来存在した高まりを利用している可能性から、後円部第 2 段テラスから接続するスロープを想定している。

以上のようにして推定復元した墳丘は、全長約 134m、後円部径約 74m、後円部高さ（東裾から）約 14m、前方部幅約

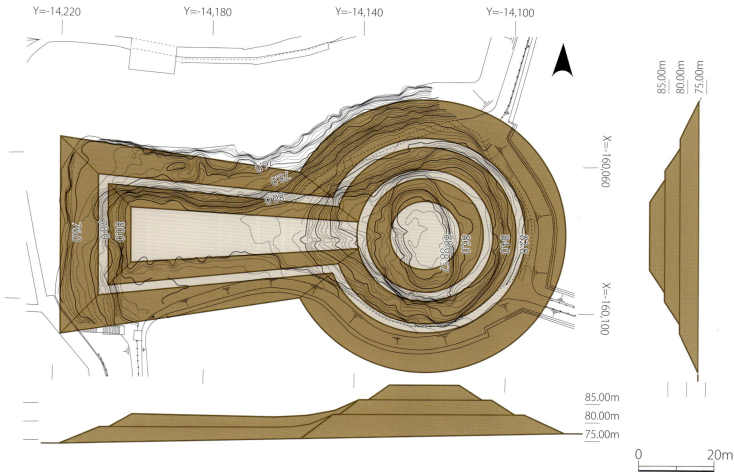

図 382　墳丘推定復元図（1:1,000）

54m、前方部高さ（西裾から）約 8m となる。決定的な手がかりが少ない中で試みた復元案であるが、一案として示しておきたい。

外表施設　各トレンチでは葺石・埴輪の痕跡は確認できなかった。後円部東側から墳丘の南側にかけて墳丘裾部のトレンチ調査を実施した第 3 次調査でも、転落した葺石や黒塚古墳に伴うと考えられる埴輪片は検出されていない。したがって、既往の調査でも指摘されているとおり、葺石・埴輪は当初から存在しなかったと判断される。

周濠　墳丘の周囲にある菱池・北池・内堀の 3 つの池は、近世柳本藩邸の外堀・内堀として利用され、幕末の嘉永七年柳本陣屋絵図（1854）にはほぼ現在と同様の姿で描かれている。楊本館に堀が存在したことを示唆する『大乗院寺社雑事記』文明三年閏八月九日条の記述を重視するならば、これらの池の一部は 15 世紀後半には存在した可能性がある。

前述のように黒塚古墳の墳丘はほとんどが盛土によって築造されており、墳丘の周囲には採土の結果として堀状のくぼみが形成されていた可能性が高い。しかしながら、従来これらの池の状況から想定されてきた、渡り堤を設けるような湛水した周濠が築造当時から存在したかどうかは、古墳の築造時期から考えても疑問とせざるをえない。

【引用文献】
青木勘時 1993「柳本遺跡群竹ノ尻地点－柳本町」『天理市埋蔵文化財調査概報　平成 2・3 年度（1990・1991 年）』天理市教育委員会
青木勘時 1995「柳本遺跡群竹ノ尻地点（第 2 次）」『天理市埋蔵文化財調査概報　平成 6 年度・国庫補助事業』天理市教育委員会
青木勘時 1996「柳本遺跡群竹ノ尻地点（第 3 次）」『天理市埋蔵文化財調査概報　平成 7 年度・国庫補助事業』天理市教育委員会
青木　敬 2003『古墳築造の研究－墳丘からみた古墳の地域性－』六一書房
秋山日出雄（編）1985『大和国古墳墓取調書』（財）由良大和古代文化研究協会
今尾文昭ほか 1983「黒塚東遺跡発掘調査概報　付載　黒塚古墳測量調査報告」『奈良県遺跡調査概報　1981 年度（第二分冊）』奈良県立橿原考古学研究所
伊達宗泰 1963「天理市柳本町黒塚古墳第一次調査」『奈良県文化財調査報告書　第 6 集』奈良県教育委員会
松本洋明 1992「柳本藩邸遺跡（第 4 次）」『天理市埋蔵文化財調査概報　昭和 63 年度・平成元年度（1988・1989 年）』天理市教育委員会
松本洋明 1993「柳本藩邸遺跡（第 5 次）」『天理市埋蔵文化財調査概報　平成 2・3 年度（1990・1991 年）』天理市教育委員会

## 第 2 節　埋葬施設

### 1　墓壙と作業道（墓道）

墓壙　今回の調査で、黒塚古墳の埋葬施設は後円部中央に構築された竪穴式石室であることが明らかになった。石室を構築するための墓壙は上面での規模が南北約 19m、東西約 15m、底面規模が南北 9.8m、東西 4.7m、深さ約 4m に復元されるきわめて大規模なものである。三段墓壙で、上段と中段の境が石室壁体の構築後にその上部を閉塞する作業面に相当し、中段と下段の境が石室壁体下部と上部の間の休止面に相当する。この対応関係は、同じく三段墓壙である奈良県中山大塚古墳［豊岡・卜部ほか 1996］のあり方と共通する。墓壙底面中央の粘土棺床が設置される部分には、基底部の長さ約 7.3m、幅約 1.6m、高さ 7～17cm 前後の南北に長い緩やかな高まりが掘り残されている。西辺中央のやや南寄りに、前方部側に向かって延びる作業道が取り付く。

後円部墳丘の築成過程で墓壙の位置をつよく意識した盛土の状況が認められることや、作業道が取り付く墓壙西辺の掘り込み面が周囲よりも低い事実などから、いったん完全な平坦面を形成した上で墓壙を掘り込んだのではなく、一定の凹みを残しながら墓壙の掘り込み面を形成し、内側から削るようにして墓壙壁を整形した可能性が高い。近年の調査事例では中山大塚古墳・奈良県下池山古墳［卜部・岡林ほか 2008］のほか、愛知県東之宮古墳［森下 2014］などで同様の状況が指摘されている。

作業道（墓道）　墓壙の西辺に取り付き、後円部頂の西縁辺から後円部西斜面にかけてを切り通して前方部上に通じる通路施設である。下段墓壙西辺の肩が東側の基点と推定され、そこから前方部側に向かって少なくとも延長約 22.5m にわたって延びることを確認した。検出面での見かけ上の幅は最大で約 7.5m、底面幅は約 1～2.8m である。

作業道の開削は墓壙の形成と同時に行われ、石室基底部の構築及び木棺の搬入に関わる通路として機能した後、石室壁体下部の構築と並行して石室側から順次後退しながら埋め戻されたことを明らかにできた。作業道が墓壙に接続する立面的位置やそれが機能した段階と埋葬施設構築過程との対応関係から、その主たる機能は木棺搬入のための通路としての機能であったと考えられ、儀礼的にも重要な役割を果たした「墓道」としての意味合いがより強かったと評価できる。

### 2　竪穴式石室

形状・規模　竪穴式石室の主軸は座標北に対して N1°28′41″W の方位をとり、墳丘の主軸に直交する。石室内部の空間は北側の幅が広く、南側の幅が狭く、隅角はやや丸みを帯びる。内法で南北長 8.20m、北端幅 1.22m、南端幅 0.89m、南端部の最大高 1.58m を測り、竪穴式石室としては大型の部類に属する。

壁面構成　石室壁面は下部約 1/3（壁面下段）と上部約 2/3（壁面上段）の範囲で明瞭に異なる特徴的な構成をとる。壁面下段は見かけ上で幅 10～40cm、高さ 10～20cm ほどの角の取れた塊石をやや外傾気味に小口積みする。石材は近在で採取される花崗岩を主体とする川原石である。壁面上段は見かけ上の大きさ（幅）20～50cm ほど、平均的には厚さ 5cm 前後の板石を持ち送りながら小口積みする。石材は二上山南麓産出の春日山安山岩及び芝山玄武岩である。壁面全体に赤色顔料が塗布されていたと考えられる。

基底部　石室の下部構造である基底部は基台・粘土棺床・バラス敷き・礫敷きの各構造部分からなる。石室の完成後は

粘土棺床と棺床外斜面の礫敷きの一部は石室内の床面となり、バラス敷きと礫敷きの大部分は石室壁体下に埋没される。

　基台　墓壙底中央の石室が予定される範囲を周囲よりも高く盛り上げ、粘土棺床の土台となる。墓壙底中央の高まりの上に重ねるように置き土・バラスの上下2層構造で構築され、長さ約7.5m、幅約1.8m、高さ11〜26cm前後を測る。

　粘土棺床　基台の上に粘土を貼り付けて構築する。棺床全体の平面規模は南北長約7.4m、東西幅約1.8mで、ほぼ基台の範囲に一致する。割竹形木棺を承けるための上面の凹みは南北長6.09m、北端幅0.86m、南端幅0.74mで、北端の幅が南端よりも若干広い細長い長方形を呈する。底面の高さは北端が高く南端が低く、約23cmの比高差がある。

　粘土棺床に使用された粘土は微砂の混じる黒色粘土が主体で、黄灰色粘土・褐灰色粘土などを混用する粗悪なものである。構築手順の上で、横断面が低い台形状をなす下半分（棺床下部）とその上に付加された横断面三角形状の立ち上がり部分（棺床上部）に分かれる。棺床下部はブロック状の粘土を含み、比較的乱雑な方法で一気に積み上げられているが、棺床上部は外側から少量の粘土を拳で叩きながら薄く貼り付ける工程を9〜10回前後繰り返している。

　バラス敷き　粘土棺床周囲の墓壙底全面にバラス敷きが施工される。バラス敷きの厚さは棺床をはさんで東西で大きく異なり、西側は厚い部分で4〜5層分、20〜30cm前後であるのに対し、東側は1〜2層分、10cm以内である。墓壙底の高さの差（水勾配）を利用して、棺床周囲を巡り、墓壙底西辺に取り付く排水溝へ浸透した雨水等を導水するための集排水施設の機能を果たす。同時にバラス敷き自体の上面はフラットに整えられ、墓壙内への木棺の搬入、安置に伴う足場としても機能する。

　木棺搬入・安置に伴う儀礼　木棺を安置したタイミングは粘土棺床下部が完成し、その周囲にバラス敷きを施工した段階と、粘土棺床上部を構築する段階との間に想定される。

　棺床下部の構築後、周囲の墓壙底全面にバラスを敷き、粘土・バラスの全面に厚く赤色顔料を塗布していることは、木棺を置くための土台である棺床下部、木棺搬入・安置の作業スペースともなる墓壙底の礫敷き、赤く塗られた空間といった、木棺を作業道（墓道）から搬入し、墓壙内に迎え入れるための儀礼的空間が一時的に整備されたものと理解される。棺床上部の粘土を薄く貼り付けるごとに繰り返し赤色顔料を塗布していることもこれに関連する儀礼行為であったと理解される。

　排水溝　墓壙西辺南寄りから西に向かって、埋め戻された作業道とほぼ重複する形で排水溝が延びている。東側の基点は墓壙底南西部のバラス敷きに接続すると推定され、そこから前方部側に向かって少なくとも延長約27.6mにわたって延びることを確認した。横断面V字形の掘り方を掘削し、底部に小さなバラスを敷いて床面とし、その上にやや大きめの扁平な塊石を組んで側石・蓋石とした内法幅・高さともに20cm程度の空間をつくり、さらに上部を被覆礫で覆う石組み暗渠である。

　礫敷き　石室壁面下部や控え積みの用材よりも小ぶりの礫を用い、粘土棺床の外斜面に食い込むように3〜4石が貼り付けられ、その背後を押さえるように順次後退しながら厚さ30cm前後で敷かれる。礫敷きの大部分は石室壁体の下部に敷き込まれ、壁体構築の基礎としての機能を果たしている。末端は墓壙壁まで及んでいないため、墓壙壁との間は土を入れて壁体構築のベース面を整える。一方、粘土棺床の東西長辺に接する部分は棺床外斜面に貼り付けられた礫が石室壁面と粘土棺床立ち上がりにはさまれた幅5〜10cm程度の狭い隙間に露出し、北小口では東西約1.1m、南北約0.7m、南小口では約1.0m四方の広がりをもって露出する。北・南小口の礫敷きはそこに置かれた副葬品の遺物床としても機能したと考えられる。

　控え積み・裏込め　石室壁面の背後には控え積みがあり、さらにその背後は裏込め土で埋められる。壁面下段に対応する壁体下部の控え積みはすべて塊石を使用し、壁面上段に対応する壁体上部の控え積みは壁面近くでは板石を用い、背後では板石と塊石を混用する。裏込めは塊石を含む土を用いる。

　壁体下部・上部とも東壁の控え積みは西壁に比べて小規模で、裏込めに含まれる石材量も少ない。控え積み・裏込めのあり方が東西で非対称であることは黒塚古墳石室の一つの特徴であり、その要因として作業道（墓道）が西側（前方部側）に取り付いていることとの関連性が考慮される。

　合掌式構造　壁面上端で両側壁が突き合わせに閉じられる、いわゆる合掌式の天井部構造をとり、通常見られるような天井石をもたない。突き合わせに閉じられた四壁の上部は、あたかも天井石に代わるものとして大量の板石を5段程度積み、亀甲状に大きく被覆される。

　石材被覆　20〜50cm大の塊石で石室天井部を大きく被覆する構造で、南北約12m、東西約9mの範囲に及ぶ。塊石は天井部が高く盛り上がる中央部付近には薄いかほとんどなく、天井部の上面が低くなる周縁部にはやや厚く配し、さらに外側に向かって薄く広がる。縁辺部の石材は雑に置かれ、散在的に配された石材も多いが、全体的な平面形状としては北寄りで幅が広く、南ほど幅を減じる亀甲形をなす。

　粘土被覆　南北約10m、東西約6mの範囲で、石材被覆を一回り小さく覆う粘土層である。平面形は石材被覆よりも一回り小さいほぼ相似形を呈する。使用された粘土は棺床と同様の全体に粗悪なもので、ベースが凹凸のある石材被覆の上面であることから表面は凹凸が多い。中央部付近は約20cm程度に厚く粘土を盛り上げ、周縁部ほど薄くなる。また石材被覆の一部が露出する部分も随所に見られる。

## 3　木棺構造の復元

　割竹形木棺　竪穴式石室に安置されていた木棺の外形は、粘土棺床に残された棺底部の圧痕から、横断面が正円の一部をなす円弧を描き、両端面を垂直に切り落とした形状の割竹形木棺と判断され、長さ6.09m、頭側（北端）径1.03m、足側（南端）径0.89mに復元される［図383］。

**非貫通式構造**　棺内に流入した土層の観察、画文帯神獣鏡の出土状況、赤色顔料の分布、棺床面に形成された傷などから、この割竹形木棺は半裁した樹幹の全体を割り抜き、別材の小口板で閉塞する構造（貫通式）ではなく、中央の棺室部分のみを割り抜いた割竹形木棺A類［岡林2009］の構造（非貫通式）をとる。棺室の長さは長さ約2.7m、幅0.45mに復元される。

**底面の切削加工**　粘土棺床上面の凹みを詳細に観察すると、両端に近い部分では底部中央に円弧の一部を面取りするような平坦面がつくり出されている。平坦面の幅は北端寄りではN4mで約40cm、N3.5mで約35cm、N3mで約30cm、南端寄りではS1.2mで約40cm、S1.5mで約50cmである［表5］。すなわち、この木棺身の底面は、頭側小口から足側へ約1.2mの間と、足側小口から頭側へ約0.7mの間で、幅約30～50cm程度の平らな面になるよう切削加工されている。このような底面の切削加工は割竹形木棺においてしばしば観察されるものであるが、多くの場合は足側のみに見られ、黒塚古墳木棺のように頭側・足側の両端に見られる例は珍しい。

**木棺の用材**　材片の樹種同定の結果、木棺本体の用材はクワ属の材であることが判明した。畿内を中心として瀬戸内から伊勢湾岸にかけての地域では、古墳時代を通じて木棺材としてコウヤマキが選択的に使用されたことが知られている。とくに前期古墳ではコウヤマキが樹種同定結果の約8割を占め、非コウヤマキ材を使用した木棺は小古墳の従属的埋葬施設など階層的下位に位置づけられる埋葬に多い［岡林2006］。その意味で、畿内中枢部の全長130m規模の前方後円墳である黒塚古墳の木棺が非コウヤマキ材を使用していることは例外的なあり方といわざるをえない。

樹種同定によってクワ属と判断された古墳時代木棺の例は、黒塚古墳のほかに前期の方形周溝墓群に随伴する割抜式木棺墓である埼玉県北島遺跡第19号地点1号木棺墓［パリノ・サーヴェイ株式会社2005］、前期末の小規模な木棺直葬墳である奈良県赤尾熊ヶ谷2号墳の割竹形木棺（1号棺）［福田2008］、中期後半の前方後円墳である岡山県勝負砂古墳の割竹形木棺［片山・岡田ほか2016］の3例にとどまり、畿内地域の有力古墳では同定例はない。黒塚古墳の木棺があえてクワ属の材を使用していることには一定の背景があったと考えられるが、今後の検討課題である。

## 4　埋葬施設の構築過程

**構築過程の復元的検討**　今回の調査では必要最小限の断ち割り調査によって竪穴式石室の構築過程の全体をほぼ明らかにすることができた。これには、黒塚古墳の墳頂部が中世の再利用に際して東西から大きく削られ、通常では解体的調査を経なければ確認できないような深い部分の構造を簡単な断ち割り調査で知り得た幸運も手伝っている。

墓壙の掘削から石室を構築し、墓壙を最終的に埋め戻すまでは煩雑な工程を経ている。第Ⅰ部第4章で報告した埋葬施設の構築手順とD～J層の対応を、時系列に沿って整理すると、以下のようになる。

1　墓壙（作業道を含む）の掘削
2　基台・粘土棺床下部の構築（J層）
3　バラス敷きの施工及び木棺の搬入・安置
4　粘土棺床上部・礫敷きの施工と壁体下部構築面の整備（I層）
5　石室壁体下部の構築及び作業道の埋め戻し（H層）
6　排水溝掘り方の掘削と石組み暗渠の設置
7　排水溝掘り方の埋め戻し（G層）と壁体上部構築面の整備（F層）
8　壁体上部の構築（E層）
9　石材被覆・粘土被覆の施工
10　墓壙の最終埋め戻し（D層）

以上の1～9の各段階の構築過程を模式図に示した［図384］。以下、図384に準じつつ埋葬施設の構築過程を整理する。

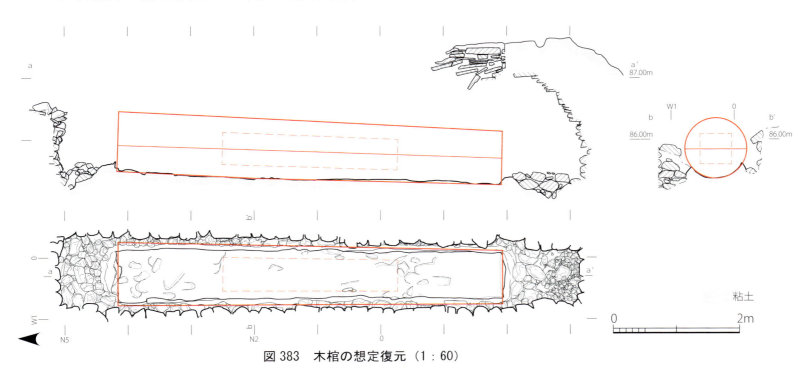

図383　木棺の想定復元（1：60）

第Ⅲ部　総括編

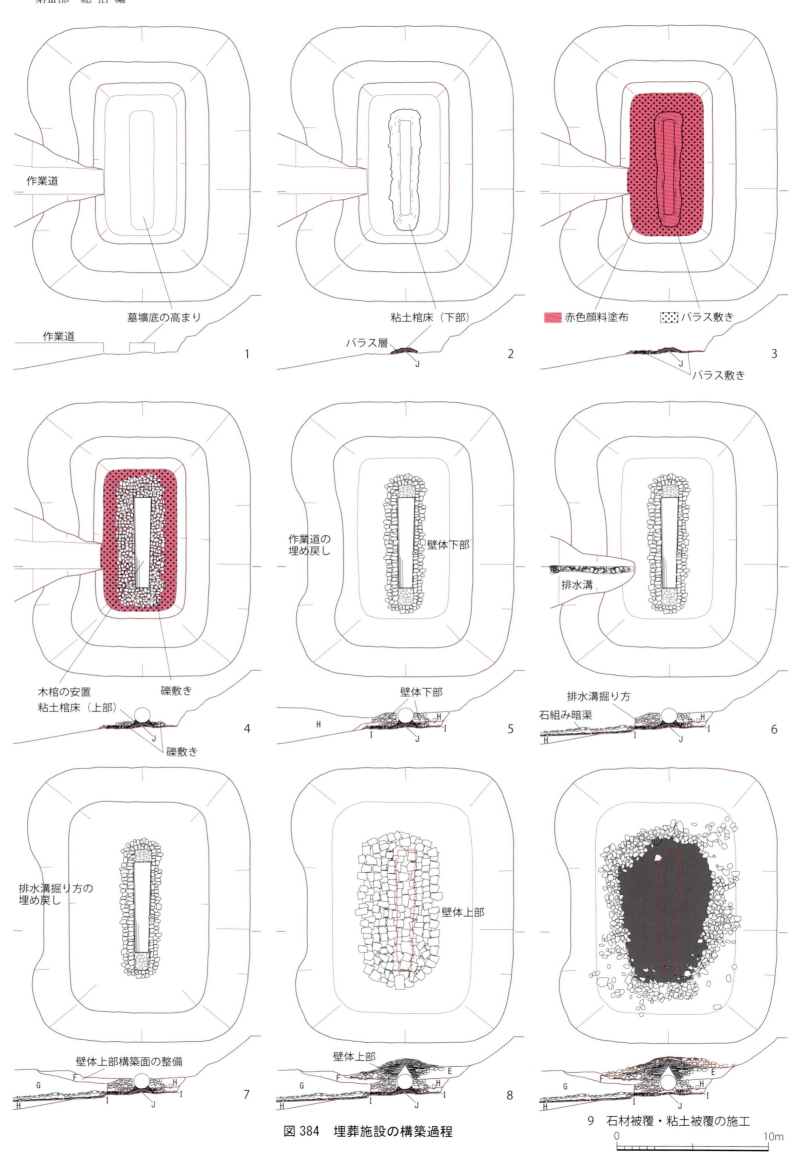

図 384　埋葬施設の構築過程

### 1　墓壙・作業道の掘削

まず、後円部中央に石室を構築するための墓壙と墓壙西辺中央やや南寄りに取り付く作業道（墓道）を掘り込む。墳丘の築成に際し、墓壙・作業道を予定された部分には一定の凹みが残されており、内側から削るようにして墓壙壁を整形したと想定される。墓壙底中央には南北に長い緩やかな高まりが掘り残され、次の段階で構築される基台の基礎となる。

### 2　基台・粘土棺床下部の構築

墓壙底中央の高まりの上に重ねるように置き土層（J層）、バラス層の上下2層構造で基台をつくり、この基台の上に粘土を貼り付けて粘土棺床下部を構築する。

### 3　バラス敷きの施工及び赤色顔料の塗布

粘土棺床周囲の墓壙底全面にバラス敷きが施工される。このバラス敷きは墓壙底まで浸透した雨水等を集め、排水溝に導く集排水機能を果たすと同時に、その上面は墓壙内への木棺の搬入・安置に伴う儀礼執行の足場として機能する。バラス敷きの施工後に、棺床の下部表面及びバラス敷き上面の全面に赤色顔料が厚く塗布される。この直後の段階で木棺が作業道（墓道）から墓壙内に搬入され、粘土棺床下部の上に安置される。大量の赤色顔料の使用は、木棺の搬入・安置が儀礼的にきわめて重要な工程であることを示している。

### 4　木棺の搬入・安置と粘土棺床上部・礫敷きの施工及び壁体下部構築面の整備

木棺が作業道（墓道）から墓壙内に搬入され、粘土棺床下部の上に安置される。粘土棺床下部の上に木棺が安置された状態で、棺床下部の上面平坦面の縁辺部と棺底との間に粘土を付加して横断面三角形の立ち上がりを形成する（粘土棺床上部）。棺床下部の上面にはおそらく木棺安置直前にあらかじめ少量の粘土で棺底を安定させるための断面が小さな低い三角形を呈する粘土帯が2条置かれており、木棺を据え置いた後にその外斜面に外側から少量の粘土を棺底との隙間に押し込むように貼り付ける工程を9～10回前後繰り返す。その粘土の貼り付け単位ごとに赤色顔料が塗布される。このような赤色顔料塗布の繰り返しも木棺を観念的にも安定的に棺床上に安置するための儀礼的意味合いを帯びた行為であったと理解される。

粘土棺床上部の完成後、粘土棺床周囲を根固めするように礫敷きが施工される。墓壙壁との間にはその後土（I層）が入れられ、おおむね平坦に整えられて石室壁体構築のベースとなる。礫敷きの一部は石室内に取り込まれ、とくに北・南小口では石室床面の礫敷き面として遺物床的な機能を果たしたと考えられる。

### 5　石室壁体下部の構築及び作業道の埋め戻し

礫敷きとI層によって整えられた構築開始面から壁体下部を構築する。壁体下部は塊石積みの壁面下段に対応し、壁面高は約0.5～0.7mである。壁面背後は塊石による控え積みと塊石と土を混用した裏込めで埋められる。壁体下部が構築と並行して作業道も石室側から後退するように埋め戻される（H層）。

### 6　排水溝掘り方の掘削と石組み暗渠の設置

埋め戻された作業道と大きく重複する位置に横断面V字形の排水溝掘り方を開削する。この掘り方は東端部で墓壙底のバラス敷きを一部露出し、石室基底部と接続したと考えられる。その後、掘り方の底に薄く敷いたバラスを底面とし、その上に側石・蓋石で幅・高さともに20cm程度の石組み暗渠をつくり、蓋石が隠れる程度まで大小の礫で被覆する。

### 7　排水溝掘り方の埋め戻しと壁体上部構築面の整備

石組み暗渠の構築後、排水溝掘り方はただちに埋め戻される（G層）。掘り方自体を一時的な作業用の通路として利用し、前方部側から土を運び入れて東から順次西に向かって後退しながら埋めていく。その後墓壙中段テラス・中段斜面を復元する作業が行われるが、石室西側のとくに作業道・排水溝掘り方付近には凹みが残り、石室東側に比べて低い状態にあった。この凹みを埋め、石室壁体上部の構築面を水平に整えるため、石室西側にのみ土が入れられる（F層）。

### 8　壁体上部の構築

このようにして整備した面の上に、壁体上部が構築される。壁体上部は板石積みの壁面上段に対応し、壁面高は石室南端部で約1.15mである。天井部は両側壁を高く持ち送り、最上部の板石端面が突き合わせに接する合掌式構造をとる。壁面背後は板石を主体とした控え積みと塊石と土を混用した裏込めで埋められる（E層）。

### 9　石材被覆・粘土被覆の施工

壁体最上部が突き合わせに閉じられ、中央が高く亀甲状に盛り上がった板石積みの天井部が形成された後、その上をさらに大きく覆う石材被覆・粘土被覆が施工される。

### 10　墓壙の最終埋め戻し

石材被覆・粘土被覆の完成後、上段墓壙は埋め戻される（D層）。墓壙西辺には低く凹んだ場所がまだ残っていたと考えられるが、この段階で完全に埋められ、さらに盛土が足されて墳頂部が完成する。

【引用文献】

卜部行弘・岡林孝作・清水康二ほか 2008『下池山古墳の研究』奈良県立橿原考古学研究所

岡林孝作 2006「古墳時代木棺の用材選択」『古墳時代木棺における用材選択に関する研究』奈良県立橿原考古学研究所

岡林孝作 2009「遺存木棺資料による古墳時代木棺の分類」『古墳時代におけるコウヤマキ材の利用実態に関する総合的研究』奈良県立橿原考古学研究所

片山健太郎・岡田文男・松木武彦・西原和代 2016「岡山県勝負砂古墳の石室・棺に用いられた木材樹種同定」『日本文化財科学会第33回大会研究発表要旨集』日本文化財科学会

豊岡卓之・卜部行弘・坂　靖ほか 1996『中山大塚古墳』奈良県立橿原考古学研究所

パリノ・サーヴェイ株式会社 2005「北島遺跡第19地点出土木製品の樹種同定」『北島遺跡ⅩⅢ』（財）埼玉県埋蔵文化財調査事業団

福田さよ子 2008「赤尾熊ヶ谷古墳群出土木質遺物の樹種」『赤尾熊ヶ谷古墳群』（財）桜井市文化財協会

森下章司 2014「東之宮古墳竪穴式石槨の位置づけ」『史跡東之宮古墳』犬山市教育委員会

## 第3節　副葬品配置

### 1　副葬品配置の復元

**副葬品の遺存状態**　黒塚古墳の竪穴式石室は13世紀頃と考えられる盗掘以前に上部の大部分が自然崩壊し、石室内部は落下した大量の石材で埋没された。その後、崩壊を免れた石室南端部の空間には盗掘者が侵入したが、大量の落下石材によってパックされていたその他の部分には盗掘が及ばず、結果的に石室床面積の約9割に相当する部分が後世の攪乱を免れた状態で多量の副葬品が残されていた。きわめて希有な事例であり、前期前半期の竪穴式石室における副葬品の配置状態を検討する上で貴重な資料である。

**副葬品の出土位置と本来の副葬位置との関係**　この副葬品の出土状態は、初期流入土の堆積、木棺や大型有機質製品の腐朽・消滅、地震を主因とする石室上部の崩壊といった経時的な環境変化によって、副葬品がそれぞれ本来の副葬位置から一定の移動を経た結果として理解される。

その移動のメカニズムは、棺内と棺外、北棺外と東・西棺外とで異なっており、いくつかのパターン化も可能である。そこで、棺内と棺外、北棺外と東・西棺外における副葬品の本来の副葬位置から実際の出土位置への移動のメカニズムについて整理する。

**棺内**　長大な割竹形木棺の内部は、中央部に長さ約2.7m、幅0.45mの棺室を設けたものである。棺室に相当する範囲からは、画文帯神獣鏡1面が棺室北端に沿って立った状態、直刀・剣・槍各1点が棺室東・西辺に沿って置かれた状態で、粘土棺床凹部の粘土面に密着して出土した。

棺内では、木棺の腐朽の進行とともに徐々に初期流入土が入り込み、これらの副葬品を埋没し、配置状態を固定化した段階があったと考えられる。これらは最終的に、木棺身材の腐朽消滅とともに全体が徐々に沈下し、粘土面に密着した。石室上部の崩壊によって大量の石材が落下した時点では、初期流入土によって厚くパックされていたことが幸いし、副葬品の破損や二次的移動を免れたと考えられる［図385：棺内］。

**棺外**　粘土棺床が露出する範囲以外の石室床面は、東・西棺外では石室壁面と棺床立ち上がりにはさまれた幅5～10cm程度の狭い隙間、北棺外では石室北・東・西壁に囲まれた東西約1.1m、南北約0.7mの範囲、同じく南棺外では石室南・東・西壁に囲まれた東西約1.0m、南北約1.0mの範囲で礫敷き面となっている。

中世の盗掘による攪乱のために副葬品の原位置が明らかでない南棺外を除き、北・東・西棺外から出土した副葬品の大部分はこの礫敷き面から浮いた状態で出土している。それらは原則的に初期流入土の上面付近を不明確なベースとしているが、初期流入土に完全に埋没されているものもあり、様相は単純ではない。また、北棺外と東・西棺外で状況が異なるため、それぞれについて整理を加える。

**北棺外**　大型の有機質製品1の存在は、北棺外における副葬品配置のあり方を大きく決定づけている。有機質製品1は北棺外の空間のほぼ全体を覆う盾のような器物と推定され、表面に厚く塗られた水銀朱が製品の下に入り込んで堆積した初期流入土の上面になだらかな凹凸のある面を形成していた。三角縁神獣鏡1面・刺突具2点・U字形鉄製品1点は基本的にこの水銀朱の面の直上から出土しており、本来は有機質製品1の上に配置されていたと考えられる。

その後の経時的変化としては、まだ原形をとどめた状態の有機質製品1の下に初期流入土が入り込んで礫敷き面上に一定の堆積を形成した段階があったと考えられる。次に、有機質製品1の腐朽に伴い、その直上に置かれていた鏡・鉄製品等も初期流入土の上面まで徐々に落下し、有機質製品1自体は腐朽消滅して表面に塗布されていた水銀朱の面が残された。その後、石室上部の崩壊とともに大量の石材を含む上層の流入土によって全体がパックされたと考えられる。

**東・西棺外**　東・西棺外の三角縁神獣鏡32面、素環頭大刀3点、直刀13点、剣2点、槍13点、Y字形鉄製品2点、鉄鏃（片）212点、刺突具1点、不明鉄器1点は、石室側壁との隙間を含む木棺蓋上に置かれていたと考えられる。まず木棺蓋上に鏡が置かれた後、鏡が密に置かれている部分をある程度避けながらその上に覆い被せるようにして刀剣槍類及び矢が配置されたと考えられる。

これらは初期流入土の堆積及び木棺木部の腐朽と前後して落下したと考えられるが、落下の過程はいくつかのパターンに分類できる。一つのパターンとして、初期流入土の堆積があまり進んでいない段階で、鏡が鉄製品群に先行して落下し、結果的に初期流入土に完全にあるいは半ば埋没した場合が考えられる［図385：パターン1］。また、初期流入土の堆積が相当進み、鉄の錆化の進んだ段階で、鏡や鉄製品類がある程度錆で固定された状態で落下し、初期流入土の上面で落ち止まるといったパターンも考えられる［同：パターン2・3］。

鏡を例にとると、パターン1の事例としては典型的には33号鏡が挙げられ、12～15号鏡、30～32号鏡などもそれに近いと考えられる。パターン2・3の事例としては1～4号鏡、10・11号鏡、17～21号鏡、22・23号鏡、27～29号鏡などが挙げられるであろう。その後、石室上部が自然崩壊して大量の石材が落下し、西棺外では多くの鏡が破損したが［同：パターン2］、東棺外では逆に落下石材がそれ以降の応力から鏡を保護する結果となった［同：パターン3］。

### 2　副葬品配置の特徴

**棺内の副葬品配置**　棺室内から出土した副葬品は画文帯神獣鏡1面、直刀・剣・槍各1点と多くはない。これらは、この棺室のほぼ中央に北頭位で安置されていた被葬者の遺体近くに添え置かれたものと評価できる。

画文帯神獣鏡は棺室北端中央に鏡面を北に向けて立てかけられ、刀9・槍2は棺室西端、剣1は棺室東端のラインにそれぞれ沿って置かれていた。画文帯神獣鏡は推定される被葬者の頭上約55cmの棺室北端に置かれ、棺中軸線上のいわば結界的位置を押さえている。副葬品群全体としては棺室北

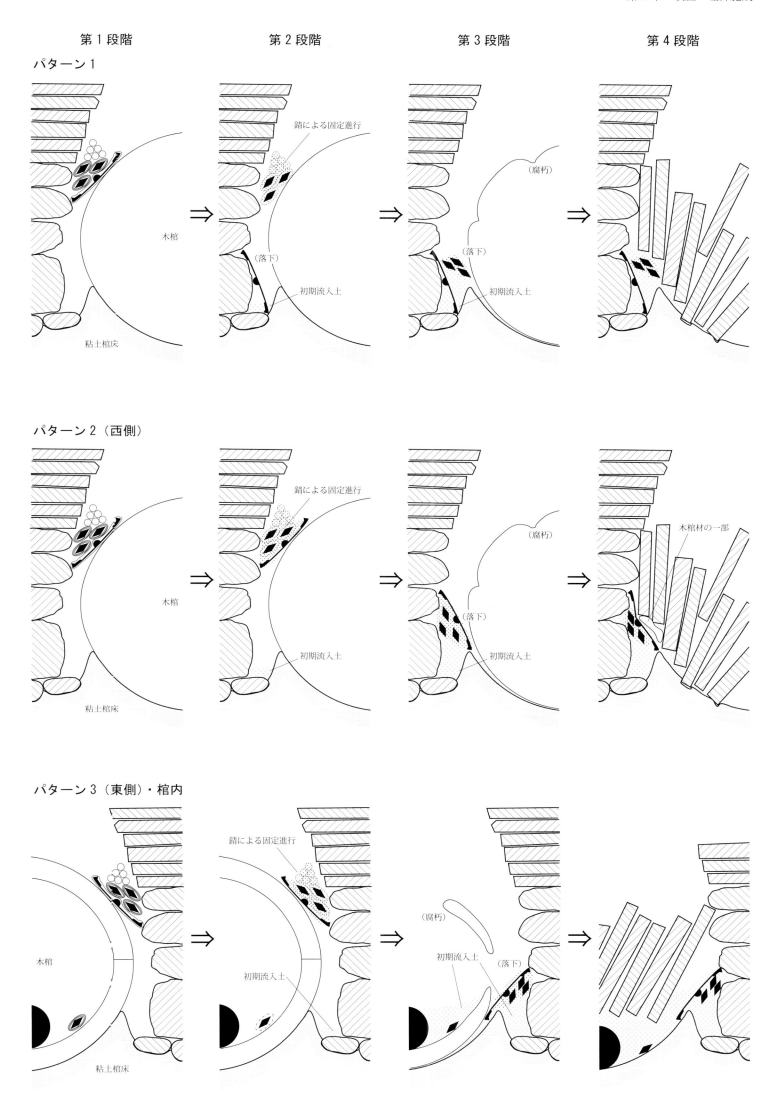

図 385　副葬品の原位置及び移動パターン模式図

辺から棺室東・西辺に沿って被葬者の頭部から胸部付近を大きくコの字形に取り囲んでおり、棺室北端から被葬者の上半身を中心としていわば半囲繞配置されている。

**棺外の副葬品配置** 棺外副葬品は全体として木棺の周囲を取り囲むように置かれているが、その配置には偏りがある。

三角縁神獣鏡類のみを取り上げてみると、東棺外の15面、西棺外の17面、北棺外の1面、総数33面という多量の三角縁神獣鏡によって木棺北半部を大きくコの字形に取り囲む半囲繞配置を形成している。銅鏡の多量副葬における副葬配置の一類型として評価しうるものである。それと同時に、棺外に副葬された鉄製武器類の大半がこの配列をトレースするように重複していることは、鏡と鉄製武器による半囲繞配置という棺内の状況と相似形をなすものと評価しうる。

北・南棺外には一定の広さをもつ副葬品用の空間があり、北棺外には鏡1面のほか刺突具2点・U字形鉄製品・鉄鏃などが盾かと思われる大形の有機質製品1とともに配置され、南棺外には鉄鏃・甲冑類・農工具類・土器類などが配置されていた。被葬者の頭側と足側にあたる棺外に副葬品を分置する配置方式といえる。

**副葬品配置の呪的性格** 古墳における副葬行為のもつ意味はさまざまに解釈され、実際多様な側面があったと考えられるが、黒塚古墳で復元された副葬品配置から読み取ることのできる一側面として遺体保護のための呪的性格がある。

棺内・棺外の内外二重に半囲繞配置された銅鏡類・鉄製品類の副葬配置は、それらが総体として取り囲んでいた被葬者の遺体、なかでもその頭部あるいは上半身を保護するような呪的配置と理解できる。とくに木棺北小口中央に置かれた17号鏡（黒塚古墳出土の三角縁神獣鏡類中最大の面径を有する）、棺室北端中央に置かれた画文帯神獣鏡の副葬位置は、結界的意味合いを強く帯びたものといえる。さらに重複して割竹形木棺の軸線上には北・南棺外の副葬品群があり、東・西棺外南半に点々と置かれた鉄製品類とともに、割竹形木棺全体を大量の副葬品によって取り囲み、遺体を保護する呪的効果を高めていたと解釈できる。

（岡林）

# 第2章　副葬品

## 第1節　副葬品の組成

黒塚古墳では非常に多量の副葬品が出土し、その出土状態について詳細な記録を作成できた［図386］。これにより中世に盗掘を受けていたにもかかわらず、竪穴式石室内の大部分は未攪乱の状態で、ほぼ副葬時の様相を把握できた。南棺外のみは盗掘による攪乱が及んでいたが、盗掘坑埋土からは少量の鉄鏃、小札片などが出土したにすぎないことから、現状の副葬品組成に大きな変更を迫るようなものではないと判断した。よって、大和古墳群における古墳時代前期前葉の全長130m級の前方後円墳の副葬品の全貌をほぼ把握できたと考える。

出土した青銅器は全て銅鏡で合計約39.2kgである。出土した鉄器の総重量は付着物込みの現状で合計34.5kgである。錆が著しく鉄身の遺存状況が悪いため、本来の重量はこの数字を大きく上回るものとみられる。

副葬品の組成は、銅鏡と鉄製武器（刀剣槍類、鉄鏃）、鉄製武具（甲冑類）、農工具類、これに威儀具（Y字形鉄製品、U字形鉄製品）、土師器が加わる［表47］。

黒塚古墳の副葬品には玉類がまったくみられないが、玉類の欠如は黒塚古墳だけの特徴ではない。木槨系の埋葬施設をもつ最古相の前方後円墳であるホケノ山古墳［岡林・水野ほか2008］、宮山型特殊器台が出土し最古相の竪穴式石室をもつ中山大塚古墳［豊岡・卜部ほか1996］でも同様に玉類は出土していない。玉類の出土は下池山古墳［卜部・岡林ほか2008］の翡翠製勾玉・碧玉製管玉・ガラス製小玉、桜井茶臼山古墳［伊達・小島ほか1963、寺沢ほか2011］の碧玉製管玉・ガラス製管玉・翡翠製棗玉など、前期中葉頃から目立つようになる。

副葬品量がきわめて多いこと、威儀具などの特殊な鉄製品が存在することなどは黒塚古墳の副葬品の特徴といえるが、組成の上では前期前葉の古墳副葬品の典型と評価することができる。

## 第2節　銅鏡

**銅鏡の大量副葬** 画文帯神獣鏡1面、「舶載」三角縁神獣鏡33面がある。

画文帯神獣鏡1面のみが棺内に副葬され、「舶載」三角縁神獣鏡33面はすべて棺外に、木棺側に鏡面を向けて副葬されていた。画文帯神獣鏡は直径13.5cmと、棺外鏡群よりも明らかに小型であるが、唯一の棺内出土鏡として被葬者に最も近接していることから、棺外の三角縁神獣鏡群に対して扱いが優位にあるとも解釈できる。画文帯神獣鏡は後漢鏡とみられるが、画文帯に魚形の文様が入るなど変則的で、同種の画文帯神獣鏡の中でも新相と評価できる。

棺外の三角縁神獣鏡では北棺外の象徴的な位置に鏡径の最も大きい17号鏡を配置しており、鏡径への関心を示唆する。一方、三角縁神獣鏡の副葬配置には「同笵鏡」を意識した規則性や何らかの配慮は確認できなかった（第Ⅱ部第1章第3節）。さらに、ほぼ全ての銅鏡で織物痕が確認され、一面ずつ布で包む、あるいは巾着状のものに納めて副葬した可能性がある。こうした取り扱いのあり方は、古墳時代前期における銅鏡に対する価値観の一端を示すものと評価できる。

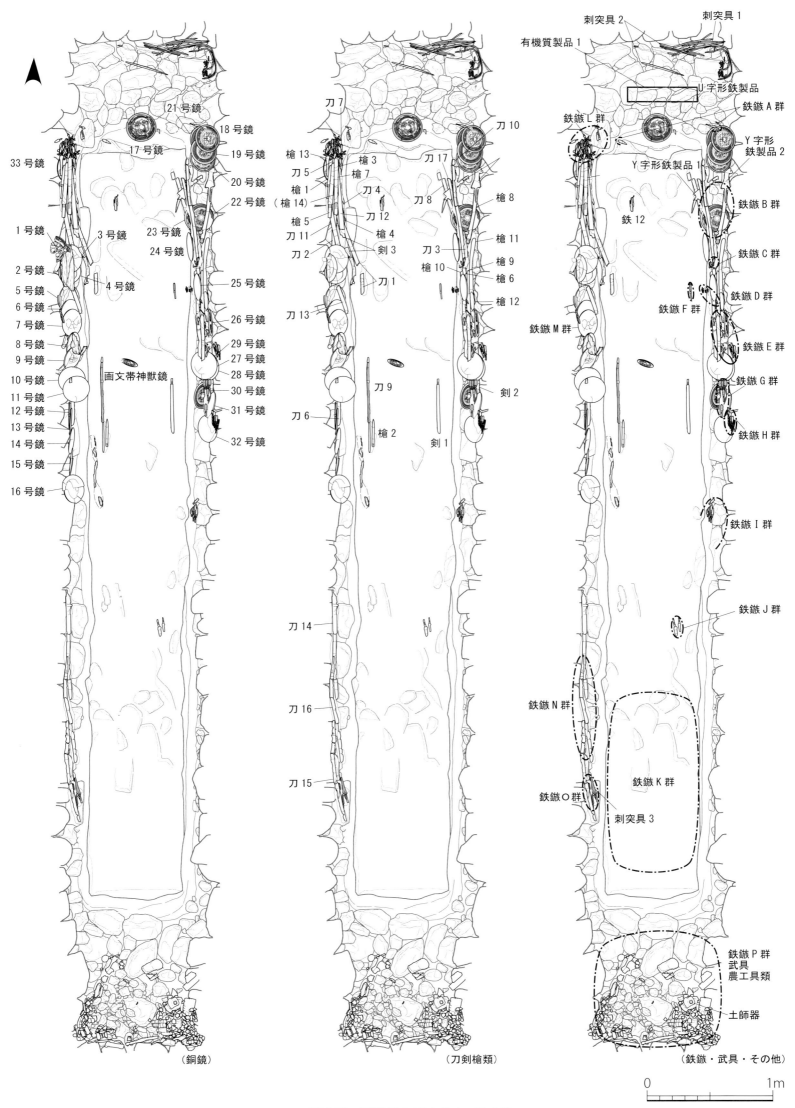

図 386　副葬品の出土分布（1：30）

表47　黒塚古墳副葬品一覧

| | | |
|---|---|---|
| 銅鏡 | 画文帯神獣鏡 | 1 |
| | 三角縁神獣鏡 | 33 |
| 武器 | 刀 | 17 |
| | 素環頭大刀 | 3 |
| | 直刀 | 14 |
| | 剣 | 3 |
| | 槍 | 14 |
| | 鉄鏃 | 280以上 |
| | A字形短茎鏃 | 5 |
| | 柳葉式無茎鏃 | 14 |
| | 柳葉式（B2b類） | 81 |
| | 柳葉式（B3b類） | 6 |
| | 柳葉式（B2a類） | 3 |
| | 柳葉式（B3a類） | 5 |
| | 定角式 | 41 |
| | 小型定角式 | 27 |
| | 鑿頭式 | 58 |
| | 三角形式 | 33 |
| | 圭頭式 | 1 |
| | 中型腸抉柳葉式 | (3) |
| | 小型腸抉柳葉式 | 1 |
| 武具 | 甲冑 | 1 |
| 農工具類 | 刀子 | 12 |
| | 鉇 | 9以上 |
| | 斧 | 10 |
| | 鎌 | 3 |
| | 刺突具 | 3 |
| | 不明鉄器 | (13) |
| 有機質製品 | | 3 |
| 威儀具 | Y字形鉄製品 | 2 |
| | U字形鉄製品 | 1 |
| 土師器 | 小型甕 | 2 |
| | 高杯 | 1 |

　33面という三角縁神獣鏡の副葬量は京都府椿井大塚山古墳［樋口 1998］に匹敵し、調査時点での「舶載」三角縁神獣鏡全体の1割に及ぶ量であった。にもかかわらず、新規発見の「同笵鏡」鏡種は3種に止まった。これにより「舶載」三角縁神獣鏡の鏡種の大半はすでに確認されており、今後は新種が増加するよりも既知の「同笵鏡」の面数が増えるとの見通しが得られた（第Ⅰ部第6章第2節）。

　黒塚古墳の三角縁神獣鏡群が新たに加わったことを受けて、2000年には京都大学と橿原考古学研究所収蔵品による『大古墳展』が開催された。図録において「同笵鏡」の分有関係図が新たに作成され［奈良県立橿原考古学研究所附属博物館ほか2000］、黒塚古墳は椿井大塚山古墳と並ぶ銅鏡配布のもう一つの中心ともみえた。しかし、2009年の桜井茶臼山古墳の再調査で少なくとも81面分の銅鏡片が確認され、三角縁神獣鏡も26面以上の副葬が明らかとなったことで、三角縁神獣鏡の分有関係における配布の中心は単純な様相ではなくなった。大和古墳群の大型古墳への未知の副葬量も考慮せざるをえず、分有関係図そのものの再評価が求められつつある。

**三角縁神獣鏡の製作技術**　黒塚古墳から「舶載」三角縁神獣鏡33面が一括出土したことを契機に、橿原考古学研究所が主体となって三角縁神獣鏡のデジタル・アーカイブ化が進められ、研究を展開、深化させるための基礎的データの整備は進んだ。その成果はこれまでにも公表してきたところであるが［水野・山田（編）2005、水野（編）2010、水野（編）2017］、ここでは黒塚古墳出土鏡の分析にもとづく、主に三角縁神獣鏡の製作技術に関わる研究成果を箇条書き的にまとめておきたい。

　第1に、鈕孔を仕上げる研磨の省略を確認した。多くは鋳バリを残して鈕紐を通すことが困難な状況であった。同時に、出土時にはほぼ全ての銅鏡に織物痕を確認できたにもかかわらず、鈕紐の痕跡を確認できなかったことと併せて、「舶載」三角縁神獣鏡においては鈕孔の仕上げや鈕紐への関心が低下していたことが分かった。

　第2に、「同笵鏡」間の差異を確認した。そのうちの一つが笵傷である。笵表面の剝落傷を共有しつつ、笵傷が増加する傾向から、三角縁神獣鏡の量産には主に同笵技法が用いられ、製作順序が想定できることは既に知られているが［岸本1991、藤丸1997、水野・今津・岡林・山田ほか2005］［図308］、新たに「舶載」三角縁神獣鏡に特徴的な笵傷として十字状の亀裂状笵傷の存在を確認した。三角縁神獣鏡の笵傷は鋳型表面の剝落傷と亀裂状笵傷の2種類に分類できるが［水野・今津・岡林・山田ほか2005］、その中で十字状に交差する亀裂状笵傷が高い頻度で確認できた。ともすれば他の笵傷に紛れがちであるが、部分的な確認を含めれば三角縁神獣鏡の大半にみられることから、十字傷の発生は偶然ではなく、鋳型（笵）に関わる何らかの必然性から生じたものと考える（第Ⅱ部第1章第3節）。

　第3に、「同笵鏡」間のもう一つの差異として文様の改変が認められた。「同笵鏡」とは同じ鋳型（笵）で製作した鏡を意味するが、小さい文様の改変や、線刻の二度描き、文様の付け足しを確認した。しかし、鋳型表面の剝落傷や亀裂状笵傷に対して文様を正確に復元するような修復はほとんど行われず、文様の改変の多くは粗い（同第3節）。

　第4に、銅鏡研磨の技法の解明である。研磨実験と出土品の研磨痕跡との照合が行われ（同第9節）、鏡縁等の研磨技法の具体的な解明が進んだ。

　第5に、同一埋葬施設から出土した「同笵鏡」でも、鏡背の研磨工程に有無の違いを確認した。特に、鏡背の鈕、外区上面、三角縁の内側斜面において研磨の有無が目立った。また、「同笵鏡」でも同一箇所の厚さが異なっており、これは鏡面側の研磨量によるところが大きいとみられる（同第3節）。「舶載」三角縁神獣鏡は、鏡面や三角縁外側の仕上げを重視する反面、鏡背面の仕上げへの関心が低く、「同笵鏡」は必ずしも同工程の製品製作を目指していない。

　第6に、銅鏡表面の結晶構造から青銅の成分比を確認した結果、「同笵鏡」でも銅、錫、鉛の成分のうち、錫の占める割合が18～25％となり、成分比にばらつきがあることが確認された（第Ⅱ部第2章第9節）。また、銅鏡破断面の蛍光X線分析でも、成分比が一定でないことが報告されており（同第11節）、結晶構造による先の分析結果と一致した。これらは複数の「同笵鏡」を一つの坩堝で溶解した青銅で製作するのではなく、別々の坩堝で融解した青銅の使用を示唆しており、「同笵鏡」間での文様改変に伴う鋳型の修正に一定の時間を必要とする見通しとも整合する。

　第7に、蛍光X線による微量元素の分析において出土三角縁神獣鏡は、中国出土の神獣鏡の分布域と重なるとの結果を得た（同第10節）。これは三角縁神獣鏡の原材料が中国出土の神獣鏡とほぼ同じである可能性を示唆する。

銅鏡については多くの知見を得たが、個別現象を今後整理して歴史的解釈につなげていく必要がある。

【引用文献】

卜部行弘・岡林孝作・清水康二ほか 2008『下池山古墳の研究』奈良県立橿原考古学研究所

岡林孝作・水野敏典・北山峰生ほか 2008『ホケノ山古墳の研究』奈良県立橿原考古学研究所

岸本直文 1991「権現山51号墳出土の三角縁神獣鏡について」『権現山51号墳』『権現山51号墳』刊行会

伊達宗泰・小島俊次・森　浩一 1963『大和天神山古墳』奈良県教育委員会

寺沢　薫ほか 2011『東アジアにおける初期都宮および王墓の考古学的研究』奈良県立橿原考古学研究所

豊岡卓之・卜部行弘・坂　靖ほか 1996『中山大塚古墳』奈良県立橿原考古学研究所

奈良県立橿原考古学研究所附属博物館・京都大学・東京新聞（編）2000『大古墳展』

樋口隆康 1998『昭和28年椿井大塚山古墳発掘調査報告書』山城町

藤丸詔八郎 1997「三角縁神獣鏡の製作技術について－同笵番号60鏡群の場合－」『研究紀要』4　北九州市立博物館

水野敏典・今津節生・岡林孝作・山田隆文ほか 2005「三角縁神獣鏡の鋳造欠陥と「同笵鏡」製作モデル」『三次元デジタル・アーカイブを活用した古鏡の総合的研究』奈良県立橿原考古学研究所

水野敏典・山田隆文（編）2005『三次元デジタル・アーカイブを活用した古鏡の総合的研究』奈良県立橿原考古学研究所

水野敏典（編）2010『考古資料における三次元デジタルアーカイブの活用と展開』奈良県立橿原考古学研究所

水野敏典（編）2017『三次元計測を応用した青銅器製作技術からみた三角縁神獣鏡の総合的研究』奈良県立橿原考古学研究所

## 第3節　鉄製品

### 1　武　器

**鉄製武器の大量副葬**　大型利器として、素環頭大刀3点を含む鉄刀が17点、鉄剣が3点、鉄槍14点の合計34点があり、他に鉄鏃が280点以上出土した。古墳時代前期前半の古墳として出土量は非常に多い。

**刀**　素環頭大刀3点を含めて17点が出土した。出土した素環頭大刀は、直刀と比べて全体に長く、環頭部の一部に被さる倭装の柄装具への改変例を含む。現状では古墳時代前期には大型利器の製作ができず、大陸からの搬入品である素環頭大刀の素環頭を切り落として倭風の直刀とするという考えが主流である［今尾1986］。しかし、素環頭大刀と直刀の関や茎部に型式学的な違いがあり、単純な素環頭の切断では直刀にはならない場合があるとの指摘がある（第Ⅱ部第1章第4節）。また出土刀の刀4は全長40cm以下の短い直刀であり、短刀（直刀）の出現は刀剣製作開始の指標の一つであり、その点からも直刀製作開始時期が遡る可能性がある［豊島2010、村上1999］。なお、素環頭大刀を含めて刀類には木製鞘がなく、抜き身で副葬されていた。棺内の刀9のみ、真綿を挟んだ織物に包まれていた。

**剣**　鉄身だけで剣と槍の識別は困難であり、装具構造と出土状況とを併せた結果、剣は3点であった。棺内の剣1は3点中最も長大で、刀9と同様に真綿を挟んだ織物が付着していた。木製鞘はなく、抜き身に織物を巻き付けていた。剣2は柄口に黒漆の塗られた線刻をもつ木製装具がつき、柄間には糸を密に巻き付けていた。

**槍**　14点が出土した。刃部長、茎部長、関の形状など非常に多様で、規格を揃えた量産化の気配はない。特に刃関双孔をもつものが3点あり、他にも目釘孔の配置が不自然なものを含み、装具の付け替えを行った可能性が高いものを含む（同第4節）。弥生時代終末の剣、槍を掻き集めて斉一的な山形装具への付け替えを行ったようにみえる。

槍の長柄は遺存せず、石突も出土していないためその長さは明確でないが、槍の出土位置は石室内の北側に集中しており、一定の長柄の存在がうかがわれる。西棺外の槍群の鋒から漆膜（b）南端までの距離から算出すると、槍の長さは短く見積もって約2.7m、長く見積もって約3.0m以上となる。

**鉄鏃**　鉄鏃は280点以上の副葬を確認した。前期古墳として最多の出土量である。中型柳葉式（B2b類）の81点を最多として、定角式が小型27点を含めて68点、鑿頭式の58点を中心に13種の型式が出土した。これまで大和での出土が確認できなかった無茎柳葉式や、小型定角式、腸抉柳葉式、ナデ関の三角形式、口巻きに糸を用いる鑿頭式などを確認したことで各地の多くの関連資料の再評価を可能とした（同第4節）。

盛矢具については、出土群ごとに鉄鏃の先端が揃って錆着いて出土したものが数多くあり、何らかの盛矢具の存在が予想されたが、滋賀県雪野山古墳［都出ほか1996］などの靫にみられる菱形文様をもつ漆で固めた繊維、植物質、皮革などの明確な痕跡は確認できなかった。わずかに鉄鏃H群に隣接する有機質製品2に盛矢具の痕跡がうかがわれたのみである。なお、鉄鏃群の出土量と構成については、束をなさないもの（1類：A・F・J・M群）、核となる型式に少数の別型式が加わるもの（2類：C・D・E群）、単一の型式で構成されるもの（3類：B・G・H・I・K群）、出土状況から複数の束が混在したとみられるもの（4類：L・P群）、多数の種類が混在するもの（5類：N・O群）がある［表14］。群は出土状態の評価によるものを含み、本来いくつかのものは同一群として副葬された可能性を持つが類別の評価には大きく影響しない。1類は2・3類の変形とみられ、鉄鏃の群構成には核をなす型式があり、それに少数の別型式が加わるもの、加わらないものが大部分を占める。また、B・C・D群が13点であることから、鉄鏃の束は13点前後をおおよその副葬単位としてこれを複数含むことで構成されていたと想定する。

弓についても、鉄鏃に矢柄が装着されて矢として副葬されており、共伴しての副葬が予想されたが痕跡は確認できなかった。

### 2　武　具

武具として小札、帯状鉄板、円頭鉄板が出土した。これらの付着物込みの合計重量は約6.1kgである。小札を主体とし

た甲冑とみられるが、攪乱を受けて出土状態が当初の状態を保っておらず、出土状況による全体の復元はできなかった。

小札は、上辺が半円形で下半が窄まる鞍形で、おおむね大中小の3種を確認し、合計約1111点以上が出土した。古墳時代前期の小札の古墳出土は13例目となり、これまで最大量とされた京都府椿井大塚山古墳の527点の2倍を超える［橋本1996］。幅の狭い腰巻板とそれに綴じ付けられた小札群と、複数の強い湾曲を保った小札群があり、小札革綴冑が存在したと想定した。中・小型の小札を主体とした冑の復元案については（第Ⅱ部第1章第5節）に記した。復元冑の小札の想定枚数は301点である。出土した一部小札の内側には獣毛が付着したものが含まれ、獣毛は鹿と同定されている（第Ⅱ部第2章第7節）。革紐で獣毛と小札を綴じたものがあり、装着時の緩衝の役目を果たしたとみられる。冑以外に約800点の小札が残ることから他の武具の存在が予想された。帯状鉄板と小札が革紐で綴じ付けられた状態で出土したものがあり、また、小札どうしを綴じた小札群の上端となるものなどが部分的に確認できたことから、帯状鉄板と小札を組み合わせた甲と考えている。なお、小札の綴じ付けに挂甲の緘のような可動性をもつ革綴構造は確認できなかった。

冑とみられる腰巻板の他に、帯状鉄板として大きく3種類が確認された。多くは破片となっているが、推定を交えて復元すると、帯状鉄板Aは両端が刀の鋒状の曲線を持つ押し付け板状の鉄板であり、上辺に布覆輪をもち、下辺に小札が綴じ付けられていた。小札は帯状鉄板Aの上に重ねられ、下へは上重ねされていた。帯状鉄板B・Cは小札の円頭を上側とすると斜め方向となる帯状鉄板である。875［図269］でも直線となる一方の長辺にのみ小札が綴じ付けられ、その反対側の長辺は先端5cmがわずかに先細りとなり、縁には布覆輪が確認できた。冑に倣って小札の円頭を上側とする限り、帯状鉄板B・Cは、逆台形の左右のフレーム部分となるようにみえる。なお、帯状鉄板Aには、覆輪など使用法が推定できるもの以外にも多数の円孔があった。冑以外の小札にも鹿革を革紐で綴じたもの、織物を糸で綴じたものが含まれていた。明らかに小札と帯状鉄板は綴じ合わせられていたが、小札と帯状鉄板を組み合わせた甲は、倭の領域はもちろん古代中国の領域でも類例を確認できず、復元の手掛かりを得られなかった。わずかに京都府椿井大塚山古墳では小札革綴冑と別に板状鉄板と類似したものが出土しているが、小札とは綴じ付けられておらず、使用形態は不明である［樋口1998］。

円頭鉄板は、ほぼ同形とみられる19点以上の出土を確認した。円頭鉄板は、小札や帯状鉄板との結合は確認できず、わずかに円頭鉄板どうしでの2点での綴じ合わせが確認できたのみである。鉄板の厚さ、穿孔の径、革紐からみて小札、帯状鉄板と一連の製品と考えられる。しかし、円頭鉄板どうしを綴じ合わせて冠状となるのか、肩甲などの甲冑の付属具になるのか不明である。中央の大きなV字形の装飾性の高い革綴が特徴的である。類例として思い浮かぶのは椿井大塚山古墳の花弁状の鉄板を持つ冠であるが、19点以上あり、一綴りとすれば径は約70cmとなり、腰回りほどの大きさとなる。曹操高陵［河南省文物考古研究院2009］において形状の似た花弁状の鉄板が出土しているが、報告数は1点のみで詳細は不明である。

最後に、小札は厚さが1.2mm程に整えられ、錆で歪む個体はなく、湾曲から内外面の区別がつくほど、遺存状況は良好であった。遺存状況はU字形鉄製品の鉄製管の状態と似ており、他の鉄製武器類とは様相が異なった。これは折り返し鍛造を必要としない鉄器であるためか、鉄地金の精錬が良好であるためかは不明である。加工精度が極めて高く、古代中国の領域の技術で製作された可能性が高いと考える。

### 3　農工具類

農工具類は、刀子、鉇、斧、鎌などが南棺外から、刺突具が北・西棺外から出土した。

**刀子**　12点が出土した。京都府椿井大塚山古墳［樋口1998］の17点、京都府元稲荷古墳［梅本ほか2014］の12点以上が前期古墳の多量副葬例として知られ、それらに次ぐ副葬量である。元稲荷古墳では刃部幅が狭いものと広いものの2種類に分類され、黒塚古墳でも同様に刃部幅の狭い刀子1～3と広いもの刀子4～12が確認された。出土状況は攪乱を受けて、2種類の副葬時の扱いの違いは判然としない。

**鉇**　大型7点以上と小型2点以上の合計9点以上を確認した。多くが折れて欠損しているが大型でほぼ完形の鉇1は全長41.5cmと長大である。刃部を確認できたものは、いずれも木製柄をもち、何らかの繊維を帯状に巻き付けて鉄身を固定していた。織物を巻き付けているものは確認できなかった。椿井大塚山古墳などにも類例があり、古墳時代前期の鉇の典型とみられる。ホケノ山古墳にみられる短く鉄身の柄を直に握るタイプの鉇は確認できなかった。

**斧**　10点が出土した。袋部をもつ有肩の大型6点と無肩の小型4点の2タイプが出土した。大型は形態にばらつきがあるが、古墳時代前期の有肩鉄斧としては大きく重量は最大で757gを超える。小型は形態が整い100g前後である。基本的に着柄状態で副葬されたとみられる。板状鉄斧は出土していない。

**鎌**　3点が出土した。いずれも直刃鎌で、一方の短辺を基部として折り返すことで着柄部を形成する。刃部を手前に基部を右側に置いた場合、基部の折り返しが上を向く「甲技法」である［都出1967］。

**刺突具**　3組以上が出土した。一般に漁労具とされる鉄製利器であるが、本報告では単に「刺突具」と呼称した（第Ⅱ部第1章第7節）。糸により複数の利器を木製柄に結節する形態は鉇などと同様である。ただ出土位置についてみると、北棺外で刺突具1・2がU字形鉄製品と共伴し、西棺外で刺突具3が直刀（刀15）と共伴しており、農工具が集中する南棺外からは出土していない。とくに刺突具1・2が威儀具と考えられるU字形鉄製品と一括で置かれた状態であったことは示唆に富む。刺突具の類品は一括して漁労具として報告されることが多いが、威儀具の一部となる可能性は検討され

たことはなく、古墳時代前期の大型の刺突具の出土状況の分析を含めてその性格については今後とも検討が必要と思われる。

　**不明鉄器**　不明鉄器5・6と7・8はそれぞれ同一個体であれば端部を敲くもの（不明鉄器5・6）と木柄がつくもの（不明鉄器7・8）の2種類の鑿と考えられる。木柄がつく鑿は椿井大塚山古墳や兵庫県西求女塚古墳［安田ほか2004］、山口県国森古墳［乗安ほか1988］等に類例があり、古墳時代前期でも典型的な工具とみられる。

　不明鉄器9は端部を敲いた痕跡をもつ太く中実の鉄器で、形態から楔とみられる。出土位置は南棺外の西壁3段目石材の目地に引っかかるように不明鉄器4、不明鉄器6とともに出土した。付近の礫敷から35㎝ほど浮いており、盗掘によって南棺外から掻き上げられたとみえるが、古墳時代前期の副葬品として楔は類例が確認できない。中世などの後世の攪乱による混入の可能性を完全には排除できないが、一括して報告したものである。

　それ以外にも、ピンセット状の鉄製品（不明鉄器12）など性格不明の鉄器等が出土した。類例は少なく、先端が尖り折り曲げられた棒状鉄器は、香川県高松茶臼山古墳［信里ほか2014］出土品でに錐状鉄器として報告されている。織物片が付着し、U字形のカーブが似るが、折り曲げ部分の断面が扁平な板状ではなく、長さも13㎝ほどと大きくやや異なる。共伴出土した棒状鉄製品の類例は愛知県東之宮古墳出土品の不明6・7がやや似ている。ただし、断面が方形と報告されており、断面形が丸みをもつ黒塚古墳出土品とはやや異なる。類例は今後も丹念に集め続ける必要がある。

## 4　威儀具

　**Y字形鉄製品**　Y字形鉄製品2点は東棺外の刀剣槍類と混在して出土した。2点ともほぼ同形態で、円孔に付着したリボン状の織物があり、茎部状の部分には木製品の柄が付着したとみられる。大型利器とは明らかに異なるため威儀具として武器・武具と区別した。二股の鉄製品としての類品は滋賀県安土瓢簞山古墳［梅原ほか1938］、愛知県東之宮古墳［渡邉ほか2014］にあるが、黒塚古墳出土品とは細部が異なり、今後も検討が必要である。

　**U字形鉄製品**　U字形鉄製品は、大小U字形の鉄製フレームの間に中空の鉄製管21点を鋸歯文状に紐を用いて結合した何らかの骨組みである。鋸歯文状の部分に面的に織物が貼り付き、茎部にも織物が緩くまとまって付着していることから、U字形フレームの幅の約30㎝の織物を吊り下げるような器物と予想する。東潮は壁画の旗指物との類似性を指摘しているが［東2012］、紐で結束するU字形鉄製品は、風に靡かせるような大きな負荷を掛けられない可能性が高く、むしろ小型の「幡」などの吊り下げるような静的な使用形態を想定した方が良いと考える。

　**旗・幡などの可能性**　Y字形鉄製品とU字形鉄製品は、鉄身の部分のみ出土し、器物の全体像は明らかでないが、その非実用的様相から威儀具として分類した。

　古墳副葬品において旗、幡などの存在は、これまで指摘されたことがないが、今回の調査所見では出土した多くの鉄器に織物痕が残っており、竪穴式石室内に大量の織物製品が存在したことは明らかである。古代中国の壁画に描かれる旗などには長柄がつき、先端には槍穂先のようなものが描かれることが多い。もし、古墳に副葬されれば、鉄身だけが残る可能性が高く、今後、旗や幡などの副葬の可能性も注意をする必要がある。

【引用文献】
東　潮2012『邪馬台国の考古学』角川学芸出版
今尾文昭1986「素環頭鉄刀と三世紀」『三世紀の九州と近畿』橿原考古学研究所附属博物館
梅原末治・柴田　實1938『滋賀県史蹟調査報告第七冊　小谷城址・安土瓢簞山古墳』滋賀県
梅本康広・石岡智武ほか2014『元稲荷古墳』向日市教育委員会・（公財）向日市埋蔵文化財センター
河南省文物考古研究院2009『曹操高陵』中国社会科学院出版社
都出比呂志1967「農具鉄器化の二つの画期」『考古学研究』13-3　考古学研究会
都出比呂志ほか1996『雪野山古墳の研究』八日市市教育委員会
豊島直博2010『鉄製武器の流通と初期国家形成』塙書房
長峰正秀（編）1996『豊前石塚山古墳』苅田町・かんだ郷土史研究会
信里芳紀・高畑知功・清家章2014『高松市茶臼山古墳』香川県教育委員会
乗安和二三・大村秀典1988『国森古墳』田布施町教育委員会
橋本達也1996「古墳時代前期甲冑の技術と系譜」『雪野山古墳の研究』八日市市教育委員会
樋口隆康1998『昭和28年椿井大塚山古墳発掘調査報告書』山城町
村上恭通1999「鉄製武器形副葬品の成立とその背景」『先史学・考古学論究Ⅲ』龍田考古会
安田　滋ほか2004『西求女塚古墳発掘調査報告書』神戸市教育委員会
渡邉　樹・鈴木康高・森下章司ほか2014『史跡東之宮古墳』犬山市教育委員会

# 第4節　土師器

　**石室内出土土師器**　南棺外から高杯1点と小型の甕2点が出土した。集落出土と同様な高杯や甕という器種の竪穴式石室内からの出土は珍しい。布留0式新相の年代観が得られており、築造時期を知る上で有効である（第Ⅱ部第1章第6節）。攪乱のため副葬状況は判然としないが、甕の内側には赤色顔料（水銀朱）が溜まっており、副葬品としての水銀朱の容器として用いられた可能性がある。

　**二重口縁壺**　副葬品ではないが、古墳に関わる土師器に後円部墳頂の二重口縁壺片がある。小片であるが、複数個体が出土しており、墳頂に一定量の二重口縁壺があったことがわかる。

（水野）

# 第3章　編年的位置

　黒塚古墳の第4・5次発掘調査は1993〜2000年に実施された大和古墳群学術調査事業の一環であり、最終的に中山大塚・下池山・黒塚・ホケノ山4古墳の内容が明らかにされた［豊岡・卜部ほか1996、卜部・岡林ほか2008、岡林・水野ほか2008］。なかでも黒塚古墳は墳丘、埋葬施設、副葬品等の全体像をほぼ明らかにすることができた点で、古墳研究に資する良好な知見が数多く得られた。さいごに、大和古墳群における一連の調査成果も念頭に置きながら、黒塚古墳の編年的位置について総括的な検討を加え、本書の結びとしたい。

## 1　主要な要素からみた編年的位置

　上記4古墳に2009年に再調査が行われた桜井茶臼山古墳［寺沢ほか2011］を加えた5基の古墳は、奈良盆地東南部という同一の地域において、古墳時代前期前半という比較的近接したある時間幅の中で順次築造され、とくに中山大塚古墳・下池山古墳・黒塚古墳はいずれも全長120〜130mクラスの前方後円（方）墳である点で、相互に編年的な比較検討が可能な良好な資料群である。以下、主要な要素ごとに黒塚古墳の編年的位置を検討する。

　**墳丘**　黒塚古墳の墳丘は後円部3段、前方部2段の定型的な段構成を有する点で、特殊な段構成の中山大塚古墳や箸墓古墳［西藤2013］に比べて墳丘形態の定型化が進んでいると評価できる。一方、ホケノ山古墳は前方部が未発達で、いずれも発達した前方部を有する中山大塚・黒塚・下池山各古墳と一線を画している。墳丘に着目した場合、ホケノ山→中山大塚→黒塚・下池山の編年的序列が明確である。

　**埋葬施設**　竪穴式石室成立以前で木槨系の埋葬施設を有するホケノ山古墳から竪穴式石室を有する中山大塚古墳・黒塚古墳・下池山古墳への変化、また竪穴式石室では中山大塚古墳→黒塚古墳→下池山古墳・桜井茶臼山古墳の順でⅠ→Ⅱ→Ⅲ群の発達段階を明確に整理できる［岡林2008］[註1]。

　黒塚古墳と同じくⅡ群に属する竪穴式石室には京都府椿井大塚山古墳［樋口1998］・元稲荷古墳［梅本・石岡ほか2014］、岡山県浦間茶臼山古墳［近藤・新納ほか1991］などがある。

　木棺形態もホケノ山古墳・中山大塚古墳の舟形木棺から黒塚古墳・下池山古墳・桜井茶臼山古墳の割竹形木棺への変遷をトレースできる［岡林2009］。

　**銅鏡**　黒塚古墳の副葬鏡群は後漢鏡1面、三角縁神獣鏡33面で構成される。大量副葬された三角縁神獣鏡の構成は黒塚古墳の編年的位置を示す有力な指標の一つである。

　三角縁神獣鏡の編年案は多くの研究者から提示されており、「舶載」三角縁神獣鏡は4ないし5段階に分期される。黒塚古墳の副葬鏡群は福永伸哉氏によるA〜D段階［福永2005］のうちC・D段階の鏡を含まず、A段階14面、B段階19面で構成され、兵庫県権現山51号墳［近藤・松本ほか1991］・西求女塚古墳［安田ほか2004］などとともに大量副葬された三角縁神獣鏡の構成としては最古相に位置付けられる。

　ホケノ山古墳の副葬鏡群は後漢鏡と三国鏡で構成され、三角縁神獣鏡を含まず、破砕副葬が認められる。下池山古墳は大型仿製鏡（内行花文鏡1面）を有し、桜井茶臼山古墳の副葬鏡群には同じく大型仿製鏡（内行花文鏡10面以上、鼉龍鏡4面以上）を含む。以上から、ホケノ山→黒塚→下池山・桜井茶臼山の編年的序列が明確である。

　**鉄鏃**　黒塚古墳からは前期古墳としては最多量の280点以上の鉄鏃が出土しており、型式が豊富で形態変化が速いという編年に適した鉄鏃の特性と相俟って、黒塚古墳の編年的位置を示す指標の一つとして重要である。

　黒塚古墳の鉄鏃の型式的な構成は、亜種頸部（箆被）をもつ柳葉式と定角式、鑿頭式という前期に典型的な型式が出揃った前期2段階古相に位置づけられる［水野2013］。同じく前期2段階古相に位置づけられる古墳として椿井大塚山古墳・西求女塚古墳・浦間茶臼山古墳などがある。

　ホケノ山古墳（74点以上）は典型的な前期1段階に位置づけられ、桜井茶臼山古墳（75点以上）［千賀ほか2005］はすべて柳葉式B類で大型化の傾向が認められることから前期2段階新相に位置づけられる[註2]。

　**土師器**　南棺外出土の小形甕2点と椀形低脚高杯1点は副葬された水銀朱の容器としてセットで使用された可能性が指摘され、黒塚古墳の時期を直接的に示す良好な土器資料である。布留0式の範疇で捉えられ、箸墓古墳築造に伴う土器群を古相とした場合、新相に位置づけられる。本来墳丘上に置かれていたものと考えられる二重口縁壺も同様に布留0式新相と評価される（第Ⅱ部第1章第6節）。

　ホケノ山古墳の埋葬施設から出土した二重口縁壺11点以上、小型丸底土器はその埋葬時期を示す一括性の確かな資料であり、纒向3類［石野・豊岡1999、岡林・水野ほか2008］、庄内式新段階［寺沢2005］に位置づけられる。中山大塚古墳は墳頂部及び墳丘裾から宮山型特殊器台・都月型埴輪・円筒埴輪が出土し、同じく宮山型特殊器台・都月型埴輪を伴う箸墓古墳と時期的に近いことは疑いない。中山大塚古墳西側くびれ部裾出土の甕（纒向4類）が墳丘の完成時期を示すとの理解もあり［豊岡1999］、土師器編年上は中山大塚古墳と箸墓古墳は同時期に位置づけられる。土師器編年の面からはホケノ山→（箸墓・）中山大塚→黒塚の順で整理されよう。

## 2　黒塚古墳の編年的位置

　**相対編年観**　以上を総合すると、大和古墳群における一連の発掘調査で内容が明らかにされたホケノ山・中山大塚・黒

塚・下池山各古墳及び桜井茶臼山古墳は、ホケノ山→中山大塚→黒塚→下池山・桜井茶臼山の編年的序列で整理できる。

　ホケノ山古墳とそれ以外の諸古墳との間にはとくに墳丘・埋葬施設の点で大きな画期があり、先後関係が明確である。中山大塚古墳は盗掘のために副葬品組成などに不明な部分があるが、黒塚古墳に比べて墳丘・埋葬施設に未発達な様相を残し、鉄鏃の様相などにも先行的要素がみられる。さらに下池山・桜井茶臼山両古墳には竪穴式石室の構造的完成、大型仿製鏡・腕輪形石製品など前期後半につながる新たな副葬品の出現といった、それ以前の様相とは異なる大きな画期性を見出すことができ、明確に黒塚古墳よりも新しい。箸墓古墳は埋葬施設や副葬品についての情報を欠くが、墳丘の特異な段構成や宮山型特殊器台・都月型埴輪の存在などから時期的に中山大塚古墳に近接すると理解でき、これは土師器からみた両古墳の相対年代的評価とも整合する[註3]。

　**実年代観**　黒塚古墳の実年代を考えるにあたり、参考とすべきは銅鏡の製作年代である。福永伸哉氏は三角縁神獣鏡C段階の製作年代を260年代とし、A・B段階の製作年代を240年代から250年代と推定している［福永2005］。三角縁神獣鏡の製作年代と副葬年代の間には当然一定以上の時間差が見込まれるが、黒塚古墳から出土した33面もの三角縁神獣鏡がA・B段階に限られ、C段階の鏡を含まず、同じく32面以上の三角縁神獣鏡を出土した椿井大塚山古墳にA・B段階を主体としながらもC段階の鏡が含まれることは、少なくともA・B段階のみの鏡群とC段階の加わる鏡群の副葬年代の間に製作年代を反映した一定の時間差が存在したことの傍証と評価することもできる。その場合には黒塚古墳の築造年代の上限は3世紀後半でも中葉に近づく可能性が出てくる。一方、たとえば椿井大塚山古墳が埋葬施設や副葬品の様相などの点で黒塚古墳とよく類似しており、相対編年上ほとんど差がないと考えた場合には、黒塚古墳の築造年代は3世紀後半のある程度の時間幅でとらえられる。

　また、相対編年上黒塚古墳よりも2段階先行するホケノ山古墳の築造年代は、3世紀中頃でも前段と推定される画文帯四乳求心式神獣鏡の製作年代を上限とし、豊富な副葬品を有するにもかかわらず三角縁神獣鏡が含まれないことを積極的に評価して3世紀中葉に位置づけられる。これを基点とするならば、黒塚古墳の築造年代はこれよりも一定時間下がることになる。

　したがって現段階では、黒塚古墳の築造年代は3世紀後半と考えられる。

　ここで述べたホケノ山→中山大塚（・箸墓）→黒塚→下池山・桜井茶臼山の各古墳の編年的序列は、古墳時代前期の倭における中心─周辺関係に占める大和古墳群の位置を踏まえれば、単なる古墳群中の築造順序にとどまらず、前期古墳の変遷の諸段階を示す重要な考古学的意義があると思われる。また、黒塚古墳は発掘調査によって墳丘・埋葬施設の状況が明らかにされ、かつ組成の明確な多量の副葬品を有する点で、古墳編年上の有効な標式資料としてその価値は高いといえる。その実年代をどのように位置づけるかは前期古墳の年代論全体に関わる課題ともいえ、今後とも検討を深めていく必要がある。

（岡林・水野）

［註1］桜井茶臼山古墳石室は側壁が垂直に立ち上がり、大きな天井石を有するなど、王墓クラスの系統に属すると考えられる大型石室で、中山大塚・黒塚・下池山各古墳の石室とは系統を異にすると考えられるが、壁体構造や被覆構造の発達段階の面からはⅢ群に位置づけられる。

［註2］13点が出土した中山大塚古墳が柳葉式B類の祖形とみられる鏃と柳葉式A3類との共伴から同じく前期1段階に位置づけられるものの、柳葉式A1類との共伴例はなく、なお検討を要する。

［註3］この編年的序列は既存の広域古墳編年である前方後円墳集成編年［広瀬1992］とは厳密には整合しないが、あえてあてはめるならばホケノ山古墳は集成1期の直前段階、中山大塚古墳・黒塚古墳は集成1期、下池山古墳・桜井茶臼山古墳は集成2期に該当する。

【引用文献】

石野博信・豊岡卓之1999『纒向遺跡の研究』奈良県立橿原考古学研究所附属博物館

梅本康広・石岡智武ほか2014『元稲荷古墳』向日市教育委員会・（公財）向日市埋蔵文化財センター

卜部行弘・岡林孝作ほか2008『下池山古墳の研究』奈良県立橿原考古学研究所

岡林孝作2008「竪穴式石室の成立過程」『橿原考古学研究所論集　第十五』八木書店

岡林孝作2009「遺存木棺資料による古墳時代木棺の分類」『古墳時代におけるコウヤマキ材の利用実態に関する総合的研究』奈良県立橿原考古学研究所

岡林孝作・水野敏典ほか2008『ホケノ山古墳の研究』奈良県立橿原考古学研究所

近藤義郎・新納　泉ほか1991『浦間茶臼山古墳』浦間茶臼山古墳発掘調査団

近藤義郎・松本正信ほか1991『権現山51号墳』『権現山51号墳』刊行会

西藤清秀2013「箸墓古墳・西殿塚古墳の墳丘の段構成について」『橿原考古学研究所論集　第十六』八木書店

千賀　久ほか2005『巨大埴輪とイワレの王墓─桜井茶臼山・メスリ山古墳の全容─』奈良県立橿原考古学研究所附属博物館

寺沢　薫2005「古墳時代開始期の暦年代と伝世鏡論（上・下）」『古代学研究』169・170　古代学研究会

寺沢　薫ほか2011『東アジアにおける初期都宮および王墓の考古学的研究』奈良県立橿原考古学研究所

豊岡卓之1999『古墳のための年代学』奈良県立橿原考古学研究所附属博物館

豊岡卓之・卜部行弘・坂　靖ほか1996『中山大塚古墳』奈良県立橿原考古学研究所

樋口隆康1998『昭和28年椿井大塚山古墳発掘調査報告』京都府山城町

広瀬和雄1992「前方後円墳の畿内編年」『前方後円墳集成　近畿編』山川出版社

福永伸哉2005『三角縁神獣鏡の研究』大阪大学出版会

水野敏典2013「金属製品の型式学的研究⑤鉄鏃」『副葬品の型式と編年』同成社

安田　滋ほか2004『西求女塚古墳発掘調査報告書』神戸市教育委員会

# STUDIES OF THE KUROZUKA TUMULUS

A Report of Archaeological Excavations at the Third-Century Keyhole-Shaped Burial Mound in Tenri-shi, Nara, Japan

Editors: OKABAYASHI Kosaku
MIZUNO Toshinori
OKUYAMA Masayoshi
Contributors: TERASAWA Kaoru
IZUMI Takeshi
URABE Yukihiro
MOTOMURA Mitsuyasu
MOCHIDA Daisuke
UNO Takashi
OKAMI Tomoki
HIGASHIKAGE Yuu
MAEDA Toshio
KINUHATA Ayumu
NAKAI Kazuo
OKUDA Hisashi
SANGAWA Akira
KANEHARA Masaaki
KANEHARA Masako
IMAZU Setsuo
MINAMI Takeshi
YOSHIMATSU Shigenobu
YANAGIDA Akinobu
TSURU Mami
FUKUDA Sayoko
NAGAE Takekazu
HIROKAWA Mamoru
SUGAYA Fuminori

September 2018

ARCHAEOLOGICAL INSTITUTE OF KASHIHARA
NARA PREFECTURE
JAPAN

# Contens

## PART I: Excavations

1.1 Purpose and outlines of excavations ········1
    1.1.1 Purposes······1
    1.1.2 Methods······1
    1.1.3 Processess······3
1.2 Geographical and historical circumstances of the tumulus ········10
    1.2.1 Geographical circumstances······10
    1.2.2 Historical circumstances······11
    1.2.3 The Kurozuka tumulus in historical documents······21
1.3 Excavations of the mound ········23
    1.3.1 General situation of the mound before excavations······23
    1.3.2 Structure of the mound······25
    1.3.3 Structures that comprise medieval castle and regional government office in the Edo period······32
1.4 Excavations of burial facilities ········35
    1.4.1 Conditions of burial facilities······35
    1.4.2 Burial pit······38
    1.4.3 Stone chamber······50
    1.4.4 Wooden coffin······67
1.5 Positions of artifacts in the stone chamber ········69
    1.5.1 Conditions of artifacts in the excavations······69
    1.5.2 Positions of bronze mirrors······108
    1.5.3 Positions of iron artifacts······113
1.6 Burial goods in the stone chamber ········117
    1.6.1 Overview······117
    1.6.2 Bronze mirrors······117
    1.6.3 Weapons······197
    1.6.4 Armors······225
    1.6.5 Implements······267
    1.6.6 Ritual goods······281
    1.6.7 Organic artifacts······287
    1.6.8 Pottery······287
1.7 Artifacts from the mound ········288
    1.7.1 Artifacts related to the tumulus······288
    1.7.2 Artifacts unrelated to the tumulus······295

# PART II: Studies

2.1 Archaeological studies ········································································································297
      2.1.1 Study on the coffin and the chamber of the tumulus······297
      2.1.2 Consideration of the structure of the Kurozuka castle······302
      2.1.3 Significance of the bronze mirrors from the tumulus······305
      2.1.4 Some issues on the weapons from the tumulus······314
      2.1.5 Structures of iron armors from the tumulus······322
      2.1.6 Study on the construction date of the tumulus from a view of pottery······326
      2.1.7 Significance of the iron piercing implements from the tumulus······327
      2.1.8 Characteristics of the Y-shaped iron artifacts from the tumulus······330
      2.1.9 Close observation on manufacturing traces of Sankakubuchi Shinjukyo mirrors······332

2.2 Scientific Studies ················································································································335
      2.2.1 Identification of a quarry on stones from the tumulus······335
      2.2.2 Earthquakes and deformations of the mound······344
      2.2.3 Analysis of minute remains from the tumulus······349
      2.2.4 Identification of original sources on vermilion from the tumulus······354
      2.2.5 Analysis of red pigment on internal surface of the coffin······357
      2.2.6 Study on textile goods from the tumulus······359
      2.2.7 Analysis of animal hair on the armour······374
      2.2.8 Tree species of the wooden coffin from the tumulus······377
      2.2.9 Metallographic structure and chemical composition of Shinjukyo mirrors······379
      2.2.10 Radiation fluorescence analysis on bronze mirrors from the tumulus······387
      2.2.11 Elemental analysis of bronze mirrors of the tumulus on their fracture cross-sections······391

# PART III: Consideration

3.1 Mound and burial facilities ································································································393
      3.1.1 Mound······393
      3.1.2 Burial facilities······395
      3.1.3 Positions of burial goods······400

3.2 Burial goods ·························································································································402
      3.2.1 Composition of burial goods······402
      3.2.2 Bronze mirrors······402
      3.2.3 Iron artifacts······405
      3.2.4 Pottery······407

3.3 Significance of the Kurozuka tumulus ················································································408

# Summary

**Outline**

This is the report of the 4th and 5th excavations at Kurozuka tumulus. The excavations were conducted by the Academic Committee of Oyamato Cluster of Burial tumulus, the Archaeological Institute of Kashihara, Nara Prefecture and the Tenri City Board of Education as cooperative research. The 4th excavation season was from August 11th, 1997 to May 1st, 1998 and the 5th was from July 21st, 1998 to February 3rd, 1999.

The Kurozuka tumulus is a Keyhole-shaped tumulus and lies in Yanagimoto town, Tenri city, Nara prefecture. This area is located in the southeastern part of the Nara basin which is 75-80m in elevation and gently sloping down from the mountainous area to the west. The tumulus is surrounded by the Oyamato cluster of burial mounds which is composed of more than 40 tumuli including 6 over than 200m long king-class tumuli dating from the early Kofun period. This cluster could be divided into 3 groups, northern, center and southern groups, with the northern group composed of 3 sub-groups, the Kayo, Yanagimoto and Shibutani group. The Kurozuka tumulus belongs to the Yanagimoto sub-group.

The Kurozuka tumulus had been studied 3 times, including measurement and trench surveys. It was not prominent, although it has been recognized as a key-hole shaped tumulus over 130m in length and dating from the early Kofun period.

**Research Results**

1. Tumulus

According to the reconstruction study of the tumulus, it is 134m in length. This length shows that the tumulus is one size smaller than the other king-class Keyhole-shaped tumuli. The long axis is mounted east-west and the circular mound is on the east side. The circular mound is 74m in diameter and has 3 terraces. The tumulus was remodeled after being used as a castle in the medieval age. The mound was not covered with stones.

2. Burial Facility

The burial facility of the Kurozuka tumulus is a stone shaft chamber. Its long axis is oriented north-south. The inner chamber is long and narrow, 8.2m long and 1.22m wide. The chamber section is close to triangular in shape. A split-bamboo-shaped wooden coffin 6.09m long and 1.03m diameter laid inside of the chamber. This coffin was hollowed out from a half-split log. The tree species of wood used for the coffin was *Morus*. The head of the deceased faced north. We found that the chamber had a water drain towards the western side and a path for carrying the coffin inside.

3. Burial Goods

Bronze, iron artifacts and pottery were found within the chamber. With regard to the bronze artifacts, we found 34 mirrors which weighed 39.2kg in total. As for iron artifacts, we found weapons, armors, agricultural tools and ritual goods, with a total weight of approximately 34.5kg. These numbers suggest that the quantity of the burial goods found at the Kurozuka tumulus were abundant compared to the other tumuli from the early Kofun period. It is the biggest discovery ever that 33 mirrors with triangle-section edge and images of deities and holy animals, so-called "Sankakubuchi Shinjukyo" type, and 280 iron arrowheads were found.

Inside the coffin, we found a mirror with a band of images of deities and sacred animals dating from the Later Han Period in China near the head of the deceased. Beside the body of the deceased, a single-edged sword, a double-edged sword and a spearhead were found.

Outside of the coffin, we found 33 "Sankakubuchi Shinjukyo" mirrors placed polished side towards the coffin. A

"Sankakubuchi Shinjukyo" mirror is a bronze mirror which has a triangle-section edge, Chinese inscription and images of deities and sacred animals on its surface and could be classified into approximately 140 varieties. 330 mirrors of this type have been found from tumuli distributed throughout Japan. Archaeologists regard them as an important evidence indicating the connection between the early royal authority of Wa states and Ancient China.

In addition, various iron weapons and armors such as 16 single-edged swords, 2 double-edged sword, 13 spearheads, 280 arrowheads, a set of helmet and armor made with iron lamellae laced with leather strap were found. Iron agricultural tools such as knives, sickles, axes, spear planes, piercing tools and Y and U shaped tools with some pieces of textile goods considered to be used as ceremonial weapons were also discovered.

## Conclusion

The studies of Kurozuka tumulus gave us a chance to increase our knowledge in regards to undisturbed burial goods assemblage belonging to Key-hole shaped tumulus from the early Kofun period. The Kurozuka tumulus is different from the others in quantity of burial goods, but the burial facility and burial goods assemblage could be said to be typical of the early Kofun period.

The Kurozuka tumulus had not been disturbed because of the collapse of the stone chamber during an earthquake in the medieval age. Fortunately, we could record the layout of burial goods in detail. Outside of the coffin, the bronze mirrors placed polished side towards the coffin. This placement led to our conclusion that these burial goods were offered to protect the deceased. The swords without sheaths suggest that they also have same role as the bronze mirrors.

The Kurozuka tumulus is distinctive for the quantity of "Sankakubuchi Shinjukyo" type mirrors. The number of the mirrors found from the Kurozuka tumulus, 33, is the largest find ever. As of 1998, this number is equivalent to 10% of the total number of "Sankakubuchi Shinjukyo" mirrors ever discovered in Japan. We only found 3 new varieties of "Sankakubuchi Shinjukyo" type from the 33 mirrors, even though 140 varieties have so far been discovered. This result suggests that we have already uncovered most varieties of "Sankakubuchi Shinjukyo" type mirrors.

In addition to the discovery of abundant bronze mirrors, we focused on the set of helmet and armor made with iron lamellae laced with leather straps. This is the first discovery in Japan of that type of helmet and armor as there is no other armor made with large and iron lamellae in Japan or China. The Y and U shaped iron tools allow us to conclude that a burial goods assemblage may contain flags.

The Kurozuka tumulus was constructed in the latter half of 3rd century, at the beginning of the early Kofun period. It is accompanied with the "Sankakubuchi Shinjukyo" type and could be considered as the oldest tumulus in the oldest tumulus group of the Yanagimoto sub-group. We uncovered the burial customs and the tumulus of a very important personage who sustained royal authority during the early Yamato states.

(by SUGIYAMA Takumi, SUZUKI Tomomi, SAITO Kiyohide)

## 後　　記

　大和古墳群の発掘調査を伴う調査研究は、中山大塚古墳、下池山古墳、黒塚古墳、ホケノ山古墳の４基を対象として実施し、今後の初期古墳研究、ひいては古墳時代研究に確実な基礎資料を提供できたことは、橿原考古学研究所の一つの研究成果として誇ってよいと確信している。発掘調査を実施し、報告書刊行まで、努力した所員各位とそれを援助して下さったすべての関係者の皆様に満腔の感謝を述べたい。

　本報告書では、後円部頂の竪穴式石室構築のための作業道があり、排水溝が伴っていることや、石室の構築と棺の設置との関係などもかなり詳しく報告している。また、33枚の三角縁神獣鏡と鉄剣などが木棺の蓋の上に並べられ（配置され）ていて、棺材の腐朽にともなって、石室壁と木棺との間の狭い空間に落下したことを確認できた。従前の三角縁神獣鏡がなぜ古墳に副葬されているかの解釈は、政治性に重点を置いたものであったが、墓として古墳の観点からの解釈が必要なことを強く示している。33枚全ての三角縁神獣鏡の鈕孔は、鋳放し状態で、綬を用いていた痕跡はなかった。鏡の鋳型や研磨痕についても留意し、報告者の観察に加えて，今後の研究に資すがために鏡すべての表裏写真、3D画像、描き起こし図、X線写真を、できる限り大形図影として掲載した。報告を基に現代および将来の第三者の検討の可能性を担保とするためである。

　個々の出土品については類例が全くないものが多く、今後の類例の出土を待ちたいので、あえて報告者個人の憶測は最小限に留めた。木棺材がクワ材であることも驚きであった。

　発掘調査中から各種の意見が噴出していた石室内東北隅部から出土した複雑なU字形をした製品については、三国志魏書東夷伝に記されている「節」であるとすることを肯定することはできなかったが、詳細な観察を提示することができた。

　黒塚古墳の整理作業の期間中に、橿原考古学研究所では、樹木によって覆われた大形古墳を「赤色立体地図」の技術で研究する技法をアジア航測株式会社と共同して進めることができた。大和古墳群の西殿塚古墳、箸墓古墳などの詳細な図面を提示した。発掘調査と、3D技術の応用を合わせての古墳研究を提示できたことは、橿原考古学研究所として意味のある研究成果と思っている。今後も研究を進化させていきたいと思う。大方諸賢のご教示をお願いしたい。　　　　　　　　　　　　　　　（菅谷）

黒塚古墳出土鏡

PL. 1 航空写真

黒塚古墳（左手前）・行燈山古墳（中央奥）（西上空から）

PL. 2 航空写真

(1) 大和古墳群全景（北上空から）

(2) 墳丘全景（南上空から）

PL. 3 航空写真

(1) 墳丘全景（1978.9）（東上空から）

(2) 墳丘全景（1998.4）（上空から・左が北）

(3) 墳丘全景（2017.6）（上空から・左が北）

PL. 4 墳丘

(1) 後円部調査前（西から）
(2) 前方部調査前（東から）
(3) 2区（後円部北斜面）（北から）
(4) 4区（後円部南斜面）（南東から）
(5) 6区（前方部中軸線上）（西から）
(6) 8区（前方部南斜面）（南東から）
(7) 9区（前方部前端）（西から）
(8) 10区（前方部北斜面）（東から）

PL. 5 埋葬施設

(1) 墓壙埋土土層断面と石室粘土被覆の検出（西から）

(2) 旧トレンチと盗掘坑の検出（南から）

(3) 旧トレンチと盗掘坑の土層断面（西から）

(4) 墓壙南側墳丘断ち割り W0.3m 土層断面（北西から）

(5) 墓壙北側墳丘断ち割り W0.3m 土層断面（南西から）

(6) 石垣と石組溝（西から）

PL. 6　埋葬施設

（1）墓壙と竪穴式石室の検出（南から）

（2）墓壙全景（北から）

（3）墓壙全景（南から）

PL. 7 埋葬施設

(1) 竪穴式石室の自然崩壊に伴う石材の落下状態（北から）

(2) 同（北西から）

(3) 同（北東から）

(4) 同　N2.0mライン付近（北から）

(5) 石室南側天井部の遺存状態（北から）

PL. 8　埋葬施設

竪穴式石室全景及び副葬品出土状態（下が北）

PL. 9 埋葬施設

(1) 石室南側の粘土被覆と石材被覆（北から）

(2) 竪穴式石室（北から）

PL. 10　埋葬施設

（1）竪穴式石室全景（北から）

（2）粘土棺床と壁体（北東から）

PL. 11　埋葬施設

（1）石室北壁

（2）石室南壁

（3）粘土棺床北小口（南から）

（4）粘土棺床南小口（北から）

（5）石室南壁付近の天井部

PL. 12 埋葬施設

（1）東壁壁面下段にみられる充塡粘土（西から）

（2）N3-2m間 西壁断ち割り（礫敷き・バラス敷き）（西から）

（3）同左（礫敷き除去後）（西から）

（4）N4-3m間 東壁断ち割り（北東から）

PL. 13 埋葬施設

(1) W0.3-0m間 粘土棺床断ち割り（南東から）　　(2) 同左（南東から）

(3) N2.5m付近での粘土棺床内のベンガラ塗布状況（南から）　　(4) N4-3m間 粘土棺床断ち割り（東から）

(5) 粘土棺床・基台東西断面（N3m）（北から）

PL. 14 埋葬施設

(1) 排水溝と作業道の検出（西から）

(2) 排水溝と作業道（西から）

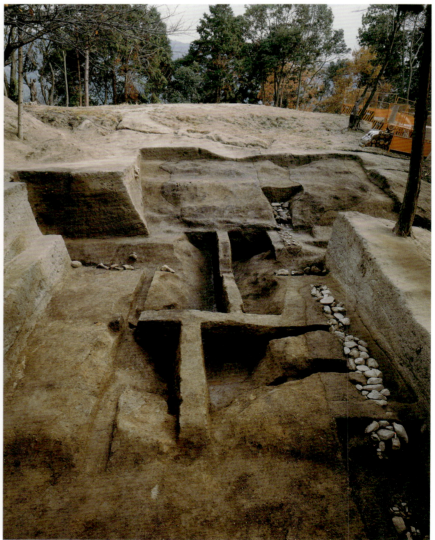

(3) 排水溝と作業道（西から）

PL. 15 埋葬施設

（1）排水溝（西から）

（2）排水溝掘り方土層断面（W11m）（東から）

（3）排水溝（南西から）

（4）排水溝・作業道土層断面（W6m）（西から）

（5）排水溝・作業道土層断面（W7m）（北東から）

（6）作業道土層断面（W22.2m）（西から）

（7）作業道土層断面（N3.2m）（南から）

PL. 16　副葬品出土状態

(1) 石室中央部（北から）

(2) 石室北半部（右が北）

PL. 17　副葬品出土状態

(1) 石室北半部（北から）

(2) 石室北半部（南から）

(3) 棺内（南から）

PL. 18　副葬品出土状態

（1）北棺外（南から）

（2）北棺外　U字形鉄製品・刺突具1・2（南西から）

PL. 19 副葬品出土状態

（1）東棺外（北西から）

（2）東棺外　18〜21号鏡（南西から）

（3）東棺外　24〜29号鏡付近（北西から）

（4）27〜32号鏡・鉄鏃G・H群付近（南から）

PL. 20　副葬品出土状態

（1）東棺外　18〜32号鏡・鉄製品類（西から）

（2）東棺外　26・27号鏡・鉄製品類（西から）

（3）東棺外　槍9・10（装具）（西から）

（4）東棺外　鉄製品類（西から）

（5）東棺外　Y字形鉄製品1（西から）

（6）東棺外　槍9・10・12付近（西から）

PL. 21 副葬品出土状態

(1) 西棺外 1号鏡（北東から）

(2) 西棺外 1〜7号鏡・木棺材（東から）

(3) 西棺外 8・9号鏡付近・木棺材（東から）

(4) 西棺外 33号鏡（北東から）

(5) 棺内及び西棺外 1〜16号鏡・鉄製品類（東から）

PL. 22　副葬品出土状態

(1) 西棺外　1〜7号鏡付近（北東から）

(2) 西棺外　鉄鏃L群（東から）

(3) 西棺外　鉄製品類（北東から）

(4) 西棺外　南群（刀14〜16）（北東から）

PL. 23 副葬品出土状態

(1) 西棺外 1〜16号鏡・鉄製品類（東から）

(2) 西棺外 粘土棺床内斜面に落ち込んだ槍柄漆膜（東から）

(3) 南棺外（北から）

(4) 南棺外 土師器1〜3（北から）

(5) 南棺外 石室南東隅小札類（北西から）

(6) 南棺外 石室南西隅小札類（北東から）

PL. 24　副葬品（銅鏡）　　　　　　　　　　　　　　　　　　　　　　　　画文帯神獣鏡（1）

鏡背

画文帯神獣鏡 (2)　　　　　　　　　　　　　　　　　　　　　　PL. 25　副葬品（銅鏡）

細部（神像・鈕）・鏡面

PL. 26　副葬品（銅鏡）　　　　　　　　　　　　　　　　　　　三角縁神獣鏡　1号鏡（1）

鏡背

三角縁神獣鏡　1号鏡（2）　　　　　　　　　　　　　　　　　　　　　　　　PL. 27　副葬品（銅鏡）

細部（主文様・鈕）・鏡面

PL. 28 副葬品（銅鏡） 三角縁神獣鏡 2号鏡（1）

鏡背

三角縁神獣鏡 2号鏡 (2)　　　　　　　　　　　　　　　　　　　　　　　　　　　　　　PL. 29　副葬品（銅鏡）

細部（主文様・鈕）・鏡面

PL. 30　副葬品（銅鏡）　　　　　　　　　　　　　　　　　　　　　三角縁神獣鏡　3号鏡（1）

鏡背

三角縁神獣鏡 3号鏡（2） PL. 31 副葬品（銅鏡）

細部（主文様・鈕）・鏡面

PL. 32　副葬品（銅鏡）　　　　　　　　　　　　　　　　　　　　　　三角縁神獣鏡　4号鏡（1）

鏡背

三角縁神獣鏡 4号鏡 (2)　　　　　　　　　　　　　　　　　　　　　　　　　　　　PL. 33　副葬品（銅鏡）

細部（主文様・鈕）・鏡面

PL. 34　副葬品（銅鏡）　　　　　　　　　　　　　　　　三角縁神獣鏡　5号鏡（1）

鏡背

三角縁神獣鏡　5号鏡（2）　　　　　　　　　　　　　　　　　　　　　　　　　　　　PL. 35　副葬品（銅鏡）

細部（主文様・鈕）・鏡面

PL. 36　副葬品（銅鏡）　　　　　　　　　　　　　　　　　　　　　　　　三角縁神獣鏡　6号鏡（1）

鏡背

三角縁神獣鏡　6号鏡（2） PL. 37　副葬品（銅鏡）

細部（主文様・鈕）・鏡面

PL. 38　副葬品（銅鏡）　　　　　　　　　　　　　　　　　　　　　　三角縁神獣鏡　7号鏡（1）

鏡背

三角縁神獣鏡　7号鏡（2） PL. 39　副葬品（銅鏡）

細部（主文様・鈕）・鏡面

PL. 40 副葬品（銅鏡） 三角縁神獣鏡 8号鏡 (1)

鏡背

三角縁神獣鏡　8号鏡（2） PL. 41　副葬品（銅鏡）

細部（主文様・鈕）・鏡面

PL. 42 副葬品（銅鏡） 三角縁神獣鏡 9号鏡（1）

鏡背

三角縁神獣鏡　9号鏡（2）　　　　　　　　　　　　　　　　　　　　　　　　　　　PL. 43　副葬品（銅鏡）

細部（主文様・鈕）・鏡面

PL. 44　副葬品（銅鏡）　　　　　　　　　　　　　　　　　　　　　　　　　三角縁神獣鏡　10号鏡（1）

鏡背

三角縁神獣鏡　10号鏡（2）　　　　　　　　　　　　　　　　　　　　PL. 45　副葬品（銅鏡）

細部（主文様・鈕）・鏡面

PL. 46　副葬品（銅鏡）　　　　　　　　　　　　　　　　　　　三角縁神獣鏡　11号鏡（1）

鏡背

三角縁神獣鏡　11号鏡（2）　　　　　　　　　　　　　　　　　　　　PL. 47　副葬品（銅鏡）

細部（主文様・鈕）・鏡面

PL. 48　副葬品（銅鏡）　　　　　　　　　　　　　　　　　　　　　　　　　　三角縁神獣鏡　12号鏡（1）

鏡背

三角縁神獣鏡　12号鏡 (2)　　　　　　　　　　　　　　　　　　　　　　　　PL. 49　副葬品（銅鏡）

細部（主文様・鈕）・鏡面

PL. 50　副葬品（銅鏡）　　　　　　　　　　　　　　　　　　　　　　　三角縁神獣鏡　13号鏡（1）

鏡背

鏡背

三角縁神獣鏡　13号鏡（2）　　　　　　　　　　　　　　　　　　　　　　　　PL. 51　副葬品（銅鏡）

細部（主文様・鈕）・鏡面

PL. 52　副葬品（銅鏡）　　　　　　　　　　　　　　　　　　　　　　　　　三角縁神獣鏡　14号鏡（1）

鏡背

三角縁神獣鏡　14号鏡（2）　　　　　　　　　　　　　　　　　　　　　　　PL.53　副葬品（銅鏡）

細部（主文様・鈕）・鏡面

PL. 54　副葬品（銅鏡）　　　　　　　　　　　　　　　　　　　　　　三角縁神獣鏡　15号鏡（1）

鏡背

三角縁神獣鏡　15号鏡（2）　　　　　　　　　　　　　　　　　　　　　PL. 55　副葬品（銅鏡）

細部（主文様・鈕）・鏡面

PL. 56　副葬品（銅鏡）　　　　　　　　　　　　　　　　　　　　　　　　三角縁神獣鏡　16号鏡（1）

鏡背

鏡背

三角縁神獣鏡　16号鏡（2）　　　　　　　　　　　　　　　　　　　　　　　PL. 57　副葬品（銅鏡）

細部（主文様・鈕）・鏡面

PL. 58 　副葬品（銅鏡）　　　　　　　　　　　　　　　　　　　　三角縁神獣鏡　17号鏡（1）

鏡背

三角縁神獣鏡　17号鏡（2）　　　　　　　　　　　　　　　　　　　　　　　　　　　PL. 59　副葬品（銅鏡）

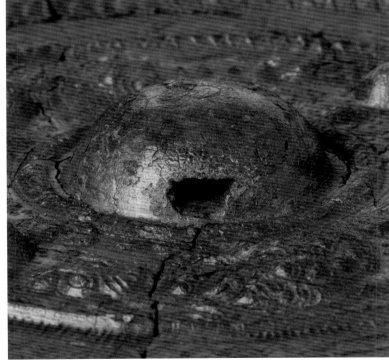

細部（主文様・鈕）・鏡面

PL. 60 　副葬品（銅鏡）　　　　　　　　　　　　　　　　　　　　三角縁神獣鏡　18号鏡（1）

鏡背

鏡背

三角縁神獣鏡　18号鏡（2）　　　　　　　　　　　　　　　　　　　　　　　　　　PL. 61　副葬品（銅鏡）

細部（主文様・鈕）・鏡面

PL. 62 副葬品（銅鏡）　　　　　　　　　　　　　　　　　　　　三角縁神獣鏡　19号鏡（1）

鏡背

三角縁神獣鏡　19号鏡 (2)　　　　　　　　　　　　　　　　　　　　　　　　　　PL. 63　副葬品（銅鏡）

細部（主文様・鈕）・鏡面

PL. 64　副葬品（銅鏡）　　　　　　　　　　　　　　　　　　三角縁神獣鏡　20号鏡（1）

鏡背

三角縁神獣鏡　20号鏡（2）　　　　　　　　　　　　　　　　　　　　　　　　　　PL. 65　副葬品（銅鏡）

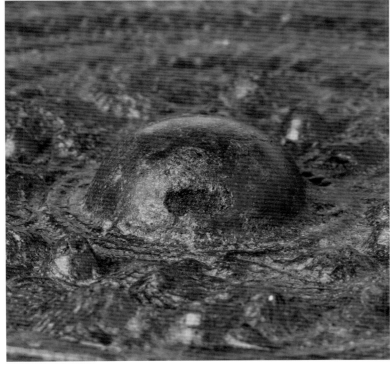

細部（主文様・鈕）・鏡面

PL. 66　副葬品（銅鏡）　　　　　　　　　　　　　　　　　　　三角縁神獣鏡　21号鏡（1）

鏡背

鏡背

三角縁神獣鏡 21号鏡 (2) PL. 67 副葬品（銅鏡）

細部（主文様・鈕）・鏡面

PL. 68　副葬品（銅鏡）　　　　　　　　　　　　　　　　　　　　　三角縁神獣鏡　22号鏡（1）

鏡背

三角縁神獣鏡　22号鏡（2） PL. 69　副葬品（銅鏡）

細部（主文様・鈕）・鏡面

PL. 70　副葬品（銅鏡）　　　　　　　　　　　　　　　　　　　三角縁神獣鏡　23号鏡（1）

鏡背

鏡背

三角縁神獣鏡　23号鏡 (2)　　　　　　　　　　　　　　　　　　　　　　PL. 71　副葬品（銅鏡）

細部（主文様・鈕）・鏡面

PL. 72　副葬品（銅鏡）　　　　　　　　　　　　　　　　　　　　　三角縁神獣鏡　24号鏡（1）

鏡背

三角縁神獣鏡　24号鏡（2） PL. 73　副葬品（銅鏡）

細部（主文様・鈕）・鏡面

PL. 74　副葬品（銅鏡）　　　　　　　　　　　　　　　　　　　　　三角縁神獣鏡　25号鏡（1）

鏡背

三角縁神獣鏡　25号鏡（2）  PL. 75　副葬品（銅鏡）

細部（主文様・鈕）・鏡面

PL. 76　副葬品（銅鏡）　　　　　　　　　　　　　　　　　　　三角縁神獣鏡　26号鏡（1）

鏡背

三角縁神獣鏡　26号鏡（2） PL. 77　副葬品（銅鏡）

細部（主文様・鈕）・鏡面

PL. 78　副葬品（銅鏡）　　　　　　　　　　　　　　　　　　　　　　　　　三角縁神獣鏡　27号鏡（1）

鏡背

鏡背

三角縁神獣鏡　27号鏡（2） PL. 79　副葬品（銅鏡）

細部（主文様・鈕）・鏡面

PL. 80　副葬品（銅鏡）　　　　　　　　　　　　　　　　　　　三角縁神獣鏡　28号鏡（1）

鏡背

三角縁神獣鏡　28号鏡（2）　　　　　　　　　　　　　　　　　　　　　　PL. 81　副葬品（銅鏡）

細部（主文様・鈕）・鏡面

PL. 82 副葬品（銅鏡）　　　　　　　　　　　　　　　　　　　　　　　　三角縁神獣鏡　29号鏡（1）

鏡背

三角縁神獣鏡　29号鏡（2）　　　　　　　　　　　　　　　　　　　　　　PL. 83　副葬品（銅鏡）

細部（主文様・鈕）・鏡面

PL. 84　副葬品（銅鏡）　　　　　　　　　　　　　　　　　　　三角縁神獣鏡　30号鏡（1）

鏡背

三角縁神獣鏡　30号鏡（2） PL. 85　副葬品（銅鏡）

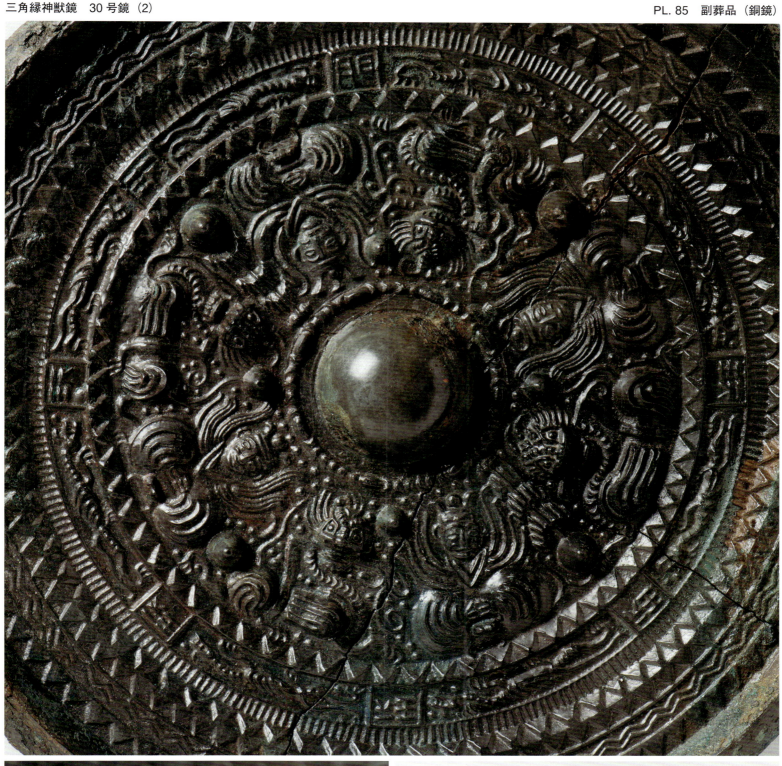

細部（主文様・鈕）・鏡面

PL. 86　副葬品（銅鏡）　　　　　　　　　　　　　　　　　　　　三角縁神獣鏡　31号鏡（1）

鏡背

三角縁神獣鏡 31号鏡 (2)　　　　　　　　　　　　　　　　　　　　　　　　　　　PL. 87　副葬品（銅鏡）

細部（主文様・鈕）・鏡面

PL. 88 　副葬品（銅鏡）　　　　　　　　　　　　　　　　　　　　　　三角縁神獣鏡　32号鏡（1）

鏡背

三角縁神獣鏡　32号鏡（2）　　　　　　　　　　　　　　　　　　　　PL. 89　副葬品（銅鏡）

細部（主文様・鈕）・鏡面

PL. 90　副葬品（銅鏡）　　　　　　　　　　　　　　　　　　三角縁神獣鏡　33号鏡（1）

鏡背

三角縁神獣鏡　33号鏡（2）　　　　　　　　　　　　　　　　　　　　　　　　　　　　PL. 91　副葬品（銅鏡）

細部（主文様・鈕）・鏡面

PL. 92 副葬品（武器） 刀剣槍類 (1)

刀剣槍類（2） PL.93　副葬品（武器）

PL. 94 副葬品（武器） 刀剣槍類（3）

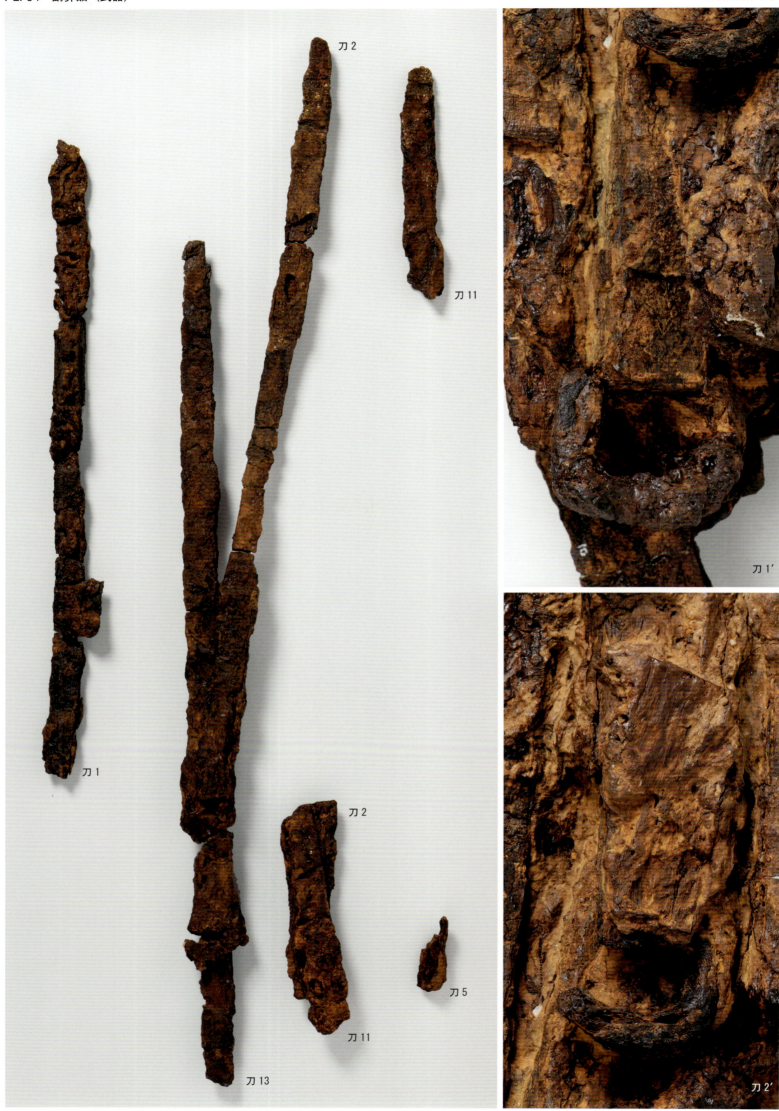

刀2
刀11
刀1
刀2
刀11
刀5
刀13
刀1′
刀2′

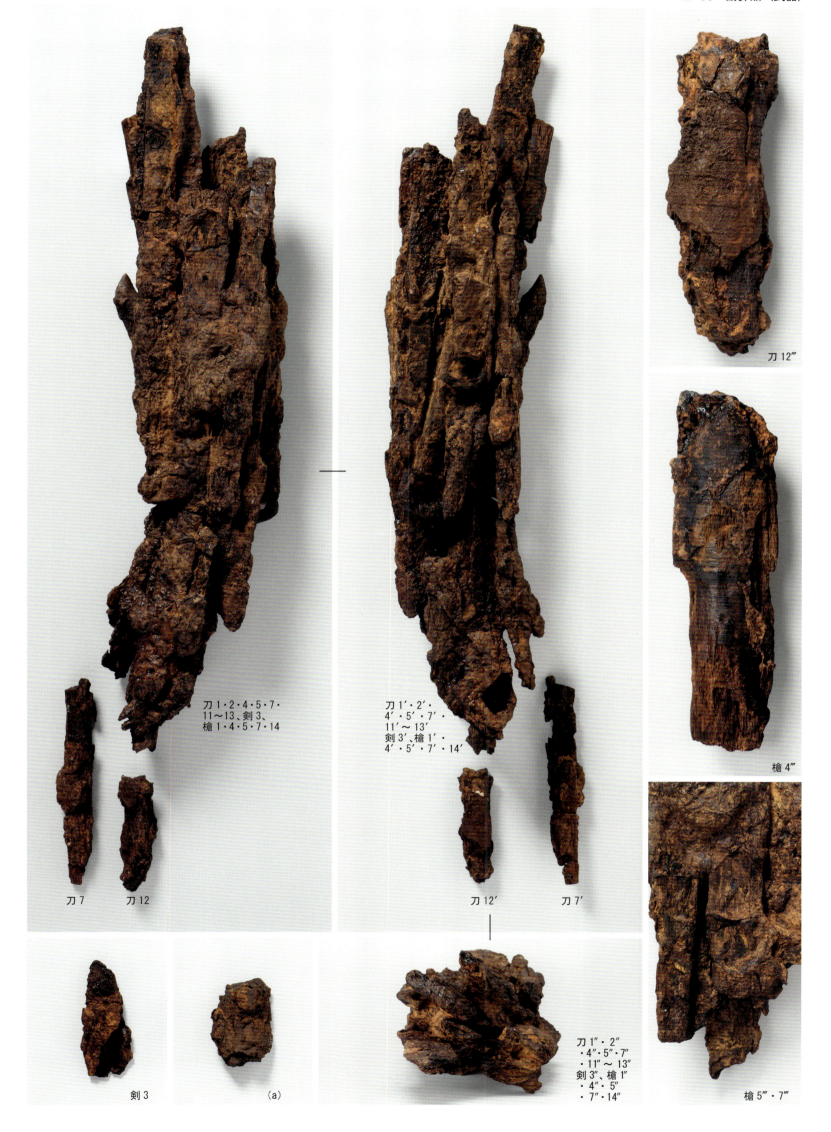

PL. 96　副葬品（武器）　　　　　　　　　　　　　　　　　　　　　　　　　　　　　刀剣槍類（5）

槍13　剣2　槍3　鉄鏃 L34～36　槍8　槍10

刀剣槍類（6）　　　　　　　　　　　　　　　　　　　　　　　　　　　　　　PL. 97　副葬品（武器）

槍12　槍11

槍9

刀3、槍6・9'・11'・12'　　刀3'、槍6'・9"・11"・12"

刀剣槍類　装具片

刀3"

槍11"

PL. 98　副葬品（武器）　　　　　　　　　　　　　　　　　　　　　　　　　　　　鉄鏃（1）

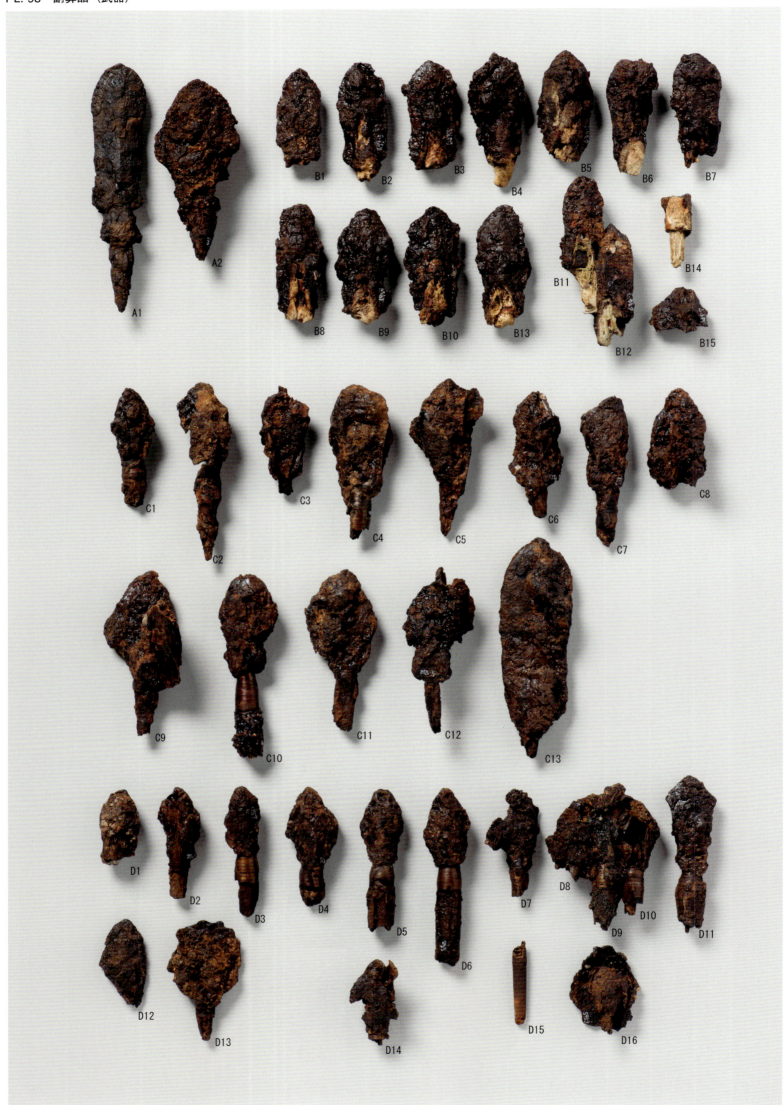

鉄鏃 A～D 群

鉄鏃 (2)　　　　　　　　　　　　　　　　　　　　　　　　　　　　　　　　　　PL. 99　副葬品（武器）

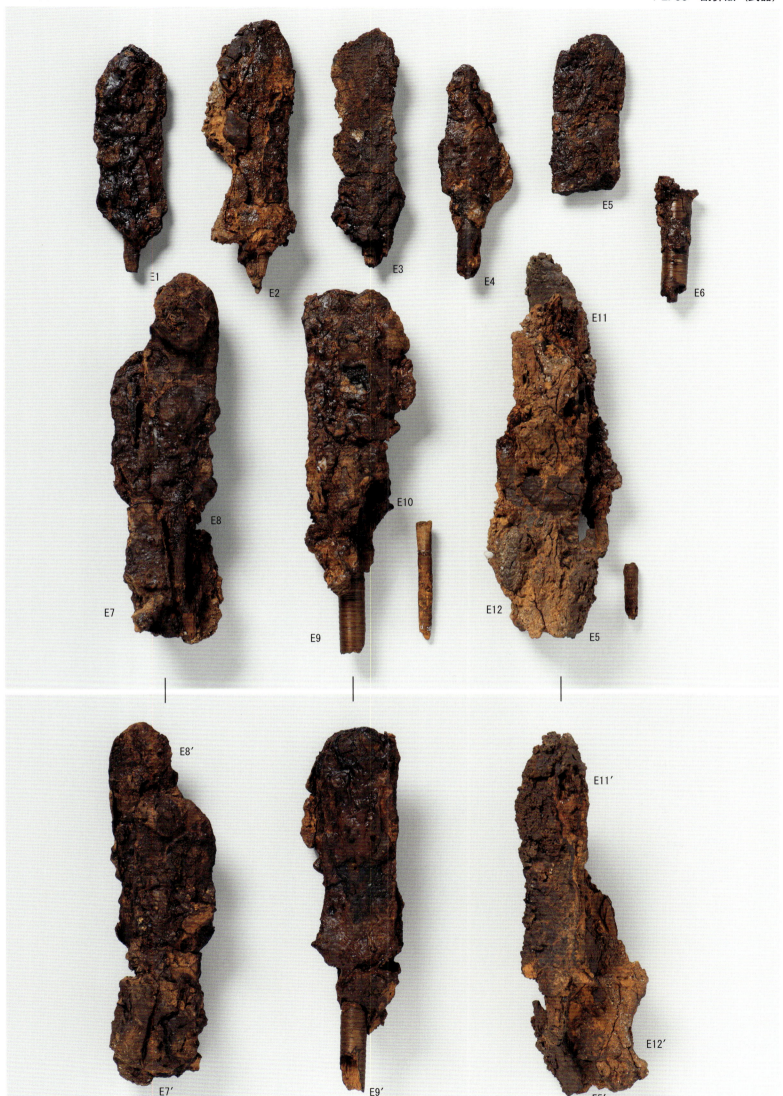

鉄鏃 E 群

PL. 100 副葬品（武器）　　　　　　　　　　　　　　　　　　　　　　　鉄鏃（3）

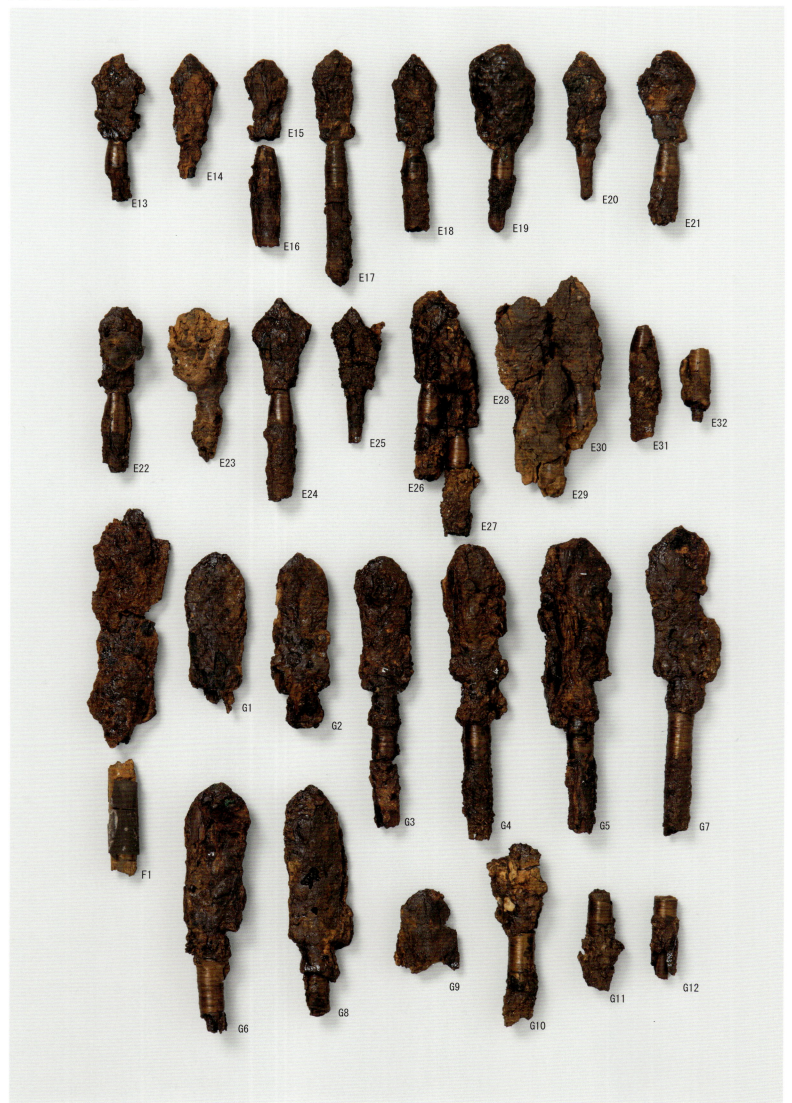

鉄鏃 E〜G 群

鉄鏃（4）　　　　　　　　　　　　　　　　　　　　　　　　　　　PL. 101　副葬品（武器）

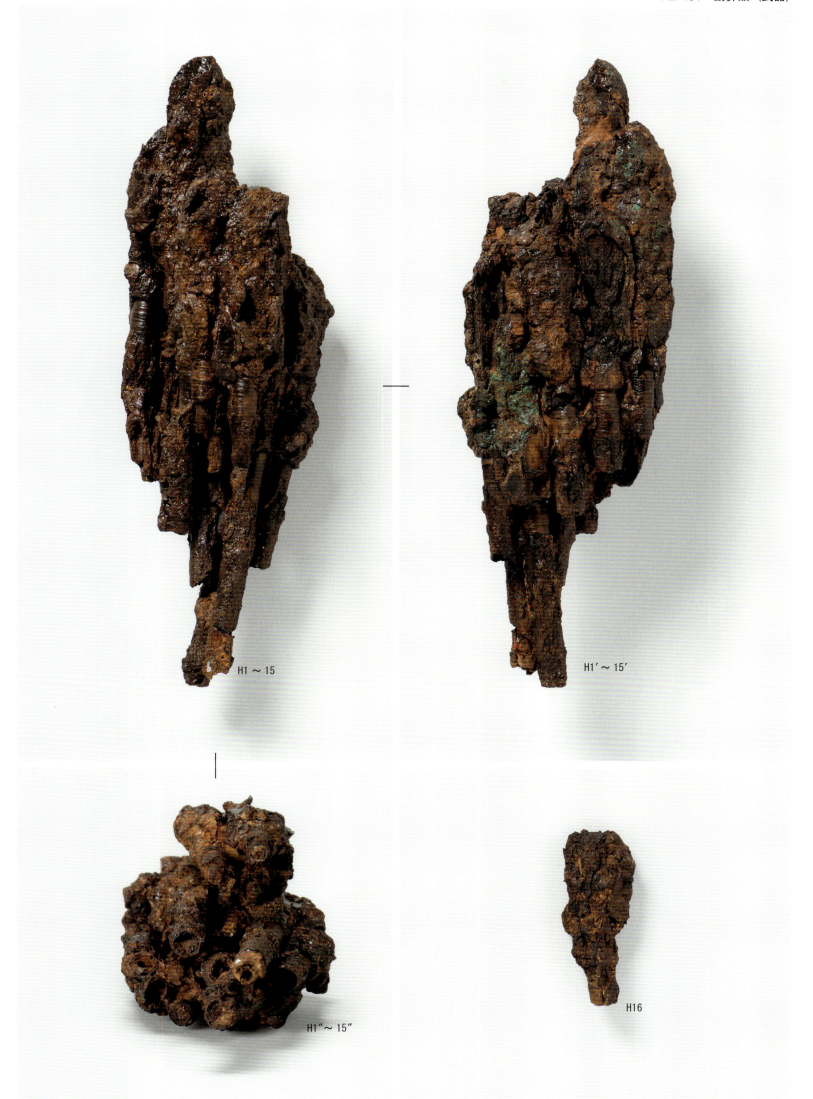

H1〜15

H1′〜15′

H1″〜15″

H16

鉄鏃 H 群

PL. 102　副葬品（武器）　　　　　　　　　　　　　　　　　　　　　　　　　　　鉄鏃（5）

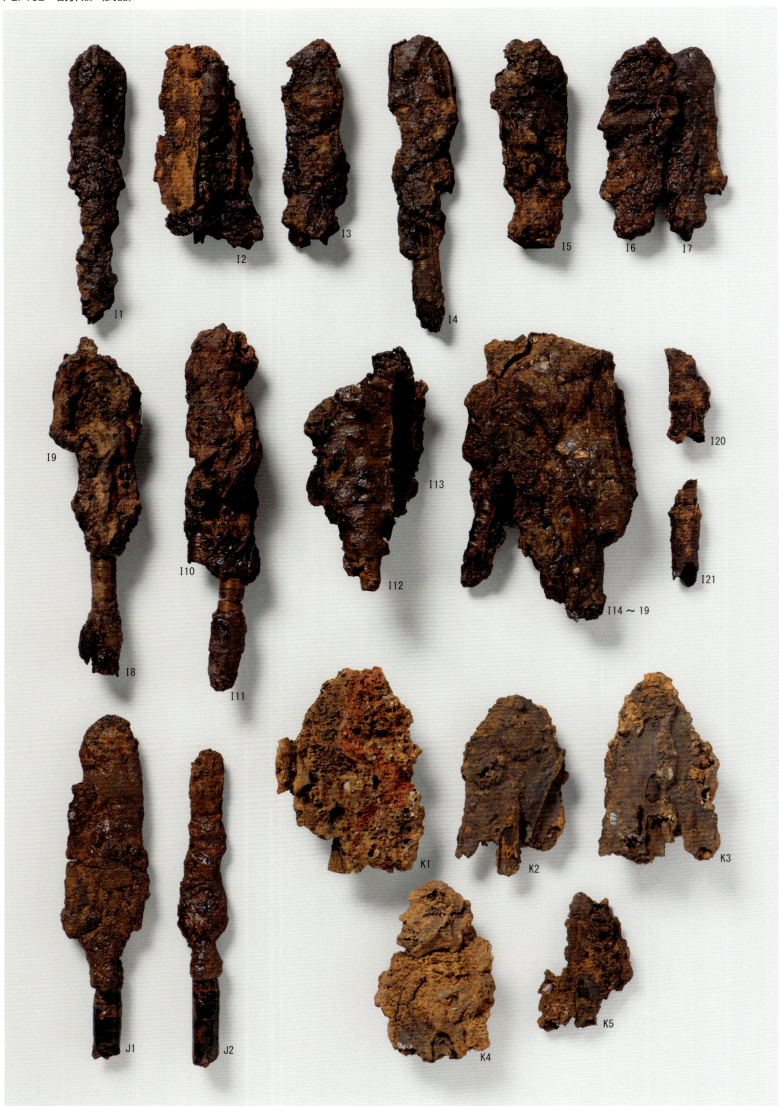

鉄鏃 I ～ K 群

鉄鏃（6）　　　　　　　　　　　　　　　　　　　　　PL. 103　副葬品（武器）

鉄鏃P群

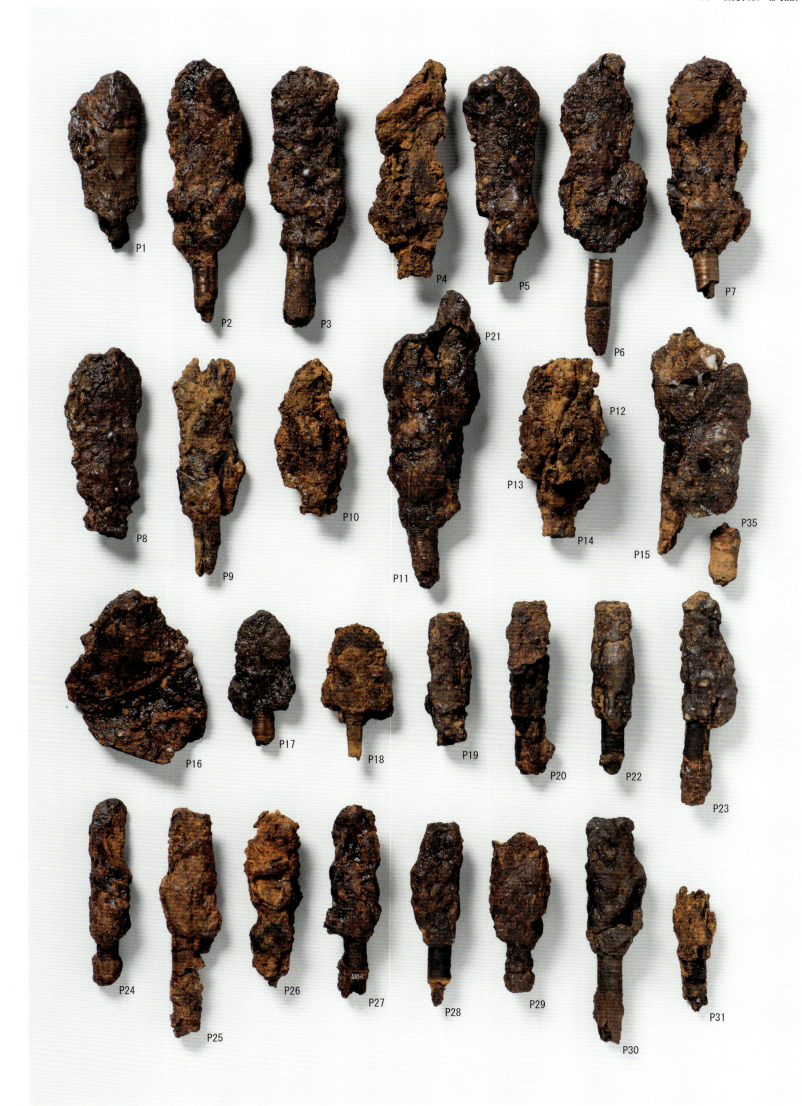

PL. 104　副葬品（武器）　　　　　　　　　　　　　　　　　　　　　　　　　　　　　　　鉄鏃（7）

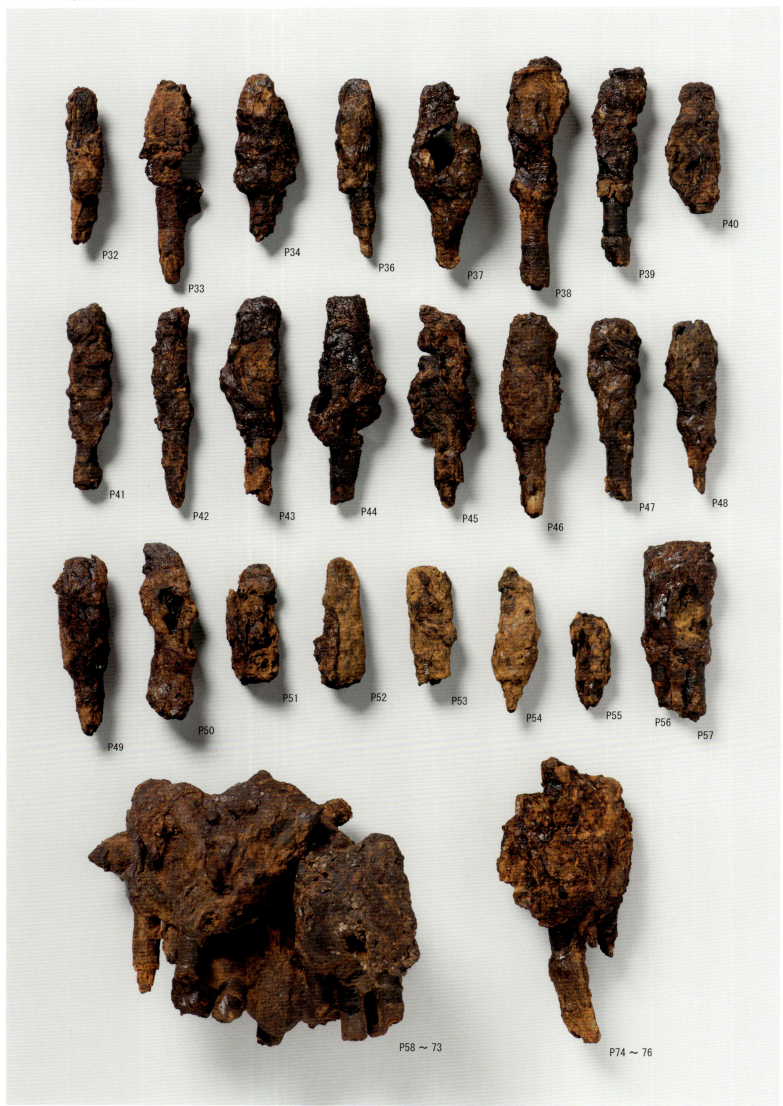

鉄鏃 P 群

鉄鏃 (8) PL. 105 副葬品 (武器)

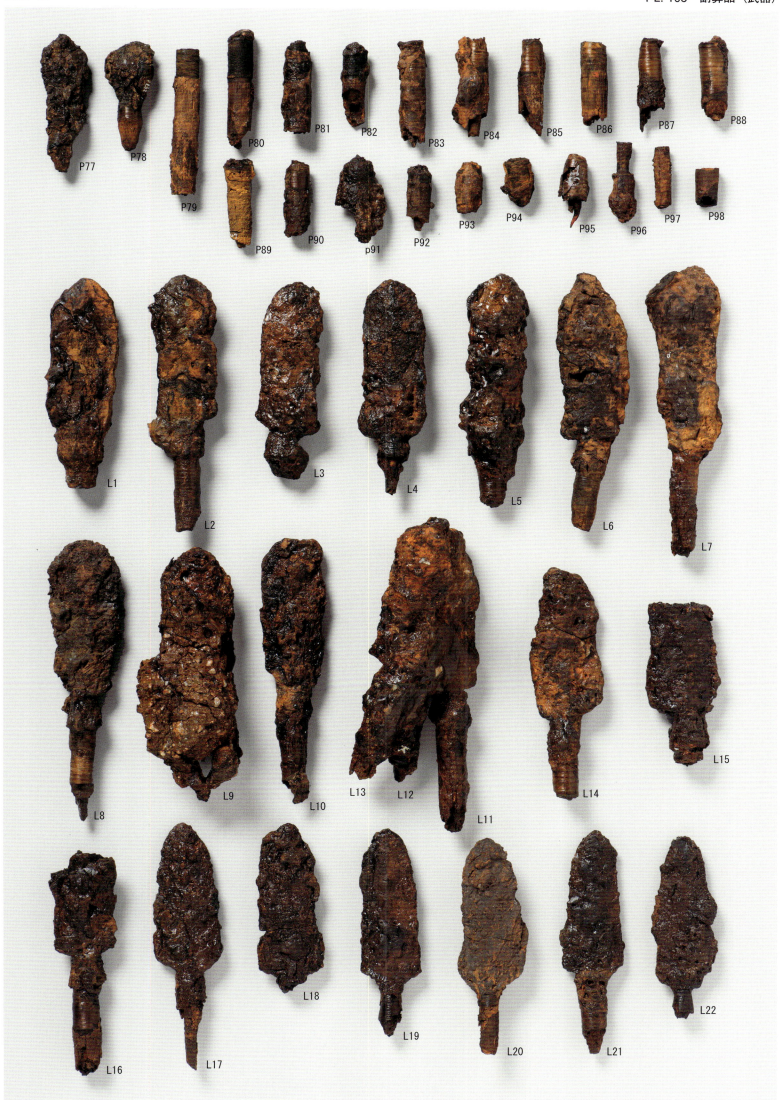

鉄鏃 P・L 群

PL. 106　副葬品（武器）　　　　　　　　　　　　　　　　　　　　　　　　　　　　　　　　鉄鏃（9）

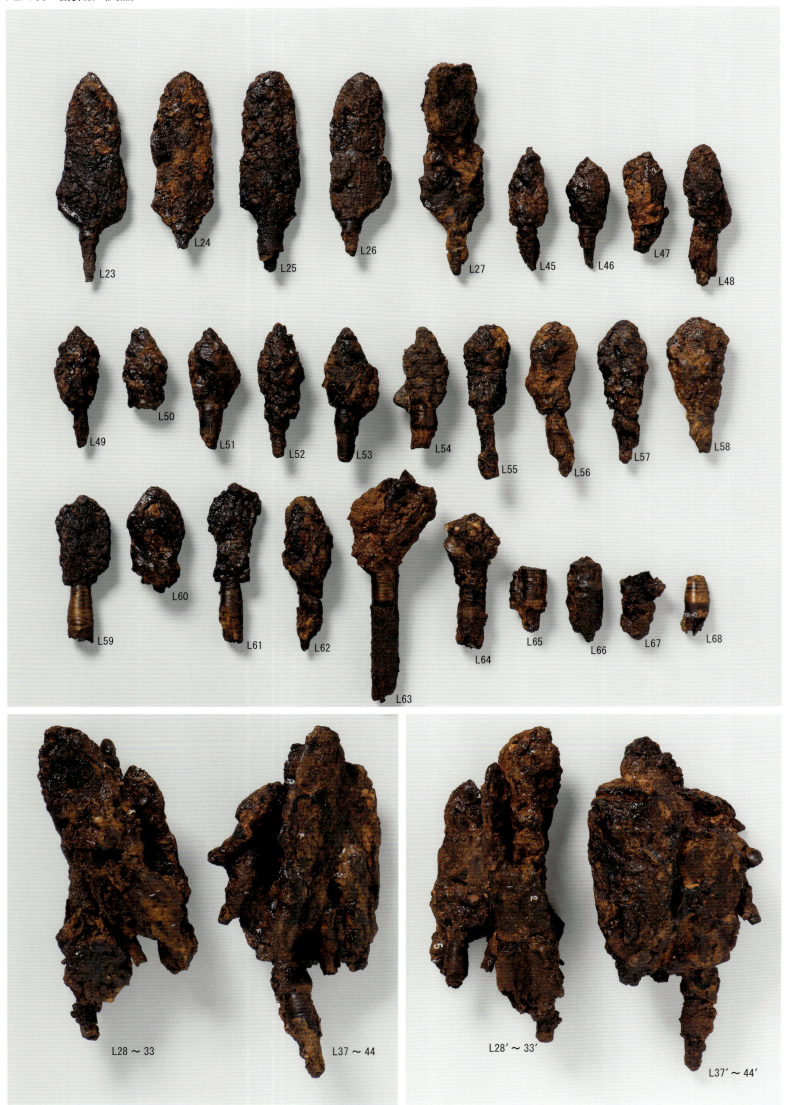

鉄鏃L群

鉄鏃（10） PL. 107　副葬品（武器）

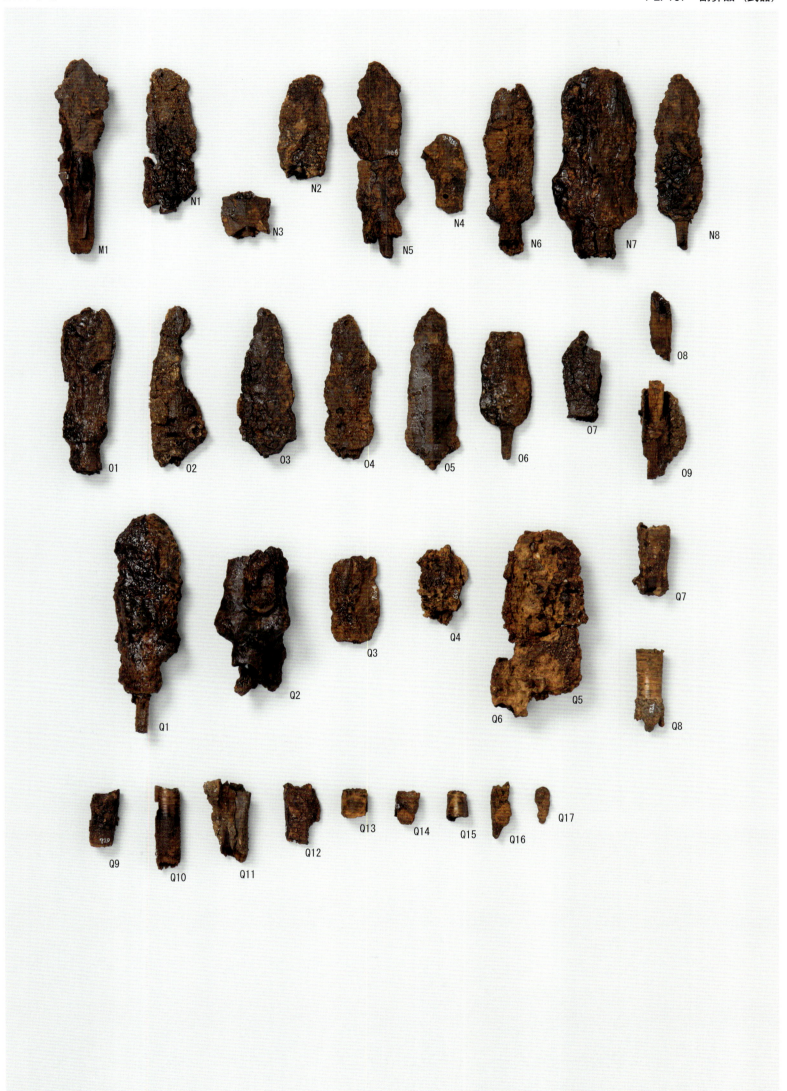

鉄鏃 M～O・Q群

PL. 108　副葬品（武器）　　　　　　　　　　　　　　　　　　　　　　　　　鉄鏃（11）

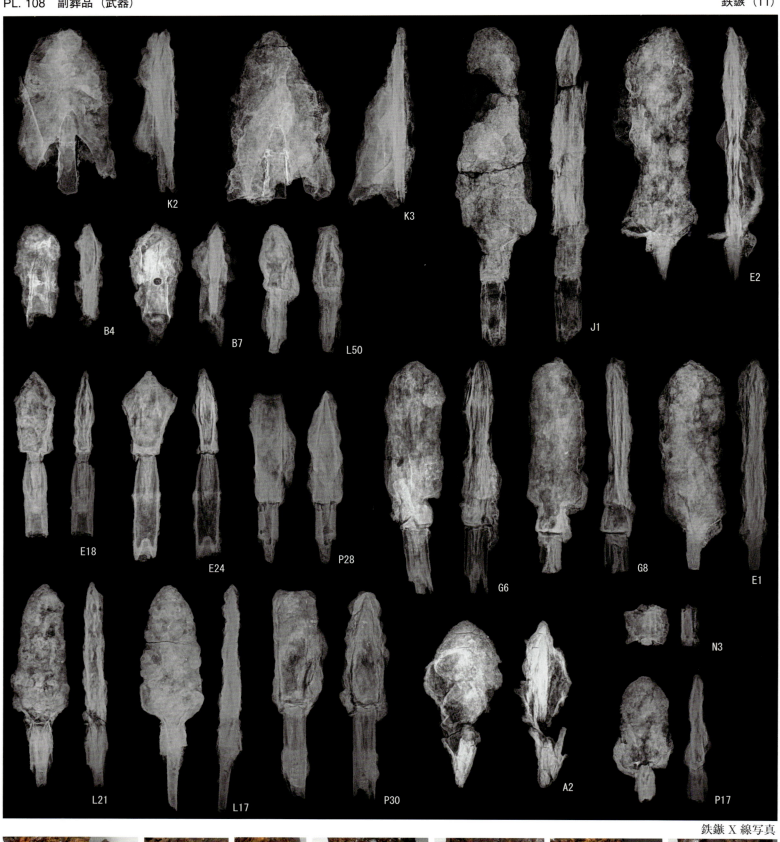

鉄鏃 X 線写真

鉄鏃細部

甲冑類（1） PL. 109　副葬品（武具）

小札（1）　外面

同上　内面

PL. 110 副葬品（武具）　　　　　　　　　　　　　　　　　　　　　甲冑類（2）

小札（2）外面

同上　内面

甲冑類 (3) PL. 111 副葬品（武具）

小札（3）外面

小札（4）外面

PL. 112 副葬品（武具） 甲冑類（4）

同上　内面

小札（5）外面

甲冑類（5） PL. 113 副葬品（武具）

小札（6） 外面

同上 内面

PL. 114　副葬品（武具）　　　　　　　　　　　　　　　　　　　　　　　　　　　　甲冑類（6）

小札（7）外面

同上　内面

甲冑類（7） PL. 115　副葬品（武具）

小札（8）　外面

小札（9）　外面

PL. 116　副葬品（武具）　　　　　　　　　　　　　　　　　　　　　　　　　　　　甲冑類（8）

小札（10）　外面

小札（11）　外面

甲冑類（9） PL. 117　副葬品（武具）

小札（12）外面

同上　内面

PL. 118　副葬品（武具）　　　　　　　　　　　　　　　　　　　　　　　　　　　甲冑類（10）

小札（13）外面

同上　内面

甲冑類（11） PL. 119　副葬品（武具）

小札（14）　外面

同上　内面

PL. 120　副葬品（武具）　　　　　　　　　　　　　　　　　　　　甲冑類（12）

小札（15）外面

同上　内面

甲冑類（13） PL. 121 副葬品（武具）

小札（16） 外面

小札（17） 外面

PL. 122 副葬品（武具）　　　　　　　　　　　　　　　　　　　　　　　　　　　　甲冑類（14）

小札（18）外面

小札（19）外面

甲冑類（15） PL. 123 副葬品（武具）

小札（20）外面

小札（21）外面

PL. 124 副葬品（武具） 甲冑類 (16)

小札 (22) 外面

小札 (23) 外面

甲冑類（17）　　　　　　　　　　　　　　　　　　　　　　　　　　　　　PL. 125　副葬品（武具）

854

小札・帯状鉄板（腰巻板）　外面

854′

小札・帯状鉄板（腰巻板）　上面

854″

小札・帯状鉄板（腰巻板）　内面

PL. 126　副葬品（武具）　　　　　　　　　　　　　　　　　　　　　　　　　甲冑類（18）

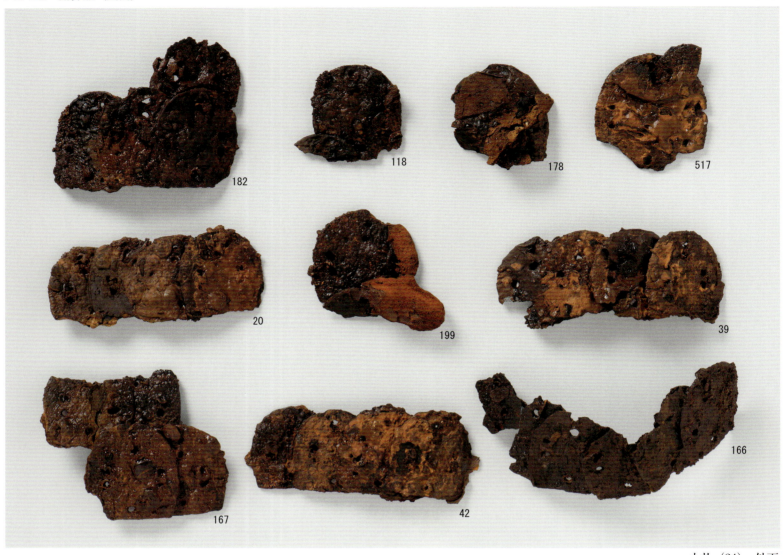

小札（24）外面

同上　内面

甲冑類（19）  PL. 127　副葬品（武具）

866
867
865

帯状鉄板 A・小札　外面

866′
867′
865′

同上　内面

PL. 128　副葬品（武具）　　　　　　　　　　　　　　　　　　　　　　　　　　甲冑類（20）

帯状鉄板 B・C・小札　外面

同上　内面

甲冑類 (21)　　　　　　　　　　　　　　　　　　　　　　　　　　　　　　PL. 129　副葬品（武具）

帯状鉄板・小札　外面

PL. 130　副葬品（武具）　　　　　　　　　　　　　　　　　　　　　　　　甲冑類（22）

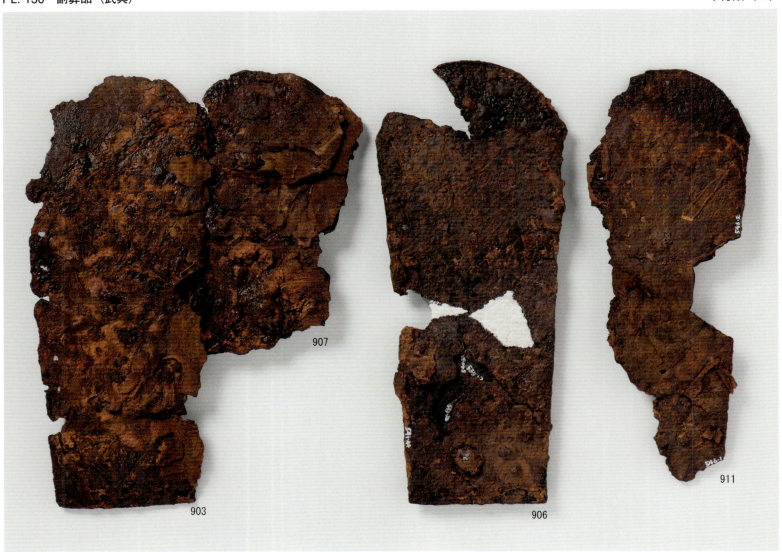

円頭鉄板（1）　外面

同上　内面

甲冑類（23） PL. 131 副葬品（武具）

円頭鉄板（2） 外面

同上 内面

PL. 132 副葬品（武具） 甲冑類（24）

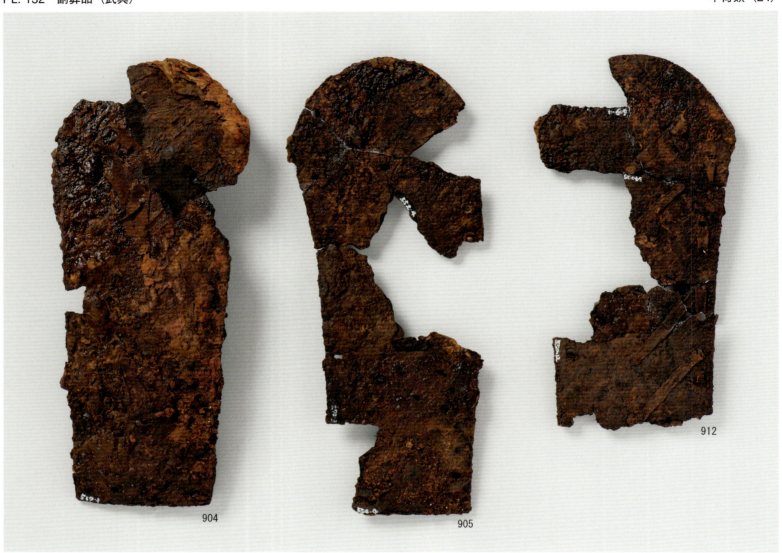

円頭鉄板（3） 外面

同上 内面

甲冑類 (25) PL. 133 副葬品 (武具)

円頭鉄板 (4) 外面

PL. 134　副葬品（武具）　　　　　　　　　　　　　　　　　　　　　　　　　　　　　　　　　　甲冑類（26）

282 　322 　988

325 　252 　451 　478 　911

865 　867

198 　273 　502

410 　860 　854

503 　505 　515

463 　866 　903

甲冑類細部

甲冑類 (27) PL. 135 副葬品 (武具)

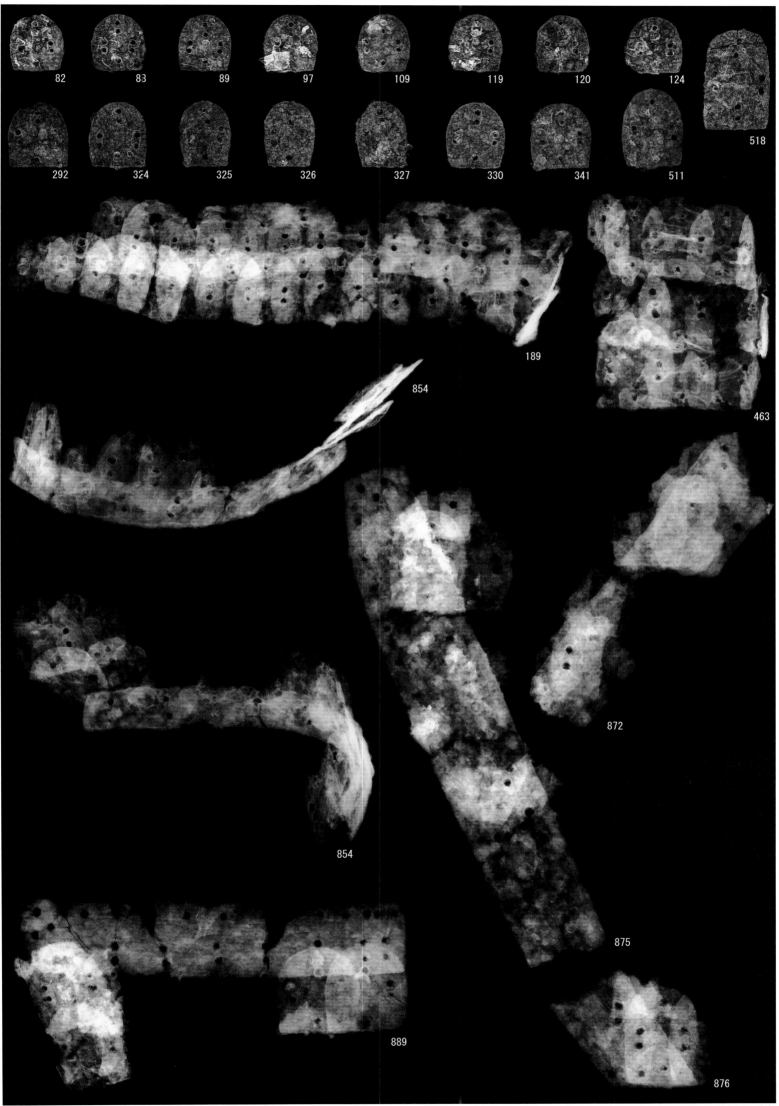

甲冑類 X 線写真 (1)

PL. 136 副葬品（武具） 甲冑類（28）

甲冑類 X 線写真（2）

刀子・不明鉄器　　　　　　　　　　　　　　　　　　　　　　　　　　　　　PL. 137　副葬品（農工具類）

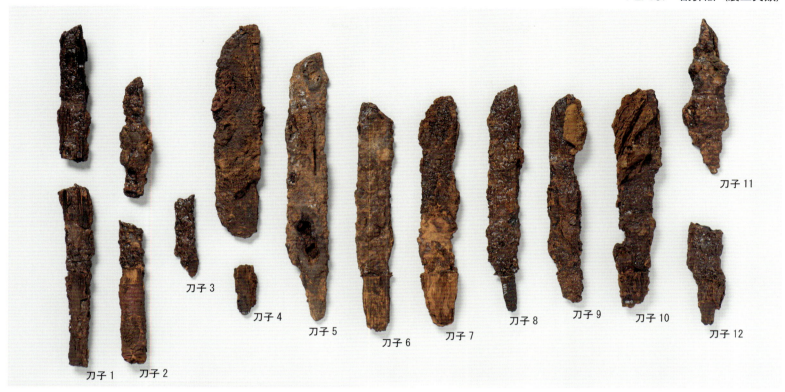

刀子

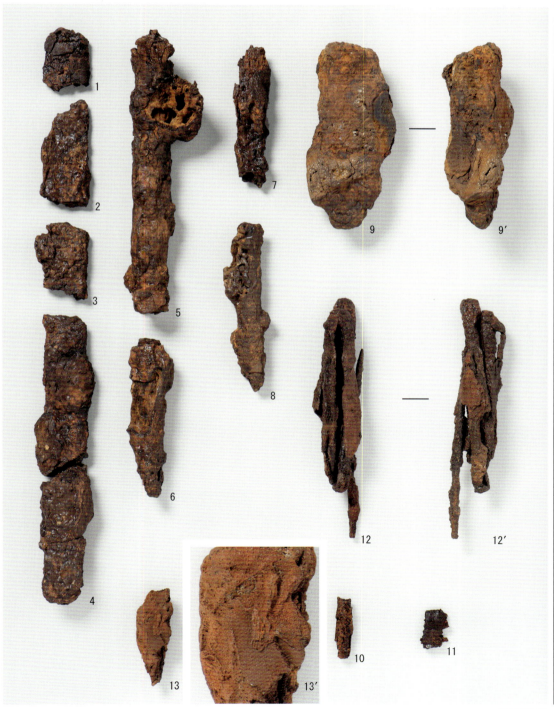

不明鉄器

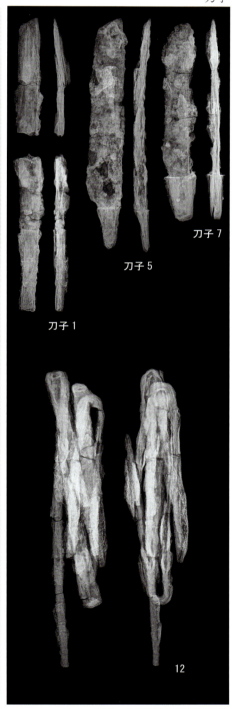

刀子・不明鉄器 X 線写真

PL. 138 副葬品（農工具類） 鉇

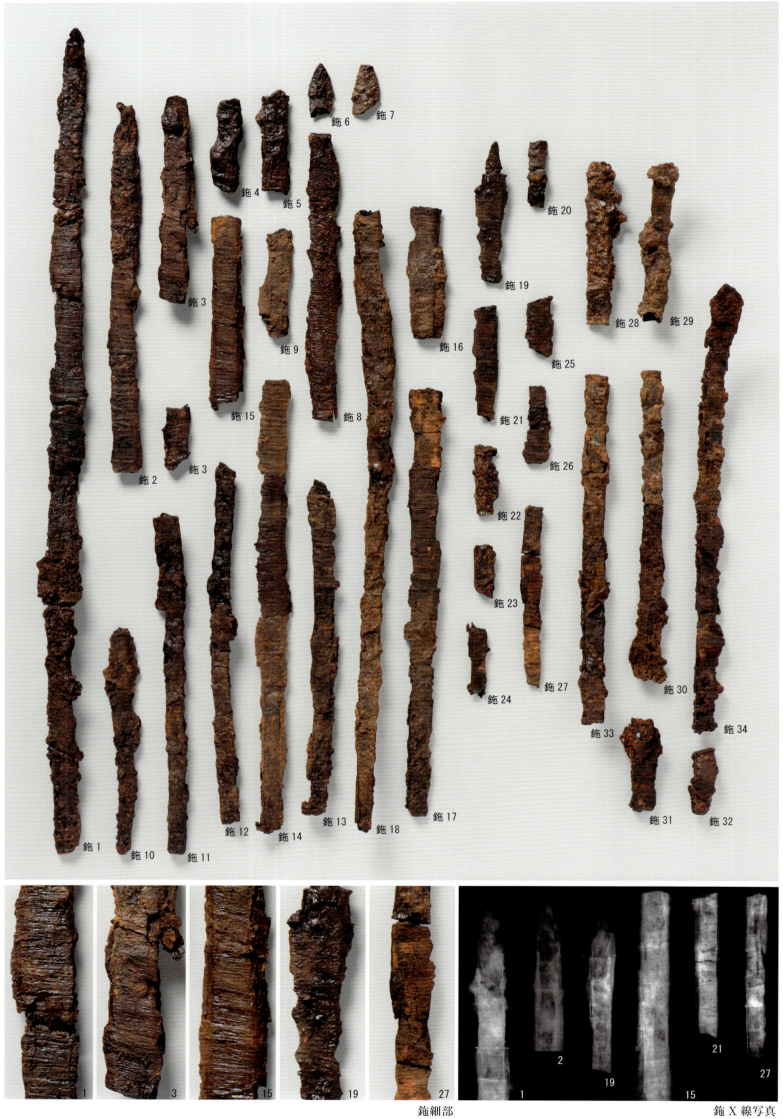

鉇細部　　　鉇X線写真

鎌・斧　　　　　　　　　　　　　　　　　　　　　　　　　　　PL. 139　副葬品（農工具類）

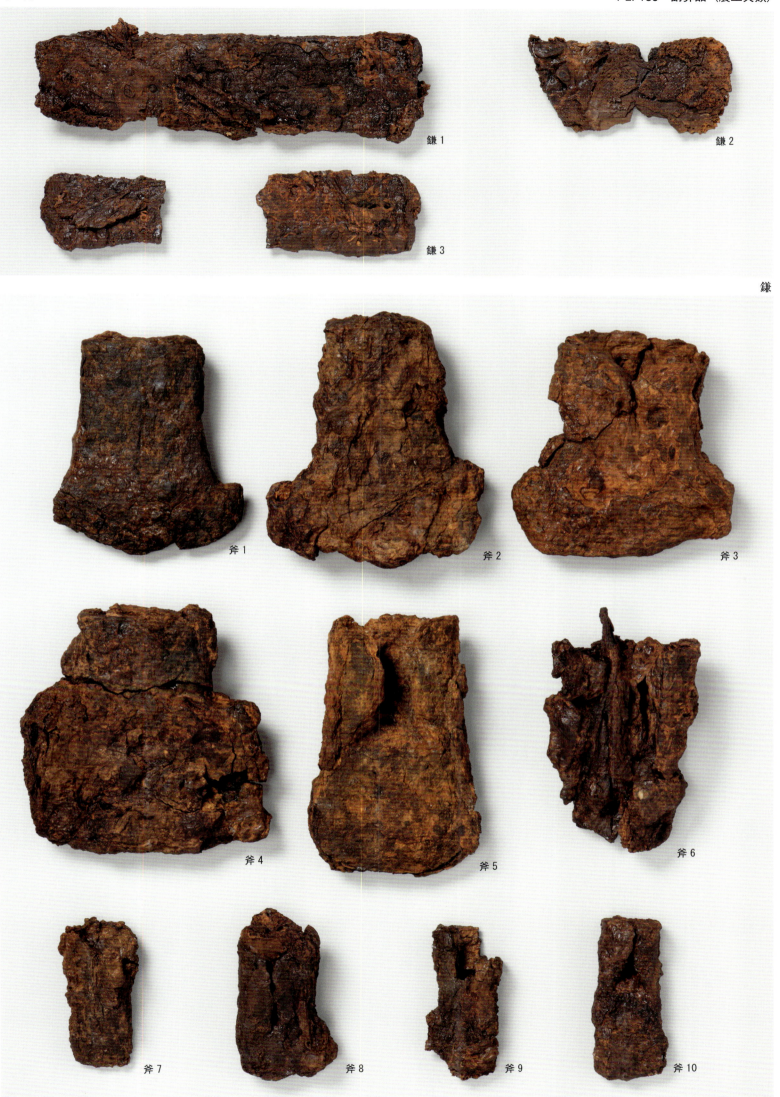

鎌1　鎌2　鎌3
斧1　斧2　斧3　斧4　斧5　斧6　斧7　斧8　斧9　斧10

鎌

斧

PL. 140 副葬品（農工具類） 刺突具（1）

1-1
1-2
1-3
1-4
1-5

刺突具1

刺突具（2） PL. 141 副葬品（農工具類）

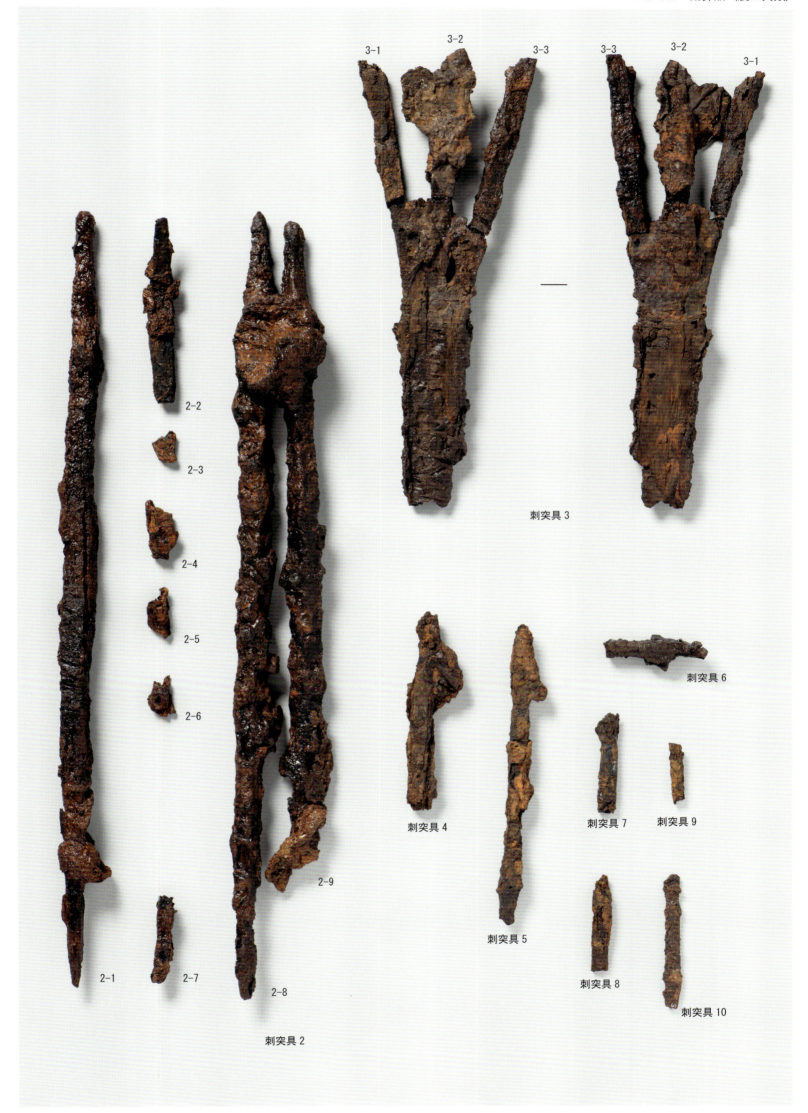

PL. 142　副葬品（威儀具）　　　　　　　　　　　　　　　　　　　　　　　　　Y字形鉄製品（1）

Y字形鉄製品1

Y字形鉄製品（2） PL. 143 副葬品（威儀具）

Y字形鉄製品2

PL. 144 副葬品（威儀具）　　　　　　　　　　　　　　　　　　　　　　　　　　　U字形鉄製品（1）

U字形鉄製品

U字形鉄製品 (2)・木棺材　　　　　　　　　　　　　　　　　　　　　　　　　PL. 145　副葬品 (威儀具)・木棺材

U字形鉄製品配置復元　　　　　　　　　　　　　　　　　　　　同左　細部

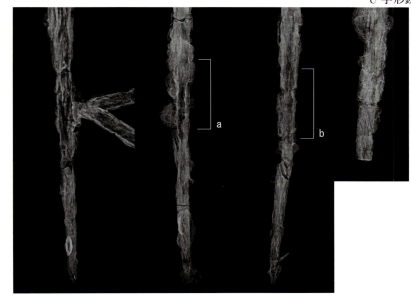
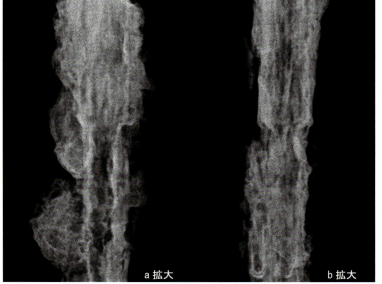

a拡大　　　　　b拡大

U字形鉄製品X線写真

木棺材

PL. 146　副葬品（土器）・墳丘出土遺物（土器）

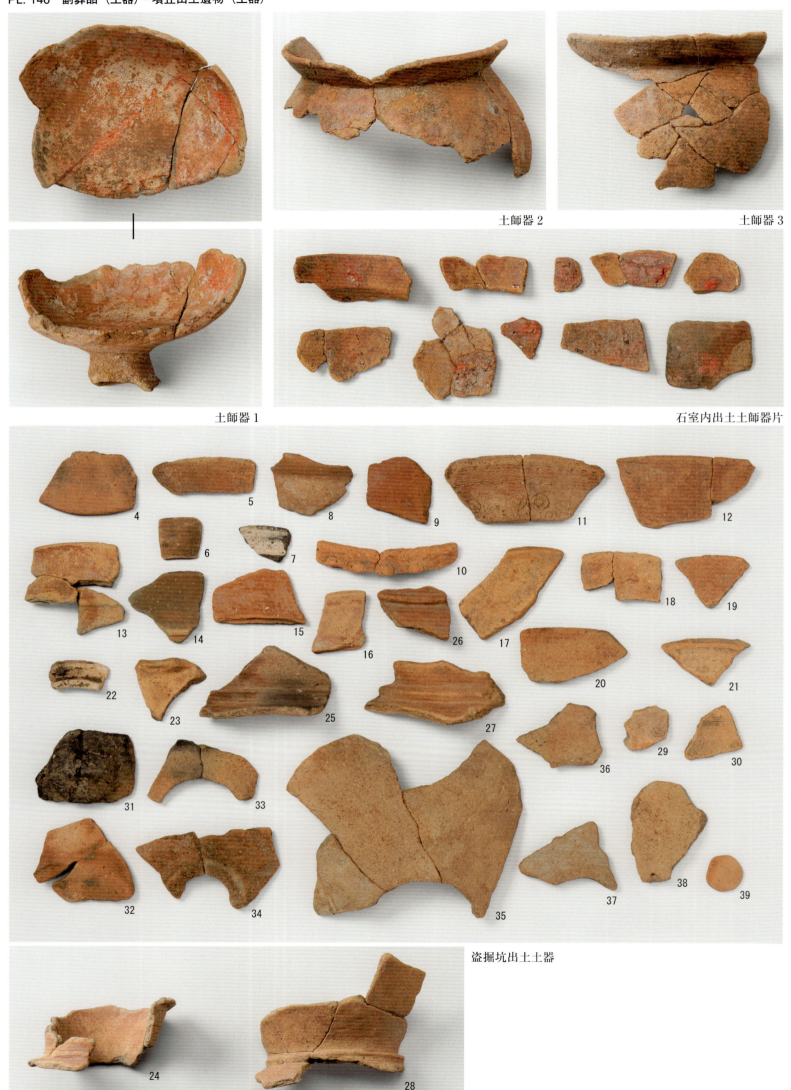

土師器2　土師器3

土師器1　石室内出土土師器片

盗掘坑出土土器

PL. 147 墳丘出土遺物（土器）

墓壙埋土出土土器

後円部墳丘盛土出土土器

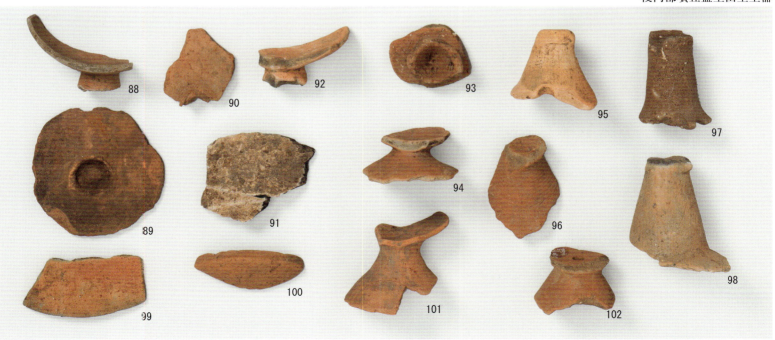

前方部墳丘盛土出土土器

PL. 148 墳丘出土遺物（土器）

前方部墳丘盛土出土土器

PL.149 墳丘出土遺物（土器・瓦）

包含層出土土器

近世瓦

# 報告書抄録

| | |
|---|---|
| ふりがな | くろづかこふんのけんきゅう |
| 書　名 | 黒塚古墳の研究 |
| 副書名 | |
| 巻　次 | |
| シリーズ名 | 奈良県立橿原考古学研究所研究成果 |
| シリーズ番号 | 第13冊 |
| 編著者名 | 岡林孝作（編集）、水野敏典（編集）、奥山誠義（編集）、寺沢　薫、泉　武、卜部行弘、本村充保、持田大輔、宇野隆志、東影　悠、前田俊雄、絹畠　歩、寒川　旭、金原正明、金原正子、今津節生、南　武志、吉松茂信、柳田明進、鶴　真美、長柄毅一、廣川　守、奥田　尚、中井一夫、福田さよ子、西藤清秀、杉山拓己、鈴木朋美、菅谷文則 |
| 編集機関 | 奈良県立橿原考古学研究所 |
| 所在地 | 〒634-0065　奈良県橿原市畝傍町1　TEL 0744-24-1101（代） |
| 発行年月日 | 2018年9月 |

| 所収遺跡 | 所在地 | コード | | 北　緯 | 東　経 | 調査期間 | 調査面積 | 調査原因 |
|---|---|---|---|---|---|---|---|---|
| | | 市町村 | 遺跡番号 | | | | | |
| 黒塚古墳<br>（くろづかこふん） | 奈良県天理市<br>柳本町<br>（ならけんてんりし　やなぎもとちょう） | 29204 | 11D-0018 | 34°33′36″ | 135°50′36″ | 19970811～19980501<br>19980721～19990203 | 948.25㎡ | 学術調査 |

| 所収遺跡名 | 種　別 | 主な時代 | 主な遺構 | 主な遺物 | 特記事項 |
|---|---|---|---|---|---|
| 黒塚古墳 | 古　墳 | 古墳時代 | 竪穴式石室<br>排水溝 | 土師器、銅鏡、刀、剣、槍、鉄鏃、小札、円頭鉄板、帯状鉄板、農工具類、威儀具 | 史跡指定：平成13年1月29日付<br>重要文化財指定：平成16年6月8日付 |

### 黒塚古墳の研究
(くろづかこふんけんきゅう)

| | |
|---|---|
| 2018年9月13日　初版第一刷発行 | 定価（本体 32,000 円＋税） |

| | |
|---|---|
| 編　者 | 奈良県立橿原考古学研究所 |
| 協　力 | 奈良県立橿原考古学研究所友史会<br>一般財団法人　橿原考古文化財団 |
| 発行所 | 株式会社　八木書店古書出版部<br>代表　八木乾二<br>〒101-0052 東京都千代田区神田小川町 3-8<br>電話 03-3291-2969（編集）-6300（FAX） |
| 発売元 | 株式会社　八木書店<br>〒101-0052 東京都千代田区神田小川町 3-8<br>電話 03-3291-2961（営業）-6300（FAX）<br>https://catalogue.books-yagi.co.jp/<br>E-mail pub@books-yagi.co.jp |
| 印　刷 | 天理時報社 |
| 製　本 | 牧製本印刷 |
| 用　紙 | 中性紙使用 |

ISBN978-4-8406-2226-4

©2018 Archaeological Institute of Kashihara, Nara prefecture